Inhalt

Vorwort XI

Einführung XIII

I. Der Erste Weltkrieg und die Revolutionierung des Internationalen Systems 1

Ernst Schulin
Die Urkatastrophe des zwanzigsten Jahrhunderts 3

Georges-Henri Soutou
Die Kriegsziele des Deutschen Reiches, Frankreichs, Großbritanniens und der Vereinigten Staaten während des Ersten Weltkrieges: ein Vergleich 28

Horst Günther Linke
Rußlands Weg in den Ersten Weltkrieg und seine Kriegsziele 1914–1917 54

Matthias Peter
Britische Kriegsziele und Friedensvorstellungen 95

Ragnhild Fiebig-von Hase
Der Anfang vom Ende des Krieges: Deutschland, die USA und die Hintergründe des amerikanischen Kriegseintritts am 6. April 1917 125

Hans-Jürgen Schröder
Demokratie und Hegemonie. Woodrow Wilsons Konzept einer Neuen Weltordnung 159

Gottfried Niedhart
Kriegsende und Friedensordnung als Problem der deutschen und internationalen Politik 1917–1927 178

II. Krieg und Politik 191

John C.G. Röhl
Vorsätzlicher Krieg? Die Ziele der deutschen Politik im Juli 1914 193

Johannes Hürter
Die Staatssekretäre des Auswärtigen Amtes im Ersten Weltkrieg 216

Dieter Storz
Die Schlacht der Zukunft. Die Vorbereitungen der Armeen Deutschlands und Frankreichs auf den Landkrieg des 20. Jahrhunderts 252

Holger Afflerbach
Die militärische Planung des Deutschen Reiches im Ersten Weltkrieg 280

Michael Epkenhans
Die kaiserliche Marine im Ersten Weltkrieg: Weltmacht oder Untergang? 319

Werner Rahn
Strategische Probleme der deutschen Seekriegführung 1914–1918 341

Martin Kröger
Revolution als Programm. Ziele und Realität deutscher Orientpolitik im Ersten Weltkrieg 366

Wolfgang Petter
Der Kampf um die deutschen Kolonien 392

III. Kriegswirtschaft und Wirtschaftskrieg 413

Manfred Zeidler
Die deutsche Kriegsfinanzierung 1914 bis 1918 und ihre Folgen 415

Reinhold Zilch
Okkupation und Währung im Ersten Weltkrieg. Die Entscheidung zwischen deutscher Mark oder Besatzungswährung im Generalgouvernement Belgien 431

Gerald D. Feldman
Kriegswirtschaft und Zwangswirtschaft: die Diskreditierung des »Sozialismus« in Deutschland während des Ersten Weltkrieges 456

Wolfgang Michalka
Kriegsrohstoffbewirtschaftung, Walther Rathenau und die »kommende Wirtschaft« 485

Dieter Krüger
Kriegssozialismus. Die Auseinandersetzung der Nationalökonomen mit der Kriegswirtschaft 1914–1918 506

Ute Daniel
Fiktionen, Friktionen und Fakten – Frauenlohnarbeit im Ersten Weltkrieg 530

Ewald Frie
Vorbild oder Spiegelbild? Kriegsbeschädigtenfürsorge in Deutschland 1914–1919 563

IV. Die umstrittene Volksgemeinschaft 581

Gunther Mai
»Verteidigungskrieg« und »Volksgemeinschaft«. Stattliche Selbstbehauptung, nationale Solidarität und soziale Befreiung in Deutschland in der Zeit des Ersten Weltkrieges (1900–1925) 583

Volker Ullrich
Kriegsalltag. Zur inneren Revolutionierung der wilhelminischen Gesellschaft 603

Martin Vogt
»Illusion als Tugend und kühle Beurteilung als Laster«. Deutschlands »gute Gesellschaft« im Ersten Weltkrieg 622

Walter Mühlhausen
Die Sozialdemokratie am Scheideweg — Burgfrieden, Parteikrise und Spaltung im Ersten Weltkrieg 649

Klaus Schönhoven
Die Kriegspolitik der Gewerkschaften 672

Kurt Meier
Evangelische Kirche und Erster Weltkrieg 691

Heinz Hürten
Die katholische Kirche im Ersten Weltkrieg 725

Clemens Picht
Zwischen Vaterland und Volk. Das deutsche Judentum im Ersten Weltkrieg 736

V. Der Krieg der Ideen 757

Thomas Rohkrämer
August 1914 — Kriegsmentalität und ihre Voraussetzungen 759

Jost Dülffer
Kriegserwartung und Kriegsbild in Deutschland vor 1914 778

Peter Grupp
Voraussetzungen und Praxis deutscher amtlicher Kulturpropaganda in den neutralen Staaten während des Ersten Weltkrieges 799

Helmut Fries
Deutsche Schriftsteller im Ersten Weltkrieg 825

Thomas Rohkrämer
Die Verzauberung der Schlange. Krieg, Technik und Zivilisationskritik beim frühen Ernst Jünger 849

Bernd Hüppauf
Kriegsfotografie 875

VI. Der Erste Weltkrieg als Problem der internationalen Forschung 911

Gerd Krumeich
Vergleichende Aspekte der »Kriegsschulddebatte« nach dem Ersten Weltkrieg 913

Hartmut Pogge von Strandmann
Britische Historiker und der Ausbruch des Ersten Weltkrieges 929

Rudolf Jeřábeck
Die österreichische Weltkriegsforschung 953

Giorgio Rochat
Die italienische Historiographie zum Ersten Weltkrieg 972

Ronald Smelser
Die amerikanische Weltkriegsforschung 991

Bruno Thoß
Der Erste Weltkrieg als Ereignis und Erlebnis. Paradigmenwechsel in der westdeutschen Weltkriegsforschung seit der Fischer-Kontroverse 1012

Zeittafel 1045

Autorenverzeichnis 1059

Vorwort

Sarajewo, auf diese Stadt richteten sich im Juli 1914 die Blicke der Welt. Die Schüsse auf den österreichischen Thronfolger lösten 1914, bedingt durch bestehende Bündnissysteme und einen überhitzten Nationalismus, den ersten großen Bürgerkrieg des 20. Jahrhunderts aus. Die Bilder aus Sarajewo unserer Tage lassen nicht wenige fragen, ob sich Europa nicht erneut in der Lage befindet, wieder in einen großen Krieg »hineinzuschlittern«.

Dieser Band versucht, 80 Jahre nach der Julikrise eine Bilanz der wissenschaftlichen Diskussion über die Ursachen, Bedingungen und den Verlauf des Krieges zu geben, den George Kennan die »Urkatastrophe des 20. Jahrhunderts« nannte. In diesem Krieg standen sich erstmals die hochindustrialisierten europäischen Großmächte mit ihren meist auf dem Prinzip der Wehrpflicht aufbauenden Millionenheeren gegenüber. Die Mobilisierung der personellen und ökonomischen Ressourcen führte zum Volkskrieg, der das Gesicht des Krieges gänzlich veränderte.

Nach vierjährigem Ringen, das durch das Eingreifen der atlantischen Macht, den USA, im Herbst 1918 beendet wurde, verloren die europäischen Staaten ihre weltpolitische Stellung. Die Proklamierung des Selbstbestimmungsrechts der Völker sowie die bolschewistische Revolution im Jahre 1917 lösten Entwicklungen aus, die bis heute geschichtsmächtig blieben. Der Versailler Vertrag konnte keine dauerhafte Friedensordnung schaffen, vielmehr steckte in ihm bereits ein Keim des Zweiten Weltkrieges.

Das Militärgeschichtliche Forschungsamt legt eine Aufsatzsammlung vor, die unterschiedliche Forschungsergebnisse zu Problemen des komplexen Geschehens von 1914 bis 1918 zusammenfaßt. Das vielfältige thematische und methodische Spektrum veranschaulicht die Entwicklung der Weltkriegsforschung im In- und Ausland.

Fritz Fischer hat mit seiner quellenorientierten Grundlagenforschung für die Auseinandersetzung um Ursachen, Ausbruch, Verlauf und Folgen des Ersten Weltkrieges bahnbrechend gewirkt.

Die von ihm verursachte Kontroverse belebte nicht nur die bis dahin festgefahrene Weltkriegsforschung, sondern sie setzte auch neue

Akzente in der deutschen Geschichtsschreibung, wirksam bis zum heutigen Tag.
Herrn Professor Dr. Fritz Fischer ist daher dieser Band gewidmet.

Dr. Günter Roth
Brigadegeneral und Amtschef
des Militärgeschichtlichen Forschungsamtes

Einführung

»Es wird«, so berichtete der badische Gesandte in Berlin am 3. August 1914 an die Regierung in Karlsruhe, »ein Krieg Aller gegen Alle entbrennen, wie ihn die Weltgeschichte noch nicht erlebt hat; wir Deutsche können dabei das stolze Bewußtsein haben, daß wir alles getan haben, was nur menschenmöglich war, um ihn zu verhindern, jetzt werden die Waffen sprechen[1].«

Diese Lageeinschätzung entsprach der Stimmung in Deutschland zu Kriegsbeginn. Sie verdeutlicht zweierlei: Zum einen wußten die Entscheidungsträger um den Ernst der Situation. Denn die Ermordung des österreichisch-ungarischen Thronfolgers und seiner Gattin am 28. Juni 1914 in Sarajewo führte zu einer internationalen Krise und zu einem regionalen Konflikt auf dem Balkan. Die daraufhin wirksam werdenden Bündnisverpflichtungen mündeten in eine Eskalation, die den Weltkrieg letztlich unvermeidlich erscheinen ließ. Dieser sollte in seiner revolutionierenden Wirksamkeit und in seinem Ausmaß an Opfern und Leid alle bisherigen Kriege bei weitem übertreffen. Zum anderen bestand Konsens in der Annahme, daß es sich um einen Konflikt handelte, der dem friedliebenden Deutschen Reich von »einer Welt von Feinden« aufgezwungen worden sei.

Die Vorstellung vom unvermeidlichen Krieg prägte von Anfang an die Auseinandersetzung um Ursache und Anlaß des Ersten Weltkrieges, wurde politisiert und emotionalisiert durch die Kriegsschulddiskussion in der Zwischenkriegszeit. Sie bestimmte selbst das Geschichtsbild in der Bundesrepublik bis weit in die sechziger Jahre.

Es ist das große Verdienst Fritz Fischers, diese These von der Unvermeidbarkeit des Krieges in Frage gestellt zu haben, indem er nicht nur auf die Kriegszieldiskussion während des Ersten Weltkrieges hingewiesen, sondern vor allem auch auf die langfristigen Kriegsplanungen deutscher Eliten vor 1914 aufmerksam hat. Fischer und seine Schüler konnten die krisenverschärfende und konfliktträchtige Politik des Deutschen Reiches vor und während der Julikrise 1914 nachweisen und ihm damit eine kriegsverursachende Rolle vergleichbar der des Jahres 1939 zuordnen. Dies blieb verständlicherweise nicht unwidersprochen. Ergebnis der »Fischer-Kontroverse« war die Revision des deutschen Geschichtsverständnisses, außerdem erreichte die Weltkriegsforschung internationalen Standard.

Diese Aufsatzsammlung beabsichtigt nicht, die Positionen des geschichtswissenschaftlichen Diskurses erneut zu erörtern. Sie versteht sich vielmehr als eine Art Bestandsaufnahme der aktuellen Forschung, so wie sie sich heute, 80 Jahre nach Kriegsbeginn und 35 Jahre nach Einsetzen dieser Kontroverse, darbietet.

Thematisch gliedert sich der Band in sechs Abschnitte.
Der *erste Teil* ist dem Wandel des internationalen Systems gewidmet. Vor dem Hintergrund der auswärtigen Beziehungen der Groß- und Weltmächte werden Konfliktlagen vor 1914 untersucht, um die Ursachen der durch das Attentat in Sarajewo ausgelösten Julikrise zu bestimmen.

Bei der Auswahl und Zusammenstellung der Beiträge wurde besonderen Wert auf vergleichende Fragestellungen gelegt, so daß beispielsweise die Kriegszielpolitik des Deutschen Reiches mit der seiner Verbündeten, aber besonders auch seiner Gegner verglichen werden kann. Die Konfrontation der Kriegszielplanungen mit den Friedensvorstellungen sowie mit der dann realisierten europäischen Nachkriegsordnung läßt die revolutionierende Wirkung des Ersten Weltkrieges auf die internationale Staatenordnung deutlich werden.

Eröffnet wird dieser Abschnitt mit Ernst Schulins »Ortsbestimmung« der »Urkatastrophe des zwanzigsten Jahrhunderts«. Industrialisierung, Imperialismus und Nationalismus sowie die sich daraus ergebenden und durch wirtschaftliche Konkurrenz und Wettrüsten sich verschärfenden Konfliktpotentiale werden als längerfristig angelegte Ursachen verstanden. Indem unterschiedliche Problemfelder der Innen- und Außenpolitik, der Sozial- und Wirtschaftspolitik sowie der kulturellen Strömungen abgesteckt werden, die der Erste Weltkrieg elementar veränderte, entwickelt er Leitfragen und Themenschwerpunkte, die von den folgenden Beiträgen aufgegriffen und mit unterschiedlicher Methode und Fragestellungen behandelt werden.

Das Verhältnis von Krieg und Politik ist Thema des *zweiten Teils*. Hier richtet sich das Interesse auf Krisenverhalten, Methoden und Betätigungsfelder sowie Zielvorstellungen politischer Entscheidungsträger. Kriegsbilder und Kriegsplanungen europäischer Militärs sowie strategische und operative Probleme der Land- und Seekriegführung werden analysiert.

Im *dritten Teil*, der den Wirtschaftskrieg und die Kriegswirtschaft behandelt, werden Fragen der Kriegsfinanzierung generell und der Währungspolitik in den besetzten Gebieten speziell zu beantworten versucht. Welche Rolle nahmen Frauen in der an extremem Arbeitermangel leidenden Rüstungsindustrie ein, und welche Auswirkungen hatte dies für Emanzipation und sozialen Wandel? Wie reagierten Staat und Gesellschaft auf Kriegsopfer und Invaliden, und welche Fürsorgemaßnahmen wurden entwickelt? Hatten sie Vorbildcharakter für die Ausformung des Sozialstaates? Schließlich wird der durch Seeblockade und Wirtschaftskrieg erzwungene Veränderungsprozeß der Wirtschaft zu einer vom Staat reglementierten Kriegswirtschaft diskutiert. Besaß die kriegsbedingte Zwangswirtschaft innovative Elemente für die Friedenswirtschaft? Wie reagierten Wirtschaftsführer, Parteien und generell Arbeitnehmer sowie auch Nationalökonomen auf die sich herausbildenden Formen von »Gemeinwirtschaft« und »Staatsozialismus«?

Der *vierte Teil* richtet das Interesse auf gesellschaftspolitische Wandlungsprozesse mit ihren Folgen für Denkweisen und Bewußtseinslagen. Zu Kriegsbeginn reagierten in nahezu allen europäischen Staaten die Menschen euphorisch und begeistert. Die Kriegserklärungen wurden als Befreiung, als erlösendes Erlebnis aufgenommen. Diese Aufbruchsstimmung läßt sich in nahezu allen Bevölkerungsschichten feststellen, wenn auch Protestaktionen gegen die drohende Kriegsgefahr, Bedrohungsängste und später Streiks und Hungerrevolten nicht selten waren. Das überwältigende Augusterlebnis jedoch wirkte speziell in Deutschland bis weit in die dreißiger Jahre und stand in völligem Gegensatz zur »widerwilligen Loyalität« vieler Deutscher im September 1939. Dieses aus heutiger Sicht kaum nachzuvollziehende Massenphänomen entzieht sich einer plausiblen Deutung. In der Auseinandersetzung um den »Burgfrieden« und die propagierte »Volksgemeinschaft« als spezifisch deutschen Weg bezogen Parteien, Gewerkschaften und Kirchen unterschiedliche Positionen. Soziale Minderheiten, wie beispielsweise Juden, wurden noch weiter in Außenseiterrollen gedrängt.

Sozialer Wandel, Kriegswirtschaft sowie die Erfahrung des von Entbehrungen, Krankheiten und Tod gekennzeichneten Kriegsalltags revolutionierten die wilhelminische Gesellschaft.

Der *fünfte Teil* setzt sich mit den Wahrnehmungsweisen der Kriegsrealität auseinander. Versuche, dem Krieg einen Sinn abzugewinnen oder seine Sinnlosigkeit zu akzeptieren, ziehen sich wie ein roter Faden durch Kriegspropaganda, Kriegsliteratur und Kunst. Erfahrungswelten von Front und Heimat, Euphorie und Desillusionierung bei zunehmender Sprachlosigkeit angesichts der Totalisierung des Krieges sind Themen der Zeit.

Der *sechste Teil* bietet vergleichende Forschungsberichte. Obwohl kein abschließendes Bild über den Ersten Weltkrieg erwartet werden darf, versuchen sie Bilanz der internationalen Forschung zu ziehen. Bewußt wird dabei die Fischer-Kontroverse nicht in den Mittelpunkt gestellt. Vielmehr werden Auswirkungen dieser produktiven Diskussion analysiert, wobei neue Fragestellungen und Untersuchungsansätze vorgestellt sowie Desiderata markiert und weiterführende Forschungsstrategien entwickelt und angeregt werden.

Konzeption und Realisierung einer umfangreichen Aufsatzsammlung stellen stets das Werk vieler dar. An erster Stelle danke ich den Autoren, die in knapper Zeit ihre Beiträge geschrieben haben. Sodann den Übersetzern und dem Verlag für die gewohnt zuverlässige Zusammenarbeit.

Mein besonderer Dank gilt den Mitarbeitern der Schriftleitung, vor allem Frau Gabriele Schwind, die das gesamte Projekt als Lektorin außerordentlich kompetent begleitete und die Herstellung koordinierte, Frau Maria-Elisabeth Marschalt, die in bewährter Weise den Satz besorgte, und Frau Christa Grampe für ihre zahlreichen Hilfen.

Freiburg i. Br., im März 1994 Wolfgang Michalka

1 Graf Berckheim an Freiherrn von Dusch, 3.8.1914; zit. nach: Deutsche Gesandtschaftsberichte zum Kriegsausbruch 1914. Berichte und Telegramme der badischen, sächsischen und württembergischen Gesandtschaften in Berlin aus dem Juli und August 1914, hrsg. von August Bach, Berlin 1937, S. 141. Dieses Zitat verdanke ich Michael Epkenhans, dem ich an dieser Stelle für Anregungen und Hilfe danken möchte.

Erster Teil

Der Erste Weltkrieg und die Revolutionierung des Internationalen Systems

Ernst Schulin

Die Urkatastrophe des zwanzigsten Jahrhunderts*

Der Erste Weltkrieg ist von George F. Kennan als »die große Urkatastrophe dieses Jahrhunderts« bezeichnet worden[1]. Er war ein unerwartetes und ungeheures, tief veränderndes Ereignis. Schon die politisch-sozialen und die technischen Neuerungen der vorhergehenden Jahrzehnte hatten das Leben der Menschen verändert, in ihren direkten Wirkungen und in Nebenwirkungen, im Guten wie im Schlechten. Aber durch die Toten und Verstümmelten des Krieges, durch Hunger und Verarmung ist das menschliche Leiden unvergleichlich vermehrt, das ganze Leben durch Erschütterung und Zerstörung verwandelt worden, gerade in den Teilen der Welt, die sich als die zivilisiertesten betrachteten. Der Krieg war also nicht nur ein besonders einschneidender Wendepunkt, sondern ein Wendepunkt zum Schlechten. Die vorhergehenden Veränderungen mochte man trotz ihrer gefährlichen Nebenwirkungen immer noch als Fortschritte ansehen; so hatte man die Weltgeschichte seit der Aufklärung und im ganzen 19. Jahrhundert verstanden. Der Erste Weltkrieg aber brachte die tiefwirkende negative Erfahrung, daß diese Geschichte, diese Entwicklung der modernen Welt keineswegs vorherrschend fortschrittlich war, sondern aus gefährlichen, ja katastrophalen Mischungen bestand. Die Folgezeit hat dafür gesorgt, daß diese Erfahrung nur immer bedrückender bestätigt wurde. Sie ist seitdem nicht wieder verlorengegangen.

So katastrophal der Krieg war — sein Ausbruch war keine unerwartete Explosion. Was später geschah, war unvorstellbarer als der Anfang. Viele ältere Entwicklungen, viele Veränderungen seit etwa 1880 haben auf den Juli und August 1914 hingeführt. Wir müssen also unterscheiden zwischen den unerwarteten Leiden und katastrophalen Veränderungen, die der Kriegsverlauf hervorbrachte, und den politischen Plänen und allgemeinen Kriegsvorstellungen, die zur Auslösung des militärischen Handelns führten.

Wir versuchen zunächst, den Kriegsanfang aus der Entwicklung der vorhergehenden Jahrzehnte zu erklären: aus der machtpolitischen, der technisch-industriellen und der mentalitätsmäßigen Entwicklung.

Beginnen wir mit der *europäischen Machtpolitik*. Im Zeitalter des Imperialismus brachten die großen europäischen Mächte und Amerika in scharfem Konkurrenzkampf die übrige Welt unter ihren Einfluß. Kriegerische Auseinandersetzungen waren dabei immer naheliegend. Das zeigen viele Krisen vor 1914. Lange vor seinem Ausbruch sprach man vom »Weltkrieg«. Für Lenin folgte aus der Struktur der kapitalistischen Großmächte logischerweise der Imperialismus, und dieser mußte ebenso konsequent zum militärischen Konflikt führen[2].

Das mochte logisch sein, aber vor 1914 war diese letzte Konsequenz immer vermieden worden. Nach dem deutsch-französischen Krieg von 1870/71 hatte es viele Krisen, aber keinen Krieg mehr zwischen europäischen Staaten gegeben. Dank der jahrhundertelang ausgebildeten diplomatischen Kunst der europäischen Außenpolitik waren immer wieder Kompromisse gefunden worden. 1878 hatte man sich über die Aufteilung des Balkans verständigt, 1884 über die Aufteilung Afrikas, 1898 brachen England und Frankreich ihren kolonialen Konkurrenzkampf in Afrika ab und kamen sich in der Entente von 1904 noch näher, 1907 verständigten sich England und Rußland über Afghanistan und Persien. Warum sollte das nicht weiterhin möglich sein?

Es hätte möglich sein können, aber man konnte es auch satt bekommen, immer wieder Kompromisse zu schließen, die sich nicht auszahlten, zumal die gegenseitigen Bedrohungen durch immer mehr Aufrüstung zur See und zu Lande zunahmen. Besonders das Deutsche Reich, der jüngste unter den Großstaaten, erzeugte mit seiner Wirtschaftsmacht und Aufrüstung zunehmend Bedrohung, erlitt darum bei den internationalen Kompromissen besonders viele Schlappen und fühlte sich entsprechend selber zunehmend bedroht. Seinetwegen spaltete sich das System der europäischen Großmächte in zwei Lager: Rußland, Frankreich, England auf der einen Seite, Deutschland, Österreich-Ungarn und Italien auf der anderen. Italiens Haltung war ambivalent; das Land wechselte dann 1915 ins entgegengesetzte Lager. Aber auch die meisten anderen Beziehungen waren keine ganz festen Bündnisse. Sie wurden es erst unmittelbar vor Kriegsbeginn, eigentlich für diesen Krieg.

Die Krise, die nicht mehr friedlich beigelegt werden konnte, hatte 1908 auf dem Balkan begonnen, mit den Machtkämpfen der dortigen kleinen Staaten gegen die zurückweichende Türkei. Von den Großstaaten waren nur Österreich-Ungarn und Rußland direkt beteiligt. Die anderen hatten 1909 und 1913 noch einmal für Frieden gesorgt, taten das aber 1914 nicht mehr. Warum nicht?

Wir gehen hier nicht auf die hundertemal durchforschten Einzelheiten ein oder gar auf die leidenschaftlichen Kontroversen der Historiker[3]. Eine Hauptursache und ein Hauptschuldiger sind dabei nicht gefunden worden, auch nicht dadurch, daß heutzutage die deutschen Historiker erkennen, wieviel kriegsbereiter Deutschland war, als man früher zugegeben hat. Was man nach der Erforschung der außen- und innenpolitischen Motive aller Staaten sagen kann, sind zunächst zwei negative Feststellungen.

Die erste: Kein Staat hatte ein so lebenswichtiges politisches Ziel oder war gar dermaßen in seiner Existenz gefährdet, daß er zum Krieg als letztem Hilfsmittel hätte greifen müssen. Der deutsche Diplomat Richard v. Kühlmann hat schon 1917 erklärt:

»Ich sage nicht zuviel, wenn ich behaupte, daß für keinen der Staaten in diesem alten Europa der Zustand, wie er in den letzten vierzig Jahren bestanden hat, so unerträglich war, daß er auf die Gefahr der Selbstvernichtung hin seine Abstellung erreichen mußte[4].«

Die zweite Feststellung: Kein Staat hielt die Erhaltung des Friedens für so vordringlich, daß er dafür Macht- oder Prestigeverlust hingenommen hätte. Unter vielen anderen hat der Schweizer Historiker Herbert Lüthy darauf hingewiesen,

»daß in den Wochen zuvor jede diplomatische Alternative zum Krieg — der ganz routinemäßige Versuch, einen Zwischenfall durch internationale Besprechungen zu erledigen — eisern abgelehnt wurde«[5].

Das ist sehr wichtig, und von da aus läßt sich nicht einfach behaupten, die Großmächte seien in diesen Krieg »hineingeschlittert«, durch den Zwang der Umstände oder durch Unfähigkeit der Diplomatie. Alle beteiligten Regierungen hielten den Krieg schließlich für nötig, nicht nur einen auf den Balkan begrenzten Konflikt, sondern einen europäischen Krieg, aber einen kurzen, möglichst schnell entschiedenen. Einen jahrelangen konnte man sich unter den modernen Verhältnissen kaum vorstellen, trotz des verbreiteten Fatalismus in der Führungsschicht. Man hielt ihn für unumgänglich als begrenzten kurzfristigen Schock zur Verbesserung der jeweils eigenen äußeren und auch inneren Machtlage. Nach jahrzehntelangen, mehr undeutlichen als deutlichen Bedrohungen und Schwächungen dieser Machtlage wollte man auf diese Weise endlich wieder klare, stabile Verhältnisse schaffen:

Die Regierung Österreich-Ungarns, unter dem Eindruck des Verfalls des Vielvölkerstaates, wollte Serbien ducken und fühlte sich dazu ermutigt durch den Beistand Deutschlands.

Die russische Regierung, angeschlagen durch die verheerende Niederlage gegen Japan und durch die Revolution von 1905, wollte Österreich-Ungarn ducken und fühlte sich dazu ermutigt durch die Hilfe Frankreichs und wohl auch Englands, falls Deutschland eingriff.

Die deutsche Regierung, bedrückt durch die zunehmende Macht der Sozialdemokratischen Partei und durch die außenpolitische Einkreisung, wollte Rußland ducken, bevor dieses seine Aufrüstung bis zur militärischen Überlegenheit steigerte.

Die Regierungen von Frankreich und England, besorgt über den relativen Rückgang ihres wirtschaftlichen und weltpolitischen Einflusses, wollten Deutschland ducken und sahen das ermöglicht durch den Zweifrontenkrieg, dem es ausgesetzt war.

Die Julikrise nach dem Attentat von Sarajewo, die in Mobilmachungen und Kriegserklärungen gipfelte, war nicht einfach ein verhängnisvolles Versagen der europäischen Politiker und damit schon selber eine Zerstörung des traditionellen Staatensystems. Die Krise lag durchaus im Rahmen des Systems mit seinem kalkulierten Einsatz friedlicher und militärischer Machtmittel, und die Politiker wußten ziemlich genau, was sie wollten. Trotzdem war ihre beklemmende Vorstellung, unter übermäßigem Druck zu handeln, begründet. Dieser Druck entstand weniger durch die öffentliche Meinung, obwohl die Politiker das gerne behaupteten, als vielmehr durch die militärstrategischen Zwänge des modernen Krieges. Damit kommen wir nach der machtpolitischen auf die *technische Seite* des Kriegsanfangs.

Seit 1870 hatte der Welthandel ständig zugenommen, das Netz weltwirtschaftlicher Beziehungen war immer dichter geworden. Es ist die Zeit der sogenannten zweiten industriellen Revolution. Das vorhergehende Zeitalter von Kohle und Eisen wurde nun durch das Zeitalter von Stahl, Elektrizität, Öl und Chemieprodukten abgelöst. England, das älteste industrialisierte Land, war nicht mehr unbestritten das Zentrum der Weltwirtschaft. Amerika, Frankreich und Deutschland wurden ernstzunehmende Konkurrenten.

Auch als führende Seemacht fühlte sich England angesichts technischer Fortschritte auf dem Gebiet der Kriegsmarine nicht mehr sicher. Seit 1881 bauten die Franzosen die neuerfundenen kleinen schnellen Torpedoboote, seit 1887 Unterseeboote – eine schwere Gefahr für die herkömmlichen teuren, großen, viel zu langsamen Kriegsschiffe. So setzte 1884 in England der kostspielige, sich immer weiter steigernde Produktionsprozeß der Modernisierung und Vermehrung der Flotte ein, angetrieben vom Interesse der Rüstungsindustrie und von der Angst der öffentlichen Meinung vor der konkurrierenden Produktion in Frankreich und Rußland, dann in Japan, Amerika und Deutschland. Durch Macht- und Bündnisverschmelzungen spitzte sich seit 1905 dieses Wettrüsten auf die Rivalität von England und Deutschland zu, auf den Bau immer größerer und modernerer Superschlachtschiffe — einer der teuersten, absurdesten und verhängnisvollsten Irrwege technischen Fortschritts.

Durch die Erfindung von Luftschiffen und Flugzeugen wurde ein ganz neuer Raum für künftige Kriege eröffnet, aber eben nur eröffnet. Auch die Modernisierung des Landkrieges vor 1914 ist nicht mit der seemilitärischen Modernisierung zu vergleichen, abgesehen von der Erfindung des Maschinengewehrs.

Der Landkrieg wurde weniger rüstungstechnisch verändert als militärstrategisch perfektioniert, und das bis zur Erstarrung. Das gilt für alle Kontinentalstaaten hinsichtlich der komplizierten Mobilmachung der Massenheere; hinsichtlich des Kriegsplanes vor allem für Deutschland. In sämtlichen Staaten waren Politiker und Militärs der Ansicht, daß ein Krieg in moderner Zeit schnell begonnen und schnell beendet werden müsse, andernfalls werde er unabsehbar teuer, und das ganze Land sei viel zu sehr von den weltwirtschaftlichen Verbindungen abhängig, um eine längere Unterbrechung zu überstehen. Deutschland mußte auf noch schnellere Kriegführung präpariert sein, da es seit den 1890er Jahren, seit der Annäherung von Frankreich und Rußland, mit einem Zweifrontenkrieg zu rechnen hatte. Seit 1905 sah der Plan des deutschen Generalstabes, der sogenannte Schlieffenplan, vor, daß zunächst Frankreich sehr schnell besiegt werden mußte und erst dann, aber auch möglichst schnell, Rußland. Der Plan wurde Jahr für Jahr verfeinert, aber prinzipiell nicht verändert. Es gab seit 1913 gar keinen Angriffsplan gegen Rußland allein, der Fall schien undenkbar. Er war allerdings auch unwahrscheinlich, weil 1913 angesichts der Balkankrise nicht nur Rußland, sondern auch Deutschland und Frankreich ihre Heere verstärkten.

Die technischen Fortschritte ermöglichten also schnelleren Kriegsbeginn, erzwangen ihn damit aber auch. Das bedeutete: die Politiker hatten praktisch nichts mehr zu sagen, sobald die Mobilmachung verkündet und damit der Mechanismus der militärischen Aktionen ausgelöst war.

Es ging um Tage und Stunden. Am 28. Juli 1914 erklärte Österreich-Ungarn den Serben den Krieg, am 29. machte Rußland teil-, am 30. allgemein mobil, am 31. ordnete Österreich-Ungarn die allgemeine

Mobilmachung an. Deutschland und Frankreich folgten am 1. August, außerdem erklärte Deutschland am selben Abend Rußland den Krieg. Ebenfalls an diesem Tag drängte der deutsche Generalstabschef Moltke auf Kriegserklärung an Frankreich, damit es unverzüglich nach Plan losgehen konnte. Der Reichskanzler Bethmann Hollweg zögerte, er wollte Angriffshandlungen im Westen zunächst vermeiden, um England nicht zu reizen; der Kaiser schlug den Aufmarsch im Osten vor, aber Moltke erwiderte, das sei angesichts des einen, festgelegten Planes unmöglich. Also drangen deutsche Truppen am 2. August in Luxemburg ein und überschritten am 3. August planmäßig die belgische Grenze. Am selben Tag erfolgte die Kriegserklärung an Frankreich, womit man den Kriegseintritt Englands auslöste, der am 4. August erfolgte. »Das Irrationale an rationaler, professionalisierter Planung hätte nicht greller zutage treten können«, sagt dazu der amerikanische Historiker McNeill.

»Ja der unheimliche, geradezu schlafwandlerische Drang, mit dem die Großmächte Europas im August 1914 in den Krieg zogen, symbolisierte das große Dilemma unserer Epoche —: die Dissonanz des Ganzen, herbeigeführt oder entscheidend verschlimmert durch ein vollkommenes Zusammenpassen und eine hochentwickelte Organisation in den einzelnen Teilen[6].«

1914 gab es nicht nur eine allzu kriegsbereite Machtpolitik und eine allzu technifizierte militärische Vorprogrammierung, sondern auch eine überströmende Kriegsbegeisterung, mehr oder weniger in allen beteiligten Ländern. Damit kommen wir auf die *gesinnungsmäßige Einstellung* zum Kriegsanfang, die uns überdeutlich bezeugt ist und besonders schwer erklärbar erscheint.

Stefan Zweig, europabewußter, friedensliebender österreichischer Schriftsteller, erinnert sich noch fast 30 Jahre später in der folgenden Weise an den 4. August 1914:

»In jeder Station klebten die Anschläge, welche die allgemeine Mobilisation angekündigt hatten. Die Züge füllten sich mit frisch eingerückten Rekruten, Fahnen wehten, Musik dröhnte, in Wien fand ich die ganze Stadt in einem Taumel. Der erste Schrecken über den Krieg, den niemand gewollt, nicht die Völker, nicht die Regierungen, dieser Krieg, der den Diplomaten, die damit spielten und blufften, gegen ihre eigene Absicht aus der ungeschickten Hand gerutscht war, war umgeschlagen in einen plötzlichen Enthusiasmus. Aufzüge formten sich in den Straßen, plötzlich loderten überall Fahnen, Bänder und Musik, die jungen Rekruten marschierten im Triumph dahin, und ihre Gesichter waren hell, weil man ihnen zujubelte, ihnen, den kleinen Menschen des Alltags, die sonst niemand beachtet und gefeiert. Um der Wahrheit die Ehre zu geben, muß ich bekennen, daß in diesem ersten Aufbruch der Massen etwas

Großartiges, Hinreißendes und sogar Verführerisches lag, dem man sich schwer entziehen konnte. Und trotz allem Haß und Abscheu gegen den Krieg möchte ich die Erinnerung an diese ersten Tage in meinem Leben nicht missen. Wie nie fühlten sich Tausende und Hunderttausende Menschen, was sie besser im Frieden hätten fühlen sollen: daß sie zusammengehörten[7].«

Schon am 1. August, am Tage der deutschen und französischen Mobilmachung, waren die Stichworte für dieses nationale Gemeinschaftsgefühl gefallen. Kaiser Wilhelm II. rief in Berlin unter dem Jubel der Menge:

»In dem jetzt bevorstehenden Kampfe kenne Ich in Meinem Volke keine Parteien mehr. Es gibt unter uns nur noch Deutsche.«

Ebenso umjubelt rief der französische Staatspräsident Poincaré am selben Tag:

»Zu dieser Stunde gibt es keine Parteien mehr. Es gibt nur noch das einige Frankreich, das friedliche und entschlossene Frankreich[8].«

Die Kriegsbegeisterung ist zweifellos durch die Mobilmachung ausgelöst worden. Man erlebte überall, wie sich die gewaltige militärische Organisation in Bewegung setzte. In Windeseile, dank der modernen technischen Mittel, war das Volk uniformiert und in Waffen. Der Dichter Hermann Bahr hielt das für ein spezielles deutsches Wunder und verglich es mit einer Wagneroper:

»Deutsche Musik ist unsere Mobilmachung gewesen: Es ging in ihr genau wie in einer Partitur Richard Wagners zu: völlige Verzückung bei völliger Präzision[9]!«

Diese anlaufende Kriegsmaschinerie faszinierte aber alle beteiligten Völker, und ihre Kampfbereitschaft wurde dadurch gesteigert, daß sich alle als die Angegriffenen fühlten. Man war aggressiv zur Verteidigung des eigenen Vaterlandes. Österreicher und Deutsche fühlten sich ringsum bedroht, durch die barbarische »russische Dampfwalze« und durch den Neid Englands und Frankreichs. Rassistisch und darwinistisch nannte man es nach dem allerhöchsten Vorbild Kaiser Wilhelms II. einen Existenzkampf der Germanen gegen die von den Romanen und Angelsachsen unterstützten Slawen. Auf der anderen Seite war es kaum anders. Engländer und Franzosen sprachen von einer Bedrohung der gesamten Zivilisation durch den »Pangermanismus« der barbarischen, eroberungslüsternen Deutschen. Die Engländer kämpften gegen den preußischen Militarismus, der Verträge brach und das kleine Volk der Belgier überfiel. Für die Franzosen erklärte der Philosoph Henri Bergson als Präsident der Akademie der Wissenschaften:

»Der begonnene Krieg gegen Deutschland ist der eigentliche Kampf der Zivilisation gegen die Barbarei. Jedermann fühlt das, aber unsere Akademie verfügt vielleicht über eine besondere Autorität, es zu sagen[10].«

Das löste die erbitterte Gegenpropaganda der deutschen Literaten und Wissenschaftler aus, die Verteidigung der deutschen Kultur und der sogenannten »Ideen von 1914«. Nationale Volksgemeinschaft und deutsche Staatsidee wurden gegen westliche Freiheitsideale gestellt, Kultur gegen Zivilisation.

Aber das war schon nicht mehr Kriegsbegeisterung, sondern Kriegspropaganda. Es war die Folge der Anfangsstimmung, sie ist davon nicht erzeugt worden. Wie ist aber das spontane Gemeinschaftserlebnis in den Tagen der Mobilmachung zu erklären? Warum war man so entschlossen bereit, für das Vaterland zu kämpfen, die Feinde zu hassen, das eigene Leben hinzugeben?

An sich galt der Frieden zwischen den zivilisierten Völkern als hoher Wert. Die internationale Zusammenarbeit wurde in Europa gepflegt, auf den verschiedensten Gebieten und sozusagen auf allen Ebenen. Die kaiserlichen und königlichen Familien waren durch Verwandtschaft und Heirat miteinander verbunden. Das Bürgertum unterhielt unzählige wirtschaftliche und kulturelle Beziehungen. Die Arbeiterschaft hatte sich in der Sozialistischen Internationale zusammengeschlossen. Aber nationale Interessen hatten auch einen sehr hohen Wert, meist einen höheren, und kämpferische, ja kriegerische Auseinandersetzung galt als notwendiger Ausleseprozeß, um Lebenstüchtigkeit zu beweisen und Macht zu erlangen. Internationale Friedensbewegungen hatten es vor 1914 schwer; Pazifisten galten meistens als lächerlich und unmännlich. Das war besonders in Deutschland mit seinen starken militärischen Idealen der Fall, denn hier wurde seit 1871 als geschichtliche Erfahrung und Lehre verbreitet, daß die nationale Einigung in erster Linie durch Krieg erreicht worden war. Der pensionierte General v. Bernhardi schrieb 1912 in seinem Buch *Deutschland und der nächste Krieg*: »Der Krieg ist im Gegensatz zum Frieden der größte Machterweiterer und Lebenserwecker, den die Geschichte der Menschheit kennt[11].« So hatte Bertha v. Suttner, die große Vorkämpferin des Pazifismus, sicherlich recht, wenn sie im selben Jahr feststellte: »Der Krieg besteht nicht darum weiter, weil es Böses gibt, sondern weil man ihn noch für gut hält[12].«

1912 und 1913 hatte es bei der Heeresvermehrung bereits Wellen nationaler Kriegsentschlossenheit gegeben, die von der politischen Führung mit Erstaunen registriert wurden. Von bürgerlichen Friedensbewegungen war demgegenüber damals nichts zu erwarten, wohl aber von der sozialistischen Opposition. Noch am 25. Juli 1914 erschien ein Aufruf des deutschen sozialdemokratischen Parteivorstandes:

»Das klassenbewußte Proletariat Deutschlands erhebt im Namen der Menschlichkeit und der Kultur flammenden Protest gegen dies verbrecherische Treiben der Kriegshetzer [...] Parteigenossen, wir fordern Euch auf, sofort in Massenversammlungen den unerschütterlichen Friedenswillen des klassenbewußten Proletariats zum Ausdruck zu bringen [...] Überall muß den Gewalthabern der Ruf in den Ohren klingen: Wir wollen keinen Krieg! Nieder mit dem Kriege! Hoch die internationale Völkerverbrüderung[13]!«

Aber trotz der Massenkundgebungen für den Frieden folgten die sozialistischen Reservisten und Freiwilligen den Mobilmachungen wie alle anderen. Auch sie verhielten sich als Patrioten, um das Vaterland zu schützen: Deutschland gegen den russischen Imperialismus oder Frankreich gegen den deutschen Imperialismus. Am 1. August schloß sich die französische Arbeiterpartei mit den anderen französischen Parteien in einer Union Sacrée zusammen, am 4. August stimmte sie den Kriegskrediten zu. Ebenfalls am 4. August stimmte die deutsche sozialdemokratische Reichstagsfraktion nach schweren inneren Auseinandersetzungen den Kriegskrediten zu und erklärte dabei:

»Die Sozialdemokratie hat diese verhängnisvolle Entwicklung mit allen Kräften bekämpft [...] Ihre Anstrengungen sind vergeblich gewesen. Jetzt stehen wir vor der ehernen Tatsache des Krieges, uns drohen die Schrecknisse feindlicher Invasionen [...] Es gilt diese Gefahr abzuwehren, die Kultur und die Unabhängigkeit unseres eigenen Landes sicherzustellen. Da machen wir wahr, was wir immer betont haben: Wir lassen in der Stunde der Gefahr das eigene Vaterland nicht im Stich.«

Sie fügte allerdings hinzu:

»Wir fordern, daß dem Kriege, sobald das Ziel der Sicherung erreicht ist und die Gegner zum Frieden geneigt sind, ein Ende gemacht wird durch einen Frieden, der die Freundschaft mit den Nachbarvölkern ermöglicht[14].«

Damit wies sie deutlich auf die Grenzen ihrer Kriegsbereitschaft hin. Ihr späterer Kampf um baldigen maßvollen Frieden deutete sich schon an. Im August 1914 wirkte ihre Zustimmung aber als großartiges Zeichen der zusammengeschlossenen kriegsbereiten Volksgemeinschaft.

Diese Kriegsbereitschaft ist sicherlich in allen Ländern stark gefördert worden durch jahrelange offizielle und inoffizielle Beeinflussung der öffentlichen Meinung seitens der nationalistischen Presse, auch seitens der Agitation von Flotten- und Wehrvereinen. Aber es steckte offensichtlich noch mehr dahinter. Die Kriegsmobilmachung wirkte wie eine Befreiung von allem, was die Menschen bisher bedrückt, verunsichert oder gelangweilt hatte — so verschieden es sein mochte. Es gab keine Vereinzelung mehr, keine Parteien, und man konnte nun glauben, daß das zusammengeschlossene Volk verwirklichen würde, was man wünschte — so verschieden und widersprüchlich diese Wünsche sein mochten: entweder Festigung des Obrigkeitsstaates oder Demokratisierung oder Sozialismus. In der Kriegsbegeisterung lag also viel Überdruß an den bestehenden Verhältnissen: am Materialismus und Egoismus der bürgerlichen Welt, an verknöcherten, längst reformbedürftigen gesellschaftlichen Zuständen, aber — vergessen wir das nicht — Überdruß auch an geduldiger, rationaler Konfliktlösung, an Politik der kleinen Schritte, an Zivilisation und am Frieden. Thomas Mann schrieb im September 1914, daheim am sicheren Schreibtisch sitzend, aber aufgeregt und maßlos wie fast alle damaligen Schriftsteller:

»Wir hatten an den Krieg nicht geglaubt, unsere politische Einsicht hatte nicht ausgereicht, die Notwendigkeit der europäischen Katastrophe zu erkennen. Als sittliche Wesen aber — ja, als solche hatten wir die Heimsuchung kommen sehen, mehr noch: auf irgendeine Weise ersehnt; hatten im tiefsten Herzen gefühlt, daß es so mit der Welt, mit unserer Welt nicht mehr weitergehe [...] Gräßliche Welt, die nun nicht mehr ist — oder doch nicht mehr sein wird, wenn das große Wetter vorüberzog! Wimmelte sie nicht von dem Ungeziefer des Geistes wie von Maden? Gor und stank sie nicht von den Zersetzungsstoffen der Zivilisation? [...] Wie hätte der Künstler nicht Gott loben sollen für den Zusammenbruch einer Friedenswelt, die er so satt, so überaus satt hatte! — Krieg! Es war Reinigung, Befreiung, was wir empfanden, und eine ungeheure Hoffnung [...] Es war der nie erhörte, der gewaltige und schwärmerische Zusammenschluß der Nation in der Bereitschaft zu tiefster Prüfung — einer Bereitschaft, einem Radikalismus der Entschlossenheit, wie die Geschichte der Völker sie vielleicht bisher nicht kannte[15].«

*

Der militärische Machtkampf in Europa war geplant als möglichst kurzer, schnell entschiedener Krieg. Als jahrelanger war er nicht vorbereitet worden. Tatsächlich dauerte er aber jahrelang und führte zu völlig unerwarteten Leiden und katastrophalen Veränderungen. Nicht der Anfang, sondern dieser unvorhergesehene Verlauf war die große negative Neuerfahrung Europas im 20. Jahrhundert.

Der deutsche Angriff im Westen kam im August 1914 fast bis Paris, unter rücksichtslosem Menscheneinsatz, also unter äußerst schweren Verlusten, aber dann wurde er von den Franzosen gestoppt. So erstarrte der Bewegungskrieg zu jahrelangem Stellungskrieg. Die russischen Armeen drangen in Galizien und Ostpreußen ein; der deutsche Gegenangriff befreite Ostpreußen und reichte bis nach Polen, aber damit war auch nichts entschieden. Zur See herrschte England und schnitt die Mittelmächte, also Deutschland und Österreich-Ungarn, durch Blockade von der übrigen Welt ab. Dafür störten die deutschen U-Boote die englische und die neutrale Handelsschiffahrt, mußten sich aber zurückhalten, um nicht die Feindschaft Amerikas hervorzurufen. Japan trat auf alliierter Seite in den Krieg ein, die Türkei auf seiten der Mittelmächte. Die Lage war ab Ende 1914 undeutlich und festgefahren, aber so gleichgewichtig, daß noch jeder siegen zu können glaubte.

Am 15. März 1915 beurteilte der Präsident des Preußischen Herrenhauses diese Lage folgendermaßen:

»Wir haben den größten Teil unserer Kolonien verloren. Das ist schmerzlich, aber nicht von entscheidender Bedeutung. Dagegen ist der deutsche Boden mit Ausnahme einiger Dörfer im Elsaß frei von Feinden, und wir sind in der Lage, Belgien und einen großen Teil von Frankreich und Polen als in unserer Macht befindlich zu betrachten. Man kann aussprechen, daß damit das Vorhaben unserer Feinde, Deutschland zu vernichten, zuschanden geworden ist, daß wir insofern als Sieger dastehen. Und wenn wir weiter nichts wollten, als diesen Angriff abzuschlagen, so glaube ich, würde es nicht allzuschwer sein, einen Frieden in kurzer Frist zu erlangen. Damit kann aber Deutschland sich nicht befriedigt erklären. Nach den ungeheuren Opfern, die wir gebracht haben, an Menschen sowohl wie an Hab und Gut, müssen wir mehr fordern[16].«

Es ging also weiter. 1915 im Osten, weil es dort leichter zu sein schien. Ganz Polen, Litauen und Kurland wurden von deutschen Truppen erobert. Österreich-Ungarn erhielt einen neuen Kriegsgegner in Italien, aber auch einen neuen Bundesgenossen in Bulgarien, der bei der Eroberung von Serbien half.

1916 wurde Deutschland wieder im Westen aktiv, um den Stellungskrieg durch die mörderische sogenannte »Ermattungsstrategie« aufzubrechen. Durch monatelanges Artilleriefeuer vor Verdun, durch Sturmangriffe auf einzelne Forts sollten die Franzosen zum »Weißbluten« gebracht werden. Aber dann folgte die alliierte Gegenoffensive, das viermonatige Trommelfeuer an der Somme. Die deutsche Front wurde etwas eingedrückt, aber es gelang kein Durchbruch. Auch nicht bei der gleichzeitigen Offensive der Russen, obwohl sie von dem neuen

Kriegsteilnehmer Rumänien unterstützt wurde. Es gab nur auf allen Seiten ungeheure Verluste.

Diese Kriegsentwicklung veränderte Front und Heimat, Staat und Wirtschaft in allen beteiligten Ländern.

Was die Front betrifft, so sprechen unzählige Kriegsbriefe und Berichte von den vorher unvorstellbaren Erfahrungen, besonders in Frankreich. Ein deutscher Soldat schrieb schon im November 1914:

»Ihr in der Heimat könnt Euch nicht die geringste Vorstellung davon machen, was es für uns bedeutet, wenn in der Zeitung schlicht und einfach zu lesen ist: ›In Flandern fanden heute wieder nur Artilleriekämpfe statt!‹ Tausendmal lieber vorgehen in verwegenem Angriff, koste es, was es wolle, als das tagelange Ausharren im Granatfeuer, wo man immer nur wartet, ob denn die nicht kommt, die einen verstümmelt oder zerschmettert. Rechts von mir stöhnt seit drei Stunden im Unterstand ein Unteroffizier, dem eine Granate beide Beine und einen Arm zerschmetterte[17].«

Henri Barbusse, ein französischer Soldat, schilderte 1916 einen Trupp, der zum Sturmangriff angetreten ist:

»Es sind keine Soldaten, es sind Menschen. Es sind keine Abenteurer, keine Krieger, die zur Menschenschlächterei als Schlächter oder Schlachtvieh geboren sind. Es sind Ackersleute und Arbeiter, die man unter den Uniformen erkennt. Es sind entwurzelte Bürgersleute. Nun stehen sie bereit und warten auf das Zeichen des Todes und des Mordens [...] Trotz der Propaganda, die sie bearbeitet, sind sie nicht kampfeslustig [...] Im ganzen Bewußtsein ihres Handelns und in voller Gesundheit drängen sie sich hier zusammen, um sich noch einmal in jene wahnsinnige Rolle zu stürzen, die ihnen die Menschheit auferlegt hat[18].«

Auch in früheren Kriegen ist die besondere Gemeinschaftsform des Soldatenlebens erfahren worden, mit den Schrecken des Kampfes, den Qualen der Verwundung und der Nähe des Todes, aber 1914 kam die Erfahrung nach einer langen Friedenszeit, sie betraf weit mehr Menschen und sie hatte viele ganz neue Züge: als Stellungskrieg, als Materialschlacht, als Untersee- und Luftkampf.

Auch die Heimat veränderte sich. Nicht nur in den besetzten französischen und polnischen Gebieten. Und nicht nur durch das weitverbreitete Leid der Familien um Gefallene und Verwundete, Vermißte und Gefangene. Schon indem Hunderttausende von Berufstätigen eingezogen waren und weiter eingezogen wurden, änderten sich in Dörfern und Städten die Lebens- und Arbeitsbedingungen. Viele Hilfsorganisationen wurden gegründet. Die Emanzipation der Frau nahm sozusagen notgedrungen einen enormen Aufschwung, denn viele Frauen übernahmen Männerarbeit im Geschäft, in Fabriken, Büros und im öffentlichen Verkehrswesen. Besonders in den deutschen Städten, aber auch in österreichischen, wurde seit dem Winter 1914/15 die Lebensmittelknappheit fühlbar, und das steigerte sich über das Kriegsende hinaus. Seit der Industrialisierung, besonders seit der Verbesserung des modernen Transportwesens, hatte man derartigen Nahrungsmangel nicht mehr erlebt, auch nicht in den unteren Schichten der Bevölkerung. Waren es bisher die Großstädte gewesen, die zunehmend ein besseres Leben ermöglicht hatten, weil sich hier der technische Fortschritt, der moderne Komfort am deutlichsten ausgeprägt hatte, so genossen nun die Bauern, jedenfalls was die Ernährung betraf, die Vorteile des Landlebens. Sie verteuerten außerdem die Lebensmittel oder hielten sie ganz zurück, wodurch sie begreiflicherweise den Haß der Städter erregten. Das führte zu neuen Gegensätzen zwischen Stadt und Land. Aber auch unter den Stadtbewohnern verschärften sich die Gegensätze, denn nicht alle litten in gleicher Weise unter Nahrungsmangel. Die Reichen machten ihre Hamsterfahrten auf die Dörfer und kauften zu Schwarzmarktpreisen ein, während die Ärmeren vor den Geschäften Schlange standen, um die ihnen zustehenden Rationen an Einheitsbrot und Fett, um Steckrüben und die vielen minderwertigen Ersatzstoffe zu bekommen. Eine Australierin, die den Krieg in Leipzig erlebte, berichtete in einem Brief im Dezember 1917:

»Wir haben eine seltsame Woche durchgestanden — die schlimmste Woche, die das deutsche Volk bis jetzt erleben mußte. Keine Kohle, das elektrische Licht abgestellt, Gas heruntergedreht [...] und praktisch nichts zu essen — es scheint keine Kartoffeln mehr zu geben — jeder hat ein halbes Pfund sogenannte Kartoffelflocken bekommen [...] Sie scheinen mir getrocknete Kartoffelschalen zu sein [...] Wir hatten also dies halbe Pfund, 5 Pfund Rüben, 3 1/2 Pfund Brot und das war alles [...] Es übersteigt mein Fassungsvermögen, wie die Armen hier zurechtkommen. Jedes andere Volk dieser Erde würde sich gegen eine Regierung erheben, die es in solches Elend geführt hat, aber diese Leute haben keinen Funken Unternehmensgeist mehr[19].«

Diese Notstände sind für den heutigen Betrachter ein Zeichen, wie wenig Staat und Wirtschaft auf den Krieg vorbereitet waren. Militärisch war er geplant, aber wirtschaftlich war keine Vorsorge für eine längere Kriegsdauer getroffen worden, weder von den Behörden noch von den Unternehmern, nicht auf dem Ernährungssektor und nicht einmal zur Sicherung der Rohstoffe für weitere Waffen- und Munitionsherstellung. Schon im Oktober 1914 gab es eine Munitionskrise, in Deutschland wie in Frankreich. Fabriken mußten zur Produktion von Kriegsmaterial umgebaut oder neuerrichtet werden. In Deutschland stand das Rohstoffproblem wegen der Blockade an erster Stelle. Kriegswichtige Rohstoffe mußten beschlagnahmt und zugeteilt werden oder sie mußten ersetzt werden. Dazu bedurfte es großen Erfindungs- und Organisationsgeistes, aber auch staatlicher Eingriffe in die Industrie. So wurde die rechtzeitige Erfindung von Fritz Haber, Nitrat durch Stickstoff aus der Luft zu gewinnen, für die Pulverherstellung ausgenutzt. Und im Kriegsministerium wurde die Rohstoffbewirtschaftung organisiert, kennzeichnenderweise auf Initiative und unter Leitung eines Großindustriellen, nämlich Walther Rathenaus. Ohne diese Erfindung und diese Organisation wäre es möglicherweise ein kurzer Krieg geworden; er hätte vielleicht ohne amerikanische Mitwirkung und ohne Revolution sein Ende gefunden; dem deutschen Heer wäre schon nach wenigen Monaten das Material, buchstäblich das Pulver ausgegangen. Rathenau wußte aber sehr wohl, welch große Veränderung er im Verhältnis von Staat und Wirtschaft einleitete. Es war der Weg von der freien Weltwirtschaft zur nationalstaatlichen Planwirtschaft. An einen Freund schrieb er schon am 14. August 1914:

»Ich bin mir klar, daß die Methoden, nach denen ich vorgehen muß [...], tief in das Gefüge der kapitalistischen Wirtschaftsordnung eingreifen und dementsprechend auf starken Widerstand bei den Industriellen wie im Reichstag stoßen werden. Wenn ich tief in mich hineinhöre, weiß ich, daß ich mich selbst damit zum Werkzeug einer Entwicklung mache, durch die ich dazu beitrage, die Götter zu stürzen, welche die Welt vor dem August 1914 anbetete, eine Welt, der ich angehöre und durch die ich wurde, was ich bin: ein Individualist [...] Wir stehen vor einer unabsehbaren Periode der Umschichtungen, intellektueller und materieller, einer Periode, ich scheue mich fast es auszusprechen, die vielen als die des europäischen Niedergangs erscheinen wird[20].«

In den anderen kriegführenden Staaten kam es seit 1915 ebenfalls zur staatlichen Organisation der Rüstungsproduktion, teilweise auch der Energieversorgung und der Ernährung. Sie geschah wie in Deutschland nicht einfach als staatliche Zwangsmaßnahme, sondern in Zusammenarbeit von Regierung und Industrie. Die Unternehmer reagierten empfindlich gegen alle gemeinwirtschaftlichen oder staatssozialistischen Ideen, und so war das Ergebnis keine staatliche Planwirtschaft, sondern ein Konzentrationsprozeß in der Industrie. Indem die Großunternehmungen und Syndikate wegen ihrer Leistungsfähigkeit bevorzugt wurden, verdrängten sie die Masse der kleinen Betriebe.

Auch das sogenannte Hindenburgprogramm von 1916, die gewaltige Steigerung der deutschen Rüstungsanstrengungen zur Herbeizwingung des Sieges, geschah in Zusammenarbeit von Oberster Heeresleitung und Großindustrie. Es war eine bis dahin unvorstellbare Indienstnahme aller Kräfte des Volkes, vor allem durch das Gesetz über den Vaterländischen Hilfsdienst, eine »totale Mobilmachung«, wie sie später genannt wurde. Denn auch nach dem Krieg vergaß man sie nicht: Sie wurde Vorbild für die bolschewistische und dann für die nationalsozialistische Planwirtschaft.

*

Umwälzender als die bisher genannten Veränderungen waren die des Jahres 1917. In Rußland brach die Revolution aus, und die Vereinigten Staaten von Amerika traten in den Krieg ein. Damit kündigte sich das Ende des alten Europa an, das Ende seines jahrhundertelang funktionierenden Staatensystems mit seinen Gleichgewichtsvorstellungen und seiner Weltgeltung. Wir wissen zwar erst seit dem Ende des Zweiten Weltkrieges, daß damals die beiden Supermächte der zweiten Hälfte unseres Jahrhunderts ihren ersten Auftritt hatten; aber ihre Andersartigkeit gegenüber den bisherigen Staaten war sogleich augenscheinlich und wurde von ihnen selber programmatisch betont. Sosehr schon 1914 Ideologien eine große Propagandarolle spielten: die »Zeit der Ideologien« setzte erst mit dem Auftritt dieser beiden Mächte wirklich ein.

Die Vereinigten Staaten waren wirtschaftlich und weltpolitisch in denselben Jahrzehnten, seit 1870, aufgestiegen wie das Deutsche Reich, sie waren eine imperialistische Macht im modernen Weltstaatensystem, sie unterstützten seit Kriegsbeginn die Alliierten, aber prinzipiell hatten sie sich den europäischen Auseinandersetzungen bisher ferngehalten. Nun traten sie mit dem Anspruch auf, solche Auseinandersetzungen ein für allemal zu beenden, zuerst vermittelnd, dann klar auf seiten der Alliierten. Präsident Wilson erklärte am 22. Januar 1917:

»Die Frage, von der der ganze zukünftige Friede und die Politik der Welt abhängt, ist die folgende: Ist der gegenwärtige Krieg ein Kampf um einen gerechten und sicheren Frieden oder nur ein Kampf um ein neues Gleichgewicht der Macht? [...] Es darf kein Gleichgewicht der Macht, es muß eine Gemeinsamkeit der Macht entstehen; keine organisierte Rivalität, sondern ein organisierter gemeinsamer Friede [...] Keine Nation soll danach streben, ihre Staatsform auf irgendeinen anderen Staat oder ein anderes Volk auszudehnen; jedes Volk soll frei bleiben, selbst über seine eigene Staatsform, seinen eigenen Entwicklungsgang zu entscheiden[21].«

Das war ebenso gegen den österreichischen Vielvölkerstaat und gegen deutsche Kriegsziele gerichtet wie gegen die englische Kriegspropaganda und Gleichgewichtsideologie. Erst als Wilsons Vermittlungsvorschlag von den Mittelmächten nicht angenommen wurde, trat er in den Krieg ein und erklärte am 1. April 1917, die Welt müsse sicher gemacht werden für die Demokratie, es müsse also gegen die autokratischen Staaten — nicht gegen ihre Völker — gekämpft werden.

Rußland, eine der alten Mächte des europäischen Staatensystems, war damals seit wenigen Wochen kein autokratischer Staat mehr. Die Februarrevolution hatte den Zarismus hinweggefegt. Die neue Provisorische Regierung war demokratisch und wollte den Krieg, soweit möglich und nötig, fortsetzen. Aber neben ihr standen die Arbeiter- und Soldatenräte als praktisch ebenbürtige, wenn nicht gar überlegene Macht, und sie wollten den sozialen Umsturz und den baldigen Frieden. Sie erklärten am 17. März 1917:

»Wir wenden uns an alle Völker, die in diesem ungeheuerlichen Krieg von Ausrottung und Ruin heimgesucht wurden, und sagen ihnen, daß die Zeit gekommen ist, mit den räuberischen Bestrebungen der Regierungen aller Länder aufzuräumen[22].«

Mitte April 1917 kam Lenin nach Petrograd; die deutsche Regierung hatte ihm die Durchreise von der Schweiz her ermöglicht, um das Chaos in Rußland zu vergrößern. Im Namen der bolschewistischen Partei sagte er der Provisorischen Regierung und allen anderen Parteien den Kampf an. Er trat nicht nur für baldige, sondern sogar für sofortige Beendigung des Krieges ein.

Das waren epochale, überraschende Veränderungen. Die Mittelmächte, also Deutschland und Österreich-Ungarn, hatten schon im Dezember 1916 ein erstes, vergebliches Friedensangebot gemacht, dann hatte Deutschland beschlossen, den unbeschränkten U-Boot-Krieg wiederaufzunehmen, um England schnell vernichtend zu treffen, schnell, ehe Amerika eingreifen konnte. Hätte man die russische Februarrevolution vorausgesehen, so wäre man dieses verhängnisvolle Risiko nicht eingegangen, das bloß den amerikanischen Kriegseintritt provozierte. Nun standen die Mittelmächte einer ideologisch einheitlichen demokratischen Front gegenüber. Das war innenpolitisch prekär, denn die eigenen parlamentarisch-demokratischen Reformbestrebungen seitens der Sozialdemokraten und Liberalen konnten nun als Feindpropaganda verteufelt werden. Die Siegesaussichten sahen aber besser aus, da in Rußland die Bolschewisten immer einflußreicher wurden, in der

Oktoberrevolution die Macht errangen und ihre Einparteiendiktatur aufrichteten. Sie waren die Gegner aller kapitalistischen Staaten, aber sie waren friedensbereit. So kam es nach jahrelangen schweren Kämpfen zu einem leichten Sieg der Mittelmächte im Osten. Maßlose imperialistische Kriegsziele der Obersten Heeresleitung knüpften sich daran, die mit ihrer Vorstellung eines »germanisch« beherrschten Großraums im Osten und ihrer rassistischen Slawenverachtung schon auf Hitlers Ostpolitik vorausweisen. Im März 1918 wurde den neuen bolschewistischen Machthabern in Brest Litowsk der Frieden rücksichtslos und brutal diktiert. Auf den riesigen Westteil Rußlands mußten sie verzichten, also auf Finnland, die baltischen Länder, Polen, die Ukraine und Transkaukasien. Aber das Großreich war ohnehin zerfallen und sollte noch unter jahrelangem Bürgerkrieg leiden. Deutsche Truppen, dann, nach 1918, sogar englische, französische und amerikanische Truppen griffen in diesen Bürgerkrieg ein, um das Sowjetsystem mit seinen weltrevolutionären Absichten einzudämmen. Der Staatengürtel von Finnland bis Rumänien galt dafür in der Folgezeit als gute Sicherung, als »cordon sanitaire«.

*

Zurück zum Jahr 1918. Wenige Monate nach dem katastrophalen Kriegsende Rußlands kam es zum ebenfalls katastrophalen Kriegsende Deutschlands, Österreich-Ungarns und der Türkei. Damit sind wir bei den letzten umwälzenden Veränderungen, die der Krieg bewirkte.

Nach dem leichten Sieg im Osten waren die Mittelmächte im Westen stärker und angriffsfähiger, die Deutschen in Frankreich, die Österreicher in Italien. Aber nun brachten die Amerikaner und die neuentwickelten Tankangriffe das ausschlaggebende Übergewicht der Alliierten. Außerdem bedrohten die Engländer nun die Türkei von Palästina und Griechenland aus. Ende September 1918 war es soweit. Die deutsche Oberste Heeresleitung hielt nun, spät genug, aber noch vor einer sichtbaren Niederlage, eine sofortige Beendigung der Kämpfe für nötig. Nach den ständigen Durchhalteparolen wirkte das wie ein Schock. Am 4. Oktober baten das Deutsche Reich und Österreich-Ungarn um Waffenstillstand; dann auch die Türkei; die Note wurde jeweils an den amerikanischen Präsidenten gerichtet.

Angenommen wurde der Waffenstillstand erst im November, als sich die gewünschten und auch zu erwartenden inneren Veränderungen der Mittelmächte vollzogen hatten: in Deutschland nicht nur die Umwandlung zu einer parlamentarischen Reichsverfassung, sondern auch die Abdankung des Kaisers und der Fürsten; und das geschah bei der ausbrechenden Revolution. Österreich-Ungarn zerfiel: die Tschechoslowakei entstand, daneben ein verkleinertes Ungarn; andere Teile schlossen sich an Polen, Rumänien, Italien und an Serbien an, das sich zum Serbisch-Kroatisch-Slowenischen Königreich erweiterte. Das restliche Deutsch-Österreich mußte all das hinnehmen; der Kaiser verzichtete auf seine Throne. So verschwanden in 20 Monaten die drei europäischen Kaiserreiche, die sogenannten Autokratien, und wurden überstürzt durch zahlreiche Republiken ersetzt, im Sinne des Selbstbestimmungsrechtes der Völker.

In einer großen Friedenskonferenz sollte das durch die Siegermächte geordnet werden, ohne Beteiligung der Besiegten und auch ohne Beteiligung des revolutionären Rußland. Es war für jedermann sichtbar, daß hier Neuordnung und Siegerordnung zwangsläufig vermischt wurden. Der Krieg war so lange und erbittert geführt worden, hatte beiden Seiten so viele Menschenleben gekostet, hatte so viel Zerstörung und Vernichtung verursacht, daß eine ganz neue und dauerhafte internationale Friedensordnung dringend notwendig erschien, also Völkerbund und Ächtung von Krieg und Kriegstreibern, wie die Amerikaner vorschlugen. Aus denselben Gründen erschien aber auch Entschädigung und Sicherung besonders Frankreichs und Englands notwendig, also der Staaten, die nur unter äußersten Anstrengungen schließlich gesiegt und dabei wenig gewonnen hatten. Die Besonderheit des Krieges verhinderte also normale Friedensverhandlungen mit den Besiegten, sowohl über Entschädigungen als auch über die Neuordnung; Verhandlungen über beides zugleich kamen schon gar nicht in Frage. Dafür waren schon die entsprechenden Kompromisse zwischen den Siegermächten viel zu schwierig.

Über das Deutsche Reich wurde zuerst verhandelt. Es war der mächtigste Staat unter den Besiegten, bevölkerungsmäßig und wirtschaftlich der stärkste auf dem Kontinent, auch militärisch, wenn er nicht entwaffnet wurde. Durch die Revolution mochte er zur Zeit gefährdet sein, konnte er aber auch gefährlich werden. Was tun? Man konnte ihm Randgebiete entreißen, im Westen und Osten, auch etwas im Norden, aber man konnte das Reich aufgrund des Selbstbestimmungsrechtes der Völker nicht entscheidend verkleinern. Für Frankreich war es darum eigentlich bedrohlicher als vor 1914 innerhalb der damaligen Bündnissysteme. Also dachte man sich riesige materielle Entschädigungen aus und brandmarkte Deutschland zu deren Rechtfertigung außerdem als Kriegsschuldigen. Das waren sehr harte, entwürdigende Friedensbedingungen. Ohne den Einfluß Wilsons und ohne die Furcht vor einer Bolschewisierung Deutschlands wären sie sicherlich noch weit härter gewesen, aber auch so führten sie zu tiefer und langer Empörung in Deutschland, die man immer wieder schüren konnte. Diese moralische Demütigung hatte eine verhängnisvolle Wirkung in einem Lande, das nach all den Kriegsleiden schon über die unerwartete schwere Niederlage entsetzt war und sich von Revolutionswirren und Verarmung bedroht sah. Kriegsschuld und Verurteilung eigener Kriegsschuldiger lehnte man empört ab und suchte um so hysterischer nach Schuldigen für die Niederlage: Das konnten nur die Sozialisten sein, die defaitistischen, streikenden, jetzt revolutionierenden Arbeiter, die dem siegreichen Heer den Dolch in den Rücken gestoßen hätten, oder die Parteien der Weimarer Koalition, die schon immer durch ihr Gerede vom Verständigungsfrieden den Wehrwillen zersetzt hätten und nun in der ungeliebten Republik an der Macht saßen, oder die Juden mit ihrer internationalen antideutschen Verschwörung. Nicht nur der Haß auf die anderen Völker, besonders auf die Franzosen, ist dadurch nach Kriegsende noch gesteigert worden, sondern auch Haß und Mißtrauen zwischen den Schichten des eigenen Volkes, zwischen politischen Parteien, Weltanschauungen, Generationen.

Deutschland hatte den Friedensvertrag von Versailles Ende Juni 1919 unterzeichnet, gezwungenermaßen und unter Protest. Mitte September unterzeichnete Österreich, genauer: Deutsch-Österreich, aber so durfte es sich nicht nennen, durfte sich auch staatlich nicht an das Deutsche Reich anschließen. Es erkannte die Selbständigkeit der anderen ehemals österreichisch-ungarischen Teile an, verlor auch noch Südtirol, Istrien und anderes. Es hatte unvergleichlich viel größere territoriale Verluste als Deutschland, allerdings bestätigte der Friedensvertrag meist nur, was schon auseinandergefallen war. Entsprechend hat man der alten Kaiserherrlichkeit nachgetrauert, sich aber weit weniger gegen die Friedensbedingungen aufgebäumt als in Deutschland.

Ende November 1919 unterzeichnete Bulgarien, gehaßt und verkleinert von den anderen Balkanstaaten.

Sehr viel später, erst im Juni 1920, unterzeichnete Ungarn, denn dort hatten die drohenden Gebietsverluste 1919 zu schweren Unruhen und kriegerischem Widerstand gegen die Tschechoslowakei und Rumänien geführt.

Im August 1920 unterzeichnete schließlich die stark reduzierte Türkei und sollte die größten Gebietsabtretungen anerkennen: an Griechenland und Italien, Frankreich und England; Armenien sollte selbständig sein. Es war der am wenigsten haltbare Friedensvertrag, er wurde vom türkischen Parlament nicht ratifiziert; der Sultan, der ihn hatte unterzeichnen lassen, wurde 1922 abgesetzt, Kemal Atatürk gründete die türkische Republik. Das alte autokratische Osmanische Reich, dessen Untergang schon im ganzen 19.Jahrhundert erwartet worden war, verschwand also sogar ein wenig später als die drei europäischen Kaiserreiche.

Insgesamt hatte sich die Staatenkarte des östlichen Europa und Vorderasiens durch den Ersten Weltkrieg beträchtlich verändert: von Finnland über den Balkan bis zur arabischen Halbinsel. Es ist nicht zu ermessen, was das an Trennungen von menschlichen Gemeinschaften mit sich gebracht hat, an Minderheitenhaß innerhalb der neuen Staatsgrenzen, an Auswanderungen und Umsiedlungen. Damals begannen die Völkerverschiebungen, die bis heute nicht zur Ruhe gekommen sind.

Aber nicht nur darum kann man vom Ende des alten Europa sprechen. Der Erste Weltkrieg war der politische, wirtschaftliche und kulturelle Zusammenbruch des bisherigen Europa.

Betrachten wir den kulturellen Zusammenbruch zuerst. Der französische Schriftsteller Romain Rolland beklagte das Ende der geistigen Gemeinsamkeit Europas bereits zu Kriegsanfang und war beinahe noch mehr darüber erschüttert, daß er mit dieser Klage so allein stand:

»Es ist furchtbar, inmitten dieser wahnsinnigen Menschheit zu leben und ohnmächtig dem Bankrott der Zivilisation beizuwohnen. Dieser europäische Krieg ist die größte Katastrophe der Geschichte seit Jahrhunderten, der Zusammenbruch unserer heiligsten Hoffnungen auf die Brüderlichkeit der Menschen[23].«

Der literarische, wissenschaftliche und künstlerische Austausch zwischen den europäischen Völkern hatte im 18. und besonders im 19. Jahrhundert enorm zugenommen. Große kulturelle Leistungen waren niemals nur nationale Erscheinungen; die gesamte europäische Bildungsschicht nahm daran teil: an der französischen Aufklärung, an der italienischen und deutschen Musik, der englischen, russischen und skandinavischen Romanliteratur. Der Sozialismus war ebenso europäisch wie das diplomatische und höfische Leben. Krieg und Kriegspropaganda zerrissen diese Gemeinsamkeiten, steigerten den nationalen Egoismus und verfeindeten die Völker. Es läßt sich gar nicht überblicken, was die ideologische Sinngebung des sinnlosen Kriegsgeschehens und des deprimierenden Kriegsendes hier angerichtet hat. Wie sollten die heimkehrenden Kriegsteilnehmer, die sich in allen Ländern als »verlorene Generation« empfanden, noch an eine gemeinsame bürgerliche Kultur, an eine europäische Zivilisation und ihren Fortschritt glauben? Der »Untergang des Abendlandes« war ihr Stichwort, der Titel einer suggestiven pessimistischen Geschichtsdeutung von Oswald Spengler. Im Laufe der zwanziger Jahre wurden dann internationale künstlerische und wissenschaftliche Beziehungen wieder angeknüpft — aber nach der Machtergreifung des Nationalsozialismus rissen sie wieder ab. Erst nach dem Ende des Zweiten Weltkrieges haben sich die europäischen oder genauer: die westlichen kulturellen Verbindungen gebildet, in denen wir heute mit so großer Selbstverständlichkeit leben.

Mit dem wirtschaftlichen Zusammenbruch des alten Europa ist das Ende der Weltwirtschaft des 19. Jahrhunderts gemeint.

»Welch eine ungewöhnliche Epoche in der wirtschaftlichen Entwicklung der Menschheit war doch jenes Zeitalter, das im August 1914 zu Ende ging!«,

so äußerte sich der britische Nationalökonom Keynes 1919, als er bei den Versailler Friedensverhandlungen feststellen mußte, daß sie die Wiederherstellung dieses Zustandes verhinderten[24]. Bis 1914 war es immer noch eine Weltwirtschaft gewesen, die von den großen europäischen Staaten beherrscht war, an ihrer Spitze, wenn auch nicht mehr ganz unbestritten, von England. Der Krieg zerriß diese Verbindungen. Die Goldwährung wurde suspendiert. Die kriegführenden Länder hatten enorme Staatsausgaben, die sie durch Kriegsanleihen finanzierten, mit der Folge von steigender Inflation. Mochten die kriegswichtigen Industrien auch riesige Gewinne machen, so war doch die ganze vierjährige Sonderbeschäftigung des aktivsten Teils der Bevölkerung und die dazugehörige Menschen- und Materialverschwendung insgesamt ein ungeheurer Verarmungsprozeß. Jedermann spürte ihn nach dem Krieg an der Geldentwertung, an den Vermögensverlusten und der Arbeitslosigkeit — alles in bisher unvorstellbarer Höhe. Europa verelendete zum Vorteil der Vereinigten Staaten, Kanadas und Japans. Hatte es 1913 noch 43 Prozent des Anteils an der Weltproduktion, so zehn Jahre später, 1923, nur noch 34 Prozent. England verlor seine beherrschende Gläubigerposition an

Amerika; das Zentrum der Hochfinanz verlagerte sich von London nach New York. Angesichts der zerrütteten Nachkriegssituation von Deutschland und in anderer Weise von Rußland hat sich eine Neuorganisation der Weltwirtschaft nicht verwirklichen lassen. Man war auch auf andere Konzepte gekommen, auf Grund der so erfolgreich gelenkten Kriegswirtschaften in den einzelnen Ländern. Man plante schon im Kriege die Errichtung von wirtschaftlichen »Großräumen«, die machtpolitisch begrenzt und strukturiert sein sollten. Der Entwurf eines wirtschaftlich vereinheitlichten Mitteleuropa, das Deutschland, Österreich-Ungarn und möglichst noch mehr umfassen sollte, war geradezu ein Kriegsziel. Die vielen neuen Grenzen und Zollgrenzen in Europa führten aber dann zu kleineren, nationalen Wirtschaftseinheiten. Außerdem bildeten sich allmählich wirtschaftsideologische Grenzen durch die Systemkonkurrenz von kapitalistischen, sozialistischen und faschistischen Volkswirtschaften heraus. Die Weltwirtschaft blieb dezentralisiert und wuchs nicht mehr zusammen wie vor 1914.

Schließlich noch einige Worte über den politischen Zusammenbruch des alten Europa. Damit meinen wir das Scheitern der Funktionsfähigkeit des Systems der Großen Mächte, das Scheitern ihres außenpolitischen Zusammenspiels, auf dem ja ein wesentlicher Teil ihrer Weltgeltung beruhte. Die einen sehen dieses Scheitern bereits im Kriegsausbruch, die anderen in der Unfähigkeit, diesen Krieg rechtzeitig und ohne äußere Hilfe zu beenden. Amerika und das neue Rußland verurteilten darum dieses ganze System der Bündnisbildung nach eigenen Machtinteressen und nach Gleichgewichtsvorstellungen mit Geheimdiplomatie und militärischen Drohgebärden.

Bei der Pariser Friedenskonferenz trat die neue, zukünftige Zeit sehr eindrucksvoll in Erscheinung: der Völkerbund, die Demokratie, die außereuropäische Welt. Über alte Großmächte Europas verhandelten neue Völker, wie die Tschechoslowakei, Völker der Neuen Welt und des Fernen Ostens, wie die USA, Japan und China, und sogar Völker aus den Gebieten, die wir heute zur Dritten Welt rechnen, wie Liberia, Nicaragua und Thailand. Das waren vielversprechende neue Ansätze, aber tatsächlich ersetzten sie damals das alte System noch nicht, jedenfalls nicht wirksam. Die neue Idee des Völkerbundes hatte es schwer in der Nachkriegssituation, besonders angesichts der Spezialbehandlung des besiegten Deutschland und des bolschewistischen Rußland. Es war die Idee Amerikas, aber dieses Land war dann zur großen Enttäuschung des Präsidenten Wilson nicht bereit, die neue Friedensordnung zu garantieren, und blieb dem Völkerbund fern. So wurde er die Organisationsform, unter der die europäischen Siegermächte, England und Frankreich, das alte europäische System wiederherzustellen begannen. Sie konnten damit ja sogar ihre außereuropäischen Interessengebiete erweitern, als Mandatsgebiete seitens des Völkerbundes statt als Kolonien. Überhaupt war ihre Weltgeltung zwar verändert, aber noch nicht deutlich eingeschränkt.

Nicht nur die Völkerbundsidee, sondern auch das demokratische Prinzip hatte es schwer in Europa. Es sollte Grundlage der Neuordnung sein, aber zu viele Länder des Kontinents waren krisengeschüttelt, nicht nur die besiegten, sondern auch die neuen und solche, die vom Kriegsende enttäuscht waren, wie Italien. Der Nationalismus war überall viel stärker als die Völkerverbundenheit; autoritäre oder faschistische Regierungsformen erschienen leistungsfähiger als die Demokratie.

Und was die Ächtung des Krieges betrifft, der Friedenswille nach einem so schrecklichen Krieg, so war Pazifismus weit verbreitet — aber vor allem in den Siegerstaaten, nicht in denen, die die Schmach des verlorenen Krieges nicht vergessen wollten. Ohnehin war die Zwischenkriegszeit kaum ohne Kriege, kriegsähnliche Zustände und Kriegsbefürchtungen.

Eine politische Neuordnung nach dem Zusammenbruch des alten europäischen Staatensystems gelang also nicht, so viele hoffnungsvolle Ansätze es dazu in den zwanziger Jahren gab und so deutlich vielen Politikern die gefährlichen Folgen des Mißlingens waren. Der amerikanische Präsident Wilson erklärte schon 1919, als er verzweifelt versuchte, sein Volk für die Garantie der neuen Friedensordnung zu gewinnen:

»Ich kann mit unbedingter Sicherheit voraussagen, daß es innerhalb einer Generation abermals zum Kriege kommen wird, wenn die Völker der Erde ihn nicht bereits heute durch die richtigen Maßnahmen verhindern [...] Der Krieg, den wir eben erlebt haben, kann trotz all seiner Schrecken nicht mit jenem Krieg verglichen werden, dem wir das nächste Mal gegenüberstehen würden[25].«

Anmerkungen

* Erstfassung dieses Beitrags u. d. T. »Der Erste Weltkrieg und das Ende des alten Europa« in: Jahrhundertwende. Der Aufbruch in die Moderne 1880—1930, hrsg. von August Nitschke u. a., Reinbek 1990, Bd 1, S. 369—403.

1 George F. Kennan, Bismarcks europäisches System in der Auflösung. Die französisch-russische Annäherung 1875—1890, Frankfurt, Berlin, Wien 1981, S. 12. (Im Original: »the great seminal catastrophy of this century«.)

2 Wladimir Iljitsch Lenin, Der Imperialismus als höchstes Stadium des Kapitalismus (im Frühjahr 1916 in Zürich geschrieben, Moskau 1917 veröffentlicht).

3 Eine Auswahl der wichtigsten Stellungnahmen und Beschreibungen der Kontroverse: Wolfgang J. Mommsen, Die deutsche Kriegszielpolitik 1914—1918, in: Kriegsausbruch 1914, München 1967, S. 60—100; Erster Weltkrieg. Ursachen, Entstehung und Kriegsziele, hrsg. von Wolfgang Schieder, Köln 1969; Imanuel Geiss, Studien über Geschichte und Geschichtswissenschaft, Frankfurt 1972; Andreas Hillgruber, Deutschlands Rolle in der Vorgeschichte der beiden Weltkriege, Göttingen [2]1979; Volker Berghahn, Die Fischerkontroverse — 15 Jahre danach, in: Geschichte und Gesellschaft, 6 (1980), S. 403—419; Wolfgang Jäger, Historische Forschung und politische Kultur in Deutschland. Die Debatte 1914—1980 über den Ausbruch des Ersten Weltkrieges, Göttingen 1984; James Joll, The Origins of the First World War, London 1984; Karl Dietrich Erdmann, Hat Deutschland auch den Ersten Weltkrieg entfesselt?, in: Europa 1914 — Krieg oder Frieden (Landeszentrale für Politische Bildung Schleswig-Holstein, Gegenwartsfragen, 48), Kiel 1985, S. 19—48; Klaus Hildebrand, Julikrise 1914: Das europäische Sicherheitsdilemma, in: Geschichte in Wissenschaft und Unterricht, 36 (1985) S. 469—502; The Coming of the First World War, ed. by Robert John W. Evans and Hartmut Pogge von Strandmann, Oxford 1988; Flucht in den Krieg. Die Außenpolitik des kaiserlichen Deutschland, hrsg. von Gregor Schöllgen, Darmstadt 1991; Wolfgang J. Mommsen, Großmachtstellung und Weltpolitik. Die Außenpolitik des Deutschen Reiches 1870 bis 1914, Frankfurt a.M., Berlin 1993.

4 Richard v. Kühlmann am 28. September 1917 vor dem Hauptausschuß des Deutschen Reichstages. Zit. von Wolfgang Steglich, Die Friedensversuche der kriegführenden Mächte im Sommer und Herbst 1917. Quellenkritische Untersuchungen, Akten und Vernehmungsprotokolle, Stuttgart 1984, S. V.

5 Herbert Lüthy, In Gegenwart der Geschichte, Köln, Berlin 1967, S. 295.

6 William H. McNeill, Krieg und Macht. Militär, Wirtschaft und Gesellschaft vom Altertum bis heute, München 1984, S. 270.

7 Stefan Zweig, Die Welt von Gestern. Erinnerungen eines Europäers, Frankfurt 1955, S. 206f. (Erstausgabe 1942).

8 Beides zit. bei Reinhard Rürup, Der »Geist von 1914« in Deutschland, in: Ansichten vom Krieg, hrsg. von Bernd Hüppauf, Königstein 1984, S. 2f.

9 Hermann Bahr, Kriegssegen, München 1915, S. 22.

10 Zit. nach Romain Rolland, Das Gewissen Europas, Tagebuch der Kriegsjahre 1914—1919, Bd 1, Berlin (Ost) 1983, S. 43.

11 Friedrich v. Bernhardi, Deutschland und der nächste Krieg, Stuttgart, Berlin [6]1913, S. 22.

12 Bertha von Suttner, in: Die Friedenswarte, 14 (1912), S. 112.

13 Veröffentlicht in der Parteizeitung »Vorwärts« am 25.7.1914. Zit. bei: Gottfried Schramm, 1914: Sozialdemokraten am Scheideweg, in: Wendepunkte

deutscher Geschichte 1848—1945, hrsg. von Carola Stern und Heinrich August Winkler, Frankfurt 1979, S. 63—85, Zitat S. 65.

[14] Zit. bei Rürup (wie Anm. 8), S. 9.

[15] Thomas Mann, Friedrich und die große Koalition, Berlin 1915, S. 12—15.

[16] Rede des Präsidenten des Preußischen Herrenhauses, Graf v. Wedel-Piesdorf vom 15.3.1915, zit. in: Innenansicht eines Krieges, hrsg. von Ernst Johann, Frankfurt 1968, S. 112.

[17] Kriegsbriefe gefallener Studenten, hrsg. von Philipp Witkop, München 1928, S. 47. Vgl. jetzt auch: Keiner fühlt sich hier mehr als Mensch ... Erlebnis und Wirkung des Ersten Weltkrieges, hrsg. von Gerhard Hirschfeld, Gerd Krumeich und Irina Renz, Essen 1993.

[18] Henri Barbusse, Das Feuer. Tagebuch einer Korporalschaft, Zürich 1918, S. 282f.

[19] Decie Denholm, Eine Australierin in Leipzig. Die heimlichen Briefe der Ethel Cooper 1914—1919, in: Ansichten vom Krieg (wie Anm. 8), S. 132—152, S. 141.

[20] Walther Rathenau an Hermann Stehr, zit. in: Walther Rathenau Gesamtausgabe, Bd 2, Hauptwerke und Gespräche, hrsg. von Ernst Schulin, Heidelberg 1977, S. 558.

[21] Die Reden Woodrow Wilsons, hrsg. vom Committee on Public Information of the USA, Bern 1919, S. 9ff.

[22] Die russische Revolution 1917, München 1964, S. 181.

[23] Rolland (wie Anm. 10), Bd 1, S. 39.

[24] John Maynard Keynes, Die wirtschaftlichen Folgen des Friedensvertrages, München, Leipzig 1920, S. 6.

[25] Wilson während seiner Propagandareise im September 1919, der erste Satz aus seiner Rede in Omaha, der zweite aus der in San Diego. Zit. in: John Dos Passos, Wilsons verlorener Friede, Wien, Stuttgart, Basel 1964, S. 595 und 598.

Georges-Henri Soutou

Die Kriegsziele des Deutschen Reiches, Frankreichs, Großbritanniens und der Vereinigten Staaten während des Ersten Weltkrieges: ein Vergleich*

Durchaus anders, als zu vermuten stünde, gibt es über den Krieg von 1914—1918 noch sehr viel zu sagen und zu forschen, und dies insbesondere zum Thema der Kriegsziele. In der Tat sind die archivalischen Quellen erst Ende der sechziger Jahre durch die Öffnung der diesen Zeitraum betreffenden französischen Archive vollständig zugänglich geworden. Zu jener Zeit aber interessierte die Epoche des Ersten Weltkriegs weder die Fachhistoriker noch die Öffentlichkeit in besonderem Maße und rief, von Deutschland abgesehen, nur recht wenige Publikationen hervor. In jüngster Zeit ist das Interesse am Ersten Weltkrieg wieder erwacht, doch richtet es sich weit mehr auf die kulturellen, gesellschaftlichen und psychologischen Aspekte als auf die ältere Frage der Kriegsziele[1]. Viele amtliche und private Dokumente harren daher noch ihrer Auswertung.

Die Weltkriegsthematik hat 1961 mit Fritz Fischers Buch *Griff nach der Weltmacht*[2] eine grundlegend neue Orientierung erfahren. Bis dahin hatten sich die Historiker nämlich wesentlich mehr mit den Ursprüngen des Konflikts als mit den Zielen der Kriegsparteien beschäftigt[3]. Das die deutschen Kriegsziele behandelnde bedeutende, wenn auch stellenweise überzogene Werk Fischers hat beträchtliche Kontroversen hervorgerufen. Die wesentliche Kritik, die vorgebracht werden kann, geht dahin, daß die deutschen Kriegsziele nicht in den Zusammenhang mit denen der übrigen Kriegführenden eingeordnet worden sind; es gab in der Tat Wechselwirkungen zwischen den Zielen der verschiedenen Parteien, eine Dialektik, die keinesfalls außer acht gelassen werden darf. Hier soll nun versucht werden, die Ziele der einen wie der anderen unter Berücksichtigung eben dieser Dialektik resümierend darzustellen und dabei auch ein wesentliches Merkmal des Krieges von 1914—1918 zu beschreiben, nämlich die ständige Wechselwirkung zwischen politischen und wirtschaftlichen Zielen, die bis in den Versailler Vertrag hinein verfolgt werden kann, dessen Verständnis unvollständig bleibt, wenn man die äußerst wichtigen wirtschaftlichen Aspekte unbeachtet läßt[4].

Deutschland bis zum Ende des Jahres 1916

Am 9. September 1914 ließ Reichskanzler Theobald v. Bethmann Hollweg ein Schriftstück aufsetzen, das Fritz Fischer unter dem Namen »Septemberprogramm« berühmt gemacht hat. In diesem Text war die Rede davon, die Grenzen Rußlands so weit wie möglich nach Osten zurückzudrängen, und es ging um Annexionen auf Kosten Belgiens und Frankreichs. In der Interpretation Fritz Fischers sollte dieses Programm die deutsche Politik tatsächlich bis zum Ende des Krieges bestimmen; es habe in der gleichen Linie gestanden wie gewisse imperialistische Zielsetzungen, die bereits vor dem Kriege, zumindest seit 1912, definiert worden waren und den Interessen der deutschen Führungsschichten entsprochen hätten[5].

In Wirklichkeit hatte dieses »Septemberprogramm« keinerlei endgültigen Charakter; es handelt sich um einen Gelegenheitstext, der verfaßt wurde, bevor noch die Reichsführung erkannt hatte, daß die am 6. September begonnene Marneschlacht zu einer deutschen Niederlage führen würde. Sehr rasch sollte Bethmann Hollweg seine ehrgeizigen Ziele zurückschrauben. Andererseits war es seine Hauptsorge, die Annexionsbegeisterung Kaiser Wilhelms II. und der obersten militärischen Führer zu bremsen, die ernsthaft mit dem Gedanken spielten, das belgische Flandern, Nordfrankreich bis zur Somme, Polen und die baltischen Provinzen zu annektieren. So gesehen war das »Septemberprogramm« eher ein Gegenangriff, der sich in wirklich kategorischer Form nur auf die Angliederung des lothringischen Erzbeckens von Briey festlegte.

Vor allem aber wollte der Reichskanzler mit diesem Dokument kein territoriales Programm im eigentlichen Sinne aufstellen. Was er wollte, war lediglich, den Berliner Amtsstellen, die mit der Vorbereitung der wirtschaftlichen Friedensbestimmungen beauftragt waren, in Thesenform den Gesamtrahmen für einen Frieden vorzugeben, den er noch nahe bevorstehend wähnte. Tatsächlich ist der Kern des »Septemberprogramms« denn auch wirtschaftlicher und nicht territorialer Natur; dies wird auch durch den Begleitbrief des Reichskanzlers an Clemens v. Delbrück, den Staatssekretär des Reichsamts des Inneren, bestätigt, der in dieser Eigenschaft mit der Vorbereitung der Zoll- und Wirtschaftsklauseln der künftigen Verträge befaßt war. Dem Kanzler ging es in erster Linie darum, eine mitteleuropäische Zollunion zu errichten (der Begriff »Mitteleuropa« steht häufig zusammenfassend für dieses Vorhaben), eine Union, die mit Deutschland als Zentrum Österreich-Ungarn und Belgien sowie Frankreich, Italien und die Niederlande umfassen sollte (die Hoffnung auf Einbeziehung der drei letzteren wurde allerdings sehr schnell aufgegeben).

Der Kanzler war sich der Tatsache völlig bewußt, daß dieses Zollunionsprojekt unter ökonomischen Gesichtspunkten nicht sinnvoll war, da das Reich nur 4 Prozent seines Außenhandels mit Österreich-Ungarn abwickelte und seine wichtigsten Absatzgebiete gerade außerhalb dieses »Mitteleuropa« lagen! Aber seine Beweggründe waren vor allem politischer Natur: Die Zollunion würde für Berlin ein indirektes Mittel zur Kontrolle Europas mit Hilfe der Wirtschaft sein und die einzige Möglichkeit, die Sicherheit des Reiches zu erhöhen (es ist ganz wesentlich, hier daran zu erinnern, daß sich Deutschland von der Allianz zwischen Frankreich, Großbritannien und Rußland bedroht und eingekreist fühlte, wobei offen bleiben kann, wie sehr diese Furcht begründet gewesen sein mag), ohne auf übermäßige Annexionen, die den Anteil der nichtdeutschen Bevölkerung Deutschlands noch weiter erhöht hätten, zurückgreifen zu müssen. Das Konzept »Mitteleuropa« verstand sich vor allem als realistische Politik, mit der die gefährlichen Gedankenspiele des Kaisers und der Militärs eingedämmt werden sollten.

Sehr schnell auf das Reich, Österreich-Ungarn, Belgien und Polen beschränkt, sollte das Zollunionsprojekt bis zum Ende des Krieges durchgängig ein wesentliches deutsches Kriegsziel bleiben. Dies aber stets aus politischen Überlegungen heraus: Sie galt als einziges Mittel, um Österreich-Ungarn auch nach dem Krieg, ebenso wie Belgien und Polen, fest an Deutschland zu binden, ohne sich übermäßiger territorialer Annexionen bedienen zu müssen, die Europa gegenüber nur sehr schwer durchzusetzen gewesen wären, nachdem man die Hoffnung auf einen vollständigen Sieg über die Alliierten erst einmal aufgegeben hatte (was seit dem Mißerfolg an der Marne der Fall war).

Auf rein wirtschaftlicher Ebene kam das Vorhaben dagegen nicht voran. Die Industrie äußerte sich sehr schnell ablehnend (mit Ausnahme der Schwerindustrie in einer kurzen anfänglichen Phase, wobei diese Zustimmung aber eher auf die vom Krupp-Direktor Alfred Hugenberg gelenkte alldeutsche Propaganda in den Industriellenkreisen zurückging als auf gründliche Meinungsbildung). Denn die deutschen Industriellen wußten als überzeugte Liberale sehr wohl, daß sie sich künftig auf den Weltmarkt hin orientieren mußten, daß sie keinerlei Interesse daran haben konnten, sich auf Mitteleuropa zu beschränken, und daß die übrigen Länder die Errichtung eines geschützten Wirtschaftsraumes in Mitteleuropa unweigerlich mit Gegenmaßnahmen beantworten würden. Die Landwirtschaft wiederum fürchtete die Konkurrenz aus Polen und Ungarn. Die Regierung sah sich ihrerseits außerstande, zu einem Übereinkommen mit Wien zu gelangen, obgleich sich die Verhandlungen von 1915 bis zum Ende des Krieges hinzogen. Die Interessen beider Länder waren in der Tat zu divergent: Deutschland wollte seine Landwirtschaft schützen und Österreich seine junge Industrie. Schließlich sah man es in Berlin stets als gegeben an, daß die Schaffung eines Wirtschaftsraums »Mitteleuropa« von der Zustimmung der Alliierten anläßlich des Friedensschlusses abhängig gemacht werden müßte, denn zu groß war die Angst vor deren möglichen Vergeltungsmaßnahmen im Bereich der Zolltarife und zu sehr glaubte man, daß die Rückkehr zum Prinzip des freien Weltmarkts für Deutschland oberstes Ziel zu sein hätte. Dies hieß aber, daß die Gefahr groß war, daß — außer im unwahrscheinlichen Fall eines eindeutigen Sieges — das Zollunionsprojekt nie über das Planungsstadium hinauskommen würde.

Betreffs der territorialen Forderungen zeigte sich die deutsche Regierung im Jahr 1915 sehr zögernd. Man war sich inzwischen darüber im klaren, daß nur ein Separatfrieden mit einem der Kriegsgegner Deutschland den entscheidenden militärischen Sieg über die anderen ermöglichen würde. Mehrmals versuchte man im Laufe des Jahres 1915, über einen solchen Separatfrieden mit Rußland zu verhandeln. In diesem Fall hätte man natürlich bereit sein müssen, ihm die baltischen Provinzen und Polen zu belassen. Man sondierte auch bei dem belgischen König in Hinblick auf einen Separatfrieden mit Belgien, der möglicherweise — wie man zu Unrecht hoffte — Großbritannien dazu bewegen würde, sich aus dem Konflikt zurückzuziehen. Im Falle einer positiven Reaktion Alberts I. wäre Berlin bereit gewesen, die volle belgische Souveränität wiederherzustellen, und hätte sich mit der Unterzeichnung eines Handelsabkommens zufriedengegeben.

Aber bereits Anfang 1916 stand fest, daß diese verschiedenen Versuche, zu einem Separatfrieden zu gelangen, angesichts der Entschlossenheit der Alliierten, dem, wie man es nannte, »Hegemoniestreben des preußischen Militarismus« ein Ende zu machen und die Macht Deutschlands in Europa drastisch zu beschneiden, gescheitert waren. Dies hatte zur Folge, daß Berlin von neuem seine Ziele forcierte: Die Forderung lautete nun, daß Belgien, Polen und die baltischen Länder politische, militärische und wirtschaftliche Protektorate unter strenger Kontrolle durch das Reich zu werden hätten.

Diese Zielsetzung sollte unter dem Eindruck des durch die von Juli bis zum Herbst 1916 dauernde Sommeschlacht ausgelösten Schocks erneut modifiziert werden. Angesichts der großen Schwierigkeiten, in die die deutsche Armee und Industrie im Laufe dieser Schlacht gerieten, kamen die Verantwortlichen aus Politik (und Wirtschaft) zu dem Schluß, daß der Krieg im Westen nicht mehr zu gewinnen sei, während die Militärs noch an die Möglichkeit glaubten, durch den uneingeschränkten U-Boot-Krieg eine Wende herbeiführen zu können; der Kaiser schwankte dabei zwischen der Position des Kanzlers und der der militärischen Führung. Die Überzeugung Bethmann Hollwegs, daß eine Entscheidung im Westen von nun an unmöglich sei, führte zu dem deutsch-österreichischen Angebot zu Friedensverhandlungen vom 12. Dezember 1916. Wenn es auch in ungeschickter Art unterbreitet wurde, so war dies Angebot doch wesentlich ernsthafter als gemeinhin angenommen wird: Der Kanzler war bereit, sich mit der Wiederherstellung des Status quo ante im Westen zufriedenzugeben (selbst die Annexion von Briey war für ihn nicht länger conditio sine qua non, und er hätte sich bezüglich Belgiens mit Garantien begnügt, die ausschlössen, daß sich das Land wirtschaftlich oder militärisch an Frankreich und Großbritannien binde), wobei vorausgesetzt wurde, daß das Reich im Osten auf Kosten Rußlands einen Ausgleich fände. Hier sei noch angemerkt, daß die deutsche Öffentlichkeit und die Kreise des preußischen Adels viel größeres Interesse an den Kriegszielen im Baltikum und in Polen als an denen in Westeuropa zeigten. In Bethmann Hollwegs Augen mußte diese Ausdehnung des Einflusses nach Osten zusammen mit der wirtschaftlichen Stärke Deutschlands ausreichen, um dem Reich auf längere Sicht die Kontrolle der Lage zu sichern.

Es zeigt sich also, daß die deutschen Ziele weniger starr und weniger ehrgeizig waren, als allgemein angenommen. Richtig ist, daß die Militärs eine härtere Linie verfolgten; ihr Einfluß war gewiß sehr groß, es wäre jedoch übertrieben zu behaupten — wie dies manchmal geschieht —, daß eigentlich sie es waren, die ab Herbst 1916 und mit der Übernahme der Obersten Heeresleitung durch Hindenburg und Ludendorff das Land regiert hätten. Sie waren allerdings längst nicht so optimistisch wie der Kanzler hinsichtlich der Möglichkeit, mit den Alliierten zu einem Verhandlungsfriedens zu gelangen, und waren sich (voran Ludendorff) weit deutlicher des Willens der Alliierten, die Machtstellung des Reiches ganz beträchtlich zu beschneiden, bewußt. Zumindest in diesem Punkt haben sie, wie noch zu zeigen sein wird, nicht ganz Unrecht gehabt[6].

Die Alliierten bis Ende 1916

Die Alliierten waren vom Beginn des Krieges an wesentlich entschlossener, als lange Zeit zugegeben worden ist, die politische, militärische und wirtschaftliche Macht Deutschlands drastisch zu reduzieren. Dies gilt insbesondere für Frankreich und Rußland, die sich schon 1912 in einer gemeinsamen Reaktion gegen das, was sie als wachsende deutsche Bedrohung ansahen, einander angenähert hatten. Bereits am 5. September 1914 verpflichteten sich Großbritannien, Rußland und Frankreich im Londoner Vertrag, keinen Separatfrieden zu schließen und sich zum gegebenen Zeitpunkt über die Friedensbedingungen zu verständigen. Und schon Ende September 1914 (man befand sich noch in der Phase des auf die Marneschlacht folgenden deutschen Rückzugs) beschloß der französische Ministerrat, daß der Krieg über die bloße Befreiung des eigenen Staatsgebietes hinaus bis zum »Ende des preußischen Militarismus« geführt werden sollte, eine umschreibende Formulierung, die letztlich bedeutete, daß die Einheit des Reiches zum Zeitpunkt des Friedensvertrages in Frage gestellt werden sollte.

Im Lauf des Herbstes 1914 einigten sich Russen und Franzosen auf folgende Grundlagen: Frankreich sollte zum gegebenen Zeitpunkt im Rheinland tun und lassen können, was es für gut hielt, und Rußland gleichermaßen in dem zu Preußen gehörenden Teil Polens. Die beiden wichtigsten Verbündeten (Großbritannien trug zu diesem Zeitpunkt erst in relativ geringem Umfang zu den Kriegsanstrengungen bei) sicherten sich also gegenseitig freie Hand im Hinblick auf die Nachkriegsregelung zu. Schon zu jener Zeit spielte man in bestimmten administrativen und politischen Kreisen Frankreichs mit dem Gedanken, neben der als Selbstverständlichkeit erachteten Rückgliederung Elsaß-Lothringens auch das Saargebiet, Luxemburg und das Rheinland in irgendeiner Form an Frankreich zu binden. Es handelte sich dabei zunächst zwar nur um Hypothesen, aber die maßgeblichen französischen Politiker verwendeten in ihren Reden vor der Öffentlichkeit schon sehr früh den Begriff der »Garantien«, die beim Friedensabschluß mit Blick auf die Nachkriegslage zu fordern seien; dieser unbestimmte Ausdruck bedeutete, daß man auf alle Fälle über die Rückgewinnung Elsaß-Lothringens hinausgehen wollte, auch wenn die Kriegsziele noch nicht genau bestimmt waren (und die öffentliche Diskussion darüber durch die Zensur verboten war).

In London waren die Überlegungen zu diesem Zeitpunkt noch nicht so weit fortgeschritten. Immerhin stand fest, daß die Unabhängigkeit Belgiens wiederhergestellt werden sollte; darüber hinaus war man bereits dazu entschlossen, das Potential Deutschlands, insbesondere das seiner Armee und Kriegsmarine, zu vermindern, das Reich aus Afrika zu vertreiben und die Ausweitung seines Einflusses im Nahen Osten einzudämmen.

Im Oktober 1915 folgte Aristide Briand in Paris René Viviani auf dem Posten des Ministerpräsidenten. Unter seiner Regierung sollte der Krieg wesentlich entschlossener als zuvor geführt werden und in der Frage der Kriegsziele sollten genauere Festlegungen erfolgen, insbesondere nach dem Abwehrerfolg vor Verdun im Juni 1916 und dem vielversprechenden Beginn der Somme-Offensive im folgenden Monat. Die seit dem Sommer innerhalb der Regierung und des Generalstabes angestellten Überlegungen führten dann am 7. Oktober im Elysée-Palast zu einer äußerst wichtigen Kabinettssitzung unter dem Vorsitz des Präsidenten der Republik, Raymond Poincaré (der sich im Vergleich zu dem vorsichtigeren Briand hinsichtlich der Kriegsziele besonders aktiv und ehrgeizig zeigte), und am 12. Januar 1917 nach einer letzten Beratung im Ministerrat schließlich zu einem Schreiben Briands an den Londoner Botschafter Paul Cambon, in dem die französischen Kriegsziele im einzelnen dargelegt wurden.

Es galt danach als ausgemacht, daß Frankreich zur gegebenen Zeit neben der als selbstverständlich erachteten Rückgliederung Elsaß-Lothringens auch die Annexion des Saarlands fordern würde. Hinsichtlich des Rheinlands hatten Meinungsverschiedenheiten innerhalb der Regierung eine klare Entscheidung für eine der drei erörterten Möglichkeiten verhindert: Annexion, rein militärische Besetzung oder Loslösung vom Reich mit Schaffung eines oder zweier rheinischer Staaten unter politischem, wirtschaftlichem und militärischem Protektorat Frankreichs. Auf alle Fälle aber müßte Frankreich sich von seinen Alliierten vollständige Handlungsfreiheit zusichern lassen, um beim Friedensschluß die Angelegenheit ganz nach seinem Belieben regeln zu können. Außer dem Saargebiet und eventuell dem Rheinland würde Deutschland noch weitere Provinzen abzutreten haben, insbesondere zugunsten Rußlands, und selbst die deutsche Einheit sollte unter Umständen in Frage gestellt werden können.

Was Luxemburg anging, waren die französischen Politiker und hohen Staatsbeamten geteilter Meinung, wie die internen Diskussionen anläßlich der Vorbereitung der für Paul Cambon bestimmten Weisungen vom 12. Januar 1917 zeigen. Einige wollten das Großherzogtum mit Belgien vereinigen, um dann als Ausgleich eine enge politische, militärische und wirtschaftliche Union mit diesem Staat zu erreichen. Andere wiederum (die Mehrheit, so scheint es) wollten Luxemburg schlicht und einfach Frankreich zuschlagen.

Die Gesamtheit dieser Kriegsziele war weniger Ausdruck authentischen imperialistischen Machtstrebens als vielmehr einer obsessiven Sorge um die eigene Sicherheit, angesichts eines Deutschland, dessen Stärke und Dynamik man fürchtete. Die angestrebte Sicherheit verstanden die französischen Verantwortlichen in zweierlei Weise: zunächst natürlich als strategische Sicherheit — daher der Wille, auf die eine oder andere Weise den Rhein zu kontrollieren; daneben aber auch als wirtschaftliche Sicherheit, in dem Maße wie man begriffen hatte, daß Sicherheit im 20. Jahrhundert untrennbar mit industrieller Stärke verbunden war. Könnte das Potential der französischen Eisen- und Stahlindustrie nun aber um das der lothringischen, saarländischen und luxemburgischen vermehrt werden, so würde die französische Stahlindustrie auf das Niveau der britischen gehoben werden und auch nicht mehr allzu weit unter dem der deutschen zu liegen kommen, während sich vor dem Kriege französische und deutsche Eisen- und Stahlindustrie etwa im Verhältnis von 1 zu 4 verhalten hatten. Es wäre also mit einem großen Aufschwung der französischen Industrie zu rechnen, und daneben stand zu erwarten, daß dann die Möglichkeit bestünde, die wirtschaftliche Machtstellung Deutschlands insgesamt zu beschneiden.

So erarbeitete die Regierung, insbesondere unter dem Einfluß Etienne Clémentels, der von 1915 bis zum Ende des Krieges den Posten des Industrie- und Handelsminister innehatte und der von einem bedeutenden elitären Sektor der Industrie (den für das moderne Frankreich so charakteristischen großen staatlichen Ingenieurcorps) unterstützt wurde, ein umfassendes Projekt zur Entwicklung der französischen und zum Kampf gegen die deutsche Wirtschaft. Dieses Projekt traf sich mit der bereits vor dem Kriege in gewissen Kreisen geäußerten Sorge über den relativ nachgeordneten Rang, den die Wirtschaft Frankreichs in der Welt einnahm, und über den unzureichenden Industrialisierungsgrad des Landes. Die Kreise der Schwerindustrie und der Banken, die vor 1914 umfangreiche Beziehungen zur deutschen und österreichischen Wirtschaft unterhalten hatten und die deshalb bis auf einige Ausnahmen einer Wiederaufnahme der Wirtschaftsbeziehungen mit den

Mittelmächten nach dem Krieg positiv gegenüberstanden, lehnten diese Pläne der Regierung ab, während sie von der kleinen und mittleren Industrie, die durch die deutsche Konkurrenz viel stärker betroffen war, befürwortet wurden.

Dieses Projekt wirtschaftlicher Entwicklung beruhte auf einer ausgeklügelten Strategie. Zur Ergänzung der aus der Rückgliederung Elsaß-Lothringens und der Kontrolle über das Saargebiet und Luxemburg resultierenden Auswirkungen im Bereich Eisen und Stahl erstrebte man Zollunionen mit Belgien und Italien, um das kontinentale Westeuropa unter den wirtschaftlichen Einfluß Frankreichs zu bringen. Außerdem drängte man auf ein Einverständnis mit Großbritannien, zum einen, um, ganz den französischen colbertistischen und dirigistischen Traditionen folgend, die wichtigsten außereuropäischen Rohstoffvorkommen gemeinsam zu verwalten, damit diese nicht allein den Gesetzen des Marktes überlassen blieben, und zum anderen, um das deutsche Wirtschaftspotential drastisch zu reduzieren. Ein erster Schritt zur Verwirklichung dieses Programms sollte im Juni 1916 mit dem Zusammentritt einer interalliierten Wirtschaftskonferenz in Paris erfolgen, auf der die Alliierten beschlossen, daß sie während des Krieges und auch nach dessen Ende zusammenarbeiten würden, um sich eine wirksame Kontrolle über die wichtigsten Weltrohstoffreserven zu sichern (was ihnen ein Druckmittel gegen Deutschland in die Hand geben würde). Außerdem sollte das Reich nach dem Krieg für längere Zeit diskriminatorischen Zollbestimmungen unterworfen werden. Letztlich ratifizierten Belgier, Italiener und Russen die Empfehlungen der Pariser Wirtschaftskonferenz jedoch nicht, da sie eine eventuelle Wiederaufnahme ihrer Wirtschaftsbeziehungen mit Deutschland nach dem Krieg nicht gefährden wollten. Großbritannien hingegen, das 1916 aus Furcht vor der Wirtschaftskraft Deutschlands bereit war, sich von seinem traditionellen Liberalismus weitgehend abzuwenden, unterstützte noch bis 1919 die Vorschläge der Konferenz von 1916, an deren Formulierung es im übrigen wesentlich mitgewirkt hatte und die sich teilweise bis in den Versailler Vertrag hinein wiederfinden lassen! Das französisch-britische Einverständnis hinsichtlich einer Eindämmung des Wirtschaftspotentials des deutschen Rivalen ist wesentlich weitergehend gewesen, als oftmals angenommen.

Ganz allgemein betrachtet hat sich übrigens die Position Großbritanniens im Jahre 1916 verhärtet. Nach einer Phase des Zögerns während des Herbstes als Folge der Entäuschungen über die Somme-Schlacht, in deren Verlauf der liberale Premierminister Herbert Asquith die Möglichkeit eines Verhandlungs- und Kompromißfriedens mit dem Reich erwogen hatte, brachte konspiratives Einverständnis zwischen den Konservativen und dem linksliberalen Kriegsminister David Lloyd George diesen am 6. Dezember an die Spitze der Regierung. Von nun an galt, anders als zuvor, als beschlossene Sache, daß der Krieg mit voller Energie geführt werden sollte, insbesondere mit Unterstützung der Vereinigten Staaten, deren Kriegseintritt kurz bevorzustehen schien und auf die man bei der Durchsetzung der britischen Ziele zählte, selbst wenn dies bedeutete, daß man sich nach dem Krieg die Rolle des Weltschiedsrichters mit ihnen würde teilen müssen. In London war man jedoch weniger optimistisch als in Paris: Ausgehend von einer im wesentlichen geopolitisch geprägten Sichtweise glaubte man nicht, daß es möglich sei, das Reich daran zu hindern, das europäische Kernland, das heißt das sogenannte Mitteleuropa, mit Österreich, Polen und Rumänien unter seiner Oberhoheit zusammenzufassen. In den Augen der Briten war es dagegen ganz wesentlich, die Küstenlinien zu kontrollieren und den Deutschen den Zugang zu den Ozeanen zu versperren, sie also aus Belgien, Afrika und dem Nahen Osten zu vertreiben. Die Befreiung Belgiens, die Zerstörung des osmanischen Reiches und eine bedeutende Stärkung der britischen Präsenz im Nahen Osten: dies waren zu jenem Zeitpunkt die wesentlichen Ziele Londons, die zuweilen im Widerspruch zu denen der Franzosen standen, die sich zwar auch im Nahen Osten festsetzen wollten, insbesondere in Syrien und im Libanon, jedoch bei weitem nicht in der Lage waren, die 1 1/2 Millionen Soldaten in diese Region zu entsenden, über die das britische Königreich gegen Ende des Krieges dort verfügte. Dies führte dazu, daß die Sykes-Picot Abkommen von 1916, mit denen Frankreich und Großbritannien den Nahen Osten weitestgehend unter sich aufgeteilt hatten, schon 1917 zu Ungunsten Frankreichs in Frage gestellt wurden, und zwar sowohl durch die britische Politik gegenüber den Arabern, die man zum Aufstand gegen die Türkei ermutigen wollte, wie durch die Balfour-Deklaration, die die Gründung einer jüdischen nationalen Heimstätte in Palästina ankündigte[7].

1917: Unsicherheiten und Geheimverhandlungen

Bei allen Kriegsparteien zeigte sich im Jahre 1917 wachsende Mutlosigkeit als Folge allgemeiner Ermattung nach drei Kriegsjahren und bedingt durch die politischen und sozialen Auswirkungen der russischen Revolution und speziell in Frankreich durch die Enttäuschung nach dem Scheitern der unter dem französischen Oberbefehlshaber General Nivelle im April eingeleiteten Offensive. In Deutschland kam es zu den ersten bedeutsamen Streikbewegungen, in Frankreich zu den großen Meutereien des Monats Juni, und in Österreich-Ungarn nahm eine Krise ihren Anfang, die im darauffolgenden Jahr zum fortschreitenden Staatsverfall führte.

Andererseits zwangen der Kriegseintritt der USA im April und der sofort spürbare Einfluß Präsident Woodrow Wilsons angesichts der unmittelbar wirksam werdenden amerikanischen Wirtschaftskraft und der den Alliierten seitens der USA zufließenden finanziellen Hilfe sowie der ab 1918 in Aussicht stehenden bedeutenden Beistandsleistung auch direkt militärischer Art die Kriegsparteien dazu, nolens volens die Wilsonschen Prinzipien bei der Festlegung ihrer Kriegsziele in Rechnung zu stellen. Berlin wie die Alliierten hatten bis zu diesem Zeitpunkt Machtpolitik klassischen Stils betrieben, die von den Kabinetten unter strengster Geheimhaltung und ohne wesentliche Berücksichtigung der öffentlichen Meinung bestimmt worden war. Vor allem die Alliierten hatten untereinander sowie mit Serben, Italienern und Rumänen zahlreiche Geheimabkommen geschlossen, vornehmlich um bereits im vorhinein die Trümmer der deutschen, österreichischen und osmanischen Reiche unter sich aufzuteilen. Von nun an galt es jedoch, sich bei der Definition der Kriegsziele zumindest annäherungsweise auf solche Grundsätze zu berufen, die auch öffentlich verkündet werden konnten: Die internationale Öffentlichkeit wurde von nun an zum Zeugen in der Frage der Kriegsziele angerufen.

So verabschiedete der Reichstag im Juli, nach dem enttäuschenden Scheitern des im Januar aufgenommenen uneingeschränkten U-Boot-Krieges, der schließlich nur dazu geführt hatte, den Kriegseintritt der USA zu beschleunigen, eine »Friedensresolution«, die sich gegen jegliche gewaltsamen Annexionen aussprach. Die deutschen Abgeordneten dachten dabei an einen Frieden auf der Grundlage des Status quo im Westen und eines militärischen, politischen und wirtschaftlichen Protektorats des Reiches über die baltischen Staaten und Polen im Osten, unter Verzicht auf direkte Annexionen. Die Alliierten interpretierten diese »Friedensresolution« zu Unrecht als reines Propagandamanöver; in Wirklichkeit stellt sie zu diesem Zeitpunkt die tatsächliche Haltung der deutschen politischen Führung dar, die sich der strategischen Sackgasse bewußt war, in der sich das Reich befand; und dies trotz der Widerstände seitens des militärischen Oberkommandos.

In Paris tagte Anfang Juni im Anschluß an die Aufdeckung der zwischen Frankreich und dem Zaren geschlossenen Geheimabkommen seitens der russischen Revolutionäre die Kammer in geheimer Sitzung, um über die Kriegsziele zu beraten (übrigens zum ersten und einzigen Mal während des gesamten Krieges). In der zum Schluß der Debatte verabschiedeten Resolution wurde »jeglicher Gedanke an Eroberungen« verworfen, jedoch die Notwendigkeit von »dauerhaften Friedensgarantien« nach der »Niederwerfung des preußischen Militarismus« bekräftigt. Eine genaue Analyse der Debatte zeigt, daß die Abgeordneten mit dieser Formulierung die Absicht gehabt hatten, die Hypothese einer Annexion des Rheinlands auszuschließen, aber gleichzeitig die Möglichkeit entweder der ständigen Besetzung oder selbst der Abtrennung vom Reich offenzuhalten hatten. Von den drei oben erwähnten Optionen, die die Regierung seit Sommer 1916 erwogen hatte, wurde von nun an nur die ohne weitere Umstände zu vollziehende Annexion ausgeklammert, da sie nicht mehr dem neuen Denken nach dem Kriegseintritt der USA und der russischen Revolution entsprach. Es muß jedoch betont werden, daß die Regierung, die dabei eine Mehrheit der Abgeordneten hinter sich hatte, deswegen in keiner Weise darauf verzichtete, das Rheinland in ihre politischen Pläne einzubeziehen.

Andererseits sollten die militärische Pattsituation sowie die politischen und sozialen Schwierigkeiten zum ersten Mal seit Kriegsbeginn einige Verantwortliche dazu bringen, sich ernsthaft Gedanken über die Möglichkeit eines Verhandlungsfriedens anstelle eines Siegfriedens oder zumindest eines Friedens aus einer Position der Stärke heraus zu machen. Ganz im Geheimen wurden zu wiederholten Malen Friedensmöglichkeiten erörtert, und dies viel ernsthafter als allgemein angenommen.

Die bekannteste, aber wohl nicht bedeutendste Affäre war der durch die Vermittlung des Prinzen Sixtus von Bourbon-Parma ab März 1917 auf die Alliierten abzielende Verhandlungsversuch Kaiser Karls I., des Nachfolgers des im Oktober 1916 verstorbenen Kaisers Franz-Josef. Karl I. dachte weniger an einen Separatfrieden als an einen durch Wien einzuleitenden Verhandlungsprozeß, dem Berlin sich gezwungenermaßen hätte anschließen müssen, wollte es nicht isoliert bleiben. Er war bereit, Österreichisch-Polen dem Reich abzutreten, damit dieses im

Gegenzug die Rückgabe Elsaß-Lothringens an Frankreich akzeptiere, um dergestalt den Friedensprozeß in Gang zu bringen. Seine Bemühungen scheiterten aus zweierlei Gründen: einerseits weigerte er sich, Italien sämtliche geforderten territorialen Zugeständnisse (Triest) zu machen, andererseits, und das ist weniger bekannt, hielten die Franzosen, die so oder so sehr mißtrauisch waren und ein deutsch-österreichisches Ablenkungsmanöver befürchteten, die Rückkehr Elsaß-Lothringens nicht für ausreichend; sie verlangten zusätzlich eine Veränderung des völkerrechtlichen Status des Rheinlands, worauf Karl I. sich natürlich nicht festlegen lassen konnte.

Größere Bedeutung hatten meiner Meinung nach vier eng miteinander verknüpfte Vorgänge: ein Sondierungsversuch Briands (Ministerpräsident bis März 1917) gegenüber Deutschland zwischen Dezember 1916 und März 1917; die Sondierungen Paul Painlevés (Kriegsminister von März bis September, anschließend Ministerpräsident bis November 1917) bei Österreich-Ungarn; im Frühjahr und Sommer 1917 die berühmte Affäre Briand—Lancken, in die auch der belgische Außenminister Broqueville involviert war; schließlich die »Friedensoffensive« des Staatssekretärs des Auswärtigen Amts, Richard v. Kühlmann, im September 1917. Im Gegensatz zur weit verbreiteten Meinung hat es sich bei diesen Begebenheiten nicht um irgendwelche Tricks, die eher der Spionage als der Politik zuzuordnen wären, sondern um ernsthafte und hinsichtlich der Frage der Kriegsziele sehr bedeutsame Vorstöße gehandelt.

Im Hinblick auf einen auszuhandelnden anstelle eines zu oktroyierenden Frieden faßte man hierbei Lösungsansätze ins Auge, die weit von dem entfernt sind, was man öffentlich zu vertreten pflegte.

Wie es scheint, nahm im Dezember 1916 Briand, der wohl gewisse Zweifel an der Opportunität der umfangreichen Kriegsziele hatte, die man zum damaligen Zeitpunkt in Paris diskutierte, mit Hilfe des Professors Emile Haguenin, des Leiters des Pressebüros der französischen Botschaft in Bern (in Wirklichkeit eine nachrichtendienstliche Stelle), sowie des Grafen Harry Kessler, der der deutschen Gesandtschaft in Bern für diverse Sonderaufgaben attachiert war, geheime Kontakte mit Berlin auf. In einer Reihe von Gesprächen, die sich bis zum März hinzogen, sprachen die beiden Männer sehr behutsam über die Möglichkeit, das Problem Elsaß-Lothringen entweder durch das Zugeständnis eines autonomen Status innerhalb des Reiches oder durch die Rückgliederung eines Teils der Provinzen an Frankreich und einer gemeinsamen Verwaltung über das restliche Gebiet zu lösen. Im Gegenzug würde Frankreich Deutschland wirtschaftliche und militärische Garantien in Elsaß-Lothringen (freier Zugriff auf das Eisenerz und Entmilitarisierung) sowie eine wirtschaftliche Annäherung beider Staaten für die Zeit nach dem Krieg zugestehen; außerdem würde Paris darauf verzichten, nach Kriegsende gemeinsam mit Großbritannien einen antideutschen Block zu schaffen. Der Sturz Briands im März sowie die von Poincaré durchgesetzte Entscheidung, die Nivelle-Offensive trotz der Umwälzung der strategischen Lage durch die Revolution in Rußland und den Kriegseintritt der USA fortzusetzen, beendeten selbstverständlich diese Sondierungen. Obwohl sie bis heute nur schwer zu durchschauen sind, geben sie doch Aufschluß über die im Frühjahr 1917 innerhalb des französischen Führungskreises bestehenden schwerwiegenden Meinungsverschiedenheiten. Ein Teil setzte weiterhin auf einen entscheidenden Sieg, um das im Herbst zuvor aufgestellte umfassende Kriegszielprogramm zu verwirklichen. Dies gilt für Poincaré, der deshalb trotz der Einwände eines Teils der Regierung und einer Reihe höchster Militärs die Nivelle-Offensive fortführen ließ. Andere Verantwortliche aber erwogen ganz offensichtlich die Möglichkeit eines Verhandlungsfriedens, und sie wurden nach dem Scheitern der Offensive in dieser Haltung bestärkt.

Letzteres gilt insbesondere für Painlevé, der vom Frühjahr bis zum Sommer 1917 diverse Kontakte mit Wien unterhielt. Hierbei wurden sowohl ein Separatfrieden mit Österreich als auch ein allgemeiner Frieden, wozu aber über Wien Druck auf Berlin ausgeübt werden sollte, ins Auge gefaßt. Mit Unterstützung Österreichs würde Frankreich Elsaß-Lothringen zurückgewinnen. Im Gegenzug sollte Österreich eine Bestandsgarantie erhalten, allerdings unter der Voraussetzung, daß es sich im konföderativen Sinne neu ordnen und sich »slawisieren« würde, was nach dem Krieg der engen Union zwischen den Mittelmächten ein Ende setzen müßte. Deutschland wiederum wäre für den Verlust Elsaß-Lothringens durch koloniale Zugeständnisse (Indochina und Kongo) zu entschädigen.

In Wien wurden diese Vorschläge sehr ernst genommen. Außenminister Graf Czernin war sogar zu einem Geheimtreffen mit Painlevé in der Schweiz bereit. Auch Kühlmann, der Anfang September informiert wurde, maß diesen Vorstößen große Bedeutung bei, erkannte, in welchem Ausmaß Österreich versucht war, ihnen nachzugeben, und beschloß, unmittelbar zum Gegenangriff überzugehen. Es gelang ihm, die deutsche Regierung dazu zu bewegen, London ein geheimes Angebot zu unterbreiten, in dem die Bereitschaft des Reiches ausgesprochen wurde, die volle Souveränität Belgiens wiederherzustellen. Kühlmann glaubte, daß Großbritannien unter dieser Voraussetzung bereit wäre, Frieden zu schließen und auch Frankreich zu zwingen, dabei zu folgen; das Reich könnte sich dann immer noch auf Kosten Rußlands schadlos halten. Das Angebot Kühlmanns war durchaus ernst gemeint, und Berlin war nie so nahe daran, einen Verhandlungsfrieden zu akzeptieren. Das britische Kabinett beschäftigte sich Ende September mit dem Angebot Berlins und beschloß trotz gegenteiliger Meinung Lloyd Georges, es zurückzuweisen. Denn die Mehrheit im Kabinett glaubte, daß das Reich, sollte es die Möglichkeit erhalten, im Osten auf Kosten Rußlands seine Machtstellung zu stärken, die Feindseligkeiten einige Jahre später unter wesentlich besseren Bedingungen im Westen wieder aufnehmen würde.

Zur gleichen Zeit wurden die geheimen Kontakte bekannt, die Briand, der nun nicht mehr der Regierung angehörte, und Oscar Freiherr v. der Lancken-Wakenitz, Chef der politischen Abteilung beim deutschen Generalgouverneur in Belgien, der über gute Beziehungen zum Kaiser verfügte, seit einigen Monaten angeknüpft hatten. Laut Briand soll bei dieser Gelegenheit die Möglichkeit erörtert worden sein, Belgien als unabhängigen Staat wiederherzustellen und Elsaß-Lothringen im Tausch gegen wirtschaftliche Zugeständnisse zurückzugeben. Man hat oft vermutet, daß Briand in dieser Affäre von Lancken manipuliert worden ist. Sicher ist das jedoch nicht, und diese Sondierungen erinnern in manchen Punkten an die Kontakte zwischen Haguenin und Kessler. Auf jeden Fall haben Painlevé (nunmehr als Ministerpräsident) und Lloyd George am 25. September die Angelegenheit erörtert, und man weiß, daß zumindest sie die Sache sehr ernst genommen haben. Die britischen Konservativen und Poincaré verständigten sich jedoch darauf, sie scheitern zu lassen, im Glauben, daß es sich lediglich um eine Falle der Deutschen handele.

In den folgenden Wochen änderte sich die Lage von neuem ganz erheblich, und die verschiedenen kriegführenden Parteien versteiften sich erneut in ihren Positionen. Ermutigt durch die Oktoberrevolution und die Aussicht auf einen baldigen Separatfrieden mit Rußland, verfolgte Deutschland wieder eine rigidere Linie und tendierte erneut zur Errichtung eines regelrechten Protektorats in Belgien. In Frankreich sollte die Übernahme der Regierung durch Georges Clemenceau im November 1917, und zwar durchaus mit Unterstützung der Öffentlichkeit, das einem Frieden günstige Klima beenden und jegliche Alternative zu einem Siegfrieden ausschließen. Auch Großbritannien verschärfte seine Position und verpflichtete sich vor allem erstmals, für den Friedensschluß die Rückkehr Elsaß-Lothringens zu Frankreich zu fordern[8].

Die Ideen und die Politik Woodrow Wilsons

Der amerikanische Präsident Woodrow Wilson glaubte, daß die Verantwortung für den Ausbruch des Konflikts gleichermaßen bei den Alliierten und den Deutschen zu suchen sei. Nichtsdestoweniger neigte er seit dem Beginn des Krieges eher zu Frankreich und England und unterstützte sie vor allem durch verschiedene diskrete Finanzabkommen, und dies trotz zahlreicher Krisen, die auf die seitens der Alliierten organisierte Blockade, die die Rechte der Neutralen kaum respektierte, zurückgingen. Denn, auch wenn Wilson keine vernichtende Niederlage Deutschlands wollte, so glaubte er doch, daß ein Sieg der Alliierten, den er sich anfangs so begrenzt wie möglich wünschte, letztendlich vorzuziehen sei, da es sich bei ihnen immerhin um liberalere und demokratischere Staaten handelte, als dies bei dem Reich der Fall war.

Im Jahre 1915 hielten sich die politischen Ziele Wilsons innerhalb der Grenzen der westlichen Hemisphäre. Der Präsident war überzeugt, daß die Alliierten und die Mittelmächte nach dem Krieg in sich geschlossene Wirtschaftsblöcke bilden würden, eine Entwicklung, die die Vereinigten Staaten zu verhindern nicht in der Lage seien; sie müßten daher mit Hilfe einer der Gegenwart angepaßten Monroedoktrin versuchen, Südamerika an sich binden, um dort ihre Interessen und ihren Einfluß gegenüber den Europäern durchzusetzen und an deren Stelle zu treten. Die Mehrheit der Bevölkerung und der Wirtschaft teilte diese Form eines offensiven Isolationismus.

Im Lauf des Jahres 1916 gab Wilson in dem Maße, wie ihm bewußt wurde, daß die USA sich auf Dauer nicht aus dem Konflikt würden heraushalten können, nach und nach diese grundsätzlich isolationistischen Anschauungen auf und bekannte sich zu einem wesentlich internationalistischeren und aktiveren Verständnis der Rolle, die Amerika in der Welt zu spielen hätte, das allgemein als »Open Door-Doktrin« bezeichnet wird. Er sollte sich von nun an immer eindeutiger für eine neue Konzeption der internationalen Beziehungen einsetzen, wobei mit der Geheimdiplomatie in der Tradition des »Europäischen Mächtekonzerts« zu brechen sei. Offene Diplomatie, Selbstbestimmungsrecht der Völker, Freiheit der Meere und Abrüstung waren Schlüsselbegriffe einer Politik, für die Wilson von nun an immer energischer, im Sinne der weltweiten Verbreitung der Werte des amerikanischen politischen und wirtschaftlichen Liberalismus plädierte. Wilson schloß sich damit andererseits einer Politik an, die nicht mehr isolationistisch, sondern, man könnte sagen »atlantisch« war und die ihm, im Widerspruch zu einer Mehrheit der öffentlichen Meinung und der Industriellen im amerikanischen Westen und Mittelwesten, von den großen Wirtschaftsinteressen der Ostküste und insbesondere von Wall Street, die den Finanzkreisen der Londoner City sehr nahe standen und die für die Nachkriegszeit eine enge Zusammenarbeit mit den Alliierten anstrebten, empfohlen wurde.

Der Kriegseintritt an der Seite der Alliierten im April 1917 sollte keinen entscheidenden Einfluß auf die Grundlinien der Politik Wilsons haben: Er lehnte sofort sämtliche zwischen den Alliierten seit Kriegsbeginn geschlossenen Geheimabkommen ab; er bekräftigte im Gegensatz zu deren im traditionellen Stil auf territoriale und wirtschaftliche Ausschließlichkeit gerichteten Zielsetzungen seine Prinzipien der »Offenen Tür«; er weigerte sich, als »Alliierter« bezeichnet zu werden und sah sich gegenüber London und Paris lediglich als »Assoziierter«. Dies erlaubte es ihm — und das war ein Novum —, Kriegsziele darzulegen, die auf Prinzipien beruhten, die für die öffentliche Meinung in allen Staaten klar einsichtig waren, und die bis hin zu den Mittelmächten größten Anklang fanden. Es erlaubte ihm aber darüber hinaus, völlige Unabhängigkeit gegenüber den Alliierten zu bewahren und in Gemeingültigkeit beanspruchender Diktion eine weltweite Öffnung in Richtung der wirtschaftlichen und politischen Werte des Liberalismus zu propagieren, die nebenbei auch ganz im Interesse Amerikas lag, das bereits über ein Drittel der weltweiten Industrieproduktion hervorbrachte.

Wilson verkündete seine Ziele in seiner berühmten 14 Punkte-Rede vom 8. Januar 1918. Eingangs bekräftigte er die tragenden Prinzipien der offenen Diplomatie, der Freiheit der Meere und des Abbaus der Handelsschranken; der Rest seiner Rede war jedoch wesentlich vorsichtiger gehalten, als man oft meint. Gewiß berücksichtigte sie das Selbstbestimmungsrecht der Völker, zugleich aber auch geschichtliche Traditionen sowie strategisches und wirtschaftliches Gleichgewicht. Belgien sollte wiederhergestellt, Polen wiederbegründet und Elsaß-Lothringen an Frankreich zurückgegeben werden. Aber weder Österreich-Ungarn noch die Türkei sollten aufgelöst, sondern lediglich auf der Grundlage gleicher Rechte für die unterschiedlichen Bevölkerungsgruppen reformiert werden. Bei der Festlegung der Grenzen Italiens und der Balkanstaaten sollten die strategischen und wirtschaftlichen Notwendigkeiten berücksichtigt werden. Der Bruch mit den Grundsätzen des europäischen Mächtekonzerts von vor 1914 war also keineswegs vollständig.

Bezüglich Deutschland war Wilson äußerst vorsichtig. Es war zu diesem Zeitpunkt nicht die Rede davon, ihm einen Regimewechsel aufzuzwingen; der amerikanische Präsident war noch überzeugt, daß das Reich die vorherrschende Macht Kontinentaleuropas bleiben und großen Einfluß auf Mittel- und Osteuropa ausüben würde; dies war in seinen Augen unvermeidbar und auch zulässig, sofern Berlin die internationalen Regeln der von ihm neu definierten Politik akzeptierte. Letzteres war für den Präsidenten noch im Januar 1918 wichtigste Voraussetzung für den Friedensschluß mit Deutschland, und es ging ihm keineswegs darum, das Reich nach dem Kriege aus der internationalen politischen und wirtschaftlichen Ordnung auszuschließen.

Es ist daher verständlich, daß England und vor allem Frankreich, die gegenüber dem Reich wesentlich radikalere territoriale und wirtschaftliche Ziele verfolgten und nicht gewillt waren, Deutschland nach dem Krieg in die neue internationale Ordnung aufzunehmen, über die 14 Punkte sehr wenig glücklich gewesen sind, die sich letztendlich fast ebenso sehr gegen ihre eigenen Pläne wie gegen die der Mittelmächte richteten. Aber die Verhärtung der Haltung Wilsons infolge der Geschehnisse des Frühjahrs 1918 ermöglichte schließlich eine Konvergenz der alliierten und der amerikanischen Kriegsziele, die zwar zu keiner vollkommenen Annäherung führte, jedoch ausreichend war, um den Krieg zu gewinnen und die Verträge von 1919 durchzusetzen[9].

Deutschland im Jahre 1918

Mit den am 3. März 1918 in Brest-Litowsk mit Rußland und am 7. Mai in Bukarest mit Rumänien geschlossenen Verträgen erreichte der Ehrgeiz der deutschen Bestrebungen während des Ersten Weltkrieges zweifelsohne seinen Höhepunkt. Diese Verträge waren fraglos sehr hart:

Rumänien wurde zum politischen und wirtschaftlichen Protektorat der Mittelmächte, Rußland verlor Polen, Finnland, die baltischen Provinzen und, was noch schwerer wog, die Ukraine; und alle diese Gebiete waren dazu bestimmt, über kurz oder lang Protektorate des Reiches zu werden.

Die damit gegebene Lage führte in Berlin jedoch zu vollkommen unterschiedlichen Beurteilungen. Die militärische Führung sah in den Ost-Friedensverträgen die Möglichkeit, im Westen die Initiative zurückzugewinnen und den Krieg vor dem massiven Eintreffen amerikanischer Truppen in Europa zu gewinnen; dies versuchte man mit einer Reihe von Offensiven, die Ende März an der Westfront gestartet wurden. Man hoffte so, endgültig einen ausgedehnten, von Berlin aus kontrollierten und von der Ukraine bis Belgien reichenden autarken Bereich als dauerhaftes und grundlegendes Element der deutschen Machtstellung der Nachkriegszeit schaffen zu können. Was das bolschewistische Rußland angeht, so hatten die Militärs nicht die geringste Absicht, mit diesem zusammenzuarbeiten, sondern wollten es weitmöglichst schwächen.

Für die zivilen Regierungsverantwortlichen hingegen konnte es nicht in Frage kommen, einen solchen autarken Raum zu errichten, den die Alliierten niemals anerkennen würden und der in keinem Fall ausreichend wäre, um den Bedürfnissen der deutschen Wirtschaft gerecht zu werden. In ihrer Sicht der Dinge konnte es nur darum gehen, Trümpfe für die Friedensverhandlungen zu sammeln, um dann die bestmöglichen Bedingungen auszuhandeln und insbesondere um zu vermeiden, daß die Alliierten Deutschland seine Kolonien abnähmen und es dauerhaften diskriminatorischen Wirtschaftsbestimmungen unterwürfen. Ihrer Ansicht nach waren die im Osten geschlossenen Verträge also provisorischer Natur und konnten anläßlich des allgemeinen Friedensschlusses revidiert werden.

Im übrigen nahm Berlin schon ab Mai, entgegen dem Rat der Militärs, die eher darum bemüht waren, die deutsche Besatzungszone in Rußland noch zu vergrößern, erneute Verhandlungen mit den Russen auf. Diese führten zu einem am 27. August in Berlin unterzeichneten Vertrag, der eine bedeutsame Revision des Vertrages von Brest-Litowsk darstellt: die Deutschen akzeptierten nämlich die Eventualität einer baldigen Rückkehr der Ukraine zu Rußland und eine Regelung der gegenseitigen finanziellen Verpflichtungen, die, anders als gemeinhin behauptet, letztendlich recht vorteilhaft für die Russen war und die vor allem eine enge wirtschaftliche Zusammenarbeit zwischen beiden Staaten vorbereitete. Außerdem verständigten sich Berlin und die Bolschewiki darüber, gemeinsam, eventuell auch militärisch, gegen die konterrevolutionären Weißen und gegen alliierte Interventionsversuche vorzugehen.

Die Konzeptionen der militärischen Führer verloren also an Boden. Dies wurde im Anschluß an die großen militärischen Niederlagen des Monats August noch deutlicher. Der letzte Reichskanzler unter Wilhelm II., Prinz Max von Baden, beschloß, sich dem 14 Punkte-Programm Wilsons anzuschließen, garantierte dieses doch, daß das Reich weder geteilt noch einer ständigen wirtschaftlichen Diskriminierung unterworfen würde. Außerdem verböte das Selbstbestimmungsrecht der Völker eine Rückgabe Polens und der baltischen Provinzen an Rußland, und unter diesen Umständen wäre klar, daß das Reich künftig auf alle Fälle über großen, zumindest indirekten Einfluß in diesen Gebieten verfügen würde. Die gesamte Strategie Max von Badens gegen Ende des Krieges und während der Waffenstillstandsverhandlungen bestand also darin, zu versuchen, sich unter Berufung auf die 14 Punkte auf Wilson zu stützen, um dadurch die wesentlich aggressiveren Pläne der Franzosen und Engländer zum Scheitern zu bringen. Diese Strategie sollte zum Teil erfolgreich sein, da das Reich mit der Unterzeichnung des Waffenstillstandes vom 11. November 1918 tatsächlich die Garantie dafür erhielt, daß der Frieden auf der Grundlage der 14 Punkte geschlossen werden solle; aber eben nur zum Teil, da Wilson in seiner Einstellung gegenüber Deutschland seit dem Frühjahr wesentlich unnachgiebiger geworden war, was man in Berlin allerdings erst nach einiger Zeit erkannte[10].

Die Alliierten im Jahre 1918

Das Frühjahr 1918 bietet nämlich ein gutes Beispiel für die Dialektik der Entwicklung in der Kriegszielfrage, auf die bereits hingewiesen wurde. Die Deutschen hatten im Osten äußerst harte Verträge abgeschlossen, teilweise aus Furcht vor den politischen und wirtschaftlichen Strafmaßnahmen, die die Alliierten für die Nachkriegszeit planten. Als Gegenwirkung weckten diese Verträge bei den Alliierten und insbesondere bei Wilson jedoch die Überzeugung vom absolut und unumkehrbar imperialistischen Charakter der deutschen Politik, was eine weitere Versteifung ihrer eigenen Haltung zur Folge hatte. Von nun an waren sich die Alliierten und Wilson darüber einig, daß Deutschland eine tiefgreifende Änderung des Regimes und des politischen Personals, das heißt, eine sofortige Demokratisierung, als Voraussetzung für den Frieden aufgezwungen werden müßte; man würde sich nicht länger, wozu Wilson bislang bereit gewesen war, mit der einfachen Zustimmungserklärung seitens des Wilhelminischen Kaiserreichs zu den von Wilson propagierten internationalen Prinzipien begnügen können.

Andererseits konnte nicht länger davon die Rede sein, stillschweigend eine auch nur indirekte Kontrolle Deutschlands über Mitteleuropa zu akzeptieren, wie dies Washington und London bislang getan hatten. Das geopolitische Gewicht des Reiches müßte drastisch reduziert werden; und in diesem Punkt folgte Wilson von nun an den englischen und vor allem französischen Thesen. Ein wesentliches Druckmittel, um Deutschland zur Demokratisierung und Akzeptierung der neuen internationalen Ordnung zu zwingen, sollte die »wirtschaftliche Waffe« sein, das heißt, die Kontrolle der Alliierten über die wichtigsten Weltrohstoffreserven und die Möglichkeit, dem Reich wirtschafts- und handelspolitische Beschränkungen aufzuerlegen. Wilson akzeptierte nun das Prinzip der »wirtschaftlichen Waffe«, das er zuvor abgelehnt hatte.

Im Gegensatz zu seiner bisherigen, im 14 Punkte-Programm zum Ausdruck gekommenen Haltung war Wilson jetzt auch überzeugt, daß der österreich-ungarische Staat aufgelöst und die Unabhängigkeitsforderungen seiner Völker unterstützt werden müßten. Es gelang ihm ohne Schwierigkeiten, Lloyd George hiervon zu überzeugen, doch stieß er bei Clemenceau auf größere Widerstände. Denn in der Tat stand die französische Regierung, entgegen der allgemeinhin vertretenen Auffassung, anfänglich der Zerstörung Österreich-Ungarns und der Schaffung kleiner Staaten in Mittel- und Osteuropa auf der Grundlage des Nationalitätenprinzips keineswegs positiv gegenüber. Man fürchtete in Paris nämlich, daß Österreich, erst einmal auf seinen deutschsprachigen Teil reduziert, sich sofort dem Reich anschließen würde, und darüber hinaus, daß Deutschland leichtes Spiel hätte, das so aufgesplitterte Mittel- und Osteuropa zu beherrschen. Paris hätte die Erhaltung Österreich-Ungarns (noch im Oktober 1918 unternahm die französische Regierung geheime Rettungsversuche) sowie die Bildung eines großpolnischen Staates einschließlich Litauens und eines Teils der

Ukraine bevorzugt, in der Vorstellung, daß unter diesen Umständen dieses Polen Deutschland einzudämmen vermöchte. Man tat sich schwer in Paris, die neue Politik Wilsons zu akzeptieren, und bemühte sich deshalb darum, möglichst starke Staaten entstehen zu lassen, auch auf Kosten ihrer ethnischen Homogenität. Dergestalt spielte Frankreich im Verlauf des Winters 1919 eine ganz wesentliche Rolle bei der Festlegung der Grenzen Polens und der Tschechoslowakei, unter offensichtlicher Mißachtung der einen oder anderen ethnographischen Gegebenheit und mit dem Hauptanliegen, eine möglichst starke Barriere gegen Deutschland zu errichten. In diesem Punkt sollten die Friedensverträge die von den während des Winter 1919 von der französischen Regierung nach Mitteleuropa entsandten militärischen und politischen Kommissionen verfolgte Politik nur noch bestätigen.

Die Übereinstimmung zwischen Franzosen, Briten und Amerikanern war natürlich bei weitem nicht vollständig, selbst wenn sie sich seit dem Frühjahr 1918 vertieft hatte. Clemenceau verfolgte diskret aber entschlossen weiterhin französische Sonderziele, die weit über die Prinzipien Wilsons hinausgingen: Die neue Grenze zu Deutschland sollte nicht der von 1815, sondern jener von 1790 entsprechen, das heißt, den Großteil des Saargebiets mit einschließen; das Rheinland sollte vom Reich abgetrennt und in irgendeiner Form unter französische Kontrolle gestellt und Luxemburg zu einer eng mit Frankreich verbundenen Republik werden.

Aber Engländer und Franzosen stimmten vor allem in einem fundamentalen Punkt nicht mit Wilson überein: Sie waren der Auffassung, daß selbst ein demokratisiertes Deutschland für sehr lange Zeit aus der wirtschaftlichen und politischen Nachkriegsordnung (Völkerbund, Wirtschaftsabkommen zwischen den Alliierten) auszuschließen sei. Wilson vertrat dagegen die Ansicht, daß das Reich, nachdem es sich erst im Innern erneuert und den von ihm aufgestellten Grundsätzen internationalen Zusammenlebens beigepflichtet hätte, in die aus dem Krieg hervorgegangene neue internationale Gemeinschaft vorbehaltlos aufgenommen werden müßte. Vor allem sträubte sich Wilson gegen die besonders hartnäckig in Paris, aber auch in London vertretene Vorstellung, wonach Deutschland nach dem Krieg in den Bereichen Wirtschaft und Handel langfristig Beschränkungen zu unterwerfen sei. Für ihn konnte eine solche Diskriminierung nur vorübergehend sein und mußte aufgehoben werden, sobald sich Berlin der neuen politischen und wirtschaftlichen Weltordnung untergeordnet hätte[11].

Der Versailler Vertrag

Anders als häufig behauptet, zeigt der Versailler Vertrag die fundamentale Übereinstimmung auf, die trotz aller Meinungsverschiedenheiten zwischen den Vereinigten Staaten, Großbritannien und Frankreich darüber bestand, daß Deutschland dauerhaft auf politischem, militärischem und wirtschaftlichem Gebiet geschwächt werden müsse. Gewiß hat Frankreich nicht alle seine Ziele erreicht und mußte Zugeständnisse an die beiden angelsächsischen Mächte machen. Aber die Bestimmungen des Vertrags (wenn auch nicht deren spätere Umsetzung) waren ihm insgesamt sehr vorteilhaft. Wenn Frankreich etwa auch nicht die Annexion des Saargebiets durchzusetzten vermochte, sondern nur die Übereignung der Bergwerke und die Einsetzung einer Völkerbundsverwaltung, so wurde doch auch festgesetzt, daß im Jahre 1935 eine Volksabstimmung endgültig über das Schicksal des Territoriums zu bestimmen hätte. Nun war die französische Regierung im Jahre 1919 aber fest davon überzeugt, daß sich die Saarbevölkerung zum gegebenen Zeitpunkt für den Anschluß an Frankreich entscheiden würde. Ähnliches gilt für das Rheinland: Die Franzosen erreichten weder seine Ausgliederung aus dem Reich noch eine unbefristete Besetzung, sondern lediglich die vorübergehende Okkupation für eine Frist von 15 Jahren. Diese würde jedoch verlängert werden können, sollte Deutschland die ihm auferlegten Reparationen nicht bezahlen. Deutschland aber, so legte Clemenceau im April 1919 vor dem Ministerrat dar, der sich über die Begrenzung der Besatzungsdauer beunruhigt gezeigt hatte, werde die Reparationen nicht bezahlen können und deshalb wäre die fortwährende Präsenz Frankreichs im Rheinland gesichert. Da man der festen Überzeugung war, daß die Rheinländer anders seien als die »Preußen«, glaubte man, daß sie die französische Präsenz schließlich akzeptieren und sogar wünschen würden. Was schließlich Luxemburg anbetraf, so enthielt der Vertrag nichts, was enge Bindungen an Frankreich verhindert hätte, und Clemenceau rechnete sehr wohl darauf, diese zu erreichen. Das heißt, daß die Zugeständnisse, die Frankreich in Versailles dem angelsächsischen Standpunkt gegenüber gemacht hat, eher provisorischer denn definitiver Art waren; insbesondere verzichtete Paris bis 1924 nicht darauf, seine rheinlandpolitischen Ziele zu verfolgen. Die Amerikaner und Engländer wußten dies nur allzu gut und, wenn sie auch nicht hinnehmen konnten, daß Frankreich offen gegen das Selbstbestimmungsrecht der Völker verstoße, so hatten sie schließlich doch Bestimmungen akzeptiert, die, so mußte man zumindest annehmen, eine dauerhafte Kontrolle Deutschlands durch Frankreich garantierten.

Die wirtschaftlichen Bestimmungen des Vertrages, über deren Wortlaut sich die Alliierten schnell einig wurden, bestätigen diesen Eindruck. Sie waren sehr hart und entsprachen stellenweise wortwörtlich einzelnen Beschlüssen der interalliierten Wirtschaftskonferenz von 1916. So verlor Deutschland beispielsweise das Eigentum an seinen Industriepatenten, was unter anderem eine beträchtliche Entwicklung der chemischen Industrie in Frankreich ermöglichte. Außerdem waren seitens der Alliierten eine ganze Reihe wirtschaftlicher und handelspolitischer Beschränkungen vorgesehen, und der Zeitraum von 5 Jahren, für den sie über Deutschland verhängt werden konnten (und auch verhängt wurden), sollte durch Beschluß des Völkerbundes, dem Deutschland nicht angehörte, verlängert werden können. Die deutsch-französischen und deutsch-englischen Handelsbilanzen der folgenden Jahre unterstreichen die Wirksamkeit dieser Maßnahmen, die durchaus geeignet waren, die Entwicklung Deutschlands langfristig ernsthaft zu beeinträchtigen.

Es muß aber auch gesagt werden, daß gewisse Korrekturmöglichkeiten vorhanden waren. In erster Linie war Wilson durchaus entschlossen, den Friedensvertrag so anzuwenden, daß eine dauerhafte politische und wirtschaftliche Diskriminierung Deutschlands verhindert würde, sofern dieses die neue Weltordnung akzeptierte. Durch den Völkerbund, mittels der späteren Regelung der Reparationsfrage (über die im Vertrag nicht definitiv befunden worden war) und kraft des Druckmittels der bei den Vereinigten Staaten anhängigen französischen und britischen Kriegsschulden glaubte Wilson, die weitere Entwicklung der Ereignisse kontrollieren zu können. Die Weigerung des amerikanischen Senats, den Versailler Vertrag zu ratifizieren, sollte ihn jedoch seiner Möglichkeiten berauben, die unmittelbare Nachkriegszeit zu beeinflussen.

Nichtsdestoweniger stellt sich der Vertrag komplexer, ausgewogener und vorsichtiger dar, als meist behauptet wird. Der Grundsatz allgemeiner Entwaffnung wurde zwar zunächst nur für Deutschland in die Praxis umgesetzt, betraf längerfristig aber alle Länder (und führte 1932–1934 zur Abrüstungskonferenz). Die Besetzung des Rheinlands konnte zwar verlängert, sie konnte aber auch abgekürzt werden. Die Reparationen beruhten zwar auf strengen juristischen Grundlagen, der Vertrag sah jedoch zugleich vor, daß sie von der Zahlungsfähigkeit Deutschlands abhängig sein sollten, und daß das Reich jederzeit eine Reduzierung beantragen könne. Diese Bestimmungen bildeten die juristische Grundlage für die Neufestsetzungen nach unten, die für die ganze Geschichte der Reparationen kennzeichnend wurden. Was die wirtschaftlichen Bestimmungen anbelangt, so waren diese gewiß hart, erlaubten gegebenenfalls aber auch die Aufrechterhaltung der so wichtigen Handelsbeziehungen, vor allem auf dem Gebiet von Eisen und Stahl, zwischen Lothringen, dem Saargebiet, Luxemburg und der Ruhr. Der Versailler Vertrag war in der Tat ein dynamisches und anpassungsfähiges Gebilde, mit dem in angemessener Weise, das heißt, je nach dem Verhalten Deutschlands in der Zeit nach dem Krieg, schärfer oder konzilianter reagiert werden konnte. Unterschiedlicher Auslegungen fähig, würde der Vertrag gewiß äußerst rigoros angewandt werden können wie 1923 anläßlich der Besetzung des Ruhrgebiets, aber auch wesentlich konzilianter wie 1924 bei der Londoner Konferenz, 1925 mit den Locarnoverträgen und schließlich 1932, als Deutschland in Sachen Reparationszahlungen und Entwaffnung letzte Konzessionen gemacht wurden. Der Versailler Vertrag stellt eine komplexe Konstruktion dar, die von den französischen und britischen Kriegszielen geprägt ist, aber auch den Stempel Wilsons und der von ihm propagierten Vorstellungen trägt[12].

Anmerkungen

* Aus dem Französischen übersetzt von Peter Grupp.

1 Als Beispiel für die neuen Forschungsgebiete vgl. Les sociétés européennes et la guerre de 1914—1918, éd. par Jean-Jacques Becker et Stéphane Audoin-Rouzeau, Paris 1990.

2 Fritz Fischer, Griff nach der Weltmacht. Die Kriegszielpolitik des kaiserlichen Deutschland 1914/18, Düsseldorf 1961.

3 Bis auf einige Ausnahmen, wie das Buch von Hans Wilhelm Gatzke, Germany's Drive to the West. A Study of German War Aims during the First World War, Baltimore 1950.

4 Wir haben versucht, diese unterschiedlichen Aspekte in L'Or et le Sang. Les buts de guerre économiques de la Première Guerre mondiale, Paris 1989, zu beschreiben.

5 Zu diesem Punkt vgl. eine weitere Arbeit von Fritz Fischer, Krieg der Illusionen. Die deutsche Politik von 1911 bis 1914, Düsseldorf 1969.

6 Zum vorausgehenden Abschnitt vgl. außer Fischer (wie Anm. 2) und Soutou (wie Anm. 4) auch Karl-Heinz Janssen, Der Kanzler und der General, Göttingen 1967, und Konrad H. Jarausch, The Enigmatic Chancellor. Bethmann Hollweg and the Hubris of Imperial Germany, New Haven, Conn.

1973, sowie Wolfgang Steglich, Bündnissicherung oder Verständigungsfrieden. Untersuchungen zu dem Friedensangebot der Mittelmächte vom 12. Dezember 1916, Göttingen 1958.

7 Zum vorausgehenden Abschnitt vgl. Soutou (wie Anm. 4); ders., La France et les Marches de l'Est, 1914—1919, in: Revue Historique, Oktober bis Dezember 1978; David Stevenson, French War Aims Against Germany 1914—1919, Oxford 1982; Christopher Andrew, A.S. Kanya-Forstner, France Overseas. The Great War and the Climax of French Imperial Expansion, London 1981; Victor H. Rothwell, British War Aims and Peace Diplomacy 1914—1918, Oxford 1971; Marian Kent, Oil and Empire. British Policy and Mesopotamian Oil 1900—1920, London 1976; Jukka Nevakivi, Britain, France and the Arab Middle East 1914—1920, London 1969.

8 Zum vorausgehenden Abschnitt vgl. außer Soutou, Stevenson und Rothwell auch Guy Pedroncini, Les négociations secrètes pendant la grande guerre, Paris 1969, und Wolfgang Steglich, Der Friedensappell Papst Benedikts XV. vom 1. August 1917 und die Mittelmächte, Wiesbaden 1970. Es handelt sich hier jedoch um wenig bekannte Ereignisse, über die wir zur Zeit ein Buch vorbereiten.

9 Außer Soutou (wie Anm. 4) vgl. die Biographie über Wilson von Arthur S. Link, Wilson, 4 Bde, Princeton 1956—1965, und Lawrence E. Gelfand, The Inquiry. American Preparations for Peace 1917—1919, Westport 1976.

10 Außer Fischer (wie Anm. 2) und Soutou (wie Anm. 4) vgl. Winfried Baumgart, Deutsche Ostpolitik 1918 von Brest-Litovsk bis zum Ende des Ersten Weltkrieges, München 1966; Leo Haupts, Deutsche Friedenspolitik 1918—1919, Düsseldorf 1976; Pierre Renouvin, L'Armistice de Rethondes, Paris 1968.

11 Außer den zitierten Werken vgl. Jean-Baptiste Duroselle, Clemenceau, Paris 1988.

12 Vgl. Soutou (wie Anm. 4) und Stevenson (wie Anm. 7); Pierre Miquel, La paix de Versailles et l'opinion publique française, Paris 1972; Klaus Schwabe, Woodrow Wilson, Revolutionary Germany, and Peacemaking, 1918—1919, Chapel Hill, NC 1985.

Horst Günther Linke

Rußlands Weg in den Ersten Weltkrieg und seine Kriegsziele 1914–1917*

Unmittelbar nach der gewaltsamen Machtergreifung im November 1917 begannen die Bolschewiki in beträchtlichem Umfang Dokumente aus russischen Archiven zur Vorgeschichte des Ersten Weltkrieges und zu den Kriegszielen der zarischen Regierung zu veröffentlichen. Für die Forschung ergab sich damit eine beachtliche Quellenbasis, deren wissenschaftliche Auswertung allerdings innerhalb und außerhalb Rußlands durch politische Auflagen und Anforderungen erheblich beeinträchtigt wurde. In Deutschland und den westlichen Ländern wurde die Frage nach der Verantwortlichkeit für den Kriegsausbruch belastet durch das dominierende Anliegen, Artikel 231 des Versailler Friedensvertrages, der die auferlegten Reparationszahlungen mit der Alleinschuld Deutschlands und seiner Verbündeten am Krieg begründete, je nach der Interessenlage zu widerlegen oder zu bestätigen. In Sowjetrußland und der Sowjetunion hatte sich die Forschung an den wechselnden, aber immer verbindlichen Direktiven der Kommunistischen Partei auszurichten. Ju. A. Pisarev beklagte 1993 rückblickend:

»Unsere Wissenschaft befand sich jahrzehntelang in der Bedrängnis durch Dogmatismus und klassenbezogen-parteiliche Einstellung, der Vergessenheit preisgegeben wurden die allgemeinmenschlichen und allgemeinhistorischen Werte[1].«

Diese und andere Hemmnisse der internationalen Forschung sind überwunden. Die durch den politischen Umbruch in der zweiten Hälfte der 80er Jahre und die Selbstauflösung der Sowjetunion Ende 1991 virulent gewordene Suche nach einer zeitgemäßen russischen Identität erweist sich als zusätzlicher starker Impuls für die Geschichtswissenschaft in Rußland, sich intensiv mit der Frage auseinanderzusetzen, warum sich das Zarenreich 1914 für einen Krieg entschied, den es, wie sich zeigen sollte, nicht die Kraft hatte durchzustehen. Der Politiker V. A. Kremenjuk artikulierte allgemein das neue nationale Selbstverständnis:

»Rußland ist nicht etwa irgend ein Land, das anstelle der Sowjetunion gekommen ist. Es ist ein neues Land mit einer neuen Mission, mit einer neuen Ideologie, mit einem neuen Blick auf die internationalen Beziehungen[2].«

Der freiere Zugang zu den Archiven wird die Neuausrichtung der russischen Geschichtswissenschaft erleichtern und auch international der Überprüfung und Weiterentwicklung schon vorliegender Forschungsergebnisse dienlich sein[3].

Außer Frage steht, daß Rußland seine hervorgehobene Position im europäischen Mächtekonzert, die es auf Grund des Sieges über Napoleon I. gewonnen hatte, definitiv mit der Niederlage im Krimkrieg gegen die Allianz unter Führung von England und Frankreich eingebüßt hatte. Infolge der inneren Schwäche und Rückständigkeit erwies sich Rußland als »Koloß auf tönernen Füßen«[4]. Die Begründung des Deutschen Reiches 1870/71 wurde in der Folgezeit sowohl vom zarischen Regime als auch von der Gesellschaft, soweit sie von panslawistischen und nationalistischen Ideen inspiriert war, als weiterer Rückschlag für die Machtposition und das Prestige Rußlands gewertet, weil Rußland mit der deutschen Einheit seines Anspruchs auf die Rolle eines »arbiter Germaniae« verlustig ging und das Deutsche Reich sein nationales Interesse nicht mehr wie ehedem Preußen in unterordnender Anpassung gegenüber Rußland definierte. Es erhob vielmehr den Anspruch eigenständiger Gleichberechtigung, der sich überdies in rasch enger werdenden Beziehungen zu dem von Rußland mit starken Vorbehalten betrachteten Österreich-Ungarn manifestierte. Die strukturelle Machtverschiebung durch Vereinbarungen zunächst mit den Zentralmächten und dann mit Deutschland allein über politische Interessensphären und militärische Verhaltensweisen in spezifizierten Konfliktfällen aufzufangen, mußte von Anfang an als Notbehelf mit geringer Belastbarkeit gelten[5]. Daß Deutschland 1890 den Rückversicherungsvertrag nicht verlängerte, erhöhte den Druck auf die zarische Regierung, die Erschütterung der russischen Großmachtposition durch eine Annäherung an Frankreich und den Abschluß einer Defensivallianz 1892/93 zu kompensieren[6]. Die Umorientierung, die sich später als von strategisch-schicksalhafter Bedeutung erwies, hatte diese Relevanz aber nicht von Anfang an, denn sie war, wie der Anfang 1894 abgeschlossene russisch-deutsche Handelsvertrag belegt, nicht gleichbedeutend mit einer strikten Abkehr Rußlands von Deutschland und schloß sogar — zumindest aus russischer Sicht — die Möglichkeit nicht aus, sich in einen Kontinentalblock umwandeln zu lassen, der Rußland, Frankreich und Deutschland vereint hätte gegen den dominierenden Widerpart Rußlands in der zweiten Hälfte des 19. Jahrhunderts — Großbritannien[7].

Wenn sich die russische Politik schließlich doch gegen die Zentralmächte und vorrangig gegen Deutschland richtete und verfestigte, sind zusätzliche Faktoren einzubeziehen. Hervorzuheben ist vor allem das in den 80er und 90er Jahren des 19. Jahrhunderts beginnende, rasch an Bedeutung gewinnende deutsche wirtschaftliche, militärische und politische Ausgreifen in den südosteuropäischen und kleinasiatischen Raum, das teilweise in eigener Regie, teilweise in Unterstützung Österreich-Ungarns erfolgte[8]. Was die deutsche Politik aus der Sicht Petersburgs letztlich nicht nur schwierig, sondern unerträglich machte, war erstens ihre mangelnde Kalkulierbarkeit, zweitens das russische Unvermögen, die deutsche Expansion ökonomisch, politisch und militärisch zu konterkarieren, und drittens der vermeintliche Zwang, angesichts des scheinbar unabwendbar bevorstehenden Zusammenbruchs des Osmanischen Reiches rasch handeln zu müssen[9].

Die direkten russischen Interessen am Osmanischen Reich waren bekannt und nicht zweifelhaft. Sie bezogen sich einerseits auf Türkisch-Armenien, vor allem aber auf Konstantinopel und die Meerengen. Die besondere Bedeutung des letztgenannten Zielbereichs bestand nicht allein darin, daß hier wichtige strategische und ökonomische Belange für Rußland auf dem Spiel standen, sondern daß das Schicksal Konstantinopels und der Meerengen durch eine traditionsreiche Propaganda auch in allen Schichten der Bevölkerung mit reger und emotionaler Anteilnahme verfolgt wurde. Während es unter konfessionellem Aspekt geradezu als heilige Pflicht erscheinen mochte, die Mutterstadt des orthodoxen Glaubens wieder aus den Händen des Islams zu befreien und das Kreuz auf der Hagia Sophia zu errichten, erschien es aus nationalistischer Perspektive unumgänglich, daß Rußland die »Schlüssel zu seinem Haus« selbst in Besitz nehmen müsse[10].

Erfolge in dieser Richtung wären dem Herrschaftsanspruch des Regimes im Innern zweifellos dienlich gewesen, zumal sich der Zar in der unter dem Druck der Revolution von 1905 widerstrebend gewährten Verfassung ausdrücklich das Recht vorbehalten hatte, die Außenpolitik selbst zu leiten (Art. 12)[11]; umgekehrt war damit zu rechnen, daß eine Verschlechterung der außenpolitischen Situation Rußlands das zarische Prestige im Lande weiter schmälern würde.

Tatsächlich unternahm die zarische Regierung 1908 und in den folgenden Jahren verschiedene Versuche, auf diplomatischem Wege eine einseitige Verbesserung der russischen Position an den Meerengen zu erreichen; da diese Bestrebungen nichts Positives einbrachten[12] und an eine erfolgversprechende militärische Aktion gegen die Meerengen aus eigener Kraft nicht zu denken war[13], beschränkte die zarische Diplomatie ihre Bemühungen auf die Erhaltung des Status quo mit der folgerichtigen Maßgabe, daß keine andere Großmacht an den Meerengen Fuß fassen dürfe[14].

Die Ende 1913 an die Öffentlichkeit dringende Nachricht, ein deutscher General, Liman v. Sanders, werde den Oberbefehl über die türkischen Truppen in und bei Konstantinopel übernehmen, mußte Petersburg daher nachhaltig alarmieren. Zu Recht konnte der russische Außenminister, D.S. Sazonov, noch in seinen Memoiren schreiben, die deutsche Regierung habe wissen müssen, »daß, wenn es auf der Erdkugel einen Punkt gäbe, auf den unsere eifersüchtige Aufmerksamkeit konzentriert wäre, [...] dies Konstantinopel wäre«[15]. In der Forschung ist bisweilen das Argument der deutschen Diplomatie aufgegriffen worden, wonach die russische Aufregung übertrieben gewesen sei, weil der britische Admiral Limpus seit Jahr und Tag unbeanstandet über die türkische Flotte eine ähnliche Befehlsgewalt ausgeübt habe, wie General v. Sanders sie für das Heer bekommen sollte[16]. Gerade dieser Vergleich, wenn man ihn richtig wertet, läßt aber erkennen, welches politische Moment über das formale Faktum der Liman v. Sanders-Mission hinaus die russische Regierung aufs tiefste bewegte und beunruhigte. Während Petersburg von London nach dem vertraglichen Interessenausgleich von 1907 und den folgenden Jahren zunehmender, wenn auch nicht ungestörter Kooperation[17] keine akute Bedrohung und Verletzung russischer Lebensinteressen erwartete, war man sich über die Absichten Berlins durchaus nicht im klaren. Der russische Ministerpräsident und Finanzminister V.N. Kokovcov bemühte sich zwar im Interesse einer ungestörten Fortsetzung des seit 1908/09 zu verzeichnenden wirtschaftlichen Aufschwungs im Lande, die ganze Affäre herunterzuspielen und die Friedfertigkeit der deutschen Regierung hervorzuheben[18], aber schließlich setzten sich — was durch die Entlassung Kokovcovs verdeutlicht wurde — diejenigen durch, die die Auffassung vertraten, Deutschland treibe offenkundig und planmäßig eine rußlandfeindliche Politik[19]. Zum Hauptprotagonisten dieser zweiten Gruppe avancierte der Außenminister. Für seine entschiedene Stellungnahme mag nicht ganz unerheblich gewesen sein, daß er sich persönlich von der deutschen Reichsführung getäuscht fühlte; wenigstens betonte er in den ersten Monaten des Jahres 1914 immer wieder, daß ihm während seines Besuches in Berlin weder vom Kaiser noch vom Reichskanzler irgendwelche Andeutungen über die bevorstehende Liman v. Sanders-Mission gemacht worden seien, obwohl man vereinbart habe, alle Fragen der internationalen Politik mit vollkommener Offenheit zu erörtern und als Ergebnis der Besprechungen ausdrücklich vereinbart worden sei, daß weder Rußland noch Deutschland in der Türkei einseitig Sonderrechte beanspruchen wollten[20]. Das Übel wurde noch dadurch vergrößert, daß Sazonov nach seiner Rückkehr dem Zaren beruhigende Versicherungen über die deutsche Politik gegenüber der Türkei abgab, die sich wenig später als falsch erwiesen und Spekulationen auslösten, er sei seinem Amt und seinen Gegenspielern nicht gewachsen[21].

Auf jeden Fall interpretierte Sazonov seit der Liman v. Sanders-Krise ungeachtet ihrer diplomatischen Beilegung Anfang 1914 alle tatsächlich oder vermeintlich von der deutschen Regierung zu verantwortenden Handlungen unter dem Blickwinkel zu erwartender Unaufrichtigkeit und Rußlandfeindlichkeit. So wie die deutsche Regierung in der Auffassung Sazonovs im Süden danach trachtete, Rußland durch ein Protektorat über die Türkei den Weg ins Mittelmeer zu versperren, schien sie in den Augen des Außenministers auch im Norden darauf aus zu sein, durch Agitation in Dänemark und Schweden Rußlands freien Zutritt zu den Weltmeeren, wenn nicht gar seine Sicherheit zu gefährden[22].

Eine weitere gefährliche Belastung für das russisch-deutsche Verhältnis bildete natürlich das sich verfestigende Bündnis Deutschlands mit der österreichisch-ungarischen Doppelmonarchie, die ihrerseits in zunehmendem Maße den Argwohn und die Feindseligkeit der russischen Regierung wie vor allem auch der nationalistischen und panslawistisch orientierten Öffentlichkeit wegen der konkurrierenden Politik auf dem Balkan sowie in der ukrainischen und polnischen Frage auf sich zog. Das Sündenregister, das der Wiener Regierung vorgehalten wurde, war lang. Es beinhaltete, ging man von den Krisenjahren 1908/09 aus, insbesondere die Annexion Bosniens und der Herzegowina, die Vereitelung der von Rußland unterstützten serbischen Ambitionen auf einen freien Zugang zur Adria 1912 und allgemeiner, alle gegen Belgrad unternommenen Schritte, wie immer sie motiviert waren; außerdem wurde Wien beschuldigt, irredentistische Bewegungen von Polen und Ukrainern zu begünstigen, die darauf abzielten, die Sicherheit und territoriale Integrität des Zarenreiches zu beeinträchtigen[23]. Mitverantwortlich für diese Politik wurde die Berliner Regierung gemacht[24]. Der deutsche Botschafter in Petersburg, Graf Friedrich v. Pourtalès, berichtete in diesem Sinne am 21. März 1914, die allgemeine Stimmung in Rußland sei gegen Österreich-Ungarn sehr gereizt, und das gegen Deutschland herrschende Mißtrauen beruhe zum großen Teil auf seinem Verhältnis zu der Doppelmonarchie sowie auf der Annahme, daß das Wiener Kabinett eine ganz andere Politik verfolgte, »wenn es nicht von Deutschland gedeckt oder, wie viele auch glauben, geschoben würde«[25].

Die so begründeten Spannungen, die der russische Außenminister allgemein, zweifellos auch um Frankreich und England stärker zu interessieren, als Ausdruck deutschen Hegemonialstrebens in Europa bewertet wissen wollte, wurden noch ergänzt und potenziert durch Differenzen in anderen Bereichen. Angesichts der anstehenden Verhandlungen über die Verlängerung des 1917 auslaufenden Handelsvertrages mit Deutschland bemühten sich verständlicherweise sowohl die russischen Industriellen als auch die Agrarier, eine verstärkte Berücksichtigung ihrer Interessen zu erreichen. Während die Agrarier zur Verbesserung ihrer Exportchancen die Herabsetzung der entsprechenden deutschen Einfuhrzölle erstrebten, wünschten die Industriellen zur Verringerung der ausländischen Konkurrenz die Erhöhung der in Frage kommenden russischen Importzölle. Wenn auch beide Gruppen jeweils nur die eigenen Interessen für durchsetzbar und durchsetzenswert erachteten, warben sie doch für ihre Anliegen in der Öffentlichkeit unisono mit Appellen an das Nationalgefühl und gerierten sich als uneigennützige Vertreter des nationalen Wohls. Deutschland, argumentierten sie, habe beim Abschluß des Handelsvertrages von 1904 die damalige Schwäche Rußlands ausgenutzt und es in den Stand einer Halbkolonie herabgedrückt. Deutschland dürfe Rußland nicht länger als billigen Rohstofflieferanten und profitablen Absatzmarkt ausbeuten und so die Entwicklung der russischen Volkswirtschaft behindern; hinzu komme, daß Deutschland zunehmend Waren im höheren Gesamtwert nach Rußland exportiere, als es von dort einführe, was Rußland in wachsendem Maße eine passive Handelsbilanz eintrage, während es doch wegen seiner hohen Auslandsverschuldung und dem daraus resultierenden Schuldendienst unbedingt eine positive Handelsbilanz, zumal im Verhältnis zu seinem größten Handelspartner, benötige[26].

Die russische Öffentlichkeit nahm die Polemik der Interessenvertreter der Wirtschaft überwiegend für bare Münze; zum einen war sie sachlich außerstande, das taktische Moment in den Vorwürfen zu erkennen, zum anderen entsprachen die Beschuldigungen ihrem lang genährten und tief verwurzelten Ressentiment gegen die »Deutschen«, das im politischen Bereich durch die Liman v. Sanders-Affäre neue Nahrung erhielt. Die

Erregung fand ihren Widerhall und weiteren Anreiz in der Presse der politischen Mitte bis hin zu den Publikationsorganen der auf dem rechten Flügel stehenden Nationalisten, die — nicht zuletzt auch auf herausfordernde deutsche Zeitungsartikel reagierend — kontinuierlich das Menetekel eines unausweichlichen Schicksalskampfes zwischen Slawentum und Germanentum ausmalten und der prophezeiten Auseinandersetzung geradezu die Bedeutung eines Gottesurteils zuschrieben[27].

Wiederholte publizistische Beteuerungen des Kriegsministers, V. A. Suchomlinov, Rußland sei für einen Krieg mit Deutschland gerüstet und »fertig«[28], trugen naturgemäß eher dazu bei, die ohnehin schon gespannte Atmosphäre noch weiter aufzuladen, als daß sie auf die Bevölkerung beruhigend wirkten, was — Suchomlinovs späteren Memoiren zufolge — ihr eigentlicher Zweck gewesen sein soll[29]. Die prinzipielle militärische Kriegsbereitschaft Rußlands 1914 suchte Suchomlinov freilich selbst in seinen Erinnerungen noch nachzuweisen[30].

Außenminister Sazonov hegte darüber schon vor Kriegsbeginn eine andere Meinung. Ohne die optimistischen Darlegungen des Kriegsministers, die dieser, unterstützt von führenden Militärs, auch auf internen Konferenzen abgab[31], sachlich zu bestreiten, ging Sazonov doch davon aus, daß Rußlands politisch-militärische Ausgangsposition noch verbessert werden müsse. Überblickt man seine Aktivitäten im ersten Halbjahr 1914, so lassen sich folgende Zielsetzungen erkennen:

Erstens zeigte er sich bestrebt, nach dem Debakel von 1912/13 einen neuen Balkanbund zusammenzubringen, dessen Spitze diesmal vorrangig gegen Österreich-Ungarn gerichtet sein sollte[32]; zweitens plädierte er — über den Aufgabenbereich seines Ressorts formal hinausgehend — für eine weniger restriktive Politik gegenüber den Polen unter russischer Herrschaft, um die Loyalität der Polen im Kriegsfall sicherzustellen und die zarische Nationalitätenpolitik insbesondere in den Augen der übrigen Slawen im westlichen und südlichen Europa in einem werbewirksameren Licht erscheinen zu lassen[33]; drittens und vor allem bemühte er sich, Großbritannien zu einer erkennbaren und verläßlichen Parteinahme für die russisch-französische Allianz zu bewegen, in der Erwartung, durch einen Erfolg seiner Strategie das Kräfteverhältnis in Europa so gravierend zu verändern, daß Deutschland entweder seine Hegemonialbestrebungen aufgeben oder einen Waffengang aller Voraussicht nach verlieren würde[34].

Die potentielle Gefährlichkeit der Politik Sazonovs lag darin, daß sie in erster Linie nicht mehr darauf hinzielte, eine bewaffnete Auseinandersetzung mit allen diplomatischen Mitteln zu vermeiden, sondern vorrangig bemüht war, Bedingungen zu schaffen, die es Rußland erlauben sollten, einen europäischen Krieg mit Aussicht auf Erfolg zu führen. Die russische Politik wurde damit nicht notwendigerweise aggressiv, wohl aber wurde sie anfälliger für die Versuchung, zur Bewältigung von Konflikten militärische Mittel einzusetzen.

Der von Sazonov eingeschlagene Kurs blieb indes selbst in Kreisen, die der Macht nahestanden, nicht ohne Kritik. Als Wortführer traten der ehemalige Innenminister P.N. Durnovo, der frühere Ministerpräsident S.Ju. Witte und der zu den extremen Rechten zählende Dumaabgeordnete N.E. Markov hervor. Sie alle monierten vorrangig die von Sazonov betriebene Annäherung an Großbritannien mit der Begründung, angesichts der unübersehbaren Rivalität zwischen Deutschland und England müsse es früher oder später notwendigerweise zum Konflikt zwischen diesen beiden Mächten kommen, und Rußland sei im Falle einer Allianz mit Großbritannien dann gehalten, für englische Interessen zu kämpfen, während es selbst keine Differenzen mit Deutschland habe, die nicht auf dem Verhandlungswege ausgeräumt werden könnten[35]. Durnovo wies in seinem bekannten Memorandum überdies auf die fatalen Folgen hin, die unter den gegebenen Umständen jedweder Krieg für Rußland haben müsse. Nehme der Krieg, prophezeite er, für Rußland einen unglücklichen Verlauf, so werde das mit Sicherheit zum Ausbruch einer gewaltsamen Revolution der mit den gegenwärtigen Besitzverhältnissen unzufriedenen Arbeiter und Bauern im Zarenreich führen. Gewinne aber Rußland den Krieg, so sei es damit doch nicht vor dem Übergreifen der Anarchie, die dann in dem geschlagenen Deutschland ausbrechen werde, gefeit. Voraussagen, konstatierte Durnovo, lasse sich gleichfalls, daß sich Rußlands wirtschaftliche und finanzielle Lage durch einen bewaffneten Konflikt mit Deutschland erheblich verschlechtern würde, weil es selbst nach einem Sieg in drückende Abhängigkeit von den Staaten geriete, die ihm die zur Führung des Krieges notwendigen Gelder geliehen hätten. Zugunsten eines Zusammengehens mit Deutschland versäumte der Verfasser der Denkschrift nicht das traditionelle Argument der notwendigen Bewahrung des monarchischen Prinzips gegenüber dem demokratischen, wie es vor allem von England verkörpert werde, anzuführen. Auch an den Wert der übereinstimmenden russisch-deutschen Interessenlage in der polnischen Frage erinnerte er mit dem Hinweis, Frankreich und England würden nicht so kooperativ sein[36].

Einen politischen Kurswechsel vermochte die »Deutschenpartei«[37] mit ihren Plädoyers indes nicht zu erreichen. Ebenso wie der Außenminister erachtete der letztlich ausschlaggebende Zar die These für falsch, wonach es keine unüberwindlichen Gegensätze zwischen Deutschland und Rußland gebe. Am gefährlichsten, betonte auch er im vertraulichen Gespräch, sei der Versuch der deutschen Diplomatie, in Konstantinopel eine Position zu erringen, die es ihr ermöglichen würde, Rußland völlig im Schwarzen Meer einzuschließen. Das, urteilte er, müsse mit allen Mitteln verhindert werden, »selbst wenn Krieg die einzige Alternative sein sollte«[38]. Trotz dieser entschiedenen Bekundung scheint der Zar freilich die Aussichten, den Frieden zu erhalten, höher eingeschätzt zu haben als Sazonov.

Dieser äußerte seit der Liman v. Sanders-Affäre auf jeden Fall dezidierter, daß »wir [...] nicht von der Beständigkeit der jetzigen politischen Lage und der Dauerhaftigkeit des Friedens überzeugt sein dürfen«[39]. Seine Bestrebungen, Rußlands politisch-militärische Situation zu verbessern, verliefen freilich nur bedingt erfolgreich. Weder vermochte er, vom unsicheren Zaren nur unzureichend unterstützt, die traditionell ablehnende Haltung des Innenministers und der russischen Bürokratie gegenüber Konzessionen zugunsten der Polen zu überwinden[40], noch gelang es ihm, auf dem Balkan Rußlands Position verbindlich und verläßlich zu verbessern. Zwar gab Bukarest zu verstehen, daß es nicht unbedingt an Österreich-Ungarn gebunden sei, ließ aber gleichzeitig erkennen, daß es im Falle eines europäischen Krieges seine Haltung ausschließlich unter dem Aspekt größtmöglicher nationaler Vorteile bestimmen werde[41]. Die Aussichten, Sofia auf die russische Seite herüberzuziehen, waren von Anfang an nicht sehr vielversprechend, da die bulgarische Regierung dem Zarenreich die Mitschuld am unglücklichen Verlauf des zweiten Balkankrieges 1913 gab; die ungeschickte russische Diplomatie, die ihre Trümpfe fälschlich in finanziellen Erpressungsmanövern und innenpolitischer Einmischung sah, tat dann freilich noch ein übriges, um den Mißerfolg herbeizuführen[42]. Mehr Bedeutung als den mißglückten Unternehmungen maß der russische Außenminister aber letztlich dem Ergebnis seiner Bemühungen bei, England enger an Rußland zu binden. Am liebsten wäre es Sazonov gewesen, wenn sich die britische Regierung zum Abschluß einer Defensivallianz mit Rußland und Frankreich bereit gefunden hätte, aber dazu zeigte London, wie sich rasch herausstellte, keine Neigung; für die britische Regierung war es unter innen- und außenpolitischem Aspekt vorteilhafter, sich von beiden Machtblöcken in Europa umwerben zu lassen und nicht vorzeitig für die eine oder andere Seite offen Partei zu ergreifen. Andererseits mochte die britische Regierung den Kurs einer De-facto-Annäherung an Rußland nicht aufgeben, den sie bereits seit Beginn des Jahrhunderts Schritt für Schritt, wenn auch mit kurzen Unterbrechungen, auf Grund der Verwundbarkeit der britischen Interessen im Nahen und Fernen Osten und auf Grund der wachsenden Rivalität mit Deutschland verfolgte. So zeigte man sich denn willens, Rußland zwar nicht die ganze Hand, wohl aber den kleinen Finger zu reichen; während eines Staatsbesuchs in Paris im April 1914 signalisierte der britische Außenminister den vermittelnden Franzosen die englische Bereitschaft, mit Rußland eine Marinekonvention auszuhandeln und abzuschließen. Vorbild hierfür sollten die britisch-französischen Vereinbarungen aus dem Jahre 1912 sein, die zwar formal keine automatische Waffenhilfe vorsahen, aber eine moralische Verpflichtung implizierten und eine unzweideutige Option darstellten. Damit war beiden Seiten gedient. Grey konnte nach wie vor von der Ungebundenheit der britischen Regierung sprechen, während andererseits Sazonov die allgemeinpolitisch »besonders große Bedeutung« der Besprechungen unterstrich und der russische Botschafter in London im gleichen Sinne konstatierte, mit dem für August 1914 vorgeschlagenen Abschluß der Marinekonvention werde »die Hauptsache erreicht« sein, »nämlich den bisher zu sehr rein moralischen und friedfertigen Ideenkreis der Entente durch etwas Greifbares zu ersetzen«[43].

Die neue Konstellation ermutigte Sazonov, während der Julikrise 1914 eine entschlossenere Haltung einzunehmen als während der Liman v. Sanders-Krise ein halbes Jahr zuvor. Seine prompte Reaktion auf das österreichisch-ungarische Ultimatum an Serbien lautete: »C'est la guerre européenne[44].« Eine noch am selben Tag, dem 24. Juli, erfolgende Besprechung mit den Botschaftern Frankreichs und Großbritanniens, M. Paléologue und Sir G. Buchanan, nötigte ihn indes zu einer vorsichtigeren Sicht der Dinge. Während Paléologue Vorbehalte taktischer Art machte, ohne freilich die französisch-russische Allianz prinzipiell in Frage zu stellen, erklärte Buchanan, er persönlich glaube nicht, daß seine Regierung in der gegenwärtigen Situation bereit sei, sich zu einer bedingungslosen Unterstützung Rußlands und Frankreichs zu verpflichten. Großbritannien habe keinerlei direkte Interessen in Serbien zu verteidigen, und ein Krieg wegen dieses Staates würde von der öffentlichen Meinung seines Landes niemals sanktioniert werden. Der britische Botschafter konzedierte freilich, daß sich sein Land kaum abseits halten könne, wenn der Streit um Serbien in einen allgemeinen europäischen Krieg münde[45]. Die Entscheidung Großbritanniens hing demnach davon ab, ob das Deutsche Reich sich in Unterstützung Österreich-Ungarns in den Konflikt einmischen würde. Für Sazonov bestand daran wenig Zweifel, wenn er sich auch in den folgenden Tagen — freilich nicht zuletzt aus taktischen Gründen — durchaus um eine friedliche Lösung bemühte, unter der Bedingung, Rußland könne dabei sein Gesicht als Großmacht wahren[46].

Die formelle Entscheidung über Krieg und Frieden lag aber natürlich nicht beim Außenminister, sondern beim Zaren, der am 25. Juli das Kabinett versammelte, um die Frage zu erörtern. Den wenigen bruchstückhaften Quellen über die Konferenz zufolge sind in der Diskussion die Gefahren, die für Rußland mit einem Krieg verbunden wären, nicht unbeachtet geblieben, aber zu gering veranschlagt worden. Vorherrschend scheint die Meinung gewesen zu sein, es sei zwar unter militärischem und ökonomischem Aspekt besser, zum gegenwärtigen Zeitpunkt einen Krieg zu vermeiden, aber andererseits dürfe Rußland zur Wahrung seines Status' und Prestiges als Großmacht Serbien nicht fallenlassen; würde man jetzt vor den Zentralmächten zurückweichen, sähen diese darin nur eine Ermutigung, weiterhin und in noch stärkerem Maße als bisher gegen die Interessen des Zarenreiches zu verstoßen[47]. Sozusagen von Amts wegen, als Kriegsminister, fühlte sich Suchomlinov verpflichtet, seinerseits zu versichern, Rußland sei für eine bewaffnete Auseinandersetzung gegenwärtig besser gerüstet als je zuvor[48]. Der Zar befand schließlich, er hoffe noch auf eine friedliche Beilegung der Krise, wobei er freilich — wohl eher pflichtgemäß als bereitwillig — hinzufügte, »daß es notwendig sei, Serbien zu unterstützen, auch wenn man dazu die Mobilmachung erklären und Kriegshandlungen beginnen müsse«[49].

Der die folgenden Tage charakterisierende Schwebezustand zwischen Friedensbewahrung und Kriegsvorbereitung ließ sich bekanntlich nicht lange aufrechterhalten. Schuld daran trugen zweifellos in besonderem Maße die Regierungen in Berlin und Wien mit ihrer auf diplomatische Kapitulation beziehungsweise militärische Konfrontation zielenden Politik. Am 28. Juli erklärte Österreich-Ungarn Serbien den Krieg. Die Chancen, den Frieden unter den Großmächten aufrechtzuerhalten, schwanden damit erheblich. Das hektische Agieren des russischen Außenministers trug dann seinerseits zumindest dazu bei, den Ausbruch des großen Krieges in Europa zu beschleunigen. Ein Telegramm Bethmann Hollwegs vom 29. Juli, das vor dem »weiteren Fortschreiten russischer Mobilisierungsmaßnahmen« warnte[50], legte Sazonov überspitzt dahingehend aus, »daß, wenn Rußland seine militärischen Vorbereitungen fortsetzen werde, auch ohne zur Mobilmachung zu schreiten, Deutschland sich genötigt sehen werde, mobilzumachen, und daß in diesem Falle von seiner Seite aus sofortiger Angriff erfolgen werde«[51].

Gestützt auf Gutachten der führenden Militärs drängte der Außenminister nun den immer noch zaudernden und auf eine friedliche Beilegung der Krise hoffenden Zaren, nicht allein mehr die Teilmobilmachung gegen Östereich-Ungarn, sondern die unverzügliche allgemeine Mobilmachung anzuordnen. Über die Tragweite des Befehls, den der Zar schließlich erteilte, waren sich die Beteiligten im klaren; der Außenminister gestand unumwunden ein, dem Gegner damit »einen Vorwand zum Krieg zu geben«, aber, argumentierte er, der Krieg sei ohnehin bereits unvermeidlich, und bei dieser Sachlage bleibe nichts anderes übrig, als alles zu tun, um nicht unvorbereitet von ihm überrascht zu werden[52].

Viel ist über die Frage spekuliert worden, welchen Einfluß die innere Situation in Rußland auf die außenpolitischen Entscheidungen der zarischen Regierung während der Julikrise 1914 gehabt habe. Der Reichsregierung in Berlin lagen Berichte vor, nach denen Rußland auf Grund weitverbreiteter linksradikaler Unruhen derzeit kaum kriegsbereit sei[53], im nachhinein ist umgekehrt in der Forschung argumentiert worden, gerade das Bestreben, einer Revolution von links zuvorzukommen, habe die Entscheidung für den Krieg in Petersburg entscheidend mitbestimmt[54]. Außer Zweifel steht, daß die Jahre der trügerischen Ruhe nach der Revolution von 1905/06 bereits um 1910 geendet hatten. Der rasche industrielle Aufschwung sowie die Auswirkungen der Agrarreformen Stolypins belebten und verschärften die ökonomisch-politischen Spannungen sowohl in der Stadt als auch auf dem Land. Nach einer repräsentativen, wenn auch nicht vollständigen Statistik kam es 1910 in den Fabriken insgesamt 222mal zu Arbeitsniederlegungen, an denen sich 46623 Arbeiter beteiligten. Hatten diese Streiks noch überwiegend ökonomische Gründe, änderten sich die Proportionen grundlegend im Jahre 1912, als 732 wirtschaftlich bedingten Ausständen 1300 politische gegenüberstanden. 1913 war das Verhältnis in etwa ausgeglichen, aber in den ersten sieben Monaten des Jahres 1914 dominierten wieder eindeutig die politischen Streiks in einer bis dahin nicht gekannten Größenordnung. Ungefähr 1,5 Millionen Lohnabhängige legten in diesem Zeitraum die Arbeit nieder, 2538mal, um politischen Forderungen Nachdruck zu verleihen, und 1560mal aus wirtschaftlichen Gründen[55]. Noch während des Staatsbesuchs des französischen Präsidenten vom 20. bis 23. Juli 1914 war das Straßenbild Petersburgs und anderer Städte bekanntlich mitbestimmt durch Streiks, Demonstrationen revolutionärer Arbeiter und Barrikadenkämpfe[56].

Mit der Veröffentlichung des Ultimatums Österreich-Ungarns an Serbien änderte sich die Szene jedoch schlagartig. An die Stelle systemfeindlicher Demonstrationen traten — ungeachtet der Antikriegspropaganda der linksradikalen Parteien bis hin zu den gemäßigten konstitutionellen Demokraten[57] — Umzüge mit Solidaritätsbekundungen für Serbien und Loyalitätserklärungen für das Zarenregime[58]. Innenminister N. A. Maklakov, der eine Reise in die Provinz unternahm, um die Stimmung der dortigen Bevölkerung zu sondieren, versicherte telegraphisch, daß »keine inneren Unruhen zu befürchten« seien »und daß im Falle eines Krieges die ganze Nation hinter der Regierung stehen würde«[59]. Außenminister Sozanov prophezeite sogar bereits in der Kabinettssitzung vom 25. Juli, ein Verzicht Rußlands, dem bedrängten Serbien beizustehen, könne unter den gegebenen Umständen solche Empörung im eigenen Land hervorrufen, daß die Dynastie selbst in Gefahr geraten würde[60].

Wie aus dem zuvor Geschilderten bereits hervorgeht, scheint der nicht näher begründete und im übrigen nicht sehr originelle Appell an die Revolutionsfurcht des Zaren keine nachhaltige Wirkung hervorgerufen zu haben. Nikolaus II. dürfte sich, nicht zuletzt auf Grund der Erfahrungen aus dem russisch-japanischen Krieg von 1904/05, durchaus der vergleichsweise sehr viel ernsteren Gefahren bewußt gewesen sein, die für die Dynastie mit einem Kriege nicht notwendigerweise, aber möglicherweise verbunden waren. Dennoch wird man wohl annehmen dürfen, daß die patriotische Begeisterung in den letzten Julitagen den Zaren nicht völlig unbeeindruckt gelassen hat, sondern ihm durch die Gewißheit, der Zustimmung und des Beifalls der Öffentlichkeit gewiß zu sein, die Entscheidung für die allgemeine Mobilmachung und das damit erhöhte Kriegsrisiko erleichterte[61].

Das deutsche Ultimatum und die anschließende Kriegserklärung am 1. August erlaubten noch einmal und zum letztenmal eine Demonstration der Einheit und Übereinstimmung von zarischer Regierung und breiter Öffentlichkeit[62]. Weite Kreise der russischen Bevölkerung bis hin zu den Arbeitern und Bauern, die dem Regime am kritischsten gegenüberstanden und vorhersehbar an der Front und im Hinterland vom Krieg am schwersten betroffen werden würden, begeisterten sich an nationalistischen Parolen oder unterließen zumindest alles, was den Eindruck nationaler Geschlossenheit und Harmonie trüben konnte; lediglich die Sozialdemokraten, und unter ihnen eigentlich auch nur die Bolschewiki, hielten sich bewußt abseits, was freilich anfänglich eher statistische als politische Bedeutung zu haben schien[63].

Die militärische Situation entwickelte sich bis zum November 1914 — ungeachtet des schweren Rückschlags bei Tannenberg — aus russischer Sicht ebenfalls recht vielversprechend. Während es den Russen im September gelang, die Österreicher zur fast gänzlichen Räumung Ostgaliziens zu zwingen, vermochten die Franzosen in der Marneschlacht den deutschen Vormarsch zu stoppen[64]; auf russischer Seite rechnete man damit, daß die Franzosen nun zum Gegenschlag ausholen und im Verlauf ihres Vormarsches nicht nur bis zur Landesgrenze, sondern weit darüber hinaus bis nach Deutschland hinein vordringen könnten; in einem solchen Fall, signalisierte man den Bundesgenossen, wolle man selbst, nach der erwarteten raschen und völligen Niederwerfung der Österreicher, über Posen und Breslau auf Berlin marschieren[65]. Sowohl der Außenminister als auch der Zar hielten es unter diesen Auspizien am 14. September und 21. November 1914 für geboten — mit dem abschwächenden Vorbehalt, als Privatpersonen zu sprechen —, die Alliierten mit ihren Vorstellungen von dem künftigen Frieden vertraut zu machen; sie ließen sich dabei zweifellos von dem Wunsch leiten, die eigenen Forderungen frühzeitig anzumelden und Genaueres über die Absichten der Verbündeten zu erfahren. Als eigenes Hauptziel deklarierten sie die möglichst große und langandauernde Schwächung des Deutschen Reiches; sie sollte vor allem durch territoriale Amputationen erreicht werden, wofür das Nationalitätenprinzip als Rechtfertigung dienen sollte, ohne freilich den Rang einer allein maßgeblichen Richtschnur eingeräumt zu bekommen. So gaben sowohl der Außenminister als auch der Zar zu verstehen, Rußland habe keine Bedenken, wenn Frankreich über die Rücknahme Elsaß-Lothringens hinaus sein altes Ziel, die Erreichung der Rheingrenze, anstrebe[66].

Die indirekte Ermunterung französischer Expansionswünsche war sicherlich gut bedacht; sie entsprach dem Interesse des Zarenreiches nicht nur unter dem Aspekt der Schwächung Deutschlands, sondern eröffnete auch die Aussicht, daß der französisch-deutsche Antagonismus, der aus der Annexion Elsaß-Lothringens resultierte, nun mit umgekehrten Vorzeichen fortgeschrieben würde. Frankreich hätte dann von sich aus zumindest ein ebenso großes Interesse an dem Weiterbestand des Bündnisses mit Rußland und England haben müssen, wie es offen von der russischen Regierung für ihr eigenes Land proklamiert wurde[67], um gegen eine künftige Bedrohung von seiten Deutschlands gefeit zu sein. Noch günstigere Perspektiven für die Position Rußlands eröffneten sich, wenn die militärische Niederlage Deutschlands und die ihm auferlegten Friedensbedingungen zu einem Auseinanderbrechen des Deutschen Reiches und zur Wiedererstehung der früheren souveränen deutschen Einzelstaaten führen würde; solch eine Entwicklung, erläuterte der Zar dem französischen Botschafter am 21. November 1914, wolle er nicht von sich aus erzwingen, um den deutschen Nationalismus nicht zu schüren; aber er ließ deutlich durchblicken und bekräftigte das späterhin auch, daß ihm eine derartige politische Lösung genehm wäre[68]; sie hätte Rußland schließlich die seit den 60er Jahren des 19. Jahrhunderts verlorene Rolle eines »arbiter Germaniae« zurückgegeben.

Die Gebietsforderungen, die die russische Regierung selbst an Deutschland stellen wollte, ließen sich allgemein ebenfalls aus der Absicht erklären, das Deutsche Reich machtpolitisch zu schwächen und seine Desintegration zu fördern; soweit von der Annexion Ostpreußens die Rede war, kamen noch strategische Erwägungen hinzu. Um einerseits eine bessere Ausgangsbasis für Operationen gegen Deutschland zu haben und andererseits das eigene Territorium leichter gegen deutsche Angriffe verteidigen zu können, verlangte der russische Generalstab, die neue Grenze entlang der Weichsel zu ziehen[69]. Der Zar hielt diesen Vorschlag zumindest für erwägenswert, wobei er freilich zu erkennen gab, daß eventuell auch eine weniger rigide Vorverlegung der Grenze — der Außenminister brachte den Unterlauf der Memel ins Gespräch[70] — in Frage komme[71]. Offenkundig sollte hier die Stellungnahme der Verbündeten eruiert werden.

Problematischer war es für die zarische Regierung von vornherein, die territorialen Ansprüche zu definieren, die zu einer Vergrößerung Russisch-Polens führen mußten, war damit doch unlöslich die weitere Frage nach den allgemeinen Richtlinien der russischen Politik gegenüber Polen verbunden. Zwei prinzipiell gegensätzliche Standpunkte, die beide für sich in Anspruch nahmen, den nationalen Interessen Rußlands zu dienen, standen im Kabinett — in Fortführung traditioneller

Argumentationsweisen — zur Debatte. Den einen, liberaleren, vertrat insbesondere Außenminister Sazonov. Um die Loyalität der Polen zu sichern oder überhaupt erst zu gewinnen und vor den slawischen Völkern außerhalb des russischen Herrschaftsbereichs ein werbendes Exempel zu statuieren, hatte er bereits vor Kriegsbeginn gemahnt, den Polen in ihren dringlichsten nationalen Wünschen entgegenzukommen und ihnen bindend zu erklären, welche Zugeständnisse sie auf dem Gebiet der Selbstverwaltung, der Sprache, der Schule und der Kirche erwarten könnten. Nach Kriegsbeginn setzte Sazonov seine bis dahin erfolglos gebliebenen Bemühungen fort, wobei er ergänzend dafür plädierte, Russisch-Polen auf Kosten Deutschlands um das östliche Posen und Südschlesien sowie auf Kosten Österreich-Ungarns um Westgalizien zu vergrößern[72].

Ebenso wie Sazonov in der Kriegszeit hielten indes auch die Verfechter eines entgegengesetzten, restriktiven politischen Kurses gegenüber Polen an ihren Vorsätzen und Ansichten fest; als ihr Sprecher trat zunächst vor allem Innenminister Maklakov als Repräsentant der Bürokratie auf. An die polnischen Aufstände von 1830/31 und 1863/64 erinnernd, argumentierten er und seine Gesinnungsfreunde, die Polen erstrebten letztlich nichts als ihre Unabhängigkeit; auf ihre freiwillige Loyalität dürfe man nicht rechnen, und es sei deshalb das Beste, sie durch Strenge in Schach zu halten; überdies schüfen staatsrechtliche Konzessionen an die Polen einen gefährlichen Präzedenzfall, denn die übrigen Fremdvölker im Zarenreich würden dann die gleichen Zugeständnisse für sich beanspruchen. Allenfalls am Ende des Krieges, wenn sichergestellt sei, daß Rußland seine eigenen Forderungen, die Vorrang verdienten, erfüllt bekomme, lasse sich prüfen, ob und inwieweit man Wünschen der Polen in administrativer und territorialer Hinsicht entgegenkommen könne. In Konkretisierung ihrer Vorstellungen unterbreitete der Innenminister, unterstützt vom Justizminister und Minister für Volksaufklärung, dem Zaren im November 1914 eine Denkschrift über Art und Reihenfolge der von Rußland anzustrebenden Kriegsziele[73]. Eine ähnlich systematische Auflistung und Wertung der Kriegsziele wurde bis 1917 weder vom Außenminister noch vom Kabinett als ganzem unternommen.

Insgesamt gesehen setzen sich der Innenminister und seine Gesinnungsfreunde letztlich durch. In den ersten Kriegstagen gelang es Außenminister Sazonov allerdings — angesichts der weitverbreiteten Befürchtung, die Polen könnten sich für die restriktive russische Politik durch eine unfreundliche, wenn nicht feindselige Haltung gegenüber den russischen Truppen revanchieren — im Ministerrat, wenn auch mit Abstrichen, ein Manifest durchzudrücken, das am 14. August im Namen des russischen Oberkommandierenden, des Großfürsten Nikolaj Nikolaevič, öffentlich verkündet wurde und den Polen in vagen Ausdrücken Selbstverwaltung und territoriale Wiedervereinigung versprach[74]. Als sich jedoch nicht zuletzt auf Grund dieses von den Polen lebhaft begrüßten Dokuments die Besorgnis über einen Abfall der Polen als unbegründet erwies, schwenkte der Ministerrat zu der vom Innenminister vorgezeichneten Polenpolitik um; in territorialer Hinsicht befand er dementsprechend in der zweiten Novemberhälfte 1914, das russische Teilgebiet Polens sei um »jene polnischen Territorien« zu vergrößern, die, »wenn Gott die russischen Waffen mit dem Sieg segnet, von Deutschland und Österreich-Ungarn an Rußland übergehen«[75].

Neben dem erklärten Hauptziel der russischen Regierung, die Macht Deutschlands entscheidend zu brechen, stellte sich die Frage nach dem künftigen Schicksal Österreich-Ungarns. Unverkennbar war, daß der Krieg genutzt werden sollte, um auch den älteren Rivalen Rußlands erheblich zu schwächen. Vorrangig wurde dabei an umfangreiche territoriale Abtretungen gedacht. Für sich selbst beanspruchte das Zarenreich aus strategischen Erwägungen und in der Absicht, irredentistischen Bewegungen ein für allemal den Boden zu entziehen, einen Teil der Bukowina, der Karpato-Ukraine und Ostgalizien[76]. Die völlige Zerschlagung der Habsburgermonarchie mochte die zarische Regierung indes aus zwei Gründen nicht von sich aus fordern; einerseits fürchtete sie, ein Bekenntnis zum Selbstbestimmungsrecht der Nationalitäten könne auch von den im Zarenreich lebenden Fremdvölkern als Ermutigung und Rechtfertigung für Loslösungsbestrebungen ausgelegt werden[77], zum anderen hielt sie es unter machtpolitischem Aspekt für unerwünscht und gefährlich, wenn sich Deutsch-Österreich nach Auflösung der Habsburgermonarchie gemäß dem Nationalitäten- und Selbstbestimmungsprinzip mit Deutschland zu einem Staat verbinden könnte[78]. Als gangbaren Mittelweg, der geeignet erschien, dem Wunsch nach Schwächung der Donaumonarchie zu genügen, ohne die ungünstigen Konsequenzen einer erzwungenen Auflösung des Staates in Kauf nehmen zu müssen, erachtete der Außenminister die Umwandlung der Doppelmonarchie in eine dreigeteilte Monarchie; sie sollte aus Österreich, Ungarn sowie Böhmen und Mähren mit noch zu präzisierenden Grenzen bestehen[79]. Dem Zaren erschien dieser Vorschlag allerdings kaum realisierbar. Er hatte schon im April 1913 die Überzeugung geäußert, die Habsburgermonarchie werde in absehbarer Zeit auch ohne Zutun von außen dank der Emanzipationsbestrebungen der einzelnen Nationalitäten von innen heraus zusammenbrechen[80]; der Krieg konnte aus der Sicht des Zaren einer solchen Entwicklung nur Vorschub leisten und sie beschleunigen. Er rechnete eher damit, daß das Problem eines Zusammenschlusses Deutsch-Österreichs mit dem Deutschen Reich durch den inneren Zusammenbruch und die Auflösung des deutschen Kaiserreiches gegenstandslos würde[81].

Von den beiden großen westlichen Verbündeten machte die französische Regierung aus ihrer Sympathie mit den russischen Kriegszielvorstellungen gegenüber den Zentralmächten, wie sie ihr im Herbst 1914 entwickelt wurden, kein Hehl. Entgegenkommend versicherte Außenminister Delcassé dem russischen Botschafter A.P. Izvol'skij, »es verstehe sich von selbst, daß Frankreich im voraus mit ihnen [den russ. Kriegszielvorstellungen — H.L.] einverstanden sei[82].«

Der in dieser ersten Phase der Sondierungsgespräche allseits gemachte Vorbehalt, es handele sich hierbei um keine offizielle Stellungnahme, darf in seiner Bedeutung nicht überschätzt werden. Tatsächlich erstrebte Paris ebenso wie Petersburg als Hauptziel des Krieges eine möglichst große Schwächung der militärischen und politischen Macht Deutschlands bis hin zur Auflösung der Reichseinheit. Territoriale Abtrennungen und Annexionen erschienen unter diesem Blickwinkel auch aus französischer Sicht als wünschenswert, wobei die russische Regierung durchaus richtig kalkuliert hatte und sich des französischen Dankes sicher wähnen durfte, als sie — keineswegs uneigennützig — ihre Bereitschaft signalisiert hatte, Frankreich nicht nur Elsaß-Lothringen, sondern das ganze linke Rheinufer zu überlassen. Was die formulierten russischen territorialen Ansprüche betraf, so schienen sie Delcassé eher zu bescheiden ausgefallen zu sein. Der französische Außenminister hätte es zum Beispiel nicht ungern gesehen, wenn von der politischen Führung Rußlands die Abtretung Danzigs verlangt worden wäre. Delcassé machte sich damit weniger ein Anliegen der Polen zu eigen, als daß er es für dienlich erachtet hätte, wenn die Kluft zwischen Preußen-Deutschland und Rußland so tief und dauerhaft gestaltet würde, daß mit einer Aussöhnung, die notwendigerweise mittelbar oder gar direkt zu Lasten Frankreichs gehen mußte, nicht gerechnet zu werden brauchte[83]. Unter Berücksichtigung des französischen Sicherheitsinteresses war es deshalb auch nur folgerichtig und natürlich, daß Delcassé dem

Wunsch Sazonovs nach Beibehaltung des gegenwärtigen Allianzsystems über den Krieg hinaus zustimmte[84].

Wenig Aufmerksamkeit wurde zu Beginn des Krieges auf russischer und französischer Seite der Frage finanzieller und wirtschaftlicher Repressalien gewidmet, obwohl mit Hilfe von Reparationen die Großmachtstellung Deutschlands empfindlicher zu treffen war als durch die projektierten Gebietsabtretungen. Das sollte aber erst die Zukunft lehren, während 1914 noch die Meinung vorherrschte, die militärische Niederlage, der Prestigeverlust Preußens und insbesondere die territorialen Friedensbedingungen würden voraussichtlich zum Zusammenbruch des Deutschen Reiches von innen heraus führen[85].

Die britische Regierung hielt sich in der Anfangsphase des Krieges aus der Diskussion der Kriegsziele weitgehend heraus, um etwaige Meinungsverschiedenheiten mit den Verbündeten, die ihren Kampfeswillen beeinträchtigen könnten, zu vermeiden[86]. Die Vorsicht richtete sich freilich in erster Linie auf Frankreich, dessen Ambitionen auf das gesamte linke Rheinufer London nicht tolerieren mochte[87]. Den russischen Forderungen hingegen stand die britische Regierung sehr aufgeschlossen gegenüber[88], weil sie sich einerseits mit ihren eigenen Intentionen in Übereinstimmung bringen ließen und weil sie darüber hinaus bestrebt war, die schon zu Beginn des Jahrhunderts eingeleitete Politik des Ausgleichs mit Rußland über den Krieg hinaus fortzusetzen und zu vertiefen. Für diese Absicht sprachen neben dem ursprünglichen, unverminderte Geltung behaltenden Motiv der Absicherung der kolonialen Interessen Großbritanniens in Asien insbesondere ökonomische Zielvorstellungen; sie konzentrierten sich am Anfang des Krieges vor allem auf das Bemühen, mit Hilfe der zarischen Regierung die deutsche Konkurrenz auf dem russischen Markt auszuschalten und ihren Geschäftsanteil auf britische Interessenten zu übertragen[89].

Das Erstarren der Front im Westen im Stellungskrieg und die erfolgreiche deutsche Gegenoffensive im Osten ließen Ende 1914 die Aussichten auf einen raschen Sieg über die Zentralmächte schwinden[90]. Durchaus nicht den Wünschen der russischen Regierung entsprechend, die ihre militärischen Kräfte bis zum Sieg allein gegen die Zentralmächte konzentrieren wollte, eröffnete überdies die Türkei Ende Oktober 1914 die Feindseligkeiten gegen das Zarenreich[91]. Nur bedingt kam der zarischen Regierung zugute, daß der türkische Angriff eine neue Welle patriotischer Begeisterung in der russischen Bevölkerung auslöste, denn alsbald wurden in der Öffentlichkeit und in allen politischen Parteien

— mit Ausnahme der extremen Linken — auch Kriegszielforderungen laut, die geeignet waren, der russischen Regierung neue Verlegenheit zu bereiten. Außenminister Sazonov erachtete es als Hauptaufgabe, Rußland die Kontrolle über den Bosporus und die Dardanellen zu verschaffen[92]. Ökonomische und strategische Gründe sprachen für eine solche Zielsetzung. Dank der Überschußproduktion im agrarischen Bereich und der intensivierten Ausbeutung der Bodenschätze Südrußlands seit der zweiten Hälfte des 19. Jahrhunderts hatten die Meerengen für den russischen Export ständig an Bedeutung gewonnen. In der Vorkriegszeit wurden bereits durchschnittlich 37 Prozent der gesamten russischen Ausfuhr durch die Dardanellen und den Bosporus geleitet. Hauptausfuhrgüter waren Getreide und Rohstoffe. Der Transit dieser Waren auf dem Landweg als Ersatz für den Seetransport kam nicht in Frage, da ein solches Vorhaben — nach russischen Berechnungen — »im Durchschnitt 25mal so teuer« und damit unrentabel gewesen wäre. Die außerordentliche Wichtigkeit des Handelsweges durch die Meerengen für das ganze wirtschaftliche Leben des Zarenreiches ließ sich auch aus den schweren nachteiligen Folgen ablesen, die die Sperrung der Wasserstraße durch die Türkei während ihres Krieges mit Italien 1911/12 und den Balkanstaaten 1912 und 1913 gezeitigt hatte. Der Rußland dadurch zugefügte Schaden wurde auf über 30 Millionen Rubel geschätzt und hatte beispielsweise im Frühjahr 1913 zur Erhöhung des Diskonts durch die Staatsbank um ein halbes Prozent für Dreimonatswechsel geführt[93]. Strategisch bot die Kontrolle der Meerengen für Rußland sowohl unter defensivem als auch offensivem Aspekt unverkennbare bedeutsame Vorzüge. Zum einen genügten bereits geringe Streitkräfte, um zu verhindern, daß feindliche Geschwader aus dem Mittelmeer ins Schwarze Meer einliefen und, wie 1854/55 im Krimkrieg, die südrussische Küste angriffen; zum anderen eröffnete der freie Zugang der russischen Schwarzmeerflotte zum Mittelmeer dem Zarenreich die Aussicht, erheblich stärkeren Einfluß auf die Politik der Staaten in diesem geographischen Bereich nehmen zu können[94].

Was über die Kontrolle der Meerengen hinaus das Schicksal Konstantinopels betraf, so bekundete Sazonov in seinen Memoiren dezidiert, der Gedanke, diese Stadt dem Zarenreich einzuverleiben, »lockte mich niemals, ich fand darin vom Standpunkt russischer Interessen mehr negative als positive Seiten«. Zur Erläuterung seines Votums führte er aus, es sei nicht angängig gewesen, Konstantinopel in eine russische Stadt zu verwandeln und der alten Kaiserstadt den dritten Rang im

Zarenreich hinter Petrograd und Moskau anzuweisen; umgekehrt habe es sich aber auch verboten, aus der exponiert gelegenen Stadt mit der fremden Bevölkerung eine neue südliche Residenz zu machen[95]. Bedeutsamer als diese Überlegungen dürfte für den Außenminister aber die Tatsache gewesen sein, daß Anfang 1915 ebensowenig wie früher für Rußland daran zu denken war, Konstantinopel aus eigener Kraft zu erobern. Während ein Feldzug zu Lande frühestens nach dem Sieg über die Zentralmächte in Frage kam, mangelte es für eine Seeoperation an einer überlegenen Flotte wie an Landeschiffen; als weiteres Problem kam hinzu, daß von Rumänien und Bulgarien als derzeit neutralen Staaten die unabdingbar notwendige passive Unterstützung für russische Operationen gegen Konstantinopel nicht zu erwarten war[96]. Andererseits durfte nicht damit gerechnet werden, daß sich die Türken bereitfinden würden, ihre Hauptstadt kampflos an Rußland abzutreten. »Als sicher erworben«, konstatierte Sazonov in diesem Sinne, sei nur das zu betrachten, »was wir mit unserem Blut und durch unsere Bemühungen erobert haben«[97].

In der russischen Öffentlichkeit war von derartigen Bedenken nicht die Rede. Zeitungen und politische Parteien von der äußersten Rechten bis hin zu den links von der Mitte stehenden Konstitutionellen Demokraten forderten vielmehr einmütig, außer den Meerengen müsse auch Konstantinopel selbst dem Zarenreich einverleibt werden. Die Realisierung dieses Verlangens wurde vor allem gefühlsbetont als Pflicht vor Gott und Vaterland, als Gebot, das orthodoxe Kreuz auf der Hagia Sophia wieder aufzurichten, und als Erfüllung der jahrhundertealten Mission Rußlands propagiert[98]. Erfahrene Diplomaten, wie etwa der ehemalige russische Botschafter Baron Rosen, mochten sich über eine solche verblasene Argumentationsweise entsetzen[99], aber immerhin ließ sich auf diese Weise doch ein konkretes Kriegsziel formulieren, mit dem sich das Volk auf Grund seiner Religiosität und seines nationalen Stolzes stärker identifizieren konnte als mit den übrigen propagierten Kriegszielvorstellungen[100].

Außerordentlich wichtige und letztlich ausschlaggebende Unterstützung erhielten die Politiker, die die Annexion Konstantinopels befürworteten, von den Militärs. In einer Denkschrift vom 27. Februar 1915 kam der russische Generalstab zu dem Schluß, strategische Gründe erforderten eine »dauerhafte Festsetzung« nicht nur an den Meerengen, sondern auch »in Konstantinopel«[101]. Der Zar, der bis dahin unter dem Einfluß des Außenministers einen eher unentschlossenen Eindruck gemacht hatte, hieß das Votum gut und beauftragte Sazonov, die dokumentarische Zustimmung der beiden westlichen Hauptverbündeten, England und Frankreich, zur beabsichtigten Annexion Konstantinopels und der Meerengen zu erwirken[102].

Der Außenminister, dem auf diese Weise die Entscheidung abgenommen war, fügte sich ohne Zögern. Tatsächlich verkannte auch er nicht die Vorzüge eines verbrieften Anspruchs auf Konstantinopel, und die Weisung des Zaren erlöste ihn mehr aus einem Dilemma, als daß sie seinen Vorstellungen so eindeutig entgegengesetzt gewesen wäre, wie es seinen Memoiren nach den Anschein haben mochte. Schon in der Vorkriegszeit hatte Sazonov nachdrücklich betont, Rußland könne in Konstantinopel die Herrschaft einer Drittmacht nicht dulden, Konstantinopel müsse türkisch bleiben oder russisch werden[103]. Sein unmittelbar nach dem Beginn des Krieges mit der Türkei vorgetragener Plan, Konstantinopel in eine neutrale Stadt mit internationaler Verwaltung zu verwandeln[104], entsprach somit nicht einmal seinen eigenen politischen Maximen. Selbstkritisch gestand Sazonov in seinen Memoiren denn auch ein, auf die Dauer habe »der Gedanke eines Kondominiums niemanden befriedigt«[105].

Überdies wäre mit der Inbesitznahme Konstantinopels, des wirtschaftlichen, kulturellen und historischen Gravitationszentrums in Südosteuropa, das traditionelle Ziel Rußlands, die Oberherrschaft über die Balkanstaaten zu erlangen, erheblich erleichtert worden. Selbst aber wenn sich die Annexion letztlich nicht realisieren ließe, so konnte ein von den Verbündeten zugestandener Anspruch auf Konstantinopel doch ein wichtiges Faustpfand bei den künftigen Friedensverhandlungen bilden, um andere Forderungen durchzudrücken.

Nach herkömmlichen Maßstäben wären die ernstesten Widerstände gegen die russischen Expansionsbestrebungen sowohl in Hinblick auf die Meerengen als auch in Hinblick auf Konstantinopel von Großbritannien zu erwarten gewesen. Tatsächlich aber lösten die russischen Ansprüche, die der britischen und französischen Regierung offiziell am 4. März 1915 unterbreitet wurden, in London kaum Aufregung aus, denn in Revision ihrer früheren Politik hielt es die britische Regierung seit dem Kriegseintritt der Türkei nicht nur im Interesse der schon vorhandenen und noch zu gewinnenden Verbündeten für notwendig, sondern auch im eigenen nationalen Interesse für erwünscht, die Aufteilung des Osmanischen Reiches zu vollziehen. Nicht nur der Außenminister Sir E. Grey, sondern sogar König George V. hatten dem russischen Botschafter deshalb bereits im November 1914 von sich aus erklärt, das Schicksal Konstantinopels und der Meerengen könne in diesem Krieg nicht anders als im Einklang mit den Wünschen Rußlands gelöst werden. Das britische Kabinett und der »War Council« kamen in den Sitzungen vom 9. und 10. März 1915, in denen unter Beteiligung der Führer der Konservativen über den förmlichen russischen Antrag vom 4. März beraten wurde, zu demselben Ergebnis. Man dürfe nicht, so argumentierte Grey unwidersprochen, dem Zarenreich die Erfüllung seiner wichtigsten Bestrebungen im Süden verwehren, wolle man nicht riskieren, daß Rußland keine zwingende Motivation für die Fortsetzung des Krieges mehr sehe und sich eventuell sogar zu einem Separatfrieden mit den Zentralmächten bereit finde; außerdem sei ein rasches und positives Eingehen auf die russischen Forderungen geeignet, die Entschlossenheit Großbritanniens zu unterstreichen, den früheren Kurs der Konfrontation und Rivalität gegenüber Rußland endgültig und vorbehaltlos aufzugeben zugunsten einer langfristigen Politik des gegenseitigen Vertrauens und der Kooperation[106].

Eine solche Geste mochte um so angebrachter und dringlicher sein, als die zu jener Zeit gerade unternommenen, durchaus nicht von vornherein als aussichtslos erscheinenden Versuche der britischen und französischen Flotte, aus eigener Kraft die Dardanellen zu forcieren, von führenden Politikern einschließlich des Außenministers mit unverhohlenem Mißtrauen betrachtet wurden und ihrerseits zu der russischen Demarche vom 4. März beigetragen hatten. Von einer förmlichen Überschreibung Konstantinopels und der Meerengen an Rußland ließ sich überdies erwarten, daß sie die zarische Regierung veranlassen würde, konstruktiver und konzilianter als bisher an dem offenen Übertritt Italiens und der noch neutralen Balkanstaaten auf die Seite der Alliierten mitzuwirken[107]. Nicht zuletzt aber eröffnete das Zugeständnis natürlich Großbritannien selbst die Möglichkeit, entsprechend seinen nationalen Interessen territoriale Kompensationsforderungen anzumelden. Wie sich zeigen sollte, machte die britische Regierung hiervon in ausgiebigem Maße Gebrauch, wobei sich ihre Ansprüche nicht auf das Osmanische Reich beschränkten, sondern auch – erfolgreich – die neutrale Zone des 1907 in Einflußsphären aufgeteilten Persien mit einschlossen, deren ökonomischer Wert durch das spätere Auffinden großer Erdölvorkommen erheblich gestiegen war[108].

Unter dem Strich war das Opfer, das London mit der formalen Anerkennung der russischen Ansprüche auf Konstantinopel und die Meerengen brachte, also durchaus nicht überzubewerten, zumal wenn man bedenkt, daß das strategisch-ökonomische Interesse, das Großbritannien an diesem Gebiet im 19. Jahrhundert als Knotenpunkt für den Landweg nach Indien nahm, durch den Bau des Suezkanals beträchtlich gesunken war.

Anders war die Situation für Paris. Frankreich war der Hauptgläubiger des Osmanischen Reiches. Es hatte nach internen Berechnungen »beinahe drei Milliarden Franc« im Land investiert, und in französischer Hand befanden sich fast 75 Prozent der Obligationen der Dette publique ottomane, der türkischen Staatsschuld. Über den ökonomisch-finanziellen Sektor hinaus hatten die Franzosen durch ihre Tätigkeit im administrativen und kulturell-humanitären Bereich in Konstantinopel eine Vorrangstellung erworben, um die sie fürchten mußten, wenn anstelle der schwachen Türkenherrschaft die zarische Autokratie trat. Überdies war vorherzusehen, daß der Übergang der Meerengen in russische Hand und unter russische Kontrolle das militärisch-strategische Kräfteverhältnis zum Nachteil aller ans Mittelmeer anrainenden Staaten, also auch Frankreichs, verändern würde[109]. Die französische Regierung hätte es deshalb am liebsten gesehen, wenn die Frage nach dem Schicksal Konstantinopels und der Meerengen zumindest bis zum Ende des Krieges offengehalten worden wäre. Die Drohung der russischen Regierung mit einem Separatfrieden, die Furcht vor einer langfristigen Entfremdung zwischen Rußland und Frankreich sowie die Aussicht auf Kompensationen bewogen die französische Regierung jedoch, ihre anfangs Petrograd gegenüber eingenommene Haltung wohlwollender Unverbindlichkeit zugunsten einer Einverständniserklärung mit den russischen Forderungen nach britischem Vorbild zu revidieren[110]. Das Scheitern der britisch-französischen Angriffe auf die Dardanellen im weiteren Verlauf des Jahres 1915 machte zusätzliche Diskussionen und Beschlüsse über Konstantinopel und die Meerengen vorerst überflüssig.

Sehr viel gravierender und folgenreicher als die militärischen Mißerfolge der Verbündeten im Süden wirkten sich für das Zarenreich indes die bitteren Niederlagen aus, die das russische Heer 1915 durch die Armeen der Zentralmächte hinnehmen mußte und die zu tiefen Einbrüchen der Front führten. Innenpolitisch hatten die schweren Rückschläge zur Folge, daß die aus dem Kriegsbeginn resultierende und deshalb äußerst labile Gemeinsamkeit von zarischem Regime und weiten Teilen des Volkes endgültig zerbrach. Unübersehbar war, daß die mit außerordentlich hohen Verlusten an Menschenleben verbundenen militärischen Niederlagen in erster Linie dem eigenen übermäßigen Mangel an Waffen und Munition zuzuschreiben waren, wofür die zarische Regierung die politische Verantwortung zu tragen hatte[111]. Einen weiteren Problemkreis, der vor allem die ärmere Zivilbevölkerung im Hinterland betraf, bildete die zunehmende Verknappung und Verteuerung von Lebensmitteln und Artikeln des täglichen Bedarfs. Nach russischen Statistiken stiegen die Preise im Durchschnitt vom Kriegsausbruch bis Dezember 1915 um 78 Prozent, während die nominellen, kaum zum Leben ausreichenden Durchschnittslöhne 1915 lediglich um knapp 40 Prozent erhöht wurden[112]. Darüber hinaus bestanden die grundlegenden sozialökonomischen und politischen Probleme fort, die schon vor dem Krieg eine tiefe Entfremdung zwischen Arbeitern und Teilen der Bauernschaft einerseits und dem zarischen Regime andererseits bewirkt hatten. Während die Fabrikarbeiter über die Unerträglichkeit der Arbeits- und Lebensbedingungen verbittert waren, klagten die ärmeren Bauern über zu wenig Land und zu hohe Steuern, und von beiden Klassen wurde zunehmend, insbesondere unter Führung der Sozialrevolutionäre und Sozialdemokraten, der Anspruch auf politische Macht erhoben[113].

Diese Forderungen bedrohten über die herrschenden Kreise hinaus natürlich auch die Interessen der besitzenden Klassen, und ließen diese notwendigerweise für den Erhalt der bestehenden Gesellschaftsordnung eintreten. Andererseits wünschten aber auch Teile der besitzenden Klassen, in einem stärkeren Maße an der politischen Führung des Landes beteiligt zu werden, als es der Verfassungswirklichkeit entsprach; im Parlament wurden ihre Anliegen insbesondere vertreten durch die Parteien der Progressisten und Oktobristen. Eine Sonderstellung nahmen die Konstitutionellen Demokraten, die Partei der liberalen intelligencija, ein. In ihren Statuten zeigten sie viel Verständnis für die Nöte und Bedürfnisse der Arbeiter und Bauern, aber wie die weiter rechtsstehenden Parteien waren sie gegen jede Revolution von unten, weil sie davon nichts anderes als Anarchie und Chaos erwarteten. Auch sie traten im übrigen für eine stärkere Teilhabe an der Regierung des Landes ein. Der Krieg, so hofften sie, werde vom Zaren als geeigneter Zeit- und Ausgangspunkt für konstitutionelle Konzessionen bis hin zur Bildung eines dem Parlament verantwortlichen Kabinetts erkannt werden, weil der militärische Konflikt nur durch Anspannung und Koordinierung aller Kräfte der Gesellschaft zu gewinnen sei und Rußland auf dem anschließenden Friedenskongreß seine Kriegsziele nur durchsetzen könne, wenn die Regierung in der Lage sei, auch auf die Unterstützung des Parlaments zu verweisen[114].

Als der Zar ungeachtet seiner Appelle zur Versöhnung und zum inneren Frieden zu Kriegsbeginn keine Anstalten machte, der Duma ein größeres Mitspracherecht einzuräumen, und sich andererseits im Laufe des Jahres 1915 ein deutliches Anwachsen der Unzufriedenheit und revolutionären Erregung im Volk abzeichnete, sahen sich die Konstitutionellen Demokraten und die rechts von ihnen stehenden Parteien bis hin zu Teilen der Nationalisten genötigt, ihrerseits den inneren Frieden aufzukündigen. Im August 1915 schlossen sie sich in der Duma zum »Progressiven Block« zusammen. Sie verfolgten damit ein doppeltes Ziel: Einerseits wollten sie den Zaren durch politischen Druck zu den konstitutionellen Konzessionen zwingen, die er freiwillig zu gewähren offenkundig nicht bereit war. Als Vorstufe für die eigentlich erstrebte Bildung eines dem Parlament verantwortlichen Kabinetts forderten sie in diesem Rahmen die Berufung eines »Kabinetts des Vertrauens«. Andererseits wollten sie durchaus im Einklang mit dem zarischen Regime auf Grund der gleichen ökonomischen und sozialen Interessenlage eine gewaltsame soziale Revolution von unten, die sich gegen die ganze »Gesellschaft« der Besitzenden und Privilegierten richten mußte, verhindern. Sie glaubten beide Zielsetzungen erreichen zu können, indem sie die unzufriedene Masse zur Ruhe mahnten, mit der Begründung, sie seien die eigentlichen Repräsentanten der Nation und besten Anwälte aller Klagen und Beanstandungen seitens des Volkes; tatsächlich aber agierten sie im Parlament im wesentlichen nur im Sinne ihrer eigenen politischen Bestrebungen, indem sie die Schuld an den Rückschlägen und Unzulänglichkeiten an der Front und im Hinterland allein der Unfähigkeit und mangelnden Kooperationsbereitschaft einzelner reaktionärer Minister zuschrieben und Besserung verhießen, wenn sich das Regime bereit finde, mit der Gesellschaft zusammenzuarbeiten[115].

Ein weiterer Schachzug des Progressiven Blocks in seinem Bemühen, sein innerpolitisches Prestige und Durchsetzungsvermögen zu vermehren, bestand in der unbeirrten Propaganda für die Fortsetzung des Krieges bis zum siegreichen Ende und dem anschließenden Abschluß eines Annexions- und Kontributionsfriedens. Diese Parole entsprach den politischen und ökonomischen Interessen der besitzenden und privilegierten Klassen, aber der Progressive Block verband mit ihr auch die Erwartung, daß das Volk insgesamt sich damit identifiziere und bereit sei, für die Realisierung der Forderung Opfer zu bringen und seine sonstigen Anliegen und Wünsche hintanzustellen; überdies ließ sich die Parole gegen die Regierung verwenden, denn obwohl es in diesem Punkt keinen realen Gegensatz und Meinungsunterschied zwischen dem Progressiven Block und dem Regime gab, erhob sich dank dem allgemeinen rasch zunehmenden Autoritätsverfall der Regierung seit 1915 kaum Protest, wenn Sprecher des »Blocks« die im Lande zirkulierenden unbestimmten Gerüchte von »Verrat« gezielt auf unliebsame Minister ausrichteten und behaupteten, diese betrieben planmäßig die Desorganisation des Landes, um die Voraussetzungen für einen Separatfrieden mit Deutschland zu schaffen. Den Höhepunkt erreichte diese Kampagne mit der polemischen Brandrede des Führers der Konstitutionellen Demokraten, P.N. Miljukov, gegen den amtierenden Ministerpräsidenten B.V. Stürmer am 14. November 1916[116].

Die politische Rechnung des Progressiven Blocks ging indes letztlich nicht auf. Im Volk nahmen 1916, insbesondere nach dem strategischen Scheitern der Brusilov-Offensiven, Kriegsmüdigkeit und Friedenssehnsucht rasch zu, während der Glaube an den militärischen Endsieg und die Bereitschaft schwanden, hierfür immer schwerer zu ertragende Opfer zu bringen. Überdies irrten sich die Vertreter des Progressiven Blocks, wenn sie meinten, das Volk werde sich mit ihren rhetorischen Angriffen auf die Regierung zufriedengeben und von eigenen revolutionären Aktionen Abstand nehmen. Die Proteste im Parlament wirkten im Lande nicht beruhigend, sondern schürten vielmehr die Erregung noch, die sich aus der wachsenden Unzufriedenheit mit den bestehenden Verhältnissen in allen Lebensbereichen, insbesondere aber auch aus der sich zuspitzenden materiellen Notlage speiste. Resignierend und hellsichtig konstatierte bereits im Januar 1917 einer der Führer des Progressiven Blocks, A.I. Šingarev:

»Die Stimmung ist uns schon über den Kopf gewachsen, sie ist schon linker als der Progressive Block [...] Das Land hört schon auf jene, die weiter links stehen, aber nicht auf uns[117].«

Lediglich als begrenzt und zeitweilig müssen auch die Erfolge klassifiziert werden, die der Progressive Block gegenüber der Regierung erzwang. Überhaupt noch ohne Zutun des »Blocks« zeigte sich der Zar unter dem Schock der militärischen Rückschläge und der besorgniserweckenden Unruhe im Volk im Frühjahr und Sommer 1915 bereit, die »Gesellschaft« in stärkerem Maße an der Organisation der Landesverteidigung und Versorgung zu beteiligen und ihr im engeren politischen Bereich durch die Berufung einiger als liberal geltender Minister zu willfahren[118]. Politisch und ökonomisch begründete Spannungen innerhalb der Bourgeoisie, eine gewisse Stabilisierung der militärischen Lage im Herbst 1915 und die nicht schwer zu gewinnende Erkenntnis, daß aus den schon aufgezeigten Gründen von den besitzenden und privilegierten Klassen keine wirkliche revolutionäre Bedrohung des Regimes ausging, erlaubten es dem Zaren indes, bald wieder zu den Prinzipien faktischer Selbstherrschaft zurückzukehren. Die Erfolge des Progressiven Blocks erstreckten sich schließlich darauf, daß kompromittierte Minister abgelöst und durch andere, nicht weniger autokratieverbundene Minister ersetzt wurden, was dem Ansehen des Regimes zwar nicht dienlich war, ihm aber immer wieder eine Atempause verschaffte[119].

Von einer stringenten positiven politischen Konzeption, die über eine notdürftige Abwehr von Angriffen und ein sich »Durchwursteln« hinausging, konnte freilich auf seiten des zarischen Regimes seit dem Herbst 1915 keine Rede mehr sein. Die Übernahme des militärischen Oberkommandos durch den Zaren im September 1915 ist dabei weniger Ursache als Ausdruck der Hilflosigkeit und Unfähigkeit, die innerpolitischen Verhältnisse nicht nur wieder in den Griff zu bekommen, sondern sie darüber hinaus auch zu lenken und zu steuern. Das gilt auch für die zarische Politik gegenüber den Arbeitern und Bauern. Zu Beginn des Krieges konnte die zarische Regierung die nationalistische Begeisterung, die auch diese Schichten des Volkes erfaßt hatte, als Aktivposten für sich verbuchen. Sie war sich aber darüber im klaren, daß es spätestens am Ende des Krieges mit der Demobilisierung zu einer unberechenbaren Verschärfung der inneren Spannungen kommen würde, wenn weder den sozialökonomischen Bedürfnissen der Arbeiter und Bauern Rechnung getragen noch die revolutionäre Schlagkraft der organisierten Arbeiterschaft geschwächt worden wäre.

Um diesen Gefahren vorzubeugen, beschritt die Regierung zwei Wege. Auf der einen Seite nützte sie im Herbst 1914 die für sie günstige Situation im repressiven Sinne aus, indem sie die noch bestehenden Gewerkschaften verbot und der politischen Tätigkeit der Bolschewiki durch die widerrechtliche Verhaftung ihrer fünf Dumaabgeordneten schweren Schaden zufügte[120]. Auf der anderen Seite suchte sie werbend die vor allem über Landmangel klagenden Bauern für sich zu gewinnen, indem sie ihnen das Land der im späten 19. Jahrhundert eingewanderten deutschen Kolonisten in Aussicht stellte[121]. Der Spielraum für weitere effektive Zugeständnisse war von vornherein dadurch begrenzt, daß die substantiellen Interessen der russischen Bourgeoisie und des Adels nicht verletzt werden durften. Reformen, verkündete denn auch Ministerpräsident I.L. Goremykin am 9. Februar 1915 sehr vage vor der Duma, seien eine »Sache der Zukunft, wenn der Krieg beendet ist«[122]. Damit war das Problem natürlich nicht gelöst. Das verstand auch die Zarin, die von Nikolaus II. nach seiner Übernahme des militärischen Oberkommandos stärker an der Regierung beteiligt wurde. Am 9. Mai 1916 schrieb sie ihrem Gemahl, man dürfe die Soldaten am Ende des Krieges nicht sogleich nach Hause schicken, weil das zu »Unzufriedenheit« und »Störungen« im Lande führen würde[123]. Was sie als Abhilfe empfahl — den Bau großer Eisenbahnlinien[124] — war freilich auch nicht geeignet, als realistisches Programm zur positiven Integrierung der benachteiligten Arbeiter und Bauern gelten zu können. Unfähig, der sozialen Frage in befriedigendem Maße gerecht zu werden, zeigte sich die zarische Regierung 1915/16 zunehmend bestrebt, das für sie unlösbare Problem durch verstärkte Appelle an die nationalistischen Gefühle und Ressentiments der Masse zu verdrängen. Da es an stimulierenden militärischen Erfolgen weitgehend fehlte, propagierte sie verstärkt den Kampf gegen das deutsche Eigentum in Rußland unter der Losung der »Befreiung vom deutschen Joch«. Die Gesetze gegen feindliche Untertanen, die sich zunächst gegen deren Landbesitz richteten, wurden verschärft und 1915 ausgedehnt auf das Verbot, Handels- und Gewerbebetriebe zu führen, und 1916 auf das Verbot, industrielle Unternehmen in Rußland ganz oder anteilig zu besitzen[125]. Vom ökonomischen Standpunkt waren die Gesetze, insbesondere während des Krieges, eher nachteilig, weil sie Störungen im Produktionsprozeß implizierten, die sich nicht nur auf die unmittelbar betroffenen, sondern auch auf die mit ihnen zusammenarbeitenden Betriebe erstreckten. Um den Schaden gering zu halten, mußten Ausnahmen gemacht und die Anwendung der Gesetze dem volkswirtschaftlich Ratsamen angepaßt werden; im agrarischen Bereich waren bis 1916 schätzungsweise nur 2 bis 5 Prozent des insgesamt zu liquidierenden Grundbesitzes freiwillig oder zwangsweise verkauft worden[126]. Seitens der russischen Wirtschaft brachten gerade die führenden Interessenvertretungen ihr Mißfallen über die störenden Gesetze zum Ausdruck. »Geht man von dem Interesse der russischen Industrie an den Angriffen auf deutsche Firmen aus«, kommentierte etwa der Rat der Kongresse der Vertreter von Industrie und Handel, »sind wir verpflichtet, ohne Vorbehalt zu sagen, daß diese Angriffe als eine politische Maßnahme zweifellos wirkungsvoll sind, aber andererseits halten wir die Auffassung aufrecht, daß es ein großer Fehler sein würde zu erwarten, daß die Entwicklung der russischen Industrie davon wesentlich profitieren wird[127].«

Im ökonomischen Bereich sollte sich nach den neo-liberalen Vorstellungen des »Rats« die Tätigkeit des Staates nicht auf aktives Eingreifen in die Wirtschaftsstruktur des Landes, sondern allein auf die Schaffung günstiger Rahmenbedingungen für das Florieren der Wirtschaft konzentrieren. In diesem Sinne wünschte der »Rat«, unterstützt nicht allein von anderen Interessenverbänden der Industrie, sondern auch von denen der Landwirtschaft, die Regierung möge für eine Verbesserung des 1904 mit Deutschland abgeschlossenen Handelsvertrages Sorge tragen[128]. Was unter »Verbesserungen« zu verstehen sei, wurde allerdings — wie schon in der Vorkriegszeit — unterschiedlich interpretiert. Während die Industriellen, in dem Bestreben nach Autarkie und Eliminierung der ausländischen Konkurrenz, für eine autonome protektionistische Hochzollpolitik plädierten[129], traten die Agrarier im Interesse ihres Getreideexports, dessen nicht anderweitig zu ersetzender Hauptabnehmer Deutschland war, dafür ein, weiterhin konventionale Zollsätze zu vereinbaren, wobei sie verlangten, Deutschland müsse seine Einfuhrzölle für Getreide senken; als Gegenleistung empfahlen sie sogar, auch aus dem Wunsch heraus, Maschinen möglichst preisgünstig einzukaufen, die russischen Einfuhrzölle für Industriegüter herabzusetzen[130].

Die Regierung zeigte für die Anliegen der Agrarier traditionell Verständnis und Sympathie, zumal nur durch die überschüssigen Getreideexporte eine positive Handelsbilanz erreicht wurde; andererseits begünstigte sie aber auch die für die Großmachtstellung Rußlands unerläßliche forcierte Industrialisierung des Landes. Da sie darüber hinaus in der komplizierten Situation der Kriegsjahre keine der beiden systemstützenden Gruppen brüskieren mochte und ihr theoretisch eine eindeutige richtungweisende Konzeption fehlte, führte sie auch im Bereich der künftigen Außenhandelsbeziehungen eine Politik unverbindlichen Lavierens, die in der Öffentlichkeit dem Verdacht Raum gab, hinter den »trüben Fenstern« mancher Ministerien plane man in wirtschaftlicher Hinsicht so, »als gebe es überhaupt keinen Krieg, sondern lediglich eine zeitweilige Ruhepause in den Handelsbeziehungen mit Deutschland«[131].

Aus den militärischen Rückschlägen, die die Hoffnung auf einen baldigen Sieg schwinden ließen, ferner aus den rasch wachsenden innerpolitischen Spannungen, die das Regime verunsicherten, und nicht zuletzt aus der politischen Führungsschwäche des Zaren resultierte, daß die zarische Regierung wie in allen Bereichen auch in Hinblick auf die auswärtigen Beziehungen und Zielsetzungen seit 1915 zunehmend in die Defensive geriet. Es wurde im wesentlichen nur noch versucht, das Bestehende und Erreichte zu bewahren, und ängstlich vermieden, politisches Neuland zu betreten. Eklatant zeigte sich das am Beispiel Polens. Das langwierige Hin und Her um die Selbstverwaltungsrechte, die den Polen einzuräumen seien, schien im Sommer 1916 mit der Gewährung einer eingeschränkten Autonomie zu einem vorläufigen Abschluß zu kommen. Bevor das Projekt, das der Zar bereits gebilligt hatte, aber offiziell verkündet und in Kraft gesetzt wurde, gewannen die politischen Kräfte um die Zarin wieder das Übergewicht, die das Risiko fürchteten und einwandten, die intendierten Neuerungen könnten Auflösungstendenzen im Reich Vorschub leisten, weil die anderen Nationalitäten eine Gleichstellung mit den Polen verlangen würden[132].

Gedanken an einen Separatfrieden mit Deutschland spielten — entgegen der in der Forschung vertretenen These — bei der Behandlung der polnischen Frage russischerseits keine Rolle. Zu einer radikalen politischen Neuorientierung, wie einer einseitigen Verständigung mit den Zentralmächten, die gleichzeitig den Bruch mit den derzeitigen Bündnispartnern bedeutet hätte, war das zarische Regime 1915/16 von sich aus gar nicht mehr fähig; es gibt für die Absicht, einen Separatfrieden zu schließen, denn auch keine überzeugenden Indizien[133].

In Hinblick auf die Kriegsziele kommt die betont defensive unbewegliche Haltung der russischen Regierung sehr deutlich in der Direktive des Außenministers vom März 1916 zum Ausdruck, wonach im offiziellen Verkehr mit den Verbündeten der Standpunkt zu vertreten sei, die zwischen den Alliierten während des Krieges zustande gekommenen politischen Abkommen »müssen unerschüttert bleiben und dürfen einer Revision nicht unterliegen«[134].

Alle Initiativen zu interalliierten Absprachen und Abmachungen nach den Vereinbarungen über Konstantinopel und die Meerengen im Frühjahr 1915 gingen dementsprechend und bezeichnenderweise von den Westmächten aus. Im März 1916 präsentierten die britische und die französische Regierung Petrograd ihre territorialen Gegenforderungen auf Kosten des Osmanischen Reiches, die im sogenannten Sykes-Picot-Abkommen zusammengefaßt waren. Mit äußerstem Mißfallen kommentierte die russische Regierung den Anspruch Frankreichs auf das südliche, an das Mittelmeer angrenzende Armenien, weil sie ganz Armenien als ihre eigene Interessensphäre betrachtete. Der schließlich ausgehandelte Kompromiß, der Rußland das nördliche Armenien mitsamt einigen ursprünglich Frankreich zugedachten Bezirken übereignete, stellte sie durchaus nicht zufrieden[135].

Im Sommer 1916 unterbreiteten die Westmächte der russischen Regierung auf der von ihnen nach Paris einberufenen Wirtschaftskonferenz ein weiteres Anliegen. Beunruhigt über die für sie gleichermaßen ungünstigen ökonomischen Bestrebungen der russischen Agrarier und Industriellen wollten sie auf staatlicher Ebene die Voraussetzungen für eine längerfristige interalliierte wirtschaftliche Kooperation nach dem Kriege unter weitgehendem Ausschluß Deutschlands schaffen. Rußland sollte sich insbesondere verpflichten, den Verbündeten Rohstoffe zu Vorzugspreisen zu liefern und den Import von Fertigwaren durch Präferenzzölle zu begünstigen. Vom Standpunkt einer eigenständigen ökonomischen Entwicklung Rußlands waren solche Verpflichtungen zweifellos abzulehnen, andererseits wünschte die russische Regierung erklärtermaßen den Fortbestand des politischen Bündnisses über den Krieg hinaus und die Gewährung langfristiger Kredite für die Restituierung der zerrütteten Volkswirtschaft. Bestrebt, die Verbündeten nicht zu brüskieren und andererseits die nationalen Interessen zu wahren, nahm Petrograd zu den westlichen Vorschlägen eine quasi dilatorische Haltung ein, was den Alliierten natürlich nicht genügte. Die von ihnen nun nachdrücklicher gestellte Forderung, man müsse die Gestaltung der Handelsbeziehungen in engem Zusammenhang mit der Kreditgewährung sehen, bereitete der russischen Regierung neues Ungemach, ohne daß sie imstande gewesen wäre, eine inhaltlich überzeugende Gegenkonzeption zu entwickeln[136].

Das letzte Kriegszielabkommen, das vom zarischen Rußland geschlossen wurde, ging auf die Initiative Frankreichs zurück. Beunruhigt über die Entwicklung der inneren Verhältnisse in Rußland, wollte die französische Regierung Anfang 1917 den russischen Bündnispartner auf die unverbrüchliche Unterstützung ihrer dringlichsten territorialen Forderung, der freien Bestimmung der französischen Ostgrenze gegenüber Deutschland, festlegen. Petrograd nutzte die Chance und bewilligte nicht nur anstandslos das französische Verlangen, sondern erwirkte auch umgekehrt von Frankreich die Ausstellung eines entsprechenden Freibriefs für die Festlegung der russischen Westgrenzen gegenüber den Zentralmächten[137]. Hinter der formalen Gleichheit der konzedierten Rechte verbarg sich freilich ein entscheidender Unterschied: Die französische Regierung wußte sehr genau, welche Territorien sie beanspruchen wollte;

sie war sich nur nicht im klaren, in welcher Form und in welchem Ausmaß sich bei Kriegsende ihre Maximalforderungen realisieren ließen. Die russische Regierung hingegen wußte — vor allem auf Grund des ungeklärten Verhältnisses zu Polen — überhaupt nicht, welche Forderungen sie konkret stellen sollte; deshalb wollte sie freie Hand haben.

Bei den Vorgesprächen über die künftigen Grenzen in Mitteleuropa zwischen dem französischen Abgesandten, dem Minister G. Doumergue, und dem Zaren wurde auch die Zukunft des deutschen Kaiserreiches im weiteren Sinne erörtert. Auf den ersten Blick wiederholte der Zar seine bekannten Vorstellungen vom November 1914, ja er verschärfte sie noch, indem er beteuerte, wenn das deutsche Kaiserreich bis Kriegsende nicht von alleine in die früheren Einzelstaaten auseinanderbreche, wolle er von sich aus die Auflösung der Einheit herbeiführen. Er mußte seine Willensbekundung freilich gleich relativieren und bezeichnenderweise hinzufügen, er wisse nicht, wie ein solches Vorgehen zu begründen sei[138]. Der Mangel an einer durchdachten politischen Konzeption war auch hier nicht zu übersehen.

Wenig später, Anfang März 1917, brachen in Petrograd Unruhen aus, die sich zur Revolution ausweiteten. Das erstarrte Regime zeigte sich der Herausforderung nicht gewachsen. Der Zar dankte am 15. März ab. Die Macht fiel an politische Kräfte und Parteien, die nicht darauf vorbereitet waren und sie zu diesem Zeitpunkt auch nicht wollten[139]. Von den beiden hervortretenden konkurrierenden politischen Führungszentren verfolgte die Provisorische Regierung in offener oder versteckter Form die zarische Kriegszielpolitik weiter, während der Petrograder Sovet sich zu einem Frieden ohne Annexionen und Kontributionen bekannte, ohne freilich bereit zu sein, das Bündnis mit den Westmächten zu verlassen und den Krieg für Rußland allein zu beenden[140]. Erst die Bolschewiki erklärten unmittelbar nach ihrer die Doppelherrschaft beendenden Machtergreifung vom 7. November 1917 angesichts der offenkundigen Unfähigkeit Rußlands, den Krieg weiterzuführen, und in zuversichtlicher Erwartung des baldigen Ausbruchs und Sieges der sozialistischen Revolution im westlichen Europa nicht nur alle interalliierten Kriegszielabkommen »bedingungslos und sofort für ungültig«, sondern sie entschlossen sich auch, in Friedensverhandlungen mit dem Feind einzutreten; in Befolgung der von V.I. Lenin vertretenen These, daß es keine realisierbare Alternative gebe, akzeptierten sie schließlich sogar die harten Bedingungen des Gegners. Am 3. März 1918 wurde der Friedensvertrag in Brest-Litowsk unterzeichnet[141].

Anmerkungen

* Erstveröffentlichung, mit Ausnahme der einleitenden Passagen und geringen Überarbeitungen, in: Militärgeschichtliche Mitteilungen (MGM), 32 (1982), S. 9—34.

1 Ju. A. Pisarev, Novye pochody k izučeniju istorii pervoj mirovoj vojny, in: Novaja i novejšaja istorija, 3 (1993), S. 47.

2 DW Monitor-Dienst, Allgemeiner Teil, 22.9.1993, S. 6.

3 Zum Forschungsstand: Horst Günther Linke, Das zarische Rußland und der Erste Weltkrieg. Diplomatie und Kriegsziele 1914—1917, München 1982; V. S. Vasjukov, Vnešnjaja politika Rossii nakanune Fevral'skoj revoljucii 1916 — fevral' 1917g., Moskau 1989. Ungeachtet mancher durchaus bemerkenswerter Korrekturen an einzelnen Befunden und Bewertungen sowjetischer Forschung, bekennt sich die letztgenannte Untersuchung konzeptionell noch ausdrücklich zum sowjetischen Dogmatismus »nicht beendeter ideologischer Konfrontation« (S. 13). — Eine alternative, wissenschaftlichen Kriterien genügende »Schreibtischschubladenforschung« zum Ersten Weltkrieg hat es in Rußland anscheinend nicht gegeben. Programmatische Entwürfe und wissenschaftsorganisatorische Maßnahmen unterstreichen derzeit vorrangig die erklärte Absicht, den Ersten Weltkrieg zu einem Forschungsschwerpunkt in Rußland unter Gesichtspunkten eines neuen Denkens und Wertens zu machen (vgl. Anm. 1). Verwiesen sei darüber hinaus auf die fachwissenschaftlichen Beiträge von V. A. D'jakov, Slavjanskij vopros v russkoj obščestvennoj mysli 1914—1917 godov, in: Voprosy istorii, 4—5 (1991), S. 3—11, und A. I. Stepanov, Mesto Rossii v mire nakanune pervoj mirovoj vojny, ebd., 2 (1993), S. 156—164.

4 Vgl. Winfried Baumgart, Der Friede von Paris 1856. Studien zum Verhältnis von Kriegführung, Politik und Friedensbewahrung, München, Wien 1972; John Shelton Curtiss, Russia's Crimean War, Durham, N. C. 1979; Erich Donnert, Das russische Zarenreich. Aufstieg und Untergang einer Weltmacht, München, Leipzig 1992.

5 Vgl. Dietrich Beyrau, Russische Orientpolitik und die Entstehung des deutschen Kaiserreiches 1866—1870/71, Wiesbaden 1974; L. M. Šneerson, Franko-prusskaja vojna i Rossija. Iz istorii russko-prusskich i russko-francuzskich otnošenij v 1867—1871 gg., Minsk 1976; Horst Günther Linke, Rußland und die deutsche Reichsgründung 1870/71, in: Geschichte, Politik und ihre Didaktik, 1/2 (1983), S. 15—24; S. D. Skazkin, Konec avstro-russko-germanskogo sojuza, Moskau 1974; Helga Deininger, Frankreich — Rußland — Deutschland 1871—1891. Die Interdependenz von Außenpolitik, Wirtschaftsinteressen und Kulturbeziehungen im Vorfeld des russisch-französischen Bündnisses, München, Wien 1983.

6 Vgl. Zur Geschichte und Problematik des deutsch-russischen Rückversicherungsvertrages von 1887, hrsg. von Hans Hallmann, Darmstadt 1968 (= Wege der Forschung, Bd XIII); Peter Jakobs, Das Werden des französisch-russischen Zweibundes, 1890—1894, Wiesbaden 1968; A. Z. Manfred, Obrazovanie russko-francuzskogo sojuza, Moskau 1975; George F. Kennan, Bismarcks europäisches System in der Auflösung. Die französisch-russische Annäherung 1875 bis 1890, Frankfurt a. M., Berlin, Wien 1981.

7 Vgl. Dietrich Geyer, Der russische Imperialismus. Studien über den Zusammenhang von innerer und auswärtiger Politik 1860—1914, Göttingen 1977; G. A. Chidojatov, Iz istorii anglo-russkich otnošenij v Srednej Azii v konce XIX v. (60-70-ch gg.), Taschkent 1969; John Albert White, The Diplomacy of the Russo-Japanese War, Princeton, N.J. 1964.

8 Vgl. Hajo Holborn, Deutschland und die Türkei, 1878—1890, Berlin 1926; George W. F. Hallgarten, Imperialismus vor 1914. Die soziologischen Grundlagen der Außenpolitik europäischer Großmächte vor dem ersten Weltkrieg, Bd I, München 1951, S. 223—249, 266—270, 474—483, 539—599; Fritz Fischer, Griff nach der Weltmacht. Die Kriegszielpolitik des kaiserlichen Deutschland 1914—1918, 3., verb. Aufl., Düsseldorf 1964, S. 26—31, 36—43, 48—58; M. S. Anderson, The Eastern Question, 1774—1923. A Study in International Relations, London, New York 1966, S. 230—309; J. L. Wallach, Anatomie einer Militärhilfe. Die preußisch-deutschen Militärmissionen in der Türkei 1835 bis 1919, Düsseldorf 1976.

9 S. D. Sasonoff, Sechs schwere Jahre, Berlin 1927, S. 149.

10 Vgl. Geyer (wie Anm. 7), S. 210f.; N. Dascovici, La question du Bosphore et des Dardanelles, Genf 1915, S. 290; Margarete Wolters, Außenpolitische Fragen vor der vierten Duma. Ein Beitrag zur Geschichte des russischen Parteiwesens in der konstitutionellen Monarchie, insbesondere der Stellung zur Außenpolitik während des Ersten Weltkrieges, Hamburg 1969, S. 115—121.

11 Vgl. Geoffrey A. Hosking, The Russian Constitutional Experiment. Government and Duma, 1907—1914, Cambridge 1973, S. 1—13; A. Palme, Die russische Verfassung, Berlin 1910, S. 76—91, 102.

12 Vgl. Oswald Hauser, Deutschland und der englisch-russische Gegensatz, 1900—1914, Göttingen u. a. 1958, S. 81—110, 243—284.

13 Die für Rußland mißlichen militärischen Kräfteverhältnisse am Schwarzen Meer wurden mit aller Deutlichkeit von den zuständigen russischen Militärs auf den Sonderkonferenzen am 13. 1. und 21. 2. 1914 (a. St.) angesprochen (Der diplomatische Schriftwechsel Iswolskis 1911—1914, hrsg. von F. Stieve, Bd 3, Berlin 1924, S. 378—382, Nr. 1157; F. Stieve, Im Dunkel der europäischen Geheimdiplomatie. Iswolskis Kriegspolitik in Paris 1911—1917, Bd 2, Berlin 1926, S. 191; vgl. darüber hinaus K. F. Šacillo, Russkij imperializm; razvitie flota nakanune pervoj mirovoj vojny, 1906—1914 gg., Moskau 1968, S. 90—162).

14 Die internationalen Beziehungen im Zeitalter des Imperialismus. Dokumente aus den Archiven der Zarischen und der Provisorischen Regierung, 1878—1917. Deutsche Ausgabe R. 1—3, Berlin 1931—1943 (IBZI), hier R. 1, Bd 2, S. 408 (Beilage); Sasonoff (wie Anm. 9), S. 163ff.

15 Sasonoff (wie Anm. 9), S. 145.

16 Vgl. Hans Herzfeld, Die Limankrise und die Politik der Großmächte in der Jahreswende 1913/14, in: Berliner Monatshefte, 11 (1933), S. 856; Sidney B. Fay, Der Ursprung des Weltkrieges, Bd 1, Berlin 1930, S. 359; Ulrich Trumpener, Germany and the Ottoman Empire, 1914—1918, Princeton, N.J. 1958, S. 13.

17 Vgl. Anm. 12; R. C. Tompkins, Anglo-Russian Diplomatic Relations, 1907—1914, North Texas State University, Phil. Diss. 1975.

18 Stieve, Geheimdiplomatie, Bd 2 (wie Anm. 13), S. 191, 193; Materialy po istorii franko-russkich otnošenij za 1910—1914 gg., Moskau 1922, S. 614ff., 625f.

19 Vgl. Geyer (wie Anm. 7), S. 231ff.

20 Anlage zu Brief von Lucius an Bethmann Hollweg, Petersburg, 11.4.1914, Politisches Archiv des Auswärtigen Amtes (PA), Abt. A, D Nr. 131, Bd 36; Waldthausen an Bethmann Hollweg, Bukarest, 16.6.1914 (ebd., Bd 37); Sasonoff (wie Anm. 9), S. 143f.

21 Ebd.

22 Selbst der russische Gesandte in Stockholm, P.A. Nekljudov, ließ allerdings durchblicken, daß die antirussische Stimmung in Schweden mehr auf dem Bau strategischer Eisenbahnen im angrenzenden Finnland und auf russischer Militärspionage als auf deutscher Propaganda beruhe, IBZI (wie Anm. 14), R. 1, Bd 4, S. 277f., Nr. 308f.

23 Vgl. I.V. Bestužev, Bor'ba v Rossii po voprosam vnešnej politiki 1906—1910 gg., Moskau 1961, S. 59—71; F.R. Bridge, From Sadowa to Sarajevo. The Foreign Policy of Austria-Hungary, 1866—1914, London, Boston 1972, S. 310—389; H. Lemke, Die Regierung Stürgkh und die Pläne zur Teilung Galiziens, in: Österreich-Ungarn in der Weltpolitik 1900 bis 1918, Berlin 1965, S. 267f.

24 Ebd.

25 Die große Politik der europäischen Kabinette 1871—1914. Sammlung der diplomatischen Akten des Auswärtigen Amtes, Bd 39, Berlin 1926, S. 570f., Nr. 15855.

26 Vgl. V.I. Bovykin, Očerki istorii vnešnej politiki Rossii konec XIX veka — 1917 g., Moskau 1960, S. 134f.; Bernd Bonwetsch, Kriegsallianz und Wirtschaftsinteressen. Rußland in den Wirtschaftsplänen Englands und Frankreichs 1914—1917, Düsseldorf 1973, S. 25—29; Konstantin Leites, Russische handelspolitische Strömungen und Vorbereitungsarbeiten zur Erneuerung des deutsch-russischen Handelsvertrags, in: Weltwirtschaftliches Archiv, 3 (1914), S. 177ff.

27 Klaus Wernecke, Der Wille zur Weltgeltung. Außenpolitik und Öffentlichkeit im Kaiserreich am Vorabend des Ersten Weltkrieges, Düsseldorf 1970, S. 244—287.

28 IBZI (wie Anm. 14), R. 1, Bd 1, S. 446, Anm. 1; W.A. Suchomlinow, Erinnerungen, Berlin 1924, S. XXIII.

29 Suchomlinow (wie Anm. 28), S. 152.

30 Ebd., S. 359f.

31 So auf den schon in einem anderen Zusammenhang erwähnten Sonderkonferenzen vom 13.1. und 21.2.1914 (siehe Anm. 13).

32 Vgl. IBZI (wie Anm. 14), R. 1, Bd 1, S. 50, Nr. 52; Der diplomatische Schriftwechsel, Bd 3 (wie Anm. 13), S. 383, Nr. 1157; V.A. Emec, Očerki vnešnej politiki Rossii v period pervoj mirovoj vojny. Vzaimo-otnošenija Rossii s sojuznikami po voprosam vedenija vojny, Moskau 1977, S. 67.

33 IBZI (wie Anm. 14), R. 1, Bd 1, S. 50f., Nr. 52.

34 Sasonoff (wie Anm. 9), S. 157f.; IBZI (wie Anm. 14), R. 1, Bd 1, S. 274f., Nr. 289; ebd., Bd 2, S. 136f., Nr. 137; Emec (wie Anm. 32), S. 67.

35 Vgl. Horst Jablonowski, Die Stellungnahme der russischen Parteien zur Außenpolitik der Regierung von der russisch-englischen Verständigung bis zum ersten Weltkrieg, in: ders.: Rußland, Polen und Deutschland. Gesammelte Aufsätze, hrsg. von I. Jablonowski und F. Kaiser, Köln, Wien 1972, S. 110; Gos. Duma. Stenografičeskie otčety, 10.5.1914 (a.St.), Sp. 419–431; Documents of Russian History 1914–1917, hrsg. von F.A. Golder, Gloucester, Mass. 1964, S. 3–23; British Documents on the Origins of the War, 1898–1914 (BDOW), Bd 10/2, London 1938, S. 769ff., Nr. 530.

36 Text der Denkschrift Durnovos in engl. Übersetzung in: Documents of Russian History (wie Anm. 35), S. 3–23.

37 Der »Deutschenpartei« waren u.a. an prominenten Persönlichkeiten noch der Justizminister I.G. Ščeglovitov, der Minister für Volksaufklärung, L.A. Kasso, dessen Gehilfe, Prof. Michael Taube, der Diplomat R.R. von Rosen und Fürst V.P. Meščerskij zuzuzählen (vgl. BDOW [wie Anm. 35], Bd 10/2, S. 778, Nr. 536, und S. 781, Nr. 537).

38 BDOW (wie Anm. 35), Bd 10/2, S. 781, Nr. 537.

39 IBZI (wie Anm. 14), R. 1, Bd 1, S. 50, Nr. 52.

40 B.E. Nol'de, Dalekoe i blizkoe. Istoričeskie očerki, Paris 1930, S. 229; Wolfgang Leppmann, Die polnische Frage in der russischen Politik 1904–1914, in: Berliner Monatshefte, 13 (1935), S. 672; Sasonoff (wie Anm. 9), S. 366.

41 IBZI (wie Anm. 14), R. 1, Bd 3, S. 296, Nr. 399.

42 James M. Potts, The Loss of Bulgaria, in: Russian Diplomacy and Eastern Europe 1914–1917, ed. by A. Dallin, M. Abrash a.o., New York 1963, S. 195–203.

43 Vgl. Erwin Hölzle, Die Selbstentmachtung Europas. Das Experiment des Friedens vor und im Ersten Weltkrieg, Göttingen, Franfurt a.M., Zürich 1975, S. 210–229; Tompkins (wie Anm. 17), S. 313–320.

44 IBZI (wie Anm. 14), R. 1, Bd 5, S. 31, Nr. 25.

45 BDOW (wie Anm. 35), Bd 11, S. 80, Nr. 101.

46 Vgl. Luigi Albertini, The Origins of the War of 1914, Bd 2, London, New York, Toronto 1955, S. 290–650.

47 D.I. Abrikossow, Revelations of a Russian Diplomat, Seattle 1964, S. 224f.; K.A. Krivošein, A.V. Krivošein (1857–1921g.). Ego značenie v istorii Rossii načala XX veka, Paris 1973, S. 199f.; Suchomlinow (wie Anm. 28), S. 357ff.

48 Suchomlinow (wie Anm. 28), S. 359ff.

49 Ebd., S. 358; IBZI (wie Anm. 14), R. 1, Bd 5, S. 67, Nr. 79.

50 Die Deutschen Dokumente zum Kriegsausbruch 1914. Hrsg. im Auftrage des Auswärtigen Amtes, Bd 2, Berlin 1927, S. 55, Nr. 342.

51 IBZI (wie Anm. 14), R. 1, Bd 5, S. 161, Nr. 224.

52 Ebd., S. 196ff., Nr. 284; vgl. auch Sasonoff (wie Anm. 9), S. 247–251.

53 Pourtalès an AA, Petersburg, 23.7.1914 (PA, Abt. A, Rußland Nr. 61, Bd 121); Hauschild an Bethmann Hollweg, Moskau, 27.7.1914 (ebd.); vgl. auch Bericht Bethmanns Hollwegs im Ausschuß für auswärtige Angelegenheiten, 7.4.1915 (PA, Abt. A, Weltkrieg secr., Bd 12).

54 Vgl. z.B. James W. Thompson, Russian Diplomacy and the War, Chicago o.J., S. 15; P.N. Efremov, Vnešnjaja politika Rossii, 1907–1914 gg., Moskau 1961, S. 266.

55 S.M. Dubrovskij, Stolypinskaja zemel'naja reforma. Iz istorii sel'skogo chozjajstva i krest'janstva Rossii v načale XX veka, Moskau 1963, S. 567ff.; Lionel Kochan, Russia in Revolution 1890—1918, London 1966, S. 152—157; M.T. Florinsky, The End of the Russian Empire. A Study in the Economic and Social History of the War, New Haven 1931, S. 164f. — Die statistischen Angaben beruhen auf Berichten der Fabrikinspektoren an das Ministerium für Handel und Industrie; sie beziehen sich auf etwa 40% aller industriellen Unternehmungen und 70% der gesamten Arbeiterschaft.

56 Istorija Kommunističeskoj partii Sovetskogo Sojuza, Bd 2, Moskau 1966, S. 469.

57 Oliver H. Radkey, The Agrarian Foes of Bolshevism. Promise and Default of the Russian Socialist Revolutionaries, February to October 1917, New York 1958, S. 88; Grigori Sinowjew, Geschichte der kommunistischen Partei Rußlands (Bolschewiki), Hamburg 1923, S. 180, 184; Thomas Riha, A Russian European. Paul Miliukov in Russian Politics, London 1969, S. 206, 213; P.N. Miljukov, Vospominanija (1859—1917), hrsg. von M.M. Karpovič und B.I. El'kin, Bd 2/2, New York 1959, S. 174f., 181, 185.

58 Buchanan an Grey, Petersburg, 27.7.1914, Nr. 227 (Foreign Office (FO), 371, 2159).

59 BDOW (wie Anm. 35), Bd 11, S. 162, Nr. 247.

60 Abrikossow (wie Anm. 47), S. 224f.

61 Vgl. auch Geyer (wie Anm. 7), S. 234—238; abweichend urteilt Geyer allerdings in seiner Abhandlung: Die russische Revolution. Historische Probleme und Perspektiven, Göttingen ³1980, S. 31, 57.

62 Maurice Paléologue, Am Zarenhof während des Weltkrieges. Tagebücher und Betrachtungen, 2 Bde, München ³1927, hier Bd 1, S. 44; Gos. Duma. Stenografičeskie otčety, 26.7.1914 (a.St.), Sp. 1—32; Wolters (wie Anm. 10), S. 202.

63 Vgl. Paléologue (wie Anm. 62), S. 44; Gos. Duma, Stenografičeskie otčety, 26.7.1914 (a.St.), Sp. 1—6, 18—32; Alexej Badajew, Die Bolschewiki in der Reichsduma. Erinnerungen, Berlin 1957, S. 404ff.; V.S. Djakin, Russkaja buržuazija i carizm v gody pervoj mirovoj vojny (1914—1917), Leningrad 1967, S. 61—67.

64 Vgl. Istorija pervoj mirovoj vojny, 1914—1918, hrsg. von I.I. Rostunov, Bd 1, Moskau 1975, S. 360—373.

65 Buchanan an Grey, Petrograd, 18.9.1914 (FO, 371, 2095); vgl. auch Istorija (wie Anm. 64), S. 360—373.

66 IBZI (wie Anm. 14), R. 2, Bd 6/1, S. 193f., Nr. 256; Paléologue (wie Anm. 62), S. 186—194; vgl. auch Hölzle (wie Anm. 43), S. 448ff.

67 Ebd.

68 Paléologue an Delcassé, Petrograd, 22.11.1914 (Ministère des Affaires Etrangères [MAE], A. Paix 1914—1918, carton 1096, 1—3); vgl. auch Paléologue (wie Anm. 62), S. 190.

69 Y. Danilov, La Russie dans la guerre mondiale (1914—1917), Paris 1927, S. 354f.

70 IBZI (wie Anm. 14), R. 2, Bd 6/1, S. 193f., Nr. 256.

71 Paléologue (wie Anm. 62), S. 187.

72 IBZI (wie Anm. 14), R. 1, Bd 1, S. 49ff., Nr. 52; ebd., R. 2, Bd 6/1, S. 193f.,

Nr. 256; vgl. auch Wieslawa Toporowicz, Sprawa polska w polityce rosyjskiej, 1914—1917, Warschau 1973, S. 18—21.

73 Russko-pol'skie otnošenija v period mirovoj vojny, hrsg. von N.M. Lapinskij, Moskau u.a. 1926, S. 9—12, 16—23; vgl. auch Alexander Dallin, The Future of Poland, in: Russian Diplomacy (wie Anm. 42), S. 13ff.; Toporowicz (wie Anm. 72), S. 107—113.

74 Vgl. Toporowicz (wie Anm. 72), S. 86—91.

75 Russko-pol'skie otnošenija (wie Anm. 73), S. 17.

76 IBZI (wie Anm. 14), R. 2, Bd 6/1, S. 193f., Nr. 256; Stanislas Filasiewicz, La question polonaise pendant la guerre mondiale, Paris 1920, S. 13, Nr. 6; Emec (wie Anm. 32), S. 209—212.

77 Vgl. Merritt Abrash, War Aims toward Austria-Hungary. The Czechoslovak Pivot, in: Russian Diplomacy (wie Anm. 42), S. 92.

78 Dnevnik P.N. Miljukova, in: Krasnyj Archiv, 54—55 (1932), S. 44.

79 IBZI (wie Anm. 14), R. 2, Bd 6/1, S. 194, Nr. 256.

80 BDOW (wie Anm. 35), Bd 9/2, London 1934, S. 690, Nr. 849.

81 Siehe Anm. 68.

82 IBZI (wie Anm. 14), R. 2, Bd 6/1, S. 304, Nr. 385; vgl. auch Hölzle (wie Anm. 43), S. 451f.

83 Ebd.; The Diary of Lord Bertie of Thame, 1914—1918, ed. by Lady A.G. Lennox, Bd 1, New York 1924, S. 120, 143f.

84 Hölzle (wie Anm. 43), S. 454.

85 Vgl. ebd., S. 446—456.

86 Handschriftl. Telegr.-Entwurf Greys an Buchanan, London, 16.11.1914 (FO, 371, 2174); Grey an Buchanan, London, 11.1.1915 (FO, 800, 75).

87 Die europäischen Mächte und die Türkei während des Weltkrieges. Konstantinopel und die Meerengen, hrsg. von E. Adamow, Bd 1—4, Dresden 1930—32, hier Bd 3, S. 88ff., Nr. 17; vgl. Harold I. Nelson, Land and Power. British and Allied Policy on Germany's Frontiers 1916—1919, London u.a. 1963, S. 4—12.

88 Die europäischen Mächte (wie Anm. 87), Bd 2, S. 88ff., Nr. 17; Grey an Buchanan, London 15.5.1916 (Cabinet Office [CO], Cab 37, 147).

89 Vgl. Bonwetsch (wie Anm. 26), S. 45—75.

90 Vgl. Istorija pervoj mirovoj vojny (wie Anm. 64), Bd 1, S. 374—382, Bd 2, S. 18—47.

91 Vgl. Emec (wie Anm. 32), S. 109—115.

92 Zusammenstellung von Telegrammen Paléologues an den franz. Außenminister aus der Zeit 1914—1915: »Constantinople et les Dardanelles. Point de vue russe« (MAE, A. Paix 1914—1918, carton 1096, 1—3); Sasonoff (wie Anm. 9), S. 299f.

93 Die europäischen Mächte (wie Anm. 87), Bd 2, S. 4—7, Nr. 2; vgl. auch Emec (wie Anm. 32), S. 119—122.

94 Ebd.

95 Sasonoff (wie Anm. 9), S. 305.

96 Die europäischen Mächte (wie Anm. 87), Bd 2, S. 40—44, Nr. 3; Bd 4, S. 1f., Nr. 1, 2; S. 5—9, Nr. 4—6; S. 23f., Nr. 15.

97 Ebd., Bd 4, S. 22, Nr. 14.

[98] Emec (wie Anm. 32), S. 133f.; Die europäischen Mächte (wie Anm. 87), Bd 1, S. 118f., 127, 130 Anm. 1.

[99] Vgl. Oskar P. Trautmann, Die Sängerbrücke. Gedanken zur russischen Außenpolitik von 1870 bis 1914, Stuttgart 1940, S. 209.

[100] Selbst nach den ungeheuren Opfern dreier Kriegsjahre und dem Ausbruch der Revolution im März 1917 schätzte der Führer der Konstitutionellen Demokraten, P.N. Miljukov, das mit Konstantinopel verbundene Charisma — wenn auch zu Unrecht — noch so hoch ein, daß er glaubte, um dieses Kriegsziels willen werde das Volk bereit sein, den Krieg weiterzuführen (vgl. The Russian Provisional Government 1917. Documents, ed. by R.P. Browder and F. Kerensky, Bd 2, Stanford 1961, S. 1098).

[101] IBZI (wie Anm. 14), R. 2, Bd 7/1, S. 245ff., Nr. 265.

[102] Paléologue an Delcassé, Petrograd, 4.3.1915 (MAE, Papiers Delcassé, Bd 25); Paléologue (wie Anm. 62), Bd 1, S. 293ff.

[103] BDOW (wie Anm. 35), Bd 9/2, S. 79, Nr. 98.

[104] Buchanan an Grey, Petrograd, 22.11.1914 (FO, 371, 1971).

[105] Sasonoff (wie Anm. 9), S. 307.

[106] William A. Renzi, Great Britain, Russia and the Straits, 1914—1915, in: Journal of Modern History, 42 (1970), S. 1—20.

[107] Ebd.

[108] IBZI (wie Anm. 14), R. 2, Bd 7/1, S. 318ff., Nr. 352; Memorandum von L.H. (Lewis Harcourt), 25.3.1915: »The Spoils« (CO, Cab 37, 126); D.C.M. Platt, Finance, Trade and Politics in British Foreign Policy, 1815—1914, London 1968, S. 242—247.

[109] Denkschrift von J. de Margerie vom 9.3.1915: »Note pour le Ministre« (MAE, Papiers Delcassé, Bd 25); Bertie an Grey, Paris, 7.3.1915 (FO, 371, 2449).

[110] Delcassé an Paléologue, Paris, 7.3.1915 (MAE, A. Paix 1914—1918, carton 1096, 1—3); Die europäischen Mächte (wie Anm. 87), Bd 2, S. 161, Nr. 83; IBZI (wie Anm. 14), R. 2, Bd 7/2, S. 507, Nr. 506; vgl. auch Z.A.B. Zeman, A Diplomatic History of the First World War, London 1971, S. 70f.

[111] Siehe Anm. 90; Djakin (wie Anm. 63), S. 72—77.

[112] S.O. Zagorsky, State Control of Industry in Russia during the War, New Haven 1928, S. 60f.; Florinsky (wie Anm. 55), S. 162.

[113] Aus der umfangreichen Literatur sei hier lediglich verwiesen auf Bernd Bonwetsch, Die russische Revolution 1917. Eine Sozialgeschichte von der Bauernbefreiung 1861 bis zum Oktoberumsturz, Darmstadt 1991.

[114] Vgl. Djakin (wie Anm. 63), S. 81—127; V.I. Starcev, Russkaja buržuazija i samoderžavie v 1905—1917 gg. (Bor'ba vokrug »otvetstvennogo ministerstva« i »pravitel'stva doverija«), Leningrad 1977, S. 131—175.

[115] Ebd.

[116] Vgl. S.P. Mel'gunov, Legenda o separatnom mire (kanun revoljucii), Paris 1957; Riha (wie Anm. 57), S. 244—266.

[117] Vgl. Djakin (wie Anm. 63), S. 234—298; V. V. Šul'gin, Dni, Leningrad 1925, S. 124.

[118] P.P. Gronsky, N.J. Astrov, The War and the Russian Government, New Haven 1929, S. 32—41; Florinsky (wie Anm. 55), S. 84ff.

[119] Vgl. Djakin (wie Anm. 63), S. 234—298; Florinsky (wie Anm. 55), S. 86—95.

120 Vgl. Djakin (wie Anm. 63), S. 61—67; Uwe Brüggemann, Die russischen Gewerkschaften in Revolution und Bürgerkrieg 1917—1919, Frankfurt a.M. 1972, S. 9f.

121 Vgl. V.S. Djakin, Pervaja mirovaja vojna i meroprijatija po likvidacii tak nazyvaemogo nemeckogo zasil'ja, in: Pervaja mirovaja vojna, 1914—1918, hrsg. von A.L. Sidorov u.a., Moskau 1968, S. 231—238.

122 Gos. Duma. Stenografičeskie otčety, 27.1.1915 (a.St.), Sp. 12.

123 Pis'ma imperatricy Aleksandry Fedorovny k imperatoru Nikolaju II., Bd 2, Berlin 1922, S. 336.

124 Ebd.

125 Vgl. Djakin (wie Anm. 121), S. 231—238.

126 Vgl. Adolf von Vogel, Der Wirtschaftskrieg, 2. Abt.: Rußland, Jena 1918, S. 38f., 68—71.

127 Zit. nach Boris E. Nolde, Russia in the Economic War, New Haven, London 1928, S. 77f.

128 Vgl. Bonwetsch (wie Anm. 26), S. 18—33; Heiko Hausmann, Kapitalismus im zaristischen Staat, 1906—1917, Organisationsformen, Machtverhältnisse und Leistungsbilanz im Industrialisierungsprozeß, Königstein/Ts. 1980, S. 48f.

129 Vgl. R.A. Roosa, Russian Industrialists Look to the Future: Thoughts on Economic Development, 1906—1917, in: Essays in Russian and Soviet History. In Honour of G.T. Robinson, hrsg. von J.S. Curtiss, Leiden 1963, S. 201; Bonwetsch (wie Anm. 26), S. 36—39; A.I. Sidorov, Ekonomičeskoe položenie Rossii v gody pervoj mirovoj vojny (1914—1917), Moskau 1960, S. 334f.

130 Bonwetsch (wie Anm. 26), S. 35f., 39.

131 Bericht Cookes vom 12.3.1916, in Anlage zu Bericht Buchanans an Grey, Petrograd, 13.3.1916 (FO, 368, 1603).

132 Vgl. Dallin (wie Anm. 73), S. 43—62.

133 Siehe Anm. 116.

134 Die europäischen Mächte und die Türkei während des Weltkrieges. Die Aufteilung der asiatischen Türkei, hrsg. von E. Adamow, Dresden 1932, S. 55, Nr. 73.

135 Vgl. D. Kirakosjan, Zapadnaja Armenija v gody pervoj mirovoj vojny, Erevan 1971, S. 380—395.

136 Vgl. D.S. Babičev, Rossija na Parižskoj sojuzničeskoj konferencii 1916 g. po ekonomičeskim voprosam, in: Istoričeskie zapiski, 83 (1969), S. 38—57.

137 Vgl. Albert Pingaud, Histoire diplomatique de la France pendant la grande guerre, Bd 3, Paris 1940, S. 296—302; Georges Suarez, Briand. Sa vie — son oeuvre avec son journal et de nombreux documents inédits, Bd 4, Paris 1940, S. 128—135.

138 Paléologue für Doumergue an Briand, Petrograd, 5.2.1917 (MAE, Guerre 1914—1918, Bd 992); vgl. auch Paléologue (wie Anm. 62), Bd 2, S. 348f.

139 Vgl. Manfred Hildermeier, Die russische Revolution, 1905—1921, Frankfurt a.M. 1989, S. 133—182.

140 Vgl. Rex A. Wade, The Russian Search for Peace, February—October 1917, Stanford 1969; A.V. Ignat'ev, Vnešnjaja politika Vremennogo pravitel'stva, Moskau 1974.

141 Vgl. Edward H. Carr, The Bolshevik Revolution, 1917—1923, Bd 3, London 1961, S. 3—58.

Matthias Peter

Britische Kriegsziele und Friedensvorstellungen

Der Zusammenbruch des kommunistischen Herrschaftssystems und die damit verbundenen machtpolitischen und territorialen Veränderungen in Ost- und Südosteuropa haben die Aufmerksamkeit von Politikern und Öffentlichkeit verstärkt auf den Ersten Weltkrieg gelenkt. Der neuerliche Rekurs auf die Folgen dieser Auseinandersetzung soll historische Erklärungen liefern für die aktuellen Bürgerkriege insbesondere auf dem Balkan, dessen Wurzeln auf die Friedensvereinbarungen nach der Auflösung des Habsburger Reiches zurückgeführt werden. Damit rücken auch die Kriegsziele der Politiker und Diplomaten der damaligen Zeit ins Rampenlicht, jene zwischen Machterhalt, Expansion und globaler Neuordnung schwankenden Friedensvorstellungen, die fortan stabile Mächtebeziehungen garantieren und künftige Konflikte einer friedlichen Lösung zuführen sollten. So hat Norman Stone in einem kritischen Beitrag über die britische Jugoslawienpolitik im Kontext der frühen Anerkennung Kroatiens und Sloweniens durch die Bundesregierung auf die traditionell engen Beziehungen Londons zu Serbien hingewiesen, die nicht zuletzt über eine Reihe von in der Geschichte Südosteuropas ausgewiesenen einflußreichen Historikern im Ersten Weltkrieg die britischen Kriegsziele hinsichtlich einer Neuordnung auf dem Balkan bestimmten. Diese in der Diplomatie Großbritanniens tief verwurzelten und letztlich antideutschen Sympathien für das serbische Volk zeigten sich erneut im Zweiten Weltkrieg und leiten nach Stones Meinung auch die Politik des Foreign Office im gegenwärtigen Bürgerkrieg. Die Umwälzungen nach dem Ende des Kalten Krieges, so könnte man schließen, haben nicht nur alte Nationalitätenkonflikte aus der Zeit des Großen Krieges erneut entfacht, sondern die Diplomatie nach ebenso alten Handlungs- und Denkmustern greifen lassen, die angesichts der weltweiten ökonomisch-politischen Interessensverpflichtung für längst überwunden gehalten wurden[1].

Vor diesem Hintergrund gewinnen Kriegsziele und Friedensvorstellungen Großbritanniens 80 Jahre nach Ausbruch des Ersten Weltkrieges eine ungeahnte Aktualität. Die Frage nach den Kriegszielen im engeren Sinne als den gegenüber der besiegten Feindmacht geltend zu machenden militärischen, territorialen und finanziellen Forderungen im Rahmen traditioneller Mächtediplomatie ist ein wichtiger Teilbereich; die von der jüngeren Forschung zur Außenpolitik des Inselreichs herausgearbeiteten ökonomisch-politischen Grundbedingungen sollten allerdings nicht außer acht gelassen werden. Sie verliehen den sicherheitspolitischen Interessen Londons bereits vor 1914 einen defensiven Grundcharakter und veränderten sich während des Krieges in einer seine Handlungsspielräume dramatisch verengenden Weise weiter. Eine Gleichbewertung britischer und deutscher Intentionen in Südosteuropa, die auf einer Überbetonung machtpolitisch-territorialer Kriegsziele beruht, geht an dem überaus komplexen Beziehungsgeflecht innen- und gesellschaftspolitischer sowie außen(wirtschafts)politischer Antriebskräfte im kriegsziel- und friedenspolitischen Kalkül Londons vorbei.

1. Kriegszielpolitik als Forschungsproblem

Die Erörterung der britischen Kriegsziele nahm in der geschichtswissenschaftlichen Erforschung des Ersten Weltkriegs eine zentrale Stellung ein. Neben den Ursachen des Kriegsausbruchs und der Kriegserklärung Londons am 4. August 1914, der Heeres- und Flottenreform, dem von gegenseitigem Mißtrauen geprägten Verhältnis von politischer und militärischer Kriegführung, den militärischen Operationen sowie den Auswirkungen des Krieges auf die britische Gesellschaft richtete sich das Augenmerk der Historiker vor allem auf die Frage der von Whitehall im Laufe der militärischen Auseinandersetzung verfolgten Ziele[2]. Sie steht auch gleichsam am Beginn der historischen Forschung über den Weltkrieg. Dies ergab sich allein aus der Tatsache, daß die britische Regierung die Feststellung der Kriegsschuld Deutschlands, wie sie im Artikel 231 des Versailler Vertrages fixiert wurde, mit Fortdauer des Krieges selbst zu einem Hauptziel erklärte. Die zahlreichen Erinnerungen und Nachlässe wichtiger politischer und militärischer Entscheidungsträger, die rasch publizierten amtlichen Akteneditionen zum Kriegsausbruch[3], die Veröffentlichung der Geheimabkommen, welche die Ententemächte im Verlaufe des Krieges abschlossen, sowie die zahlreichen Friedensnoten[4] lenkten naturgemäß den Blick auf die Kriegsziel*erklärungen* der Politiker und Militärs sowie deren geheime »Friedensfühler«. Das so entstandene Bild konnte nach der Offenlegung des gesamten Aktenmaterials 1965/67 erheblich differenziert werden, blieb aber weitgehend im Rahmen traditioneller Kriegszielforschung. Die zahlreichen Untersuchungen zeichneten minutiös die Pläne der britischen Regierung zur militärischen und territorialen Entmachtung Deutschlands nach, das gleichwohl im Kalkül Londons als Gegengewicht zu Frankreich im Rahmen globaler Balance of Power-Vorstellungen eine wichtige Stellung behalten sollte. Dem Ziel, eine deutsche Hegemonialstellung in Mitteleuropa auch für die Zukunft zu verhindern, entsprach dabei der Wunsch nach einer Auflösung und Reorganisation der habsburgischen und osmanischen Herrschaftsbereiche nach dem Nationalitäten- beziehungsweise Protektoratsprinzip[5]. Wie etwa der russische Botschafter in London bereits knapp zwei Monate nach Kriegsausbruch an den Zaren berichtete, denke man seitens der britischen Regierung »für den Fall des vollständigen Endsieges« daran, deutsche Kolonien zu »erwerben«, den Kieler Kanal entweder zu neutralisieren oder mit Schleswig den Dänen zu übergeben, die deutsche Flotte zu zerstören, Holland für eine mögliche Abtretung der Scheldemündung an Belgien mit dem deutschen Friesland zu entschädigen sowie allgemein die Entmachtung des preußischen Militarismus und die Zahlung von Kriegsentschädigungen sicherzustellen; Frankreichs Interessen sollten neben der Übergabe deutschen Kolonialbesitzes mit Elsaß-Lothringen befriedigt werden, wobei ein Vordringen des Bündnispartners an die Rheinlinie nach Möglichkeit auszuschließen war; Rußland wiederum konnten die polnischen Provinzen von Preußen und Österreich überlassen werden; der österreichische und türkische Machtbereich auf dem Balkan schließlich war im Rahmen der Unabhängigkeitsbestrebungen slawischer Völker sowie italienischer Gebietsansprüche neu zu ordnen[6]. Ungeachtet ihrer vielfach festgestellten Heterogenität wurde angesichts der Kontinuität dieser Ziele bereits Mitte der achtziger Jahre von einer »inzwischen gründlich erforschten« britischen Kriegszielpolitik gesprochen[7].

So zutreffend dieses Urteil aus der Sicht der klassischen Diplomatiegeschichte sein mag, so bleibt doch festzuhalten, daß die jüngere Forschung wichtige neue Interpretationsansätze entwickelt hat, die den Akzent auf den internen Entscheidungsprozeß und die handlungsleitenden Denkmuster legt und so Handlungsräume sowie insbesondere endogene Antriebskräfte der britischen Außenpolitik in den Blick bekommt. In diesem Rahmen konnte eindrucksvoll herausgearbeitet werden, welchen Stellenwert die Kriegszielerklärungen und Friedensbemühungen der beteiligten Staaten im Rahmen ihrer taktischen und propagandistischen Kriegführung zur Mobilisierung im Innern sowie zur Konsolidierung des eigenen und zur Destabilisierung des gegnerischen Bündnisses einnahmen[8]. Die Betonung der machtpolitischen Kriegsziele vernachlässigt dagegen, daß die innen-, insbesondere wiederaufbaupolitischen Erwägungen immer stärker an struktureller Bedeutung gewannen, je länger ein militärischer Sieg der Alliierten ausblieb; dadurch kamen soziale Gegensätze, die durch die anfängliche Kriegseuphorie verdeckt wurden, wieder an die Oberfläche und spitzten den langfristig verlaufenden Ziel-Mittel-Konflikt Großbritanniens zu. Bahnbrechend wirkten hier Arbeiten zur Außen- und Deutschlandpolitik Londons in der Zwischenkriegszeit, die langfristig wirksame ökonomische und gesellschaftliche Antriebskräfte im Kontext des machtpolitischen Abstiegs Großbritanniens herausarbeiteten. Dies führte auch zu einer Neubewertung des Appeasement-Begriffs als dem Kern der »Friedensstrategie« beziehungsweise des »Friedensmodells« der britischen Regierung[9]. Angesichts der Aufgabe, weitgespannte und tendenziell divergierende Interessen als Mutterland des Empire und Commonwealth sowie als liberal verfaßter und reformfähiger Handelsstaat auf der Basis schwindender wirtschaftlicher Ressourcen und relativen ökonomischen Machtverlusts zu vereinbaren, sah sich das Inselreich gezwungen, sowohl gegenüber Deutschland als auch gegenüber den USA eine Politik der Konfliktvermeidung einzuschlagen. Zwar war man in diesem Rahmen bereit, wesentliche Positionen preiszugeben (so etwa 1922 den »two power standard« der Marine), eine mangelnde Kriegsbereitschaft als Ultima ratio darf daraus jedoch nicht geschlossen werden. Konfliktabwehr, aber nicht Konfliktscheu war das Grundziel britischer Außenpolitik im 20. Jahrhundert. »Appeasement«, verstanden als Strategie zur »Befriedung und Entspannung im internationalen System«[10] war daher eine rational begründete Maxime, die das sicherheitspolitische Denken der Entscheidungsträger Whitehalls — allerdings keineswegs unumstritten — leitete. Befreite diese Sichtweise auf der einen Seite den Appeasement-Begriff von eher erkenntnishemmenden moralischen Untertönen, so öffnete das Junktim zwischen Außen- und Sicherheitspolitik und gesellschaftlicher Entwicklung auf der anderen den Blick für Kontinuitätslinien, die bis ins 19. Jahrhundert zurückreichen[11]. Angesichts seiner katalysatorischen Wirkung auf die innere Entwicklung und den Prozeß des relativen Machtverlusts Großbritanniens stellt sich aber zugleich die Frage nach den Ursprüngen dieser Strategie im Ersten Weltkrieg[12].

Vor diesem Hintergrund erscheinen auch die unmittelbaren *Kriegsziele* Londons in einem anderen Licht. Zu ihrer Beurteilung ist es notwendig, sie auf der Basis der skizzierten Forschungslage in den Kontext der *Friedensvorstellungen* als den vor allem aus langfristiger Perspektive erkennbaren Vorstellungen und Erwartungen hinsichtlich der sozialen, ökonomischen und politischen Bedingungen eines dauerhaften Friedenssystems im Inneren und Äußeren zu stellen. Dabei darf nicht übersehen werden, daß Genesis und Verlauf der Kriegs- und Friedensziele Londons eingebettet waren in die jeweils eigentümliche Entwicklung des Imperialismus der europäischen Staaten. Durch die Beantwortung der Frage nach Kontinuität oder Heterogenität der britischen Kriegsziele und Friedensvorstellungen werden sie zugleich als Teil im langfristigen Prozeß des machtpolitischen Abstiegs Großbritanniens erkennbar. In diesem Zusammenhang wird schließlich auch danach zu fragen sein, inwieweit bereits im Ersten Weltkrieg Konstellationen und Lösungsstrategien auftraten, die schließlich auch im Zweiten Weltkrieg die Nachkriegsplanungen bestimmen sollten. Dadurch können wesentliche Elemente der Kontinuität im Handlungsdenken der britischen Deutschlandpolitiker deutlich gemacht werden.

2. Zerstörung und Wiederherstellung der Pax Britannica

Der Erste Weltkrieg ist in einen langfristig verlaufenden Prozeß grundlegenden sozialen und wirtschaftlichen Wandels eingebettet, aus dem sich konsequenterweise die Gründe für Großbritanniens Kriegseintritt ebenso wie seine Kriegsziele ergeben. Die »Pax Britannica« des 19. Jahrhunderts basierte zu ganz wesentlichen Teilen auf einer industriellen und finanziellen Vormachtstellung des Inselreichs. Ihre Grundlagen wurden durch eine ausgeprägte wirtschaftsliberale Ausrichtung, wie sie sich in den Prinzipien von Freihandel und Laissez faire äußerte, sowie in finanzpolitischer Hinsicht durch den Goldstandard gebildet. Beeinträchtigte diese Tradition einerseits die britische Exportindustrie, so begünstigte sie doch in noch viel größerem Maße die Einnahmen der Londoner City aus den sogenannten »unsichtbaren Einkünften« (Schiffstransporte, Versicherungen, Geldwesen) und sorgte auf diese Weise »selbstregulierend« für eine vorteilhafte Zahlungsbilanz[13]. Die Erschließung und der Ausbau überseeischer Märkte fand weitgehend mit (durch den »Automatismus« des Goldstandards gesichertem) britischem Kapital statt; gleichzeitig wurde der Handel mit Primärprodukten von den Erzeugerländern über London abgewickelt, das auf diese Weise von der Ausdehnung des Weltmarktes profitierte. Militärisch konnte diese Entwicklung des britischen Imperialismus durch die unangefochtene maritime Überlegenheit des Landes gesichert werden. »Imperialismus« heißt hier die Ausbildung eines multilateralen ökonomischen Welthandelssystems, in dem Großbritannien als Handels- und Finanzzentrum eine hegemoniale Stellung und gleichzeitig eine Schiedsrichterfunktion einnahm[14]. Ein auf diese Weise garantierter wirtschaftlicher Interessenausgleich machte aus der Sicht Londons militärische Konflikte überflüssig. Ein stabiler Frieden in Europa war die Grundvoraussetzung für das Funktionieren dieses Mächtesystems. Britische Außenpolitik war notwendig daran interessiert, als »Gleichgewichtshalter« Bündnisse nicht einzugehen. »All that British industry needed was peace: and there was peace[15].«

Diese hier ideal gezeichnete »Pax Britannica« war freilich seit dem letzten Drittel des 19. Jahrhunderts durch den industriellen Wandel und die damit einhergehende Ausbildung potentieller Machtrivalen bedroht. Der durch die Zweite Industrielle Revolution in Gang gesetzte weltwirtschaftliche Strukturwandel führte zur Entstehung »neuer« Industrien, welche die Wettbewerbsfähigkeit Großbritanniens beeinträchtigten und den Prozeß eines relativen wirtschaftlichen Macht- und Einflußverlusts in Gang setzten. Zugleich bedrohten die sozialen Folgen industrieller Transformation die Reformfähigkeit Großbritanniens und stellten die Frage nach stärkerer staatlicher Regulierung der Marktkräfte. Die »Risikopolitik« des Kaiserreichs forderte Großbritannien deshalb vor allem als Handelsstaat und Finanzmacht heraus.

»The kaiser complained of encirclement, but it was Britain whose internal politics had been put askew by nations that encircled their own domestic markets[16].«

Insbesondere die Praktiken deutscher Außenhandelspolitik und die Mitteleuropapläne des Reiches destabilisierten in den Augen britischer Politiker und Industrieller die Funktionsweise der »Pax Britannica« und bedrohten damit die Sicherheit Großbritanniens[17]. Auf die unterschiedlichen Wirtschaftsauffassungen Bezug nehmend, meinte man im Außenministerium: »While British trade was pure and simple, German trade was a wheel, and a most important wheel in the German war machine[18].«

Vor diesem Hintergrund waren es die allmähliche Zerstörung der friedensstabilisierenden Prinzipien dieses Systems und die sich durch die Finanzkrise im Sommer 1914 krisenhaft zuspitzende Gefahr, »daß die rohe Hand des Krieges das zarte finanzielle Spinngewebe in Fetzen reißen würde«[19], die London zum Kriegseintritt bewogen und die Vorstellungen über die durch diesen Krieg zu erreichenden Ziele bestimmten. Als strukturelle Voraussetzungen der britischen Kriegszielvorstellungen ergibt sich daher, daß nach der Auffassung Londons die Sicherung der gesellschaftlichen Reformfähigkeit im Innern und Frieden im internationalen System sich wechselseitig bedingten. Nur ein dauerhafter Friede schuf die Voraussetzung für die Fortsetzung der vor dem Krieg begonnenen Reformpolitik; umgekehrt vermochte nur eine wirtschafts-, finanz- und sozialpolitisch überzeugende Leistung Großbritannien in den Stand zu versetzen, außenpolitisch sein Interesse am Frieden durchzusetzen[20].

Namentlich das Foreign Office ging von Beginn des Krieges an bei allen Überlegungen hinsichtlich der Gründe für den Kriegseintritt, die zunächst auch im engeren Sinne die Kriegsziele bestimmten, von der Auffassung aus, daß das Deutsche Reich die sicherheits- und handelspolitischen Grundlagen der »Pax Britannica« existentiell in Frage gestellt hatte. Sichtbarster Ausdruck war für die Beamten neben der wachsenden Einflußnahme Berlins auf die Entwicklung Südosteuropas die ostentative Verletzung nahezu aller Prinzipien friedlichen Zusammenlebens durch den Einmarsch deutscher Truppen in Belgien. Dies wurde in London als nicht hinnehmbare Bedrohung britischer Sicherheitsinteressen und zugleich als wichtigen Schritt zur Schaffung eines von Deutschland dominierten Großwirtschaftsraumes im Rahmen einer umfassenden Mitteleuropakonzeption aufgefaßt[21].

Daraus ergaben sich schließlich die allgemeinen Kriegsziele, wie sie von Premierminister Asquith im Herbst 1914 bekanntgegeben wurden. Nachdem er bereits am 2. Oktober erklärt hatte, Großbritannien verfolge keine expansiven Ziele, umriß er in seiner Guildhall-Rede vom 9. November den Rahmen britischer Ansprüche[22]. Sie liefen auf eine sicherheitspolitische und ökonomische Restauration der britischen Vorrangstellung im Rahmen der »Pax Britannica« hinaus. Dies schloß als notwendig erachtete Garantien zur machtpolitischen Schwächung der Zentralmächte, insbesondere Deutschlands, ein mit dem Ziel, den deutschen Militarismus als Machtfaktor auszuschalten[23].

Hinsichtlich der über den Erhalt Deutschlands als kontinentaleuropäischen Machtfaktor hinausweisenden Frage, welche Stellung Deutschland innerhalb eines finanz- und handelspolitisch ausgeglichenen Weltwirtschaftssystems einnehmen sollte, herrschte unter den Beamten weitgehende Übereinstimmung, die Situation des Krieges so weit wie möglich auszunutzen, um den relativen ökonomischen Machtverlust gegenüber dem Handelsrivalen auszugleichen. Die Funktion des britischen Pfundes als Leitwährung sowie Londons Stellung als Finanzzentrum und Garant wichtiger »unsichtbarer Einkünfte« waren wiederherzustellen[24]. Die Verhinderung eines exklusiven deutschen Wirtschaftsraumes auf dem Kontinent mit einem erweiterten Einflußbereich in Übersee sollte die Möglichkeit geben, deutsche Märkte in Osteuropa, im Fernen Osten und in Lateinamerika zu übernehmen. Wichtigster Anknüpfungspunkt hierfür sollte die gegen Deutschland errichtete wirtschaftliche Blockade sein. Die britische Handelskammer in Argentinien riet beispielsweise dem Außenministerium:

»Every German house [...] put out of business by the stoppage of supplies, means a direct blow at Germany's recuperative power after the war, and a direct advantage to British competitors for the export trade into this market[25].«

Damit wurde zugleich angestrebt, den parallel zum Ausscheiden der kriegführenden europäischen Staaten aus der Weltwirtschaft expandierenden Außenhandel der USA zurückzudrängen und einen entscheidenden Startvorteil im Wiederaufbauprozeß nach dem Kriege zu gewinnen[26].

Angesichts der wiederherzustellenden wirtschaftlichen und maritimen Vorrangstellung Großbritanniens als friedensstabilisierenden Gleichgewichtshalters wurde jede weitergehende Nachkriegsplanung als überflüssig und, sofern dies die Formulierung konkreter Kriegsziele beinhaltete, sogar als schädlich für die Kriegführung selbst betrachtet. Dem entsprachen die strategischen Überlegungen. Sowohl die militärischen als auch die politischen Spitzen in Großbritannien gingen in dieser Phase von einem kurzen Kriegsverlauf aus, dessen Kosten und Anforderungen an Menschen und Material in ihren verzerrenden Auswirkungen auf Finanzwirtschaft, Arbeitsmarkt und Industrie man gering veranschlagte. Aus diesem Grund erachtete die Regierung Asquith es auch nicht als notwendig, vom Prinzip des Laissez faire abzugehen. Es überwog die Meinung, den Krieg in wirtschaftspolitischer Hinsicht besser auf der Basis des »business as usual« zu führen[27]. Hinsichtlich der Ausgestaltung einer künftigen Friedensordnung wurden daraus unter dem Schlagwort »back to normalcy« für die Nachkriegszeit entsprechende Zielvorstellungen abgeleitet. Die Kriegführung sollte auf britischer Seite von der Doppelstrategie einer Seeblockade des deutschen Handelsflusses, deren Erfolg die maritime Überlegenheit garantieren mußte, und der Unterstützung der Ententemächte Frankreich, Rußland und Italien mit Krediten und Rohstoffen gelenkt werden. Der damalige Sekretär des Committee of Imperial Defence, Maurice Hankey, faßte diese Strategie einprägsam zusammen:

»When will the people discover that we are not a military nation, that our own victories have been naval, economic and financial and that on these we ought to concentrate our strength[28].«

Dementsprechend war es Hauptziel Londons in dieser Phase, das Bündnis mit Frankreich und Rußland, die den größten Teil des Landkrieges zu tragen hatten, zu konsolidieren. Die zahlreichen Geheimverträge, die Großbritannien mit seinen Verbündeten schloß, fallen nahezu ausnahmslos in diese Zeit. Dieses völlig heterogene »Konglomerat an Zusicherungen, Absichtserklärungen und vertraglichen Bindungen«[29] betrachtete Whitehall weitgehend unter kriegstaktischen Gesichtspunkten zur Sicherung des Primärziels, der militärischen Niederlage Deutschlands unter Vermeidung eines ressourcenintensiven militärischen Engagements auf dem Kontinent, sowie zur Vorbeugung alliierter Konflikte nach Kriegsschluß[30].

Damit waren die Grundbedingungen genannt, unter denen Großbritannien zu Friedensverhandlungen bereit war; gleichzeitig war aber jeder weiteren internen Kriegszieldebatte weitgehend die Basis entzogen. Die Kriegszielfrage wurde, ungeachtet ihrer Erörterung innerhalb der britischen Eliten, von der Regierung ihren Propagandastellen über lassen, parlamentarische Anfragen unter Hinweis auf dieses »Programm« abgeblockt[31].

3. Wiederaufbau als Friedensziel: Das Problem wirtschaftlicher Sicherheit

Die unmittelbare Kriegszieldebatte wurde auf beiden Seiten mehr und mehr zu einem wichtigen Instrument der innen- und bündnispolitischen Mobilisierung im Rahmen der Kriegführung selbst. Auf diese Weise wurden auch die in den Jahren 1916/17 unternommenen Friedensinitiativen weitgehend als »war move«[32], die in ihrem Kontext geäußerten Kriegsziele als »Verhandlungsmasse« begriffen. Gleichzeitig drängten sich mehr und mehr die Fragen nach den Bedingungen des Wiederaufbaus und der Neuordnung der europäischen Wirtschaft sowie der Kriegfinanzierung in den Vordergrund. Dabei ist zu beachten, daß entsprechende Friedens- und Rekonstruktionsvorstellungen weniger einer rationalen Nachkriegsplanung entsprangen als in einem langsamen Prozeß aus den Maßnahmen insbesondere der wirtschaftlichen Kriegführung abgeleitet wurden. Ungeachtet der Tatsache, daß das Kabinett frühzeitig Planungen für den Wiederaufbau in Gang setzte, war es erst der Krieg, der den Veränderungsdruck schuf[33].

Bildeten sich die unmittelbaren Kriegsziele in ihrer ganzen Vagheit zu einem frühen Zeitpunkt heraus und blieben relativ konstant, so setzten demgegenüber die Nachkriegsplanungen erst im Laufe des Jahres 1916 ein. Es begann sich abzuzeichnen, daß die Strategie der wirtschaftlichen Kriegführung keineswegs ausreichte, die Zentralmächte niederzuringen und die angestrebte Neuordnung auf dem Wege eines kurzen Krieges durchzusetzen. Stärkere staatliche Eingriffe in den Arbeitsmarkt und die industrielle Produktion sowie Rationierungen wurden der Gesellschaft Großbritanniens durch den Kriegsverlauf aufgezwungen und forderten eine Abkehr vom »business as usual«[34]. Ungeachtet der Tatsache, daß London es aus politisch-taktischen Erwägungen als notwendig erachtete, gegenüber den Alliierten an den erklärten Kriegszielen festzuhalten, verwandelte dieser Ernüchterungsprozeß, dessen sichtbarste Ausprägung die Schaffung von Lloyd Georges Ministry of Munitions im Mai 1915 war, schließlich auch die Bedingungen der Kriegsziel- und Friedensvorstellungen. In dem Maße wie die Aussicht auf einen langen Krieg strukturelle Veränderungen von Wirtschaft und Gesellschaft Großbritanniens erforderte, wurde mit Blick auf den Wiederaufbau und die Handelsbeziehungen mit Deutschland nach dem Krieg die Frage nach den Formen *wirtschaftlicher Sicherheit* gegenüber der Mittelmacht akut. Ansätze zu einer Debatte dieses Themas finden sich bereits Ende 1915, als Treasury und Board of Trade das Defizit britischer Nachkriegsplanungen anmahnten und in zwei Memoranden ihre Bedenken hinsichtlich der Auswirkungen des Kriegsverlaufs auf die Versorgungs- und Finanzlage äußerten[35]. Das Handelsministerium reagierte damit auf den Druck britischer Industrieller, die wegen der Blockade und der damit verbundenen langwierigen Kontrollverfahren um ihre Absatzmöglichkeiten bangten. Die noch das erste Kriegsjahr kennzeichnenden Hoffnungen, die wirtschaftliche Kriegführung des Landes werde zu einer Übernahme deutscher Märkte und einer Ausweitung der britischen Exportindustrie führen, waren der Ernüchterung gewichen[36]. Die Handelsbeziehungen mit Deutschland, daneben die während des Krieges forgesetzte Abwicklung vor allem des Handels mit Lateinamerika über deutsche Agenten zeigten sich stabiler als die Blockade[37] und ließen mit Blick auf den sozio-ökonomischen Wiederaufbau unter liberalen Freihandelsbedingungen Zweifel an der Zielvorstellung eines militärischen Sieges über die Zentralmächte aufkommen. Die allmählich aufgedeckten handelspolitischen Maßnahmen und Mitteleuropapläne des Reiches wurden andererseits von britischen Industrieverbänden und Handelskammern als Bestätigung ihrer Befürchtungen gewertet, daß Deutschland auf einen Handelskrieg zielte. Obwohl keine direkten Anzeichen dafür vorlagen, schienen die Verlautbarungen Berlins doch die bereits in der Vorkriegszeit verbreiteten Ängste vor den Produktions- und Verkaufspraktiken der Waren »Made in Germany« zu bestätigen[38]. Im Außenministerium wurde deshalb die Meinung vertreten, man könne diese Methoden zwar nicht selbst annehmen, »but we cannot afford to ignore the ways and means adopted by Germany which led up to her marvellous commercial and industrial development[39].« Mit der Einrichtung des Koalitionskabinetts unter Beteiligung der konservativen Partei im Mai 1915 waren nunmehr die Anhänger protektionistischer Handelspraktiken in einflußreiche Positionen vorgerückt und drohten vor diesem Hintergrund den liberalwirtschaftlichen Konsens aufzubrechen. Aus dem mit den Mitteln der Seeblockade und der Kreditfinanzierung geführten Wirtschaftskrieg im Kriege entwickelten sich in diesen Kreisen langsam Überlegungen für einen Wirtschaftskrieg nach Kriegsende.

Zweifel am Friedensziel »back to normalcy« wurden aber auch in einem Memorandum des Schatzamts geäußert, verfaßt von dessen Berater John Maynard Keynes. Vor dem Hintergrund des dramatischen Kursverfalls des Pfundes gegenüber dem Dollar seit dem Frühjahr 1915 und einer monatlichen Schuldenlast von 120 Millionen Pfund stellte sich erstmals die Frage, die Goldparität aufzuheben; Londons Rolle als Kreditgeber für die Verbündeten war ernsthaft gefährdet. Zudem wurde ein Thema berührt, das Kriegsziel- wie Friedensvorstellungen gleichermaßen beherrschen sollte und gleichzeitig ein Tabu der (auch vom Schatzamt vertretenen) orthodoxen Wirtschaftslehre zu brechen drohte: die Frage der Kriegsfinanzierung und die Notwendigkeit höherer direkter Steuern zur Abschöpfung der Kriegsgewinne sowie zur Herstellung steuerlicher und sozialer Gleichheit. Keynes warnte davor, die Finanzkraft Großbritanniens zu überfordern. Der Ausbau der Landstreitkräfte bei gleichzeitiger finanzieller Unterstützung der »Festlanddegen« Frankreich und Rußland waren nach Meinung des Finanzexperten nicht ohne Gefährdung der Währungsstabilität und des Arbeitsmarktes durchzuhalten. Das gegenwärtige Ausgabenniveau sei nur möglich

»as a violent temporary spurt to be followed by a strong reaction, that the limitations of our resources are in sight, and that in the case of any expenditure, we must consider not only, as heretofore, whether it would be useful, but also whether we can afford it«[40].

Es zeichnete sich hier der strukturelle Zielkonflikt ab zwischen der Aufrechterhaltung liberaler Wirtschaftsprinzipien als Voraussetzung für die Wiederherstellung von Großbritanniens handels- und finanzpolitischer Vorrangstellung und der Fortsetzung des sozialen Reformprogramms einerseits sowie der militärischen und wirtschaftlichen Entmachtung Deutschlands angesichts einer dünner werdenden Ressourcendecke andererseits. Dahinter stand die für die britischen Friedensvorstellungen entscheidende Frage, ob eine stabile Friedensordnung und ein rascher ökonomischer Wiederaufbau Europas auf der Basis des *Prinzips wirtschaftlicher Sicherheit* gegenüber Deutschland besser unter Einschluß seines Wirtschaftspotentials oder bei weitgehender wirtschafts- und handelspolitischer Isolierung garantiert würde. Diese Frage wurde auf der Pariser Wirtschaftskonferenz im Juni 1916 von den Alliierten eindeutig dahingehend beantwortet, daß enge wirtschaftliche Kooperation und gegenseitige Unterstützung der Ententemächte bei gleichzeitiger handelspolitischer Diskriminierung Deutschlands den Wiederaufbau sichern sollten. Die Resolution ging ausdrücklich davon aus, daß die Zentralmächte Vorbereitungen für einen Wirtschaftskrieg nach Kriegsende träfen mit dem Ziel der Errichtung einer weltwirtschaftlichen Hegemonie. Die von den Teilnehmerstaaten verabschiedete Resolution schlug deshalb Maßnahmen zur Schaffung einer Wirtschaftsallianz vor, die in der Phase des wirtschaftlichen Wiederaufbaus eine weitgehende Unabhängigkeit von Deutschland schaffen sollte[41].

Die unmittelbaren Ziele, die London im Rahmen seines taktisch-politischen Kalküls dabei verfolgte, waren zum einen die Konsolidierung des Bündnisses mit Frankreich sowie die Formulierung eines wirtschaftspolitischen Gegenmodells, um eventuellen Neigungen zu einem Separatfrieden mit den Zentralmächten auf der Basis eines mitteleuropäischen Wirtschaftsblocks entgegenzuwirken. Zum anderen sollte die Resolution nach innen den Forderungen der Protektionisten entgegenkommen und den Druck auf die Regierung entschärfen[42]. Entscheidend war aber, daß ungeachtet der Teilnahme nichteuropäischer Staaten mit der Pariser Wirtschaftskonferenz die Grundlagen für eine Reorganisation der europäischen Wirtschaft und den wirtschaftlichen Wiederaufbau der Länder Europas unter Ausschluß Deutschlands und seines Potentials gelegt werden sollten. Hinsichtlich der Frage nach der Form wirtschaftlicher Sicherheit gegenüber Deutschland lag mit der Pariser Resolution ein nichtintegratives, exklusives Konzept vor. Zwar tat die britische Regierung zum Ärger der Protektionisten in der Folgezeit nichts für die Umsetzung der Beschlüsse. Das vom Imperial War Cabinet eingesetzte »Committee on Economic and Non-Territorial Desiderata in the Terms of Peace« unter Lord Milner stellte später fest, »that the Paris Resolutions were an unstable foundation on which to build a common policy towards our enemies«[43]. Auch das Handelsministerium sprach sich gegen eine Politik aus, die das wirtschaftliche Gleichgewicht zugunsten Frankreichs verschieben und Großbritanniens Sicherheit als Handelsnation gefährden würde[44].

Demgegenüber muß jedoch festgestellt werden, daß die hinter dieser Einschätzung stehende Haltung von Freihandel und Laissez faire dem Druck der kriegswirtschaftlichen Umstellung erliegen sollte. Darüber hinaus trat der Zielkonflikt der britischen Regierung immer deutlicher hervor. Denn wie schon bei den Geheimverträgen mit den Alliierten sah sich London aus kriegstaktischen und politischen Erwägungen unter Konzessionsdruck. Rücksichten waren insbesondere auf Frankreichs wirtschaftliche Ordnungsvorstellungen zu nehmen, die um die Schaffung alliierter Organisationen zur wirtschaftlichen Kooperation und Kontrolle im Wiederaufbauprozeß unter Ausschluß Deutschlands kreisten[45]. Die im Kern auf Protektionismus und wirtschaftliche Entmachtung Deutschlands hinauslaufenden Ergebnisse der Pariser Konferenz belasteten zudem die Beziehungen Londons zu Washington, wo man ein Friedenssystem auf der Basis von Freihandel und Freiheit der Meere favorisierte[46]. Die Zukunft des Verhältnisses zwischen beiden Staaten, das immer deutlicher Züge der Abhängigkeit annahm, wurde noch dadurch gefährdet, daß Berlin als Antwort auf die Ergebnisse der Pariser Konferenz engere deutsch-amerikanische Handelsbeziehungen propagierte. Im Außenministerium wurde es mit Sorge aufgenommen, als der amerikanische Generalkonsul in Hamburg Anfang Oktober 1916 in einer Rede davon sprach, Deutschland erwarte, daß die USA nach dem Krieg zum wichtigsten Handelspartner aufsteige:

»Germany expects to do big business with America[47].« Dies schien durchaus den Interessen der amerikanischen Wirtschaft zu entsprechen, denn bereits im Juli hatte der US-Konsul in Breslau amerikanischen Industriellen erklärt, daß Deutschland nach dem Krieg ein wichtiger Absatzmarkt insbesondere für Produkte der Textilindustrie darstelle[48]. Umgekehrt machte gerade die Position des Handelsministeriums deutlich, daß Friedensvorstellungen, welche die Unabhängigkeit gegenüber den USA bewahren wollten und die Sicherheit Großbritanniens als Handelsnation auf ein integratives Konzept unter ausdrücklicher Einschließung des deutschen Wirtschaftspotentials stützen wollten, beträchtliche Zugeständnisse an Deutschland zur Folge haben würden. Diese Form wirtschaftlichen »Appeasements« war freilich innenpolitisch nicht durchzusetzen. Die Ergebnisse der Konferenz drohten nämlich auch den innenpolitischen Konflikt zwischen Freihändlern und Zollreformern, die die Konferenz zum Anlaß für protektionistische Agitationen nahmen, zu verschärfen[49].

Angesichts dieser Lage hinterließ traditionelles Kriegszieldenken einen unrealistischen und seltsam antiquierten Eindruck. Erwägungen auf der Basis der Wiederherstellung eines Mächtegleichgewichts in Europa, britischer Überlegenheit zur See sowie einer dem Zugriff einer Hegemonialmacht entzogenen machtlosen Kanalküste, wie sie etwa der Chef des Empire-Generalstabs, Sir William Robertson, für das Kabinett anstellte, erschienen nunmehr »straight out of the eighteenth century«[50]. Wie vor allem die Lansdowne-Episode im November 1916 zeigte, befand sich die britische Kriegs- und Friedenszieldebatte vielmehr an einer Wasserscheide[51]. Das Kabinett wurde sich bewußt, daß die Fortsetzung des Krieges eine finanzielle und materielle Anstrengung bedeutete, die die britische Gesellschaft nachhaltig verändern mußte. Bestärkt durch die Lageanalyse von Handelsministerium und Schatzamt hatte der konservative Lord Lansdowne, Minister ohne Geschäftsbereich im Koalitionskabinett Asquiths, in einem »Friedensmemorandum« keinen Zweifel daran gelassen, daß die Fortsetzung des Krieges die bestehende Sozial- und Wirtschaftsordnung viktorianischer und edwardischer Provenienz unweigerlich zerstören und auch das Verhältnis Großbritanniens zum Empire irreversibel verändern werde[52]. In seiner Denkschrift für das Kabinett plädierte er deshalb leidenschaftlich für einen Verhandlungsfrieden, bevor der Krieg die Ressourcen des Landes völlig erschöpfte. Er mußte sich bestätigt fühlen, als wenige Tage später die Federal Reserve Bank US-Investoren vor Großbritanniens mangelhafter Bonität warnte[53]. Die Situation wurde als derart schwierig empfunden, daß beispielsweise Munitionsminister Edwin Montagu im Kabinett den Schluß zog, »we should very shortly have to close down[54].« Demgegenüber reagierten Lloyd George, Außenminister Arthur Balfour und Blockademinister Robert Cecil, unterstützt von den Militärs, die für 1917 einen Sieg in Aussicht stellten, schroff ablehnend. Ein Verhandlungsfriede mochte die Abhängigkeit von den USA abmildern, war aber nur um den Preis einer wirtschaftlichen Hegemonialstellung Deutschlands zu haben. Deshalb war ein »peace by negotiation« für sie kein Thema, solange die Zentralmächte fremdes Territorium besetzten und eine ungleich bessere Verhandlungsposition besaßen.

Hinsichtlich einer Lösung des Ziel-Mittel-Konfliktes setzte sich mit dem Regierungswechsel und der Einsetzung des Kriegskabinetts unter Lloyd George im Dezember 1916 die Ansicht durch, daß die Kriegsanstrengung des Inselreichs unter Gesichtspunkten der »efficiency« zu steigern und die politische und militärische Kriegführung zu reorganisieren war. »Wenn der Sieg sich an unsere Fahnen heftete, würden die Schwierigkeiten verschwinden«, erklärte Lloyd George, um kurz und bündig fortzufahren: »Das Finanzproblem ist das Problem des Sieges[55].« Dies bedeutete die endgültige Abkehr vom »business as usual« und die faktische Anerkennung der Abhängigkeit von amerikanischer Unterstützung.

»It is [...] the view of the Treasury [...] that the policy of this country towards the U.S.A. should be so directed as not only to avoid any form of reprisal or active irritation but also to conciliate and to please[56],«

beschrieb Keynes den tendenziellen Appeasement-Charakter, der in der Konsequenz dieser Politik lag. Das Kriegskabinett war der Meinung, daß das Friedensangebot der Mittelmächte vom 12. Dezember und Wilsons Vermittlungsangebot vom 18. Dezember in Abstimmung mit den Verbündeten abzulehnen war[57]; eine Erörterung ihrer Kriegsziele hielten die Minister weiterhin für unzweckmäßig[58].

4. Das Reparationsproblem und die Wurzeln britischer Appeasementpolitik

Mit dieser Prioritätensetzung des neuen Kriegskabinetts waren die Weichen für den weiteren Verlauf der Debatte gestellt. Lloyd George trat damit gleichsam die Flucht nach vorne an. Die vollständige Kriegsmobilisierung erschien als letzte Chance, die Zentralmächte (wenn möglich beschleunigt durch einen Separatfrieden mit Österreich-Ungarn) doch noch innerhalb eines überschaubaren Zeitrahmens zu schlagen und günstige Bedingungen für die Durchsetzung britischer Friedensvorstellungen zu schaffen. Zugleich dachte der Premierminister daran, die wachsende Abhängigkeit von den Vereinigten Staaten zu durchbrechen und durch Siege im Feld die Kreditwürdigkeit des Landes wiederherzustellen. Ein militärischer Sieg werde nach seiner Ansicht zugleich Ausgangspunkt einer Krisenstrategie sein, um den innenpolitischen Konsens wieder herzustellen und die vor dem Krieg begonnene Reformpolitik fortzuführen[59].

Die endgültige Durchsetzung von »industrial conscription« und die Ausweitung der allgemeinen Wehrpflicht mit der Konsequenz, daß im Produktionsprozeß verstärkt ungelernte Kräfte, überwiegend Frauen, eingesetzt werden durften (»dilution«), markierten den Willen Lloyd Georges zu staatlicher Wirtschaftsplanung. Es blieb aber nicht aus, daß diese Politik des »war socialism«[60] auch das soziale und institutionelle Gefüge des Landes veränderte. So führte der Primat der Kriegswirtschaft der Industriearbeiterschaft angesichts ihrer zentralen Rolle bei der Produktion von Kriegsgütern zu einem steigenden Selbstbewußtsein; um dieser Situation zu begegnen, mußte Lloyd George in wachsendem Maße auf die sozialen Belange und Wünsche von Labour Rücksicht nehmen und mit Blick auf den Frieden (zumindest in verbaler Form) Zugeständnisse an die Gewerkschaften machen. Zugleich mündeten die verstärkten staatlichen Eingriffe in den Produktionsprozeß in eine Ausweitung des industriellen Verbandswesens. Besonders einflußreich sollte sich namentlich die Federation of British Industries (FBI) erweisen, die 1916 als Interessenvertretung britischer Unternehmen gegründet wurde[61].

Dabei muß jedoch noch einmal betont werden, daß der Übergang zur Kriegswirtschaft mit der Schwerpunktverlagerung hinsichtlich der Kriegsziel- und Friedensvorstellungen auf Fragen des Wiederaufbaus bereits in der letzten Phase des Koalitionskabinetts Asquith 1916 einsetzte. Während allerdings unter Asquith die entsprechenden Maßnahmen weitgehend unter Beibehaltung liberaler Wirtschaftsprinzipien und mit dem ausdrücklichen Ziel des »back to normalcy« eingeleitet wurden, setzte sich unter Lloyd George der Zwang zur industriellen und sozialen Ausrichtung auf die Erfordernisse einer Kriegswirtschaft durch. Dadurch erhöhte sich aber zwangsläufig auch der Druck, die sich bereits unter Asquith abzeichnenden Fragen nach den Grundlagen des Wiederaufbaus anzugehen. Im besonderen gewann das Problem wirtschaftlicher Sicherheit gegenüber Deutschland an Tiefenschärfe, wie sich besonders an der Frage der Reparationen zeigte.

Waren deutsche Wiedergutmachungsleistungen immer schon Bestandteil des britischen Kriegszielkatalogs[62], so stellte sich das Reparationsproblem nun in neuem Licht. Welche Bedeutung kam den Reparationen unter dem Gesichtspunkt des Wiederaufbaus innerhalb der Friedensvorstellungen Londons zu? Diese Akzentverschiebung wurde deutlich, als im Januar 1917 Keynes und der Wirtschaftshistoriker William Ashley in einer Denkschrift für das Kabinett die Auswirkungen von Wiedergutmachungsleistungen an die von Deutschland geschädigten Länder (also nicht Großbritannien selbst) auf die britische Wirtschaft untersuchten. In einem äußerst vorsichtig formulierten Text, der ausschließlich die verschiedenen Möglichkeiten diskutierte und keinerlei Empfehlungen enthielt, führten sie aus, daß Sachreparationen über einen größeren Zeitraum die Wiederaufbauanstrengungen Großbritanniens in dem Maße entlasten konnten, wie dadurch die finanzielle und materielle Unterstützung der Alliierten durch London nach dem Kriege entfiel. Gleichzeitig wiesen sie jedoch darauf hin, daß die Reparationshöhe davon abhing, in welchem Umfang Deutschland zu Entschädigungsleistungen überhaupt in der Lage sein werde; dabei war nach Meinung der Experten zu berücksichtigen, daß ein kontinuierlicher Exportstrom auf die deutsche Wirtschaft und deren Wiederaufbau stimulierend wirken und einen entscheidenden Startvorteil bedeuten konnte. Dies um so mehr, als die Sicherstellung umfangreicher Reparationen Handelsdiskriminierungen gegenüber Deutschland, wie sie etwa die Pariser Resolution vorsah, ausschloß[63]. Ungeachtet seines eher unverbindlichen Überblickscharakters, der davon zeugt, wie wenig der Zusammenhang zwischen Reparationen und Wiederaufbau, der zum beherrschenden Strukturmoment der Nachkriegsplanungen während des Zweiten Weltkriegs werden sollte, zum damaligen Zeitpunkt bereits erkannt wurde, ist das Memorandum doch beachtenswert, weil die Anweisungen des Kabinetts an Keynes und Ashley unzweideutig davon ausgingen, daß Großbritannien selbst keine Reparationsforderungen stellen würde[64]. Im Prinzip bestätigt wurden diese Folgerungen auch vom Handelsministerium. In einer zum gleichen Zeitpunkt vorgelegten Denkschrift schloß das Board of Trade Reparationen an Großbritannien zwar nicht aus. Die Beamten waren sich allerdings bewußt, daß dies keinesfalls die Kriegskosten decken konnte und sich nach Möglichkeit auf die Ersetzung der durch deutsche U-Boote zerstörten Schiffstonnage konzentrieren sollte. Auch das Milner-Komitee sprach sich im April 1917 für moderate Reparationsforderungen Großbritanniens in Form von Schiffstonnage und Rohstoffen aus[65].

Auch wenn die Reparationsdebatte bis in die Endphase des Krieges nicht weiter verfolgt wurde, so belegen diese Denkschriften den sich zuspitzenden Zielkonflikt, widersprach doch der Reparationskonsens des Frühjahrs 1917 tendenziell den Prinzipien der Pariser Resolution, die drakonische Vorstellungen von wirtschaftlicher Sicherheit spiegelten. Auch wenn Lloyd George sich in keiner Weise an diese Prinzipien gebunden fühlte, war das Kriegskabinett doch in der Beantwortung der Frage nach den Wirtschafts- und Handelsbeziehungen zu Deutschland nach Kriegsende hin- und hergerissen zwischen politischem Kalkül und wirtschaftlicher Vernunft[66]. Ungeachtet der strukturellen Bedeutung moderater wirtschaftlicher Kriegsziele gegenüber Deutschland innerhalb eines britischen Friedensmodells, sprach sich im April das Imperial War Committee — »having due regard to the interests of our Allies« — für die Einführung imperialer Zollpräferenzen aus und legte damit den Grundstein für eine neoimperialistische Reorganisation des Empire[67]; und im Juni beschloß das Kriegskabinett als Grundlage britischer Reparationsforderungen die Entschädigung versenkter Schiffstonnage auf der Basis des Prinzips »Tonne für Tonne«[68].

In welchem Maße das »economic security«-Problem immer stärker zum Schlüssel für eine stabile Friedensordnung und einen erfolgreichen Wiederaufbau wurde, zeigte sich mit aller Deutlichkeit auch im Kontext der Kühlmann-Initiative. Der diplomatische Vorstoß des deutschen Außenministers im Sommer 1917, den Alliierten Friedensverhandlungen auf der Basis des deutschen Zugriffs auf das Industriegebiet Elsaß-Lothringens und einer belgischen Einflußzone anzubieten, wurde in London als Versuch Berlins zur friedensvertraglich gesicherten Errichtung einer kontinentalen Wirtschaftshegemonie gewertet. Nach Gesprächen mit britischen Regierungsvertretern kabelte der amerikanische Botschafter nach Washington, man befürchte in London,

»von Kühlmann and manufacturing interests wish to save Germany's economic opportunity after the war, and peace movement will be made chiefly with reference to this. In consideration for giving up Belgium and the French provinces the Germans will demand free access to the markets and credit in Allied countries. The European Allies will not make such an agreement. They realize that artificial and merely punitive commercial measures cannot be permanent but since German commercial methods were distinctly war measures they will be reluctant to agree to a general commercial peace as a condition of ending the war. [...] Great Britain, France, Italy and Russia do not wish to open a free door for commercial exploitation again and the case of each differs in degree and kind from every other. Their aim is not mainly punitive but rather defensive[69].«

Londons Handlungsspielraum, den strukturellen Zielkonflikt zu lösen und liberale Friedensvorstellungen auf einer Friedenskonferenz durchzusetzen, verschlechterte sich jedoch in den letzten 18 Monaten des Krieges dramatisch, so daß Lloyd Georges Kalkül nicht aufging, durch die volle Konzentration von Wirtschaft und Gesellschaft auf die militärische Niederringung Deutschlands das britische Finanzproblem zu lösen, gegenüber den USA, den Verbündeten, aber auch gegenüber den unterschiedlichen Interessengruppen Großbritanniens umfassende Entscheidungsgewalten für die Gestaltung der Friedensordnung im Inneren und Äußeren zu gewinnen. Der Kriegseintritt der Vereinigten Staaten im April 1917 führte nicht nur zu einer Gewichtsverlagerung innerhalb der Allianz, sondern auch zu einer stärkeren Rücksichtnahme auf ein konkurrierendes Friedensmodell mit hoher Anziehungskraft auf Pazifisten und Freihändler[70]. Der von der militärischen Führung für das Jahr 1917 in Aussicht gestellte Sieg blieb aus. Verschärft durch die Währungskrise des Sommers war die Regierung zu weiterer Nettokreditaufnahme in großem Umfang gezwungen, andernfalls, so warnte Schatzkanzler Andrew Bonar Law, »a financial disaster of the first magnitude cannot be avoided[71].« Es zeichnete sich ab, daß London endgültig den Status des Kreditgebers verlieren und selbst zum größten Schuldner werden würde.

Von nicht geringerer Bedeutung waren daneben die revolutionären Umwälzungen in Rußland und der Friedensschluß von Brest-Litowsk. Sie wirkten gleichsam als Katalysator für die Arbeiterbewegung auch in Großbritannien, den Druck auf eine Erklärung britischer Kriegsziele zu erhöhen. Dem Premierminister mußte klar sein, daß die Reformfähigkeit des Landes auf dem Spiel stand, je länger der Krieg noch dauern würde. Zudem wurde die Unzufriedenheit unter den Arbeitern durch die unklare Kriegszielpolitik der Regierung geschürt, die aus ihrer Sicht unter dem Verdacht der Geheimdiplomatie mit für die Sozialreformen nachteiligen Folgen stand[72]. Ende Dezember 1917 verabschiedete die Labour Party einen eigenen Kriegszielentwurf, der sich vehement gegen einen Wirtschaftskrieg nach dem Waffenstillstand aussprach und die Beibehaltung staatlicher Wirtschaftskontrollen für den Wiederaufbauprozeß forderte[73]. Gleichzeitig drohte aber der deutsch-russische Sonderfriede die Mitteleuropapläne Berlins auf Osteuropa erfolgreich auszudehnen. Vor diesem Hintergrund betrachtete das Kabinett die Revision des Friedens von Brest-Litowsk als unverzichtbare Grundlage für jede Friedensordnung[74].

In diesem Sinne war auch jene berühmte Rede, die Lloyd George nach vorheriger Konsultation mit Arbeiterführern am 5. Januar 1918 vor dem Trades Union Congress hielt, nicht nur eine gegen die Zentralmächte gerichtete Kriegsmaßnahme[75], sondern in erster Linie als innenpolitische Entschärfung der Friedensofferte der Zentralmächte an die Bolschewiken formuliert. An die Adresse der Gewerkschaftsführung gerichtet, plädierte sie unzweideutig für die Fortsetzung des Krieges. Sie diente der Mobilisierung der Heimatfront, um den für den Premierminister unabdingbaren militärischen Sieg zu gewährleisten. Die in ihr formulierten Kriegsziele waren deshalb als Friedensversprechen mit Blick auf den sozio-ökonomischen Wiederaufbau nach Kriegsende zu verstehen[76].

Gleichwohl blieb die Frage nach den Formen wirtschaftlicher Sicherheit gegenüber Deutschland weiterhin unerörtert. In seiner Rede hatte Lloyd George angedeutet, Großbritannien werde Deutschland für die Kriegskosten nicht haftbar machen, auch britische Reparationsforderungen waren mit keinem Wort erwähnt[77]. Hinsichtlich der Wirtschaftsbeziehungen sprach er davon, daß die zu erwartende kriegsbedingte Rohstoffverknappung Kontrollen erfordere, um die Versorgung unter den Alliierten sicherzustellen. Bei diesen vagen Andeutungen blieb es. Wie akut das Problem aber werden sollte, zeigte sich, als das Kabinett im Sommer erneut die Kriegsziele und die Folgen des Krieges diskutierte. Die miteinander völlig unvereinbaren Handlungsalternativen Londons zeichneten sich mit ganzer Schärfe ab, als der südafrikanische Premierminister Jan Christian Smuts im Kabinett vor den Folgen des Festhaltens an der Doktrin eines militärischen Sieges warnte:

»we might find ourselves reduced, before the war ended, to the position of a second-class Power compared with America and Japan[78].«

Demgegenüber vertrat Lord Curzon die Ansicht:

»Even more serious, to his [Lord Curzon's] mind, than the prospect of the War ending with the United States and Japan relatively unexhausted and predominant, was that of its ending with a predominant and unexhausted Germany[79].«

Dieser Konfliktlage am Ende des Krieges hatte auch Lloyd George keine adäquate Lösungsstrategie entgegenzusetzen, um so weniger, als seit der gescheiterten Offensive Ludendorffs moderate Friedensvorstellungen immer weniger durchsetzbar waren. Die Aussicht auf ein siegreiches Ende des Krieges führte zu einer Welle nationaler Begeisterung, und die Frage nach den Kriegskosten und den wirtschaftspolitischen Grundlagen des Wiederaufbaus wurden vor dem Hintergrund einer verbreiteten antideutschen Stimmung beantwortet. Industrieverbände und Konservative verlangten jetzt einen harten Frieden gegenüber Deutschland mit Reparationen, die Steuererhöhungen zur Finanzierung des Wiederaufbaus überflüssig machen sollten. Gleichzeitig ging jede bis dahin gezeigte Kompromißbereitschaft seitens der Industrie, die staatlichen Kontrollen auch über das Kriegsende hinaus zu akzeptieren, verloren. Eine in Abstimmung mit nahezu allen wichtigen Ministerien entstandene Denkschrift des Handelsministeriums empfahl für die Wiederaufbauzeit Maßnahmen zum Schutze von Produktionskapazität und Absatzmärkten der britischen Industrie. Restriktionen im Handel mit Deutschland sowie der Ausschluß Deutschlands von der Meistbegünstigung sollten insbesondere die wirtschaftliche Sicherheit Großbritanniens gewährleisten. Das Ministerium sprach sich für eine feste Reparationssumme aus; etwa 600 Millionen Pfund davon waren durch Sachlieferungen abzudecken; Rohstofflieferungen sowie die Nutzung der Infrastruktur und die Ersetzung zerstörter Industrieanlagen der Alliierten durch Demontagen konnten ebenfalls in die Reparationsmasse fallen[80]. Einen noch radikaleren Standpunkt vertrat die Federation of British Industries. Der Industrieverband sprach sich dafür aus, Deutschland zur Zahlung der gesamten Kriegskosten als Reparationen zu verpflichten. Es wurde befürchtet, daß andernfalls die Kriegslast durch ein erhöhtes Steueraufkommen zu decken war, was nach Meinung der FBI die britische Wettbewerbsfähigkeit beeinträchtigen und zu einem Nachfragerückgang nach heimischen Gütern sowie in letzter Konsequenz zu einer Senkung des Lohnniveaus führen würde. Gerade den neuen Industrien würde dadurch wichtiges Investitionskapital vorenthalten[81]. Der Industrieverband betrachtete Reparationen als »an essential preliminary to the economic recovery of this country« und erwartete eine jährliche Reparationslast durch die Zentralmächte in Höhe von 840 Millionen Pfund, von denen etwa drei Viertel von Deutschland zu zahlen sein sollten. Für den Fall, daß deutsche Reparationen nicht zur Sicherung des britischen Wiederaufbaus eingesetzt würden, malten die Industriellen ein düsteres Bild britischer Reformfähigkeit:

»It will then become a question for this country, not of the shortening of hours, the raising of wages and the numerous costly social reforms to which all classes are looking forward so eagerly, but of a gradually-increasing industrial stagnation ending very possibly in complete economic ruin, in which all classes — employers and employed — will suffer alike[82].«

Es war offensichtlich, daß sich Economic Security-Vorstellungen im Sinne der »Reconstructionists« im weiteren Verlauf der Debatte nicht mehr durchsetzen konnten. Lloyd George selbst setzte alle Hoffnungen auf die Fortsetzung der Koalition mit den Konservativen sowie in rekonstruktions- wie sicherheitspolitischer Hinsicht auf umfassende Abrüstungen nach dem Krieg. Seine Konfliktstrategie, nach dem Krieg eine stabile Friedensordnung im Inneren und Äußeren auf der Basis des militärischen Sieges zu errichten, mündete in eine Mischung aus Machtbehauptung und Appeasement sowohl gegenüber der Reformbewegung im eigenen Land als auch in den Außenbeziehungen[83].

5. Kontinuität der britischen Kriegsziele und Friedensvorstellungen

Betrachtet man die britische Kriegszielpolitik und die Friedensvorstellungen aus der Rückschau und ordnet die Vorgänge in die längerfristige Entwicklung der internationalen Beziehungen ein, so treten deutlich die hinter ihnen sichtbar werdenden Kontinuitäten in der Außen- und Deutschlandpolitik Londons hervor und weisen auch sie als Element im Prozeß des Machtverlustes Großbritanniens aus. Die britischen Kriegsziele bewegten sich weitgehend im Rahmen traditioneller diplomatischer Vorstellungen über das Funktionieren der Staatenbeziehungen. Das strukturelle Dilemma, das sie offenbarten, bestand darin, daß sie einerseits auf die Wünsche der Verbündeten (insbesondere Frankreichs, aber auch Italiens) sowie traditionsverhafteten konservativen und militärischen Eliten im eigenen Land Rücksicht nehmen mußten. Andererseits wurde es offensichtlich, daß diese Ziele nicht mehr den veränderten Bedingungen entsprachen, die Grundlagen der Pax Britannica zerstört waren und Großbritannien wirtschaftlich und militärisch auch nicht mehr in der Lage sein würde, ein diesen Bedingungen angepaßtes liberales Friedensmodell durchzusetzen. Daraus ergab sich ein Zielkonflikt, dessen Lösung Whitehall in der Zukunft hauptsächlich beschäftigen sollte. Zwischen der Kriegszielfrage und den Friedensvorstellungen lag das seit dem letzten Drittel des 19. Jahrhunderts virulente Problem gesellschaftlicher und industrieller Modernisierung in Großbritannien.

Die Ziele, für die man bewußt einen langen, ressourcenintensiven und hinsichtlich der erstrebten Machtposition letztlich ruinösen Krieg geführt hatte, mußten schließlich in den politischen und wirtschaftlichen Krisen der zwanziger Jahre nach und nach aufgegeben werden, den gewandelten wirtschaftlichen und militärischen Ausgangsbedingungen angepaßte Forderungen waren machtpolitisch nicht mehr durchsetzbar: Eine moderate Reparationslösung, die im Interesse des britischen wie des europäischen Wiederaufbaus insgesamt gelegen hätte, scheiterte am Widerstand Frankreichs; eine rekonstruktionspolitisch nicht minder bedeutsame Rüstungsbegrenzung blieb ein Wunschtraum, der sich in den Alptraum eines erneuten kriegsvorbereitenden Aufrüstungsschubs verwandelte, als Deutschland die Genfer Abrüstungskonferenz verließ; der Anspruch auf maritime Überlegenheit wurde auf der Washingtoner Konferenz 1921/22 endgültig aufgegeben; die Wiederherstellung eines Mächtegleichgewichts auf dem Kontinent erwies sich als antiquierte Vorstellung, während Großbritannien noch enger mit dem Schicksal Europas verknüpft wurde; die Rückkehr zum Goldstandard 1925, die das Pfund Sterling wieder als Leitwährung etablieren sollte, mußte 1931 zurückgenommen werden; gleichzeitig erwiesen sich alle Hoffnungen auf eine liberale Finanz- und Handelspolitik als Illusion, während protektionistische und autarkistische Vorstellungen die internationalen Wirtschaftsbeziehungen zu bestimmen begannen; und schließlich zerstoben — bei allem unumkehrbaren sozialen Fortschritt, den der Krieg gebracht hatte — auch innenpolitisch nach der Euphorie des unmittelbaren Nachkriegsbooms 1919—1921 und im Kontext des Generalstreiks 1926 sowie der 1929 einsetzenden Weltwirtschaftskrise alle Hoffnungen auf sozialen Frieden und Wohlstand und machten der Realität von Arbeitslosigkeit und Inflation Platz.

Wie gerade die Kriegszielpolitik Großbritanniens, der die Ausformulierung konkreter Friedensvorstellungen untergeordnet blieb, und insbesondere das dahinter sichtbar werdende Verhältnis zu seinen Verbündeten deutlich zeigen, war London nicht mehr in der Lage, seine traditionelle Politik der Balance of Power durchzusetzen, sondern darauf angewiesen, sein Fundamentalinteresse der Friedenswahrung in Abstimmung mit anderen Staaten zu verfolgen[84]. Aus dem Interesse an der Wahrung des Friedens, das Großbritannien als Handels-, Industrie- und Finanzmacht und als »Gleichgewichtshalter« des Mächtesystems des 19. Jahrhunderts hatte, wurde, durch den Ersten Weltkrieg beschleunigt, das »Angewiesensein« auf Frieden in den zwanziger und dreißiger Jahren. Der außenpolitische Handlungsspielraum hatte sich drastisch verkleinert und verwandelte die optionale Politik der Friedenswahrung in eine Politik des Appeasement[85]. Damit waren die Rahmenbedingungen britischer Außen- und Sicherheitspolitik für die Zwischenkriegszeit bestimmt. Sie legten das Inselreich in sicherheitspolitischer Hinsicht auf integrative Konfliktlösungsmechanismen fest[86]. Die Suche nach einem wirtschaftlich definierten Sicherheitsbegriff sollte schließlich auch die Kriegszielplanungen im Zweiten Weltkrieg beherrschen. Die »New Economic Order«, wie sie in der Resolution der Pariser Konferenz erkennbar wird, findet ihre Parallele in den »Proposals to Counter the German ›New Order‹« des Zweiten Weltkriegs, die als britischer Gegenentwurf zur geplanten Schaffung eines nationalsozialistischen Großwirtschaftsraumes konzipiert wurden[87]. Vor allem sollte sich zeigen, daß Großbritannien zur Durchsetzung wirtschaftspolitischer Ordnungsvorstellungen unter Ausschluß Deutschlands (einschließlich hoher Reparationen und Demontagen) keine ausreichende Ressourcenbasis besaß. Das Economic Security-Problem[88], als Frage nach den wirtschaftlichen Beziehungen des Inselreichs zu Deutschland vor dem Hintergrund relativen ökonomischen Machtverlusts, vermag aus längerfristiger Perspektive einen Schlüssel zu liefern für die strukturelle Kontinuität von Appeasement in der britischen Außen- und Sicherheitspolitik.

Anmerkungen

1 Norman Stone, Wir sind hier, weil wir hier sind, in: Frankfurter Allgemeine Zeitung, 22.6.1993, S. 32. Zum Einfluß von Historikern wie R. W. Seton-Watson und Lewis Namier auf die Kriegszielplanungen etwa des Political Intelligence Department des Foreign Office vgl. Erik Goldstein, Winning the Peace. British Diplomatic Strategy, Peace Planning, and the Paris Peace Conference, 1916—1920, Oxford 1991, S. 57—89, 114—119, 130—140, 251 f., 257 f. (und die dort angeführte Literatur); Victor H. Rothwell, British War Aims and Peace Diplomacy 1914—1918, Oxford 1971, S. 206—209; Hubert Gebele, Die Probleme von Krieg und Frieden in Großbritannien während des Ersten Weltkriegs. Regierung, Parteien und öffentliche Meinung in der Auseinandersetzung über Kriegs- und Friedensziele, Frankfurt a. M., Bern, New York, Paris 1987.

2 Peter Simkins, Britain and the First World War. A Review of Recent Historiography, in: Neue Forschungen zum Ersten Weltkrieg. Literaturberichte und Bibliographien von 30 Mitgliedstaaten der »Commission Internationale d'Histoire Militaire Comparée«, hrsg. von Jürgen Rohwer, Koblenz 1985, S. 145—161.

3 Vgl. Quellenkunde zur deutschen Geschichte der Neuzeit von 1500 bis zur Gegenwart. Bd 5, I: Das Zeitalter des Imperialismus und des Ersten Weltkrieges (1871—1918). Erster Teil: Akten und Urkunden. Bearb. von Winfried Baumgart, Darmstadt [2]1991.

4 Official Statements of War Aims and Peace Proposals, December 1916—November 1918, ed. by J.B. Scott, Washington 1921.

5 Vgl. z.B. Llewellyn Woodward, Great Britain and the War of 1914—1918, London 1967, bes. S. 207—242, 397—431; Sterling Kernek, The British Government's Reaction to President Wilson's ›Peace‹ Note of December 1916, in: Historical Journal (HJ), 13 (1970), S. 721—766; Rothwell (wie Anm. 1); C.J. Lowe, M.L. Dockrill, The Mirage of Power. Bd 2: British Foreign Policy 1914—22, London, Boston 1972, S. 234—274; W.B. Fest, British War Aims and German Peace Feelers During the First World War (December 1916—November 1918), in: HJ, 15 (1972), S. 285—308; bester Überblick: Keith Robbins, The First World War, Oxford, New York 1984, S. 103—126. Die britische Politik berücksichtigende Darstellungen aus der Sicht der Mittelmächte: Wolfgang Steglich, Die Friedenspolitik der Mittelmächte 1917/18, Bd 1, Wiesbaden 1964; Gerhard Ritter, Staatskunst und Kriegshandwerk. Das Problem des »Militarismus« in Deutschland. Bd 3: Die Tragödie der Staatskunst. Bethmann Hollweg als Kriegskanzler 1914—1917, München 1964; Bd 4: Die Herrschaft des deutschen Militarismus und die Katastrophe von 1918, München 1968; Karl Dietrich Erdmann, Der Erste Weltkrieg, München 1980, Kap. 14, 16, 21 (= Gebhard Handbuch der deutschen Geschichte, 9. Aufl., TB-Ausgabe, Bd 18); Erwin Hölzle, Die Selbstentmachtung Europas. Das Experiment des Friedens vor und im Ersten Weltkrieg, Göttingen, Frankfurt a.M., Zürich 1975.

6 Hölzle (wie Anm. 5), S. 450f. (Benckendorff an Sazonov, 28.9.1914). Vgl. in diesem Zusammenhang den methodischen Hinweis bei Erdmann, für die »Aufschlüsselung« der alliierten Kriegsziele seien die russischen Akten »grundlegend«; Erdmann, Der Erste Weltkrieg (wie Anm. 5), S. 146, Anm. 2.

7 Gregor Schöllgen, Das Zeitalter des Imperialismus, München 1986, S. 163 (mit zahlreichen Literaturhinweisen).

8 M.L. Sanders, Philip M. Taylor, Britische Propaganda im Ersten Weltkrieg 1914—1918, Berlin 1990; A.J.P. Taylor, English History 1914—1945, Harmondsworth 1975, S. 82f., 137f., 148f.; Lowe, Dockrill (wie Anm. 5), Bd 2, S. 248; Gebele (wie Anm. 1), S. 39—42 und passim.

9 Zu diesen Begriffen vgl. Gustav Schmidt, Wozu noch »politische Geschichte«? Zum Verhältnis von Innen- und Außenpolitik am Beispiel der englischen Friedensstrategie 1918/19, in: Aus Politik und Zeitgeschichte, B 17/75, S. 21—45, S. 32f.; in einem größeren Rahmen historischer Friedensforschung stehen die Arbeiten Gottfried Niedharts, z.B.: Weltherrschaft versus World Appeasement. Konkurrierende Friedensmodelle und außenpolitisches Konfliktverhalten europäischer Großmächte im 20. Jahrhundert, in: Neue Poli-

tische Literatur (NPL), 23 (1978), S. 281—291; ders., Strukturwandel, Reformfähigkeit und Friedenswahrung: Probleme der englischen Geschichte im 19. und 20. Jahrhundert, in: Heiner Haan, Karl-Friedrich Krieger, Gottfried Niedhart, Einführung in die englische Geschichte, München 1982, S. 138—185; vgl. auch den Beitrag Niedharts in diesem Band.

10 Gottfried Niedhart, Weltmacht im Niedergang. Großbritannien im Zeitalter der Weltkriege, in: Ploetz. Geschichte der Weltkriege. Mächte, Ereignisse, Entwicklungen 1900—1945, hrsg. von Andreas Hillgruber und Jost Dülffer, Freiburg, Würzburg 1981, S. 227.

11 Die Ausweitung des Appeasement-Begriffs mit zahlreichen Literaturhinweisen wird diskutiert bei Gottfried Niedhart, Appeasement: Zur Inflationierung eines Begriffs und zum Primat des Friedens im industrialisierten England, in: NPL, 26 (1981), S. 171—190, Bezug S. 171 ff.

12 Wichtige Ergebnisse für die sich aus dem Kriegsverlauf ergebende unmittelbare Nachkriegsphase liefern neben Schmidt, Wozu noch »politische Geschichte« (wie Anm. 9), ders., Effizienz und Flexibilität politisch-sozialer Systeme. Die deutsche und die englische Politik 1918/19, in: Vierteljahrshefte für Zeitgeschichte (VfZ), 25 (1977), S. 137—187; ders., Politische Tradition und wirtschaftliche Faktoren in der britischen Friedensstrategie 1918/19, in: VfZ, 29 (1981), S. 131—188; Bernd-Jürgen Wendt, Aspekte der britischen Nachkriegsentwicklung zwischen Inflation und Deflation in Europa 1919—1922, in: Historische Prozesse der deutschen Inflation 1914—1924. Ein Tagungsbericht. Bearb. und hrsg. von Otto Büsch und Gerald D. Feldman, Berlin 1978, S. 405—418.

13 Vgl. Jim Tomlinson, Problems of British Economic Policy, 1870—1945, London, New York 1981, S. 34 f.

14 Vgl. dazu Balance of Power or Hegemony: The Interwar Monetary System, ed. by Benjamin M. Rowland, New York 1976.

15 Eric J. Hobsbawm, Industry and Empire. From 1750 to the Present Day, Harmondsworth 1969, S. 232.

16 Lloyd C. Gardner, Safe for Democracy. The Anglo-American Response to Revolution, 1913—1923, New York, Oxford 1984, S. 17.

17 Vgl. ausführlich Fritz Fischer, Griff nach der Weltmacht. Die Kriegszielpolitik des kaiserlichen Deutschland 1914/18, Düsseldorf 1984, S. 13—45, 90—106, 169—178; Georges-Henri Soutou, L'or et le sang. Les buts de guerre économiques de la Première Guerre Mondiale, Paris 1989, S. 17—107, 193—229.

18 Confidential Print, »Trading with the enemy correspondence«, zit. nach: Peter Cline, Winding Down the War Economy: British Plans for Peacetime Recovery, 1916—19, in: War and the State. The Transformations of British Government, ed. by Kathleen Burk, Boston, Sydney 1982, S. 157—181, S. 162.

19 David Lloyd George, Mein Anteil am Weltkrieg. Kriegsmemoiren, Bd I, Berlin 1933, S. 73.

20 Vgl. Schmidt, Wozu noch »politische Geschichte« (wie Anm. 9), S. 34.

21 Vgl. Lloyd George (wie Anm. 19), S. 358; Ragnhild Fiebig-von Hase, Maria Sturm, Die transatlantischen Wirtschaftsbeziehungen in der Nachkriegsplanung Deutschlands, der alliierten Westmächte und der USA, 1914—1917, in: Militärgeschichtliche Mitteilungen (MGM), 52 (1993), S. 1—34, S. 2—9.

[22] Rothwell (wie Anm. 1), S. 19.

[23] Im einzelnen führte Asquith an: Räumung und Entschädigung Belgiens; Rückgabe Elsaß-Lothringens an Frankreich; Auflösung des deutschen Kolonialbesitzes; partielle territoriale Neuordnung auf der Basis des Nationalitätenprinzips in Ost- und Südosteuropa.

[24] Soutou (wie Anm. 17), S. 228f.

[25] Public Record Office, London (PRO), FO 368/1527/14833, R. Tower an Grey, 28.12.1915; British Chamber of Commerce in the Argentine Republic an R. Tower, 27.12.1915; vgl. ähnlich FO 368/1530/149165, Britisches Generalkonsulat Rotterdam an Grey, 27.7.1916.

[26] John McDermott, Total War and the Merchant State: Aspects of British Economic Warfare Against Germany, 1914—16, in: Canadian Journal of History, 21 (1986), S. 61—76, S. 63f.; Heide-Irene Schmidt, Wirtschaftliche Kriegsziele Englands und interalliierte Kooperation. Die Pariser Wirtschaftskonferenz 1916, in: MGM, 29 (1981), S. 37—54, S. 39f.; Bernd Bonwetsch, Kriegsallianz und Wirtschaftsinteressen. Rußland in den Wirtschaftsplänen Englands und Frankreichs 1914—1917, Düsseldorf 1973.

[27] Vgl. Gunther Mai, »Händler und Helden«. Großbritannien in der Zeit des Ersten Weltkrieges, in: NPL, 32 (1987), S. 33—52, S. 34f.; Taylor (wie Anm. 8), S. 64; vgl. dagegen John French, British Economic and Strategic Planning, 1905—1915, London 1982, sowie ders., The Rise and Fall of ›Business as Usual‹, in: War and the State (wie Anm. 18), S. 7—31.

[28] Hankey-Diaries, 29.4.1916, zit. nach: Schmidt, Wirtschaftliche Kriegsziele (wie Anm. 26), S. 42.

[29] Theodor Schieder, Staatensystem als Vormacht der Welt 1848—1918, Frankfurt a.M., Berlin, Wien 1977, S. 357.

[30] Vgl. Taylor (wie Anm. 8), S. 83.

[31] Für eine ausführliche Darstellung der Kriegszielvorstellungen innerhalb der Parteien, Kirchen und gesellschaftlichen Gruppen vgl. Gebele (wie Anm. 1); die Kriegszieldebatte als Teil des britischen Propagandaapparats diskutieren Sanders, Taylor (wie Anm. 8); zur Verweigerung weiterer Auskunft seitens der Regierung Rothwell (wie Anm. 1), S. 19.

[32] So bezeichnete Lloyd George selbst in der Kabinettssitzung am 3.1.1918 seine bevorstehende Kriegszielrede; vgl. PRO, CAB 23/5, WC 313, 3.1.1918.

[33] Cline (wie Anm. 18); Max Beloff, Wars and Welfare. Britain 1914—1945, London 1984, S. 51.

[34] Vgl. Taylor (wie Anm. 8), S. 64.

[35] Vgl. Robert E. Bunselmeyer, The Cost of the War 1914—1919. British Economic War Aims and the Origins of Reparation, Hamden, CT 1975, S. 53; Lloyd George (wie Anm. 19), S. 270f.

[36] Vgl. Cline (wie Anm. 18), S. 164f.

[37] McDermott (wie Anm. 26), S. 64—73.

[38] So berichtete der britische Konsul in Ecuador dem Außenminister sichtlich erschrocken von der Ankunft von Waren mit diesem Herkunftszeichen; PRO, FO 368/1527/14951, Britisches Konsulat Ecuador an Grey, 10.12. 1915. Vgl. insgesamt Cline (wie Anm. 18), S. 162; Fiebig-von Hase, Sturm (wie Anm. 21), S. 9, 17.

[39] PRO, FO 368/1527/261754, Memorandum F. Koenig, 20.12.1916.
[40] The Collected Writings of John Maynard Keynes (JMK). Bd XVI: Activities 1914—1919. The Treasury and Versailles, ed. by Elizabeth Johnson, London, Basingstoke 1971, S. 117—125, Memorandum Keynes, »The Financial Prospects of this Financial Year«, 9.9.1915 (Zitat S. 125); D.E. Moggridge, Maynard Keynes. An Economist's Biography, London, New York 1992, S. 250—253; Soutou (wie Anm. 17), S. 221—224; Sidney Pollard, The Development of the British Economy 1914—1980, London [3]1983, S. 36f.
[41] Im Kern sahen die Maßnahmen den Ausschluß Deutschlands von der Meistbegünstigungsklausel, eine Rohstoffkontrolle sowie die Vereinfachung der Handelsinfrastuktur mit dem Ziel eines verbesserten Warenflusses vor. Vgl. Foreign Relations of the United States (FRUS) 1916. Supplement. The World War, Washington 1929, S. 974—977, Sharp an Lansing, 22.6.1916; King's College, Cambridge, Keynes Papers (KCKP), PT/1, Recommendations of the Economic Conference of the Allies, 14.—17.6.1916; Schmidt, Wirtschaftliche Kriegsziele (wie Anm. 26); Soutou (wie Anm. 17), S. 233—271; Bunselmeyer (wie Anm. 35), S. 34—47.
[42] Schmidt, Wirtschaftliche Kriegsziele (wie Anm. 26), S. 44; Gebele (wie Anm. 1), S. 177ff.; McDermott, (wie Anm. 26), S. 65.
[43] Thomas Jones, Whitehall Diary. Ed. by Keith Middlemas. Bd I: 1916—1925, London, New York, Toronto 1969, S. 30 (17.4.1917); zum Milner-Komitee vgl. Bunselmeyer (wie Anm. 35), S. 54f.; Soutou (wie Anm. 17), S. 454—459; Goldstein (wie Anm. 1), S. 15—18; David Stevenson, The First World War and International Politics, Oxford 1988, S. 112; Rothwell (wie Anm. 1), S. 270.
[44] Bunselmeyer (wie Anm. 35), S. 53f.
[45] Marc Trachtenberg, Reparation in World Politics. France and European Economic Diplomacy, 1916—1923, New York 1980, S. 1—27.
[46] FRUS 1916, Suppl. (wie Anm. 41), S. 981f., Francis (St. Petersburg) an Lansing, 26.6.1916; Bunselmeyer (wie Anm. 35), S. 45.
[47] PRO, FO 368/1527/207583, Britische Botschaft Washington an Foreign Office, 6.10.1916; New York Times, 3.10.1916.
[48] PRO, FO 368/1530/150887, »Manufacturing Conditions in Germany after the War«; Philadelphia »Public Ledger«, 18.7.1916. Vgl. auch den Beitrag von Hans-Jürgen Schröder in diesem Band.
[49] Vgl. Bunselmeyer (wie Anm. 35), S. 44f.
[50] Lowe, Dockrill (wie Anm. 5), Bd 2, S. 242; das Memorandum in Auszügen abgedruckt ebd., Bd 3, S. 563—566. Ernst genommen wird Robertsons Denkschrift dagegen noch bei Erdmann, Der Erste Weltkrieg (wie Anm. 5), S. 135.
[51] Vgl. Bernd-Jürgen Wendt, War Socialism — Erscheinungsformen und Bedeutung des Organisierten Kapitalismus in England im Ersten Weltkrieg, in: Organisierter Kapitalismus. Voraussetzungen und Anfänge, hrsg. von Heinrich August Winkler, Göttingen 1974, S. 117—149, S. 127.
[52] Lord Newton, Lord Lansdowne. A Biography, London 1929, S. 451f.; Lloyd George (wie Anm. 19), S. 333—341.
[53] Vgl. ausführlich Soutou (wie Anm. 17), S. 373—378, 388ff.
[54] Lowe, Dockrill (wie Anm. 5), Bd 2, S. 246.

[55] Lloyd George (wie Anm. 19), S. 380 (Denkschrift vom November 1916).
[56] JMK (wie Anm. 40), Bd XVI, S. 197f., »The Financial Dependence of the United Kingdom of the United States of America«, 10.10.1916.
[57] FRUS 1916, Suppl. (wie Anm. 41), S. 96, Page an Lansing, 18.12.1916; ebd., S. 101f., Page an Lansing, 19.12.1916; ebd., S. 123—125, Sharp an Lansing, 29.12.1916; Lowe, Dockrill (wie Anm. 5), Bd 2, S. 247f.
[58] PRO, CAB 23/3, WC 187, 16.7.1917.
[59] »Rather let us utilize victory to get the necessary impetus for reform«, erklärte Lloyd George bei Kriegsende; vgl. Schmidt, Wozu noch »politische Geschichte« (wie Anm. 9), S. 37, Anm. 86.
[60] Taylor (wie Anm. 8), S. 101, 113; Wendt, War Socialism (wie Anm. 51), S. 119.
[61] Vgl. Keith Middlemas, Politics in Industrial Society. The Experience of the British System Since 1917, London 1979; Wendt, War Socialism (wie Anm. 51), S. 135f. Zu den Verbindungen der FBI beispielsweise zu dem »Unionist Business Committee« der konservativen Partei vgl. Gebele (wie Anm. 1), S. 178f.
[62] Als Forderung nach Wiedergutmachung für Belgien (später wurde Serbien einbezogen) waren Reparationszahlungen von Beginn an Teil britischer Kriegszielvorstellungen. Vgl. die bereits zitierte Rede Asquiths am 9.11.1914 sowie jene Außenminister Greys am 22.3.1915; Rothwell (wie Anm. 1), S. 32f.; Bunselmeyer (wie Anm. 35), S. 63.
[63] JMK XVI (wie Anm. 40), S. 313—334, »Memorandum on the Effect of an Indemnity«, 2.1.1917. Die Denkschrift wurde in der Werkausgabe irrtümlich auf 1916 datiert; vgl. Moggridge (wie Anm. 40), S. 289, Anm.
[64] JMK XVI (wie Anm. 40), S. 312f., Keynes an Warren Fisher, 26.7.1938; ebd., S. 335f., Keynes an Sunday Times, 30.10.1938.
[65] Bunselmeyer (wie Anm. 35), S. 70f.
[66] Vgl. Trachtenberg (wie Anm. 45), S. 10.
[67] Ebd., S. 50f.; Wendt, War Socialism (wie Anm. 51), S. 138.
[68] Rothwell (wie Anm. 1), S. 270.
[69] FRUS (wie Anm. 41) 1917, Suppl. 2. The World War, Bd I, Washington 1932, S. 227ff., Page an Lansing, 8.10.1917.
[70] Vgl. Beloff (wie Anm. 33), S. 20.
[71] FRUS 1917, Suppl. 2, Bd I (wie Anm. 69), S. 549—553, Page an Lansing, 20.7.1917, Zitat S. 553; vgl. Kathleen Burk, John Maynard Keynes and the Exchange Rate Crisis of July 1917, in: Economic History Review, 32 (1979), S. 405—416; dies., Britain, America and the Sinews of War, 1914—1918, London 1985, S. 99—220.
[72] Vgl. die Konferenz von Labour Party und Gewerkschaften Ende 1917; Annual Register 1917 (History), S. 192.
[73] Vgl. Wolfgang J. Mommsen, Zur Entstehung der Kriegszielrede Lloyd Georges vom 5. Januar 1919 [sic!], in: Staat und Gesellschaft im politischen Wandel. Beiträge zur Geschichte der modernen Welt. Hrsg. von Werner Pöls, Wiesbaden 1979, S. 446—468 (ebd., S. 463—468, Abdruck der Kriegszielerklärung).
[74] PRO, CAB 23/7, WC 457 (IWC 30), 13.8.1918; in Auszügen abgedr. bei Lowe, Dockrill (wie Anm. 5), Bd 3, S. 619.

[75] Vgl. Anm. 32.

[76] Jones (wie Anm. 43), S. 42 (1.1.1918). Vgl. ausführlich Mommsen (wie Anm. 73). Rede in: FRUS (wie Anm. 41) 1918, Supplement 1, The World War, Bd I, Washington 1933, S. 4—12; Dokumente bei Lowe, Dockrill (wie Anm. 5), Bd 3, S. 597—608.

[77] Mit Ausnahme der Entschädigung britischer Seeleute und ihrer Angehörigen.

[78] PRO, CAB 23/7, WC 458 (IWC 31), 14.8.1918; Lowe, Dockrill (wie Anm. 5), Bd 3, S. 624.

[79] PRO, CAB 23/7, WC 459 (IWC 32), 15.8.1918; Lowe, Dockrill (wie Anm. 5), Bd 3, S. 626.

[80] KCKP, PT/12, Memorandum Board of Trade, »Economic Considerations Affecting the Terms of Peace«, November/Dezember 1918.

[81] PRO, T 172/903, Memorandum FBI, »Peace Aims«, 12.12.1918.

[82] Ebd., Memorandum FBI, »Peace Aims«, 30.1.1919. Zu den Friedenszielen des FBI vgl. auch Bunselmeyer (wie Anm. 35), S. 139f.

[83] Vgl. Schmidt, Wozu noch »politische Geschichte« (wie Anm. 9), S. 35—43.

[84] Vgl. Gottfried Niedhart, Multipolares Gleichgewicht und weltwirtschaftliche Verflechtung: Deutschland in der britischen Appeasement-Politik 1919—1933, in: Die Weimarer Republik. Belagerte Civitas, hrsg. von Michael Stürmer, 2., erw. Aufl. Königstein/Ts. 1985, S. 113—130, S. 114.

[85] Ebd.; ders., Appeasement (wie Anm. 11) S. 172f.

[86] Vgl. dazu Bernd Ebersold, Machtverfall und Machtbewußtsein. Britische Friedens- und Konfliktlösungsstrategien 1918—1956, München 1992.

[87] PRO, T 247/85, Memorandum Keynes, »Proposals to Counter the German ›New Order‹«, 1.12.1940; JMK (wie Anm. 40), Bd XXV: Activities 1940—1944: Shaping the Post-War World: Bretton Woods and Reparations, London, Basingstoke 1980, S. 7—10.

[88] Vgl. für den Zweiten Weltkrieg Reinhard Meyers, Economic Security — Leitstern oder Grenzzeichen der britischen Europapolitik 1944/45?, in: Großbritannien und Europa — Großbritannien in Europa. Sicherheitsbelange und Wirtschaftsfragen in der britischen Europapolitik nach dem Zweiten Weltkrieg, hrsg. von Gustav Schmidt, Bochum 1989, S. 43—56.

Ragnhild Fiebig-von Hase

Der Anfang vom Ende des Krieges: Deutschland, die USA und die Hintergründe des amerikanischen Kriegseintritts am 6. April 1917

Am 6. April 1917 traten die Vereinigten Staaten von Amerika als »Associated Power« auf seiten der Alliierten in den Ersten Weltkrieg ein. Das Ereignis war eines der folgenschwersten für den Kriegsausgang, denn erst jetzt erhielten die Ententemächte, Großbritannien, Frankreich, Rußland, Japan und Italien, den Zugang zu den Reserven, die ihnen schließlich den Sieg über die Zentralmächte, Deutschland und Österreich-Ungarn, sowie die Türkei, ermöglichte. Es besteht kein Zweifel, daß die Wiederaufnahme des uneingeschränkten U-Bootkrieges durch die deutsche Reichsleitung Anfang Februar 1917 der unmittelbare Anlaß für die amerikanische Kriegserklärung und somit auch für die deutsche Niederlage war[1]. Auf eine knappe Darstellung des U-Bootkrieges kann deshalb hier nicht verzichtet werden, auch wenn die tieferen Ursachen für den Bruch nicht in dem äußeren Anlaß selbst, sondern in den divergierenden langfristigen Interessen und Zielvorstellungen zu suchen sind, die die Regierungen des Deutschen Kaiserreiches und der USA bereits vor Kriegsausbruch entwickelt hatten und die sie noch viel intensiver nach Kriegsausbruch verfolgten. Sie waren es, die das Verhalten beider Mächte in der Phase der amerikanischen Neutralität bestimmten.

I.

Daß der U-Bootkrieg von ausschlaggebender Bedeutung für den Kriegsausgang werden konnte, war vor Ausbruch des Krieges nicht erwartet worden. Erst in den ersten Kriegsmonaten stellte sich heraus, wie effizient sich die deutschen U-Boote als Waffe im von Großbritannien initiierten maritimen Handelskrieg einsetzen ließen, ganz im Gegensatz zur Schlachtflotte, die untätig in den deutschen Häfen festlag. Auf Grund der günstigen Erfahrungen wurde am 4. Februar 1915 von der

Reichsleitung die Errichtung eines Sperrgebiets um die britischen Inseln verkündet, in dem deutsche U-Boote alle feindlichen Handelsschiffe und Passagierdampfer warnungslos angreifen würden, aber auch neutrale Schiffe mit einer Versenkung rechnen mußten. Damit begann die kaiserliche Regierung bewußt eine Kriegführung des maritimen Terrors, die mit den geltenden Völkerrechtsbestimmungen nicht vereinbar war und die maritimen Rechte der Neutralen massiv beeinträchtigte. Sie versuchte diese Maßnahme mit dem Hinweis auf die Neuartigkeit der Waffe, die neue Regeln erforderlich mache, und den Völkerrechtsbrüchen der britischen Seekriegsführung zu rechtfertigen. Tatsächlich entsprachen weder die von der Royal Navy durchgeführte »weite« De-facto-Blockade, die die gesamte Nordsee zum Kriegsgebiet machte, noch die immer umfassenderen Blockademaßnahmen, mit denen die britische Regierung die feindlichen Zentralmächte schließlich ganz von allen überseeischen Zufuhren abschnitt, geltenden Seerechtsprinzipien. Das Kalkül der kaiserlichen Regierung, daß auch nach Kriegsausbruch die Zufuhren aus Übersee zumindest über die neutralen Niederlande unbeschränkt gesichert seien, ging infolge der britischen Kriegführung nicht auf, und die Versorgungslage von Wirtschaft und Bevölkerung wurde immer kritischer, je länger der Krieg andauerte[2]. Der rücksichtslose U-Bootkrieg, so hoffte die Seekriegsleitung, sollte nicht nur die Rückkehr Englands zu den auf der Londoner Seerechtskonferenz von 1908/09 festgelegten Seekriegsregeln durchsetzen und dadurch die deutschen Versorgungsprobleme lösen, sondern darüber hinaus zum militärischen Sieg über das Inselreich führen. Die Marinestrategen rechneten damit, daß die Unterbindung der überseeischen Einfuhren das von Getreide- und Rohstoffimporten abhängige Großbritannien mit Versorgungsproblemen so großen Ausmaßes konfrontieren würde, daß es schon innerhalb von sechs Wochen zum Einlenken gezwungen sein und um Frieden bitten werde[3].

Die amerikanische Regierung nahm sofort zu der deutschen Ankündigung Stellung und betonte, daß sie die kaiserliche Regierung strikt für jede durch die deutsche Kriegführung bedingte Schädigung amerikanischer Bürger haftbar machen werde. Eine akute Krise trat in den deutsch-amerikanischen Beziehungen jedoch erst ein, nachdem ein deutsches U-Boot am 7. Mai 1915 den britischen Passagierdampfer »Lusitania« versenkt hatte und unter den 1198 Opfern sich auch 124 amerikanische Staatsbürger befanden. In drei immer schärfer formulierten Noten forderte Washington nicht nur Genugtuung für den als völkerrechtswidrig eingestuften Akt, sondern verlangte zusätzlich von Deutschland, den U-Bootkrieg nur noch nach den Regeln des Kreuzerkrieges zu führen[4]. Gleichzeitig vermittelte das Verhalten des amerikanischen Präsidenten Woodrow Wilson jedoch den Eindruck, daß ihm an einem Bruch mit dem Kaiserreich nicht gelegen sei und er auf eine friedliche Regelung der Streitfragen hinarbeite. Das ermöglichte der deutschen Seite, hinhaltend zu taktieren, dabei Angriffe auf die neutrale Schiffahrt möglichst zu vermeiden, aber grundsätzlich am uneingeschränkten U-Bootkrieg festzuhalten. Erst die Erregung der amerikanischen Öffentlichkeit, die die Torpedierung der »Arabic« am 19. August auslöste, und die anschließenden Proteste Washingtons zwangen die Reichsleitung, diese Taktik aufzugeben und der amerikanischen Regierung das freilich noch vage Zugeständnis zu machen, künftig Passagierschiffe zu schonen. Nachdem trotzdem am 24. März 1916 der französische Passagierdampfer »Sussex« mit vier amerikanischen Staatsbürgern an Bord versenkt worden war und Wilson ultimativ mit dem Abbruch der diplomatischen Beziehungen drohte, sah sich die Reichsleitung endlich am 4. Mai 1916 dazu gezwungen, den amerikanischen Forderungen zu entsprechen und den U-Bootkrieg zukünftig nur noch nach den völkerrechtlich sanktionierten Regeln des Kreuzerkrieges zu führen. Allerdings wurde an diese Zusage die Bedingung geknüpft, daß Präsident Wilson auf England ausreichenden Druck ausüben werde, um es zur Einhaltung der völkerrechtlichen Seekriegsregeln zu veranlassen[5].

Wilson verwahrte sich sofort gegen diese Forderung, und es blieb bei den vergleichsweise milden amerikanischen Protesten gegen die britische Blockadepolitik. Unabhängig davon staute sich jedoch beim Präsidenten selbst, unter seinen Beratern und im Kongreß seit dem Sommer 1916 eine immer größere Verärgerung über die Kriegsmaßnahmen der Alliierten an, die mit der Bewirtschaftung ihrer Exporte, der Rationierung aller Rohstoffe, den »black lists«, den »navicerts«, und den »bunker coal agreements« ihre Kontrolle des Transatlantikhandels immer rigoroser ausbauten[6]. Die Verurteilung der alliierten Blockademaßnahmen verschärfte sich, weil die Ergebnisse der Pariser Wirtschaftskonferenz vom Juni unzweideutig die Absicht der Alliierten erkennen ließen, den Krieg auch nach dem Ende der Kampfhandlungen als Wirtschaftskrieg weiterzuführen. Eindeutig sahen die Kriegsziele der Entente-Mächte Einschränkungen des freien Welthandels vor, die im Fall ihrer Realisierung zu einer gravierenden Beeinträchtigung amerikanischer Interessen geführt hätten. Das Klima in den anglo-amerikanischen Beziehungen kühlte sich im Herbst weiter spürbar ab, weil der amerikanische Kongreß den Präsidenten zu wirtschaftlichen Vergeltungsmaßnahmen ermächtigte und das nun wiederum die in Großbritannien vorhandenen Ressentiments gegen die Vereinigten Staaten steigerte. Die Spannungen erreichten einen Höhepunkt, als der Federal Reserve Board auf Veranlassung des Präsidenten am 27. November 1916 alle amerikanischen Banken und Investoren vor der weiteren Kreditvergabe an die Alliierten warnte. Wilson traf damit Großbritannien ganz bewußt an seiner schwächsten Stelle, denn die finanzielle Lage der Alliierten hatte inzwischen einen so katastrophalen Zustand erreicht, daß der Krieg nach Angaben des britischen Schatzkanzlers ohne amerikanische Kredite nur noch drei Monate weitergeführt werden konnte. Wilson verband mit diesem Schritt die Erwartung, Großbritannien und seine Verbündeten friedensbereiter zu machen. Da deutscherseits seit dem Sommer verschiedentlich der Wunsch an Wilson herangetragen worden war, er möge einen Vermittlungsversuch unternehmen, und auch die für die Zentralmächte so überaus günstige Kriegssituation in Rumänien Ende November eine deutsche Friedensbereitschaft erwarten ließ, lag es nahe, vor allem in der ablehnenden Haltung der Alliierten das entscheidende Hindernis für Friedensgespräche zu sehen. Diese Hürde hoffte Wilson nun zu überwinden, indem er die Alliierten an ihre finanzielle Abhängigkeit von den USA erinnerte. Am 18. Dezember forderte er die kriegführenden Parteien dazu auf, ihre Kriegsziele zu nennen, damit seine Regierung die Möglichkeiten einer Friedensinitiative prüfen könne. Diesem Ansinnen kamen die Alliierten widerstrebend am 10. Januar 1917 nach, weil sie zu der Einsicht gelangt waren, daß sie sich das amerikanische Wohlwollen nicht verscherzen durften. Sie benutzten die Gelegenheit, die Zentralmächte nochmals der Aggression anzuklagen und Wiedergutmachung des ihnen zugefügten Unrechts, die Rückgabe Elsaß-Lothringens und der besetzten Gebiete sowie Reparationen zu verlangen, dazu nationale Selbstbestimmung für alle Völker, eine Forderung, deren Verwirklichung die Zerschlagung Österreich-Ungarns und der Türkei bedeutet hätte. Von den auf der Pariser Konferenz geplanten weitreichenden wirtschaftlichen Diskriminierungsmaßnahmen gegenüber den Mittelmächten dagegen wurde nicht gesprochen, da man sich der Brisanz dieser Frage für die Vereinigten Staaten bewußt war[7].

In Deutschland aber war das Zurückweichen vor den USA im Frühjahr 1916 gegen den energischen Einspruch vor allem des einflußreichen Staatsekretärs des Reichs-Marineamts und Schöpfers der modernen Schlachtflotte, Alfred v. Tirpitz, erfolgt. Bei seiner Opposition gegen die Politik des Reichskanzlers Theobald v. Bethmann Hollweg konnte er fest mit der Unterstützung der Konservativen und der Nationalliberalen Partei rechnen, er fand aber auch innerhalb des Zentrums zunehmend Anhänger. Immer mehr entwickelte sich die Forderung nach Wiederaufnahme des uneingeschränkten U-Bootkrieges neben der Kriegszielfrage zum zentralen Streitpunkt in der innenpolitischen Auseinandersetzung. Mit dem rücksichtslosen U-Bootkrieg, so glaubten seine Befürworter im Sommer 1916, könne nicht nur Großbritannien zum Nachgeben gezwungen, sondern auch die deprimierende Pattsituation im kontinentalen Stellungskrieg für die Zentralmächte siegreich beendet werden. Das wiederum würde es erlauben, die eigenen hochfliegenden Kriegsziele durchzusetzen. Ende August konnte sich der Kanzler beim Kaiser jedoch noch einmal durchsetzen, indem er auf die Möglichkeit einer amerikanischen Friedensvermittlung hinwies und vor der Gefahr und den Folgen eines amerikanischen Kriegseintritts warnte. Außerdem reichte die Anzahl der vorhandenen U-Boote zu diesem Zeitpunkt noch nicht aus, England tatsächlich in der von den Marinefachleuten versprochenen kurzen Frist, die allerdings inzwischen auf fünf bis sechs Monate erweitert worden war, in die Knie zu zwingen. Bei seiner Skepsis über die Leistungsfähigkeit der vorhandenen U-Boote erhielt Bethmann zunächst auch Unterstützung durch Teile der Marine. Vor allem aber plädierte im Sommer 1916 die Oberste Heeresleitung (OHL) unter Generalfeldmarschall Paul v. Hindenburg und Erich Ludendorff gegen die Ausweitung des Seekrieges. Beide befürchteten, daß das den Kriegseintritt nicht nur der USA, sondern auch der kontinentaleuropäischen Neutralen nach sich ziehen und dadurch einen erfolgreichen Abschluß des Rumänienfeldzuges in Frage stellen könne[8].

Tirpitz mußte bereits im März 1916 zurücktreten, blieb jedoch weiterhin der eigentliche Drahtzieher der gegen den Kanzler gerichteten U-Bootkriegsbewegung und ihrer Propaganda. In den Reichstagsdebatten vom Herbst 1916 offenbarte sich dann, in welchem Ausmaß die Befürworter des uneingeschränkten U-Bootkrieges inzwischen an Terrain gewonnen hatten. Unter dem Eindruck der mißlungenen Verdun-Offensive war innerhalb der Bevölkerung und unter den Parlamentariern die Bereitschaft gefährlich gewachsen, »à la baisse« zu spekulieren und nun alles auf die eine noch ungeprüfte Karte des uneingeschränkten U-Bootkrieges zu setzen. Die Warnung vor dem amerikanischen Kriegseintritt dagegen schreckte die Parlamentsmehrheit nicht mehr hinreichend ab. Nur allzu gern glaubten viele der Marinepropaganda, daß einerseits inzwischen genügend U-Boote zur Verfügung ständen, um bei ihrem uneingeschränkten Einsatz in kurzer Zeit den Krieg gegen England siegreich beenden zu können, und andererseits das amerikanische Militärpotential vernachlässigt werden könne, weil Amerikas »Schwert« nur ein »Schwert von Pappe«[9] sei. Bethmann Hollweg fand beim Parlament nur noch Unterstützung für eine Politik, die sich nicht mehr grundsätzlich, sondern nur »pro tempore« gegen die Wiederaufnahme des U-Bootkrieges aussprach und diesen Schritt vom Votum der OHL abhängig machte. Die Reichstagsmehrheit machte damit deutlich, daß sie eher bereit war, die Niederlage in Kauf zu nehmen, als den Kampf vorzeitig durch einen Kompromiß zu beenden[10].

Mit der rumänischen Kapitulation und der Existenz einer von der Marine als ausreichend bezeichneten Anzahl von U-Booten fielen jedoch im Dezember 1916 die zwei Einwände fort, die bisher Hindenburg, Ludendorff und einen Teil der Marineführung zur Unterstützung des Kanzlers veranlaßt hatten. OHL und Marineleitung einigten sich jetzt hinter dem Rücken des Kanzlers auf die Wiederaufnahme des rücksichtslosen U-Bootkrieges zum 1. Februar 1917. Bethmann Hollwegs Einflußmöglichkeit auf den Kaiser, der als Oberster Kriegsherr die letzte Entscheidung zu treffen hatte, wurde jetzt zusätzlich dadurch geschmälert, daß sein Versuch vom 12. Dezember, nach dem Sieg über Rumänien aus einer Position der Stärke heraus in Friedensverhandlungen einzutreten, von den Alliierten entrüstet abgelehnt worden war. Nach diesem allerdings voraussehbaren Mißerfolg wurde von der Reichsleitung kein ernsthafter Versuch mehr gemacht, auf die Friedensinitiative des amerikanischen Präsidenten vom 18. Dezember einzugehen. Am 9. Januar 1917 entsprach der Kaiser in Pless den Empfehlungen seiner militärischen Berater und verfügte den Beginn des rücksichtslosen U-Bootkrieges zum 1. Februar, ohne daß die Antwort der Alliierten auf Wilsons Friedensinitiative abgewartet worden wäre oder daß sich der Kanzler nochmals ernsthaft gegen diesen Beschluß aufgelehnt hätte[11].

In Washington wurde die Ankündigung des erneuten uneingeschränkten U-Bootkrieges am 31. Januar von Woodrow Wilson zunächst ungläubig und mit tiefer Enttäuschung aufgenommen. Da der Präsident bei seinem Friedensschritt von der Ernsthaftigkeit der deutschen Friedensbemühungen ausgegangen war, mußte sein Glauben an die Bona fides der kaiserlichen Friedenswünsche nachträglich besonders dadurch tief erschüttert werden, daß die vertrauliche Übermittlung der deutschen Friedensbedingungen, die zusätzlich sofort als nicht mehr gültig relativiert wurden, gleichzeitig mit der Ankündigung erfolgte, daß der rücksichtslose U-Bootkrieg wieder aufgenommen werde. Erleichterung spiegelte sich dagegen in den Reaktionen derjenigen unter Wilsons Beratern wider, die wie der Staatssekretär des State Department, Robert Lansing, und des Präsidenten engster Freund und politischer Berater, Colonel Edward M. House, schon seit langem an die Unvermeidbarkeit des amerikanischen Kriegseintritts geglaubt hatten. Sie gingen davon aus, daß das deutsche Verhalten nun die Entscheidung entsprechend ihren Vorstellungen erzwingen werde. Wilson hielt jedoch trotz seiner Enttäuschung zunächst hartnäckig und geradezu wider besseres Wissen an dem Entschluß fest, das eigene Land aus dem Krieg herauszuhalten. Er brach allerdings am 3. Februar die diplomatischen Beziehungen zum Kaiserreich ab. Des weiteren sollte abgewartet werden, ob die Reichsleitung ihre Drohung auch wahrmachen würde[12].

Die Veröffentlichung des sogenannten Zimmermann-Telegramms, das der britische Geheimdienst abgefangen und der amerikanischen Regierung zugespielt hatte, löste in den Vereinigten Staaten wenig später zusätzlich einen Entrüstungssturm gegenüber Deutschland aus. Das war nicht erstaunlich, denn mit dem Telegramm ließ der Staatssekretär des Auswärtigen Amts, Arthur Zimmermann, dem mexikanischen Präsidenten Caranza für den Kriegsfall ein Bündnisangebot gegen die Vereinigten Staaten unterbreiten und stellte ihm das deutsche Einverständnis dazu in Aussicht, »daß Mexiko in Texas, Neu-Mexiko, Arizona früher verlorenes Gebiet zurückerobert«[13]. An der Kriegsbereitschaft der amerikanischen Bevölkerung konnte nach dieser Provokation kein Zweifel mehr bestehen. Als schließlich Mitte März bei der Versenkung dreier Dampfer erneut amerikanische Staatsbürger ihr Leben verloren hatten, entschloß sich der Präsident nach eingehenden Beratungen mit dem Kabinett zum Krieg. Am 2. April erbat er vom Kongreß die Ermächtigung zur Kriegserklärung in einer denkwürdigen Rede, in der er das eigene Land zur Verteidigung der Freiheit und zur Teilnahme am Kreuzzug der »friedensliebenden« Demokratien gegen die »militaristisch-aggressiven« Autokratien der Erde aufforderte. Nachdem beide Häuser des Kongresses diesem Ersuchen mit überwältigender Mehrheit zugestimmt hatten, wurde die Kriegserklärung am 6. April 1917 ausgesprochen[14].

Die anfänglichen Erfolge des U-Bootkrieges schienen zunächst das Kalkül der U-Bootkriegsbefürworter aufgehen zu lassen. Die monatlichen Versenkungsziffern der U-Boote erreichten von März bis Mai eine Höhe, die in Berlin Siegesgewißheit aufkommen ließ. Doch dann begannen die Alliierten, unterstützt durch die amerikanische Flotte, ihre Handelsschiffe in Geleitzügen zusammenzufassen und von Kriegsschiffen schützen zu lassen. Die Erfolgschancen der U-Boote reduzierten sich drastisch, und schon im Sommer 1917 war klar, daß der Krieg mit den U-Booten nicht zu gewinnen war und die innere Lage des Reiches sich angesichts dieses Fehlschlages immer desolater gestaltete, während gleichzeitig der amerikanische Kriegseintritt in verhängnisvoller Weise Moral und Ressourcen der Alliierten stärkte[15]. Als im Sommer 1918 schließlich amerikanische Truppen auf dem europäischen Kriegsschauplatz erschienen und in die Kämpfe eingriffen[16], ohne daß es den deutschen U-Booten gelungen war, die damit verbundenen großen transatlantischen Transportoperationen ernsthaft zu gefährden, entpuppten sich auch in dieser Hinsicht die Versprechungen der kaiserlichen Militärberater als dilettantenhaftes Wunschdenken. Doch die Würfel waren bereits am 6. April gefallen, der amerikanische Kriegseintritt bedeutete die Wende, und die folgenschwere Entscheidung der deutschen Reichsleitung vom 9. Januar 1917 hatte sie ausgelöst.

In dem Moment, als sich die fatalen Folgen des U-Bootkrieges herausstellten, begann eine heftige Debatte der Schuldzuweisungen, die sich nach Kriegsende in die allgemeine Auseinandersetzung über die Kriegsschuldfrage einfügte und in der sogenannten Fischer-Kontroverse noch einmal einen Höhepunkt erlebte. Die Intensität und die anhaltende Dauer der Auseinandersetzungen, aber auch die unübersehbare Tendenz zur moralisierenden Wertung zeigen nur allzu deutlich, wie tief der amerikanische Kriegseintritt und seine Folgen das Selbstverständnis der beiden Völker berührt hatte. Von Anfang an konzentrierte sich die Kontroverse dabei auf zwei Punkte: auf den Anteil Bethmann Hollwegs an der Entscheidung in Pless vom Januar 1917 einerseits und auf die keineswegs leicht begreifbare Neutralitätspolitik Wilsons andererseits. Waren die Folgen des verlorenen Krieges vor allem der deutschen militärischen Führung anzulasten, die spätestens am 9. Januar endgültig im Kaiserreich die Macht übernommen hatte, und scheiterte Bethmann Hollweg, weil er seine Friedensbestrebungen gegen die militärische Phalanx letztlich nicht durchsetzen konnte[17]? Gab es also ein gemeinsames Interesse am Frieden, das »vorausschauende« deutsche Staatsmänner wie Bethmann und den deutschen Botschafter in Washington, Graf Bernstorff, mit Woodrow Wilson innerlich verband, dessen Realisierung jedoch tragischerweise durch die »verblendeten« Vertreter des Militärs verhindert wurde? Oder zwingt die fast widerstandslose Hinnahme der Kriegseskalation durch den Reichskanzler im entscheidenden Moment den Historiker, auch seine Friedensbemühungen der vorausgegangenen Monate zu relativieren und in ihnen nur taktische Manöver der Diplomatie zu sehen, die den amerikanischen Kriegseintritt trotz der Rückkehr zum uneingeschränkten U-Bootkrieg verhindern sollten[18]?

Auch die Rolle des amerikanischen Präsidenten während des Krieges und insbesondere seine Neutralitätspolitik wurden nicht weniger kontrovers diskutiert. Schon seit Kriegsbeginn wurde Wilsons Haltung von seinen deutschen Kritikern als unneutral und einseitig pro-englisch denunziert. Tirpitz begründete sein rigoroses Eintreten für den U-Bootkrieg mit der Behauptung, daß das »Gefühl der Rassenverwandtschaft« gegenüber England bei der führenden Schicht der Amerikaner und »die immer enger gewordene Vertrustung englischer und amerikanischer Wirtschaftskräfte« den USA von vornherein keine wirklich neutrale Haltung erlaubt hätten. Amerika habe die deutsche Niederlage gewollt und seine Regierung deshalb immer

»einen beliebigen Vorwand und Anlaß finden [... können] — mochte es der U-Bootskrieg oder ein anderer sein —, um zu dem ihr passenden Zeitpunkt in den Krieg einzutreten«[19].

Wenn aber der amerikanische Kriegseintritt so oder so ganz unabhängig vom deutschen Verhalten für den Fall deutscher Siegesaussichten vorprogrammiert war, war Amerika, nicht die deutsche Seite, geschweige denn die verfehlte U-Bootkriegspolitik, für die Eskalation des Krieges und die deutsche Niederlage verantwortlich zu machen. Die Argumentation verfolgte eindeutig einen apologetischen, die eigene Verantwortung verschleiernden Zweck. Doch Tirpitz traf mit den Vorwürfen der rassisch-ideologisch bedingten pro-englischen Einseitigkeit und des inhumanen materialistischen Egoismus recht genau den Tenor des damals im Kaiserreich vorherrschenden Amerikabildes. Der wachsende Glaube an die Wunderwirkungen des uneingeschränkten U-Bootkrieges ging bei der deutschen Bevölkerung einher mit einer immer schärferen Verurteilung des amerikanischen »Kriegsgewinnlers« und seines als heuchlerisch und phrasenhaft empfundenen Eintretens für »Frieden« und »Freiheit«[20]. Die Vorwürfe einer primär ökonomisch ausgerichteten Interessendefinition und der allzu engen angelsächsischen Affinität bilden jedoch auch heute noch die zentralen Kritikpunkte gegenüber Wilsons Neutralitätspolitik und dem amerikanischen Kriegseintritt[21].

Schuldzuweisungen sind für das Bemühen des Historikers, menschliches Handeln umsichtig zu durchleuchten, um Motivationsstrukturen zu entdecken und Handlungsspielräume aufzuzeigen, nicht sehr hilfreich. Zu fragen ist hier vielmehr, ob die Ziele und Motive der politisch Handelnden in beiden Staaten, sowie Strategien und Mittel, die sie zu ihrer Verwirklichung einsetzten, miteinander kompatibel waren, oder ob sie Konflikte bedingten und diese bis hin zum amerikanischen Kriegseintritt eskalierten. Hierbei dürfen strukturelle Gegebenheiten und Reaktionen Dritter, die den Handlungsspielraum politischer Akteure abstecken, keinesfalls vernachlässigt werden. Vor allem ist in diesem Zusammenhang vor einer Sichtweise zu warnen, die das amerikanische Verhalten einseitig zur Reaktion auf die europäischen Kriegsereignisse reduziert und dank einer eurozentrischen Sichtweise den ganz spezifischen innenpolitischen wie globalen Kontext der amerikanischen Interessenlage übersieht, der Wilson politisch Rechnung tragen mußte. In diesem umfassenden Kontext aber wird deutlich, daß die Kritik an Wilsons Neutralitätspolitik, wie immer man sie auch bewerten mag, und die Kontroversen über den Primat von Militär oder Politik und die Glaubwürdigkeit Bethmann Hollwegscher Friedensabsichten das Interesse von der eigentlich entscheidenden Frage nur abgelenkt haben. Angelsächsische Sympathie und ökonomischer Egoismus auf der einen und die zweifellos vorhandene militärische Borniertheit auf der anderen Seite waren nur Teilaspekte des Grundproblems, daß sich schon in den Jahrzehnten vor 1914 die Weltpolitik und nun auch die Kriegsziele der beiden Nationen letztlich nicht mehr miteinander vereinbaren ließen. Die Wahrnehmung, daß die beiderseitigen Vorstellungen einer globalen Nachkriegsordnung sich gegenseitig ausschlossen, stellte auf beiden Seiten das eigentliche Leitmotiv des Handelns dar, das die Ausgestaltung der deutsch-amerikanischen Beziehungen während des Krieges bestimmte. Dieser Gegensatz läßt sich knapp auf die Formel bringen, daß die »Revolutionierung« des internationalen Systems, die eine Verwirklichung der deutschen kontinentaleuropäischen Hegemonialabsichten und weltpolitischen Ambitionen zwangsläufig mit sich bringen mußte[22], dem amerikanischen Interesse an einer »evolutionären« Entwicklung des Staatensystems diametral widersprach, die primär durch ökonomischen Fortschritt getragen und durch die Verrechtlichung der zwischenstaatlichen Beziehungen gekennzeichnet sein sollte.

II.

Der deutsch-amerikanische Gegensatz war nicht erst Resultat der Kriegsereignisse, sondern entstand als Nebenprodukt der Entwicklung beider Nationen zu Weltmächten, die sich bis zur Jahrhundertwende vollzog. Neben Großbritannien waren die beiden Staaten 1914 die zwei führenden Industrienationen der Erde. Dank ihrer weltweiten Handelsinteressen, ihres Kolonialbesitzes in anderen Kontinenten und als Seemächte ersten Ranges waren sie längst über den Status regionaler Großmächte hinausgewachsen. Deutschland und die USA waren damals die zwei Staaten, die dank ihrer wirtschaftlichen Leistungsfähigkeit unter allen anderen Mächten am ehesten in der Lage waren, die britische Führungsposition als Welthandels- und Seemacht herauszufordern. Dieser Tatsache gilt es Rechnung zu tragen, um die Dimensionen ihres Konflikts, aber auch seiner Konsequenzen für das internationale System angemessen zu würdigen[23].

Zunächst beschränkte sich das im deutsch-amerikanischen Verhältnis entstandene Konfliktpotential noch auf die bilateralen Wirtschaftsbeziehungen und wurde vor allem in Deutschland aus einem Gefühl der Schwäche heraus akzentuiert. Deutschlands Landwirte waren der überlegenen Konkurrenz der amerikanischen Farmer schon seit den 1870er Jahren nicht mehr gewachsen, und der Preisverfall auf dem Weltmarkt, den die anschwellenden amerikanischen Getreide- und Fleischexporte ausgelöst hatten, stürzte die agrarisch-konservative Führungsschicht Preußens in eine Existenzkrise, die auch ihre politische Vorrangstellung im politischen System des Kaiserreichs zu bedrohen begann. Darüber hinaus beeinträchtigte die extrem protektionistische Handelspolitik und der wirtschaftliche Panamerikanismus der USA die Interessen der exportabhängigen deutschen Industrie in der westlichen Hemisphäre, und das Auftauchen amerikanischer Trusts auf dem europäischen Markt seit Ende des 19. Jahrhunderts vertiefte innerhalb des gewerblichen Mittelstandes den Eindruck, der organisatorisch überlegenen Konkurrenz aus Übersee ausgeliefert zu sein. Die wirtschaftliche Entwicklung der Vereinigten Staaten löste deshalb innerhalb der deutschen Führungseliten aus Wirtschaft, Politik und Wissenschaft Reaktionen aus, in denen sich die Angst vor der »amerikanischen Gefahr« und ein demonstrativer, häufig aggressiv vorgetragener nationaler Selbstbehauptungswillen mischten. Beides verschaffte der von führenden deutschen Nationalökonomen entwickelten Theorie von den drei Weltreichen große Popularität, die davon ausging, daß zukünftig drei große Weltreiche, Greater Britain, Amerika und Rußland, die Welt beherrschen würden, falls es Deutschland nicht gelinge, sich mit der Erweiterung seiner ökonomischen und politischen Machtbasis durch die Zusammenfassung Kontinentaleuropas und mittels darauf aufbauender weltpolitischer Erfolge als vierte Weltmacht zu etablieren[24]. Für die politischen Meinungsführer im Kaiserreich war klar, daß man die in diesen Zukunftsprognosen unterstellten Herausforderungen annehmen und sich den »Platz an der Sonne« erkämpfen müsse.

Die Prämissen derartiger Zukunftsvisionen waren allerdings fragwürdig, wie kritische Zeitgenossen zu Recht bemerkten[25], doch das schmälerte ihre Attraktivität allenfalls geringfügig. Nicht der zumindest teilweise zweifelhafte Realitätsgehalt der »amerikanischen Gefahr« ist deshalb hier zu diskutieren, und mit ihrer Abqualifizierung als »Phantom« oder »Gespenst« ist es nicht getan. Ausschlaggebend ist vielmehr, daß von der amerikanischen Entwicklung offensichtlich genügend Impulse ausgingen, die es unter den spezifisch deutschen Voraussetzungen der wirtschaftlichen und gesellschaftlichen Modernisierung begünstigten, derartige Zukunftsängste mit Amerikas Existenz zu verbinden. Nicht nur der Kaiser und die ihn umgebende Hofgesellschaft glaubten an die von Amerika ausgehende »Gefahr«. Der als Abwehrreaktion entstandene wirtschaftlich und kulturell motivierte Antiamerikanismus war vielmehr in Adelskreisen, Großbürgertum und Mittelstand weit verbreitet und läßt sich sogar bis in die Reihen der Sozialdemokratie hinein verfolgen. Amerika galt als Inkarnation der Moderne, und gerade die diffuse Gestalt machte das Angstprodukt »amerikanische Gefahr« zum schlagkräftigen Instrument der Parteien im Kampf um die Stimmen des Mittelstandes, der durch den rapiden Modernisierungsschub im Kaiserreich in seinem Selbstverständnis verunsichert worden war und nun die unverarbeiteten Erfahrungen der Gegenwart in einer wachsenden Anzahl von Phobien auslebte.

»Die Vorstellung und die Redensart, daß Amerika es auf die ›wirtschaftliche Vernichtung Europas‹ abgesehen habe, ist zweifellos in der Folklore Deutschlands fest verankert«,

faßte ein bekannter amerikanischer Soziologe 1905 seine Beobachtungen nach einer Reise durch Deutschland zusammen[26]. An dieser Sachlage sollte sich bis 1914 nichts ändern, ja gerade für die unmittelbare Vorkriegszeit läßt sich nochmals eine Steigerung antiamerikanischer Tendenzen feststellen.

Der kontinentaleuropäische Wirtschaftsblock sollte ein größeres Ausmaß an Autarkie garantieren und so nicht zuletzt den als unerträglich empfundenen wirtschaftlichen Schwächezustand gegenüber den USA überwinden helfen. Nicht weniger sollte die Wirtschaftsexpansion in Kleinasien und Übersee — in Lateinamerika, Ostasien und Afrika — der exportabhängigen deutschen Wirtschaft neue, von den USA unabhängige Märkte und sichere Rohstoffquellen erschließen. Über das Ziel, Kontinentaleuropa mit antiamerikanischer und antibritischer Spitze zu einigen, war sich die tonangebende politische Elite im Kaiserreich weitgehend einig. Problematisch war nur, daß sich die divergierenden Interessen von Landwirtschaft, Industrie, Banken und Überseehandel gerade im Hinblick auf den Mitteleuropagedanken nicht zu einer konsensfähigen wirtschaftspolitischen Strategie bündeln ließen, sondern es nur bei der Beschwörung des gemeinsamen Feindbildes »amerikanische Gefahr« blieb[27]. Die fehlende innere Geschlossenheit, dazu die Abhängigkeit vom wirtschaftlichen Austausch mit den USA, die die Provokation eines Zollkrieges unbedingt verbot, und die immer ungünstigeren politischen Rahmenbedingungen auf dem europäischen Kontinent machten die Vision, der »amerikanischen Herausforderung« deutsch-gesamteuropäisch entgegentreten zu können, zur gefährlichen Illusion.

In den USA waren die deutschen Mitteleuropa-Bestrebungen vor 1914 zwar mit Aufmerksamkeit verfolgt, aber wegen ihrer geringen Realisierungschancen doch nur begrenzt ernst genommen worden. Die eigene wirtschaftliche Stärke und die Abhängigkeit der deutschen Volkswirtschaft von amerikanischen Rohstoffen und Agrarprodukten sowie vom industriellen Absatz auf dem riesigen amerikanischen Markt garantierten, daß es die deutsche Seite nicht auf einen verlustreichen Zollkrieg ankommen lassen werde. Dank der internationalen wirtschaftlichen Machtverteilung konnten es sich die USA deshalb weiterhin leisten, ihren extremen Protektionismus mit der an alle anderen Staaten gerichteten Forderung nach einer globalen »offenen Tür« für den Handel zu verbinden. Das Bewußtsein der eigenen ökonomischen Stärke und der Glaube an die Überlegenheit des eigenen gesellschaftlichen und politischen Systems verschafften die Gewißheit, daß dem eigenen Land langfristig die Führungsrolle in der Welt zufallen werde, falls nicht die »natürliche« Entwicklung der nach liberal-kapitalistischen Grundsätzen zu organisierenden Weltordnung durch »künstliche«, vor allem militärische Eingriffe gestört werde. Dank ihrer eigenen günstigen Ausgangsposition konnten sich die USA von einem evolutionären Entwicklungsprozeß des bestehenden internationalen Systems nur Gewinne versprechen. Er würde es dem eigenen Land erlauben, nach außen die eigene wirtschaftliche Stärke auszuspielen und immer intensiver an den Vorteilen des weltwirtschaftlichen Austauschs zu partizipieren, gleichzeitig aber im Innern den eingeschlagenen Kurs der wirtschaftlichen und gesellschaftlichen Modernisierung unbeschwert durch die Last großer Rüstungskosten weiterzuverfolgen. Die von den Gründungsvätern der Republik ausgesprochene Empfehlung einer pragmatischen Außenpolitik, die ein Maximum außenwirtschaftlicher Kontakte mit einem Minimum außenpolitischer Einmischung in die Händel der alten Welt verbinden sollte, und so auch den unerfreulichen rüstungspolitischen Konsequenzen bündnispolitischer Verpflichtungen entgehen konnte, blieb oberste Richtschnur der amerikanischen Weltpolitik[28].

Schon seit den 1890er Jahren beschränkten sich die deutsch-amerikanischen Gegensätze jedoch nicht mehr auf die bilateralen Beziehungen, sondern es kam mit dem Konkurrenzverhältnis der beiden Staaten in Ländern der Peripherie und insbesondere in Lateinamerika eine politische Komponente hinzu. Die deutsche Wirtschaftsexpansion in Lateinamerika wurde in den Vereinigten Staaten nicht nur aus ökonomischem Konkurrenzneid argwöhnisch beobachtet. In das Mißtrauen mischten sich vielmehr bald politische Motive, denn die instabilen soziopolitischen und ökonomischen Verhältnisse in den süd- und mittelamerikanischen Staaten gaben ständig erneut zu der Befürchtung Anlaß, daß sich europäischer Wirtschaftseinfluß in diesen Ländern angesichts der bestehenden machtpolitischen Asymmetrie zu informeller politischer Herrschaft ausweiten könne. Aus amerikanischer Sicht trugen die deutschen Wirtschaftserfolge in einigen lateinamerikanischen Staaten, hatten sie sich erst zu einer bestimmten Größenordnung verdichtet, schon den Keim deutscher politischer Kontrolle in sich. Eine solche Entwicklung war man in Washington nicht bereit hinzunehmen, denn nur allzu klar wurde erkannt, daß die informelle Aushöhlung der Souveränität eines lateinamerikanischen Landes zwar nicht unbedingt dem Buchstaben, wohl aber dem Geist der Monroedoktrin zuwiderlief und den amerikanischen Präponderanzanspruch in der westlichen Hemisphäre gefährdete. Die Lateinamerikapolitik der Regierung Wilson war deshalb nicht weniger als die ihrer beiden Vorgänger darauf ausgerichtet, die europäischen und ganz speziell die erfolgreichen deutschen Wirtschaftsinteressen aus Lateinamerika zu verdrängen und damit vor allem ihre politischen Einflußmöglichkeiten auf die dortigen Regierungen zu eliminieren[29]. Auf der deutschen Seite aber weigerten sich die in Lateinamerika engagierten Wirtschaftsunternehmen, Überseehandel, Exportindustrie, Banken und Schiffahrt, die Ausweitung der Monroedoktrin in die wirtschaftliche Sphäre unwidersprochen hinzunehmen. Sie riefen deshalb nach dem Schutz des Staates für ihre »legitimen« Unternehmungen gegenüber der »amerikanischen Gefahr«, die sie von den wirtschaftlichen und politischen Expansionsbestrebungen der USA ausgehen sahen[30].

Seine eigentliche Schärfe erhielt der deutsch-amerikanische Antagonismus jedoch erst ab 1898 mit dem Beginn des Tirpitzschen Flottenbaus. Die Flottenpropaganda des Reichs-Marineamts nutzte ganz offen antiamerikanische Ressentiments für die eigenen Zwecke[31]. Die deutsche Marineführung nahm die USA aber auch unmittelbar als potentiellen maritimen Gegner ins Visier. Wie der Operationsplan III für den Krieg mit den Vereinigten Staaten zeigt, war der Bau der Schlachtflotte auch dazu bestimmt, der kaiserlichen Regierung ein militärisches Machtinstrument zu schaffen, das als Drohfaktor eingesetzt werden konnte, um die eigenen weltpolitischen Ziele notfalls gegen den Widerstand der USA durchzusetzen. Die beiden vom Admiralstab der Marine im O-Plan III genannten Kriegsziele, die Gewinnung einer militärischen Operationsbasis für die Marine in Westindien und die Aufhebung der Monroedoktrin, dokumentieren den deutschen Machtanspruch in Südamerika. Nicht der Vorbereitung einer militärischen Aggression gegen die Vereinigten Staaten selbst diente der Flottenbau, wohl aber langfristig der Durchsetzung einer Politik, die zwar als Verteidigung legitimer Interessen definiert wurde, aber nicht mehr bereit war, amerikanische, der Monroedoktin immanente sicherheitspolitische Empfindlichkeiten bedingungslos zu respektieren. Diese Absicht wurde aber angesichts der Monroedoktrin in den USA sofort als Bedrohung verstanden[32].

Weil die mit dem Tirpitzplan verbundene politische Strategie amerikanischen Beobachtern nicht verborgen blieb, wurde in den USA seit der Jahrhundertwende das deutsche Feindbild zum ausschlaggebenden sicherheitspolitischen Faktor, an dem sich Flottenbau und strategische Planungen orientierten. Das traditionelle englische Feindbild dagegen wurde aufgegeben, weil die britische Regierung bereits 1896 die Monroedoktrin informell anerkannt hatte und man sich zusätzlich darauf verließ, daß die Geiselfunktion Kanadas ausreiche, um den USA Englands Wohlwollen zu garantieren[33]. Dagegen erhielt der deutsch-amerikanische Antagonismus neben der wirtschaftlichen und politischen Dimension nun auch eine militärisch-strategische Komponente. Da die Karibische See die für die amerikanische Seemacht sicherheitspolitisch kritische Zone darstellte, gerieten alle deutschen Wirtschaftsunternehmungen als potentielle verdeckte Aktivitäten der kaiserlichen Marine ins Fadenkreuz strategisch bedingter Verdächtigungen. Zwei akute Krisen, von denen die erste durch das leichtfertige Auftauchen deutscher Kreuzer vor Manila während des spanisch-amerikanischen Krieges 1898, die zweite durch die nicht weniger riskante, mit Großbritannien gemeinsam im Winter 1902/03 durchgeführte Blockade der venezolanischen Küste ausgelöst wurde, verfestigten in den USA die Vorstellung von der Aggressivität deutscher Weltpolitik. Schon 1898 waren die Deutschen in den USA das »bestgehaßte Volk«[34] geworden.

An dieser Perzeption konnte auch eine vorsichtigere deutsche Amerikapolitik in den folgenden Jahre nichts mehr ändern. Deutschland sah sich nicht anders als Großbritannien zu einer Politik des Appeasement gegenüber den USA genötigt, als der deutsch-englische Antagonismus in den Jahren nach 1904 zum maritimen Wettrüsten und zahlreichen »war-scares« eskalierte. An überseeische Kanonenbootdiplomatie in Lateinamerika war nicht mehr zu denken, seit sich die deutsche und die englische Flotte aufeinander fixiert in der Nordsee gegenüberstanden. Für die USA war es einerseits sicherheitspolitisch von Vorteil, wenn die beiden führenden Seemächte sich derart gegenseitig in Europa militärisch in Schach hielten. Andererseits machte der feste Wille der Regierung, aus langfristigen sicherheitspolitischen Erwägungen im kostspieligen maritimen Rüstungswettlauf mitzuhalten, einen immer höheren finanziellen Einsatz notwendig, der der eigenen Bevölkerung jedoch angesichts der geringen akuten Bedrohung politisch immer schwieriger zu vermitteln war[35].

Präsident Theodore Roosevelt übersah nicht, daß die stärkere Zurückhaltung des Kaiserreichs in Übersee mit der Forcierung der kaiserlichen Hegemonialbestrebungen auf dem europäischen Kontinent einherging. Das wurde besonders in den beiden Marokkokrisen deutlich. Die amerikanische Politik während der ersten Marokkokrise läßt größere Strukturen des vor 1914 bestehenden transatlantischen Beziehungsgeflechts erkennen. Als sich die deutsche Politik, geführt von Reichskanzler Bernhard v. Bülow und der »grauen Eminenz« im Auswärtigen Amt, Friedrich v. Holstein, im Juni 1905 mit dem Vorschlag einer Marokkokonferenz diplomatisch in eine Sackgasse hineinmanövriert hatte und der Ausbruch des großen europäischen Konfliktes drohte, half Präsident Roosevelt dem Kaiser, sein Gesicht zu wahren, so daß der Krieg vermieden wurde. Auf der Konferenz von Algeciras aber unterstützte er Frankreich und die französisch-britische Entente, denn in ihr als Gegengewicht zu Deutschland sah er den Garanten der bestehenden westeuropäischen Machtkonstellation[36]. Roosevelt handelte aus der Einsicht heraus, daß Amerikas Sicherheitsinteresse involviert war. Die von der Reichsleitung angestrebte Veränderung des machtpolitischen Status quo in Westeuropa tangierte auch den europäischen Kolonialbesitz in Westindien und hätte zwangsläufig die maritime Machtverteilung im Atlantik in Frage gestellt. Schon damals zeigte sich der Unterschied zwischen den amerikanischen und den britischen Balance of power-Vorstellungen: Während England seine traditionelle Gleichgewichtspolitik auf Kontinentaleuropa beschränkte, interessierte die USA das Gleichgewicht im westlichen Europa einschließlich Großbritanniens und Deutschlands. Erst diese Konstellation konservierte im Atlantik den für das eigene Land als günstig angesehenen machtpolitischen Status quo. Roosevelt wollte deshalb während der Krise erreichen, daß weder die Entente noch das Kaiserreich in Europa die Oberhand gewann. Der deutsch-englische Antagonismus, der beide Staaten zu einer Politik des Appeasement gegenüber den USA, zur Reduzierung ihrer Aktivitäten in Lateinamerika und zur Konzentration ihrer Flotten in der Nordsee veranlaßte, kam jedoch den amerikanischen Interessen nur so lange entgegen, wie er nicht unmittelbar den Frieden bedrohte.

Da, aus der amerikanischen Perspektive gesehen, das Kaiserreich weiterhin das Epizentrum der globalen Erschütterungen darstellte, blieb »Black« — das war der Codename in der amerikanischen Kriegsplanung für Deutschland — bis zum Kriegsausbruch die ausschlaggebende Determinante der amerikanischen Sicherheitsplanung. Daran änderten auch schwerwiegende Konflikte mit Japan nichts, die die kalifornische Rassengesetzgebung und das japanische Hegemonialstreben in China und im Pazifikraum seit Ende 1906 auslösten. Weil die amerikanische Seemacht nicht ausreichte, sowohl im Atlantik wie im Pazifik abschreckend zu wirken, sahen sich die amerikanischen Marinestrategen nun mit einem Zweifrontendilemma konfrontiert. Dieses war nur durch die Fertigstellung des Panama-Kanals zu reduzieren, weil dann die Flotte schneller von einem Ozean in den anderen verlegt werden konnte. In Deutschland sah vor allem der Kaiser die neue Entwicklung in Ostasien als Chance, ein Revirement der internationalen Politik zu erreichen. Gelang es durch die Aktualisierung des ostasiatischen Krisenherdes, Japans Bundesgenossen England mit den USA in Konflikt zu bringen, so würde die britische Position in Europa zwangsläufig geschwächt. Das Kaiserreich würde dadurch auf dem Kontinent einen größeren Handlungsspielraum erhalten. Auf Wilhelms II. Versuche, Roosevelt die deutsche Bundesgenossenschaft gegen Japan anzutragen, ging dieser jedoch nicht ein und bemühte sich statt dessen erfolgreich, die Krise mit Japan auf dem Verhandlungswege zu entschärfen. Mit der plötzlichen Dramatisierung der »Yellow Peril« verblaßte zwar in den USA die »German danger« in der öffentlichen Diskussion, aber das änderte nichts an den sicherheitspolitischen Dispositionen der Regierung. Die amerikanische Flotte blieb im Atlantik stationiert, um die von ihr ausgehende Abschreckungswirkung gegenüber Deutschland nicht zu gefährden[37].

Nur die deutsche Kooperationsbereitschaft bei den von Amerika ausgehenden Initiativen für maritime Rüstungsabkommen und Schiedsverträge hätte im deutsch-amerikanischen Verhältnis noch einmal eine radikale Wende hervorrufen können. Präsident William H. Taft und sein Nachfolger Woodrow Wilson hatten die von dem internationalen Wettrüsten ausgehende Friedensgefährdung erkannt und hofften diese durch Abrüstungsabsprachen und Schiedsgerichtsvereinbarungen abzubauen. Das entsprach der amerikanischen Tradition und Interessenlage. Auch wenn die amerikanische Schlachtflotte den USA vor 1914 den dritten, zeitweise sogar den zweiten Rang unter den Flottenmächten sicherte, so leistete sich das Land doch den Luxus, in einer immer waffenstarrenderen Welt auf eine schlagkräftige Armee zu verzichten und die eigene Verteidigung der Flotte zu überlassen. Natürlich förderte die ungewöhnlich günstige geostrategische Lage des Landes eine derartige Entscheidung. Schiedsrichterlichen Konfliktregelungsmechanismen war nicht zuletzt die Aufgabe zugedacht, diesen begrüßenswerten Zustand nach Kräften zu erhalten. Als für den Krieg relativ wenig vorbereitete Weltmacht hatten die USA ein massives sicherheitspolitisches Interesse daran, daß schiedsrichterliche Verfahren internationale Konflikte entweder lösten oder zumindest ihre gewaltsame Austragung so lange hinauszögerten, bis das eigene Land seine Kräfte mobilisiert hatte[38].

Die deutsche Sicherheitspolitik beruhte auf anderen Prämissen. Deutschlands militärische Stärke war sehr wesentlich auf der hohen Kriegsbereitschaft von Armee und Marine aufgebaut. Die Möglichkeit zur überaus schnellen Mobilisierung der Streitkräfte war im Schlieffen-Plan, aber auch im O-Plan III für den Krieg mit den USA als unverzichtbarer Bestandteil eingeplant. Diese Vorgabe durfte nicht aufgegeben werden, ohne das ganze Gebäude einstürzen zu lassen. Deshalb konnte sich die Reichsleitung nicht auf die rechtliche Institutionalisierung politischer Verfahren einlassen, die sie im Ernstfall daran hinderten, sofort militärisch loszuschlagen. Sie wollte und konnte deshalb auf die von Washington ausgehenden Impulse nicht eingehen, ohne das eigene Sicherheitskonzept grundsätzlich in Frage zu stellen. Die deutsche Militärstrategie erwies sich deshalb während der Haager Friedenskonferenzen und gegenüber den amerikanischen Schiedsgerichtsvorschlägen der Jahre 1911 und 1913/14 für eine deutsch-amerikanische Annäherung als unüberwindliche Hürde. Schon lange vor 1914 hatte sich die kaiserliche Politik in den Maschen ihrer eigenen ideologischen Prämissen und sachlichen Zwänge viel zu sehr verfangen, um noch für die USA attraktive politische Konzepte entwickeln zu können[39].

Der Gegensatz in der Rüstungsfrage verweist aber über die Inkompatibilität der sicherheitspolitischen Strategien hinaus auf den Antagonismus der Wertsysteme: Wilson, und nicht nur er, sah zwischen der Wertordnung des kaiserlichen Militärstaats und den ideelen Grundlagen des eigenen Landes einen unüberwindlichen Gegensatz. Er besaß eine tiefe Abneigung gegen Wehrpflicht, stehende Heere und den gesamten militärisch-industriellen Komplex, weil er zutiefst daran glaubte, daß von derartigen Institutionen eine Gefahr für die individuelle Freiheit und damit für das politische System Amerikas ausgehe. Es ist überaus bezeichnend, daß er unmittelbar nach Kriegsausbruch die Sorge äußerte, daß bei einem deutschen Sieg »die Vereinigten Staaten ihre gegenwärtigen Ideale aufgeben und ihre ganzen Energien der Verteidigung widmen müßten«, und betonte, »daß das aber das Ende des gegenwärtigen politischen Systems bedeute«. Zur gleichen Zeit begründete auch der Präsident der Universität Harvard, Abbott L. Lowell, die überwältigende amerikanische Sympathie für die Alliierten mit der Behauptung, die im europäischen Krieg ausgetragene Streitfrage sei »eine für oder gegen den Militarismus in der deutschen Form«. Die Einstellung führender amerikanischer Gelehrter und Politiker zum deutschen Kaiserreich war geprägt durch ein tiefes Mißtrauen gegenüber dem deutschen kulturellen Überlegenheitsanspruch und der deutschen Staatsidee[40].

III.

Nach Kriegsausbruch wog das antagonistische Erbe in den deutsch-amerikanischen Beziehungen schwer, zumal weder in Deutschland noch in den USA grundlegende Änderungen in den weltpolitischen Konzepten und Strategien vorgenommen wurden. Deutschlands Politik des »kalkulierten Risikos«, das heißt die Erwartung, mit Hilfe des eigenen militärischen Drohpotentials für sich und seine Verbündeten außenpolitische Vorteile einheimsen zu können, scheiterte während der serbischen Krise, und die Hoffnung, Großbritannien werde neutral bleiben, erwies sich als folgenschwere Illusion[41]. Die amerikanische Neutralität mußte für das Reich unter diesen Umständen besonders erstrebenswert sein. Regierung und Wirtschaft hofften zunächst, daß sich der wirtschaftliche Austausch mit dem neutralen Amerika über die ebenfalls neutralen Niederlande aufrechterhalten lasse und so Versorgungsengpässe vermieden werden könnten. Außerdem glaubten allenfalls einige wenige, daß Deutschland in den USA auf viel Sympathie rechnen könne und daß ein amerikanischer Kriegseintritt Deutschland, nicht dagegen den Alliierten zugute kommen würde. Der Vorstellung des Generalstabschefs Helmut v. Moltke, der unmittelbar nach Kriegsausbruch von einer deutschfreundlichen Stimmung in den USA ausging und meinte, »vielleicht lassen sich die Vereinigten Staaten zu einer Flottenaktion gegen England veranlassen, für die ihnen als Siegespreis Kanada winkt«[42], war ebensowenig repräsentativ wie der defätistische Glaube von Tirpitz an den anglo-amerikanischen »Welttrust«. Vorherrschend war innerhalb der Reichsleitung dagegen die Einsicht, daß die amerikanische Neutralität unter den gegebenen Umständen als der für Deutschland optimal erreichbare Zustand sowohl für die Phase des Krieges als auch zur Verwirklichung der eigenen Kriegsziele in der Nachkriegszeit darstellte. Die deutsche Amerikapolitik konzentrierte sich deshalb seit August 1914 darauf, die USA neutral zu halten und ihre Annäherung an die Alliierten so weit wie möglich zu verhindern. Es mußte, wie der spätere Staatssekretär des Auswärtigen Amts, Richard v. Kühlmann, im Februar 1916 nochmals eindringlich hervorhob, nicht nur im Interesse der Kriegführung, sondern auch im Hinblick auf die Zukunft nach dem Kriege »höchstes politisches Ziel« sein, »England und Amerika auseinander zu halten und die Entstehung eines Bündnisses zwischen beiden zu verhindern«. Deutschlands Zukunft liege nach des Kaisers Worten nun mal »auf dem

Wasser und jenseits des Wassers«, aber gegen die verbündete Seemacht der USA und Englands sei eine weitere Entwicklung als Handels- und Seemacht für Deutschland nicht möglich[43].

Auch das amerikanische Volk wünschte sich trotz aller emotionaler Parteinahme mit überwältigender Mehrheit, dem europäischen Völkermorden fern zu bleiben[44]. Aber es gab auch andere Gründe, die Washington die Neutralität nahelegten. Das multinationale Erbe der eigenen Bevölkerung ließ im Fall der Parteinahme für eine der kriegführenden Parteien das Gespenst massiver innerer Auseinandersetzungen aufkommen. Wilson sah sich gezwungen, die sogenannten »Bindestrich-Amerikaner« an ihre Loyalitätspflicht gegenüber ihrem neuen Vaterland zu erinnern[45]. Nach dem Kriegsausbruch geriet die amerikanische Wirtschaft in eine Krise, die erst durch die umfangreichen Kriegslieferungen an die Alliierten behoben werden konnte. Das schuf eine gewisse Abhängigkeit gegenüber den Alliierten, die aber nicht überbewertet werden darf. Die Regierung war jedoch damit beschäftigt, die wirtschaftliche Lage des Landes zu stabilisieren. Ganz zielstrebig nutzte sie dazu den kriegsbedingten Zusammenbruch der europäisch-lateinamerikanischen Wirtschaftsbeziehungen, um den eigenen wirtschaftlichen und politischen Einfluß in den südlichen Nachbarstaaten auszubauen und die Monroedoktrin so auf eine festere Grundlage zu stellen[46]. Hinzu kam, daß nach Kriegsausbruch der unzureichende Stand der Rüstungen und die geringe Kriegsbereitschaft von Flotte und Armee der Politik enge Grenzen setzte. Die vorhandene militärische Macht reichte weniger denn je aus, die möglichen Gefahrenzonen abzudecken. Das Sicherheitsdilemma erreichte ein nie zuvor gekanntes Ausmaß, denn alle zuvor schon vorhandenen außenpolitischen Konflikte erhielten unter dem Aspekt des Krieges eine größere Aktualität. In Mexiko eskalierte der Bürgerkrieg, in den die USA verwickelt zu werden drohten[47]. Im Pazifik nutzte Japan die Chance des Krieges, um sich zunächst den deutschen Kolonialbesitz anzueignen, und dann China mit den sogenannten einundzwanzig Forderungen seine Hegemonie aufzuzwingen. Nur die USA bildeten als Macht noch ein Gegengewicht[48]. Hinzu kamen der deutsche U-Bootkrieg und die Blockadepolitik der Alliierten. Die einseitige Fixierung der Sicherheitspolitik auf Deutschland als Feind im Atlantik in der Vorkriegszeit schränkte jetzt den eigenen Handlungsspielraum ein. Wilson war sich bewußt, daß das Land auf einen möglichen Konflikt mit Großbritannien völlig unvorbereitet war. Das Beispiel des Krieges von 1812 schreckte. Die USA konnten sich militärisch nicht leisten, es auf den Krieg mit England wegen der Blockadepolitik ankommen zu lassen[49]. Nachdem die deutsch-amerikanischen Spannungen nach der Versenkung der »Lusitania« im Frühjahr 1915 ihren Höhepunkt erreicht hatten, begann die militärische Mobilisierung. Die Pläne für den Krieg mit »Black« wurden erneut überarbeitet[50]. Durch die Besetzung Haitis, der Dominikanischen Republik und Nicaraguas sowie den Kauf der Dänisch-Westindischen Inseln wurden in den Jahren 1915/16 die militärstrategischen Schwachstellen der eigenen Position in der Karibischen See beseitigt. Zusätzlich bewilligte der Kongreß ein großes maritimes Rüstungsprogramm, das die amerikanische Flotte innerhalb weniger Jahre zur »navy second to none« machen sollte. Noch rüsteten die USA jedoch nicht, um in den in Europa tobenden Krieg einzutreten. Die Rüstungsanstrengungen galten vielmehr der Nachkriegszeit, dem potentiellen Krieg nach dem Krieg. Amerika sollte in die Lage versetzt werden, jede Beeinträchtigung seiner Interessen durch den Sieger im europäischen Krieg notfalls auch mit Waffen beantworten zu können. Doch das waren Vorsichtsmaßnahmen. Noch hoffte Wilson auf ein Kriegsende, das mit der amerikanischen Interessenlage vereinbar war[51].

So hatten zwar die Regierungen in Washington und Berlin seit August 1914 das gleichgerichtete Interesse, die USA aus dem Krieg herauszuhalten, und betrachteten die amerikanische Neutralität als einen erstrebenswerten Zustand zum Schutz der eigenen Interessen während des Krieges und zur Durchsetzung der eigenen Zukunftsvorstellungen in der Nachkriegszeit. Doch der Anschein einer Gemeinsamkeit trügt, denn Motive und Methoden der deutschen und amerikanischen Politik waren seit August 1914 nicht weniger gegensätzlich als zuvor, und das Konfliktpotential steigerte sich angesichts des extrem hohen Einsatzes, der für die Kriegsparteien, aber auch für die Neutralen, auf dem Spiel stand. Während Präsident Wilson seit Kriegsausbruch neutral bleiben wollte, um als unparteiischer Friedensvermittler eines »gerechten« Friedens und einer sicheren Friedensordnung zum geeigneten Zeitpunkt in die europäische Entwicklung eingreifen zu können, war die Reichsleitung gerade bestrebt, die USA von der Einmischung in die europäischen Angelegenheiten abzuhalten, da sie sich für Deutschland davon keine Vorteile versprechen konnte.

Die militärischen Anfangserfolge verbreiteten im Kaiserreich euphorische Hoffnungen auf einen schnellen Sieg und beflügelten die Diskussion über Kriegsziele, die Deutschlands Zukunft wirtschaftlich, politisch und militärisch dauerhaft absichern sollten. Der Krieg schien nun die Chance zu bieten, mit militärischen Mitteln die vorher vergeblich angestrebte kontinentaleuropäische Hegemonie durchzusetzen, von der man sich gleichzeitig die Stärkung der eigenen weltwirtschaftlichen Position nicht zuletzt gegenüber den USA versprach. Nicht über dieses Ziel, wohl aber über die Mittel zu seiner Verwirklichung gab es innerhalb der Regierung und in Partei- und Wirtschaftskreisen weiterhin erhebliche Differenzen. Während Armee und Marineführung, Konservative, Nationalliberale, Alldeutsche und Schwerindustrie weitreichende Annexionen im Westen und Osten forderten und vor allem für die Annexion Belgiens plädierten, bevorzugten der Reichskanzler, das Auswärtige Amt, der Staatsekretär des Reichsamts des Innern, Clemens v. Delbrück, das linksliberale Bürgertum und die weltwirtschaftlich orientierten Handels- und Bankkreise informelle Methoden der Herrschaftssicherung. Belgien sollte nach ihren Vorstellungen formal unabhängig, aber militärisch und wirtschaftlich von Deutschland kontrolliert, das heißt zum deutschen »Vasallenstaat« werden. Einigkeit bestand darüber, daß die angestrebte Hegemonie durch einen mitteleuropäischen Wirtschaftsblock abzusichern sei[52]. Der Kampf ging, wie Delbrück im September 1914 betonte, »um die Herrschaft auf dem Weltmarkt«, auf dem ein zollgeeintes Europa »den übermächtigen Produktionsmöglichkeiten der transatlantischen Welt« mit Nachdruck gegenübertreten könne. Von Deutschland geeint, sollte Europa nach Kriegsende fähig sein, den Kampf mit den drei Weltreichen erfolgreich aufzunehmen. Dies war jedoch, wie sich in der regierungsinternen Diskussion immer deutlicher herausstellte, nur möglich, wenn der angestrebte mitteleuropäische Wirtschaftsverband Frankreich und Belgien einschloß. Daß beide Staaten nach Kriegsende freiwillig dem mitteleuropäischen Wirtschaftsblock beitreten würden, war jedoch nicht zu erwarten und allenfalls durch Oktroy nach einem Sieg durchzusetzen. Problematisch war zusätzlich, daß die zwischen Landwirtschaft und Industrie sowie innerhalb der Industrie vorhandenen Meinungsverschiedenheiten über die Ausgestaltung Mitteleuropas durch den Kriegsausbruch keineswegs beseitigt worden waren. Eine Einigung war allenfalls auf der Basis eines Maximalprogramms zu erzielen, das der Landwirtschaft neue Agrargebiete im Osten, der Schwerindustrie Erz- und Manganvorkommen in Nordfrankreich und Südrußland und den Überseeinteressen die Stärkung der deutschen Weltmachtrolle und Weltmarktposition durch die Beherrschung Belgiens zusicherte, wie es die Kriegszieldenkschrift der sechs führenden Wirtschaftsverbände vom Frühjahr 1915 vorsah. Zusätzlich bestanden Armee und Marine aus strategischen Gründen auf der Annexion Belgiens. Die Marine forderte die belgische Küste, zumindest aber Antwerpen, um von hier aus die U-Boote einsetzen zu können, die in Zukunft dem deutschen Überseehandel auch im Kriegsfall den freien Zugang zum Atlantik sichern sollten. Der Wunsch, sich gegenüber dem transatlantischen Wirtschaftskoloß USA zu behaupten, durchzog die Kriegszieldiskussion wie ein roter Faden. Mit Beklemmung oder Zorn befürchtete man gleichzeitig, daß die Vereinigten Staaten als »die eigentlichen wirtschaftlichen Gewinner« aus dem Krieg hervorgehen würden. Die Erwartung, nach Kriegsende in geschwächtem Zustand den durch ihre Kriegsgeschäfte zusätzlich gestärkten USA entgegentreten zu müssen, bekräftigte den Wunsch, den besiegten Gegnern hohe finanzielle Kontributionszahlungen abzuverlangen[53]. Es erübrigt sich hier, auf die Pläne im einzelnen einzugehen. Entscheidend ist vielmehr, daß nicht nur die Maximalforderungen der Befürworter eines Annexionsfriedens, sondern nicht weniger das Minimalprogramm des Reichskanzlers eine antiamerikanische Frontstellung verraten und weit über das hinausgingen, was mit den amerikanischen Vorstellungen über ein stabiles Gleichgewicht in Europa vereinbar gewesen wäre.

Äußerungen Woodrow Wilsons unmittelbar nach Kriegsausbruch machen klar, wie sehr er seine Welt durch einen potentiellen deutschen Sieg gefährdet sah. »Wenn Deutschland gewinnt,« so vertraute er Col. House im August 1914 an, »würde das die Richtung unserer Zivilisation ändern und die Vereinigten Staaten zu einer militärischen Nation machen«. Dabei verurteilte er vor allem den deutschen Überfall auf Belgien und die zynische Art, mit der die Reichsleitung über die völkerrechtlich sanktionierte belgische Neutralität hinweggegangen war[54]. Später wurde die Washingtoner Regierung durch den amerikanischen Botschafter James W. Gerard ständig ausführlich über den Machtkampf zwischen Militär und politischer Führung im Kaiserreich und den bedenklichen Einfluß des Militärs auf die Außenpolitik informiert sowie über die breite Zustimmung der Bevölkerung zur rücksichtslosen U-Bootkriegführung und zur Versenkung der »Lusitania«. Neben der deutschen Kriegführung bestätigten Wilson die Informationen über die deutschen Kriegsziele das eigene negative Bild von den Deutschen. Mit der Richtung, die die deutsche Kriegszieldiskussion nahm, war die amerikanische Regierung seit September 1914 zumindest oberflächlich so weit vertraut, wie es die deutsche Zensur zuließ. Wilson wußte, daß die Annexion Belgiens in Deutschland ganz ungeniert gefordert wurde. Seit Juli 1915 kannte er auch die Denkschrift der sechs Wirtschaftsverbände, in der er die »detaillierte Enthüllung der ganzen deutschen Geistesverfassung [sah,] wie sie (zweifellos wahrheitsgemäß) durch diese verschiedenen Verbände repräsentiert wird«[55].

Staatssekretär Robert Lansing war noch viel eindeutiger davon überzeugt, daß der Sieg der Zentralmächte für die USA eine ungeheure Gefahr bedeute und daß der Krieg letztlich auf eine Auseinandersetzung zwischen den Demokratien und den Autokratien, Deutschland, Japan und Rußland, um die Weltherrschaft zusteuere. Die Nachrichten, die schon 1915 über die deutschen Separatfriedensbemühungen mit Japan und Rußland nach Amerika gedrungen waren, bestätigten seine Auffassung, daß das Kaiserreich sich um das Bündnis mit Rußland und Japan bemühe. Lansing plädierte für den amerikanischen Kriegseintritt auf seiten der Alliierten spätestens zu dem Zeitpunkt, an dem sich der deutsche Sieg abzeichne[56]. Nicht erst seit dem Zimmermann-Telegramm war die Regierung in Washington auch über die deutsche Unterstützung für die mexikanischen Revolutionsparteien informiert. Lansing vermutete nicht zu Unrecht, daß die kaiserliche Regierung mit ihren Aktivitäten in Mexiko so chaotische Zustände schaffen wolle, daß die Vereinigten Staaten eingreifen und infolgedessen von Europa ferngehalten würden. Schon Ende Juni 1916 war dem State Department vom britischen Geheimdienst ein Telegramm Bernstorffs übergeben worden, in dem es hieß:

> »Falls geplant wird, den U-Bootkrieg wieder in der alten Form aufzunehmen, ersuche ich inständig, daß der Beginn verschoben wird, bis Amerika wirklich tief in Mexiko involviert ist. Sonst ist zu erwarten, daß der Präsident sich mit Mexiko einigt und den Krieg gegen Deutschland benutzt, um [...] den Wahlkampf zu gewinnen[57].«

Die deutschen Propaganda- und Sabotageaktivitäten in den USA selbst trugen nicht weniger dazu bei, den Eindruck antagonistischer Interessen zu vermitteln. Durch die Mobilisierung der Deutschamerikaner und der irischstämmigen Amerikaner hoffte die Reichsleitung, auf die Washingtoner Politik Einfluß nehmen und dem Wilson unterstellten pro-britischen Kurs entgegenarbeiten zu können[58]. Das lief auf den Versuch hinaus, das multinationale Erbe Amerikas auszunutzen, um den Krieg in die Vereinigten Staaten selbst hineinzutragen.

Wilson war über derartige deutsche Aktivitäten nicht weniger irritiert als etwa Lansing und beurteilte die deutsche Politik genauso illusionslos negativ wie er. Bis Ende März 1917 weigerte er sich jedoch, daraus ebenso einseitige Schlüsse zu ziehen wie Lansing und dem Kaiserreich den Krieg zu erklären. Viel zu klar sah er, daß Kriegführung und Kriegsziele der Alliierten mit den amerikanischen Interessen und seinen eigenen Plänen eines gesicherten Friedens allenfalls geringfügig besser in Einklang zu bringen waren als die deutschen. Ein Sieg der Alliierten – diese Erfahrung vermittelten spätestens die rücksichtslose englische Blockade und die Informationen über die Kriegsziele der Entente – würde ganz gewiß keine optimale Voraussetzung für die Entwicklung des eigenen Landes in der Nachkriegszeit darstellen. Wilson strebte im wesentlichen die Rückkehr zum Status quo ante bellum in Europa und insbesondere in Belgien an, wollte den territorialen Schacher der Kabinettsdiplomatie durch das Selbstbestimmungsprinzip der Völker ersetzt sehen und bestand auf dem Prinzip »Freiheit der Meere«. Nur eine von den liberal-kapitalistischen Vorstellungen des eigenen Landes geprägte globale Ordnung konnte nach seiner Ansicht einen sicheren Frieden garantieren. Ein »universales Bündnis« sollte, wie er am 22. Januar 1917 in seiner Rede an den Senat ausführte, die gescheiterte Ordnung des europäischen Staatensystems ersetzen und einen »kooperativen Frieden« schaffen. Dieses Ziel war aber nur zu erreichen, wenn die Verwirklichung der Kriegsziele beider kriegführenden Parteien verhindert werden konnte. Eine dauerhafte neue Weltordnung setzte deshalb einen »Frieden ohne Sieg« voraus[59].

Wilson signalisierte mit seiner Friedensinitiative im Dezember 1916 seine Bereitschaft, aber auch seinen Willen, sich für einen solchen Frieden einzusetzen. Eindeutig stellte er klar, daß die Interessen der neutralen Mächte durch den Krieg und seine Folgen in einem Ausmaß tangiert würden, das es für ihn undenkbar erscheinen ließ, die Neutralen bei der Gestaltung der neuen Friedensordnung auszuschließen. Damit beanspruchte er zwar nicht, an den unmittelbaren Verhandlungen zur Beendigung der Kriegshandlungen beteiligt zu werden, doch stellte er Bedingungen auf, die erfüllt sein mußten, damit die Ergebnisse solcher Verhandlungen für das eigene Land akzeptabel seien. Sollten sich die USA nach Kriegsende an der Garantie der neuen Weltfriedensordnung beteiligen, setzte dies voraus, daß es sich um einen Frieden handelte, der es verdiente, garantiert zu werden. Einen sauberen Trennungsstrich zwischen der territorialen Neuordnung Europas und den angestrebten globalen Sicherheitsgarantien konnte es also nicht geben. Wilsons Aufforderung an die Kriegführenden, ihre Kriegsziele zu nennen, war deshalb konsequent[60].

Beide kriegführenden Parteien waren jedoch im Dezember 1916 nicht bereit, auf derartige Vorstellungen einzugehen. Beide Seiten konnten sich einen sicheren Frieden nur noch als Resultat des eigenen Sieges und der Verwirklichung der eigenen Kriegsziele vorstellen. Der Zorn über Wilsons Proteste gegen die Blockade hielt in Paris und London unvermindert an. Zudem war Anfang Dezember mit Lloyd George der Politiker als Premierminister an die Spitze des englischen Kabinetts getreten, der sich am meisten für den Kampf bis zum »knockout blow« eingesetzt hatte und den Siegfrieden erzwingen wollte. Doch auch in Frankreich war die Regierung Briand keineswegs mehr geneigt, unter den gegebenen Umständen den Frieden anzustreben. Beide Regierungen waren jedoch klug genug, Wilson nicht vollends vor den Kopf zu stoßen und ihre Friedensbedingungen wenigstens partiell zu nennen. Für Wilson waren sie nur geringfügig akzeptabler als die deutschen[61].

Entscheidend für die weitere Entwicklung war jedoch die negative deutsche Reaktion auf Wilsons Versuch, den Friedensprozeß in Gang zu bringen. Schon am 7. Januar 1917 wies Zimmermann Bernstorff an, daß die Mitteilung der deutschen Friedensbedingungen an Wilson »dilatorisch« zu behandeln sei, da die amerikanische Vermittlung für eigentliche Friedensverhandlungen »schon wegen unserer öffentlichen Meinung durchaus unerwünscht« sei[62]. Die eindeutige Ablehnung der amerikanischen Vermittlung bedeutete jedoch nichts anderes, als daß die Strategie Bethmanns und des Auswärtigen Amts schon vor der entscheidenden Sitzung des Kronrats in Pless am 9. Januar gescheitert war. Ausschlaggebend war dafür, daß Wilsons Angebot nicht den Erwartungen entsprach, die Bethmann Hollweg seit dem Sommer 1916 ständig mit seinen Aufforderungen zur Vermittlung an den amerikanischen Präsidenten verbunden hatte. Immer war es des Kanzlers Ziel gewesen, Wilsons Hilfe nur in Anspruch zu nehmen, um die Alliierten an den Verhandlungstisch zu bringen. Eine amerikanische Beteiligung an den den Krieg unmittelbar beendenden Friedensgesprächen war dagegen nicht vorgesehen, weil man sich angesichts der eigenen Kriegsziele davon nichts Gutes versprechen konnte. Daß der amerikanische Präsident »voraussichtlich bemüht sein würde, den Frieden im wesentlichen auf der Grundlage des Status quo ante, insbesondere auch bezüglich Belgiens, herbeizuführen«, disqualifizierte ihn aus deutscher Sicht als ehrlichen Makler. Immer wieder wies der Reichskanzler Bernstorff darauf hin, daß Wilsons Vermittlungsvorschläge »ohne bestimmte

Vorschläge territorialer Art gehalten sein« müßten. »Ingerenz des Präsidenten auch in Form des ›clearing house‹ wäre unseren Interessen abträglich, ist daher zu verhindern«, wurde Bernstorff am 26. Dezember instruiert[63]. Nur wenn die Kriegführenden nach Kriegsende ohne die Beteiligung der USA die Neuordnung Europas unter sich ausmachten, konnte die Reichsleitung hoffen, die eigenen militärischen Erfolge in die bare Münze territorialer Erwerbungen, institutionalisierter wirtschaftlicher Vorteile sowie finanzieller Entschädigungen umzuwandeln. Erst bei einer zweiten Konferenz, wenn die eigenen Kriegsziele bereits in möglichst großem Umfange verwirklicht waren und Europa den deutschen Vorstellungen entsprechend Gestalt angenommen hatte, sollten die USA ins Spiel kommen, um dann die den deutschen Vorstellungen entsprechende neue Weltordnung mit zu garantieren. Doch ein solches Spiel war Wilson nicht bereit mitzuspielen, und alle Hoffnungen, den amerikanischen Präsidenten derart für die Verwirklichung und Sicherung der eigenen Kriegsziele benutzen zu können, wurden zunichte gemacht, als Wilson nach den Kriegszielen fragte. Spätestens zu diesem Zeitpunkt mußte Bethmann Hollweg klar sein, daß die eigene Strategie fehlgeschlagen war und er gegenüber den U-Bootforderungen des Militärs über keine politischen Alternativen mehr verfügte, wie der Krieg in absehbarer Zeit noch zu den deutschen Bedingungen beendet werden könne.

Die Rückkehr zum uneingeschränkten U-Bootkrieg war zweifellos eine militärische Fehlentscheidung, weil sie von einer Reihe gravierender Fehleinschätzungen der Kriegslage, der Politik Wilsons und der amerikanischen militärischen Kapazität ausging. Daß aber Anfang Januar 1917 endgültig militärische Aspekte gegenüber allen politischen Bedenken den Ausschlag gaben, hatte vor allem damit zu tun, daß Bethmann Hollwegs Politik gescheitert war. Es blieb nur noch die Alternative, entweder den U-Bootkrieg à outrance zu ihrer Durchsetzung zu akzeptieren, oder auf die Kriegsziele selbst zu verzichten. Politisch besaß die Alternative des Verzichts jedoch keine Realisierungschance mehr. Die hochgespannten Erwartungen auf territoriale und wirtschaftliche Gewinne waren viel zu lange unwidersprochen auf allen Ebenen des politischen Entscheidungsprozesses hingenommen worden, um sie nun zum Zeitpunkt einer militärisch relativ günstigen Kriegslage aufzugeben. Sie aber waren Resultat des verlorenen Augenmaßes, das die deutsche Weltpolitik schon vor 1914 gerade auch gegenüber den Vereinigten Staaten von Amerika kennzeichnete.

Anmerkungen

1 David Stevenson, The First World War and International Politics, Oxford 1988, S. 64—86; Arthur S. Link, Wilson, Bde 3—5, Princeton, NJ 1960—1965, passim; Fritz Fischer, Griff nach der Weltmacht. Die Kriegszielpolitik des kaiserlichen Deutschland 1914/18, 3. verbesserte Aufl., Düsseldorf 1964, S. 360—401; Gerhard Ritter, Staatskunst und Kriegshandwerk, Bd 3, München 1964, S. 145—215; Reinhard R. Doerries, Washington — Berlin 1908/1917. Die Tätigkeit des Botschafters Johann Heinrich Graf von Bernstorff in Washington vor dem Eintritt der Vereinigten Staaten von Amerika in den Ersten Weltkrieg, Düsseldorf 1975, S. 98—164; Ernest R. May, The World War & American Isolation 1914—1917, Cambridge, MA 1959, Nachdruck: Chicago 1966, S. 113—301; Karl E. Birnbaum, Peace Moves and U-Boat Warfare: A Study of Imperial Germany's Policy towards the United States, April 18, 1916—January 9, 1917, Uppsala 1958.

2 Erich Ludendorff, Meine Kriegserinnerungen 1914—1918, Berlin 1919, S. 329. Zur Bedeutung der Niederlande als wirtschaftlicher »Luftröhre« für die deutsche Kriegführung vgl. demnächst: Marc Frey, Zwischen Großbritannien und Deutschland: Die Niederlande im politischen und wirtschaftlichen Kalkül der Kriegsgegner, 1914—1918, Diss. Köln, voraussichtlich 1994.

3 Alfred von Tirpitz, Politische Dokumente. Bd 2: Deutsche Ohnmachtspolitik im Weltkriege, Hamburg, 1926, S. 281—334.

4 Secretary of State, William J. Bryan an den amerikanischen Botschafter in Berlin, James W. Gerard, 1.5.1915, und Secretary of State Robert Lansing an Gerard, 9.6. und 21.7.1915, Papers Relating to the Foreign Relations of the United States (FRUS) 1915, Supplement, Washington, D.C. 1928, S. 393—396, 436ff. und 480ff. In der Note vom 21.7. hieß es deutlich genug, daß die amerikanische Regierung jeden weiteren derartigen Vorfall als einen »unfreundlichen Akt« ansehen werde.

5 Lansing an Gerard, 18.4.1916, und Gerard an Lansing, 4.5.1916, FRUS 1916, Supplement (wie Anm. 4), Washington D.C. 1929, S. 232ff. und 257—260.

6 Durch die »black lists« wurden alle amerikanischen Unternehmen mit Boykott bedroht, die weiterhin Handelsbeziehungen mit feindlichen oder bereits boykottierten Firmen unterhielten. Die »navicerts« waren britische Unbedenklichkeitsbestätigungen, deren Einholung zur Voraussetzung für einen unbehinderten Seetransport amerikanischer Exportprodukte gemacht wurde. Reedereien aus den neutralen Ländern waren gezwungen, mit den englischen Behörden »bunker coal agreements« abzuschließen, um die Kohlenversorgung ihrer Schiffe zu sichern. Hierzu und zum folgenden: Ragnhild Fiebig-von Hase, Maria Sturm, Die transatlantischen Wirtschaftsbeziehungen in der Nachkriegsplanung Deutschlands, der alliierten Westmächte und der USA, 1914—1917, in: Militärgeschichtliche Mitteilungen (MGM), 52 (1993), S. 1—34, S. 26—33.

7 Ebd., S. 33f.

8 Ritter, Bd 3 (wie Anm. 1), S. 319ff.; Birnbaum (wie Anm. 1), S. 138f.

9 So der konservative Abgeordnete Kreth in der Hauptausschußsitzung des Reichstages vom 6.10.1916, in: Der Hauptausschuß des Deutschen Reichstages 1915—1918 (HA), eingel. von Reinhard Schiffers, bearb. von Reinhard

Schiffers und Manfred Koch in Verbindung mit Hans Boldt, 4 Bde, Düsseldorf 1981—1983, Bd 2 (= Quellen zur Geschichte des Parlamentarismus und der politischen Parteien, Bd 9), S. 840.

10 Torsten Oppelland, Die Haltung der deutschen Reichstagsparteien zur amerikanischen Politik im Ersten Weltkrieg, Diss. Köln 1992 (Manuskript), besonders S. 53—145.

11 Die Antwort der Alliierten vom 10.12.1917 ist abgedruckt in: The Papers of Woodrow Wilson (PWW), hrsg. von Arthur S. Link, Bd 40, Princeton, NJ 1982, S. 439—441.

12 Ebd., Bd 41, Princeton 1983, S. 80ff., 86ff., 95—100 und 108—112.

13 Zimmermann an den deutschen Botschafter in Washington, Johann Heinrich Graf v. Bernstorff, ganz geheim, Telegramm, 19.1.1917, mit der Weisung zur Weiterleitung nach Mexiko, abgedr. in: Beilagen zu den Stenographischen Berichten über die öffentlichen Verhandlungen des Unterausschusses der Verfassunggebenden Deutschen Nationalversammlung, 15. Ausschuß, 2. Unterausschuß (UA), Berlin 1920, S. 230; die amerikanische Reaktion beschreibt ausführlich ein Memorandum Lansings vom 4.3.1917, abgedr. in: PWW (wie Anm. 11), Bd 41, S. 321—327.

14 Vgl. die Dokumente in PWW (wie Anm. 11), Bd 41, S. 519—527 und 552.

15 Ritter, Bd 3 (wie Anm. 1), S. 552ff.

16 Zu den Mobilisierungsmaßnahmen, dem Kriegsbeitrag und den Kriegserfahrungen der USA: Edward M. Coffman, The War to End All Wars. The American Military Experience in World War I, Madison, WI 1986; David Kennedy, Over Here. The First World War and American Society, Oxford, New York, Toronto 1980.

17 Ritter, Bd 3 (wie Anm. 1), bes. S. 382ff.

18 Fischer (wie Anm. 1), S. 367—381.

19 Tirpitz (wie Anm. 3), S. 383, 394f. und 453f.; vgl. auch: Ludendorff (wie Anm. 2), S. 328f.

20 Dieser amerikanisch-angelsächsischen »Freiheit« wurde jetzt die »deutsche Freiheit« gegenübergestellt. Siehe hierzu etwa die von Adolf von Harnack unter dem Titel »Die deutsche Freiheit«, Gotha 1917, herausgegebenen Vorträge namhafter deutscher Gelehrter wie Friedrich Meinecke, Max Sering, Ernst Troeltsch und Otto Hinze.

21 Zuletzt: John W. Coogan, The End of Neutrality. The United States, Britain, and Maritime Rights 1899—1915, Ithaca, London 1981.

22 Zum Begriff der »Revolutionierung«: Klaus Hildebrand, Imperialismus, Wettrüsten und Kriegsausbruch 1914. Zum Problem von Legitimität und Revolution im internationalen System, in: Neue Politische Literatur, 20 (1975), S. 160—194 und 339—364. Auf den Zusammenhang von internationalen »Revolutionierungsbestrebungen« und innerer Revolutionsfurcht verweist: Volker Berghahn, Des Kaisers Flotte und die Revolutionierung des Mächtesystems vor 1914, in: Der Ort Kaiser Wilhelms II. in der deutschen Geschichte, hrsg. von John C.G. Röhl, München 1991 (= Schriften des Historischen Kollegs, Kolloquien 17), S. 173—188.

23 Ragnhild Fiebig-von Hase, The United States and Germany in the World Arena, 1900—1917, in: Confrontation and Cooperation. Germany and the

United States in the Era of World War I, 1900—1924, ed. by Hans-Jürgen Schröder, Providence, Oxford 1993 (= The Krefeld Historical Symposia, Bd 2), S. 33—68.

24 Ragnhild Fiebig-von Hase, Die Rolle Kaiser Wilhelms II. in den deutsch-amerikanischen Beziehungen, 1890—1914, in: Der Ort Kaiser Wilhelms II. in der deutschen Geschichte (wie Anm. 22), S. 223 und 227—237, auch für das folgende.

25 Heinrich Dietzel, Die Theorie von den drei Weltreichen, Berlin 1900; Alfred Vagts, Deutschland und die Vereinigten Staaten in der Weltpolitik, New York 1935, S. 345—425.

26 Albion W. Small an den deutschen Konsul in Chicago, Wever, 3.10.1905, Auswärtiges Amt, Politisches Archiv, Bonn (AA/PA), Vereinigte Staaten von Nordamerika 16 (VStNA 16).

27 Dies manifestierte vor allem die Entwicklung des 1904 gegründeten Mitteleuropäischen Wirtschaftsblocks, zu dessen Mitgliedern neben herausragenden Einzelpersönlichkeiten aus Wirtschaft und Politik mit einer Ausnahme auch alle führenden Wirtschaftsverbände des Kaiserreiches zählten. Nur der Bund der Landwirte blieb dem Verein fern, weil ihm die gegen Amerika gerichteten Abschließungsmaßnahmen nicht weit genug reichten. Fiebig-von Hase, Rolle Kaiser Wilhelms II. (wie Anm. 24), S. 228ff.

28 Fiebig-von Hase, United States (wie Anm. 23), S. 37—55 passim.

29 Vgl. etwa die Rede Woodrow Wilsons in Mobile, Alabama, vom 27.10.1913, PWW (wie Anm. 11), Bd 28, Princeton 1978, S. 448—453.

30 Ragnhild Fiebig-von Hase, Lateinamerika als Konfliktherd der deutsch-amerikanischen Beziehungen 1890—1903, Göttingen 1986 (= Schriftenreihe der Historischen Kommission bei der Bayerischen Akademie der Wissenschaften, Bd 27), S. 62—428 passim.

31 Ebd., S. 361—428; Ekkehard Böhm, Überseehandel und Flottenbau. Hanseatische Kaufmannschaft und deutsche Seerüstung 1879—1902, Düsseldorf 1972 (= Studien zur modernen Geschichte, Bd 8), bes. S. 148—156.

32 Fiebig-von Hase, Lateinamerika (wie Anm. 30), S. 472—506; für die Gegenposition siehe dagegen: Holger H. Herwig, David M. Trask, Naval Operations Plans between Germany and the USA, 1898—1913, in: MGM, 2 (1970), S. 5—28.

33 Spätestens seit 1890 gehörte die Vorstellung von der Geiselfunktion Kanadas zum festen Bestandteil der amerikanischen Marinestrategie. Fiebig-von Hase, Lateinamerika (wie Anm. 30), S. 629ff.

34 Theodor v. Holleben, deutscher Botschafter in Washington, an Reichskanzler Chlodwig Fürst zu Hohenlohe-Schillingsfürst, 11.8.1898, AA/PA/VStNA 16. Die wissenschaftliche Diskussion über die Bedeutung der »German danger« und die Venezuela-Krise ist noch nicht abgeschlossen. Vgl.: Fiebig-von Hase, Lateinamerika (wie Anm. 30), S. 741—1083; Richard H. Collin, Theodore Roosevelt's Caribbean: The Panama Canal, the Monroe Doctrine, and the Latin American Context, Baton Rouge, London, 1990, S. 60—123; mit der Gegenpositon: Holger H. Herwig, Germany's Vision of Empire in Venezuela 1871—1914, Princeton, NJ 1986.

35 Fiebig-von Hase, Rolle Kaiser Wilhelms II. (wie Anm. 24), S. 245ff.

36 Zur amerikanischen Haltung in der Marokkokrise von 1905/06: Raymond A. Esthus, Theodore Roosevelt and the International Rivalries, Waltham, MA 1970, S. 66—109; Manfred Jonas, The United States and Germany. A Diplomatic History, Ithaca, London 1984, S. 77—87.

37 Ute Mehnert, Deutschland, Amerika und die »Gelbe Gefahr«. Zur Karriere eines Schlagworts in der Großen Politik 1905—1917, Diss. Köln 1993 (Manuskript), S. 103—265; dies., Deutsche Weltpolitik und amerikanisches Zweifronten-Dilemma. Die »japanische Gefahr« in den deutsch-amerikanischen Beziehungen 1904—1917, in: Historische Zeitschrift, Bd 257 (1994), S. 647—673; William R. Braisted, The United States Navy in the Pacific, 2 Bde, Austin, TX 1958 und Austin, London 1971.

38 Fiebig-von Hase, United States (wie Anm. 23), S. 55.

39 Jost Dülffer, Limitations on Naval Warfare and Germany's Future as a World Power: A German Debate 1904—1906, in: War and Society, 3 (1985), S. 23—43.

40 So der Bericht des englischen Botschafters in Washington, Sir Cecil Spring Rice, an den britischen Außenminister Sir Edward Grey über ein Gespräch mit Wilson vom 8. 9. 1914, abgedr. in: PWW (wie Anm. 11), Bd 31, Princeton 1979, S. 13 f.; Lowell an James Bryce, 25. 8. 1914, Oxford University, Bodleian Library, James Bryce Nachlaß. Zum größeren Zusammenhang: Frank Trommler, Inventing the Enemy: German-American Cultural Relations, 1900—1917, in: Confrontation and Cooperation (wie Anm. 23), S. 99—125.

41 Andreas Hillgruber, Riezlers Theorie des kalkulierten Risikos und Bethmann Hollwegs politische Konzeption in der Julikrise 1914, in: ders., Deutsche Großmacht- und Weltpolitik im 19. und 20. Jahrhundert, Düsseldorf 1977, S. 91—107.

42 Zit. bei: Fischer, Griff (wie Anm. 1), S. 100.

43 Kühlmann an Bethmann Hollweg, 6. 2. 1916, zit. in: Mehnert, Deutschland (wie Anm. 37), S. 352.

44 Link, Wilson, Bd 3 (wie Anm. 1), S. 6—31.

45 Reinhard R. Doerries, Imperial Challenge: Ambassador Count Bernstorff and German-American Relations 1908—1917, Chapel Hill, S. 9—76.

46 Carl P. Parrini, Heir to Empire. United States Economic Diplomacy, 1916—1923, Pittsburgh 1969; Burton I. Kaufman, Efficiency and Expansion, Westport, CT 1974; William H. Becker, The Dynamics of Business-Government Relations, Chicago 1982, S. 138—156; Lloyd C. Gardner, Safe for Democracy, The Anglo-American Response to Revolution, 1913—1923, New York, Oxford 1987, S. 114 ff.; Mark T. Guilderhus, Pan American Visions. Woodrow Wilson in the Western Hemisphere 1913—1921, Tuscon, AR 1986, S. 37—80.

47 Robert Lansing, War Memoirs, Indianapolis 1935, S. 308—314; Friedrich Katz, The Secret War in Mexico. Europe, the United States, and the Mexican Revolution, Chicago, London 1981, S. 253—524 passim; P. Edward Haley, Revolution and Intervention: The Diplomacy of Taft and Wilson with Mexico, 1910—1917, Cambridge, MA 1970, S. 183—198 und 250 ff.

48 Gardner, Safe for Democracy (wie Anm. 46), S. 78—93; Braisted, The United States Navy in the Pacific (wie Anm. 37), Bd 2, S. 153—340.

[49] Link, Wilson, Bd 3 (wie Anm. 1), S. 309—455; Daniel M. Smith, The Great Departure. The United States and World War I, 1914—1920, New York 1965, S. 29—66; Patrick A. Devlin, Too Proud to Fight. Woodrow Wilson's Neutrality, New York 1975, S. 283—315.

[50] Unmittelbar nach der Versenkung der »Lusitania« intensivierte der für die amerikanische Kriegsplanung zuständige »General Board of the Navy« in täglichen Sitzungen die Arbeiten an dem sogenannten »Black Plan« für den Krieg mit dem Kaiserreich. National Archives, Department of the Navy, Record Group 80, General Board Proceedings, März/April 1915.

[51] Charles C. Tansill, The Purchase of the Danish West Indies, Baltimore, MD, London 1932; Dana Munro, Intervention and Dollar Diplomacy in the Caribbean 1900—1921, Princeton, NJ 1964, Nachdruck Westport, CT, 1980, S. 307—316, 333—362 und 404 ff.; Hans Schmidt, The United States Occupation of Haiti, 1915—1934, New Brunswick 1971, S. 42—81; Harold and Margaret Sprout, The Rise of American Naval Power, 1776—1918, Princeton, NJ 1939, S. 332—346. Ragnhild Fiebig-von Hase, Imperialismus als Sicherheitspolitik: Die Okkupation Haitis durch die USA im Sommer 1915, in: Festschrift für Günther Kahle, Opladen 1994; dies., United States (wie Anm. 23), S. 57 ff. Kritisch gegenüber dem »German threat« blieb: Link, Wilson, Bd 3 (wie Anm. 1), S. 495—550.

[52] Fischer, Griff (wie Anm. 1), S. 109—134 und 184—217; George Soutou, L'Or et le Sang. Les buts de guerre économique de la Première Guerre mondiale, Paris 1989, S. 17—107.

[53] Im Hinblick auf die USA sind vor allem die wirtschaftlichen und die westeuropäischen Kriegsziele von Bedeutung. Fischer, Griff (wie Anm. 1), S. 109—137 und 310—346; Fiebig-von Hase, Sturm, Transatlantische Wirtschaftsbeziehungen (wie Anm. 6), S. 2—9.

[54] Tagebuchaufzeichnung von Col. House, 30. 8. 1914, zit.: Link, Wilson, Bd 3 (wie Anm. 1), S. 51.

[55] Gerard an Bryan, 15. 3. 1915, National Archives, Washington, DC, Department of State, Record Group 59 (NA/DS/RG59) 763.72119/48. Gerard an Lansing, 13. 7. 1915, mit der Denkschrift als Anlage; Lansing an Wilson, 29. 7. 1915, und Wilson an Lansing, 31. 7. 1915, NA/DS/RG59/763.72119/83, teilweise abgedr. in: PWW (wie Anm. 11), Bd 33, Princeton 1980, S. 46 ff.

[56] Memorandum Lansings, 11. 7. 1915, abgedr. in: Lansing (wie Anm. 47), S. 19—29; Bryan an Wilson, 26. 4. 1915, FRUS 1915 (wie Anm. 4), The Lansing Papers 1914—1920, Bd 1, Washingon, D. C. 1939, S. 12 f.; Gerard an Lansing, Telegramm, 23. 2. 1915, NA/DS/RG59/763.72/1496. Zum Faktor USA in den deutschen Separatfriedensbemühungen gegenüber Japan und der amerikanischen Reaktion: Mehnert, Deutschland (wie Anm. 37), S. 327—396; dies., Deutsche Weltpolitik (wie Anm. 11), S. 673—692.

[57] Bernstorff an AA Berlin, Telegramm, 24. 6. 1916, NA/DS/RG59, Records of the Office of the Counsellor, Records Kept by Leyland Harrison, Classified Case Files 1915, Entry 542 B 3; zur deutschen Mexikopolitik im Krieg insgesamt: Katz (wie Anm. 47), S. 327—383.

[58] Doerries (wie Anm. 1), S. 54—97 und 165—218.

[59] Ansprache Wilsons an den Senat vom 22.1.1917, PWW (wie Anm. 11), Bd 40, S. 533—539.

[60] Wilsons Entwürfe für seine Note vom 18.12.1916, ebd., S. 222—229 und 273—276.

[61] Fiebig-von Hase, Sturm, Transatlantische Wirtschaftsbeziehungen (wie Anm. 6), S. 33f.

[62] Zimmermann an Bernstorff, Telegramm, 7.1.1917, in: UA (wie Anm. 13), Beilagen, Teil I, S. 122ff.

[63] AA an Bernstorff, 7.6.1916, abgedr. in: Graf Johann Heinrich Bernstorff, Deutschland und Amerika, Berlin 1920, S. 273ff.; Bethmann Hollweg an Bernstorff vom 25.9.1916, UA (wie Anm. 13), S. 15f.; Zimmermann an Bernstorff, Telegramm, 26.12.1916, ebd., S. 77.

Hans-Jürgen Schröder

Demokratie und Hegemonie. Woodrow Wilsons Konzept einer Neuen Weltordnung

Die amerikanische Intervention im Ersten Weltkrieg markiert auf den ersten Blick einen tiefen Einschnitt der neueren Geschichte. Hans Rothfels hat Anfang der fünfziger Jahre im amerikanischen Kriegseintritt sogar ein wichtiges Kriterium für den Beginn der Zeitgeschichte gesehen. In den Jahren 1917/18 habe »eine neue universalgeschichtliche Epoche sich abzuzeichnen begonnen«, deren Wurzeln Rothfels in Grundtendenzen der imperialistischen Politik sowie der industriellen Gesellschaft gesehen hat.

»Erst mit dem eigentümlich zusammengeordneten Doppelereignis, dem Eintritt der Vereinigten Staaten in den Krieg und dem Ausbruch der russischen Revolution, wurde die Konstellation wirklich universal und wurde zugleich der Konflikt von Völkern und Staaten durch gesellschaftliche Gegensätze tiefgreifender Art durchzogen und durchkreuzt. Schon 1918 ist im Grunde die Antithese Washington—Moskau eine sehr reale gewesen[1].«

Es war und ist sicher sinnvoll, den Gewichtsverlust Europas im internationalen System unter Hinweis auf das Jahr 1917 zu verdeutlichen. Allerdings ergibt sich aus dieser eher punktuellen Betrachtungsweise die Gefahr, daß der Blick auf längerfristige Entwicklungen gerade der amerikanischen Außenpolitik verstellt wird. Die Globalisierung des europäischen Staatensystems, der Übergang von der »europäischen zur globalen Weltgeschichte«[2], vollzieht sich nicht erst im Jahre 1917[3]. Ebensowenig wird man davon sprechen können, daß den USA im Ersten Weltkrieg die Rolle einer »Weltmacht wider Willen« quasi zugefallen sei, wie dies von einer am sichtbaren diplomatischen Geschehen orientierten Geschichtsschreibung immer wieder suggeriert worden ist[4]. Die Kriegserklärung Washingtons an das Deutsche Reich vom 6. April 1917 ist lediglich der sichtbare Höhepunkt längerfristig angelegter Entwicklungen in den deutsch-amerikanischen Beziehungen und generell in der amerikanischen Außenpolitik[5]. Bereits im 19. Jahrhundert haben die amerikanischen Führungseliten von Wirtschaft und Politik den Anspruch Washingtons auf eine Mitgestaltung der internationalen Politik unmißverständlich angemeldet.

Die Geschichte der USA ist die Geschichte einer ständigen Expansion. Der kontinentalen Ausbreitung folgte die Expansion über die Grenzen hinaus. Das Ausgreifen nach Übersee manifestierte sich zunächst vor allem im wirtschaftlichen Bereich. Die Regierung in Washington verzichtete allerdings nicht auf militärische Maßnahmen. Das bewaffnete Vorgehen gegen die Indianer oder der Krieg gegen Mexiko (1846—1848), an dessen Ende beachtliche territoriale Zugewinne der USA standen (die heutigen Staaten Arizona, California, Utah sowie Teile von Neu Mexico, Colorado und Wyoming), sind wichtige Elemente der kontinentalen Expansion. Der spanisch-amerikanische Krieg des Jahres 1898 ist ein eindrucksvoller Beleg für die Entschlossenheit der USA, auch ihre außerkontinentalen Ziele mit Rückgriff auf militärische Mittel durchzusetzen[6]. Der Sieg über Spanien brachte nicht nur territorialen Zugewinn, wie etwa die Philippinen, sondern etablierte die USA unwiderruflich als Weltmacht, auch wenn einige europäische Kanzleien dies nicht erkannten oder nicht wahrhaben wollten[7].

Bei der Suche nach den Motiven der amerikanischen Expansion lassen sich vor allem zwei zentrale Elemente ausmachen: die Überzeugung vom Vorbildcharakter des angelsächsischen Amerika, die nicht zuletzt in der Berufung auf Gott oder die »Vorsehung« (Providence) Überzeugungskraft erhielt, und die Vorstellung der Führungseliten, daß der gesellschaftliche Status quo nur durch Expansion über die Grenzen dauerhaft zu sichern sei. Auf dem Hintergrund der Weltwirtschaftskrise der Jahre 1873 bis 1895 hieß dies vor allem: Erschließung von Absatzmärkten zur Sicherung des Binnenmarktes. Das war weit mehr als ein wirtschaftliches Ziel. Nicht die Befriedigung der Profitgier einzelner Unternehmer, sondern gesamtwirtschaftliche und gesamtpolitische Überlegungen bestimmten das staatliche Handeln. Das möglichst reibungsloses Funktionieren der Wirtschaft sollte auch die Stabilisierung des politischen Systems sicherstellen. Umgekehrt formuliert: Von wirtschaftlichen Störungen ausgehende soziale Unruhen konnten sich zur Revolution steigern und damit das privatwirtschaftliche System grundlegend in Frage stellen. Genau dies befürchteten die Führungseliten von Wirtschaft und Politik, die das privatkapitalistische System als integralen Bestandteil der Demokratie definierten. Daher wurde und wird auch jeder Eingriff in die privatkapitalistische Struktur als Angriff auf die Demokratie und damit als Gefährdung des »American System« betrachtet. Dieser schon von den Gründervätern des »New Empire of America« betonte funktionale Zusammenhang zwischen Systemerhaltung und Expansion haben die amerikanischen Führungseliten bis zur Gegenwart immer wieder als politisches Axiom definiert. Auch der hier zur Debatte stehende 19. Präsident der USA, Woodrow Wilson, steht in dieser Tradition. Wilson orientierte sich wie seine Vorgänger im Weißen Haus vor allem an zwei bereits im 19. Jahrhundert entwickelten außenpolitischen Leitlinien, der Monroe-Doktrin und der Politik der Offenen Tür.

Monroe-Doktrin und Politik der Offenen Tür

Die Monroe-Doktrin des Jahres 1823[8], die zunächst auf eine Abwehr europäischer Einflüsse zielte, wurde in den folgenden Jahrzehnten zu einem Instrument der Washingtoner Hegemonialpolitik in Lateinamerika ausgeweitet, und zwar durch einseitige Erklärungen der Regierung in Washington. Die große Bedeutung der Monroe-Doktrin als Element Washingtoner Hegemonialpolitik in der Westlichen Hemisphäre sollte allerdings nicht den falschen Eindruck erwecken, die amerikanischen Regierungen hätten im 19. und zu Beginn des 20. Jahrhunderts ihre außenpolitischen Aktivitäten auf Lateinamerika und damit regional beschränkt. Bereits im ausgehenden 19. Jahrhundert verfolgte Washington globale Interessen. Für den Fernen Osten verdeutlicht dies zunächst die in den Jahren 1899 und 1900 in bezug auf China formulierte Politik der Offenen Tür[9], die auf einen gleichberechtigten Zugang zu den Waren- und Kapitalmärkten der Welt zielte. Das postulierte Gleichheitsprinzip der Offenen Tür hat aus amerikanischer Perspektive den großen Vorteil, daß es mit dem Gleichheitsprinzip der amerikanischen Demokratie korrespondiert.

Die Politik der Offenen Tür hat allerdings nicht nur eine große moralisch-politische Qualität, sie ist auch Ausdruck des amerikanischen Überlegenheitsgefühls in bezug auf das eigene Wirtschaftssystem. Die Mehrheit der Führungseliten von Politik und Wirtschaft ging seit dem ausgehenden 19. Jahrhundert von der Überzeugung aus, daß sich der amerikanische Handel aufgrund der amerikanischen Produktionskraft bei formaler Gleichstellung mit anderen Handelsnationen letztlich als überlegen erweisen werde. Neben der Durchsetzung wirtschaftlicher Interessen sollte im Rahmen der Politik der Offenen Tür darüber hinaus die Möglichkeit der politischen Einflußnahme erschlossen werden. Im Extremfall konnte dies eine amerikanische Hegemonialstellung bedeuten. Dieser indirekt-informelle Charakter der amerikanischen Außenpolitik kann nicht nachdrücklich genug betont werden. Zu Recht ist die Politik der Offenen Tür in ihrer axiomatischen Bedeutung daher mit der Monroe-Doktrin verglichen worden[10]. Ähnlich wie in der Monroe-Doktrin manifestierte sich in der Politik der Offenen Tür das Selbstvertrauen der amerikanischen Führungseliten in die Zukunftsperspektiven Amerikas.

Die prinzipielle Bedeutung der Open Door Policy unterstreicht auch den traditionell großen Stellenwert wirtschaftlicher Faktoren der amerikanischen Außenpolitik: Die Außenwirtschaftspolitik erfüllt zum einen die Aufgabe, Absatzmärkte zu sichern; hieraus ergibt sich die politische Dimension aus der Stabilisierungsfunktion für das amerikanische Gesellschaftssystem. Zum anderen ist die Außenwirtschaft ein wichtiges Instrument der amerikanischen Außenpolitik. Die internationalen Beziehungen sollen durch die Außenwirtschaftspolitik beeinflußt, im Idealfall sogar bestimmt werden. Diese politisch-ökonomische Doppelfunktion der Außenwirtschaft zieht sich wie ein roter Faden durch die Washingtoner Außenpolitik des 20. Jahrhunderts und ist auch ein Bestandteil der Wilsonschen Außenpolitik.

Ein Dilemma der Politik der Offenen Tür besteht allerdings darin, daß die Mechanismen der amerikanischen indirekt-informellen Einflußnahme nur dann erfolgreich sein können, wenn sich alle Staaten der Welt zu diesem Prinzip nicht nur verbal bekennen, sondern es auch in der Praxis respektieren. Muß es gewaltsam durchgesetzt werden, erfordert das den Einsatz jenes Mittels, das die amerikanische Diplomatie traditionell zu vermeiden sucht, die bewaffnete Intervention. Allerdings zeigt die historische Erfahrung, daß Washington als ultima ratio immer wieder zum Instrument der militärischen Intervention gegriffen hat, um der Durchsetzung amerikanischer Ordnungsvorstellungen Nachdruck zu verleihen. Der Einsatz militärischer Mittel ist dann jeweils in moralischen Kategorien gerechtfertigt worden. Die Washingtoner Politik im Ersten Weltkrieg und namentlich die Legitimierung der amerikanischen Intervention durch Präsident Wilson sind hierfür Belege.

»The world must be made safe for democracy«

Nach dem Beginn des Krieges in Europa hatten sich die USA im August 1914 zunächst für neutral erklärt. Zwei Jahre später hat es Wilson im Präsidentschaftswahlkampf von 1916 noch als Erfolg seiner bisherigen Politik herausgestrichen, daß es ihm gelungen sei, Amerika aus dem europäischen Krieg herauszuhalten. Das änderte nichts an der Tatsache, daß die Vereinigten Staaten von den Ereignissen in Europa elementar betroffen waren.

So überrascht es nicht, daß Präsident Wilson den Krieg in Europa wiederholt zum Anlaß genommen hat, zu den Prinzipien der amerikanischen Außenpolitik Grundsatzerklärungen abzugeben und ein Mitspracherecht zu postulieren. Die öffentlichen Erklärungen des Präsidenten und interne Überlegungen der Wilson-Administration sind mit der jetzt abgeschlossenen Edition der Wilson Papers in hervorragender Weise dokumentiert[11].

Schon vor dem Kriegseintritt der Vereinigten Staaten im April 1917 bezeichnete es Wilson als »unvorstellbar«, daß Washington an einer europäischen Friedensregelung nicht beteiligt sein könnte[12]. Ohne amerikanische Mitwirkung müsse jeder Friede brüchig sein. Den Krieg in Europa nahm Präsident Wilson wiederholt zum Anlaß, zu den Prinzipien der amerikanischen Außenpolitik öffentliche Erklärungen abzugeben. Zugleich machte er deutlich, daß für Washington nur eine solche Friedensordnung akzeptabel sein könne, die sich an den Grundsätzen der amerikanischen Demokratie orientiere. »Die Welt muß sicher gemacht werden für die Demokratie,« lautete die berühmte Formel, die Wilson in seiner Rede vom 2. April 1917 prägte[13]. Es sei die Absicht der USA, den Prinzipien von Frieden und Gerechtigkeit im Leben der Welt Geltung zu verschaffen. Die Amerikaner verfolgten keine eigensüchtigen Interessen, sie seien lediglich »Vorkämpfer für die Rechte der Menschheit«[14].

Am ausführlichsten hat der Präsident dann nach dem amerikanischen Kriegseintritt in seinen vielzitierten 14 Punkten am 8. Januar 1918 sein Friedensprogramm im einzelnen präzisiert. Neben konkreten Forderungen zur Verwirklichung nationalstaatlicher Prinzipien auf der Basis des Selbstbestimmungsrechts für eine europäische Friedensordnung formulierte Wilson unmißverständlich Grundprinzipien der amerikanischen Außenpolitik: Absage an die Geheimdiplomatie der Vorkriegszeit, Freiheit der Meere, Freiheit des Welthandels, Rüstungsbeschränkungen, internationale Regelung der Kolonialfragen und Etablierung einer »League of Nations«, des Völkerbundes[15]. Wilson hat die Errichtung einer Weltordnung anvisiert, die weder durch eine formelle imperialistische Expansion der europäischen Mächte noch durch einen revolutionären Sozialismus gefährdet war. Im Rahmen liberaler Ideen und Institutionen sollte allen Staaten ein höchstes Maß an Selbstbestimmung ermöglicht werden. Allerdings ist bei der Interpretation der 14 Punkte häufig übersehen worden, daß es sich keinesfalls um ein altruistisches Friedensprogramm handelte. Hier mag auch die idealisierende Selbstdarstellung Washingtons nachwirken, die begreiflicherweise kein Interesse daran haben konnte, die eigenen Interessen lautstark zu propagieren. In welchem Maße sich das Wilsonsche Konzept einer neuen Weltordnung jedoch an amerikanischen Wertvorstellungen orientierte, zeigt nicht zuletzt der vom Präsidenten präsentierte Vorschlag, die Monroe-Doktrin zur Weltdoktrin zu erheben[16]. Von der Regierung unilateral definierte Normen sollten Bestandteil eines global verbindlichen Völkerrechts werden. Das Wilsonsche Konzept einer Neuen Weltordnung wurde allerdings von den Entwicklungen in anderen Staaten grundlegend in Frage gestellt. Neben der Revolution in Rußland ist hier zunächst Deutschland zu nennen. Die deutsche Kriegspolitik wurde als machtpolitische, ökonomische und auch ideologische Herausforderung empfunden, der es zu widerstehen galt.

So hat Wilson den europäischen Krieg auch als Entscheidungskampf zwischen Autokratie und Demokratie begriffen, denn aus amerikanischer Sicht wurden überall in der Welt freie Institutionen durch deutsche imperialistische Ambitionen bedroht. Im Juni 1918 hat der Präsident in einer Ansprache vor Lehrern besonders pointiert herausgestrichen, daß es sich um einen grundlegenden Kampf handele zwischen der Alten Ordnung Europas und der von Amerika repräsentierten Neuen Ordnung. Deutschland sei Exponent der Autokratie, Amerika Exponent der Demokratie. Es komme darauf an, den Kindern im Schulunterricht deutlich zu machen, daß es eine Pflicht, zugleich aber auch ein Privileg der Vereinigten Staaten sei, als Hauptinterpret für diejenigen demokratischen Prinzipien aufzutreten, die nach Auffassung der Amerikaner allein geeignet sein könnten, die Welt vom Unrecht zu befreien und der Menschheit Frieden und Glück zu bringen[17]. Der für Amerika proklamierte hohe moralische Anspruch hinderte Wilson allerdings nicht daran, gegen Deutsch-Amerikaner und deutsche Kultur Front zu machen.

Die Mobilisierung der Heimatfront

Wilson hatte den Präsidentschaftswahlkampf des Jahres 1916 noch mit der Parole geführt »he kept us out of war.« Die im Jahre 1917 nur bedingte Kriegsbereitschaft der amerikanischen Bevölkerung machte dann Mobilisierungsmaßnahmen erforderlich. Teil dieser Mobilisierung war eine Propagandakampagne gegen Deutschland, die Deutschen und deutsche Kultur[18]. Die Regierung Wilson hatte einen »beispiellosen missionarischen Eifer« entfacht[19]. Die Zeitschrift McClure's ließ ihre Leser wissen: »Wir befinden uns im Krieg mit Deutschland, dem deutschen Volk und allem, was mit Deutschland irgendeine Verbindung hat.« Dieser Behauptung folgte die Aufforderung, die deutschsprachige Presse in den USA »wegzufegen«[20]. An derartigen Attacken beteiligten sich auch Geistliche. Der Evangelist Billy Sunday sah den Krieg als Kampf von Gut gegen Böse: »I tell you it is Bill against Woodrow, Germany against America, Hell against Heaven[21].«

In diesem Zusammenhang überrascht es nicht, daß die Regierung in Berlin und speziell der Kaiser scharf angegriffen wurden. Wilhelm II. wurde als »satanischer Kaiser«, als »Werwolf von Potsdam«, ja als »Bill the Butcher« bezeichnet[22]. Allerdings beschränkte sich die Kriegspropaganda nicht auf Angriffe gegen den Kaiser und die deutsche Regierung. So verstieg sich ein Pfarrer zu der Behauptung, »made in Germany« sei gleichzusetzen mit »made in Hell«[23]. Wenn man sich dazu hinreißen ließ, Deutsche als Barbaren zu bezeichnen, dann schien es vielen Amerikanern einleuchtend, alles Deutsche einer radikalen Kritik zu unterziehen, ja schließlich gegen alles Deutsche auch einen Stellvertreterkrieg an der Heimatfront zu eröffnen.

Präsident Wilson hat an dieser Entwicklung persönlichen Anteil gehabt. So hat er sich in seiner Jahresbotschaft an den Kongreß im Jahre 1915 über diejenigen naturalisierten Amerikaner besorgt geäußert, die das »Gift der Illoyalität« in die Arterien des amerikanischen Lebens gefüllt hätten. Derartige »Kreaturen« der »Anarchie« müßten vernichtet werden[24]. Als Wilson im Präsidentschaftswahlkampf des Jahres 1916 gegen die Bindestrichamerikaner Front machte, war klar, daß sich seine allgemeinen Formulierungen speziell gegen die Deutsch-Amerikaner richteten. So ließ der Präsident wissen, daß er auf die Stimmen der Deutsch-Amerikaner keinen Wert lege. Diese Taktik

»machte die Deutsch-Amerikaner bereits zu innenpolitischen Feinden, als Wilson seinen Wahlkampf mit der Parole führte, daß er die Nation aus dem Krieg herausgehalten habe«[25].

Als Wilson dann am 2. April 1917 den Kongreß um eine Kriegserklärung gegen Deutschland ersuchte, hatte der Präsident die amerikanische Bevölkerung zu einem Kreuzzug nicht nur gegen das Deutsche Reich, sondern auch gegen die Deutsch-Amerikaner vorbereitet. Vor dem Kongreß machte er deutlich, daß gegen diejenigen Deutsch-Amerikaner, die sich nicht loyal verhielten, mit harter Hand vorgegangen werde[26].

Mitteleuropa versus Open Door

Die demokratischen Prinzipien waren aber nicht nur durch die deutsche Autokratie, sondern auch durch die von Deutschland praktizierte Wirtschaftspolitik und deren machtpolitischer Komponente gefährdet. Vor allem die mit ökonomischen Mitteln forcierte deutsche Mitteleuropapolitik wurde von Wilson als prinzipielle Bedrohung seiner Weltordnungspläne betrachtet[27]. Dies artikulierte er beispielsweise am 12. November 1917 in einer Rede vor der American Federation of Labor. Deutschland sei entschlossen, Mitteleuropa zu kontrollieren, um schließlich die Weltwirtschaft zu beherrschen. Warum hat sich Deutschland nicht mit dem Zugang zu den Weltmärkten begnügt?, fragte Wilson. Schließlich habe Deutschland bereits vor dem Krieg seinen »Platz an der Sonne« eingenommen. Letztlich wolle sich Deutschland trotz seiner ökonomisch starken Stellung nicht mit dem freien Wettbewerb begnügen, sondern strebe weltweit auch politische Kontrolle an. Pan-Germanismus und Freiheit würden einander ausschließen, wie die deutsche Kriegspolitik gezeigt habe[28].

Derartige Befürchtungen des Präsidenten schienen sich zu bestätigen, als die Bestimmungen der Friedensschlüsse von Brest-Litowsk und Bukarest bekannt wurden. Die Annulierung dieser Verträge war nicht zuletzt aus diesem Grund ein wichtiges Kriegsziel Wilsons. Deutschland sollte zur Politik der Offenen Tür gezwungen werden, und Wilson war bereit, zur Realisierung dieses Ziels ökonomischen Druck anzuwenden. Er stimmte daher in Versailles auch den französischen und britischen Vorschlägen zu, Deutschland im Friedensvertrag die einseitige Gewährung der Meistbegünstigung an die Siegermächte aufzuerlegen, allerdings mit einer fünfjährigen Begrenzung. Eine permanente ökonomische Diskriminierung Deutschlands durch die wirtschaftlichen Bestimmungen des Versailler Vertrages stand für Wilson ernsthaft nicht zur Debatte, auch wenn Artikel 280 des Versailler Vertrages dies prinzipiell noch möglich gemacht hätte.

Testfall Mexiko

Die genannten ideologischen und im weitesten Sinne wirtschaftspolitischen Herausforderungen stellten sich für Washington um so dramatischer dar, als Berlin durch zahlreiche Aktivitäten in Mexiko die Monroe-Doktrin mißachtete und die Sicherheit der USA unmittelbar in der Westlichen Hemisphäre bedrohte. Zu nennen ist insbesondere das vom britischen Geheimdienst abgefangene und veröffentlichte Zimmermann-Telegramm vom Januar 1917[29]. Der mexikanischen Regierung wurde die Rückgabe von Territorien in Neu Mexico, Texas und Arizona in Aussicht gestellt, die Mexiko sieben Jahrzehnte zuvor an die USA hatte abtreten müssen. Diese war eine dramatische Herausforderung der Monroe-Doktrin[30].

Die Berliner Diplomatie hätte sich darüber im klaren sein müssen, daß finanzielle Abmachungen mit Mexiko, geknüpft an politische und ökonomische Bedingungen, von der Regierung in Washington nicht widerstandslos hingenommen würden. Die britische Diplomatie hat sich demgegenüber in ihrer Mexikopolitik taktisch wesentlich geschickter verhalten. Die Sicherung britischer Interessen in Mexiko wurde der Unterstützung der britischen Kriegsanstrengungen durch die Vereinigten Staaten untergeordnet. Die daraus resultierende Einschränkung einer autonomen britischen Mexikopolitik manifestierte sich etwa in der Tatsache, daß London die im August 1918 ins Auge gefaßte Intervention in Mexiko zum Schutz britischer Erdölinteressen aufgrund des entschlossenen Widerstands Wilsons gegen derartige Pläne aufgab. Angesichts britischer Konzessionsbereitschaft gegenüber Washington trat die deutsche Gefahr in Mexiko im Krisenjahr 1917 um so deutlicher hervor. Zu der deutschen machtpolitischen Herausforderung der Monroe-Doktrin kamen in Washington ideologische Überlegungen. Unter dem Eindruck der mexikanischen Revolution wurde Mexiko sogar als »Inkarnation einer sozialistischen Bedrohung« gesehen[31].

Wie groß die Washingtoner Revolutionsfurcht war und wie eng Wilson den Rahmen für sogenannte »legitime« Revolutionen steckte, erhellt die

Tatsache, daß die mexikanische Verfassung von 1917 zum zentralen Streitpunkt wurde. In Artikel 27 war der mexikanischen Regierung nämlich die Möglichkeit zur Enteignung von Privateigentum beziehungsweise zur Einschränkung der Verfügungsgewalt über privates Eigentum an die Hand gegeben. Darüber hinaus sollte die Erschließung der Bodenschätze mexikanischen Staatsbürgern und mexikanischen Firmen vorbehalten bleiben. Die Frage der Anwendung dieses Verfassungsartikels, ja der Rechtmäßigkeit der Verfassung überhaupt, führte sogar an den Rand eines Krieges. Allerdings sollte man Wilson nicht als Exekutivorgan von Big Business verstehen, wie seine ablehnende Haltung gegenüber den von amerikanischen und insbesondere britischen Erdölinteressen formulierten Interventionsforderungen vor allem des Jahres 1919 erkennen läßt. Wilson wollte nicht die spezifischen außenwirtschaftlichen Interessen einzelner Wirtschaftssektoren wahrnehmen. Ihm kam es primär darauf an, in Mexiko ein liberal-kapitalistisches System zu etablieren.

Mexiko hatte für Wilson nicht zuletzt deshalb eine so große prinzipielle Bedeutung, weil deutsche Gefahr und sozialrevolutionäre Entwicklungen sich aus der Washingtoner Perspektive zu einer explosiven Mischung verdichtet hatten. Die vom Deutschen Reich ausgehenden machtpolitischen und wirtschaftlichen Herausforderungen und die aus der Revolution in Rußland resultierende bolschewistische Bedrohung schienen sich an der Südflanke der Vereinigten Staaten zu potenzieren. Damit war das amerikanische Ordnungsmodell nicht nur in Übersee, sondern in der Westlichen Hemisphäre selbst in Frage gestellt. Mexiko wurde zu einer Art Laboratorium einer Neuen Weltordnung, die dann Ende des Weltkrieges in Versailles zur Debatte stand.

Wilson in Paris

Bei den Friedensverhandlungen sollte sich bald zeigen, daß zwischen den Prinzipien, die seinem Konzept einer Neuen Weltordnung zugrunde lagen, und den politischen Realitäten im internationalen System Kompromisse nötig waren. Und diese Kompromisse haben zu einer Erosion der Wilsonschen Prinzipien entscheidend beigetragen. In einem Memorandum »The Weakening of Principles by Compromise« hat Außenminister Lansing im April 1919 seine Überzeugung festgehalten, daß während der Friedensverhandlungen Wilsons Ehrlichkeit und sein Vertrauen in vielfältiger Weise ausgenutzt worden seien. Wilson sei in das von den anderen Konferenzteilnehmern gesponnene Netz derart verstrickt, daß er sich aus diesen Fesseln nicht befreien könne[32]. Hinzu kam, daß Wilson die Ansprüche an sich selbst überaus ehrgeizig formuliert hatte. »A supreme moment of history has come«, notierte Wilson am Abend des Waffenstillstandes[33]. Er berief sich zugleich auf die schützende Hand Gottes. Die Augen der Menschen seien geöffnet worden, und sie sähen die Hand Gottes über den Nationen. Kompromisse, insbesondere in bezug auf die Behandlung der deutschen Frage, haben den Präsidenten auf den Boden der Realität zurückgeführt.

Die Verhärtung der Position gegenüber Deutschland wurde begleitet von einem zeitweilig erstaunlichen Verständnis des Präsidenten für das britische Empire[34]. Deutschland, so ließ er London wissen, habe nicht begriffen, daß es zwischen dem Britischen Empire und der deutschen Konzeption eines Imperiums fundamentale Unterschiede gebe. Das britische Empire bezeichnete Wilson in diesem Kontext als einen freiwilligen Zusammenschluß freier Völker. In einer eigenwilligen Interpretation wurde das Selbstbestimmungsrecht zur »Tugend« der Alliierten. Mit Erleichterung stellten britische Diplomaten dann nach der Ankunft Wilsons in Paris fest, daß der amerikanische Präsident offenbar nicht beabsichtigte, für die Realisierung seines Programms die Unterstützung durch die europäische Linke anzustreben.

Die bolschewistische Revolution hatte einerseits Wilson in seinen programmatischen Überzeugungen bestärkt, zugleich aber auch zu einer Modifizierung seiner Friedensstrategie beigetragen. Außerdem ließ Wilson wissen, daß Deutschland nur nach einer Bewährungsprobe in den Völkerbund aufgenommen werden könne. Grundsätzlich stand für Wilson außer Zweifel, daß Deutschland integraler Bestandteil der angestrebten liberalen Weltordnung sein sollte. Allerdings wurde dem Land eine Art Warteschleife verordnet. Erst nach einer »Bestrafungsphase« sollte Deutschland in die Gemeinschaft der bürgerlich-demokratischen Staaten integriert werden[35]. Genau hier haben die Kritiker in Deutschland angesetzt.

Deutsche Wilson-Kritik

Die Widersprüche zwischen den von Wilson programmatisch verkündeten Kriegs- und Friedenszielen und der von ihm vor allem in Versailles praktizierten Politik haben in Deutschland Enttäuschungen hervorgerufen. Diese haben sich schließlich zu einer Wilson-Kritik verdichtet, die einen Nährboden für deutschen Anti-Amerikanismus bildete. Wie kam es dazu, daß Wilson in Deutschland derartiges Unbehagen, ja in einigen Fällen sogar Haß provozieren konnte? Warum hatte Wilson in Deutschland so wenige Anhänger? Die mit diesen Fragen aufgeworfenen Tatbestände sind um so erstaunlicher, als Wilsons Programm einer Neuen Weltordnung sowohl für die deutsche Wirtschaft als auch für die deutsche Außenpolitik positive Entwicklungsperspektiven selbst dann eröffnete, wenn man die in Versailles von Wilson eingegangenen Kompromisse berücksichtigt.

Die Antworten liegen in der deutschen Innenpolitik. Die deutsche Bevölkerung hatte sich im Vertrauen auf die Aussagen der militärischen Führung innerlich eher auf einen deutschen Sieg und nicht auf die deutsche militärische Niederlage vorbereitet. Die meisten Deutschen waren daher nicht in der Lage, den dramatischen Wandel von den rhetorisch weitgesteckten Kriegszielpostulaten der deutschen Führung hin zum Zusammenbruch der Front und der alten politischen Ordnung zu verkraften. Die Bevölkerung hatte in der Phase vom Abschluß des Waffenstillstandes bis zur Unterzeichnung des Versailler Vertrages in bezug auf die außen- und militärpolitischen Realitäten weitgehend in einem »Traumland«[36] gelebt. Bei einer Konfrontation mit den Fakten hat sich dann über die meisten Bestimmungen des Friedensvertrages tiefe Enttäuschung breit gemacht.

Die deutsche Rechte wollte von den eigenen Fehlern und ihrer Verantwortung dadurch ablenken, daß sie Wilson zum Sündenbock für die deutsche Lage nach dem Waffenstillstand und nach dem Friedensschluß zu machen suchte. Wilson wurde beschuldigt, die Deutschen betrogen zu haben, die im Vertrauen auf ihn die Waffen niedergelegt hätten. Die Unterstellung, ohne Wilson hätte es keine deutsche Niederlage gegeben, wurde zu einer weiteren »Dolchstoßlegende« umgedeutet, für die er verantwortlich gemacht wurde. Diese Enttäuschungseffekte haben sich bei der Formulierung der Berliner Amerikapolitik nach Versailles allerdings nicht zu einem die Weimarer Außenpolitik beeinflussenden antiamerikanischen Affekt verdichtet. Vielmehr wurde der Faktor Amerika zu einem zentralen Element der Weimarer Revisionspolitik[37].

Dennoch hatte die latente Wilson-Kritik eine beeindruckende Langzeitwirkung. Bezeichnenderweise wurde die deutsche Botschaft in Washington, als Wilson Anfang 1924 im Sterben lag, angewiesen, von »Beileidskundgebungen offizieller Art« Abstand zu nehmen[38]. Als die nationalsozialistische Publizistik seit 1936 gegenüber Präsident Franklin D. Roosevelt eine kritische Tonart anschlug, glaubte man ihn als »Wilsons Nachfolger« diffamieren zu können[39]. Noch während des Zweiten Weltkrieges empfahl der amerikanische Politikwissenschaftler James K. Pollock der amerikanischen Regierung, sich in der propagandistischen Vorbereitung der amerikanischen Nachkriegsplanung gegenüber Deutschland auf die Prinzipien der Atlantik-Charta zu beziehen und einen Hinweis auf Wilsons 14 Punkte möglichst zu vermeiden[40].

Die Wilson-Kritik der unmittelbaren Nachkriegszeit hatte offenbar vor allem deshalb eine relativ große Langlebigkeit, weil der sich hier manifestierende Antiamerikanismus kein prinzipiell neues Phänomen war. Bereits im ausgehenden 19. Jahrhundert hatte das Schlagwort von der »amerikanischen Gefahr« vor allem in konservativen Kreisen die Runde gemacht[41]. Die deutsche Wilson-Kritik war allzu durchsichtig und darauf abgestellt, von den eigenen Fehlern abzulenken. Allerdings ändert dies nichts an der Tatsache, daß die Bewertung auch der inneren Widersprüchlichkeit des Wilsonschen Konzepts einer Neuen Weltordnung nach wie vor eine Aufgabe der historischen Forschung ist.

Widersprüche im Konzept Wilsons

Die neuere Forschung hat auf zahlreiche Widersprüche in der Wilsonschen Kriegs- und Friedenspolitik wiederholt hingewiesen und daran erinnert, daß derartige Widersprüche vom amerikanischen Präsidenten als solche nicht empfunden wurden[42]. Die Exzeptionalität Amerikas war für Wilson eine Selbstverständlichkeit, folglich hat er amerikanische Interventionen im Ausland nicht als Imperialismus definiert. Wenn er die imperialistischen Zielsetzungen anderer Großmächte einer fundamentalen Kritik unterzog, dann hat Wilson geflissentlich übersehen, daß die von ihm angestrebte Weltordnung letztlich in eine Hegemonialstellung der USA mündete. Die aus der technologischen und wirtschaftlichen Überlegenheit der Vereinigten Staaten resultierende Dominanz des amerikanischen Einflusses wurde von Wilson nicht als Bedrohung der autonomen innenpolitischen Entwicklung in diesen Ländern gesehen, sondern als Beitrag zu deren Entwicklung umgedeutet. Dieser Glaube an die Attraktivität amerikanischer Ordnungsvorstellungen ist bis zur Gegenwart ein zentrales Element im amerikanischen Selbstverständnis. Ausländische Beobachter tun gut daran, sich dies immer wieder vor Augen zu führen, um Fehlinterpretationen der amerikanischen Außenpolitik so gering wie möglich zu halten. Der amerikanische Historiker Lloyd Ambrosius hat dies unlängst besonders pointiert zusammengefaßt:

»Auf dem Hintergrund der Erfahrungen in den Vereinigten Staaten sah Wilson in den Idealen und Praktiken von Demokratie, Kapitalismus und Christentum die Basis für eine neue Weltordnung. Mit der Propagierung einer weltweiten Durchsetzung von Monroe-Doktrin und Open Door hoffte er die Alte Welt zu erneuern, um auf diese Weise die Vereinigten Staaten sowohl vor europäischem Imperialismus als auch vor radikalen Revolutionen zu schützen. Allerdings sah sich der Präsident mit dem Dilemma konfrontiert, die von ihm projektierte neue Weltordnung mit dem Prinzip der Selbstbestimmung in Einklang zu bringen[43]«.

Dieses Dilemma vermochte Wilson ebensowenig zu lösen wie seine Nachfolger im Weißen Haus. Allerdings sollte nicht übersehen werden, daß der grundsätzliche Widerspruch zwischen einer nach amerikanischen Prinzipien zu gestaltenden Weltordnung und dem Prinzip der Selbstbestimmung in der historischen Analyse klarer hervortritt als aus der jeweiligen zeitgenössischen amerikanischen Perspektive. In der subjektiven Einschätzung Wilsons und der ihm im Weißen Haus nachfolgenden Architekten einer neuen Weltordnung hat sich kein Widerspruch zum Prinzip der Selbstbestimmung ergeben, wenn sie Amerika als Vorbild für die ganze Welt empfahlen. Mit Hinweis auf die Erfolge des amerikanischen Experiments war es für Wilson selbstverständlich, daß sich auch andere Völker für die amerikanischen Ordnungsprinzipien entscheiden würden, falls man ihnen dazu die Gelegenheit gab, wenn man ihnen das Recht auf Selbstbestimmung gewährte. Im Zweifelsfall mußten andere Völker eben durch mehr oder weniger sanften Druck aus Washington dazu gebracht werden, sich für die amerikanischen Ordnungsvorstellungen zu entscheiden. Diesen Sachverhalt hat William Appleman Williams unter anderem dadurch zum Ausdruck gebracht, daß er das Verb »to self-determine« geprägt hat[44].

Bei diesem Interpretationsansatz kann es nicht überraschen, daß aus amerikanischer Sicht auch zwischen ökonomischer Interessenwahrnehmung und der Propagierung demokratischer Ideale keine Diskrepanz gesehen wurde. Der amerikanische Historiker Gordon Levin hat diese enge Wechselbeziehung ökonomischer und idealistischer Motive in der Wilsonschen Politik besonders pointiert herausgearbeitet[45]. Die Errichtung einer liberal-kapitalistischen Weltordnung, die weder durch eine formelle imperialistische Expansion der europäischen Mächte noch durch einen revolutionären Sozialismus gefährdet war, eröffnete die

Möglichkeit, demokratische Grundprinzipien und amerikanische ökonomische Interessen auf einen Nenner zu bringen. Die in moralischen Kategorien gerechtfertigte Notwendigkeit einer Demokratisierung der Welt stand also mit den nationalen Interessen der USA und namentlich der Realisierung der amerikanischen wirtschaftlichen Expansion selbstverständlich im Einklang. Der Anspruch auf eine globale moralische und wirtschaftliche Führungsrolle ergänzten einander harmonisch.

Wilsons Kapitalismuskritik nach dem Ersten Weltkrieg

Wenngleich Wilson in den von Zeitgenossen und Historikern diagnostizierten divergierenden Zielen seines Konzepts der Neuen Weltordnung keinerlei prinzipielle Widersprüche gesehen hat und das Modell Amerika weltweit propagierte, hat er sich doch veranlaßt gesehen, gewisse Fehlentwicklungen des amerikanischen Kapitalismus anzuprangern. Wilson stellte das privatkapitalistische System zwar niemals prinzipiell in Frage, setzte sich jedoch nachdrücklicher als seine Vorgänger für Reformen ein, um die auch von ihm diagnostizierten negativen Nebenwirkungen des kapitalistischen Systems abzumildern. Kurz vor seinem Tod hat er in einem für ein breiteres Publikum bestimmten Zeitschriftenaufsatz noch einmal nach den Gründen für die Revolution in Rußland geforscht und die Frage aufgeworfen, ob dem kapitalistischen System hier eine Mitverantwortung zufalle[46]. In seiner Antwort warf Wilson einigen Kapitalisten vor, ihre Machtposition einseitig zu ihren Gunsten eingesetzt und damit das kapitalistische System insgesamt diskreditiert zu haben. Mithin sei die Verantwortlichkeit für die gegenwärtige radikale Herausforderung des kapitalistischen Systems nicht ausschließlich bei den Trägern dieser anti-amerikanischen Revolte zu suchen. Um der zum Teil also berechtigten Kapitalismuskritik die Basis zu entziehen, müsse das kapitalistische System ständig reformiert werden. Nur auf diese Weise könne seine Attraktivität erhalten werden. Nur so könne die Demokratie, die mit der militärischen Niederlage der Mittelmächte einen großen Sieg errungen habe, gegen »irrationale« Revolutionen immunisiert werden.

Wilson hatte also keineswegs zu einer fundamentalen Kapitalismus-Kritik angesetzt. Der ehemalige Präsident beklagte vielmehr den zu großen Egoismus einzelner Repräsentanten des kapitalistischen Systems und forderte eine Rückbesinnung auf die Grundwerte einer christlichen Zivilisation. Wenn es gelinge, durch eine Art Humanisierung des kapitalistischen Systems eine Quelle von Unzufriedenheit breiter Bevölkerungsschichten auszuschalten, dann werde es gelingen, die Massen gegen den revolutionären Bazillus zu immunisieren und schließlich einen wichtigen Beitrag zur Stabilisierung des kapitalistischen Systems zu leisten. Kurz vor seinem Tod hatte Wilson mithin noch einmal deutlich gemacht, daß er zum »American System« keine Alternative gesehen hat, auch nicht für die Entwicklung in anderen Staaten.

Gerade weil Wilson von Zeitgenossen und Historikern gleichermaßen als Symbol der Demokratie und des Kampfes um die Verwirklichung des Selbstbestimmungsrechts gesehen worden ist und wird, scheint es notwendig, die innere Widersprüchlichkeit der Wilsonschen Politik auch besonders pointiert herauszustellen. Jede Kritik an der Person Wilsons und jeder Hinweis auf sein persönliches Dilemma, wie es sich aus der Unvereinbarkeit einiger seiner politischen Grundüberzeugungen ergab, sollte sich freilich nicht auf eine Wilson-Kritik beschränken, da es sich hier um Grundfragen der amerikanischen Außenpolitik handelt.

Mit beharrlicher Konsequenz haben sich auch die Nachfolger Wilsons für die Durchsetzung des amerikanischen Modells engagiert. Die USA haben als einzige Großmacht gegenüber den totalitären Staaten keine Appeasementpolitik betrieben. Das konsequente Eintreten Washingtons für demokratische Prinzipien sowohl für die innerstaatliche Ordnung als auch für das internationale System haben der amerikanischen Außenpolitik im gesamten 20. Jahrhundert eine beispiellose Legitimation verliehen. Langfristig hat sich die amerikanische Politik gegenüber faschistischen und kommunistischen Herausforderungen als überlegen erwiesen. Allerdings darf das Eintreten für demokratische Grundsätze nicht nur als idealistisch motivierter Selbstzweck verstanden werden. Die Durchsetzung demokratischer Ordnungsprinzipien ist auch ein Mittel zur Durchsetzung des amerikanischen Führungsanspruchs in der Welt. Zugespitzt formuliert gilt mithin für die amerikanische Außenpolitik seit Wilson: Hegemonie durch Demokratie.

Anmerkungen

1 Hans Rothfels, Zeitgeschichte als Aufgabe, in: Vierteljahrshefte für Zeitgeschichte, 1 (1953), S. 1—8, Zit. S. 6; vgl. ders., Sinn und Aufgabe der Zeitge-

schichte, in: ders., Zeitgeschichtliche Betrachtungen. Vorträge und Aufsätze, Göttingen [2]1959, S. 9—16.

[2] Walter Hofer, Von der europäischen zur globalen Weltgeschichte, in: Aus Politik und Zeitgeschichte. Beilage zur Wochenzeitung Das Parlament vom 19. Juli 1967, S. 3—13.

[3] Zum Problem der Periodisierung der Zeitgeschichte vgl. als neueren Beitrag von Hans Günter Hockerts, Zeitgeschichte in Deutschland. Begriff, Methoden, Themenfelder, in: Aus Politik und Zeitgeschichte. Beilage zur Wochenzeitung Das Parlament vom 16. Juli 1993, S. 3—19.

[4] So etwa Ernst Fraenkel, USA — Weltmacht wider Willen, Berlin 1957.

[5] Vgl. insbes. die auf breiter empirische Basis erarbeiteten Untersuchungen von Ragnhild Fiebig-von Hase, Lateinamerika als Konfliktherd der deutsch-amerikanischen Beziehungen, 1890—1903, 2 Bde, Göttingen 1986; dies., Die deutsch-amerikanischen Wirtschaftsbeziehungen 1890—1914 im Zeichen von Protektionismus und internationaler Integration, in: Amerikastudien/American Studies, 33 (1988), S. 329—357; dies., Amerikanische Friedensbemühungen in Europa 1905—1914, in: Liberalitas. Festschrift für Erich Angermann zum 65. Geburtstag, hrsg. von Norbert Finzsch und Hermann Wellenreuther unter Mitwirkung von Manfred F. Boemeke und Marie-Luise Frings, Stuttgart 1992, S. 285—318.

[6] Vgl. als neueste Gesamtdarstellung mit weiteren Literaturangaben und einem allerdings irreführenden Obertitel John L. Offner, An Unwanted War: The Diplomacy of the United States and Spain over Cuba, 1895—1898, Chapel Hill, NC 1992.

[7] Vgl. aus der Fülle der Literatur insbes. Walter LaFeber, The New Empire. An Interpretation of American Expansion 1860—1898, Ithaca, NY 1963; Hans-Ulrich Wehler, Der Aufstieg des amerikanischen Imperialismus. Studien zur Entwicklung des Imperium Americanum 1865—1900, Göttingen [2]1987, mit ausführlicher Bibliographie.

[8] Rede Monroes in den entscheidenden Passagen abgedr. in: Documents of American History, ed. by Henry Steele Commager, New York 1958, Bd I, S. 235 ff. Eine prägnante Einführung mit weiteren Literaturangaben gibt Richard W. Van Alstyne, The Monroe Doctrine, in: Encyclopedia of American Foreign Policy, ed. by Alexander DeConde, Bd II, New York 1978, S. 584—596. Die zunehmend extensive Auslegung der Monroe-Doktrin durch die Regierungen in Washington ist hervorragend dokumentiert bei J. Reuben Clark, Memorandum on the Monroe Doctrine, Washington, DC 1930.

[9] Grundlegend Thomas J. McCormick, China Market: America's Quest for Informal Empire, 1893—1901, Chicago 1967. Vorzügliche Überblicke auch über den Gang der Forschung geben: Richard W. Van Alstyne, The Open Door Policy, in: Encyclopedia of American Foreign Policy (wie Anm. 8), Bd II, S. 711—721; William Appleman Williams, Open Door Interpretations, ebd., S. 703—710.

[10] So Thomas J. McCormick, American Expansion in China, in: American Historical Review, 75 (1969/70), S. 1393—1396, S. 1395.

[11] The Papers of Woodrow Wilson, ed. by Arthur S. Link a. o., 69 Bde, Princeton, NJ 1966—1992.

[12] Rede Wilsons vor dem Senat vom 22. Januar 1917, ebd., Bd 40, S. 533—539, bes. S. 534.

[13] Rede Wilsons vor dem Kongreß vom 2. April 1917, ebd., Bd 41, S. 519—527, Zit. S. 525.

[14] Ebd.: »We have no selfish ends to serve. We desire no conquest, no dominion. We seek no indemnities for ourselves, no material compensation for the sacrifices we shall freely make. We are but one of the champions of the rights of mankind. We shall be satisfied when those rights have been made as secure as the faith and the freedom of nations can make them.«

[15] Rede Wilsons vor dem Kongreß vom 8. Januar 1918, ebd., Bd 45, S. 534—539.

[16] Vgl. Laura Garcés, La Mondialisation de la Doctrine Monroe à l'Ere Wilsonienne, Lausanne 1988.

[17] Rede Wilsons v. 28. Juni 1918, in: Wilson Papers (wie Anm. 11), Bd 48, S. 455 f.

[18] Vgl. zum folgenden Paul Finkelman, The War on German Language and Culture, 1917—1925, in: Confrontation and Cooperation. Germany and the United States in the Era of World War I, 1900—1924, ed. by Hans-Jürgen Schröder, Providence, RI 1993, S. 177—196; Frank Trommler, Inventing the Enemy: German-American Cultural Relations, 1900—1917, ebd., S. 99—125; Elliott Shore, The *Kultur* Club, ebd., S. 127—133.

[19] So Stephen L. Vaughin, Holding Fast the Inner Lines: Democracy, Nationalism, and the Committee on Public Information, Chapel Hill, NC 1980, S. 83.

[20] Zit. bei Finkelman, The War (wie Anm. 18), S. 180.

[21] Zit. ebd.

[22] Zit. ebd.

[23] Zit. ebd.

[24] Rede Wilsons vor dem Kongreß vom 7. Dezember 1915, in: Wilson Papers (wie Anm. 11), Bd 35, S. 293—310, Zit. S. 306 f.

[25] Finkelman, The War (wie Anm. 18), S. 183.

[26] Rede Wilsons vor dem Kongreß vom 2. April 1917, in: Wilson Papers (wie Anm. 11), Bd 41, S. 519—527.

[27] Vgl. als neueren Beitrag Georges-Henri Soutou, L'Or et le Sang. Les Buts de Guerre Économique de la Première Guerre Mondiale, Paris 1989.

[28] Rede Wilsons vor der American Federation of Labor in Buffalo vom 12. November 1917, in: Wilson Papers (wie Anm. 11), Bd 45, S. 11 f.

[29] Vgl. z. B. Reinhard R. Doerries, Imperial Challenge. Ambassador Count Bernstorff and German-American Relations, 1908—1917, Chapel Hill, NC 1989, S. 225 ff. (erweiterte Fassung von: Washington—Berlin 1908/17. Die Tätigkeit des Botschafters Heinrich Graf von Bernstorff in Washington vor dem Eintritt der Vereinigten Staaten von Amerika in den Ersten Weltkrieg, Düsseldorf 1975); Friedrich Katz, The Secret War in Mexico. The United States and the Mexican Revolution, Chicago 1981, S. 350 ff.; eine Art »Ehrenrettung« des Zimmermann-Telegramms versucht Friedhelm Koopmann, Diplomatie und Reichsinteresse. Das Geheimdienstkalkül in der deutschen Amerikapolitik 1914 bis 1917, Frankfurt a. M. 1990, S. 288 ff.

[30] Laura Garcés, The German Challenge to the Monroe Doctrine in Mexico, 1917, in: Confrontation and Cooperation (wie Anm 18), S. 281—313.

[31] Zit. ebd., S. 294.

32 Zit. bei Lloyd C. Gardner, The United States, the German Peril and a Revolutionary World: The Inconsistencies of World Order and National Self Determination, ebd., S. 263—280, S. 278.

33 Notiz Wilsons vom 11. 11. 1918, in: Wilson Papers (wie Anm. 11), Bd 53, S. 34.

34 Gardner, The United States (wie Anm. 32), S. 277.

35 Grundlegend insbes. Klaus Schwabe, Deutsche Revolution und Wilson-Frieden. Die amerikanische und deutsche Friedensstrategie zwischen Ideologie und Machtpolitik 1918/19, Düsseldorf 1971; ders., Die USA, Deutschland und der Ausgang des Ersten Weltkrieges, in: Manfred Knapp u. a., Die USA und Deutschland 1918—1975. Deutsch-amerikanische Beziehungen zwischen Rivalität und Partnerschaft, München 1978, S. 11—61.

36 Peter Krüger, German Disappointment and Anti-Western Resentment, 1918—19, in: Confrontation and Cooperation (wie Anm. 18), S. 323—350; vgl. auch ders., Die Außenpolitik der Republik von Weimar, Darmstadt 1985; ders., Versailles. Deutsche Außenpolitik zwischen Revisionismus und Friedenssicherung, München 1986.

37 Grundlegend Werner Link, Die amerikanische Stabilisierungspolitik in Deutschland 1921—32, Düsseldorf 1970; in enger Anlehnung an Link neuerdings Manfred Berg, Gustav Stresemann und die Vereinigten Staaten von Amerika. Weltwirtschaftliche Verflechtung und Revisionspolitik 1907—1929, Baden-Baden 1990.

38 Vgl. Außenminister Stresemann an Botschaft Washington, 6. Februar 1924, in: Akten zur deutschen auswärtigen Politik 1918—1945, Serie A: 1918—1925, Bd IX, Göttingen 1991, S. 361.

39 Berliner Börsen-Zeitung, 4. Januar 1936.

40 Memorandum James K. Pollock, 29. April 1942, zit. bei Krüger, German Disappointment (wie Anm. 36), S. 325.

41 Krüger, German Disappointment (wie Anm. 36), bes. S. 330 ff. Eine pseudohistorische Rechtfertigung der zeitgenössischen deutschen Wilson-Kritik bietet neuerdings Murray L. Eiland, III, Woodrow Wilson. Architect of World War II, New York 1991.

42 Vgl. insbes. Lloyd Ambrosius, Wilsonian Statecraft. Theory and Practice of Liberal Internationalism during World War I, Wilmington, DE 1991; Gardner, The United States (wie Anm. 32)

43 Lloyd E. Ambrosius, Imperialism and Revolution: Wilsonian Dilemmas, in: Confrontation and Cooperation (wie Anm. 18), S. 337—348, Zit. S. 346.

44 Vgl. insbes. die bahnbrechende Untersuchung von William Appleman Williams, The Tragedy of American Diplomacy, zuerst Cleveland, OH 1959 (deutsch: Die Tragödie der amerikanischen Diplomatie, Frankfurt a. M. 1973). Einen guten Überblick über die zahlreichen Publikationen von Williams gibt der Sammelband: A William Appleman Williams Reader. Selections from His Major Historical Writings, ed. by Henry W. Berger, Chicago 1992.

45 N. Gordon Levin, Woodrow Wilson and World Politics. America's Response to War and Revolution, New York 1968.

46 Woodrow Wilson, The Road Away from Revolution, in: Atlantic Monthly, 132 (1923/24), S. 145 f., jetzt auch abgedr. in: Wilson Papers (wie Anm. 11), Bd 68, S. 393 ff.

Gottfried Niedhart

Kriegsende und Friedensordnung als Problem der deutschen und internationalen Politik 1917—1927

Seit der Gründung des deutschen Nationalstaates hat sich die Rolle Deutschlands in Europa höchst unterschiedlich dargestellt und ausgewirkt. Bis heute wird Deutschland gern als »unhandliche Größe« dargestellt[1]. In der Tat stellte sich immer wieder die Kernfrage, wie man zu einer Verträglichkeit von deutscher Großmachtpolitik und europäischer Ordnung kommen könnte. Sowohl von deutscher Seite als auch aus internationaler Perspektive sind darauf kontroverse Antworten gegeben worden. Aus der Sicht der älteren Großmächte, die das sogenannte Konzert der europäischen Mächte seit dem Wiener Kongreß bestimmt hatten und zu denen im Ersten Weltkrieg die USA als neuer weltpolitischer Akteur hinzukamen, schwankten sie zwischen dem Versuch, Deutschland durch Einbindung in internationale Verträge politischer, militärischer oder wirtschaftlicher Art zu zähmen, und der Absicht, es direkter Kontrolle zu unterstellen oder gar wieder zu teilen. Diese Strategien indirekter beziehungsweise direkter Kontrolle der deutschen Großmacht entsprachen auf deutscher Seite die alternativen Grundmuster, die das außenpolitische Konfliktverhalten des Deutschen Reichs bestimmten. Sie können als Unilateralismus beziehungsweise als Multilateralismus bezeichnet werden. Die unilaterale Strategie versuchte, die eigene potentielle Überlegenheit auf dem Kontinent zu Alleingängen zu nutzen und ein internationales System unter deutscher Vorherrschaft zu erzwingen. Die Vertreter des multilateralen Ansatzes waren bereit, die deutsche Großmachtrolle vertraglich zu bestimmen und einer kooperativen Selbstbeschränkung Deutschlands im internationalen Kräftefeld zuzustimmen.

In beiden Varianten war die Ausgangslage identisch. Sowohl die unilaterale als auch die multilaterale Denkschule hatte damit zu operieren, daß Deutschland aufgrund seiner Größe, Bevölkerungszahl und Wirtschaftskraft eine führende Rolle in Europa zufiel. Für die deutsche außenpolitische Elite in Diplomatie, Militär, Wirtschaft, Publizistik oder politischen Parteien stellte sich — verkürzt formuliert — die Alternative zwischen der militärischen und der ökonomischen Variante deutscher Großmachtpolitik[2]. Wenn die deutschen Eliten aus den Kriegen des 20. Jahrhunderts etwas gelernt haben, dann dies, daß allein die ökonomische Variante den Schlüssel zur Verträglichkeit von deutschem Übergewicht in Europa, das aufgrund der natürlichen Ausstattung des Landes unvermeidbar ist, und europäischer Stabilität enthält[3]. Der Erste Weltkrieg war auch darauf zurückzuführen, daß sich die Anhänger einer »kooperativen Suprematie«[4] Deutschlands in Europa, die Multilateralisten und Befürworter einer informellen Vorherrschaft Deutschlands, nicht behaupten konnten. Worum es ging, machte Hugo Stinnes im September 1911 klar, als er vor kurzschlüssigen Patentlösungen warnte, die auf die »äußerlich sichtbaren Machtmittel« vertrauten und militärische Drohgebärden für unverzichtbar hielten. Er plädierte für die »Vorherrschaft im Stillen«:

»Und sehen Sie, was das heißt, wenn ich langsam aber sicher mir die Aktienmehrheit von dem oder jenem Unternehmen erwerbe, wenn ich nach und nach die Kohlenversorgung Italiens immer mehr an mich bringe, wenn ich in Schweden und Spanien wegen der notwendigen Erze unauffällig Fuß fasse, ja mich in der Normandie festsetze — lassen Sie noch 3—4 Jahre ruhiger Entwicklung, und Deutschland ist der unbestrittene wirtschaftliche Herr in Europa[5].«

Als sich herausstellte, daß der 1914 begonnene Krieg weder militärisch so schnell zu entscheiden war, wie man sich dies vorgestellt hatte, noch politisch ohne weiteres zu beenden war, da es in den Augen aller Beteiligten keine wirklich überzeugende Alternative zum militärischen Sieg zu geben schien[6], erhob sich die Frage nach der Rolle Deutschlands in Europa und nach der inhaltlichen Bestimmung nationaler Interessen in verschärfter Weise[7]. Hinzu kam, daß Entscheidungen über das außenpolitische Konfliktverhalten in unauflöslicher Beziehung zur Innenpolitik standen. Wer die Friedensresolution des Reichstags vom Juli 1917 unterstützte, trat auch für innere Reformen und Demokratisierung ein, für eine Öffnung Deutschlands nach Westen in doppelter Weise: einmal im Sinne des liberalen Modells der Friedenssicherung mit den Kernelementen Demokratisierung, Selbstbestimmung, Freihandel, Rüstungsbegrenzung und institutionalisierter Friedenswahrung in einem Völkerbund, wie sie der amerikanische Präsident Wilson in seiner Kriegsbotschaft vom April 1917 und in den Vierzehn Punkten vom Januar 1918 vertrat; und zum anderen im Sinne einer pluralistischen und liberalen Gesellschaft sowie der Anpassung des vormodernen politischen Systems an die Modernität des Industriestaats Deutschland.

Das diese Zielsetzung verfolgende Bündnis aus Mehrheitssozialdemokraten und reformbereitem Bürgertum, wie es sich 1917 formierte und 1919 in der Weimarer Koalition seinen Ausdruck fand, blieb während des Krieges von der Macht ausgeschlossen und konnte sich nach dem Staatsumsturz vom November 1918 nicht dauerhaft etablieren. In Krieg und Nachkriegszeit konnte in Deutschland der fundamentale Konflikt zwischen der militärischen und der ökonomischen Variante deutscher Machtpolitik, zwischen autoritär-diktatorialem und liberal-parlamentarischem Politikverständnis nicht gelöst werden, obwohl es in der Ära Stresemann kurzfristig so erscheinen mochte. Was sich in Deutschland schließlich durchsetzte, war die Mentalität der Gewalt[8], wie sie sich schon im unbeschränkten U-Boot-Krieg, in der Militärdiktatur der OHL oder im Diktatfrieden von Brest-Litowsk manifestiert hatte. Die Befürworter eines liberalen Friedens und internationaler Einbindung wurden, obwohl auch sie für die Revision des Versailler Vertrags und die Revitalisierung der deutschen Großmacht eintraten, als Erfüllungspolitiker diffamiert und starben wie Walther Rathenau unter den Kugeln rechtsradikaler Attentäter oder wie Gustav Stresemann an psychischer und physischer Erschöpfung. Eine spezifisch republikanische Elite, die an die Stelle des Kampfes als Grundlage der Politik den schiedlich-friedlichen Kompromiß setzte, konnte sich in Deutschland erst nach dem Zweiten Weltkrieg durchsetzen.

Für die Zeit nach dem Ersten Weltkrieg dagegen ist für die Eliten, die den Staatsumsturz im wesentlichen unangefochten überstanden, das Syndrom der doppelten Verweigerung zu konstatieren. Man sträubte sich sowohl, die Realität der Niederlage anzuerkennen, als auch die »Entdeutschung«[9] des eigenen Landes durch Demokratie und Parlamentarismus zu akzeptieren. Begründet wurde diese Haltung oft genug mit der Politik der Siegermächte und den harten Waffenstillstands- und Friedensbedingungen. In der Tat suchten die Entente-Mächte zunächst einmal den militärischen Sieg und dessen Sicherung. Der Krieg hatte zu lange gedauert und war zu total geführt worden, als daß man auf primär militärisch definierte Sicherheitsvorstellungen hätte verzichten wollen. Es überrascht kaum, daß die Siegermächte die Regierung der Weimarer Koalition in erster Linie als *deutsche* Regierung behandelten und nicht als Regierung derjenigen Kräfte, die die Friedensresolution von 1917 getragen hatten. So verständlich dies vor allem für Frankreich war, so ist doch zugleich nicht zu übersehen, daß die Wahrnehmung des deutschen Nachbarn als eines zwangsläufig auf Expansion gerichteten Staates, von dem nur Böses drohe, alle Ansätze in der deutschen Politik übersah, die auf Ausgleich und internationale Kooperation gerichtet waren und die im innerdeutschen Konflikt mit der tatsächlich unversöhnlichen Rechten der Unterstützung von außen in Gestalt eines liberalen Friedens dringend bedurft hätten. Selbst auf der Ebene der sozialistischen Internationale, deren Vertreter, soweit sie von ihren Regierungen Pässe erhielten, 1917 in Stockholm zu Friedenssondierungen zusammengetroffen waren, oder im Bereich der bürgerlichen Friedensbewegung entwickelte sich nach dem Waffenstillstand kein Dialog, der über die Gräben hinweg friedenstiftend hätte wirken können.

Daß man vorerst in der nationalen Lagermentalität befangen blieb, lag nicht nur an den Unbelehrbaren auf der politischen Rechten, die die Kriegsschuld leugneten und die Kriegsniederlage verdrängten. Auch die Sozialdemokraten waren nicht frei von Wahrnehmungen, die durch die nationale Brille erfolgten und die Fähigkeit zum Perspektivenwechsel vermissen ließen. Die deutschen Mehrheitssozialdemokraten, die nach Stockholm gereist waren, dachten im Juni 1917 »gar nicht daran, die Schuldfrage aufrollen oder sich gar als Angeklagte behandeln zu lassen«. Scheidemann zögerte keine Sekunde, Belgien der deutschen Interessensphäre zuzuschlagen: »Aufgabe der deutschen Auslandspolitik müsse es sein zu verhindern, daß Belgien künftig auf die Seite der Gegner trete[10].« Vor diesem Hintergrund überrascht es nicht, daß der Versailler Vertrag mit dem Kriegsschuldartikel 231 auch von den Sozialdemokraten empört zurückgewiesen wurde. Ebert, der auch in Stockholm gewesen war und sich dort von den »ganzen und halben Ententisten nicht ins Bockshorn jagen« lassen wollte[11], verlangte für Deutschland einen »Wilson-Frieden«, der auch für das geschlagene Deutsche Reich das Selbstbestimmungsrecht und einen Platz in der Weltpolitik und im Weltwirtschaftssystem sichern sollte. Schärfstens protestierte der Reichspräsident dagegen, daß der »Ausbeutungsgedanke in das Friedenswerk hineingetragen« wurde und daß die Sieger von »Rache- und Vergewaltigungsplänen« geleitet wurden[12].

Krieg und Kriegsniederlage bedeuteten nicht nur deswegen eine schwere Hypothek für die Republik von Weimar, weil die Siegermächte einen Diktatfrieden erzwangen. Die Hypothek resultierte auch daraus, daß die Auseinandersetzung mit Krieg und Niederlage zu einer tiefen Zerklüftung der deutschen Gesellschaft führte, zu der es auch bei einem Verhandlungsfrieden gekommen wäre. Das Kernproblem bestand darin, daß die Träger des wilhelminischen Weltmachtdenkens die Niederlage der Revolution und nicht sich selbst anlasteten und damit viel Gehör fanden. Als Verbrecher galten nicht diejenigen, die den Krieg herbeigeführt, auf einen Siegfrieden gesetzt und damit die Niederlage verursacht hatten, sondern diejenigen, die die Tatsache der Niederlage offen beim Namen nannten und die den Waffenstillstand und den Friedensvertrag unterschrieben. Sie wurden als »Novemberverbrecher« diffamiert, weil sie das kriegführende Regime gestürzt hätten und der kämpfenden Truppe in den Rücken gefallen seien.

Der Mythos, »im Felde unbesiegt« zu sein, gehörte zu den beliebtesten Selbsttäuschungen und war zugleich eine der imfamsten Lügen. Infam war Hindenburgs Aussage im November 1919 vor einem von der Nationalversammlung eingesetzten Untersuchungsausschuß zur Klärung der Kriegsschuldfrage und der Ursachen der Niederlage. In demagogischer Verdrehung der Fakten und wider besseres Wissen sprach er vom Versagen der »Heimat« und von der »planmäßigen Zersetzung von Heer und Flotte« durch die Opposition: »Die deutsche Armee ist von hinten erdolcht worden[13].« Diese Version des Kriegsendes wurde nicht nur manipulativ in der öffentlichen Debatte eingesetzt. Sie entsprach oft genug auch der subjektiven Überzeugung, wie eine Äußerung von August v. Mackensen zeigt, der es wie Hindenburg zum Generalfeldmarschall gebracht hatte und ihm in der Popularität kaum nachstand. Im Januar 1919 brachte Mackensen all seine Phobien auf den Punkt:

> »Nicht die Truppen der Entente haben uns besiegt, sondern Deutschlands ärgster Feind, das eigene Volk in seiner Eigenart, hat den Zusammenbruch herbeigeführt. Und jetzt wütet dieses Volk in den großen Städten weiter gegen deutsches Fleisch und Blut [...] und zieht alles Erhabene und Hervorragende in den schmutzigen Brei der Masse. Der preußische Militarismus erzog, die sozialdemokratische ›Freiheit‹ verdirbt das Volk[14].«

Die Dolchstoßlegende gehörte zu den Lieblingsphantasien derer, die sich auf der Flucht vor der Realität befanden. Nicht ganz frei davon war selbst Friedrich Ebert. Er erklärte zwar bei der Eröffnung der Nationalversammlung ohne Umschweife: »Wir haben den Krieg verloren«; und setzte wohlweislich unter Zustimmung von links und gegen »lebhaften Widerspruch« von rechts hinzu: »Diese Tatsache ist keine Folge der Revolution[15].« Aber am 10. Dezember 1918 hatte er den heimgekehrten Truppen als Willkommensgruß entboten: »Kein Feind hat Euch überwunden[16]!« Wer dann hatte sie überwunden? Was die Rechte in offener Demagogie betrieb, machte die gemäßigte Linke in weniger scharfer, aber dennoch eskapistischer Weise gelegentlich durchaus mit.

Dasselbe gilt für die Debatte um die Kriegsschuld. Der Kampf gegen die »Kriegsschuldlüge« der Siegermächte war »*die* Integrationsklammer der politischen Kultur Weimars«[17]. Er fand nicht nur seitens der politischen Rechten statt, sondern wurde auch, allerdings in deutlichen Abstufungen, von Teilen der SPD und der Gewerkschaften mitgetragen. Die Gewerkschaften schwiegen sich über die Schuldfrage zumeist aus. Für Legien war der Krieg ein »Verteidigungskrieg«[18]. In der sozialdemokratischen Führung, wo man nach der durch die Revolution möglich gewordenen Akteneinsicht über die aktive Rolle Berlins bei der Eskalation der Juli-Krise Bescheid wußte, war der Umgang mit der Kriegsschuldfrage umstritten. Mehrheitlich entschied sich die SPD im Sommer 1919 dafür, die Debatte darüber zu vertagen. Auf diese Weise glaubte man, von der Nation und von sich selbst als Partei Schaden abwenden und das Odium der »vaterlandslosen Gesellen« endlich ablegen zu können. Tatsächlich aber verpaßte man damit den »republikanischen Neubeginn« und trug dazu bei, »daß sich bereits 1919 eine Art nationaler Konsens in der Abwehr jedweder Art von deutschen Schuldeingeständnissen herausbildete«[19].

Der Kampf gegen die sogenannte Kriegsschuldlüge und die Umdeutung der Niederlage als Dolchstoß der »Novemberverbrecher« verbanden sich zur zentralen Lebenslüge der deutschen Gesellschaft nach dem Ersten Weltkrieg. Ihre sozialpsychologische Bedeutung kann nicht hoch genug veranschlagt werden. Die Flucht aus der Realität machte diejenigen, die die Träger wilhelminischer Großmachtpolitik gewesen waren, blind für die tatsächlichen sozialen, wirtschaftlichen oder außenpolitischen Erfordernisse. Aller Träume beraubt, wollte man gleichwohl nicht von ihnen lassen, so daß die alten Eliten und weite Teile der bürgerlichen Mittelschichten und der Landbevölkerung den Weimarer Kompromiß sowohl im Hinblick auf die Innen-, als auch auf die Außenpolitik nur als vorübergehende Notlösung betrachteten. Auf der Grundlage dieses Kompromisses wären Sozialpartnerschaft, Parlamentarismus und Friedenswahrung, kurz: eine durchgehende und alle Politikfelder erfassende Reformpolitik denkbar und auch möglich gewesen. Dies aber hätte einen Einstellungswechsel der wilhelminischen Eliten erfordert, der in den meisten Fällen nicht erfolgte, so daß die Konfliktlinien des Kaiserreichs weiterhin durch die deutsche Politik und Gesellschaft hindurchgingen.

Der Sturz von der Hybris weltpolitischen Größenwahns in die Niederlage wurde als so tief empfunden, daß die Ergebnisse der Geschichte nicht angenommen werden konnten. Einer, der es wissen mußte, weil er im Krieg zu den Annexionisten gehört hatte, nämlich Gustav Stresemann, beschrieb in seiner Osloer Dankesrede zur Verleihung des Friedensnobelpreises die sozialpsychologischen Abwehrhaltungen einer an Erfolg und Herrschaft gewöhnten Nation gegen die Niederlage:

»Wenn man die Erfahrungen und die Empfindungen der ersten Nachkriegszeit analysieren will, dann darf man wohl [...] sagen, daß das Aussprechen des Friedensgedankens dem Sieger leichter ist, als dem, der die Niederlage erlitten hat. Denn für den Sieger bedeutete der Frieden die Aufrechterhaltung einer Machtstellung, die der Sieg ihm verliehen hatte. Für den Unterlegenen bedeutet er dagegen das Sichabfinden mit der Stellung, die ihm geblieben. Auf einem Wege, den man neben anderen geht, zurückbleiben, neidlos den anderen den Vortritt lassen, ist schwer für den einzelnen Menschen, schwer für ein ganzes Volk. Aber in einer halbhundertjährigen Entwicklung glauben, auf der Höhe angekommen zu sein, und von der Höhe herabstürzen, ist weit schmerzlicher für die menschliche Seele. Die Psychologie eines Volkes, die das erlebt, ist nicht so einfach zu begreifen und nicht so einfach umzugestalten, wie viele glauben[20].«

Nicht nur die deutsche Gesellschaft war 1919 ganz wesentlich eine Nachkriegsgesellschaft, die materiell und mental von den Auswirkungen des Krieges betroffen war. Wie die Deutschen ihre Rolle in der Vorgeschichte des Krieges gern schmälerten, neigten die Sieger dazu, Deutschland alle moralische und materielle Last aufzubürden und die Nachkriegsordnung an die Schwächung Deutschlands zu koppeln. Allerdings gab es erhebliche Differenzen über das Ausmaß dieser Schwächung und tiefgehende Meinungsverschiedenheiten darüber, was den Namen Friedensordnung verdiente. Das schließlich ausgehandelte Versailler System[21] stieß überall auf Kritik und Ablehnung — nicht nur in Deutschland. Dort freilich war der Widerstand gegen den »Unrechtsfrieden«[22] am größten, wenn an seiner Unterzeichnung auch kein Weg vorbeiführte. Wer ihm wie SPD, USPD, Zentrum und Teile der DDP zustimmte, tat dies, um Schlimmeres zu verhüten, aber auch unter realistischer Anerkennung der Tatsache, daß trotz aller Härten in den Friedensvertragsbestimmungen das Deutsche Reich in seiner Substanz und potentiellen Großmachtstellung erhalten werden konnte. So blieb vor allem die Reichseinheit bewahrt, die im Fall einer Wiederaufnahme von Kampfhandlungen kaum zu retten gewesen wäre. Immerhin wurde am 1. Juni 1919 eine »selbständige rheinische Republik im Verbande des Deutschen Reiches« proklamiert. Die Frage der Reichseinheit war auch der ausschlaggebende Punkt, den General Groener am 19. Juni im Kabinett herausgestrichen hatte: »Nur wenn wir das Reich leidlich intakt erhalten, ist eine Wiedergeburt Deutschlands möglich[23].«

Nicht nur in Deutchland lautete der gegen das Versailler System gerichtete Schlüsselbegriff Revision. Auch die anderen Verlierer des Krieges – die nun getrennten Staaten Österreich und Ungarn oder die Türkei – lehnten die Nachkriegsordnung ab. In der Russischen Sozialistischen Föderativen Sowjetrepublik, für die von den Westalliierten im Artikel 116 des Versailler Vertrags ein Vorbehalt zugunsten etwaiger Reparationsforderungen formuliert worden war, wurde der Versailler Vertrag als Fortsetzung imperialistischer Vorkriegspolitik zurückgewiesen.

Auch in Großbritannien war er keineswegs sakrosankt. Friedlicher Wandel im Sinne des Artikels 19 der Völkerbundsatzung, wonach der Völkerbund zur »Nachprüfung« von »unanwendbar gewordenen Verträgen« und solchen »internationalen Verhältnissen« schreiten konnte, »deren Aufrechterhaltung den Weltfrieden gefährden könnte«, war aus britischer Sicht spätestens dann geboten, wenn die momentane Nachkriegsschwäche Deutschlands überwunden sein würde und wenn das – nicht zuletzt weltwirtschaftlich wichtige – deutsche Potential die Fesseln des Versailler Vertrags sprengen würde. Herausragend war die in der britischen Öffentlichkeit zunehmend auf Zustimmung stoßende Kritik von John Maynard Keynes, der selbst als britischer Delegierter an der Friedenskonferenz teilgenommen hatte. Die Friedensmacher seien in einem zentralen Punkt ihrer Aufgabe nicht gerecht geworden. Sie hätten die wirtschaftlichen Zusammenhänge nicht begriffen, die den europäischen Problemen zugrunde lägen. Die Kritik von Keynes richtete sich gegen die eigene Regierung, vor allem aber gegen Frankreich, das einen stabilen zukunftsorientierten Frieden verhindert habe.

Doch sah man sich auch in Frankreich keineswegs zufriedengestellt. Dort vermißte man im Friedenswerk ebenfalls ausreichende – wenn auch ganz anders geartete – Stabilitätsfaktoren. Französisches Sicherheitsdenken habe sich nicht wirkungsvoll genug durchgesetzt. Marschall Foch, bei Kriegsende Oberbefehlshaber der alliierten Streitkräfte und ein entschiedener Verfechter der Rheinlinie als natürlicher Grenze zwischen dem französischen beziehungsweise westeuropäischen und dem deutschen Machtbereich, rechnete aufgrund des Versailler Vertrags nur mit einem zwanzigjährigen Waffenstillstand, weil das deutsche Eroberungs- und Expansionsstreben nicht wirkungsvoll gebremst und das französische Verlangen nach »sécurité« zu kurz gekommen sei.

Während Großbritannien, die USA und natürlich auch Deutschland eine Liberalisierung des Versailler Systems forderten, lag es in der Logik der französischen Position, auf seine Verschärfung zu drängen. Wohl nicht zu Unrecht erkannte man in Frankreich, daß der deutsche Machtfaktor in der Mitte Europas nur vorübergehend geschwächt war. Um die Nachkriegszeit beenden und zu einer europäischen Friedensordnung kommen zu können, war beides notwendig: einmal die realitätsgerechte Anerkennung Deutschlands als gleichberechtigter Großmacht und zum anderen die Selbstbindung Deutschlands im Rahmen einer das Versailler System revidierenden internationalen Ordnung[24]. Gegen Ende des Krisenjahrs 1923, nachdem Frankreich zu einem letzten Anlauf seiner Revisionspolitik angesetzt hatte und damit gescheitert war, zeichnete sich eine Konstellation ab, die beide Elemente zu enthalten schien. Auf seiten der Siegermächte begann sich das britische und amerikanische Interesse an einer Rekonstruktion des Weltmarkts durchzusetzen. Die Reparationsfrage konnte mit dem Dawes-Abkommen 1924 entpolitisiert werden. Amerikanische Banken und Firmen blickten nach Europa und insbesondere nach Deutschland, wo auf der Basis amerikanischer Kredite und Investitionen der relative Aufschwung erfolgte, der der Weimarer Republik eine Phase scheinbarer Stabilität bescherte.

Das Ende der französischen Dominanz in Europa war aus britischer und amerikanischer Perspektive unter der Bedingung wünschbar, daß Deutschland 1. der militärischen Variante seiner Machtpolitik abschwor und 2. in einer westlich geprägten internationalen Ordnung verankert werden konnte. Genau diese Bedingungen erfüllte die Außenpolitik Stresemanns. Er wollte »politische Fragen auf wirtschaftlichem Wege lösen«[25] und setzte auf die USA als Stabilisator der Nachkriegsordnung[26]. Er war bereit, den territorialen Status quo im Westen anzuerkennen und zur Revision der Ostgrenzen auf militärische Gewalt zu verzichten. Schließlich lag der Schwerpunkt seiner Politik eindeutig im Westen, so daß die Rapallo-Komponente in der deutschen Außenpolitik zweifelsfrei in den Hintergrund trat.

Das mit dem Vertragswerk von Locarno revidierte Versailler System enthielt in ausreichendem Maß Ansätze zur nichtkriegerischen Bewältigung internationaler Konflikte in Europa. Zwar zog es dem Völkerbund die in seiner Satzung enthaltenen Sanktionszähne, weil die Frage der Sicherheit regionalisiert wurde. Es war aber von der Suche nach »gleichlaufenden Interessen«[27] der Großmächte getragen. Dennoch stellte sich heraus, daß die 1924/25 entwickelten Ansätze nicht genügten, den in Europa eingeleiteten Prozeß der Entspannung unumkehrbar zu machen. Den Protagonisten des Locarno-Friedens stand zu wenig Zeit zur Verfügung, in der sich die Eigendynamik einer konsolidierten Friedensordnung hätte entwickeln können. Mit der Weltwirtschaftskrise begannen die internationalen Beziehungen wieder auf die Ebene der Anarchie abzurutschen, die viele mit Locarno bereits überwunden glaubten. Aber auch schon vor der Weltwirtschaftskrise waren die Grenzen der Entspannung deutlich sichtbar. Von ausschlaggebender Bedeutung war, daß 1. die Kritiker von Locarno in Frankreich und Deutschland, die von vornherein nicht an eine neue Ära in den internationalen Beziehungen glauben mochten, niemals verstummten und 2. die westlichen Großmächte, die den Locarno-Frieden herbeigeführt hatten, entweder — wie Großbritannien — zu schwach waren oder — wie die USA — nicht willens waren, Steuerungsfunktionen in der Weltwirtschaft und der internationalen Politik insgesamt zu übernehmen. Die Friedensordnung von Locarno blieb sich ganz im Sinne der marktorientierten liberalen Ideologie selbst überlassen. Schon 1927/28, also vor der Weltwirtschaftskrise, war sowohl in der Sicherheits- als auch in der Außenhandelspolitik die Gefährdung von »appeasement and reconciliation«[28] zu erkennen[29]. Die ergebnislose Weltwirtschaftskonferenz des Völkerbunds 1927, zu der in Genf 47 Staaten, darunter auch Nichtmitglieder des Völkerbunds wie die USA und die UdSSR, zusammenkamen, war ein sprechendes Beispiel dafür, daß »die Verständigung als Waffenstillstand, nicht als Friede«[30] betrachtet wurde.

Die Entspannung von Locarno konnte nach der Feindschaft der Kriegs- und Nachkriegsjahre nur ein erster Schritt sein. Er war zunächst ein »zureichendes Minimum«, ohne das das Projekt einer europäischen Friedensordnung überhaupt nicht hätte ins Auge gefaßt werden können. Zugleich aber fehlte offenbar auch ein »Minimum, um das Maximum zu erreichen«[31]. Locarno vermochte weder den aggressiven Nationalismus als gesellschaftlichen Mobilisierungsfaktor noch den souveränen Nationalstaat als verbindlichen Bezugsrahmen für politisches Handeln einzuschränken. Dies galt in Abstufungen für die internationale Gesellschaft insgesamt. Vor allem aber galt es für Deutschland. Dort zeigte sich Stresemann, der nationaler Großmachtpolitiker war, aber auch von der »Solidarität der Interessen« sprach, »die die Völker Europas untereinander und darüber hinaus die Völker Europas mit den übrigen Völkern der Welt verbinden«[32], in doppelter Weise enttäuscht. Einmal war ihm das Tempo der weiteren Revision des Versailler Vertrags nach Locarno zu langsam, was er in Selbstüberschätzung seiner Politik der Friedenswahrung den westlichen Siegermächten anlastete. Zum anderen mußte ihm gegen Ende seines Lebens deutlich werden, daß die Koppelung von »Verständigungspolitik« und »Konsolidierung der Republik«[33] nicht gelungen war. Die Nachkriegszeit ging in eine neue Vorkriegszeit über.

Anmerkungen

1 Timothy Garton Ash, Im Namen Europas. Deutschland und der geteilte Kontinent, München, Wien 1993, S. 562.

2 Formulierung in enger Anlehnung an Andreas Hillgruber, Großmachtpolitik und Militarismus im 20. Jahrhundert, Düsseldorf 1974, S. 26.

3 Genauer dazu Gottfried Niedhart, Die ökonomische Variante deutscher Machtpolitik: Revisionspolitik und Friedenssicherung bei Stresemann und Adenauer, in: Lernen aus dem Krieg? Deutsche Nachkriegszeiten 1918 und 1945. Hrsg. von Gottfried Niedhart und Dieter Riesenberger, München 1992, S. 84—95.

4 Diesen Begriff benutzt zur Charakterisierung von Nachkriegsvorstellungen in den USA zu Ende des Zweiten Weltkriegs Werner Link, Der Ost-West-Konflikt, Stuttgart [2]1988, S. 89.

5 Wolfgang J. Mommsen, Imperialismus. Seine geistigen, politischen und wirtschaftlichen Grundlagen, Hamburg 1977, S. 145.

6 Dazu Michael Graham Fry, Why Wars Do not End: Some Observations on the First World War, in: Power, Personalities and Policies. Essays in Honour of Donald Cameron Watt. Ed. by Michael Graham Fry, London 1992, S. 53—82.

7 Diese Problematik liegt einem von der Volkswagen-Stiftung geförderten Projekt zugrunde, das der Verfasser zusammen mit Michael W. Richter an der Universität Mannheim durchführt und das auf den Vergleich von internationalen Konstellationen seit der Ära Stresemann abhebt: »Nationale Interessen und europäische Ordnung: Die Rolle Deutschlands in Europa. Eine historische und gegenwartsbezogene Untersuchung im Perzeptionsparadigma.«

8 Hierzu bietet wichtige, wenn insgesamt auch zu systemisch angelegte Überlegungen: Michael Geyer, The Stigma of Violence: Nationalism and War in Twentieth-Century Germany, in: German Studies Review, 1992, S. 75—110. Vgl. auch George L. Mosse, Gefallen für das Vaterland. Nationales Heldentum und namenloses Sterben, Stuttgart 1993.

9 So, bevor er sich 1922 in seiner Rede »Von deutscher Republik« auf den Boden der Weimarer Verfassung stellte: Thomas Mann, Betrachtungen eines Unpolitischen, 15.—18. Aufl., Berlin 1920 (zuerst 1918), S. 30.

10 Tagebuchaufzeichnung Gustav Mayers, der sich als Beobachter der Konferenz, aber auch als Kontaktperson der Reichsregierung in Stockholm aufhielt, vom 4.6.1917 über Gespräche mit MSPD-Politikern. Mayer-Nachlaß, Internationales Institut für Sozialgeschichte, Amsterdam. Vgl. auch Leo Haupts, Gustav Mayer und die Stockholmer Konferenz der II. Internationale 1917, in: Historische Zeitschrift, 247 (1988), S. 551—583, Bezug S. 563, 568.

[11] Mayer, 4.6.1917 (wie Anm. 10).

[12] Ebert bei der Eröffnung der Nationalversammlung am 6.2.1919. Deutsche Geschichte 1918—1933. Dokumente zur Innen- und Außenpolitik. Hrsg. von Wolfgang Michalka und Gottfried Niedhart, Frankfurt 1992, S. 50.

[13] Hindenburg vor dem Ausschuß zur Untersuchung der Ursachen des deutschen Zusammenbruchs am 18.11.1919. Die Erste Republik. Dokumente zur Geschichte des Weimarer Staates. Hrsg. von Peter Longerich, München, Zürich 1992, S. 135.

[14] Mackensen in einem Privatbrief vom 23.1.1919. Ich verdanke den Hinweis auf diese bisher nicht publizierte Äußerung Theo Schwarzmüller (Mannheim), dessen Dissertation über Mackensen vor dem Abschluß steht.

[15] Deutsche Geschichte (wie Anm. 12), S. 49.

[16] Zit. bei Heinrich August Winkler, Von der Revolution zur Stabilisierung. Arbeiter und Arbeiterbewegung in der Weimarer Republik 1918 bis 1924, Berlin, Bonn [2]1985, S. 100.

[17] Ulrich Heinemann, Die Last der Vergangenheit. Zur politischen Bedeutung der Kriegsschuld- und Dolchstoßdiskussion, in: Die Weimarer Republik 1918—1933. Hrsg. von Karl Dietrich Bracher, Manfred Funke und Hans-Adolf Jacobsen, Bonn 1987, S. 385.

[18] Heinrich Potthoff, Gewerkschaften in den Nachkriegszeiten, in: Lernen (wie Anm. 3), S. 121—139, Bezug S. 128.

[19] Heinrich August Winkler, Die verdrängte Schuld, in: Die Zeit vom 17.3. 1989, S. 49f. Ausführlicher ders., Von der Revolution (wie Anm. 16), S. 206ff.

[20] Stresemann am 29.6.1927 in Oslo. Der Friedens-Nobelpreis. Stiftung und Verleihung. Die Reden der vier deutschen Preisträger Gustav Stresemann, Ludwig Quidde, Carl von Ossietzky, Willy Brandt. Hrsg. von Arnold Harttung, Berlin 1972, S. 22.

[21] Zum Begriff: Gilbert Ziebura, Weltwirtschaft und Weltpolitik 1922/24—1931. Zwischen Rekonstruktion und Zusammenbruch, Frankfurt a.M. 1984, S. 32ff., 83ff. Für einen Überblick: Gottfried Niedhart, Internationale Beziehungen 1917—1947, Paderborn 1989, S. 29ff.

[22] So Reichskanzler Bauer am 22.6.1919. Deutsche Geschichte (wie Anm. 12), S. 87.

[23] Akten der Reichskanzlei. Weimarer Republik. Das Kabinett Scheidemann, bearb. von Hagen Schulze, Boppard 1971, S. 481.

[24] Auf Literaturnachweise wird hier verzichtet. Hingewiesen sei nur auf The Quest for Stability. Problems of West European Security 1918—1957. Ed. by Rolf Ahmann, Adolf M. Birke and Michael Howard, Oxford 1993.

[25] Stresemann in einer Rede am 14.12.1925. Akten zur Deutschen Auswärtigen Politik, Serie B, Bd 1, Teil 1, S. 730.

[26] Dazu Manfred Berg, Gustav Stresemann und die Vereinigten Staaten von Amerika. Weltwirtschaftliche Verflechtung und Revisionspolitik 1907—1929, Baden-Baden 1990.

[27] Wie Anm. 25.

[28] Der britische Außenminister Austen Chamberlain am 18.11.1925 im Unterhaus. Martin Gilbert, Britain and Germany Between the Wars, London 1964, S. 44.

[29] Zu diesem Komplex Clemens A. Wurm, Die französische Sicherheitspolitik in der Phase der Umorientierung 1924—1926, Frankfurt a.M. 1979; Franz Knipping, Deutschland, Frankreich und das Ende der Locarno-Ära 1928—1931. Studien zur internationalen Politik in der Anfangsphase der Weltwirtschaftskrise, München 1987; Internationale Beziehungen in der Weltwirtschaftskrise 1929—1933. Hrsg. von Josef Becker und Klaus Hildebrand, München 1980.

[30] So der luxemburgische Industrielle Emil Mayrisch, Das System der internationalen Wirtschaftsverständigung, in: Europäische Revue, 3 (1927/28), zit. bei Clemens A. Wurm, Politik und Wirtschaft in den internationalen Beziehungen. Internationale Kartelle, Außenpolitik und weltwirtschaftliche Beziehungen 1919—1939: Einführung, in: Internationale Kartelle und Außenpolitik. Beiträge zur Zwischenkriegszeit. Hrsg. von Clemens A. Wurm, Stuttgart 1989, S. 1—31, hier S. 30.

[31] Hier übernehme ich Formulierungen, die aus anderen Kontexten stammen: Ernst-Otto Czempiel, Das zureichende Minimum: der negative Friede, in: Plädoyers für die Humanität zum Gedenken an Eugen Kogon. Hrsg. von Walter Jens und Gunnar Matthiessen, München 1988, S. 173ff.; Valentin Falin, Politische Erinnerungen, München 1993, S. 45.

[32] Rede Stresemanns in Hamburg am 20.12.1926. Politisches Archiv des Auswärtigen Amts, Bonn, Nachlaß Stresemann, Bd 48.

[33] So Stresemann an Reichskanzler Marx am 14.1.1927, Akten (wie Anm. 25), Bd 4, S. 59f.

Zweiter Teil

Krieg und Politik

John C. G. Röhl

Vorsätzlicher Krieg? Die Ziele der deutschen Politik im Juli 1914*

Die deutsche Politik in der Julikrise 1914 muß, was immer auch ihre Absichten gewesen sein mögen, zu den größten Katastrophen der Weltgeschichte gerechnet werden. Die Führung des wohl erfolgreichsten Landes in Europa, eines Landes, das vor Energie strotzte, das auf seine junge, dynamische Bevölkerung und auf seine überlegene Wirtschaft stolz war, eines Landes, dessen Heer, dessen Verwaltung, dessen wissenschaftliche und künstlerische Leistungen den Neid der Welt erregten, stürzte Deutschland und die übrigen Mächte in einen entsetzlichen Krieg, in dem fast zehn Millionen Menschen starben, die alte innere und internationale Ordnung für immer zerstört wurde und allenthalben Haßgefühle aufkamen, die das Leben künftiger Generationen vergiftete.

Angesichts des Ausmaßes dieser Katastrophe ist es kaum überraschend, daß jene wenigen Männer, die 1914 in Berlin die Macht hatten, später ihre Verantwortung bestritten und diese (wenigstens in der Öffentlichkeit) auf andere abzuwälzen suchten — besonders als die harten Bedingungen des Versailler Friedensvertrages mit der Schuld Deutschlands und seiner Verbündeten begründet wurden und als deutsche Politiker mit ihrer Auslieferung und Verurteilung durch einen internationalen Gerichtshof rechnen mußten. Privat jedoch fanden einige von Deutschlands »Männern von 1914« — wie wir wissen — keine Ruhe, wenn sie daran dachten, was sie getan hatten. Theobald v. Bethmann Hollweg, der Reichskanzler, gestand im Februar 1915 dem Chefredakteur des demokratischen »Berliner Tageblattes«, Theodor Wolff, daß Deutschland einen Teil der Schuld am Ausbruch des Krieges habe, und fuhr dann fort: »Wenn ich sagen wollte, dieser Gedanke bedrückt mich, so wäre das zu wenig — der Gedanke verläßt mich nicht, ich lebe darin[1].« Und Gottlieb v. Jagow, der Staatssekretär des Auswärtigen Amtes während der Julikrise, saß einmal nachts lange bei einer befreundeten Gräfin, um ihr zu beichten, er könne nicht mehr schlafen, weil Deutschland tatsächlich »den Krieg gewollt habe«, der so katastrophal verlaufen sei[2].

Was immer auch die Regierung offiziell behaupten und was immer auch die stark zensierte Presse der Öffentlichkeit weismachen mochte, jeder Deutsche, der interne Informationen darüber besaß, wie der Krieg wirklich begonnen hatte, wußte, daß für die Katastrophe in erster Linie eine kleine Gruppe von Männern in Wien und Berlin verantwortlich war – nicht Frankreich, Rußland oder Großbritannien[3]. Während des ganzen Krieges und danach erhoben Männer wie Theodor Wolff, Walther Rathenau und Fürst Karl Max v. Lichnowsky gegen ihre eigene Regierung den bitteren Vorwurf, einen Krieg verursacht zu haben, der in ihren Augen »der vollendete Wahnsinn«[4] war, und im Dezember 1914 hielt der große Hamburger Reeder Albert Ballin dem Kanzler v. Bethmann Hollweg verbittert vor: »Da habe ich nun [...] mein Leben hindurch etwas aufgebaut, das dem Deutschen Reich doch ungeheure Werte verschafft hat, und da kommen Sie und ein paar andere und werfen das alles um.« Als Bethmann sich dagegen verteidigte und seine Unschuld beteuerte, antwortete ihm Ballin, solche Märchen sollte er den Leuten nicht erzählen[5]. Am ersten Jahrestag der Julikrise schrieb Ballin dem Staatssekretär des Auswärtigen, er – Jagow – habe »die entsetzliche Verantwortung zu tragen [...] für die Inscenierung eines Krieges, der Deutschland Generationen prächtiger Menschen kostet und es für 100 Jahre zurückwirft«[6], und im Januar 1916, als Jagow ihn zu einer Besprechung nach Berlin einlud, lehnte Ballin ab mit der Begründung, er wolle »nichts mehr mit einem Mann zu tun haben, der an diesem ganzen ungeheuren Unglück und an dem Tod von soviel hunderttausend Menschen schuld ist«[7].

Niemand war über die deutsche Politik im Jahr 1914 mehr entsetzt als Bethmann Hollwegs Vorgänger im Kanzleramt, Bernhard Fürst v. Bülow. In zahllosen Gesprächen, Briefen und Aufzeichnungen (und später in seinen Memoiren) tat Bülow seine Überzeugung kund, daß im Juli 1914 »ein Gremium von vier Männern« das Schicksal Deutschlands und Europas in der Hand gehabt habe: Bethmann, Jagow, Zimmermann und Stumm[8].

»Ist es nicht zum Verzweifeln, wenn man sich nun [sagen muß], daß das alles, was zum Ruin von Millionen Existenzen, zu so ungeheuren Opfern an Leben und Gut, zu so unendlichem Leid geführt hat und den Wohlstand Deutschlands und Europas auf lange Zeit hinaus untergraben muß, von zwei oder drei Menschen entschieden worden ist?[9]«,

rief Bülow aus. Er weigerte sich zu glauben, der Kaiser, der Kronprinz oder Moltke hätten den Krieg gewollt oder 1914 sei in Berlin eine »Militärpartei« am Werk gewesen[10]. Indem Bülow die Schuld auf den Kanzler und dessen zwei oder drei führende Berater im Auswärtigen Amt schob, versuchte er offenkundig, seine eigene diplomatische Gewandtheit gegenüber der stümperhaften Unfähigkeit seiner Nachfolger hervorzuheben — ursprünglich vielleicht sogar in der Hoffnung, wieder zum Reichskanzler ernannt zu werden. Es wäre jedoch falsch, sein Urteil allein aus diesen Gründen zu verwerfen. Denn erstens machte er solche Aussagen nicht nur vor anderen, sondern hielt auch in Notizbüchern, die nicht für fremde Augen bestimmt waren, an der Auffassung fest: »Wir haben [den Krieg] ja selbst herbeigeführt mit dem (von uns zugelassenen oder inspirierten) Ultimatum an Serbien[11].«

Und zweitens behauptete er noch lange nach dem Zusammenbruch des Reiches von 1918, als seine Hoffnungen auf eine Rückkehr ins Amt längst geschwunden waren, daß die Deutschen »durch die Ungeschicklichkeit und Dummheit von Bethmann und Jagow in den Krieg taumelten«[12]. Selbst in seinen Memoiren, die — so verfügte er — erst nach seinem Tod veröffentlicht werden sollten, erklärte Bülow:

»Das Auswärtige Amt von 1914 war denn auch die Brutstätte, in der das Unheils-Ei des Ultimatums an Serbien ausgebrütet wurde. Hier wurden fast alle die fürchterlichen Fehler begangen, durch die wir in den Krieg hineingerieten[13].«

Von 1914 bis zu seinem Tod 1929 zählte Bülow die »Fehler«, die der »gewissenhafte Schulmeister« Bethmann und der »kleinliche Junker«, der »Diplomat dritten Ranges« Jagow[14] im Juli 1914 nach seiner Auffassung gemacht hatten, immer wieder auf:

1. Die deutsche Regierung hätte den Österreichern nie einen »Blankoscheck« ausstellen sollen. Wenn er (Bülow) im Juli 1914 in die Wilhelmstraße gerufen worden wäre, hätte er Bethmann und Jagow gesagt: »Ihr habt [den Österreichern] carte blanche gegeben — wißt ihr, was ihr getan habt? Wenn der selige Fürst Bismarck hier vor euch hintreten könnte, dann würde sein erstes Wort sein: wie konntet ihr das tun, wie konntet ihr aus einem Deutschland, das reitet, ein Deutschland machen, das von Österreich geritten wird?« Je mehr Bülow über die Hilfszusagen erfuhr, die Deutschland am 5. Juli 1914 Österreich gegeben hatte, desto unverständlicher und furchtbarer fand er sie: »Dieser fünfte Juli war ein schlimmer Tag für Deutschland, [...] ein Unglückstag. Wie konnte Bethmann das tun!«
2. Berlin hätte nach Bülows Auffassung unbedingt darauf bestehen sollen, das österreichische Ultimatum vorher zu sehen; dann hätte es erkannt, daß dieses für die Serben völlig unannehmbar war, und

es hätte die Streichung des unannehmbaren Paragraphen verlangen oder die ganze österreichische Aktion stoppen müssen. Kein Land, nicht einmal die Republik San Marino, meinte Bülow, hätte den strittigen Paragraphen im österreichischen Ultimatum akzeptieren können. Er verstand überhaupt nicht, wie Bethmann das Leben und das Wohl von 67 Millionen Deutschen riskieren, wie er die Zukunft des Deutschen Reiches aufs Spiel setzen konnte, indem er diese unbekannte Karte ausspielte.

3. Berlin hätte den Österreichern nicht erlauben dürfen, die serbische Antwort für unannehmbar zu erklären, die diplomatischen Beziehungen zu Serbien abzubrechen und die Kriegshandlungen zu eröffnen; die wenigen Punkte, die Serbien ausweichend beantwortet hatte, hätte man einem internationalen Schiedsgericht in Den Haag vorlegen sollen, wo man leicht einen Kompromiß hätte finden können.
4. Bülow fand es unbegreiflich, daß die Männer in der Wilhelmstraße annahmen, der österreichisch-serbische Konflikt lasse sich lokalisieren, und daß sie glauben konnten, Rußland werde einen österreichischen Einmarsch in Serbien hinnehmen. Wenn der Zar versucht hätte, sich aus einem solchen Konflikt herauszuhalten, hätte er — so meinte Bülow — »riskirt, daß man ihm die Gurgel abgeschnitten hätte«. Nur jemand, der in politischen Dingen völlig unerfahren war, konnte etwas anderes annehmen. Vom Zaren zu erwarten, daß er in einem solchen Konflikt neutral bleiben werde, war nach Bülow so, als würde man vom Papst verlangen, er solle über seinem Schreibtisch das Bild Martin Luthers aufhängen.
5. Berlin hätte auf den Vorschlag eingehen müssen, daß diejenigen Mächte, die in den Balkankonflikt nicht unmittelbar verwickelt waren, eine Konferenz abhalten sollten. Wütend fragte Bülow: »Warum wollte Jagow nicht, daß die vier Mächte Deutschland, Italien, Frankreich und England sich zusammentäten und einen Ausweg suchten?«
6. Es war dumm von Deutschland, Rußland und Frankreich den Krieg zu erklären und dadurch sowohl Italien als auch Rumänien ex nexu foederis zu stellen, anstatt abzuwarten, bis Frankreich und Rußland sich ins Unrecht setzten.
7. Deutschland hätte nicht die belgische Neutralität verletzen, sondern warten sollen, bis seine Gegner selbst sich dieser Verletzung schuldig gemacht hatten. Bethmanns Rede vom »Fetzen Papier« sei verhängnisvoll gewesen und werde den Namen Deutschlands auf ewig beflecken.

8. Bethmann, Jagow und Stumm hätten nie annehmen sollen, England könne in einem Krieg Deutschlands und Österreichs gegen Rußland und Frankreich neutral bleiben. Bethmanns »ungeheuerliche« Unterredung mit dem britischen Botschafter Sir Edward Goschen am 29. Juli, in der der Kanzler versucht hatte, die englische Neutralität zu erkaufen, indem er anbot, selbst im Falle eines siegreichen Krieges die territoriale Integrität — nicht die Souveränität — des französischen Mutterlandes — jedoch nicht des französischen Kolonialreiches — wiederherzustellen (sic!), hatte »eine völlige Unkenntnis der diplomatischen Technik« enthüllt und Deutschland unermeßlichen Schaden zugefügt. »Aber man wollte ja niemanden hören«, erklärte Bülow,

> »und dieser brave Bethmann, der keine Ahnung von der Welt draußen hat, dieser erbärmliche Jagow, der sich mit kleinen Malicen behilft und nie Frankreich, nie Rußland, nie England, nie den Orient gesehen hat, und dieser Stumm, der geisteskrank ist, ein Halbverrückter, haben das Unheil heraufgeführt[15].«

Wir werden auf diesen von Bülow aufgestellten Fehlerkatalog zurückkommen; aber bevor wir seine acht Punkte genauer untersuchen, müssen wir darauf hinweisen, daß es — obwohl Bülows Ansichten von mehreren anderen geteilt wurden — in Deutschland eine bedeutende Gruppe gutinformierter Beobachter gab, welche die Handlungen der »Männer von 1914« völlig anders interpretierte. Bülow betonte (trotz eines Verdachtes, den er insgeheim von Zeit zu Zeit hegen mochte), daß die deutsche Führung in der Julikrise aus einer Handvoll Inkompetenter bestand, deren *Fehler* in ihrer Häufung zum Weltkrieg geführt hatten; die andere Gruppe hingegen glaubte, die deutschen Politiker hätten sich während der Krise überhaupt nicht verrechnet, sondern die Herbeiführung eines europäischen Krieges — unter vermeintlich außergewöhnlich günstigen Umständen, die einen raschen deutschen Sieg garantierten — sei in Wirklichkeit die geheime *Absicht* hinter der deutschen Politik gewesen! Mit anderen Worten: Diese Gruppe warf den führenden Politikern weniger die inkompetente Bewältigung einer internationalen Krise vor (obschon auch sie deren Fehler deutlich genug sah), sondern vielmehr eine geradezu machiavellistische Gerissenheit.

Zu den prominentesten und hartnäckigsten dieser Kritiker, die zu der Auffassung gelangten, der Krieg sei von Bethmann, Jagow, Stumm und anderen »gewollt« worden, gehörte der Berliner Zeitungsredakteur Theodor Wolff, auf dessen faszinierende Tagebücher — 1984 in zwei

Bänden veröffentlicht — sich die vorstehende Darstellung weitgehend stützt. In den ersten Kriegsmonaten glaubte Wolff, wie Bülow, die Wilhelmstraße sei »ohne den Krieg gewollt zu haben, in den Krieg hineingeglitten«[16]. Aber spätestens seit dem Frühjahr 1915 war er sicher, daß vor allem Jagow und Stumm den Krieg »gewollt« und tatsächlich »gemacht« hatten, wenigstens — wie er es etwas seltsam ausdrückte — »im Unterbewußtsein«[17].

Drei Faktoren führten den scharfsinnigen Chefredakteur zu dieser neuen Auffassung. Erstens machten ihn seine eigenen Erfahrungen und Beobachtungen während der Julikrise argwöhnisch. Es erschien ihm bedeutsam, daß Jagow und Stumm ihn schon am 20. Juli baten, aus dem Urlaub nach Berlin zurückzukehren, um eventuell das Auswärtige Amt bei der Behandlung der österreichisch-serbischen Krise zu unterstützen, und er vermutete auch, die »eigentümlichen« und »sehr üblen« Demonstrationen in den Straßen Berlins am 25. und 26. Juli 1914 für ein militärisches Vorgehen Österreichs gegen Serbien seien von oben organisiert worden[18].

Zweitens erfuhr er viel über deutsche Aktionen im Juli 1914 von informierten kritischen Beobachtern wie Albert Ballin und von den Diplomaten Lichnowsky, Hatzfeldt, Wedel, Flotow und anderen. Diese überzeugten ihn davon, daß nicht nur Bethmann, Jagow und Stumm den Krieg gewollt hatten, sondern daß auch der Kaiser, der Kronprinz und besonders Moltke und einige andere Generale während dieses schicksalsschweren Sommers hinter den Kulissen eine wichtige Rolle gespielt hatten[19]. So hörte Wolff im April 1915 von dem ehemaligen Botschafter in Italien, Hans v. Flotow, Jagow habe während der ganzen Julikrise »sehr mit einem kriegerischen Ausgang der Aktion gerechnet«. Die Militärs hätten die Wehrfähigkeit Frankreichs — wie alles andere — völlig falsch eingeschätzt, und das Auswärtige Amt sei bei seiner Politik von der lächerlichen Annahme ausgegangen, die Franzosen würden nicht einmal imstande sein, ihre Armee zu mobilisieren[20]. Und Lichnowsky erklärte auf eine entsprechende Frage Wolffs, »natürlich« habe Berlin die Österreicher dazu gedrängt, eine unnachgiebige Haltung gegenüber Serbien einzunehmen. Tschirschky, der deutsche Botschafter in Wien, sei fortwährend herumgelaufen und habe allenthalben verkündet, wenn Österreich sich die Ermordung des Erzherzogs gefallen lasse, ohne eine spektakuläre Aktion zu unternehmen, sei es keine Großmacht mehr. Moltke, so behauptete Lichnowsky, habe den Krieg gewollt, vielleicht auch der Kriegsminister v. Falkenhayn. Moltke habe argumentiert, es sei besser, den Krieg jetzt zu führen als in zwei Jahren, und er habe Bethmann Hollweg in diesem Sinne beeinflußt[21]. Diese Deutung wurde im Februar 1916 stark gestützt durch Albert Ballin, der davon überzeugt war, der Kronprinz und die übrigen Militärs hätten ebenfalls auf einen Krieg gedrängt. Ballin konnte sogar berichten (Dokumente sollten später enthüllen, daß er recht hatte), Tschirschky habe zuerst den Österreichern von einer scharfen Politik gegen Serbien abgeraten; als er jedoch von Jagow diesbezügliche Instruktionen erhielt, habe er sie angestachelt. Jagow habe auch, so versicherte Ballin, Österreich davon abgehalten, den britischen Vorschlag einer internationalen Konferenz anzunehmen[22].

Drittens, was Wolff mehr als alles andere davon überzeugte, daß die deutsche Politik in der Julikrise von einem bewußten Willen zum Krieg beseelt war: Die »Männer von 1914« selbst gaben ihm gegenüber ihre Verantwortung offen zu. So gestand ihm Wilhelm v. Stumm — er galt weithin als »pathologischer Mensch« und »böser Geist«, der Jagow völlig beherrschte[23] — im Februar 1915 unverblümt:

»Wir haben [im Juli 1914] nicht geblufft. Wir waren darauf gefaßt, daß wir den Krieg mit Rußland haben würden. [...] Wenn der Krieg nicht jetzt gekommen wäre, hätten wir ihn unter schlechteren Bedingungen in zwei Jahren gehabt. [...] Niemand habe voraussehen können, daß militärisch nicht alles so klappen werde, wie man geglaubt[24].«

Als die beiden Männer über ein Jahr später wieder zusammentrafen, wiederholte Stumm:

»Es ist gar nicht wahr, daß unsere Politik damals falsch war. [...] Wenn wir damals nicht losgegangen wären, hätte Rußland uns in zwei Jahren überfallen und dann wäre es anders gerüstet gewesen und hätte die Eisenbahnlinien in Polen gehabt — halb Preußen wäre verwüstet worden[25].«

Zwei Wochen nach diesem Gespräch mit Stumm hatte Wolff die Chance, die Absichten der deutschen Politik im Juli 1914 mit dem engsten Vertrauten Bethmann Hollwegs, Kurt Riezler, zu erörtern, dessen Tagebücher aus der Vorkriegszeit uns so viel über den Standpunkt Bethmanns in den Jahren vor 1914 hätten berichten können, wären sie nicht — offenbar auf dem Höhepunkt der Fritz Fischer-Kontroverse in den sechziger Jahren — vernichtet worden[26]. Auch Riezler behauptete keineswegs, der Krieg sei aus Versehen ausgebrochen, sondern rechtfertigte die deutsche Politik in der Julikrise. In einer Unterhaltung über den Ursprung des Krieges sagte er Wolff, »alles habe so kommen müssen«. Deutschland habe sich nicht weigern können, Österreich in der serbischen Frage zu unterstützen, sonst hätte es seinen einzigen Bundesgenossen verloren. Man habe damals nicht mit Sicherheit wissen können, daß Rußland und England kämpfen würden. »Außerdem habe der Generalstab erklärt, der Krieg gegen Frankreich werde 40 Tage dauern. Das alles falle ins Gewicht. Bethmann habe das Risiko sehr wohl erwogen« und die Frage von allen Seiten beleuchtet; er sei keineswegs von anderen geschoben oder manipuliert worden. Der einzige Fehler, den man gemacht habe, sei gewesen, daß die Österreicher nicht rechtzeitig Belgrad besetzt und damit vollendete Tatsachen geschaffen hätten[27]. In einem Brief an Wolff, den Riezler viele Jahre nach dem Krieg schrieb, gab er auch zu, daß Deutschland im Juli 1914 hauptsächlich von der Furcht vor der zukünftigen militärischen Entwicklung Rußlands getrieben worden sei. Wie die Ereignisse dann zeigten, hätten die deutschen Generale die damalige militärische Stärke Rußlands unterschätzt und ihre eigene überschätzt, aber die deutsche Politik im Jahr 1914 habe sich trotzdem auf diese Überlegungen gestützt[28].

Einen der tiefsten Einblicke in die damaligen Überlegungen der Wilhelmstraße lieferte Graf Botho v. Wedel, seit 1910 Vortragender Rat im Auswärtigen Amt und ab 1916 Tschirschkys Nachfolger als Botschafter in Wien. Nach einem Gespräch über die Ursprünge des Krieges mit Graf Paul v. Wolff-Metternich, der von 1901 bis 1912 deutscher Botschafter in London gewesen war, berichtete Wedel im Oktober 1916 Theodor Wolff, bis zum Scheitern der Haldane-Mission im Februar 1912 habe England aufrichtig eine Verständigung mit Deutschland gewünscht; von da ab sei London jedoch entschlossen gewesen, fest zu Frankreich und Rußland zu stehen, da es darin den einzigen Weg gesehen habe, dem Streben Deutschlands nach der Weltherrschaft einen Riegel vorzuschieben. Von diesem Zeitpunkt an, so erklärte Wedel, sei für Berlin klar gewesen, daß die Situation Deutschlands sich verschlechtern mußte, wenn es nicht drastische Maßnahmen ergriff, um die Weltlage zu seinen Gunsten zu verändern, und daß es nur zwei Wege zu diesem Ziel gab: ein Bündnis mit England oder einen europäischen Krieg. Ersteres hätte eine totale Revolution nicht nur im internationalen Mächtesystem, sondern auch in der deutschen Innenpolitik bedeutet — vor allem hätte man das »System Tirpitz« aufgeben müssen. Eine so revolutionäre Veränderung war jedoch in der Praxis unmöglich, da der Kaiser unerschütterlich hinter Tirpitz stand und da beide Männer keine Hemmungen hatten, die öffentliche Meinung für ihren chauvinistischen Kurs zu mobilisieren. Wedel meinte, Bismarck hätte eine so radikale Kursänderung der deutschen Politik bewirken können; Bethmann habe nicht die Kraft dazu gehabt. Deshalb sei nur der zweite Weg — der Krieg — geblieben. In dieser Situation habe sich die Theorie derjenigen, die »im Juli 1914 *und vorher*« sagten: »Der Krieg mit Rußland kommt doch, besser jetzt, als in zwei Jahren, wo Rußland seine strategischen Eisenbahnen gebaut haben wird«, immer mehr durchgesetzt und sogar eine gewisse Berechtigung gehabt[29].

Die Deutung Wedels ist besonders interessant — sie beleuchtet nicht nur die längerfristige Verantwortung des Kaisers und Tirpitz' und die Rolle der Alldeutschen bei der Festlegung der Politik, die zum Krieg führte, sondern wirft auch die Frage auf (auf die ich gleich zurückkommen werde), *wann* die deutsche »Entscheidung für den Krieg« fiel; denn derartige militärische und geopolitische Erwägungen hatten offenkundig wenig oder nichts mit Sarajevo zu tun.

Je genauer Historiker die — wenn auch leider unvollständigen — Dokumente über die Motive der deutschen Führung im Juli 1914 untersuchen, desto deutlicher zeigt sich, daß die zweite Gruppe von Beobachtern, die das Vorsätzliche der deutschen Politik betonte, richtiger lag als Bülow. Die »Männer von 1914« in Berlin handelten offenbar nach einem wohldurchdachten, raffinierten Drehbuch, nach einem geheimen Plan, der darauf abzielte, entweder die Tripel-Entente (Großbritannien — Frankreich — Rußland) zu spalten, um eine gewaltige diplomatische Revolution herbeizuführen, nach der Deutschland den europäischen Kontinent und einen Großteil der Welt beherrscht hätte, oder — nach Auffassung vieler ein besserer Weg zum gleichen Ziel — unter vermeintlich außergewöhnlich günstigen Umständen einen Krieg auf dem Kontinent gegen Frankreich und Rußland zu provozieren. Wenn man diesen Krieg, so kalkulierten sie, durch eine Balkankrise (statt durch irgendeinen Zwischenfall in Westeuropa) erreichen konnte, würden dem Reich drei höchst erwünschte Vorteile zufallen: Österreich-Ungarn würde an vorderster Front stehen und sich seinen Bündnisverpflichtungen gegenüber Deutschland nicht entziehen können; man könnte die deutsche Bevölkerung propagandistisch davon überzeugen, daß Deutschland von dem »barbarischen« Rußland angegriffen werde, und sie so mit Erfolg zur Verteidigung des Vaterlandes aufrufen; und schließlich könnte man Großbritannien vielleicht dazu bringen, sich aus dem Krieg herauszuhalten — wenigstens während der entscheidenden ersten sechs Wochen, in denen man Frankreich mittels eines blitzartigen Vorstoßes durch Belgien niederwerfen würde. In seinem vielzitierten Tagebucheintrag vom 8. Juli 1914 faßte Riezler die Überlegungen Bethmann Hollwegs folgendermaßen zusammen:

»Kommt der Krieg aus dem Osten, so daß wir also für Österreich-Ungarn und nicht Österreich-Ungarn für uns zu Felde zieht, so haben wir Aussicht, ihn zu gewinnen. Kommt der Krieg nicht, will der Zar nicht oder rät das bestürzte Frankreich zum Frieden, so haben wir doch noch Aussicht, die Entente über diese Aktion auseinanderzumanövrieren[30].«

Der genaue Zeitpunkt, zu dem man sich für diese Politik entschied, ist immer noch stark umstritten. Es scheint jedoch klar zu sein, daß sie seit den allerersten Tagen der Julikrise — wenn nicht schon vorher — in groben Zügen feststand[31]. Am 26. Juni 1914 fuhr der deutsche Publizist Victor Naumann von Berlin nach Wien, nachdem er vorher im Auswärtigen Amt ein ausführliches Gespräch mit Wilhelm v. Stumm geführt hatte. In einer Unterredung, die er am 1. Juli im österreichischen Außenministerium mit Alexander Graf Hoyos hatte, berichtete Naumann, daß man in Berlin »nicht nur in Armee- und Marinekreisen, sondern auch im Auswärtigen Amte der Idee eines Präventivkrieges gegen Rußland nicht mehr so ganz ablehnend gegenüberstehe wie vor einem Jahre«. Wegen der Besserung der deutsch-englischen Beziehungen glaube man in Berlin, die »Sicherheit« zu haben, »daß England in einen europäischen Krieg nicht eingreifen werde«. Frankreich, so argumentierte Naumann, »werde wahrscheinlich wegen Geldverlegenheiten genötigt sein, auf Rußland in friedlichem Sinne einzuwirken; wenn es aber doch zum europäischen Krieg komme, so sei der Dreibund jetzt noch stark genug«. Naumann sagte weiter, daß der Kaiser — wenn man jetzt, wo er über die Bluttat von Sarajevo entsetzt sei, »in richtiger Weise« mit ihm spreche — »uns [d.h. den Österreichern] jede Zusicherung geben und diesmal auch bis zum Kriege durchhalten wird. [...] Im Auswärtigen Amte werde man [...] dieser Stimmung nicht entgegentreten, weil man den Augenblick für günstig halte, um die große Entscheidung herbeizuführen[32].«

Diese durch Naumann am 1. Juli 1914 nach Wien weitergegebenen Auffassungen spiegelten zweifellos genau die Überlegungen wider, die man damals in der Wilhelmstraße anstellte. Wie Jagow es am 18. Juli in einem Privatbrief an Lichnowsky ausdrückte:

»Im Grunde ist Rußland jetzt nicht schlagfertig. Frankreich und England werden jetzt auch den Krieg nicht wünschen. In einigen Jahren wird Rußland nach aller kompetenten Annahme schlagfertig sein. Dann erdrückt es uns durch die Zahl seiner Soldaten, dann hat es seine Ostseeflotte und seine strategischen Bahnen gebaut. Unsere Gruppe wird inzwischen immer schwächer. [...] Läßt sich die Lokalisierung [des österreichisch-serbischen Konfliktes] nicht erreichen und greift Rußland Österreich an, so tritt der casus foederis ein, so können wir Österreich nicht opfern. [...] Ich will keinen Präventivkrieg, aber wenn der Kampf sich bietet, dürfen wir nicht kneifen[33].«

Auch Wolff konnte in seinen Gesprächen mit Jagow und Stumm im Juli 1914 die fast lässige Einstellung der deutschen Staatsmänner gegenüber der Wahrscheinlichkeit eines größeren europäischen Krieges beobachten. Jagow erklärte ihm offen, »die diplomatische Situation sei sehr günstig. Weder Rußland noch Frankreich noch England wollten den Krieg. Und wenn es sein müsse«, sagte er lächelnd, »einmal werde der Krieg ja doch kommen, wenn wir die Dinge gehen ließen, und in zwei Jahren sei Rußland stärker als jetzt[34].« Stumm war in seinen Äußerungen gegenüber Wolff noch unbekümmerter und leichtsinniger.

»Wie Jagow sagt er, daß der Krieg in zwei Jahren unvermeidlich sei, wenn wir uns jetzt nicht aus dieser Situation befreiten. [...] Rußland werde es sich zweimal überlegen, ehe es losschlage. Bei einem Krieg mit Rußland würde man etwas erleben: Revolution in Finnland und in Polen — und man werde sehen, daß alles gestohlen ist, sogar die Schlösser der Gewehre, und daß keine Munition da sei. Was Frankreich betreffe — die Enthüllungen des Senators Humbert über die Zustände in der Armee seien Goldes wert. Frankreich könne keinen Krieg wollen. Eine so gute Situation komme nie wieder. Nur Durchhalten und Festigkeit[35]!«

Bülow hörte später, Stumm habe im Juli 1914 beim Kartenspiel geprahlt: »In drei Tagen zwinge ich die Russen auf die Kniee ...[36]« Und als Graf Hoyos am 5. Juli 1914 das Auswärtige Amt aufsuchte, erklärte ihm der Unterstaatssekretär Zimmermann spontan, nach seiner Auffassung bestünden »90 Prozent Wahrscheinlichkeit für den Krieg, wenn Sie etwas gegen Serbien unternehmen«[37].

Kanzler v. Bethmann Hollweg, der nach dem Ausscheiden aus seinem Amt gegenüber Theodor Wolff zugab, er habe einen Krieg gegen Rußland und Frankreich seit dem Januar 1914 für unvermeidlich gehalten[38], war genau der gleichen Meinung wie seine drei wichtigsten Berater im Auswärtigen Amt. Am 17. Juli 1914 sah er sich genötigt, den Kronprinzen zurechtzuweisen, weil dieser durch seine öffentlichen Erklärungen zugunsten der alldeutschen Kriegstreiber Oberst Frobenius und Dr. Buchholz seine sehr sorgfältig kalkulierte Strategie gefährdete. In einem in zwei Kuverten versiegelten Brief, der bisher unbekannt war, warnte Bethmann den hitzköpfigen Erben des Hohenzollernthrones in dunklen Worten, sein Eintreten für den Krieg könnte genau das Gegenteil dessen bewirken, was er beabsichtige. Der Reichskanzler schrieb:

»Die durch den österreichisch-serbischen Gegensatz momentan besonders gespannte auswärtige Situation erfordert ein ebenso bestimmtes wie überlegtes Verhalten Deutschlands. Mag auch die weitere Entwicklung heute noch nicht erkennbar sein, so haben wir doch im gegenwärtigen Augenblick ein absolutes Interesse daran, bei entschiedener Sekundierung Österreichs nach außen nicht als diejenigen zu erscheinen, die ihrerseits durch Aufpeitschung der nationalen Leidenschaften auf eine europäische Konflagration losarbeiten. [...] Eine einheitliche und zielbewußte Politik kann nur geführt werden, wenn sie vor jeder Durchkreuzung sicher ist. Es ist bei der Eigenart des diplomatischen Spiels nicht nur möglich, sondern wahrscheinlich, daß eine ohne Kenntnis des Zusammenhangs unternommene Durchkreuzung unabsichtlich nicht nur dem Gegner nützt, sondern auch das Gegenteil dessen, was mit ihr beabsichtigt war, fördern hilft[39].«

Zwischen diesen Motiven der leitenden Männer in der Wilhelmstraße und denen der Militärs bestand kaum ein Unterschied, so daß man versucht ist, von einer Militarisierung der deutschen Diplomatie zu sprechen. Seit kurzem kennen wir die Briefe des Chefs des Kaiserlichen Militärkabinetts, Moritz Freiherr v. Lyncker, der Wilhelm II. auf seiner schlau inszenierten Nordlandreise im Juli 1914 begleitete. Am 21. Juli schrieb Lyncker an seine Gattin:

»Wir — d. h. ein kleiner Kreis Eingeweihter — sind doch in einiger Spannung, wie sich die Dinge entwickeln werden. Wie wird sich Rußland verhalten, wenn es jetzt — wie sehr wahrscheinlich — zum Krieg zwischen Österreich und Serbien kommen wird? Unsere eigene Rolle ist vorgeschrieben[40].«

Vier Tage später, am 25. Juli, teilte Lyncker seiner Gattin mit, der Kaiser habe sich endlich entschlossen, nach Berlin zurückzukehren, und fuhr dann fort:

»Vielleicht ist diese Heimfahrt auch für uns der erste Schritt zum Kriege. Nun wollen wir ihn ehrenvoll bestehen. Die Armee ist gut, so glauben wir wenigstens, und wird ihre Schuldigkeit thun. Freilich wird es ein schwerer Kampf mit 2 Fronten werden, wie wir ihn in dieser Ausdehnung noch nie gehabt haben[41].«

Und unmittelbar nach seiner Ankunft in Berlin, am 27. Juli, definierte der Chef des Marinekabinetts, Admiral v. Müller, der zu demselben kleinen Kreis von Eingeweihten gehörte, die deutsche Politik ähnlich. Er notierte in seinem Tagebuch: »Tendenz unserer Politik: Ruhige Haltung, Rußland sich ins Unrecht setzen lassen, dann aber Krieg nicht scheuen[42].«

Es sieht daher so aus, als habe Bülow mit seiner Kritik an den von Bethmann, Jagow und Stumm gemachten »Fehlern« großenteils nicht begriffen, um was es ging.

— Die deutsche Führung überließ durch den berüchtigten »Blankoscheck« keineswegs den Österreichern die Kontrolle über die deutsche Politik; ihre einzige Sorge während der ganzen Krise war vielmehr, Österreich könnte gegen Serbien nicht hart genug vorgehen[43].
— Die Wilhelmstraße versäumte es keineswegs, vorher Einblick in das Ultimatum zu nehmen und sicherzustellen, daß es für Serbien akzeptabel war; man kannte vielmehr die Hauptpunkte des Ultimatums fast unmittelbar, nachdem es am 12. Juli in Wien entworfen worden war (das heißt fast zwei Wochen, bevor es den Serben präsentiert wurde), und man wußte natürlich auch, daß es für Serbien unannehmbar sein sollte[44].
— Bethmann und Jagow waren keineswegs bereit, die britischen Vermittlungsvorschläge für den drohenden Konflikt zu akzeptieren; sie rieten vielmehr den Österreichern entschieden davon ab, sie zu akzeptieren, und erklärten gleichzeitig (was höchst aufschlußreich ist), sie seien gezwungen, die britischen Vorschläge nach Wien zu übermitteln, damit London — und übrigens auch das deutsche Volk — den aufrichtigen Willen Berlins, den Krieg zu vermeiden, nicht bezweifle. Es ist bezeichnend, daß Bethmann dem deutschen Botschafter in Wien am 27. Juli 1914 mitteilte:

> »Durch eine Ablehnung jeder Vermittlungsaktion würden wir von der ganzen Welt für die Konflagration verantwortlich gemacht und als die eigentlichen Treiber zum Kriege hingestellt werden. Das würde auch unsere eigene Stellung im Lande unmöglich machen, wo wir *als die zum Kriege Gezwungenen dastehen müssen*[45].«

Nur wenige Tage später, am 1. August 1914, konnte Admiral von Müller triumphierend in seinem Tagebuch vermerken:

> »Stimmung glänzend. Die Regierung hat eine glückliche Hand gehabt, uns *als die Angegriffenen hinzustellen*[46].«

Fritz Fischer und Imanuel Geiss haben mit großer Klarheit und einer überwältigenden Fülle zeitgenössischer Quellen nachgewiesen, daß solche Überlegungen der deutschen Politik in der Julikrise zugrunde lagen, und es ist eigentlich überflüssig, dieses bekannte Thema noch einmal zu behandeln[47]. Was noch erforscht werden muß, ist das wichtige Problem, *wann* die Entscheidung für den Krieg fiel. In dem Maße wie bisher unbekannte Quellen ans Licht kommen, gewinnt die erregende Hypothese an Boden, daß diese Entscheidung keine Reaktion auf das Attentat von Sarajevo war, sondern einige Zeit *vor* diesem Ereignis fiel — als Resultat eines langen Prozesses, der ernsthaft mit der vermeintlichen Demütigung Deutschlands in der Zweiten Marokkokrise 1911 begann. Da ich dieses Thema hier nicht im einzelnen entwickeln kann, möchte ich schließen mit einigen kurzen Szenen aus einem längeren Drama, die den immer noch dunklen Prozeß, in dem die deutsche Führung sich für den Krieg entschied, hoffentlich etwas erhellen werden.

Erste Szene: In einem streng geheimen Memorandum vom 1. April 1912 formulierte Admiral v. Tirpitz die Frage, die alle militärpolitischen Überlegungen in Deutschland von Agadir bis Sarajevo erfüllt zu haben scheint. Unter der Überschrift »Die Herbeiführung des Kriegsausbruchs« fragte Tirpitz: »Sollen wir ihn beschleunigt herbeiführen oder zu verzögern suchen[48].«

Zweite Szene: Etwa acht Monate später, im sogenannten »Kriegsrat« vom 8. Dezember 1912, forderte Kaiser Wilhelm II., wie man heute genau weiß, Österreich solle gegen die Serben kraftvoll auftreten, da es sonst die Kontrolle über die Slawen innerhalb der Habsburgermonarchie verliere. Wenn Rußland dann die Serben stütze (was es offenkundig tat), »wäre der Krieg für uns unvermeidlich«. Aber in einer solchen Konstellation — wenn Rußland sich zu einem Krieg gegen Österreich habe provozieren lassen — sei Deutschland frei, »um den Krieg mit ganzer Wucht gegen Frankreich zu führen«. Die deutsche Flotte, sagte der Kaiser, »müsse sich natürlich auf den Krieg gegen England einrichten. [...] Also gleich Unterseebootskrieg gegen englische Truppentransporte in der Schelde bezw. bei Dünkirchen, Minenkrieg in Themse«. Der Generalstabschef v. Moltke erklärte, ein europäischer Krieg sei in der Tat unvermeidlich, und je eher er komme, desto besser; er meinte jedoch, Deutschland sollte »durch die Presse besser die Volkstümlichkeit eines Krieges gegen Rußland [...] vorbereiten«. Da griff Tirpitz in die Debatte ein; er beantwortete seine eigene Frage vom April, indem er das »Hinausschieben des großen Kampfes um 1 1/2 Jahre« empfahl, bis der Kaiser-Wilhelm-Kanal für Großkampfschiffe ausgebaut und der U-Boothafen auf Helgoland fertiggestellt sei[49].

Dritte Szene: Kaiser Wilhelm II. stimmte — wie wir aus einem Bericht des bayerischen Militärbevollmächtigten, General v. Wenninger, erfahren — einem Aufschub des Krieges gegen Frankreich, Rußland und England nur »ungern« zu[50]. Zwei Tage nach dem sogenannten »Kriegsrat« sprach der Kaiser gegenüber dem Gesandten der Schweiz höchst erregt von dem unvermeidlichen »Rassenkrieg, [dem] Krieg des Slawentums gegen das Germanentum«. Er fand es unerhört, daß die »mit uns durch gemeinsame Abstammung, Religion, civilisatorisches Streben verwandten Anglo-Sachsen sich zum Werkzeug der Slawen hergeben wollen«. Wilhelm erklärte: Um einen russischen oder slawischen Sieg zu verhindern, müßten Österreich und Deutschland die Bildung eines starken Serbenreiches verhindern.

»Wenn diese Frage [...] durch die Diplomatie nicht gelöst werden kann, so werden die Waffen entscheiden. Die Lösung kann aufgeschoben werden. Die Frage selbst wird aber in 1 oder 2 Jahren wieder auftreten. [...] Dann wiederholte der Kaiser, daß [...] der Rassenkampf nicht zu vermeiden sei — vielleicht ist er nicht für jetzt, aber er wird voraussichtlich in einem oder zwei Jahren stattfinden[51].«

Vierte Szene: Als König Georg V. im Mai 1913 zur Hochzeit des deutschen Kronprinzen nach Berlin kam, erklärte Kaiser Wilhelm II. dem Sekretär des englischen Königs, Lord Stamfordham, daß ein »Rassenkrieg« bevorstehe.

»Die Slawen sind jetzt unruhig geworden und werden Österreich angreifen wollen. Deutschland ist verpflichtet, seinem Bundesgenossen beizustehen — Rußland und Frankreich werden eingreifen, und dann England. [...] Ich bin ein Mann des Friedens — aber jetzt muß ich mein Land aufrüsten, damit ich alle, die über mich herfallen, vernichten kann — und ich werde sie vernichten[52].«

Fünfte Szene: In einer höchst bedeutsamen — und erst vor kurzem entdeckten — Denkschrift vom 18. Mai 1914 beurteilte Graf Waldersee, der Oberquartiermeister im deutschen Generalstab, die längerfristige militärische Situation Deutschlands — trotz der erfolgreichen Verabschiedung der massiven Heeresvorlage von 1913 — äußerst pessimistisch. Er glaubte keineswegs, daß Deutschland unmittelbar von einem Angriff bedroht sei, sondern gab offen zu, daß »für den Augenblick der Beginn eines Krieges von Seiten der Gegner Deutschlands [nicht] zu gewärtigen sei«. Es gebe jedoch deutliche Anzeichen dafür, daß die Ententemächte ständig aufrüsteten und irgendwann — »in wohl noch etliche Jahre hinaus liegender Zeit« — Deutschland von allen Seiten angreifen würden.

»Daß gerade dieses Jahr den Gegnern Deutschlands einladend sei, gegen den Dreibund kriegerisch vorzugehen, kann nicht gesagt werden. Im Gegenteil, für den Moment kann keinem der Hauptbeteiligten etwas daran liegen, den Waffengang herbeizuführen.«

Waldersee erinnerte daran, daß die französische Armee in einem chaotischen Zustand sei und erst in jüngster Zeit begonnen habe, schwere Artillerie anzuschaffen. Rußland bedürfe für eine effektive Neuorganisation seiner Armee sowie für den Bau seiner strategischen Eisenbahnlinien »noch etlicher Jahre«. Die irische Frage und eine Reihe anderer innerer Schwierigkeiten würden garantieren, daß England vorläufig »durchaus keine Neigung [habe], an kriegerischen Ereignissen beteiligt zu werden«. Waldersee folgerte daraus,

»daß Deutschland sich bei normalem Lauf der Dinge eines Angriffs in allernächster Zeit nicht zu gewärtigen hat, daß es aber andererseits nicht nur *keinen* Grund hat, in irgend einer Lage einem Konflikt *aus dem Wege* zu gehen, *vielmehr*, daß die Aussichten, einen großen europäischen Krieg schnell und siegreich zu bestehen, *heute* noch sehr günstig für Deutschland liegen und ebenso für den Dreibund. Heute. In kurzem wird dies nicht mehr der Fall sein.«

In dem Maße wie die Feinde Deutschlands erstarkten, nehme die Kraft seiner Bundesgenossen ab. »Das Deutsche Reich tut Recht, wenn es diese Situation klaren Auges und mit Ruhe betrachtet, sofern es nicht den Frieden um jeden Preis erkaufen will«, versicherte Waldersee.

»Mit schneller Offensive werden wir Frankreich schlagen, aber Zeit wird es kosten. Solange man auf ein Vorgehen Österreichs gegen Rußland mit gewissen Stärken rechnen kannn, würden unsere gegen Osten noch verfügbaren Kräfte genügen, um Rußlands Armeen so lange von unserm Lande abzuhalten, bis wir Kräfte im Westen entbehrlich finden. Aber das russische Heer vergrößert sich von Jahr zu Jahr.«

Obwohl die Denkschrift nicht soweit geht, offen für Krieg zu plädieren, solange der Sieg sicher sei, sondern für eine weitere Vermehrung der deutschen Heeresstärke eintritt, ist die Logik der Argumentation Waldersees nur allzu deutlich: Seine Prämisse zwang zu dem Schluß, daß Deutschland in naher Zukunft einen Überraschungsangriff gegen Frankreich und Rußland führen müsse, ehe diese Mächte zu stark wurden[53].

Sechste Szene: Kurz nachdem Waldersees Denkschrift Helmuth v. Moltke erreichte, bat der Generalstabschef — der schon seit Monaten auf einen Krieg drängte[54] — Gottlieb v. Jagow um ein Gespräch. Am 19. Mai oder am 3. Juni fuhren die beiden Männer von Potsdam, wo sie anläßlich des Geburtstags des Zaren oder des englischen Königs (Jagow wußte nicht mehr genau, an welchem Geburtstag) an einem Essen teilgenommen hatten, gemeinsam nach Berlin zurück. Unterwegs sagte Moltke dem Staatssekretär,

»die Aussichten in die Zukunft bedrückten ihn schwer. In 2—3 Jahren würde Rußland seine Rüstung beendet haben. Die militärische Übermacht unserer Feinde wäre dann so groß, daß er nicht wüßte, wie wir ihrer Herr werden könnten. Jetzt wären wir ihnen noch einigermaßen gewachsen. Es bliebe seiner Ansicht nach nichts übrig, als einen Präventivkrieg zu führen, um den Gegner zu schlagen, solange wir den Kampf noch einigermaßen bestehen könnten. Der Generalstabschef [so erinnerte sich Jagow] stellte mir demgemäß anheim, unsere Politik auf die baldige Herbeiführung eines Krieges einzustellen[55].«

Siebte Szene: Am 16. Juni 1914 — zwölf Tage vor dem Attentat auf den Erzherzog und seine Gemahlin — ersuchte Oberquartiermeister v. Waldersee die Militärbevollmächtigten der deutschen Staaten, alle schriftliche Berichterstattung an ihr jeweiliges Kriegsministerium bis auf weiteres einzustellen. Der Generalstab werde in den nächsten Tagen Sondergesandte schicken, die diesen ungewöhnlichen Schritt den betreffenden Kriegsministern mündlich erklären würden[56]. Die damit von Waldersee eingeleitete Verschleierung verwirrt die Historiker, die sich um die Aufklärung der deutschen Absichten in der Julikrise 1914 bemühen, bis heute.

Und wenn wir die wahre Absicht hinter der deutschen Politik, die dieser Krise zugrunde liegt, nicht verstehen, verstehen wir natürlich auch das Verhalten der übrigen Regierungen nicht, die alle irgendwie auf die deutsche Herausforderung reagierten.

Anmerkungen

* Aus dem Englischen übersetzt von Karl Nicolai. — Der Beitrag wurde ursprünglich für den von Keith M. Wilson hrsg. Band: Decisions for the War 1914, London 1994, verfaßt.

1 Theodor Wolff, Tagebücher 1914—1919. Der Erste Weltkrieg und die Entstehung der Weimarer Republik in Tagebüchern, Leitartikeln und Briefen des Chefredakteurs am »Berliner Tageblatt« und Mitbegründers der »Deutschen Demokratischen Partei«, 2 Bde, hrsg. von Bernd Sösemann, Boppard a.Rh. 1984, Bd 1, Nr. 88 (9. Februar 1915), S. 156. Vgl. Wolffs und Bülows Bemerkungen zu den Schuldgefühlen Bethmann Hollwegs am 11. Mai 1916, ebd., Nr. 357, S. 379.

2 Ebd., Bd 2, Nr. 819 (27. November 1918), S. 665.

3 Als Theodor Wolff in einem Gespräch über den Ausbruch des Krieges mit dem Leiter des Reichskolonialamtes Wilhelm Solf, dem Dramatiker Frank Wedekind und einer Reihe von Offizieren und Politikern im April 1916 die ironische Bemerkung machte, Deutschland sei 1914 »ruchlos überfallen« worden, lachten alle über diesen Witz. Ebd., Bd 1, Nr. 340 (17. April 1916), S. 370. Von den drei deutschen Botschaftern, die in den drei Hauptstädten der Entente akkreditiert waren, glaubte keiner, daß deren Regierungen den Krieg gewollt hatten. Zu Lichnowsky vgl. Fürst Lichnowsky, Auf dem Wege zum Abgrund. Londoner Berichte, Erinnerungen und sonstige Schriften, 2 Bde, Dresden 1927; Edward F. Willis, Prince Lichnowsky, Ambassador of Peace, Berkeley, Los Angeles 1942; Harry F. Young, Prince Lichnowsky and the Great War, Ann Arbor 1977; John C. G. Röhl, Zwei deutsche Fürsten zur Kriegsschuldfrage. Lichnowsky und Eulenburg und der Ausbruch des Ersten Weltkriegs. Eine Dokumentation, Düsseldorf 1971; Richard v. Kühlmann,

der Stellvertreter Lichnowskys, bestätigte, daß man in der deutschen Botschaft in London nicht an den Ausbruch eines Krieges geglaubt habe. Wolff, Tagebücher (wie Anm. 1), Bd 1, Nr. 435 (27. September 1916), S. 433. Friedrich Graf v. Pourtalès, der letzte Botschafter des Kaiserreiches in Rußland, sprach von einer »Kriegspartei« in Sankt Petersburg, bestritt jedoch, daß der Zar oder der Außenminister Sergei Sasonow ihr angehört hätten; er wandte sich auch gegen Gerüchte, die russische Armee habe schon im Juni 1914 mit der Mobilmachung begonnen. Ebd., Bd 1, Nr. 76 (8. Januar 1915), S. 147f. und Nr. 141 (24. April 1915), S. 209. Pourtalès soll Berlin rechtzeitig vor den Konsequenzen der deutschen Politik gewarnt und nie geglaubt haben, die Russen würden das östereichische Ultimatum an Serbien hinnehmen. Ebd., Nr. 650 (27. November 1917), S. 564. Wilhelm v. Schoen, der deutsche Botschafter in Paris, schrieb im Januar 1915 einen anonymen Artikel im »Berliner Tageblatt«, um Frankreichs »Unschuld« im Juli 1914 zu beweisen. Ebd., Nr. 78 (16. Januar 1915), S. 149. Schoen sagte zu Wolff, in den kritischen Julitagen 1914 sei in Paris niemand da gewesen, mit dem er hätte verhandeln können. Poincaré und Viviani seien noch nicht aus Sankt Petersburg zurück gewesen, und der Unterstaatssekretär Abel Ferry habe zwar den besten Willen gehabt, aber noch nicht die Erfahrung. Er, Schoen, habe Viviani unmittelbar nach seiner Rückkehr aus Sankt Petersburg erklärt, »die Franzosen seien nicht militärisch aggressiv, aber sie seien in diesen ganzen Jahren politisch aggressiv gewesen; ein Land wie Deutschland könne eine Situation, wie sie ihm von Frankreich, England und Rußland bereitet worden, auf die Dauer nicht ertragen«. Ebd., Nr. 5 (10. August 1914), S. 70f.

4 Vgl. Wolff, Tagebücher (wie Anm. 1), Bd 1, Nr. 37 und 38 (16. und 17. Oktober 1914), S. 109f. und passim.

5 Ebd., Nr. 59 (3. Dezember 1914), S. 128.

6 Albert Ballin an Gottlieb v. Jagow, 3. Juli 1915, zit. ebd., S. 343, Anm. 9.

7 Ebd., Nr. 297 (31. Januar 1916), S. 343.

8 Ebd., Nr. 170 (12. Juni 1915), S. 234.

9 Ebd., Nr. 297 (31. Januar 1916), S. 342.

10 Ebd., Nr. 170 (12. Juni 1915), S. 235; Nr. 297 (31. Januar 1916), S. 341; Nr. 310 (16. Februar 1916), S. 350f.; Nr. 357 (11. Mai 1916), S. 380; Nr. 442 (9. Oktober 1916), S. 442.

11 Gerd Fesser, Bernhard v. Bülow und der Ausbruch des Ersten Weltkrieges, in: Militärgeschichtliche Mitteilungen, 51 (1992), S. 317—324. Das Zitat stammt aus Bülows »Merkbuch G« für das Jahr 1916, ebd., S. 322.

12 Bernhard Fürst v. Bülow an Theodor Wolff, 30. April 1925, Wolff, Tagebücher (wie Anm. 1), Bd 2, Brief Nr. 42, S. 946. Vgl. die Bemerkung Bülows gegenüber Wolff vom Dezember 1914: »Böswilligkeit lag [...] nicht vor, es fehlte also doch wohl an der Geschicklichkeit.« Ebd., Bd 1, Nr. 65 (11. Dezember 1914), S. 134.

13 Bernhard Fürst v. Bülow, Denkwürdigkeiten, 4 Bde, Berlin 1930—31, Bd 1, S. 13. Vgl. auch ebd., S. 239f., wo Bülow vom »schwarzen Hochsommer 1914« spricht, in dem der Tod des Erzherzogs Franz Ferdinand »gewaltsam zum Ausgangspunkt der unsinnigsten und gefährlichsten Schritte gemacht wurde«.

[14] Wolff, Tagebücher (wie Anm. 1), Bd 1, Nr. 66 (15. Dezember 1914), S. 139–141. Vgl. auch ebd., Nr. 170 (12. Juni 1915), S. 233 f.

[15] Diese acht Punkte fassen die Kritik zusammen, die Bülow in folgenden Gesprächen mit Theodor Wolff äußerte: 11. und 15. Dezember 1914, Wolff, Tagebücher (wie Anm. 1), Bd 1, Nr. 65 und 66; 12. Juni 1915, ebd., Nr. 170; 31. Januar 1916, ebd., Nr. 297; 9. Oktober 1916, ebd., Nr. 442. Vgl. auch Bülows Brief an Wolff vom 7. Februar 1925: ebd., Bd 2, S. 937 ff.

[16] Ebd., Bd 1, Nr. 44 (29. Oktober 1914), S. 114 f., sowie Nr. 59 (3. Dezember 1914), S. 128.

[17] Ebd., Nr. 164 (30. Mai 1915), S. 228; Nr. 170 (12. Juni 1915), S. 233 f.; Nr. 357 (11. Mai 1916), S. 380; Bd 2, Nr. 891 (10. Juni 1919), S. 731.

[18] Ebd. Bd 1, Nr. 1–4 (23.–26. Juli 1914), S. 61–66. Später erfuhr Wolff von einem ähnlichen Vorfall: Ein Ministerialdirigent im Innenministerium erzählte ihm, die deutsche Regierung habe schon vor der Übergabe des österreichischen Ultimatums den Berliner Magistrat aufgefordert, Vorkehrungen für die Lebensmittelversorgung zu treffen. Ebd., Nr. 87 (4. Februar 1915), S. 153.

[19] Vgl. das Gespräch zwischen Wolff und Graf Wedel am 29. Oktober 1914 über die Rolle der »Militärs« bzw. der »Staatsleitung« im Juli 1914: ebd., Nr. 44, S. 114 f. Im Juli 1917 sagte der österreichische Politiker Josef Redlich zu Wolff, nach seiner Auffassung hätten die beiden Generalstäbe den Krieg »gemacht«, die Regierungen seien dann »mit hineingezogen worden«. Ebd., Nr. 580 (26. Juli 1917), S. 524.

[20] Ebd., Nr. 126 (5. April 1915), S. 196.

[21] Ebd., Nr. 213 (10. September 1915), S. 283 f. Einige Monate früher hatte Lichnowsky gegenüber Wolff geäußert, er wisse genau, daß Moltke zu den Kriegstreibern gehört habe. Ebd., Nr. 113 (16. März 1915), S. 181.

[22] Vgl. ebd., Nr. 310 (16. Februar 1916), S. 350 f.

[23] Vgl. ebd., Nr. 14 (20. August 1914), S. 86; Nr. 37 (16. Oktober 1914), S. 109; Nr. 65 (11. Dezember 1914), S. 133.

[24] Ebd., Nr. 95 (17. Februar 1915), S. 166 f.

[25] Ebd., Nr. 354 (7. Mai 1916), S. 376.

[26] Vgl. Kurt Riezler, Tagebücher, Aufsätze und Dokumente, hrsg. von Karl Dietrich Erdmann, Göttingen 1972, S. 7 ff. Die Kontroverse über Erdmanns Edition der Riezler-Tagebücher gipfelte 1983 in einer umfassenden Besprechung durch Bernd Sösemann in der Historischen Zeitschrift. Vgl. Bernd Sösemann, Die Tagebücher Kurt Riezlers. Untersuchungen zu ihrer Echtheit und Edition, in: HZ, 236 (1983), S. 327–369, und Erdmanns Replik, ebd., S. 371–402. Wichtige zusätzliche Informationen über Riezler und seinen Kreis liefert Fritz Fischer, Juli 1914: Wir sind nicht hineingeschlittert. Das Staatsgeheimnis um die Riezler-Tagebücher, Frankfurt 1983. Vgl. ferner Bernd-Felix Schulte, Die Verfälschung der Riezler-Tagebücher. Ein Beitrag zur Wissenschaftsgeschichte der 50er und 60er Jahre, Frankfurt, Bern, New York 1985, sowie Karl-Heinz Janßens ausführlichen Bericht über die Kontroverse in: Die Zeit, 10. Juni 1983, S. 9 ff.

[27] Wolff, Tagebücher (wie Anm. 1), Bd 1, Nr. 365 (24. Mai 1916), S. 384 f.

[28] Kurt Riezler an Theodor Wolff, 21. März 1930: ebd., Bd 2, S. 950 f.

[29] Ebd., Bd 1, Nr. 447 (16. Oktober 1916), S. 446. Hervorhebung von mir.

[30] Riezler, Tagebücher (wie Anm. 26), S. 184. Man sollte beachten, daß alle Einträge in Riezlers Tagebuch zur Julikrise später von ihm überarbeitet wurden, so daß niemand wissen kann, wie authentisch diese Stelle tatsächlich ist. Vgl. Anm. 26.

[31] Als Lichnowsky von seinen Landgütern in Schlesien auf seinen Posten in London zurückfuhr, teilte ihm Unterstaatssekretär Arthur Zimmermann am 5. Juli in Berlin mit, Österreich sei nun fest entschlossen, gegen Serbien »energisch vorzugehen«. Darauf antwortete Lichnowsky spontan, dann sei der Weltkrieg unvermeidlich. Später machte sich Lichnowsky Vorwürfe, daß er trotzdem am gleichen Tage nach London abgereist sei: »Wäre ich da geblieben, wäre es vielleicht doch anders gekommen.« Wolff, Tagebücher (wie Anm. 1), Bd 1, Nr. 14 (20. August 1914), S. 86f., sowie Nr. 48 (10. November 1914), S. 118.

[32] Aufzeichnung Hoyos' über Unterredung mit Victor Naumann, 1. Juli 1914, zit. nach: Julikrise und Kriegsausbruch 1914, hrsg. von Imanuel Geiss, 2 Bde, Hannover 1963/64, Bd 1, Nr. 6.

[33] Jagow an Lichnowsky, 18. Juli 1914, ebd., Bd 1, Nr. 135.

[34] Wolff, Tagebücher (wie Anm. 1), Bd 1, Nr. 3 (25. Juli 1914), S. 64.

[35] Ebd., S. 64f. Vgl. das Gespräch Wolffs mit Stumm am 30. August 1914, ebd., Nr. 24, S. 102.

[36] Ebd., Nr. 357 (11. Mai 1916), S. 379.

[37] Zit. bei Adolf Gassner, Preußischer Militärgeist und Kriegsentfesselung 1914. Drei Studien zum Ausbruch des Ersten Weltkrieges, Basel, Frankfurt 1985, S. 112.

[38] Wolff, Tagebücher (wie Anm. 1), Bd 1, Nr. 578 (19. Juli 1917), S. 521.

[39] Schreiben Bethmann Hollwegs an den Kronprinzen, 17. Juli 1914, abgesandt am 19. Juli 1914, Geheimes Staatsarchiv Berlin, BPH Rep. 54 Nr. 10/3.

[40] Moritz Freiherr v. Lyncker an seine Gattin, 21. Juli 1914, Bundesarchiv-Militärarchiv Freiburg (BA-MA), NL Lyncker, MSg 1/3251.

[41] Lyncker an seine Gattin, 25. Juli 1914, ebd.

[42] Müller, Tagebucheintrag unter dem 27. Juli 1914, zit. bei John C.G. Röhl, Admiral von Müller and the Approach of War, 1911—1914, in: The Historical Journal, 12 (1969), S. 651—673, hier S. 669. Vgl. Regierte der Kaiser? Kriegstagebücher, Aufzeichnungen und Briefe des Chefs des Marine-Kabinetts Admiral Georg Alexander von Müller, hrsg. von Walter Görlitz, Göttingen 1959, S. 35f., wo diese Stelle in einer veränderten Fassung abgedruckt ist.

[43] Franz Freiherr v. Haymerle, Legationsrat an der k.u.k. Botschaft in Berlin, der den Grafen Hoyos bei seinem Besuch im Auswärtigen Amt am 5. Juli begleitet hatte, schrieb diesem drei Tage später: »Hier im Auswärtigen Amt wurden wir allseits zu einer Aktion gedrängt. Die Stimmung ist großartig für uns, wenn wir losgehen; sonst dürfte man uns wohl als hoffnungslos, hätte ich fast gesagt, aufgeben.« Zit. bei Manfried Rauchensteiner, Der Tod des Doppeladlers. Österreich-Ungarn und der Erste Weltkrieg, Graz, Wien, Köln 1993, S. 75.

[44] Wladimir Freiherr v. Giesl, der österreichische Gesandte in Belgrad, war während des gemeinsamen Ministerrates vom 7. Juli 1914 in Wien; er erhielt an diesem Tag vom österreichisch-ungarischen Außenminister Graf Berchtold

die Weisung: »Wie immer die Serben reagieren — Sie müssen die Beziehungen abbrechen und [aus Belgrad] abreisen; es muß zum Krieg kommen.« Zit. ebd., S. 75.

45 Szögyény an Berchtold, 27. Juli 1914, in: Julikrise und Kriegsausbruch (wie Anm. 32), Bd 2, Nr. 479; Bethmann Hollweg an Tschirschky, 27. Juli 1914, ebd., Nr. 503. Hervorhebung von mir.

46 Müller, Tagebucheintrag unter dem 1. August 1914, zit. bei Röhl, Admiral von Müller (wie Anm. 42), S. 670. Hervorhebung von mir. Vgl. Regierte der Kaiser? (wie Anm. 42), S. 38, wo diese Stelle anders zitiert wird, nämlich: »In beiden Ansprachen wird durchaus und mit Recht der Anspruch vertreten, daß wir die Angegriffenen sind.« Auch der bayerische Militärbevollmächtigte fand am 31. Juli im Berliner Kriegsministerium »überall strahlende Gesichter [...]; man gratulierte sich«, daß es der Regierung gelungen sei, Rußland ins Unrecht zu setzen. Zit. bei Hartmut Pogge von Strandmann, Warum die Deutschen den Krieg wollten, in: Die Zeit, 4. März 1988, S. 40.

47 Die klarste Darstellung der deutschen Politik im Juli 1914 durch Fischer findet sich in seinem Buch Der Krieg der Illusionen. Die deutsche Politik von 1911 bis 1914, Düsseldorf 1969, S. 682—738. Fischer stützt sich in diesem Kapitel weitgehend auf die hervorragende zweibändige Dokumentensammlung: Julikrise und Kriegsausbruch 1914, die Imanuel Geiss herausgegeben hat (vgl. Anm. 32).

48 Tirpitz, Memorandum vom 1. April 1912, »Ganz geheim. Von Hand zu Hand«, Entwurf von Capelle, BA-MA, RM 5/v. 1608, Bl. 47.

49 Admiral von Müller, Tagebucheintrag unter dem 8. Dezember 1912, zit. bei Röhl, Admiral von Müller (wie Anm. 42), S. 661 f. Das neueste Quellenmaterial zum sogenannten »Kriegsrat« erörtert ziemlich eingehend John C. G. Röhl, Kaiser, Hof und Staat. Wilhelm II. und die deutsche Politik, München 1988, S. 175—202; engl. unter dem Titel: Who ruled in Berlin? The Kaiser and his Court and the Governance of Germany, Cambridge 1994, Kapitel 7. Die Frage der Fertigstellung des Kaiser-Wilhelm-Kanals ist nicht mit der Aufmerksamkeit untersucht worden, die sie vielleicht verdient. Schon im Oktober 1911 wollte Bethmann Hollweg von Tirpitz wissen, »inwiefern unsere Chancen in einem solchen Kriege [gegen England] von der Fertigstellung des Kanals und der Helgoländer Anlagen abhängig sind«. Bethmann Hollweg an Tirpitz, 4. Oktober 1911, BA-MA, RM 3/v. 9. Tirpitz antwortete, die deutsche Flotte sei zur Zeit für einen Krieg mit England »durchaus unzureichend« gerüstet; ihre Chancen würden durch den Ausbau des Kaiser-Wilhelm-Kanals und des Helgoländer Hafens zwar verbessert, aber keineswegs in einem solchen Maße, daß sich ihre Chancen dadurch nennenswert erhöhten. Die Bedeutung des Kanals und Helgolands dürfe nicht überschätzt werden; der Schlüsselfaktor sei und bleibe das gegenseitige Stärkeverhältnis der beiden Flotten. Tirpitz an Bethmann Hollweg, 7. Oktober 1911, ebd. Vom Admiralstabschef erhielt der Reichskanzler eine ähnliche Antwort. Vgl. Heeringen an Bethmann Hollweg, 7. Oktober 1911, ebd. Dagegen betonte der Chef der Hochseeflotte, Admiral v. Holtzendorff, stärker, wie wichtig es sei, den Ausbau des Kaiser-Wilhelm-Kanals abzuschließen, obwohl auch er die Hauptschwäche Deutschlands gegenüber Eng-

land im Stärkeverhältnis der beiden Flotten sah. In einer Denkschrift vom 25. Oktober 1911 betonte er, Deutschland müsse einen Krieg gegen England vermeiden (selbst wenn innen- oder außenpolitische Faktoren für einen solchen Krieg sprächen), bis es bereit sei, England zur See gegenüberzutreten. »Wir dürfen die Folgen einer Provokation nicht eher auf uns nehmen, bevor die Flotte in ihrem jetzigen Stande der Indiensthaltung vollwertig kriegsbereit und qualitativ dem Gegner ebenbürtig ist.« Dieser Zeitpunkt werde erst dann kommen, wenn die deutsche Hochseeflotte ganz aus modernen Linienschiffen und Panzerkreuzern bestehe und wenn der Kaiser-Wilhelm-Kanal für solche Schiffe passierbar sei. Da die Einbringung einer großen Flottennovelle wahrscheinlich zu einem Krieg mit England führen werde, solle Deutschland damit warten, bis es bereit sei, einen Krieg zu akzeptieren in der Gewißheit, daß seine Flotte der gegnerischen Flotte schwere Verluste zufügen könne. Holtzendorff argumentierte: »Somit wäre der Herbst 1914 als der Zeitpunkt ins Auge zu fassen, von dem an wir der Wirkung einer Machterweiterungs-Absicht über das Flottengesetz hinaus auf unsere Gegner mit [...] Vertrauen entgegensehen können«, denn bis dahin werde die deutsche Flotte in einem besseren Zustand und der Kanal fertiggestellt sein. Holtzendorff an Bethmann Hollweg, 25. Oktober 1911, ebd. Tatsächlich wurden die Ausbauarbeiten im Sommer 1914 abgeschlossen. Am 3. Juli 1914 fragte der Chef des Admiralstabes, ob der Kanal jetzt für Großkampfschiffe befahrbar sei und wann die erste Durchfahrt stattfinden könne. Am 9. Juli 1914 schrieb Admiral v. Capelle an den Staatssekretär des Innern, man lege »vom militärischen Standpunkt aus den allergrößten Wert darauf, daß der Kaiser-Wilhelm-Kanal von einem Großkampfschiffe umgehend befahren wird«, und am 25. Juli 1914 fuhr SMS »Kaiserin« durch den Kanal. Admiralstab an Reichsmarineamt, 3. Juli 1914; Capelle an Delbrück, 9. Juli 1914; Marinekommissar für den Kaiser-Wilhelm-Kanal, Memorandum vom 25. Juli 1914, BA-MA, RM 5.

50 Bericht Wenningers vom 15. Dezember 1912, zit. bei Röhl, Admiral von Müller (wie Anm. 42), S. 663.

51 Alfred de Claparède, Bericht vom 10. Dezember 1912, zit. bei Terence F. Cole, German decision-making on the eve of the First World War. The records of the Swiss embassy in Berlin, in: Der Ort Kaiser Wilhelms II. in der deutschen Politik, hrsg. von John C.G. Röhl, München 1991, S. 62f.

52 Aufzeichnung einer Unterredung zwischen dem deutschen Kaiser und Lord Stamfordham in Berlin, 25. Mai 1913, Royal Archives Windsor, Geo. V. M450/18.

53 Graf Georg von Waldersee, Denkschrift über Deutschlands militärische Lage Mai 1914, Bundesarchiv-Militärisches Zwischenarchiv Potsdam, Kriegsgeschichtliche Forschungsanstalt des Heeres, W10/50279, Nr. 94. Mein aufrichtiger Dank gebührt meiner Doktorandin Annika Mombauer, die diese Denkschrift in Potsdam entdeckte, kurz bevor sie in das Bundesarchiv-Militärarchiv in Freiburg gebracht wurde. Frau Mombauer schreibt eine Geschichte des deutschen Generalstabes aufgrund der Akten der Kriegsgeschichtlichen Forschungsanstalt; diese Akten gehören zu den 40 Tonnen deutscher Militärdokumente, die 1988 von der Sowjetunion an die DDR zurückgegeben wurden.

[54] Der bayerische Gesandte in Berlin, Graf Lerchenfeld, berichtete am 31. Juli 1914: »Schon vor Monaten hat der Generalstabschef Herr von Moltke sich dahin ausgesprochen, daß der Zeitpunkt militärisch so günstig sei, wie er in absehbarer Zeit nicht wiederkehren kann.« Als Gründe habe er angeführt die Überlegenheit der deutschen Artillerie und das Fehlen von Haubitzen im französischen und russischen Heer sowie den chaotischen Zustand des französischen Heeres infolge des Wechsels von der zwei- zur dreijährigen Dienstzeit. Lerchenfeld, Berichte vom 31. Juli 1914, in: Julikrise und Kriegsausbruch (wie Anm. 32), Nr. 916 und 918.

[55] Zit. bei Egmont Zechlin, Motive und Taktik der Reichsleitung 1914, in: Der Monat, Bd 209, Februar 1966, S. 92.

[56] General v. Wenninger an den bayerischen Kriegsminister, 16. Juni 1914, Bayerisches Hauptstaatsarchiv München, Abt. 4, MKr 41.

Johannes Hürter

Die Staatssekretäre des Auswärtigen Amtes im Ersten Weltkrieg

Gottlieb v. Jagow, Arthur Zimmermann, Richard v. Kühlmann, Paul v. Hintze — vier ferne Namen, vier vernachlässigte Größen in der Geschichte des Ersten Weltkrieges. Gewiß, jeder Historiker, ja jeder interessierte Laie, der sich mit den militärischen und politischen Ereignissen der Jahre 1914 bis 1918 beschäftigt, stößt auf die Namen dieser vier Politiker und muß sich auf die eine oder andere Weise mit ihrem Wirken auseinandersetzen. Einzelheiten ihrer Politik sind durch die großen Darstellungen von Fritz Fischer und Gerhard Ritter sowie durch eine Reihe weiterer Untersuchungen bekannt. Doch bleiben dies Ausschnitte, bestimmt durch die verschiedenartigen Fragestellungen und Zielsetzungen der jeweiligen Autoren. Das geschichtswissenschaftliche Interesse hat sich noch nicht auf die Tätigkeit des jeweiligen Amtschefs in der Wilhelmstraße als politisches Ganzes gerichtet, noch nicht mit den Mitteln der politisch-biographischen Methode nach Herkunft, Weg und Ziel seiner Politik gefragt. So sind die Staatssekretäre des Auswärtigen Amtes von der Julikrise 1914 bis zur Umwandlung des politischen Systems im Oktober 1918, von Jagow bis Hintze[1], trotz ihrer Präsenz in der Forschungsliteratur bisher weitgehend konturenlos und unbeschrieben.

Dieser Zustand hat seine Ursache in der besonderen Entwicklung der Weltkriegsforschung. Der Krieg der Dokumente und Memoiren nach 1918 rückte neben dem Problem der allgemeinen »Kriegsschuld« auch das der persönlichen Verantwortlichkeiten in den Mittelpunkt polemischer Auseinandersetzungen, die allerdings vorwiegend von den Beteiligten selbst ausgetragen wurden. Die Distanz war noch nicht gegeben, die zu gerechteren Urteilen beiträgt. Als die nach 1945 zunächst stagnierende wissenschaftliche Beschäftigung mit dem Ersten Weltkrieg in den 60er Jahren durch die »Fischer-Kontroverse« ihren großen Anschub bekam, wurden die übergreifenden politischen Entwicklungen und Strukturen zum Gegenstand der Forschung, während die Bedeutung der Persönlichkeit in der politischen Entscheidungsfindung zwar meist anerkannt, aber nicht — von der Ausnahme Bethmann

Hollweg abgesehen[2] — konsequent diskutiert wurde. Die Abkehr von der traditionellen Diplomatiegeschichte seit Beginn der 70er Jahre führte dann zu einer Stigmatisierung der personellen Perspektive, die als einseitig, verengt und ungenügend abgelehnt wurde. Die Biographik war allerdings schon vorher in eine Krise getreten, ehe auch nur die wichtigsten Entscheidungsträger innerhalb der Reichsleitung neben und nach Bethmann eine genauere Untersuchung erhalten hätten[3].

Die Dogmen vergangener Jahre sind heute aufgeweicht, doch noch immer bestehen Vorurteile gegen den einen oder anderen geschichtswissenschaftlichen Ansatz. Erst wenn akzeptiert wird, daß gerade das Nebeneinander verschiedener gleichberechtigter Vorgehensmöglichkeiten der Vielfalt des historischen Prozesses am besten entspricht, kann das personale Moment wieder neben sozioökonomischen Entwicklungen und politisch-gesellschaftlichen Strukturen als wichtiger Bestandteil der Geschichte allgemeine Anerkennung finden. Sowohl die Betonung, freilich nicht Isolierung oder Verabsolutierung, einzelner dieser Faktoren als auch der Versuch ihrer Synthese bringen Erkenntnisfortschritte. Die politisch-biographische Methode trägt gewiß die Gefahr der unverhältnismäßigen Fixierung auf die Einzelperson in sich, andererseits hat sie unbestreitbare Vorzüge. Durch die intensive Beschäftigung mit dem handelnden Individuum wird man zu größerem Einfühlungsvermögen in die Zeitumstände gezwungen als etwa durch die Analyse eher abstrakter Machtstrukturen. Die Komplexität persönlicher Entwicklungen und Entscheidungen widerspricht einem einseitigen Determinismus oder einer durchgehenden »These«, denen man seine Argumentationsführung unterwirft. Zugleich wird die Möglichkeit geboten, im personellen Untersuchungsobjekt unterschiedliche Aspekte der Forschung zu diskutieren und zu bündeln. Kontinuitäten, Wandlungen und Verschränkungen der Geschichte können im Agieren der Persönlichkeit verdeutlicht werden.

Die Frage nach Berechtigung und Wert einer personengeschichtlichen Betrachtungsweise muß freilich in jedem Einzelfall neu gestellt werden und liegt auch den weiteren Ausführungen zugrunde. Dabei versteht sich dieser Beitrag als vorläufige Skizze, erwachsen aus der noch nicht abgeschlossenen Beschäftigung des Autors mit einem der vier zu behandelnden Staatssekretäre[4], als vorsichtiges Austasten der Möglichkeiten, die sich durch ein Fokussieren des wissenschaftlichen Interesses auf die Außenpolitiker Jagow, Zimmermann, Kühlmann und Hintze bieten könnten.

1. Das Amt

Der Staatssekretär des Auswärtigen Amtes war in seiner politischen Wirksamkeit vor allem von seinem Verhältnis zum Reichskanzler abhängig[5]. Nach der ganz auf die überragende Persönlichkeit Bismarcks zugeschnittenen Reichsverfassung vom 16. April 1871 war der Kanzler der einzige verantwortliche Reichsminister. Er bestimmte sowohl die Richtlinien der allgemeinen Politik als auch die Arbeit jedes einzelnen Ressorts. Diesem »Superminister« mußte sich die oberste Reichsverwaltung von vornherein unterordnen. So entwickelte sich aus dem preußischen Außenministerium eine Reichsbehörde, die nach englischem Vorbild Auswärtiges Amt genannt und der bürokratischen Leitung eines Staatssekretärs unterstellt wurde, während die eigentliche politische Führung des Ressorts dem Reichskanzler zustand. Die Begriffe »Amt« und »Staatssekretär« verwendete man dann auch bei der Bildung der übrigen obersten Zentralbehörden, um ihnen schon äußerlich den Status eigenständiger Ministerien vorzuenthalten. Einige Verbesserungen des Staatssekretärsranges – zu nennen sind das Recht zur Stellvertretung des Reichskanzlers, die gewohnheitsmäßige Ernennung zu preußischen Bundesratsbevollmächtigten mit der Möglichkeit, im Reichstag aufzutreten, und die Verleihung des Titels »Exzellenz« – änderten nichts daran, daß die Stellung des Behördenchefs letztlich von dem Freiraum abhing, den der Reichskanzler ihm gewähren wollte oder mußte. Bismarck achtete peinlich darauf, den Staatssekretären nur soviel Eigenständigkeit wie nötig zu lassen und jedem Aufstieg zu ministergleicher Bedeutung vorzubeugen. Seine Aufmerksamkeit richtete sich dabei weniger auf eine Behörde wie das Reichspostamt als auf ein politisches Ressort wie das Auswärtige Amt, das er als seine ureigenste Domäne ansah und dessen Staatssekretäre entsprechend geringen Einfluß besaßen.

Der Einschnitt von 1890 blieb auch hier nicht ohne Folgen. Nach der Entlassung Bismarcks gelangten die Reichsressorts unter seinen ungleich weniger machtbewußten Nachfolgern zu mehr Eigengewicht. Doch während die Entwicklung von unselbständigen Behörden zu verkappten Reichsministerien bei den anderen Reichsämtern recht kontinuierlich verlief, machte sie beim Auswärtigen Amt einige Umwege, da sich die Kanzler immer wieder für die Leitung dieses maßgeblichen Ressorts zuständig fühlten. Die grundsätzliche Tendenz vom bürokratischen Staatssekretär der frühen Bismarckzeit zum politischen Staatssekretär des Ersten Weltkrieges ist aber unverkennbar, der Zuwachs an Einfluß und Bedeutung war enorm. Auch wenn der Botschafter in einer der großen europäischen Metropolen um 1914 immer noch mehr gesellschaftliches Ansehen genossen haben mag, war der Chefposten in der Wilhelmstraße nun unbestritten die Position im Auswärtigen Dienst mit dem größten politischen Wirkungskreis. Dennoch blieb die unzeitgemäße Machtschieflage des kanzlerzentrierten Verfassungssystems formal bis zuletzt bestehen. Der schwache Reichskanzler Hertling behauptete noch im Juli 1918, der »verantwortliche Reichskanzler mache die Politik, der Staatssekretär habe diese Politik lediglich zu führen«[6]. Und auch der so abqualifizierte Staatssekretär Paul v. Hintze verwies darauf, »nur ein Untergebener des Reichskanzlers« zu sein[7]. Formal korrekt, entsprach dies nicht mehr der Wirklichkeit, die Außenpolitik wurde tatsächlich von Hintze gemacht. Man muß aber fragen, ob der Rechtszustand, nominell kein verantwortlicher Reichsaußenminister zu sein, nicht doch gerade die fähigsten Staatssekretäre des Auswärtigen Amtes hemmte und damit zur Führungsschwäche des Deutschen Reiches beitrug.

Neben dem maßgeblichen Verhältnis Reichskanzler—Staatssekretär bestimmte noch eine Reihe weiterer Faktoren die Gewichtsverteilung in der außenpolitischen Führung. So kam nach 1890 mit dem Anspruch Wilhelms II., »the sole arbiter and master of German foreign policy« zu sein[8], ein neues und im »System Bismarck« nicht vorgesehenes Element hinzu. Auch wenn man den direkten Einfluß des Kaisers auf die Außenpolitik nicht überschätzen darf, ist etwa die Verbindung von der Hofkamarilla um Eulenburg über die »graue Eminenz« Holstein in die Wilhelmstraße unbestreitbar. Die Mitsprache des Kaisers und seiner Umgebung, die sich besonders auf die Personalentscheidungen auswirkte, flachte zwar im Jahrzehnt vor dem Kriegsausbruch merklich ab, doch blieb es für den Staatssekretär von Vorteil, am Hof gut angeschrieben zu sein. Zudem stand er wie der Reichskanzler vor der schwierigen Aufgabe, sich mit den berüchtigten Aktenmarginalien des Kaisers auseinanderzusetzen, seine hochfliegenden Pläne abzublocken und den Schaden seiner sporadischen Vorstöße in die Diplomatie zu begrenzen, ohne das monarchische Selbstgefühl zu verletzen. Wilhelm II. bildete stets einen schwer zu berechnenden Faktor für die Arbeit des Auswärtigen Amtes.

Während des Weltkrieges mußte der Staatssekretär verstärkt mit zwei ganz unterschiedlichen Größen umgehen, die bereits vorher immer wichtiger geworden waren: die militärischen und parlamentarischen

Einflüsse. Die Planungen des Generalstabs und die Ambitionen der Marineleitung hatten schon vor dem Krieg die deutschen Beziehungen zu Frankreich, Rußland und England unheilvoll beeinflußt. Daß jetzt das Verhältnis von »Staatskunst und Kriegshandwerk« und damit auch das Auskommen des Staatssekretärs mit der Obersten Heeresleitung entscheidende Bedeutung erhielten, ist zu bekannt, als daß es hier näher erläutert werden müßte. In eine andere Richtung als die Einmischung des Militärs in politische Angelegenheiten ging die fortschreitende Parlamentarisierung, die bei einer ruhigeren Entwicklung auch die außenpolitische Führung auf eine neue, eine zivilere und verantwortungsvollere Grundlage hätte stellen können. Die Besprechungen mit den Parteiführern, den Vertretern des Interfraktionellen Ausschusses (seit 1917) und im Hauptausschuß des Reichstags gewannen im Verlauf des Krieges an Gewicht und gaben dem Staatssekretär zusätzlich eine ministergleiche Position, die von echter parlamentarischer Verantwortlichkeit nicht mehr weit entfernt war. Die Akzeptanz im Reichstag konnte längst nicht mehr vernachlässigt werden.

Reichskanzler, Kaiser, militärische Führung, parlamentarische Kräfte, dann noch — bisher unerwähnt — wirtschaftliche Interessengruppen und die öffentliche Meinung: Die Stellung des Amtschefs in der Wilhelmstraße war von vielfältigen äußeren Einflüssen abhängig. Ein befriedigendes Verhältnis zu diesen Machtfaktoren nutzte aber wenig, solange sich der Staatssekretär nicht auch innerhalb seiner Behörde durchsetzen konnte. Das Auswärtige Amt bestand im Ersten Weltkrieg aus vier Sektionen, der Politischen Abteilung (IA), der Personalabteilung (IB), der Handelspolitischen Abteilung (II) und der Rechtsabteilung (III). Unter ihnen ragte die Politische Abteilung in jeder Beziehung hervor, in ihr wurden alle Fragen von politischer Bedeutung bearbeitet, sie besaß das größte Ansehen und rekrutierte sich überwiegend aus Diplomaten (damit überwog auch der Anteil des Adels); auf ihre Leitung konzentrierte sich die ganze Aufmerksamkeit des Staatssekretärs. In dieser Abteilung war eine begrenzte Zahl von etatmäßigen Beamten höheren Dienstes tätig, ein Dirigent (seit 1910), eine Handvoll Vortragende Räte und zwei, drei ständige Hilfsarbeiter. Ein Unterstaatssekretär, 1916 kam ein zweiter hinzu, sollte die Arbeit der vier Abteilungen koordinieren, fühlte sich aber ebenfalls hauptsächlich für den politischen Bereich zuständig. Die Außenpolitik des Deutschen Reiches wurde von der Zentrale Berlin aus demnach von kaum mehr als zehn Beamten vorbereitet und organisiert.

Für den Staatssekretär hatte diese Konzentration der wesentlichen Geschäfte auf wenige Fachleute den Vorteil, daß er die Aktivitäten seiner Untergebenen besser kontrollieren konnte. Andererseits gab sie jedem dieser maßgeblichen Beamten ein besonderes Gewicht, das den Amtschef zwang, mit ihnen auszukommen und sich gegen sie durchzusetzen. Er mußte genügend Kompetenz und Autorität besitzen, um alle Fäden in der Hand zu halten und bei wichtigen Entscheidungen nicht umgangen zu werden. Die Instruktionen für die deutschen Außenvertretungen, der Verkehr mit den ausländischen Diplomaten in Berlin, die Einwirkung auf die Grundlinien der Außenpolitik, alles mußte bei ihm zusammenlaufen und seiner Lenkung unterworfen sein. Ein schwacher Staatssekretär konnte durchaus von einem seiner Mitarbeiter in den Hintergrund gedrängt werden. Das Auswärtige Amt war keine einfach zu leitende Behörde, Standesdünkel und Intrigenwirtschaft taten das übrige, um dem Staatssekretär ein hohes Maß an Führungsqualitäten abzuverlangen.

Insgesamt läßt sich feststellen, daß weniger verfassungsmäßige Bindungen als die Gewichtsverteilung innerhalb personeller Konstellationen die Entfaltungsmöglichkeiten der Staatssekretäre des Auswärtigen Amtes bestimmten. Inwieweit die Amtsinhaber im Ersten Weltkrieg ihre Kompetenz nach oben und unten behaupten und in politisches Handeln umsetzen konnten, hing wesentlich von ihren persönlichen Voraussetzungen ab, auf die zunächst der Blick gelenkt werden soll.

2. Die Persönlichkeiten

Die Staatssekretäre des Auswärtigen Amtes gehörten ausnahmslos der adelig-bürgerlichen Amtsaristokratie an, die im kaiserlichen Deutschland die staatspolitische Führungsschicht bildete und von gleichbleibenden Merkmalen geprägt war[9]: Herkunft aus Adel und (oft nobilitiertem) gehobenem Bürgertum, juristische oder militärische Ausbildung, ständischer Korpsgeist, konservative Weltsicht, unbedingte Treue zum monarchischen System. Außenseiter hatten in diesem geschlossenen Gefüge wenig Platz. Das galt besonders für das Auswärtige Amt mit seiner gesellschaftlichen Exklusivität, die eine Konkurrenz bürgerlich-liberaler mit höfisch-adeligen Vorstellungen erschwerte. Dennoch weisen die hier behandelten Staatssekretäre individuelle Eigenarten auf, die vor dem Hintergrund der Umwälzungen im Ersten Weltkrieg interessant sind.

Unter ihnen war Gottlieb v. Jagow (1863—1935) nach Herkunft und Laufbahn am meisten einer traditionellen Herrschaftsordnung verpflichtet, in der Leistung und Eignung allein nicht den Ausschlag gaben[10]. Die Jagows zählten zu den angesehensten Familien des alten märkischen Adels, dem die preußische Monarchie schon immer mit Vorliebe ihre oberen Beamten entnommen hatte. Der Weg über das Jurastudium in den Staatsdienst war daher nur konsequent, doch nach einigen Jahren in der preußischen Verwaltung wünschte sich Jagow den Übertritt in die diplomatische Karriere und nutzte dazu die persönlichen Beziehungen seines Bruders zu Bernhard v. Bülow, dem deutschen Botschafter in Rom und späteren Reichskanzler. Der Seiteneinstieg gelang, Bülow nahm den Verwaltungsbeamten aus gutem Hause 1895 als Attaché in den Palazzo Caffarelli und protegierte ihn auch weiterhin[11]. Rom blieb für ein Jahrzehnt der Mittelpunkt seines Wirkens (seit 1901 Botschaftsrat), ehe er 1907 nach einem kurzen Zwischenspiel als Vortragender Rat im Auswärtigen Amt auf einen Gesandtenposten avancierte, wenn auch nur im Großherzogtum Luxemburg. Wieder war es Bülow, der Jagow 1909 zum großen Sprung nach Rom verhalf, wo er die Nachfolge des umstrittenen Grafen Monts als Botschafter antrat. Sein zurückhaltendes Auftreten und die langjährige Vertrautheit mit den italienischen Verhältnissen verschafften ihm Ansehen und trugen zu dem — allerdings brüchigen — diplomatischen Erfolg der Verlängerung des Dreibundvertrags im Dezember 1912 bei.

Als nach dem plötzlichen Tod Kiderlen-Wächters am Jahresende 1912 ein neuer Staatssekretär gesucht wurde, besaß der feinsinnige, aber stets etwas kränkelnde und wenig durchsetzungsfähige Jagow die Selbsteinsicht, daß er sehr wohl für einen nicht allzu stürmischen Außenposten, nicht jedoch für die aufreibende Führungsposition in der Berliner Zentrale geeignet sei[12]. Doch gerade seine defensiven Wesensmerkmale machten ihn für Bethmann Hollweg und die führenden Diplomaten zum Wunschkandidaten, denn die Zeiten des ehrgeizigen Kiderlen, der die Außenpolitik z. T. unter Ausschaltung des Kanzlers geleitet und seine Mitarbeiter schroff behandelt hatte, sollten vorbei sein. So halfen Jagow alle Hinweise auf seine Unzulänglichkeiten nicht. Nach Appellen an sein patriotisches Pflichtgefühl und nach dem Zuspruch seines Mentors Bülow wurde er am 11. Januar 1913 zum Staatssekretär des Auswärtigen Amtes ernannt. Jagow erfüllte die Erwartungen, indem er sich anders als sein Vorgänger mit der Rolle eines loyalen Mitarbeiters des Reichskanzlers begnügte und seinen Untergebenen im Amt, besonders dem Unterstaatssekretär Zimmermann und dem Dirigenten der politischen Abteilung Wilhelm v. Stumm, einigen Freiraum ließ[13].

Man kann Jagow gewiß mangelndes Durchsetzungsvermögen und zu geringes politisches Profil vorwerfen. Andererseits trat aber eine gewisse Beruhigung der deutschen Außenpolitik ein, nachdem dem gemäßigten Bethmann Hollweg ein gleichgesinnter Staatssekretär zur Seite gestellt war. Jagow stimmte mit dem Reichskanzler überein, »daß in der bestehenden Mächtegruppierung unsere Position zu schwach sei, daß wir aus der ›Einkreisung‹ u. der hierdurch drohenden Kriegsgefahr herauskommen und — angesichts der Unmöglichkeit, mit Rußland engere Fühlung zu gewinnen — eine Annäherung an England suchen müßten«[14]. Er konnte sich daher guten Gewissens den Grundsatzentscheidungen Bethmanns unterordnen. Wenn der Staatssekretärsposten dennoch nicht gänzlich die unter Kiderlen-Wächter neuerlangte politische Bedeutung verlor, lag das daran, daß der in diplomatischen Fragen unerfahrene Reichskanzler die Umsetzung seiner Politik weitgehend Jagow überlassen mußte. So waren die begrenzten Erfolge der letzten eineinhalb Jahre vor Kriegsausbruch wie die Lokalisierung des 2. Balkankrieges und die Verständigung mit England über den portugiesischen Kolonialbesitz und die Bagdadbahn nicht zuletzt ein Verdienst des Staatssekretärs. Jagow erkannte auch, daß jeder deutsch-englische Annäherungsversuch von der Tirpitzschen Flottenrüstung gestört und durch die Mißachtung der Neutralität Belgiens im Schlieffenplan gefährdet wurde. Doch fehlte ihm wie Bethmann die Energie, den Primat politischer Entscheidungen gegenüber militärischen Planungen konsequent einzuklagen. Jagow trägt daher eine Mitschuld an der latenten Gegenläufigkeit der Konzeptionen innerhalb der Reichsleitung.

Entsprechend unglücklich war das Agieren des Staatssekretärs in der Julikrise 1914. An der Einleitung der diplomatischen Offensive gegen Serbien und Rußland nach dem Mord von Sarajevo war er nicht beteiligt, da er bis zum 6. Juli auf Hochzeitsreise war, doch wurde diese riskante Politik von ihm befürwortet und fortgesetzt. Eine Begrenzung des Konflikts schien ihm möglich, dabei unterschätzte er das Eigengewicht der Militärplanung, in der die Stoßrichtung des Auswärtigen Amtes gegen Osten durch eine Strategie des Erstschlags im Westen konterkariert wurde. Das Vertrauen, die Krise aus der Wilhelmstraße steuern und ihre Eskalation verhindern zu können, erwies sich nach der russischen Teilmobilmachung (29. Juli) als Illusion. Jagow fügte sich wie Bethmann fatalistisch und widerstandslos dem militärischen Automatismus und beharrte nicht auf einer konsequenten Diplomatie gegen den großen Krieg, dessen Zeitpunkt von der Heeresleitung als günstig suggeriert wurde. Seine mit dem Reichskanzler verfolgte Politik, die als »Einkreisung« empfundene Isolation Deutschlands ohne Krieg zu überwinden, war — durch eigene Versäumnisse und Fehlkalkulationen mitverursacht — in Scherben geschlagen. Ob der an der Kriegsverhinderung gescheiterte Jagow nun im Weltkrieg die Fähigkeit und Kraft zu einer konstruktiven Friedensanbahnung aufbringen konnte, mußte nach den bisherigen Erfahrungen mehr als fraglich sein.

War Jagow durch und durch Repräsentant der traditionellen Diplomatenkaste, dessen Vorstellung von Kabinettspolitik sich im Juli 1914 als anachronistisch erwies, schien sein Nachfolger Arthur Zimmermann (1864—1940) eher dem modernen Typus eines außenpolitischen Bürokraten anzugehören[15]. Der Sohn eines ostpreußischen Kaufmanns trat 1893 als Gerichtsassessor in den auswärtigen Dienst ein und beschritt zunächst die Konsularlaufbahn, die anders als die große Welt der Diplomaten ein bürgerliches Terrain war. Nach einigen Jahren als Vizekonsul und Konsul in China mit den Stationen Schanghai, Kanton und Tientsin, wo er sich während der Boxerunruhen auszeichnete, wurde er 1902 in das Auswärtige Amt berufen. Der Arbeitseifer des neuernannten Legationsrats fiel bald auf, so daß er über die Handelspolitische und die Rechtsabteilung bereits im Jahr 1905 durch die Förderung Holsteins als Vortragender Rat in die Politische Abteilung IA gelangte. Dort machte sich Zimmermann durch Geschäftsroutine und Detailkenntnis unentbehrlich, stieg kontinuierlich auf, wurde im April 1910 Dirigent der Abteilung und im Mai 1911 Unterstaatssekretär. Nach dem Tod Kiderlens war er für dessen Nachfolge im Gespräch, galt dann aber wegen des Mangels an Vornehmheit und diplomatischer Erfahrung als nicht gesellschaftsfähig genug, so daß ihm Jagow vorgezogen wurde[16].

Während des Krieges, als mit der Präsenz des Militärischen überall eine rauhere Gangart en vogue wurde, gewann sich Zimmermann durch hemdsärmeliges Auftreten und direkte Ausdrucksweise einige Sympathie. Die frische Aufsteigermentalität des Ostpreußen stach deutlich von der als »schlapp« verurteilten Zurückhaltung seines Vorgesetzten Jagow ab. Einige forsche Äußerungen zur U-Boot-Kriegführung und zu anderen Streitfragen brachten ihm ein, daß er militärischen und alldeutschen Kreisen als »ihr Mann« galt. Hinzu kam eine geschickte Pflege der Kontakte zum Kaiser, zum Reichstag, zur Presse, zur Berliner Gesellschaft und zum diplomatischen Korps, die ihn als die zentrale

Figur in der Wilhelmstraße erscheinen ließen. So konnte es nicht überraschen, daß Zimmermann zum neuen Staatssekretär des Auswärtigen Amtes ernannt wurde, als Jagow am 21. November 1916 seinen Abschied nahm.

Damit war der Höhepunkt einer erstaunlichen Karriere erreicht: Erstmals hatte ein Bürgerlicher aus konsularischem Dienst vom ständigen Hilfsarbeiter bis zum Staatssekretär alle Stufen eines Amtes genommen, dessen Führung bisher die Domäne adeliger Diplomaten war. Doch wer nun vermutete, daß Zimmermann aufgrund seiner Herkunft und konsularischen Vergangenheit Reformen wie etwa die längst überfällige Angleichung der Außenpolitik an die Erfordernisse der weltwirtschaftlichen Verflechtung begünstigen würde, sah sich getäuscht. Der Reeder Albert Ballin äußerte sich bereits im Februar 1917 unzufrieden über den Staatssekretär, »der es nicht verstanden habe, die adlige Clique im Ausw. Amt zu brechen, die ihn nun ganz beherrsche«[17]. Wieder einmal zeigte sich das Phänomen, daß die bürgerlichen Führungskräfte im kaiserlichen Deutschland Denk- und Verhaltensweisen von Adel und Militär eher imitierten als sie durch moderne, »liberale« Elemente aufzufrischen.

Wie sich bei Zimmermann trotz der erwähnten Besonderheiten seiner Laufbahn keine Abkehr von den traditionellen Bahnen der Außenpolitik feststellen läßt, so ist es ohnehin mühsam, in seinem Wirken vor dem Staatssekretariat eigenständige politische Überzeugungen und Konzeptionen zu erkennen, zumal begleitende oder retrospektive Selbstzeugnisse kaum vorliegen. Das Verdikt Jagows über seinen Nachfolger, daß ihm »politischer Blick und eigenes Urtheil« gefehlt habe[18], ist parteiisch, läßt sich aber schwer widerlegen. Zimmermann war kein Stratege mit langfristigen Optionen, sondern ein Taktiker, gewohnt, in der Zentrale des Auswärtigen Amtes Detailfragen zu bearbeiten. Seine eineinhalb Jahrzehnte in der Wilhelmstraße wurden durch keine Versetzung auf einen verantwortlichen Außenposten unterbrochen. Die dadurch fehlende diplomatische Erfahrung konnte nicht durch Fleiß und Arbeitsroutine, sondern nur durch eine überdurchschnittliche Begabung ausgeglichen werden. Zimmermann war der tüchtige, aber unauffällige Gehilfe Holsteins, Bülows und Kiderlens, und als Jagow ihm mehr Selbständigkeit ließ, nahm er sie, ohne sie wirklich zu nutzen. Die Politik des Staatssekretärs war dann, wie wir sehen werden, von folgenschweren Kurzsichtigkeiten geprägt, die an seiner Eignung zum selbständigen Außenpolitiker zweifeln lassen.

Ganz anders liegen die Dinge bei dem dritten Staatssekretär des Auswärtigen Amtes im Ersten Weltkrieg, Richard v. Kühlmann (1873–1948), fraglos »einer der interessantesten Diplomaten des Kaiserreiches«[19] und bisher noch mit der relativ größten Aufmerksamkeit der Forschung bedacht. Als Sohn des bayerischen Generaldirektors Otto Ritter v. Kühlmann, der für seine Verdienste um die deutsche Beteiligung am Ausbau des türkischen Bahnnetzes (Orientalische Eisenbahnen AG, Anatolische Eisenbahngesellschaft) nobilitiert worden war, in Konstantinopel geboren, aufgewachsen in München und Augsburg, 1906 durch Heirat in die Dynastie des saarländischen Eisenindustriellen Stumm aufgenommen, gehörte Kühlmann dem obersten Geldadel an[20]. Die materielle Unabhängigkeit gab Selbstbewußtsein und erleichterte den Weg, der den jungen Rechtsassessor Ende 1899 in den auswärtigen Dienst und dann durch eine geradezu mustergültige Diplomatenkarriere führte: 1900–1906 Legationssekretär in St. Petersburg, Teheran, London, Tanger und Washington, 1906–1908 Legationsrat im Haag, 1908–1914 Botschaftsrat in London und damit zweiter Mann an der in diesen Jahren wichtigsten deutschen Mission. Diese glänzende Laufbahn mit ihrem Schwerpunkt auf der großen europäischen Politik prädestinierte Kühlmann bereits vor Kriegsausbruch für die höchsten Positionen, wenn auch eher im Ausland als in der Berliner Zentrale, die er bisher nicht näher kennengelernt hatte.

Kühlmann erwies sich in seinen Dienststellungen als geschickter Diplomat und eigenständiger politischer Kopf, der nicht bloß Handlanger seiner Vorgesetzten sein wollte. So verstand der Legationssekretär und zeitweilige Geschäftsträger an der Gesandtschaft in Tanger 1904/05 die Marokkofrage als möglichen Ausgangspunkt einer deutsch-französischen Verständigung, während Bülow und Holstein in ihr nur ein Druckmittel sahen[21]. Der Besuch Wilhelms II. in Tanger am 31. März 1905 ging wohl auf eine Anregung Kühlmanns zurück, und der zuletzt schwankende Kaiser wurde von ihm zur Landung überredet. Dabei hinterließ der junge Diplomat, der das kaiserliche Schiff bei bewegter See in Ulanenuniform auf einer Strickleiter »enterte«, einen bleibenden Eindruck. Seitdem war ihm das Wohlwollen Wilhelms II. gewiß. Daß die Marokkokrise schließlich den Gegensatz zwischen Deutschland und Frankreich noch verschärfte, widersprach allerdings den Intentionen Kühlmanns. Den Plan, über eine Problemlösung an der Peripherie zu einer Entspannung in Europa zu gelangen, verfolgte er auch als Londoner Botschaftsrat in den letzten Jahren vor dem Krieg[22]. Politische und gesellschaftliche Gewandtheit sowie der von den Botschaftern Metternich, Marschall und Lichnowsky gewährte Freiraum verschafften ihm eine einflußreiche Stellung. Die Einigungen über das portugiesische Kolonialerbe in Afrika und über die Bagdadbahn waren maßgeblich sein Verdienst. Kühlmann hoffte mit ihnen die ersten Schritte zu einer umfassenden deutsch-englischen Verständigung unternommen zu haben, als deren eifrigster Verfechter er galt.

Wie Bethmann Hollweg, Jagow, Solf und einige andere, ja wahrscheinlich entschiedener als diese vertrat Kühlmann eine Politik, die auf einen Ausgleich mit England hinarbeitete. Dabei strebte er für das Reich als »Juniorpartner« des Empires Gebietserwerb in Mittelafrika an und betrachtete die deutsche Flotten- und Orientpolitik mit Skepsis. Der Ausbruch des Krieges bereitete diesem Kurs ein jähes Ende. Die Laufbahn Kühlmanns setzte sich aber kontinuierlich fort. Nach Sondermissionen in Stockholm und Konstantinopel, wo er die Verhandlungen über den türkischen Kriegseintritt forcierte, ging er Anfang 1915 als Gesandter nach Den Haag und avancierte schließlich im Oktober 1916 zum deutschen Botschafter in der Türkei. Der Drahtseilakt zwischen der Achtung des türkischen Souveränitätsgefühls einerseits und dem unverhohlenen Auftreten deutscher militärischer und wirtschaftlicher Interessen andererseits erforderte sein ganzes Geschick, brachte ihn aber in Gegensatz zur Obersten Heeresleitung[23]. Das Verhältnis zur Marine war schon seit seiner Londoner Zeit belastet. So war die militärische Führung alarmiert, als Staatssekretär Zimmermann am 6. August 1917 ausgerechnet durch Kühlmann ersetzt wurde. Doch da er als einer von drei noch amtierenden Botschaftern (Konstantinopel, Madrid, Wien) genügend Rang und Ansehen besaß, seine Wahl von weiten Kreisen — allerdings nicht den alldeutschen — begrüßt wurde und sich vor allem der Kaiser entschieden für ihn einsetzte[24], mußte er zunächst widerwillig akzeptiert werden.

Der Karrierediplomat v. Kühlmann gelangte mit erst 44 Jahren an die Spitze des Auswärtigen Amtes, nur Herbert v. Bismarck war noch früher Staatssekretär geworden. Trotz seiner diplomatischen Begabung und materiellen Basis war dieser schnelle Aufstieg für einen bayerischen Katholiken und Neuadeligen mit bürgerlichem Auftreten ungewöhnlich. Kühlmann gehörte in vielem einem neuen Schlag von Diplomaten an, der in England häufiger als in Deutschland zu finden war. Von früh auf mit den internationalen Wirtschaftsverflechtungen in der kapitalistischen Welt vertraut und als rational denkender Großbürger chauvinistischen Ressentiments abgeneigt, zog er einen multilateralen Interessenausgleich bei weitem einer gewaltsamen Lösung der Spannungen vor. Die deutsche Politik in der Julikrise 1914 und den Krieg überhaupt hielt er für eine Torheit, die es schnell zu revidieren galt. Die Untätigkeit der Reichsleitung in der diplomatischen Fühlungnahme mit der Entente beunruhigte Kühlmann daher ebenso wie die fehlende Abstimmung von Kriegführung und Politik, zum Beispiel in der U-Boot-Frage. Dem Berliner Journalisten Bernhard Guttmann klagte er im September 1915, es »gebe keine Staatsführung, keine Politik, man lasse einfach die Militärs ihr Handwerk treiben. Er mache sich anheischig, binnen sechs Wochen mit England zur Verständigung zu kommen, wenn man ihn lasse[25].« Der Amtsantritt Kühlmanns, dem nach seiner 17jährigen Auslandserfahrung die Aura eines gemäßigten Weltbürgers umgab, weckte also zu Recht einige Erwartungen. Man durfte auf die Politik des neuen Staatssekretärs gespannt sein.

Es ist interessant, daß Wilhelm II., bevor er sich für Kühlmann entschied, einen Diplomaten mit einem ganz anderen Ruf für die Nachfolge Zimmermanns vorgesehen hatte, den Konteradmiral a. D. Paul v. Hintze (1864–1941). Hintze galt als Exponent der Alldeutschen und der Marineleitung, so daß seine Kandidatur wegen der heftigen Gegenbewegung in Presse und Reichstag, aber auch aufgrund von Bedenken im Auswärtigen Amt fallengelassen wurde[26]. Diese Ressentiments und Vorurteile lagen in den Besonderheiten seiner Karriere begründet, die 1882 mit dem Eintritt des Primaners in die Reichsmarine ihren Anfang genommen hatte[27]. Die Kadettenausbildung bot einem Bürgersohn wie Hintze – sein Vater war Besitzer einer Tabakfabrik in Schwedt an der Oder (Brandenburg) – beste Aussichten, da die Marine wie alle modernen technischen Waffengattungen bis zu den höchsten Chargen ganz überwiegend bürgerlich besetzt war[28]. Die zunächst unspektakuläre Laufbahn Hintzes bekam eine neue Qualität, als er von 1898 an dreieinhalb Jahre mit dem Kreuzergeschwader in Ostasien weilte, als Flaggleutnant bzw. Admiralstabsoffizier während des spanisch-amerikanischen Krieges (Philippinenfrage) und der Boxerunruhen bereits mit politischen Problemen konfrontiert wurde und im Austausch mit den vor China versammelten Seemächten seine internationale Schulung erhielt. Nach diesen wichtigen Erfahrungen kam er über ein heimisches Frontkommando in den Admiralstab, wo er Fragen der französischen Marine zu bearbeiten hatte. Alles deutete darauf hin, daß der gewandte Korvettenkapitän als Marineattaché nach Paris gehen würde, doch im Sommer 1903 erfolgte überraschend die Berufung auf den St. Petersburger Posten.

Die russische Metropole blieb bis zum Januar 1911 Mittelpunkt der Tätigkeit Hintzes, der schrittweise zum politischen Soldaten, zum Diplomaten in Uniform wurde, zunächst als Marineattaché für die Nordischen Reiche, dann besonders seit September 1908 in der bedeutsamen Stellung eines Militärbevollmächtigten am Zarenhofe. Da er wegen seiner diplomatischen Fähigkeiten kaum zu ersetzen war, wurde jede Unterbrechung durch längere Bordkommandos vermieden, so daß »einer der begabtesten Seeoffiziere der Marine«[29] dem Militärdienst entwuchs. Hintze erwarb sich mit Geschick enge Beziehungen nicht nur zu Marinekreisen, sondern auch zur Umgebung des Zaren und war bestens informiert. Seine teilweise brillante Berichterstattung während des russisch-japanischen Krieges und der Revolution von 1905 erregte daher die Aufmerksamkeit Wilhelms II., der ihn im Februar 1906 als einzigen Marineattaché zum Flügeladjutanten ernannte und so zur Immediatberichterstattung ermächtigte. Der Kaiser verwendete Hintze für direkte Kontakte zu Nikolaus II. und erhob ihn Anfang 1908 in den erblichen Adel. Wenn bereits das Wirken des Marineattachés über rein militärische Fragen hinausging, so wurde der Kapitän zur See als Militärbevollmächtigter vollends zum kaiserlichen Sonderbotschafter mit überwiegend politischen Aufgaben[30]. Hintze war ganz dem Ziel Wilhelms II. verpflichtet, über eine unmittelbare Verständigung mit dem Zaren das deutsch-russische Verhältnis zu verbessern. Eine Wiederannäherung der beiden konservativen Mächte sollte das republikanische Frankreich, den Bündnispartner Rußlands und potentiellen Kriegsgegner Deutschlands, isolieren. Doch Hintzes Mittlerrolle zwischen den beiden Monarchen konnte nicht verhindern, daß die Beziehungen beider Staaten nach der bosnischen Krise von 1908/09 einem neuen Tiefpunkt zusteuerten. Hintze scheute sich nicht, über die wachsende antideutsche Stimmung in Rußland schonungslos zu berichten. Diese als »Panikmache« aufgefaßte Berichterstattung wurde von seinen Gegnern am Hof und im Auswärtigen Amt zum Anlaß genommen, den wegen seines politischen Einflusses unliebsamen Marineoffizier aus St. Petersburg zu entfernen.

Da Hintze nach mehr als acht Jahren an Land für den Seedienst nicht mehr verwendet werden konnte und Wilhelm II. in ihm ohnehin schon lange einen idealen Diplomaten mit der Befähigung zum Botschafter sah, trat er im April 1911 mit dem Charakter eines Konteradmirals in den auswärtigen Dienst über und wurde als Gesandter nach Mexiko beordert. Obwohl der Seiteneinstieg hoher Militärs in die Diplomatie nicht ungewöhnlich war – man denke etwa an Schweinitz –, galt er dem Auswärtigen Amt fortan als Außenseiter, den man sich im unruhigen Mexiko fernhalten wollte. Hintze bewährte sich bei der Vertretung deutscher Interessen während der mexikanischen Revolutionszeit und lavierte geschickt zwischen den englisch-amerikanischen Gegensätzen in dieser Region[31]. Bei Ausbruch des Weltkrieges wurde er nach Deutschland zurückgerufen. Tirpitz hielt ihn für geeignet, als Staatssekretär des Auswärtigen Amtes zu einem Sonderfrieden mit Rußland zu gelangen, doch statt dessen mußte er als Gesandter nach Peking. Hintze schlug sich in einer abenteuerlichen Reise durch und unterstützte von China aus die Friedenssondierungen nach Japan[32], mußte aber die von der Entente erzwungene Wendung Pekings gegen die Mittelmächte im Frühjahr 1917 hinnehmen. Nach Deutschland zurückgekehrt, war er wieder als Staatssekretär im Gespräch, doch erneut gelang es seinen Gegnern, ihn auf einem Gesandtenposten kaltzustellen, diesmal in Kristiania (Oslo). Daß Norwegen trotz seiner wirtschaftlichen Bindungen an England und die USA neutral blieb, war maßgeblich ein Verdienst Hintzes. Nach dem Sturz Kühlmanns Anfang Juli 1918 konnte Wilhelm II., unterstützt vom Chef des Zivilkabinetts, Friedrich v. Berg, seinen Wunschkandidaten endlich im dritten Anlauf durchsetzen. Hintze sträubte sich zwar und hätte den Botschafterposten in Moskau vorgezogen, fügte sich aber dem kaiserlichen Befehl und wurde am 16. Juli zum Staatssekretär des Auswärtigen Amtes ernannt[33].

Wie ein Jahr zuvor wurde Hintze von den Vertretern der Mehrheitsparteien in Parlament und Presse mit Mißtrauen betrachtet, dagegen in alldeutschen Kreisen und von der militärischen Führung, besonders von Ludendorff, mit Hoffnung erwartet. Der Ruf eines Kaisergünstlings und Reaktionärs ging darauf zurück, daß er tatsächlich seit langem von Wilhelm II. gefördert wurde und auch gute Beziehungen zu einem alldeutschen Publizisten wie Ernst Graf zu Reventlow pflog. Dabei wurde aber übersehen, daß sich Hintze in den letzten 20 Jahren seiner bewegten Karriere fast ausschließlich im Ausland aufgehalten hatte und seine Persönlichkeit in Deutschland eigentlich nicht näher bekannt war. Trotz einer nationalkonservativen und monarchischen Grundhaltung hatte er, ein Außenseiter sowohl in der Marine als auch im diplomatischen Dienst, auf seinen internationalen Stationen genug Eigenständigkeit gewonnen, um politische Realitäten nüchtern zu beurteilen. Den Mehrfrontenkrieg gegen drei Großmächte hielt Hintze für verhängnisvoll und warf der Diplomatie vor, England und Rußland nicht von Frankreich getrennt zu haben. Daher erblickte er auch in der antienglischen Flottenpolitik einen Fehler. Die Innenpolitik bewertete er ebenso nach sachlichen Gesichtspunkten und äußerte bereits im September 1914 Tirpitz gegenüber, daß nur »sofortiges großes Entgegenkommen (Sozialdemokraten auf hohe Posten, Wahlrechtsreform in Preußen)« die Monarchie über den Krieg hinwegretten könne[34]. Solche Ansichten paßten allerdings schlecht zu den allgemeinen Vorurteilen über Hintze, die dann auch durch seine Amtsführung als Staatssekretär kaum bestätigt wurden.

Die vier Staatssekretäre des Auswärtigen Amtes im Ersten Weltkrieg (bis Anfang Oktober 1918) waren nach Entwicklung und Persönlichkeit Männer des alten Systems mit den eingangs erwähnten stereotypen Merkmalen, und es wundert nicht, daß sie — mit Ausnahme Hintzes[35] — nach dem Zusammenbruch dieses Systems von der politischen Bildfläche verschwanden. Andererseits ist auch hier eine Auflockerung der Führungsstruktur unverkennbar. Drei dieser vier Leiter einer traditionell vom Adel geprägten Behörde waren bürgerlich geboren und hatten ihre Wurzeln im modernen Erwerbsbürgertum. Daß der eine (Zimmermann) aus dem Konsulardienst hervorging, der andere (Kühlmann) der Schwerindustrie verbunden war und der dritte (Hintze) in der Marine, dem Abbild einer dynamischen Wirtschaftsentwicklung, seinen Anfang nahm, verstärkt diesen Eindruck. Auch wenn man einige bürgerlich-liberale Züge nicht überbewerten darf, so bestand doch wenigstens die Aussicht einer gewissen personellen Anpassung an die moderne Zeit mit ihren wirtschaftlichen und gesellschaftlichen Entwicklungen. Weiterhin ist bemerkenswert, daß diese Staatssekretäre — wohl außer Zimmermann — keine starren »Hardliner«, sondern politisch gemäßigt waren und bereits vor 1914 eine Verständigungspolitik vertraten, Jagow und Kühlmann nach Westen (England), Hintze nach Osten (Rußland). Diese Besonderheiten konnten gerade im Weltkrieg von Bedeutung werden, denn sowohl die Verflechtungen von Krieg, Wirtschaft, Parlamentarisierung und Außenpolitik als auch die diplomatische Aufgabe der partiellen oder allgemeinen Friedensanbahnung erforderten ein hohes Maß an Flexibilität. Wie wurde die außenpolitische Führung dieser Herausforderung gerecht?

3. Die Politik

Noch 1914 erwiesen sich alle Hoffnungen, die Gegensätze der europäischen Mächte in einem kurzen Krieg auszufechten, als trügerisch. Die deutsche Heeresleitung (Falkenhayn) mußte Mitte November nach den Niederlagen an der Marne und bei Ypern eingestehen, daß ihr Konzept eines schnellen Sieges vollständig gescheitert, mit einem militärischen Niederringen aller drei feindlichen Großmächte nicht mehr zu rechnen und daher das Bündnis England—Frankreich—Rußland nunmehr diplomatisch, durch Abschluß eines Separatfriedens vorzugsweise im Osten, zu sprengen sei[36]. Damit erlangte die außenpolitische Führung einen Teil der Initiative zurück, die sie Ende Juli aus der Hand gegeben hatte. Anders als Bismarck im Feldzug von 1870/71 konnte sie nicht den militärischen Erfolg abwarten, um dann bei den Friedensverhandlungen die politische Ernte einzufahren, sondern war nach dem Scheitern des Schlieffenplans während eines über vierjährigen Krieges an mehreren Brennpunkten gefordert. Die Behandlung der Neutralen und das Ausloten von Friedensmöglichkeiten sowie die Abstimmung der Kriegsmittel und -ziele auf diese beiden diplomatischen Aktionsfelder gewannen zunehmend an Gewicht. So waren die Träger der Außenpolitik nur kurze Zeit in den Hintergrund gedrängt und besaßen bald wieder den Spielraum, zu einem für Deutschland erträglichen Ausgang des großen Krieges beizutragen. Voraussetzung hierfür war allerdings ein realistischer und einheitlicher Friedensplan der Reichsleitung. Der Blick auf die Staatssekretäre des Auswärtigen Amtes zeigt aber, daß trotz mancher Übereinstimmung erhebliche Unterschiede in der Lagebeurteilung und den politischen Perspektiven bestanden.

Während Kühlmann und Hintze die Arbeit des Auswärtigen Amtes ohne tiefere Mitwirkung der schwachen Reichskanzler Michaelis und Hertling lenken konnten, muß die Amtsführung Jagows und Zimmermanns im Rahmen der Politik Bethmann Hollwegs gesehen werden. Besonders Gottlieb v. Jagow fühlte sich auch nach Kriegsausbruch weiterhin dem Kurs des Reichskanzlers verpflichtet, der allerdings nach wie vor nicht geradlinig war. Bethmanns am 9. September 1914 formuliertes Kriegsziel einer »Sicherung des Deutschen Reiches nach Ost und West auf erdenkliche Zeit«[37] blieb die Richtschnur seines Handelns; Wege und Mittel mußten aber immer wieder den militärischen Aussichten angepaßt werden. Dennoch waren die Forderungen des Bethmannschen »Septemberprogramms« — Ausschaltung Frankreichs als Großmacht, Abdrängung Rußlands von der deutschen Grenze durch Bildung von Pufferstaaten, Degradierung Belgiens zu einem Vasallenstaat, wirtschaftliche Zusammenfassung Mitteleuropas unter deutscher Führung, Errichtung eines deutschen Mittelafrikas — mehr als ein punktueller Ausfluß der Euphorie nach den ersten Siegen an der Westfront. Sie bildeten im Kern bis zuletzt den Maximalforderungskatalog der gemäßigten Kräfte innerhalb der Reichsleitung für den Fall eines von Deutschland diktierten Friedens, der die kontinentale »Einkreisung« beenden und das Reich als Konkurrent Englands und der USA auf dem Weltmarkt etablieren sollte. Dieses als offensive Sicherheitspolitik verstandene Programm war natürlich von einem entscheidenden militärischen Sieg abhängig, so daß Bethmann in seiner Durchsetzung keineswegs die conditio sine qua non eines Friedensschlusses sah. Er war durchaus zu einer Mäßigung der Kriegsziele bis zum Status quo ante bereit, falls die Kriegslage unbedingt eine Verständigung mit den Gegnern erforderte.

Der Reichskanzler war also weder entschiedener Vertreter eines Sieg- noch eines Verständigungsfriedens, sondern schwankte hin und her zwischen Hoffnung und Resignation. Seine Amtstätigkeit entbehrte einer klaren Linie, vermied langfristige Entscheidungen und scheute die konsequente Durchsetzung des Primats der Politik. Bethmann Hollweg war je nach Lagebeurteilung und persönlicher Befindlichkeit abwechselnd für und wider einen Separatfrieden mit Rußland oder Frankreich, für und wider ein Entgegenkommen gegenüber den Neutralen, für und wider eine Zurückhaltung in Belgien und Polen, für und wider eine Beschränkung der Kriegsmittel (U-Boot-Waffe), ja verhielt sich in diesen Streitpunkten teilweise einfach nur passiv und abwartend. Trotz der Unwahrscheinlichkeit eines Sieges an allen Fronten nach der Marne-Schlacht stellte er sich nicht konsequent dem Problem einer Ost- oder Westoption, entsprechend halbherzig blieben die wenigen Friedenssondierungen. Diese Außenpolitik war nur oberflächlich betrachtet flexibel, darunter aber von einer tiefen Unsicherheit geprägt, wie das Ziel einer Festigung der deutschen Großmachtstellung erreicht werden könne. Persönlich integer und politisch gemäßigt, vermochte es Bethmann nicht, eine unmißverständliche Gegenkonzeption zu den weitergehenden und die traditionellen Bahnen deutscher Außenpolitik verlassenden Ansprüchen gewisser militärischer, wirtschaftlicher und publizistischer Kreise zur Geltung zu bringen.

Vor diesem Hintergrund muß die Politik Jagows gesehen werden, die dem verzweigten Weg des Reichskanzlers stets folgte. Noch bestimmter als Bethmann und anders als etwa Falkenhayn erblickte der Staatssekretär aber die Hauptstoßrichtung des Krieges nicht gegen England, sondern gegen Rußland, während Frankreich allgemein unterschätzt wurde. In diesem Sinne beriet Jagow den Reichskanzler auch nach dem Durchbruch von Gorlice-Tarnow und der anschließenden Eroberung Polens im Mai—Oktober 1915. Seine Denkschrift vom 2. September konstatierte einen nahezu unüberbrückbaren Gegensatz zwischen dem »slavisch-mongolischen« Rußland und den »germanisch-romanischen Völkern des Westens« und bezeichnete daher »die Zurückdrängung des russischen Albs nach Osten mindestens bis hinter die Linie Mitau—Bug als ein wünschenswertes Kriegsziel«[38]. Jagow wollte folgerichtig zwei von den Mittelmächten abhängige Randstaaten bilden, ein an Österreich-Ungarn angegliedertes autonomes Königreich Polen und ein baltisches Herzogtum unter einem deutschen Prinzen. Bethmann konnte sich diesen Vorstellungen, die er bereits ein Jahr zuvor in seiner »Septemberdenkschrift« angedeutet hatte, ohne weiteres anschließen. Damit war eine Strategie eingeschlagen, die trotz der ungelösten Auseinandersetzung austropolnische versus germanopolnische Lösung — auch Jagow vollzog im Februar 1916 die Wende zum Konzept eines deutschen Vasallenstaates — zur Proklamation eines »selbständigen« Königreiches Polen durch Deutschland und Österreich am 5. November 1916 führte. Diese maßgeblich von Jagow betriebene Politik ließ einen Verständigungsfrieden mit dem zaristischen Rußland in weite Ferne rücken. Der Staatssekretär arbeitete in Übereinstimmung mit Bethmann weder konsequent auf einen fairen Ausgleich im Osten hin, noch konnte er sich mit der Perspektive eines Bündnisses mit Rußland und Japan gegen England und die USA befreunden[39]:

»Zu den Leuten, die à tout prix ein Bündnis mit Russland erstreben, nur um dann ein finis Britanniae herbeizuführen, gehöre ich nicht. Russland ist der schwächere Komparent, und England ›niederzuringen‹ ist nicht so leicht, wie die Herren sich denken. Deutschland kann aber seine Ziele nicht lediglich auf die Interessen der Schwerindustrie einstellen.«

Jagows gegen Rußland gerichtete Konzeption hätte eigentlich durch deutliche Verständigungssignale im Westen ausgeglichen werden müssen, doch auch hier blieb die deutsche Außenpolitik bei allem guten Willen schwankend und inkonsequent. So wurde die Schlacht von Verdun, die Frankreich friedenswillig machen sollte, diplomatisch nur unzureichend flankiert. Noch im Juni 1916, als mit einem deutschen Erfolg bei Verdun kaum mehr zu rechnen war, belastete Jagow die Friedensfühler über die Schweiz nach Frankreich mit der Forderung des Erzbeckens von Longwy-Briey und einer beträchtlichen Reparationsleistung[40]. Zur selben Zeit lehnte er eine Friedensvermittlung Wilsons mit dem Argument ab, »dass bei weiterem für uns günstigen Fortgang des Krieges ein Friede auf der Grundlage des absoluten status quo ante für uns unannehmbar ist«[41]. Nach dem Scheitern der Verdun-Operation und dem Beginn der Somme-Schlacht modifizierte Jagow diese abweisende Haltung wieder, aber gerade das ständige Lavieren der außenpolitischen Führung machte sie so unglaubwürdig. Es blieb der Widerspruch dieser Politik, daß sie sich vor einer Friedenskonferenz nicht festlegen wollte, andererseits aber nur ein unmißverständliches Entgegenkommen diese Konferenz überhaupt ermöglichen konnte. Auch das noch von Jagow vorbereitete Friedensangebot der — selbst untereinander über konkrete Bedingungen uneinigen — Mittelmächte vom 12. Dezember 1916 war zu allgemein gehalten, um bei der Entente auf eine positive Resonanz zu stoßen. Die Unversöhnlichkeit der Kriegsgegner entschuldigt dabei nicht, daß die von Bethmann und Jagow vertretene Außenpolitik keine klare Linie besaß.

Das Ausbleiben jeden Erfolgs führte bei Jagow im Spätsommer 1916 zunehmend zur Resignation, wie in einem Gespräch mit Bernhard Guttmann deutlich wurde[42]:

»An dem nominellen Leiter unserer auswärtigen Politik ist die Ratlosigkeit sichtbar. Sie alle wissen nicht weiter. [...] Unsere Lage, sagte er, könne sehr schwierig werden, wenn es wohl auch nicht gerade bis zur Kapitulation kommen werde. Ich war erstaunt über das Wort. [...] Dieser Minister gibt also für sich den Krieg bereits verloren. Jagow sieht gescheit aus, er tut aber nichts. Die einen reden von Frieden mit England, die anderen von Frieden mit Rußland. Es ist das ewige deutsche Dilemma, ob man für den Westen oder den Osten optieren soll. In beiden Richtungen den eigenen Willen durchzusetzen, ist unmöglich, soviel hat der Krieg bereits bewiesen.«

Diese Analyse traf den Kern der Erfolglosigkeit Jagows, der das »deutsche Dilemma« erkannte und einer Verständigung im Westen zuneigte, ohne seine Politik konsequent danach auszurichten. Anstatt Akzente zu setzen, blieb er weitgehend passiv und folgte dem unsicheren Kurs des Reichskanzlers, dem er auch von der Mentalität her ähnlich war. Nach dem Sturz Falkenhayns und der Berufung der 3. Obersten Heeresleitung im August 1916, eine pikanterweise von Jagow geförderte Entwicklung, bekam der militärische Einfluß auf die politischen Geschäfte der Reichsleitung eine neue Qualität, die eine gemäßigte Politik erschwerte. Zugleich gewann auch der Reichstag, mit dem Jagow als schwacher Debattierer nicht umzugehen verstand, wieder an Bedeutung. Der Staatssekretär des Auswärtigen Amtes war das erste Opfer dieser neuen politischen Bewegungen. Hindenburg und Ludendorff galt er — nicht zuletzt wegen seiner Einstellung gegen den U-Boot-Krieg[43] — als »schlapp«, die Parteien sahen seine Amtsführung schon lange als gescheitert an. Mit dem Rücktritt Jagows Ende November 1916 verschwand ein Repräsentant der alten Zeit, der durch die Probleme des Weltkrieges überfordert war.

Sein Nachfolger Arthur Zimmermann genoß bereits seit längerem allseits den Ruf des starken Mannes in der Wilhelmstraße und war wegen seines forschen Auftretens besonders auch bei dem Kaiser und Ludendorff beliebt. Tatsächlich hatte er schon als Unterstaatssekretär in den ersten beiden Kriegsjahren meist eine härtere Gangart befürwortet als seine Vorgesetzten Bethmann und Jagow. So lehnte er im November 1914 Falkenhayns Separatfriedensplan im Osten entschieden ab, bestand auf einer »energische[n] Abrechnung« gleichermaßen mit England und Rußland und wollte höchstens Frankreich durch einen von Deutschland diktierten Sonderfrieden aus dem Krieg lassen[44]. Diese Überschätzung der eigenen Möglichkeiten ging noch über das sonst in der militärischen und politischen Führung übliche Maß hinaus, doch auch Zimmermann mußte bald einsehen, daß ein totaler Sieg an allen Fronten nicht zu erreichen war. Im Gegensatz zu Jagow favorisierte er dann aber die Verständigung mit Rußland, um die ganze Kraft gegen die westlichen Feinde konzentrieren zu können. Im Kampf mit England hielt er die äußersten Mittel für legitim, besonders auch die U-Boot-Waffe, die er im Mai 1915 nach der Versenkung der »Lusitania« gegenüber Theodor Wolff ausdrücklich rechtfertigte[45]:

»Der Haß gegen uns kann schon nicht mehr größer werden, hassen werden sie uns immer, wir können in der Situation, in der wir sind, nur ordentlich um uns schlagen, Rücksichten können wir nicht nehmen.«

Die Einschränkung des U-Boot-Krieges auf Druck der USA trug er dann zwar mit, spekulierte aber weiterhin viel leichtherziger auf die »rücksichtslose« Anwendung dieser Waffe als andere Entscheidungsträger der Reichsleitung (Bethmann, Jagow, Helfferich). Die intransigente Haltung Zimmermanns gegen England und sein riskanter Umgang mit der amerikanischen Neutralität sind um so erstaunlicher, wenn man bedenkt, daß dem früheren Konsul die Abhängigkeit des deutschen Fernhandels von den beiden großen Seemächten eigentlich bewußt gewesen sein muß.

Mit seiner Betonung eines entschlossenen Kampfes im Westen bewegte sich der neue Staatssekretär von vornherein in einer gewissen Gegenläufigkeit zu den Vorstellungen des Reichskanzlers. Zimmermann faßte die deutsche Friedensnote vom 12. Dezember 1916 lediglich als taktisches Manöver auf und begegnete dem Vermittlungsangebot Wilsons einige Tage danach mit unverhohlenem Mißtrauen. Wenn es in den entscheidenden Wochen um die Jahreswende 1916/17 eine Chance auf eine allgemeine Friedenskonferenz gegeben haben mag, so stand Zimmermann in der ersten Reihe derer, die sie leichtfertig verspielten. Von diplomatischen Verhandlungen über Wilson versprach er sich nichts, sondern fürchtete, sie würden nur von der gegnerischen Koalition benutzt werden, den Beginn des verschärften U-Boot-Krieges hinauszuzögern. Der Staatssekretär setzte zunehmend auf die U-Boot-Karte und nahm den Bruch mit den USA in Kauf. Da ihm der unsichere Bethmann Hollweg vorübergehend die Initiative überließ, steuerte die deutsche Außenpolitik im Januar 1917 unter seiner Leitung und in ständiger Fühlungnahme mit der OHL und der Admiralität auf dem Konfrontationskurs, der die Friedensmöglichkeit in eine Kriegserweiterung wendete. Zimmermann war die treibende Kraft bei der schroffen Behandlung der Wilsonschen Vermittlungsinitiative, unterstützte die fatale Entscheidung für den unbeschränkten U-Boot-Krieg und desavouierte den verständigungsbereiten deutschen Botschafter in Washington, den Grafen Bernstorff. Noch vor (!) Abbruch der diplomatischen Beziehungen durch die USA (1. Februar) erlaubte er sich am 16. Januar 1917 eine Fehlleistung, die bis heute mit seinem Namen verbunden ist: das berühmte »Zimmermann-Telegramm«, ein Bündnisangebot an Mexiko für den Fall eines deutsch-amerikanischen Krieges, das dem völlig zerrütteten Land finanzielle Unterstützung, Eroberungen in Texas, New Mexico und Arizona sowie den Beitritt Japans zu diesem Kriegsbündnis in Aussicht stellte. Zimmermann hat seinen realitätsfernen Plan später mit der Hoffnung begründet, die USA in Guerillakämpfe an ihrer Südgrenze verwickeln zu können, und dabei auf ähnliche Aktivitäten Bismarcks in den Einigungskriegen verwiesen[46]. Gewiß darf in diesem völlig verfehlten Schritt nicht mehr als eine präventive und punktuelle Kriegsmaßnahme gesehen werden. Die Folgen waren freilich verheerend. Das Telegramm wurde vom englischen Geheimdienst abgefangen, entschlüsselt und der amerikanischen Regierung übergeben. Die allgemeine Empörung, die sich daraufhin gegen Deutschland erhob, trieb die USA Anfang April 1917 endgültig in den Krieg.

Die Politik Zimmermanns hatte diese Eskalation von vornherein einkalkuliert. Wie weite Kreise in Militär, Politik und öffentlicher Meinung überschätzte er die Möglichkeiten der U-Boot-Waffe und unterschätzte die Auswirkungen eines amerikanischen Kriegseintritts. Solange nicht alle Mittel, den Hauptfeind England niederzuringen und zu einem Siegfrieden zu kommen, ausgeschöpft waren, sollten die deutschen Kriegsziele nicht durch eine Friedenskonferenz von Wilsons Gnaden gefährdet werden. Die zugleich unversöhnliche und illusionäre Frontstellung Zimmermanns gegen Westen bekam beträchtlichen Einfluß, als der Reichskanzler von Ende Dezember 1916 bis Mitte Januar 1917 die Dinge treiben ließ. Der Staatssekretär des Auswärtigen Amtes spielte durch seine Mitverantwortung für eine kriegsentscheidende Weichenstellung in diesen Wochen eine historische Rolle. Es ist bezeichnend, daß er danach wieder weitgehend hinter der politischen Führung Bethmanns zurücktrat. Zimmermann besaß für sein Amt zu wenig gestaltende Begabung, er war nicht mehr als ein routinierter Beamter, der bei grundsätzlichen Entscheidungen zu leichtsinnigen und kurzsichtigen Maßnahmen neigte. Auch die zaghaften Ansätze einer Friedenspolitik im Frühjahr und Sommer 1917 wurden nicht von ihm genutzt, immerhin unterstützte er aber den Reichskanzler gegen die immer maßloseren Kriegszielforderungen Ludendorffs und anderer annexionistischer Kreise, denen er früher nahegestanden hatte. Am Ende saß er zwischen allen Stühlen, so daß sein Abgang Anfang August 1917 geradezu mit Erleichterung aufgenommen wurde.

Der Sturz Bethmann Hollwegs und Zimmermanns bedeutete einen wichtigen Einschnitt in der Geschichte des Ersten Weltkrieges, nicht wegen der Nachfolge des politisch unerfahrenen Reichskanzlers Michaelis, sondern weil nun Richard v. Kühlmann die außenpolitische Führung in die Hand nahm. Der neue Staatssekretär stellte sich von Anfang an in den Dienst einer behutsamen Friedensanbahnung, die er wegen der zunehmenden Erschöpfung auf allen Seiten für zeitgerecht und notwendig erachtete. Einen vollständigen militärischen Sieg über die Entente, der Deutschland einen Diktatfrieden ermöglichte, sah Kühlmann schon lange als aussichtslos an, erkannte vielmehr, daß die Position der Mittelmächte mit Fortdauer des Krieges immer schlechter wurde. Aus dieser Einsicht heraus entwickelte er dem Reichskanzler noch vor Amtsantritt die Problempunkte, »in denen die deutsche auswärtige Politik freie Hand haben muß, soll ein Verständigungsfriede im Laufe des Herbstes oder Winters möglich erscheinen«[47]. Im Westen sollten die von ihm konstatierten Kriegsziele Englands

»Erhaltung Frankreichs als bündnisfähige und unabhängige Großmacht, Erhaltung Belgiens als selbständiger Staat, Verhinderung einer deutschen Festsetzung an der belgischen Küste«[48]

prinzipiell anerkannt werden. Kühlmann hielt zwar begrenzte Vorteile (Lüttich, Longwy-Briey, Anbindung Luxemburgs) für wünschenswert, wollte sie aber keinesfalls zur Bedingung machen, ja im Grunde glaubte er nicht an ihre Durchsetzbarkeit. Dagegen beharrte er auf Elsaß-Lothringen, widersprach aber seiner Aufteilung unter verschiedene Bundesstaaten, die den Integrationsprozeß weiter gestört und Frankreich zusätzlich provoziert hätte. Im Osten waren die Ziele des Staatssekretärs unbestimmter, doch auch hier strebte er einen Ausgleich mit Rußland auf der Basis maßvoller Gebietswünsche und einer Verständigung über Polen an.

Dieses bereits Ende Juli 1917 formulierte Programm blieb durchgehend die konzeptionelle Grundlage der Politik Kühlmanns: Die territoriale Integrität Deutschlands (später auch seiner Verbündeten) einerseits und — gewissermaßen im Austausch — Frankreichs, Belgiens und mit Abstrichen auch Rußlands andererseits sollte zunächst qualitativ anerkannt werden, um auf dieser Grundlage Friedensverhandlungen zu ermöglichen. Weitergehende Ambitionen, die er nicht ignorieren konnte, waren dann auf einer allgemeinen Friedenskonferenz zu klären. Kühlmann sah voraus, daß dabei die neue Formel des »Selbstbestimmungsrechtes der Völker« große Bedeutung erlangen würde und zu Veränderungen in Polen, im Baltikum und vielleicht auch an der deutsch-französischen Grenze führen könnte. Doch nach seiner Überzeugung mußten zuvor die prinzipielle Anerkennung des Status quo ante, der Verzicht auf gewaltsame Annexionen und die Bereitschaft zu einer einvernehmlichen Verhandlungslösung gewährleisten, daß die europäische Ordnung nicht völlig aus den Fugen geriet. Der Staatssekretär dachte in den Dimensionen des alten Europas, der Pentarchie, die ihre Probleme diplomatisch und auf Kongressen bereinigte. Dieses Mächtesystem wollte er grundsätzlich erhalten, seine Politik ging gerade auch in diese Richtung[49]. Sein Maßhalten war dabei viel weniger von zeitweiligen Illusionen gefährdet, als das bei Bethmann Hollweg zu beobachten ist. Diese Konzeption war in sich schlüssig und noch ganz von den Verständigungsansätzen der Vorkriegszeit geprägt, an die Kühlmann anknüpfen wollte. Damit drohte sie aber zugleich durch die tiefgreifenden Veränderungen des Weltkrieges anachronistisch zu werden.

Die vielfältigen, letztlich vergeblichen politischen und diplomatischen Manöver Kühlmanns zur Durchsetzung seiner Friedenspolitik können hier nur angedeutet werden. Er bewegte sich von vornherein auf dem schmalen Grat zwischen dem Machtbewußtsein der Obersten Heeresleitung und dem Mitsprachebegehren der Reichstagsmehrheit, zwischen den Annexionsforderungen des einen und den Friedenserwartungen des anderen Teils der öffentlichen Meinung. Der stets unberechenbare Kaiser und die unsicheren Reichskanzler Michaelis und (seit Anfang November 1917) Hertling überließen Kühlmann zwar nahezu vollständig die außenpolitische Initiative, waren aber nicht in der Lage, seiner Politik in dieser polarisierten Atmosphäre den Rücken zu decken. Der Staatssekretär hoffte zunächst, über deutsch-englische Vorabsprachen zu einer Friedenskonferenz zu gelangen. Die päpstliche Friedensaktion behandelte er im August und September 1917 dilatorisch, weil er vorher über den spanischen Mittelsmann Villalobar klären wollte, ob England den völligen Verzicht auf das »Faustpfand« Belgien durch die Anerkennung der Integrität Deutschlands aufwiegen würde. Als diese von der OHL und der Reichstagsmehrheit beargwöhnte Geheimdiplomatie scheiterte, war die Chance des päpstlichen Friedensappells bereits vertan — nicht zuletzt allerdings wegen der Unversöhnlichkeit der Gegner. Der bolschewistische Putsch und der anschließende Waffenstillstand mit Rußland richteten dann die Aufmerksamkeit Kühlmanns Ende 1917 auf den Osten. Nachdem die Bemühungen, bei dieser Gelegenheit auch die Westmächte an den Verhandlungstisch zu bringen, keine Wirkung erzielt hatten, war es das vorrangige Ziel der deutschen Außenpolitik, einen schnellen Ostfrieden abzuschließen, damit der geplanten Frühjahrsoffensive in Frankreich alle Kräfte zugeführt werden konnten. In diesem Sinne war der Frieden von Brest-Litovsk, der Rußland am 3. März 1918 diktiert wurde, für Kühlmann nicht mehr als ein Provisorium, über das auf der allgemeinen Friedenskonferenz — die er sich nach dem deutschen Kräftebeweis an der Westfront erhoffte — neu verhandelt werden sollte.

Kühlmann hätte sich nach dem zwischenzeitlichen Abbruch der Brester Verhandlungen durch Trockij sogar mit einem vertraglosen Schwebezustand im Osten abgefunden, erlitt aber im Bad Homburger Kronrat vom 13. Februar 1918 eine schwere Niederlage, als gegen seinen erklärten Willen die Wiederaufnahme des Vormarsches nach Rußland hinein beschlossen wurde, um das Friedensdiktat zu erzwingen. Seither war die deutsche Ostpolitik von dem Gegensatz geprägt, der sich im Dauerkonflikt zwischen dem Verständigungspolitiker Kühlmann und dem rücksichtslosen Annexionisten Ludendorff personalisieren läßt: auf der einen Seite das Auswärtige Amt mit seiner Konzeption einer provisorischen Kriegsmaßnahme, in der man sich nicht unnötig engagieren und kompromittieren dürfe — schon gar nicht durch eine Intervention gegen die Bolschewiki, die den Friedensvertrag unterzeichnet hatten —, auf der anderen Seite die OHL, der Kaiser, die Bundesfürsten, Teile der Industrie etc., die in abenteuerlicher Weise nach Polen, ins Baltikum, nach Südrußland und in den Kaukasus ausgriffen. Während Kühlmann seine Ostpolitik nicht in Widerspruch zu einem allgemeinen Kompromißfrieden bringen wollte, setzte Ludendorff im Osten wie im Westen alles auf eine Karte. Der Staatssekretär, gewiß keine Kämpfernatur und vom hilflosen Hertling allein gelassen, geriet dabei zunehmend in die Defensive, wurde teilweise vor vollendete Tatsachen gestellt und war selbst vor persönlichen Diffamierungen nicht sicher. Die Sondierungen nach England und zu Wilson im Frühjahr und Sommer 1918 litten darunter, daß seine Position als gefährdet angesehen werden mußte. Eine als »schlapp«, ja defätistisch aufgefaßte Reichstagsrede Kühlmanns wurde schließlich Anfang Juli von der OHL und ihren Hilfskräften zu seiner endgültigen Kaltstellung benutzt.

Nach dem Verlauf der Kühlmann-Krise konnte niemand damit rechnen, daß der neue Staatssekretär, der von Wilhelm II. gerufene und von Ludendorff akzeptierte Konteradmiral a. D. und Diplomat Paul v. Hintze, den Kurs seines Amtsvorgängers fortsetzen würde, galt er doch nicht nur der übergangenen Reichstagsmehrheit als Marionette der OHL. Um so mehr mußte es überraschen, als Hintze nicht allein an die Politik Kühlmanns anknüpfte, sondern annähernd identische Konzeptionen noch entschiedener verfolgte und deutlicher gegen die Widerstände im Großen Hauptquartier vertrat. Anders als sein immer etwas zu defensiver Vorgänger, wußte er den Kaiser und die Militärs so zu behandeln, daß sie sein unmißverständliches Auftreten und seine — besonders in Ostfragen anerkannte — Sachkompetenz trotz aller Meinungsverschiedenheiten bis zuletzt respektierten. Es ist erstaunlich, wie Hintze genau den richtigen Ton fand, um Wilhelm II. und Ludendorff von einem militärischen Vorgehen gegen die noch schwache bolschewistische Regierung in Moskau abzubringen[50]. Wie Kühlmann war auch er der festen Überzeugung, daß die von den Bolschewiki besorgte

»militärische Paralyse Rußlands« ohne einen kompromittierenden Eingriff Deutschlands in die innerrussischen Verhältnisse aufrechterhalten werden könne und müsse. Diese Zurückhaltung war von der Kriegslage her nur konsequent, hatte aber weltgeschichtliche, bis in unsere Zeit reichende Folgen. Hintze neigte weit mehr als andere dazu, mit den neuen Machthabern in Rußland zusammenzugehen, ja ihre Herrschaft zu stützen. Ob dies für ihn über die Kriegsnotwendigkeit hinaus eine Option für die Zukunft, die Annäherung an seinen Lebenstraum einer engen deutsch-russischen Verbindung, bedeutete, ist schwer zu beurteilen. Hintzes ganze Ostpolitik diente zuerst dem Ziel, das Provisorium von Brest-Litovsk während des Krieges zu bewahren und weitergehende Begehrlichkeiten zu bremsen. In den aberwitzigen Expansionsbestrebungen Ludendorffs und alldeutscher Kreise bis zur Krim und ans Kaspische Meer sah er ein Verzetteln der Kräfte und ein Hindernis für einen allgemeinen Frieden. In diesem Sinne sollte der Berliner Ergänzungsvertrag mit Rußland (27. August 1918) Schlimmeres verhüten, und daher wandte sich Hintze auch entschieden gegen eine Personalunion der baltischen Länder mit Preußen. Diese Beispiele ließen sich fortführen, wobei freilich nicht übersehen werden darf, daß auch der Staatssekretär die neuen Einflußmöglichkeiten Deutschlands in Osteuropa nicht ungenutzt lassen wollte.

Die Tatsache, daß Hintze durchgehend damit beschäftigt war, eine maßlose Politik der Annexionen im Osten abzublocken, wirkt vor dem Hintergrund der militärischen Situation im Westen geradezu grotesk. Als er sein Amt antrat, war die Ludendorff-Offensive, der letzte Versuch eines militärischen Sieges, gerade endgültig gescheitert. Hintze hat den ganzen Ernst der Lage, die vor der zivilen Reichsleitung beschönigt wurde, zunächst nicht erfaßt, doch nachdem er tieferen Einblick in die inneren und auswärtigen Verhältnisse gewonnen hatte, gelangte er seit Anfang August als einer der ersten Entscheidungsträger in Berlin zu einer zunehmend pessimistischen Einschätzung. Daher führte er die Versuche Kühlmanns fort, eine diplomatische Verständigung mit den Westmächten anzubahnen, spekulierte aber nicht weiter auf die bisher so erfolglosen deutsch-englischen Gespräche im Haag, sondern wollte die Verbindungen über die Schweiz zur belgischen Exilregierung und in die USA nutzen. Da der Staatssekretär spätestens Ende August erkannte, daß nun »*alles* auf dem Spiele [stehe], *alles*«[51], bemühte er sich innerhalb der Reichsleitung um eine Mäßigung der Kriegsziele, besonders um die Anerkennung des Status quo ante für

Belgien, und wollte nur noch die Forderung nach Integrität des Deutschen Reiches gelten lassen. Allerdings vermied Hintze wie sein Vorgänger eine unmißverständliche Erklärung der deutschen Bedingungen und suchte statt dessen zunächst die »Aussprache between gentlemen«[52], um vorab die Gegenleistungen der Entente für seine Verständigungsbereitschaft festzumachen. Für diese vorsichtige Politik der Friedensfühler und des Fädenanspinnens fehlte aber die Zeit, die Hintze — von der OHL eher gebremst als gedrängt — noch zu haben glaubte. Erst die Gefahr eines einseitigen Vorgehens der verzweifelten Wiener Regierung bewog ihn dazu, im Großen Hauptquartier die Einleitung einer Friedensdemarche über die Königin von Holland durchzusetzen. Dieser überfällige Schritt, den Hintze im September vorbereitete und ermöglichte, kam zu spät, die offizielle Einladung zu Friedensgesprächen in Den Haag prallte an der Siegeszuversicht der Entente ab und wurde durch den rapiden Niedergang der Mittelmächte überholt.

Als sich Ende September 1918 die Ereignisse überstürzten, der innere wie äußere Druck auf die kaiserliche Regierung immer stärker wurde und Ludendorff den Krieg nach dem Zusammenbruch Bulgariens unvermittelt verloren gab, übernahm Hintze für einen kurzen, aber entscheidenden Augenblick neben der außenpolitischen faktisch auch die innenpolitische Führung anstelle des Reichskanzlers. Der Staatssekretär kam zu der nüchternen Analyse, daß im Zeichen der Niederlage nur eine Regierung auf breiter demokratischer Grundlage alle Kräfte zusammenfassen und eine glaubwürdige Friedensaktion einleiten könne. Dadurch sollte außerdem »die bei Umschwung von Sieg auf Niederlage unvermeidliche Bewegung des Volkes in das breite Bett stärkerer Beteiligung an der Regierung« übergeleitet und die Dynastie gerettet werden[53]. Mit diesem im Auswärtigen Amt aufgestellten Programm einer »Revolution von oben« und eines direkten Friedensangebots an Wilson reiste Hintze in der Nacht zum 29. September auf eigene Initiative nach Spa. Im Großen Hauptquartier angelangt, wurde er durch die überstürzte Forderung Ludendorffs nach einem sofortigen Waffenstillstand zusätzlich zum Handeln gedrängt. In einer dramatischen Szene konnte Hintze den Kaiser, der von dem eilig nachgereisten Hertling kurzfristig wieder umgestimmt worden war, zur Unterzeichnung des berühmten Parlamentarisierungserlasses bewegen. Anschließend unterstützte er bis zu seinem Rücktritt am 7. Oktober die Bildung der parlamentarischen Regierung Max von Baden und die Anbahnung der Waffenstillstandsverhandlungen. Diese maßgeblich durch Hintzes Pragmatismus geförderte Entwicklung konnte allerdings letztlich weder den Sturz der Hohenzollernmonarchie noch das Diktat harter Friedensbedingungen verhindern.

An dem für Deutschland ungünstigen Ausgang des Weltkrieges tragen das Auswärtige Amt und seine Staatssekretäre ein gehöriges Maß an Mitverantwortung, ja ihr Agieren bildet einen festen Bestandteil der Führungsschwäche in den letzten Jahren des Wilhelminischen Reiches. Nachdem in der Vorkriegszeit die vermeintliche »Einkreisung« Deutschlands nicht aufgebrochen worden war, scheiterte die deutsche Außenpolitik auch während des Krieges an den wichtigsten Aufgaben: Die neue Weltmacht USA konnte nicht neutral gehalten werden, und trotz der zunehmend angespannten militärischen Lage wurde 1914—1917 kein Separatfrieden, 1917/18 kein allgemeiner Verständigungsfrieden erreicht. Gewiß war die gesamte politische und militärische Situation nachteilig, der Siegeswillen der Gegner kaum zu erschüttern und der kriegsbedingte Mitspracheanspruch der Militärs ein Hindernis. Doch allein mit diesen Faktoren kann das Scheitern der außenpolitischen Führung nicht erklärt werden. Das Fehlen einer klaren Linie, die mangelnde Abstimmung von Kriegführung und Politik, die ständigen Improvisationen, das Unvermögen, im eigenen Lager ein realistisches Kriegszielprogramm durchzusetzen, die Flucht in Illusionen — all dies lag gerade auch in der Wilhelmstraße begründet. Der häufige Wechsel in der Leitung des Auswärtigen Amtes ist dafür nur bezeichnend.

Die Rolle der Persönlichkeit in diesem politisch-militärischen Beziehungsgeflecht sollte nicht unterschätzt werden. Man weiß nicht, wie die Geschichte des Ersten Weltkrieges verlaufen wäre, wenn dem entscheidungsschwachen Bethmann Hollweg ein fähiger Staatssekretär des Auswärtigen Amtes zur Seite gestanden hätte oder wenn Kühlmann und Hintze durch einen autoritären Reichskanzler unterstützt worden wären. Vielleicht hätte die Diplomatie dann die Kriegführung wirksam entlasten und gleichzeitig die dauernden Störungen aus dem Großen Hauptquartier zurückweisen können. So verlief die Entwicklung anders, denn die Staatssekretäre Jagow und Zimmermann trugen nichts zu einem geradlinigen Verlauf der Politik Bethmanns bei. Schlimmer noch: Daß Jagow in Polen das zaristische Rußland brüskierte und Zimmermann der Provokation der USA die Hand reichte, rückte eine separate oder allgemeine Verständigungsmöglichkeit in weite Ferne. Die Türen, die im Osten und im Westen zugeschlagen waren, konnten auch von Kühlmann und Hintze nicht wieder geöffnet werden, obwohl sie ihr Amt wesentlich besser ausfüllten und erkannten, daß es nicht mehr um Siegfrieden und Sicherheitsstreben, sondern um einen einigermaßen erträglichen Friedensschluß ging. Allerdings blieben sie weitgehend einer Geheimdiplomatie verpflichtet, die den neuen Bewegungen des Massenzeitalters nicht mehr angemessen war. Der durch die russische Revolution ermöglichte Ostfrieden führte zur entlarvenden Konfrontation mit der Hybris Ludendorffs, und auch die letzten hektischen Aktivitäten vor dem Zusammenbruch der Mittelmächte blieben erfolglos. Der diplomatische Ausgleich war längst verspielt, wenn er überhaupt je eine Chance hatte.

Eine Bilanz der deutschen Außenpolitik im Ersten Weltkrieg wird negativ ausfallen müssen. In welchem Maße die Staatssekretäre des Auswärtigen Amtes diese Politik beeinflußten, welche Voraussetzungen sie mitbrachten und welche Möglichkeiten sich ihnen öffneten, konnte hier nur skizziert werden. Eine eingehendere Auseinandersetzung mit ihrem Wirken könnte einen gewissen Erkenntnisfortschritt in der Erforschung der mentalitätsgeschichtlichen und außenpolitischen Determinanten des Weltkrieges bringen. Nach dem Sturz Bethmann Hollwegs waren nicht seine Nachfolger Michaelis und Hertling, sondern die Staatssekretäre Richard v. Kühlmann und Paul v. Hintze die wichtigsten politischen Köpfe in der Reichsleitung, so daß besonders ihnen eine große Bedeutung zukommt. Aber auch Gottlieb v. Jagow und Arthur Zimmermann verdienen mehr Beachtung, als sie bisher gefunden haben. So bleibt festzuhalten, daß sich die eingangs erwähnten Vorteile einer personengeschichtlichen Perspektive auch bei den Staatssekretären des Auswärtigen Amtes im Ersten Weltkrieg nutzen ließen.

Anmerkungen

1 Der fünfte und letzte der Staatssekretäre des Auswärtigen Amtes im Ersten Weltkrieg, Wilhelm Solf (1862–1936), soll hier unberücksichtigt bleiben, da er sein Amt während der Übergangsphase vom Kaiserreich zur Republik bekleidete (7.10.–13.12.1918) und keine volle politische Wirksamkeit mehr entfalten konnte. Seinen Stellungen vorher (1911–1918 Staatssekretär des Reichskolonialamtes) und nachher (1920–1928 Botschafter in Tokio) kommt daher eine größere Bedeutung zu. Solf ist der einzige von ihnen, zu dem eine längere eigenständige Untersuchung vorliegt: Eberhard von Vietsch, Wilhelm Solf. Botschafter zwischen den Zeiten, Tübingen 1961.

[2] Vgl. vor allem: Konrad H. Jarausch, The Enigmatic Chancellor. Bethmann Hollweg and the Hubris of Imperial Germany, New Haven, London 1973. Zur Beurteilung Bethmanns während der »Fischer-Kontroverse« vgl. Klaus Hildebrand, Bethmann Hollweg. Der Kanzler ohne Eigenschaften? Urteile der Geschichtsschreibung. Eine kritische Bibliographie, Düsseldorf 1970.

[3] Vgl. die Feststellung von Bruno Thoß, Weltkrieg und Systemkrise. Der Erste Weltkrieg in der westdeutschen Forschung 1945—1984, in: Neue Forschungen zum Ersten Weltkrieg. Literaturberichte und Bibliographien. Hrsg. von Jürgen Rohwer, Koblenz 1985, S. 31—80, hier S. 48: »Bei der allgemeinen Stagnation der Biographik in der westdeutschen Geschichtsschreibung blieb der Ertrag der wenigen biographischen Skizzen zum Führungspersonal des späten Kaiserreiches eher bescheiden.« Aber auch der Blick auf die internationale Literatur ist — außer im Fall Bethmann Hollweg — ernüchternd. Selbst für Ludendorff und Tirpitz liegen noch keine befriedigenden wissenschaftlichen Biographien vor. Bei Erich v. Falkenhayn ist jetzt Abhilfe geschaffen worden durch: Holger Afflerbach, Falkenhayn. Politisches Denken und Handeln im Kaiserreich, München 1994 (= Beiträge zur Militärgeschichte, Bd 42).

[4] Der Autor bereitet eine politisch-biographische Dokumentation zur Laufbahn Paul v. Hintzes vor.

[5] Die folgenden institutionsgeschichtlichen Bemerkungen stützen sich auf: Fritz Hartung, Verantwortliche Regierung, Kabinette und Nebenregierungen im konstitutionellen Preußen 1848—1914, in: Forschungen zur Brandenburgischen und Preußischen Geschichte, 44 (1932), S. 1—45, 302—373; Rudolf Morsey, Die oberste Reichsverwaltung unter Bismarck 1867—1890, Münster 1957 (= Neue Münstersche Beiträge zur Geschichtsforschung, 3); ders., Zur Geschichte der obersten Reichsverwaltung im Wilhelminischen Deutschland (1890—1900), in: Deutsches Verwaltungsblatt, 86 (1971), S. 8—16; Lamar Cecil, The German Diplomatic Service, 1871—1914, Princeton 1976; Paul Gordon Lauren, Diplomats und Bureaucrats. The First Institutionel Response to Twentieth-Century Diplomacy in France and Germany, Stanford, Cal. 1976; Kurt Doß, Das Deutsche Auswärtige Amt im Übergang vom Kaiserreich zur Weimarer Republik. Die Schülersche Reform, Düsseldorf 1977; Das Diplomatische Korps 1871—1945. Büdinger Forschungen zur Sozialgeschichte 1982. Hrsg. von Klaus Schwabe, Boppard a. Rh. 1985 (= Deutsche Führungsschichten der Neuzeit, 16).

[6] Hertling im Haushaltsausschuß des Reichstags, 11.7.1918, in: Der Hauptausschuß des Deutschen Reichstags. Eingel. von Reinhard Schiffers. Bearb. von Reinhard Schiffers und Manfred Koch in Verb. mit Hans Boldt, Bd 4: 191.—275. Sitzung 1918, Düsseldorf 1983 (= Quellen zur Geschichte des Parlamentarismus und der politischen Parteien, Erste Reihe, Bd 9, IV), S. 2280.

[7] Aufzeichnung Erzbergers über eine Unterredung mit Hintze am 22.9.1918, in: Bundesarchiv Koblenz, Nachlaß Erzberger, NL 97/21.

[8] Zit. nach Hartung (wie Anm. 5), S. 351.

[9] Vgl. Werner Conze, Konstitutionelle Monarchie — Industrialisierung. Deutsche Führungsschichten um 1900, in: Deutsche Führungsschichten in der Neuzeit. Eine Zwischenbilanz. Büdinger Vorträge 1978. Hrsg. von Hanns Hubert Hofmann und Günther Franz, Boppard a.Rh. 1980 (= Deutsche Führungsschichten der Neuzeit, 12), S. 173—201.

[10] Zur Biographie Jagows vgl. den Artikel von Hellmut Seier in der Neuen Deutschen Biographie, Bd 10, Berlin 1974, S. 299 f. Eingehendere Auseinandersetzungen mit seiner Person fehlen bisher. Jagow hat keine Memoiren veröffentlicht, seine beiden politischen Schriften über die Vorkriegszeit (Ursachen und Ausbruch des Weltkrieges, Berlin 1919; England und der Kriegsausbruch, Berlin 1925) enthalten kaum Persönliches, geben aber Einblick in seine Grundüberzeugungen. Ergiebiger sind die erhaltenen Nachlaßteile im Politischen Archiv des Auswärtigen Amtes Bonn (PA-AA; Dokumente aus den Jahren 1916—1919) und im Bundesarchiv, Abteilungen Potsdam (1925—1930).

[11] Bernhard Fürst von Bülow, Denkwürdigkeiten. Hrsg. von Franz von Stockhammern. Bd 3: Weltkrieg und Zusammenbruch, Berlin 1931, S. 33—36; Gottlieb von Jagow, Die Anklage des Fürsten Bulow gegen »Die Staatsmänner von 1914«, in: Front wider Bülow. Staatsmänner, Diplomaten und Forscher zu seinen Denkwürdigkeiten. Hrsg. von Friedrich Thimme, München 1931, S. 210—220, hier S. 211 f. Jagow bestreitet in seiner Entgegnung die Förderung durch Bülow nicht, verwahrt sich aber gegen den Vorwurf der Undankbarkeit.

[12] Zur Ernennung Jagows zum Staatssekretär vgl. Cecil (wie Anm. 5), S. 317 ff. Dort auch Hinweise auf Quellen und ältere Literatur.

[13] In einer handschriftlichen Aufzeichnung über Unterstaatssekretär Zimmermann, ca. 1919 (PA-AA, Nachlaß Jagow, Bd 4), räumt Jagow ein, daß er in seiner Amtsführung übertriebene Rücksichtnahme nach oben und unten geübt habe.

[14] Ebd. Die Aufzeichnung ist vermutlich ein Memoirenfragment, war aber von Jagow nicht zur Veröffentlichung vorgesehen.

[15] Die Überlieferung zur Person Zimmermanns ist spärlich und verstreut, die Lebensdaten sind noch am besten in dem Artikel von Kurt Forstreuter in der Altpreußischen Biographie, Bd 2, Marburg/Lahn 1967, S. 841 f., erfaßt. Die in Anm. 13 genannte Aufzeichnung Jagows gibt ein Charakterbild Zimmermanns, das zwar einseitig ist, durch vereinzelte Hinweise in der Memoirenliteratur aber in seinen großen Zügen bestätigt wird. Zimmermann selbst ist nach seiner Amtszeit nur ausnahmsweise und dann in wenig ergiebigen Aufsätzen an die Öffentlichkeit getreten. Ein Nachlaßteil befindet sich im Bundesarchiv, Abteilungen Potsdam.

[16] Vgl. u. a. Lerchenfeld an Hertling, Berlin 5. 1. 1913, in: Briefwechsel Hertling—Lerchenfeld 1912—1917. Dienstliche Privatkorrespondenz zwischen dem bayerischen Ministerpräsidenten Georg Graf von Hertling und dem bayerischen Gesandten in Berlin Hugo Graf von und zu Lerchenfeld. Hrsg. und eingel. von Ernst Deuerlein, Boppard a. Rh. 1973 (= Deutsche Geschichtsquellen des 19. und 20. Jahrhunderts, 50), S. 194. Gerade der Umstand, daß Zimmermann durch seine jahrelange Tätigkeit im Auswärtigen Amt ganz ein Produkt des Apparats war, schien gegen ihn zu sprechen. Vgl. die Aufzeichnung Jagows (wie Anm. 13): »Als ich dem Kaiser gelegentlich eines Diners beim Kronprinzen im Winter 13 sagte, ich fühlte mich nicht geeignet für das Amt, warum er nicht Z. genommen habe, erwiderte S. M.: ›Man soll nie den Küchenjungen zum Koch nehmen, deswegen werde ich auch Delbrück nie zum Kanzler machen.‹«

17 Tagebuchaufzeichnung Müllers, 17.2.1917, in: Regierte der Kaiser? Kriegstagebücher, Aufzeichnungen und Briefe des Chefs des Marine-Kabinetts Admiral Georg Alexander von Müller 1914—1918. Hrsg. von Walter Görlitz, Göttingen [u.a.] 1959, S. 261.

18 Aufzeichnung Jagows (wie Anm. 13). Vgl. auch Bülow (wie Anm. 11), S. 159.

19 Gregor Schöllgen, Richard von Kühlmann und das deutsch-englische Verhältnis 1912—1914. Zur Bedeutung der Peripherie in der europäischen Vorkriegspolitik, in: Historische Zeitschrift, 230 (1980), S. 293—337, hier S. 297.

20 Ein wichtiges Selbstzeugnis über seine Herkunft, Laufbahn und Vorstellungswelt bieten die postum veröffentlichten Erinnerungen Kühlmanns (Heidelberg 1948), die in ihrem Aussagewert unausgeglichen, doch insgesamt recht ergiebig sind. Vgl. Walter Goetz, Die Erinnerungen des Staatssekretärs Richard von Kühlmann, München 1952 (= Sitzungsberichte der Bayerischen Akademie der Wissenschaften, Philosophisch-historische Klasse, Jg 1952, H. 3). Daneben hat Kühlmann in den 30er Jahren mehrere politische Bücher und Romane veröffentlicht. Sein Nachlaß ist 1943 in Berlin vernichtet worden (bis auf einen kleinen Rest, der sich heute in Privathand befindet), was offenbar mögliche Biographen bisher abgeschreckt hat. So muß immer noch auf den Artikel von Ralf Berg in der Neuen Deutschen Biographie, Bd 13, Berlin 1982, S. 189f., verwiesen werden.

21 Zu diesen unterschiedlichen Konzeptionen Goetz (wie Anm. 20), S. 9—34.

22 Vgl. den Aufsatz von Schöllgen (wie Anm. 19).

23 Zur Politik Kühlmanns als Botschafter in Konstantinopel Frank G. Weber, Eagles on the Crescent. Germany, Austria, and the Diplomacy of the Turkish Alliance, 1914—1918, Ithaca, London 1970, S. 202—224.

24 Nach Kühlmann (wie Anm. 20), S. 469f., konnte ihn erst der Wunsch Wilhelms II. dazu bewegen, den Staatssekretärsposten anzunehmen. Kühlmann sah es als Nachteil an, daß er wegen seiner langen Auslandstätigkeit den Behördenapparat des Auswärtigen Amtes kaum kannte. Damit war er gewissermaßen das Gegenbild seines Vorgängers.

25 Tagebuchaufzeichnung Guttmanns, Frankfurt 22.9.1915, in: Bernhard Guttmann, Schattenriß einer Generation. 1888—1919, Stuttgart 1950, S. 111.

26 Sitzung des Interfraktionellen Ausschusses, 15.7.1917, in: Der Interfraktionelle Ausschuß 1917/18. Bearb. von Erich Matthias unter Mitw. von Rudolf Morsey, Bd 1, Düsseldorf 1959 (= Quellen zur Geschichte des Parlamentarismus und der politischen Parteien, Erste Reihe, Bd 1, I), S. 99f.; Lerchenfeld an Hertling, Berlin 15.7.1917, in: Briefwechsel Hertling—Lerchenfeld (wie Anm. 16), S. 881f.

27 Das einzige neuere Lebensbild Hintzes ist der anfechtbare Artikel in der Neuen Deutschen Biographie, Bd 9, Berlin 1972, S. 196f., merkwürdigerweise von Hans Wolfram v. Hentig, dem Sohn eines Widersachers Hintzes im diplomatischen Dienst, verfaßt. Memoiren des Staatssekretärs sind nicht überliefert, er äußerte sich aber vereinzelt zu Problemen seiner Politik von 1918. Der Nachlaß Hintzes befindet sich im Bundesarchiv-Militärarchiv Freiburg i.Br. (BA-MA) und wird zur Zeit neben anderem Aktenmaterial zu seiner Tätigkeit vom Autoren ausgewertet.

[28] Vgl. Holger H. Herwig, Das Elitekorps des Kaisers. Die Marineoffiziere im Wilhelminischen Deutschland, Hamburg 1977.

[29] Qualifikationsbericht von Tirpitz, 1. 12. 1903, zit. nach: Klaus-Volker Gießler, Die Institution des Marineattachés im Kaiserreich, Boppard a. Rh. 1976 (= Wehrwissenschaftliche Forschungen, Bd 21), S. 109, Anm. 116.

[30] Vgl. Gustav Graf von Lambsdorff, Die Militärbevollmächtigten Kaiser Wilhelms II. am Zarenhofe 1904—1914, Berlin 1937, S. 153—190. Ebd., S. 285—405, Auswahl der Berichte Hintzes. Der Militärbevollmächtigte war der Person des Zaren attachiert und dessen Hauptquartier zugeteilt, so bestand eine enge Verbindung zu beiden Monarchen.

[31] Vgl. Friedrich Katz, Deutschland, Diaz und die mexikanische Revolution. Die deutsche Politik in Mexiko 1870—1920, Berlin (Ost) 1964; Thomas Baecker, Die deutsche Mexikopolitik 1913/14, Berlin 1971 (= Bibliotheca Ibero-Americana, 15).

[32] Dazu Akira Hayashima, Die Illusion des Sonderfriedens. Deutsche Verständigungspolitik mit Japan im Ersten Weltkrieg, München 1982 (= Studien zur Geschichte des 19. Jahrhunderts, 11).

[33] Gute Zusammenfassung der Quellen zur Ernennung Hintzes bei Winfried Baumgart, Deutsche Ostpolitik 1918. Von Brest-Litowsk bis zum Ende des Ersten Weltkrieges, Wien, München 1966, S. 88—92.

[34] Tirpitz an seine Frau, Luxemburg 19. 9. 1914, in: Alfred von Tirpitz, Erinnerungen, Leipzig ^{2}1920, S. 404 (= Deutsche Denkwürdigkeiten).

[35] Hintze war nach 1919 zeitweise in der DVP tätig, einige Jahre Vorsitzender des Vereins für das Deutschtum im Ausland (VDA) und vorübergehend als Botschafter in Moskau bzw. Berater in China im Gespräch. Jagow, Zimmermann und Kühlmann traten politisch nicht mehr hervor, letzterer spielte aber in der Leitung des Stumm-Konzerns noch eine gewisse Rolle.

[36] Bethmann Hollweg an Zimmermann, Großes Hauptquartier 19. 11. 1914, in: L'Allemagne et les problèmes de la paix pendant la première guerre mondiale. Documents extraits des archives de l'Office allemand des Affaires étrangères. Publiés par André Scherer et Jacques Grunewald, vol. 1, Paris 1962, S. 15—19. Bei den folgenden Ausführungen, die sich auf die Studien von Fritz Fischer, Gerhard Ritter, Egmont Zechlin, Wolfgang Steglich, Winfried Baumgart und anderer stützen können, muß auf eine Diskussion der Forschungsliteratur verzichtet werden. Es sei nochmals darauf hingewiesen, daß eingehendere personenbezogene Untersuchungen zur Politik der Staatssekretäre des Auswärtigen Amtes im Ersten Weltkrieg fehlen.

[37] Aufzeichnung Bethmann Hollwegs, 9. 9. 1914, in: Werner Basler, Deutschlands Annexionspolitik in Polen und im Baltikum 1914—1918, Berlin (Ost) 1962, S. 381 ff., hier S. 382.

[38] Denkschrift Jagows, Berlin 2. 9. 1915, in: L'Allemagne et les problèmes de la paix, vol. 1 (wie Anm. 36), S. 174—179, hier S. 175.

[39] Jagow an Lucius, Berlin 8. 5. 1916, ebd., S. 325 f., hier S. 326.

[40] Jagow an Romberg, Berlin 8. 6. 1916, ebd., S. 363 f.

[41] Jagow an Bernstorff, Berlin 7. 6. 1916, ebd., S. 359 f., hier S. 360. Der Staatssekretär verwies dabei ausdrücklich auf Belgien.

42 Tagebuchaufzeichnung Guttmanns, 22.8.1916, in: Guttmann (wie Anm. 25), S. 122f.

43 Jagow warnte Ende August 1916 bei den Besprechungen in Pleß eindrucksvoll vor den Folgen des unbeschränkten U-Boot-Krieges: »Deutschland wird als der tolle Hund angesehen werden, auf den sich alle stürzen, um endlich wieder zum Frieden zu kommen.« Zit. nach: Gerhard Ritter, Staatskunst und Kriegshandwerk. Das Problem des »Militarismus« in Deutschland. Bd 3: Die Tragödie der Staatskunst. Bethmann Hollweg als Kriegskanzler (1914—1917), München 1964, S. 324.

44 Denkschrift Zimmermanns, Berlin 27.11.1914, in: L'Allemagne et les problèmes de la paix, vol. 1 (wie Anm. 36), S. 26—29.

45 Tagebuchaufzeichnung Wolffs, 10.5.1915, in: Theodor Wolff. Tagebücher 1914—1919. Der Erste Weltkrieg und die Entstehung der Weimarer Republik in Tagebüchern, Leitartikeln und Briefen des Chefredakteurs am »Berliner Tageblatt« und Mitbegründers der »Deutschen Demokratischen Partei«. Eingel. und hrsg. von Bernd Sösemann, Bd 1, Boppard a.Rh. 1984, S. 217.

46 Arthur Zimmermann, Fürst Bülows Kritik am Auswärtigen Amt, in: Front wider Bülow (wie Anm. 11), S. 221—234, hier S. 232f. Die Darstellung von Barbara Tuchman, The Zimmermann Telegram, London 1959, versucht in einer sehr einseitigen Quelleninterpretation, den Schritt Zimmermanns als Höhepunkt einer lange vorbereiteten, großangelegten und prinzipiellen Verschwörung gegen die USA zu entlarven. Er wird besser dadurch beleuchtet, daß Zimmermann während des Krieges im Auswärtigen Amt einer der »Träger des Revolutionsprogramms« (Fritz Fischer) war, das England in Irland, Ägypten und Afghanistan, Rußland in seinen nichtrussischen Teilen und im Innern (durch die radikalen Sozialisten, vor allem Lenin) Schwierigkeiten bereiten wollte. In ähnlicher Weise sollten auch die Spannungen zwischen den USA und Mexiko vorübergehend als Kampfmittel instrumentalisiert werden.

47 Aufzeichnung Kühlmanns für Michaelis, Berlin 27.7.1917, in: Der Friedensappell Papst Benedikts XV. vom 1. August 1917 und die Mittelmächte. Diplomatische Aktenstücke des deutschen Auswärtigen Amtes, des bayerischen Staatsministeriums des Äussern, des österreichisch-ungarischen Ministeriums des Äussern und des britischen Auswärtigen Amtes aus den Jahren 1915—1922. Bearb. und hrsg. von Wolfgang Steglich, Wiesbaden 1970, S. 505—508, hier S. 507.

48 Ebd., S. 505.

49 Vgl. die Ausführungen Kühlmanns im Hauptausschuß des Reichstags am 28.9.1917, zit. nach: Die Friedensversuche der kriegführenden Mächte im Sommer und Herbst 1917. Quellenkritische Untersuchungen, Akten und Vernehmungsprotokolle. Bearb. und hrsg. von Wolfgang Steglich, Stuttgart 1984, S. V, Motto: »Es steht uns allen noch klar im Gedächtnis, das alte Europa, und ich sage nicht zuviel, wenn ich behaupte, daß für keinen der Staaten in diesem alten Europa der Zustand, wie er in den letzten vierzig Jahren bestanden hat, so unerträglich war, daß er auf die Gefahr der Selbstvernichtung hin seine Abstellung erreichen mußte. Daß Europa nicht zugrunde gehe, ist vielleicht heute noch, mitten in diesem gewaltigen Kriege, ein

gemeinsames Interesse aller Großstaaten. Der endgültige Zusammenbruch wird jeden einzelnen Staat, welcher Gruppe er auch angehören möge, schwächer und zukunftsärmer hinterlassen, manche ganz zerbrochen und jeder großen nationalen Zukunftshoffnung bar.«

50 Hintze an Lersner, Berlin 6.8.1918, in: Baumgart (wie Anm. 33), S. 392ff.

51 Hintze an Romberg, Berlin 25.8.1918, in: BA-MA, Nachlaß Hintze, N 536/62.

52 Hintze an Romberg, Berlin 31.8.1918, in: L'Allemagne et les problèmes de la paix (wie Anm. 36), vol. 4, Paris 1978, S. 320f., hier S. 320.

53 Aufzeichnung Hintzes vom 14.8.1922, in: Das Werk des Untersuchungsausschusses der Verfassunggebenden Deutschen Nationalversammlung und des Deutschen Reichstages 1919–1928. Verhandlungen, Gutachten, Urkunden. 4. Reihe: Die Ursachen des Deutschen Zusammenbruches im Jahre 1918. Abt. 1, Bd 2: Gutachten des Sachverständigen Oberst a.D. Bernhard Schwertfeger, Berlin 1928, S. 386–415, hier S. 409.

Dieter Storz

Die Schlacht der Zukunft. Die Vorbereitungen der Armeen Deutschlands und Frankreichs auf den Landkrieg des 20. Jahrhunderts.

I.

Leutnant Ernst Röhm vom Königl. Bayer. 10. Infanterieregiment erhielt seine Feuertaufe im August 1914 in der »Schlacht von Lothringen«, als er eine Schützenlinie in den Angriff führte:

»Unverdrossen geht's vorwärts: Sprung auf, marsch, marsch! Es muß doch endlich gelingen, den Feind wenigstens zu sehen! Aber so sehr ich immer wieder meine Blicke durch das Fernglas in die feindlichen Hecken bohre, es ist nichts zu erkennen und nichts zu sehen. Aus undurchdringlicher Deckung kommen die feindlichen Geschosse. Ein überwältigendes Infanterie-, Maschinengewehr- und Artilleriefeuer hält uns nieder. Schwächer und schwächer wird das eigene Infanteriefeuer. Als es in der weiten, langgestreckten Schützenlinie ganz ruhig wird und auch das feindliche Feuer nachläßt, springe ich in die Höhe und rufe den Kameraden zu, aufzustehen. Ich will sehen, wie viele noch kampffähig sind. Wehmütig sagt mir der Hornist, der wie ein Schatten an meiner Seite geblieben ist: ›Herr Leutnant, es ist niemand mehr da!‹ Und wirklich steht auf der ganzen Frontlinie niemand mehr auf. Nur drei Mann sind noch heil geblieben, alles andere ist tot oder verwundet[1].«

Gewiß nahm 1914 nicht jeder Angriff ein so trauriges Ende. Doch dürfte es kaum ein Infanterieregiment gegeben haben, das in den ersten Kriegsmonaten nicht ähnliche Erfahrungen machen mußte. Nach der Marneschlacht waren die Gefechtsstärken der deutschen Armeen in Ost und West um bis zu 50 Prozent gesunken[2]. Der September 1914, jener Monat, in den die Marneschlacht fällt, brachte dem Heer des kaiserlichen Deutschland die höchsten blutigen Verluste des ganzen Krieges[3]. Bis Mitte Dezember stiegen sie auf 800000 Mann[4]. Auch die anderen Kriegführenden füllten und leerten ihre Ersatzdepots. In der Marneschlacht fochten die Deutschen gegen frisch ergänzte französische Regimenter, die bereits in den »Grenzschlachten« schwer gelitten hatten. Frankreich schickte bis Ende November 1107754 Soldaten als Ersatz ins Feld, davon 911936 allein für das Fußvolk. »Pour alimenter l'infanterie« benötigte man dort mehr als 200000 Mann pro Monat[5]. Einen traurigen Rekord stellte Österreich-Ungarn auf. Dort betrug der Gesamtabgang bis zur Jahreswende 1250000 Mann, und das bei einer Stärke des mobilgemachten Feldheeres von 1500000 Soldaten, so daß die Höhe der Verluste »nicht viel weniger als die Gesamtkämpferzahl zu Kriegsbeginn betragen hatte«[6]. Trotz ungeheurer Opfer, trotz einer Opferbereitschaft, wie sie in der Kriegsgeschichte unübertroffen dasteht, hatte keine der kriegführenden Mächte ihr Ziel erreicht: einen schnellen Sieg. Damit war ein Zustand eingetreten, den die Fachleute ausgeschlossen hatten, nämlich ein Krieg von unbestimmbarer, jedenfalls langer Dauer.

Es leuchtet ein, daß sich die Vorkriegsarmeen nach dem Ende des Krieges, als wieder ein Zustand relativer Äußerungsfreiheit einkehrte, kritische Fragen gefallen lassen mußten. Die Radikalität der Abrechnung entsprach der herausfordernden Selbstgewißheit ihres öffentlichen Auftretens in der Vorkriegszeit. Nach 1918 schien es vielen so, daß die Militärapparate in der Vorbereitung auf das, was der Weltkrieg brachte, versagt hatten. Die Bedeutung der Technik hätten sie nicht begriffen, die Wirkung des Feuers und damit die Stärke der verteidigenden Kampfform kraß unterschätzt. In ihrem Glauben an die Kraft der Offensive, an die alle Hindernisse überwindende Zaubermacht der Kampfmoral und die kurze Dauer eines europäischen Krieges hätten sie 1914 eine ganz unverantwortliche Verschwendung von Menschenleben betrieben. Das Studium zeitgenössischer Kriege in Südafrika, der Mandschurei und auf dem Balkan sei unterblieben, damit auch die Entwicklung einer dem Stand der Waffentechnik entsprechenden Taktik, die nur eine stumpfsinnige Fortschreibung der Verfahren aus napoleonischer Zeit und von 1870/71 geboten habe. Oft waren es ehemalige Offiziere, die das Wort ergriffen und sachkundig zu argumentieren verstanden[7]. Später bemächtigten sich auch zünftige Historiker des Themas, das sie ihrer Gewohnheit gemäß in einen größeren Zusammenhang stellten. Eckart Kehr sah die Ursache für professionelle Fehler des deutschen Militärapparates von 1914 nicht in organisationsimmanenten Schwächen, sondern in der spezifischen Verknüpfung der deutschen Armee mit den allgemeinen Staatsverhältnissen. Die Rücksicht auf die Bewahrung des innenpolitischen Status quo habe es dieser Armee verwehrt, sich den Anforderungen der Moderne in Technik und Taktik anzupassen[8]. In dieser Tradition steht auch das Werk von Bernd-Felix Schulte, das nachzuweisen versuchte, daß die Fixierung auf den innenpolitischen Gegner der Armee des kaiserlichen Deutschland eine angemessene Weiterentwicklung verwehrte habe[9]. Insofern bildet es eine materialgesättigte Ausfaltung des Kehrschen Programms im Hinblick auf die Vorbereitung der deutschen Armee auf den nächsten Krieg. Dem kann man jedoch entgegenhalten, was Hermann v. Kuhl schon 1929 schrieb: »Dieselben Klagen, die gegen die deutsche Truppe erhoben werden, finden wir auf französischer Seite in noch viel höherem Maße[10].« Gewiß hat Kuhl, 1914 Chef des Generalstabes der 1. Armee, dies in apologetischer Absicht formuliert. Nichtsdestoweniger aber hat er recht. Die kritische Literatur der Franzosen ist der deutschen nicht nur in ihrer Schonungslosigkeit, sondern auch im Inhalt ihrer Gravamina zumindest ähnlich[11]. Daraus folgt zunächst nicht, daß die an der deutschen Armee geübte Kritik nicht zutrifft, auch nicht, daß die Bewahrung des innenpolitischen Status quo *nicht* zu den Aufgaben der deutschen Armee gehört habe. Wenig Sinn aber hat es, die Ursachen für tatsächliche oder vermeintliche Mängel dieser Armee in der besonderen politischen Struktur des wilhelminischen Kaiserreiches zu suchen, wenn sich die gleichen Phänomene in der Armee eines republikanisch verfaßten Staates mit revolutionärer Tradition beobachten lassen.

In diesem Aufsatz geht es um die Qualifikation von Streitkräften für ihren klassischen Auftrag, Ultima ratio im politischen Verkehr der Staaten untereinander zu sein. Diese Frage läßt sich unseres Erachtens nur durch einen internationalen Vergleich beantworten, weil sich nur so das Besondere vom Allgemeinen scheiden läßt. Die »Chancen konturenscharfer Aussagen« werden dadurch nicht etwa gefährdet[12], sondern überhaupt erst geschaffen. Dieser Aufsatz befaßt sich mit Deutschland und Frankreich. Ausbildung, Ausrüstung und Bewaffnung der Landstreitkräfte beider Staaten waren eng aufeinander bezogen und wirkten beispielhaft auf das Militärwesen in Europa[13]. Nicht Vorkriegsdoktrin und Wirklichkeit des Stellungskrieges sollen miteinander verglichen werden. Daß sie einander nicht entsprachen, ist bekannt und bedarf keiner weiteren Darlegung. Hier geht es statt dessen darum, die Entwicklung dieser Armeen als Weg in eine offene Zukunft hinein zu beschreiben. Das damals vieldiskutierte Problem der modernen Kavallerieverwendung bleibt dabei aufgrund der besonderen Situation dieser Waffe ausgeklammert. Die Hauptlast des modernen Großkampfes, das war klar, mußten Infanterie und Artillerie tragen. Auf sie entfiel der weitaus größte Teil der Heeresrüstung, auf sie beschränkt sich deshalb diese Darstellung. Um die Vorkriegsentwicklung der Streitkräfte begreifen zu können, muß der Historiker die zeitgenössischen Denkweisen, Werthaltungen und Zukunftserwartungen rekonstruieren. Zur Bildung seines Urteils darf er nicht auf diese allein beschränkt werden. An ihnen aber muß er sich das Maß nehmen, wenn er nicht der Versuchung verfallen soll, den Vorfahren bloß nachzuweisen, »daß sie in Vorzeiten gelebt«[14].

II.

Die technische Entwicklung ist einer der Faktoren, die auf Taktik und Doktrin von Streitkräften einwirken. Seit der Mitte des 19. Jahrhunderts häuften sich neue Erfindungen der Kriegstechnik. In den letzten 30 Jahren vor dem Weltkrieg gelangen einige spektakuläre Durchbrüche, deren Folgen für die Zeitgenossen schwer zu beurteilen waren, die jedenfalls gravierend sein mußten. Hatte die Jahrhundertmitte die allgemeine Einführung gezogener Feuerwaffen gesehen, was den Fernwaffen eine qualitativ neuartige Präzision verlieh, so veränderte in den achtziger Jahren die Erfindung des rauchschwachen Pulvers das Schlachtfeld grundlegend. Dies nicht so sehr wegen der abermaligen Steigerung der ballistischen Leistung, sondern wegen des Wegfalls mächtiger Rauchwolken, die bis dahin die Position der Kämpfenden umgeben hatten. Damit war ein entscheidender Schritt hin zur »Leere des Schlachtfeldes« getan, ein Begriff, der schon den Militärs vor 1914 geläufig war. Für das neue Pulver kamen neue Gewehre, das »kleinkalibrige Mehrladegewehr« mit Rohrweiten von 8 mm und darunter. Das neue Treibmittel hinterließ weit weniger Verbrennungsrückstände als das alte Schwarzpulver und machte so den Weg frei für die Karriere einer neuen Waffe mit hoch beanspruchter Mechanik, das Maschinengewehr.

Als Frankreich 1897 eine neuartige Feldkanone einführte, versetzte es die Deutschen in große Unruhe, die sich gerade ein Jahr zuvor für ein Feldgeschütz konventioneller Bauart entschieden hatten, das nun deklassiert dastand. Die französische Kanone war mehr als bloß ein neues Geschütz, das ein altes ersetzte, sondern ein Waffensystem mit mehreren neuartigen und in ihrer Summe revolutionären Eigenschaften. Es besaß als erstes Feldgeschütz eine wirkungsvolle Vorrichtung zum Auffangen der Rückstoßenergie und mußte deshalb nicht mehr nach jedem Schuß neu eingerichtet werden. Dies beschleunigte die

Feuergeschwindigkeit um ein Vielfaches. Der ruhige Stand beim Schuß ermöglichte das Anbringen eines optischen Richtmittels. Bei herkömmlicher Bauweise war dies nicht sinnvoll gewesen, weil sich der Rückstoß ungemindert auf die empfindlichen Linsensysteme übertrug. Die Franzosen montierten den Richtaufsatz um die Hochachse schwenkbar, so daß man auch außerhalb der Schußrichtung liegende Hilfsziele anpeilen konnte. Das war eine wichtige Voraussetzung für das indirekte Richten und das Beziehen einer verdeckten Feuerstellung, aus der sich überraschend und der feindlichen Gegenwirkung entzogen schießen ließ. Damit stellte die französische Armee die gesamte Artillerietaktik auf eine neue Grundlage. Es dauerte Jahre, bis die deutschen Feldartilleristen die Überlegenheit des französischen Verfahrens begriffen hatten und zur Aufholjagd ansetzten.

Von ihrem großen Wurf allerdings ließen sich die Franzosen blenden und übersahen eine gefährliche Waffe ihrer Nachbarn, das schwere Steilfeuer nämlich. Feldkanonen bildeten die »leichte« Artillerie. Die französische besaß eine Rohrweite von 7,5 cm. Ihre Granaten erzielten keine ausreichende Wirkung gegen einfach zu schaffende Feldbefestigungen, Schützengräben also, mit deren Anlage die deutsche Militärplanung um die Jahrhundertwende bereits rechnete, wenn auch längst nicht in dem Ausmaß, das 1914 Wirklichkeit wurde. Zu ihrer Bekämpfung rüstete Deutschland mit gröberem Geschütz, 10,5- und 15-cm-Feldhaubitzen sowie 21-cm-Mörsern. Waffen von vergleichbarer Zerstörungskraft hatte man bisher nur im Festungskrieg eingesetzt. Jetzt fanden sie auch im Feldkrieg Verwendung. Frankreich und Deutschland prägten zwei unterschiedliche Artilleriekonzeptionen aus: Die Franzosen vertrauten auf die Wirkung einer hochflexiblen leichten Feldartillerie, die Deutschen bauten zu deren Ergänzung eine »schwere Artillerie des Feldheeres« auf und schufen damit einen »modernen ›Waffenmix‹«[15]. Hier wie in vielem bildeten Deutschland und sein westlicher Nachbar die Pole des Militärwesens ihrer Zeit.

1903 gelang den Brüdern Wright der erste Motorflug eines Luftfahrzeuges, das schwerer war als die Luft. Nachdem die Betriebssicherheit der neuen Apparate ein gewisses Niveau erreicht hatte, bemächtigten sich die Militärs ihrer, weil sie sich ein Aufklärungsmittel von höchster Leistungsfähigkeit erhofften. Die deutsche Militärverwaltung konnte hier nur mit einer gewissen Verzögerung folgen, weil ihr die Hartnäckigkeit des Grafen Zeppelin, die patriotisch erregte Öffentlichkeit auf seiner Seite, das Luftschiff aufgedrängt hatte. An sich eine imponierende technische Leistung, war es für militärische Zwecke doch längst nicht so geeignet wie das Flugzeug, zu dessen Förderung aber entsprechend weniger Geld zur Verfügung stand. In den letzten Vorkriegsmanövern allerdings hatte sich das Flugzeug auch in Deutschland etabliert. Fliegertarnung gehörte bereits zum Ausbildungsprogramm der Truppe. Die Fachwelt diskutierte die Ausstattung der Flugapparate mit Waffen. Bertha v. Suttner hatte die Zeichen der Zeit richtig gedeutet, als sie 1912 vor der »Barbarisierung der Luft« warnte[16]. Die zu allen Zeiten schwierige Aufgabe, zwischen Führung und Truppe Verbindung zu halten, erfuhr eine Erleichterung durch ein neues Hilfsmittel in Gestalt des Telefons, das in die Feldkommunikation der Truppen eindrang. Artilleriebeobachter bedienten sich seiner, um das Schießen aus verdeckter Stellung wirkungsvoller leiten zu können. In diesen Künsten waren wieder die Deutschen voraus.

Die hier beschriebenen Erzeugnisse menschlichen Erfindungsfleißes wurden nun nicht etwa von reaktionären Beschaffungsbürokratien, auf glänzende Reiterattacken fixiert, abgeblockt, sondern gelangten tatsächlich zur Einführung, wenn auch nicht immer so schnell und so zahlreich, wie man es nach dem August 1914 gern gehabt hätte. Das Schlagwort von der »manischen Technikfeindlichkeit der militärischen Führung des wilhelminischen Reiches«[17] bedarf der Differenzierung. Gewiß wurde die hier beschriebene technische Innovation von einem ausgeprägten Mißtrauen gegen den Sinn dieser Art von Fortschritt begleitet. Jene »Revolution des militärischen Denkens«, nach welcher »das Militär immer die neuesten Entwicklungen der Technologie sogleich in Waffen ummünzen müsse«, kam in der Tat erst nach 1945 zum Abschluß[18], setzte aber schon vor der Jahrhundertwende ein. Nur so konnten die Armeen hoffen, Garanten der Machtstellung ihrer Staaten zu bleiben[19]. Es war die Konkurrenz der Mächte, die das Um-, Nach- und Neurüsten erzwang, wie der russische General Dragomirow, ein Gegner der modernen technischen Rüstung, ganz richtig erkannte:

»Die Sache ist die, daß jetzt zwischen den Deutschen und den Franzosen ein blinder Kampf geführt wird: sie hassen sich jetzt ebenso sehr, wie sie sich gegenseitig fürchten, und sind in steter Angst, daß Einer dem Anderen in Bezug auf Neuheiten auf dem Gebiet des Kriegswesens nicht nachstehe[20].«

Der rapide Wandel des Waffenarsenals hatte natürlich gravierende Folgen für die Taktik, und Alfred Graf v. Schlieffen klagte im Jahr 1909 lebhaft, daß die Waffentechnik zwar »ihre herrlichsten Triumphe« feiere, dabei niemandem die Überlegenheit bringe, wohl aber »allen die größten Schwierigkeiten« bereite[21]. Diese bezogen ihre Brisanz nicht aus einer einzelnen Rüstungsmaßnahme wie der Einführung des Hinterladers durch die preußische Armee in der Mitte des 19. Jahrhunderts, sondern aus der Häufung von revolutionären Rüstungsgütern wie kleinkalibrigem Mehrladegewehr, Schnellfeuergeschütz und Maschinengewehr, die sich zu einer »kritischen Masse«[22] verdichtet hatten. Ihr Verhalten ließ sich ohne das große Experiment, das im Sommer 1914 losbrach, einfach nicht beurteilen. Darin, in Vorschriften und Ausbildung trotzdem Antworten geben zu müssen, lag die große Herausforderung für die Militärleitungen der Epoche. Robustes Auftreten sollte die Tatsache überspielen, daß sie sich dabei auf sehr dünnem Eis bewegten.

III.

Es bedurfte eines festen Standpunktes, um die überwältigende Fülle neuer Produkte und Erscheinungen einzuordnen und zu bewerten. Die Militärs fanden ihn im Willen der Kämpfenden. Er wies der Technik ihren Rang zu. Der französische General Langlois, einer der geistigen Väter des modernen Feldgeschützes, schrieb 1903, daß die Moral mehr Einfluß auf die Kriegführung habe als die Bewaffnung[23]. Gerade der moderne Krieg verlange von den Kämpfern die höchste Entwicklung der moralischen Kräfte. Ganz richtig stellte er fest, daß über diesen Punkt Einigkeit bestehe[24]. Sein Landsmann Kessler, seit 1897 Korpskommandeur und Mitglied des Conseil supérieur de la guerre, bestritt, daß die Technik Einfluß auf operative Fragen habe[25]. Dabei zählte der General zu den Reformern. Nach dem Burenkrieg unternahm er große Anstrengungen, die Gefechtsweise der französischen Armee zu modernisieren. Foch, der als Leiter der französischen Kriegsakademie eine Generation militärischer Führer prägte, schrieb »Sieg = Willen«[26]. Den Krieg nannte er einen Bereich der moralischen Kraft[27]. Die schroffste Formulierung findet sich bei Grandmaison, dessen 1912 veröffentlichte Thesen in der Armee begeisterte Zustimmung fanden:

> »Die moralischen Faktoren sind nicht die wichtigsten; sie sind die einzigen, welche im Krieg zählen. Die anderen sind nur insofern von Wert, wie sie auf die Moral wirken können[28].«

Die deutsche Vorstellung von der Bedeutung des Willens war mit der französischen so gut wie identisch. Ludwig v. Falkenhausen, 1902 als Kommandierender General verabschiedet, doch 1914 reaktiviert, meinte, die »letzten Erfolge der Kriegführung« würden »immer auf dem Gebiete der lebendigen Kraft liegen«[29]. Daß die Bedeutung technisch-materieller Faktoren mit dieser Entschiedenheit in die zweite Reihe gestellt wurde, hing nicht mit ihrer Ignorierung zusammen, sondern ganz im Gegenteil mit der Faszination, die von ihrer überwältigenden Dynamik ausging. Die Betonung von Willen und Psychologie erlaubte es, angestrengt zu rüsten, ohne dabei die militärischen Apparate in ihrem Grundgefüge zu verändern[30]. Angesichts der Parallelen zwischen den Auffassungen französischer und deutscher Militärs hat es wenig Sinn, die Bedeutung des Willens im deutschen Heer aus dessen potentieller Bürgerkriegsfunktion zu erklären[31]. Mit der innenpolitischen Stellung der Armeen hat der Voluntarismus ihrer Offiziere nur insofern zu tun, als natürlich auch sie vom Vertrauen der Öffentlichkeit in ihre Kriegführungskompetenz abhing. Diese Herausforderung allerdings empfanden alle europäischen Armeen, und sie reagierten ähnlich, indem sie auf die Technisierung ihres Berufes mit der Betonung jener Seite des Gewerbes reagierten, deren Kontrolle zweifellos in die engere Kompetenz militärischer Führung fiel, und das war eben die Betonung des Willens. Ihn erhoben sie tendenziell von einer notwendigen zu einer hinreichenden Bedingung militärischen Erfolges.

Die Sicherstellung dieses Willens bereitete im elementartaktischen Bereich insofern besondere Schwierigkeiten, als das herkömmliche Mittel zur Kontrolle der Truppen auf dem modernen Schlachtfeld nicht mehr zur Verfügung stand: Im Feuersturm neuzeitlicher Schnellfeuerwaffen war es physisch unmöglich, die Soldaten wie bisher in kompakten und übersichtlichen Formationen aufzustellen. Die voranschreitende Ausdünnung der taktischen Körper übertrug dem einzelnen zwangsläufig ein wachsendes Maß von Selbständigkeit, und sei es auch nur in Gestalt sich mindernder Aufsicht durch seine Vorgesetzten. Um dem zu begegnen, schlugen die großen Rivalen nun unterschiedliche Wege ein. Preußen-Deutschland besann sich auf seine Drilltradition, die bis in die Zeiten des Soldatenkönigs zurückreichte. Schon Wilhelm I., traumatisiert durch die Revolution von 1848, hatte sie neu belebt, um in der Armee jene reflexartige Gehorsamsbereitschaft zu erzeugen, die sie auch bei möglichen Unruhen im Inneren zu einem unbedingt zuverlässigen Werkzeug machen sollte. In den letzten beiden Jahrzehnten vor dem Weltkrieg taucht diese Aufgabe in der Militärliteratur als Begründung für die preußische Drillpraxis kaum mehr auf, wohl aber der Hinweis auf die hohen Belastungen des modernen Gefechts:

»Die stramm gedrillte Truppe hat dort, wo sie gut geführt wurde, stets ihren Mann gestanden. Dagegen ist es eine oft erwiesene Tatsache, daß ungeschulte Truppen im Felde nicht aus Mangel an Tapferkeit und gutem Willen versagt haben, auch nicht [...] aus Mangel an Schießfertigkeit und Fähigkeit, sich den Anforderungen des Schützengefechts anzupassen, sondern weil der feste Drill fehlte, der sie zu einem unbedingt sicheren Werkzeug in der Hand des höheren Führers auch außerhalb des Schlachtfeldes machte, und der allein durch die der Truppe auf dem Exerzierplatz anerzogene Genauigkeit der Bewegungen erzielt wird[32].«

Ludendorff, der im Ruf eines fachlich-technokratisch denkenden Offiziers steht, hielt in seiner Zeit als Truppenoffizier

»auf Manneszucht und scharfen Exerzierdrill. Beides sind die Grundlagen, auf denen die Tüchtigkeit der Truppe in der Schlacht sich aufbaut, wenn sie unter den auflösenden Einflüssen des Kampfes ihre Aufgaben erfüllen soll[33].«

Dies geschah nicht, um den Menschen zur Maschine zu machen, sondern um ihn zu befähigen,

»unter den schwierigsten Lagen den Gedanken auf den Sieg und die Vernichtung des Gegners zu behalten und durch selbständiges Handeln zu unterstützen«[34].

Man war sich der Gefahr durchaus bewußt, daß diese Ausbildungspraxis eben jene Selbständigkeit zu zerstören drohte, die das moderne Gefecht vom Soldaten verlangte. Deshalb verschob sich die Balance zwischen Drill und eigentlicher Gefechtsausbildung auch langsam zu letzterer. Bis in den Krieg hinein sorgte allerdings die Furcht davor, daß die Truppe im Gefecht »versagte« und der Führung aus den Händen glitt, für ein hohes Maß an formaler Dressur. Zuerst mußte der zivile Mensch durch Drill auseinandergenommen und zum Soldaten neu zusammengesetzt werden, bevor die Ausbildung zu einem gefechtsgewandten Schützen beginnen konnte:

»Die Ausbildung zum Schützen wird versagen, sobald die feindlichen Kugeln sausen, wenn der Mann nicht auch ›Soldat‹ geworden ist, d. h. nicht gelernt hat, die Furcht vor dem Tode aus Furcht vor der Disziplin zu überwinden[35].«

Diese friderizianisch anmutende Drilltheorie bezieht sich nicht auf die Abwehr von Sozialdemokratie und »Umsturz«, sondern auf das moderne Schlachtfeld.

Die französische Armee konnte das deutsche Drillvorbild nicht nachahmen. Sie besaß andere Traditionen. Die Dreyfusaffäre und ihre Folgen erschütterten die Autorität der militärischen Hierarchie auf allen Ebenen, so daß ein rigoroses Disziplinierungskonzept von der Art des preußischen Exerzierens nicht durchsetzbar gewesen wäre[36]. Daß Soldaten beim Mittagsappell in dichten Haufen ihren Feldwebel umstanden und es nicht bloß unterließen, ihre Offiziere zu grüßen – in der deutschen Armee allein schon ein fluchwürdiges Verbrechen –, sondern vor denselben nicht einmal ihre Hände aus den Taschen nahmen[37], wäre in Deutschland vor dem November 1918 unvorstellbar gewesen. Dort versuchte man, den Gehorsam durch das Dienstgradgefälle allein zu erzwingen, während er in Frankreich durchaus auch von der Person des Vorgesetzten (»obéissance à condition«) abhing[38]. Das hatte Folgen für den Ausbildungsbetrieb:

»Während wir in kritischen Augenblicken auf korrekte Ausführung aller Bewegungen zur Aufrechterhaltung der Gefechtszucht halten, fordert der Franzose nur richtige, zweckentsprechende Ausführung, ohne Gewicht auf das ›Wie‹ zu legen[39].«

Doch warnte die Militärführung davor, dergleichen »als Beweis des Minderwertes zu betrachten«[40]. Patriotismus sollte nach französischer Auffassung das bewerkstelligen, was in Deutschland die straffe Disziplin leisten sollte: Nur der national motivierte Soldat ließ sich in der aufgelösten Fechtweise zuverlässig einsetzen, bei der das Auge des Vorgesetzten nicht stets auf ihm ruhen konnte[41]. Das französische Infanteriereglement vom Jahr 1904 brachte die Moral, also die mächtigste Kraft im Gefecht, mit der Vaterlandsliebe in Zusammenhang (Ziff. 242)[42].

Die deutsche Drillpraxis paßte gut zu der Vorstellung, die man sich in Frankreich vom deutschen Nationalcharakter machte, dem man Steifheit und mangelnde Regsamkeit nachsagte[43]. Eigenschaften dieser Art galten als Naturgesetz und fanden Eingang in amtliche Dokumente und Militärliteratur aus kompetenter Feder[44]. Der Deutsche werde sich »niemals für das Waffenhandwerk begeistern«, meinte Driant[45], der im Zusammenhang mit dem Denuntiationswesen, das der Dreyfusaffäre folgte, die Armee verlassen mußte. Der französische Militärattaché schrieb 1908 am Ende eines langen Berichtes, in dem er die Streitkräfte beider Länder detailliert verglich: »L'Allemagne est un pays militaire, la France un pays guerrier[46].« Dieser Mangel an kriegerischem Temperament wurde den Deutschen jedenfalls vor 1914 immer wieder vorgeworfen. An warnenden Stimmen fehlte es nicht. Serret, der letzte französische Militärattaché in Berlin vor dem Krieg und einer der intelligentesten Beobachter der deutschen Armee, warnte seine Landsleute, auf »nos belles qualités de race« einzuschlafen[47]. Den Dreyfustraumatisierten bot diese Theorie aber Trost und Hoffnung:

»Diese echt französische Charaktereigenschaft, so gänzlich verschieden von der deutschen Art, ist ein Erbteil unserer Väter und ein Produkt von fünfzig Ahnengenerationen. Trotz aller Reden der Friedensapostel und Angstmeier wird der Franzose sein kriegerisches Temperament bewahren; denn weder in zwanzig noch in hundert Jahren bekommt man es fertig, eine Rasse völlig zu degenerieren. Der Deutsche ist kein Krieger, er ist Soldat[48].«

Es ging also auch ohne die Krücken von Parademarsch und Präsentiergriff.

Dieses besondere »kriegerische Temperament« war nun taktisch nicht neutral, sondern zeigte sich in der Vorliebe für den Angriff. Joffre, der Generalissimus des Jahres 1914, lehnte ein defensives Verhalten ab, weil dies »weder unseren kriegerischen Traditionen noch unserem nationalen Temperament« entspreche[49]. Nur im Angriff, so General Percin, der die französische Feldartillerie in den Jahren nach der Jahrhundertwende als Inspekteur entscheidend geprägt hatte, kämen die besonderen Qualitäten des französischen Soldaten so richtig zur Geltung[50]. Ein Infanterieoffizier schrieb 1911, also im Jahr von Grandmaisons großem Auftritt, daß dem nationalen Temperament nur *eine* Taktik entsprechen könne, und zwar die »de l'offensive à outrance«[51].

Auch die zeitgenössische Morallehre legte den Taktikern die Neigung zum Angriff nahe. Während der Verteidiger mit der Wahl seines Kampfverfahrens ein Gefühl der Unterlegenheit verrate, das die Gefahr fürchte, zeige ein General durch den Marsch nach vorne, daß er Vertrauen zu sich und seinen Truppen habe[52], so ein französischer General, der zu den entschiedensten Taktikreformern seiner Zeit gehörte. Die Auffassung, daß sich der Angreifer gewissermaßen am eigenen Schopf aus dem Sumpf des modernen Massenfeuers ziehen könne, teilte auch Friedrich v. Bernhardi, einer der prominenten deutschen Militärschriftsteller, der es 1907 zum Kommandierenden General brachte und damit eine der höchsten Stufen der Militärhierarchie in Deutschland erreichte:

»Es liegt im Angriff selbst eine hinreißende Gewalt, die von Anfang an alle Geistesfähigkeiten in Tätigkeit setzt und, indem sie alle auf ein einziges Ziel hinleitet, ihnen die höchste Spannung verleiht[53].«

Bernhardi war Kavallerist und gehörte damit einer Waffengattung an, die versuchte, durch Herausstellung der Bedeutung des Willens ihre Daseinsberechtigung auf dem modernen Schlachtfeld zu behaupten. In seinem Sinn äußerten sich aber auch Offiziere wie Max Schwarte, der durch seine Laufbahn ein besonderes Verständnis für die Bedeutung der Technik besitzen mußte[54]:

»Das Bewußtsein der Stärke und der Kraft, das sich in dem Entschluß zum Angriff ausspricht, überträgt sich auf die Truppe und hebt ihre geistigen und moralischen Kräfte[55].«

Die Einsicht in die Defensivkraft moderner Waffen ließ das Moralargument nicht etwa verstummen, sondern führte zu der paradoxen Reaktion, von ihm her die Taktik zu bestimmen. Das Ergebnis war eindeutig:

»Es gibt heutzutage wohl kaum noch ein Reglement, das den Angriff nicht betont. Unterschiede liegen nur in der Ausdrucksweise dieses Grundsatzes[56].«

IV.

Im Burenkrieg (1899–1902) erlebten die modernen Waffen ihren ersten Einsatz in größerem Maßstab. Das britische Empire suchte sich die rohstoffreichen Burenrepubliken einzuverleiben, während man dort die Bodenschätze des Landes selbst ausbeuten wollte und zu den Waffen griff. Die Erwartung, daß sich die wohlgeübten englischen Berufssoldaten rasch gegen die Burenmilizen würden durchsetzen können, erfüllte sich allerdings nicht. Mit Hilfe ihrer für einen Fall wie diesen importierten Mausergewehre schlugen die geschickt das Gelände ausnützenden Burenschützen mehrere Angriffe der Engländer blutig ab. In Europa fanden diese Ereignisse große Beachtung. Die Pazifisten sahen sich eindrucksvoll bestätigt, denn sie arbeiteten mit dem Argument, daß die gewaltige Stärke des modernen Feuers den taktischen Angriff und damit den Krieg regelrecht unmöglich mache[57]. Für die militärischen Autoritäten war diese Schlußfolgerung ganz unannehmbar, und sie mußten nun überlegen, was die Ereignisse in Südafrika für Europa bedeuten könnten. Der Hinweis auf den vergleichsweise geringen Einsatz von Mitteln und den Mangel an Erfahrung in ihrem Gebrauch sollte beschwichtigen[58]. Man verwies auf die Schwäche der englischen Armee, die nur auf den Kolonialkrieg gegen mäßig bewaffnete Wilde eingestellt gewesen sei. Mit diesen pauschalen Argumenten allein ließ sich die eingetretene Verunsicherung aber nicht bekämpfen. In der deutschen Armee gab man schließlich doch zu, daß die Briten »in der augenscheinlich äußeren Nachahmung der Formen unseres Reglements«[59] gefochten hätten. So kam es zu einer begrenzten Reform des Infanteriegefechts, die sich in Deutschland als Interpretation des eingeführten Reglements von 1888 ausgab und die Form eines kaiserlichen Befehls hatte[60]. Die Infanterie sollte in lichteren Formationen kämpfen und sich dem Gelände besser anpassen. Damit ist die ungefähre Richtung des taktischen Fortschritts in den Vorkriegsjahren beschrieben. Mehrgliedrige Aufstellungen verschwanden vom Gefechtsfeld, die Infanterie kämpfte in einer eingliedrigen Schützenlinie, und zwar liegend. Die »Modernen« waren bereit, die Einheitlichkeit der Gefechtsaufstellung zugunsten sorgfältiger Geländebenützung zu opfern. Nicht nur durch das Ausnützen natürlicher Deckungen, sondern auch durch das Schaffen von künstlichen sollte dem Schutzbedürfnis entsprochen werden, und das auch im Angriff. Der Spaten wurde von einem fremdartigen Gepäckstück zu einem wichtigen Werkzeug des Infanteristen. Die »Traditionalisten« dagegen sahen in solchem Verhalten das Ende jeder einheitlichen und konzentrierten Kampfhandlung. Deren Zusammenhang wollten sie durch rigide Aufstellung der Truppen wahren, die jede Teileinheit fest an ihren Platz bannte und den Handlungsspielraum der Unterführer eng begrenzte. Die Verfechter einer solchen Kampfweise hießen in Deutschland »Normaltaktiker«.

In Frankreich sorgte 1904 ein neues Infanteriereglement für Klärung der offenen Fragen. Es formulierte gewissermaßen eine Zweiteilung der Taktik in einen vorsichtigen, das Gelände jägerartig ausnützenden Kampf der Infanterie einerseits und kompakte Massenstürme andererseits an jenem Punkt, den das einleitende Gefecht als den entscheidenden hatte erkennen lassen. In Deutschland tadelte man beides. Das eine sei übervorsichtig, das andere auf dem modernen Schlachtfeld nicht mehr durchführbar[61]. Statt dessen steuerte man einen Mittelkurs, bei dem der Wahrung des Gefechtszusammenhanges große Bedeutung zukam. Darüber, wie dies zu geschehen habe, gingen die Meinungen auseinander. Die Anhänger des »Auftragsverfahrens« gewannen an Boden. Insgesamt vertrauten die deutschen Infanterietaktiker mehr der Feuerwaffe, die französischen dem Bajonett und der Bewegung.

Die Artillerie hatte in Südafrika keine entscheidende Rolle gespielt. Sie entwickelte sich aus sich selbst heraus weiter. In Frankreich zog die Feldartillerie die Konsequenzen aus den Möglichkeiten ihres neuen Geschützes, während ihr deutsches Gegenüber mit großen Augen und noch wenig Verständnis zusah. Dafür gedieh hier die »schwere Artillerie des Feldheeres«. Man hoffte, in ihr ein wirksames Mittel zur Zerstörung von Feldbefestigungen zu besitzen, wie sie die listigen Afrikaner so eindrucksvoll verwendet hatten. Offene Fragen blieben viele. Ein deutscher General meinte deshalb 1902 sogar, daß der Ausbruch eines europäischen Krieges »nicht gerade als militärisch zeitgemäß« erscheine[62].

Während sich die Fachleute stritten, ob und wie die Gefechtsweise der europäischen Heere zu reformieren sei, herrschte Einigkeit darüber, daß die Hauptlehre des Krieges darin bestehe, die Bedeutung von Kampfmoral und natürlicher Vitalität demonstriert zu haben. Darin, daß die Buren hier überlegen waren, weil sie, selbst noch ein Naturvolk, für die Freiheit ihrer Heimat kämpften, während der englische Soldkrieger, bereits von der Zivilisation geschwächt, für Geld und nicht für ein Ideal focht, sah man den tieferen Grund für ihre Erfolge: » plus importants que les autres« seien die moralischen Faktoren. Abgehärtet durch ihr Leben im Freien, die Jagd und das Pionierdasein hätten sich die Buren als vorzügliche Soldaten erwiesen, so die Nachrichtenabteilung des französischen Generalstabs[63]. Colmar v. der Goltz, zu diesem Zeitpunkt Kommandierender General des I. Armeekorps in Königsberg, ergriff angesichts des begeisterten Empfangs, den die deutsche Öffentlichkeit drei Burengenerälen bereitete, sogar »moralisches Heimweh«, und er sehnte sich »nach dem Jugendalter des eigenen Volkes« zurück[64].

Von »modernem Spartanertum« sprach Goltz 1908 nach dem Sieg Japans über Rußland im Mandschurischen Krieg 1904/05[65]. In diesem Feldzug hatten sich große Truppenmassen regulärer und modern bewaffneter Streitkräfte gemessen, was ihn mit europäischen Verhältnissen eher vergleichbar machte als der Burenkrieg. Maschinengewehre, Schnellfeuerartillerie, Schützengräben und Stacheldraht prägten die Kampfhandlungen im Fernen Osten, die insofern große Ähnlichkeit mit dem Weltkrieg besaßen. Daß 1914 der Übergang zum Stellungskrieg für die Europäer dennoch überraschend kam, darf aber nicht zu dem Schluß führen, der Russisch-Japanische Krieg sei von ihnen nicht beachtet worden. Nicht nur alle europäischen Hauptmilitärmächte, sondern auch die kleine Schweiz hatten Beobachter auf den Kriegsschauplatz entsandt. Fachpresse und die einschlägige Literatur widmeten den Kämpfen breiten Raum[66]. Entscheidend für ihre Interpretation der Ereignisse wurde es aber, daß die russische Seite, die umfangreichen Gebrauch von Feldbefestigungsanlagen gemacht hatte, nach dem Verständnis der Zeit die Zuflucht des Schwächeren, geschlagen wurde. Den zahlenmäßig unterlegenen Japanern hatte ihr unermüdlicher Angriffsgeist zwar hohe Verluste, aber eben auch den Sieg beschert, und darauf kam es an. Während der Burenkrieg die Selbstgewißheit der Militärplaner Europas erschüttert hatte, bestätigte der Mandschurische Krieg das Vertrauen in die Kriegführungskompetenz der Landstreitkräfte auch unter modernen Bedingungen. Die Pazifisten waren ebenfalls der Meinung, daß der Krieg in Ostasien im militärischen Sinn funktioniert hatte. So wie viele Berufsmilitärs nach dem Burenkrieg mit dem Hinweis auf die besonderen und nicht nach Europa übertragbaren Verhältnisse eines exotischen Kriegsschauplatzes abgewiegelt hatten, warnten die Friedensfreunde nach dem Russisch-Japanischen Krieg, daß sich dieser gleichfalls unter anderen Bedingungen abspielte, »als sie mitten im Herzen von Europa sein werden«[67]. »v. Löbells Jahresberichte über die Veränderungen und Fortschritte im Militärwesen« dagegen stellten für 1904 befriedigt fest, man wisse jetzt, daß Kriegführen angreifen bedeute[68]. Darüber bestand in den Armeen Konsens. Deutlich sieht man das an Frankreich, wo die öffentliche Diskussion weit kontroverser als in Deutschland geführt wurde. Nicht nur die Exegeten Napoleons mit ihrer Vorliebe für den Massenstoß setzten sich dort für eine offensive Kampfführung ein, sondern auch die Vertreter einer »modernen«, aufgelockerten Gefechtsweise wie der General Négrier, der meinte, »daß nur die taktische Offensive den Sieg sichern kann«[69].

Diese Bekräftigung der Überlegenheit der Offensive schloß nun nicht aus, daß man nach Wegen suchte, sie in angemessener Weise zu führen. Hier unternahmen die Deutschen in den nächsten Jahren große Anstrengungen, um ihre alten Stärken weiter zu entwickeln und Rückstände auf ihre westlichen Nachbarn auszugleichen, wie sie in der Geländegewandtheit der Infanterie und der modernen Feldartillerieverwendung bestanden. Man setzte den Ausbau der schweren Artillerie fort, um befestigte Feldstellungen mit Aussicht auf Erfolg angreifen zu können, wenn es sich als notwendig erwies. Nachdem die Feldartillerie dazu übergegangen war, sich knapp hinter einem deckenden Höhenrand aufzustellen, hoffte man in Deutschland, sie mit der schweren Artillerie weiterhin bekämpfen zu können, um die Infanterie nicht dem ungeminderten feindlichen Artilleriefeuer preiszugeben. Dies war nach französischer und damals als modern geltender Auffassung unvermeidlich. Die Ausbildung der Infanterie im Spatengebrauch wurde verbessert, eine Intensivierung der Geländeausbildung auf Truppenübungsplätzen angestrebt. In diesen Zusammenhang gehört auch die Einführung einer modernen, unauffälligen Felduniform, was in Frankreich bis zum Kriegsausbruch unterblieb. Das Infanteriereglement von 1906 verarbeitete die Erfahrungen aus dem Fernen Osten und verminderte den Anteil der Formalausbildung. Vor allem aber legte es die Führungsgrundsätze bis zur Kompanie herunter im Sinn des Auftragsverfahrens fest[70]. Damit hatten die »Normaltaktiker« das Spiel verloren.

Die Hauptsorge der Heeresleitungen blieb es aber, den Angriffsgeist auf die größtmögliche Höhe zu steigern. Darin fand jedes Streben nach Verminderung von Verlusten und verbesserter Ausnützung der Deckungen seine Grenze: »Es ist leicht, einer Truppe beizubringen, übervorsichtig zu sein, aber es ist mißlich, solche Truppen vor dem Feinde zu führen[71].« Der französische Generalstab teilte diese Sorge: Weil die Truppe eine natürliche Neigung habe, sich an den Boden zu klammern, müsse man die Infanterie durch Friedensübungen daran gewöhnen, häufig die Deckung zu verlassen, um sich eine andere näher am Feind zu schaffen[72]. Jean Colin, ein Infanterieoffizier, forderte ein zügiges Vorgehen, weil gerade junge Soldaten in Bewegung gehalten werden müßten, damit sie nicht ihrer Angst verfielen und der Angriff schließlich liegen bleibe[73]. Schneid und Angriffsgeist wurden also nicht einfach in Mißachtung der Gewalt des modernen Feuers betont, sondern geradezu in Reaktion darauf, so, als ob man es mit den Beinen unterlaufen müsse und auch könne. Reichenau, ein pensionierter Artilleriegeneral, der in seinem Ruhestand als Rüstungslobbyist für die Rheinische Metallwarenfabrik des Geheimrats Ehrhardt wirkte und allen militärischen Neuerungen seiner Zeit aufgeschlossen gegenüberstand, formulierte das Programm des »psychologischen Schlachtfeldes«[74] in einem Buchtitel: *Die wachsende Feuerkraft und ihr Einfluß auf Taktik, Heerwesen und nationale Erziehung*[75].

Insgesamt verbesserte sich in den Jahren nach 1905 die taktische Ausbildung der Truppen deutlich. Es scheint, daß die deutsche Armee in dieser Zeit vor der französischen einen Vorsprung gewonnen hat. In diese Zeit fällt auch die allgemeine Einführung der Maschinengewehre, die Verbreitung des Feldtelefons, die beginnende Luftrüstung. Wenn wir Michael Geyers Unterscheidung von material- und personalintensiver Rüstung auf das letzte Jahrzehnt vor dem Kriegsausbruch anwenden, so besteht kein Zweifel, daß damals alle Heere ihre Stärke noch von der Zahl der Kämpfer ableiteten. Verhältnismäßig gab Deutschland für die materielle Rüstung mehr als Frankreich aus[76], ohne daß man hierin bereits eine ernsthafte oder gar bewußte Verwirklichung des Gedankens sehen könnte, Menschen durch Maschinen zu ersetzen. Vom Gegenteil aber, daß Frankreich versucht habe, seine Unterlegenheit an Bevölkerungszahl durch Förderung der materiellen Rüstung auszugleichen, wie Eckart Kehr behaupten zu können glaubte[77], kann überhaupt keine Rede sein. Die relative Überlegenheit des deutschen Heeres in Bewaffnung und Ausrüstung begründet dabei keinen qualitativen Unterschied zu dem seines westlichen Nachbarn. Die Gemeinsamkeiten überwiegen bei weitem. Daß beide aus dem Mandschurischen Krieg Konsequenzen zogen, die auf eine Bestärkung der traditionellen Offensivorientierung hinausliefen, hängt wie schon die Interpretation des Burenkrieges mit der zeitgenössischen Überzeugung von der Bedeutung der Moral zusammen, die sich im Angriff überlegen verwerte. Der französische Oberst Lombard, der sich als Beobachter am Kriegsschauplatz aufgehalten hatte, verfaßte einen Bericht über die »Conséquences pratiques« aus den jüngsten kriegerischen Ereignissen und führte darin unter anderem aus:

»Ich habe die tiefe Überzeugung, daß das ganze Geheimnis des japanischen Erfolges in moralischen Ursachen liegt. Alles andere ist zweitrangig, man kann es nicht oft genug wiederholen[78].«

Das sah man in Deutschland nicht anders:

»der gute Geist der Truppe, der auch große Verluste ohne Erschütterung ertrug, und der heiße Drang, die vom Gegner trennende Entfernung möglichst schnell zu durchschreiten«,

war nach der Meinung des Majors v. Lüttwitz die Erklärung für jenes Geheimnis[79]. Darin lag letzten Endes die Lösung für die großen Probleme, die aus der rasanten Entwicklung der modernen Technik entstanden waren:

»Wo ein solcher Geist Führung und Truppe durchdringt, verliert auch der durch die fortschreitende Vervollkommnung der Feuerwaffen immer schwieriger werdende Angriff viele seiner Schrecken[80].«

Diese Theorie zum Begreifen komplexer Zusammenhänge konnte sich 1912 abermals bewähren. In diesem Jahr brach wieder ein stattlicher Krieg aus, der Erste Balkankrieg zwischen der Türkei und den christlichen Balkanstaaten. Das Osmanische Reich, dem man immerhin noch den Rang einer Großmacht zubilligte, erlitt vernichtende Niederlagen und verlor den größten Teil seines europäischen Besitzes. Vor allem die Bulgaren hatten sich mit verwegenen Sturmangriffen hervorgetan, die den türkischen Widerstand brachen. Nicht die außerordentlich schweren Verluste, mit denen sie ihre Erfolge erkauften und die von den Beobachtern der europäischen Großmächte keineswegs übersehen wurden, prägten die Perzeption der Geschehnisse auf dem Balkan, sondern die Niederlage der Türken. Der zweite Teil des Feldzuges fand da schon weniger Aufmerksamkeit. Nun verschanzten sich die Türken nämlich nach Anleitung der deutschen Feldbefestigungsvorschrift in der sogenannten Tschadaldschalinie vor ihrer Hauptstadt und wiesen alle Angriffe ihrer Gegner ab. Messimy, einer der Kriegsminister der französischen Republik und ein tüchtiger Mann, bereiste den Schauplatz der Kämpfe und wunderte sich, warum es nicht weiter vorwärts gehe. Die Antwort des bulgarischen Oberbefehlshabers, daß es dazu an schwerer Artillerie fehle, ohne die man trotz hoher Verluste nichts erreiche, beurteilte er »mit Skepsis«. 20 Monate später, so schrieb er nach dem Weltkrieg, habe er sehr schnell begriffen, wie recht der bulgarische General gehabt habe[81]. Wieder waren sich alle Beobachter in der Frage von Angriffsgeist und Moral einig. Es scheint, daß die Formulierungen unter dem Eindruck des »Kalten Krieges«, der der zweiten Marokkokrise folgte, an Schärfe zunahmen:

»Vor allem aber müssen wir festhalten am Geist rücksichtsloser, die Vernichtung des Feindes anstrebender Offensive in der Kriegführung. [...] Der Krieg ist eine brutale Sache und will brutal geführt sein. [...] nur das brutale Anpacken mit dem unbändigen Willen zum Sieg«

verbürge den Erfolg[82]. Das war eine deutsche Stimme, französische formulierten aber bis in die Wortwahl hinein genauso[83].

In beiden Ländern kann man in den letzten Vorkriegsjahren nach der Tendenz zu einem vorsichtigeren taktischen Verhalten, die im ersten Jahrzehnt des Jahrhunderts wirksam gewesen war, ein Wiederaufleben von rücksichtsloser Haurucktaktik feststellen. In Deutschland hatte sich der jüngere Moltke seit 1905 hartnäckig und erfolgreich bemüht, den großen Truppenübungen, also den »Kaisermanövern«, einen realistischeren Charakter zu geben. Zwar fanden zur Stillung des kaiserlichen Spieltriebes weiterhin prächtige Kavallerieattacken statt, wie sie auch nach deutscher Auffassung bereits überholt waren, doch ansonsten bemühten sich alle Waffengattungen, der Wirklichkeit des Gefechts näher zu kommen. Das wirkte sich vor allem in einer Verlangsamung der Manövergefechte und einem vorsichtigeren Verhalten auf dem Kampfgelände aus. 1910 kam man dabei aber an einen Punkt, bei dem der Angreifer, vorsichtig wie er sich verhielt, regelrecht vor den Stellungen des Verteidigers liegenblieb[84]. Fortan mußten die Manöverführer wieder kräftiger zufassen. Wilhelm II., der die Entwicklung seiner Armee weniger bestimmte, als die herrschenden Tendenzen wiedergab, bemerkte zu den Manövern des Jahres 1912, daß »der unerschütterliche Wille zum Siege« die Grundlage für den Erfolg bilde. Das sicherste Mittel dazu »ist und bleibt der Angriff. [...] Scheu vor Verlusten darf niemals von der Durchführung eines einmal als richtig erkannten Entschlusses abschrecken[85].« Die Botschaft wurde verstanden: »Im Kaisermanöver 1913 haben die Führer aller Grade einen hervorragenden Angriffsgeist bewiesen[86].«

Seine schärfste Ausprägung erfuhr der Angriffsgedanke allerdings in Frankreich. Dort gewann die hymnische Rhetorik Grandmaisons die Armee für eine unübertroffene Zuspitzung der Offensive. Grandmaison lehnte das Vorhutensystem ab, das der französischen Operationsführung reaktive Züge verlieh[87]. Anstatt durch einleitende Gefechte kleiner Truppenkörper sich Klarheit über die Lage zu verschaffen, sollte der französische Führer künftighin rückhaltlos mit allen Kräften angreifen, dem Feind »an die Kehle«[88] springen. Sein Appell gipfelte in der Forderung: »Gehen wir bis zum Äußersten [»excès«], und das wird vielleicht nicht genug sein[89].« Das blieb nun nicht die exaltierte Meinung eines Heißsporns, sondern wurde zur offiziellen Doktrin der Armee. Sie entschied den alten Streit zwischen Anhängern napoleonischer Kampfverfahren und Reformern und schuf endlich die langersehnte »unité de doctrine«[90]. Der Präsident Fallières formulierte im Januar 1912 den neuen Konsens:

> »Wir sind entschlossen, vorbehaltlos geradewegs auf den Feind zu marschieren; die Offensive entspricht dem Temperament unserer Soldaten und muß uns den Sieg sichern[91].«

Das Besondere an dieser Doktrin ist nicht die Ausrichtung auf die Offensive, sondern deren einzigartige Übersteigerung. Damit kam dem Angriff die seit der Jahrhundertwende mühsam errungene taktische Vernunft vollends abhanden.

V.

Ein pauschaler Hinweis auf die Unfähigkeit der militärischen Eliten von 1914 genügt zur Erklärung des Weltkriegsdesasters nicht. Nie zuvor waren militärische Führer so sorgfältig ausgebildet worden. Von grundsätzlicher Technikfeindlichkeit kann man schon angesichts des konkreten Rüstungsgebarens der Streitkräfte nicht sprechen. Das zwischen 1885 und 1914 geleistete Maß an technologischer Innovation übertraf alles bisher Dagewesene um ein Vielfaches. In diesem Zusammenhang ist der Hinweis angebracht, daß an diesen neuartigen Kriegswerkzeugen auch eine sehr sorgfältige Ausbildung stattfand. Nach den Vorstellungen moderner Didaktiker mag sie sich etwas schematisch vollzogen haben, aber doch so erfolgreich, daß die modernen Waffen von den Kriegführenden sofort nach Ausbruch der Feindseligkeiten mit verheerender Wirkung eingesetzt werden konnten. Weder die deutschen noch die französischen Militärführungen der Zeit kann man pauschal als reaktionär und neuerungsfeindlich bezeichnen. In beiden Ländern gab es »Konservative«, die alles beim alten lassen wollten, und »Moderne«, die Reformen verlangten. In der außerordentlichen Betonung von Willen und Angriffsgeist unterschieden sich diese Schulen *nicht*. Auch ist es falsch, diese Einstellung mit Eigentümlichkeiten des wilhelminischen Deutschland in Zusammenhang zu bringen, denn die militärischen Führer des politisch ganz anders gearteten Frankreich teilten sie.

Wenn man von Versagen der militärischen Planungsbehörden spricht, sollte man doch auch die Größe der Herausforderung bedenken. In den letzten Vorkriegsjahren hatte die Entfaltung der Kriegstechnik ein Ausmaß erreicht, das es objektiv außerordentlich schwer machte, richtig zu reagieren. Die Betonung der Kampfmoral bot sich zur Relativierung der durch die Technisierung der Rüstung hervorgerufenen Probleme an, weil sie in der Tat eine unerläßliche Vorbedingung jeden Gefechtserfolges war. Die »Moral« besaß den großen Vorzug, daß die zu ihrer Entwicklung notwendigen Mittel wie Erziehung und Ausbildung den Militärapparaten zur Verfügung standen, während hohe Verluste unter den ausgezeichneten Möglichkeiten des Personalersatzes, wie sie die allgemeine Wehrpflicht bot, tragbar erschienen: »[...] ein unerschöpfliches Infanteriematerial wird zur Verfügung sein. Das erlaubt Gewaltsamkeiten der Kriegführung alten Stils[92].« Das Ziel aller militärischen Vorbereitungen war nicht die Herbeiführung eines Krieges, wohl aber die Fähigkeit, ihn führen und erfolgreich entscheiden zu können, also der Sieg. Von daher war der taktische Angriff natürlich ein Imperativ, denn ohne ihn ließ sich der Sieg tatsächlich nicht erringen. Auch die allgemeine Erwartung eines kurzen Krieges wies in diese Richtung: Kriege, die sich ohne Entscheidung dahinschleppten, seien

> »zu einer Zeit unmöglich, wo die Existenz der Nation auf einen ununterbrochenen Fortgang des Handels und der Industrie begründet ist [...]. Eine Ermattungsstrategie läßt sich nicht treiben, wenn der Unterhalt von Millionen den Aufwand von Milliarden erfordert[93].«

Diese Erwartung Schlieffens läßt sich schon deswegen nicht damit begründen, daß er ein preußischer Aristokrat war[94], weil sie auch in einem Land wie Frankreich herrschte, in dem diese Spezies nichts zu sagen hatte. Mollin hat hier das Richtige getroffen, als er von einem »strategischen Fluchtweg« sprach, der den Krieg überhaupt noch möglich machen sollte[95]. Dieses Problem allerdings hatten alle Heeresleitungen und nicht nur die deutsche. Paradoxerweise war es dann die außerordentliche Entwicklung der Kampfmoral auf allen Seiten, die dazu führte, daß der Krieg sich eben doch in die Länge zog. Die Hoffnung nämlich, daß eine Partei lange vor Erschöpfung ihrer materiellen Möglichkeiten sozusagen infolge Nervenzusammenbruches aufgeben würde, erfüllte sich für keinen der Kriegführenden.

Um die kompakten Überzeugungen der militärischen Eliten der Vorkriegszeit zu verstehen, scheint es mir unerläßlich, auf ihre weltanschauliche Prägung einzugehen, nämlich den Sozialdarwinismus, der sich im ausgehenden 19. Jahrhundert der zivilisierten Welt bemächtigte. Diese »schablonenhafte Übertragung der von ihm [Darwin] entdeckten Entwicklungsgesetze des organischen Lebens auf den gesellschaftlichen Organismus«[96] betraf die Militärs in besonderer Weise. Deutlich sieht man das am Beispiel Frankreichs, das aus einer Reihe von Gründen für dieses Denken insgesamt nicht anfällig war. Eine Ausnahme machten die Offiziere[97]. Ihrem Gewerbe bot der Sozialdarwinismus eine neue, sozusagen wissenschaftliche Legitimation. Georges Gilbert begann seine »Conclusions« zum Burenkrieg mit einem flammenden Bekenntnis zum Krieg als Regulativ zwischenstaatlicher Verhältnisse und berief sich in seiner Polemik gegen den modernen Pazifismus auch auf Darwin[98]. Mochten sich die Pazifisten angesichts solcher Behauptungen auch die Haare raufen[99], für die Generale stand fest: »Der Kampf ist so alt wie das Menschengeschlecht und wird, mögen sich Formen und Handhabung noch so sehr ändern, dem Wesen nach bleiben, so lange es besteht[100].« Das ist wohl richtig, charakteristisch aber ist, wie der Autor weiter argumentiert: Er nannte pazifistisches Denken nämlich nicht nur unklar, sondern sprach auch von »schwächlichem Fühlen«[101]. Und das mußte tödlich sein: »Die vorausschauende Natur, welche die Arten auszulesen versteht, verdammt den Schwachen ohne Erbarmen.« Dieser Satz findet sich in einem Aufsatz des französischen Generals Négrier[102], in dem er wie viele andere die Japaner den schlappen Europäern seiner Zeit als leuchtendes Vorbild gegenüberstellte. Kampf war nicht nur unvermeidlich, sondern auch gut, weil er die schädlichen Einflüsse des Zivilisationsprozesses korrigierte. Goltz wünschte Deutschland »vor allen guten Dingen zwei: einen langen schweren Kampf um seine Existenz und dadurch erzwungene Rückkehr zu den einfachen Verhältnissen seiner Väter[103].« Eine Theorie, die nur den Starken überleben ließ, verlangte, sich auch wie ein Starker zu verhalten, also anzugreifen. Von diesem Weltbild gingen durchaus Impulse zur taktischen Modernisierung aus, weil eben jede Lebensberechtigung »auf der Anpassung an die Verhältnisse« beruhte, wie Reichenau meinte[104]. Négrier und auch Goltz, die beide sozialdarwinistisch argumentierten, galten als unabhängige Köpfe, die alte Zöpfe abzuschneiden versuchten. Modernisierungsbewußtsein verband sich aber im weltanschaulichen Kontext der militärischen Fachleute mit der Betonung des vitalen Elements der Kriegführung und führte so auf einen Weg, der angesichts einer beispiellosen Entwicklung der Waffentechnik auf ungeheure Blutbäder zuleitete. Nirgends waren die Militärführungen bereit anzuerkennen, daß die ungleich kräftige Entwicklung von Feuerkraft und Bewegung einen konventionellen Overkill herbeigeführt hatte, der das Kriegführen im angestrebten Sinn tatsächlich unmöglich machte. Der Sieg konnte nur noch mit Opfern erkämpft werden, die auch nach den Maßstäben der Zeit in gar keinem Verhältnis mehr zum Gewinn standen.

Mit einem Massensterben, wie es der Weltkrieg brachte, rechneten die Generäle der Belle époque nicht. Sie waren aber bereit, zum Erreichen des Zieles auch hohe Verluste in Kauf zu nehmen, denn man konnte kein Omelett machen, ohne Eier zu zerschlagen, wie es ein englischer Offizier ausdrückte[105]. Nicht darauf kam es in erster Linie an, einen Gefechtszweck mit möglichst geringen Verlusten zu erreichen, sondern darauf, überhaupt zu siegen. Lange Verlustlisten galten dabei als Ausdruck der nationalen Entschlossenheit, als Großmacht zu zählen[106]. Die Unfähigkeit, ein Ende zu machen, prägt die Schlachten des Ersten Weltkrieges, ja den Krieg insgesamt. Es waren aber nicht einfach Phantasielosigkeit oder Unmenschlichkeit, die etwa den deutschen Generalstabschef v. Falkenhayn veranlaßten, im November 1914 die aussichtslose Ypernoffensive mit immer neuen Truppen zu nähren oder die Schlacht von Verdun trotz entsetzlicher Verluste der eingesetzten Verbände nicht abzubrechen, sondern die Fixierung auf den »Willen«. In der Lehre vom Leben als Kampf ums Dasein und dem Glauben an die züchtende Wirkung eines harten Kampfes besaß der Wille, bis zum Äußersten zu kämpfen, eine weltanschauliche Begründung, eine Theorie. Dieser Wille verlieh den Generalen einen erstaunlichen Gleichmut gegen die Leiden ihrer Soldaten, und diesen Soldaten gab er die

Kraft, Leiden zu ertragen, die die Grenzen des Vorstellbaren überschreiten. Nie zuvor hatten die Europäer Heere von solcher Kampfentschlossenheit ins Feld gestellt. Sie führte auf den Landschaften der Materialschlacht in flammende Räume totaler Zerstörung, wie sie noch kein Mensch gesehen hatte.

Anmerkungen

1 Ernst Röhm, Die Geschichte eines Hochverräters, München 1933, S. 33.

2 Der Weltkrieg 1914 bis 1918, bearbeitet im Reichsarchiv, Bd 5, Berlin 1929, S. 6.

3 Sanitätsbericht über das Deutsche Heer (Deutsches Feld- und Besatzungsheer) im Weltkriege 1914/18, bearbeitet in der Heeres-Sanitätsinspektion des Reichswehrministeriums, Bd 3, Berlin 1934, S. 36.

4 Der Weltkrieg 1914 bis 1918, bearbeitet im Reichsarchiv, Bd 6, S. 427.

5 Les armées françaises dans la Grande Guerre, Bd 2, Paris 1931, S. 332.

6 Österreich-Ungarns letzter Krieg, Bd 2, Wien 1931, S. 9.

7 Gerold v. Gleich, Die alte Armee und ihre Verirrungen, Leipzig 1919; H. Ritter, Kritik des Weltkrieges, Leipzig 1920; Franz Carl Endres, Die Tragödie Deutschlands, München, Leipzig 1922.

8 Eckart Kehr, Der Primat der Innenpolitik. Gesammelte Aufsätze zur preußisch-deutschen Sozialgeschichte im 19. und 20. Jahrhundert, hrsg. von Hans-Ulrich Wehler, Berlin 1965.

9 Bernd-Felix Schulte, Die deutsche Armee 1900—1914. Zwischen Beharren und Verändern, Düsseldorf 1977.

10 Hermann v. Kuhl, Der Weltkrieg 1914—1918, Bd 1, Berlin 1929, S. 103.

11 Z. B. Jean de Pierrefeu, G. Q. G. Secteur 1. Trois ans au Grand Quartier Général, Paris 1920; Grouard, La conduite de la guerre jusqu'à la bataille de la Marne, Paris 1922; Emile Manceau, Nos chefs de 1914, Paris 1930.

12 Schulte (wie Anm. 9), S. XXVIII.

13 Eine ausführliche Erörterung der in diesem Aufsatz angeschnittenen Fragen unter Einbeziehung weiterer Großmächte einschließlich Japans siehe Dieter Storz, Kriegsbild und Rüstung vor 1914. Europäische Landstreitkräfte vor dem Ersten Weltkrieg, Herford, Berlin, Bonn 1992.

14 Wolf Jobst Siedler, Wanderungen zwischen Oder und Nirgendwo. Das Land der Vorfahren mit der Seele suchend, Berlin 1988, S. 100.

15 Joachim Feist, Die wahre Lage der deutschen Artillerie vor dem Ersten Weltkrieg, in: Europäische Wehrkunde, 32 (1983), S. 440—444, Zitat S. 444.

16 Bertha v. Suttner, Die Barbarisierung der Luft, Zürich 1912 (= Internat. Verständigung, H. 6).

17 Volker Mollin, Auf dem Wege zur Materialschlacht. Vorgeschichte und Funktionieren des Artillerie-Industrie-Komplexes im deutschen Kaiserreich, Pfaffenweiler 1986.

[18] Michael Geyer, Deutsche Rüstungspolitik 1860—1980, Frankfurt a.M. 1984, S. 14.

[19] Ebd., S. 24; Geyer spricht hier im Zusammenhang mit der deutschen Armee ausdrücklich von der »inneren und äußeren Machtstellung«. Der Schwerpunkt verschob sich allerdings immer mehr zugunsten der letzteren, vgl. auch Stig Förster, Der doppelte Militarismus. Die deutsche Heeresrüstungspolitik zwischen Status-quo-Sicherung und Aggression 1890—1913, Wiesbaden 1985.

[20] Michail Dragomirow, Armee-Feuilleton, betreffend: die Magazin-Gewehre, in: ders., Gesammelte Aufsätze, Hannover 1890, S. 49—78, Zitat S. 72.

[21] Alfred Graf v. Schlieffen, Der Krieg der Gegenwart, in: Deutsche Revue, 34 (1909), H. 1, S. 13—24, Zitat S. 15.

[22] Mollin (wie Anm. 17), S. 218.

[23] Hippolite Langlois, Enseignements de deux guerres récentes, Paris 1903, S. 151.

[24] Ebd., S. 232.

[25] Charles Kessler, Tactique de trois armes, Paris 1902, S. 93.

[26] Ferdinand Foch, Des principes de la guerre, Paris 1906, S. 268: »*Victoire* égale donc *volonté*«.

[27] »Guerre = département de la force morale«, ebd., S. 269.

[28] Louis Loiseau de Grandmaison, Deux conférences faites aux officiers de l'Etat-Major de l'armée (Février 1911), La notion de sûreté et l'engagement des grandes unités, Paris, Nancy 1912, S. 27.

[29] Ludwig Freiherr v. Falkenhausen, Der große Krieg der Jetztzeit. Eine Studie über Bewegung und Kampf der Massenheere im 20. Jahrhundert, Berlin 1909, S. 10.

[30] In diesem Sinn auch die Arbeiten von Timothy Travers, bes. The killing ground. The British army, the Western Front and the emergence of modern warfare 1900—1918, London 1987.

[31] Schulte (wie Anm. 9), S. 289.

[32] Hugo Frhr. v. Freytag-Loringhoven, Das Exerzier-Reglement für die Infanterie vom 29. Mai 1906. Kriegsgeschichtlich erläutert, Berlin 1907, S. 8f.

[33] Erich Ludendorff, Mein militärischer Werdegang. Blätter der Erinnerung an unser stolzes Heer, München 1933, S. 47.

[34] Ebd., S. 162.

[35] Georg v. der Goltz, Hic Rhodus, hic salta!, in: Militärwochenblatt, 88 (1903), Sp. 2691—2698, Zitat Sp. 2696.

[36] Douglas Porch, The march to the Marne. The French army 1871—1914, Cambridge 1981.

[37] Horn, Eindrücke von dem französischen Heere, in: Militärwochenblatt, 91 (1906), Sp. 1383—1388, 1409—1414, hier Sp. 1384.

[38] Bayerisches Hauptstaatsarchiv, Abt. IV Kriegsarchiv, Bericht aus Berlin vom Juli 1912, »Urteile eines fremdländischen Offiziers über die französische Armee«, S. 10.

[39] William Balck, Die französische Infanterie-Taktik in ihrer Entwicklung seit dem Kriege 1870/71. Auf Grund des Entwurfes zum Exerzir-Reglement vom Jahre 1901, Berlin 1902, S. 24f.

[40] Vom französischen Heere, in: Militärwochenblatt, 91 (1906), Sp. 2276.

[41] Foch (wie Anm. 26), S. 39.

[42] Nach v. Hülsen, Das deutsche und das französische Exerzier-Reglement für die Infanterie im Auszuge zum Gebrauche bei der Gefechtsausbildung, Berlin 1908.

[43] Kriegsarchiv Paris, 7N1111, Bericht des französischen Militärattachés Pellé zu den Kaisermanövern 1909 vom 15.9.1912.

[44] Natürlich nicht nur in Frankreich und Deutschland. Hier ärgerte sich das Militärwochenblatt über einen Artikel Howard Hensmans aus dem United Service Magazine, in dem dieser »bei der Gegenüberstellung der Eigenschaften der beiden Armeen, wie sie aus dem Volkscharakter erwachsen, ganz nach dem alten verbrauchten Klischee [arbeitete]: Der Franzose gewandt, lebhaft, rasch im Denken und Handeln, im Kampfe voll ›Elan‹, der Deutsche ausdauernd und standhaft, aber langsam, schwerfällig und unbeholfen«. Militärwochenblatt, 94 (1909), Sp. 3402.

[45] Émile Driant, Einem neuen Sedan entgegen, Oldenburg 1906.

[46] Kriegsarchiv Paris, 7N1108, Bericht vom 15.10.1908, S. 425.

[47] Kriegsarchiv Paris, 7N1111, Bericht vom 10.11.1912.

[48] Driant (wie Anm. 45), S. 73f.

[49] Joseph Joffre, Mémoires de maréchal Joffre 1910—1917, 2 Bde, Paris 1932, Bd 1, S. 23.

[50] Im Vorwort zum Buch von Jean-Étienne Linarès, La tyrannie de l'arme à feu, Paris 1911, S. IX.

[51] Ebd., S. 67f.

[52] Kessler (wie Anm. 25), S. 93.

[53] Friedrich v. Bernhardi, Vom heutigen Kriege, 2 Bde, Berlin 1912, Bd 2, S. 26.

[54] Bernd P. Weißbarth, Generalleutnant Max Schwarte. Wehrtechniker und Militärschriftsteller, in: Deutsches Soldatenjahrbuch, 33 (1985), S. 399f.

[55] Max Schwarte, Technik des Kriegswesens, Leipzig, Berlin 1913 (= Die Kultur der Gegenwart, T. 4: Die technischen Wissenschaften, Bd 12), S. 181.

[56] Major Krafft, Ausbildungs- und Gefechtsgrundsätze im neuen Japanischen Exerzier-Reglement für die Infanterie vom 8. November 1909, in: Militärwochenblatt, 95 (1910), Sp. 435—443, hier Sp. 439.

[57] Johann v. Bloch, Der Krieg, 6 Bde, Berlin 1899; Bloch war gewissermaßen der Clausewitz der Friedensbewegung vor dem Weltkrieg.

[58] Georges Gilbert, La guerre sud-africaine, Paris, Nancy 1902, S. 519.

[59] Armeebefehl Wilhelms II. vom 6.5.1902, S. 3, Bayerisches Hauptstaatsarchiv, Abt. IV Kriegsarchiv, MKr. 2919.

[60] Ebd.

[61] Das neue französische Exerzier-Reglement für die Infanterie und die Ausbildung der Waffe in Frankreich, in: Vierteljahreshefte für Truppenführung und Heereskunde, 2 (1905), S. 268—308, hier S. 298, 301.

[62] Metzler, Der bewaffnete Friede und die Abrüstungsfrage, in: Deutsche Revue, 27 (1902), H. 3, S. 257—264, hier S. 262.

[63] Kriegsarchiv Paris, 7N669, Enseignements de la guerre sud-africaine, Januar 1902.

[64] Colmar Frhr. v. der Goltz, »Moralisches Heimweh«, in: Deutsche Revue, 28 (1903), H. 1, S. 1—6, Zitat S. 6.

[65] Colmar Frhr. v. der Goltz, Denkwürdigkeiten, bearb. und hrsg. von Friedrich Frhr. v. der Goltz, Berlin ²1932, S. 331.

[66] So die öffiziösen, vom Großen Generalstab hrsg. »Kriegsgeschichtlichen Einzelschriften«, die sich in der Reihe »Außereuropäische Kriege neuester Zeit« von H. 37 bis 49, Berlin 1906—1913, mit dem Russisch-Japanischen Krieg befaßten. In derselben Reihe waren bereits 1903—1905 Arbeiten über den Burenkrieg (H. 32—35) erschienen, 1913 kam dann ein Heft (H. 50) über den Balkankrieg heraus. Das bedeutet, daß sich von den 14 letzten Heften der »Kriegsgeschichtlichen Einzelschriften« allein 13 mit zeitgenössischen Kriegen beschäftigten, die man angeblich nicht zur Kenntnis genommen hat.

[67] Der Zukunftskrieg. Nach den Theorien des Johann v. Bloch, Stuttgart ³1909, S. 17, Anm.

[68] Löbells Jahresberichte über die Veränderungen und Fortschritte im Militärwesen 1904, S. 245.

[69] Négrier, Quelques enseignements de la guerre russo-japonaise, in: Revue de deux mondes, 76 (1906), Jan., S. 295—333, Zitat S. 328.

[70] Exerzier-Reglement für die Infanterie vom 29. Mai 1906, Ziff. 454—475 (Gefecht der Kommandoeinheiten).

[71] Löbells Jahresberichte über die Veränderungen und Fortschritte im Militärwesen 1906, S. 297.

[72] Kriegsarchiv Paris, 7N670, Enseignements de la guerre russo-japonaise, n° 16. — les enseignements, März 1907, S. 9.

[73] Jean Colin, Les transformations de la guerre, Paris 1911, S. 69f.

[74] Travers (wie Anm. 30), S. 48.

[75] Berlin 1904.

[76] Nach einer Aufstellung der Nachrichtenabteilung des französischen Generalstabs überstiegen die deutschen Aufwendungen für die Artillerie in den Jahren zwischen 1898 und 1912 die französischen im Durchschnitt um das Doppelte, Kriegsarchiv Paris, 7N673, Comparaison des dépenses militaires et des effectifs en France et en Allemagne, August 1912, S. 52.

[77] Kehr (wie Anm. 8), S. 228f.

[78] Kriegsarchiv Paris 7N670, Auszug aus einem Bericht des Obersten, enthalten in einem Umschlag zur Kavallerieverwendung im Mandschurischen Krieg mit Datum vom 24.11.1906.

[79] Artur v. Lüttwitz, Das Angriffs-Verfahren der Japaner im ostasiatischen Kriege 1904/05, Berlin 1906, S. 55.

[80] Ebd.

[81] Adolphe Messimy, Mes souvenirs, Paris 1937, S. 112f.

[82] Bayerisches Hauptstaatsarchiv, Abt. IV, Kriegsarchiv, G.St. 258, Bericht Nr. 17. des Majors v. Gagern vom 1.2.1913, S. 17. Gagern hatte sich auf dem Kriegsschauplatz aufgehalten.

[83] Etwa Hauptmann de Ripert d'Alenzier, Bericht vom 10.9.1913, Kriegsarchiv Paris, 7N1152.

[84] Vgl. die Berichte bayer. Manöverbeobachter, Bayerisches Hauptstaatsarchiv, Abt. IV, Kriegsarchiv, G.St. 1158.

[85] Bayerisches Hauptstaatsarchiv, Abt. IV, Kriegsarchiv, MKr 3194, Bemerkungen Wilhelms zu den Kaisermanövern von 1912, S. 1.

[86] Bayerisches Hauptstaatsarchiv, Abt. IV, Kriegsarchiv, AE100, Bericht über das Kaisermanöver 1913, S. 48.
[87] Grandmaison (wie Anm. 28), S. 20ff.
[88] Ebd., S. 26.
[89] Ebd., S. 69.
[90] Joffre (wie Anm. 49), S. 14.
[91] Ebd., S. 34.
[92] Julius Hoppenstedt, Sind wir kriegsfertig?, Berlin 1910, S. 116.
[93] Schlieffen (wie Anm. 21), S. 19.
[94] Wie es Jehuda L. Wallach, Kriegstheorien. Ihre Entwicklung im 19. und 20. Jahrhundert, Frankfurt a. M. 1972, S. 121, tut.
[95] Mollin (wie Anm. 17), S. 210f.
[96] Alfred Hermann Fried, Handbuch der Friedensbewegung, Bd 1, Berlin ²1911, S. 43.
[97] Linda L. Clark, Social Darwinism in France, Alabama 1984, S. 165.
[98] Gilbert (wie Anm. 58), S. 480.
[99] Zukunftskrieg (wie Anm. 67), S. 28.
[100] Falkenhausen (wie Anm. 29), S. 2f.
[101] Ebd.
[102] Négrier, Le moral des Troupes, in: Revue de deux mondes, 75 (1905), Feb., S. 481—505, hier S. 498.
[103] Goltz, Denkwürdigkeiten (wie Anm. 65), Brief vom 18. 5. 1908, S. 331.
[104] Reichenau (wie Anm. 75), S. 10.
[105] Travers (wie Anm. 30), S. 273.
[106] Michael Howard, Men against fire: The doctrine of the offensive in 1914, in: Peter Paret, Makers of modern strategy, Princeton 1986, S. 510—526, hier S. 522.

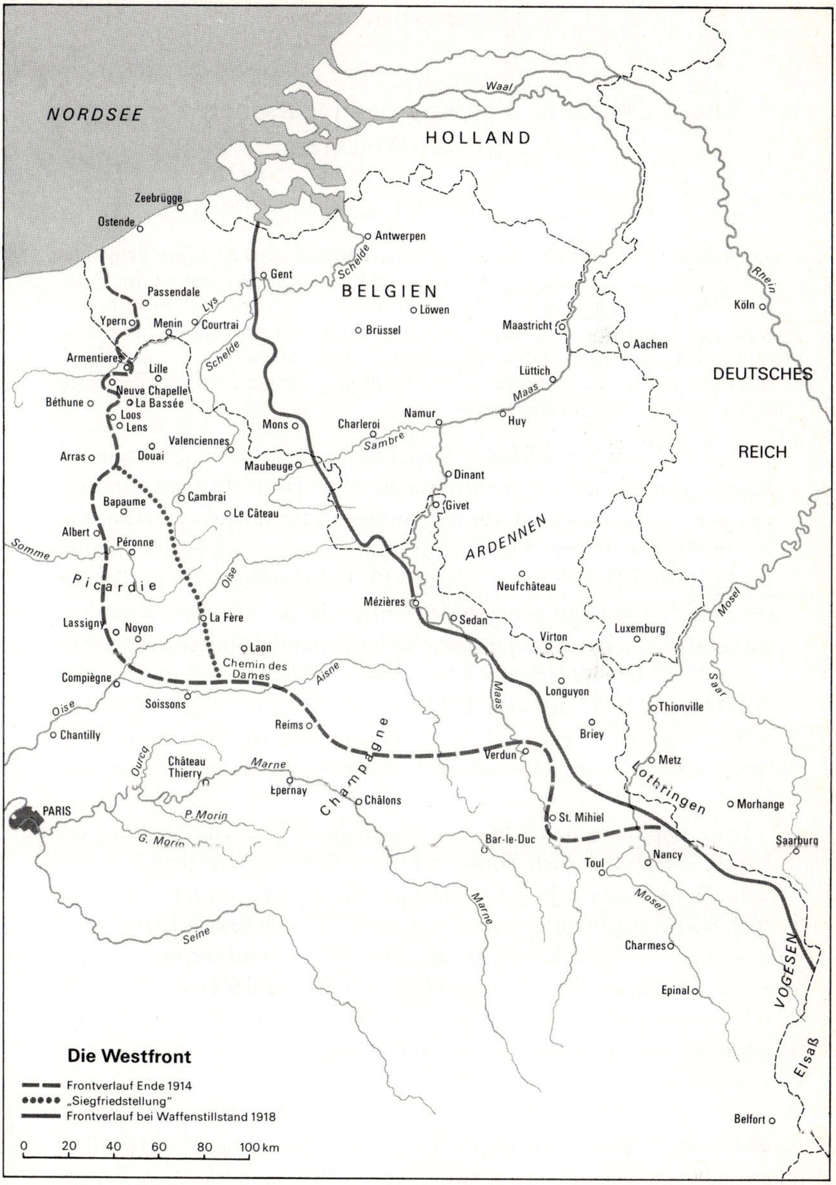
NORDSEE
HOLLAND
BELGIEN
DEUTSCHES REICH
ARDENNEN
Picardie
Champagne
Lothringen
VOGESEN
Elsaß
Zeebrügge
Ostende
Antwerpen
Gent
Passendale
Ypern
Menin
Courtrai
Armentieres
Lille
Neuve Chapelle
La Bassée
Béthune
Loos
Lens
Mons
Charleroi
Namur
Huy
Lüttich
Maastricht
Aachen
Köln
Löwen
Brüssel
Valenciennes
Douai
Arras
Maubeuge
Dinant
Givet
Cambrai
Le Câteau
Bapaume
Albert
Péronne
Neufchâteau
Mézières
Sedan
Virton
Luxemburg
La Fère
Lassigny
Noyon
Laon
Chemin des Dames
Compiègne
Soissons
Reims
Chantilly
Longuyon
Thionville
Briey
Verdun
Metz
Château Thierry
Epernay
Châlons
PARIS
St. Mihiel
Morhange
Bar-le-Duc
Saarburg
Toul
Nancy
Charmes
Epinal
Belfort
Waal
Rhein
Schelde
Lys
Maas
Sambre
Somme
Oise
Aisne
Mosel
Saar
Ourcq
Marne
P. Morin
G. Morin
Seine
Die Westfront
Frontverlauf Ende 1914
„Siegfriedstellung"
Frontverlauf bei Waffenstillstand 1918
0 20 40 60 80 100 km

Holger Afflerbach

Die militärische Planung des Deutschen Reiches im Ersten Weltkrieg

»Sie lebten in Illusionen, auf die [...] sofort und schmerzlich die Ernüchterung folgte. Die gesamte diplomatische und militärische Planung des Deutschen Reiches ist insgesamt verfehlt. Sie glaubten, Italien und noch mehr Rumänien, gleich was geschehe, auf jeden Fall an ihrer Seite zu finden. Und Italien und Rumänien erklärten ihre Neutralität. Sie glaubten auch nicht, daß Großbritannien in den Krieg eintreten werde, und sie glaubten auch, daß Rußlands Schachzüge [...] ein Bluff seien[1].«

Dieses zu Recht vernichtende Urteil über die deutsche Strategie bei Kriegsausbruch stammt nicht etwa aus dem Jahre 1918, als der Ausgang des Krieges bekannt war; es wurde von Ferdinando Martini, Kolonialminister des mit Deutschland und Österreich-Ungarn verbündeten Italien, bereits am 4. August 1914 abgegeben — dem Tag, an dem Großbritannien in den Krieg eintrat. Es fiel den nichtdeutschen Zeitgenossen schwer, an die deutsche Nichtschuld am Kriegsausbruch zu glauben. Die italienische Königinmutter Margherita etwa war der Ansicht, wenn die deutsche Führung den Krieg nicht gewollt haben sollte, »dann sind die deutschen Diplomaten und Minister, die im Sommer 1914 im Amte waren, die größten Esel, die je die Welt gesehen hat«[2].

Diese Diplomaten und Minister hatten durch ihre Unterstützung des harten österreichischen Vorgehens gegen Serbien nach dem Attentat von Sarajevo am 28. Juni 1914 maßgeblich zum Ausbruch des Ersten Weltkrieges beigetragen — aber hatten sie ihn auch gewollt? Und wenn ja — auch in dieser Konstellation? Diese Frage wird bis heute in der Forschung diskutiert, wobei einerseits die Motive des Leiters der deutschen Außenpolitik, des Reichskanzlers v. Bethmann Hollweg, im Mittelpunkt des Interesses stehen[3], andererseits die Kriegsmentalität in Deutschland[4]. Manche unterstellen den verantwortlichen Lenkern der deutschen Außenpolitik einen seit Jahren vorbereiteten Kriegsplan; andere sehen in den deutschen Schachzügen im Sommer 1914 vor allem ein gescheitertes, gigantisches, stümperhaftes diplomatisches Erpressungsmanöver, das die Entente durch massive Kriegsdrohung auseinanderzudividieren suchte[5]. Berühmt ist der darauf hindeutende Tagebucheintrag von Kurt Riezler, dem Sekretär Bethmann Hollwegs, vom 8. Juli 1914:

»Kommt der Krieg aus dem Osten, so daß wir also für Österreich-Ungarn und nicht Öst[erreich]-Ungarn für uns zu Felde zieht, so haben wir Aussicht, ihn zu gewinnen. Kommt der Krieg nicht, will der Zar nicht oder rät das bestürzte Frankreich zum Frieden, so haben wir doch noch Aussicht, die Entente über diese Aktion auseinanderzumanövrieren[6].«

Wie die Variante ohne Krieg in der Praxis jemals hätte funktionieren sollen, ist Bethmanns Geheimnis geblieben. Die Wahrscheinlichkeit spricht dafür, daß doch wohl eher ein Kontinentalkrieg – gegen Frankreich und Rußland – auf seinem Programm stand. Denn diesen glaubte er, darin der Einschätzung des Generalstabs folgend, leicht gewinnen zu können. Somit stellt sich schon hier die Frage nach der militärischen Planung, nach der deutschen Strategie für den Kriegsfall, vor allem aber nach den Einschätzungen der eigenen und der fremden Kräfte; Fragen, auf die in der Folge näher eingegangen werden und deren Entwicklung während des Krieges geschildert werden soll.

1. Das Rezept für den Totalsieg: Der Schlieffenplan

In Bethmann Hollwegs Überlegungen während der Julikrise 1914 hatten militärfachliche Überlegungen bereits eine ungewöhnlich große Rolle gespielt. Der Kriegsausbruch 1914 war wesentlich darauf zurückzuführen, daß der Reichskanzler in sträflichem Kriegsfatalismus[7] die Hoffnung verloren hatte, die außenpolitische Lage des Deutschen Reiches, die »Einkreisung«, politisch noch durchbrechen zu können. In der Julikrise 1914 versuchte er, die vermeintlich günstige politische Gesamtlage nach dem Attentat von Sarajevo zu nutzen, um die Entente irgendwie – entweder diplomatisch oder durch einen Krieg – zu sprengen. Da sein politisches Kalkül scheiterte, oblag es jetzt der Armee, dieses Ziel auf militärischem Wege zu erreichen.

Die Militärs – vor allem der für die gesamte operative Planung verantwortliche Generalstabschef, Generaloberst Helmuth v. Moltke (d. J.), glaubten mit dem – inzwischen mehrfach überarbeiteten – Schlieffenplan das geeignete Instrument zur Erringung der militärischen und dann auch politischen Herrschaft über den Kontinent zu besitzen. Die

Grundzüge des Schlieffenplans und auch seiner Abwandlungen in der Ära Moltke[8] sind allgemein bekannt, deshalb nur ganz kurz zur Verdeutlichung: Sieben deutsche Armeen (1,6 Millionen Mann[9]) sollten im Westen angreifen; der Schutz der Ostgrenze blieb, in der Hoffnung auf die langsame russische Mobilmachung, einer einzigen Armee und natürlich dem österreichisch-ungarischen Verbündeten anvertraut. Das Westheer sollte die stark befestigte französische Ostgrenze umgehen, da ein Frontalangriff dort nicht möglich schien, und unter Bruch der belgischen und luxemburgischen Neutralität südöstlich an Paris vorbei das gesamte französische Feldheer, das grenznah im französischen Festungsgürtel vermutet wurde, in seinem Aufmarschgebiet einkesseln und vernichten. Nach nur fünf Wochen sollte diese Operation abgeschlossen, Frankreich nach dem Verlust seines Feldheeres in dem Über-Sedan wehrlos sein und das Gros der Truppen dann zur Unterstützung der Österreicher gegen die Russen an die Ostfront geworfen werden.

An dieses Siegesrezept glaubte vor allem Moltke mit einer Unbedingtheit, die auch damals schon viele hochrangige Militärs befremdete[10]. Allerdings bestand in den Reihen des Generalstabes breiter Konsensus darüber, daß der Bruch der belgischen Neutralität notwendig und vertretbar war[11], während die von Schlieffen ebenfalls erwogene Besetzung Hollands fallengelassen wurde. Daß die Verletzung der belgischen Neutralität den britischen Kriegseintritt unvermeidlich herbeiführen würde, hatte schon Bismarck erkannt und einen solchen Schritt als »kompletten Blödsinn« bezeichnet[12]; sein vierter Nachfolger, Bethmann Hollweg, gab sich in dieser Frage aber gefährlichen Illusionen hin. Der Reichskanzler wußte bereits 1912 von dem geplanten Durchmarsch durch Belgien. Daß trotzdem dieses gefährliche Spiel weder von ihm noch von anderen kritisiert wurde, lag an zwei Faktoren: der Unterschätzung des britischen Heeres — Moltke sollte später bei der Nachricht der Landung des britischen Expeditionskorps nur wegwerfend feststellen: »Die arretieren wir[13]!« — und vor allem an der ungeheuren Unterschätzung der Franzosen, die sich seit 1870 geradezu zum Dogma der deutschen Militärs und auch der deutschen Politik herausgebildet hatte[14]. Aus den zahllosen Einzelbeispielen sollen nur zwei typische Erwähnung finden, die die Einstellung hoher Offiziere demonstrieren: Als am 31. Juli 1914 bekannt wurde, daß ein Ultimatum nicht nur an das mobilisierende Rußland, sondern auch an Frankreich erlassen worden sei, fragte ein Offizier des Kriegsministeriums, ob es denn nötig sei, sich auch Frankreich aufzupacken, das sich doch wie ein Karnickel drücke. Ihm entgegnete der spätere Kriegsminister, General Wild v. Hohenborn: »Nur wir möchten die Brüder doch auch dabei haben[15].« Zeigt sich hier schon eine verächtliche und leichtfertige Unterschätzung der Franzosen, so ist diese auch beim späteren Generalstabschef v. Falkenhayn zu beobachten. Dieser formulierte in einem Privatbrief von 1912 die Erkenntnis, daß »wir [gegen die Franzosen] in the long run doch oben« bleiben würden[16]. Man gewinnt den Eindruck, daß er dies für alle denkbaren politischen und militärischen Eventualitäten annahm, zumal er bei einem Paris-Besuch im Jahre 1910 zu der Erkenntnis gelangt war, daß sich »der Charakter unserer lieben Nachbarn seit 70 noch nicht wesentlich geändert hat, wie ich überhaupt an die Theorie der Läuterung durch Unglück nur cum grano salis glaube«[17].

Frankreich wurde, trotz seiner Rüstungsanstrengungen, die 1913 in der Einführung der dreijährigen Dienstzeit gipfelten, und trotz einer hervorragenden Armee, die ihren Wert und ihre Kampfkraft im Weltkrieg beweisen sollte, in der deutschen militärischen Planung unterschätzt. Hingegen wurde Rußland und vor allem das russische Aufrüstungsprogramm überschätzt. Moltke hatte im Frühjahr 1914 mit nervösen Warnungen vor der massiven russischen Aufrüstung im übrigen erheblich dazu beigetragen, die Kriegsbereitschaft Bethmann Hollwegs zu erhöhen. Der Generalstabschef, eine nervöse, labile Natur, unterstellte der Entente einen Angriffsplan für 1916; dann sei Rußland derart überlegen, daß der Schlieffenplan undurchführbar und damit der Zweifrontenkrieg nicht mehr zu gewinnen sei. Er erklärte im Juni 1914: »Wir sind bereit, und je eher, desto besser für uns[18].« In der deutschen Führungsschicht, ohnehin von einem als unvermeidlich angesehenen Krieg beunruhigt[19], grassierte die Angst vor der russischen »Dampfwalze«. Moltke und dem Generalstab ist der Vorwurf zu machen, die militärischen Möglichkeiten des Deutschen Reiches erheblich überschätzt zu haben und im blinden (auch von vielen hohen Offizieren kritisierten) Vertrauen auf das Gelingen des Schlieffenplans der Politik einen scheinbar sicheren Sieg versprochen zu haben, statt vor dem Krieg mit einer weit überlegenen Gegnerkoalition dringend zu warnen und die politische Führung zu Bemühungen um politischen Ausgleich zu zwingen. Dabei hatte schon Schlieffen selbst die Unmöglichkeit seines eigenen Planes angesichts des deutschen Kräftemangels eingestanden[20]. Der Schlieffenplan war aber die einzige mögliche, wenn auch, wie die Ereignisse zeigten, untaugliche militärische Antwort auf die Frage, wie ein Krieg gegen die gesamte Entente erfolgreich geführt werden könne. Seine Konzeption war sprechender Ausdruck dafür, welche Ausmaße das mentale Grundproblem der Außenpolitik des Kaiserreiches — der Einkreisungskomplex — in den Jahren vor 1914 angenommen hatte. Die Einkreisung hatte im übrigen schon Bismarck beunruhigt. Doch hatte dieser das wiederholte Präventivkriegsdrängen der Militärs immer energisch abgewiesen und gegen sich abzeichnende Gegnerkoalitionen stets diplomatische Abwehrmaßnahmen gefunden. Man könne der Vorsehung nicht so in die Karten sehen, »um der geschichtlichen Entwicklung nach eigner Berechnung vorzugreifen«, begründete er seine Ablehnung des Präventivkrieges[21]. Und der ältere Moltke, der Sieger von Königgrätz und Sedan, hatte realistischerweise für den Fall eines gleichzeitigen Krieges gegen Rußland und Frankreich eine Defensivstrategie an beiden Fronten vorgesehen. Doch fragt sich bei einem solchen Plan, so realistisch er auch die deutschen Kräfte einschätzte, wie ein Krieg dann hätte zu Ende gebracht werden können. Wäre der deutsche Generalstab auch 1914 von einer solchen — nochmals: realistischen! — strategischen Konzeption für den Zweifrontenkrieg ausgegangen — sie unterscheidet sich schließlich in den Grundzügen der Kräfteverteilung kaum von der deutschen Strategie der Jahre 1915/16 —, dann wäre wohl Bethmann im Sommer 1914 erheblich vorsichtiger mit seinen politisch-militärischen Erpressungsmanövern gewesen und nicht auf den Gedanken gekommen, die Entente notfalls auch durch einen Krieg sprengen zu wollen. Denn für einen Präventivkrieg — und als solchen hat Bethmann als Hauptverantwortlicher für den Kriegsausbruch den Ersten Weltkrieg verstanden — war eine solche Strategie völlig ungeeignet. Außenpolitisch in der Sackgasse, wurde der Kanzler durch das hybride Selbstvertrauen der verantwortlichen Militärs in die Unbesiegbarkeit der preußisch-deutschen Armee geradezu dazu verführt, sich eher auf diese als auf politische Konfliktlösung zu verlassen.

Im August 1914 war der große Krieg dann da, die Zweibundmächte im Kampf gegen eine unerwartet große Koalition; England auf seiten der Gegner; der Dreibundpartner Italien die Bündnishilfe verweigernd mit berechtigtem Hinweis auf den defensiven Charakter der Allianz; Belgien den Durchmarsch nach Frankreich verwehrend und tapfer gegen die Invasoren kämpfend. Das bewußte Ausspielen der militärischen Option hatte nicht nur die gesamte Entente, sondern auch die öffentliche Meinung in wichtigen neutralen Staaten — Italien, USA —

gegen die Mittelmächte mobilisiert. Darüber hinaus war die diplomatische Vorbereitung infolge des Zeitkorsetts der Mobilmachung, aber auch zunehmender Kopflosigkeit der politischen Führung mangelhaft. Der deutsche Diplomat Fürst Hatzfeld sagte kurz nach Kriegsausbruch zum bayerischen Bundesratsbevollmächtigten in Berlin, Graf Lerchenfeld:

»Wenn unser Auswärtiges Amt es sich zur Aufgabe gesetzt hat, alle Gegner Deutschlands zu gleicher Zeit vor die Klinge zu bringen, so hat es diese Aufgabe glänzend gelöst[22].«

Drastischer drückte sich der Kaiser aus:

»Die Verbündeten fallen schon vor dem Krieg von uns ab, wie die faulen Äpfel! Ein totaler Niederbruch der Ausw. Deutschen bezw. auch Österreich. Diplomatie. Das hätte vermieden werden müssen und können[23].«

Diese diplomatische Katastrophe blieb natürlich nicht ohne Auswirkungen auf die Aussichten, den Krieg zu gewinnen[24].

In einem für die militärische Strategie wichtigen Feld hatte die Reichsleitung allerdings meisterhafte Arbeit geleistet: in der Erzeugung einer für eine erfolgreiche Kriegführung unerläßlichen solidarischen Stimmung im Innern. Es gelang Bethmann Hollweg, die Verantwortung für den Kriegsausbruch den Russen zuzuschieben, die zuerst mobilisiert hatten, und damit den Krieg als Verteidigungskrieg darzustellen. Dadurch sicherte er die innenpolitische Unterstützung aller Parteien, auch der Sozialdemokratie, für die Kriegsanstrengungen.

In den ersten Monaten des Krieges stimmte das politische und militärische Wollen perfekt überein: Das Ziel war die Erringung der kontinentalen Hegemonie. Die Politik hatte voll auf das Militär und auf den militärischen Totalsieg gesetzt, den das Militär nun zu erreichen suchte — und niemand zweifelte daran, daß dies auch gelingen werde. Die deutschen Armeen stürmten scheinbar unaufhaltsam durch Belgien in Richtung Paris; die französische Regierung wich nach Bordeaux aus. Gleichzeitig begannen sich, vor dem Hintergrund scheinbar müheloser militärischer Erfolge, die Kriegsziele zu verschieben. Bei Kriegsausbruch hatte Bethmann zwar nachweisbar die Absicht, dem Reich nach dem Sieg französische Kolonien zu beschaffen[25], aber Annexionspläne waren für die deutsche Entscheidung zum Krieg nicht ausschlaggebend gewesen. Die deutsche Regierung wollte mehr als Annexionen; sie wollte die Entente sprengen, die Hegemonie erringen. Gemessen an diesem Ziel waren Annexionen nur Details. Doch mit den tief in gegnerisches Gebiet vorstoßenden deutschen Armeen wurden in Deutschland die abenteuerlichsten Annexionsforderungen wach, die bis zum

Kriegsende 1918 die gesamten deutschen Friedensbemühungen in unheilvoller Weise belasten sollten. In diese Zeit fällt auch die »Septemberdenkschrift« Bethmann Hollwegs, in der er weitreichende Annexionspläne in Ost und West sowie auf dem kolonialen Feld formulierte[26].

Die Marneschlacht änderte dieses Bild. Die auf dem äußersten rechten Flügel marschierenden Armeen (1. und 2. Armee) wurden am 6. September 1914 von französischen und englischen Verbänden von einem Bereitstellungsraum bei Paris aus angegriffen. Zwar glückte die Abwehr, doch entstand dabei eine Lücke zwischen der 1. und 2. Armee, die nicht durch Reserven geschlossen werden konnte und in die am 8. September starke feindliche Verbände hineinstießen. Der Zusammenhang der deutschen Front war zerrissen; es drohte die Abschnürung und Vernichtung einzelner deutscher Heeresteile, ein fluchtartiger Rückzug und schlimmstenfalls sogar eine rückwärtige Umfassung des gesamten deutschen Westheeres durch englische und französische Verbände. Die Situation war kritisch, die Flügelarmeen nach dem rasanten Vormarsch über 500 Kilometer ohnehin am Ende ihrer Kräfte. Dem Generalstab fehlten verläßliche Informationen, und er konnte sich kein zuverlässiges Bild von der tatsächlichen Lage machen. Ein vollständiges Fiasko wurde verhindert durch den Rückzugsbefehl, den der zum Oberkommando der 1. und 2. Armee entsandte Oberstleutnant Hentsch von der Operationsabteilung des Generalstabs gab. Es gelang der 1. und 2. Armee, sich nach dem Rückzug neu zu formieren und an der Aisne wieder eine zusammenhängende, widerstandsfähige Front aufzubauen. Französischerseits ist dieser deutsche Rückzug später als das »Wunder an der Marne« bezeichnet, deutscherseits schärfstens kritisiert worden. Operativ war der Rückzugsbefehl richtig und zwingend notwendig, seine psychologischen Auswirkungen waren indes fatal. Das deutsche Heer war zum Stehen gebracht, der Glaube an seine Unbesiegbarkeit zumindest im Ausland nachhaltig geschädigt; im Inland verhinderte die Pressezensur eine zu negative Auswirkung der Geschehnisse. Im übrigen wäre der Unbesiegbarkeitsmythos, wäre der Rückzug nicht durchgeführt worden, durch eine weit nachhaltigere Niederlage der deutschen Truppen bald noch viel gründlicher zerstört worden. Der Schlieffenplan war gescheitert, da die anderen Armeen dem Rückzug der 1. und 2. Armee folgen mußten. Die Einschnürung des französischen Heeres an der Ostgrenze war mißlungen, Moltke erlitt einen Nervenzusammenbruch und wurde als Generalstabschef durch den bisherigen preußischen Kriegsminister Erich v. Falkenhayn ersetzt.

2. Falkenhayns Strategie

Falkenhayn hielt zunächst am bisherigen strategischen Konzept fest: Die Erringung des Sieges im Westen gegen Frankreich sollte der Ausgangspunkt für den siegreichen Kriegsausgang insgesamt werden. Er glaubte, durch Umgruppierungen der Angriffsarmeen und Ausgreifen nach Westen die alliierten Truppen doch noch überflügeln zu können, wurde aber in den Flandernschlachten (Langemarck) eines Besseren belehrt. Die Front erstarrte Ende Oktober/Anfang November 1914 endgültig im Schützengrabenkrieg; der Bewegungskrieg fand im Westen sein Ende. Spätestens Anfang November 1914 erkannte Falkenhayn die Unmöglichkeit, noch einen operativen Durchbruch erzielen zu können. Zunehmend verfestigte sich bei ihm die Ansicht, daß ein solcher im Stellungskrieg an der Westfront nicht mehr erwartet werden dürfe und auch erst nach Erfindung neuer technischer Mittel gelingen könne[27]. Bedrückt durch die Mißerfolge an der Westfront und beklemmenden Munitionsmangel (die deutschen Armeen besaßen noch Artilleriemunition für 6 Tage, was nur deshalb nicht zur Katastrophe führte, weil die Alliierten dasselbe Problem hatten!), wog er nüchtern die langfristigen Perspektiven des Krieges ab und kam zu dem Ergebnis, daß die Entente bei Mobilisierung ihrer weltweiten Ressourcen die Mittelmächte irgendwann durch das immer ungünstigere Stärkeverhältnis erdrücken werde.

Auf einen militärischen Totalsieg war nicht mehr zu hoffen; damit schien ihm das Kriegsziel der ersten Kriegsmonate jetzt unerreichbar. Seit dem definitiven Scheitern des Schlieffenplans bestand für das Deutsche Reich keine Aussicht mehr, den Krieg militärisch zu gewinnen. Falkenhayn hatte diese Grundtatsache richtig erkannt[28]. Er zog daraus die Folgerung, daß so bald wie möglich ein politischer Ausweg aus dem Krieg gesucht werden müsse. Das Ergebnis seiner Überlegungen, die er zuvor unter anderem mit dem Großadmiral v. Tirpitz erörtert hatte, teilte er dem Reichskanzler am 18. November 1914 mit. Seine Ausführungen enthielten: erstens das Eingeständnis, daß die deutsche Armee nicht mehr in der Lage war, auf militärischem Wege einen positiven Kriegsausgang zu erzwingen, zweitens die Betonung der Notwendigkeit, daß ein politischer Ausweg aus dem Krieg gesucht werden müsse, und drittens konkrete Vorschläge für eine neue Strategie. Diese wiederum beruhten auf Falkenhayns eigenen politischen und strategischen Einschätzungen. Er hielt Rußland wegen seiner Größe und Bevölkerungsstärke für unbezwingbar. Man könne ihm zwar schwere Niederlagen zufügen, es aber niemals vollständig niederwerfen. Außerdem hatten Rußland und das Deutsche Reich, so glaubte Falkenhayn, im Grunde keine divergierenden politischen Interessen; er empfand den Krieg gegen das Zarenreich als tragische Unterbrechung einer traditionellen Freundschaft. Eine diplomatische Übereinkunft schien ihm möglich und nicht nur militärisch, sondern auch politisch sehr wünschenswert. Im Falle Frankreichs spielten bei Falkenhayns Einschätzung sowohl politische wie historische Erwägungen eine Rolle. Der westliche Nachbar war für ihn ein Gegner, dessen Unterlegenheit gegenüber dem Deutschen Reich seit 1870 eine Tatsache war, die nicht erneut bewiesen zu werden brauchte; auch hier befürwortete er einen Separatfrieden und eine politische Aussöhnung. Frankreich war für ihn kein gleichrangiger Gegner im Kampf um die Vorherrschaft in Europa. Den eigentlich gefährlichen Feind sah Falkenhayn in England, wo er auch das »Gehirn« der Entente vermutete. Er schlug Bethmann Hollweg eine dieser Einschätzung entsprechende Strategie vor: Sonderfrieden mit Frankreich und Rußland, anschließend Niederzwingung Englands durch die Marine, wenn es nicht nach dem Ausscheiden der kontinentalen Verbündeten von sich aus aufgäbe. Um die Friedensverhandlungen nicht zu erschweren, schlug Falkenhayn gegenüber beiden kontinentalen Gegnern einen Annexionsverzicht vor.

Diese Einschätzung der Lage — erstmals seit Jahren kam ein Generalstabschef der deutschen Armee zu einer realistischen Einschätzung der militärischen Stärkeverhältnisse auf dem Kontinent — war für Bethmann Hollweg eine unangenehme Überraschung. Seine eigenen Kriegsziele sahen inzwischen anders aus: Zurückdrängung Rußlands durch die Abtrennung der westlichen Randstaaten, Annexionen französischer Gebiete, Kontrolle über Belgien. Auf Annexionen, das heißt einen »Siegespreis«, auf dem Kontinent wollte er nicht verzichten; nicht weil er ein überzeugter Annexionist war, sondern im Hinblick auf die annexionsfreudige öffentliche Meinung in Deutschland, an deren Entstehung er bedeutsamen Anteil hatte und die zu übergehen er nicht wagte[29].

Entsprach schon der politische Teil von Falkenhayns neuer Strategie nicht Bethmanns Anschauungen, so mißtraute er auch der militärischen Einschätzung des Generalstabschefs. Er schätzte Falkenhayn als Schwarzseher und Pessimisten ein, der die Nerven verloren habe und jetzt Verantwortlichkeiten für den enttäuschenden Kriegsverlauf von sich abzuschieben suche; er hielt ihn, nach den Flandernschlachten, für einen »Blutsäufer« und einen unfähigen Strategen. Falkenhayn war in seinen Augen ein »Spieler« und ein »fluchwürdiger Charakter«[30]. Bethmann hoffte, daß der Krieg militärisch noch lange nicht verloren war. Darin wurde er auch durch seine Ratgeber (z.B. seinen Sekretär, Kurt Riezler, oder den Unterstaatssekretär im Auswärtigen Amt, Arthur Zimmermann) sowie durch den nachmaligen Feldmarschall Paul v. Hindenburg, vor allem aber durch Generalleutnant Erich Ludendorff bestärkt, die beide, an der Ostfront eingesetzt, infolge des Sieges bei Tannenberg mythischen Ruhm nicht nur in der Armee, sondern auch in der Bevölkerung genossen. Ludendorff, der strategische Kopf des »Feldherrnduos«, war der führende »Vernichtungsstratege« in der deutschen Generalität; in der Schlacht bei Tannenberg hatte er das von Schlieffen propagierte »Cannae«-Ideal einer Vernichtungsschlacht in die Tat umgesetzt. Auch Bethmann vertraute, trotz einiger Zweifel an Ludendorffs[31] problematischer Persönlichkeit, dessen Lagebeurteilung. Und diese war ganz anders als die Falkenhayns. Der strategische Hauptunterschied zwischen Falkenhayn und Ludendorff bestand in der Frage nach der Bezwingbarkeit Rußlands. Ludendorff glaubte, Rußland könne besiegt und zum Frieden gezwungen werden, wenn der operative Schwerpunkt definitiv in den Osten verlegt werden würde. Wenn diese Front dann frei wäre, könnte sich das Deutsche Reich mit aller Kraft gegen die Westmächte wenden und auch diese besiegen. Mit diesem Zwei-Stufen-Plan wäre der militärische Totalsieg erreichbar. Falkenhayn, der bald schon mit der vereinten Opposition von Bethmann und Hindenburg–Ludendorff, denen sich auch noch der abgesetzte Moltke hinzugesellte, zu kämpfen hatte — sie erzwangen im Januar 1915 beinahe seine Absetzung, nur die Unterstützung des Kaisers und des Militärkabinetts rettete ihn —, war gänzlich anderer Ansicht. Im Westen müsse unbedingt gehalten werden; komme die Front hier einmal ins Rutschen, sei der Krieg verloren. Eine übergroße Ausdünnung der Westfront — deren Gefährdung Ludendorff nach eigenem späteren Bekenntnis nicht richtig überblickte[32] — zugunsten der Ostfront verbot sich bei dieser Sichtweise von selbst. Den von Ludendorff propagierten Gesamtsieg gegen Rußland hielt Falkenhayn aus Gründen der Truppenstärken, der Nachschubwege, der fehlenden Zeit und der Belastung anderer Fronten für unmöglich. Er verwies auf das warnende Beispiel Napoleons[33], das zu dieser Zeit in Vergessenheit zu geraten begann. Die Anhänger der Vernichtungsstrategie gegenüber Rußland begannen zu behaupten, daß im Zeitalter der Eisenbahn und des Verbrennungsmotors die Bedingungen für Operationen in Rußland doch viel einfacher seien als zu Napoleons Zeiten. Dabei hatte auch Clausewitz ausdrücklich darauf hingewiesen, daß Rußland nur durch innere Zwietracht zu Fall gebracht werden könne[34].

Somit prallten zwei Konzepte der politischen und der militärischen Führung aufeinander: Falkenhayns Wunsch nach einem Sonderfrieden vorzugsweise mit Rußland und Bethmanns, von Hindenburg und Ludendorff lebhaft unterstützter Wunsch nach einem militärischen Sieg. Daß Falkenhayns Wunsch nach Sonderfrieden mit Rußland doch zu geheimen, aber im ersten Halbjahr 1915 gescheiterten deutsch-russischen Sondierungen führte, lag nicht an einer originären diplomatischen Initiative Bethmanns, die dieser infolge von Falkenhayns Eröffnungen begonnen hatte, sondern an einem dänischen Vermittlungsangebot, das als »Andersen-Mission« in die Geschichte eingegangen ist[35]. Dieses Mitte November 1914 erstmals eintreffende Angebot glatt zurückzuweisen, hielt Bethmann denn doch bei allem fehlenden Enthusiasmus für Falkenhayns Ostfriedenspläne für unklug.

Ein Wort zu den Chancen eines Sonderfriedens: Da sich die Entente-Staaten am 4. September 1914 im Londoner Abkommen verpflichtet hatten, keinen Separatfrieden abzuschließen, waren die Aussichten schlecht — und zwar während des gesamten Krieges. In Großbritannien und Frankreich konnten sich die Befürworter eines alliierten Siegfriedens gegen die zahlreichen Vorstöße Andersdenkender — etwa in Frankreich der sozialistischen Opposition — zugunsten eines politischen Kompromisses durchsetzen und die Linien der Kriegspolitik bestimmen. Und ähnlich war es in Deutschland.

Auch deshalb blieb eine dritte Möglichkeit sowohl von Falkenhayn als auch von Bethmann im November 1914 unerörtert: ein Friedensangebot an die gesamte Entente. Falkenhayn nahm an, es würde als Schwäche ausgelegt werden und die Gegner nur anspornen, nicht entmutigen. Als Ergebnis war auf anderes als den status quo, und auch auf diesen nur im günstigsten Falle, nicht zu rechnen. Für Frankreich war die Wiedergewinnung Elsaß-Lothringens erklärtes Kriegsziel; diese Forderung allein drohte jede allgemeine Friedensverhandlung auf der Basis des status quo hoffnungslos zu erschweren. Dieser allein jedoch konnte Ausgangsbasis eines Verhandlungsfriedens sein, sollte ein Frieden vor der vollständigen Erschöpfung einer der beiden Konfliktparteien zustande kommen.

Angesichts der divergierenden Konzepte Bethmanns und Falkenhayns — der Kaiser war mit seiner verfassungsmäßigen Aufgabe als Leiter und Koordinator von Politik und Krieg überfordert[36] — spekulierte die politische Führung auf den militärischen Sieg und die militärische Führung auf den Separatfrieden. Das Resultat war Ziellosigkeit; gegen die »Zweite Oberste Heeresleitung« wurde von den Zeitgenossen der Vorwurf der »Wurschtelei« erhoben. Das Gesamtziel des Krieges blieb in der Schwebe. Sollte der Krieg mit einem Sieg oder einem Kompromißfrieden enden? Wie groß waren die Gefahren einzustufen, in dem Kampf zu unterliegen? Mit wem sollte unter welchen Bedingungen ein Separatfrieden abgeschlossen werden? Der »Kriegszweck« blieb offen; die einzelnen Punkte wurden bei Bedarf angerissen, niemals in der Gesamtschau[37]. Die fatalen Auswirkungen dieses Nebeneinanders können jedoch nicht Falkenhayn allein angelastet werden; dieser hatte zwar Bethmann gegenüber eine sehr reservierte Informationspolitik, wenn es um taktische Fragen ging; in der großen Strategie hatte er im November 1914 seine Karten auf den Tisch gelegt. Die Antwort Bethmanns darauf war nur der Versuch, Falkenhayn ablösen zu lassen und jemand anderen — Ludendorff — mit der Erringung des Sieges zu beauftragen; er dachte nicht daran, auf der Grundlage von Falkenhayns Lagebeurteilung ein neues Gesamtkonzept zu erarbeiten. Zu sehr mißtraute er dessen Fähigkeiten.

Der im Kern berechtigte Vorwurf des fehlenden Gesamtkonzepts für die Kriegführung in der Ära Falkenhayn verstellte schon den Zeitgenossen den Blick auf die beträchtlichen militärischen Erfolge des Generalstabschefs, die zwar nicht ausreichten, den Entscheidungssieg zu erkämpfen, wohl aber, eine Stabilisierung der militärischen Lage auf hohem Niveau zu erreichen. Und mehr war, so wiederholte Falkenhayn fortdauernd, militärisch nicht zu erreichen.

Es gelang ihm, im Winter 1914/15 die Krisensituation des November 1914 zu überwinden. Die Westfront widerstand auch den mit großer Überlegenheit (örtlich: 1:16!)[38] geführten Frühjahrsangriffen der Franzosen. An der Ostfront unternahmen Hindenburg und Ludendorff mit fast der gesamten während des Winters gebildeten neuen Heeresreserve von vier Armeekorps einen Angriff gegen die Russen. Die Winterschlacht in Masuren brachte zwar beachtliche Teilerfolge, konnte aber die Versprechungen des »Feldherrnduos« auf einen Entscheidungssieg gegen Rußland nicht einlösen. Tatsächlich entstand Ende Februar 1915 der Eindruck, daß Hindenburg und Ludendorff nicht mehr recht weiterwußten[39]. Auch nach Angriffsende wollte Hindenburg die Heeresreserve für seinen Teil der Ostfront behalten; sonst müsse er Preußen bis zur Weichsel aufgeben[40]. Plötzlich erkannten auch die Planer im Stabe des Oberbefehlshabers der deutschen Streitkräfte im Osten (Oberost), genauer: Oberstleutnant Max Hoffmann, mit Ludendorff zusammen der führende Stratege dieses Stabes: »Vollständig niederzuwerfen ist das russische Heer nicht[41].« Damit näherten sich die Ansichten von »Oberost«, wenn auch nur kurzzeitig und ohne Folgen für das schlechte wechselseitige Verhältnis, an Falkenhayns Standpunkt an.

Schwach stand die österreichisch-ungarische Armee gegen die Russen; schon in den ersten Kriegsmonaten hatte sie schwere Verluste erlitten und Territorium preisgeben müssen. Die österreichische Schwäche begann Italien zu verlocken, zur Eroberung der »irredenten Gebiete« von Trient und Triest in den Krieg einzutreten; umfangreiche Versprechungen der Entente auf österreichische Kosten und weitere russische Erfolge gegen die Donaumonarchie verstärkten diese Entwicklung. Um Italien abzuschrecken, dessen Kriegseintritt Falkenhayn als unerträgliche Belastung einschätzte, und um die österreichische Ostfront zu stützen, stellte er eine durch Umgruppierung des Westheeres gewonnene, neugebildete deutsche Heeresreserve von acht Divisionen — Reservenbildung war angesichts der Stärkeverhältnisse eine der schwierigsten Aufgaben des deutschen Generalstabs überhaupt und absolute Voraussetzung für jede größere Operationsplanung — für einen Angriff an der österreichischen Ostfront bereit. Dieser — der Durchbruch von Gorlice-Tarnow, begonnen am 2. Mai 1915 — entwickelte sich zum größten deutschen Sieg des Ersten Weltkrieges. Der frontale Einbruch in die überdehnten russischen Linien wurde ein voller Erfolg und führte in seiner Fortsetzung bis in den Herbst 1915 hinein nicht nur zur Befreiung weiter, bisher russisch besetzter österreichischer Gebiete, sondern auch zur Eroberung Russisch-Polens und von Teilen des Baltikums. »Oberost«, an dem Erfolg nur partiell beteiligt, fand nun nach monatelanger Sprachlosigkeit wieder Argumente für die angebliche Möglichkeit eines Totalsieges gegen Rußland und ersann Anfang Juli 1915 eine gigantische Umfassungsoperation gegen die russische Armee, die Falkenhayn, der bei seinen bisherigen — richtigen — Ansichten blieb, zugunsten einer kalkulierbaren, auf Russisch-Polen begrenzten Operation ablehnte. Es kam zu einem erbitterten Strategiestreit, weil Ludendorff glaubte, Falkenhayn verspiele durch seine Strategie die Chancen auf einen Entscheidungssieg. Wiederholt vertraten Hindenburg und Ludendorff ihre Ansicht, ein Entscheidungssieg sei möglich; die russische Armee könne »vernichtet« werden. Falkenhayn widersprach am 15. August 1915 scharf:

»Man kann einen der Zahl nach weit überlegenen Gegner nicht zu vernichten streben, der über vorzügliche Verbindungen, beliebige Zeit und unbeschränkten Raum verfügt, während man selbst im eisenbahnlosen, wegarmen Gelände mit enger Zeitbegrenzung und in Verbindung mit sehr vielen nicht stoßkräftigen, teilweise sogar nicht widerstandsfähigen Truppen zu operieren gezwungen ist[42].«

Ludendorff schäumte; er hielt Falkenhayns Argumente für Ausreden und unterstellte diesem Neid und Mißgunst[43]. Die Belastungen der anderen Fronten — so waren die Westmächte an der französischen Front mit 600 Bataillonen überlegen — wurden von »Oberost« in unverständlicher Weise ignoriert[44]. Als Hindenburg dem Generalstabschef Ende August 1915 erneut vorschlug, »den Russen endgültig zu schlagen«, bezweifelte Falkenhayn,

»daß es auf irgendeine uns mögliche Weise gelingen könnte, einen Feind wirklich endgültig zu schlagen, der fest entschlossen ist, ohne Rücksicht auf Opfer an Land und Leuten zu weichen, sobald er angefaßt wird, und dem dazu das weite Rußland zur Verfügung steht«[45].

Im Gegensatz zu »Oberost« war und blieb Falkenhayn an der Eroberung weiter Landstriche im Osten desinteressiert. Statt dessen drängte er den Reichskanzler schon im Mai 1915, die Lage zu einem Sonderfrieden mit Rußland auszunutzen[46] — auch »unter Verzicht auf jeden Landerwerb« im Osten[47]. Unterstützt wurde er von Conrad v. Hötzendorf, dem österreichisch-ungarischen Generalstabschef[48]. Der Vorstoß scheiterte weniger an der Unentschlossenheit des Kanzlers, der immer noch wenig von Falkenhayns Ostfriedensideen hielt und zumindest einen Grenzstreifen bislang russischen Gebietes in Polen annektieren wollte[49], sondern am Zaren; er begründete sein Nein mit Gründen der Loyalität zu seinen Verbündeten[50]. Mit einer Zustimmung hätte Nikolaus vielleicht sein Land, seine Regierung, seine Familie und seine Person retten können. Ein russisches Eingehen auf den — seriösen — deutschen Separatfriedensfühler hätte im zweiten Schritt möglicherweise Gesamtfriedensverhandlungen zur Folge gehabt, da nach dem Ausscheiden Rußlands auch für die Westalliierten der Zwang zum Überdenken ihrer bisherigen Strategie offenkundig gewesen wäre. Der Sieg im Westen wäre für die Mittelmächte auch dann nicht zu erringen gewesen. Sie wären zwar effektiv stärker geworden, wollten Rußland aber vertraglich anbieten, die an der Rußland-Front freiwerdenden Truppen nicht an anderen Fronten zu verwenden. Wenn sich im Deutschen Reich dann die Vernunft, vor allem ein Verzicht auf Eroberungen im Westen, durchgesetzt hätte — Zweifel daran sind allerdings angebracht —, wäre der Krieg vielleicht im Herbst/Winter 1915/16 mit einem Remis zu Ende gegangen. Millionen von Menschenleben wären gerettet worden, die gesamte europäische Geschichte dieses Jahrhunderts hätte anders und vielleicht glücklicher verlaufen können.

Falkenhayn war durch dieses Nein ernüchtert und verlor in den folgenden Monaten zeitweise die Hoffnung auf den von ihm nicht nur aus militärischen, sondern auch aus politischen Gründen befürworteten russischen Separatfrieden. Da die Entente, wie er nunmehr glaubte, offenbar bis zum bitteren Ende zusammenhalten wollte, kam es ihm nunmehr darauf an, die Mittelmächte auf eine unbegrenzte Kriegsdauer einzurichten. Neben innerdeutschen Maßnahmen zur Steigerung der Kriegsleistung — so dachte er an die Einführung einer Arbeitspflicht, die jedoch am Widerstand des Preußischen Kriegsministeriums scheiterte[51] — wollte er die Mittelmächte unter Hinzuziehung neutraler Staaten zu einem Staatenbund zusammenschließen, der die wirtschaftlichen Anstrengungen der Verbündeten koordinierte und die Hoffnungen der Entente — das hieß in Falkenhayns Augen: Englands — auf die Erschöpfung der vom Weltmarkt abgeschnürten Zentralmächte zunichte machen sollte. Das Ziel war die Schaffung eines blockadefreien Großraumes von der Nordsee bis nach Persien. Diese Pläne feilte Falkenhayn aus bis hin zur Gründung eines »Mitteleuropäischen Staatenbundes«, dem der deutsche Kaiser präsidieren sollte[52]. Bethmann hielt diese Pläne für reine Utopien; an seinem Widerstand und an der Weigerung der Österreicher, sich dem Deutschen Kaiser unterzuordnen, scheiterte auch dieses Vorhaben, das als politische Idee von Interesse ist, aber kaum geeignet gewesen wäre, die Kriegsleistungen der Mittelmächte wesentlich zu erhöhen.

Das Kriegsjahr 1915 war — trotz des italienischen Kriegseintritts und der dadurch bedingten Bindung starker österreichischer Kräfte an der Südwestfront — für die Mittelmächte das erfolgreichste des gesamten Krieges. Der größte Erfolg — der an der Ostfront — war den beiden Oberkommandos durch präzise Absprache und Bildung einer gemeinsamen Angriffsarmee gegen die Russen gelungen. Die Italiener waren, trotz ihrer großen zahlenmäßigen Überlegenheit, von relativ schwachen österreichischen Verbänden unter Ausnutzung der für einen Abwehrkampf hervorragend geeigneten Alpenregionen schon an der Grenze gestoppt worden. An der Westfront waren weder Engländern noch Franzosen Erfolge geglückt; ihre Verluste waren verheerend und erheblich höher als die des zahlenmäßig unterlegenen deutschen Verteidigers. Auf dem Balkan hatte eine deutsch-österreichische Angriffsarmee im Herbst 1915 Serbien erobert und den Verbindungsweg in die Türkei freigekämpft, die schon zuvor an den Dardanellen erstaunliche Widerstandskraft bewiesen hatte.

Ihre Erfolge hatten die zahlenmäßig unterlegenen Mittelmächte durch die meisterhafte Ausnutzung der »inneren Linie« errungen — sie konnten ihre Truppen auf gut ausgebauten Eisenbahnnetzen von einer Front an die andere verlegen und überraschend Schwerpunkte bilden, während die Entente unkoordiniert angriff, immer dann, wenn eine einzelne Kriegspartei ihre Angriffsvorbereitungen abgeschlossen hatte. Hinzu kam, daß besonders Großbritannien, das mit einer kleinen Berufsarmee in den Krieg eingetreten war, viel Zeit brauchte, um ein großes schlagkräftiges Landheer aufzubauen. Die Folge war, daß die vereinzelten Angriffe der Entente abgeschlagen wurden und die strategische Initiative seit dem Mai 1915 auf die Mittelmächte überging.

Die Ursache dafür war den Generalen der Entente durchaus bewußt. Sie beschlossen in einer gemeinsamen Konferenz ihrer Stabschefs in Chantilly, im Jahre 1916 koordiniert zu operieren und an allen Fronten gleichzeitig anzugreifen. Ihre überlegenen Armeen konnten so den Mittelmächten die Möglichkeit nehmen, Truppen zu verschieben, und sie erdrücken.

Die Generalstabschefs der Mittelmächte sahen dies genauso. Für sie war die Frage, wie sie diesen Krieg — von Frieden war nicht die Rede — jetzt weiterführen sollten. Noch immer schien Falkenhayn wie auch Conrad trotz der bisherigen Erfolge ein militärischer Totalsieg unmöglich. Mehr noch: Bei unbegrenzter Kriegsdauer drohten sich die Mittelmächte aufgrund ihres unterlegenen Potentials zu erschöpfen. Doch immerhin schien eines erreicht: die Brechung der russischen Offensivkraft. Mit einem Minimum an Kräften würde die Ostfront gehalten werden können, Operationen an anderer Stelle konnten möglich werden. Falkenhayn hatte sich inzwischen eine Heeresreserve von 25 ½ Divisionen[53] gebildet, die für eine große Operation ausreichte. Aber welche, und wo? Conrad schlug vor, Italien anzugreifen; doch mit diesem befand sich wohl Österreich-Ungarn, nicht aber Deutschland bislang im Kriegszustand, und außerdem wäre, wie Falkenhayn wiederholt urteilte, selbst ein vollständiger Sieg über die Italiener nicht kriegsentscheidend. Andere — unter anderem Kreise des Auswärtigen Amtes — schlugen einen Großangriff gegen die Ukraine vor. Diese Möglichkeit fürchtete die alliierte Seite am meisten. Aber nicht etwa der Schwächung Rußlands wegen, sondern weil im Erfolgsfall ein Kriegseintritt des bisher neutralen Rumäniens auf die Seite der Mittelmächte befürchtet wurde. Damit jedoch war, angesichts der rigiden ungarischen Nationalitätenpolitik gegenüber der rumänischen Minderheit vor dem Krieg und dadurch entstandener rumänischer Antipathien gegen die Ungarn, nach Ansicht deutscher Experten unter keinen Umständen zu rechnen[54]. Falkenhayn mißfiel der Plan wegen der im Erfolgsfall völlig überdehnten Verbindungen (konform mit Clausewitz); der Vorteil der inneren Linie würde verlorengehen, einer Kriegsentscheidung würden die Mittelmächte dadurch auch nicht näherkommen. Er beschloß, an der Westfront offensiv zu werden. Es fehlten dort nach seiner Einschätzung zwar auch weiterhin die Kräfte für einen großangelegten Durchbruchsversuch, denn die Westalliierten waren zahlenmäßig weit überlegen (150:119 Divisionen)[55]. Auch schien ihm das Beispiel der Gegner zu beweisen, daß mit einem Durchbruch nicht zu rechnen war. Trotz großer zahlenmäßiger Überlegenheit waren die englisch-französischen Angriffe im Jahre 1915 vollständig und mit hohen Verlusten gescheitert. Trotz dieser Erkenntnis wollte Falkenhayn durch einen Angriff gegen Verdun die Franzosen und durch die Erklärung des warnungslosen U-Boot-Krieges die Engländer friedensbereit machen.

Den Angriff auf Verdun[56], unter seiner unmittelbaren Mitwirkung im Dezember 1915 konzipiert, sah vor, mit Hilfe von starker Artillerie, aber nur beschränktem infanteristischem Einsatz — 10 Divisionen aus der Heeresreserve — eine langgezogene Höhenlinie vor dieser wichtigen französischen Festung zu erobern. Wäre die deutsche Artillerie dort postiert, wäre die Festung deutschem Beschuß hilflos ausgeliefert. Den Franzosen würden nur die Alternativen bleiben: die Stadt zu räumen oder aber, was Falkenhayn als wahrscheinlich annahm, zur Rückeroberung der Höhenlinien anzutreten, wobei sie voraussichtlich exorbitante Verluste erleiden würden und am Ende die Stadt doch räumen müßten. Falkenhayn wollte nur kurz, aber rasch angreifen und dann die unbestreitbaren Vorteile der Defensive im Stellungskrieg unter besonders günstigen topographischen Gegebenheiten einem Gegner gegenüber nutzen, dem dann nichts außer dem Angriff um jeden Preis blieb. Das Endziel seiner Überlegungen war, vor Verdun die Opferbereitschaft der Franzosen zu überfordern und dadurch einen »hysterischen Kontrast«[57] herbeizuführen. Die bisherige — von Falkenhayn offen anerkannte — große französische Opferbereitschaft sollte in tiefe Entmutigung umschlagen. Dann sollte Frankreich, dessen bisherige Schwächung Falkenhayn überschätzte, den Frieden suchen[58].

Im Grundsatz ähnlich war die Kalkulation gegenüber England. Die, wie die anglophobe Fraktion in der deutschen Führung, allen voran Falkenhayn und Tirpitz, glaubte, von einer kühl rechnenden Handelsoligarchie regierte Inselnation würde den Krieg abbrechen, wenn es infolge des warnungslosen U-Boot-Krieges an ihre eigene Substanz ginge — und das wäre bei der Versenkung wesentlicher Teile der Handelsflotte, vielleicht sogar einer Hungersnot in England der Fall. Allerdings besaß die Marine zur Durchführung einer effektiven Blockade der britischen Inseln nicht die nötige Zahl an Hochsee-U-Booten: Die Handelssperre konnte im Frühjahr 1916 immer nur von drei U-Booten gleichzeitig aufrechterhalten werden; die übrigen befanden sich im An- oder Abmarsch oder lagen auf Werft. Tirpitz manipulierte die Zahl einsatzbereiter U-Boote, unter anderem durch Hinzurechnung der im Bau befindlichen und reiner Küsten-U-Boote. Falkenhayn wiederum hinterfragte die Angaben der Marine nicht und versuchte auch dem kritischeren Reichskanzler die Einmischung in eine Ressortangelegenheit der anderen Teilstreitkraft zu verwehren. Viel zu spät — und vollends erst nach dem Krieg — erkannte er die Unzuverlässigkeit der Versprechungen der Marine.

Beide Berechnungen — sowohl in bezug auf Verdun als auch beim U-Boot-Krieg — waren grundfalsche und eigentlich auch unmilitärische Spekulationen. Sie basierten auf der Hoffnung, daß ein nicht geschlagener und auch militärisch nicht zu schlagender Gegner die Nerven verlor und aufgab. Ursache für diese eigenartige Form der Kriegsplanung, die nicht mehr auf die stärkeren Bataillone, sondern auf völkerpsychologische Betrachtungen setzte und strategische Fehler der anderen Seite fest einkalkulierte, war allerdings die vollständige Alternativlosigkeit. Die Politik, das heißt Bethmann, konnte und wollte ein politisches Kriegsende nicht herbeiführen; bei den militärischen Planern, besonders bei Falkenhayn, wuchs die Ratlosigkeit; denn ihm war klar, daß irgendwann die eigenen Kräfte erschöpft sein würden. Gerade wegen der Kriegserfolge der Mittelmächte von 1915 war die Entente 1915/16 zu einem für sie ungünstigen Zeitpunkt nicht friedenswillig. Falkenhayn fühlte sich unter Zeitdruck; noch immer war er davon überzeugt, daß auf lange Sicht die Mittelmächte unterliegen mußten.

Diese Überlegungen zeigen aber auch eine weitere Besonderheit der Falkenhaynschen Strategie. Obwohl er mündlich wie schriftlich ständig den Ausdruck vom »Kampf ums Dasein« verwandte und vor dem Krieg seinen Offizieren den »bemerkenswerten Lehrsatz der Engländer«: »Im strategischen Kampf gibt es, wie in der Liebe, keine Ritterlichkeit« vermittelt hatte, ging er in seinen Planungen nicht von einer sozialdarwinistischen Kriegführung aus, die sich den Kriegsausgang nur in Form der vollständigen Niederwerfung einer der beiden Seiten vorstellen konnte, sondern von allseits nüchtern kalkulierenden Militärs und Politikern: Man berechnet, was dieser Krieg einbringt, was ein Sieg an Opfern kostet, und lenkt ein, wenn er dann zu kostspielig wird. Im Frühjahr 1915 formulierte Falkenhayn in einem Memorandum den bemerkenswerten Satz, übrigens im Zusammenhang mit einer von ihm als notwendig bezeichneten Gebietsabtretung der Mittelmächte zur Sicherung der italienischen Neutralität:

»Rücksichten, wie sie in früheren Zeiten in ähnlichen Fällen zur Geltung gebracht wurden, z. B. solche strategischer oder monarchischer oder selbst nationaler Art dürfen in unserem Kampf ums Dasein keine Rolle spielen[59].«

Doch was blieb übrig, wenn strategische, monarchische und nationale Interessen ausschieden? Doch nur das Gesetz des militärischen Zwanges; die Kalkulation, was militärisch zu erreichen war; die Bereitschaft, darauf zu verzichten, daß sich dieser Krieg und die gebrachten Opfer auszahlen würden. Falkenhayn unterstellte, daß die Führer der gegnerischen Mächte ebenso dachten, und hoffte, sie würden irgendwann einsehen, »wie wenig sie imstande seien, den Preis für unsere Überwindung zu zahlen«[60]. Daß der Krieg eine politische Eigendynamik annehmen könnte – und schon angenommen hatte – und die politischen Führer der beteiligten Mächte den Sieg unbedingt, ohne Rücksicht auf die Kosten, anstreben würden, um eine neue politische Ordnung nach eigenen Vorstellungen durchsetzen zu können, ließ Falkenhayn außer acht. Beurteilte er zwar damit das Verhalten der zum Sieg um jeden Preis fest entschlossenen politischen Eliten in den kriegführenden Ländern falsch, schätzte er andererseits die Stimmung der Völker doch präzise ein: Ihm war klar, daß die Basis der kriegführenden Staaten und Armeen, nämlich die Völker, die Belastungen des Krieges nicht bis in alle Ewigkeit würden ertragen können und wollen[61] und daß deshalb der Krieg nicht unbegrenzt weitergeführt werden konnte und durfte.

In der Frage des U-Boot-Krieges kam es zum Bruch zwischen Bethmann und Falkenhayn. Der Reichskanzler befürchtete, vollkommen zu Recht, als Folge dieses Schrittes den Kriegseintritt der USA. Falkenhayn schwankte in dieser Frage; er sah das Problem zwar auch und legte keinen Wert darauf, auch noch die USA zum Gegner zu haben[62], glaubte aber, England könne nur dadurch friedensbereit gemacht werden; der Vorteil sei sicher, der Nachteil unsicher. Außerdem sei für die Eröffnung des warnungslosen U-Boot-Krieges die »Agitationsperiode auf die bevorstehende Präsidentenwahl« besonders günstig[63]. Die Frage, die im Frühjahr 1916 zu einer erbitterten Auseinandersetzung zwischen politischer und militärischer Führung in Deutschland führte, wurde schließlich durch den Kaiser entschieden, der infolge der Uneinigkeit des zivilen und des militärischen Ressorts als letzte Instanz seine Entscheidungsgewalt zurückerlangte. Bethmann verfocht mit ungewöhnlicher Eloquenz sein striktes Nein zum U-Boot-Krieg; er schaffte es auch, die teils dilettantisch, teils verbrecherisch von Tirpitz genannten Versenkungsziffern und Zahlen einsatzbereiter U-Boote als Lügen zu entlarven, was den Rücktritt des Großadmirals zur Folge hatte. Bethmann setzte dem von Falkenhayn verlangten U-Boot-Krieg — der Generalstabschef argumentierte mit dem Zeitdruck — folgende Strategie entgegen: Ausharren, nach dem Vorbilde Friedrichs des Großen im Siebenjährigen Kriege, der auch niemals seine Feinde hätte bezwingen können, aber durch Standhaftigkeit im Durchhalten siegte, bis die Feinde schließlich aufgaben. Darin sah Bethmann eine realistische Möglichkeit für die Mittelmächte, diesen Krieg zu überstehen[64].

Aus der Rückschau betrachtet, kann man sagen, daß darin zu diesem Zeitpunkt tatsächlich eine Chance der Mittelmächte lag, den Weltkrieg noch zu einem erträglichen Ende zu bringen: den Kriegseintritt Amerikas vermeiden, durchhalten, gegenüber der Entente unbedingte Kompromißbereitschaft und Friedenswilligkeit erkennen lassen. Doch an letzterem und somit an einer zentralen Bedingung fehlte es vor allem Bethmann nach wie vor. Er war mit seinem steten Festhalten an Annexionen — oder, um es negativ zu formulieren, seiner fehlenden Bereitschaft, auf Annexionen zu verzichten — selbst ein erstrangiges Friedenshindernis.

Der Vergleich der industriellen Leistungsfähigkeit und der Truppenstärken lassen den Schluß zu, daß die — nach einem Wort des englischen Historikers Paul Kennedy — »signifikante, aber nicht erdrückende« materielle Überlegenheit der Entente allein – ohne Kriegseintritt Amerikas – nicht ausgereicht hätte, den Krieg zu gewinnen[65].

Konnte sich Falkenhayn in der Frage des unbeschränkten U-Boot-Krieges nicht durchsetzen und somit ein wesentlicher Teil seines Kriegsplanes für 1916 nicht zur Ausführung gelangen, so setzte er immerhin den Angriff gegen die Franzosen in die Tat um. Der Angriff auf Verdun hatte ein schlimmeres Ergebnis als ein sofortiges Scheitern; er wurde ein verhängnisvoller halber Erfolg. Es wurden spektakuläre Anfangserfolge erzielt, wie die Eroberung von Fort Douaumont, die nicht einfach wieder aufgegeben werden sollten; die erreichte Linie war aber taktisch so ungünstig, daß sie auf Dauer nicht zu halten war. Statt dessen wurde versucht, im langsamen Vorkämpfen die ursprünglich erstrebte Linie doch noch zu erreichen. Die Kämpfe waren bald schon für die deutschen Truppen sehr verlustreich; die Verluste wurden von Falkenhayn in Kauf genommen, da er die französischen Verluste weit überschätzte und glaubte, daß die Franzosen bedeutend stärker litten. Später behauptete er, die französischen Verluste hätten sich zu den deutschen im Verhältnis von etwa 3:1 oder 5:2 verhalten. Tatsächlich lag die Verlustbilanz am Ende der Kämpfe vor Verdun aber nur bei 1:1,1 zu deutschen Gunsten[66]. Parallel dazu griffen die Österreicher im Mai 1916 an der Italienfront an. Conrad hatte sich von Falkenhayn nicht abhalten lassen, diesen Angriff gegen die Italiener, gegen die er »frenetischen Haß«[67] empfand, zu führen. Statt ihre Kräfte wie im Jahre 1915 zu vereinigen, führten beide Mächte getrennte Operationen an verschiedenen Fronten durch, ohne sich vorher hinreichend abzustimmen. Im Mai 1916 schien sich dieses strategisch widersinnige Verhalten trotzdem auszuzahlen. Österreichische Anfangserfolge in Italien vermittelten dem deutschen Generalstab den Eindruck eines italienischen Zusammenbruchs, die Ostfront war ruhig, die französischen Verluste vor Verdun wurden weit überschätzt, und außerdem kam es Ende Mai 1916 zu einem französischen Friedensfühler über die Schweiz. Mit einem Wort: Die kontinentalen Gegner schienen unmittelbar vor dem Zusammenbruch, das siegreiche Kriegsende nahe. Im deutschen Generalstab wurde mit dem Sieg noch im Herbst 1916, spätestens im Frühjahr 1917 gerechnet. Bethmann, der von dem pessimistischen Falkenhayn solchen Enthusiasmus nicht gewohnt war, machte sich diese Anschauung ebenfalls zu eigen. Da schien es zunächst nur ein Schönheitsfehler zu sein, daß die Russen bei einem überraschenden Angriff bei Luck Ende Juni 1916 – es handelte sich um einen Entlastungsangriff, den die bedrängten Italiener zur Ablenkung der Österreicher erbeten hatten – einen Abschnitt der österreichischen Front überrannten, obwohl sie zahlenmäßig dem Verteidiger kaum überlegen waren. Es dauerte Wochen, bis der Ernst der Lage erkannt wurde und im deutschen Generalstab nach dem hypertrophen Optimismus des Mai 1916 wieder ein größerer Realismus Einzug hielt. Die Mittelmächte befänden sich »in der größten Krise des Weltkrieges«, schrieb Conrad am 15. Juni 1916 an Falkenhayn und verband dies mit einer eindringlichen, geradezu flehentlichen Bitte um deutsche Hilfe[68]. Seine Armee hatte zu diesem Zeitpunkt schon über 100000 Mann gegen die unaufhaltsam vorrückenden Russen verloren[69]. Der vollständige Zusammenbruch der Donaumonarchie war in greifbare Nähe gerückt. Der deutsche Generalstab mußte mit umfangreichen Truppenentsendungen aushelfen. Doch es kam noch schlimmer: Mit den Angriffen an der Somme, am Isonzo und der Brussilow-Offensive, die infolge des Verzichts auf einen ursprünglich geplanten russischen Angriff am deutschen Abschnitt der Ostfront ausgeweitet wurde, war der alliierte Allfrontenangriff da, die Mittelmächte in der Zange. Nach dem Hochgefühl des Mai 1916, in dem er sich dem Sieg nahe fühlte, herrschte im deutschen Generalstab nunmehr eine fast schon verzweifelte Stimmung. Die Lage sei »schlecht, kritisch, pflaumenweich«, beschied Falkenhayn den Reichskanzler am 18. Juli 1916[70]. Allerdings hatte sich zu diesem Zeitpunkt der alliierte Angriff an der Somme für Franzosen wie Engländer bereits als ungeheurer Fehlschlag herausgestellt. Die Engländer hatten schon am ersten Angriffstag 60000 Verluste zu beklagen[71], und kein Erfolg wog die Opfer auf. Falkenhayn gelangte Mitte Juli 1916 zu der Erkenntnis, daß im Westen »die Situation ernst und schwer« sei, allerdings würde die Westfront halten. Im Osten hingegen wollte die Stabilisierung der Österreicher trotz des immer größeren Einsatzes deutscher Reserven, die als »Korsettstangen« zur Stützung der österreichischen Front beitragen sollten, nicht richtig gelingen.

In dieser Situation kam es erneut zum Strategiestreit in der deutschen Führungsspitze. Bethmann war nunmehr entschlossen, Falkenhayn nach dessen eindeutig falschen Prognosen über das Kriegsende und dessen Mißerfolg vor Verdun auszutauschen. Sein Konzept des unbedingten Vorranges der Westfront schien falsch, denn die russischen Erfolge gegen die Österreicher drohten den Krieg zu entscheiden. Aktive Schützenhilfe erhielt der Reichskanzler dabei von Hindenburg und Ludendorff, die ihren Befehlsbereich an der Ostfront auszuweiten suchten; gleichzeitig arbeiteten sie auf die Ablösung Falkenhayns hin. Diesem gelang es zunächst, sich gegen seine Opponenten zu behaupten. Doch nahm die Kritik an seiner Führung ebenso wie die Nervosität der deutschen Führung infolge des Allfrontenangriffes weiter zu. Wie angespannt die Lage war, sieht man an der Entwicklung der Heeresreserven: Anfang 1916 hatte das Deutsche Reich eine Reserve von 25 ½ Divisionen, die im August 1916 auf eine einzige Division zusammengeschrumpft war — was bedeutete, daß es zu diesem Zeitpunkt praktisch *keine* Heeresreserve mehr gab. Als Ende August 1916 die Wucht der alliierten Angriffe bereits wieder abzunehmen begann und sich die Lage leicht entspannte, trat Rumänien, verleitet durch die militärische Schwäche Österreich-Ungarns, an alliierter Seite in den Krieg ein.

Das war der Todesstoß für Falkenhayn, der den Kriegseintritt des Agrarlandes Rumänien erst für Ende September, nach der Ernte, oder gar nicht mehr im Jahre 1916 erwartet hatte. Am 28. August 1916 wurde er durch Hindenburg und Ludendorff ersetzt.

3. Ludendorffs Strategie

Der Wechsel des Generalstabschefs war nicht nur ein Personenwechsel, es war ein Wechsel in der gesamten Strategie und, um mit Gerhard Ritter zu sprechen, ein »epochaler Einschnitt« in der Geschichte des Deutschen Reiches[72]. Falkenhayn hatte viele Fehler begangen, von denen die Flandernschlachten und Verdun sowie der beabsichtigte unbeschränkte U-Boot-Krieg die schwersten waren; er hatte aber trotzdem den Blick für das Mögliche nicht verloren und war deshalb gegen das Streben nach einem Totalsieg eingetreten. Er hatte nicht an die Möglichkeit eines vollständigen militärischen Sieges geglaubt und deshalb auf ein politisches Kriegsende hingearbeitet. Nach den Worten des Militärhistorikers Hans Delbrück war Falkenhayn ein »Ermattungsstratege« im Stile Friedrichs des Großen gewesen, der auch hinsichtlich der Kriegsziele Maß hielt. Er hatte Annexionen abgelehnt; als der Reichskanzler ihn im Herbst 1915 bedrängte, die Forderungen des Generalstabs nach strategischen Grenzkorrekturen zu präzisieren, meinte er nur unwisch, »der Reichskanzler solle ihn mit solchem Quark in Ruhe lassen[73].« Er befürwortete im wesentlichen den status quo und hatte nur Hohn für die Baltikumpläne Ludendorffs. Sein Credo war: »Wenn wir den Krieg nicht verlieren, haben wir ihn gewonnen[74].«

Bethmann verkannte, daß der ihm unsympathische Falkenhayn infolge seiner realistischen Lagebeurteilung die verläßlichste militärische Stütze für ein gemäßigtes Kriegsende gewesen war, obwohl er schon im Sommer 1916 ahnungsvoll gesagt hatte: »Wir riskieren, den Krieg mit Falkenhayn strategisch, mit Ludendorff politisch zu verlieren[75].«

Mit Ludendorff und seinem nominellen Chef Hindenburg kehrte nun ein anderer Geist und ein anderes Konzept des Krieges im Generalstab ein. Der wesentliche Unterschied war, daß Ludendorff glaubte, durch geschickte strategische Dispositionen den militärischen Sieg erfechten und dem Gegner den Willen aufzwingen zu können. Er war, wieder mit einem Wort des Historikers Delbrück, ein »Vernichtungsstratege«, der den militärischen Totalsieg als einzige Möglichkeit des Kriegsendes in Betracht zog.

Über die Strategie der »Dritten Obersten Heeresleitung« — also Hindenburgs und Ludendorffs — ist wegen ihrer politischen wie militärischen Maßlosigkeit in der neueren Forschung allgemein und zu Recht sehr negativ geurteilt worden. Allerdings wurde ihr die oft inkompetente Einmischung in alle möglichen und unmöglichen politischen Fragen durch eine zentrale Schwäche der politischen Führung erleichtert: Bethmann wollte den Krieg noch nicht verloren geben und setzte deshalb noch immer auf die militärische Option, auf einen Siegfrieden, den Ludendorff ihm zu schaffen versprach.

Bethmann verfocht folgendes Kalkül: Das Feldherrnduo war die in der Bevölkerung weithin anerkannte höchste strategische Kapazität in Deutschland. Nach deren Rezepten sollte der Krieg jetzt doch noch militärisch gewonnen werden, was ihn, den Reichskanzler, einer Reihe unangenehmer innenpolitischer Fragen enthoben hätte. Sollte dies nicht gehen, würde das Volk dem Wort des Feldmarschalls v. Hindenburg, des Siegers von Tannenberg, sicher vertrauen, wenn dieser sagen sollte: Mehr war einfach nicht möglich. Auch ein »magerer Friede« wäre, vom legendären Feldmarschall gedeckt, dann möglich. »Mit Hindenburg könnten der Kaiser und er sogar einen enttäuschenden Frieden machen, mit Falkenhayn nicht[76].«

Doch hatte sich Bethmann jetzt an einen in jeder Beziehung stärkeren Partner gekoppelt, von dem er abhängig geworden war. Das »Feldherrnduo«, gewissermaßen plebiszitär abgesichert durch die Volksgunst und die Erwartung, als einzige diesen Krieg noch gewinnen zu können, konnte, anders als Falkenhayn, beliebig jede Maßnahme gegen den Kanzler durchdrücken und im Verweigerungsfalle mit dem Rücktritt drohen. Die Folgen machten sich bald schon bemerkbar: An die Stelle des Nebeneinanders in der Ära Falkenhayn, der »Wurschtelei«, trat nun die Verwandlung des Deutschen Reiches in eine Art Militärdiktatur, die zur Erreichung des Endsiegs alle industriellen Kräfte an- und überspannte (»Hindenburgprogramm«)[77].

Für die Rüstungsindustrie wurden Zivilisten zwangsverpflichtet, belgische Arbeiter nach Deutschland verschleppt. Auch griff die neue OHL in unkluger und verhängnisvoller Weise in die Innenpolitik ein und suchte beispielsweise eine Reform des preußischen Dreiklassenwahlrechts zu verhindern. In der Außenpolitik behinderte sie aktiv jeden Friedensfühler, der nach Verzicht aussah. Außerdem verfochten Hindenburg und Ludendorff ein ausschweifendes Annexionsprogramm vor allem im Osten, das am 3. März 1918 in den Bestimmungen des Friedens von Brest-Litowsk gipfelte. Den für jeden Friedensfühler im Westen unbedingt nötigen Verzicht auf Belgien — Falkenhayn hatte sich in dieser Frage sehr gemäßigt geäußert und eine Rückgabe Belgiens befürwortet — oder auf das Erzbecken von Briey zu leisten, war diese OHL ebenfalls nicht bereit. Im Ausland entstand der nicht unberechtigte Eindruck, mit Deutschland könne nicht mehr verhandelt werden.

Im Dezember 1916 erließ der Kanzler ein Friedensangebot an die Westmächte. Dieses blieb jedoch ohne Resultat, und in Folge der ablehnenden Haltung der Entente setzten Hindenburg und Ludendorff den unbeschränkten U-Boot-Krieg durch. Bethmann stimmte ihm sogar zu, verunsichert durch die Beharrlichkeit und Selbstsicherheit seiner neuen Gegenspieler, vielleicht auch durch die Auswirkungen der katastrophalen Versorgungslage im Winter 1916/17 (»Steckrübenwinter«). Die Folge der Erklärung des unbeschränkten U-Boot-Krieges am 1. Februar 1917 war der Kriegseintritt der USA am 6. April 1917. Ludendorff schätzte die Bedeutung dieses Schrittes sehr niedrig ein und sagte nur: »Ich pfeife auf Amerika[78].«

Das Kriegsjahr 1917 brachte zwei umwälzende Entwicklungen: die russische Revolution und das Auftreten der USA auf dem europäischen Kriegsschauplatz.

Schon die russische Märzrevolution 1917 ließ die Erklärung des unbeschränkten U-Boot-Krieges als doppelt töricht erscheinen, da Rußlands Macht seitdem immer rascher verfiel und der Zeitpunkt abzusehen war, an dem das Zarenreich als Gegner vollständig ausfiel. Winston Churchill schreibt zu Recht, wenn die Erklärung des unbeschränkten U-Boot-Krieges um zwei Monate verschoben worden wäre, wäre sie vielleicht nie zustande gekommen[79]. Ohne den Kriegseintritt der USA wären die Mittelmächte nach dem Scheitern der letzten, verzweifelten Offensiven des zusammenbrechenden Rußland (»Kerenski-Offensive«) in einer sehr aussichtsreichen strategischen Lage gewesen. Es ist allerdings fraglich, ob in dieser Situation die USA nicht auch ohne U-Boot-Krieg, jetzt zur Verteidigung der Demokratie gegen die »militaristischen Autokratien«, in den Krieg eingetreten wären — so wie es Wilson nach dem Krieg vor dem Senat behauptet hat. Nach dem Friedensschluß mit Rußland wäre es den Westmächten allein wohl unmöglich gewesen, den Krieg militärisch zu gewinnen. Allerdings hätten die Mittelmächte auch dann nicht die nötige Überlegenheit für einen vollständigen Sieg im Westen besessen. Um einen Remisfrieden zu erlangen, hätten sich dann in den beteiligten Ländern die Befürworter eines Kompromisses gegen die »Hardliner« durchsetzen müssen. Ansätze zu Friedensgesprächen gab es in der zweiten Kriegshälfte reichlich: Das Friedensangebot der Mittelmächte von Dezember 1916, die Vermittlungsangebote Wilsons 1916/17, die österreichischen Separatfriedensfühler (»Sixtus-Affäre«), die päpstliche Friedensaktion 1917, die Friedensgedanken der französischen Sozialisten 1917, das Friedensangebot des deutschen Reichstages vom Juli 1917 und natürlich die Friedensvorschläge der Bolschewiki. Sicherlich hätte allseitige Hoffnungslosigkeit, den Krieg militärisch gewinnen zu können, die Verhandlungsbereitschaft sehr gesteigert. Ein Ausschlagen aufrichtig wirkender Friedensangebote wurde angesichts der wachsenden Kriegsmüdigkeit der europäischen Völker, wie das russische Beispiel zeigte, innenpolitisch immer riskanter.

Der Kriegseintritt der USA brachte jedoch den Westmächten große materielle wie psychologische Verstärkung; außerdem machten sich die USA daran, ein Millionenheer aufzustellen, dessen Eingreifen den Kampf, wenn auch erst 1919, wie man rechnete, entscheiden sollte[80].

Zunächst setzten Hindenburg und Ludendorff die Strategie Falkenhayns fort. Anders als immer behauptet, war der Angriff auf Verdun bereits vor dem Chefwechsel abgebrochen worden; ein Rückzug in verteidigungsfähige Dauerstellungen war aber weder von Falkenhayn noch von seinen Nachfolgern angeordnet worden; ihn erzwangen erst starke französische Angriffe im November 1916. Im März 1917 verkürzte Ludendorff die Westfront, gab Gelände auf und zog das deutsche Heer nach planmäßiger Verwüstung des zurückgelassenen Geländes in die »Siegfriedlinie« zurück. Eine groß angelegte Offensive der Westmächte wurde daraufhin zum Stoß ins Leere. Die Stimmung in der französischen Armee war schlecht; es kam sogar zu Meutereien. Rußland brach zusammen, Frankreich und Österreich-Ungarn waren kurz davor. Eine erfolgreiche deutsch-österreichische Offensive im Oktober 1917 fügte der italienischen Armee bei Karfeit (Caporetto) eine katastrophale Niederlage zu; die sofortige Hilfe der Westmächte rettete das Land vor dem Zusammenbruch. Auch in Deutschland und England mehrten sich die Zeichen, daß die überforderte Bevölkerung den Krieg nicht mehr wollte. Deutlicher als je zuvor stellte sich im Winter 1917/18 die Frage nach einem politischen Ende des Krieges.

Im Juli 1917 war Bethmann Hollweg innenpolitisch an die Grenzen seiner Möglichkeiten gestoßen. Den von allen Parteien Verlassenen zwangen Hindenburg und Ludendorff zum Rücktritt. Ultimativ meldete sie dem Kaiser, sie könnten mit diesem Kanzler nicht mehr zusammenarbeiten.

Der Rücktritt Bethmann Hollwegs ist oft und nicht zu Unrecht als letzter Dammbruch vor der unumschränkten Herrschaft der 3. OHL gewertet worden. Andererseits war sein Rücktritt nach einer ganzen Reihe katastrophaler, von ihm zu verantwortender Fehlentscheidungen überfällig. Um nur die gravierendsten seiner Fehler zu nennen: Seine verkehrte Diplomatie im Juli 1914 hatte wesentlich zum Kriegsausbruch gegen eine überlegene Gegnerkoalition beigetragen. Dann hatte er sich in Verkennung der militärischen Möglichkeiten geweigert, auf Annexionen zu verzichten, und statt dessen auf einen Frieden mit territorialen Gewinnen hingearbeitet. Und schließlich hatte er sich plötzlich im Januar 1917 für den unbeschränkten U-Boot-Krieg erklärt, nachdem er bisher immer wegen der USA schärfstens dagegen opponiert hatte.

Die in dem Rücktritt liegende Problematik war nicht, daß ein unfähiger Reichskanzler abtrat, sondern daß ein noch unfähigerer folgte. Der bisherige Unterstaatssekretär Michaelis, ein politisch gänzlich unprofilierter Mann, war ein Kompromiß-, weniger noch: ein Verlegenheitskandidat, weil die von Hindenburg und Ludendorff favorisierten Bethmann-Nachfolger, Tirpitz oder Bülow, beim Kaiser nicht durchzusetzen waren. Der farblose Michaelis, der auch in seiner kurzen Amtszeit keine Konturen gewinnen konnte, war auch derjenige, der die Wirkung der von dem Zentrumsabgeordneten Erzberger initiierten Friedensresolution des deutschen Reichstages — Frieden ohne Annexionen und Kontributionen — im Juli 1917 durch bewußt zweideutige

Formulierungen in der Annexionsfrage verwässerte. Ihm gelang es ebensowenig wie seinem Nachfolger, dem altersschwachen ehemaligen bayerischen Ministerpräsidenten Hertling, sich gegen die OHL zu behaupten. Doch war dies nicht nur eine Frage der mangelnden Durchsetzungskraft, sondern auch des fehlenden politischen Willens. Michaelis und Hertling blieben im wesentlichen auf der Linie, die Bethmann vorgezeichnet hatte: Das Militär sollte den Sieg erringen. Gerade dieser zähe Wunsch der zivilen Reichsleitung, das Militär solle doch mehr als einen Verhandlungsfrieden schaffen, erleichterte der OHL ihre Einflußnahme auf die politischen Geschicke des Deutschen Reiches. In verantwortlicher politischer Position fehlte noch immer ein wirklicher Friedens- und Verzichtwille; Deutschlands Zukunft wurde einzig und allein den Waffenerfolgen anheimgestellt. Der diplomatische Spielraum, der sich durch deutsches Entgegenkommen ergeben konnte, blieb ungenutzt. Auch die Friedensinitiative des Reichstages verhallte international ungehört und ungeglaubt und wurde wenig später durch den brutalen Gewaltfrieden von Brest-Litowsk mit Rußland von den Zentralmächten selbst Lügen gestraft.

Die OHL — vor allem Ludendorff — gehörte nicht zu denjenigen, die zu einem Verzichtfrieden psychologisch bereit waren, wo doch der halbe Weg zum Sieg nach dem Ausscheiden Rußlands schon gemacht schien. Statt dessen bereitete Ludendorff im Winter 1917/18 eine große Entscheidungsoffensive an der Westfront vor. Zum ersten Mal im gesamten Krieg hatte die deutsche Armee jetzt an dieser Front eine, wenn auch nur leichte, zahlenmäßige Überlegenheit. Doch Eile tat Not: Die amerikanischen Verstärkungen rollten, und die U-Boote waren, entgegen den Versprechungen der Marine, nicht in der Lage, sie aufzuhalten.

Doch wurden im Deutschen Reich auch Alternativen zum Westangriff erwogen. Eine schon damals heftig diskutierte Möglichkeit lautete, vor Angriffsbeginn den Westmächten erneut ein realistisches Friedensangebot zu machen. In Paris, London und Rom war die Stimmung nach dem Ausscheiden Rußlands natürlich sehr gedrückt, und die Befürchtungen, die Deutschen könnten den Krieg jetzt doch noch militärisch gewinnen, waren groß. Doch diese Chance wurde sträflicherweise vertan.

Eine andere, damit aber zu kombinierende Möglichkeit wäre gewesen, nicht an der Westfront anzugreifen, wo Erfolge sehr unsicher waren, sondern im Hinterland eine neue, stark befestigte Rückzugslinie (die »Antwerpen-Maas-Stellung«) anzulegen und Erfolge dort zu suchen, wo sie möglich schienen — in Italien und an der Balkanfront. General Groener, der diese Konzeption vertrat, nannte dies, »den eisernen Ring der Feinde gleichsam von außen her aufzubiegen«[81]. Dies hätte die äußerst geschwächten Bundesgenossen an Deutschlands Seite gehalten. Daran hätten sich politische Verhandlungen aus einer dann noch stärkeren militärischen Position anschließen können. Ein Siegfrieden war auf diesem Wege nicht zu erreichen, wohl hätte aber, so Groener, ein solches Verfahren die Einleitung eines Remisfriedens begünstigen können.

Dagegen war einzuwenden, daß auch die deutschen Kräfte sich erschöpft hatten und die Bevölkerung einen unabsehbar langen Krieg nicht mehr ewig ertragen würde, zumal die Überlegenheit der Gegner durch die amerikanischen Verstärkungen immer mehr zunahm. Aus den Berichten der Zeitzeugen, ob in der Heimat oder an der Front, entsteht der zwingende Eindruck: Es darf nicht mehr lange so weitergehen, dieser Krieg muß zu einem Ende kommen — und zwar bald. Und so urteilte auch, in diesem Punkt zu Recht, Ludendorff. Sein Ausweg: den Sieg im Westen und damit den Gesamtsieg zu erkämpfen, war jedoch untauglich. Die militärischen Fachleute waren sich über die ungeheuren Schwierigkeiten des Durchbruchs im Stellungskrieg durchaus im klaren. Ludendorff selbst glaubte nicht an einen sofortigen Durchbruchserfolg, sondern wollte immer wieder angreifen, bis schließlich die gegnerische Front überlastet war und irgendwo brach. Mit dieser »Büffelstrategie« setzte er angesichts der deutschen Erschöpfung alles auf eine Karte.

Der große Angriff begann am 21. März 1918. Zunächst hatten die deutschen Armeen große Erfolge, die sie aber mit riesigen Verlusten bezahlen mußten — bis Ende April allein 424000 Mann[82]. Doch dann blieb der Angriff stecken. Ludendorff ließ erneut angreifen. Die gegnerische Frontlinie wurde in immer erneuten Vorstößen immer weiter ausgebeult; die Kräfte des deutschen Heeres nahmen von Angriff zu Angriff weiter ab. Ludendorff weigerte sich trotz mehrfacher Warnungen hoher Offiziere, die Angriffe einzustellen. So antwortete er am 18. Juli 1918 auf die dringenden Vorhaltungen des Spezialisten für Abwehrschlachten in der OHL, Generalmajor Fritz v. Loßberg, er müsse die überdehnte Front zurücknehmen und unter Opferung von Gelände zur Defensive übergehen: »Ich halte Ihre Vorschläge für zutreffend. Aber ich kann sie nicht ausführen — aus politischen Gründen.« Als Loßberg fragte: »Was sind das für politische Gründe?« sagte Ludendorff:

»Die Rücksicht auf den Eindruck auf den Feind, auf unser Heer und auf die Heimat[83].« Dieses Prestigedenken führte zur militärischen Katastrophe. Am 8. August 1918 griffen die Engländer bei Amiens an und brachen fast durch, auch mit Hilfe von Tanks. Panik brach aus. Sie wurde zwar bald wieder unter Kontrolle gebracht, aber die strategische Initiative war verlorengegangen, und die Westfront kam in ihrem gesamten Umfang ins Rutschen. Ludendorff fiel zunächst nur ein, jeden Meter halten zu wollen — doch das nutzte nichts mehr[84]. Langsam, aber unaufhörlich mußten sich die deutschen Verbände, die am Ende ihrer Kraft waren, zurückziehen.

Gleichzeitig war ein österreichischer Angriff in Italien gescheitert. Die Mittelmächte hatten unerklärlicherweise ihren strategischen Fehler von 1916 wiederholt und getrennt operiert. Ein italienischer Gegenstoß war erfolgreicher. Und auf dem Balkan gelang den Alliierten der Durchbruch durch die bulgarischen Linien. Die bulgarische Armee war nicht mehr widerstandsfähig, das völlig erschöpfte Land mußte Separatfrieden schließen. Auch die Türkei war am Ende ihrer Kräfte und kapitulierte. Österreich-Ungarn war dieser erhöhten Belastung nicht mehr gewachsen. Die Donaumonarchie zerfiel noch in den letzten Kriegstagen in mehrere Einzelstaaten.

Und das Deutsche Reich? Im September 1918 war Ludendorff am Ende seines Lateins. Er setzte seine Hoffnungen verzweifelt auf irgendwelche überraschenden Umschwünge; bekannt ist die Episode, daß er seine Enttäuschung nicht verbergen konnte, als eine Nachricht vom Ausbruch einer Lungenpest im französischen Heer sich als Falschmeldung herausstellte, und sagte: »Ich habe mich an diese Nachricht geklammert wie ein Ertrinkender an einen Strohhalm[85].« Die strategische Lage nahm im September 1918 so katastrophale Züge an, daß Ludendorff plötzlich »innerhalb von 48 Stunden« einen Waffenstillstand forderte. Dann überwand er die Krise, und als ihm die alliierten Bedingungen genannt wurden, war er wieder fürs Weiterkämpfen und notfalls für den ruhmvollen Untergang. Doch war es zu spät. Nachdem die Führung einmal die Niederlage eingestanden hatte, war die Armee nicht mehr zu kämpfen bereit, und es kam zu den Unruhen des November 1918, die eher den Charakter einer Meuterei und Massenkampfverweigerung als den einer wirklichen Revolution trugen.

Immer wieder erhob sich in der Zwischenkriegszeit, vor allem im Zusammenhang mit der Dolchstoßlegende, die Frage, ob Deutschland über den November 1918 hinaus hätte weiterkämpfen können.

Möglicherweise wäre bei geschickter strategischer Disposition — etwa einer rechtzeitigen Rücknahme der überdehnten deutschen Stellungen an der Westfront und der rechtzeitigen Ausstattung der Balkanfront mit Reserven — der Zusammenbruch im Jahre 1918 zu verhindern gewesen. Doch was hätte das gebracht? Im Jahre 1919 wäre dann das Ende gekommen, mit Kämpfen auf Reichsgebiet. Daß das Deutsche Reich den Westmächten und Amerika längere Zeit gewachsen gewesen wäre, unabhängig davon, wie militärisch disponiert wurde, scheint bei einem Blick auf die inzwischen überwältigende materielle wie personelle Überlegenheit der Westmächte ausgeschlossen[86]. Ex-Generalstabschef v. Falkenhayn drückte diesen Tatbestand nach dem Krieg lyrisch aus: »Viele Hunde sind des Hirschen Tod[87].« Angesichts der allgemeinen Kriegsmüdigkeit von Armee und Volk ebenfalls unrealistisch war die Idee, nach der Absetzung der alten OHL durch eine revolutionäre Regierung eine levée en masse zu erzeugen, die von der Entente würdigere Friedensbedingungen hätte ertrotzen sollen[88]. Dieses vor allem von Rathenau propagierte Vorhaben wäre eine Kerenski-Politik gewesen, die wohl kaum glücklicher als diese geendet hätte. Armee und Volk wollten Frieden — alles andere war dagegen zweitrangig. Und geradezu absurd war der Gedanke Hindenburgs, lieber bis zum letzten Mann zu kämpfen, als alliierte Bedingungen zu akzeptieren. Ihm wurde geantwortet, das sei ein kaum durchführbarer Gedanke, wo es um 65 Millionen Menschen gehe[89].

Den Krieg überhaupt und dann auch noch in dieser Konstellation anzufangen, war die Ursünde der Mittelmächte nicht nur in moralischer und politischer, sondern auch in militärstrategischer Hinsicht. Ihre Niederlage war nicht auf militärisches Versagen zurückzuführen, auch wenn nach dem Ersten Weltkrieg eine Armee von Schreibtischstrategen ex post nachzuweisen versuchte, wie unter besserer Ausnutzung sich bietender strategischer Okkasionen der Krieg militärisch hätte gewonnen werden können. Dem deutschen Generalstab ist statt dessen der Vorwurf zu machen, durch die Überschätzung der militärischen Möglichkeiten die Politik zuerst zum Krieg verführt, dann die Illusionen des militärischen Sieges verbreitet zu haben. Eine rühmliche Ausnahme bildet hier Falkenhayn.

Letztlich zählen fundamentale Faktoren, wie die Wirtschafts- und Bevölkerungskraft der gegnerischen Koalitionen. Und da sah es nun einmal so aus, daß bei realistischer Betrachtung an einen Sieg zu keinem Zeitpunkt des Krieges zu denken war und daß schon der Kriegsausbruch den Versuch darstellt, das Glück gegen eine überstarke Gegnerkoalition durch Schnelligkeit zwingen zu wollen. Trotz der ungünstigen Ausgangsvoraussetzungen scheint aus der Rückschau, daß unter geschickter Ausnutzung aller militärischen und politischen Vorteile ein politischer Friede nicht unerreichbar war. Dieser wäre aber nur mit einer anderen politischen Führung zu erreichen gewesen, einer, die in realistischer Erkenntnis der Stärkeverhältnisse frühzeitig begriffen hätte, daß mehr als ein Status-quo-Frieden nicht zu erreichen war, und ohne Rücksicht auf annexionistische Strömungen zielgerichtet mit allen militärischen wie politischen Kräften darauf hingearbeitet hätte. Populär wäre eine solche Regierung und ein solcher Friede nicht gewesen; Bülow meint in seinen Memoiren zu Recht, für einen Verzichtfrieden wäre man in Deutschland »mit faulen Äpfeln« beworfen worden[90]. Den deutschen Regierungen wurde wirkliche Verständigungsbereitschaft weder im Inland, vor allem aber nicht im Ausland geglaubt; sie war auch de facto bei den Lenkern der Politik nicht vorhanden. Und darin liegt ein Faktor, der oftmals bei der Kritik der zahlreichen gescheiterten militärischen Operationen zu wenig Beachtung findet: daß der über vierjährige, blutige Kampf, der insgesamt 7 bis 8 Millionen Menschen das Leben kostete und etwa 20 Millionen Verwundete und Verkrüppelte hinterließ, letztlich ein politisches, kein militärisches Problem war.

Der Krieg endete konfus; mit einem Zusammenbruch der alten Gewalten in Deutschland, der weniger endgültig war, als es zunächst schien; viel zu spät und trotzdem überhastet, unter dem Drängen nervöser Militärs, die jede Stunde bis zum Waffenstillstand zählten und damit jede diplomatische Einfädelung vollends unmöglich machten. Zu retten war im Herbst 1918 ohnehin nichts mehr. Hier zeigt sich eine eigenartige, wenn auch reziproke Parallele zur letzten Phase der Julikrise 1914; auch damals zählten die Militärs jede Stunde, um ihre Maßnahmen anlaufen zu lassen, und konnten es nicht erwarten, den Krieg zu beginnen; jetzt, nach über vier Jahren Krieg konnten sie plötzlich nicht mehr schnell genug damit aufhören. Erst im August 1918 gestanden Hindenburg und Ludendorff ein, den Krieg nicht mehr gewinnen zu können. Ludendorff, dessen Person das größte Friedenshindernis überhaupt gewesen ist, sagte: »Wir sind an der Grenze unserer Leistungsfähigkeit angelangt. Der Krieg muß beendet werden[91].« Daß Deutschland dem ungleichen Kampf auf Dauer nicht gewachsen war, hatte Falkenhayn bereits im November 1914 folgenlos dem Reichskanzler zu Bewußtsein zu bringen versucht. Und vielleicht half nur die viel zu späte Einsicht Ludendorffs und sein panisches Drängen auf raschen Waffenstillstand, die politisch Verantwortlichen endlich zu konkreten diplomatischen Schritten zu zwingen, die in der Hast wieder ungeschickt und konfus waren. Für die führenden Politiker — von Ebert bis Stresemann — brach Ende September/Anfang Oktober 1918 bei dem Eingeständnis der Obersten Heeresleitung über den Ernst der Kriegslage eine Welt zusammen[92]. Bis dahin hatten sie geglaubt, gegen die ganze Welt unbegrenzt lange Krieg führen und am Ende sogar noch gewinnen zu können; das schlimmste Ende schien ihnen ein jederzeit erhältlicher Remisfrieden zu sein. Die deutsche Führungsschicht lebte in der Grundüberzeugung der deutschen Unbesiegbarkeit, das erklärt die gesamte verfehlte Politik und Strategie; das erklärt auch, warum sich hellsichtigere Köpfe in Politik und Militär — die es gegeben hat — nicht durchsetzen konnten. »Han vissuto in illusioni«, hatte Ferdinando Martini im August 1914 geschrieben — Illusionen und Träume, aus denen sie erst im Herbst 1918 schmerzlich erwacht sind.

Anmerkungen

1 Ferdinando Martini, Diario 1914—1918, a cura di Gabriele De Rosa, Verona 1966, Eintragung vom 4. 8. 1914, S. 15. Übersetzung H. A.

2 Bernhard Fürst von Bülow, Denkwürdigkeiten, 4 Bde, Bd 3, Berlin 1931, S. 225.

3 Zu den ebenfalls wichtigen Staatssekretären des Auswärtigen Amtes, die bislang von der Forschung vernachlässigt wurden, siehe den Beitrag von Johannes Hürter in diesem Band.

4 Bereit zum Krieg. Kriegsmentalität im wilhelminischen Deutschland 1890—1914, hrsg. von Jost Dülffer und Karl Holl, Göttingen 1986. Zur Kriegsmentalität der Bevölkerung: Thomas Rohkrämer, Der Militarismus der kleinen Leute. Die Kriegervereine im Deutschen Kaiserreich 1871—1914, München 1990.

5 Fritz Fischer, Krieg der Illusionen. Die deutsche Politik von 1911—1914, Düsseldorf [2]1969, und John Röhl, An der Schwelle zum Weltkrieg. Eine Dokumentation über den »Kriegsrat« vom 8. 12. 1912, in: Militärgeschichtliche Mitteilungen, 21 (1977), S. 77—134, unterstellen Bethmann Hollweg ein aggressives Expansionsprogramm, den »Griff nach der Weltmacht«, dessen Realisierung durch einen mindestens seit 1912 vorbereiteten großen europäischen Krieg erreicht werden sollte. Die Gegenposition bezog Gerhard Ritter, Staatskunst und Kriegshandwerk, 4 Bde, Bd 2, München 1973, besonders S. 397—399, der behauptet, der Reichskanzler habe den Krieg nicht

gewollt, sondern nur durch gewagte diplomatische Manöver die »Einkreisung« zu durchbrechen versucht. Eberhard v. Vietsch, Bethmann Hollweg. Staatsmann zwischen Macht und Ethos, Boppard a.Rh. 1969, S. 179—200, stellt Bethmann als eher sich von den Ereignissen treibenlassenden Kanzler dar. Ähnlich Konrad Jarausch, The Enigmatic Chancellor. Bethmann Hollweg and the Hybris of Imperial Germany, London, New Haven 1973, S. 148ff. Wolfgang J. Mommsen, Die latente Krise des Deutschen Reiches 1909—1914, in: Handbuch der Deutschen Geschichte, hrsg. von Leo Just, Bd 4/1, Frankfurt a.M. 1973, betont besonders die Furcht vor Rußlands künftiger Stärke und weist auf die »antirussische Massenhysterie« (S. 91) hin. Weitere Literatur: Holger Afflerbach, Falkenhayn. Politisches Denken und Handeln im Kaiserreich, München 1994, S. 148.

[6] Kurt Riezler, Tagebücher, Aufsätze, Dokumente, hrsg. von Karl Dietrich Erdmann, Göttingen 1972, Tagebuch vom 8.7.1914, S. 184.

[7] Dazu sehr bissig Bülow (wie Anm. 2), Bd 3, S. 208, der von Bethmanns »schwächlicher Fatalitätstheorie« spricht.

[8] Gerhard Ritter, Der Schlieffenplan. Kritik eines Mythos, München 1956.

[9] Deutschland im ersten Weltkrieg. Von einem Autorenkollektiv unter Leitung von Fritz Klein, 3 Bde, Berlin (Ost) 1968/69, Bd 1, S. 298.

[10] Dazu gehören beispielsweise: Der bayerische Militärbevollmächtigte in Berlin, Generalmajor v. Wenninger, nach Ausweis seiner Tagebücher (Auszüge erschienen in: Bernd Felix Schulte, Neue Dokumente zum Kriegsausbruch und Kriegsverlauf 1914, in: Militärgeschichtliche Mitteilungen, 25 (1979), S. 123—185), aus denen auch die Skepsis Falkenhayns hervorgeht; die Distanz der Generale v. Lyncker und v. Falkenhayn sowie der Admirale v. Tirpitz und v. Müller wird ebenfalls spürbar in der Sitzung am 1. August 1914, als Moltke als einziger auf der minutiösen Durchführung des Schlieffenplans beharrte und dafür sogar die englische Neutralität auszuschlagen bereit war. Dazu Afflerbach (wie Anm. 5), S. 163—167.

[11] Über die als historisch getarnte, verdeckte Diskussion in den Reihen der Generalstäbler über die Notwendigkeit des Einmarsches in Belgien: Martin Raschke, Der politisierende Generalstab. Die friderizianischen Kriege in der amtlichen deutschen Militärgeschichtsschreibung 1890—1914, Freiburg i.Br. 1993 (= Einzelschriften zur Militärgeschichte, Bd 36).

[12] Bismarck hatte nach Aussage Bülows anläßlich einer Warnung vor England im Zusammenhang mit der Kolonialfrage gesagt: »An einen englischen Angriff ist nur zu denken, wenn wir uns sowohl mit Rußland wie mit Frankreich im Krieg befänden oder irgendeinen kompletten Blödsinn machen würden, wie Holland oder Belgien zu überfallen oder die Ostsee zu schließen durch Okkupation des Sundes, oder einen sonstigen Blödsinn, mit dem nicht zu rechnen ist.« Bülow (wie Anm. 2), Bd 4, Berlin 1931 S. 556.

[13] Alfred von Tirpitz, Erinnerungen, Leipzig 1919, S. 251, 456; Wilhelm Groener, Lebenserinnerungen. Hrsg. von Friedrich Frhr. Hiller von Gaertringen, Göttingen 1957, S. 160. Dazu auch: Jehuda Wallach, Das Dogma der Vernichtungsschlacht, Frankfurt a.M. 1967, Kapitel 2.3: Die Haltung Schlieffens und seiner Nachfolger gegenüber England, S. 201—229.

[14] Gerd Krumeich, Le déclin de la France dans la pensée politique et militaire

allemande avant la Première Guerre Mondiale, in: La Moyenne Puissance au XX. Siècle, Ed.: Institut d'Histoire des Conflicts Contemporains, Paris 1988, S. 101—115.

15 Wenninger-Tagebuch, Eintragung vom 31.7.1914, Bayerisches Hauptstaatsarchiv, Abt. Kriegsarchiv, HS 2546.

16 Falkenhayn an Hanneken, 22.3.1912, Nachlaß Detring/v. Hanneken, in Privatbesitz.

17 Dass., 13.2.1910, Bundesarchiv-Militärarchiv Freiburg (BA-MA), Nachlaß Falkenhayn.

18 Zit. bei Barbara Tuchman, August 1914. Der Ausbruch des Ersten Weltkrieges, Bergisch Gladbach 1981, S. 36.

19 Wolfgang J. Mommsen, Der Topos vom unvermeidlichen Krieg, in: Bereit zum Krieg (wie Anm. 4), S. 194—224.

20 Ritter, Schlieffen-Plan (wie Anm. 8), S. 68.

21 Otto von Bismarck, Werke in Auswahl. Bd 8, Teil A: Erinnerung und Gedanke, hrsg. von Rudolf Buchner, Darmstadt 1975, S. 360.

22 Hugo Graf Lerchenfeld-Köfering, Kaiser Wilhelm II. als Persönlichkeit und Herrscher. Hrsg. von Dieter Albrecht u.a., Kallmünz 1985, S. 39.

23 Marginalie vom 4.8.1914, abgedr. in: Die Deutschen Dokumente zum Kriegsausbruch. Vollständige Sammlung der von Karl Kautsky zusammengestellten amtlichen Aktenstücke [...], hrsg. von Graf Max Montgelas und Walter Schücking, 4 Bde, Charlottenburg 1919, Bd 3, Dok. 811.

24 Bülow (wie Anm. 2), Bd 3, S. 208; ebd., behauptet er sogar, ein sofortiges Mitziehen Italiens und Rumäniens hätte den Krieg mit einem sicheren Sieg der Mittelmächte enden lassen.

25 Fritz Fischer, Griff nach der Weltmacht. Die Kriegszielpolitik des kaiserlichen Deutschland 1914/18, Düsseldorf 1967, S. 85; weitere Belege: Afflerbach (wie Anm. 5), S. 169, Anm. 93.

26 Fischer (wie Anm. 25), S. 110—143.

27 Afflerbach (wie Anm. 5), S. 260f.

28 Zum folgenden ausführlich: ebd., S. 198—210.

29 Ebd., S. 210.

30 Mertz v. Quirnheim an das Reichsarchiv, 7.1.1935, über ein Gespräch mit Bethmann Hollweg am 8.11.1920, in: Bundesarchiv Potsdam (BA-MA-P), W 10/51490, zit. bei Afflerbach (wie Anm. 5), S. 247.

31 Bethmann an Wahnschaffe, 7.1.1915, zit. ebd., S. 222f. Er schrieb unter anderem: »Persönlich machte mir der Mann [Ludendorff] keinen ganz pupillarischen Eindruck. Auch sein telefonisches Drängen [...] gefällt mir nicht.«

32 Erich Ludendorff, Meine Kriegserinnerungen 1914—1918, Berlin 1919, S. 193.

33 Erich v. Falkenhayn, Die Oberste Heeresleitung 1914—1916 in ihren wichtigsten Entschließungen, Berlin 1920, S. 48.

34 Carl v. Clausewitz, Vom Kriege, Bonn [19]1980, S. 1024.

35 Wilhelm Ernst Winterhager, Mission für den Frieden. Europäische Mächtepolitik und dänische Friedensvermittlung im Ersten Weltkrieg, Stuttgart 1984.

36 Wilhelm Deist, Kaiser Wilhelm II. als Oberster Kriegsherr, in: Der Ort Kaiser Wilhelms II. in der deutschen Geschichte, hrsg. von John Röhl, München 1991 (= Schriften des Historischen Kollegs, 17), S. 25—42.

[37] Afflerbach (wie Anm. 5), S. 248.
[38] Falkenhayn (wie Anm. 33), S. 54.
[39] Tappen-Tagebuch, 27.2.1915: »Überhaupt ziemlich unklare Lage im Osten. Firma Hindenburg weiß anscheinend nicht ein noch aus.« Zit. bei: Karl-Heinz Janßen, Der Kanzler und der General. Die Führungskrise um Bethmann Hollweg und Falkenhayn, Göttingen 1967, S. 88, Anm. 14.
[40] Ebd., S. 90.
[41] Ebd.
[42] Falkenhayn an Hindenburg, 14.8.1915, zit. in: Afflerbach (wie Anm. 5), S. 308.
[43] Ein Verwandter Hindenburgs schrieb: »Ludendorff schäumt förmlich. Er ist außer sich. Betrachtet alles als persönliche Kränkung.« Zit. bei Janßen (wie Anm. 39), S. 155. Siehe dazu auch: Afflerbach (wie Anm. 5), S. 308f.
[44] Adolf Wild von Hohenborn, Briefe und Tagebuchaufzeichnungen des preußischen Generals als Kriegsminister und Truppenführer im Ersten Weltkrieg, hrsg. von Helmut Reichold und Gerhard Granier, Boppard a.Rh. 1986, S. 123, Tagebucheintrag vom 16.12.1915. Wild schrieb nach einem Besuch bei »Oberost«: »Für den Westen, für Belgien oder für Serbien gibts bei diesem Stab gar kein Verständnis; man will seinen russischen Feldzug zu Ende bringen und hofft, damit den Krieg zu Ende zu bringen.«
[45] Falkenhayn an Hindenburg, 31.8.1915, zit. bei Afflerbach (wie Anm. 5), S. 309.
[46] Ebd., S. 294f.
[47] Falkenhayns Adjutant, Hans Henning v. Pentz, erinnerte sich nach dem Krieg, daß Falkenhayn ihm im »Juli 1915« folgendes Telegramm an den Reichskanzler zum Chiffrieren gab: »Euer Exzellenz empfehle ich dringend, jetzt zu versuchen, mit Rußland einen Sonderfrieden abzuschließen, selbst unter Verzicht auf jeden Landerwerb.« BA-MA, Nachlaß Pentz, zit. bei: Janßen (wie Anm. 39), S. 141, Anm. 1.
[48] Afflerbach (wie Anm. 5), S. 300f.
[49] Dazu Fischer (wie Anm. 25), S. 235; Afflerbach (wie Anm. 5), S. 303.
[50] Fischer (wie Anm. 25), S. 235.
[51] Afflerbach (wie Anm. 5), S. 316–320.
[52] Ebd., S. 321–335.
[53] Hermann Wendt, Verdun 1916. Die Angriffe Falkenhayns im Maasgebiet mit Richtung auf Verdun als strategisches Problem, Berlin 1931, S. 23.
[54] August von Cramon, Unser Österreichisch-Ungarischer Bundesgenosse im Weltkriege. Erinnerungen aus meiner vierjährigen Tätigkeit als bevollmächtigter deutscher General beim k.u.k. Armeeoberkommando, Berlin 1920, S. 75.
[55] Afflerbach (wie Anm. 5), S. 357.
[56] Über den Angriff von Verdun sind, was Falkenhayns Absichten betrifft, ungenaue, oft auch sachlich falsche Vorstellungen in Umlauf. Dabei geht es vor allem um den Begriff der »Ausblutungsschlacht«. Die Legenden um Verdun können hier aus Platzgründen weder diskutiert noch richtiggestellt werden. Siehe dazu ebd., S. 351–375.
[57] Walther Rathenau, Tagebuch 1907–1922, hrsg. von Hartmut Pogge v. Strandmann, Düsseldorf 1967, Eintrag vom 28.11.1915; dazu auch Afflerbach (wie

Anm. 5), S. 357f., mit einer Notiz Rathenaus über ein Gespräch mit Falkenhayn über die Aussichten einer deutschen Offensive gegen Frankreich.

58 Falkenhayns chronische Unterschätzung der Franzosen ist ein mentalitätsgeschichtliches und biographisches Problem, das hier nicht behandelt werden kann. Siehe dazu Afflerbach (wie Anm. 5), besonders S. 68—70, 357—359.

59 Memorandum Falkenhayns, 25.4.1915, Politisches Archiv, AA, Deutschland 128 Nr. 1 geh., Bd 51.

60 Falkenhayn (wie Anm. 33), S. 245.

61 Wolfgang J. Mommsen, Der Erste Weltkrieg und die Krise Europas, in: Gerhard Hirschfeld, Gerd Krumeich, Keiner fühlt sich hier mehr als Mensch ..., Essen 1993, S. 25—41 (Schriften der Bibliothek für Zeitgeschichte — Neue Folge, Bd 1) S. 32, konstatiert die deutliche Abkoppelung der politischen Führung der kriegführenden Länder von den Bevölkerungen ebenfalls im Kriegsjahr 1916.

62 Wilhelm Groener an das Reichsarchiv, 5.3.1934, in: BA-MA-P, W-10/50705.

63 Falkenhayn (wie Anm. 33), S. 185.

64 Afflerbach (wie Anm. 5), S. 388f.

65 Paul Kennedy, Aufstieg und Fall der Großen Mächte. Ökonomischer Wandel und militärischer Konflikt von 1500—2000, Frankfurt a.M. 1989, S. 392, untermauert diese Behauptung mit folgenden Zahlen:

	Deutschland, Österreich-Ungarn	Frankreich, Rußland, Großbritannien
Prozent der Weltindustrie-Produktion 1913	19,2%	27,9%
Stahlproduktion 1913 (in Mio. Tonnen)	20,2	17,7
Gesamtes Industriepotential (GB im Jahre 1900 = 100)	178,4	261,1

66 Afflerbach (wie Anm. 5), S. 504ff.

67 Cramon an Falkenhayn, 4.2.1916, Österreichisches Staatsarchiv-Kriegsarchiv (ÖstA-KA), AOK 607.

68 Conrad an Falkenhayn, 15.6.1916, ÖStA-KA, AOK 512.

69 Der Weltkrieg 1914—1918. Bearbeitet im Reichsarchiv, 14 Bde, Bd 10, Berlin 1936, S. 482f.

70 Aufzeichnung Bethmann Hollwegs vom 19.7.1916, in: Janßen (wie Anm. 39), S. 296ff.

71 Ebd., S. 222.

72 Ritter (wie Anm. 5), Bd 3, München 1964, S. 249.

73 Wild von Hohenborn (wie Anm. 44), S. 98 (Tagebucheintrag vom 2.11.1915).

74 Afflerbach (wie Anm. 5), S. 198.

75 Janßen (wie Anm. 39), S. 253.

76 Georg Alexander von Müller, Regierte der Kaiser? Kriegstagebücher, Aufzeichnungen und Briefe des Chefs des Marine-Kabinetts Admiral Georg Alexander von Müller 1914—1918, hrsg. von Walter Görlitz, Göttingen 1959, S. 206, 26.7.1916. Dazu auch: Janßen (wie Anm. 39), S. 235.

77 Ein kurzes, aber vernichtendes Urteil zum Hindenburg-Programm bei: Kennedy (wie Anm. 65), S. 408f.

[78] Die graue Exzellenz. Zwischen Staatsräson und Vasallentreue. Aus den Papieren des kaiserlichen Gesandten Karl Georg von Treutler. Hrsg. und eingel. von Karl-Heinz Janßen, Frankfurt a.M. 1971, S. 210.

[79] Zit. bei Michael Balfour, Der Kaiser. Wilhelm II. und seine Zeit, Berlin 1967, S. 404.

[80] Ritter (wie Anm. 5), Bd 4, München 1968, S. 13.

[81] Groener (wie Anm. 13), S. 438. Zum Problem der strategischen Konzeption für 1918 siehe ebd., S. 419—439.

[82] Ritter (wie Anm. 5), Bd 4, S. 285.

[83] Ebd., S. 288f.

[84] Ebd., S. 410.

[85] Ebd., S. 415. Diese Episode ereignete sich am 25.9.1918.

[86] Kennedy (wie Anm. 65), S. 411, bringt folgende Tabelle:

	GB, USA, Frankreich	Deutsches Reich, Österreich-Ungarn
Prozent der Welt-Industrieproduktion 1913	51,7	19,2
Energieverbrauch in Mio. Tonnen Kohleäquivalent (1913)	798,8	236,4
Stahlproduktion 1913 in Mio. Tonnen	44,1	20,2
Gesamtes Industriepotential (GB 1900 = 100)	472,6	178,4

Aus diesen Zahlen, die eine ungefähre Vorstellung der Relation vermitteln, wird eine etwa 2,5fache ökonomische Überlegenheit der Westmächte sichtbar. Die Überlegenheit wird aber noch deutlicher, wenn der Produktivitätszuwachs der USA im Kriege und die Erschöpfung der Mittelmächte bis zum Jahre 1917 in Rechnung gestellt wird.

[87] Falkenhayn im Vorwort eines nicht erschienenen Buches: »Wie Amerika den Krieg entschied«. Buchfragment in: BA-MA, Nachlaß Falkenhayn.

[88] Ritter (wie Anm. 5), Bd 4, S. 417f.

[89] Balfour (wie Anm. 79), S. 431f.; dazu auch Ritter (wie Anm. 5), Bd 4, S. 417.

[90] Bülow (wie Anm. 2), S. 266.

[91] Ritter (wie Anm. 5), Bd 4, S. 395.

[92] Balfour (wie Anm. 79), S. 430f.; Ritter (wie Anm. 5), Bd 4, S. 424; Erich Ludendorff, Urkunden der Obersten Heeresleitung über ihre Tätigkeit 1916/18, Berlin 1920, S. 535.

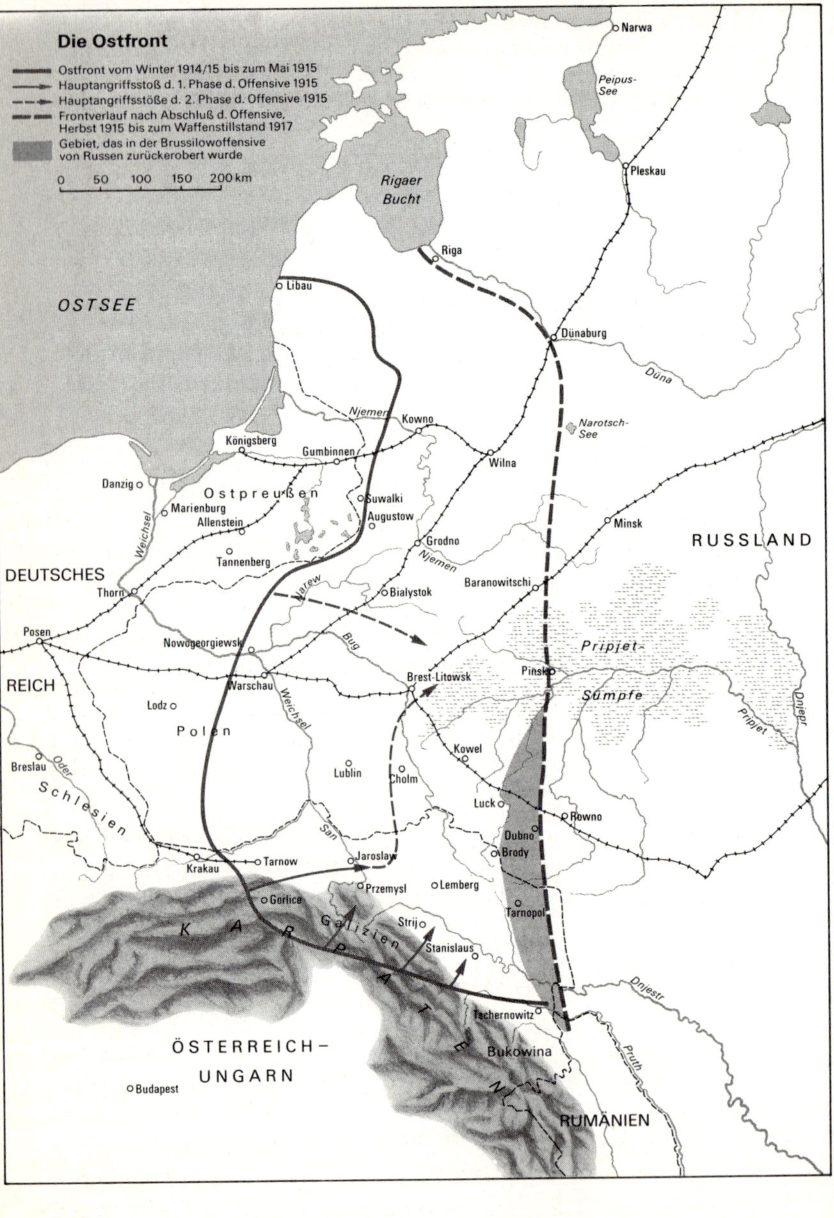
Die Ostfront
Ostfront vom Winter 1914/15 bis zum Mai 1915
Hauptangriffsstoß d. 1. Phase d. Offensive 1915
Hauptangriffsstöße d. 2. Phase d. Offensive 1915
Frontverlauf nach Abschluß d. Offensive, Herbst 1915 bis zum Waffenstillstand 1917
Gebiet, das in der Brussilowoffensive von Russen zurückerobert wurde
0 50 100 150 200 km
Narwa
Peipus-See
Pleskau
Rigaer Bucht
Riga
Libau
OSTSEE
Dünaburg
Düna
Njemen
Kowno
Narotsch-See
Königsberg
Gumbinnen
Wilna
Danzig
Ostpreußen
Suwalki
Marienburg
Augustow
Allenstein
Minsk
RUSSLAND
Weichsel
Grodno
Tannenberg
Njemen
DEUTSCHES
Baranowitschi
Thorn
Narew
Bialystok
Posen
Bug
Pripjet-
Nowogeorgiewsk
Pinsk
Brest-Litowsk
REICH
Warschau
Sümpfe
Lodz
Weichsel
Pripjet
Dnjepr
Polen
Kowel
Breslau
Oder
Lublin
Cholm
Schlesien
Luck
Rowno
San
Dubno
Brody
Jaroslaw
Tarnow
Krakau
Przemysl
Lemberg
Gorlice
Tarnopol
KARPATEN
Galizien
Strij
Stanislaus
Dnjestr
Tschernowitz
ÖSTERREICH-UNGARN
Bukowina
Pruth
Budapest
RUMÄNIEN

Michael Epkenhans

Die kaiserliche Marine im Ersten Weltkrieg: Weltmacht oder Untergang?

»Unsere Zukunft liegt auf dem Wasser[1].« Mit diesem Satz deutete Kaiser Wilhelm II. 1898 in einer Rede in provozierender, zugleich aber prägnanter Weise die Richtung an, die die deutsche Außenpolitik in Zukunft einschlagen würde. Im Gegensatz zu besorgten Konservativen, die ganz in Bismarckscher Tradition »Welthändel Welthändel« sein lassen wollten, um »die Sicherheit des Landes gegen die beiden Nachbarn zu wahren«[2], war Wilhelm II., der sich dabei durchaus auf die Zustimmung zunehmend breiterer Kreise in der Öffentlichkeit stützen konnte, entschlossen, »Weltpolitik« zu betreiben. Darunter verstand er, wie er in Anwesenheit des bayerischen Prinzen Rupprecht bei der Taufe des Linienschiffs »Wittelsbach« im Juli 1900 in Hamburg verkündete, daß »ohne Deutschland und ohne den Deutschen Kaiser keine große Entscheidung mehr fallen darf«[3].

Das Instrument zur Operationalisierung dieser ehrgeizigen Politik konnte nur eine mächtige Schlachtflotte sein. In Alfred v. Tirpitz, der seit 1897 das Reichsmarineamt leitete, und Bernhard v. Bülow, der zur gleichen Zeit die Leitung des Auswärtigen Amtes übernommen hatte, verfügte der Kaiser über zwei Politiker, die willens und im Vergleich zu ihren Vorgängern offenkundig auch fähig waren, diese Politik zu realisieren. Mit großer Energie und mit einem geradezu erstaunlichen Geschick im Umgang mit Parlamentariern, Öffentlichkeit und internen Kritikern begannen sie im Winter 1897/98 eine Schlachtflotte zu bauen, die für die Royal Navy mehr als nur ein »Risiko« sein sollte. Nach ihrer Fertigstellung sollte sie vielmehr maßgeblich dazu beitragen, das englische Weltreich zu beerben und die »Pax Britannica« durch eine »Pax Germanica« zu ersetzen.

Die Vergrößerung der Macht und des Prestiges des Deutschen Reiches war jedoch nur die eine Seite der Medaille. Die andere Seite war die Hoffnung, durch außenpolitische Erfolge die innenpolitische Systemkrise allmählich zu überwinden und die Marine durch ein vorsichtiges, schrittweises Vorgehen ähnlich wie die Armee dem Einfluß des Reichstages zu entziehen. Eng damit verknüpft war das Bestreben, durch eine gezielte, weitgefächerte Förderung der deutschen »Seeinteressen« die Wirtschaft zu beleben, Konjunkturkrisen abzuschwächen und den sozialen Frieden zu sichern[4].

Dieses auf den ersten Blick so überzeugende Konzept erwies sich bereits innerhalb weniger Jahre als illusionär. Die Regierung in London registrierte sehr wohl die im Bau der Hochseeflotte liegende Bedrohung der englischen Weltmachtstellung. Weitaus früher, als Tirpitz befürchtet hatte, orientierten sich dementsprechend auch Rüstungspolitik und strategische Planungen der Admiralität an der Anzahl der deutschen Schiffe[5]. Außenpolitisch bedeutsamer war freilich das Mißtrauen der Verantwortlichen im Foreign Office gegenüber dem offenkundig aggressiven Weltmachtstreben des Kaiserreichs. Dieses Mißtrauen trug schließlich maßgeblich dazu bei, die keineswegs konfliktfreien Bindungen zu den Ententepartnern vorsichtig zu stärken[6]. Alle Versuche Bülows und Bethmann Hollwegs, das Verhältnis zu England zu entspannen, scheiterten daran, daß ein Ausbrechen aus dem »circulus vitiosus«[7] von Wettrüsten und Verhandlungen über politische Maximalziele weder mit noch gegen Tirpitz möglich war[8]. Allenfalls als »Juniorpartner« Englands waren — wie die Verhandlungen über die portugiesischen Kolonien und die Bagdadbahn zeigten[9] — begrenzte außenpolitische Erfolge zu verzeichnen, doch diese Abhängigkeit von englischer Gunst hatten Tirpitz und Bülow gerade ja vermeiden wollen.

In gleicher Weise unerreicht waren die zu Beginn angestrebten innenpolitischen Ziele. Die Bedeutung des Reichstages hatte eher zugenommen, und auch wenn es den Parteien vorläufig noch an einem ausgeprägten Willen zur Macht fehlte, waren sie doch schon jetzt gewillt, die Rechte des Parlaments intensiver wahrzunehmen. Die zunächst geförderten nationalen Verbände entpuppten sich zur gleichen Zeit zudem als »Geister«, die man nicht mehr los wurde und die durch ihre oft maßlose Agitation die Reichsleitung immer stärker unter Erfolgszwang stellten[10]. Die Sozialdemokraten, gegen deren Anwachsen die Flotte sogar »ein starkes Palliativ«[11] hatte sein sollen, waren darüber hinaus seit 1912 die stärkste Partei im Reichstag, und nicht zuletzt wegen dieses Anschwellens der »roten Flut« blickte Tirpitz »nicht sehr rosig in die Zukunft«[12].

Die Absicherung des geplanten Sollbestandes von 60 Großkampfschiffen war 1912 mit der Novelle zum Flottengesetz zwar gelungen und das »Äternat« damit theoretisch erreicht, aber ob sich dieses Gesetz aufrechterhalten lassen würde, war aufgrund der pessimistischen Beurteilung der innenpolitischen Entwicklung und angesichts der enormen Kosten der Marinerüstung eine offene Frage. Klar hingegen war zu diesem Zeitpunkt bereits, daß die mit dem Bau der Flotte verknüpften wirtschaftspolitischen Ziele nicht erreicht worden waren. Aufgrund der Schwankungen des Weltmarktes, eigener Fehleinschätzungen und einer rigorosen Preispolitik des Reichsmarineamtes war es den deutschen Werften und der Schiffbauindustrie nicht gelungen, zu einem neuen Leitsektor der Volkswirtschaft zu werden. Der Anteil der Schiffbauindustrie an der gesamten Eisen- und Stahlproduktion kam über die Drei-Prozent-Marke nicht hinaus, und ein Teil der Werften stand 1914 sogar am Rande des Ruins[13].

Die Marineführung ist sich über die bevorstehende »Bankerott-Erklärung«[14] der eigenen Politik am Vorabend des Ersten Weltkrieges durchaus im klaren gewesen. So notierte Tirpitz im Mai 1914 auf einem seiner berühmten »Grünzettel«: »Die Lage bricht über der Marine zusammen[15].« »Wir können«, teilte er seinem Vertrauten seit den ersten Tagen des Flottengesetzes, Admiral Capelle, zur gleichen Zeit mit, »die Schiffe nicht mehr bauen, die vorgesehen sind[16].« Unterstützung für die Bewilligung neuer Gelder war aber von keiner Seite zu erwarten. Der Reichstag hatte im Frühjahr zwar, zum großen Erstaunen mancher Marineoffiziere, ein eindrucksvolles Bekenntnis zum Flottengesetz abgelegt[17], eine signifikante Erhöhung des Marineetats war damit jedoch nicht verbunden. Während die Marine im Sommer 1914 noch über einem Nachtragshaushalt brütete, lehnte Matthias Erzberger im »Tag« neue Steuern zur Finanzierung von Rüstungsvorlagen vielmehr mit der unmißverständlichen Begründung ab: »Jetzt ist Ruhe die erste Bürgerforderung[18].« Auch der Kaiser, dessen »Kind« die Marine in vielfacher Hinsicht ohne Zweifel war, verlor zunehmend das Interesse an ihr. Bereits in den Verhandlungen über die Flottennovelle 1912 hatte Tirpitz erfahren müssen, daß Wilhelm II. trotz »markiger« Sprüche und Randbemerkungen keine uneingeschränkte Stütze seiner Politik mehr war, und die Tatsache, daß der Kaiser »bedenklich den Kopf über die notwendigen neuen Steuern«[19] schüttelte, als er vom Chef des Marinekabinetts über die von Tirpitz geforderten Geldmittel unterrichtet wurde, bestätigte nur wieder einmal, daß der Staatssekretär mit der Unterstützung Wilhelms II. in Zukunft keineswegs fest rechnen konnte. Weitaus gravierender war darüber hinaus die Tatsache, daß die Armee seit 1911/12 bei den politisch Verantwortlichen wie auch in der enttäuschten Öffentlichkeit wieder die erste Stelle in der Rüstungspolitik einnahm. Bereits im November 1911 hatte der preußische Kriegsminister v. Heeringen diesen Wandel in der Rüstungspolitik mit dem Hinweis begründet: »Kein noch so durchschlagender Erfolg auf dem Wasser macht eine entscheidende Niederlage des Landheeres wett. Auf dem Sieg oder Mißerfolg des deutschen Heeres ruht das Schicksal der Krone der Hohenzollern, das Wohl und Wehe unseres Vaterlandes[20].« Aber auch in den eigenen Reihen war Tirpitz' Politik umstritten: Seine Baupolitik überforderte die Marine personell, sein autoritärer Führungsstil verprellte viele Offiziere, und die außenpolitischen Konsequenzen seiner kompromißlosen Verteidigung des Flottengesetzes erschienen selbst engen Weggefährten wie Admiral Capelle nicht immer tragbar[21].

Vor dem Hintergrund des kritischen Zustandes, in dem sich die Marine am Vorabend des Ersten Weltkrieges befand, wird man daher um so mehr fragen müssen, wie sie sich gegenüber einer möglichen außenpolitischen »Flucht nach vorn« verhalten würde. Daß die Armee einen baldigen Präventivkrieg ernsthaft erwog, wußte Tirpitz spätestens seit dem »Kriegsrat« vom Dezember 1912[22]. Damals hatte er sich aber unter Hinweis auf den unfertigen Zustand der Flotte noch eine Atempause verschaffen können. Im Frühjahr 1914 teilte ihm der Chef des Generalstabes, Moltke, erneut mit, »daß je eher wir den Krieg gegen Rußl[and]-Frankreich begönnen, desto besser« sei es, denn »die Politik S.M. Frieden um jeden Preis treibe genau wie 1806 zu einem desaströsen Kriege«[23]. Seit diesem Zeitpunkt begann auch Tirpitz an das — seiner Meinung nach von England im Interesse der eigenen Stellung sogar erwünschte — Hineintreiben in den großen europäischen Kontinentalkrieg zu glauben[24]. Obwohl die Flotte entgegen seiner Zusicherung vom Dezember 1912 auch im Sommer 1914 nicht fertig war, waren die eindeutigen Anzeichen für den Kriegswillen der Armee für ihn dieses Mal jedoch kein Anlaß, vor einer Fahrt in den Abgrund zu warnen. Die Rettung seines Lebenswerkes vor dem innen- und außenpolitischen Bankrott war in Tirpitz' Augen offenkundig wichtiger als das prinzipiell bedrohliche, zur Zeit aber nicht akute Drängen Moltkes auf einen baldigen Krieg.

An den wichtigen Entscheidungen zu Beginn und während der »Julikrise« hatte Tirpitz von Anfang an keinen Anteil. Wie andere führende Politiker und Militärs wurde auch er von der Reichsleitung vielmehr bewußt in den Urlaub geschickt[25]. Obwohl er in seinem Urlaubsort vom Leiter der Zentralabteilung durch Tagesmeldungen auf dem laufenden gehalten wurde, soweit dies aufgrund der Informationen, die das Reichsmarineamt erhielt[26], möglich war, hat er auch von sich aus nicht versucht, die Politik der Reichsleitung in Berlin zu beeinflussen oder gar einen großen Krieg im Ansatz zu verhindern. Tirpitz registrierte die wachsende Spannung in Europa zwar mit einem gewissen Unbehagen[27], reagierte aber auf die ihm vorgelegten Meldungen über die allmähliche Verschärfung der Lage zunächst nicht. Auch als er am 27. Juli schließlich doch vorzeitig nach Berlin zurückkehrte, plädierte er erstaunlicherweise nicht für einen vorsichtigeren Kurs. Seine größte Sorge war vielmehr,

»daß die Beteil[ig]ung an der von England beabsichtigten Beruhigungsaktion sehr leicht in ein schwächliches Nachgeben Oesterreich's u[nd] damit eine Schlappe des Dreibunds ausarten könne«[28].

Mit Unmut registrierte er auch am gleichen Tag nach einem Gespräch mit Bethmann Hollweg, daß der Reichskanzler ein Eingehen auf eine Vermittlungsaktion nicht gänzlich auszuschließen schien[29]. Entgegen der von ihm selbst später gepflegten Legende war Tirpitz von einem Eingreifen Englands auch nicht von vornherein überzeugt. Noch am 29. Juli bezeichnete er die englischen Mobilmachungsvorbereitungen als »Bluff«[30]. Mit dieser Einschätzung der Lage stand Tirpitz in der Marine keineswegs allein da, denn der stellvertretende Chef des Admiralstabes, Behncke, sah selbst am 30. Juli die »Situation nicht für [sic!] so brenzlich an, meint Grey blufft«[31]. Aber auch jetzt leistete Tirpitz, der seit Bethmann Hollwegs ernüchternder Lagebeurteilung in der Kronratssitzung vom 30. Juli die Lage als »sehr ernst«[32] bezeichnete, keinen ernsthaften Widerstand gegen die auf einen Krieg zusteuernde Politik des Kanzlers. Offensichtlich stand er dem Gedanken an einen – wie er es später euphemistisch nannte – »Eventualpräventivkrieg«[33] doch nicht so ablehnend gegenüber, wie er es nach dem Krieg behauptete. Erst jetzt begann die Marine, ihre Planungen auf einen Krieg gegen England umzustellen, denn bis dahin hatte der für die Operationsplanungen zuständige Admiralstab »nur« mit einem Krieg gegen Frankreich und Rußland gerechnet[34].

Der Krieg, den die Marine zwar nicht von vornherein gewollt, den sie aber auch nicht zu verhindern versucht hat, war allenfalls aus der jugendlichen Perspektive eines unerfahrenen jüngeren Seeoffiziers wie Ernst v. Weizsäcker »eine schöne Zeit moralischer Regeneration«[35]; insgesamt sollte er sich für die Marine bereits innerhalb kurzer Zeit als ein Desaster erweisen. Die militärischen Fehlschläge wie der Verlust der »Magdeburg« in der Ostsee und der Untergang dreier Kreuzer vor Helgoland nach einem Gefecht mit überlegenen britischen Streitkräften in den ersten Wochen des Krieges, waren diesbezüglich freilich nur ein Symptom. Weitaus entscheidender war, daß die Marine – wie Tirpitz bereits in den ersten Tagen im Großen Hauptquartier zu spüren begann – im politischen und militärischen Entscheidungsprozeß eindeutig an die zweite Stelle rückte. Die geradezu rasant sich vollziehende Zurückdrängung des Staatssekretärs aus dem Zentrum der Macht, die offenkundige Gleichgültigkeit, mit der Wilhelm II., Politiker und Generale seinen Forderungen gegenüberstanden, sowie der tiefe Riß innerhalb der Marine selbst offenbarten innerhalb weniger Wochen das endgültige Scheitern seines Lebenswerkes. Tirpitz' Kriegsbriefe[36], seine Äußerungen gegenüber den wenigen Getreuen in seiner Umgebung[37] und die Aufzeichnungen hoher Marineoffiziere vermitteln diesbezüglich ein eindrucksvolles Bild von dem Pessimismus, mit dem die eigene Zukunft gesehen wurde. Schmerzhaft und in seinen Konsequenzen nicht absehbar war in diesem Zusammenhang auch der Vorwurf vieler Politiker und Militärs, für die Verschlechterung der außenpolitischen Lage und damit letztlich für den Kriegsausbruch verantwortlich zu sein. Der Staatssekretär des Auswärtigen Amts, Jagow, hielt Tirpitz am 6. August vor, daß der Krieg nicht nötig gewesen wäre, »wenn Sie uns ein kleines Flottenagreement mit England gegeben hätten«[38]; in der Armee gab es viele Stimmen, die offen klagten:

»Wir hätten zwar Machtpolitik treiben müssen, aber Kontinentalpolitik. Erst die Feinde auf dem Kontinent niederringen, dazu alles in das Heer stecken. Hätten wir statt der Flotte ein paar Armeekorps mehr gehabt, hätten wir anders dagestanden. ›Welt- und Flottenpolitik‹ ist ›verfrüht‹ gewesen. Wir haben uns ›übernommen‹ mit der Marine[39].«

Der Hinweis, daß die Armee »die Wurzel, die Marine die in den Weltraum strebenden Äste«[40] seien, war insofern auch kaum mehr als ein hilfloser Versuch, diese Kritiker zu besänftigen.

Kaum weniger gravierend für die zukünftige Entwicklung war die Tatsache, daß sich auch in der Öffentlichkeit die Stimmen mehrten, die die Flotten- und Weltpolitik für verfehlt hielten. Ein kennzeichnendes Beispiel hierfür sind die Ausführungen im »Berliner Tageblatt« anläßlich des Todes des »Marinepropheten« Alfred T. Mahan im Dezember 1914:

»Gewiß brauchen wir eine leistungsfähige Flotte, aber im *Landheere* sind die starken Wurzeln unserer Kraft, die es uns möglich machen, uns im Herzen Europas zu behaupten gegen eine Übermacht von Feinden ringsum[41].«

Die Forderung, Belgien als wichtiges Aufmarschgebiet gegen England mehr oder weniger ganz zu annektieren, sowie die angestrebte Kontrolle der französischen Kanalküste gehörten daher neben eher zweitrangigen Annexionen militärisch und wirtschaftlich bedeutsamer Gebiete an der französischen Ostgrenze zu den vom Schiffskommandanten bis hin zur Führungsspitze der Marine verfochtenen »Standardzielen« seit den ersten Kriegstagen. Der Gedanke an diese Erwerbungen sollte, wie der ehemalige Marineattaché an der deutschen Botschaft in London, Widenmann, am 29. August 1914 an Tirpitz schrieb, »schon jetzt so sehr Allgemeingut von Deutschland werden, daß ein Frieden ohne diesen Zuwachs überhaupt eine Unmöglichkeit wird«[71]. Mit geradezu unglaublicher Zähigkeit hat die Marine bis in den Sommer 1918 die Angliederung Flanderns verlangt und damit eine flexiblere Belgienpolitik erschwert[72]; erst angesichts der rapiden Verschlechterung der militärischen Lage im Westen war sie bereit, dieses Ziel als nicht realisierbar anzuerkennen[73].

Auch das neutrale Holland sollte — gegen Entschädigung — zur Abtretung strategisch wichtiger Gebiete an der Scheldemündung gezwungen werden, denn »die Interessen des europäischen Friedens gehen hier vor«[74]. Je mehr sich im weiteren Verlauf des Krieges die Erkenntnis durchsetzte, daß eine geographisch günstige Position eine notwendige Voraussetzung für wirkliche Seemacht war, um so weniger machte der Annexionismus der Marine selbst vor den neutralen skandinavischen Staaten halt. Seit 1915 wurden der Erwerb der dänischen Färöer-Inseln, die Benutzung von Häfen an der dänischen und norwegischen Küste, »wenigstens bis Bergen«[75], wie Trotha forderte, sowie — in den letzten Kriegsmonaten — Pläne zur Anlage eines Stützpunktes in Murmansk[76] diskutiert. Wie weitreichend und zugleich losgelöst von jeder Realität die Forderungen der Marine im europäischen Raum waren, zeigt nicht zuletzt der Vorschlag, bei einem von Deutschland diktierten Frieden auch die Befreiung Irlands durchzusetzen, um dort anschließend U-Bootstützpunkte gegen England zu errichten[77].

Mit dem Kriegseintritt der Türkei im Herbst 1914 rückte auch der Mittelmeerraum, der eine Lebensader des britischen Empire war, stärker in das Blickfeld der Marine. Um Englands Stellung im Mittelmeer zu zerstören, betrachtete Tirpitz' langjähriger Mitarbeiter, Admiral Dähnhardt, bereits im Januar 1915 die »Abtretung Maltas an Deutschland, Ägyptens und des Suezkanals an die Türkei« und Gibraltars an ein verbündetes Spanien als anzustrebende Kriegsziele[78]. Derartig utopische Forderungen wurden später zwar nicht mehr erhoben, aber Stützpunkte in Konstantinopel, Alexandrette und Valona wurden bis zuletzt angestrebt[79].

Um Weltpolitik betreiben, den eigenen Handel schützen und den feindlichen durch einen Kreuzerkrieg erfolgreich schädigen zu können, hielt die Marine den Erwerb von Stützpunkten und Kolonien ebenfalls für notwendig. Wünschenswerte Stützpunkte waren die Azoren, Dakar, Madagaskar und Tahiti; aber auch die Kapverden, Madeira, die Kanaren, Timor und — falls möglich — Padang auf Sumatra fehlten in den vorgelegten Kriegszielkatalogen nicht[80]. In bezug auf die Kolonien konzentrierten sich die Ambitionen der Marine vor allem auf den afrikanischen Kontinent und das dort allein schon im Interesse einer gesicherten Rohstoffzufuhr zu errichtende zentralafrikanische Reich. Obwohl dies bereits ein keineswegs »bescheidenes« Programm war, wurde auch die Realisierung weitergehender Ziele in Afrika im Admiralstab für durchaus möglich gehalten. Da, wie der Referent im Admiralstab, Kapitän Vanselow, argumentierte, die »Auseinandersetzung mit England« in Afrika stattfinden würde, sollte dieser Kontinent im wesentlichen zwischen Deutschland und England aufgeteilt werden, indem man entweder

»einen deutschen Gürtel quer über Afrika [legt], der die Westküste von Kamerun über Angola bis zu einem Drittel des alten Deutsch-Süd-Westafrikas, die Ostküste von Deutsch-Ostafrika bis zur Nordhälfte von Mozambique und dazwischen den Kongostaat umfaßt, dafür den Engländern neben ihren bisherigen Kolonien 2/3 von Deutsch-Süd-Westafrika und den südlichen Teil von Mozambique«

gab, oder durch die Schaffung eines »westafrikanischen Großbesitzes für Deutschland, eines ostafrikanischen für England«. Alle Gebiete zwischen der liberianischen Ostgrenze und Süd-Westafrika einschließlich der englischen Kolonien Nigeria, Goldküste und Gambia wären dann Bestandteile eines zukünftigen riesigen deutschen Kolonialreiches in Afrika gewesen[81].

Vergleichsweise gemäßigt hingegen waren, zumindest in der Anfangsphase des Krieges, die Ziele im Osten. Verantwortlich dafür waren das Denken in weltpolitischen Kategorien, die Konzentration auf England und die erwünschte Annäherung an Rußland. Vor allem Tirpitz befürchtete, daß sich der Schwerpunkt der deutschen Politik nach Osten verlagern und das Reich zum »Vergnügen« Englands ein reiner Kontinentalstaat bleiben würde[82]. Die von der Marineführung angestrebten kleineren Grenzkorrekturen unterschieden sich insofern auch von den weiträumigen Annexionsforderungen der Armee. Mit den Erfolgen im Osten wurde dieser Gegensatz jedoch allmählich schwächer. So betonten führende Offiziere zwar weiterhin, »daß unsere Ziele nach wie vor mehr im Westen und auf dem Ozean als im Osten und auf dem Schwarzen Meere liegen«[83], Stützpunkte an der Ostseeküste, die Abspaltung der russischen Randstaaten, die Annexion Kurlands und — seit 1918 — zwar nicht, wie es der Generalstab forderte, die direkte, wohl aber die indirekte Herrschaft über die Schwarzmeerregion wurden jetzt ebenfalls für notwendig gehalten.

Obwohl der Schwerpunkt der Kriegsziele das weltpolitische Denken der Marine widerspiegelt, gab es auch Strömungen, die die bisherigen Vorstellungen von »Weltpolitik« zumindest im Ansatz in Frage stellten. So schlug Admiral Dähnhardt bereits im Januar 1915 vor, durch Annexionen und Verträge mit den verbündeten Staaten in Europa, Asien und Afrika eine »kompakte Masse« zu bilden, die sich zwischen »England und Ostindien« ausdehnte, wirtschaftlich autark war und der »Ausbreitung deutscher Kultur u[nd] Zivilisation in allen ihren Formen einen weiten Spielraum« bieten sollte[84]. Dies waren — bewußt oder unbewußt — eher die kontinentalorientierten Lehren des englischen Geographen Mackinder als die die Bedeutung von Welt- und Seemacht betonenden Ideen des so verehrten Marinetheoretikers Mahan[85]. An diese zunächst kaum beachteten Ideen knüpften auch die »Militärpolitischen Richtlinien« des Admiralstabs vom Sommer 1918 wieder an. »Ein Mutterland«, konstatierte der Verfasser dieser Richtlinien, Admiral Keyserlingk,

»das heute in den Anfängen einer Einflußnahme über die Meere in die Welt sich befindet, muß von innen nach außen streben, es muß von sich ausgehend über Land an ferne Küsten streben und den Ring von dort zurück über See schließen[86].«

Aus dieser Erkenntnis resultierte die Forderung, sich zunächst auf Randmeere wie das Mittelmeer, das Schwarze und das Kaspische Meer zu konzentrieren, »mit deren Küsten Deutschland vom inneren Festland aus sicher verbunden ist«, um von dort den deutschen Einfluß »über Rußland nach Asien hinein mit dem Ziele auf Indien und Ostasien« zu verstärken. Mitteleuropa und Japan sollten dabei die »Eckpfeiler«, das ehemalige Rußland das »Zwischenstück« eines mächtigen »politische[n] Gebilde[s]« sein. Wenn Keyserlingk abschließend darauf hinwies, daß

»jeder Schritt deutschen Einflusses nach Asien hinein [...] mittelbar seiner Weltgeltung [dient], indem es die wirtschaftliche Sicherheit und militärische Rückendeckung auf dem Lande verstärkt, der Marine ihre Aufgabe erleichtert, ein Wettrüsten zur See unnötig macht«,

dann waren das in der Tat »ganz andere Bahnen als diejenigen, in denen das Deutsche Reich bis zu diesem Kriege tastend sich bewegt hat«. Die Anlehnung an die Heeresleitung war daher auch nur folgerichtig, bestand doch anderenfalls die Gefahr, »in die Rolle der unstet vom Wege Abirrenden« zu verfallen. Selbst in den Tagen des militärischen Zusammenbruchs machte die Marineführung kaum Abstriche von ihren weitreichenden Zielen, auch wenn der Schwerpunkt jetzt eher auf indirekter als direkter Herrschaft über Ostsee, Schwarzes Meer, Mittelmeer und nördlichem Atlantik lag[87].

Diese Pläne waren jedoch nur unter der Voraussetzung realisierbar, daß es gleichzeitig gelang, den bisherigen Bestand der Marine zu behaupten. Im Januar 1915 legte der Leiter der Etatabteilung, Admiral Dähnhardt, die wohl früheste Denkschrift vor, die sich auf 134 (!) Seiten intensiv mit der Frage der »Weiterentwicklung unserer Flotte« und einer noch 1915 einzubringenden Novelle zum Flottengesetz beschäftigte[88]. Um »einerseits nicht etwa durch plötzliche Ereignisse von großer Tragweite« überrascht zu werden und um rechtzeitig »die maßgebenden Faktoren informieren u[nd] in richtigem wohlerwogenen Sinne beeinflussen [zu] können,« entwickelte Dähnhardt trotz der »Unsicherheit darüber, wie sich die außerpolitische Lage des Reiches nach dem Kriege gestalten« würde, ein geradezu atemberaubend anmutendes Programm. Sowohl hinsichtlich der Dimensionen der Flotte als auch im Hinblick auf seine politische Zielrichtung weist dieses Programm viele Parallelen zu den hypertrophen Planungen während des Zweiten Weltkrieges auf.

Ausgangspunkt seiner Überlegungen war die feste Überzeugung, daß England zwar — so Dähnhardt — der »Hauptfeind« bleiben werde, daß Deutschland in Zukunft aber drei »Revanche-Nationen« gegenüberstehen würden. Insofern war es auch nur folgerichtig, zur Sicherung gegen eine auch nach einem von Deutschland diktierten Frieden von England beherrschte Koalition von Feinden weitreichende Annexionen zu fordern. Zugleich bezeichnete es Dähnhardt in seinem Entwurf für eine noch 1915 einzubringende Novelle als »unabweisbare Pflicht«, »unsere Flotte stärker, sie der englischen ebenbürtig zu machen«. Dähnhardt ging es dabei weniger um die gleiche Zahl an Kriegsschiffen, sondern in erster Linie um die »Gesamt-Gefechtskraft u[nd] Stoßkraft unserer Flotte England gegenüber«. Um dieses Ziel zu erreichen, schlug er daher vor, das bisherige Flottengesetz im Prinzip zwar beizubehalten, an einigen Punkten jedoch zu modifizieren. Da »unser Arm zur See [...] nach dem Frieden weiter langen [muß] als bisher«, sollte zunächst die starke Konzentration der Flotte in den Heimatgewässern aufgegeben und durch eine starke Präsenz im Ausland ersetzt werden. Zum Schutz der Bündnispartner, der neu eroberten Gebiete und der deutschen Interessensphären sowie zur Führung eines »erfolgreichen Handelskrieges auf 3 von den 4 großen Handelsstraßen der Welt« hielt er es für notwendig, im Mittelmeer ein Doppelgeschwader von Linienschiffen, in Ost- und Westafrika jeweils ein Geschwader Großer Kreuzer zu stationieren. Möglich wurde dies durch das Fallenlassen der kleinen Kreuzer. Da diesen die »Ebenbürtigkeit« in der Seeschlacht fehlte, forderte Dähnhardt den Bau eines großen statt zweier kleiner Kreuzer jährlich. Durch den damit verbundenen Übergang vom Dreier- zum Vierertempo würde die Hochseeflotte 1934 über 81 Großkampfschiffe, das heißt 20 mehr als im Flottengesetz vorgesehen, verfügen. Gleichzeitig sollte die Anzahl der U-Boote von 72 auf 280 erhöht werden. Entsprechend der Maxime »Not kennt kein Gebot«, erschien diese Zahl ausreichend zur Führung eines vernichtenden Handelskrieges mit U-Booten.

Probleme, die dazu nötige Erhöhung der Etatmittel um circa 500 Millionen Mark auf 980 Millionen — das heißt um mehr als das Doppelte des letzten Friedensetats — im Reichstag durchzusetzen, waren aus Dähnhardts Sicht nicht zu erwarten. »Wir haben«, so argumentierte er,

> »in Zukunft bei der Vertretung unserer Marineforderungen den gar nicht hoch genug zu veranschlagenden Vorteil, daß *wir England als den Feind nennen können, gegen den wir rüsten müssen, ausreichend stark rüsten müssen, wenn wir nicht die Existenz Deutschlands auf's Spiel setzen wollen*«.

Da England der »Anstifter« des Krieges war, war Dähnhardt fest davon überzeugt, daß

> »alle Parteien, auch die Sozialdemokraten, [...] aus dem Kriege gelernt haben [werden], daß das deutsche Reich in den nächsten Jahrzehnten noch nicht auf ungestörten Frieden rechnen kann, Rüstungsforderungen werden nicht mehr auf den Widerstand stoßen, nicht mehr die Kämpfe kosten wie früher, denn der Krieg wird Jeden von der Wahrheit der These überzeugt haben, daß Deutschland gar nicht stark genug gerüstet sein kann«.

Aus diesem Grund betrachtete er es auch als »völlig unwahrscheinlich«, daß der Reichstag das für die Entwicklung der Marine so bedeutsame Flottengesetz in Frage stellen könnte.

Dieser Entwurf, der in plastischer Weise Denkhorizont und Zukunftsvorstellungen der Marineführung enthüllt, blieb freilich in gleicher Weise wie die in den folgenden Jahren vorgelegten Denkschriften über die weitere Entwicklung Makulatur[89]. Sieht man einmal davon ab, daß der Krieg eine präzisere Planung ohnhehin nicht erlaubte, so gelang es den Verantwortlichen bis 1918 nicht, definitiv die Frage nach dem zukünftigen Schwerpunkt der Marinerüstung zu beantworten. Der Grund hierfür ist in dem Dilemma zu sehen, sich zwischen »Flotte und U-Boot«[90] zu entscheiden. Da eine Entscheidung für das wider Erwarten erfolgreiche U-Boot letztlich bedeutet hätte, das »Versagen« der Hochseeflotte und damit das Scheitern der Tirpitzschen Flottenpolitik offen zuzugeben, versuchte man, die hinter diesen Schiffstypen stehenden unterschiedlichen seestrategischen Konzepte miteinander zu verknüpfen. Dadurch blieb »trotz U-Boot die seegehende Hochseeflotte der Ausdruck des Willens und der Macht für Deutschlands nationale Zukunft«[91].

Vor dem Hintergrund dieses ungebrochenen Behauptungswillens war die nach dem Eingeständnis der militärischen Niederlage durch die Oberste Heeresleitung von der Marine geplante »Todesfahrt«[92] auch nur konsequent. Da der Durchbruch zur Weltmacht in diesem Krieg nicht mehr zu realisieren war, stellte der Untergang die einzige Alternative dar. Bereits im März 1915 hatte Trotha, der »spiritus rector« dieses Unternehmens, bekannt, daß nur eine Flotte,

»die kämpfend den Frieden miterstritten hat, selbst nach den schwersten Verlusten wiederersteht. Sie ist durch einen solchen Kampf erst wirklich mit Deutschland verwachsen. An eine Flotte, die durch den Krieg heil hindurchgebracht ist, glaube ich nicht[93].«

Nachdem die Meuterei der Matrosen in Wilhelmshaven und Kiel das geplante, militärisch völlig sinnlose Unternehmen in letzter Minute zum Scheitern gebracht hatte, bewahrte aus der Sicht des Seeoffizierkorps die Selbstversenkung der Flotte in Scapa Flow im Sommer 1919 die Marine dann doch noch »vor schmachvollem Ende«. Zugleich sicherte ihr diese Tat

»nach Tagen der Schande ein ehrenvolles Andenken in der Geschichte und rettet[e] die stolzen Gedanken der Einheit, Größe und Macht des Reichs, die in der Seegeltung verkörpert waren, hinüber in eine bessere Zukunft«[94].

Aufgrund dieser Kontinuität des Denkens und der Überzeugung, daß Weltgeltung und Flottenstärke untrennbar zusammenhingen, ist es auch nicht weiter erstaunlich, daß sich die Admiralität seit dem Frühjahr

1919 mit der »Notwendigkeit des Wiederaufbaus der Marine«[95] beschäftigte. »Je stärker die Rüstung«, argumentierte der Leiter der Flottenabteilung, Oldekop, »um so größer die Willensfreiheit und damit die Möglichkeit zur Schaffung günstigerer Lebensbedingungen[96].« Die Hybris dieser Ausführungen läßt in Ansätzen erahnen, wie sich die Marine ihre Zukunft vorstellte, auch wenn diese nach der Selbstversenkung der Flotte in der Bucht von Scapa Flow im wahrsten Sinn des Wortes nicht auf, sondern zunächst einmal im Wasser lag.

Anmerkungen

1 Vgl. die Rede Kaiser Wilhelms II. bei der Eröffnung des neuen Stettiner Hafens am 23.9.1898, zit. nach: Reden des Kaisers. Ansprachen, Predigten und Trinksprüche Wilhelms II., hrsg. von Ernst Johann, München ^{2}1977, S. 81.

2 So Otto v. Völderndorff in einem Schreiben an Reichskanzler Fürst Hohenlohe vom 9.11.1897, zit. nach: Rüstung im Zeichen der wilhelminischen Weltpolitik. Grundlegende Dokumente 1890—1914, hrsg. von Volker R. Berghahn und Wilhelm Deist, Düsseldorf 1988, S. 280.

3 Rede Wilhelms II. in Wilhelmshaven am 3.7.1900, zit. nach: Reden des Kaisers (wie Anm. 1), S. 89.

4 Zu den Zielen des Tirpitzschen Schlachtflottenbaus und Bülows »Weltmachtkonzept« vgl. Volker R. Berghahn, Der Tirpitz-Plan. Genesis und Verfall einer innenpolitischen Krisenstrategie unter Wilhelm II., Düsseldorf 1971, S. 173ff.; Peter Winzen, Bülows Weltmachtkonzept. Untersuchungen zur Frühphase seiner Außenpolitik 1897—1901, Boppard 1976, S. 61ff.; Wilhelm Deist, Flottenpolitik und Flottenpropaganda. Das Nachrichtenbureau des Reichsmarineamtes 1897—1914, Stuttgart 1976, S. 10ff.; Michael Epkenhans, Die wilhelminische Flottenrüstung. Weltmachtstreben, industrieller Fortschritt, soziale Integration, München 1991, S. 15ff.; zuletzt, stärker die »Normalität« der deutschen Ziele betonend, Thomas Nipperdey, Deutsche Geschichte 1866—1918. Bd 2: Machtstaat vor der Demokratie, München 1992, S. 632ff.

5 Dazu — trotz einiger notwendiger Korrekturen im Detail — immer noch: Arthur J. Marder, From the Dreadnought to Scapa Flow. The Royal Navy in the Fisher Era, 1904—1914. Bd 1: The Road to War 1904—1914, London 1961, S. 105ff, S. 328ff.

6 Ausführlich dazu Klaus Wormer, Großbritannien, Rußland und Deutschland. Studien zur britischen Weltreichpolitik am Vorabend des Ersten Weltkrieges, München 1980, S. 86ff., S. 141ff.

7 So Tirpitz selbst in einem Brief an Müller, 26.2.1912, in: Alfred v. Tirpitz, Politische Dokumente, 2 Bde. Bd 1: Der Aufbau der deutschen Weltmacht, Stuttgart 1924, S. 299.

8 Vgl. Epkenhans, Flottenrüstung (wie Anm. 4), S. 31ff., S. 52ff., S. 93ff., S. 337ff.; Gregor Schöllgen, Imperialismus und Gleichgewicht. Deutschland, England und die orientalische Frage 1871—1914, München ^{2}1992, S. 329ff.

9 Schöllgen, Imperialismus (wie Anm. 8), S. 331 ff.

10 Wolfgang J. Mommsen, Triebkräfte und Zielsetzungen des deutschen Imperialismus vor 1914, in: ders., Der autoritäre Nationalstaat. Verfassung, Gesellschaft und Kultur im deutschen Kaiserreich, Frankfurt a.M. 1990, S. 182–213, hier S. 192 ff.; Stig Förster, Der doppelte Militarismus. Die deutsche Heeresrüstungspolitik zwischen Status-Quo-Sicherung und Aggression 1890–1913, Stuttgart 1985, S. 208 ff.

11 Tirpitz an Stosch, 21. 12. 1895, in: Alfred v. Tirpitz, Erinnerungen, Leipzig 1919, S. 52.

12 Hierzu die Tagebucheintragungen Hopmans vom 31. 12. 1913 und 7. 2. 1914, Bundesarchiv-Militärarchiv Freiburg (BA-MA), Nachlaß Hopman, N 326/10.

13 Epkenhans, Flottenrüstung (wie Anm. 4), S. 213 ff., S. 234 ff., S. 253.

14 Müller an Tirpitz nach einem Gespräch mit Bethmann Hollweg über zusätzliche Mittel für die Marine, 27. 5. 1914, BA-MA, Nachlaß Tirpitz, N 253/29.

15 Aufzeichnung Tirpitz' (Mitte Mai 1914?), ebd.

16 Handschriftlicher Zusatz Tirpitz' zu den von Capelle verfaßten »Notizen zum Immediatvortrag« vom 17. 5. 1914, ebd.

17 So schrieb der Leiter der Zentralabteilung, Kapitän Hopman, am 21. 2. 1914 an Trotha: »Der Etat ging in Kommission und Plenum so glatt durch wie kaum je zuvor. Die Einsicht, daß sich mit unserm Meister sehr gut fährt, zieht doch immer weitere Kreise, umsomehr als Alles, was sonst am Regierungstisch sitzt, ja gerade nicht allzu Vertrauen erweckend ist.« HStA Bückeburg, Nachlaß Trotha, Dep. 18 A 135. Epkenhans, Flottenrüstung (wie Anm. 4), S. 355 ff.

18 Tagebuchaufzeichnung Hopmans vom 15. 6. 1914, BA-MA, Nachlaß Hopman, N 326/10.

19 Tagebucheintragung Müllers vom 19. 5. 1914, BA-MA, Nachlaß Müller, N 159/4.

20 Vgl. das Schreiben Heeringens an Bethmann Hollweg vom 19. 11. 1911, in: Der Weltkrieg. Kriegsrüstung und Kriegswirtschaft, hrsg. vom Reichsarchiv, Bd 1, Berlin 1930, S. 125.

21 Vgl. hierzu Epkenhans, Flottenrüstung (wie Anm. 4), S. 102 ff., 120 ff. (zur internen Oppositon gegen die Novelle 1912), S. 322 ff.

22 Vgl. John C. G. Röhl, Kaiser, Hof und Staat. Wilhelm II. und die deutsche Politik, München 1987, S. 175 ff.; Förster, Der doppelte Militarismus (wie Anm. 10), S. 252 ff.; Fritz Fischer, Krieg der Illusionen. Die deutsche Politik 1911–1914, Sonderausgabe, Königstein 1978, S. 231 ff.; Epkenhans, Flottenrüstung (wie Anm. 4), S. 328 ff.

23 Tagebucheintragung Hopmans vom 26. 3. 1914, BA-MA, Nachlaß Hopman, N 326/10.

24 Vgl. hierzu Hopmans Tagebucheintragung vom 11. 6. 1914: »Tirpitz sieht über unsere politische Zukunft sehr schwarz, sagt, wir lassen uns von den Engländern in einen großen Kontinentalkrieg hetzen. Es kann für England nichts besseres geben, als wenn seine gefährlichsten Rivalen Deutschland u[nd] Rußland sich zerfleischen.« Ebd.

25 Vgl. Tirpitz, Erinnerungen (wie Anm. 11), S. 225.

26 Vgl. Kaiserliche Marine und Kriegsausbruch 1914. Neue Dokumente zur

Juli-Krise, hrsg. von Volker R. Berghahn und Wilhelm Deist, in: Militärgeschichtliche Mitteilungen (MGM), 7 (1970), S. 37—58.

27 Tirpitz' Brief an Hopman vom 10.7.1914 (?) ist der einzige bekannte Brief, in dem er zur politischen Entwicklung Stellung nimmt. Ebd., S. 46.

28 Tagebucheintragung Hopmans vom 27.7.1914, BA-MA, Nachlaß Hopman, N 326/11. In seinen »Erinnerungen« wie auch in den »Politische[n] Dokumente[n]«, Bd 2: Deutsche Ohnmachtspolitik im Weltkriege, Hamburg 1926, S. 2, verschweigt Tirpitz diesen Besuch beim Kanzler und die Möglichkeit, auf die Entwicklung der Krise Einfluß nehmen zu können. Um sich selbst in ein besseres Licht zu stellen, erweckt er vielmehr den Eindruck, er sei für eine Vermittlungsaktion gewesen, vom Kanzler aber auch in den letzten Julitagen vollkommen vor vollendete Tatsachen gestellt worden. Tirpitz, Erinnerungen (wie Anm. 11), S. 216, S. 227ff., S. 236f.

29 Tagebucheintragung Hopmans vom 27.7.1914, BA-MA, Nachlaß Hopman, N 326/11.

30 Tagebucheintragung Hopmans vom 29.7.1914, ebd. Vgl. dagegen Tirpitz, Erinnerungen (wie Anm. 11), S. 212. Der Leiter des Marinearchivs, Admiral v. Mantey, war der gleichen Auffassung, hatte ihm doch u.a. Tirpitz' Bürovorsteher, Geheimrat Meissner, auf Befragen mitgeteilt, »daß Tirpitz noch am 29. Juli die Absicht gehabt habe, abends nach St. Blasien zu fahren, weil er ganz sicher war, daß die *Engländer* zunächst nur bluffen und *nicht* in den Krieg wollten. Ein Krieg gegen Frankreich und Rußland ließ Tirpitz ziemlich kalt.« Mantey an Hollweg, 16.4.1929, BA-MA, RM 3/11675.

31 Tagebucheintragung Hopmans vom 30.7.1914, BA-MA, Nachlaß Hopman, N 326/11.

32 Ebd.

33 So Tirpitz im Januar 1919 zu dem Historiker Fritz Kern, in: Egmont Zechlin, Krieg und Kriegsrisiko. Zur deutschen Politik im Ersten Weltkrieg, Düsseldorf 1979, S. 191.

34 Vgl. dazu die Eintragungen Hopmans vom 30./31.7.1914, BA-MA, Nachlaß Hopman, N 326/11; Ivo N. Lambi, The Navy and German Power Politics, 1862—1914, London 1984, S. 420ff.

35 Ernst v. Weizsäcker an seinen Vater am 3.8.1914, in: Die Weizsäcker-Papiere 1900—1932, hrsg. von Leonidas E. Hill, Berlin 1982, S. 148.

36 Tirpitz, Erinnerungen (wie Anm. 11), S. 392ff.

37 Vgl. hierzu die Tagebücher des Leiters der Zentralabteilung, Kapitän Hopman, BA-MA, Nachlaß Hopman, N 326/12—28, die Tagebücher des zeitweiligen Chefs des Admiralstabs, Admiral Bachmann, BA-MA, MSg 1/764, die Weizsäcker Papiere (wie Anm. 35), S. 148ff., sowie u.a. den in Tirpitz, Politische Dokumente, Bd 2, passim abgedruckten Briefwechsel mit Marineoffizieren.

38 Zit. nach: Tirpitz, Erinnerungen (wie Anm. 11), S. 246; vgl. aber die etwas andere Fassung in: Tirpitz, Politische Dokumente, Bd 2 (wie Anm. 28), S. 27.

39 So Tirpitz in seinen im Oktober 1915 diktierten Aufzeichnungen zur »Vorgeschichte des Krieges«, BA-MA, Nachlaß Tirpitz, N 253/100. Vgl. auch den Entwurf Behnckes (1919?) für einen Artikel im Militär-Wochenblatt, in dem diese Stimmung in der Armee ausführlich behandelt wird. BA-MA, RM 3/11702.

[40] Trotha an Tirpitz, 25.8.1916, in: Adolf v. Trotha, Volkstum und Staatsführung. Briefe und Aufzeichnungen aus den Jahren 1915—1920, Berlin 1928, S. 76.

[41] »Berliner Tageblatt« vom 3.12.1914. Vgl. auch Michael Epkenhans, Seemacht = Weltmacht. Alfred Thayer Mahan und sein Einfluß auf die Seestrategie des 19. und 20. Jahrhunderts, in: Kiel, die Deutschen und die See, hrsg. von Jürgen Elvert u.a., Stuttgart 1992, S. 35—43, hier S. 40ff.

[42] Notiz Tirpitz' zu einem Brief Capelles vom 5.9.1914, in: Tirpitz, Politische Dokumente, Bd 2 (wie Anm. 28), S. 94.

[43] Tirpitz an seine Frau, 24.8.1914, in: Tirpitz, Erinnerungen (wie Anm. 11), S. 395.

[44] Trotha an Tirpitz, 17.3.1915, in: Trotha, Volkstum und Staatsführung (wie Anm. 40), S. 26.

[45] Denkschrift Trothas über »Flotte und U-Boot« vom 15.10.1917, ebd., S. 126.

[46] Denkschrift Trothas vom 21.4.1917, BA-MA Nachlaß Firle, N 155/4.

[47] Denkschrift Dähnhardts vom 26.1.1915 über die Frage, »in welcher Richtung wird sich nach ehrenvollem Frieden die Weiterentwicklung unserer Flotte bewegen müssen?« BA-MA, RM 3/11624.

[48] Ebd.

[49] Tirpitz an seine Frau, 24.8.1914, in: Tirpitz, Erinnerungen (wie Anm. 11), S. 394.

[50] So Tirpitz an seine Frau, 26.9.1914, ebd., S. 407.

[51] Hopman an Tirpitz, 4.8.1916, BA-MA, Nachlaß Tirpitz, N 253/172. Ähnlich Trotha an Tirpitz, 24.4.1915, in: Trotha, Volkstum und Staatsführung (wie Anm. 40), S. 33.

[52] Ballin an Tirpitz, 1.10.1914, in: Tirpitz, Politische Dokumente, Bd 2 (wie Anm. 28), S. 131 (auch für das folgende Zitat.)

[53] Vgl. Tirpitz' Aufzeichnung über ein Gespräch mit Wilhelm II. am 29.7.1914, ebd., S. 3.

[54] So der stellvertretende Chef des Admiralstabs, Behncke, an Tirpitz, 2.9.1914, BA-MA, RM 5/6695.

[55] Ballin an Tirpitz, 1.10.1914, in: Tirpitz, Politische Dokumente, Bd 2 (wie Anm. 28), S. 131ff.; ähnlich der Direktor der Deutschen Bank, Gwinner, vgl. Capelle an Tirpitz, 22.8.1914, ebd., S. 65; Tirpitz, Erinnerungen (wie Anm. 11), S. 253ff.; zu dieser Diskussion vgl. übergreifend: Fritz Fischer, Griff nach der Weltmacht. Die Kriegszielpolitik des kaiserlichen Deutschland 1914/18, Sonderausgabe, Königstein 1979, S. 155ff.; sowie mit zum Teil stark abweichender Interpretation Wilhelm Ernst Winterhager, Mission für den Frieden. Europäische Mächtepolitik und dänische Friedensvermittlung im Ersten Weltkrieg. Vom August 1914 bis zum italienischen Kriegseintritt Mai 1915, Stuttgart 1984, S. 176ff., S. 255ff. und passim.

[56] Humann an Vanselow, 9.4.1916, BA-MA, RM 9/30 (auch für das folgende Zitat). Vgl. ebd. auch Vanselows Brief an Humann vom 31.3.1916, in dem er sich ausführlich mit dieser Frage beschäftigt.

[57] Vgl. Tirpitz' Brief an seine Frau vom 19.9.1914, in: Tirpitz, Erinnerungen (wie Anm. 11), S. 404.

58 Tirpitz an Trotha, 16.10.1916, in: Tirpitz, Politische Dokumente, Bd 2 (wie Anm. 28), S. 580.
59 Vgl. Tirpitz an seine Frau, 18.10.1914, in: Tirpitz, Erinnerungen (wie Anm. 11), S. 422f.
60 Trotha an Müller, 19.5.1916, in: Trotha, Volkstum und Staatsführung (wie Anm. 40), S. 63
61 Trotha an Tirpitz, 25.8.1916, ebd., S. 77.
62 Vgl. Holger H. Herwig, Das Elitekorps des Kaisers. Die Marineoffiziere im wilhelminischen Deutschland, Hamburg 1977, S. 155ff. und passim.
63 Richard Stumpf, Warum die Flotte zerbrach. Kriegstagebuch eines christlichen Arbeiters, Berlin 1927, S. 151.
64 Ebd., S. 208.
65 Vgl. dazu den Beitrag Rahn in diesem Band sowie Bernd Stegemann, Die deutsche Marinepolitik 1916—1918, Berlin 1970, und Michael P. Groß, Die Seekriegführung der Kaiserlichen Marine im Jahre 1918, Frankfurt a.M., Bern, New York, Paris 1989.
66 So Dähnhardt in seiner Denkschrift vom 26.1.1915 (wie Anm. 47). Zu den Kriegszielen der Marine vgl. insbesondere Holger H. Herwig, Admirals versus Generals: The War Aims of the Imperial German Navy, 1914—1918, in: Central European History, 5 (1972), S. 208—233.
67 So Behncke an Tirpitz, 2.9.1914 (wie Anm. 54).
68 Widenmann an Tirpitz, 29.8.1914, BA-MA, Nachlaß Widenmann, N 158/2.
69 Behncke an Tirpitz, 2.9.1914 (wie Anm. 54).
70 Ebd.
71 Widenmann an Tirpitz, 29.8.1914 (wie Anm. 68).
72 Vgl. dazu Holtzendorff an Reichskanzler Michaelis vom 28.(?)10.1917, BA-MA, RM 2/1983; Holtzendorff an Hindenburg, 13.4.1918, BA-MA, RM 2/1767, sowie Keyserlingks »Maritim-politische Richtlinien« vom 10.6.1918, BA-MA, Nachlaß Keyserlingk, N 161/3. Auch Herwig, Admirals (wie Anm. 66), S. 219—228.
73 Vgl. dazu den Eintrag im Kriegstagebuch der Seekriegsleitung vom 21.9.1918, in: Gerhard Granier, Magnus v. Levetzow. Seeoffizier, Monarchist und Wegbereiter Hitlers, Boppard 1982, S. 228.
74 Behncke an Tirpitz, 2.9.1914 (wie Anm. 54).
75 Denkschrift Trothas über die »Aufgaben der Marine nach dem Kriege« vom 1.7.1917, zit. nach: Carl-Axel Gemzell, Organization, Conflict, and Innovation. A Study of German Naval Strategic Planning 1888—1940, Lund 1973, S. 226; ebd., S. 215ff., eine ausführliche Darstellung der Skandinavienpläne der Marine.
76 Dazu Winfried Baumgart, Deutsche Ostpolitik 1918. Von Brest-Litowsk bis zum Ende des Ersten Weltkrieges, Wien, München 1966, S. 100f.; Groß, Seekriegführung (wie Anm. 65), S. 164ff.
77 Denkschrift Dähnhardts vom 26.1.1915 (wie Anm. 47).
78 Ebd.
79 Vgl. Keyserlingks »Maritim-politische Richtlinien« vom 10.6.1918 (wie Anm. 72).

80 Zu den Stützpunkten vgl. Vanselow an Humann, 15.12.1916, BA-MA, RM 9/9, sowie Holtzendorffs Schreiben an Bethmann Hollweg vom 26.11. und 24.12.1916, BA-MA, RM 2/1983.

81 Vanselow an Humann, 15.12.1916 (wie Anm. 80).

82 Vgl. Tirpitz an seine Frau, 20.7.1915, in: Tirpitz, Erinnerungen (wie Anm. 11), S. 477.

83 Hopman an Vanselow, 27.5.1918, zit. nach: Groß, Seekriegführung (wie Anm. 65), S. 367. Vgl. Herwig, Admirals (wie Anm. 66), S. 225ff., der den Konflikt mit dem Generalstab jedoch wohl etwas zu stark betont; vgl. dagegen, die politische Übereinstimmung von Armee und Marine betonend, Baumgart, Ostpolitik (wie Anm. 76), S. 160f.

84 Denkschrift Dähnhardts vom 26.1.1915 (wie Anm. 47).

85 Paul M. Kennedy, Mahan versus Mackinder. Two interpretations of British Seapower, in: MGM, 16 (1974), S. 39—66.

86 »Militär-politische Richtlinien« vom 7.6.1918, BA-MA, Nachlaß Keyserlingk, N 161/3.

87 Vgl. Anm. 73.

88 So der Titel der Denkschrift Dähnhardts (handschriftliches Manuskript) vom 26.1.1915 (wie Anm. 47). (Auch für die folgenden Zitate, soweit nicht anders angegeben.)

89 Vgl. dazu die sehr detaillierten Denkschriften von Hebbinghaus, Hopman und Widenmann vom Frühjahr/Sommer 1916, in: BA-MA, RM 3/10, sowie z.B. die Denkschrift Boedickers »Gedanken über die Weiterentwicklung der Marine nach dem Kriege« vom März 1918, BA-MA, RM 3/11729, und Keyserlingks »Richtlinien für die weitere Entwicklung der Marine« vom 22.4.1918, BA-MA, Nachlaß Keyserlingk, N 161/3.

90 So der Titel einer Denkschrift Trothas vom 15.10.1917, in: Trotha, Volkstum und Staatsführung (wie Anm. 40), S. 122ff.

91 Ebd., S. 126. Übergreifend zu dieser Problematik Friedrich Forstmeier, Deutsche Großkampfschiffe 1915—1918. Die Entwicklung der Typenfrage im Ersten Weltkrieg, München 1970.

92 Vgl. dazu Wilhelm Deist, Die Politik der Seekriegsleitung und die Rebellion der Flotte Ende Oktober 1918, in: Vierteljahrshefte für Zeitgeschichte, 14 (1966), S. 341—368; Herwig, Elitekorps (wie Anm. 62), S. 186ff.; Granier, Levetzow (wie Anm. 73), S. 48ff.; Groß, Seekriegführung (wie Anm. 65), S. 404ff.

93 Trotha an Tirpitz, 31.3.1915, in: Trotha, Volkstum und Staatsführung (wie Anm. 40), S. 30.

94 Trotha an den Chef der Marinestation der Nordsee, 23.6.1919, ebd., S. 184.

95 So der Titel einer im Sommer 1920 verfaßten Denkschrift. Vgl. dazu ausführlich Gerhard Schreiber, Zur Kontinuität des Groß- und Weltmachtstrebens der deutschen Marineführung, in: MGM, 26 (1979), S. 101—171, hier S. 113 und passim.

96 Denkschrift Oldekops über »Die Notwendigkeit des Wiederaufbaus der Marine« vom 19.6.1920, zit. nach: Werner Rahn, Reichsmarine und Landesverteidigung 1919—1928. Konzeption und Führung der Marine in der Weimarer Republik, München 1976, S. 69.

Werner Rahn

Strategische Probleme der deutschen Seekriegführung 1914–1918

Eine Großmacht mit weltweiten Handelsbeziehungen, Kolonialbesitz in Übersee und freiem Zugang zu den Weltmeeren benötigte im ausgehenden 19. Jahrhundert als militärisches Instrument Seestreitkräfte, um seine Position in einem Konfliktfall gegenüber anderen Großmächten behaupten zu können[1]. Konzeption und Struktur dieser Seestreitkräfte waren insgesamt abhängig von der Lage des jeweiliges Landes und seines Kolonialbesitzes, der wirtschaftlichen Bedeutung seiner Seezufuhren und den Fähigkeiten seiner potentiellen Gegner, diese zu unterbrechen und die Küste unmittelbar zu bedrohen.

In jener Epoche beeinflußte Großbritannien als dominierende Seemacht[2] die maritime Konzeption aller übrigen Großmächte, die auf sichere Seeverbindungen angewiesen waren. Die Thesen des amerikanischen Seeoffiziers Alfred Th. Mahan[3] trugen ab 1890 wesentlich dazu bei, daß Seestreitkräfte in Form einer Schlachtflotte mehr und mehr als unverzichtbares Instrument einer Großmacht angesehen wurden, die ihre nationalen Interessen weltweit vertreten und durchsetzen wollte. Für den Kriegsfall galt die Schlachtentscheidung als ultima ratio zur Erlangung der Seeherrschaft, welche die entscheidende Voraussetzung bilden sollte, durch eine Blockade alle gegnerischen Seezufuhren zu unterbinden und gegebenenfalls den Gegner mit einer Landungsoperation direkt anzugreifen und zu bezwingen.

I.

In Anlehnung an die Thesen von Mahan entstand 1894 im Oberkommando der Kaiserlichen Marine unter der maßgeblichen Federführung des Kapitäns zur See Alfred Tirpitz[4] eine Konzeption, die in der bekannten Dienstschrift Nr. IX »Allgemeine Erfahrungen aus den Manövern der Herbstübungs-Flotte« ausformuliert wurde. Wenige Jahre später bildete sie die strategische Grundlage für den deutschen Schlachtflottenbau[5].

In jener Dienstschrift plädierte Tirpitz entschieden für die strategische Offensive »als die natürliche Bestimmung einer Flotte«. Das ganze Bestreben dieser Offensive müsse grundsätzlich darauf gerichtet sein, »möglichst bald zur Schlacht zu kommen«[6], in der die Hauptentscheidung des Seekrieges liege. Letztere könne nicht durch einen Kreuzerkrieg im Sinne der jeune école, sondern »nur durch die dauernde Seeherrschaft und den bleibenden Druck auf den Feind erreicht werden«[7]. Unter Hinweis auf die historische Erfahrung der großen Seekriege forderte Tirpitz zur Durchsetzung und Behauptung der Seeherrschaft für die Offensivflotte eine materielle und personelle Überlegenheit von circa 30 Prozent.

Aufgrund von Deutschlands zentraler Lage in Mitteleuropa, seiner längeren Küstenstreifen an Nord- und Ostsee sowie angesichts der Tatsache, daß man von acht Nachbarstaaten umgeben war, stand jede Strategie des Reiches, die sich nicht auf starke Bündnispartner abstützen konnte, vor dem Problem, ob eine mögliche Bedrohung defensiv neutralisiert oder offensiv ausgeschaltet werden sollte. Solange die Reichsführung nur mit Frankreich und später auch mit Rußland als Gegnern rechnete, schien eine offensive seestrategische Konzeption, wie sie Tirpitz in der »Dienstschrift IX« formuliert hatte, der Lage angemessen zu sein. Doch deutsche Politik, die mit dem Anspruch auf weltweite Seegeltung eine Gegenposition zu Großbritannien bezog, mußte dort auf tiefes Mißtrauen und entsprechende Reaktionen stoßen[8]. Mit Großbritannien als Gegner konnte sich im Kriegsfall für das Reich schnell eine tödliche Gefahr ergeben, falls es nicht gelang, die von der britischen Flotte ausgehende Bedrohung der eigenen Küsten und Seeverbindungswege weitgehend auszuschalten.

Drei Jahre nach der Entstehung jener Dienstschrift wurde Tirpitz im Juni 1897 Staatssekretär des Reichsmarineamtes (RMA). Nicht zuletzt durch seinen Einfluß schlug die Reichspolitik — die eigene Stärke und Machtposition überschätzend — allmählich einen Kurs ein, der das Risiko einer Konfrontation mit Großbritannien einkalkulierte. Für Tirpitz war England von Anfang an »der gefährlichste Gegner zu See«, gegen den Deutschland »am dringendsten ein gewisses Maß an Flottenmacht als politischen Machtfaktor haben« müsse. Da er einen Kreuzerkrieg aus Stützpunktmangel für aussichtslos hielt, forderte er den systematischen Aufbau einer Flotte, die »ihre höchste Kriegsleistung zwischen Helgoland und der Themse entfalten« könne[9].

Demgegenüber wies der damalige Lehrer für Taktik und Seekriegsgeschichte an der Marineakademie, Kapitän zur See Curt Freiherr v. Maltzahn, bereits 1898 warnend darauf hin[10], daß die Erkämpfung der Seeherrschaft durch die Schlacht allein nicht ausreiche, um einen Gegner zum Frieden zu zwingen, die Seeherrschaft müsse bewahrt und ausgenutzt werden. Dazu sei ein Überschuß an Kraft erforderlich. Solange dies nicht erreicht sei, müsse der zur See Schwächere sich auf den Kampf gegen die Seeherrschaft beschränken und dabei auf den »eigentlichen Sieg« als Ziel des Kampfes verzichten. Es komme darauf an, einen eigenen Anteil am Seeverkehr zu bewahren, »der der Stärke der Abwehr entspricht«[11]. Maltzahn sah in der Kombination von Geschwaderkampf und Kreuzerkrieg den geeigneten seestrategischen Ansatz:

»Der Geschwaderkampf ist ein unentbehrliches Mittel in dieser Kriegsart, aber er ist eben nur Mittel, nicht Zweck, er bekommt erst den richtigen Wert durch Ausnutzung der erkämpften Bewegungsfreiheit[12].«

Doch eine derart vorausschauende und realistische Alternative, die eine ausgewogene Defensivflotte mit einer starken Kreuzerkomponente verband, besaß in der Kaiserlichen Marine keine Chance. Denn Tirpitz unterband mit rigiden Maßnahmen jede weitere strategische Diskussion, um den langfristig angelegten und durch Gesetze abgesicherten Flottenaufbau nicht zu gefährden[13].

Die strategischen Vorstellungen Tirpitz' und der führenden Seeoffiziere gingen von der Voraussetzung aus, daß die Royal Navy in einem Krieg gegen Deutschland immer offensiv vorgehen und eine enge Blockade vor der deutschen Nordseeküste errichten würde. Aus einer solchen Blockade sollte sich dann in der Nähe von Helgoland unter für Deutschland günstigen Bedingungen eine »Entscheidungsschlacht« entwickeln. Diese Schlacht stand auf deutscher Seite wie ein Dogma im Mittelpunkt aller operativen Überlegungen und der praktischen Flottenausbildung. Dementsprechend waren Kenntnisse und Erfahrungen in Waffentechnik, Taktik und Seemannschaft und weniger Bewährung in Stabsverwendungen die ausschlaggebenden Faktoren für die Karriere der Seeoffiziere, was sich langfristig auf die Personalauswahl für Führungsverwendungen ausgewirkt hatte. Demgegenüber standen die Arbeit des Admiralstabes und die Heranbildung qualifizierter Admiralstabsoffiziere eher im Hintergrund[14]. Dies hatte zur Folge, daß im Seeoffizierkorps der Blick für die umfassenden strategischen Dimensionen eines Seekrieges gegen Großbritannien wenig geschärft war. Bei der Konzentration der ganzen geistigen Kriegsvorbereitung auf die »Entscheidungsschlacht« blieb nämlich unklar, was eigentlich mit der Schlacht erreicht werden sollte[15]. Schätzte man die eigenen Kräfte nüchtern ein, konnte die deutsche Seite 1914 billigerweise nur einen Achtungserfolg in der Defensive, nicht jedoch einen Vernichtungssieg und damit eine strategische Entscheidung erwarten. Selbst nach einer siegreichen Seeschlacht hätte der Gegner immer noch über ausreichend Seestreitkräfte verfügt, um seine Heimatbasis gegen Landungen zu schützen und seine atlantischen Seeverbindungswege zu sichern.

Bei der bereitwilligen Übernahme der Seemachttheorie von Mahan hatte die deutsche Marineführung[16] ein wichtiges Element dieser Theorie kaum beachtet: die Bedeutung der geographischen Position und der damit verbundenen strategischen Möglichkeiten für eine Seemacht[17].

Aufgrund der geographischen Lage des Reiches und seiner leistungsfähigen Seehäfen — Hamburg und Bremen — bündelten sich die wichtigsten Seeverbindungen auf sich verengenden Bahnen im südöstlichen Winkel der Deutschen Bucht und bildeten ein klares strategisches Ziel für Blockademaßnahmen eines potentiellen Gegners. Der Nordsee als europäischem Randmeer des Atlantiks sind im Westen die britischen Inseln wie eine Schranke vorgelagert, so daß der Schiffsverkehr von und nach Deutschland zwangsläufig den Ärmelkanal oder die Enge zwischen Schottland und Norwegen passieren muß.

Mit der Halbinsel Jütland sowie zahlreichen größeren und kleineren Inseln bildet Dänemark eine Brücke zwischen Mitteleuropa und Skandinavien und beherrscht damit die engen natürlichen Seewege zwischen Ost- und Nordsee, Sund und Belte, die fast gänzlich im Bereich der dänischen Hoheitsgewässer liegen. Die Seewege im Skagerrak und durch die dänischen Meerengen boten dem Reich in Verbindung mit dem Nord-Ostsee-Kanal zwar die begrenzte Möglichkeit, eine Blockade der Nordseeküste zu umgehen, solange Dänemark und Norwegen neutral blieben und den freien Seeverkehr in den eigenen Territorialgewässern gewährleisten konnten. Doch der Admiralstab berücksichtigte in seinen operativen Überlegungen die Ostsee mit ihren Zugängen vor allem unter dem Aspekt, ob mit einem Einbruch des Gegners in die Ostsee zu rechnen sei und ob sich die Ostseezugänge für die Nordseekriegführung nutzen ließen[18].

Die Verkennung der Auswirkungen der geographischen Gegebenheiten auf die britische Seekriegführung führte zu einer fundamentalen Fehleinschätzung der britischen Seestrategie. Großbritannien lag nämlich nicht daran, die gegnerische Flotte um jeden Preis auszuschalten, sondern nur dann, wenn diese die britischen Inseln selbst sowie die Seeverbindungswege im Atlantik ernsthaft bedrohte. Jene Seewege blieben jedoch — von wenigen Kreuzern und später U-Booten abgesehen — außerhalb des Wirkungsbereiches deutscher Seestreitkräfte. Zur Aufrechterhaltung einer engen Blockade wäre zwar für die Royal Navy die baldige Vernichtung der deutschen Flotte von Vorteil gewesen, doch die britische Admiralität wußte sehr wohl, daß eine derartige strategische Offensive hohe Verluste einschließen mußte. Vor allem die wachsende Bedrohung, die von deutschen Torpedobooten, U-Booten und Minen ausging, ließ der Admiralität den Einsatz der Grand Fleet in der südlichen Nordsee ab 1911/12 als zu riskant erscheinen. Es kam daher zu einer Umstellung der Operationsplanung, die nunmehr verstärkt die günstige Lage der britischen Inseln ausnutzte und zu der weitgehend risikolosen Fernblockade überging, um die gegnerischen Seeverbindungen bereits in großer Entfernungen von ihrer Heimatbasis zu unterbrechen, und zwar im Westen im Ärmelkanal und im Norden in der Enge zwischen Schottland und Norwegen[19]. Diese Planung war mit einer neuen Kriegsdislozierung der Grand Fleet in Scapa Flow verbunden.

Als der deutsche Admiralstab 1912 durch Auswertung der britischen Flottenmanöver die operative Neuorientierung des potentiellen Gegners erkannte, ließ der damalige Chef des Admiralstabes, Vizeadmiral August v. Heeringen, in einem Kriegsspiel untersuchen, ob und wie die Hochseeflotte gegen eine Fernblockade vorgehen könne. Das Ergebnis war ernüchternd: Die blaue (= deutsche) Kriegsspielpartei ließ ihre Geschwader bis zum Firth of Forth vorstoßen. Dort gerieten sie in eine schwierige Lage und erlitten beim Rückmarsch empfindliche Verluste. Der Admiralstabschef kam daraufhin zu der Prognose:

»Wenn der Engländer sich wirklich auf [die] Fernblockade mit konsequenter Zurückhaltung seiner Schlachtflotte verlegt, kann die Rolle unserer schönen Hochseeflotte im Kriege eine sehr traurige werden. Dann werden die U-Boote es schaffen müssen[20].«

Es mag dahingestellt bleiben, welchen Einsatz der U-Boote Heeringen vor Augen hatte, doch er traf mit seiner Einschätzung das strategische Kernpoblem der deutschen Seekriegführung im Ersten Weltkrieg.

II.

Bei Kriegsausbruch 1914 stand die Führung der Kaiserlichen Marine ganz unter dem Eindruck der großen materiellen Überlegenheit des Gegners: Allein in der Nordsee verfügte die Royal Navy über 24 einsatzbereite Großkampfschiffe (Schlachtschiffe und Schlachtkreuzer), denen auf deutscher Seite zunächst nur 16 vergleichbar moderne Einheiten gegenüberstanden. Bei älteren Linienschiffen sowie bei Kreuzern und Torpedobooten war die britische Überlegenheit noch gravierender[21]. Angesichts dieser Lage setzte die deutsche Marineführung zunächst ihre Hoffnung auf einen Kräfteausgleich, der durch offensive Vorstöße gegen die Blockadestreitkräfte in der Deutschen Bucht »sowie durch eine bis an die britische Küste getragene rücksichtslose Minen- und U-Boots-Offensive« erzielt werden sollte. Danach war der Einsatz der Flotte in einer Schlacht »unter günstigen Umständen« vorgesehen, wobei man noch immer davon ausging, daß auch der Gegner die Konfrontation in der südlichen Nordsee suchen würde[22]. Der wichtigste Träger des angestrebten Kleinkrieges zur See sollte die Mine sein. Damit rückte im strategischen Konzept der Marine plötzlich ein Seekriegsmittel in den Vordergrund, auf dessen Einsatz sich die Führung bislang weder gedanklich noch materiell angemessen vorbereitet hatte[23]. Das Lagebild über die Dislozierung des Gegners war unzureichend, das verfügbare Minenmaterial und die Minenlegekapazitäten reichten für eine weitreichende Offensive bei weitem nicht aus, so daß bei nüchterner Betrachtung von der Minenkriegführung kein Kräfteausgleich zu erwarten war. Die meisten Sperren wurden nur »auf gut Glück geworfen« und verfehlten weitgehend die ihnen zugedachte operative Wirkung[24]. Bis Ende 1914 verlor die Grand Fleet lediglich ein Großkampfschiff durch einen Minentreffer[25]. Demgegenüber erwies sich die weitreichende U-Boot-Offensive als erfolgreicher und führte auf beiden Seiten zu einer Neubewertung dieses Waffensystems, auf die später zurückzukommen ist.

Als sich wenige Wochen nach Kriegsausbruch bereits abzeichnete, daß der erhoffte Kräfteausgleich nicht eintrat, folgten langwierige und wechselvolle Auseinandersetzungen über die verbliebenen Einsatzmöglichkeiten der Flotte. Die Pläne für ausgedehntere und damit riskantere Vorstöße stießen auf den Widerstand des Kaisers, der die Führung des Landkrieges im Westen und Osten zwar ganz dem Generalstab überließ, in der Seekriegführung jedoch auf sein Recht als Oberbefehlshaber pochte. Er sah in dem militärischen Instrument Hochseeflotte vor allem einen politischen Machtfaktor, der bis zum Friedenschluß intakt und kampfbereit bleiben sollte, um gegebenenfalls damit auf England einen strategischen Druck ausüben zu können[26]. Zweifellos waren derartige Überlegungen von der Hoffnung geprägt, die eigentliche Kriegsentscheidung werde in absehbarer Zeit zu Lande fallen.

Bereits in diesem ersten Stadium des Weltkrieges fällt auf, daß Deutschland über keine Gesamtstrategie verfügte, die das Kriegführungspotential des Reiches auf ein Ziel ausgerichtet zum Einsatz brachte, obwohl Tirpitz bereits 1894 in der Dienstschrift IX gerade darauf besonders hingewiesen hatte[27]:

»Da der See- und Landkrieg eines Staates denselben Endzweck hat, so versteht es sich von selbst, daß Kriegsplan und dessen Durchführung durch die Land- und Seestreitkräfte so in Übereinstimmung gebracht werden müssen, daß die Summe der angewandten Kriegsmittel die höchst erreichbare wird. Eine solche Übereinstimmung wird um so notwendiger, je näher aneinander die Operationsgebiete der Armee und Flotte liegen, und sie kann so weit gehen, daß die Flotte sich ganz in den Dienst der Operation des Heeres stellt oder umgekehrt.«

Im Sommer und Herbst 1914 war die militärische Führung des Reiches von einer solchen Zusammenarbeit weit entfernt. Während das Heer im Westen an der Marne die Entscheidung suchte und sich dabei auch mit dem kampfkräftigen britischen Expeditionskorps auseinandersetzen mußte, unternahm die Hochseeflotte nichts, um das Heer mit einem strategischen Druck auf die alliierten Nachschublinien im Ärmelkanal wenigstens indirekt zu unterstützen. Es gab keine aufeinander abgestimmte oder auch nur die Wechselbeziehungen von Land- und Seekriegführung einkalkulierende operative Planung von Heer und Marine. Daher blieben dann selbst in dieser kritischen Lage entsprechende Forderungen des Heeres an die Marine aus[28].

Indem sich alle operativen Überlegungen der deutschen Marineführung auf die Schlacht konzentriert hatten, war das eigentliche Ziel jeder Seekriegführung, die Sicherung der eigenen und die Bekämpfung der gegnerischen Seeverbindungen, weitgehend aus dem Blickfeld geraten. So berücksichtigte die maritime Konzeption kaum die grundlegende Erkenntnis, daß ein Seekrieg gegen Großbritannien stets überseeische und damit weltweite Dimensionen hatte und daher zwischen den verschiedenen, oft weit voneinander entfernten Kriegsschauplätzen eine Wechselbeziehung bestand, die es mit dem verfügbaren Potential auszunutzen und gegebenenfalls zu verstärken galt.

Die unzureichende Vorbereitung eines Kreuzerkrieges gegen die Seeverbindungswege des Gegners war Ausdruck dieser Fehleinschätzung. Mit Ausnahme der mobilmachungsmäßig vorbereiteten Umwandlung von einigen Schnelldampfern in Hilfkreuzer wurden für den Kreuzerkrieg nur die wenigen Seestreitkräfte eingeplant, die ohnehin auf Auslandsstationen disloziert waren[29]. Als das in Ostasien stationierte Kreuzergeschwader unter Vizeadmiral Graf Spee nach seinem langen Marsch durch den Pazifik im November 1914 vor der chilenischen Küste auftauchte und dort zwei britische Panzerkreuer vernichtete (Seegefecht bei Coronel, 1. November 1914), sah die britische Admiralität darin ihre Seeverbindungen um Südamerika so bedroht, daß sie sofort drei Schlachtkreuzer von der Grand Fleet abzog und zwei davon in den Südatlantik entsandte, um das deutsche Geschwader zu suchen und auszuschalten[30]. Der Abzug dieser Schlachtkreuzer aus der Nordsee blieb dem deutschen Admiralstab lange Zeit verborgen. Erich Raeder hat später auf die seestrategische Wechselwirkung hingewiesen, die zwischen den Operationen des Kreuzergeschwaders und der Nordseekriegführung bestand: Die Bedrohung der britischen Seeherrschaft im Südatlantik habe starke Kräfte des Gegners angezogen, die nur aus der Nordsee kommen konnten. Dort habe die Passivität der Hochseeflotte bewirkt, daß die Admiralität eine zeitweilige Schwächung der Grand Fleet riskieren konnte. Raeder kam zu dem Ergebnis, daß es der deutschen Seekriegsleitung damals möglich gewesen wäre,

»die weltumspannenden, aber doch auf sehr loser Grundlage ruhenden Pläne der britischen Admiralität empfindlich zu stören und so dem Kreuzergeschwader, das letzten Endes gerade den beiden aus der Heimat entsandten britischen Schlachtkreuzern unterlag, eine wesentliche Unterstützung zuteil werden zu lassen«[31].

Aufschlußreich ist in diesem Zusammenhang, daß bereits wenige Tage nach dem deutschen Erfolg bei Coronel der Kommandant des Schlachtkreuzers »Von der Tann«, Kapitän zur See Hahn, eine — auch von Raeder erwähnte[32] — strategische Alternative vorgeschlagen hatte, die auf eine Bekämpfung der britischen Seeverbindungen im Atlantik mit Schlachtkreuzern hinauslief. Dieser Vorschlag wurde vom Befehlshaber der Aufklärungsstreitkräfte, Konteradmiral Hipper, aufgegriffen, in einer längeren Stellungnahme befürwortet und dem Flottenchef sowie dem Chef des Admiralstabes vorgelegt. Bei einer Realisierung dieses weitreichenden Planes hätte die Royal Navy zweifellos erhebliche Probleme gehabt, die britischen Seeverbindungen im Atlantik zu schützen und gleichzeitig die in der Nordsee operierende Hochseeflotte in Schach zu halten, zumal das Kräfteverhältnis der beiden Flotten zueinander zu dieser Zeit für die deutsche Seite noch relativ günstig war[33]. Doch der deutschen Führung fehlte der Mut zum Risiko. Hinzu kam die Forderung, daß »die Hochseeflotte als wichtiges politisches Instrument in der Hand des Allerhöchsten Kriegsherrn« intakt bleiben sollte[34].

In der Eröffnungsphase des Krieges gab es allerdings außerhalb des Heimatbereiches einen kleinen kampfkräftigen Verband, der sich — ganz unplanmäßig — auf Kräftekonstellation und Gesamtverlauf des Krieges auswirken sollte. Es handelte sich um die Mittelmeerdivision, bestehend aus dem Schlachtkreuzer »Goeben« und dem Kleinen Kreuzer »Breslau«. Mit dem Durchbruch der beiden Einheiten nach Konstantinopel und ihrer formalen Übergabe an die Türkei im August 1914 gelang es, den deutschen Einfluß auf dieses Land so zu verstärken, daß es Ende Oktober 1914 auf seiten der Mittelmächte in den Krieg eintrat. So wurden die türkischen Meerengen — Dardanellen und Bosporus — für die Alliierten unpassierbar. Alle Versuche, die Meerengen mit Seestreitkräften zu durchbrechen und durch eine amphibische Operation zu erobern, scheiterten 1915 unter hohen Verlusten. Neben der Ostsee blieb somit die zweite wichtige Seeverbindung nach Rußland gesperrt. Die damit verbundene Abschnürung des Landes von der leistungsfähigen Rüstungsindustrie der Westmächte trug entscheidend mit dazu bei, daß Rußland 1917 für die Alliierten als Bündnispartner ausfiel[35].

III.

Die Konzeption einer Entscheidungsschlacht in der Nordsee hatte zwangsläufig Konsequenzen für die Seekriegführung in der Ostsee, die von vornherein als Nebenkriegsschauplatz galt. Der entsprechende Operationsbefehl vom 31. Juli 1914 sah vor, eine eventuelle Offensive der Russen zu stören, die Kieler Bucht zu sichern und den feindlichen Handel zu schädigen[36]. Es fällt auf, daß in diesem Befehl jeder Hinweis auf die Sicherung der eigenen Seewege in der Ostsee fehlt, obwohl gerade die deutsche Rüstungsindustrie auf die sichere Erzzufuhr aus Schweden angewiesen war.

Da der Nord-Ostsee-Kanal der deutschen Seekriegführung eine schnelle Kräfteverlagerung auf der inneren Linie ermöglichte, wirkte die Hochseeflotte von der Nordsee aus stets als »Fleet-in-being«[37] auch in die Ostsee hinein und bildete in den folgenden Jahren für die russische Seekriegführung ein ständiges, nur schwer kalkulierbares Bedrohungspotential. Um den Einbruch britischer Seestreitkräfte in die Ostsee zu verhindern, wurde bei Kriegsbeginn Dänemark ersucht, die Belte zu sperren. Die Reichsleitung gab dabei die Zusicherung, daß die gesperrten Seegebiete von deutschen Seestreitkräften gemieden würden. Dänemark ging darauf ein und legte die gewünschten Minensperren, die noch durch deutsche Sperren und Bewachungsstreitkräfte ergänzt wurden[38].

Die voreilige Sperrung der Belte war zweifellos ein strategischer Fehler, da sie langfristig mehr Nachteile als Vorteile brachte. Mit Verzicht auf die Nutzung der dänischen Meerengen für Vorstöße hatte das Reich freiwillig seine seestrategischen Möglichkeiten eingeschränkt und damit die Lage des Gegners verbessert. Die Option eines Vorstoßes von Teilen oder der gesamten Hochseeflotte aus dem Kattegat/Skagerrak heraus »hätte die englische Flottenleitung stets in Ungewißheit gehalten und ihre Maßnahmen erschwert«[39].

Da sich das strategische Interesse der Marineführung ab Herbst 1914 mehr und mehr dem U-Boot zuwandte, wurde die Diskussion um den Einsatz der Flotte bald überlagert von der Auseinandersetzung über die politischen und militärischen Probleme, die ein Handelskrieg mit U-Booten aufwarf. Im Grunde bedeutete die U-Bootkriegführung gegen die britischen Seeverbindungen eine völlig neue seestrategische Konzeption, die entsprechende Konsequenzen für Einsatz und Struktur der Hochseeflotte hätte haben müssen. Statt dessen arbeitete die Marineführung mit einem »System der Halbheiten«[40] und ohne klare Schwerpunktbildung: auf der einen Seite U-Bootkrieg gegen die britischen Seeverbindungen, auf der anderen Seite Flottenaktivitäten in der Nordsee nach der Devise: Es muß etwas geschehen mit der Flotte, doch es darf ihr nichts passieren.

Dabei hatten die beiden ersten Vorstöße der Flotte im Herbst 1914, bei denen die Schlachtkreuzer Hafenstädte an der britischen Ostküste beschossen, durchaus operative Möglichkeiten geboten, Teile der Grand Fleet zum Gefecht zu stellen. Doch der Flottenchef, Admiral v. Ingenohl, fühlte sich so stark an einschränkende Weisungen gebunden, daß er im Dezember 1914 den zweiten, durchaus aussichtsreichen Vorstoß vorzeitig abbrach und damit die eigenen, noch an der britischen Ostküste stehenden Schlachtkreuzer in eine schwierige Lage brachte, der sie sich nur mit taktischem Geschick und einigem Glück entziehen konnten[41]. Nach dem unglücklichen Doggerbank-Gefecht im Januar 1915, das zu einem Wechsel des Flottenchefs führte, folgten im gleichen Jahr unter dem neuen Flottenchef, Admiral v. Pohl, noch sieben kürzere Flottenvorstöße, die nicht weiter als 120 Seemeilen über Helgoland hinausgingen und damit lediglich unter Beweis stellten, daß die Flotte als militärisches Instrument taktisch handhabbar war. Strategische Auswirkungen oder auch nur Gefechtsberührungen hatten diese Vorstöße nicht[42].

Als bereits um die Jahreswende 1914/15 erkennbar wurde, daß England in der Nordsee nicht durch eine Entscheidungsschlacht bezwungen werden konnte, hat es in der Marine nicht an Stimmen gefehlt, die eine klare Schwerpunktverlagerung in die Ostsee forderten.

Zu ihnen gehörte Korvettenkapitän Wolfgang Wegener, Admiralstabsoffizier im Stab des I. Geschwaders der Hochseeflotte. Er sah das strategische Dilemma der Seekriegführung vor allem in der ungünstigen geographischen Ausgangslage und plädierte daher für eine aktivere Ostseekriegführung. Dieser Gedanke wurde von seinem Geschwaderchef, Vizeadmiral v. Lans, im Februar 1915 in einer Denkschrift aufgegriffen. Lans erkannte die defensive strategische Zielsetzung der britischen Marineführung, die nicht zu einer engen Blockade gezwungen sei, und betonte, daß der Hauptwert der Hochseeflotte in ihrer Wirkung als »Fleet-in-being« liege. Mit Vorstößen in der Nordsee sei kein vernünftiger Kriegszweck zu erreichen, man dürfe »in so ernsten Lagen nicht raufen um des Raufens willen«[43]. Indem Lans erläuterte, welche Möglichkeiten der Gegner nach einer Vernichtung der deutschen Flotte haben würde, machte er bereits in diesem frühen Stadium des Krieges deutlich, worin die eigentliche strategische Bedeutung der Hochseeflotte lag: Mit der Aufrechterhaltung der deutschen Seeherrschaft in der Ostsee werde dort die eigene Zufuhr aus Schweden geschützt und die alliierte Zufuhr nach Rußland unterbunden. Der Gegner sei nicht in der Lage, an beliebigen Punkten der eigenen Küsten zu landen. Lans verglich die strategische Lage Rußlands in der Ostsee mit der deutschen Situation in der Nordsee und plädierte daher für eine Schwerpunktverlagerung der Flotte nach Osten. Doch dieser neue strategische Ansatz stieß auf heftigen Widerstand bei den maßgeblichen Offizieren der Marineführung, die weiterhin auf die Auseinandersetzung mit dem Gegner in der Nordsee fixiert blieben. Tirpitz bezeichnete die Denkschrift gar »als Gift für die Flotte«[44], obwohl auch er kein überzeugendes Konzept für den Einsatz der Flotte vorlegen konnte[45]. Zweifellos machte sich hier äußerst negativ bemerkbar, daß eine mit allen notwendigen Kompetenzen ausgestattete zentrale Seekriegsleitung fehlte, die für den operativen Einsatz aller Seestreitkräfte auf den verschiedenen Kriegsschauplätzen verantwortlich war. In einer zersplitterten Führungsorganisation, die mit rivalisierenden Persönlichkeiten besetzt war, konnte sich keine überzeugende seestrategische Konzeption entwickeln. Darüber hinaus blieb die Zusammenarbeit mit dem Heer unzureichend. Eine einheitliche politische und militärische Leitung der Gesamtkriegführung gab es nicht.

Als das Heer im Frühjahr 1915 an der Ostfront eine Offensive vorbereitete, boten sich für beide Teilstreitkräfte strategische Kooperationsmöglichkeiten an, die nicht erkannt wurden. Unter Einsatz starker Kräfte der Hochseeflotte wäre im Sommer 1915 eine amphibische Operation gegen Kurland und die baltischen Inseln mit großer Wahrscheinlichkeit geglückt. Sie hätte für den Nordflügel des russischen Heeres vermutlich katastrophale Folgen gehabt. Doch erst zwei Jahre später, im Oktober 1917, kam es im Rahmen der Eroberung der baltischen Inseln zu einer derartigen Operation mit Unterstützung von großen Teilen der Hochseeflotte.

Als Vizeadmiral Scheer im Januar 1916 die Führung der Hochseeflotte übernahm, entwickelte auch er kein neues Konzept für den Einsatz der Flotte, denn er wollte eine Schlacht mit der gesamten britischen Flotte auf jeden Fall vermeiden. Der Unterschied zu früheren Einsatzgrundsätzen bestand lediglich darin, daß Scheer jetzt wieder weiterreichende Vorstöße zur britischen Küste unternehmen wollte, um nach Möglichkeit einen Teilerfolg zu erzielen. Doch worin bestand der Nutzeffekt einer stärkeren Flottenaktivität in der Nordsee, wenn die primären seestrategischen Ziele, nämlich die Fernblockade und die britischen Seeverbindungen im Atlantik, mit der Flotte nicht erreicht werden konnten? Wo waren die von Scheer in seinen »Leitgedanken für die Seekriegführung in der Nordsee« vom Februar 1916 genannten »vielseitigen Angriffsflächen« des Gegners[46]? Für die Hochseeflotte erreichbar waren das britische Mutterland, der Seeweg Skandinavien—Schottland und der Ärmelkanal. Sporadische Küstenbeschießungen des Mutterlandes waren nicht mehr als Nadelstiche, die den Gegner wohl reizen, aber nicht ernsthaft bedrohen konnten. Dies galt ebenso für die Störung des Seeweges Skandinavien—Schottland, der für die Versorgung der britischen Rüstungswirtschaft keine lebenswichtige Bedeutung hatte. Letztlich bildete nur der Ärmelkanal als Nachschublinie eine empfindliche Nahtstelle der Alliierten und damit ein strategisches Ziel, das einen Angriff lohnte, was jedoch wiederum eine gemeinsame Planung und enge Koperation mit dem Heer auf der Grundlage einer Gesamtstrategie erfordert hätte.

Woher nahm Scheer im übrigen die Gewißheit, daß der Gegner als Reaktion auf deutsche Vorstöße gezwungen sein würde, nur »gewisse Streitkräfte«, das heißt doch nur Teile seiner Flotte, vorzuschieben, die der Hochseeflotte »günstige Angriffsmöglichkeiten« bieten würden[47]? Nach aller Kriegserfahrung waren Kräftekonzentration und Schwerpunktbildung die Grundvoraussetzungen für einen sicheren Erfolg. Warum sollten die Briten anders verfahren? Diese »Leitgedanken« Scheers zeigten vielmehr, daß weiterhin der Kampf schwerer Einheiten im Mittelpunkt des operativen Denkens stand. Dies bewirkte, daß die grundlegenden strategischen Fragen einer Seekriegführung gegen Großbritannien nie überzeugend gelöst worden sind.

Nach zwei Vorstößen der Hochseeflotte im Frühjahr 1916 kam es am 31. Mai zur Skagerrak-Schlacht, mit deren Ergebnis man weder in England noch in Deutschland zufrieden sein konnte. Der von den Briten erhoffte Vernichtungssieg à la Trafalgar war ausgeblieben. In Deutschland mußte man erkennen, daß die Schlacht noch nicht einmal den als Teilerfolg erhofften Kräfteausgleich gebracht hatte, denn das Stärkeverhältnis der beiden Flotten zueinander war unverändert geblieben. In einer realistischen Lagebeurteilung vom 4. Juli 1916 kam Scheer daher zu der Erkenntnis, daß von der Hochseeflotte »wegen der Nachteile unserer militärgeographischen Lage« keine strategische Wende im Seekrieg gegen Großbritannien zu erwarten sei[48]. Trotzdem wollte er die Flotte weiterhin in der Nordsee offensiv einsetzen, um doch noch einen operativen Teilerfolg zu erzielen. Welchen Gewinn sollten aber mögliche operative Teilerfolge bringen, wenn man sich darüber im klaren war, daß dadurch die seestrategische Lage nicht verändert werden konnte? Einige Anzeichen deuten darauf hin, daß die Überlegungen der Marineführung von dem Gedanken beeinflußt wurden, daß man die Existenzberechtigung der Flotte schlechthin beweisen müsse[49]. Wäre es aber im Sommer 1916 nicht an der Zeit gewesen, für die Hochseeflotte sinnvolle strategische Alternativen zur Nordseeschlacht zu entwickeln, die diesem so kostspieligen, aber auch so kampfkräftigen Instrument wirksame Einsatzmöglichkeiten im Rahmen der Gesamtkriegführung boten? Entfaltung der eigenen Überlegenheit in der Ostsee oder offensive Vorstöße von Überwassereinheiten in Richtung Ärmelkanal wären günstige operative Ansätze gewesen, um Druck auf den jeweiligen Gegner auszuüben. Gerade die Seewege im Ärmelkanal galten bei der alliierten Führung wegen ihrer logistischen Bedeutung für die Landfront als besonders gefährdet[50]. Doch Scheer sah eine strategische Alternative nur einseitig in einem »uneingeschränkten U-Bootkrieg«, dessen politische und damit auch gesamtstrategische Risiken er jedoch wie die meisten Seeoffiziere unterschätzte.

IV.

Während der ersten Kriegsmonate hatte sich das U-Boot als ein wirksames Seekriegsmittel erwiesen. Allerdings wurde seine Leistungsfähigkeit nach einigen spektakulären Überraschungserfolgen (darunter die Versenkung von drei älteren Panzerkreuzern durch »U 9« im September 1914) erheblich überschätzt. Die ersten internen Überlegungen zum Einsatz von U-Booten gegen die britischen Seeverbindungen in Form einer Gegenblockade hatten noch kein klares Bild ergeben, als Tirpitz in dieser Frage mit der Autorität seiner Persönlichkeit ohne Absprache mit dem Reichskanzler an die Öffentlichkeit trat. Angesichts der britischen Drohung einer »wirtschaftlichen Erdrosselung durch die Blockade«, die Churchill am 9. November 1914 in einer Rede ausgesprochen hatte[51], gab Tirpitz in einem Interview zu verstehen, daß Deutschland »dasselbe Spiel« treiben könne, indem man alle britischen Schiffe torpediere[52]. Das Interview löste in Deutschland eine öffentliche Diskussion aus, die wiederum auf die Marineführung zurückwirkte.

Der Admiralstab fühlte sich bestärkt, gegenüber der Reichsleitung einen Handelskrieg zu fordern, dessen Erfolgsaussichten jedoch wegen der geringen Zahl größerer U-Boote nicht abzuschätzen waren[53]. Anfang Februar 1915 wurde die Entscheidung für einen baldigen Beginn des U-Bootkrieges getroffen, ohne daß Reichsleitung und Marineführung Methode, völkerrechtliche Problematik und politische Risiken eines derartigen Handelskrieges gründlich analysiert hatten. Mit dem Einsatz von U-Booten gegen Handelsschiffe beschritt das Reich in der Seekriegführung, militärisch und völkerrechtlich gesehen, neue Wege, denn es war von vornherein klar, daß ein U-Boot die Regeln des Prisenrechts nur unvollkommen würde einhalten können, zumal die Bewaffnung der britischen Handelsschiffe und später die sogenannten

»U-Bootfallen«, das heißt als Handelsschiffe getarnte Hilfskreuzer, die Sicherheit der Boote gefährdeten.

In der deutschen Kriegsgebietserklärung vom 4. Februar 1915 wurde daher die Zerstörung aller britischen Schiffe angekündigt, »ohne daß es immer möglich sein wird, die dabei der Besatzung und den Passagieren drohenden Gefahren abzuwenden«[54]. Ohne klare Anweisungen für die U-Bootkommandanten zu erteilen, ging die Marineführung offensichtlich davon aus, daß die meisten Versenkungen warnungslos mit Torpedoschuß erfolgen würden und dadurch auch gegenüber der neutralen Schiffahrt eine Abschreckung erzielt werde.

Als die amerikanische Regierung gegen diese Art der Kriegführung Bedenken anmeldete und auf die völkerrechtlichen Grundsätze der Seekriegführung hinwies, wollte der deutsche Generalstabschef, General v. Falkenhayn, die Gewähr haben, daß England durch den U-Bootkrieg innerhalb von sechs Wochen »einlenken« werde. Auf eine entsprechende Anfrage des Kaisers bestätigten Tirpitz und der Admiralstabschef, Vizeadmiral Gustav Bachmann, diese erstaunliche Prognose, ohne zu erläutern, was sie mit dem »Einlenken« Englands meinten[55].

Statt des »Einlenkens« von Großbritannien brachte die warnungslose Versenkung von Handelsschiffen – insbesondere von Passagierdampfern, es sei hier nur an die »Lusitania«-Katastrophe mit 1198 Toten im Mai 1915 erinnert – schon bald mit den USA ernste diplomatische Konflikte, die sich im Frühjahr 1916 zuspitzten. In einer ultimativen und scharfen Note drohte Washington am 18. April 1916 mit dem Abbruch der diplomatischen Beziehungen, falls die Reichsregierung nicht unverzüglich ihre gegenwärtige Methode des U-Booteinsatzes gegen Fracht- und Passagierschiffe aufgebe[56]. Berlin wollte eine gefährliche Konfrontation mit der neutralen Großmacht vermeiden und gab daher Anfang Mai die Zusicherung, künftig Handelsschiffe »nicht ohne Warnung und Rettung der Menschenleben zu versenken«[57]. Daraufhin reagierten die für den U-Booteinsatz in der Nordsee und im Atlantik Verantwortlichen, das heißt der Flottenchef und der Kommandierende Admiral des Marinekorps in Flandern, eigenmächtig mit dem Rückzug ihrer U-Boote aus dem Operationsgebiet, da sie die Boote im Einsatz nach Art der Prisenordnung zu sehr gefährdet sahen. Nur im Mittelmeer blieb es beim Handelskrieg nach Prisenordnung. Die harte Reaktion der Marineführung auf das politische Zugeständnis der Reichsleitung an die USA widersprach der tatsächlichen Lage: Von den 35 bis Juli 1916 verlorengegangenen U-Booten waren nur vier durch britische U-Bootfallen, aber kein einziges durch bewaffnete Handelsschiffe vernichtet worden[58]. Es zeigte sich nämlich immer wieder, daß die U-Bootkommandanten mit einiger Vorsicht und Erfahrung durchaus nach Art der Prisenordnung vorzugehen verstanden und unter Einsatz der U-Bootgeschütze beachtliche Erfolge erzielten[59].

Die im Sommer 1916 mehr und mehr erkennbaren Erfolgsmöglichkeiten der U-Boote im Handelskrieg nach Prisenordnung führten im Oktober zur Wiederaufnahme dieser Art des U-Booteinsatzes. Mit 82 einsatzbereiten Booten für den Atlantik- und Mittelmeerbereich (Stand: 1. 10. 1916) wurde bis Januar 1917 im Monatsdurchschnitt 324 810 BRT Handelsschiffstonnage versenkt[60]. Damit war im Wirtschaftskrieg gegen Großbritannien zwar keine Entscheidung, doch langfristig eine Schwächung des Gegners zu erzielen, die dem Reich eine gute Ausgangsbasis für einen Verhandlungsfrieden geboten hätte, zumal diese Art des U-Bootkrieges keinerlei politische Risiken eines Konfliktes mit den USA heraufbeschwor. Doch die Marineführung forderte immer wieder starr und dogmatisch den »uneingeschränkten U-Bootkrieg«, das heißt die warnungslose Versenkung von allen Schiffen in einem Sperrgebiet um Großbritannien. Sie war fest davon überzeugt, damit eine strategische Entscheidung über die Entente erringen zu können. Der dadurch zu erwartende Bruch mit den Vereinigten Staaten wurde in völliger Unterschätzung der wirtschaftlichen und militärischen Ressourcen dieses potentiellen Gegners bewußt in Kauf genommen.

Nachdem die Oberste Heeresleitung (OHL) unter Hindenburg und Ludendorff nach den verlustreichen Materialschlachten in Frankreich im Herbst 1916 erkannt hatte, daß ein Sieg im Landkrieg immer unwahrscheinlicher war, forderte auch sie kategorisch den »uneingeschränkten U-Bootkrieg« als letztes Siegesrezept[61].

Obwohl Anfang 1917 nur 95 U-Boote für den Einsatz im Atlantik und im Mittelmeer zur Verfügung standen, gab der Admiralstab die Garantie, daß monatlich 600 000 BRT Handelsschiffstonnage versenkt werden könnten, so daß Großbritannien innerhalb von fünf Monaten — auch unter Berücksichtigung der Abschreckung der neutralen Schiffahrt — etwa 39 Prozent seines Seeverkehrs verliere und so zum Frieden gezwungen werden könne. Mit welcher Selbstsicherheit die Marineführung einer möglichen Auseinandersetzung mit den USA entgegensah, bewies der Staatssekretär des Reichsmarineamts, Admiral v. Capelle, vor dem Hauptausschuß des Reichstages am 31. Januar 1917. Er behauptete, daß die militärische Bedeutung eines Kriegseintritts der

USA »gleich null« sei, da amerikanische Truppen aus Mangel an Schiffsraum Frankreich gar nicht erreichen könnten[62]. Mit Beginn des uneingeschränkten U-Bootkrieges am 1. Februar 1917 kam es erwartungsgemäß zum Bruch mit den Vereinigten Staaten, die nach einer Phase der »bewaffneten Neutralität« Anfang April auf seiten der Alliierten in den Krieg eintraten, als bereits die Versenkung von einigen amerikanische Schiffen und das geheime deutsche Bündnisangebot an Mexiko bekannt geworden waren[63].

Die hohen Versenkungserfolge der U-Boote im Frühjahr 1917 — allein im zweiten Quartal lag der Monatsdurchschnitt bei 700355 BRT — führten zu einer schweren Krise in der alliierten Führung, der zeitweilig eine erfolgreiche Fortsetzung des Krieges fraglich erschien[64]. Erst nach der Einführung des Konvoisystems gingen die Versenkungen ab Sommer 1917 allmählich zurück und lagen im letzten Quartal 1917 mit einem Monatsdurchschnitt von 365489 BRT kaum höher als im gleichen Zeitraum des Vorjahres beim Einsatz der U-Boote nach Prisenordnung. Die Marineführung hat damit ihr strategisches Ziel — die effektive Unterbrechung der britischen Seeverbindungen — in der von ihr selbst gesetzten Frist nicht erreichen können. Zur Unterschätzung des Potentials und der Abwehrmöglichkeiten des Gegners trat die erhebliche Überschätzung des Wirkungsgrades der U-Boote, zumal es nicht gelang, die Zahl der einsatzbereiten Front-U-Boote über 129 (Juni 1917) hinaus zu steigern. Als Folge des forcierten Einsatzes vom Februar bis Juli 1917, der bei vielen Booten wegen des Materialverschleißes und der Beschädigungen eine erhebliche Verlängerung der Werftzeiten erforderte, ging im Sommer die Zahl der im Operationsgebiet stehenden Boote zurück. Darüber hinaus gelang es der Marineführung nicht, das operative und taktische Problem des effektiven Ansatzes von U-Booten gegen gesicherte Konvois zu lösen[65].

Der Rückgang der U-Boot-Erfolge führte bei den Führungsstäben der Marine nicht zu einer neuen Lagebeurteilung, die auch die Einsatzmöglichkeiten anderer Seestreitkräfte gegen die Seeverbindungswege des Gegners einbezog[66]. Dabei hatten die wenigen Vorstöße von Kreuzern und Torpedobooten gegen den Konvoiverkehr Norwegen—Schottland im Herbst 1917 mit ihren beachtlichen Erfolgen durchaus bewiesen, welche Chancen sich schnellen deutschen Überwassereinheiten bieten konnten, wenn sie überraschend in Seegebieten auftauchten, wo der Gegner seine Konvois nur unzureichend gesichert hatte[67]. Selbst als die OHL im Frühjahr 1918 mit einer letzten Kraftanstrengung eine

Entscheidung im Westen suchte, kam es nicht zu einer intensiven Zusammenarbeit zwischen Heer und Marine. Zwar erkannte man die strategische Bedeutung des Ärmelkanals für die Alliierten, doch diese Erkenntnis führte nicht zu einer konsequenten Umsetzung bei der Einsatzplanung der eigenen Kräfte. Statt dessen wählte Scheer erneut den Weg nach Norden, unternahm im April den am weitesten reichenden Vorstoß der Hochseeflotte gegen den Konvoiverkehr Norwegen—Schottland, kehrte jedoch ohne jeden Erfolg zurück[68]. Überdies hatte im Laufe des Jahres 1918 die Minenkriegführung der Briten in der Nordsee solche Dimensionen erreicht, daß die Bewegungsfreiheit der Hochseeflotte und der U-Boote vor den Nordseestützpunkten erheblich eingeschränkt war:

»Fast 50 Prozent aller auslaufenden und über 90 Prozent aller einlaufenden U-Boote mußten den zeitraubenden Ostweg [d. h. durch die dänischen Meerengen] nehmen und büßten so erheblich an Effektivität ein[69].«

Die deutsche Minenkriegführung hatte sich bis 1918 zu sehr auf die Defensive beschränkt und dabei versäumt, durch weit nach Norden reichende Flankensperren die ungünstige geographische Ausgangslage der eigenen Seestreitkräfte zu verbessern und damit auch den britischen Minenlegern das Vordringen in die südliche Nordsee zu erschweren[70].

Im Sommer 1918 gelang es einflußreichen Seeoffizieren aus dem Stab des Flottenkommandos noch, in Anlehnung an Organisation und Befugnisse der OHL beim Kaiser eine ›Seekriegsleitung‹ durchzusetzen, deren Chef Admiral Scheer wurde[71]. Damit lag zwar die Gesamtverantwortung für die Seekriegführung nunmehr in einer Hand, doch als Scheer, die innere Lage der Marine verkennend, in der Schlußphase des Krieges seine neue Kompetenz nutzen wollte, um den Einfluß der Marine auf die Gesamtführung des Reiches auszubauen, manövrierte er sie erst richtig in die Krise.

Mit dem Eingeständnis der OHL, daß die militärische Niederlage unabwendbar sei, wurde führenden Seeoffizieren Ende September 1918 plötzlich bewußt, daß die Marine den Krieg wohl beenden müsse, ohne dessen Verlauf wesentlich beeinflußt zu haben. Ihnen schien die künftige Daseinsberechtigung einer Flotte in Frage gestellt. Aus diesen Erwägungen heraus entstand in der Seekriegsleitung der Gedanke eines letzten Flotteneinsatzes, um noch einen spektakulären Schlagabtausch mit der Grand Fleet zu suchen. Ein derartiger Kampf, von dem die Marineführung keine entscheidende Wendung des Krieges mehr erwartete, sollte die moralische Grundlage für eine neue Flotte bilden[72]. Wo nüchternes strategisches Denken gefordert war, betrachtete die Marineführung das Schicksal ihrer Teilstreitkraft völlig isoliert von den gesamtpolitischen Lagebedingungen. Ein Großteil der Mannschaften sah jedoch in der geplanten Operation ein eigenmächtiges Vorgehen der Offiziere und verweigerte daher den Gehorsam.

V.

Trotz herausragender militärischer Leistungen und Erfolge auf den verschiedenen Seekriegsschauplätzen im Kampf gegen einen überlegenen Gegner stand die Kaiserliche Marine am Ende des Ersten Weltkrieges vor dem negativen Ergebnis, daß sich nicht nur ihre Konzeptionen für den Einsatz der Hochseeflotte und für den Handelskrieg mit U-Booten als untauglich erwiesen hatten, sondern daß von ihr eine Revolte ausging, die den Anstoß zum politischen Umsturz im Reich gab. Die verschiedenen Vorstöße der Hochseeflotte können nicht darüber hinwegtäuschen, daß die Flotte strategisch primär als »Fleet in being« wirkte: Ihre starke Präsenz band im Nordseebereich die britische Grand Fleet und damit auch leichte Seestreitkräfte, die für Geleitschutzaufgaben im Atlantik fehlten. Die Flotte sicherte den eigenen Küstenbereich, blockierte die Ostsee für alliierte Nachschublieferungen nach Rußland und bot der U-Bootkriegführung einen gewissen Rückhalt bei der Sicherung der Ein- und Auslaufwege. Die Flotte hatte also entgegen der gängigen Bewertung durch Historiker, die ihr jede strategische Bedeutung absprechen[73], durchaus ihren militärischen Wert für die deutsche Kriegführung, doch eine nüchterne Kosten-Nutzen-Rechnung muß zu zu dem Ergebnis kommen, daß sie letztlich nicht das geleistet hat, was man von ihr erwartete bzw. erwarten konnte.

Es gehört zu den grundlegenden Erfahrungen des Ersten Weltkrieges, daß das Kriegführungspotential Deutschlands, dessen Wirtschaftskraft stark von Rohstoffimporten abhing, durch eine wirksame Seeblockade langfristig so geschwächt werden konnte, daß selbst eine defensive Kriegführung nicht mehr möglich war. Die deutsche Marineführung erkannte nicht, daß Seemacht im Kern das Produkt aus den Faktoren Flottenstärke und geographischer Position bedeutete. Wenn ein Faktor gering ausgeprägt war, mußte das gesamte Produkt niedrig ausfallen. Dies war ein wesentlicher Grund dafür, daß die Hochseeflotte im Rahmen der Gesamtkriegführung keine Entscheidung bewirkte.

Es gelang aber auch nicht, eine Konzeption zu entwickeln, in der die beiden Seekriegspotentiale Überwasserstreitkräfte und U-Boote integriert waren, um sie rechtzeitig und effektiv gegen die strategischen Schwachpunkte des gegnerischen Bündnisses, die Seeverbindungen im Atlantik und die russische Ostseeküste, zum Einsatz zu bringen. Bei dem Handelskrieg mit U-Booten setzte die Marineführung in einer Fehleinschätzung der eigenen Leistungsfähigkeit starr auf eine einseitige und letztlich unzureichende militärische Konzeption, die den Kriegseintritt der USA bewußt einkalkulierte und damit zur Niederlage des Reiches beitrug. Bei der Kriegführung gegen Rußland verzichtete man weitgehend auf die Ausnutzung der eigenen Überlegenheit. Immerhin hat die Sperrung der Ostseezugänge in Verbindung mit der Beherrschung der türkischen Meerengen die russische Kampfkraft erheblich geschwächt. Diese von deutscher Seite nicht geplante Wirtschaftskriegführung hat das Reich im Frühjahr 1918 wohl aus dem Zweifrontenkrieg herausgeführt, doch für die Gesamtkriegführung kam dieser Erfolg zu spät. Es waren nicht nur unzureichende Mittel und Konzeptionen, die zu diesem Ergebnis führten, sondern auch Unzulänglichkeiten im strategischen Denken einer Marineführung, die nicht die natürlichen Grenzen erkannte, die jeder deutschen Seestrategie im Rahmen einer Gesamtstrategie gesetzt waren, ja gesetzt werden mußten.

Anmerkungen

1 Vgl. Werner Rahn, Deutsche Marinen in 140 Jahren — von Konfrontation zur Kooperation, Dokumentation Symposium Deutsches Marine-Museum, hrsg. von Nordseestadt Wilhelmshaven / Der Oberstadtdirektor, Wilhelmshaven 1988, S. 33—44. — Im übrigen habe ich bei diesem Aufsatz teilweise auf meine folgenden Veröffentlichungen zurückgegriffen: La réflexion stratégique dans la marine allemande de 1914 à 1945, in: L'évolution de la pensée naval II, éd. par Hervé Coutau-Begarie, Paris 1992, S. 135—162, und: Kriegführung, Politik und Krisen — Die Marine des Deutschen Reiches 1914—1933, in: Die deutsche Flotte im Spannungsfeld der Politik 1848—1985. Vorträge und Diskussionen der 25. Historisch-Taktischen Tagung der Flotte 1985, hrsg. vom Deutschen Marine Institut und vom Militärgeschichtlichen Forschungsamt, Herford 1985, S. 79—104. Ich danke Fregattenkapitän Dr. Gerhard Schreiber und Wissenschaftl. Oberrat Dr. Bernd Stegemann für wertvolle Hinweise und Anregungen.

2 Zur mehrdeutigen Anwendung des Begriffs »Seemacht« im deutschen Sprachgebrauch vgl. Edward Wegener, Was heißt Seemacht? Ein Diskussionsbei-

trag zum »Versuch einer Begriffsbestimmung«, in: Marine-Rundschau, 63 (1968), S. 254—263, und ders., Die Elemente von Seemacht und maritimer Macht, in: Seemacht und Außenpolitik, hrsg. von Dieter Mahncke und Hans-Peter Schwarz, Frankfurt a.M. 1974, S. 25—58.

[3] Alfred Thayer Mahan, The Influence of History upon Sea Power 1660—1783, Boston 1890. — Zur historischen Einschätzung siehe jetzt die Anthologie Mahan on Sea Power. Selections from the Writings of Rear Admiral Alfred Thayer Mahan, ed. by John B. Hattendorf, Annapolis 1991, sowie The Influence of History on Mahan. The Proceedings of a Conference Marking the Centenary of Alfred Thayer Mahan's »The Influence of Sea Power Upon History, 1660—1783«, ed. by John B. Hattendorf, Newport, R.I. 1991, sowie Michael Epkenhans, Seemacht = Weltmacht. Alfred T. Mahan und sein Einfluß auf die Seestrategie des 19. und 20. Jahrhunderts, in: Kiel, die Deutschen und die See, hrsg. von Jürgen Elvert, Jürgen Jensen und Michael Salewski, Stuttgart 1992 (Historische Mitteilungen, Beiheft 3), S. 35—47.

[4] Tirpitz (1849—1930) war 1865 in die Preußische Marine eingetreten und fungierte von 1892 bis 1895 als Chef des Stabes im OKM. Zu seinem Wirken siehe vor allem Volker R. Berghahn, Der Tirpitz-Plan. Genesis und Verfall einer innenpolitischen Krisenstrategie unter Wilhelm II., Düsseldorf 1971; Michael Salewski, Tirpitz. Aufstieg — Macht — Scheitern, Göttingen 1979, und Michael Epkenhans, Die wilhelminische Flottenrüstung 1908—1914. Weltmachtstreben, industrieller Fortschritt, soziale Integration, München 1991 (= Beiträge zur Militärgeschichte, Bd 32).

[5] Taktische und Strategische Dienstschriften des Oberkommandos der Marine Nr. IX: Allgemeine Erfahrungen aus den Manövern der Herbstübungsflotte, Berlin, 16. Juni 1894, Bundesarchiv-Militärarchiv (BA-MA), RM 4/176. Vgl. dazu Berghahn, Der Tirpitz-Plan (wie Anm. 4), S. 45—89, sowie Ivo N. Lambi, The Navy and German Power Politics, 1862—1914, Boston 1984, S. 68—86.

[6] Dienstschrift IX (wie Anm. 5), S. 2 und 5.

[7] Ebd., S. 8.

[8] Vgl. Michael Stürmer, Deutscher Flottenbau und europäische Weltpolitik vor dem Ersten Weltkrieg, in: Die deutsche Flotte im Spannungsfeld der Politik (wie Anm. 1), S. 53—65, und Diskussionsbeitrag, ebd., S. 66ff.

[9] Allgemeine Gesichtspunkte bei der Feststellung unserer Flotte nach Schiffsklassen und Schiffstypen, Juni 1897, zit. nach Jonathan Steinberg, Yesterday's Deterrent: Tirpitz and the Birth of the German Battle Fleet, London 1965, S. 208ff.

[10] Der Kampf gegen die Seeherrschaft. Vortrag gehalten am 8. Januar 1898 in der Aula der Marine-Akademie von Kapitän zur See Freiherr von Maltzahn, Kiel: Druck von C. Schaidt 1898 (Original: BA-MA, NL Behncke).

[11] Ebd., S. 16.

[12] Ebd., S. 15.

[13] Wolfgang Petter, Deutsche Flottenrüstung von Wallenstein bis Tirpitz, in: Handbuch zur deutschen Militärgeschichte 1648—1939, Bd 4, Abschn. VIII (1977), München 1979, S. 228ff. und S. 208ff.

14 Dazu ausführlich Wulf Diercks, Der Einfluß der Personalsteuerung auf die deutsche Seekriegführung 1914—1918, in: Militärgeschichtliches Beiheft zur Europäischen Wehrkunde, Nr. 1/1988, S. 1—24. Vgl. auch Kurt Assmann, Deutsche Seestrategie in zwei Weltkriegen, Heidelberg 1957, S. 32—35.

15 Paul M. Kennedy, Maritime Strategieprobleme der deutsch-englischen Flottenrivalität, in: Marine und Marinepolitik im kaiserlichen Deutschland 1871—1914, hrsg. vom Militärgeschichtlichen Forschungsamt durch Herbert Schottelius und Wilhelm Deist, Düsseldorf ²1981, S. 178—210, und Edward Wegener, Die Tirpitzsche Seestrategie, ebd., S. 236—262. Vgl. auch Assmann, Deutsche Seestrategie (wie Anm. 14), S. 15—34.

16 Unter »Marineführung« im engeren Sinne werden im folgenden zunächst die Flaggoffiziere verstanden, die an der Spitze der wichtigsten Kommandobehörden standen, d. h. der Staatssekretär des RMA, der Chef des Admiralstabes und der Chef der Hochseeflotte. Darüber hinaus müssen zur Marineführung auch jene Stabsoffiziere gerechnet werden, die nachweislich wesentlichen Einfluß auf Konzeption, Führung und Stellenbesetzung der Marine genommen haben.

17 Dazu grundlegend: Wolfgang Wegener, Die Seestrategie des Weltkrieges, Berlin 1929, 2., erw. Auflage 1941. — In Anlehnung an die Gedanken seines Vaters siehe auch Edward Wegener, Die Tirpitzsche Seestrategie (wie Anm. 15) passim.

18 Vgl. Werner Rahn, Strategische Wechselwirkung zwischen Nord- und Ostseekriegführung im 19. und 20. Jahrhundert, in: Kiel, die Deutschen und die See (wie Anm. 3), S. 93.

19 Kennedy, Maritime Strategieprobleme (wie Anm. 15), S. 178—210, hier bes. S. 197f., sowie Uwe Dirks, Julian S. Corbett und die britische Seekriegführung 1914—1918, in: Militärgeschichtliche Mitteilungen, 1/1985, S. 35—50.

20 William Michaelis, Tirpitz' strategisches Wirken vor und während des Weltkrieges (1933), BA-MA, RM 8/1233, Bl. 28, vgl. auch Assmann, Deutsche Seestrategie (wie Anm. 14), S. 30 (dort Zitat etwas abweichend).

21 Lediglich bei hochseefähigen U-Booten war die Kaiserliche Marine mit 28 Booten der Royal Navy überlegen, die nur über 18 vergleichbare Einheiten und weitere 40 kleinere Küsten-U-Boote verfügte. — Bei den Großkampfschiffen wurde das Kräfteverhältnis nach wenigen Monaten für die deutsche Seite noch ungünstiger, als die im Mittelmeer bzw. in Übersee stationierten 4 britischen Schlachtkreuzer in die Heimatgewässer verlegten, ein Schlachtkreuzer seine Grundreparatur beendet hatte und die Royal Navy 7 weitere Großkampfschiffe in Dienst stellen konnte. Demgegenüber erhielt die Hochseeflotte bis Anfang 1915 lediglich einen Zuwachs von 5 neuen Großkampfschiffen. Zahlen nach: Der Krieg in der Nordsee, Bd 1, bearb. von Otto Groos, Berlin ²1922 (= Der Krieg zur See 1914—1918, hrsg. vom Marine Archiv), S. 45.

22 Operationsbefehl für den Nordseekriegsschauplatz vom 30.7.1914, ebd., S. 54. Vgl. auch Weniger, Die Entwicklung des Operationsplans für die deutsche Schlachtflotte, in: Marine-Rundschau, 35 (1930), S. 51ff.

23 Dazu grundlegend: Korvettenkapitän Hagen, Mine und Seestrategie. Die Verwendung der Mine nach den Erfahrungen des Weltkrieges, Berlin 1935 (= M.Dv.Nr. 352, Dienstschrift Nr 14).

[24] Ebd., S. 28ff.

[25] Es handelte sich um das Linienschiff »Audacious« (23400t), das am 27.10.1914 nördlich von Irland auf eine Minensperre des Hilfskreuzers »Berlin« gelaufen war. Der Krieg in der Nordsee, Bd 2, bearb. von Otto Groos, Berlin 1922, S. 234ff.

[26] Die Auseinandersetzungen lassen sich anhand der sieben Nordseebände des Werkes »Der Krieg zur See 1914—1918«, hrsg. vom Marine Archiv, nachvollziehen. Dabei ist allerdings zu beachten, daß gerade der Bearbeiter der ersten fünf Bände, Otto Groos, eng mit Tirpitz zusammengearbeitet und daher dessen Standpunkt stark betont hat. Dazu umfangreiches Material in BA-MA, Bestand RM 8 (= Kriegswissenschaftliche Abteilung der Marine). Vgl. auch Rahn, Kriegführung (wie Anm. 1), S. 101 Anm. 7.

[27] Dienstschrift IX (wie Anm. 5), S. 5.

[28] Krieg in der Nordsee, Bd 1 (wie Anm. 21), S. 81ff.; vgl. auch Friedrich-Christian Stahl, Armee und Marine im kaiserlichen Deutschland, in: Die Entwicklung des Flottenkommandos. Vorträge der 7. Historisch-Taktischen Tagung der Flotte am 5. und 6.12.1963, Darmstadt 1964 (= Beiträge zur Wehrforschung, Bd IV), S. 31—47, und Assmann, Deutsche Seestrategie (wie Anm. 14), S. 23ff.

[29] Im August 1914 befanden sich außerhalb des Heimatbereiches folgende Seestreitkräfte, die für eine Kreuzerkriegführung in Betracht kamen: 1 Schlachtkreuzer und 1 Kleiner Kreuzer im Mittelmeer, 2 Panzerkreuzer und 5 Kleine Kreuzer im asiatisch-pazifischen Bereich, 1 Kleiner Kreuzer im Indischen Ozean sowie 2 Kleine Kreuzer und 1 Kanonenboot im Atlantik. Zahlen nach: Krieg in der Nordsee, Bd 1 (wie Anm. 21), Tabelle 1.

[30] Arthur J. Marder, From Dreadnought to Scapa Flow. The Royal Navy in the Fisher Era, 1904—1919, Bd 2, The War Years: To the Eve of Jutland, London 1965, S. 118ff.

[31] Der Kreuzerkrieg in den ausländischen Gewässern. Bd 1: Das Kreuzergeschwader, bearb. von Erich Raeder, 2., verb. Aufl., Berlin 1927, S. 265, vgl. auch ebd., S. 253.

[32] Ebd., S. 258, Anm. 1.

[33] Tobias R. Philbin, Reflections on the Strategy of a Continental Commander: Admiral Franz Hipper on Naval Warfare, in: Naval War College Review, Fall 1977, S. 76—87. — Zum Kräfteverhältnis in der Nordsee Oktober/November 1914: Der Krieg in der Nordsee, Bd 2 (wie Anm. 25), S. 242f.

[34] Weisung an den Flottenchef vom 10.1.1915, in: Der Krieg in der Nordsee, Bd 3, bearb. von Otto Groos, Berlin 1923, S. 158.

[35] Marder, From Dreadnought, Bd 2 (wie Anm. 30), S. 41, und Richard Hough, The Great War at Sea 1914—1918, Oxford, New York 1983, S. 81f. Vgl. auch Ulrich Trumpener, Germany and the Ottoman Empire 1914—1918, Princeton 1968, S. 25ff.

[36] Operationsbefehl für den Ostseekriegsschauplatz vom 31.7.1914, in: Der Krieg in der Ostsee, Bd 1, bearb. von R. Firle, Berlin 1921, S. 2.

[37] Mit diesem Ausdruck wird in der Seekriegführung die strategisch defensive Verwendung einer Flotte bezeichnet, die den Kampf mit der gegnerischen Flotte meidet und allein durch ihre einsatzbereite Präsenz und jeweilige Posi-

tion die Handlungen des Gegners beeinflußt, seine Kräfte bindet und bestimmte Seegebiete bedrohen oder sperren kann.

38 Trotzdem machten sich ab Frühjahr 1915 verstärkt englische U-Boote in der Ostsee bemerkbar, denen der Durchbruch durch den Sund geglückt war, da Schweden sich geweigert hatte, seine Hoheitsgewässer für die kriegführenden Parteien zu sperren.

39 Der Krieg in der Ostsee, Bd 1 (wie Anm. 36), S. 171.

40 So formulierte es der Chef des Stabes der Hochseestreitkräfte, Kapt. z. S. Michaelis, in einem Brief an Kapt. z. S. Zenker (Chef des Stabes beim Admiralstab) vom 15. 7. 1915, Der Krieg in der Nordsee, Bd 4, bearb. von Otto Groos, Berlin 1924, S. 241.

41 Einzelheiten dazu: Der Krieg in der Nordsee, Bd 3 (wie Anm. 34), S. 50—121.

42 Zu den einzelnen Flottenvorstößen vor allem: Der Krieg in der Nordsee, Bd 4 (wie Anm. 40) passim; zur Einschätzung der Flottenführung unter Admiral v. Pohl vor allem: Michaelis, Tirpitz' strategisches Wirken (wie Anm. 20), und ders., Erinnerungen, Teil III, BA-MA, N 164/5.

43 Denkschrift Vizeadmiral v. Lans, 1. 2. 1915, in: Der Krieg in der Nordsee, Bd 4 (wie Anm. 40) S. 415 f. Vgl. dazu Holger H. Herwig, Introduction zu: Wolfgang Wegener, The Naval Strategy of the World War, Annapolis 1989, S. XV ff. und S. 133—144.

44 Der Krieg in der Nordsee, Bd 4 (wie Anm. 40), S. 57.

45 Dazu kritisch vor allem Michaelis, Tirpitz' strategisches Wirken (wie Anm. 20).

46 Der Krieg in der Nordsee, Bd 5, bearb. von Otto Groos, Berlin 1925, S. 27 f.

47 Ebd.

48 Immediatbericht über die Seeschlacht vor dem Skagerrak, 4. 7. 1916, Auszug in: Der Krieg in der Nordsee, Bd 6, bearb. von W. Gladisch, Berlin 1937, S. 12.

49 Darauf deutete bereits Michaelis in seinem Brief an Zenker vom 15. 7. 1915 hin (siehe Anm. 40). Siehe auch die Denkschrift Scheers vom 17. 6. 1916, Auszüge in: Der Krieg in der Nordsee, Bd 5 (wie Anm. 46), S. 450 f. Vgl. auch den Brief des damaligen Kapitänleutnants v. Weizsäcker an seinen Vater vom 1. 10. 1915, in: Die Weizsäcker-Papiere 1900—1932, hrsg. von Leonidas E. Hill, Berlin, Frankfurt, Wien 1982, S. 171.

50 Arthur J. Marder, From Dreadnought to Scapa Flow. Bd 5: Victory and Aftermath, London 1970, S. 143 ff.

51 Der Handelskrieg mit U-Booten, bearb. von Arno Spindler, Bd 1, Berlin 1932 (= Der Krieg zur See 1914—1918), S. 24 f.

52 Ebd., S. 34 f. und S. 243 ff. Vgl. auch Gerhard Ritter, Staatskunst und Kriegshandwerk. Das Problem des Militarismus in Deutschland, Bd 3, München 1964, S. 29 und 152 f.

53 Anfang Februar 1915 waren von 22 im Nordseebereich einsatzbereiten U-Booten lediglich 14 für eine operative Verwendung westlich der britischen Inseln geeignet. Der Handelskrieg mit U-Booten, Bd 1 (wie Anm. 51), S. 171.

54 Kriegsgebietserklärung und Denkschrift der Reichsregierung vom 4. 2. 1915, ebd., S. 87—89.

55 Anfrage des Kaisers und Antwort von Tirpitz und Bachmann vom 15. 2. 1915, ebd., S. 119. Vgl. Alfred v. Tirpitz, Erinnerungen, Leipzig 1920, S. 348 f.

56 Anlaß war die Torpedierung des französ. Kanaldampfers »Sussex« am 24. März 1916. Der Handelskrieg mit U-Booten, Bd 3, bearb. von Arno Spindler, Berlin 1934, S. 125 und 139 ff. — Die amerikanische Note wurde am 20.4.1916 in Berlin überreicht.

57 Deutsche Note an die Vereinigten Staaten, 4.5.1916, ebd., S. 145—149, Zitat S. 148.

58 Zahlen nach Robert M. Grant, U-Boat Intelligence 1914—1918, London 1969.

59 Das haben die Untersuchungen von Spindler ergeben: Der Handelskrieg mit U-Booten, Bd 3 (wie Anm. 56), S. 188 ff., 350 ff., sowie Der Handelskrieg mit U-Booten Bd 4 (Berlin 1941), Frankfurt 1964, S. 197. Vgl. auch Assmann, Deutsche Seestrategie (wie Anm. 14), S. 80.

60 Zu den Versenkungsergebnisse der U-Boote 1915—1918 siehe den statistischen Anhang in: Der Handelskrieg mit U-Booten, Bd 5, bearb. von Arno Spindler, Frankfurt a.M. 1966, S. 343—393. — Der Monatsdurchschnitt Oktober 1916 bis Januar 1917 nach den Berechnungen von Bodo Herzog, ebd., S. 366—371.

61 Vgl. Ritter, Staatskunst, Bd 3 (wie Anm. 52), S. 376 ff.

62 Ebd., S. 404. Zu den Berechnungen siehe: Der Handelskrieg mit U-Booten (wie Anm. 56), S. 368 f.

63 Siehe dazu Barbara Tuchman, Die Zimmermann-Depesche, Bergisch Gladbach 1982, und Patrick Beesly, Room 40. British Naval Intelligence 1914—1918, Oxford, New York 1984, S. 204 ff.

64 Vgl. Arthur J. Marder, From Dreadnought to Scapa Flow. Bd 4: 1917: Year of Crisis, London 1969, S. 113 f. und 144 ff. Zu den Versenkungsergebnissen siehe Anm. 60.

65 Siehe dazu ausführlich Bernd Stegemann, Zur Problematik des uneingeschränkten U-Boot-Krieges 1917, in: Marine-Rundschau, 65 (1968), S. 157—166.

66 Zur Seekriegführung 1918 jetzt: Gerhard Paul Groß, Die Seekriegführung der Kaiserlichen Marine im Jahre 1918, Frankfurt a.M., Bern 1989 (= Europäische Hochschulschriften, Bd III/387).

67 Der Krieg in der Nordsee, Bd 7, bearb. von Walter Gladisch, Frankfurt a.M. 1964, S. 44 ff. und 93 ff. Vgl. dazu auch Marder, From Dreadnought, Bd 4 (wie Anm. 64), S. 293 ff. und 311 ff.

68 Die deutschen Schlachtkreuzer stießen bis 59° 30' Nord vor, die Hochseeflotte erreichte die Höhe von Stavanger. Der Krieg in der Nordsee, Bd 7 (wie Anm. 67), S. 217 ff., und Marder, From Dreadnought, Bd 5 (wie Anm. 50), S. 143—156.

69 Groß, Seekriegführung (wie Anm. 66), S. 218.

70 Dazu Hagen, Mine und Seestrategie (wie Anm. 23), S. 17.

71 Dazu detailliert Groß, Seekriegführung (wie Anm. 66), S. 357—390.

72 Werner Rahn, Führungsprobleme und Zusammenbruch der Kaiserlichen Marine 1917/18, in: Die deutsche Marine. Historisches Selbstverständnis und Standortbestimmung, hrsg. vom Deutschen Marine-Institut, Herford, Bonn 1983, S. 171—189, bes. S. 178 ff. Vgl. jetzt auch Groß, Seekriegführung (wie Anm. 66), S. 390—428.

73 So zuletzt Thomas Nipperdey, Deutsche Geschichte 1866—1918. Bd 2: Machtstaat vor der Demokratie, München 1993, S. 771.

Martin Kröger

Revolution als Programm.
Ziele und Realität deutscher Orientpolitik im Ersten Weltkrieg

Geld dürfe im vorliegenden Fall keine Rolle spielen: so jedenfalls sah das Max Freiherr v. Oppenheim[1]. Bei dem, was er und seine Mitarbeiter von der »Nachrichtenstelle für den Orient« (NO) zunächst in den Räumen des Reichskolonialamts in der Mauerstraße 45/46 und später in Berlins Westen, in der Tauentzienstraße 19 a, taten, sollten finanzielle Erwägungen keinen Ausschlag geben. Es handelte sich doch um nichts geringeres, als die Revolutionierung des gesamten Raumes von Marokko bis Ägypten und vom Bosporus bis nach Indien. Im Ergebnis sollte dies die Gegner des Deutschen Reichs im Ersten Weltkrieg schwächen, indem ihr imperialer Rückraum destabilisiert wurde und ihnen zusätzliche Fronten eröffnet wurden. Schaut man sich im »Reichshandbuch der deutschen Gesellschaft« aus dem Jahr 1931 den langen Eintrag Oppenheims an, so findet man keinen inhaltlichen Hinweis auf seine Aktivität von 1914 bis 1918. Lapidar ist dort formuliert: »Während des Krieges war er beim Auswärtigen Amt und bei der Deutschen Botschaft in Konstantinopel tätig[2].« Tatsächlich war die NO als das zentrale zivile Instrument der deutschen Orientpolitik im Weltkrieg angelegt.

Ansätze für eine Geschichte der NO und ihre Tätigkeit in Kaukasien und Nordwestafrika gibt es bereits[3]. Mir erscheinen aber ihre Aktivitäten im Nahen und Mittleren Osten als besonders bedeutsam. Als Initiator und erster Leiter der NO, Ideenlieferant und Berater war Oppenheim am politischen Entscheidungsprozeß des Auswärtigen Amts in der Frühphase des Weltkrieges stark beteiligt. Die Orientpolitik des Ersten Weltkrieges wurde zeitweise in der NO mitformuliert, ihr operativer Teil dort mitorganisiert. Insgesamt wird aber nicht nur der Anteil der NO an der deutschen Orientpolitik zu ermessen, sondern darüber hinaus dieser spezielle Bereich der Kriegsaußenpolitik insgesamt zu charakterisieren sein. Dagegen bleiben die militärischen Ereignisse etwa an der Kaukasusfront und in Palästina/Suez-Kanal ausgeblendet[4]. Es ist allerdings nötig, eine kurzgefaßte Vorgeschichte der

»orientalischen Frage« in der deutschen Politik zu geben sowie deren Möglichkeiten bei Kriegsbeginn zu bewerten[5]. An den Zielvorgaben Oppenheims ist die tatsächliche Leistung der NO als Mitträgerin der Orientpolitik seit 1914 zu messen. Gleiches gilt für einige Beispiele praktischer Umsetzung der Orientpolitik. Abschließend ist deren Stellenwert für das kriegführende Deutsche Reich zu kennzeichnen.

Sehr genau verfolgte Otto v. Bismarck die politischen Entwicklungen im Nahen Osten und Nordafrika, dem in weiten Teilen nur formalen Herrschaftsgebiet des Osmanischen Reiches. Einfluß verwirklichte er hier jedoch nur in einem Maß, das genügte, die Rückwirkungen der Peripherie auf das europäische Mächtesystem in deutschem Interesse zu gestalten, das heißt, durch die Bindung der konkurrierenden Mächte an diese geographischen Randbereiche den hegemonialen Anspruch in Zentraleuropa durchzusetzen. Hierzu förderte er die französische Expansion in Tunesien und die britische in Ägypten[6]. Zugleich suchte er die Herrschaft des Sultans stabil zu erhalten. Diese Politik setzte gleichzeitig auf Konkurrenzkonflikte der Westmächte untereinander und auf Territorialkonflikte beider mit den Osmanen, denen die Gebiete letztlich gehörten. Bismarck rechnete auf die Überdehnung der politischen Kräfte dieser Mächte im Spagat zwischen Metropole und Peripherie, die dem Reich die Vormacht auf dem Kontinent sichern sollte. Lange Zeit, auch noch in den 1890er Jahren, war diese Nahostpolitik erfolgreich. Zwei parallele Entwicklungen änderten das. Zum ersten schuf die weltweite Präsenz des Reiches infolge seiner kolonialen Ausdehnung neue Konflikte. Die Wirtschaftsexpansion in Kleinasien — Stichwort Bagdadbahn[7] — machte die Stabilität des Osmanenregimes zum zentralen Anliegen deutscher Orientpolitik. Zum zweiten verständigten sich gleichzeitig Briten und Franzosen über ihre beiderseitigen Ansprüche vor allem in Nordafrika (Entente cordiale).

Die direkten Streitigkeiten Deutschlands mit Frankreich (Marokko) nahmen in der Folge an Härte zu. Gegen den Bahnbau in Anatolien wurde die Opposition Londons stärker. Der Versuch, nach den Balkankriegen die Stabilisierungspolitik um jeden Preis zu forcieren und den politischen Einfluß in Konstantinopel zu monopolisieren (Liman Sanders-Mission), verstärkte ohne realen Gewinn nur die russische Gegnerschaft. Daß man sich im Falle eines Krieges im Nahen Osten feindlich gegenüberstehen würde, darauf hatten sich alle Beteiligten also schon vor dem Krieg einstellen können.

Von dieser Konstellation ausgehend, verfaßte Max v. Oppenheim bei Kriegsbeginn eine umfangreiche Denkschrift[8]. In ihrer Zielsetzung, mehr aber noch in den vorgeschlagenen Methoden, war sie das Ergebnis der Erfahrungen ihres Autors im türkisch-arabischen Raum. Oppenheim, 1860 geboren, entstammte einer Kölner Bankiersfamilie[9]. Doch nicht die Bankkarriere, sondern das abenteuerliche Forscherleben zog ihn an. Früh beschäftigte er sich mit dem orientalischen Kulturkreis. Mit Hilfe des Diplomaten Paul Graf v. Hatzfeldt gelang ihm gegen manchen antisemitischen Widerstand der Sprung in den diplomatischen Dienst[10]. Dem deutschen Generalkonsulat in Kairo zugeteilt, beobachtete er 13 Jahre lang für das Auswärtige Amt die politischen Verhältnisse im Orient. Seine größte Leidenschaft aber war die Archäologie, für sie schied er mit dem Titel eines Ministerresidenten aus dem Staatsdienst aus und leitete seit 1910 die Ausgrabungen der Hethiterstadt Tel-Halaf in der Osttürkei. Das »Kriegszielfieber«[11] trieb ihn zurück in die Wilhelmstraße.

Warum holte man Oppenheim, einen jüdischen Archäologen, bei Kriegsbeginn an die Wilhelmstraße? Er war der einzige, durch bändeweise Berichte ausgewiesene Orientkenner mit Amtserfahrung. Nicht allein die Tatsache, daß er eine teure neue Institution mit spezialisiertem Personal an die Hand bekam, auch zahlreiche Randbemerkungen, seine Informationen betreffend, sprechen für eine größere Rolle Oppenheims in der deutschen Orientpolitik, als sie Wilhelm Treue auf der Basis autobiographischer Aufzeichnungen konstatierte. Hier ist Fritz Fischer recht zu geben, der Oppenheims Bedeutung zuerst erkannte[12].

Im Oktober 1914 legte er auf 136 maschinengeschriebenen Seiten seine Ideen dar. Sachkenntnis und Vertrautheit mit Region, Religion und Mentalität des Orients zeichneten Oppenheims Arbeit ebenso aus wie Konkretheit der Vorschläge. Und doch wurde aus dem Kölner Baron kein deutscher Lawrence von Arabien. Organisationsschwächen, Geldmangel, individuelle Fehler und Kompetenzstreitigkeiten führten dazu, daß die deutsche Orientpolitik, wie sie Oppenheim vorschwebte, weitgehend im Konzeptionellen stehenblieb, nur ansatzweise in praktische Politik mündete und militärisch keine Ergebnisse erbrachte.

Das Endziel sollte die »Revolutionierung der islamischen Gebiete unserer Feinde« sein, hierfür sah Oppenheim als »Hauptvorbedingung« die »intensive Mitwirkung der Türken« in einer »zielbewußten Organisation« (1). An eine gleichberechtigte Bündnispartnerschaft war dabei nicht gedacht:

»Wir müssen der Türkei Menschen, Geld und Material zur Verfügung stellen (2) [...] allerdings in einer Weise, daß die Türken glauben, es stehe ihnen nur ein freundlicher Berater zur Seite und derart, daß sie sich nach wie vor als die eigentlichen Macher betrachten oder ausgeben können (8).«

Militärisches Ziel der Türken müsse der Kaukasus sein. Ihre Propagandaarbeit solle sich auf Ägypten, Indien, Afghanistan und die französischen Gebiete in Nordwestafrika richten. Über die in Konstantinopel bereits angelaufenen Aktivitäten in dieser Richtung war Oppenheim offenbar nicht informiert, auch traute er den Türken keine effiziente Leistung in dieser Hinsicht zu. Statt dessen sollten »zwei oder drei mit der pan-islamischen Aktion und den Propagandamöglichkeiten genau vertraute deutsche Herren« (9) nach Konstantinopel gehen, um die türkische Agitation zu zentralisieren und mit Hilfe der Botschaft zu leiten. Zugleich müßte eine eigene Propaganda des Reiches einsetzen. Ein »Übersetzungsbüro« sollte mit Unterstützung des Auswärtigen Amtes, des Kultusministeriums und der Reichsdruckerei sowie unter Mitarbeit deutscher Professoren und »eingeborener« Lektoren »der Psyche des Orientalen angepaßte wahrheitsgetreue Kriegsberichte (Aufrufe usw.) in den betreffenden Fremdsprachen« herstellen. Diese sollten »regelmäßig, jedenfalls allwöchentlich, am Platze sein« (13). Im Dienste der Orientpolitik sei auch die deutsche Presse zu disziplinieren.

Im einzelnen setzte sich der Autor mit den Chancen deutscher Revolutionspropaganda in den verschiedenen Regionen auseinander. Ägypten war ihm dabei am wichtigsten[13], es folgten die russisch-türkischen Grenzgebiete im Kaukasus, Persien und Afghanistan. Breiten Raum nahm Indien ein. Marokko, Algerien und Tunesien waren von nur nachrangiger Bedeutung. Die Chancen einer Revolte in Ägypten im Rücken der Kriegsgegner schätzte Oppenheim besonders günstig ein. Die ägyptische Bevölkerung sei englandfeindlich, die nationale ägyptische Bewegung sei »im Augenblick« (26) bereit, gemeinsam mit den Türken und dem Khediven gegen England zu kämpfen. Bedingung hierfür sei ein rechtzeitiges, erfolgreiches militärisches Auftreten der Türkei am Nil. Ein Feldzug, aus dem Sinai kommend, über den Suezkanal hielt Oppenheim für möglich, wenn den Türken die unbedingt erforderliche deutsche Hilfe hierzu gewährt werde. Bis dahin müßten

»möglichst viele kleine Putsche, Attentate etc. [...] ganz gleichgültig, ob diese gelingen oder nicht [...] die Engländer in Ägypten noch kopfloser machen, wie sie es augenscheinlich schon sind« (22).

Transport- und Nachschubprobleme durch Syrien und Palästina diskutierte er ebenso wie Einzelheiten deutscher Militärhilfe und die Möglichkeit von Sabotageakten am Suezkanal. Das Szenario für den Kaukasus war dem ganz ähnlich: Ein von deutscher Seite propagandistisch vorbereiteter und organisierter türkischer Militärschlag, begleitet von Sabotageakten (gegen die Ölförderanlagen in Baku), entfacht den Aufstand der Muslime gegen die russische Herrschaft und Armee. Von den »feigen« (51) Armeniern erwartete Oppenheim jedoch keinen Beistand für diese Pläne. Den erhoffte er sich eher von Persien, dem Konstantinopel vertraglich die Sicherheit vor einem Angriff geben müsse. So könne Persien gegen die Engländer und Russen und die Ölförderung nahe des Schatt al-arab für das Reich gewonnen werden. In Afghanistan sollte die Rolle dieses Staats als Puffer zwischen Britisch-Indien und Rußland gestört werden. Ein Aufstand der afghanischen Muslime unter Führung des Emirs Habib Ullah Chan hätte russisches und britisches Militär gebunden. Gleiches galt für Indien. Der afghanische Aufstand werde die indischen Muslime ermuntern. Zugleich könne die Unterstützung der indischen Nationalbewegung den deutschen Zielen dienen, denn nirgends sei England so verwundbar wie in seinem Kolonialbesitz.

So eindrucksvoll die detaillierten Vorschläge Oppenheims insgesamt erscheinen mögen, bündelte er damit doch nur, was bereits in manchem Kopf in der politischen Führung und darüber hinaus an ungeordneten und oft bizarren Ideen vorhanden war. Die von privater Seite zahlreich an das Auswärtige Amt herangetragenen Vorschläge[14] — etwa die Sprengung des Suezkanals, die Ausrottung aller Engländer, Franzosen und Russen bei Aufständen oder der Schutz Deutscher und ihrer Schutzbefohlenen durch auszugebende Erkennungszeichen — muten dabei in der Rückschau keineswegs weniger aberwitzig an als mancher in Amtsstuben ersonnene Sabotage- und Insurrektionsplan. An die Realisierbarkeit solcher Pläne ist jedoch zweifellos an entscheidender Stelle geglaubt worden. Umgesetzt wurden die Revolutionierungsstrategien von den deutschen Vertretungen in den neutralen Ländern Dänemark (Brockdorff-Rantzau) und Schweden (Lucius v. Stoedten) — von hier aus vornehmlich im Russischen Reich — sowie in der Schweiz (Romberg). In Bern hatte Oppenheim bereits früh Kontakte zu indischen Nationalisten geknüpft[15]. Überhaupt war die schweizerische Hauptstadt die »wichtigste Sammelstelle der Auslandsorientalen aller politischen Richtungen (und damit das Zentrum der auf den Orient bezüglichen Spionage und Gegenspionage)«[16]. Hier verfügte die NO deshalb auch seit August 1915 über einen eigenen Agenten und seit April 1916 über einen ständigen Vertreter. Die deutsche Botschaft in Konstantinopel (Hans Freiherr v. Wangenheim, ab 1915 Paul Graf Wolff-Metternich) war mit den ihr neben- und untergeordneten militärischen Dienststellen und zivilen Beratern für die Orientpolitik naturgemäß der Dreh- und Angelpunkt. In der Wilhelmstraße koordinierten der Legationssekretär Otto v. Wesendonck und Unterstaatssekretär Arthur Zimmermann die politischen Aktivitäten im Nahen Osten. Ihr Gegenüber im militärischen Gefüge war als Chef der Sektion Politik im Stellvertretenden Generalstab der gelernte Diplomat Rudolf Nadolny[17]. Aus der Reihe privater Zuträger der deutschen Orientpolitik ragt, schon wegen seiner gelegentlichen Vortragsmöglichkeit bei Wilhelm II., der Berliner Orientkenner Ernst Jäckh heraus. Des Kaisers Interesse an nahöstlichen Entwicklungen gab allen Anstrengungen im Bereich der deutschen Orientpolitik einen förderlichen Impuls. 1913 hatte er die Mission des Militärberaters Liman v. Sanders weitgehend an Bethmann Hollweg und Jagow vorbei betrieben[18]. Und kurz vor Kriegsausbruch legte sich auch Wilhelm II. auf eine allgemeine Insurrektionsstrategie fest: Die deutsche Militärmission müsse auch im Krieg in der Türkei verbleiben und »gegen England den Krieg und Aufstand schüren«[19]. Tags darauf notierte er:

»Unsere Konsuln in der Türkei und Indien, Agenten usw. müssen die ganze mohammedanische Welt gegen dieses verhaßte, verlogene, gewissenlose Krämervolk zum wilden Aufstand entflammen; denn wenn wir uns verbluten sollen, dann soll England wenigstens Indien verlieren[20].«

Generalstabschef v. Moltke war gleichfalls der Ansicht, daß versucht werden sollte, Aufstände in Indien und Ägypten zu entfachen sowie Persien und die Türkei in die deutschen Interessen einzubinden[21]. Jagow instruierte die Botschaft in Konstantinopel entsprechend:

»Da mit Englands Eingreifen gegen uns gerechnet werden muß, bitte Erforderliches vorbereiten, damit englische Marinemission mit türkischer Flotte keinen Mißbrauch treiben kann und mohammedanische Parole in englische Kolonien besonders nach Indien geworfen wird. Revolutionierung Kaukasus wäre erwünscht[22].«

Der Kaiser selbst ließ dem türkischen Kriegsminister Enver Pascha mitteilen:

»Türkei muß losschlagen. S.M. der Sultan muß die Muselmanen in Asien Indien Ägypten Afrika zum heiligen Kampf fürs Kalifat aufrufen[23].«

Daß solche Revolutionsstrategien zentraler Teil der deutschen Kriegsaußenpolitik waren, nannte Fritz Fischer die »Fortführung der Orientpolitik seit Mitte der neunziger Jahre ›mit anderen Mitteln‹«[24].

Tatsächlich hatte Deutschland seine Einflußmöglichkeiten seit der Jahrhundertwende weitgehend eingebüßt: zuerst in Ägypten, später in Marokko, eine wirkliche politische Führungsrolle in Konstantinopel hatte sich nicht verwirklichen lassen, die ökonomische Position in der Osttürkei stieß auf starken britischen Widerstand. In anderen Gebieten (Persien, Afghanistan, Indien) war das Reich überhaupt nicht präsent gewesen. Deutschland hatte bis 1914 da, wo es am Rande des osmanischen Großreiches solchen gegeben hatte, seinen Einfluß immer mehr an die Westmächte abgegeben, ohne dafür in Konstantinopel ausschließliche Autorität zu gewinnen. Deshalb waren die Pläne bei Kriegsbeginn, welche die realen Möglichkeiten des Reiches bei weitem überschätzten, aus der Not der nicht eingetretenen Neutralität der Briten gewachsene Ideen. Zwar stehen sie in der Konsequenz der vorangegangenen Orientpolitik, können aber nicht als Fortsetzung früherer Konzeptionen gesehen werden. Im Gegenteil sind sie der Abschluß einer zu diesem Zeitpunkt bereits insgesamt gescheiterten, eines nurmehr in der öffentlichen Wahrnehmung erfolgreichen Klischees von Außenpolitik. Ein Erfolg konnte den Revolutionsstrategien unter diesen Umständen nicht beschieden sein.

Im nachhinein am einsichtigsten bewertete der Dragoman an der deutschen Botschaft in Konstantinopel, Theodor Weber, die in Berlin diskutierten Vorschläge, wenn er, Oppenheims Denkschrift kommentierend, schreibt:

»Ich muß nun leider sagen, daß da, wo ein gewisses Ergebnis sich einzustellen scheint, sodaß an eine abschließende Beurteilung gedacht werden könnte, der Eindruck kein erfreulicher ist. Die Georgier scheinen zu versagen, ob die Afghanistanexpedition [siehe unten Nr. 5] jemals das Ziel erreicht, ist fraglich, mit den Indern geht es nicht recht — anscheinend kennen sie uns und wir sie zu wenig. Die Aktion Salar ad-Daula [siehe unten Nr. 2] liegt in weiter Ferne, ob Leo Frobenius [siehe unten Nr. 3] etwas erreicht, möchte ich bezweifeln, seine ganze Art ist meiner Ansicht nach derjenigen gänzlich wesensfremd. — Es fehlt uns hier an einer straffen Zentralisierung der ganzen Propaganda[25].«

Mit dieser Skepsis stand Weber keineswegs allein da. Auch unter den Offizieren der Heeresleitung gab es durchaus Zweifel an der Effizienz muslimischer Aufstände[26]. Doch wegen des ausbleibenden schnellen militärischen Erfolgs im Westen wurden die Revolutionsideen möglicherweise als kriegsentscheidend, als »Wunderwaffe« sozusagen, perzipiert. Jäckhs »Bericht über die Organisation in Konstantinopel zur Revolutionierung feindlicher Gebiete« gab solchen Erwartungen Auftrieb. Die Muslime im Kaukasus hätten etwa 40000 Mann unter Waffen und mit dem Einschluß Batums bereits erste militärische Erfolge erzielt, es fehle jedoch an Munition. Paul Schwarz (siehe unten Nr. 7) sei aufgebrochen, um Ölfelder und Eisenbahnlinien zu zerstören. Trotz anfänglichen Mißtrauens wollten die Perser nun reguläres türkisches Militär begünstigen. Der Emir von Afghanistan wolle 60000 Soldaten aufstellen, der Erfolg der gemischten türkisch-deutschen Expedition nach Kabul sei noch abzuwarten. Die arabischen Stämme zwischen Euphrat und Tigris, so rechnete Jäckh, würden sich anschließen, wenn dort das türkische Militär verstärkt werde. Hauptmann Klein bilde in Bagdad gemeinsam mit 20 Deutschen eine Truppe von 400 Arabern aus, mit denen er die englischen Ölfelder am Karunfluß angreifen wolle. Auf der arabischen Halbinsel verhandelten der Diplomat Curt Prüfer und der Berliner Professor für orientalische Sprachen Bernhard Moritz. Über Indien und Ägypten, die Oppenheim so zentral erschienen waren, konnte Jäckh jedoch nur vage Angaben machen. Er scheint aber günstigen Informationen vertraut und mit dem Erfolg deutscher Insurrektionsbestrebungen gerechnet zu haben[27].

In diesem erwartungsvollen Klima wurden die formulierten Ziele in praktische Politik umgesetzt. Am eindrucksvollsten kennzeichnen einige Beispiele die deutsche Orientpolitik.

1. Die Arbeit der »Nachrichtenstelle für den Orient«

Oppenheim organisierte, darin mehr Wissenschaftler als Behördenleiter, die NO nach dem Kollegialprinzip ähnlich einer Fakultät. In regelmäßigen Sitzungen bestimmten Spezialisten[28], zum Teil mit Studium oder Universitätslaufbahn — Arabisten, Orientalisten, Indologen —, sowie Konsularbeamte und auch Missionare ihre Aufgaben weitgehend selbst. Es standen ihnen auch nichtdeutsche Mitarbeiter zur Seite[29]. Oppenheim leitete die Dienststelle zunächst selbst, bevor er, im Frühjahr 1915 nach Konstantinopel versetzt, dort in Zusammenarbeit mit der NO ein eigenes Nachrichtenbüro für die Türkei aufbaute. Ihm folgten der Dragoman Karl Emil Schabinger Freiherr v. Schowingen und am 25. Februar 1916 der Ägyptologe Eugen Mittwoch, der bis dahin das orientalische Seminar der Berliner Universität geleitet hatte. Die Art, wie die NO geführt wurde, der Wechsel der Vorgesetzten und das eher von akademischen Eitelkeiten als von dienstlichen Erfordernissen beeinflußte Selbstverständnis der deutschen Mitarbeiter, erschwerte eine erfolgreiche Arbeit. Diese definierte ein Mitarbeiter der Nachrichtenstelle, Herbert Müller, im August 1918: Neben der »Propagandatätigkeit im Orient, im neutralen Ausland und in Deutschland« nennt er die Kontaktpflege zu Orientalen im Reich und den neutralen Staaten, den Aufbau eines Zeitungs- und Personenarchivs, die Pressesichtung und Herausgabe einer Presseschau für den amtlichen Gebrauch, Übersetzungsarbeit, Zensur von Schriften, Filmen und Briefen und die Gefangenenbetreuung[30].

Aktiv wurde die NO vor allem in der Propaganda und der Indoktrinierung der muslimischen Kriegsgefangenen[31], die man in Zossen bei Potsdam im sogenannten Halbmondlager sammelte. Hierzu standen ihr Mittel aus dem Etat des Auswärtigen Amts zur Verfügung. Schabinger weist für den von ihm verantworteten Zeitraum (21.5.—31.12.1915) Ausgaben in Höhe von 133 385,44 Mark aus[32]. 1916 und 1917 flossen aus dem Propagandafonds des AA jeweils 300000 Mark in die Tätigkeit der NO[33]. Das Geld wurde eingesetzt, um mit publizistischen Mitteln, das heißt durch Aufrufe, Flugblätter[34], Broschüren und Bücher in zahlreichen östlichen Sprachen und Dialekten, die Menschen des Orients für die kriegführenden Mittelmächte, deren Politik und vorgeblichen Ziele zu gewinnen und gegen die, wie man behauptete, islamfeindlichen Kriegsgegner zu mobilisieren. Es handelte sich dabei um Kriegsberichte und Kriegschroniken, zum Beispiel das illustrierte Werk *Der große Krieg in Bildern*, um Wirtschaftsbroschüren wie *Deutschlands Wirtschaftsleben vor und im Krieg*, um länderbezogene Propagandaschriften: *Georgien und der Weltkrieg* (1915), *Russische Greueltaten* (1916), *Englische Dokumente zur Erdrosselung Persiens* (1917), *L'Islam dans l'Armée Française* (1917), die stellvertretend für viele andere stehen. Die NO nahm Einfluß auf Zeitungen, lancierte Artikel, gründete verdeckt eigene Organe, so 1916 in Damaskus und Bagdad. Für den propagandistischen Gebrauch in den neutralen Ländern druckte die NO in schweizerischen und niederländischen Verlagen geeignete Arbeiten britischer, US-amerikanischer und orientalischer Autoren nach. In den Kriegsgefangenenlagern war die NO zuerst mit länderspezifischen Zeitungen, ab Mitte 1916 mit einer mehrsprachigen allgemeinen Gefangenenzeitung vertreten. Im Deutschen Reich suchte sie mit dem »Korrespondenzblatt der Nachrichtenstelle für den Orient« die Presse und mit Vorträgen, sogar bereits Filmen, die öffentliche Meinung zu beeinflussen.

Zunächst unregelmäßig in geringer Stückzahl an amtliche Stellen und große Redaktionen versandt, mauserte sich die Korrespondenz zu einem später auch im Ausland vertriebenen Periodikum. Die Auflage wuchs von 200 Stück einer vierseitigen Maschinenschrift im April 1915 auf 1800 Stück (16 einseitig bedruckte Seiten) im September 1916. Ab April 1917 versandte die NO ihr Organ unter dem Titel »Der neue Orient« in 5000 Exemplaren, 1500 davon für das neutrale Ausland. Das »Korrespondenzblatt« wurde im Lauf des Krieges zum wichtigsten und erfolgreichsten Instrument der NO: mehr als 260 Zeitungen übernahmen aus ihm Material, darunter 15 türkische, 10 schweizerische, 5 niederländische und einige skandinavische Blätter[35]. Müller faßt in seinem internen Bericht zusammen:

»Seit dem 10. Oktober 1914, an dem die erste Veröffentlichung der NO die Presse verließ, sind bis Ende Juli 1918 in 9 europäischen und in 15 orientalischen Sprachen im ganzen 1012 verschiedene Publikationen erfolgt und in zusammen mehr als 3 Millionen Exemplaren verbreitet worden[36].«

Um den Vertrieb der Propagandaprodukte im direkten Einflußbereich türkischer Herrschaft sicherzustellen, schuf Oppenheim seit dem Frühjahr 1915 in enger Kooperation mit der NO und unter Kontrolle der Botschaft ein System von »Nachrichtensälen«[37], Leseorte, die in den größeren Städten der Türkei die Publikationen der NO und übersetzte deutsche Presseschauen verbreiteten. Diese Einrichtungen wurden während des ganzen Krieges freigiebig mit den unterschiedlichsten Schriften versorgt, in denen aber zunehmend die ökonomischen Interessen des Reiches ein Übergewicht bekamen[38]. Oppenheim bemühte sich auch um den Einsatz des neuen Mediums Film für seine Propagandazwecke. Seine Zielgruppe waren Beamte, Offiziere und Kaufleute, Schulen, Hospitäler und die Cafés. Von März 1915 bis März 1917, als Curt Prüfer[39] die Leitung übernahm, verfügte die Organisation über insgesamt 800000 Mark.

Die propagandistische Aktivität der NO war auf dem publizistischen Gebiet zumindest nominell sehr groß. Über die Wirkung des unter vielen Schwierigkeiten verbreiteten Schrifttums läßt sich naturgemäß wenig sagen. Leichter fällt dies bei konkreten, an Personen gebundenen Insurrektionversuchen, wie in den folgenden Beispielen.

2. Die Wahl Salar ad-Daulas zum persischen Revolutionsführer

Die Skepsis des Dragomanen Weber war, was den persischen Prinzen Salar ad-Daula betraf, angebracht; war dieser doch eine mehr als schillernde Figur im Ringen um die Macht in Persien. Er gehörte der herrschenden Dynastie, den Qadjaren an, war aber sehr zu seinem Ärger nicht der Thronfolger. Auf Gouverneursposten, in Aufständen und als Bandenführer hatte er sich zwischen 1897 und 1912 den wechselnden Machtkonstellationen in seiner Heimat angepaßt. Sein Opportunismus und seine Methoden hatten ihn dabei in Persien jede Sympathie gekostet. Zuletzt verwies ihn die Regierung des Landes. Er lebte bei Kriegsbeginn in der Schweiz von einer russischen Pension. Dort wandte er sich mit Rückkehrplänen an den deutschen Gesandten Konrad Freiherr v. Romberg[40]. Seine Anfrage, ob er denn auf deutschen und türkischen Beistand für seine Absichten zählen könne, fand in Berlin ein aufmerksames Echo. Revolutionsideen wie die Salar ad-Daulas paßten exakt in die Konzepte der deutschen Führung. Botschafter v. Wangenheim hielt es jedoch anfangs für »inopportun«, die Türken aufzufordern, sich an einer Aktion Salars zu beteiligen; schon beschäftige sich die türkische Presse mit dem Gegenstand[41]. Er stellte seine Bedenken jedoch zurück, wenn der Prinz vorsichtig handle und inkognito reise. Zimmermann wies daraufhin Romberg an, Salar entsprechend zu verständigen[42]. Der Perser reiste am 12. Oktober 1914 als Hadschi Reza Chan nach Konstantinopel[43]. Die Absichten, die sich mit der Mission Salar ad-Daulas verbanden, wurden durch den deutschen Geschäftsträger in Teheran, Radolf v. Kardorff, bestärkt. Er telegraphierte, daß es nur Waffen, Munition und Geld bedürfe, um in Persien Aufstände in Gang zu setzen. Österreichische Informationen schienen dies zu bestätigen. Auch der ehemalige deutsche Gesandte in Teheran, Graf v. Quadt, empfahl auf Anfrage Wangenheims den Prinzen, der, obwohl er in seiner Heimat »für nicht ganz normal« gelte, doch der einzige sei, der für die deutschen Pläne in Frage komme[44]. In der türkischen Hauptstadt bewirkte Wangenheim eine Zusammenkunft Salars mit Enver Pascha und Talaat Bey, dem türkischen Kriegs- und dem Innenminister. Beide aber waren gegenüber den Plänen eher zurückhaltend. Sie wollten die Entscheidung der persischen Regierung abwarten, mit der sie über eine gemeinsame Kriegspolitik verhandelten[45]. In drei Telegrammen unterstrich Kardorff am 2. November die dringende Notwendigkeit, die nordwestpersischen

Stämme auszurüsten und durch drei- bis fünftausend türkische Reiter zu unterstützen, wenn man die »Entrollung hiesiger Geschehnisse« voranbringen wolle. Bei seiner Übermittlung dieser Telegramme nach Berlin drängte Wangenheim am 3. November auf die rasche Entsendung Salars ad-Daulas nach Persien[46]. Zimmermann gab daraufhin am 4. November sein Einverständnis, für die »Bewaffnung der Männer und ähnliche Zwecke bis zu 50000 Mark« auszugeben. Die im Konzept des Telegramms zunächst angegebenen 20000 schienen dem Unterstaatssekretär wohl nicht ausreichend[47]. Zu diesem Zeitpunkt hatte die persische Führung bereits ihre Neutralität erklärt (Ferman Schah Ahmad vom 1. November). Die Nachricht davon erreichte Berlin erst am 9. November. Gleichzeitig warnte Kardorff davor, den persischen Prinzen zu entsenden, was in Teheran nur Thronfolgediskussionen entfachen und das Verhältnis der Perser und Türken belasten werde; die Mission sei deshalb »unzweckmäßig«[48]. Die Türken waren kurzfristig, als sie mit einer Verständigung mit den Persern nicht mehr rechneten, einer Unterstützung Salars nähergerückt[49], jetzt aber überwog ihr Argwohn gegen den unberechenbaren Prinzen und sie internierten ihn[50].

Mit ihrem Fehlgriff bei der Auswahl einer für die Insurrektionsabsichten geeigneten Person hatten die Deutschen beim türkischen Verbündeten und im neutralen Persien lediglich Mißtrauen geweckt. Dazu hätte es bei geeigneter Beratung durch Orientexperten nicht kommen müssen. Die NO war zwar noch in der Aufbauphase, Oppenheim jedoch über die Angelegenheit informiert. Der Charakter Salars und dessen schlechter Ruf in seiner Heimat waren bei Kriegsbeginn kein Geheimnis. Der Amerikaner William Morgan Shuster, der sich als Finanzberater in Persien aufgehalten hatte, hatte bereits 1912 in einem vielbeachteten Buch über den »mad-cap Prince«[51] berichtet, und Wilhelm Litten, bei Kriegsbeginn deutscher Konsul in Täbris, kannte Salar ad-Daula seit 1904[52]. An dieser Episode aber erweist sich der ebenso improvisierte wie uninformierte Charakter deutscher Orientpolitik. Improvisation zeichnete auch das folgende Beispiel aus.

3. Die Mission Leo Frobenius'[53]

Den österreichischen Freiherrn Rudolf v. Slatin, besser bekannt als Slatin Pascha, der den Sudan in anglo-ägyptischen Diensten so gut kennengelernt hatte wie kaum ein anderer Europäer, wollte Oppenheim einspannen, um den Sudan zu destabilisieren. Seit jeher war die angloägyptische Herrschaft über dieses Gebiet instabil, der Gedanke einer Insurrektion lag daher sehr nahe. Doch Slatin ließ sich nicht auf das Projekt ein. Statt seiner drängte sich der Forschungsreisende und Völkerkundler Leo Frobenius dem Großen Hauptquartier für diese Mission auf. Um ihm einen diplomatischen Status zu geben, sollte er über Äthiopien reisen und der dortigen Gesandtschaft einige Korrespondenzen überbringen. Schon in Konstantinopel gab es erste Schwierigkeiten. Jäckh berichtete:

»Frobenius hat in Konstantinopel unnötigerweise viel Zeit verloren durch Verhandlungen mit den türkischen Behörden über Titel und Orden, die er für sich von vornherein in Anspruch nahm. Er hat bei diesen Verhandlungen alle türkischen Behörden und Persönlichkeiten, mit denen er zu tun hatte, vor den Kopf gestoßen, so daß sie ihm schließlich auch seine sachlichen Forderungen (Mannschaften, Fahnen, Ausrüstung, usw.) ablehnten[54].«

Frobenius' Expedition erreichte dennoch im Februar 1915 den italienischen Hafen Massaua am Roten Meer. Erneut gab es Probleme, als er sich hier den militärischen Rang eines Hauptmanns zulegte, weshalb ihn die neutralen Italiener nicht weiterreisen ließen. Das publizistische Echo der Affaire in Italien führte zu einem Rückzieher des Auswärtigen Amts. Bereits am 23. März verließen die Deutschen Massaua mit dem Postschiff nach Rom. Nur mit Mühe war Frobenius davon abzuhalten, die Angelegenheit in der italienischen Presse auszubreiten. In Berlin unterbreitete er alsbald neue Vorschläge für Revolutionsexpeditionen in den Orient, doch kam es, schon wegen des fatalen Ausgangs der ersten Reise und nicht zuletzt wegen des negativen Urteils, das Wangenheim aus Konstantinopel telegraphierte, zu keiner zweiten Mission:

»Frobenius hat durch sein taktloses Auftreten hier und auf seinen Reisewegen durch Syrien und Arabien bei Deutschen und Einheimischen denkbar schlechtesten Eindruck hinterlassen. Seine nochmalige Entsendung würde deutschem Ansehen zweifellos in nicht wieder gutzumachender Weise schaden[55].«

Aber nicht alle Projekte blieben so eklatant erfolglos, wie die Expedition des Leo Frobenius oder die Wahl Salar ad-Daulas als Revolutionsführer.

4. Die Expedition Klein[56]

Die neuartige Ölfeuerung der englischen Schiffe und die anwachsende Motorisierung der Kriegführung hatte schon vor 1914 die Bedeutung der Petroleumförderung und -verarbeitung bedeutend erhöht. Aus diesem Grund sicherte sich die englische Regierung im Frühjahr 1914 die Aktienmehrheit der Anglo-Persian Oil Company, die die Ölvorkommen am Schatt al-arab ausbeutete[57]. Im September 1914 betrauten der Große Generalstab und das Auswärtige Amt den ehemaligen deutschen Militärattaché in Teheran, Hauptmann Fritz Klein, damit, die Raffinerie und die Pipeline der APOC zu zerstören. Zugleich sollte seine Expedition versuchen, die schiitischen Stämme der Region für den Heiligen Krieg zu gewinnen. Für diese Ziele stellte Unterstaatssekretär Zimmermann 300000 Mark bereit[58]. Klein versammelte seine Truppe im Dezember in Aleppo, wo sie — das als Zeichen türkischer Skepsis gegen eine eigenständige deutsche Aktion auf osmanischem Gebiet — in die türkische Armee übernommen wurde.

Unterdessen hatten die Briten indische Truppen an den Schatt al-arab verlegt und Mitte November schon Basra eingenommen. Die vor der Mündung in den Persischen Golf versenkten vier deutschen Schiffe behinderten den britischen Nachschub dabei nicht. Das Ziel einer Zerstörung der Ölanlagen war damit vorerst gescheitert. So widmete sich Klein der anderen, politischen Aufgabe. Mit schiitischen Würdenträgern in Kerbela (Karbala) und Nedjef (An-Nadjaf), den schiitischen Wallfahrtsorten südlich von Bagdad, handelte er Fetwas aus, die den Heiligen Krieg an der Seite der Mittelmächte sanktionierten. Gegenmaßnahmen der persischen Regierung konnten zwar die Verbreitung der geistlichen Gutachten nicht, wohl aber ihre beabsichtigte Wirkung verhindern. Bei den Türken, die davon profitiert hätten, wenn es Klein gelungen wäre, ein Kriegsbündnis über den sunnitisch-schiitischen Glaubensgegensatz hinweg zustandezubringen, erregte sein Tun auf muslimischem Heiligen Boden »böses Blut« — so der deutsche Militärattaché in Konstantinopel Erich v. Leipzig. Er schrieb weiter:

»Die schiitischen Priester haben sich infolge dieser Invasion wochenlangen umständlichen Reinigungsproceduren unterwerfen müssen.«

Die deutsche Aufmerksamkeit für die persischen Ölquellen kollidiere mit den türkischen Ambitionen einer Ausbeutung der Vorkommen, besonders mit dem Geschäftsinteresse des türkischen Oberbefehlshabers im Irak, Suleiman Askeri Bey[59]. Klein war deshalb gut beraten, sich wieder auf seinen militärischen Auftrag zu konzentrieren, zumal die argwöhnischen türkischen Partner bereits selbst versuchten, die Ölförderung lahmzulegen, was die eigene Expedition überflüssig gemacht hätte. Klein unterstellte seine Truppe dem Befehl Askeris, dessen Offensive gegen die britisch-indischen Einheiten erst die deutschen Sabotagepläne ermöglichte. Sprengkommandos unter Führung des Leutnants Hans Lührs[60] gelangen am 22. März 1915 und mehrmals im April Sprengungen der APOC-Pipeline in der Nähe der persischen Stadt Ahwas. Die Leitung blieb bis in die zweite Juniwoche unterbrochen, rund 290000 Tonnen Öl mußten abgefackelt werden[61]. 1912 hatte der tägliche Ausstoß auf den persischen Ölfeldern 1600 Barrel betragen. Da es den Deutschen nicht dauerhaft gelang, diese Produktion zu verhindern oder auch nur zu stören, konnte sie bis 1918 auf 18000 Barrel/Tag gesteigert werden; außerdem machte die persische Ölförderung 1914 nicht einmal einen Prozent der Weltfördermenge aus[62] — Daten, die den sichtbaren Erfolg der Sabotageexpedition, den es in diesem Fall aber wenigstens gab, wieder relativieren.

5. Die Afghanistan-Expedition(en) Oskar Ritter v. Niedermayers und Werner Otto v. Hentigs

Ebenfalls Ende 1914 startete eine weitere Expedition von Konstantinopel aus in den Mittleren Osten. Ihr Ziel war Kabul, die Hauptstadt des Emirs von Afghanistan, Habib Ullah Chan. Ihre Reise bekam schon während des Krieges, mehr noch durch die Memoirenliteratur danach, legendäre Züge[63]. Trotz des hohen körperlichen Einsatzes und ihrer tatsächlich dramatischen Erlebnisse[64] beruhte der Ruhm der Beteiligten mehr auf den schwärmerischen Orientphantasien ihrer Leser als auf den realen Ergebnissen des Unternehmens. Mißt man diese an den ursprünglichen Absichten, so fällt eine Bilanz nüchtern aus.

Die Afghanistanoperation ging auf eine Initiative Enver Paschas zurück, von der Wangenheim das Auswärtige Amt Mitte August 1914 in Kenntnis setzte. Der türkische Kriegsminister behauptete entgegen den Tatsachen, er habe ständigen Kontakt zum afghanischen Herrscher, der »zu jeder feindlichen Unternehmung gegen England und Rußland bereit« sei. Es bedürfe »zum Losschlagen gegen Indien nur der nötigen Ermunterung«. Hierzu sollten sich 20 bis 30 deutsche und türkische Offiziere »gruppenweise und als Araber verkleidet« nach Kabul begeben, um den Emir zu ermutigen[65]. Wie bei der Expedition Klein teilten sich der Große Generalstab und das Auswärtige Amt in die Durchführung dieses Plans. Ohne Umsicht ausgewählt, mangelhaft vorbereitet, aber mit reichlich Geld ausgestattet[66], trafen sich die Expeditionsteilnehmer in Aleppo, wo am 13. Dezember 1914 der bayerische Offizier Ritter v. Niedermayer das Kommando übernahm, bevor es nach Bagdad weiterging. Hier erfuhr man vom Leiter des türkischen Parallelunternehmens, Reuf Bey, daß Konstantinopel in Wahrheit keinen Kontakt nach Kabul unterhielt und an einer weiteren Kooperation nicht mehr interessiert sei. Auch in diesem Fall fürchtete der türkische Verbündete eine zu starke deutsche Präsenz als Hindernis für eigene Herrschaftsansprüche. So reisten die Deutschen allein weiter und erreichten Teheran am 25. April 1915. Dort stieß am 15. Juni der Legationssekretär v. Hentig mit einer vom Auswärtigen Amt ausgerüsteten zweiten Expeditionsgruppe, die mit Afghanistan diplomatische Beziehungen herstellen sollte, hinzu. Da sich die Leiter über ihre Führungsansprüche und den Charakter der Missionen nicht einigen konnten, reisten zunächst beide Gruppen durch die als unpassierbar geltenden Salzwüsten Persiens getrennt weiter. Erst als sie in einer ostpersischen Oase am 23. Juli wieder aufeinandertrafen, setzten Hentig und Niedermayer ihren Weg vereint fort. Am 1. Oktober erreichten sie die afghanische Hauptstadt, aber erst am 26. gewährte ihnen Habib Ullah Chan eine Audienz. An ein »Losschlagen gegen Indien« dachte der Emir jedoch nicht im entferntesten. Er wollte vielmehr die deutsche Mission als diplomatisches Druckmittel gegenüber dem britischen Vizekönig von Indien, Hardinge of Penshurst, benutzen. Deshalb hielt er die Deutschen mit langwierigen Verhandlungen hin und von einer vorzeitigen Heimreise ab. Am Ende der Gespräche stand ein Vertragsentwurf, der das Reich neben der kostenlosen Lieferung von 100000 modernen Gewehren und 300 Kanonen zur Zahlung von 10 Millionen £ verpflichtete. Während man auf eine Antwort aus Berlin wartete, unterwiesen die deutschen Offiziere schon einmal das afghanische Heer. Unterdessen wuchs der britische Druck auf den Emir, dessen Vater 1880 vertraglich auf eine eigenständige Außenpolitik verzichtet und dessen Land seitdem unter englischem Einfluß als Puffer zwischen Britisch-Indien und Rußland gedient hatte. Als Habib Ullah Chan zusätzlich 20000 deutsche oder türkische Soldaten forderte, entschlossen sich ab März 1916 erst Hentig, bald aber auch Niedermayer zur Rückreise, die ihnen nur nach abenteuerlichen Umwegen gelang. Der im Auswärtigen Amt zwischenzeitlich gebilligte Vertrag kam nicht mehr zustande, da sich der afghanische Herrscher nicht aus dem britischen Einfluß lösen konnte[67].

6. War Max Roloff je in Mekka?

Symptomatisch für die Qualität der deutschen Nahostpolitik ist die Episode um den Hochstapler Max Roloff, der sich im August 1914 anbot, als Pilger verkleidet in Mekka für die deutsche Sache zu werben, hierfür einen Geldbetrag kassierte, seinen Reisebericht aber wohl in Breslau frei erfand[68]. Aus einer Notiz Oppenheims läßt sich schließen, daß die Anregung des Journalisten Roloff aufgegriffen, und er beauftragt wurde, nach Arabien zu reisen[69]. Zweifel an seiner Zuverlässigkeit scheinen aber recht bald aufgekommen zu sein. Zunächst teilte die Redaktion der Leipziger Neuesten Nachrichten noch mit, daß Roloff »im offiziellen Auftrag nach türkischen Gebieten reist« und hierfür über Holland unterwegs sei. Mitte Dezember aber erfragte das Auswärtige Amt bei der Redaktion der Schlesischen Zeitung den derzeitigen Aufenthaltsort Roloffs und erhielt zur Antwort, dieser wohne in Breslau, Schuhbrücke 36[70]. Mit Poststempel vom 1. Dezember 1914 traf ein »Rapport über meine Reise nach Arabien« in Berlin ein. Dort argwöhnte man Betrug, und als die Gesandtschaft im Haag mitteilte, Roloff sei nicht über Holland ausgereist, habe dort vielmehr verkündet, er wolle über Konstantinopel fahren, legte Oppenheim seine Zweifel schriftlich nieder[71]. Roloff veröffentlichte derweil seine angeblichen Erlebnisse in Zeitungsbeiträgen. Die Gefahr einer Belastung des deutsch-türkischen Verhältnisses durch einen als Pilger verkleideten Ungläubigen in der heiligen Stätte des Islam war offensichtlich. Nadolny schilderte deshalb in einem Schreiben an das stellvertretende Generalkommando des VI. Armeekorps in Breslau das Problem, äußerte den Verdacht, es sei wohl »Bericht aus der Phantasie erstattet« worden, und stellte strafrechtliche Folgen in Aussicht[72]. Tatsächlich wurde Roloff — offenbar aber nur für kurze Zeit — festgenommen, und es gab ein Ermittlungsverfahren wegen Betrugs. Die zuständige Anklagebehörde schlug später vor, das Verfahren bis nach dem Krieg auszusetzen, um Roloff keine Gelegenheit zu öffentlicher Darstellung zu geben. Generalstab und Auswärtiges Amt schlossen sich dem an[73]. Roloff scheint all das nicht angefochten zu haben. Er klagte zwar nach Kriegsende über die schlechte Behandlung, die er als Reaktion auf seine unbequeme Bewertung der deutschen Orientpolitik wertete, bot aber weiterhin seine Dienste an[74]. Nach dem November 1918 verliert sich dann aber seine Spur.

7. Waßmuß und andere

Die Liste der mit beträchtlichen Erwartungen begonnenen und letztlich stets erfolglosen Projekte ließe sich verlängern. Etwa um die Erlebnisse des Dragoman Wilhelm Waßmuß[75], der sich von der Niedermayer-Expedition trennte und mit südpersischen Stämmen einen Kleinkrieg mit den Engländern führte, oder die vom deutschen Konsulatssekretärs Max v. Scheubner-Richter angezettelte Erhebung nordpersischer Stämme[76], die Sabotageaktionen des Konsulatsverwesers Paul Schwarz in Aserbaidschan[77] oder die Entsendung des Majors Othmar Freiherr v. Stotzingen nach Südarabien[78], die Tätigkeit Curt Prüfers in Konstantinopel und Palästina[79] sowie die tödlich endenden Agitationversuche Otto Mannesmanns in Libyen[80], auch der türkisch-deutsche Palästinafeldzug und die Angriffe auf den Suezkanal gehören in diesen Katalog. So blieben von den großen politischen und militärischen Plänen am Ende nur die großen persönlichen Abenteuer der beteiligten Offiziere und Diplomaten. Bei allen Unterschieden ist den Beispielen eines gemeinsam: Sie erzeugten bei den Herrschern oder Bevölkerungen, auf die sie berechnet waren, starkes Mißtrauen gegen die vermuteten oder durchschauten wahren Absichten der Deutschen und Türken. Schlimmer noch, auch die türkischen Verbündeten sahen ihre eigenen Ambitionen im Nahen Osten gestört. Ein Resultat, das diese Belastung im Bündnisverhältnis aufgewogen hätte, wurde nie erreicht und die Konsequenzen daraus in Berlin nicht erkannt. Statt dessen ergriffen die Deutschen, als sich ihnen die Gelegenheit dazu bot, die insgesamt ungeeignete und historisch verhängnisvolle Chance, dem türkischen Partner durch ein bloßes Stillhalten entgegenzukommen.

8. Armenien

Der armenische Genozid des Jahres 1915 forderte wohl über eine Million Menschenleben[81]. Einige Ansätze türkisch-armenischer Gemeinsamkeit vor und während der jungtürkischen Revolution entschärften den Gegensatz, der sich schon 1894–1896 in Massakern entladen hatte, nicht. Die Politik der Türkisierung, forciert seit 1911, wurde auch im Krieg fortgeführt. Dagegen war bei den Armeniern durchaus der Wunsch nach Autonomie vorhanden, den aber nur eine Minderheit aktiv durchzusetzen strebte. Einen gesamtarmenischen Aufstand gab es, trotz gegenteiliger Erwartungen in Konstantinopel, Wien und Berlin, nicht. Verschiedene Quellen deuten auf eine Sympathie der armenischen Bevölkerung mit den Kriegsgegnern der Türken hin[82], was angesichts ihrer unterdrückten Lage nicht verwundert. Ein wesentlicher direkter Einfluß seitens der Engländer und Russen ist aber nicht nachzuweisen. Der Massenmord, zunächst an den städtischen Intellektuellen und sehr rasch die armenische Landbevölkerung im Osten der Türkei einbeziehend, vollzog sich in spontanen Massakern und organisierten Hungermärschen seit Ende April 1915. Teilweise wurden die tödlichen Maßnahmen auch auf andere christliche sowie syrische Gruppen ausgedehnt. Die Motive für das türkische Vorgehen müssen im übersteigerten Nationalismus gesehen werden, der sich einen türkischen Kernbereich des osmanischen Vielvölkerstaats in relativer ethnischer Homogenität zu gestalten suchte. Den territorialen Vorstellungen einer neuen Türkei standen die armenischen — ebenso wie nach dem Krieg die kurdischen — Autonomiewünsche entgegen. Räumlich isoliert, durch Kultur und Religion als Minderheit gekennzeichnet, dem ökonomischen Neid der Mehrheit ausgesetzt und vor allem wegen des Krieges nicht durch äußere Abschreckung geschützt, stellte der armenische Bevölkerungsteil ein leichtes Ziel dar.

Wie verhielten sich angesichts dieser existentiellen Verfolgung eines ganzen Volkes die Bündnispartner der Türkei[83]? In Berlin hatte man sich von der türkischen Furcht vor einem, den militärischen Erfolg gefährdenden gesamtarmenischen Aufstand anstecken lassen. Das kann nicht erstaunen, glaubte man doch umgekehrt auch an ein zumindest partiell kriegsentscheidendes Ergebnis der eigenen Insurrektionsstrategie. Von der Existenzbedrohung des Osmanischen Reichs ausgehend, war das Verhalten konsequent. Die schlimmsten Greuel wurden zwar abgelehnt, aber ein Bruch mit den Türken sollte jedenfalls vermieden werden. Ein wegen der wirtschaftlichen Abhängigkeit durchaus möglicher Druck unterblieb mit Rücksicht auf die deutschen Kriegsinteressen. Der Presse wurde die Berichterstattung über Armenien verboten. In den Zensurrichtlinien war am 7. Oktober 1915 zu lesen:

»Über die Armeniergreuel ist folgendes zu sagen: Unsere freundschaftlichen Beziehungen zur Türkei dürfen durch diese innertürkische Verwaltungsangelegenheit nicht nur nicht gefährdet, sondern im gegenwärtigen, schwierigen Augenblick nicht einmal geprüft werden. Deshalb ist es einstweilen Pflicht, zu schweigen. Später, falls direkte Angriffe des Auslandes wegen deutscher Mitschuld erfolgen sollten, muß man die Sache mit größter Sorgfalt und Zurückhaltung behandeln und stets hervorheben, daß die Türkei schwer von den Armeniern gereizt wurde.«

Am 23. Dezember 1915 hieß es zusätzlich: »Über die armenische Frage wird am besten geschwiegen. Besonders löblich ist das Verhalten der türkischen Machthaber in dieser Frage nicht[84].« Die Vorzensur für Berichte über Armenien galt auch 1917 noch[85]. Offizielle Kritik am türkischen Vorgehen kam daher nur aus der deutschen Botschaft, nicht direkt aus Berlin. Wangenheim und sein Stellvertreter Ernst Fürst zu Hohenlohe-Langenburg überreichten am 4. Juli und 11. August Memoranden, die im Ton ermahnend Mißfallen äußerten[86]. Und der Nachfolger im Amt des Botschafters, Wolff-Metternich, erklärte Talaat Bey am 18. Dezember, daß die deutsche Regierung das türkische Vorgehen keineswegs begünstige[87]. In der Tat gab es unabhängig von der offiziellen Politik ihrer Metropolen und von dort nicht behindert zahlreiche Hilfsaktionen von Deutschen, Österreichern und Ungarn vor Ort. Doch ohne wirklichen Druck auf die Führung in Konstantinopel war durch solche Einzelaktionen der massenhafte Tod der Armenier nicht zu verhindern. Diesen Druck hätten in der gegebenen Situation nur die ausreichend informierten Bündnispartner ausüben können. Er unterblieb aus bündnispolitischen sowie militärischen Motiven und nicht, weil man sich von ihm keine Wirkung versprach.

Das Versagen in der armenischen Frage illustriert in erschreckendem Maße das Scheitern der deutschen Orientpolitik während des Ersten Weltkriegs insgesamt. Ein Urteil über diesen Zweig der Kriegsaußenpolitik fällt eindeutig negativ aus. Die eingeleiteten Aktionen erlebten ein Fiasko nach dem anderen. Die Experten in der Zentrale waren unfähig, dies vorab zu erkennen oder der Politik auch nur ihren provisorischen Charakter zu nehmen. So bleibt rückschauend lediglich der Eindruck übrig von realitätsfernem Aktionismus, verbunden mit fehlender Abstimmung mit dem türkischen Bündnispartner und einem kaum glaublichen Informationsdefizit über die Region und die realen Möglichkeiten deutscher Politik in Konkurrenz zur überragenden Rolle Frankreichs in Nordafrika und Englands zwischen Zypern und Indien. Gründe hierfür liegen nicht allein in materiellen und personellen Problemen bei der Ausstattung der Institutionen und Expeditionen. Es fehlte ein in sich geschlossenes Gesamtkonzept der Orientpolitik. In der Regel waren Geld und Spezialisten vorhanden, und tatsächlich gelangten die Expeditionen und die Propagandaschriften der NO in die entferntesten Winkel. Doch ließen sich deren Adressaten nicht von den, in Wirklichkeit ja auch nur vorgeblich reinen Absichten überzeugen. Einen gleichen Vertrauensbruch, wie sie ihn mit den Unabhängigkeitsversprechen der Briten erlebten, hätten die arabischen Stämme nach dem Krieg von den Deutschen zu erwarten gehabt. Das Kriegsmittel der Revolutionierung sollte die Gegner schwächen, keineswegs deren Kolonien zu nationaler Unabhängigkeit führen. So war die wohl wesentlichste Ursache für den deutschen Mißerfolg im Nahen Osten die Überschätzung der eigenen Fähigkeiten; sie vor allem ließ Plan und Wirklichkeit auseinanderlaufen.

Anmerkungen

1 Denkschrift betreffend die Revolutionierung der islamischen Gebiete unserer Feinde von Max Freiherrn von Oppenheim, Kaiserlicher Minister-Resident, Politisches Archiv des Auswärtigen Amts, Bonn (PA-AA), R 20938: WK Nr. 11, Unternehmungen und Aufwiegelungen gegen unsere Feinde — Allgemeines, Anlage zu Bd 2. Die Denkschrift ist nicht datiert, aus ihrem Inhalt und Kontext läßt sich jedoch erschließen, daß sie nicht nach Oktober 1914 entstanden sein kann. Konzeption und Abfassung dürften in den Monaten September/Oktober 1914 anzusetzen sein.

2 Reichshandbuch der deutschen Gesellschaft. Das Handbuch der Persönlichkeiten in Wort und Bild, Berlin 1931, Bd 2, S. 1362.

3 Wolfdieter Bihl, Die Kaukasus-Politik der Mittelmächte. Teil I: Ihre Basis in der Orient-Politik und ihre Aktionen 1914—1917, Wien 1975, S. 101—112; Gottfried Hagen, Die Türkei im Ersten Weltkrieg. Flugblätter und Flugschriften in arabischer, persischer und osmanisch-türkischer Sprache aus einer Sammlung der Universitätsbibliothek Heidelberg, Frankfurt a. M. 1990, S. 35—44; Herbert Landolin Müller, Islam, gihad (»Heiliger Krieg«) und Deutsches Reich. Ein Nachspiel zur wilhelminischen Weltpolitik im Maghreb 1914—1918, Frankfurt a. M. 1991, S. 193—233. Die Arbeiten beschreiben — ausführlicher bei Müller — die Zielsetzung Oppenheims und die Organisationsstruktur der NO, so daß hier darauf nur kurz einzugehen ist, sie beschränken sich aber aus jeweils thematischem Grund auf Nordwestafrika (Müller) und Kaukasien (Bihl).

4 Hierzu Jehuda Lothar Wallach, Anatomie einer Militärhilfe. Die preußisch-deutschen Militärmissionen in der Türkei 1835—1919, Düsseldorf 1976, S. 163 ff., und Hans Werner Neulen, Feldgrau in Jerusalem. Das Levantekorps des kaiserlichen Deutschland, München 1991.

5 Ulrich Gehrke, Persien in der Deutschen Orientpolitik während des Ersten Weltkrieges, 2 Bde, Stuttgart 1960; Fritz Fischer, Griff nach der Weltmacht. Die Kriegszielpolitik des kaiserlichen Deutschland 1914/18, Düsseldorf 1961; Egmont Zechlin, Friedensbestrebungen und Revolutionierungsversuche.

Deutsche Bemühungen zur Ausschaltung Rußlands im Ersten Weltkriege, Kap. III, 5—7, in: Aus Politik und Zeitgeschichte. Beilage zur Wochenzeitung »Das Parlament«, B 25/61, S. 353—363; Lothar Rathmann, Stoßrichtung Nahost 1914—1918. Zur Expansionspolitik des deutschen Imperialismus im ersten Weltkrieg, Berlin (Ost) 1963; Ulrich Trumpener, Germany and the Ottoman Empire 1914—1918, New Jersey 1968; Wilhelm van Kampen, Studien zur deutschen Türkeipolitik in der Zeit Wilhelms II., Diss. Kiel 1968; Frank G. Weber, Eagles on the Crescent. Germany, Austria, and the Diplomacy of the Turkish Alliance 1914—1918, London 1970; Gregor Schöllgen, »Dann müssen wir uns aber Mesopotamien sichern!« Motive deutscher Türkenpolitik zur Zeit Wilhelms II. in zeitgenössischen Darstellungen, in: Saeculum, 32 (1981), S. 130—145; Wolfgang J. Mommsen, Ägypten und der Nahe Osten in der deutschen Außenpolitik 1870-1914, in: ders., Der autoritäre Nationalstaat. Verfassung, Gesellschaft und Kultur im deutschen Kaiserreich, Frankfurt a.M. 1990, S. 140—181.

6 Martin Kröger, »Le bâton égyptien« — Der ägyptische Knüppel. Die Rolle der »ägyptischen Frage« in der deutschen Außenpolitik von 1875/6 bis zur »Entente Cordiale«, Frankfurt a.M. 1991.

7 Gregor Schöllgen, Imperialismus und Gleichgewicht. Deutschland, England und die orientalische Frage 1871—1914, München 1984.

8 Oppenheims in Anm. 1 genannte Denkschrift; Seitenzahlen im folgenden in () im Text.

9 Michael Stürmer, Gabriele Teichmann, Wilhelm Treue, Wägen und Wagen. Sal. Oppenheim jr. & Cie. Geschichte einer Bank und einer Familie, München, Zürich 1989, S. 264—270; Robert L. Melka, Max Freiherr von Oppenheim: Sixty Years of Scholarship and Political Intrigue in the Middle East, in: Middle Eastern Studies, 9 (1973) S. 81—93; Wilhelm Treue, Max Freiherr von Oppenheim — Der Archäologe und die Politik, in: HZ, 209 (1969) S. 37—74; Werner Caskel, Max Freiherr von Oppenheim 1860—1946 [Nachruf], in: Zeitschrift der Deutschen Morgenländischen Gesellschaft, 101 NF 26 (1951) S. 3—8.

10 Kröger (wie Anm. 6), S. 184, Anm. 158.

11 Stürmer, Teichmann, Treue (wie Anm. 9), S. 269.

12 Vgl. Treue (wie Anm. 9) und Fischer (wie Anm. 5).

13 Raouf Abbas Hamed, Germany and the Egyptian Nationalist Movement 1882—1918, in: Die Welt des Islams, N.S. 28 (1988) S. 11—24, bes. S. 17ff.

14 Einige Eingaben sind gesammelt in: PA-AA, R 20936 (wie Anm. 1), Bd 1; siehe auch Müller (wie Anm. 3), S. 203 und S. 369—372.

15 Oppenheims in Anm. 1 genannte Denkschrift, S. 90.

16 Bihl (wie Anm. 3), S. 105.

17 Rudolf Nadolny, Mein Beitrag. Erinnerungen eines Botschafters des Deutschen Reiches, hrsg. und eingel. von Günter Wollstein, Köln 1985, S. 85 (Erstveröffentlichung Wiesbaden 1955).

18 Vgl. meine demnächst in einem gemeinsam mit Jost Dülffer und Rolf-Harald Wippich erstellten Band erscheinende Studie zur Liman Sanders-Krise.

19 Randbemerkung Wilhelms II. zu Wangenheim an AA, 29.7.1914, Tel. Nr. 383, PA-AA, R 13262: Türkei 139, Überlassung von preußischen Offizieren und Finanzbeamten an die Pforte zu Reorganisationszwecken, Bd 33.

20 Teil einer umfangreichen Schlußbemerkung Wilhelms II. zu Pourtalès an Jagow, 30.7.1914, Tel. Nr. 189; gedruckt in: Julikrise und Kriegsausbruch 1914, bearb. und eingel. von Imanuel Geiss, Hannover 1964, Bd 2, Nr. 698, S. 293.

21 Moltke an Jagow, 2. und 5.8.1914, abgedr. ebd., Nr. 1070, S. 622—627, und Nr. 1161, S. 696f.

22 Jagow an Deutsche Botschaft Pera, 3.8.1914, Tel. Nr. 305, PA-AA, R 1913: Deutschland 128 Nr. 5 secr., Versuch der Türkei dem geheimen Bündnisvertrage zwischen Deutschland, Österreich und Italien beizutreten, Bd 3.

23 AA an Deutsche Botschaft Pera, 15.8.1914, Tel. Nr. 403; Fundort des Konzepts, das die Paraphe Zimmermanns vom selben Tag trägt: PA-AA, R 20936 (wie Anm. 13).

24 Fischer (wie Anm. 5), S. 134.

25 Abschrift eines Briefs Webers (Konstantinopel) an Oppenheim vom 6.12.1914, PA-AA, R 20937 (wie Anm. 1), Bd 2.

26 Müller (wie Anm. 3), S. 201, Anm 40.

27 Neunseitiges Schreiben Jäckhs an Zimmermann vom 3.1.1915, PA-AA, R 20937 (wie Anm. 24).

28 Vgl. die Hinweise in der Autobiographie des späteren Tübinger Ordinarius Helmuth von Glasenapp, Meine Lebensreise. Menschen, Länder und Dinge, die ich sah, Wiesbaden 1964, S. 70—98; eine umfangreiche, ungedruckte Autobiographie Max von Oppenheims befindet sich im Hausarchiv des Bankhauses Sal. Oppenheim Jr. & Cie. in Köln; sie wurde von Treue (wie Anm. 9) und Müller (wie Anm. 3) ausgewertet.

29 Weitere Zahlen bei Bihl (wie Anm. 3), S. 295, Anm. 353f.

30 Müller an Wesendonk, 9.8.1918, mit anliegendem 14seitigen Bericht »Die Nachrichtenstelle für den Orient 1914—1918«, PA-AA, R 1535: Deutschland 126g adh. 1, Tätigkeit der Nachrichtenstelle für den Orient, Bd 26. Mit diesem Bericht versuchte Müller die Idee einer Fortsetzung der Arbeit der NO als Deutsches Orientinstitut voranzubringen. Daß er seine Angaben auf diese Absicht zuschnitt, ist wahrscheinlich, da der Bericht aber der amtsinternen Information eines Vorgesetzten diente, also in seiner Darstellung sofort überprüfbar war, darf man ihm durchaus Glauben schenken.

31 Bihl (wie Anm. 3), S. 83—101.

32 Karl Emil Schabinger Freiherr von Schowingen, Weltgeschichtliche Mosaiksplitter. Erlebnisse und Erinnerungen eines kaiserlichen Dragomans, redaktionell bearb. von Karl Friedrich Schabinger Frhr. v. Schowingen, hektographiertes Typoskript, Vorwort datiert Baden Baden 1967, S. 141.

33 Bihl (wie Anm. 3), S. 295, Anm. 350.

34 Einen Eindruck von Gestalt und Inhalt solcher Flugschriften gibt Hagen in seiner in Anm. 3 angeführten Edition.

35 GA Mittwochs vom 22.8.1917, PA-AA, R 1532 (wie Anm. 30), Bd 23, und der Anm. 30 genannte Bericht Müllers, S. 13.

36 Bericht Müller (wie Anm. 30), S.8.

37 Rathmann (wie Anm. 5), S. 189—193.

38 Vgl. Max Freiherr von Oppenheim, Die Nachrichtenstelle der Kaiserlich Deutschen Botschaft in Konstantinopel und die deutsche wirtschaftliche Propaganda in der Türkei, vertraulicher Manuskriptdruck, Berlin 1916,

PA-AA, R 27063, und ders., Die Nachrichtensaal-Organisation und die wirtschaftliche Propaganda in der Türkei, ihre Übernahme durch den Deutschen Überseedienst, Berlin 1917.

39 Donald M. McKale, Curt Prüfer. German Diplomat from the Kaiser to Hitler, Kent (Ohio), London 1987, S. 43—47, 50—52.

40 Romberg an AA, 1.10.1914, Tel. Nr. 311 v. 30.9. und Aufzeichnung Rombergs vom 30.9., Ankunft 5.10.1914, PA-AA, R 21030: WK Nr. 11e, Unternehmungen und Aufwiegelungen gegen unsere Feinde — in Afghanistan und Persien, Bd 3.

41 Wangenheim an AA, 4.10.1914, Tel. Nr. 971, ebd.

42 Wangenheim an AA, 8.10.1914, Tel. Nr. 1000 mit mschr. Randbemerkung; auf gleichem Blatt: Zimmermann an Gesandtschaft Bern, 9.10.1914, Konzept zu Tel. Nr. 269, ebd.

43 Romberg an AA, Tel. Nr. 367, PA-AA, R 21031 (wie Anm. 40), Bd 4.

44 Wangenheim an AA, 14.10.1914, Tel. Nr. 1032, übermittelt Bericht Kardorffs vom 13.10.1914; Brief der österr.-ungar. Botschaft an AA, 25.10.1914; Äußerungen Quadts zit. nach: Wangenheim an AA, 29.10.1914, Tel. Nr. 1150, ebd.

45 Wangenheim an AA, 29.10.1914, Tel. Nr. 1150, ebd.

46 Wangenheim an AA, 3.11.1914, Tel. Nr. 1207, übermittelt Tel. Kardorffs Nr. 101 vom 2.11.; Wangenheim an AA, 3.11.1914, Tel. Nr. 1209, übermittelt Tel. Kardorffs Nr. 98 vom 2.11.; Wangenheim an AA, 3.11.1914, Tel. Nr. 1212, übermittelt Tel. Kardorffs Nr. 100 vom 2.11., ebd.

47 Zimmermann an Botschaft Konstantinopel, 4.11.1914, Tel. Nr. 1129, ebd.

48 Wangenheim an AA, 9.11.1914, Tel. Nr. 1311, übermittelt Tel. Kardorffs Nr. 114 vom 9.11., ebd.

49 Wangenheim an AA, 9.11.1914, Tel. Nr. 1289, ebd.

50 Wilhelm Litten, Persische Flitterwochen, Berlin 1925, S. 230.

51 William Morgan Shuster, The Strangling of Persia. A Record of European Diplomacy and Oriental Intrigue, London, Leipzig 1912; der in Bonn noch erhaltene Vorkriegskatalog der Bibliothek des Auswärtigen Amts führt das Buch mit der Akzessionsnummer 1497 aus dem Jahr 1912.

52 Litten (wie Anm. 50), S. 229.

53 Peter Heine, Leo Frobenius als politischer Agent. Ein Beitrag zu seiner Biographie, in: Paideuma, 26 (1980), S. 1—5.

54 Jäckh (wie Anm. 27), S. 6.

55 Wangenheim an AA, 30.4.1915, Tel. Nr. 1009, PA-AA, R 21246: WK Nr. 11s, Tätigkeit in den Gefangenenlagern Deutschlands, Bd 3.

56 Gehrke (wie Anm. 5), S. 27f., 56f., 91—95.

57 Die APOC war der drittgrößte Ölkonzern seiner Zeit; siehe Karl Krüger, G.R. Poschardt, Die Erdöl-Wirtschaft der Welt, Stuttgart 1926, S. 336ff.

58 Bihl (wie Anm. 3), S. 44.

59 Wangenheim an Bethmann Hollweg, 6.3.1915, mit anliegender Abschrift des Berichts von Leipzig an den Stellvertretenden Generalstab vom 6.3.1915, PA-AA, R 21038 (wie Anm. 40), Bd 10.

60 Hans Lührs, Gegenspieler des Obersten Lawrence, Berlin 1936; siehe auch Hugo Erdmann, Im Heiligen Krieg nach Persien, Berlin 1918.

[61] Nach Ferdinand Friedensburg, Das Erdöl im Weltkrieg, Stuttgart 1939, S. 47, gab die APOC einen Gesamtausfall von 290000t Rohöl an, einen, wie Friedensburg meint, zu hohen Wert, da die Fördermenge 1916 598000t betragen habe. Lührs (wie Anm. 60), S. 94, schätzt den Verlust auf 150 Millionen Mark, eine Angabe, die sich wegen der damals noch ganz uneinheitlichen Preisgestaltung nur sehr schwer verifizieren läßt. Vgl. Friedensburg, S. 119.

[62] Daniel Yergin, Der Preis. Die Jagd nach Öl, Geld und Macht, Frankfurt a.M. 1991, S. 223f.

[63] Renate Vogel, Die Persien- und Afghanistanexpedition Oskar Ritter von Niedermayers 1915—1916, Osnabrück 1976 (= Studien zur Militärgeschichte, Militärwissenschaft und Konfliktsforschung, Bd 8), S. 6—10.

[64] Neulen (wie Anm. 4), S. 165—176.

[65] Wangenheim an AA, 11. und 14.8.1914, Tel. Nrn. 478 und 503; nach einer Randnotiz auf dem Entwurf des Antworttelegramms Zimmermanns an Wangenheim vom 13.8.1914, Tel. Nr. 385, war auch diese Angelegenheit mit Oppenheim besprochen worden, PA-AA, R 21028 (wie Anm. 40), Bd 1.

[66] Die der Expedition zur Verfügung gestellten Mittel wurden nicht ermittelt. Der Rückschluß, daß Geld keine Rolle spielte, ist dennoch erlaubt, erhielten doch die Teilnehmer die hohe »monatliche Renumeration für die Dauer der Expedition« von 1000 Mark; Aufzeichnung ohne Unterschrift vom 3.9.1914, ebd.

[67] Grünau an AA, 27.11.1916, Tel. Nr. 993 (Genehmigung des Kaisers für den Vertragsentwurf), PA-AA, R 21056: WK Nr. 11e, Unternehmungen und Aufwiegelungen gegen unsere Feinde — in Afghanistan, Balutschistan und Persien, Bd 28. Kurt Wagners »Kurzer Bericht« vom 16.2.1918 mit Anlage I vom 20.10.1917 »Begründung meiner Abreise von Afghanistan«. Wagner berichtet vom »völligen Schweigen des Emirs auf den Deutsch-Afghanischen Vertragsentwurf«, ebd., Bd 31.

[68] In der Literatur ist davon die Rede, Roloff habe sich mit 200000 Mark im Erzgebirge versteckt, so Peter Heine, C. Snouck Hurgronje versus C.H. Becker. Ein Beitrag zur Geschichte der angewandten Orientalistik, in: Die Welt des Islams, 23/24 (1984), S. 378—387, hier S. 384, und darauf basierend Hagen in der Einleitung zu seiner Edition und Müller, S. 369 (beide wie Anm. 3). Hierfür geben die verstreuten, Roloff betreffenden Dokumente im Politischen Archiv des Auswärtigen Amts keinen Beleg. Roloff selbst gab im November 1918 (siehe Anm. 73) an, er habe 3000 Mark erhalten.

[69] Roloff an AA, 26.8.1914, Notiz Oppenheims hierzu vom 31.8.1914, PA-AA, R 21291: WK Nr. 12, Gesuche um Verwendung, Bd 1.

[70] Leipziger Neueste Nachrichten an AA, 3.10.1914, PA-AA, R 20770: WK Nr. 8, Presse, Bd 32; AA an Chefredaktion Schlesische Zeitung, Breslau 18.12.1914, und Schlesische Zeitung an AA, 19.12.1914, PA-AA, R 21126: WK Nr. 11g, Unternehmungen und Aufwiegelungen gegen unsere Feinde — in Egypten, Syrien und Arabien, Bd 4.

[71] Rapport Roloffs, mit hschr. Notiz auf der ersten Seite betreffend den Poststempel, Gesandtschaft im Haag an AA, 28.1.1915, und G.A. Oppenheims vom 31.1.1915, PA-AA, R 21127 (wie Anm. 70), Bd 5.

[72] Nadolny an das stellvertretende Generalkommando VI Armeekorps, Breslau 5.2.1915, PA-AA, R 21128 (wie Anm. 70), Bd 6.

[73] Laut Journal 1915 Nr. 5067 erreichte das AA am 9.2.1915 die Nachricht von der Festnahme Roloffs; Nadolny an Wesendonk, 20.2.1915, mit hschr. Notiz betreffend ein Ermittlungsverfahren wegen Betrugs, PA-AA, R 21128 (wie Anm. 72); Sektion Politik Berlin des Generalstabs (Hauptmann v. Hülsen) an AA, 12.3.1917, Antwortkonzept vom 20.3.1917, PA-AA, R 19450: Niederländische Besitzungen in Asien 1, Allgemeine Angelegenheiten, Bd 16.

[74] Roloff an Rat der Volksbeauftragten z.Hd. Ebert und Haase, 18.11.1918, PA-AA, R 1232: Deutschland 122 Nr. 3, Journalisten, Bd 34.

[75] Hans Philippi, Wilhelm Waßmuß 1880—1931, in: Niedersächsische Lebensbilder, Bd 5, Hildesheim 1962, S. 323—342.

[76] Bihl (wie Anm. 3), S. 70ff.

[77] Ebd., S. 65ff.

[78] Neulen (wie Anm. 4), S. 176—180.

[79] McKale (wie Anm. 39), S. 25—56.

[80] Ruthilt Brandt-Mannesmann, Max Mannesmann — Reinhard Mannesmann. Dokumente aus dem Leben der Erfinder, Remscheid 1964, S. 158—161; Müller (wie Anm. 3), S. 377—384.

[81] Wolfgang Gust, Der Völkermord an den Armeniern. Die Tragödie des ältesten Christenvolkes der Welt, München, Wien 1993, S. 245—249. Gust gibt auch einen verläßlichen Überblick über die Literatur zum Thema (S. 314—320).

[82] Bihl (wie Anm. 3), S. 170.

[83] Zur deutschen Haltung in der armenischen Frage vor dem Ersten Weltkrieg siehe Norbert Saupp, Das Deutsche Reich und die armenische Frage 1878—1914, Diss. Köln 1990. Bihl (wie Anm. 3), S. 175—180, zeigt, daß sich die österreichische Position zu den Ereignissen 1915 nicht von der Deutschlands unterschied, letztere ist ausführlich bei Trumpener (wie Anm. 5), S. 203—233, zusammengefaßt bei Gust (wie Anm. 81), S. 262—280, am verläßlichsten aber bei Christoph Dinkel, German Officers and the Armenian Genocide, in: Armenian Review, 44 (1991), S. 77—133, dargestellt.

[84] Zit. nach Artem Ohandjanian, Armenien. Der verschwiegene Völkermord, Wien, Köln, Graz 1989, S. 176.

[85] Pressekonzentration und Zensurpraxis im Ersten Weltkrieg. Texte und Quellen, hrsg. von Heinz Dietrich Fischer, Berlin 1973, S. 199.

[86] Wangenheim an Bethmann Hollweg, 7.7.1915 mit Anlage: Memorandum der Deutschen Botschaft überreicht am 4.7.1915; Hohenlohe an Bethmann Hollweg, 12.8.1915 mit Anlage: Memorandum vom 9.8.1915, Deutschland und Armenien 1914—1918. Sammlung diplomatischer Aktenstücke, hrsg. von Johannes Lepsius, Potsdam 1919, Reprint Bremen 1986, Dokumente Nr. 106, Anlage, und 136, Anlage.

[87] Wolff-Metternich an Bethmann Hollweg, 18.12.1915, Deutschland und Armenien, ebd., Nr. 215.

Wolfgang Petter

Der Kampf um die deutschen Kolonien

I.

Bei der Frage, welche Faktoren 1914—1919 im Weltkrieg und in Versailles zum Verlust der deutschen Kolonien geführt haben, ist die neuere deutsche Geschichtsforschung seltsam abweisend gegen Anregungen von außen geblieben. An sich hat sie auf dem Feld der Kolonialgeschichte, nicht zuletzt dank der Vermittlung Rudolf v. Albertinis[1], den Anschluß an die internationalen Standards gewonnen, die sich zum Beispiel in den Überblicksdarstellungen von Horst Gründer und Wolfgang Reinhard niedergeschlagen haben[2]. Auf den wichtigsten Feldern hat sie die Orthodoxie aufgebrochen, in der sich seit Versailles jede kritische Darstellung als unabsichtliche Bestätigung der »Kolonialschuldlüge« von selbst verbot. Die Orthodoxie hatte das Geschichtsbild derartig bestimmt, daß 1952 der Geschäftsträger der Bundesrepublik in London, Schlange-Schöningen, zu einer Publikation, die seines Erachtens Wahrheit und Recht verletzte, an den Ostafrika-Heros General v. Lettow-Vorbeck folgendes schrieb:

»Soviel ich gehört habe und mich von früher erinnere, ist im Gegensatz zu dieser Darstellung unsere Kolonialverwaltung ganz erstklassig gewesen. Sonst würden nicht viele Tausend Askaris bis zuletzt mit Ihnen ausgeharrt haben [...] Ich glaube, es würde einen geradezu durchschlagenden Eindruck machen, wenn die ›Times‹ mit Ihrem hier so bekannten Namen eine kurze, sachliche Darstellung der Vorgänge oder eine Berichtigung bringen würde[3].«

Es handelte sich um eine Biographie des südafrikanischen Politikers, Feldmarschalls und Philosophen Jan Chr. Smuts, des Hauptverantwortlichen für die Zerstörung des deutschen Kolonialreichs[4]. Das Aufbrechen der Rechtfertigungs-Orthodoxie erfolgte 1968/70 mit Arbeiten, die der Rückbesinnung auf eine Maxime entsprangen, wie sie General Leutwein schon seinerzeit ganz offen dargelegt hatte: »Das Endziel jeder Kolonisation ist, von allem idealen und humanen Beiwerk entkleidet, schließlich doch nur ein Geschäft[5].« Intern hatte Leutwein, einer der bedeutendsten deutschen Kolonialgouverneure, sich noch deutlicher geäußert:

»Kolonialpolitik ist überhaupt eine inhumane Sache. Und sie kann schließlich doch nur auf eine Beeinträchtigung der Rechte der Ureinwohner zu Gunsten der Eindringlinge hinauslaufen[6].«

Diese Wahrheit war die Sonde, die Helmut Bley anlegte, als er 1968 die vielen Aspekte und Konnotationen der Beziehungen zwischen Herren und Eingeborenen in Deutsch-Südwestafrika mit einer Deutlichkeit analysierte, die nichts zu wünschen übrig ließ[7]. Detlef Bald, Rainer Tetzlaff und Karin Hausen folgten 1970 mit Studien, die Schlange-Schöningen eines Besseren belehrt hätten[8]. Das Diktum eines Harry Rudin, die deutsche Kolonialherrschaft sei »hart, aber gerecht« gewesen[9], ist seitdem passé; daß sie mit anderen Kolonialherrschaften auf einer Ebene stand, weder besser noch schlechter, hat Albertini 1976 verdeutlicht[10].

Den Verlust der Schutzgebiete aber faßt auch die deutsche Forschung von heute in der Regel als selbstverständliches, nicht weiter zu hinterfragendes Ergebnis der Niederlage von 1918 auf. Wenn auch ohne die Polemik der Orthodoxie, so geht sie doch noch immer implizit davon aus, daß damit ein britisches Kriegsziel verwirklicht worden ist. Da kolonialpolitische Spannungen in erster Linie mit Großbritannien aufgetreten waren[11], liegt dieser Gedanke nahe, obwohl ihr offensichtlicher Abbau bis 1914 schon lange vor Michael Fröhlich[12] registriert worden ist. Doch wenn die Entscheidung von Versailles in London lokalisiert wird, dann wird die komplizierte, sich in Details laufend verändernde Struktur des Empire und der britischen Reichspolitik monolithischer, hierarchischer und statischer verstanden, als sie es war; vor allem wird der Transformationsprozeß des Weltkrieges unterbewertet. Dabei hat gerade zum Zeitpunkt des kolonialgeschichtlichen pushs in der Bundesrepublik, 1968/70, der Brite William Roger Louis den Ablauf der Londoner Archivsperrfrist für eine differenzierte Darstellung nutzen können[13]. Louis hat herausgearbeitet, daß das Kabinett an nicht viel mehr als an der Ausschaltung des Kriegspotentials der Schutzgebiete in Form von Kreuzerkriegstützpunkten und Funkstationen sowie der Bedrohung britischer Kolonien interessiert war. Die Einnahme erfolgte im übrigen zum geringeren Teil durch wirklich britische Truppen, sondern auch durch belgische und französische — Japan spielte einen eigenen Part —, vor allem aber durch Streitkräfte der Dominien. Ziemlich überrascht mußte London feststellen, daß es damit die freie Entscheidung über die Eroberungen als Verfügungsmasse verloren hatte. Entscheidend für das Schicksal der Schutzgebiete war nicht der Imperialismus Großbritanniens, sondern der Subimperialismus seiner Dominien[14].

II.

Schon mit dem Kriegsausbruch 1914 traten regionale Konfliktsituationen zu Tage, die man schlimmstenfalls in Ostasien erwartet hatte, wo Deutschland das »Pachtgebiet« Kiautschou besaß. Seit dem russisch-japanischen Krieg 1904/05 kannte man das Risiko deutscher Präsenz in der Interessensphäre der aufsteigenden Großmacht Japan[15], auch wenn sich der vordergründige Konflikt mit den Chinesen abspielte, die sich der Dominanz Deutschlands in Schantung hartnäckig widersetzten[16]. Kiautschou ging schnell verloren[17].

Der zweite verdeckte Interessenkonflikt, der 1914 seine Sprengkraft offenbarte, war neben dem japanischen der mit Australien. Erkennbar war er schon über dreißig Jahre vorher, als bei Verhandlungen in Melbourne eine Art australischer Monroe-Doktrin formuliert wurde. Sie richtete sich gegen Deutschland, das dem Fünften Kontinent nach Ansicht seiner Bewohner zu nahe kam. Zwar war Bismarck 1880 im Reichstag gescheitert, als er die starke, aber bedrohte Position der Hamburger Firma Godeffroy im Pazifik mittels Subventionen wahren wollte, aber die Regierungen der australischen Kolonien sahen in der »Samoa-Vorlage« zu Recht den Auftakt zu einer deutschen Kolonialpolitik in ihrem Umfeld[18]. Unterstützt von Victoria annektierte Queensland 1883 den Ostteil von Neuguinea, um dem Reich, das dort bereits Marinestützpunkte besaß, zuvorzukommen[19]. Unmittelbares Motiv war die Absicht, das schwarze Arbeitskraftpotential für die queensländischen Zuckerrohrplantagen zu sichern. London betrachtete die Annexion als Disziplinlosigkeit einer zwar selbstverwalteten, aber zu völkerrechtlichen Aktionen nicht ermächtigten Besitzung, hob sie sofort auf, ließ aber die Frage einer eigenen Annexion betont offen. Ende des Jahres nahmen daraufhin die Kolonien Gespräche über die Bildung einer Föderation auf, die sich durch eine subkoloniale Einfluß- und Schutzzone ergänzen sollte. Das australische Prinzip »Nationalismus + Kolonialismus« war geboren. Gleichzeitig entschied die Parlamentswahl in Queensland nach einem spektakulären Wahlkampf mit Argumenten, die sich aus dem Konflikt zwischen dem Antebellum-Süden und dem Norden der Vereinigten Staaten ableiteten, für einen weißen Kontinent und gegen farbige Arbeitskraft — das zweite australische Prinzip. Bismark nahm nur das zweite Prinzip ernst, erwartete keinen ernsthaften Widerstand mehr und stimmte den Plänen des Bankiers Hansemann zu. In aller Stille wurden im Herbst 1884 die Stützpunkte zu einem umfangreichen Landbesitz der Neuguinea-Kompanie ausgeweitet, und im Frühjahr 1885 erfolgten Schutzbriefverleihung und Proklamation der deutschen Herrschaft.

Der dritte und wichtigste, für das deutsche Kolonialreich verhängnisvolle latente Konflikt dieser Art bestand mit den Südafrikanern. Auch er war schon 1884/85 zutage getreten, wie Gustav Wahl im 1914 gesetzten, wenn auch erst 1920 gedruckten *Deutschen Kolonial-Lexikon* zu den Gesprächen Gladstone-Bismarck jr. über die Anerkennung der deutschen Schutzgebietserklärung bemerkte:

»Entgegen manchem Urteil über diese Verhandlungen wird man feststellen können, daß der Widerstand der Londoner Regierung — im Gegensatz zu dem der Kapregierung — [...] nur schwach und leicht zu überwinden gewesen ist[20].«

Wahl interpretierte die lokale Komponente noch als britisch und vernachlässigte den anderen indigenen Faktor, nämlich die eingeborenen Weißen, die Kapholländer. Freilich ist die Entwicklung auf südafrikanischer Seite auch denkbar kompliziert verlaufen, bis es 1915/16 zum offenen Zusammenstoß kam. In der Kapkolonie, der Großbritannien 1872 parlamentarische Selbstregierung und den Status eines Dominions gewährt hatte, stellten sie mit dem »Afrikaander Bond« auch die politische Mehrheit[21]. In den frühen achtziger Jahren wurden sie durch das Agreement zwischen ihrem Führer Jan Hofmeyr und dem geistigen und wirtschaftlichen Vorkämpfer des britischen Imperialismus im südlichen und mittleren Afrika, Cecil Rhodes, zum Hauptverfechter einer machtvollen Föderation der beiden britischen Kolonien Kap der Guten Hoffnung und Natal mit den beiden Burenrepubliken Transvaal und Oranjefreistaat. Mit Hochkommissar Sir Alfred Milner, der als Empire-builder den Burenkrieg von britischer Seite auslöste, stimmten sie zwar in der Absicht überein, eine sich selbst regierende weiße Gemeinschaft vom Kap bis zum Sambesi zu schaffen, lehnten Gewalt allerdings entschieden ab. Vor allem wehrten sie sich gegen Milners Absicht, diesem Groß-Südafrika durch Einwanderung und Anglisierung, wie sie am Kap mit der englischen Sprachdominanz erreicht zu sein schien, einen überwiegend britischen Charakter zu verleihen. Im Südafrikanischen Krieg von 1899 bis 1902 gelang es den Kapholländern, ihre Kolonie neutral zu halten, obwohl es sich eigentlich um einen Konflikt zwischen ihrer Zielsetzung und dem hartnäckigen Willen der von Präsident Paul Krüger geführten Buren handelte, eine relativ selbstgenügsame Unabhängigkeit als auserwähltes Volk zu genießen. Nationalistische Kapholländer schlossen sich, obwohl sie britische Untertanen waren, der Guerilla an, mit der die Burenführer den Krieg in die Länge zogen und schließlich günstige Kapitulationsbedingungen erreichten. Andererseits bildete sich in den Republiken recht schnell eine breite Kollaborationsbewegung der großen Burenminderheit heraus, die an Fortschritt interessiert war und deren Erwartungen für ihre Nation, Rasse und Klasse sich leicht mit den Visionen der Hofmeyr-Rhodes verbinden ließen. Nach dem Krieg setzte sich die kollaborierende Richtung so schnell und überwiegend durch, daß die beiden annektierten weiland Republiken schon 1906/07 ebenfalls den Dominionstatus erhielten und 1910 die freiwillige Vereinigung zur Union von Südfrika zustande kam[22]. Kapholländer und Buren verschmolzen zur Nationalität der Afrikaander, wobei diese sprachlich und kulturell von letzteren, politisch aber von ersteren geprägt worden ist. Afrikaander waren (und sind) etwa 60 Prozent der Weißen in Südafrika; ihre Dominanz wurde, wie am Kap, schon bei den ersten freien Wahlen in den ehemaligen Republiken deutlich. Obwohl Milners Voraussetzungen sich damit als falsch erwiesen hatten, sah die vom britischen Parlament gewährte Unionsverfassung, die im Geist des Friedensschlusses von 1902 zustande kam, die spätere Eingliederung der Hochkommissariatsgebiete Basuto-, Swasi- und Betschuanaland sowie von Nord- und Südrhodesien vor[23].

III.

Die unerfreuliche Phase der Herrschaftsaufrichtung und -konsolidierung lag 1914 in den deutschen Schutzgebieten einige Jahre zurück. Ihren Schlußpunkt markierte die Einrichtung eines Ministeriums für die Schutzgebiete, des Reichskolonialamts, durch den Bankier Bernhard Dernburg am 17. Mai 1907[24]. Trotz Idealismus[25] und manchen soliden Ansatzes hatten Wirtschaft[26] und Militär[27] es bis dahin vielfach an Seriosität missen lassen. Solange die Rekrutierung von Verwaltung und Schutztruppe nicht in Form einer sorgfältigen Auslese und Schulung erfolgte — General v. Deimling bemerkte während des Namafeldzuges, daß »nicht alle Kompagniechefs nur solche Leute ziehen lassen, denen sie ehrliche Tränen nachweinten«[28] — waren Mißerfolge und Exzesse programmiert, denn unbezweifelbar hatte Dr. Ludwig Külz damals richtig konstatiert: »Es läßt sich keine größere Freiheit für den Europäer denken als die afrikanische[29].« Das beschränkte sich nicht nur auf den Leutnants-Imperialismus, der Kamerun zu einer permanenten Kriegszone machte[30] oder Gouverneur Leutwein in Südwest veranlaßte, sich »phantasiereich gegen die Verstärkung seiner Truppe« zu wenden, die ihm Unruhen in die Kolonie trug[31]. Der Exzeß konnte bis in die Spitze reichen, bis zu dem pathologischen Generalleutnant v. Trotha, der meinte,

»daß Afrikaner nur der Gewalt weichen. Diese Gewalt mit krassem Terrorismus und selbst mit Grausamkeit auszuüben war und ist meine Politik. Ich vernichte die aufständischen Stämme mit Strömen von Blut und Strömen von Geld[32].«

In der religiösen »Äthiopischen Bewegung« sah Trotha eine panafrikanische Freiheitsbewegung entstehen, und in dem Namahäuptling Witbooi deren erste Personifikation[33]. Es dauerte zu lange bis zu seiner Abberufung, um sein Statuieren eines Exempels nicht zu einer Katastrophe mit Genozidcharakter ausarten zu lassen.

In den Jahren 1904—1906 kulminierte die latente bis manifeste Kriegssituation in einer großen Aufstandswelle, die fast das ganze deutsche Kolonialreich erschütterte. In Deutsch-Südwestafrika erhoben sich Anfang 1904 die Herero, die Trotha dann durch Vertreiben in die Wüste und Henken dezimierte, und im Herbst die Nama, die bis 1906 ein ähnliches Schicksal erlitten[34]. Den Süden Deutsch-Ostafrikas erfaßte ab Juni 1905 der Maji-Maji-Aufstand, dem sich im September mit den Ngoni ein großer und geschlossener Zulustamm mit imperialen Traditionen anschloß[35]; noch mehr als 10 Jahre später waren die Verwüstungen der Repression spürbar und erschwerten den Briten die Verfolgung der Schutztruppe. In Kamerun griffen 1904 im Nordwesten die Anyang, im Süden die Stämme des Dja-Nyong-Gebiets zu den Waffen; im Norden lehnten sich die animistischen Neger gegen die islamischen Fulbe auf, die, vor kurzem noch ihr Schrecken als Sklavenjäger, nun mit Unterstützung deutscher Residenturkontingente über sie herrschten[36]. Im August 1904 fiel dem Massaker, das die melanesischen Baining im Umfeld des Regierungssitzes Rabaul anrichteten, ein Viertel der katholischen Neuguinea-Mission zum Opfer, und die Weißen im Zentrum des Kaiser Wilhelms-Landes verdankten es kurz darauf nur Verrat und entschlossenem Zuschlagen, daß sie nicht von den Mandang und meuternden Plantagenarbeitern niedergemetzelt wurden[37]. Auf Samoa kam es 1904 zu Unruhen, zu deren Ersticken Mittel bis hin zur Deportation angewandt werden mußten[38].

Den großen Aufständen folgten militärische und ökonomische Reformen, die wesentlich zur Befriedung der Kolonien in Afrika beitrugen.

Bislang hatten die Kolonialoffiziere die Aufgabenstellung des Schutztruppengesetzes, die »Aufrechterhaltung der öffentlichen Ordnung und Sicherheit in den Afrikanischen Schutzgebieten«, sehr direkt ausgelegt[39]. Nun wurde Bezirk für Bezirk den Miltärverwaltungen entzogen und Zivilbeamten unterstellt, die sich allmählich, in der Regel mittels Polizeitruppen, die entsprechende Verstärkung und Ausrüstung erfuhren, durchzusetzen hatten[40]. Polizei- und Schutztruppen wurden überall auf ungefähr die gleiche Stärke gebracht, zu Lasten der letzteren, auf die man in Togo und den Südseebesitzungen überhaupt verzichtete. Das Militär wurde aus den Stationen herausgezogen, stärker zusammengefaßt und der strikten Kontrolle ihrer Kommandeure unterstellt, die ihrerseits den Gouverneuren verantwortlich waren. Gegebenenfalls schritt das Gouvernement zur Einrichtung einer Militärsperrzone, um die Eingeborenen sich erholen zu lassen[41]. Schon um die Jahrhundertwende war geklagt worden, daß zum Beispiel in der nicht gerade still sitzenden ostafrikanischen Schutztruppe auch nichts anderes als der gewohnte, gelangweilte Kommiß der heimischen Kaserne herrsche[42]. Vergeblich setzte sich das Berliner Kommando der Schutztruppen, die Militärabteilung des Reichskolonialamts, dafür ein, »daß die Schutztruppe an der Verwaltung beteiligt bleibt, um uns diesen interessanten Dienst zu erhalten«[43].

Unter Mitwirkung von Walter Rathenau schuf Dernburg Steuerungsmechanismen zur Ablösung der bislang vorherrschenden Kombination von Raubbau und Ausbeutung der gelegentlich recht abenteuerlichen Unternehmer, die in Verbindung mit dem Leutnants-Imperialismus die Krise von 1904 bis 1906 heraufbeschworen hatte. Während der sieben Jahre bis Kriegsausbruch nahm die Zahl der landwirtschaftlichen Unternehmen und der deutschen residierenden Bevölkerung fast überall auf mehr als das Doppelte zu[44]. Die Produktivität stieg deutlich an[45], dazu traten zufällige Gunstfaktoren, wie die Diamantenfunde in der Namib. Doch nun entwickelten die Siedler sehr schnell eine gewisse Dominion-Mentalität und verlangten Mitbestimmung zwecks nachhaltiger Orientierung der Kolonien an ihren Interessen, mit dem Ziel der Unterordnung der Eingeborenen-Wirtschaft. In den volltropischen Kolonien stellte sich das Problem weniger[46]. In dem als Einwanderungsland geeigneten Südwestafrika, wo der Krieg die Eingeborenen — mit Ausnahme der Ovambo im abseitigen Norden — vollständig entrechtet hatte, konnten sich die Siedler dank der Gouverneure Lindequist und Seitz, die ihnen weltanschaulich nahestanden, ohne

Anstrengungen durchsetzen[47]. Deutsch-Ostafrika allerdings erlebte harte Konflikte zwischen den Siedlern der gemäßigten Klimainseln und Gouverneur v. Rechenberg, bis auch hier das Modell eines »white man's country« à la Kenia und Südrhodesien durchgeführt war[48]. Analog zu London setzte Berlin konsequenterweise dazu an, die Kolonien an der Erhaltung der Truppen zu beteiligen, die letztlich die Erhaltung des Systems garantierten[49]. Analog zu den Kolonialengländern wehrten sich die deutschen Siedler gegen diese Belastung, da sie den Schutz der Obrigkeit voraussetzten, auch wenn sie mit ihr rechteten. Von den sechs Bataillonen der King's African Rifles wurden im Lauf des Jahres 1914 wegen der Renitenz der kenianischen und rhodesischen Siedler ein zentralafrikanisches und zwei ostafrikanische aufgelöst[50]. Bei dem »Geist der Aufsässigkeit«, den Staatssekretär Solf in Daressalam beobachtete[51], stand den drei kaiserlichen Schutztruppen für Deutsch-Ostafrika, Deutsch-Südwestafrika und Kamerun ähnliches bevor.

IV.

Hatten sich die drei Schutztruppen bis dahin eher landespolizeilichen Aufgaben zu widmen gehabt, unbeschadet der Rekrutierung ihrer weißen Angehörigen aus der Armee, so setzte mit ihrem Bedeutungsrückgang die Weiterentwicklung zur Kampftruppe ein. Das Wehrgesetz vom 22. Juli 1913 erlaubte die Ableistung von Wehr- und Reservedienst in einer Schutztruppe, während bis dahin den wehrpflichtigen Zivilpersonen im Kriegsfall die Rückkehr nach Deutschland vorgeschrieben war. Mit dem Dienstantritt des Majors v. Lettow-Vorbeck als Kommandeur der deutsch-ostafrikanischen Schutztruppe kündigte sich darüber hinaus im Januar 1914 eine strategische Neuorientierung an, die der Große Generalstab, wie das zähe Personalringen um die Kommandeurposten von Ostafrika und Kamerun zeigt[52], nur gegen den harten Widerstand des Berliner Kommandos der Schutztruppen durchsetzte. Als Kriegsaufgabe im Sinne des Reichskolonialamts und seiner militärischen Abteilung bot sich die koloniale Landesverteidigung an, wie sie in den Kommandeuren Oberstleutnant v. Heydebreck von Südwest und Major Zimmermann von Kamerun überzeugte Vertreter besaß. Für ihre Richtung rechtfertigte der schnell anwachsende Wert der deutschen Schutzgebiete die Ende 1911 konzipierte Strategie, im Krieg gegen England oder Frankreich die dortigen Investitionen zu schützen, indem die Truppe sich einigelte, um die Kolonie möglichst wenig beschädigt bis Kriegsende zu halten[53]. Ganz anders der Generalstab und Lettow-Vorbeck, der den entsprechenden Operationsplan seines Vorgängers von 1912 umgehend revidierte[54]. An die Stelle des Einigelns um Tabora trat in der neuen Strategie die Herausforderung des Empires durch Angriff auf die britische Ugandabahn. Denn der Generalstab ging von der Unmöglichkeit aus, die Kolonien mit den schwachen Schutztruppen zu halten, und forderte ihren offensiven Einsatz mit dem Ziel, möglichst viele gegnerische Truppen zu binden und vom entscheidenden europäischen Kriegsschauplatz fernzuhalten. Noch hatte er mit der gleichzeitigen Kommandoübernahme von Lettow-Vorbeck und Zimmermann einen Kompromiß eingehen müssen, aber eine bejahende Stellungnahme des Kommandos der Schutztruppen vom 17. Juli 1914 zum Uganda-Plan zeigt, daß nach einem Leitungswechsel auch die militärische Abteilung des Kolonialamts einer Kamikaze-Funktion der Schutztruppen zuzuneigen begann[55].

Da die drei kaiserlichen Schutztruppen keinen nennenswerten Umfang besaßen (Deutsch-Ostafrika 14, Kamerun 12, Deutsch-Südwestafrika 12 Feldkompanien/Batterien), da Frankreich seine Farbigen für den europäischen Kriegsschauplatz rekrutierte, und da Großbritannien in Afrika abrüstete, reichten die Kräfte keiner Kolonialmacht bis zum Erreichen der Gefechtsschwelle aus, jedenfalls nicht während der allgemein prognostizierten geringen Kriegsdauer. Belgien und Frankreich suchten deshalb mit Hilfe der internationalen Kongo-Akte vom 26. Februar 1885, deren Artikel 10 und 11 die nichtkriegführenden der Signatarmächte auf Anruf zur Vermittlung verpflichtete, über Spanien die Neutralisierung Afrikas herbeizuführen[56]. Das lag nicht im deutschen Interesse, und das Auswärtige Amt selbst hat erst nachträglich und nicht vertragskonform die Vereinigten Staaten angerufen, die gar nicht signiert hatten. Denn das Funk- und Versorgungsnetz für die deutschen Überseekreuzer, dessen Eckpfeiler die Stationen in den Schutzgebieten darstellten[57], zählte mehr als das niedrig eingestufte Risiko, das Kolonialreich zu verlieren. In der Tat ging ein solches von den europäischen Gegnern nicht aus[58]; das einzige territoriale Ziel, die Rückgewinnung des 1911 an Kamerun verlorenen, total ausgebeuteten, wegen endemischer Trypanosomiasis berüchtigten »Schlafkongo« wäre für Frankreich nur im Hinblick auf die Kongoroute während laufender Operationen wichtig gewesen[59]. Dagegen entschied sich das Committee of Imperial Defence schon am 5. August dafür — in bald auch dramatisch gerechtfertigter Sorge vor dem in Tsingtau stationierten Kreuzergeschwader unter Vizeadmiral Graf Spee[60] —, die deutschen Funk- und Versorgungsketten schnellstens aufzurollen[61]; entsprechende Anweisungen oder Bitten gingen sofort an die Kolonien, Indien und die Dominien. Die einzige nennenswerte eigene Macht, 9000 Mann in Südafrika, zog London sofort nach Europa ab. Mit der Zerstörung der Großfunkstation Kamina in dem praktisch unverteidigten und mühelos genommenen Togo war schon 20 Tage später das zentrale Bindeglied ausgeschaltet. Von da ab entwickelte sich der Kolonialkrieg zum Selbstläufer.

Am deutlichsten geschah das im pazifischen Raum, wo Japan in den Krieg eintrat, Tsingtau einnahm und die Inseln nördlich des Äquator besetzte[62]. Das war zunächst im Sinne des britischen Bündnisses von 1902 gehandelt, denn im Gesamtinteresse lag die Vertreibung des Kreuzergeschwaders aus seinem Liegehafen und von den mikronesischen Inseln, die es als Bekohlungspunkte nutzte. Graf Spee verzichtete jedoch darauf, sein Gefahrenpotential voll auszuspielen, und versuchte, ganz im Sinne der Tirpitzschen Strategie, das Geschwader nach Deutschland zu führen und dabei nennenswerte britische Kräfte aus der Nordsee auf sich zu ziehen, was ja auch gelang. Die kampflose Besetzung Samoas durch die Neuseeländer, die der britischen Empfehlung dazu eilig folgten, diente dem gleichen Zweck, Spee zu isolieren[63]. Nicht minder schnell aus vermeintlichen Sicherheitsgründen handelte Australien[64], das das wehrlose Deutsch-Neuguinea besetzte und immerhin die »Emden«, das einzige zum Handelskrieg detachierte Schiff des Kreuzergeschwaders, zur Strecke bringen mußte[65]. Doch spielten hier schon die Ansprüche von 1883 ihre Rolle[66], und die Japaner nahmen mit der Okkupation klare Interessen wahr. Während die Australier die deutschen Pflanzer bis 1920 unbehelligt ließen, so daß sich deren Produktion dank Kriegskonjunktur und Verdoppelung der schwarzen Zwangsarbeit verfünffachen konnte[67], entfernten die Japaner alle Deutschen und setzten sich an deren Stelle. Dem amerikanischen Widerspruch gegen diese Verstärkung ihrer kontinentalen und ozeanischen Stoßrichtung begegneten sie, indem sie sich den Briten durch Kreuzerdetachierungen ins Mittelmeer unentbehrlich machten, so daß in diesem Fall der Kolonialkrieg auf Europa durchschlug. Die pazifischen Dominien entsandten ihre Kontingente dagegen als loyale Glieder des Empire, deren an sich sekundären Kolonialansprüchen London nichts mehr entgegenhalten konnte.

Kriegsbeitrag der britischen Dominien

	Bevölkerung		Soldaten	Tote
Kanada und Neufundland	7,9 Mio.	(1914)	620000	61000
Australien	4,6 Mio.	(1911)	400000	59000
Neuseeland	1,0 Mio.	(1911)	100000	16000
Südafrika (Weiße)	1,3 Mio.	(1911)	136000	8500

Das britisch-französische Desinteresse am Kolonialkrieg hielt bezüglich Kameruns bis Herbst 1915 an. Solange man nur die Küste beziehungsweise das »Kongo-Elsaß« im Auge hatte, konnte sich die um Jaunde und Ngaundere-Garua geballte Schutztruppe relativ gut halten[68]. Während des ab Oktober 1915 laufenden konzentrischen Angriffs gelang Zimmermann in hinhaltendem Kampf die Vereinigung fast aller Truppenteile und im Februar 1916 der geschlossene Übertritt in das neutrale Spanisch-Guinea. Die kolonialpolitische Zielsetzung von Zimmermanns Strategie wird darin deutlich, daß er Tausende von Beti in die Internierung mitnahm, um ihre von Oberhäuptling Karl Atangana geleitete Kollaboration für die Nachkriegszeit sicherzustellen. Die Beti stellten einen Großteil der Soldaten und des Verwaltungspersonals. Nach dem Krieg orientierten sie, die aus ihrer Sicht die Kolonialmacht zu einer Art Subherrschaft ihrerseits über Kamerun benutzten, sich schnell um und dienten unter Charles Atangana als Stütze der Franzosen[69].

V.

Mit aller Macht suchte nur ein Land sofort in den Kolonialkrieg einzutreten: Südafrika. Die südafrikanischen Sicherheitsinteressen reichten so, wie Minister Smuts sie 1911 bei der Diskussion des Verteidigungsgesetzes definierte, bis zum Äquator[70]. Deutschland galt nicht als Gefahr, da ihre Definition einen rassischen Hintergrund hatte und sich die Schutzgebiete politisch-wirtschaftlich in »white man's countries« verwandelten. Premier Botha teilte sogar Solf ausdrücklich seine Zweifel an der Fähigkeit der Schutztruppe mit, die Schwarzen niederhalten zu können, und legte ihm nahe, die Abrüstung in Südwestafrika zu stoppen[71]. Freilich, sobald Pretoria die Bitte des Committee of Imperial

Defence um Aktivitäten akzeptiert hatte, sog das militärische Vakuum der deutschen Schutzgebiete das südafrikanische Potential unwiderstehlich an. Das Ausschalten des Hafens Swakopmund und der Funkstation Windhuk wuchs sich zu einem bis zum Kilimandscharo reichenden Eroberungszug aus, da dieses Potential unter massivem sozialimperialistischem Druck stand.

Dieser Druck erwuchs aus dem Transformationsprozeß der südafrikanischen Gesellschaft, die wie kaum eine andere von Klassenkämpfen geschüttelt wurde[72]. Die Jahre 1913/14 erlebten gewalttätige Rebellionen der weißen Arbeiter am Witwatersrand[73]. Es gelang den »poor whites«, ihre Entwicklung zu einer »Aristokratie« der Fach- und Vorarbeiter einzuleiten, während der Massenarbeitsprozeß von der Unterbezahlung der farbigen Arbeiter zehrte, die seitdem mit aktiver und struktureller Gewalt auf einer niedrigen Zivilisationsstufe und damit vergleichsweise bedürfnislos gehalten wurden. Raison d'être der Union war im Frühjahr 1914 ein rassischer Sozialimperialismus mit dem Ziel geworden, ein Maximum billiger schwarzer Arbeitskraft zu erschließen. Zunächst richtete er sich auf die Hochkommissariatsgebiete, doch rückte das britisch-deutsche Agreement über die portugiesischen Kolonien 1913/14[74] auch diese in die Sphäre des Erreichbaren. Die politische Vision von Hofmeyr und Rhodes gewann Schubkraft durch die soziale von Botha und Smuts. Der Weltkrieg gewährte Südafrika nun die Chance, die Kontrolle über weite Arbeitskraftreservoire zu gewinnen, denn das Empire war zwar noch so kompakt, daß Großbritannien für seine Dominien den Krieg erklären konnte, aber schon so locker, daß es sie Ausmaß und Zweck ihrer Beteiligung selbst bestimmen lassen mußte. Südafrika, dem im Alleingang kein Anschlag auf die portugiesischen und deutschen Kolonien möglich gewesen wäre, versuchte die Chance in einer Weise für sich auszunutzen, die sein Generalstab im kriegsgeschichtlichen Rückblick mühsam verschleiern mußte, um die Kriegsbeute in Afrika als durch den Kriegsbeitrag in Europa gerechtfertig erscheinen zu lassen[75].

Die Unwiderstehlichkeit von Druck und Sog erlebten zunächst die letzten nationalistischen Buren, die sich, teilweise in Form einer Defence Force-Meuterei, ressentimentgeladen gegen den vordergründig probritischen Kriegsbeitrag auflehnten; sie wurden binnen weniger Wochen von ausgesuchten Afrikaander-Verbänden hinweggefegt[76]. Danach fiel Deutsch-Südwestafrika, ohne Nutzen aus der Rebellion ziehen oder sich halbwegs verteidigen zu können[77], nachdem die Vernichtung von

Spees Kreuzergeschwader bei den Falklandinseln (8. Dezember 1914) den Weg für die südafrikanische Invasion über Walfischbay geöffnet hatte[78]. Am 9. Juli 1915 kapitulierten Schutztruppe und -gebiet unter fairen Bedingungen, die im Sinne der südafrikanischen Rassen-, Sicherheits- und Gesellschaftspolitik den Fortbestand der deutschen Ansiedlung gewährleistete[79]. Den vielleicht wichtigsten Feldzugsbeitrag leistete die kleine rhodesische Polizeitruppe des Hochkommissars: Sie besetzte den Caprivizipfel, in dessen Besitz Südafrika zusammen mit dem »weißen« Südrhodesien das Hochkommissargebiet spalten konnte[80]; der Vorgang erlaubte es London, gegenzusteuern, indem es den pfeilförmigen Landstreifen so lange durch das Betschuanen-Protektorat verwalten ließ (1922–1929)[81], bis die farbigen Territorien endgültig vor dem Expansionsanspruch der Unionsverfassung gerettet waren.

Im Herbst 1915, in dem man in Kamerun Ernst machte, bat London Kriegsminister Smuts um eine Brigade und um Übernahme des Oberbefehls in Ostafrika, wo sich die bisherigen britischen Halbheiten gerächt hatten[82]. Auf deutscher Seite hatte der Krieg mit schwersten Auseinandersetzungen um die Strategie begonnen, die die Schutztruppe bis an den Rand eines Staatsstreichs gegen Gouverneur Schnee brachte[83]. Schnee gewann die Briten für eine Teilneutralisierung der Kolonie; Lettow-Vorbeck unterlief sie und provozierte die Invasion, die er mangels eigener Offensivkraft wünschen mußte. Sein eindrucksvoller Sieg in der Schlacht von Tanga (4. 11. 1914) über ein britisch-indisches Landungskorps entschied alles zu seinen Gunsten, denn jetzt stellte sich das Schutzgebiet in einem solchen Ausmaß in den Dienst des Krieges[84], wie es bei allen Anstrengungen und Leiden in den gegnerischen Kolonien nicht geschah[85]. So wechselten sich bis Frühjahr 1916 deutsche und britische Vorstöße ab, die unterschiedlich ausgingen, aber an der erfolgreichen Verteidigung Deutsch-Ostafrikas nichts änderten.

In dieser Situation traten die Südafrikaner an, um ihre zweite Eroberungschance des Krieges wahrzunehmen, unter wenig Beifall in London. Den Kriegsminister Feldmarschall Lord Kitchener ließ der tropische Kriegsschauplatz kalt[86]: Die sich allmählich verstärkenden britisch-ost-, -west- und -zentralafrikanischen Kolonialtruppen seien ausreichend, um Lettow-Vorbeck in Schach zu halten; die Südafrikaner würden in Europa einen wichtigeren Beitrag zur Gesamtkriegführung leisten. (Die südafrikanische Armee suchte hinterher in ihrer kriegsgeschichtlichen Selbstdarstellung genau den Eindruck zu erwecken, daß ihr Schwerpunkteinsatz der europäische gewesen sei, s.o.) Doch war es gerade die Aussicht, ihre Kontrolle in eine Zone auszudehnen, wo bereits das britisch-südafrikanische Element im »weißen« Hochland von Kenia und das burische am deutschen Kilimandscharo so stark vertreten war, die die Afrikaander motivierte, nachdem sie im Oktober 1915 die Regierung Botha-Smuts fast abgewählt hätten. Ganz besonders lockte die Möglichkeit, von der Smuts sprach, über den deutschen auf den portugiesischen Kolonialbesitz übergreifen zu können, der das eigentliche Objekt darstellte[87]. Die Werbung für das Expeditionskorps brachte eine so starke weiße Armee zusammen, daß Smuts per Doppelvorstoß über den Kilimandscharo und entlang der Küste über Daressalam auf Morogoro (26. 8. 1916), unterstützt von einer belgischen Offensive aus dem Kongo auf Tabora (14. 9. 1916)[88] und einer kolonialbritischen aus Rhodesien auf Iringa (29. 8. 1916), die Schutztruppe in den seit dem Maji-Maji-Strafgericht verödeten Fieber- und Hungersüden Deutsch-Ostafrikas werfen konnte. In der erbitterten Schlacht von Mahinga zerbrach Lettow-Vorbecks Angriffskraft (10.–16. 10. 1916). Mehr noch, Smuts begann ihn nach Mosambik hinüberzudrängen. Der Enderfolg fiel jedoch den Briten in den Schoß: aus klimatisch-sanitären Gründen verlief der Feldzug für die Südafrikaner derart verlustreich[89], daß sie den Durchbruch nach Mosambik nicht mehr schafften. Ausgelaugt und enttäuscht verließen sie im Spätjahr 1916 das Land als geschlagene Sieger. Im übrigen war das große Projekt, Lissabon durch Besetzung Deutsch- und Portugiesisch-Ostafrikas zu territorialen Veränderungen im Sinne Pretorias zu zwingen, von Anfang an zum Scheitern verurteilt. Denn Portugal hatte den erkennbaren Anschlag abgefangen, indem es zu Beginn von Smuts' Offensive eilends auf seiten Englands in den Krieg eingetreten war; 1917 entsandte es doppelt so viele Soldaten nach Flandern wie Südafrika. Lettow-Vorbeck und die Schutztruppe allerdings, die ihre Kolonie verließen und durch die Nachbargebiete streiften, waren 1917/18 für den Krieg von eher epischer Bedeutung[90].

VI.

Die pazifischen Schutzgebiete und Deutsch-Südwestafrika waren mit Ausbruch des Ersten Weltkrieges unrettbar verloren, da sie in den Sicherheits- und Interessenzonen von Regionalmächten lagen, denen Deutschland nichts entgegenzusetzen hatte. Das war schon bei der Errichtung der Schutzherrschaften erkennbar gewesen, doch hatte man dieses Konfliktpotential in Kauf genommen, da man seine Entschärfung durch übergeordnete britische Interessen erwartete. Der Verlust der großen afrikanischen Tropenkolonien ergab sich, weil an sich keine Kolonialmacht in dortige Feldzüge investieren wollte, erst aus der unerwartet langen Kriegsdauer. Auf der Pariser Friedenskonferenz beharrten die Regionalmächte, die ihre Ansprüche durch Einsätze auf dem europäischen Kriegsschauplatz unterstützt hatten, so erfolgreich auf ihren Eroberungen, daß sich die Großmächte zur grundsätzlichen Aufhebung des deutschen Kolonialreichs entschlossen.

Treibende Kraft auf diesem Weg war das durch den Afrikaander Smuts im Londoner War Cabinet vertretene Südafrika, das als zweites Nahziel neben Südwest das portugiesische Mosambik, als weiteres Ziel die Hegemonie bis zum Äquator im Auge hatte. Die Kampagne zur Enteignung Deutschlands als grausame und unfähige Kolonialmacht, deren Widerlegung Bestätigung die national beziehungsweise sozialistisch orientierte Geschichtsforschung in Deutschland bis in die sechziger Jahre bewegt hat, bezog sich auch auf Portugal und nebenher Belgien, dessen Kongoprovinz Katanga Pretoria zu seinem Einzugsbereich rechnete[91]. Doch verfehlten die Südafrikaner ihre meisten Ziele, denn wegen der Kriegsbeiträge Portugals und Belgiens ließ sich die Pariser Lösung, »mißhandelte« Kolonien zu deren Wohl als Mandate des Völkerbunds an »gute« Mächte umzuverteilen, nur auf die deutschen Schutzgebiete und die arabischen Teile des Osmanischen Reiches anwenden. Ein mögliches wesentliches Ergebnis des Ersten Weltkrieges, die Herrschaftsausbreitung Südafrikas bis zum Äquator, wurde 1916 militärisch verhindert, und zwar durch den zähen Widerstand der deutsch-ostafrikanischen Schutztruppe unter General v. Lettow-Vorbeck, der die dem Klima nicht gewachsene südafrikanische Armee so dezimierte, daß sie trotz operativer Erfolge den Feldzug strategisch verlor. Vielleicht liegt darin die weltgeschichtliche Bedeutung des deutschen »Heia Safari!«-Krieges[92].

Anmerkungen

1 Moderne Kolonialgeschichte, hrsg. von Rudolf v. Albertini, Köln 1970 (= Neue Wissenschaftliche Bibliothek, 39).

2 Horst Gründer, Geschichte der deutschen Kolonien, München 1985; Wolfgang Reinhard, Geschichte der europäischen Expansion, 4 Bde, Stuttgart 1983—1990.

[3] London, 22.11.1952, Bundesarchiv-Militärarchiv Freiburg (BA-MA), N 103, Bd 105.

[4] J.C. Smuts (jr.), Jan Christian Smuts, London 1952.

[5] Theodor Leutwein, Elf Jahre Gouverneur in Deutsch-Südwestafrika, Berlin [3]1908, S. 541.

[6] Leutwein an Kolonialabteilung des Auswärtigen Amts, 4.7.1896, zit. nach: Bley, Kolonialherrschaft, S. 102 (wie Anm. 7).

[7] Helmut Bley, Kolonialherrschaft und Sozialstruktur in Deutsch-Südwestafrika, 1894—1914, Hamburg 1968.

[8] Detlef Bald, Deutsch-Ostafrika 1900—1914. Eine Studie über Verwaltung, Interessengruppen und wirtschaftliche Erschließung, München 1970; Rainer Tetzlaff, Koloniale Entwicklung und Ausbeutung. Wirtschafts- und Sozialgeschichte Deutsch-Ostafrikas 1885—1914, Berlin 1970; Karin Hausen, Deutsche Kolonialherrschaft in Afrika. Wirtschaftsinteressen und Kolonialverwaltung in Kamerun vor 1914, Zürich 1970.

[9] Harry Rudin, Germans in the Cameroons 1884—1914. A Case Study in Modern Imperialism, London 1938.

[10] Rudolf v. Albertini, Europäische Kolonialherrschaft 1880—1940, Zürich 1976; siehe das Kapitel von Albert Wirz über die deutschen Kolonien, ebd., S. 302—326. Vgl. Colonialism in Africa, ed. by Lewis H. Gann and Peter Duignan, 5 vols., Cambridge 1969—1975, dort Bde 1, S. 383—419, und 4, S. 213—255.

[11] Britain and Germany in Africa. Imperial Rivalry and Colonial Rule, ed. by Prosser Gifford and William R. Louis, New Haven 1967.

[12] Michael Fröhlich, Von Konfrontation zu Koexistenz: Die deutsch-englischen Kolonialbeziehungen in Afrika zwischen 1884 und 1914, Bochum 1990; ders., Imperialismus. Deutsche Kolonial- und Weltpolitik 1880—1914, München 1994.

[13] William Roger Louis, Great Britain and Germany's lost colonies 1914—1919, Oxford 1967 (dt. Ausgabe: Das Ende des deutschen Kolonialreiches, Düsseldorf 1971).

[14] Colin Newbury, Spoils of War: Sub-Imperial Collaboration in South-West Africa and New Guinea, 1914—1920, in: Journal of Imperial and Commonwealth History, 16 (1988), S. 86—106.

[15] Rolf-Harald Wippich, Japan und die deutsche Fernostpolitik 1894—1898. Vom Ausbruch des Chinesisch-Japanischen Krieges bis zur Besetzung der Kiautschou-Bucht, Stuttgart 1987.

[16] John E. Schrecker, Imperialism and Chinese Nationalism. Germany in Shantung, Cambridge, Mass. 1971.

[17] Charles Burdick, The Japanese Siege of Tsingtau, Hamden 1976.

[18] Hans-Ulrich Wehler, Bismarck und der Imperialismus, Frankfurt 1984, S. 215—223.

[19] A New History of Australia, ed. by Frank K. Crowley, Melbourne 1974, S. 200 f.; Wehler, Bismarck (wie Anm. 18), S. 391—398; Wolfgang Petter, Die überseeische Stützpunktpolitik der preußisch-deutschen Kriegsmarine 1859—1883, Phil. Diss. Freiburg 1975.

[20] Deutsches Kolonial-Lexikon, hrsg. von Heinrich Schnee, 3 Bde, Leipzig 1920, dort Bd 1, S. 579.

[21] T.R.H. Davenport, The Afrikaner Bond, Cape Town 1966; C.T. Gordon, The Growth of Boer Opposition to Kruger, 1890—1895, Cape Town 1970.

[22] The South African War. The Anglo-Boer War 1899—1902, ed. by Peter Warwick and S.B. Spies, London 1980, darin u.a.: 2. A.N. Porter, British Imperial Policy in South Africa 1885—1889, S. 37—56; 11. A. Grundlingh, Collaborators in Boer Society, S. 258—278; 15. S.E. Katzenellenbogen, Reconstruction in the Transvaal, S. 341—361; 16. R. Hyam, British Imperial Policy and South Africa 1906—1910, S. 362—385; 17. I. Hexham, Afrikaner Nationalism 1902—1914, S. 386—403. Vgl. S.B. Spies, Methods of Barbarism? Roberts and Kitchener and Civilians in the Boer Republics: January 1900—May 1902, Cape Town [2]1978; Johannes Meintjes, Der Burenkrieg 1899—1902, Wels 1979.

[23] Ronald Hyam, The Failure of South African Expansion 1908—1948, New York 1972, S. 1f.

[24] Grundriß zur deutschen Verwaltungsgeschichte 1815—1945. Bd 22: Bundes- und Reichsbehörden, hrsg. von Walther Hubatsch, Marburg/L. 1984, S. 352—570; Ernst Rudolf Huber, Deutsche Verfassungsgeschichte seit 1789, Bd 4, Stuttgart 1969, S. 604—634; Werner Schiefel, Bernhard Dernburg, 1865—1937. Kolonialpolitiker und Bankier im wilhelminischen Deutschland, Zürich 1974.

[25] Horst Gründer, Christliche Mission und deutscher Imperialismus. Eine politische Geschichte ihrer Beziehungen während der deutschen Kolonialzeit (1884—1914) unter besonderer Berücksichtigung Afrikas und Chinas, Paderborn 1982; Imperialismus und Kolonialmission. Kaiserliches Deutschland und koloniales Imperium, hrsg. von Klaus J. Bade, Wiesbaden 1982.

[26] Vgl. Deutsches Kolonial-Lexikon (wie Anm. 20); kennzeichend: Jolanda Ballhaus, Die Landkonzessionsgesellschaften, in: Kamerun unter deutscher Kolonialherrschaft, hrsg. von Helmuth Stoecker, 2 Bde, Berlin (Ost) 1960/68, Bd 1, S. 99—179; in der Literatur ist auf die Namen von Spekulanten wie Julius Scharlach oder Hugo v. Sholto Douglas zu achten.

[27] Wolfgang Petter, Das Offizierkorps der deutschen Kolonialtruppen 1889—1918, in: Das deutsche Offizierkorps 1860—1960, hrsg. von Hanns Hubert Hofmann, Boppard a.Rh. 1980, S. 163—174.

[28] Berthold v. Deimling, Aus der alten in die neue Zeit. Lebenserinnerungen, Berlin 1930, S. 52.

[29] Ludwig Külz, Blätter und Briefe eines Arztes aus dem tropischen Deutsch-Ostafrika, Berlin 1906, S. 89.

[30] 1895—1906 fanden 25 als Kriegsdienstzeit angerechnete Gefechte statt; siehe Armee-Verordnungsblatt, 25/1905 und 29/1908. Vgl. Hans Dominik, Vom Atlantik zum Tschadsee. Kriegs- und Forschungsfahrten in Kamerun, Berlin 1908.

[31] Bley, Kolonialherrschaft (wie Anm. 7), S. 99.

[32] Trotha an Leutwein, 5.11.1904, aus Akten des Reichskolonialamts, u.a. zit. bei Horst Drechsler, Südwestafrika unter deutscher Kolonialherrschaft. Der Kampf der Herero und Nama gegen den deutschen Imperialismus (1884—1915), Berlin (Ost) 1966, S. 180.

[33] Hendrik Witbooi, Afrika den Afrikanern! Aufzeichnungen eines Nama-Häuptlings aus der Zeit der deutschen Eroberung Südwestafrikas 1884—1894,

hrsg. von Wolfgang Reinhard, Berlin 1982; Gründer, Geschichte (wie Anm. 2), S. 205, Anm. 13.

34 Die Kämpfe der deutschen Truppen in Südwestafrika, hrsg. vom Großen Generalstabe, 2 Bde, Berlin 1906/07.

35 Gustav Adolf Graf von Götzen, Deutsch-Ostafrika im Aufstand 1905/06, Berlin 1909; John Iliffe, Tanganyika under German Rule 1905—1912, Cambridge 1969, S. 9—29.

36 Kamerun (wie Anm. 26), passim; Herbert Pürschel, Die Kaiserliche Schutztruppe für Kamerun. Gefüge und Aufgabe, Berlin 1936, S. 7f.

37 Germany in the Pacific and the Far East, 1870—1914, ed. by John A. Moses and Paul M. Kennedy, St. Lucia/Queensland 1977, dort: Peter G. Sack, Law, Politics and Native »Crimes« in German New Guinea, S. 262—287.

38 Peter J. Hempenstall, Pacific Islanders under German Rule. A Study of the Meaning of Colonial Resistance, Canberra 1978.

39 Schutztruppengesetz letzter Fassung vom 7./18.7.1896, Reichsgesetzblatt 1896, S. 187ff. und 653ff.

40 Deutsches Kolonial-Lexikon (wie Anm. 20), Bd 3, S. 71—77: Polizeitruppen; Heinrich Rafalfski, Vom Niemandsland zum Ordnungsstaat. Geschichte der Kaiserlichen Landespolizei für Südwestafrika, Berlin 1930.

41 Hausen, Deutsche Kolonialherrschaft (wie Anm. 8), S. 96, Anm. 106.

42 Briefe des Leutnants Pfeiffer 1899/1900, BA-MA, N 85, Bd 1.

43 Stephani an Zimmermann, Berlin 7.7.1914, BA-MA, N 210.

44 Francesca Schinzinger, Die Kolonien und das Deutsche Reich. Die wirtschaftliche Bedeutung der deutschen Besitzungen in Übersee, Stuttgart 1984, S. 59 und 131.

45 Ebd., S. 124ff.

46 Albert Wirz, Vom Sklavenhandel zum kolonialen Handel. Wirtschaftsräume und Wirtschaftsformen in Kamerun vor 1914, Freiburg i. Br. 1972; Ralph Erbar, Ein »Platz an der Sonne«? Die Verwaltungs- und Wirtschaftsgeschichte der deutschen Kolonie Togo 1884—1914, Stuttgart 1991; Hans Meyer, Das Deutsche Kolonialreich. Eine Länderkunde der deutschen Schutzgebiete, 2 Bde, Leipzig 1909/10.

47 Bley, Kolonialherrschaft (wie Anm. 7), S. 213ff.

48 Iliffe, Tanganyika (wie Anm. 35); Bald, Deutsch-Ostafrika (wie Anm. 8); Tetzlaff, Koloniale Entwicklung (wie Anm. 8).

49 Theodor Seitz, Vom Aufstieg und Niederbruch deutscher Kolonialmacht. Erinnerungen, 3 Bde, Karlsruhe 1927—1929, Bd 3, S. 18—27.

50 Hubert Moyse-Bartlett, The King's African Rifles: A Study in the Military History of East and Central Africa, 1890—1945, Aldershot 1956, S. 129.

51 Bald, Deutsch-Ostafrika (wie Anm. 8), S. 76; Eberhard v. Vietsch, Wilhelm Solf. Botschafter zwischen den Zeiten, Tübingen 1961, S. 113, 117f.

52 Paul v. Lettow-Vorbeck, Mein Leben, Biberach 1957, S. 115.

53 Heinrich Mentzel, Die Kämpfe in Kamerun 1914—1916. Vorbereitung und Verlauf, Berlin 1936, S. 28—30.

54 Denkschrift vom April 1912, BA-MA, N 14, Bd 14.

55 Ludwig Boell, Die Operationen in Ostafrika, Hamburg 1951, S. 437.

56 Ebd., S. 433f., 439ff.

[57] Erich Raeder, Der Kreuzerkrieg in den ausländischen Gewässern, 2 Bde, Berlin 1923/27 (Der Krieg zur See, hrsg. vom Marine-Archiv).
[58] Louis, Das Ende (wie Anm. 13), S. 39; Julian S. Corbett, Naval Operations, Bd 1, London 1920, S. 129.
[59] Mentzel, Kämpfe (wie Anm. 53), S. 84.
[60] Raeder, Kreuzerkrieg (wie Anm. 57); Geoffrey Bennett, Die Seeschlachten von Coronel und Falkland und der Untergang des deutschen Kreuzergeschwaders unter Admiral Graf Spee, München 1980 (engl. [2]1966).
[61] Louis, Das Ende (wie Anm. 13), S. 39.
[62] Burdick, Japanese Siege (wie Anm. 17); Japan und die Mittelmächte im Ersten Weltkrieg und in den zwanziger Jahren, hrsg. von Josef Kreiner, Bonn 1986.
[63] The Oxford History of New Zealand, ed. by W.H. Oliver, Wellington 1981, S. 312f.
[64] C.M.H. Clark, A History of Australia, Bd 5, Melbourne 1981, S. 381; Stuart MacIntyre, The Oxford History of Australia, Bd 4, Melbourne 1986, S. 145; New History of Australia (wie Anm. 19), S. 315; zum Aspekt der Sicherheit vor Japan: Louis, Das Ende (wie Anm. 13), S. 41ff.
[65] R.K. Lochner, Die Kaperfahrten des Kleinen Kreuzers Emden, München 1979.
[66] Beverley Kingston, The Oxford History of Australia, Bd 3, Melbourne 1988, S. 298.
[67] Newbury, Spoils (wie Anm. 14), S. 89f.
[68] Mentzel, Kämpfe (wie Anm. 53); Pürschel, Kaiserliche Schutztruppe (wie Anm. 36); am detailliertesten: Erich Student, Kameruns Kampf, Berlin 1937; F.J. Moberly, Togoland and the Cameroons 1914—1916, London 1931 ([Official] History of the Great War, Military Operations, Bd 9); Les Armées françaises dans la Grande Guerre, éd. par le Ministère de la guerre. Tome IX/vol. 2, Les campagnes coloniales: Cameroun, Togo etc., Paris 1929.
[69] Frederick Quinn, The Impact of the First World War and its Aftermath on the Beti of Cameroun, in: Africa and the First World War, ed. by Melvin E. Page, London 1987, S. 171—185.
[70] Hyam, Failure (wie Anm. 23), S. 25f.
[71] Tagebuch Solf 31.7.1912, in: Vietsch, Solf (wie Anm. 51), S. 368.
[72] The South African War (wie Anm. 22), S. 334ff.
[73] Harald R. Bilger, Südafrika in Geschichte und Gegenwart, Konstanz 1976, S. 376.
[74] Vietsch, Solf (wie Anm. 51), S. 122—129; Fröhlich, Imperialismus (wie Anm. 12), S. 77ff., 122ff.
[75] The Union of South Africa and the Great War, 1914—1918. Official History, Pretoria 1924; Thomas R.H. Davenport, South Africa: A Modern History, London [3]1987.
[76] N.G. Garson, South Africa and World War I, in: Journal of Imperial and Commonwealth History, 8 (1979), S. 58—85.
[77] Hans v. Oelhafen, Der Feldzug in Südwest 1914—1915, Berlin 1923.
[78] H.F. Nel, Die rol van die seemag in Duits Suidwes-Afrika 1914—1915, in: Militaria (Pretoria), 7 (1977), 2, S. 56—65.

[79] Oskar Hintrager, Geschichte von Südafrika, München 1959, S. 417—435, 442f.; quellengestützt: Kapitulationstext bei Oelhafen, Feldzug (wie Anm. 77), S. 230f.; Newbury, Spoils (wie Anm. 14).

[80] Charles Hordern, East Africa, London 1941 (= [Official] History of the Great War, Military Operations, Bd 8,1), S. 194ff.

[81] Historical Dictionary of Botswana, ed. by Fred Morton u. a., Metuchen, N.J. 1989, S. 18.

[82] Paul v. Lettow-Vorbeck, Meine Erinnerungen aus Ostafrika, Leipzig 1921; Boell, Operationen (wie Anm. 55); Hordern, East Africa (wie Anm. 80).

[83] Boell an Lettow-Vorbeck, 27.4.1955, BA-MA, N 103.

[84] Heinrich Schnee, Deutsch-Ostafrika im Weltkriege. Wie wir lebten und kämpften, Leipzig 1919.

[85] Geoffrey Hodges, The Carrier Corps. Military Labour in the East African Campaign, 1914—1918, New York 1986.

[86] Ebd., S. 28, 47 und 52.

[87] Kenneth Ingham, Jan Christian Smuts. The Conscience of a South African, London 1986, S. 81—85.

[88] Les Campagnes coloniales belges (1914—1918), éd. par le Royaume de Belgique ..., 3 Bde, Brüssel 1927/32.

[89] Hordern, East Africa (wie Anm. 80), S. 520ff.

[90] Das gilt natürlich für die Kriegsentscheidung. Aus der Sicht der Eingeborenen, auf deren Rücken im wahrsten Sinn der Krieg ausgetragen wurde — siehe Hodges, Carrier Corps (wie Anm. 85) —, sind die Züge der Schutztruppe mit etwa 100000 Todesfolgen anders zu bewerten, siehe The Cambridge History of Africa, vol. 7, ed. by A. D. Roberts, Cambridge [2]1992, S. 649—701.

[91] Hyam, Failure (wie Anm. 23), S. 32.

[92] Paul v. Lettow-Vorbeck, Heia Safari! Deutschlands Kampf in Ostafrika, Leipzig 1923.

Dritter Teil

Kriegswirtschaft und Wirtschaftskrieg

Manfred Zeidler

Die deutsche Kriegsfinanzierung 1914 bis 1918 und ihre Folgen

I. Einleitung

»Deutschland und die deutsche Wirtschaft standen während der vier Jahre des bis dahin größten Krieges der Weltgeschichte vor der ungeheuerlichen Aufgabe, ganz ohne wirtschaftliche Hilfe von außen allein für die gesamte Kriegsrüstung aufzukommen. [...] Während die Industrieländer jenseits der Schützengräben die Hilfe der stärksten Wirtschaftsmacht der Welt, der Vereinigten Staaten, herbeirufen konnten, machte Deutschland die umstürzende Erfahrung der Blockade, die ihm wider Willen, aber unerbittlich, strenge Selbstgenügsamkeit (Autarkie) aufzwang, obwohl es vorher mehr als alle anderen Länder außer England in die Weltwirtschaft verflochten gewesen war. Diese Erfahrung der aufgezwungenen Autarkie ist nie mehr aus dem deutschen Bewußtsein geschwunden. Ohne sie ist die Wirtschaftspolitik der Hitlerzeit nicht zu begreifen.«

Mit diesen Sätzen begann der deutsch-österreichische Nationalökonom, liberale Publizist und demokratische Politiker der Weimarer Republik, Gustav Stolper, in seinem zu Beginn des Zweiten Weltkrieges im amerikanischen Exil verfaßten Abriß *German Economy 1870—1940* das Kapitel über den Ersten Weltkrieg[1].

Das Autarkiedenken und das Bewußtsein, inmitten einer Welt von Feinden auf sich selbst gestellt zu sein, war jedoch nur eine der vielfältigen Folgen, die dieser Krieg für das deutsche Wirtschafts- und Sozialleben — von den politischen Auswirkungen ganz zu schweigen — hatte. Diejenige mit der nachhaltigsten Tiefenwirkung auf die deutsche Gesellschaft war, weit über den hier zu betrachtenden Zeitraum hinaus, die Inflation, die bis heute generell als das spezifisch deutsche Trauma schlechthin gilt.

Der Zeitbetrachter, der über das Jahr 1918 hinausblickt, denkt dabei in erster Linie an die dramatische, alle Grenzen sprengende Hyperinflation des Jahres 1923 und ihre weitreichenden Folgen für Staat und Gesellschaft der Weimarer Republik. Daß die Geschichte der deutschen Inflation im Jahre 1914 beginnt, ist für die wirtschafts- und finanzgeschichtliche Forschung seit langem schon unstrittig. Nahezu alle relevanten Darstellungen zur deutschen Wirtschafts- und Finanzgeschichte des 20. Jahrhunderts kennzeichnen als ihre Eckdaten die Jahre 1914 und 1923[2]. Innerhalb dieses neunjährigen Zeitraums stellt das Kriegsende an der Jahreswende 1918/1919 nicht nur die zeitliche Mitte dar, sondern markiert auch sachlich den entscheidenden Einschnitt auf dem weiteren Weg bis zur totalen Währungszerrüttung im Jahre 1923.

Der Zusammenhang zwischen der Art, wie das Kaiserreich die Kosten für den Krieg aufgebracht hat, und dem Nachkriegsschicksal der deutschen Währung erschien noch in den 20er Jahren vielen Repräsentanten der staatlichen Finanzwirtschaft, insbesondere aus den Reihen der Reichsbank, keineswegs so klar wie dem rückschauenden Betrachter unserer Tage[3]. Der bereits zitierte Gustav Stolper urteilte dazu in seiner erwähnten Studie aus dem Jahre 1940:

»Die deutsche Inflation wird gewöhnlich als eine Nachkriegserscheinung angesehen. Die oben angeführten Zahlen beweisen, daß die Inflation mit Kriegsbeginn einsetzte und daß sie bei Kriegsende alles früher je Erlebte überstieg. Am Ende des Krieges befand sich Deutschland aber in einem ganz abnormen, noch nie dagewesenen Zustand, und deshalb traten die Folgen der Inflation für die Wirtschaft zum Teil einfach noch nicht zutage, zum Teil wurden sie durch allerlei Umstände maskiert [...] Erst als die Kriegswirtschaft mit ihrer allumfassenden Regulierung zusammengebrochen war, wurde das wirkliche Ausmaß der Störungen und Verschiebungen in der Volkswirtschaft offenbar[4].«

Fast vier Jahrzehnte später formulierte der Wirtschafts- und Bankenhistoriker, Karl Erich Born, kurz und lapidar:

»Die deutsche Inflation begann 1914 mit der Kriegsfinanzierung, die nur in ganz geringem Umfange und erst sehr spät durch verschärfte Besteuerung, in erster Linie aber durch Kreditaufnahme des Reiches erfolgte.«

An anderer Stelle präzisierte er die Ursachen näher:

»Mit der Finanzierung der Staatsausgaben durch die Aufnahme kurzfristiger Schulden und mit der Aufblähung des Notenumlaufs begann die Inflationierung der deutschen Währung[5].«

Für den Finanzwissenschaftler Heinz Haller war die Nachkriegsinflation sogar »das zwangsläufige Ergebnis des verlorenen Krieges« und hätte nach dem Beispiel Englands und Frankreichs nur eingedämmt werden können, »wenn der Krieg nicht verlorengegangen wäre«[6]. Etwas vorsichtiger, doch mit derselben Zielrichtung, urteilte zur selben Zeit wie Born und Haller der damalige Nestor der deutschen Finanzwissenschaft, Fritz Neumark, wenn er zu der lange vor 1914 üblichen Schulden- und Anleihepolitik des Reiches im Hinblick auf den Krieg bemerkte, daß sie »dessen leichtfertig-fehlerhafte Finanzierung [...] gedanklich hatte vorbereiten helfen«. Einen Schlüssel für das Verständnis der finanzpolitischen Entscheidungen nach dem Kriegsausbruch im Sommer 1914 sah Neumark nicht zuletzt darin, daß in Deutschland ähnlich wie auch in Frankreich »bei den für Wirtschafts- und Finanzpolitik verantwortlichen Regierungsstellen und den Zentralbanken juristisch-institutionelles Denken in ungleich stärkerem Maße vor [herrschte] als insbesondere in den angelsächsischen Staaten«[7].

II. Die finanzpolitische Kriegsbereitschaft des Kaiserreiches im Jahre 1914

Neumarks Urteil führt uns zwangsläufig auf jene drei zentralen Kriterien, die den Ausgangspunkt der deutschen Finanzpolitik vom Sommer 1914 an bildeten:

1. das fiskalische Instrumentarium des Reiches zu Kriegsbeginn,
2. die in der zeitgenössischen Nationalökonomie vorherrschenden fiskalpolitischen Lehrmeinungen,
3. den Status und die Rolle der Reichsbank.

Beginnen wir mit dem ersten Punkt. Das Kaiserreich, gegründet auf die bundesstaatliche Verfassung des Jahres 1872, befand sich, vom modernen Standpunkt aus betrachtet, fiskalisch geradezu im Status eines Embryos. Seine ordentlichen Einnahmen im letzten Friedensjahr 1913 waren mit ganzen 2,3 Milliarden Reichsmark gemessen an der Wirtschaftskraft des Reiches mit einem jährlichen Volkseinkommen von circa 40 Milliarden von einer nachgerade lächerlichen Größenordnung[8]. »Das Schwergewicht der öffentlichen Haushaltsgebarung lag eindeutig bei den Ländern« (Friedrich Lüttge)[9]. Ihre ungebrochene Finanzhoheit war einer der politischen Preise für die Reichsgründung Bismarcks von 1871 gewesen. Wie ihren Augapfel hatten die Länder seitdem ihr Privileg, den Zugriff auf die direkten Steuern, gehütet und gegen alle Ansprüche der Reichsgewalt verteidigt. Das Reich, zu seiner jährlichen Etatdeckung auf die ›Matrikularbeiträge‹ der Gliedstaaten angewiesen, war nach einem vielbenutzten Wort jener Zeit der finanzielle Kostgänger der Einzelstaaten. Bekanntlich war es erst die mit dem Namen Matthias Erzbergers verbundene Reichsfinanzreform der Jahre 1919/1920, die mit Beginn der Weimarer Republik dem Reich den Zugriff auf alle wichtigen direkten Steuern wie Einkommens-, Vermögens- und Körperschaftssteuer verschaffte und damit die Finanzhoheit des Reiches als dem »Steuersouverän der Zukunft« (Erzberger

1919) begründete. Das Reich der Bismarckzeit blieb für die Finanzierung seiner Aufgaben, davon im jährlichen Durchschnitt fast drei Viertel Militärausgaben, auf Zölle, Verbrauchssteuern und Verkehrsabgaben verwiesen. Darüber hinaus blieb ihm für die Deckung außerordentlicher Ausgaben der Weg der Anleihebegehung; ein Grundsatz, der in der etwas vagen Formulierung des Artikels 73 der Reichsverfassung, wonach »in Fällen eines außerordentlichen Bedürfnisses im Wege der Reichsgesetzgebung die Aufnahme einer Anleihe [...] erfolgen« könne, sogar einen verfassungsrechtlichen Niederschlag fand.

Bereits im Jahre 1890 war die erste Schuldenmilliarde überschritten und im März 1914 im Zeichen der seit der Jahrhundertwende massiv forcierten Flottenrüstung die Reichsschuld auf 4,8 Milliarden Mark angestiegen, wobei allein der Schuldendienst 26 Prozent des ordentlichen Staatshaushaltes in Anspruch nahm[10]. Mit Blick auf die Lage zu Kriegsbeginn urteilte Heinz Haller:

»Im Grunde genommen war die Steuerschwäche des Reiches, das die ganze Kriegslast zu tragen hatte, geradezu abenteuerlich. Während die Länder 1914 über ordentliche Einnahmen von fast 3,3 Milliarden verfügten, beliefen sich diejenigen des Reiches nur auf 2,4 Milliarden, wobei aber auf den einmaligen Wehrbeitrag [des Jahres 1913] über 600 Millionen entfielen [...] Die paar Verbrauchssteuern und Stempelabgaben, die den Hauptbestandteil der Steuereinnahmen einer kriegführenden Großmacht ausmachten, die 1915 rund 24 Milliarden für den Krieg ausgeben mußte, muten schon lächerlich an[11].«

Letztlich zahlte das Kaiserreich beim Ausbruch des Weltkonflikts für seine ausgeprägt föderalistisch-bundesstaatliche Struktur im Hinblick auf seine finanzielle Kriegsbereitschaft und Kriegführungsfähigkeit einen hohen Preis. Der Kontrast zwischen den hochgesteckten Plänen eines »Griffs nach der Weltmacht« (Fritz Fischer) und den strukturellen Voraussetzungen für deren Realisierung im Wettbewerb mit überwiegend zentralstaatlich organisierten Weltmächten wird nirgendwo augenfälliger als auf diesem Gebiet.

Es entsprach dem liberalen Wirtschaftsgeist der Epoche vor 1914, in der Frage der Finanzierung außerordentlicher Staatsausgaben durch Steuererhöhungen oder auf dem Kreditweg, den letzteren zu favorisieren. Zu diesem Problem hatten im Vorfeld des Krieges eine Reihe deutscher Finanzfachleute ihre Auffassungen zu Papier gebracht. Am bemerkenswertesten war die 1913 bereits in zweiter Auflage erschienene Schrift des Bankiers und späteren national-liberalen Reichstagsabgeordneten, Jakob Riesser, unter dem Titel *Finanzielle Kriegsbereitschaft und Kriegführung*, in der im Kriegsfalle das Ende der bisherigen Anleihewirtschaft zugunsten einer ›gesunden‹ Budgetpolitik auf der Grundlage direkter und indirekter Steuern gefordert wurde. Als Ziel sollte erreicht werden, ein Drittel der Kriegskosten auf steuerlichem Wege aufzubringen und die restliche Summe auf den Staatskredit zu verweisen[12]. Auch der bedeutendste deutsche Finanzwissenschaftler seiner Zeit, Adolph Wagner, hatte sich mit dem Problem beschäftigt und bereits für die Friedenszeit den Ausbau des Steuersystems in einer Weise empfohlen, die es dem Reich gestatte, sich im Kriegsfall durch Zuschläge auf bereits existierende Steuern rasch Mehreinnahmen zu verschaffen, wobei er das Schwergewicht auf die indirekte Besteuerung legte[13]. Repräsentativer für den wirtschaftspolitischen Geist der Zeit und stärker in der Wirkung auf Öffentlichkeit und Verantwortliche in der Politik waren jedoch die Ansichten des Bonner Nationalökonomen und Adolph-Wagner-Schülers, Gottlob Heinrich Dietzel, die dieser in seiner 1912 erschienenen Studie *Kriegssteuer oder Kriegsanleihe?* entwickelt hatte. Dietzels Antwort auf die selbstgestellte Frage war eindeutig und gipfelte in dem finanzpolitischen Credo »Hände weg von der Steuerschraube[14]!«

Zweifellos hatten die damaligen Verfechter der Anleihefinanzierung eine ganze Reihe guter Argumente auf ihrer Seite. Neue Steuern waren politisch schwer durchsetzbar, griffen nur langsam und belasteten unterschiedslos alle, auch die gering verdienenden Bevölkerungskreise, was den innenpolitischen Burgfrieden insbesondere mit der Sozialdemokratie und ihrer zahlreichen Wählerschaft belasten mußte. Die Anleihepolitik schöpfte dagegen nur die verfügbare, weil überzählige Kaufkraft ab, indem sie die Geldvermögen besitzenden Teile des patriotisch gesinnten Bürgertums für die nationalen Ziele mobilisierte und ihr finanzielles Engagement für den Staat mit einer ansehnlichen Rendite belohnte. Für die Anleihefinanzierung sprach ferner die zeitliche Verschiebbarkeit der Lasten, die es ermöglichte, durch langfristige Tilgung die Abzahlung der Kriegskosten soweit in die Zukunft zu verlegen, daß gegebenenfalls auch die nachfolgende, vom Krieg nicht mehr unmittelbar betroffene Erwerbsgeneration die Finanzlast mittrug[15].

Von entscheidendem Einfluß auf die Finanzierungsüberlegungen waren auch die damals herrschenden Vorstellungen von Ablauf, Dauer und Intensität eines europäischen Krieges, die nach der langen Friedensperiode noch ganz an der kriegerischen Erfahrungswelt des 19. Jahrhunderts, insbesondere den Einigungskriegen zwischen 1864 und 1870/71, orientiert waren. Daß hier schon der russisch-japanische Krieg von 1904/05, der das Zarenreich an den Rand der Revolution gebracht hatte, einen wenn auch nur kurzen Anschauungsunterricht darüber geboten hatte, was in einem großen Krieg unter den Bedingungen des 20. Jahrhunderts auf die Beteiligten zukommen würde, ist nur von einem kleinen Teil der internationalen Öffentlichkeit gebührend beachtet worden[16].

Als ein besonders beredtes Beispiel für das Maß der Ahnungslosigkeit, mit der man insbesondere in Deutschland den Herausforderungen eines modernen Krieges begegnete, mag der legendäre, im berühmten Spandauer Juliusturm aufbewahrte Reichskriegsschatz gelten, der einst auf Anregung Bismarcks aus einem Teil der französischen Kriegskontributionen des Jahres 1871 gebildet worden war. Noch 1870 hatte sein Vorgänger, der preußische Kriegsschatz, eine gewisse Rolle gespielt, als er half, die Mobilmachung und die ersten militärischen Handlungen des Krieges zu finanzieren. Im Jahre 1914 reichten seine 205 Millionen Reichsmark gerade dazu aus, die Kosten für zwei durchschnittliche Kriegstage zu bestreiten. Seine Bedeutung erschöpfte sich wesentlich im Psychologischen, indem er das Vertrauen der breiten Öffentlichkeit in die Zahlungsfähigkeit des Reiches stärkte und das Ausmaß möglicher Panikreaktionen des Publikums im Krisenfall dämpfte[17].

Die gewissermaßen moderne Form des Kriegsschatzes lag, nach einem Wort Max Lanters, »in erster Linie in der staatlichen Notenbank, die im Kriegsfalle zur Kriegsbank wird«[18]. Im Falle Deutschlands kam diesem Umstand im besonderen das geltende Reichsbankgesetz aus dem Jahre 1875 entgegen, wonach »die Leitung der Bank vom Reichskanzler und unter diesem vom Reichsbankdirektorium ausgeübt« wurde[19]. Die Notenbank war damit juristisch und administrativ der Reichspolitik unterstellt und verstand ihre Aufgabe darin, bei Ausbruch des Krieges ihren gesamten Apparat für die finanzielle Mobilmachung einzusetzen. Letztlich war, wie sich 1914 zeigen sollte, dem Reich zur kurzfristigen Vorfinanzierung seiner Kriegskosten der allein durch die formalen Golddeckungsvorschriften begrenzte Zugang zum Notenbankkredit gesichert. Ludendorffs spätere Forderung: »Die totale Politik verlangt Einordnung der Notenbank unter die Oberhoheit des Staates[20],« war bereits mit Kriegsbeginn so gut wie verwirklicht. Eine fern von staatlichen Vorgaben unabhängige Währungspolitik der Notenbank lag damals noch außerhalb der herrschenden Vorstellung. Eine solche, unter den gegebenen Zeitumständen allerdings eher theoretische Möglichkeit eröffnete der Reichsbank erst das sogenannte Autonomiegesetz vom Mai 1922[21].

Daß man, überzeugt vom siegreichen Ausgang des Krieges, die eigenen Kriegskosten ähnlich wie 1870/71 letzten Endes dem unterlegenen Gegner aufzubürden trachtete, machte der Staatssekretär im Reichsschatzamt, Karl Helfferich, im August 1915 vor dem Reichstag deutlich, als er drohend erklärte:

»Das Bleigewicht der Milliarden haben die Anstifter dieses Krieges verdient, sie mögen es durch die Jahrzehnte schleppen, nicht wir.«

Die Schwierigkeiten eines solchen Vorhabens, dem am Kriegsende wie zu erwarten finanziell ausgebluteten Feind auch noch die Kriegskosten des Siegers aufzubürden, sah Helfferich durchaus voraus, was ihn jedoch nicht davon abhielt, den Abgeordneten gegenüber mit der Versicherung fortzufahren:

»Was nach dieser Richtung hin geschehen kann, das wird getan werden[22].«

Generell bleibt eines festzuhalten: Dem wirtschaftsliberalen Credo der Zeit entsprach die Vorstellung, daß das Geldwesen zwar der zentralen Ordnung und Leitung bedürfe, jedoch alle anderen staatlichen Eingriffe in die autonom ablaufenden Wirtschaftsprozesse tunlichst zu vermeiden seien. Im Sinne einer solchen Ordnungsvorstellung lag es, daß im Hinblick auf die wirtschaftliche Kriegsvorbereitung überwiegend monetäre Gesichtspunkte im Vordergrund standen. Die richtigen Techniken der Geldbeschaffung und Liquiditätssicherung erschienen als hinreichende Garantie dafür, daß jederzeit auch die nötigen Bedarfsgüter an die richtige Stelle gelangten. Man blickte, mit anderen Worten, fast ausschließlich auf die geldwirtschaftliche Seite des Problems. Daß im Zeichen des totalen Krieges mindestens ebenso die güterwirtschaftliche Seite von Bedeutung sein würde und des dirigistischen Eingriffs der Staatsgewalt bedurfte, trat erst nach Kriegsausbruch allmählich ins Bewußtsein der Verantwortlichen[23].

III. Das deutsche Finanzierungssystem und die Entwicklung der Kriegskosten bis 1918

Am Beginn des Krieges standen die Sofortmaßnahmen des Reiches zur finanziellen Mobilmachung vom Sommer 1914, deren monetäre Seite zunächst im Vordergrund stehen soll.

Wirtschaftlich begann der Krieg am 31. Juli 1914, dem Tag, an dem die Reichsbank ihrer gesetzlichen Verpflichtung, die von ihr ausgegebenen Banknoten gegen Goldmünzen einzulösen, nicht mehr nachkam. Am 4. August wurde diese Maßnahme, mit der die ersten mit einem

Ansturm auf die Geldinstitute verbundenen Panikreaktionen des Publikums bei Kriegsausbruch eingedämmt werden sollten, gesetzlich festgeschrieben. Der nächste Schritt galt der Öffnung der ›Geldschleuse‹, mittels derer der im Zuge der Mobilmachung explosionsartig ansteigende Liquiditätsbedarf gedeckt werden sollte. Mit Gesetz vom selben Tag wurden alle Kreditinstitute verpflichtet, Reichskassenscheine in Zahlung zu nehmen, die, bei der Reichsbank jederzeit diskontierbar, damit zu gesetzlichen Zahlungsmitteln erklärt wurden. Gleichzeitig wurden auch andere kurzfristige Staatspapiere wie Reichsschatzwechsel und -schatzanweisungen mit einer Laufzeit von bis zu drei Monaten für bankfähig erklärt und soliden Handelswechseln gleichgestellt. Eine weitere Bremse für die Ausdehnung des Geldumlaufs, die fünfprozentige Notensteuer der Reichsbank für nicht goldgedeckte Umlaufkontingente, wurde gleichfalls per Gesetz beseitigt[24].

Die wichtigste und für die Zukunft folgenschwerste Maßnahme stellte jedoch das gleichfalls am 4. August erlassene Gesetz über die Einrichtung von Darlehenskassen und deren Recht, sogenannte Darlehenskassenscheine zu verausgaben, dar. Formalrechtlich waren die Darlehenskassen selbständige Einrichtungen mit den Eigenschaften und Rechten juristischer Personen. In der Praxis jedoch stellten sie »gewissermaßen eine veränderte Daseinsform der Lombard-Abteilung der Reichsbank dar«[25]. Jeder selbständigen Reichsbankfiliale war eine der 99 Darlehenskassen angeschlossen, deren Vorstand mit der der Reichsbankfiliale identisch war. Hinzu kam ein weitverzweigtes Hilfskassennetz mit 129 Standorten seit 1915. Aufgabe der Darlehenskassen war es, die kleineren öffentlichen wie privaten Kreditnehmer wie Länder, Kommunen sowie kleinere und mittlere Gewerbetreibende mit Liquidität zu versorgen und damit das Lombardgeschäft der ganz für den Kreditbedarf des Reiches eingespannten Notenbank nominell zu entlasten. In Wirklichkeit waren die Darlehenskassen nichts anderes als Notenbanken und ihre Darlehenskassenscheine Banknoten. Letztere wurden zwar nicht zu gesetzlichen Zahlungsmitteln mit fixiertem Zwangskurs erklärt, mußten jedoch von allen öffentlichen Kassen zum Nennwert in Zahlung genommen werden und entwickelten sich neben den Reichsbanknoten, -kassenscheinen und Scheidemünzen zu einem wichtigen Teil des Geldumlaufs[26].

Währungspolitisch von einschneidender Bedeutung war die Bestimmung, daß die Darlehenskassenscheine, ebenso wie die Reichswechsel und -schatzanweisungen im Bestand der Reichsbank zur höchsten Qualitätsklasse ihrer Aktiva, das heißt zur Bardeckung ihrer umlaufenden Banknoten, hinzugerechnet wurden. Bekanntlich besaß Deutschland, dem Beispiel der hochentwickelten Industrienationen folgend, seit 1873 den gesetzlichen Goldstandard auf der Grundlage der Dritteldeckung (Goldkerndeckung) seiner Währung. Da der Goldbestand der Reichsbank zu Kriegsbeginn, nachdem ihm der Spandauer Reichskriegsschatz zur Aufstockung zugeführt worden war, knapp 1,5 Milliarden Mark betrug und die Ausgabe von Darlehenskassenscheinen zu Anfang ebenfalls auf 1,5 Milliarden limitiert war, eröffnete sich bei einem durchschnittlichen Notenumlauf von gut zwei Milliarden in der ersten Jahreshälfte 1914 dem Reich die theoretische Möglichkeit eines Notenbankkredites bis zur maximalen Höhe von 7 Milliarden Mark[27]. Tatsächlich stieg der gesamte Papiergeldumlauf im ersten Kriegshalbjahr von 2,7 Milliarden im Juni bis auf über 5,8 Milliarden zum Jahresende an, während sich im gleichen Zeitraum der Münzumlauf von 3,6 auf 2,8 Milliarden Mark verringerte[28]. Strenggenommen war die formal aufrechterhaltene Golddritteldeckung der deutschen Währung durch die im Prinzip unbegrenzte Manipulation der Deckungsaktiva mittels Einrechnung von Staatspapieren zur Farce geworden. Bereits mit der Aufhebung der Goldeinlösepflicht für Banknoten war der eigentliche Kern des Goldwährungssystems seit den ersten Kriegstagen außer Kraft gesetzt. Dessen ungeachtet warb eine massive staatliche Werbekampagne unter der Bevölkerung für die freiwillige Einlösung privater Goldvorräte bei der Reichsbank mit dem Argument, daß für jede Mark eingegangenen Goldes drei Reichsmark an Banknoten für die Kriegführung verausgabt werden könnten. Der ebenfalls mit Kriegsbeginn einsetzende Propagandafeldzug für den bargeldlosen Zahlungsverkehr beruhte auf der Vorstellung, daß die Vermehrung von Giral- oder Buchgeld der Reichsbank ihre Deckungsvorschriften erleichtern helfe und, im Gegensatz zur Steigerung der direkten Umlaufmittel, kein zusätzliches Geldschöpfungspotential mit inflatorischer Wirkung darstelle[29].

Letztlich bewirkte das finanzpolitische Gesetzgebungswerk vom 4. August 1914 den von allen gesetzlichen Fesseln nahezu befreiten Zugang des Reiches zum Notenbankkredit in fast unbeschränkter Höhe und beschritt damit den Weg der intensiv betriebenen »Geldschöpfung zugunsten der öffentlichen Hand«[30] (Heinz Haller). Eine Alternative dazu existierte in der gegebenen Situation freilich nicht, galt es doch den plötzlichen Mobilmachungsbedarf, der für die erste Mobilmachungswoche mit circa 750 Millionen und für den ersten Monat mit

2,25 Milliarden Mark veranschlagt war, quasi über Nacht aufzubringen. In dieser Schnelligkeit konnte allein die Notenpresse das benötigte Geld herbeischaffen[31]. Karl Helfferich hat ein Jahr nach Kriegsende die Wirkung der massiv geöffneten Geldschleuse zu Kriegsbeginn wie folgt beschrieben:

»Hunderte von Millionen, ja Milliarden neuen Geldes ergossen sich also in den ersten Wochen des Krieges über die Volkswirtschaft. Alles, was für das Heer zu liefern hatte, wurde bar bezahlt. Auf dem Wege über die Arbeitslöhne und die Gebührnisse für Offiziere und Mannschaften drang der neue Geldstrom bis in die kleinsten Kanäle des Verkehrs. Die Geldklemme der ersten Kriegstage wurde bald durch eine wachsende Geldflüssigkeit abgelöst. Wenn einer bedenklichen Inflation vorgebeugt werden sollte, dann mußte durch eine Änderung der Geldbeschaffung der allzu reichlich fließende Quell der papiernen Scheine verstopft und die Hochflut neuer Zahlungsmittel aufgesaugt werden[32].«

Zur Lösung dieses Problems, den entstehenden Kaufkraftüberhang abzuschöpfen und gezielt den Zwecken der Kriegführung zuzuführen, standen theoretisch die beiden Möglichkeiten der Steuer- oder der Anleihepolitik zur Verfügung. Wie bereits dargelegt, entschied man sich in Deutschland anfangs nahezu ausschließlich für den letzteren Weg der Begehung langfristiger Anleihen beim inländischen Publikum, zumal Auslandsanleihen, wie sie auf dem so leistungsfähigen amerikanischen Kapitalmarkt seinen Kriegsgegnern zur Verfügung standen, dem Reich und seinen Verbündeten praktisch verwehrt waren[33]. Das beginnend mit der 1. Kriegsanleihe vom 10. bis 19. September 1914 eingeschlagene Finanzierungskonzept betrachtete — nicht anders als bei den Kriegsgegnern — die inflatorische Geldschöpfung durch die Notenbank als ein zwar unverzichtbares, jedoch begrenztes Mittel zur kurzfristigen Vorfinanzierung der Kriegskosten. Die durch die schnelle Vermehrung kurzfristiger staatlicher Schuldtitel entstehende schwebende Schuld des Reiches sollte umgehend in eine langfristige konsolidierte Anleiheschuld umgewandelt werden. Zu diesem Zweck mußte ein möglichst großer Erfolg der auferlegten Kriegsanleihen angestrebt werden, was über die für damalige Gewohnheiten hohe Zinsofferte von 5 Prozent hinaus durch einen großen organisatorischen und propagandistischen Aufwand sichergestellt wurde. Dem Appell an das patriotische Pflichtgefühl kam dabei eine besondere Rolle zu, oder, mit Helfferichs eigenen Worten:

»Der Gedanke der finanziellen Wehrpflicht mußte hunderttausendfältig den Köpfen eingehämmert werden[34].«

Tatsächlich war bereits der Erfolg der 1. Anleihe trotz einer nur zehntägigen Zeichnungsfrist mit fast 1,2 Millionen Zeichnern und einem Aufbringungsergebnis von fast 4,5 Milliarden Mark unerwartet hoch. Die im Halbjahresturnus folgenden nächsten drei Kriegsanleihen steigerten bis zum März 1916 diesen Anfangserfolg noch erheblich und brachten bei 2,7, 3,9 und zuletzt — trotz des erniedrigten Zinssatzes von 4,5 Prozent — 5,3 Millionen Zeichnungen ein Durchschnittsergebnis von über 10,5 Milliarden Reichsmark auf. Auch die Stückelung der Zeichnungsbeträge, insbesondere die Zahl der Kleinzeichnungen bis 2000 Mark, die kontinuierlich anstieg und bei der 4. Anleihe mit circa 4,8 Millionen 90 Prozent aller Zeichnungen ausmachte, erschien den Verantwortlichen als Indiz einer echten ›Volksanleihe‹ breitester Schichten und damit als ein Zeichen für die »innere Kraft des deutschen Volkes«[35].

Trotz der stetig steigenden Kriegskosten, die bis zum Frühjahr 1916 die bis dahin unvorstellbare Summe von 36 Milliarden Reichsmark erreichten, gelang es somit, die Staatsschuld nahezu vollständig auf dem Anleiheweg zu konsolidieren[36]. Parallel dazu hielt sich auch der weitere Anstieg des Banknotenumlaufs von 5 Milliarden am Jahresende 1914 auf 6,7 Milliarden Mark im April 1916 (ohne Darlehenskassenscheine) vergleichsweise in Grenzen. Im selben Zeitraum gelang auch die kontinuierliche Aufstockung des Goldvorrats der Reichsbank von 1,5 Milliarden zu Kriegsbeginn auf 2,5 Milliarden, was dem Reich weiteren Spielraum für Notenbankkredite schuf und die Verwendung der Darlehenskassenscheine für Deckungszwecke vorerst entbehrlich machte[37]. Helfferich hat in seiner Reichstagsrede vom 20. August 1915 im Lichte dieser ersten Erfolge sein Plädoyer für die Anleihepolitik vom März des Jahres mit dem Satz bekräftigt:

»Wir wollen während des Krieges die gewaltigen Lasten, die unser Volk trägt, nicht durch Steuern erhöhen, solange hierfür keine zwingende Notwendigkeit vorliegt.«

Alle Gründe, die für den eingeschlagenen Finanzierungsweg sprächen, bestünden auch zu Beginn des zweiten Kriegsjahres fort. Insbesondere würden Steuern neben dem zu erwartenden Widerstand in der Bevölkerung, die angesichts gestiegener Preise bereits einer erhöhten Belastung ausgesetzt sei, »nur wenige Prozente des Kriegsbedarfs flüssig machen können«[38].

Das noch im Frühjahr 1916 insgesamt günstige Bild des deutschen Finanzierungssystem konnte nur solange Bestand haben, wie es gelang, die Kriegskosten und damit letztlich die Dauer des Krieges so zu begrenzen, daß das Reich über seine Finanzierung nicht auszubluten drohte. Letztendlich mündete das Ganze in einen Wettlauf zwischen der Kriegskostenentwicklung und der finanziellen Leistungskraft der deutschen Volkswirtschaft. Zu den Kriegskosten, die sich bis zum Frühjahr 1916 im Rahmen von zwei Milliarden Reichsmark monatlich bewegten, hatte Helfferich in seiner bereits zitierten Reichstagsrede vom 20. August 1915 bemerkt, daß

»dieser Betrag, den wir jetzt in einem Monat für den Krieg aufwenden müssen, [...] um ein Drittel höher [liegt] als die Gesamtkosten von 1870/71«[39].

Als Folge der militärischen Entwicklungen des Jahres 1916 wie dem Kriegseintritt Italiens und Rumäniens auf seiten der Entente, insbesondere aber der gigantischen Materialschlachten an der Somme und um Verdun, stiegen die Anforderungen des Krieges an die Volkswirtschaft über alles bisher vorstellbare Maß hinaus. Im Oktober 1916 überschritten die Kriegskosten erstmals die Summe von drei Milliarden Mark monatlich, eine Marge, die seit dem April 1917 nicht mehr unterschritten wurde. Im Oktober desselben Jahres fiel die 4-Milliarden-Schranke mit weiter steigender Tendenz, und der Oktober 1918 brachte schließlich mit 4,8 Milliarden, das heißt mehr als einem Zehntel des gesamten deutschen Volkseinkommens von 1913 in *einem* Kriegsmonat, den absoluten Höhepunkt. In der Jahresbilanz lagen gegenüber den 23 Milliarden 1915 die Kriegskosten des Jahres 1918 mit über 50 Milliarden Reichsmark mehr als doppelt so hoch[40], wenngleich die Wirkungen der fortgeschrittenen Kriegsinflation in diesen Zahlen bereits ihre Spuren hinterließen. Einen plastischen Eindruck von den gewaltigen Leistungen auf der Güterseite vermittelt die Tatsache, daß die gesamte Artillerieausstattung des deutschen Heeres von 1914 nicht einmal eine Quartalsproduktion an Geschützen des Jahres 1918 ausmachte[41]. Im entsprechenden Maße stieg der Munitionsbedarf, der durch die ständige Vermehrung der Maschinenwaffen bislang unvorstellbare Größenordnungen erreichte.

Die Sommermonate 1916 bildeten, finanzpolitisch gesehen, den Wendepunkt des Krieges. Von der 5. Kriegsanleihe (September/Oktober 1916) an vermochten die Anleiheerlöse, die in der 8. Kriegsanleihe zum Zeitpunkt der entscheidenden Märzoffensive des Jahres 1918 mit 14,7 Milliarden Mark Zeichnungsergebnis ihren absoluten Höhepunkt erreichten, mit der wachsenden kurzfristigen Staatsschuld nicht mehr Schritt zu halten. Die bis dahin geltende Praxis, den Notenbankkredit nur zur Vorfinanzierung der Kriegskosten vor dem Eingang der nächstfolgenden Anleihe in Anspruch zu nehmen, ließ sich nicht länger durchhalten. Bereits im Laufe des zweiten Halbjahres 1916 verdoppelte sich die schwebende Reichsschuld in Gestalt diskontierter Schatzanweisungen von circa 7 auf 13 Milliarden Mark. Am Jahresende 1917 hatte sich die Summe auf über 28 Milliarden abermals verdoppelt. »Die Welle der kurzfristig finanzierten Ausgaben rollte in immer größer werdendem Abstand vor der ›Konsolidierung‹ her[42]« (Heinz Haller); mit anderen Worten: der Notenbankkredit wurde selber in wachsendem Maße zur direkten Kostendeckung notwendig.

Am Kriegsende hatte die schwebende Schuld deutlich die 50 Milliarden Mark überschritten. Damit war bei einem realen Gesamtertrag der 9 Kriegsanleihen von 97 Milliarden circa ein Drittel der gesamten Kriegskosten von rund 160 Milliarden Mark unkonsolidiert. Einen kleinen Teil der Ausgaben gelang es durch eine unter dem wachsenden Druck der Verhältnisse doch noch geänderte Steuerpolitik aufzubringen, die dem Reich höhere Einnahmen sicherte. Doch vermochte die viel zu spät und halbherzig angezogene Steuerschraube, mit der Kriegsgewinnsteuer (Mehreinkommenssteuer) und der Kohlensteuer (ab 1917) als Kern, bestenfalls einen subsidiären Beitrag zu den Kriegskosten zu leisten. Die Steuermehreinnahmen reichten gerade aus, um den Zinsendienst für die laufenden Kriegsanleihen zu bestreiten, und erreichten mit einer Größenordnung von 10 Milliarden Mark in etwa den Durchschnittsertrag *einer* Kriegsanleihe[43].

Auf der monetären Seite machte sich die in der zweiten Kriegshälfte auf die schiefe Bahn geratene Entwicklung der öffentlichen Finanzen in der Steigerung des Geldumlaufs von 7 Milliarden im Juli 1916 auf 18,6 Milliarden Mark im November 1918 bemerkbar, wobei die genannten Zahlen nur den reinen Banknotenumlauf betreffen. Hinzu kamen als zusätzliche Zahlungsmittel die im freien Verkehr befindlichen Darlehenskassenscheine, deren Volumen sich im gleichen Zeitraum von 1,4 auf über 9,8 Milliarden Reichsmark nahezu versiebenfacht hatte (weitere 4 Milliarden hielt die Reichsbank in ihren Depots für Deckungszwecke). Damit betrug, die verschwindend geringen Münz- und Privatbanknotenkontingente hinzugerechnet, der Geldumlauf am Kriegsende nahezu 30 Milliarden Mark gegenüber 7 Milliarden zu Kriegsbeginn[44]. Bei einem Goldbestand, der in den letzten beiden Kriegsjahren aufgrund der ständigen Einlösepropaganda der staatlichen Stellen stets bei 2,5 Milliarden gehalten wurde, mußten erstmals mit Beginn des Jahres 1917 die Darlehenskassenscheine zur Dritteldeckung der umlaufenden Reichsbanknoten herangezogen werden[45]. Im Lichte dieser monetären Entwicklung relativiert sich auch der nominell so eindrucksvolle Zeichnungserfolg der 9 Kriegsanleihen. In der ersten Kriegshälfte waren mehr als die Hälfte der Darlehenskassenscheine gegen Verpfändung von Kriegsanleihen verausgabt worden. Auch später blieben letztere über den Umtausch in Darlehenskassenscheine liquide Mittel und stellten somit potentielles Geld dar, was den geldpolitisch so wichtigen Abschöpfungseffekt der Anleihepolitik verminderte[46].

So wird man die hohen Zeichnungserfolge der Kriegsanleihen zu einem Teil auch der Schaffung zusätzlicher Einkommen mit Hilfe der Geldschöpfung zuschreiben müssen oder mit Adolf Lampe von »Kriegsanleihewundern aus der Notenpresse« sprechen können[47].

IV. Die finanzielle Lage des Reiches am Kriegsende

Am Jahresende 1918 hatte sich gegenüber dem Kriegsbeginn viereinhalb Jahre zuvor die Reichsschuld mit über 150 Milliarden Mark mehr als verdreißigfacht, der Geldumlauf nahezu verfünffacht und das Außenhandelsdefizit des Reiches mit über 15 Milliarden Goldmark gegenüber dem Durchschnitt der letzten Vorkriegsjahre verzehnfacht. Der Großhandelsindex war gegenüber 1914 (= 100) auf 234 gestiegen, während der entsprechende Index für industrielle Fertigwaren sogar auf den Wert von 477 geklettert war; all dies auf dem Hintergrund einer gegenüber dem letzten Friedensjahr 1913 nahezu halbierten Industrieproduktion[48].

Die Wirkungen der Kriegsinflation auf die Inlandspreise waren jedoch durch die kriegswirtschaftlichen Maßnahmen der Regierung dem Bewußtsein des breiten Publikums verborgen geblieben. An erster Stelle sind in diesem Zusammenhang die staatlichen Höchstpreisgesetze vom August und Dezember 1914 sowie die Preiswucherverordnung vom Juli 1915 zu nennen. Das Vertrauen in die Währung des Reiches blieb so aufgrund des staatlich verordneten Preisstopps bei den breiten Bevölkerungsschichten bis zum Kriegsende nahezu ungebrochen, obwohl der enorme Kaufkraftüberhang — im Laufe des Krieges hatten sich die Nominalverdienste der Arbeiter verdoppelt bis verdreifacht — nicht verborgen geblieben war[49]. Da während der gesamten Kriegszeit die deutschen Börsen geschlossen waren, wurden auch keine Devisenkurse veröffentlicht, wodurch die Kursbewegungen ausländischer Wertpapiere und Währungen dem deutschen Publikum weitgehend unbekannt blieben. So konnte das Fortschreiten der Inflation bis Kriegsende nur an den Devisenmärkten der Neutralen wie etwa an der Züricher Börse abgelesen werden, wo, trotz erheblicher Aufwendungen der Reichsbank zur Stützung des Markkurses, der Außenwert der deutschen Währung am Kriegsende auf gut die Hälfte der Friedenszeit abgesunken war. Damit war der inländische Ruf der deutschen Mark weit besser als ihre reale Lage[50].

Die schwerste und folgenreichste Hypothek, die Helffrichs Nachfolger im Reichsschatzamt, Siegfried Graf v. Roedern, im November 1918 der jungen Republik hinterließ, waren jene 156 Milliarden Reichsmark konsolidierter und unkonsolidierter Staatsschulden im Ergebnis der Kriegsanleihen und der verausgabten kurzfristigen Schuldtitel des Reiches. Allein der Zinsendienst dieser gewaltigen Summe, die etwa dem Vierfachen des deutschen Volkseinkommens von 1913 entsprach, verschlang im letzten Kriegsjahr 1918 mit knapp 7 Milliarden 90 Prozent der ordentlichen Reichsausgaben jenes Jahres und damit ein Mehrfaches der ordentlichen Einnahmen des Reiches in der Vorkriegszeit[51]. Bereits wenige Monate später, zum Zeitpunkt der Unterzeichnung des Versailler Friedensvertrages im Juni 1919, war die Reichsschuld auf 175 Milliarden angestiegen, was bei einer fünfprozentigen Verzinsung eine jährliche Zinslast ergab, die sich der 10 Milliarden-Grenze näherte und ein Zehntel des gesamten Volkseinkommens ausmachte[52]. Zu dieser inneren Verschuldung kamen nun noch die in ihrer endgültigen Höhe noch nicht fixierten Reparationsforderungen der alliierten Siegermächte hinzu. Die Größenordnung dieser finanziellen Hypothek des Krieges wird deutlich, wenn man sie in Relation zu dem von Helfferich auf circa 300 Milliarden Mark geschätzten deutschen Volksvermögen vor Kriegsausbruch setzt, das für die Rückkehr zum finanzpolitischen Status-quo von 1914 mindestens zur Hälfte für die Deckung der Staatsschulden hätte herangezogen werden müssen[53]. Überschlägige Berechnungen ermittelten eine Steuerquote von circa 35 Prozent, die ab 1919 nötig gewesen wäre, um alle finanziellen Verpflichtungen des Reiches ohne die Fortsetzung der inflatorischen Geldschöpfung erfüllen zu können[54]. Daß die junge Republik unter dem doppelten Druck der politischen Umwälzung und den enormen Kriegsfolgelasten auf sozialem Gebiet zu einer rigorosen Politik des knappen Geldes nicht fähig war, sondern zur Deckung ihrer hohen sozial- und beschäftigungspolitischen Lasten sich des einzig ihr verbliebenen schnell wirksamen Finanzierungsmittels, des Notenbankkredits, bediente, war ein wesentlicher Preis für die Bewältigung des Umbruchs der Jahre 1918/19.

Sieht man das Problem rein monetär-fiskalisch, wird man die Situation Deutschlands am Kriegsende mit der seiner Gegner vergleichen und mit Heinz Haller zu dem Fazit gelangen:

»Die ›Kriegsinflation‹ in Deutschland war derjenigen in anderen Ländern vergleichbar, es war durchaus nicht durch ein höheres Maß der Kriegsinflation für die Zukunft schon alles verloren. Wenn sich in der Folge Deutschland von den anderen Ländern distanzierte und die Inflation in eine einsame Raketenbahn hineinführte, so war dies durch unglückliche Umstände der Nachkriegszeit bedingt, nicht etwa durch ein Übermaß an Kriegsinflation, das nicht mehr zu bändigen war und weiterwuchern mußte[55].«

Eine mehr politische Betrachtungsweise wird die politischen Bedingungen und Ursachen für die Entwicklung, die im Endergebnis auf das Jahr 1923 zusteuerte, in den Vordergrund rücken und in den hohen Defiziten des Staatshaushalts mit der massiven Geldmengenausweitung als Folge »eine essentielle Bedingung [sehen], ohne die die allgemeinen Preissteigerungen sich nicht weiter hätten entwickeln können«[56].

Das Staatsdefizit resultierte bis Ende 1918 vorwiegend aus den Ausgaben für die Kriegsfinanzierung, danach für die Bezahlung der Sozial- und Beschäftigungsprogramme sowie der Reparationen und der aufgelaufenen Schuldzinsen.

»Die deutsche Niederlage im Krieg kann daher als der Hauptfaktor aus dem Bereich der internationalen Politik für die Entwicklung der Nachkriegsinflation gelten, während die Revolution vom November 1918 als der wichtigste innenpolitische Faktor für die anhaltenden Defizite im Reichshaushalt angesehen werden kann[57].«

Der gleichermaßen aus den strukturellen Voraussetzungen der Bundestaatlichkeit wie im Zeichen der siegesgewissen Hochstimmung des Jahres 1914 eingeschlagene Weg der Kriegsfinanzierung durch Anleihen, ohne, wie etwa in England und den USA geschehen, einen nennenswerten Anteil der Staatsschuld rechtzeitig aus Steuern zu decken, hatte einen in seiner längerfristigen Gefährlichkeit viel zu spät erkannten »inflationären Impuls« (Gerd Hardach) ausgelöst[58]. Mit den Worten Otto Pfleiderers wird man zusammenfassen können:

»Entscheidend für die Entstehung einer inflatorischen Konstellation war ohne Zweifel der finanzpolitische Entschluß, die Kriegskosten fast ausschließlich durch Kreditaufnahme über den außerordentlichen Haushalt zu finanzieren. Maßgebend für diesen Entschluß waren zwei eng miteinander verzahnte Überlegungen: einmal der Wunsch, mindestens einen Teil der finanziellen Kriegslasten, wie man zu sagen pflegte, auf die Zukunft zu verlagern und so auch die nächste Generation an ihrer Tilgung teilnehmen zu lassen [...]; zum anderen die Absicht, nach dem erwarteten siegreichen Ausgang des Krieges das ›Bleigewicht der Milliarden‹ den besiegten Feinden aufzubürden. Keiner dieser beiden Wunschträume ist in Erfüllung gegangen[59].«

Die gescheiterten Wunschträume des Kaiserreichs verschwanden nicht spurlos, sondern bescherten der Republik von Weimar in Gestalt der sich weiter verschärfenden »inflatorischen Konstellation« eine Hinterlassenschaft, die als ambivalent bezeichnet werden muß. Kurzfristig gesehen bot die Inflation der Republik die Chance, trotz widrigster innenpolitischer wie weltwirtschaftlicher Begleitumstände, ihre Startphase weitgehend im Zeichen der Vollbeschäftigung beginnen zu können. Auf längere Sicht bedeutete sie eine Hypothek, deren politische Folgen sich verhängnisvoll auswirken sollten[60].

Anmerkungen

1 Zit. nach der deutschsprachigen Ausgabe: Gustav Stolper, Deutsche Wirtschaft 1870—1940. Kaiserreich — Republik — Drittes Reich, Stuttgart 1950, S. 61.

2 Vgl. dazu stellvertretend für viele andere Beispiele den Titel Carl-Ludwig Holtfrerichs, Die deutsche Inflation 1914—1923. Ursachen und Folgen in internationaler Perspektive, Berlin, New York 1980. Ebenso den Abschnitt II »Die Kriegsfinanzierung und die Inflation (1914—1923)«, in: Währung und Wirtschaft in Deutschland 1876—1975, hrsg. von der Deutschen Bundesbank, Frankfurt a.M. 1976.

3 Siehe dazu: Konrad Roesler, Die Finanzpolitik des Deutschen Reiches im Ersten Weltkrieg, Berlin 1967, S. 137f.

4 Stolper (wie Anm. 1), S. 68f.

5 Karl Erich Born, Geld und Banken im 19. und 20. Jahrhundert, Stuttgart 1977, S. 412 und 368.

6 Heinz Haller, Die Rolle der Staatsfinanzen für den Inflationsprozeß, in: Währung und Wirtschaft in Deutschland (wie Anm. 2), S. 151.

7 Fritz Neumark, Die Finanzpolitik in der Zeit vor dem I. Weltkrieg, ebd., S. 110. Allgemein zur Finanzpolitik vor 1914: Peter-Christian Witt, Die Finanzpolitik des Deutschen Reiches von 1903 bis 1913, Lübeck 1970.

8 Zum deutschen Volkseinkommen von 1913 siehe: Karl Helfferich, Deutschlands Volkswohlstand 1888—1913, Berlin [6]1915, S. 122.

9 Friedrich Lüttge, Die deutsche Kriegsfinanzierung im Ersten und Zweiten Weltkrieg, in: Beiträge zur Finanzwissenschaft und zur Geldtheorie. Festschrift für Rudolf Stucken, hrsg. von Fritz Voigt, Göttingen 1953, S. 248.

10 Dazu Lüttge (wie Anm. 9), S. 248; Holtfrerich (wie Anm. 2), S. 107. Zur Statistik die Tabelle 4 bei Roesler (wie Anm. 3), S. 68.

11 Haller (wie Anm. 6), S. 131.

12 Nach Max Lanter, Die Finanzierung des Krieges. Quellen, Methoden und Lösungen seit dem Mittelalter bis Ende des Zweiten Weltkrieges 1939 bis 1945, Luzern 1950, S. 87f.

13 Dazu Roesler (wie Anm. 3), S. 27f.

14 Nach Lanter (wie Anm. 12), S. 87. Ebenso Roesler (wie Anm. 3), S. 33f.

15 Zu den theoretischen Überlegungen des Für und Wider der Anleihe- oder Steuerfinanzierung siehe Holtfrerich (wie Anm. 2), S. 101ff. Ebenso: Lutz Köllner, Rüstungsfinanzierung. Dämonie und Wirklichkeit, Frankfurt a.M. 1969, S. 26ff.

16 Vgl. dazu: Der Russisch-Japanische Krieg 1904—1905. Augenzeugenberichte schweizer Militärbeobachter an den Fronten, bearb. von Leonard Haas, Zürich 1968 (= Sonderbeilage zur Juninummer 1968 der Schweizer Monatshefte). Das bereits 1898 erschienene, sechsbändige Werk des der damaligen internationalen Friedensbewegung nahestehenden russischen Bankiers und Eisenbahnmagnaten, Ivan S. Blioch, Der Zukunftskrieg in technischer, ökonomischer und politischer Hinsicht, fand gleichfalls nicht die verdiente internationale Resonanz.

17 Vgl. Lüttge (wie Anm. 9), S. 244; Lanter (wie Anm. 12), S. 69.

18 Lanter (wie Anm. 12), S. 70.

19 Zit. nach: Otto Pfleiderer, Die Reichsbank in der Zeit der großen Inflation, die Stabilisierung der Mark und die Aufwertung von Kapitalforderungen, in: Währung und Wirtschaft in Deutschland (wie Anm. 2), S. 160.

20 General Ludendorff, Der totale Krieg, München 1936, S. 34.

21 Vgl. dazu Pfleiderer (wie Anm. 19), S. 160f.; Holtfrerich (wie Anm. 2), S. 167f.

22 Verhandlungen des Reichstages. XIII. Legislaturperiode, II. Session, Band 306. Stenographische Berichte, Berlin 1916, S. 224.

23 Dazu Lüttge (wie Anm. 9), S. 254; Roesler (wie Anm. 3), S. 31f. Ebenso Haller (wie Anm. 6), S. 120.

24 Haller (wie Anm. 6), S. 121—124; Roesler (wie Anm. 3), S. 37—40.

25 Robert Axel von Ruedorffer, Reichsbank und Darlehenskassen in der Kriegsfinanzierung 1914—1918, Diss. Köln 1968, S. 53.

26 So das Urteil Rudolf Stuckens, Deutsche Geld- und Kreditpolitik 1914—1963, Tübingen [3]1964, S. 18f.

27 Vgl. dazu Haller (wie Anm. 6), S. 121f.

28 Dazu Holtfrerich (wie Anm. 2), Tabelle 11, S. 50.

29 Roesler (wie Anm. 3), S. 138; Haller (wie Anm. 6), S. 127.

30 Haller (wie Anm. 6), S. 127.

31 Roesler (wie Anm. 3), S. 45.

32 Karl Helfferich, Vom Kriegsausbruch bis zum uneingeschränkten U-Bootkrieg, Berlin 1919 (= Der Weltkrieg, Bd 2), S. 141f.

33 Von den insgesamt 2,16 Milliarden Dollar an Anleihen, die die USA bis zu ihrem Kriegseintritt im April 1917 an die Kriegführenden verausgabten, flossen ganze 35 Millionen Dollar an die Mittelmächte, siehe Born (wie Anm. 5), S. 390. Dazu auch Helfferich (wie Anm. 32), S. 150f.
Was das Reich aus den besetzten Gebieten Europas an Kontributionen und Besatzungsgeldern herausholen konnte, fiel gleichfalls für die Kriegsfinanzierung nicht ins Gewicht, da es durch die finanzielle Stützung der eigenen Verbündeten mehr als aufgewogen wurde. Auch dazu Helfferich (wie

Anm. 32), S. 170f., der von insgesamt 10,7 Milliarden Reichsmark an Vorschüssen, davon 3,9 Milliarden in bar, spricht.

[34] Helfferich (wie Anm. 32), S. 145.

[35] Nach Ruedorffer (wie Anm. 25), S. 83. Zu den Zeichnungsergebnissen der einzelnen Kriegsanleihen Roesler (wie Anm. 3), S. 77—80.

[36] Helfferich (wie Anm. 32), S. 152f. Vgl. dazu Haller (wie Anm. 6), S. 126.

[37] Vgl. dazu die Übersicht 13 bei Roesler (wie Anm. 3), S. 208ff.

[38] Nach Verhandlungen des Reichstages (wie Anm. 22), S. 223.

[39] Ebd., S. 222.

[40] Nach Helfferich (wie Anm. 32), S. 152.

[41] Deutschland im ersten Weltkrieg. Bd 3: November 1917 bis November 1918, hrsg. von der Deutschen Akademie der Wissenschaften zu Berlin. Von einem Autorenkollektiv unter Leitung von Joachim Petzold, Berlin (Ost) 1969, S. 311.

[42] Haller (wie Anm. 6), S. 129. Zur Gesamtentwicklung dieses Zeitraums siehe auch Roesler (wie Anm. 3), S. 130—134, sowie die dortige Übersicht 10, S. 204f.

[43] Holtfrerich (wie Anm. 2), S. 114.

[44] Roesler (wie Anm. 3), Übersicht 17, S. 216ff.

[45] Haller (wie Anm. 6), S. 122f.

[46] Holtfrerich (wie Anm. 2), S. 112.

[47] Adolf Lampe, Allgemeine Wehrwirtschaftslehre, Jena 1938, S. 79.

[48] Zu den Indexzahlen siehe Born (wie Anm. 5), S. 369, und Roesler (wie Anm. 3), Übersicht 26, S. 225.

[49] Zur Einkommensentwicklung während des Krieges siehe: Jürgen Kocka, Klassengesellschaft im Krieg. Deutsche Sozialgeschichte 1914—1918, Göttingen 1973, S. 13f.

[50] Vgl. Gerd Hardach, Der Erste Weltkrieg 1914—1918, München 1973 (= Geschichte der Weltwirtschaft im 20. Jahrhundert), S. 161. Dazu ebenso: Richard Gaettens, Geschichte der Inflationen. Vom Altertum bis zur Gegenwart, München 1982, S. 240.

[51] Haller (wie Anm. 6), S. 138; Holtfrerich (wie Anm. 2), S. 107 und 109.

[52] Holtfrerich (wie Anm. 2), S. 123f.

[53] Ebd., S. 123.

[54] Haller (wie Anm. 6), S. 139.

[55] Ebd., S. 137. Haller setzt sich mit dieser Aussage in einen gewissen Widerspruch zu seinem im I. Abschnitt, Anm. 6, zitierten Urteil über die Nachkriegsinflation als nahezu zwangsläufiger Folge des verlorenen Krieges.

[56] So Ragnar Nurkse 1946, zit. nach Holtfrerich (wie Anm. 2), S. 190.

[57] Carl-Ludwig Holtfrerich, ebd., S. 190f. Auf die konkurrierenden finanztheoretischen Erklärungsmodelle der Inflationsentstehung wie Zahlungsbilanz-, Quantitäts-, Inflations-, oder Kaufkraftparitätentheorie kann an dieser Stelle nicht eingegangen werden. Vgl. dazu Holtfrerich (wie Anm. 2), S. 154—162, sowie Born (wie Anm. 5), S. 410ff.

[58] Hardach (wie Anm. 50), S. 167.

[59] Pfleiderer (wie Anm. 19), S. 162.

[60] Vgl. dazu das Urteil Hallers (wie Anm. 6), S. 151f.

Reinhold Zilch

Okkupation und Währung im Ersten Weltkrieg. Die Entscheidung zwischen deutscher Mark oder Besatzungswährung im Generalgouvernement Belgien[1]

Die Problematik, daß während der Okkupation fremder Territorien die Mittelmächte nicht nur in die bestehenden Währungsverhältnisse eingriffen, sondern in mehreren Fällen sogar neues Geld emittierten, um auch mit monetärer Hilfe die besetzten Länder wirtschaftlich auszuplündern, ist heute hinsichtlich der Fragen der Währungsverfassung als grundsätzlich geklärt anzusehen. Die Schaffung von Besatzungsgeld mit Hilfe spezieller Emissionsinstitute in den Generalgouvernements Belgien und Russisch-Polen ist in den Hauptzügen beschrieben[2]. Zu den aber weiterhin einer näheren Analyse harrenden Komplexen gehört, daß in den besetzten Gebieten neben den alten und neuen Geldzeichen auch große Mengen an Mark umliefen, von denen bedeutsame ökonomische Wirkungen ausgingen, die bis in die deutsche Volkswirtschaft ausstrahlten und die Okkupanten mehrfach zum Umschwenken in der Währungspolitik zwangen. Nachstehend sollen wichtige Aspekte der Entwicklung im Generalgouvernement Belgien beschrieben werden, die exemplarischen Charakter auch für die anderen okkupierten Territorien besaßen.

Die Zirkulation deutschen Geldes in den besetzten Gebieten war Resultat der Kriegsfinanzierung. Deren zentrale Idee bestand darin, die Kosten in einer ersten Stufe vor allem durch inländische Staatsverschuldung aufzubringen und eine endgültige Begleichung aus einem Raubfriedensvertrag zu erpressenden Reparationen zu erreichen[3]. Dabei gehörte es zum Selbstverständnis innerhalb der politischen und militärischen Führung, daß besetzte Territorien nicht nur, entsprechend dem in der Haager Landkriegsordnung fixierten Völkerrecht, die in ihnen stationierten Truppen zu unterhalten hatten, sondern auch daß sie zur Deckung der Kriegsaufwendungen in der Heimat mit heranzuziehen waren.

Obwohl die deutschen Planungen, der strategischen Idee des sogenannten Schlieffenplanes folgend, davon ausgingen, sofort tief in das gegnerische Staatsgebiet vorzustoßen, also zumindest Teile davon zwangsläufig unter deutsche Verwaltung zu bringen, gab es bei den Verantwortlichen keine grundsätzlichen Überlegungen für die Gestaltung der Währungsverhältnisse, die über eine Kopie der Maßnahmen im deutsch-französischen Krieg 1870/71 hinausgingen. Man war davon überzeugt, alle Probleme mit Befehlen und Maueranschlägen lösen zu können. Der feste Glaube an einen Blitzkrieg ließ dabei auch Provisorien als noch akzeptabel erscheinen. Zugleich war das Ausdruck der Tatsache, daß sich militärische und zivile Führung weitgehend in alten Denkstrukturen bewegten, die den qualitativen und quantitativen Wandel im Währungssystem seit 1870/71 nicht berücksichtigten.

Entsprechend wurden die Truppenkassen für den Ernstfall mit einem geringen Vorrat an Devisen ausgestattet, ansonsten aber verließen sich die Zahlmeister auf die Möglichkeit, bei Bedarf mit Mark auch im Feindesland kaufen zu können. Und daß wohl jeder Soldat eine kleine Barschaft, natürlich in deutschem Geld, mit sich führen würde, wenn er ins Feld zöge, wurde ebenfalls als so selbstverständlich angesehen, daß hierzu keine Aussage vor dem August 1914 und auch nach Anfang des Krieges gemacht wurde.

Ganz in diesem Sinne wurde nun mit dem Einmarsch in das Königreich Belgien gleich zu Beginn des Weltkrieges der Zwangskurs für deutsches Geld verkündet. Die Münzparität zwischen Mark und belgischen Franken betrug 81:100 beziehungsweise 1:1,23457[4]. Da aber die Festsetzung eines Zwangskurses beim preußisch-deutschen Militär in die Kompetenz der jeweiligen Befehlshaber fiel, kam es zu Problemen. Regionale Kursdifferenzen regten die Belgier zu Spekulationen an, und es gab sogar Reibungen zwischen deutschen Dienststellen. Die verschiedentlich den ökonomischen Gegebenheiten nicht Rechnung tragenden Regelungen ließen sich letztlich nicht durchsetzen und standen nur auf dem Papier. Darüber hinaus wurde der Unwillen unter der Bevölkerung noch dadurch angestachelt, daß Kurse wie der ab 6. September 1914 in St. Trond geltende von 1:1,30 gewissermaßen eine Prämie auf den Kauf von Waren im Feindesland gewährten[5]. Deshalb erließ bereits am 3. Oktober 1914 der Generalgouverneur eine Verordnung, in der er den Zwangskurs für deutsches Geld mit 1:1,25 bestimmte[6]. Damit wurde zwar anerkannt, daß für die Mark noch günstigere Kurse nicht haltbar waren, der tatsächlichen Münzparität wurde jedoch nicht entsprochen. Nun war für den täglichen Verkehr ein Umrechnungssatz von 4:5 sehr viel praktikabler als 1:1,23 bis 1,24, und die Differenz besaß bei kleinen Beträgen keine praktische Bedeutung — da es sich aber um das Geld des Feindes handelte, bildete der Markkurs ständigen Anlaß für belgischen Widerstand. Weigerungen, die Verordnung vom 3. Oktober 1914 anzuwenden, waren gewissermaßen »vorprogrammiert«. Der Verwaltungschef bei dem Generalgouverneur mußte dann auch Mitte November 1914 von »vielfachen Schwierigkeiten« bei der Durchsetzung der Bestimmung berichten[7]. Mit einer ergänzenden Verordnung vom 15. November 1914 schließlich wurde der Kurs 1:1,25 bestätigt, und Sondervereinbarungen von Geschäftsparteien wurden ausdrücklich als ungesetzlich erklärt[8].

Daraus, daß die Bestimmung von Mitte November 1914 nur die ursprüngliche deutsche Position bekräftigte, darf nicht der Schluß gezogen werden, daß die Währungsverhältnisse im besetzten Belgien von den Okkupanten zu diesem Zeitpunkt beherrscht wurden. Zwei Entwicklungen drohten vielmehr zu schweren Belastungen zu werden, die die gesamte Besatzungspolitik und damit sogar deutsche Kriegsziele gefährdeten: Erstens setzte schon bald ein sehr kräftiger Zufluß von Mark in das Besatzungsgebiet ein, der nicht nur von den unmittelbar im Lande stationierten Truppen ausging — ein Problem, das weiter unten erörtert wird. Zweitens war die Tätigkeit der Banque Nationale de Belgique stark behindert; vor allem konnte sie keine neuen Geldscheine mehr drucken. Damit war aber die Funktionsfähigkeit des belgischen Währungssystems insgesamt in Frage gestellt.

Die Okkupationsbehörden waren davon überzeugt gewesen, das einheimische Kreditwesen einschließlich seiner Zentralnotenbank in den eigenen Dienst übernehmen zu können, und setzten die Mitarbeit der Beamten und Angestellten voraus. Eine weitgehende Evakuierung der Fonds der Banque Nationale und der passive, in einzelnen Fällen auch aktive Widerstand in Banken und Sparkassen führten aber zu tiefer Ratlosigkeit und größten Schwierigkeiten auf deutscher Seite.

Man war jedoch selbst schuld an der Situation, denn der Transport des Nationalbankschatzes einschließlich der Druckplatten sowie von Kassenreserven zum Beispiel der Sparkassen nach London war Reaktion auf Beschlagnahmungen in verschiedenen Filialen durch deutsche Truppen[9]. Die weitgehende Lähmung des Zentralnoteninstituts führte auch dazu, daß verstärkt Markscheine an die Stelle der in zu geringer Menge umlaufenden Frankennoten traten. An diesen mangelte es, weil a) das Preisniveau angesichts der katastrophalen Wirtschaftslage merklich gestiegen und die Umlaufgeschwindigkeit des Geldes gefallen war, weil b) große Mengen Bargeld von der Bevölkerung gehortet wurden sowie weil c) durch Kriegseinwirkungen Scheine vernichtet oder in Verstecken neutralisiert worden waren — um nur einige Ursachen zu nennen.

Nachdem alle deutschen,zum Teil mit sehr unorthodoxen Mitteln unternommenen Versuche, die Nationalbank zu bewegen, ihren Schatz und die Clichés aus London zurückzuholen, um die angestammte Rolle als Zentralbank auch für das besetzte Land zu spielen, gescheitert waren, wurde von den Okkupanten Ende 1914 unter großen Mühen und ohne erkennbares Vorbild ein neues Emissionsinstitut geschaffen. Die Banque Nationale verlor das Recht, eigenes Geld auszugeben, und an ihrer Stelle agierte nun das vom Generalgouvernement im Zusammenwirken mit belgischen Bankiers und staatlichen Dienststellen aufgebaute Notenausgabedepartement der Société Générale de Belgique[10]. Es gab bei völliger Trennung von den übrigen Geschäften der Bank, aber unter deren Namen, eine neue, auf Franken lautende Notenserie ab Januar 1915 aus. Den neuen Banknoten wurde als gesetzliches Zahlungsmittel von Anfang an ein Zwangskurs zugesprochen, was eine allgemeine Annahmepflicht bedeutete.

Damit war eine Bank entstanden, die von den Okkupanten beherrscht wurde und deren Wirken in entscheidenden Bereichen als nicht solide im Sinne des bis Kriegsausbruch international üblichen Geschäftsgebarens von Notenbanken zu bezeichnen war. An drei Punkten war das besonders deutlich: Erstens wurde dem deutschen »Regierungskommissar bei dem Notendepartement der Société Générale de Belgique«, dem österreichischen Ökonomen und Bankier Felix Somary, das Recht zugesprochen, nicht nur Einblick in sämtliche Geschäfte und alle Bereiche der Verwaltung zu nehmen, sondern die Arbeit des Departements bedurfte seiner ausdrücklichen Zustimmung. Dem Generalkommissar für die Banken im besetzten Belgien, Karl v. Lumm, war es zudem möglich, alles zu untersagen, was »er für gesetz- oder statutenwidrig oder den Interessen der Deutschen Verwaltung oder des Deutschen Reiches widersprechend« hielt. Zweitens wurden als Deckung für das Papiergeld wegen des Fehlens anderer Werte im wesentlichen neben einem gewissen Bestand an belgischen Münzen vor allem deutsches Geld und Guthaben in Deutschland genommen. Somit waren die Noten der Société Générale gewissermaßen auf der deutschen Währung aufgebaut und eng mit ihr verbunden. Die Unsicherheit der ganzen Konstruktion zeigte sich auch darin, daß die deutschen Geldzeichen und das Buchgeld als Basis für die Ausgabe der dreifachen Summe

Tabelle 1

Der Umlauf der Noten der Banque Nationale de Belgique
und der Société Générale de Belgique 1914—1918
(in Mio. Franken)

Datum	Banque Nationale	Société Générale de Belgique Emission	Kassenbestand	Umlauf
30.06.1914	1118,0	—	—	—
31.12.1914	1665,9	—	—	—
15.01.1915	?	?	?	90,4
01.02.1915	?	?	?	94,5
01.04.1915	?	?	?	157,8
01.06.1915	?	?	?	252,1
01.07.1915[1]	1611,1	148,7	1462,4	298,9
31.12.1915	1320,4	633,6	24,4	609,2
30.06.1916	1291,1	?	?	?
31.12.1916	1281,6	881,0	30,6	850,5
30.06.1917	1268,5	?	?	?
31.12.1917	1268,0	1151,2	35,1	1116,1
30.06.1918	1262,1	?	?	?
31.10.1918[2]	1250,0	?	?	1520,0

1 Die Angaben für die Nationalbank vom 30.6.1915.

2 Valery Janssens, Le Franc Belge, Un siècle et demi d'histoire monétaire, o.O. (Brüssel 1976), S. 163.

Quellen: Société Générale de Banque (Brüssel), Archiv, Compte Rendu der Société Générale de Belgique, Année 1915, Brüssel 1916, S. 25; dass., Année 1916, Brüssel 1917, S. 23; dass., Année 1917, Brüssel 1918, S. 25. Raymond Durrenberger, La circulation monétaire dans les pays occupés au cours de la guerre par les empires centraux, Strasbourg 1924 (= Etudes des sciences économiques, sociales, financières et politiques, Bd 1), S. 40. Handbuch des belgischen Wirtschaftslebens mit Einschluß von Belgisch-Kongo und einer Übersetzung der wichtigsten Handelsgesetze des Landes, hrsg. von Wilhelm Burklin, T. 2, Göttingen, Berlin 1916, S. 104ff.

an Franken dienen durften. Zur Begründung wurde das (Schein-)Argument benutzt, daß die Mark als Goldwährung so gut wie Gold sei. Daß seit Kriegsausbruch die Goldeinlösung der Noten aufgehoben sei, werde nicht ins Gewicht fallen, denn dies sei mit Friedensschluß vorbei. Zwangsläufig übertrugen sich Entwertungen auf das neue Geld — und sogar potenziert. Auch wenn sich Ende 1914 die Entwertung der Mark noch in Grenzen hielt, lag hierin für die belgische Volkswirtschaft eine große Gefahr. Drittens erfolgte die Emission des neuen Geldes vor allem im Prozeß der Finanzierung der Kontributionen, also nach den Bedürfnissen der Okkupanten und nicht nach dem Bedarf der belgischen Volkswirtschaft. Hieraus konnten sich Differenzen zwischen dem Zirkulationsprozeß und dem Umlauf des Zirkulationsmittels und den möglichen Auswirkungen auf das Preisniveau bis hin zu eigenständigen inflationären Tendenzen ergeben.

Die Société Générale hatte die Übernahme des Notenprivilegs von der Bedingung abhängig gemacht, daß die Nationalbank für die daraus erwachsenden Verpflichtungen »Rückendeckung«[11] gewährte. Gleichzeitig wollte letztere, da sie natürlich fest damit rechnen konnte, nach Kriegsende das Emissionsrecht zurückzuerhalten, sich bis dahin noch einen gewissen Einfluß auf die Papiergeldausgabe sichern. Ein Vertrag zwischen den beiden Banken vom 14. Januar 1915 legte dann fest, daß nach Friedensschluß die Banque Nationale sämtliche Aktiva und Passiva des Notenausgabedepartements übernehmen sollte[12]. Ein Nachtrag vom April 1915[13] verpflichtete die Nationalbank unter anderem, bis dahin ihre Aktiva in Form von deutschem Geld, Auslandsguthaben, Auslandseffekten und ausländischen Schatzscheinen nach Bedarf als Deckung der Société Générale zur Verfügung zu stellen[14].

Es war somit durchaus im Sinne der Société Générale und auch der Okkupanten, daß das Notenausgabedepartement ausreichend deutsches Geld besaß, um genügend Franken emittieren zu können. Deshalb wurde seitens des Generalgouvernements und der Berliner Behörden der Abfluß von Mark nach Belgien zwar registriert, anfänglich aber neutral bewertet oder sogar begrüßt. Rückblickend schrieb die Bankabteilung bei dem Generalgouverneur: Die Abwanderung

> »des deutschen Geldes in die besetzten Gebiete konnte zunächst unbedenklich erscheinen, da Belgien dadurch [...] gleichsam ein zinsloses Darlehn an das Reich gewährte«[15].

Die in Belgien zirkulierenden oder als Deckungsreserve dienenden Markbeträge stammten nicht allein von jenen bereits erwähnten Summen, die die Truppen beim Einmarsch mit sich führten, und jenen Geldern, die von Zahlmeistern und Wirtschaftsoffizieren zur Versorgung der hier stationierten Einheiten aufgewandt wurden. Schon bald nach der Besetzung kam eine weitere und sehr ergiebige Quelle hinzu: Zahlreiche kleine und große Geschäftsleute drängten in das Generalgouvernement. Einige waren wohl Spekulanten und Schieber mit mehr oder minder weißer Weste, die aus den Zerstörungen der belgischen Volkswirtschaft ihren Profit zogen, sofern sie Papiere für die Reise erlangen konnten. In der Hauptzahl waren es jedoch sogenannte Aufkäufer der in schneller Folge entstehenden Kriegswirtschaftsorganisationen, die sich, mit Vollmachten und ganzen Koffern voll Reichsbanknoten versehen, auf die Vorräte im Feindesland stürzten. Daß sich hierbei auch Vertreter der ersten Gruppe befanden, die den Auftrag im nationalen Interesse und das lukrative Privatgeschäft koppelten, wird nicht überraschen. In dem einen wie dem anderen Fall wurden Mark in das besetzte Land verbracht.

Um kein falsches Bild entstehen zu lassen, muß natürlich ausdrücklich betont werden, daß in der ersten Zeit der Okkupation nicht der Kauf von Versorgungsgütern, sondern deren Requirierung im Vordergrund stand und auch während der gesamten Besatzungszeit von deutscher Seite die Mehrzahl aller Werte unentgeltlich oder nur gegen ein oft sehr allgemein gehaltenes Zahlungsversprechen angeeignet wurde. Die kämpfenden Truppen, aufgrund der in der Kriegsplanung unterschätzten logistischen Probleme verschiedentlich mit Versorgungsproblemen, verbrauchten einfach alle ihnen erreichbaren Güter. Dafür sollten sie gemäß Haager Landkriegsordnung und Dienstvorschriften sogenannte Beitreibungsanerkenntnisse (auch Requirierungsscheine genannt) ausfertigen, die den Eigentümern zu übergeben waren. Da diese jedoch wegen der Kriegsereignisse verschiedentlich nicht zu ermitteln beziehungsweise zu erreichen waren, vor allem aber weil es dem Selbstverständnis einer nicht kleinen Zahl deutscher Soldaten und Offiziere entsprach, im Feindesland nicht bezahlen zu müssen, wurden derartige Schriftstücke oft nicht ausgestellt.

Hinzu kamen die besonders in den ersten Wochen des Krieges sehr verbreiteten Geld- und Sachkontributionen, die einzelne Kommandeure in ihrem Befehlsbereich verlangten und dabei keinerlei Rücksicht auf die Leistungsfähigkeit der Kommune oder Region nahmen. Auch wenn es sich um formalrechtlich zulässige Maßnahmen handelte, darf nicht übersehen werden, daß es sich nur um eine raffiniertere und meist umfangreichere Form des unverhohlenen Raubes handelte. Sachkontributionen erstreckten sich nicht nur auf Lebensmittel und Wein, sondern erfaßten buchstäblich alles, was nicht niet- und nagelfest war und in dem riesigen Mechanismus eines modernen Massenheeres gebraucht werden konnte. Dadurch wurde aber der Haß der Belgier auf die »Hunnen« vermehrt, was dazu führte, daß immer mehr Waren vor einem

Zugriff versteckt wurden. Verschiedentlich wurde auch die Produktion stark gedrosselt oder sogar eingestellt, weil sie keinen Nutzen mehr brachte, beziehungsweise man den Feind nicht unterstützen wollte. Da das schon bald von deutscher Seite erkannt wurde, orientierte man sich in den deutschen Dienststellen zunehmend auf die Bezahlung der immer lebensnotwendiger werdenden Waren aus den Besatzungsgebieten durch die Okkupationstruppen beziehungsweise Aufkäufer aus dem Reich — nicht zuletzt, um die Stimmung im neutralen Ausland nicht negativ zu beeinflussen. Derart bedrängt, war aber bei den Okkupationsbehörden das Bestreben erkennbar, die Eigentümer mit Zahlungsversprechen abzuspeisen und die Regelung der Angelegenheit bis zu einem Diktatfrieden zu verschieben. Bei den — volkswirtschaftlich natürlich ins Gewicht fallenden — sogenannten Massengütern konnte auch ein weitgehendes Moratorium bis zum Kriegsende erreicht werden.

Es war offensichtlich, daß ohne Bargeld auf die Dauer keine effektive Ausnutzung, besser Ausplünderung, des okkupierten Landes möglich war. Zu Beginn des Krieges waren in Ermangelung ausreichender Devisenreserven und der Unmöglichkeit, die Nationalbank als Emissionsinstitut in den Dienst zu nehmen, zahlreichen Kommunen und Kommunalverbänden auch hohe, in belgischen Franken zu leistende (Geld-)Kontributionen auferlegt worden. Nachdem von August bis Mitte Dezember 1914 rund 60 Mio. F an unterschiedlichste militärische Dienststellen beziehungsweise Einheiten gezahlt worden waren (ohne Sachleistungen!)[16], kam es mit dem »Befehl, betreffend Auferlegung einer Kontribution«, der am 10. Dezember 1914 im Zusammenhang mit der Regelung der Notenbankfrage erlassen worden war[17], und der »Bekanntmachung, betreffend Kontributionen und Requisitionen« vom 9. Januar 1915[18] zu einer Neuordnung der Verhältnisse. Mit Ausnahme der sogenannten Strafkontributionen hatten alle anderen Kontributionen zukünftig zu unterbleiben. Ferner wurde von der Obersten Heeresleitung und dem Generalgouverneur angewiesen, daß ab Mitte Januar militärische Verbände im Generalgouvernement (also die eigentliche Okkupationsarmee) alle Requisitionen bar zu bezahlt hatten — bei der kämpfenden Truppe und den Einheiten im Etappengebiet wurde dies »baldmöglichst wenigstens zum Teil« in Aussicht gestellt. Wenn diese Sonderregelung noch halbwegs aus den Zwängen militärischer Operationen erklärt werden kann, so wurde bei den sogenannten Massengütern versucht, sich auf belgische Kosten diese bedeutenden Werte zugunsten der deutschen Kriegswirtschaft anzueignen und trotzdem den Schein einer Bezahlung zu wahren. In der Bekanntmachung vom Januar wurde hierfür Bargeld nur allgemein versprochen, zugleich aber die Möglichkeit eingeräumt, erstklassige Handelswechsel oder »Guthaben bei deutschen Banken« zu benutzen. Und bei letzteren wurde bald, wie weiter unten berichtet wird, dafür Sorge getragen, daß sie bis Kriegsende eingefroren waren.

Da mit den Monatsraten der (ersten) Kontribution von 40 Mio. F weder der laufende Finanzbedarf der Besatzer gedeckt und seitens militärischer Dienststellen in Ermangelung von Devisen teilweise mit Mark gezahlt wurde sowie die bereits erwähnten Aufkäufer, obwohl sie natürlich gern auf die Requirierung von Massengütern zurückgriffen, weiterhin große Mengen Reichsbanknoten ins Land brachten, wuchs der Umlauf deutschen Geldes in der belgischen Volkswirtschaft. Als Währung des Feindes wurde es aber von der Bevölkerung abgelehnt und sammelte sich bei den Kreditinstituten – letztlich bei der Nationalbank und der Société Générale.

Es ist deshalb nicht verwunderlich, daß der Befehl über die zweite zwölfmonatige Kontribution vom 8./10. November 1915 der deutschen Verwaltung die Möglichkeit einräumte, die Raten »ganz oder teilweise in deutschem Geld [...] einzufordern«[19]. Da damit aber dem Notenausgabedepartement Mittel zur Deckung entzogen worden wären, handelte es sich um eine sehr zwiespältige Bestimmung. Dennoch wurde eine entsprechende Formulierung auch bei der dritten Kontribution (12 Raten à 50 Mio. F) ab Januar 1917 verwandt[20]. Inzwischen hatte sich jedoch die Gesamtlage wesentlich geändert: Die deutschen Kriegsanleihen konnten, obwohl durch sie gewaltige Summen mobilisiert wurden, die rasant steigende und jede noch so pessimistische Schätzung übertreffenden Militärausgaben nicht mehr decken. Es blieb ab 1916 ein exponentiell wachsender Sockelbetrag, der als sogenannte Schwebende Schuld bei der Reichsbank nicht mehr ausgelöst werden konnte. Während sich deren Notenumlauf um 1,4 Mrd. M erhöhte, nahm der (ausgewiesene) Goldbestand nur um 70 000 M zu. Gleichzeitig stieg die aus diskontierten Schatzanweisungen und Reichsschatzwechseln bestehende Schwebende Schuld, die von der deutschen Zentralnotenbank gehalten wurde, von 4,7 auf 8,9 Mrd. M[21]. Dadurch wurde die Deckung der Reichsbanknoten, die durch die Kriegsfinanzierung schon längst »aufgeweicht« war und was nur mühselig gegenüber dem Ausland kaschiert wurde, zunehmend bedrängt. Da Deutschland aber angesichts der alliierten Wirtschaftsblockade dringend darauf angewiesen war, den Kurs der Mark auf neutralen Märkten, der ins Rutschen gekommen war[22], nicht weiter abgleiten zu lassen, waren Notenbank und Reichsleitung sehr daran interessiert, die ausgewiesene Deckungsreserve des Papiergeldes nicht unter ein Drittel sinken zu lassen. Die Situation spitzte sich weiter dadurch zu, daß im Zusammenhang mit der teilweisen Okkupation Rumäniens auch dorthin eine bedeutende Menge deutschen Geldes gelangte, obwohl noch vor der Einnahme der Hauptstadt Bukarest Planungen begannen, wie die Währungsfrage in dem südosteuropäischen Land gemeinsam mit den Verbündeten Österreich-Ungarn und Bulgarien gelöst werden konnte. Trotz des erklärten Ziels, keinen Umlauf von Mark im Ausland zuzulassen, konnte dies nur unvollkommen erreicht werden[23].

Für Belgien datierten erste Maßnahmen in diese Richtung bereits vom Anfang 1915, indem die oben erwähnten Guthaben aus der Bezahlung von Massengütern auf Sperrkonten gingen, auf die bis Kriegsende nicht direkt zurückgegriffen werden konnte. Allein Beleihungen durch die Société Générale waren in begrenztem Umfange möglich[24]. Doch da mit den so neutralisierten Summen nur ein Teil der Markströme unterbunden wurde, appellierte man sogar von höchster Stelle an den Patriotismus: Reichskanzler Theobald v. Bethmann Hollweg mußte zwar einräumen, daß gegenüber dem besetzten Land kein Zahlungsverbot bestehe, erklärte aber, daß »keineswegs [...] ein endgültiger Abfluß von Kapitalbeträgen von Deutschland nach Belgien während des Krieges erwünscht«[25] sei. Derartig unverbindliche Deklarationen zeigten natürlich nur geringe Wirkung. Große Mengen an Reichsbanknoten blieben im Generalgouvernement, und ihre Vermehrung schien unaufhaltsam zu sein.

Der Versuch, die Ursachen für die Entstehung neuer Zahlungen aus Deutschland nach Belgien zu unterbinden, war aber problematisch. Während einerseits nun tatsächlich in Kriegszeiten der Import von Luxusgütern als entbehrlich erschien, war es andererseits angesichts der schlechten Versorgungslage im Reich widersinnig, einen Warenzufluß zu unterbinden, zumal Arbeitsplätze in dem besetzten Land erhalten wurden. Mitte 1916 meldete jedoch das Generalgouvernement an die Reichsleitung, daß der belgische Export nach Deutschland »nach Möglichkeit beschränkt« worden sei. Zugleich entlarvte ein Nachsatz die tatsächlichen Motive, die wohl manche Entscheidung der Besatzungsbehörden gegen belgische Lieferungen beflügelte. Es sei »in vielen Fällen der Gedanke maßgebend (gewesen), die heimische Industrie vor dem billigeren belgischen Produkt zu schützen«[26].

Der Bestand an Reichsbanknoten bei der belgischen Nationalbank stieg besonders seit dem 10. Februar 1915, als sie begann, die sich in ihrem Besitz befindlichen Handelswechsel zu liquidieren, und die Geschäftsbanken, die diese Papiere vor allem aufnahmen, bevorzugt mit Mark zahlten[27]. Allein das Notenausgabedepartement der Société Générale bilanzierte am Jahresende 1915 eine Summe von 164,1 Mio. F in deutschem Geld[28]. Den Gesamtbestand im Lande (also sowohl bei allen Kreditinstituten als auch in den Händen des Publikums) schätzte man von belgischer Seite drei Monate später auf 815 Mio. M[29].

Dies alles und die gerade in jenen Monaten wegen der ersten Materialschlachten sprunghaft steigenden Kriegskosten ließen für die Reichsleitung die finanzielle Gesamtlage Deutschlands als äußerst gefährdet erscheinen. Auch wenn in der offiziellen Propaganda Optimismus vorherrschte, wurden intern ganz andere Töne angeschlagen. So vermerkte der preußische Kriegsminister Adolf Wild v. Hohenborn in seinem Tagebuch großen Pessimismus des Staatssekretärs des Reichsschatzamtes: »Helfferich sieht wegen unserer Finanzen und besonders wegen der Mark-Valuta recht dunkel[30].« Vom September 1916 ist ein ähnlich dramatischer Ausspruch des Reichsbankpräsidenten Rudolf Havenstein überliefert: »es geht um die Existenz[31].«

Da Karl Helfferich seine berufliche Laufbahn als Finanzwissenschaftler begonnen und gewissermaßen als Sprachrohr des Reichsbankdirektoriums die Goldwährung gegen alle Angriffe während eines Jahrzehnts publizistisch verteidigt und er noch als Direktor bei der Deutschen Bank Anfang des Krieges entscheidenden Anteil an der konkreten Gestaltung der finanziellen Ausplünderung Belgiens hatte[32], ist es nicht verwunderlich, daß gerade auch im Generalgouvernement Belgien solche Regelungen der Markfrage getroffen wurden, die sowohl die ökonomische Effektivität der Besatzungspolitik erhöhten als auch der Stärkung der deutschen Zentralnotenbank und der Goldwährung dienten. Sie führten zu einem schweren Konflikt mit der Nationalbank und Société Générale, der bis Kriegsende nicht beigelegt wurde.

Am 4. April 1916 wandte sich erstmals die Bankabteilung beim Generalgouverneur an Vertreter der Nationalbank mit der Forderung, die dort angesammelten Markbestände als Guthaben auf einem Sperrkonto nach Deutschland zu transferieren bei Zusage einer Rückzahlung nach Kriegsende zur Zwangskursparität (1 Mark : 1,25 Franken). Man kann wohl die Tatsache, daß zu diesem Zweck ein Mitarbeiter in der deutschen Bankabteilung, der sogenannte Spezialkommissar Graf Pocci, den

Vizegouverneur Omer Lepreux aufsuchte (und diesen nicht zu sich in die Diensträume bestellte, wie in anderen Fällen durchaus üblich), ebenso als Indiz dafür ansehen, daß von deutscher Seite anfänglich versucht wurde, zu einer einvernehmlichen Regelung zu gelangen, wie die Formulierung in einer Aktennotiz der Nationalbank zur Unterredung:

»Il fit ressortir que tous ses efforts tendaient à obtenir une solution amiable afin d'éviter des difficultés pouvant résulter du vif désir des autorités allemandes et de la Reichsbank de ne pas voir augmenter la circulation des marks en Belgique[33].«

Doch trotz aller Versuche, die Form zu wahren: Nationalbank und die ebenfalls betroffene Société Générale reagierten keinesfalls begeistert auf das deutsche Ansinnen, große Teile ihrer Aktiva in das Feindesland zu geben und mit dem höchst unsicheren Versprechen abgespeist zu werden, alles nach Kriegsende zu einem nicht vom Markt getragenen Kurs zurückzuerhalten. Aber die deutsche Seite kam in der Folgezeit immer wieder auf ihr Ansinnen zurück. Am Abend des 8. April machte der Generalsekretär der Société Générale, Auguste Callens, den Vorschlag, die nächste Kontribution je zur Hälfte in Mark und Franken zu zahlen.

Die Okkupanten hingegen waren fest entschlossen, in dieser Frage nicht nachzugeben, ahnten aber wohl Weiterungen und unterrichteten deshalb die Reichsleitung. Karl Helfferich, inzwischen auch Stellvertreter des Reichskanzlers, bestärkte nun den Generalgouverneur und seinen Bankenkommissar in ihrer unnachgiebigen Politik. In einem Schreiben vom 9. Juni 1916 äußerte Helfferich den Verdacht, daß die Zurückhaltung der Markbestände bewußte belgische Taktik zur Schädigung der deutschen Zentralnotenbank sei[34].

Doch in Brüssel blieb alles beim alten. Daran änderte auch eine erneute Beratung am 27. Juni nichts, zu der Graf Pocci die Herren Lepreux und Hautain von der Nationalbank sowie den Gouverneur der Société Générale, Jean Jadot, zu sich bestellte und während der eindringlich auf die Bedeutung der Angelegenheit hingewiesen wurde. Der Graf versuchte es nochmals mit Argumenten, die aber schon mit leichten Drohungen durchsetzt waren:

»Sie haben seit beinahe Jahresfrist der Besorgnis Ausdruck gegeben, daß Ihrer Bank (Nationalbank) durch die Ansammlung von Marknoten [...] Verluste erwachsen könnten. Sie haben trotz Ihrer Besorgnis keine Maßnahmen ergriffen, dieses [...] schlafende Kapital [...] zinsbringend zu verwerten, und haben den beiden Instituten hierdurch eine Einnahme entgehen lassen, die einen Ausgleich für mögliche Verluste schaffen konnte.«

Es mutet grotesk an, wenn seitens der Besatzer Sorge um das finanzielle Wohl der geknebelten Nationalbank und des in seiner Existenz bedrohten belgischen Staates geheuchelt wurde:

»Sie haben stets besonders betont, daß Sie Ihren Aktionären und Ihrem Lande gegenüber eine große Verantwortung zu tragen hätten. Sie haben aber dieser [...] nur durch Worte Rechnung getragen, durch Ihr passives Verhalten aber haben Sie tatsächlich die Interessen Ihrer Aktionäre und auch des belgischen Staates geschädigt, der an dem Gewinn der Nationalbank beteiligt ist. Sie mußten um so eher Ihre Marknoten zinsbringend in Deutschland anlegen, als ausdrücklich in Rücksicht auf die jetzige Entwicklung bei Gründung des Notendepartements der Société Générale festgesetzt worden ist, daß ausländische Guthaben ebenso wie die Noten der deutschen Reichsbank und die Reichs- und Darlehns-Kassenscheine als primäre Notendeckung dienen. Das Notendepartement [...] ist gegründet worden, um die für den belgischen Geld- und Kreditverkehr nötigen Umlaufsmittel zu schaffen.«

Unmißverständlich fuhr Pocci fort:

»Die deutsche Reichsbank ist nicht gewillt, dauernd Umlaufsmittel für den belgischen Zahlungsmittelverkehr zu liefern, ohne daß für den Rückfluß Sorge getragen wird.«

Bemerkenswert ist der Versuch, an das »reine« Geschäftsinteresse der Belgier zu appellieren:

»Wenn Sie sich weigern, Ihre Marknoten in zinsbringende Guthaben bei deutschen Banken umzuwandeln, auf Grund deren Sie jederzeit Société-Générale-Noten ausgeben können, so dürften lediglich politische Gründe für Ihr Verhalten maßgebend sein, die ich nicht anerkennen kann. Belgien ist trotz des Wirtschaftskrieges, den unsere Gegner gegen Deutschland [...] systematisch durchführen, nicht als feindliches Ausland behandelt worden. Das Deutsche Reich hat bisher davon abgesehen, ein Zahlungsverbot gegen Belgien zu erlassen. Das Reich hat die belgischen Guthaben bei deutschen Banken freigegeben, um Ihrem Lande über die nachteiligen Wirkungen der ersten Kriegsmonate hinwegzuhelfen. Die deutsche Verwaltung hat in weitgehendem Maße Ihren wirtschaftlichen Bedürfnissen Rechnung getragen, und Belgien erfreut sich, während an allen Fronten der Kampf tobt, infolge dieser Maßnahmen völlig geordneter Geld- und Kreditverhältnisse.«

Wie Pocci die absurde Behauptung von den »völlig geordneten Geld- und Kreditverhältnissen« machen konnte, wird sein Geheimnis bleiben. Es ist kaum anzunehmen, daß ein Beamter des Generalgouvernements in dieser Position zu einem solchen Fehlurteil fähig war. Selbst die preußisch-deutsche Arroganz der (scheinbaren) Sieger reicht wohl nicht zur Erklärung.

Um so eindeutiger waren jedoch die Drohungen, mit denen Pocci endete:

»Das Deutsche Reich kann es nicht dulden, daß diese Begünstigungen, die Ihnen eingeräumt worden sind, [...] dazu mißbraucht werden, um eine den Interessen des Deutschen Reiches abträgliche Wirtschaftspolitik zu treiben und einen Wirtschaftskrieg gegen Deutschland zu führen. Ich mache Sie darauf aufmerksam, daß Sie persönlich durch Ihr Verhalten Ihrem Lande gegenüber für jetzt und für die Zukunft eine Verantwortung übernehmen, deren Tragweite Sie sich nicht bewußt zu sein scheinen. Sie haben nicht das Recht, Ihren Geschäftsbetrieb in einer den deutschen Interessen widerstrebenden Weise zu führen [...], und der Generalkommissar für die Banken ist befugt, die zur Durchführung der Bestimmungen dieser Verordnung erforderlichen Maßnahmen zu treffen [...] Ich muß Sie ersuchen, Ihr Verhalten einer eingehenden Revision zu unterziehen, bevor ich dem Herrn Generalkommissar für die Banken über Ihre Stellungnahme nochmals berichte[35].«

Die Drohungen zeigten Wirkung — wie wohl eine ganz unerwünschte für die deutsche Seite: Die Brüsseler Finanzwelt wurde so beunruhigt, daß der amerikanische Botschafter in seinem Tagebuch von einer kleinen Bankenpanik sprach[36]. Diese war sowohl Zeichen der Angst vor Repressalien der Besatzer als auch Ausdruck der Ratlosigkeit auf belgischer Seite. Doch auch das Generalgouvernement wußte nicht weiter. Als dann gar die Nationalbank am 14. Juli trotzig verkündete, Übergriffen auf Tresore oder Konten Widerstand leisten zu wollen[37], wurde Direktor Ferdinand Carlier verhaftet, der bis Kriegsende in Deutschland interniert blieb[38]. Damit waren aber für die Belgier so ziemlich alle Möglichkeiten ausgeschöpft.

Die belgischen Bankiers lehnten aus patriotischen Gründen weiterhin einen Transfer mit der Garantie einer Rückzahlung zum Zwangskurs ab, gestanden sich jedoch, angesichts der Inflationierung beider Valuten, intern ein, daß dies eigentlich günstig sein würde. Und auch auf seiten des verbündeten Großbritanniens vermochte man im Stile eines »ehrlichen Maklers« in der deutschen Forderung keine Strafe zu sehen, sondern eine Möglichkeit, bei Kriegsende Verluste zu vermeiden. Vor die Frage gestellt, wie man gemeinsam mit den Belgiern reagieren solle, wurde den Beamten im Londoner Foreign Office schnell klar, daß man eigentlich nichts tun könne. Eine Aktennotiz macht dies deutlich:

»All I would venture to observe is that the Germans seem so determined to have their own way and it is so utterly impossible to prevent them doing so if they insist, that resistance à outrance seems fertile.«

Ein zweiter Beamter kommentierte lakonisch: »I think this is all we can do[39].«

Daß die belgische Seite, im Einverständnis mit ihren Verbündeten, also schon fast zum Einlenken bereit war, konnten wohl jene Vertreter des Generalgouvernements und der Reichsleitung, die sich Ende August 1916 zu einer vertraulichen Beratung im Reichsschatzamt trafen, nicht ahnen. Der Staatssekretär des Reichsschatzamtes Siegfried Graf v. Roedern hatte unter anderem neben Reichsbankpräsidenten Rudolf Havenstein und dem aus Brüssel angereisten Bankenkommissar Karl v. Lumm auch Vertreter der Deutschen Bank und der Disconto-Gesellschaft geladen. Havenstein wies auf die Bedeutung der in Belgien umlaufenden Markbestände für die Deckungsverhältnisse der deutschen Zentralnotenbank hin und betonte, daß deren weitere Verschlechterung aber weniger den inländischen Zahlungsverkehr als die Kurse der deutschen Valuta im Ausland negativ beeinflussen würde. Deshalb sei die Rückführung aus den Besatzungsgebieten eine wichtige Aufgabe[40].

Während bei den Besatzern in Brüssel vielleicht schon über die Formulierung eines neuen Vorschlages an die belgischen Banken nachgedacht wurde, hatte die Nationalbank eine prinzipielle Stellungnahme in der Sitzung ihres Conseil d'Administration am 31. August erarbeitet, angesichts der Drohung, die Bank unter Zwangsverwaltung zu stellen oder sogar ihre Liquidierung einzuleiten. Obwohl den Direktoren die Unmöglichkeit weiteren Widerstands bewußt war, wollten sie anscheinend nochmals bis an die Grenzen des ihnen zugestandenen Freiraumes gehen und ihr Gesicht als Patrioten wahren. In dem Protokoll jener Beratung ist nachzulesen, daß man weiterhin auf eine mögliche Verbindung zwischen der Rückführung der deutschen Valuta und regelmäßigen Kontributionszahlungen verwies. Andernfalls sei der Transfer ein Zukunftsproblem des Friedensvertrages. Alles andere lehne man entschieden ab[41].

Darauf antwortete Karl v. Lumm mit einem neuen, noch schärfer formulierten Ultimatum. Am 3. September 1916, einem Sonntag (!), präsentierte der Bankenkommissar der Nationalbank sowie der Société Générale ein Schreiben, in dem die Zustimmung zum Transfer bis Montag um Mitternacht verlangt wurde. Im Falle einer Weigerung müßten beide Institute alle Folgen tragen. Eine erneute Verständigung der Brüsseler Bankiers mit der Exilregierung in Le Havre wurde diesmal abgelehnt[42].

Trotz allem zögerte die Nationalbank immer noch, während die Leitung der Société Générale nun bereit war, sich dem Druck zu beugen, und ganz entschieden bei der Zentralnotenbank intervenierte, indem sie eindringlich auf die schweren Folgen einer Katastrophenpolitik sowohl für beide Kreditinstitute als auch für das Land insgesamt hinwies. So kam es im Verlauf des Montags zu mehreren Beratungen und einer Kontaktaufnahme mit der Bankabteilung beim Generalgouverneur. Die Bereitschaft zum Einlenken erkennend, wurde von ihr anscheinend die Erfüllung des Ultimatums ausgesetzt. Auf einer Beratung der Nationalbankleitung am 12. September 1916 wurde dann definitiv die Öffnung der Tresore verlangt, worauf zwar Vizegouverneur L. Van der Rest persönlichen Protest einlegte, sich jedoch offiziell dem Druck beugen mußte.

Unter Mitwirkung von zwei Reichsbankbeamten und weiterer Helfer wurden die in den Brüsseler Tresoren aufgestapelten Bündel von Reichsbanknoten für insgesamt 189,5 Mio. M in Kisten zum Versand verpackt. — Auch die Société Générale mußte 327,5 Mio. M abgeben[43]. Die ersten Transporte trafen dann per Bahn am 13. und 16. September in Berlin ein[44].

Nach Angabe der Nationalbank wurden von ihr und dem Notenausgabedepartement insgesamt bis Kriegsende Geldscheine für rund 1,5 Mrd. M nach Deutschland abgegeben[45], was bedeutet, daß nur ein Teil der im Generalgouvernement Belgien umlaufenden Reichsbanknoten repatriiert werden konnte (vgl. Tabelle 2). Durch die Sperrung der dafür

Tabelle 2

Der Umlauf an deutschem Geld in Belgien 1917/1918
(in Mio. M)

	30.09.1917	31.03.1918
Bestand		
— bei der Nationalbank	53,9	68,7
— bei der Société Générale (Notenausgabe-Departement)	9,6	17,7
— bei den Kreditbanken	226,8	163,2
im Verkehr (geschätzt)	600,0	600,0
gesamt	890,3	849,6

Quelle: Bundesarchiv, Außenstelle Potsdam, Reichswirtschaftsministerium 861, Bl. 210, Die finanzielle und wirtschaftliche Ausnutzung der besetzten Gebiete in Belgien durch das Deutsche Reich, Nachtrag (umfassend die Zeit vom 1. Oktober 1917 bis 31. Mai 1918), streng geheime Denkschrift Karl von Lumms vom 4.6.1918 (MS, vervielfältigt).

eröffneten Guthaben handelte es sich hier um einen gewaltigen Betrag, den das okkupierte Land zur deutschen Kriegsfinanzierung zu leisten gezwungen wurde. Unter Einsatz starker Machtmittel verstanden es die Okkupanten, die durch die Annahme der deutschen Valuta dem Reich von der belgischen Seite gewährte »Zwangsanleihe«[46] in ein für die Bevölkerung des besetzten Landes fast wertloses weil gesperrtes, niedrig verzinstes Guthaben zu verwandeln. Selbst die Besatzer sahen dies, wenn auch nur in einem streng geheimen Dokument, als »eine bedeutende finanzielle Leistung Belgiens«[47] an.

Als unmittelbare Folge der Aktion ergab sich bei beiden Banken eine bedeutende Verschlechterung der Liquidität (vgl. Tabelle 3), indem an die Stelle einer Barreserve (»Metallbestand und deutsches Geld«) »Guthaben im Ausland« traten und von diesen der größte Teil auf eingefrorenen Konten lag. Auch die Notenemission wurde durch den Wandel vom Bargeld zu befristeten Guthaben beeinflußt. Nicht nur daß mit dem aus Tabelle 3 ablesbaren Wechsel von der Rubrik »Metallbestand und deutsches Geld« in die Rubrik »Guthaben im Ausland« die Bindung an das deutsche Währungssystem noch eindringlicher ins Auge fiel. Der inflationäre Charakter der Notenemission wurde ebenfalls deutlicher. Konnte bis dahin von der Société Générale darauf verwiesen werden, daß für zuletzt etwas mehr als 40 Prozent des Ausgabebetrages Reichsbanknoten beziehungsweise Gold und Silber in den Tresoren lagen und damit die in den Augen der Zeitgenossen so wichtige Bareinlösung von Banknoten selbst bei einem hohen Bedarf gesichert erschien, war das jetzt in Frage gestellt. Generell hing alles vom guten Willen der Okkupanten ab, ob sie einen Zugriff auf die Sperrkonten gestatten würden, und es wäre der Reichsbank schon rein technisch kaum möglich gewesen, kurzfristig für eine derart hohe Summe Bargeld zur Verfügung zu stellen. Schließlich wurde ja die ganze Aktion deshalb in die Wege geleitet, um den wachsenden Zahlungsmittelbedarf in der deutschen Volkswirtschaft befriedigen zu können!

Zwar wurde auch mit Hilfe solcher Maßnahmen wie der Rückführung von Reichsbanknoten aus dem Generalgouvernement Belgien erreicht, daß das deutsche Währungssystem bis Kriegsende funktionsfähig blieb, letztlich konnte aber nicht die militärische Niederlage verhindert werden. Und da, wie bereits erwähnt, trotz aller Anstrengungen, der größte Teil des deutschen Bargeldes von der Aktion nicht erfaßt wurde, präsentierte der belgische Staat in den Friedensverhandlungen 6,109 Mrd. M zur Einlösung, darunter 1,7 Mrd. M, die sich auf Sperr-

Tabelle 3

Die Deckung des Notenumlaufs der Société Générale de Belgique Juli—September 1916 (in Prozent)

Datum	Metallbestand und deutsches Geld	Guthaben im Ausland	Darlehn gegen Guthaben im Ausland	Darlehn gegen Schatzscheine ausländischer Staaten	Darlehn gegen Schatzscheine belgischer Provinzen
03.07.1916	35,73	1,34	9,32	0,19	66,65
03.08.1916	38,10	1,21	9,44	0,19	65,48
07.09.1916	40,50	1,06	9,25	0,18	63,44
14.09.1916	6,31	36,47	8,91	0,17	60,97
21.09.1916	5,63	35,86	8,82	0,17	59,97
28.09.1916	3,02	38,27	8,90	0,17	59,34

Quelle: Das Notendepartement der Société Générale de Belgique im dritten Vierteljahr 1916, in: Bank-Archiv, 16, 59 (1916/17) (gekürzt).

konten in Deutschland befunden hatten[48]. Selbstverständlich bestanden die Sieger auf einer Anwendung des Zwangskurses, denn durch den verlorenen Krieg war die Mark inzwischen stärker inflationiert als der Franken. Auch aus dieser Forderung erwuchs dem Deutschen Reich eine schwere ökonomische Belastung.

Die Verhandlungen über eine Rückerstattung der rund 6,1 Mrd. M zogen sich, mit Unterbrechungen, über Jahre hin, in denen bis 1940, dem Jahr der erneuten Besetzung Belgiens durch deutsche Truppen, nur Teilbeträge effektiv gezahlt wurden. Die Schwierigkeiten lagen vor allem darin, daß das Problem eingebettet war in den Gesamtkomplex der die internationalen Beziehungen zwischen den Weltkriegen wesentlich bestimmenden Reparationen. — Eine Darstellung im Rahmen des vorliegenden Aufsatzes muß deshalb aus Platzgründen unterbleiben.

Anmerkungen

1 Vorliegende Ausführungen basieren auf der Monographie des Verfassers: Okkupation und Währung im I. Weltkrieg, untersucht an der deutschen Besatzungspolitik in Belgien und Russisch-Polen 1914—1918 (Berlin, Diss. B 1990, Ms.), auf die hinsichtlich weiterführender Literatur und ergänzender Quellenbelege zu verweisen ist. — Eine Buchausgabe befindet sich in Vorbereitung.

2 Zum Fehlen moderner, aus den Quellen gearbeiteter Untersuchungen bis Ende der 70er Jahre vgl. Reinhold Zilch, Okkupation und Währung. Währungspolitik des Deutschen Reichs in den besetzten Gebieten von Belgien und Russisch-Polen 1914—1918, in: Geld und Währung vom 16. Jahrhundert bis zur Gegenwart. Referate der 14. Arbeitstagung der Gesellschaft für Sozial- und Wirtschaftsgeschichte vom 9. bis 13. April 1991 in Dortmund, hrsg. von Eckart Schremmer, Stuttgart 1993 (= Vierteljahresschrift für Sozial- und Wirtschaftsgeschichte, Beiheft 106), S. 229—244, hier S. 229, Anm. 2.

3 Vgl. Reinhold Zilch, Die Reichsbank und die finanzielle Kriegsvorbereitung 1907—1914, Berlin 1987 (= Forschungen zur Wirtschaftsgeschichte, Bd 20). Vgl. den Beitrag von Manfred Zeidler im vorliegenden Band.

4 Vgl. Währungen der Welt I. Europäische und nordamerikanische Devisenkurse 1777—1914, Teilbd. I, hrsg. von Jürgen Schneider, Oskar Schwarzer und Friedrich Zellfelder, Stuttgart 1991 (= Beiträge zur Wirtschafts- und Sozialgeschichte, Bd 44, I), S. 214.

5 Vgl. das Faksimile des Maueranschlags in: German Posters in Belgium. Their Value as Evidence. New Texts and Documents, ed. by Henri Davignon, Edinburgh, New York, Paris 1918, S. 78.

6 Vgl. die Verordnung, betreffend die Pflicht zur Annahme deutschen Geldes vom 3.10.1914, in: Handausgabe des Gesetz- und Verordnungsblattes für die okkupierten Gebiete Belgiens (1. September 1914 bis 31. Dezember 1915) mit Verweisungen und Abdruck der angezogenen Gesetze und Verordnungen nebst einem Anhang, hrsg. von Otto Spengler, Bd 1, Brüssel 1916, S. 13.

7 Vgl. Verwaltungsbericht des Verwaltungschefs bei dem Generalgouverneur in Belgien für die Zeit vom 31. Oktober bis 13. November 1914, Berlin 1915, S. 9.

8 Vgl. die Verordnung, betreffend die Ungültigkeit privater Vereinbarungen über die Annahmepflicht deutschen Geldes vom 15.11.1914, in: Handausgabe (wie Anm. 6), Bd 1, S. 20. Für Beispiele zu Problemen mit der Durchsetzung des Zwangskurses auch noch in den Folgemonaten vgl. Zilch, Währungspolitik (wie Anm. 2), S. 231f., Anm. 4.

9 Zu den Beschlagnahmungen sowie dem Transport nach London vgl. Zilch, Besatzungspolitik (wie Anm. 1), S. 125ff.

10 Vgl. die Verordnung, betreffend Erteilung des ausschließlichen Rechtes zur Ausgabe von Banknoten an die »Société Générale de Belgique« vom 22.12.1914, in: Handausgabe (wie Anm. 6), Bd 1, S. 43; Bekanntmachung des Generalgouverneurs »Über die Gründe der Entziehung des Notenprivilegs der Nationalbank und seiner Übertragung an die ›Société Générale de Belgique‹« vom 22.12.1914, ebd., S. 44. Hier auch die nachfolgenden Zitate.

[11] Einführung in die Tätigkeit der Bankabteilung bei dem Generalgouverneur in Belgien. Abgeschlossen am 31. Dezember 1917. Nur für den Dienstgebrauch, o.O. (Februar 1918), S. 23.

[12] Das Original des Vertrages mit dem hschr. Genehmigungsvermerk Lumms sowie dessen Dienstsiegel in: Banque Nationale de Belgique, S.A., Brüssel, Archives, Bestand: Vertrouwelijke documenten van het Secretariaat van de Directie (im folgenden: BNdB, Vd), Mappe »Occupation Allemande 1914–1918. Société Générale de Belgique. Département d'Emission«, T. 1, o.p. (4 Bl. mschr. auf Stempelpapier). — Ich danke dem Gouverneur der Banque Nationale de Belgique für das große Entgegenkommen, mir die Benutzung der Akten zur Geschichte des Ersten Weltkrieges gestattet zu haben.

[13] Der Text der »Convention annexe à la Convention du 14 Janvier 1915« wird mitgeteilt in einem 18seitigen mschr., undatierten Bericht eines der Teilnehmer an den Verhandlungen um die Gründung des Notenausgabedepartements (Lepreux von der Nationalbank ?), in: BNdB, Vd (wie Anm. 12), 2. Mappe »Guerre 1914–1918. A classer«, o.p.

[14] Vgl. Einführung in die Tätigkeit der Bankabteilung (wie Anm. 11), S. 23f.

[15] Ebd., S. 31.

[16] Vgl. Verwaltungsbericht des Verwaltungschefs bei dem Generalgouverneur in Belgien für die Zeit vom 14. November bis 13. Dezember 1914, Berlin 1915, S. 15. Zahlreiche Einzelbeispiele, z.T. als Abdruck deutscher Dokumente, in: Commission d'Enquête sur la violation des règles du droit des gens, des lois et des coutumes de la guerre (Supplement au Moniteur Belge), 1.–22. Rapport, Antwerpen (ab Nr. 6: Le Havre) 1914/15.

[17] Vgl. Handausgabe (wie Anm. 6), Bd 1, S. 49.

[18] Ebd., S. 394.

[19] (Gemeinsamer) Befehl, betreffend Auferlegung einer Kriegskontribution (des Oberbefehlshabers der IV. Armee und des Generalgouverneurs) vom 8./10.11.1915, ebd., S. 336.

[20] Vgl. Verordnung des Generalgouverneurs in Belgien und der Oberbefehlshaber der IV. und der VI. Armee betreffend Auferlegung einer Kriegskontribution vom 20.11.1916, in: Einführung in die Tätigkeit der Bankabteilung (wie Anm. 11), Anhang, S. 154.

[21] Vgl. Verwaltungsbericht der Reichsbank für das Jahr 1916. Vorgelegt in der Generalversammlung am 31. März 1917, Berlin o.J. (1917), S. 68f.; Walther Lotz, Die deutsche Staatsfinanzwirtschaft im Kriege, Stuttgart usw. 1927, S. 121f.

[22] Vgl. Die Reichsbank 1901–1925, Berlin 1925, S. 85ff.

[23] Vgl. Zilch, Besatzungspolitik (wie Anm. 1), S. 392ff.

[24] Vgl. den Militärischen Befehl des Generalgouverneurs, betreffend Regelung der Beschlagnahme und der Behandlung abzutransportierender Massengüter vom 25.2.1915, in: Einführung in die Tätigkeit der Bankabteilung (wie Anm. 11), Anhang, S. 160.

[25] Zit. nach Erwin Hirschfeld, Der Rechtszustand Belgiens nach einjähriger deutscher Besetzung. Kurze Darstellung mit den wesentlichen Rechtsquellen, Berlin 1915, S. 2, Anm. 2.

[26] Verwaltungsbericht des Verwaltungschefs bei dem Generalgouverneur in Belgien für das Halbjahr Februar–Juli 1916. Anlage 1–10, Berlin 1916, S. 25.

27 Vgl. La Banque Nationale de Belgique sous l'Occupation Allemande 1914—1918. Rapport au Roi, Brüssel 1918, S. 29; Henry L. Shepherd, The Monetary Experience of Belgium, 1914—1936, Princeton, London, Oxford 1936, S. 10.

28 Vgl. Société Générale de Belgique (Brüssel), Archiv, Compte Rendu der Société Générale de Belgique, Anneé 1915, S. 24. — Ich danke der Direktion der Société Générale de Banque (Brüssel), speziell Herrn Philippe Puissant Baron Baeyens, sowie Mdm. Wybo von der Public Relations-Abteilung, für die Zurverfügungstellung von Materialien aus dem historischen Archiv der Bank.

29 Vgl. Public Record Office, London (PRO), Bestand: Foreign Office (FO) 369, 1916, Nr. 1483, o.p., Vorgang 689 »Currency in Belgium«, Bericht des Bureau Interallié Mission belge vom 27.3.1916, Kopie, in: Information from Belgian Mission as to circulation of marks (mschr.).

30 Wild von Hohenborn, Briefe und Tagebuchaufzeichnungen (wie Anm. 16), S. 136, Tagebuchnotiz vom 20.2.1916.

31 Bundesarchiv Koblenz (BA), Bestand NL 171: Nachlaß Friedrich E.M. Saemisch, 22, Bl. 10, Tagebuchnotiz vom 2.9.1916 (hschr.). Saemisch war (Kriegs-)Hilfsreferent im Reichsschatzamt.

32 Vgl. Reinhold Zilch, Die Memoranden Karl Helfferichs vom 28. und 29. August 1914 über die finanzielle Unterdrückung und Ausplünderung Belgiens, in: Jahrbuch für Wirtschaftsgeschichte (Berlin), 1980, IV, S. 193—212.

33 BNdB, Vd (wie Anm. 12), Mappe »Guerre 1914—1918. Transfert des marks«, inliegend Mappe »Premier discussions. Fev. — Mars — Avril 1916«, o.p., »Conversation du 4 Avril au matin, entre Mr le Comte Pocci et Mr le Directeur Lepreux« (mschr.).

34 Vgl. BA, NL Saemisch (wie Anm. 31), 222, Bl. 1—89, Schreiben an den Generalgouverneur (Abschrift) (mschr. vervielf.).

35 BNdB, Vd (wie Anm. 12), Mappe »Guerre 1914—1918. Tranfert des marks«, inliegend Mappe »Note du Comte Pocci 27 Juni 1916«, o.p., »Persönliche Mitteilung an die Herren J. Jadot, O. Lepreux, Hautain« (mschr. — Titel als eigenhändiger Zusatz Poccis mit Datum vom 27.6.1916«. Auszugsweise in französischer Übersetzung in La Banque Nationale (wie Anm. 27), S. 44f.

36 Vgl. The Letters and Journal of Brand Whitlock, ed. by Allan Nesins. Bd 2: The Journal, New York, London 1936, S. 280, Tagebuchnotiz vom 11.7.1916.

37 Vgl. PRO, FO 368, 1916, Nr. 1483, o.p. Vorgang 689 »Currency in Belgium«, Schreiben des britischen Vertreters bei der belgischen Exilregierung in Le Havre, Lord Kilmarnock, an das FO, Sir Edward Grey, vom 25.8.1916, Anlage.

38 Vgl. La Banque Nationale (wie Anm. 27), S. 45; L'administration de la Banque (Nationale de Belgique) et ses gouverneurs, 1850—1950, o.O. (Brüssel 1950), S. 5.

39 PRO, FO 368, 1916, Nr. 1483, o.p., Vorgang 689 »Currency in Belgium«, Schreiben an das FO, Sir Edward Grey, vom 25.8.1916 (mschr.); Aktennotizen vom 30.8.1916 sowie undat. von dritter Hand (hschr.).

40 Vgl. die Gesprächsnotizen von Friedrich Saemisch (vgl. Anm. 31) in dessen »Merkbuch«, in: BA, NL Saemisch 82, Bl. 67—72 Rs, ohne Datum (nach dem 23.8.1916).

[41] Vgl. den Protokollauszug in: La Banque Nationale (wie Anm. 27), S. 45f. Ferner das Protokoll des Conseil général vom gleichen Tag, in: BNdB, Vd (wie Anm. 12), Mappe »Guerre 1914—1918. Transfert des marks«, inliegend Mappe »Négociations dernier semaine Aout 1916. Ouvert l'ultimatum«, o.p. Es liegen hier zwei mschr. Exemplare, davon ein mschr. mit hschr. Korrekturen, die aber nicht alle in das zweite Exemplar übernommen worden sind.

[42] Vgl. den Text des Ultimatums (mschr., mit hschr. hinzugefügten französischen Übersetzungen einzelner Wörter) ebd., Mappe »Guerre 1914—1918. Transfert des marks«, inliegend Mappe »Ultimatum 3 Septembre 1916«, o.p. Eine französische Übersetzung in La Banque Nationale (wie Anm. 27), S. 46f. — Zu den zwei vom Generalgouvernement genehmigten belgischen Delegationen zur Exilregierung in Le Havre vgl. Zilch, Besatzungspolitik (wie Anm. 1), S. 134ff.

[43] Errechnet aus der belgischen Angabe, daß bis zum 21.9.1916 insgesamt Noten für 517 Mio. M abtransportiert wurden (vgl. PRO, FO 368, 1916, Nr. 1483, o.p., Vorgang 689 »Currency in Belgium«, Schreiben des britischen Vertreters bei der belgischen Exilregierung in Le Havre, Lord Kilmarnock, an das FO, Sir Edward Grey, vom 21.9.1916,(mschr.).

[44] Vgl. Rückfluß deutschen Papiergeldes aus Belgien, in: Berliner Tageblatt, Nr. 480 vom 19.9.1916, Handels-Zeitung, 2. Beibl. Vgl. ferner die Bestätigung des Schreibens der Reichsbank an die Nationalbank vom 15.9.1916 über den Empfang der ersten Sendung in der Rückantwort der Nationalbank vom 19.9.1916, in: BNdB, Vd (wie Anm. 12), Mappe »Guerre 1914—1918. Transfert des marks«, inliegend Mappe »Ultimatum 3 Septembre 1916«, o.p. (mschr., Durchschlag).

[45] Vgl. La Banque Nationale (wie Anm. 27), S. 50. Von den 1,5 Mrd. M gehörten 1,23 Mrd. M dem Notenausgabedepartement, vgl. Valery Janssens, Le Franc Belge. Un siècle et demi d'histoire monétaire, O.O. (Brüssel 1976), S. 160.

[46] Die gesperrten Guthaben, Ende 1917 rd. 686 Mio. M, »kamen«, in den Worten Karl v. Lumms, »für das Reich der Aufnahme einer Zwangsanleihe [...] gleich« (Bundesarchiv, Außenstelle Potsdam, Reichswirtschaftsministerium 869, Bl. 23, S. 8: »Die finanzielle und wirtschaftliche Ausnutzung der besetzten Gebiete in Belgien durch das Deutsche Reich«, streng geheime Denkschrift Lumms vom 30.11.1917, 3. Ex., mschr. vervielf.).

[47] Ebd., Bl. 23, S. 78.

[48] Vgl. Louis Frank, La stabilisation monétaire en Belgique, Paris 1927, S. 14, Anm. 1.

Gerald D. Feldman

Kriegswirtschaft und Zwangswirtschaft: die Diskreditierung des »Sozialismus« in Deutschland während des Ersten Weltkrieges*

Die Ereignisse der letzten Jahre in Mittel- und Osteuropa und auch im Westen haben eindeutig bewiesen, daß das 20. Jahrhundert keinesfalls zum Jahrhundert des Sozialismus geworden ist, von dem die Sozialisten träumten, auch nicht zum Jahrhundert der staatlichen Planwirtschaft, das die Technokraten prophezeiten. Obwohl staatliche Eingriffe in die Wirtschaft, die Steuerung der Währung, der Wohlfahrtsstaat und diverse Formen des Korporativismus in den kapitalistischen Gesellschaften während unseres Jahrhunderts zweifellos zunahmen, gab es nach dem Ersten Weltkrieg und in jüngerer Zeit starke Impulse zur Deregulierung, zum Abbau staatlicher Kontrolle und sogar zu sozialer Demontage. Ohne Zweifel hat der Kapitalismus einen höheren Organisationsgrad erreicht; ob es jedoch sinnvoll ist, von einem »organisierten Kapitalismus« zu sprechen, muß dahingestellt bleiben[1]. Natürlich darf man die Diskreditierung des Sozialismus keinesfalls mit der Rechtfertigung des Kapitalismus verwechseln, und was »Sozialismus« präzise bedeutet, ist keineswegs leicht zu definieren. Trotzdem darf man behaupten, daß der sogenannte »Sozialismus« (dabei kann der Staat die Mittel der Produktion und der Verteilung tatsächlich besitzen oder er kann in die Produktion und die Verteilung, deren Mittel sich in Privathand befinden, erheblich eingreifen) wiederholt diskreditiert worden ist — vor allem deswegen, weil er sich als völlig unfähig erwies, die Grundbedürfnisse der Verbraucher zu befriedigen.

Deutschland während des Ersten Weltkrieges ist ein besonders eindrucksvolles Beispiel für dieses Phänomen, da die Erfahrungen mit der sogenannten Zwangswirtschaft eine besonders heftige und weitverbreitete Abneigung gegen staatliche Kontrollen erzeugten. Viele Sozialisten und Sozialreformer betrachteten wesentliche Elemente der Zwangswirtschaft jedoch als Schritte, die zum Sozialismus führen oder den Charakter des Kapitalismus zumindest stark verändern würden. Sowohl die Kontrollen als auch die Abneigung dagegen dauerten bis in die Anfangsjahre der Weimarer Republik an und trugen stark dazu bei, daß das neue Regime bei beträchtlichen Teilen der Bevölkerung einen schlimmen Ruf besaß. Der Hauptgrund dafür ist bekanntlich, daß dieses System kläglich scheiterte, und eines der Ziele meiner Abhandlung besteht darin, gewisse Aspekte seines Scheiterns zu untersuchen. Außerdem will ich einige Gedanken dazu vortragen, inwiefern und warum die Diskreditierung des Sozialismus während des Ersten Weltkrieges in Deutschland vielleicht auch dem deutschen Kapitalismus ein gefährliches Erbe hinterließ[2].

I

Wenn man über Sozialismus und Kapitalismus im Deutschland der Kriegsjahre nachdenkt, gilt es zu erkennen, daß der Krieg kein normales wirtschaftliches Milieu darstellt und daß man ihn nicht als objektiven Prüfstein für ein Wirtschaftssystem betrachten kann. Diese Abnormalität der Kriegswirtschaft wurde schon während des Krieges theoretisch erkannt, als der Wirtschafts- und Sozialwissenschaftler Franz Eulenburg seinen Essay »Zur Theorie der Kriegswirtschaft« schrieb[3]. Nach Eulenburg läßt die Kriegswirtschaft zwar die Produktionsweisen, die Eigentumsverhältnisse und das Gewinnstreben unangetastet, erzeugt jedoch erhebliche Veränderungen und Störungen in der Volkswirtschaft.

Die erste dieser Störungen betrifft den Güterkonsum: Die Bestimmung der Nachfrage durch den privaten Konsum, sofern die Kaufkraft vorhanden ist, wird ersetzt durch die Nachfrage einer Kriegsmaschine, deren Merkmale von denen des privaten Konsumenten völlig abweichen. Im Gegensatz zum privaten Konsumenten, der produzieren muß, damit er konsumieren kann, produziert der militärische Konsument nichts. Ferner verläuft der private Güterkonsum gemächlich und einigermaßen vorhersehbar und gestattet deshalb die angemessene und rechtzeitige Erneuerung des Produktionsapparates. Dagegen verbraucht der militärische Konsument die Güter praktisch so rasch, wie er sie bekommt, und kümmert sich wenig um die Erneuerung des Produktionsapparates. Selbst wenn der für militärische Zwecke produzierende Fabrikant seine Preise nicht erhöht, erzielt er wegen der Schnelligkeit des militärischen Verbrauchs höhere Gewinne und kann daher eine raschere Abschreibung seiner Fabrik und seiner Maschinen rechtfertigen. Man bemüht sich zwar, diese Situation zu verbessern, indem man systematisch Rohstoffe und Arbeitskräfte einzusparen sucht; aber diese Bemühungen können niemals den gigantischen Güterverbrauch im

Krieg ausgleichen und nützen daher nie so viel wie ähnliche Bemühungen in einer zyklischen Flaute während Friedenszeiten. Der militärische Konsum geht naturgemäß auf Kosten des privaten Konsums, der sowohl quantitativ als auch qualitativ abnimmt. Ein besonders wichtiger Punkt in der Konzeption Eulenburgs ist jedoch, daß die soeben geschilderten Phänomene dynamisch sind, daß das Gleichgewicht zwischen Angebot und Nachfrage nicht einfach auf ein niedrigeres Niveau sinkt, sondern durch die Fortdauer des Krieges langfristig gestört wird, und daß daher eine wachsende nationale Verarmung droht.

Die zweite wichtige wirtschaftliche Störung, die durch die Kriegswirtschaft hervorgerufen wird, betrifft nach Eulenburg den freien Markt und die Preisbildung. Der Zusammenbruch des internationalen Handels und die Isolierung der nationalen Märkte sind schon an sich Faktoren, die das Verhältnis von Angebot und Nachfrage verändern, aber die entscheidende Rolle kommt der sogenannten nachfrageinduzierten Inflation zu: Die vorhandene Kaufkraft jagt hinter einem unzureichenden Angebot kriegswichtiger Güter her. Die für das tägliche Leben notwendigen Güter werden teurer; gleichzeitig steigen Waren minderer Qualität im Preis relativ stärker als diejenigen höherer Qualität. Infolgedessen steigt das Preisniveau allgemein an, und die Kaufkraft des Geldes sinkt. Durch Preiskontrollen kann man solche Entwicklungen dämpfen; treibt man sie jedoch zu weit, dann verschwinden die vorhandenen Waren vom Markt. Selbst wenn die Käufer sich richtig verhalten und sich gut überlegen, bei wem sie einkaufen, und selbst wenn Produzenten oder Händler die Marktlage nicht vorsätzlich zu Wuchergeschäften ausnutzen, entsteht eine Situation, in der »es für die Käufer keine oberste Preisgrenze gibt«[4], falls es um den Erwerb von Kriegsbedarf oder von lebensnotwendigen Artikeln geht:

»Dem Besitzer von gewissen Produktionsmitteln fällt dadurch eine Rente in den Schoß, die [sic] keineswegs mit unrechten Dingen zugeht oder auf unlautere Weise zustande kommt, sondern die einfache Folge der veränderten Marktbildung ist[5].«

Wuchergeschäfte sind nicht ein Auswuchs der Kriegswirtschaft, sondern gehören gewissermaßen zu deren Wesen.

Drittens stört die Kriegswirtschaft das, was Eulenburg den Zirkulationsprozeß nennt, das heißt den Prozeß der Kapitalakkumulation und des Wirtschaftswachstums. Die Produktion geht zurück, weil Arbeitskräfte in großer Zahl aus der Industrie abgezogen und weil die Unterhaltung sowie die Errichtung neuer Fabriken vernachlässigt werden.

Infolgedessen herrscht in der Industrie eine zunehmende Unterkapitalisierung, obwohl bei den Rüstungsbetrieben oder bei Einzelpersonen, die auf dem Markt keine Güter erwerben können, Ersparnisse vorhanden sind. Die Kriegswirtschaft stellt die Ziele des normalen wirtschaftlichen Lebens buchstäblich auf den Kopf:

»Während der Reichtum des Landes aus der Summe der Nützlichkeiten besteht, die zur Förderung der menschlichen Wohlfahrt dienen, ist von den Aufwendungen für den Krieg davon nichts zu spüren[6].«

Das einzige, was diesen Prozeß aufhalten kann, ist die harte Tatsache, daß Kriegswirtschaft »immer nur für eine gewisse Zeit möglich [ist] und aus eigener Erschöpfung aufzuhören [droht]«[7].

Die Geldentwertung ist die letzte Störung, für welche die Kriegswirtschaft ein »experimentum crucis« darstellt. Die Inflation ist für Eulenburg

»nur der äußere Ausdruck für die seitens des Reiches durch Kreditgewährung selbst entwickelte Kaufkraft und Nachfrage [...] Sie ist die Folge der ganzen Schuldenwirtschaft, mit der der Krieg geführt wird[8].«

Sie verschleiert daher das unproduktive Treiben der Kriegswirtschaft, die alle Symptome einer wirtschaftlichen Krise aufweist und trotzdem den Anschein eines wirtschaftlichen Aufschwungs bietet. Neben verminderter Produktivität der Volkswirtschaft und neben Geldentwertung gibt es Vollbeschäftigung und Preissteigerungen. Das sichtbare Symptom der Geldentwertung — steigende Preise — mag sich aus dem weniger deutlichen Phänomen der Papiergeldvermehrung ergeben, aber diese beiden Prozesse brauchen weder hinsichtlich des Tempos noch des Ausmaßes parallel zu verlaufen. Sie hängen davon ab, wie rapid Lieferverträge mit dem Militär abgeschlossen werden und wie deren Folgen sich auf die Verästelungen der verschiedenen Wirtschaftssektoren auswirken. So führt die Bereitschaft der militärischen Gewalt, hohen Preisen zuzustimmen, um die Umstellung auf Rüstungsproduktion zu fördern und ein hohes Niveau der Rüstungsproduktion aufrechtzuerhalten, zu einer ähnlichen Großzügigkeit in bezug auf Rohstoffe und Löhne. Das gestattet den beteiligten Handels- und Industrieunternehmen, nicht nur hohe Preise für ihre Dienste zu verlangen, sondern auch die Gehälter ihrer Beschäftigten zu erhöhen. Die Arbeiter und Angestellten können dann ihre Nachfrage nach Nahrungsmitteln und Konsumgütern, soweit diese verfügbar sind, steigern.

Durch diese Entwicklungen wurden jedoch, wie Eulenburg schon in einer relativ frühen Phase des Krieges feststellen konnte, nicht alle in gleicher Weise begünstigt. Verschiedene Bevölkerungsgruppen waren von der durch den Krieg verursachten Inflation in verschiedener Weise betroffen. Diejenigen, die bereits Fabriken oder Rüstungsbetriebe besaßen, oder die Großgrundbesitzer vermochten gute Gewinne zu erzielen, weil die Preispolitik in der Kriegswirtschaft sich fast durchweg an den Kosten des leistungsschwächsten Produzenten orientierte. Auch gewisse Schichten von Arbeitern — nämlich Facharbeiter, die Güter für den Krieg produzierten —, waren im Vorteil gegenüber denjenigen, die in weniger begünstigten Branchen arbeiteten. In einer weit schlechteren Lage waren die Bezieher fester Einkommen (Beamte, kaufmännische Angestellte, Rentner) und diejenigen, die von ihrem angelegten Kapital lebten. Diese Gruppen wurden »proletarisiert«.

Während diese durch die Kriegsinflation bewirkte Umverteilung einigermaßen deutlich schien, waren deren gesamtwirtschaftliche Auswirkungen weit schwieriger zu erkennen. Der Nominalwert von Grundbesitz — sowohl von Land als auch von Industrieanlagen — stieg offensichtlich enorm; aber das galt auch, wenn man solchen Besitz erwerben oder erneuern wollte. Fest stand jedoch, daß der reale Wert des Volksvermögens während des Krieges sank und somit den Beweis dafür lieferte, daß »die Volkswirtschaft im Kriege verarmen und doch nominell reicher werden [kann]«[9]. Im Grunde behauptete Eulenburg, die Kriegswirtschaft sei potentiell eine Form des volkswirtschaftlichen Selbstmords.

Diese Perspektive ist nicht nur hilfreich, wenn man die Zwangswirtschaft und den Kriegssozialismus betrachtet; sie ist auch nützlich, wenn man die weniger kontrollierten und gewinnbringenderen wirtschaftlichen Sektoren untersucht. Sie verweist auf den hohen Grad wirtschaftlicher und sozialer Anfälligkeit, die der Krieg besonders für diejenigen mit sich brachte, die der Kriegswirtschaft als Hilfstruppen dienen (das heißt Konsumgüter produzieren und verteilen) mußten, damit deren höchstes Ziel — die Produktion von Waffen — erfüllt werden konnte.

II

Die wichtigsten Bereiche, die unter die Rubrik »Hilfstruppen« fielen, waren die Landwirtschaft sowie der Handel mit Lebensmitteln und anderen elementaren Konsumgütern. Die Protektion der deutschen Landwirtschaft vor 1914 auf Kosten des deutschen Verbrauchers war von den Sozialisten und Liberalen unablässig kritisiert worden; die konservativen Gruppen, unter deren Einfluß die Reichsregierung stand, hatten den Protektionismus verteidigt als ein notwendiges Mittel, um die vitalen Interessen des Deutschen Reiches in Krieg und Frieden zu wahren und um zwei seiner wichtigsten »produktiven« Gesellschaftsschichten zu schützen. Was immer auch die Vorzüge des Protektionismus sein mochten, er trug nicht dazu bei, Deutschland in der Vorkriegszeit oder gar nach 1914 auf dem Ernährungssektor unabhängig zu machen. Die Blockade während des Krieges schuf eine Situation, durch die Importe drastisch eingeschränkt wurden, während Mangel an Arbeitskräften, Zugtieren, Maschinen und Düngemitteln die Produktivität der deutschen Landwirtschaft zwangsläufig reduzierte. Das alles wäre bei einer kurzen Kriegsdauer erträglich gewesen, und auf dieser Erwartung basierten die anfänglichen Maßnahmen zur Lösung des Ernährungsproblems. Obwohl der Bundesrat aufgrund des »Ermächtigungsgesetzes« vom 4. August 1914 umfangreiche Vollmachten besaß, die Preise zu kontrollieren und andere Maßnahmen zu ergreifen, ging er bei der Festsetzung von Höchstpreisen, der Kontrolle der landwirtschaftlichen Produktion und der Rationierung der Lebensmittel zögernd und unsystematisch vor. Es entbehrt nicht einer gewissen Ironie, daß die ersten Anstöße dazu von den landwirtschaftlichen Verbänden selbst ausgingen. Deren Führer verlangten, um Spekulationsgeschäfte zu bekämpfen und unerfreulichen politischen Vorwürfen zu entgehen, Ende Oktober 1914 die Festsetzung von Höchstpreisen für Weizen und Roggen und dehnten später diese Forderung auf alle Getreidesorten aus. Sie traten dann weiter für Höchstpreise ein, bis im Frühjahr 1915 die zunehmenden Unterschiede zwischen den von ihnen vorgeschlagenen und den tatsächlich festgesetzten Preisen ihnen zeigten, daß der Druck der Öffentlichkeit die Höchstpreise eher zu einem Werkzeug der Verbraucher- als der Erzeugerinteressen machte[10].

Die Lage der Agrarführer wurde noch peinlicher dadurch, daß sie die von den führenden Vertretern der Kohleindustrie — Hugo Stinnes und Alfred Hugenberg — im September 1914 vorgeschlagene Alternative abgelehnt hatten: die Gründung einer Gesellschaft, die bis zu zwei Millionen Tonnen Weizen aufkaufen sollte, um die Versorgung für das Jahr 1915 zu sichern, indem man die damals auf dem Markt befindliche Menge verringerte und den Verbrauch mittels einer Preiserhöhung reduzierte. Die These von Stinnes und Hugenberg (Stinnes sollte sie fast ein Jahrzehnt lang wiederholen) lautete: Hohe Preise für Nahrungsmittel würden die Versorgung garantieren und könnten notfalls durch Lohnerhöhungen aufgefangen werden. Die Agrarführer lehnten diese These damals ab; sie behaupteten, solche Preise könnten vom unteren Mittelstand nicht bezahlt werden und es werde sich zeigen, daß die von der Landwirtschaft vorgeschlagenen Höchstpreise der Lage am besten angemessen seien. Die Landwirtschaft wurde jedoch immer mehr zum Hauptobjekt der vom Staat kontrollierten Wirtschaft, die man bald als Zwangswirtschaft bezeichnete.

Der Grund dafür war, daß die unsystematischen Maßnahmen in bezug auf die Preise, die Erzeugung und die Verteilung der Lebensmittel erfolglos blieben. Die Bauern sind nie so »rückständig« gewesen, wie städtisch orientierte Historiker behauptet haben. Besonders dort, wo sie ihre Produktionspalette verbreitert hatten (etwa im Rheinland und in Westfalen), reagierten die Bauern rasch auf Marktsignale. Höchstpreise für ein Erzeugnis veranlaßten sie, sich auf ein anderes zu konzentrieren, und wo Höchstpreise für Getreide oder Kartoffeln die Produktion für den Markt weniger rentabel machten, verfütterten sie diese Erzeugnisse an ihr Vieh, bis die Regierung — um die Versorgung der Bevölkerung mit Kartoffeln zu sichern — im Frühjahr 1915 eine große Zwangsschlachtung von Schweinen anordnete. So kam schließlich die gesamte Produktion der deutschen Landwirtschaft unter die Kontrolle der Regierung. Letztere überwachte nicht nur die Preise, sondern auch, wie die landwirtschaftlichen Erzeugnisse verwendet und an welche Kunden sie verkauft wurden. So mußte Weizen an die Kriegsgetreidegesellschaft verkauft werden, die das Monopol für den Verkauf des gesamten deutschen sowie des aus dem Ausland importierten Getreides besaß. Bauernhöfe wurden durchsucht, versteckte oder nicht angemeldete Erzeugnisse beschlagnahmt.

Leider garantierten diese Maßnahmen keineswegs, daß die Bevölkerung der Städte mit den notwendigen Nahrungsmitteln versorgt wurde. Fast alle Maßnahmen erfolgten zu spät. So wurde die Brotrationierung in Berlin erst im Januar 1915 eingeführt — und im übrigen Deutschland noch später. Die Festsetzung der Höchstpreise war in keiner Weise koordiniert; je später daher ein Höchstpreis angeordnet wurde, desto höher war der Preis im Verhältnis zu früher angeordneten Höchstpreisen — und desto mehr verlegten sich die Bauern auf die Produktion von Erzeugnissen, die der Kontrolle zuletzt unterworfen wurden. Vor allem: Spätestens 1916 war nicht nur offenkundig, daß Deutschland eindeutig unter Lebensmittelknappheit litt, sondern auch, daß die landwirtschaftliche Produktion zurückging, weil es an Arbeitskräften, Düngemitteln und Maschinen fehlte. Die Bauern stellten fest, daß ihre Gewinnspanne unzureichend war, und empfanden eine wachsende Abneigung gegen die Zwangswirtschaft, während die städtische Bevölkerung über die unzureichende Versorgung und die hohen Preise klagte. Infolgedessen nahm der Schwarzmarkt zu, besonders in denjenigen Gebieten, wo die städtische Bevölkerung leicht aufs Land fahren und direkt beim Erzeuger einkaufen konnte. Ende Mai 1916 versuchte man die Klagen über das Chaos der Verordnungen und die Unzulänglichkeiten der Güterverteilung zu beschwichtigen, indem man ein Kriegsernährungsamt schuf. Diese neue Behörde sollte die Versorgung mit Lebensmitteln zentral lenken und zugleich sicherstellen, daß diejenigen, die in der Rüstungsindustrie schwere Arbeit leisteten, genügend Nahrung erhielten. Die tatsächliche Lebensmittelknappheit sowie die Folgen früherer Maßnahmen führten leider dazu, daß das neugeschaffene Amt nur beschränkte Möglichkeiten besaß, die Lage zu verbessern oder die wachsende Feindschaft zwischen Stadt und Land abzubauen. Gleichzeitig erzeugte die Festlegung besonderer Kategorien von Schwer- und Schwerstarbeitern, die Anspruch auf Lebensmittelzulagen hatten, Spannungen innerhalb der Arbeiterschaft sowie zwischen den Fabrikarbeitern und anderen Verbrauchern[11].

Gewiß konnte niemand optimistische Erwartungen hegen, was die Auswirkungen der gegen die Bauern angewandten Maßnahmen betraf. Es war unmöglich, die Bauern »aufzuklären«, besonders angesichts der zwangsläufig immer drastischeren Mittel, mit denen man sie zur Räson bringen wollte. Die oft erfolgreichen nächtlichen »Revisionen« kleiner Mühlen oder Bauernhöfe, um falsche Produktionsberichte zu überprüfen oder versteckte Vorräte aufzuspüren, riefen »bei der Landbevölkerung viel Erbitterung hervor«, und der Einsatz von Spitzeln führte zwar zu zahlreichen Anzeigen von verbotenen Rinder- und Schweineschlachtungen, wirkten aber »auf der anderen Seite vergiftend und demoralisierend«; es erschien den Behörden daher »zweifelhaft, ob die Vorteile die Nachteile überwiegen«[12]. Alle staatlichen Versuche, die Lebensmittelversorgung zu kontrollieren, führten — und das hing auch mit ungeschicktem Vorgehen von Kontrolleuren zusammen — unfehlbar dazu, daß bei den Bauern die Abneigung gegen das »Aktionsprogramm zum Schutz der Verbraucher« (»affirmative action program for the customers«, wie es der amerikanische Historiker Robert Moeller nannte) wuchs.

Sogar die tiefverwurzelte bäuerliche Achtung vor dem Heer wurde untergraben, als man im Frühjahr 1918 Soldaten aufs Land schickte, um Futter für militärische Zwecke zu beschlagnahmen und es damit den Zugtieren der Bauern wegzunehmen. Auch die Landarbeiter, die sowieso schon knapp waren, wurden demoralisiert. Sie konnten zwar nicht wie ihre Kollegen in der Industrie streiken, um höhere Löhne oder kürzere Arbeitszeiten zu erkämpfen; aber sie konnten sich einfach »krank« melden, und das begannen sie zu tun[13]. Diese Reaktion gefährdete eine Ernte, die sowieso fremde Menschen holen würden, um fremde Menschen zu ernähren — und das zu Preisen, die den Bauern inakzeptabel erschienen. Aus der Sicht der Bauern war die Haltung der Arbeiter und der Behörden reine Heuchelei. Mit dem geheimen Einverständnis, ja sogar mit Billigung der Behörden wurden die Arbeiter durch große Firmen und Gemeinden aus dem Schwarzmarkt versorgt. Ein Bericht vom Oktober 1918 vermerkt, daß die Arbeiter

> »einerseits als Prinzip die rücksichtslose Niederkämpfung des Schleichhandels, auch bei der Großindustrie, verlangen, auf der anderen Seite aber die Vorteile der Schleichversorgung durch die Werke gern genießen und die Bedingung stellen, daß die Versorgung der Arbeiterschaft infolge der Schleichhandelsbekämpfung unter keinen Umständen zurückgehen darf[14].«

Nicht nur die Bauern litten unter den Kontrollen, denen die Preise und die Verteilung der Lebensmittel und anderer lebensnotwendiger Güter unterlagen. Mit dem Krieg begann ein schlimmes Jahrzehnt für den deutschen Einzelhändler. Schon im Juli 1914 kam es zu offensichtlichen Panikkäufen seitens der Verbraucher, und zweifellos nutzten manche Einzelhändler diese Situation aus — sie erhöhten die Preise und hielten gleichzeitig ihre Waren in Erwartung höherer Preise zurück. Es dauerte nicht lange, bis sich die Öffentlichkeit darüber empörte und die Behörden dagegen einschritten. Die behördlichen Maßnahmen schufen jedoch oft mehr Probleme als sie lösten, und zwar deshalb, weil sie bezeichnenderweise dezentralisiert waren. Höchstpreise und Bestimmungen gegen spekulative Warenzurückhaltung wurden erlassen von den mehr als 20 Stellvertretenden Kommandierenden Generalen, die nach dem preußischen Belagerungszustandsgesetz vom 4. Juni 1851 für die innere Sicherheit verantwortlich waren, oder von den Landes-, Kreis- und Ortsbehörden, die nach dem Höchstpreisgesetz vom 4. August 1914 dazu befugt waren. Wie zu erwarten, erwiesen sich isolierte Höchstpreise als ein primitiver Lösungsversuch für ein komplexes Problem, der die Lage noch verschlimmerte, zumal dahinter mittelalterliche Vorstellungen vom gerechten Preis zu stehen schienen. Die Waren wanderten in solche Gebiete, in denen keine Kontrollen bestanden oder in denen diese einigermaßen erträglich waren. Deshalb setzte der Bundesrat für wichtige Güter des täglichen Bedarfs schrittweise einheitliche Höchstpreise fest; bis zum Jahresende 1916 betrug die Zahl dieser Güter 763. Das Ergebnis war gleichwohl nicht sehr befriedigend; denn die kontrollierten Güter wurden entweder auf dem Schwarzmarkt verkauft, in Geschäften als »Auslandsware« angeboten oder so verpackt beziehungsweise bearbeitet, daß sie zu einem höheren Preis verkauft werden konnten[15].

In dem Streit mit den Einzelhändlern ging es jedoch nicht primär um die Höchstpreise, sondern um die Verordnung des Bundesrates vom 23. Juli 1915 gegen übermäßige Preissteigerung, die sogenannte Kriegswucherverordnung. Indem man den Begriff des »übermäßigen Gewinnes« einführte, erhielt man einen flexibleren Maßstab als die Höchstpreise. Die Verordnung definierte Wucher nicht als Überschreitung eines festgesetzten Höchstpreises, sondern als Erzielung eines »übermäßigen Gewinnes« beim Verkauf von »Gegenständen des täglichen Bedarfs«. Die Gerichte legten das so aus, daß »niemand an seinen Waren mehr als im Frieden verdienen solle«[16]. Wer gegen diese Bestimmungen verstieß, wurde mit einer Geld- oder sogar einer Gefängnisstrafe bedroht; ebenso diejenigen, die den Markt zu manipulieren suchten, indem sie Waren aus spekulativen Gründen zurückhielten oder »andere unlautere Machenschaften« vornahmen. Theoretisch mögen diese Bestimmungen ein Fortschritt im Kampf gegen den Wucher — beziehungsweise (mit ihrem Verbot des spekulativen Warenaufkaufs) eine Rückkehr zu der »moralischen Wirtschaftsweise« (»moral economy«) einer vergangenen Epoche — gewesen sein; in Wirklichkeit schufen sie eine ganze Reihe neuer komplizierter Probleme, da nur Sachverständige beurteilen konnten, welcher Preis und welcher Gewinn für die zahllosen Güter des Marktes angemessen war.

Das gehörte zu den Aufgaben der Preisprüfungsstellen, die man aufgrund eines Erlasses vom 25. September 1915 errichtete. Diese sollten die den örtlichen Verhältnissen angemessenen Preise ermitteln, die zuständigen Stellen bei der Überwachung des Handels unterstützen, Vorschriften für den Einzelhandel erlassen und die Bevölkerung über die Preisentwicklung aufklären. Alle Gemeinden mit mehr als 10000 Einwohnern mußten solche Preisprüfungsstellen einrichten; sie sollten zur einen Hälfte aus Erzeugern, Großhändlern und Einzelhändlern, zur anderen Hälfte aus unabhängigen Sachverständigen und Verbrauchern bestehen und von einem unparteiischen Vorsitzenden geleitet werden. Der Erlaß sah auch die Schaffung von Preisprüfungsstellen auf Bezirks-, Provinzial- und Landesebene vor. Die Spitze bildete bis zum Herbst 1916 die zentrale Reichsprüfungsstelle für Lebensmittelpreise in Berlin. Dann gliederte man sie in die Volkswirtschaftliche Abteilung des Kriegsernährungsamtes ein. Um diese Zeit gab es in Deutschland über 1000 Preisprüfungsstellen; die wichtigsten und aktivsten lagen in den Industriegebieten.

Die erwähnten gesetzlichen Maßnahmen waren keineswegs die einzigen wichtigen Verordnungen über den Verkauf von Lebensmitteln und anderen lebensnotwendigen Gütern, die während der ersten Kriegsjahre erlassen wurden. Es gab Verordnungen über den Aushang von Preisen in Einzelhandelsgeschäften und über die äußere Kennzeichnung von Verpackungen. Besonders wichtig war eine Verordnung, welche die Eröffnung eines Handels mit Gegenständen des täglichen Bedarfs nur unter bestimmten Voraussetzungen erlaubte. Andere Verordnungen schlossen nicht nur diejenigen vom Handel mit Gegenständen des täglichen Bedarfs aus, die gegen die geltenden Vorschriften verstießen, sondern auch diejenigen, die Kettenhandel betrieben, das heißt, eine unnötige Zahl von Zwischenhändlern in den Warenumlauf einschoben — mit dem Ziel oder der Wirkung einer Preiserhöhung.

Diese Flut von Maßnahmen und Vorschriften war eine Reaktion auf die wachsende Spannung zwischen Verbrauchern und Einzelhändlern, die neben der bereits erwähnten Spannung zwischen Stadt- und Landbevölkerung bestand. Der Bauer besaß jedoch den Vorteil, daß er vom Verbraucher durch eine gewisse räumliche Distanz getrennt war; außerdem konnte er seine Verfehlungen besser vertuschen. Der Einzelhändler dagegen lebte mitten unter seinen Kunden, und sein Geschäft war der Ort, an dem der Verbraucher mit den Realitäten der Warenknappheit und der Preiserhöhungen unmittelbar konfrontiert wurde. Der Ladenbesitzer und der Großhändler waren deshalb die Zielscheiben direkter Feindschaft und Verdächtigung.

Diese Feindschaft wurde außerdem institutionalisiert. Ende 1914 schlossen sich zahlreiche Arbeiter-, Angestellten- und Beamtenorganisationen mit verschiedenen Hausfrauenorganisationen zum Kriegsausschuß für Konsumenteninteressen zusammen, der später mit anderen Verbrauchergruppen eine Arbeitsgemeinschaft der Verbraucherorganisationen bildete. Seinem Vorstand gehörten bekannte Sozialdemokraten an: der Reichstagsabgeordnete Robert Schmidt, der aus der Gewerkschaftsbewegung kam, August Müller, der Präsident der Konsumgenossenschaften, und Siegfried Aufhauser, der Chef des sozialistischen Bundes der technischen Beamten. Andere Vorstandsmitglieder waren der katholische Gewerkschaftsführer Johann Giesberts, die liberale Frauenrechtlerin Dr. Gertrud Bäumer sowie die beiden Professoren Waldemar Zimmermann und Ernst Francke, zwei prominente Sozialreformer. Francke und seine Gesellschaft für soziale Reform waren bekannt durch ihre Beratung ziviler und militärischer Behörden, und August Müller wurde im Mai 1916 in den Vorstand des Kriegsernährungsamtes berufen. Der Kriegsausschuß für Konsumenteninteressen war daher in einer guten Position, um einerseits auf die Regierung und die Preisprüfungsstellen einzuwirken, andererseits die Öffentlichkeit zu informieren und seinen Standpunkt zu propagieren. Die letzte Aufgabe übernahm das Mitteilungsblatt »Verbraucherwirtschaft im Kriege«, das 1916 zweimal wöchentlich erschien und auch die Presse mit Material versorgte.

Der Inhalt einer Ausgabe dieser zweiseitigen Publikation ist ein gutes Beispiel für die Ziele und den Stil der organisierten Verbraucherpropaganda. Die Ausgabe vom 24. November 1916 enthielt acht Artikel[17]. Der erste berichtete über eine Petition an das Kriegsernährungsamt, die Höchstpreise für Pferdefleisch forderte; dieses sei wegen der Knappheit anderer Fleischsorten sehr gesucht, besonders von denen, die schwere Arbeit leisteten; weil jedoch keine Höchstpreise existierten, sei der Preis ungeheuer gestiegen und betrage oft das Fünffache des Friedenspreises. Der zweite Artikel kritisierte die jüngsten Lebensmittelbeschlagnahmungen in den Berliner Bahnhöfen und Postämtern; offenbar handelte es sich um Waren, die Bauern an ihre Verwandten in der Stadt geschickt hatten. Die Verfasser des Artikels meinten, das Bemühen um gleiche Lebensmittelrationen sei zwar löblich; sie erinnerten ihre Leser jedoch daran, daß die Empfänger der Pakete keineswegs nur reiche Familien seien, sondern oft solche, die schlimm unter der Notlage litten, und daß man, da normalerweise die Bauern ihre Überschüsse nie freiwillig herausrücken würden, ihren Import in die Städte eher mit Zustimmung betrachten sollte.

Die folgenden Artikel waren schroffer im Ton. Einer griff die Stadt Nürnberg hart an, weil sie ihre Bemühungen, die Wurstproduktion zu zentralisieren, aufgab, nachdem die Fleischhändler vorsätzlich minderwertiges Fleisch geliefert hatten, um zu beweisen, daß gute Wurst nur von Fleischerfachgeschäften hergestellt werden könne. Ein weiterer Artikel kritisierte die zu milde Bestrafung eines Konservenherstellers, dessen Fleischprodukte nur 10 Prozent Fleisch enthielten und der seine täglichen Produktionskosten um 240 Mark zu hoch angegeben hatte. Er war lediglich zu einer Geldstrafe von 4000 Mark verurteilt worden — eine Summe, die seinem ungerechten Gewinn innerhalb von 17 Tagen entsprach. Ferner befaßten sich die Redakteure mit einem besonders wichtigen Anliegen: mit den Argumenten derjenigen, die behaupteten, Preiserhöhungen seien das beste Mittel, um die Bauern zur Einhaltung der Vorschriften zu bewegen. Die Verfasser äußerten die Hoffnung, der jüngste Appell des Generalfeldmarschalls v. Hindenburg an die Bauern, ihre Pflicht zu erfüllen, möge dadurch unterstützt werden, daß man nicht länger für Preiserhöhungen eintrete.

Es folgten zwei Artikel, die ein anderes den Verbraucher bewegendes Thema aufgriffen: die Tatsache, daß gewisse Güter vom Markt verschwanden und daß andere nur zu extrem hohen Preisen zu bekommen waren. Die Verfasser wollten wissen, warum Speiseöl monatelang nicht erhältlich gewesen war und warum es plötzlich zu astronomischen Preisen wiederauftauchte. Nachdem die Vollmilch vom Markt verschwunden war, wollten sie auch wissen, was mit der Magermilch passierte, mit der das Volk rechnete. Wurde sie zu Käse verarbeitet, um den Gewinn zu steigern, oder wurde sie an das Vieh verfüttert? Die Ausgabe schloß mit einem langen Gedicht »Für das Poesiealbum des Wucherers«, in dem es am Schluß hieß, die Wucherer seien schlimmere Landesfeinde als alle Russen, Briten und Franzosen zusammen.

Solche poetischen Gedankenflüge wie auch Artikel von der soeben beschriebenen Art waren während des ganzen Krieges in den Zeitungen der Städte und der Gewerkschaften zu lesen. Es war deshalb kein Wunder, daß die Einzelhändler sich ständig in die Defensive gedrängt fühlten. In den ersten Kriegsmonaten behaupteten sie, die Preiserhöhungen seien großenteils durch Aufkäufe der Heeresverwaltung und Panikkäufe der Städte verursacht. Zunächst etwas zaghaft, dann immer heftiger kritisierten sie die Einkaufspolitik der Städte; diese — so behaupteten sie — kauften oft Vorräte von minderwertigen Lebensmitteln zu überhöhten Preisen und verursachten dadurch eine Situation, in der die Einzelhändler als Wucherer erschienen, weil sie für höherwertige Produkte höhere Preise verlangten. Sie argumentierten, mit durchaus plausiblen Gründen, die Städte hätten besser und billiger einkaufen können, wenn sie sich des Rates erfahrener Händler bedient hätten; aber am hartnäckigsten behaupteten sie, vom Beschaffen und Verkaufen von Lebensmitteln verstünden sie schließlich mehr als die städtischen Behörden. Gleichzeitig wiesen sie darauf hin, daß die Städte selbst den Aufstieg von Wucherern gefördert hätten, indem sie neuen Personen, die infolge des Krieges ihre bisherige Beschäftigung hatten aufgeben müssen, die Eröffnung von Einzelhandelsgeschäften gestatteten. Schließlich bestritten die Einzelhändler, daß es ihren alten Konkurrenten, den Konsumgenossenschaften, besser gelinge, Lebensmittel zu beschaffen und die Preise niedrig zu halten. Sie waren empört darüber, daß die Behörden die Konsumgenossenschaften immer mehr zu bevorzugen schienen[18].

Am meisten schmerzte die Einzelhändler jedoch, daß gerade sie nicht nur von der Öffentlichkeit abgelehnt, sondern auch von den Behörden regelrecht schikaniert wurden. Für diesen einst angesehenen Teil des Mittelstandes war es eine völlig neue Erfahrung, zunehmend kriminalisiert zu werden. Leider gab es vieles, was einen wachsenden Verfolgungswahn der Einzelhändler rechtfertigte. So erließ im Juli 1915 der Stellvertretende Kommandierende General des Ersten Bayerischen Armeekorps eine Verordnung, die jedem mit einem Jahr Gefängnis drohte, der Lebensmittel zu »unangemessen hohen« oder »ungerechtfertigt hohen« Preisen anbot oder kaufte. Die gleiche Strafe drohte jedem, der Lebensmittel »ohne ausreichenden Grund« zurückhielt. Der Stellvertretende Kommandierende General in Münster, Egon Frhr. v. Gayl, schlug begeistert vor, diese Verordnung zu übernehmen — mit einigen zusätzlichen eigenen Ideen: Wer aufgrund dieser Verordnung verurteilt wurde, sollte die Kosten für die Veröffentlichung des Urteils in drei vom Gericht zu bestimmenden Zeitungen tragen. Kein Wunder, daß die Handelskammer Münster gegen die geplante Verordnung lautstark protestierte. Sie wies darauf hin, daß der Wortlaut unklar sei. Im schlimmsten Falle fördere die Verordnung das Denunziantentum; im besten Falle müßten Einzelhändler um den Verlust ihrer Freiheit und ihres guten Rufes bangen. Tatsächlich brachte die Verordnungsflut die Einzelhändler in zahllose Schwierigkeiten. Die Verordnung über das Aushängen von Preistafeln in Einzelhandelsgeschäften schien zwar durchaus vernünftig zu sein, aber sie veranlaßte Verbrauchergruppen, Preise ohne Rücksicht auf Qualitätsunterschiede zu vergleichen und Einzelhändler anzuzeigen. Diese wurden ohne Voruntersuchung vor Gericht gestellt, und

»auch in Fällen, wo [...] Freisprechung erfolgt, ist doch schon die Klageerhebung geeignet, nicht nur den Kleinhändler in seiner Ehre zu kränken und zu verbittern, sondern auch ihn in den Augen der Verbraucher als mit einem Makel behaftet erscheinen zu lassen, was sich selbstverständlich in seinem Geschäft bemerkbar machen und seine wirtschaftliche Existenz ungünstig beeinflussen wird«[19].

Bemühungen von Einzelhandelsorganisationen, bei den Behörden zu erreichen, daß diejenigen, die in den Zeitungen Wucher anprangerten, gezwungen würden, die tatsächlich gemeinte Gruppe — Erzeuger, Großhändler oder Einzelhändler — zu nennen, und daß erst nach einer unabhängigen Untersuchung durch die Handelskammer Anklage erhoben werde, stießen bei General v. Gayl auf schroffe Ablehnung: Die Zeitungen seien konsequent bestrebt, den Interessen der Bevölkerung zu dienen, und man könne ihnen nicht verbieten, die Auswüchse im Lebensmittelhandel, sofern diese tatsächlich aufgetreten seien, anzuprangern[20].

Im Laufe des Jahres 1916 alarmierte eine neue, besonders schmerzliche Entwicklung die Einzelhändler: Manche großen Industriebetriebe gingen dazu über, Lebensmittel aufzukaufen und sie dann zu einem billigeren Preis an ihre Arbeiter abzugeben. Das bedrohte nicht nur die wirtschaftliche Existenz der Einzelhändler, indem es sie geschäftlich schädigte, sondern verstärkte auch den Eindruck, daß die Preise des Einzelhandels überhöht seien. Besonders empört waren die Einzelhändler über den Mangel an Solidarität; sie meinten, die Unternehmer hätten allen Grund, sich mit anderen Unternehmern zu verbünden, um ihre Unabhängigkeit zu verteidigen und aufrechtzuerhalten gegen staatssozialistische Bestrebungen, die sich allenthalben breit machten[21]. Aber die Lage wurde nur schlimmer, und der Kampf gegen den Wucher war noch komplizierter als der Kampf gegen den Schwarzmarkt, der beträchtlich dazu beitrug, daß der Respekt vor dem Gesetz und der Obrigkeit während des Krieges zusammenbrach. Als der Leiter der sächsischen Preisprüfungsstelle, Professor Obst, im Dezember 1917 auf die Tätigkeit dieser Behörde während der abgelaufenen zwei Jahre zurückblickte, kam er zu der betrüblichen Schlußfolgerung: »Der Ertrag entspricht nicht der geleisteten Arbeit[22].« Schuld daran waren nach seiner Auffassung einerseits die unglücklichen Formulierungen des geltenden Rechts, andererseits die Profitgier von Handel und Industrie und deren Abneigung gegen die Preisprüfungsstellen. In der Folgezeit wurden zwar die Formulierungen des geltenden Rechts abgeändert (am 8. Mai 1918 erschien die Preistreibereiverordnung, eine revidierte Fassung der Kriegswucherverordnung vom 23. Juli 1915); aber die primären Ursachen der Spannungen wurden dadurch keineswegs beseitigt, und in Wirklichkeit erzeugten die neuen Verordnungen zahllose neue Probleme.

Die Verordnung vom Juli 1915 suchte für den Gewinn ein »gerechtes« oder »angemessenes« Kriterium festzulegen und stellte denjenigen unter Strafe, der »für Gegenstände des Kriegsbedarfs oder des täglichen Bedarfs Preise fordert, die unter Berücksichtigung der gesamten Verhältnisse, insbesondere der Marktlage, einen übermäßigen Gewinn enthalten«[23]. Die fundamentale Inkonsequenz sowohl der alten als auch der neuen Verordnung bestand darin, daß sie für Händler das Prinzip des privaten Gewinns beibehielten, gleichzeitig aber die Definition des gerechtfertigten Gewinns den Behörden übertrugen. Die Prinzipien, nach denen eine solche Definition vorgenommen werden sollte, waren alles andere als klar; infolgedessen entstand eine außerordentliche Verwirrung und eine wachsende Unsicherheit hinsichtlich der tatsächlichen Rechtslage. Die Händler waren verständlicherweise daran interessiert, den Bereich der kontrollierten Produkte möglichst einzuschränken; aber nicht nur die diversen Preisprüfungsstellen, sondern auch die Gerichte neigten dazu, die Liste der kontrollierten Waren extrem zu erweitern. So wandte sich im April 1918 der Deutsche Spielwarenverband an alle Handelskammern des Reiches, um sich darüber zu beschweren, daß nicht nur Spielzeug, sondern sogar Christbaumschmuck unter die Wucherverordnungen falle[24].

Wie zu erwarten war, verursachte die Definition eines »angemessenen Gewinnes« größtes Kopfzerbrechen. Gemeinhin definierte man diesen als die Betriebsunkosten, zu denen auch der Unternehmerlohn und manchmal sogar eine sogenannte Risikoprämie zählte. Den Reingewinn definierte man als die Differenz zwischen diesen Unkosten und dem Verkaufspreis; er sollte nach der Auslegung der Gerichte nicht höher sein als der vor dem Krieg erzielte Reingewinn. Die Schwierigkeit bestand darin, daß die von den Gerichten konsultierten Experten es unmöglich fanden, die Unkosten vor dem Krieg mit denen im Krieg beziehungsweise den vor dem Krieg erzielten Reingewinn mit dem jetzt erzielten zu vergleichen — besonders für neue Produkte, die vor dem Krieg noch nicht im Handel waren. Der bizarrste Aspekt der Ermittlung des Reingewinns war jedoch die Neigung der Gerichte, diesen Reingewinn nicht relativ, das heißt prozentual, sondern in absoluten Ziffern zu berechnen. So heißt es etwa in einer der zahllosen Beschwerden einer

Einzelhandelsorganisation, es sei nicht einzusehen, warum ein Kaufmann, der vor dem Krieg bei einer Ware im Wert von vielleicht 2 Mark einen Nettogewinn von 20 Pfennig gemacht habe, jetzt, wo die gleiche Ware 8 Mark koste, auch nur 20 Pfennig Gewinn machen dürfe[25].

Was das ganze Bemühen um die Definition eines gerechten Preises schließlich völlig scheitern ließ, war die irrige Annahme der Händler, die Verordnung vom Juli 1915 gestatte ihnen, ihre Preise aufgrund des Marktpreises festzulegen. Die Gerichte entschieden jedoch, bei der Preisbildung sei der Marktpreis nur ein Faktor; bei dem allgemeinen Warenmangel in Kriegszeiten herrsche oft eine »Notmarktlage«; ein Kaufmann, der in einer solchen Situation die Preise in herkömmlicher Weise festlege, mache sich des Wuchers schuldig und könne mit einer Geldbuße, mit der Beschlagnahmung seiner Waren, mit der Schließung seines Geschäftes, ja sogar mit Gefängnis bestraft werden. Obwohl die Verordnung vom 8. Mai 1918 dieser Unklarheit abzuhelfen suchte, indem sie bei der Definition eines angemessenen Gewinns jeden Hinweis auf die Marktlage unterließ, lief die Formulierung »unter Berücksichtigung der gesamten Verhältnisse« praktisch auf dasselbe hinaus, und damit blieb die Situation ebenso unklar wie zuvor[26].

Ein Ausschuß der Preisprüfungsstellen und der im Kriegsernährungsamt für die Einzelhandelspreise zuständige Professor Julius Hirsch (der später auf die Wirtschaftspolitik der Nachkriegszeit einen großen und weit vernünftigeren Einfluß ausüben sollte) suchten für so verschiedene Waren wie Schulartikel, Holz, gemahlenen schwarzen Pfeffer und Kakaobohnen einheitliche Preisrichtlinien im ganzen Reich festzulegen; die Probleme der Kostenberechnung verdeutlichten sie durch das Beispiel der »Kalkulationen für Sauerkraut in einem Betrieb, der auch Gemüse und Gemüsekonserven verkauft«. Diese Bemühungen zeigen, daß 1918 die Preisprüfungsstellen entschlossen waren, das Unmögliche zu erreichen, und daß das Konfliktpotential zwischen den Einzelhändlern und den Behörden lediglich durch die Zahl der tatsächlich auf dem Markt angebotenen Waren begrenzt wurde.

Die Verordnungen von 1915 und 1918 beschränkten sich nicht auf Maßnahmen gegen Preistreiberei; sie stellten auch weitere Tatbestände unter Strafe: das Zurückhalten von Waren in der Absicht, die Preise hochzutreiben; geheime Absprachen, die Preise zu erhöhen; die Anstiftung zu Preiserhöhungen; das Einschalten von Zwischenhändlern, das die Preise unnötig erhöhte. Ob Verkäufe unter Händlern legitime Versuche zur Förderung der Güterdistribution oder Spekulationsgeschäfte waren — das zu ermitteln, war natürlich äußerst schwierig und stellte die Behörden und die Gerichte zwangsläufig vor weitere Probleme[27].

Man darf jedoch nicht meinen, die Einzel- und Großhändler hätten alle diese Vorschriften rundweg abgelehnt. Sie hatten immer befürwortet, daß die Erlaubnis zum Warenhandel und -verkauf eingeschränkt werde, und sie behaupteten hartnäckig, die wirklichen Probleme würden nicht durch die »rechtmäßigen«, sondern durch die »unrechtmäßigen« Kaufleute verursacht. So nahmen in Oldenburg die Einzelhändler den Schwarzhandel zum Vorwand, um ein Verbot für Hausierer zu beantragen; sie wiesen darauf hin, daß viele Kriegsbeschädigte auf diese Weise ihren Lebensunterhalt zu verdienen suchten, und befürchteten, die Bevölkerung werde »aus Mitleid den Kriegsbeschädigten Waren abnehmen«[28].

Dieses besonders abstoßende Verhalten entsprang dem allgemeinen Ärger, den die deutschen Einzelhändler wegen ihrer Benachteiligung in der Kriegswirtschaft empfanden. Sie fragten, warum die Beamten und Arbeiter regelmäßige Gehalts- beziehungsweise Lohnerhöhungen beziehen dürften und warum Unternehmer, Handwerker und Landwirte durch Gewinne angespornt werden müßten, während man den Einzelhändlern verbiete, ihre Gewinnraten der Vorkriegszeit zu erhöhen — trotz der Tatsache, daß sie nicht mehr so viel verkaufen könnten wie im Frieden. Wenn Betriebe und Städte ihre Beschäftigten mit Lebensmitteln versorgten und wenn Konsumgesellschaften bevorzugt wurden, sahen die Einzelhändler darin eine Bedrohung ihrer Existenz — einerseits durch das Großkapital, andererseits durch einen schleichenden Sozialismus[29].

Was als eine regelrechte Sozialisierung jener Wirtschaftssektoren erschien, die für die täglichen Bedürfnisse der Verbraucher arbeiteten (das heißt vor allem der Erzeugung und des Verkaufs von Lebensmitteln), wurde von denjenigen, die sich von Berufs wegen mit wirtschaftlichen Fragen befaßten, keineswegs allgemein gebilligt. Besonders kritisch gegenüber der Weltfremdheit mancher Verbraucherwünsche war der nonkonformistische sozialistische Wirtschaftsjournalist Richard Calwer:

»Verfolgt man die öffentlichen Diskussionen über Lebensmittelwucher während des Krieges, so fallen einem zwei Phänomene auf: Erstens versucht man einen zu finden, der an den übertrieben hohen Preisen schuld ist — vorzugsweise eine ganze Wirtschaftsgruppe, etwa die Bauern, der Großhandel, der Einzelhandel, die Banken, die Industrie, manchmal sogar gewisse Teile der

Verbraucher. Daß rein objektive Gründe zu einem starken Preisanstieg führen könnten, ist etwas, was man in seiner Empörung über steigende Preise nicht zugeben will. Zweitens schreit man — im Bewußtsein der eigenen Ohnmacht — nach einer starken Hilfe, und das bedeutet in solchen Fällen stets: nach den Behörden und nach dem Staat. Wie das Kind, wenn es hilflos ist, nach seiner Mutter und seinem Vater ruft, so rufen die Verbraucher, wenn die Preise hoch sind, nach Vater Staat[30].«

Während Calwer gegen unrealistische Verbrauchererwartungen polemisierte, vertrat Friedrich Bendixen, der für die hartbedrängten Kaufleute seiner Vaterstadt Hamburg sprach, eine Position der extremen freien Marktwirtschaft und argumentierte, wenn man die Preise sich auf ihrem natürlichen Niveau einpendeln lasse, werde das zu einem Anstieg der Produktion und zu einem Gleichgewicht von Angebot und Nachfrage führen. Äußerst mißtrauisch gegenüber dem sogenannten »Festungskommunismus« meinte er:

»Wir dekretierten, daß bei einem verminderten Angebot, das die gewohnte Nachfrage nicht mehr befriedigen könne, der Markt gestört, und die gestiegenen Preise künstlich und gemeinschädlich seien. Wir zerschlugen die Uhr, weil uns die Stunde nicht gefiel, die sie zeigte, gerade als wir des Zeitmessers am dringendsten bedurften[31].«

Die optimistische Überzeugung Bendixens, Deutschland sei imstande, sich selbst zu ernähren, wenn man den Kräften der freien Marktwirtschaft freien Lauf lasse, wurde nicht von allen Wirtschaftsliberalen geteilt. Sein Freund Kurt Singer glaubte, das Angebot an Nahrungsmitteln sei so knapp, daß eine Freigabe der Preise die Tendenz zum spekulativen Zurückhalten von Nahrungsmitteln verstärken und die Versorgung der ärmeren Schichten gefährden würde[32]. In einem Punkt jedoch hatte Bendixen zweifellos recht, nämlich wenn er behauptete, der Kriegssozialismus erstrecke sich nicht auf die gesamte Wirtschaft: »Er gilt nur für die Lebensmittel der Nation. Für den zweiten großen Teil des Kriegsbedarfs, für Ausrüstung, Waffen und Munition gilt er nicht[33].« Bendixen führte dieses Argument an, um nachzuweisen, daß die Produktivität von einem freien Markt abhänge. Was er freilich nicht erkannte, war, daß der Krieg zwei Märkte geschaffen hatte und daß diese keineswegs den gleichen Rang besaßen. Richard Merton, ein Führer der deutschen Metallindustrie, der damals General Wilhelm Groener, dem Chef der deutschen Feldeisenbahnen, als Adjutant diente, analysierte das Problem in einem Memorandum für seinen Chef vom Oktober 1916. Merton bestätigte, daß die von der Regierung getroffenen Maßnahmen zur Lebensmittelversorgung in eine »sozialistische«

Richtung gingen und die Initiative der Landwirtschaft lähmten. Aber trotz der unbestreitbaren Schwächen des Systems teilte Merton die Auffassung Singers, daß die Lebensmittelversorgung in absoluten Ziffern unzureichend sei und eine Kontrolle des Marktes erfordere. Die freie Marktwirtschaft sei zu einer unannehmbaren Alternative geworden, weil sie die städtischen Massen, von deren Fleiß und Arbeitsmoral die Rüstungsproduktion abhänge, entfremden würde[34].

III

Merton geriet bald in den Ruf, Auffassungen zu vertreten, die von der herrschenden Meinung abwichen. Als Adjutant General Groeners, der inzwischen Chef des Kriegsamtes geworden war, fühlte er sich im Juli 1917 gedrängt, auf die Probleme einzugehen, die durch eine Orgie des Gewinnstrebens und der Lohnerhöhungen entstanden waren — eine Folge des Hindenburg-Programms und der Verabschiedung des Hilfsdienstgesetzes vom 5. Dezember 1916. Das neue Waffen- und Munitionsprogramm hatte dazu geführt, daß man in dem Bemühen um Steigerung der Rüstungsproduktion auf alle Preisbeschränkungen verzichtete; das Hilfsdienstgesetz war die vollendete Verkörperung eines inflationären Kuhhandels, denn es gestattete — als Gegenleistung für unkontrollierte Preiserhöhungen — unbeschränkte Lohnerhöhungen. Wie Merton ein dreiviertel Jahr zuvor dafür eingetreten war, die Zwangswirtschaft für Lebensmittel beizubehalten, so kam er jetzt zu der Schlußfolgerung, der Krieg erfordere auch im Bereich der Rüstungsproduktion ein starkes Eingreifen des Staates.

Merton formulierte diese Auffassungen in einer »Denkschrift über die Notwendigkeit eines staatlichen Eingriffs zur Regelung der Unternehmergewinne und Arbeitslöhne« vom Juli 1917[35]. Er begann mit der unverblümten Feststellung, die ungeheuren Leistungen der deutschen Rüstungsindustrie hätten mit Opfersinn und Vaterlandsliebe wenig zu tun. In Wirklichkeit beruhten sie fast ausschließlich auf dem Gewinnstreben, und je länger der Krieg dauere, desto mehr seien die Rüstungsfabrikanten darauf aus, »die Konjunktur nach Kräften auszunutzen«. Bei den Unternehmern sei der Appetit mit dem Essen gewachsen; andererseits hätten ihre immensen Gewinne und ihre Ausnutzung der Konjunktur auf den Arbeitsmarkt übergegriffen, wo sie sich durch ständige Lohnerhöhungen gegenseitig die Arbeitskräfte auszuspannen suchten. Infolgedessen entstünden Lohnunterschiede zwischen der Kriegs- und der Friedensindustrie, die vielfach nichts mit der Arbeitsleistung zu tun hätten, sondern einfach den Launen der Kriegsindustrie entspringen würden:

»Die Arbeiter wissen, daß ihre Macht unendlich gewachsen ist, und die Unternehmer, besonders die kurzsichtigen oder diejenigen, die nur als Kriegsindustrielle zu betrachten sind und denen an der zukünftigen Entwicklung der Friedenswirtschaft nichts gelegen ist — und beide zusammen sind die Mehrzahl —, können sich zum großen Teil gegen die steigenden Lohnforderungen dadurch schützen, daß sie ihrerseits die Preise ihrer Produkte beliebig erhöhen, und dem Staat, der schließlich der Abnehmer ist, bleibt unter den gegenwärtigen Verhältnissen nichts anderes übrig, als jeden Preis zu bewilligen, der von ihm gefordert wird.«

Besonders bestürzt war Merton über ein Phänomen, das zu einem Kennzeichen des Geschäftsgebarens in der Inflationszeit wurde und das — wie er richtig sah — die Geschäftsmoral untergrub: Man verzichtete auf vertraglich gesicherte Verkaufspreise und fügte statt dessen in die Verträge Klauseln ein, die entweder den endgültigen Preis offenließen oder Preisaufschläge gestatteten, sobald alle zwischen dem Bestell- und dem Liefertermin anfallenden Kostenerhöhungen kalkuliert waren. Dieses Verfahren erstickte bei den Lieferanten nicht nur jedes Interesse an niedrigen Selbstkosten; es ermutigte sie geradezu, diese Kosten zu erhöhen — denn die Gewinne wurden auf der Basis eines fixen Prozentsatzes der Kosten kalkuliert. Die Hauptschuld an diesen Praktiken gab Merton den Erzeugern von Kohle, Eisen und Stahl, das heißt den Rohstoffproduzenten der Schwerindustrie. Er stellte fest, daß diese besonders wenig Neigung zeigten, langfristige Lieferverträge zu festen Preisen abzuschließen, und dadurch die weiterverarbeitenden Industrien zwangen, ihrerseits die Praxis fester Preise aufzugeben.

Merton schlug vor, diese Probleme durch ein praktisches Verbot weiterer Preiserhöhungen für Kohle, Eisen und Stahl zu bekämpfen, mit der Begründung, die Gewinne der Schwerindustrie seien schon jetzt reichlich hoch. Dies ermögliche es, von allen Rüstungsproduzenten stabile Preise zu verlangen. Ja er meinte sogar, bestehende Lieferverträge sollten zu diesem Zweck revidiert werden. Ganz radikal war sein zweiter Vorschlag, man solle gesetzliche Maßnahmen ergreifen, um die Ausnutzung der Kriegswirtschaft durch Arbeitgeber und Arbeitnehmer zu beenden; er regte eine starke Heraufsetzung der Kriegsgewinnsteuer an, »so daß Kriegsgewinne tatsächlich nicht mehr gemacht werden können«. Drittens schlug er ein Gesetz vor, das den Reichskanzler beziehungsweise das Kriegsamt ermächtigte, Industriebetriebe jeder Art unter Zwangsverwaltung zu stellen, bei denen dies das einzige Mittel zu sein schien, um Preis- und Lohnstreitigkeiten beizulegen.

Groener, an den die Denkschrift gerichtet war und der sie für ein glänzendes Programm hielt, das sich auf die Politik »segensreich« auswirken würde, wurde zusammen mit Merton Mitte August 1917 entlassen, und bis zum Kriegsende unternahm man keine ernsthaften Anstrengungen, um die Gewinne und Löhne der Industrie zu kontrollieren. Gleichwohl wurde die Denkschrift an das Reichsamt des Inneren und an dessen Chef, Karl Helfferich, weitergeleitet, der sich schon längst als einer der entschlossensten Gegner von Gewinn- und Lohnkontrollen erwiesen hatte. Helfferich und seine Mitarbeiter unterzogen die Denkschrift einer scharfen Kritik, und ihre Kommentare sind höchst aufschlußreich für die Rolle, die der Staat bei der Unterstützung der gesellschaftlichen Entwicklung spielte, die der Krieg initiiert hatte und die man in der Weimarer Republik beibehielt.

Diese Beamten teilten keineswegs die optimistischen Erwartungen, die Groener hinsichtlich der potentiellen Auswirkungen des Programms hegte. Sie glaubten, es werde »endlose politische Kämpfe«[36] hervorrufen, und die Linke werde versuchen, die Situation auszunutzen, um an den Unternehmergewinnen zu partizipieren. Wiederholt warnten sie davor, auf die materiellen Anreize zu verzichten, die nach ihrer Meinung für die Rüstungsproduktion unerläßlich waren.

»Wahrscheinlich wird es auch unmöglich sein, bei herabgesetzten Löhnen und verminderten Gewinnen die Produktion auf der unbedingt erforderlichen höchsten Leistungsfähigkeit zu halten.«

Schließlich kritisierten sie unverblümt eine weitere staatliche Intervention; eine ihrer Randbemerkungen bezeichnete die von Merton vorgeschlagenen Gesetze als »Lähmung jeder privaten Initiative. Sozialstaat in Reinkultur«; sein Vorschlag bedeute schlicht und einfach: »Das Kriegsamt nimmt die deutsche Industrie in Zwangsverwaltung. Wann und wie, bestimmt das Kriegsamt[37].« Diese Randbemerkungen bildeten schließlich die Grundlage eines ausführlichen Memorandums, wahrscheinlich von Helfferich selbst verfaßt, in dem behauptet wurde, einerseits bringe man »mit rein ethischen Gesichtspunkten und Begeisterung« eine Kriegswirtschaft keinesfalls in die Höhe und hohe Gewinne seien notwendig, andererseits wollten die großen Unternehmer und Geschäftsleute »Herr im eigenen Hause« bleiben und würden niemals bereit sein, »Beamte des Wirtschaftsstaates« zu werden[38].

Diese Argumente für finanzielle Anreize und für ein uneingeschränktes Unternehmertum hatten sich inzwischen allgemein durchgesetzt, und Helfferich hielt sie zweifellos für richtig. Wahrscheinlich gab es auch gute Gründe für seine Behauptung, es seien weder die Personen noch die Fähigkeiten vorhanden, um die technischen Probleme zu bewältigen, die eine Festsetzung der Preise und Löhne im ganzen Reich und eine Revision der bestehenden Lieferverträge mit sich bringe. Seine stärksten Argumente waren jedoch die politischen, und sie waren auch die aufschlußreichsten; denn sie bewiesen: Die Preis-Lohn-Spirale resultierte in hohem Maße aus der Ohnmacht des Staates gegenüber den sozialen und wirtschaftlichen Kräften, die durch die Kriegswirtschaft freigesetzt worden waren:

»Nach den bisherigen Erfahrungen ist [...] nicht zu erwarten, daß die Werksbesitzer gewillt sein werden, ihre Auffassung über die Ausnützung der Konjunktur und die Angemessenheit von Kriegsgewinnen freiwillig wesentlich zu revidieren. Bei den zahlreichen und eingehenden Verhandlungen des letzten Jahres über die Begrenzung der Preise für Kohle und Eisen, den beiden Pfeilern des Wirtschaftslebens, hat sich die Unnachgiebigkeit der Interessenten zu Preisminderungen offenbar gezeigt. Sie sind trotz der hohen Dividenden, Tantiemen, Abschreibungen usw. der Überzeugung, daß die Preise und Gewinne im rechten Verhältnis zum Risiko stehen und halten weitere Preiserhöhungen, nicht Minderungen für begründet. Sollten aber gegen alle Erwartung die Werksbesitzer unter dem Damoklesschwert des Gesetzes zur freiwilligen Beschränkung bereit sein, die Arbeiter würden in der Frage wesentlicher Lohnkürzungen jedenfalls nur unmittelbarem scharfem Zwang weichen. Das beweisen die Lohnkämpfe während des Krieges[39].«

Gleichwohl war Helfferich davon überzeugt, daß die Gewerkschaftsführer jede Chance nutzen würden, um die Betriebe unter die Kontrolle des Kriegsamtes zu bringen, und daß die Regierung dann vor der unmöglichen Aufgabe stehen würde, bestimmen zu müssen, was nun eigentlich angemessene Preise und Löhne seien. Wie Helfferich einst gewarnt hatte: Die Vorlage eines Gesetzes, das die Bestätigung der totalen Mobilmachung durch ein Plebiszit vorsah, werde zu einem parlamentarischem Kuhhandel und zu einer größeren Macht der Arbeiterschaft führen, so warnte er jetzt: Die Debatte über das Hilfsdienstgesetz habe einen »Vorgeschmack« der Kämpfe geliefert, die zu erwarten seien, falls man dem Reichstag ein Gesetz über Gewinne und Löhne vorlege.

Die zynische Skepsis Helfferichs hatte zweifellos ein ganz ungewöhnliches Ausmaß. Das alte utilitaristische Argument für die freie Marktwirtschaft war gewesen: Die Verfolgung des eigenen Interesses diene dem Allgemeinwohl. Helfferich dagegen argumentierte: Die freie Marktwirtschaft sei notwendig, weil die Alternative »eine Summe von Uneigennützigkeit, Pflichtgefühl, Subordination«[40] erfordere, die im menschlichen Wesen nicht zu finden sei. Wie er am Ende seines Memorandums verdeutlichte, waren diese Qualitäten vor allem bei deutschen Unternehmern nicht zu finden. Mit unglaublicher Offenheit wies er darauf hin, daß eine Kriegsgewinnsteuer nicht nur der Kriegsleistung Deutschlands schaden, sondern auch eine schwere Belastung für die militärische Zukunft Deutschlands darstellen würde:

»Das Deutsche Reich würde [...] nach Einführung einer derartigen Steuer einen neuen Krieg in absehbarer Zeit nicht führen können, es sei denn auf völlig gemeinwirtschaftlicher Grundlage. Denn man darf gegenüber den hohen Gewinnen während des Krieges nicht übersehen, daß die Unternehmer auch fast ausnahmslos außerordentlich große Gefahren auf sich genommen haben. Sie haben das getan in der Hoffnung, für das Wagnis durch einen Gewinn entschädigt zu werden, und sie würden in einem neuen Krieg nicht mehr so handeln, wenn sie jetzt ihren Gewinn voll herauszahlen müßten[41].«

IV

Diese Aussage wirft ein recht seltsames Licht auf die Ansichten gewisser Regierungskreise über den Patriotismus der Unternehmer; der nächste Krieg sollte den Beweis dafür liefern, daß man Unternehmer dazu bewegen konnte, bei niedrigeren Gewinnen gefährlichere Risiken einzugehen. Die wertvolle Protektion, die Helfferich und andere gewährten, und die offene Abneigung der Regierung gegen Maßnahmen der Preiskontrolle und der Überwachung, die sich auf die Verbrauchersektoren der Wirtschaft so verheerend ausgewirkt hatten, sollten gleichwohl nicht so aufgefaßt werden, als seien die Rüstungsfabrikanten vor ärgerlichen Eingriffen des Staates verschont geblieben und als hätten sie sich vor einer Beibehaltung »sozialistischer« Maßnahmen der Kriegszeit in der Zukunft sicher gefühlt. Dem System zur Kontrolle und Verteilung von Rohstoffen, das nach Kriegsausbruch unter der Leitung von Walther Rathenau und Wichard v. Moellendorff geschaffen worden war, standen sie ziemlich mißtrauisch gegenüber, obwohl Rathenaus »Kriegsrohstoffabteilung« mit dem »Kriegsausschuß der Deutschen Industrie« eng zusammenarbeitete, und die Pläne Rathenaus und Moellendorffs, ihr Modell zur Grundlage für den Wiederaufbau der Nachkriegswirtschaft — die somit ein gewisses Maß von zentraler Planung und Gemeinwirtschaft aufweisen würde — zu machen, jagten ihnen einen wahren Schrecken ein. Sie waren auch äußerst unglücklich darüber, daß die Regierung in die Beziehungen zwischen Arbeitgebern und Arbeitnehmern zugunsten der Arbeitnehmer eingriff; außerdem verursachte ihnen die Inkompetenz, welche die Regierung bei der Kontrolle der Verbraucherwirtschaft zeigte, unendlichen Ärger. Letzten Endes aber waren die Führer von Industrie und Handel während des Krieges weit mehr beunruhigt über die planwirtschaftlichen Programme Walther Rathenaus und Wichard v. Moellendorffs als über die marxistischen Zukunftsträume der Sozialdemokraten. Während der letzten beiden Kriegsjahre bemühten sie sich immer stärker, Institutionen und Mechanismen zu finden, um die wirtschaftliche Demobilisierung und den Übergang zur Friedenswirtschaft so zu steuern, daß die Verwirklichung einer Planwirtschaft und anderer »sozialistischer« Programme verhindert wurde[42].

In diesem Kampf gegen die Beibehaltung des Kriegssozialismus war die Unzufriedenheit der Bauern und Kaufleute mit der Zwangswirtschaft und deren allzu offenkundigen Mängeln ein mächtiges Instrument, das sich gegen »sozialistische« Ideen mobilisieren ließ. In der ständig wachsenden Kritik an der Beibehaltung wirtschaftlicher Kontrollen konnten sich die Unternehmer mit Kaufleuten und Handwerkern zu einer scheinbar gemeinsamen Front verbinden. Der Höhepunkt solcher Bemühungen war vermutlich eine große Versammlung am 15./16. Juni 1918 in Hamburg, an der — auf Einladung der Hamburger Kaufmannschaft, die diese Veranstaltung organisiert hatte — 160 Reichstagsabgeordnete teilnahmen. Den Ton der Versammlung gab der Generaldirektor der Hamburg—Amerika Linie, Albert Ballin, an. Er kritisierte die »gefährliche Absicht, Volkswirtschaft und Weltwirtschaft im Kasernenhof zu betreiben«[43]. Die Agitation gegen staatliche Eingriffe war so stark, daß das Reichswirtschaftsamt, das im Herbst 1917 geschaffen worden war, um sich mit solchen Fragen zu befassen, praktisch lahmgelegt wurde. Tatsächlich wurde nie ein Programm für den Übergang zu einer Friedenswirtschaft entwickelt. Die Leiter dieses Amtes, Hans Karl Frhr. v. Stein und sein Unterstaatssekretär Heinrich Göppert, waren im Prinzip entschlossen, so rasch wie möglich die freie Marktwirtschaft wiedereinzuführen. Der im Reichswirtschaftsamt für Lebensmittelfragen zuständige Unterstaatssekretär (ein Sozialdemokrat) versah diese Politik jedoch mit einer wichtigen Einschränkung. Die Landwirtschaft und der Handel würden noch auf den freien Markt warten müssen:

»Viele Leute in Deutschland meinten, daß das Ende des Krieges auch das Ende der Preisprüfung und der Kriegswucherämter sei. Ein Umsichgreifen dieser Ansicht, geschweige denn ihre Durchführung, wäre aber für das deutsche Volk verhängnisvoll. An dem Tage, an dem wir in den Frieden eintreten, läge eine zerschlagene Volkswirtschaft vor uns. Im Innern des Reiches seien die Verhältnisse, die sich bilden könnten, noch nicht abzusehen [...] Unter allen Umständen müsse alles darangesetzt werden, die Preise der Gegenstände des täglichen Bedarfs in Einklang mit der Kaufkraft des Volkes zu bringen. Die Aufgabe der Regierung sei es, einen Abbau des Preisniveaus und ein Anpassen an die Einkommensverhältnisse mit aller Energie in Angriff zu nehmen. Alle Sonderinteressen hätten auszuscheiden. Nur das Allgemeininteresse sei maßgebend. Gelinge jenes nicht, so müßten innere Kämpfe entstehen, deren Ende heute niemand zu übersehen in der Lage sei. Hier beim Abbau der Kriegsverhältnisse lägen noch große wichtige Aufgaben für die Preisprüfungsstellen in der folgenden Zeit[44].«

Diese Aufgaben wurden, nach langem Zögern, schließlich im September 1918 angepackt von Dr. Zahn, einem hervorragenden Statistiker und Leiter der Bayerischen Preisprüfungsstelle, und Dr. Thiess, einem Beamten des Kriegsernährungsamtes. Beide befürworteten die Beibehaltung, ja sogar Verstärkung der Preisüberwachung und der Wirtschaftskontrolle während des Übergangs zu Friedensverhältnissen mit dem Argument, das sei unbedingt notwendig, um während der Zeit, in der andere Kontrollen und Einschränkungen der Kriegszeit beseitigt würden, Wuchergeschäfte und Schwierigkeiten für den Verbraucher möglichst auszuschließen. Die Freigabe der Produktion und der Distribution führten nach ihrer Ansicht zu Preiserhöhungen, die man kontrollieren mußte. Sie glaubten sogar, vor allem müsse man auf die Preise von Kartellen und Syndikaten achten, denn solche Gebilde besäßen durch ihre organisierte Macht jederzeit die Möglichkeit, nicht nur die Preise ungebührlich zu erhöhen, sondern auch deren natürlichen Rückgang zu verhindern. Die Vorschläge von Zahn und Thiess befaßten sich mit einem Problem, das in der Folgezeit immer wieder auftauchte: Wie konnte man verhindern, daß Freigabemaßnahmen zu unerträglichen Schocks für den Verbraucher oder zu dessen regelrechter Ausbeutung führten? Die Anpassung von Angebot und Nachfrage an den freigegebenen Markt würde anfangs bestenfalls eine Periode der Preiserhöhungen herbeiführen, bis das erhoffte ausreichende Angebot die Preise nach unten treiben würde. Deshalb sollte die Beibehaltung der Preisüberwachung diesen Prozeß dämpfen[45].

Der Anreiz, diesen Prozeß zu »dämpfen«, wurde durch den Ausgang des Krieges verstärkt, und die Allianz zwischen Arbeitgebern und Arbeitnehmern in der Zentralarbeitsgemeinschaft, bei der vor allem der Sozialdemokrat August Müller Geburtshilfe geleistet hatte, warb für ein beträchtliches Maß von Freigabe auf dem industriellen Sektor und hielt an den Preis-Lohn-Absprachen fest, die für die Kriegsjahre charakteristisch gewesen waren. In den Bereichen der Lebensmittelproduktion, der Bekleidung und der Mieten behielt man die Zwangswirtschaft jedoch bei. Das stellte sicher, daß die Diskreditierung des »Sozialismus« im Alltag nicht aufhörte; es schuf eine tiefe Antipathie der Bauern, Einzelhändler, Hausbesitzer und des Mittelstandes überhaupt gegen die organisierten Arbeitgeber und Arbeitnehmer und nährte ihre Ressentiments gegen deren Fähigkeit, sich den Kontrollen, die man anderen Klassen aufzwang, zu entziehen. Es gab gute Gründe dafür, daß die nationalsozialistische Parole »Gemeinnutz geht vor Eigennutz« so starken Anklang fand.

Anmerkungen

* Zuerst erschienen u. d. T.: War Economy and Controlled Economy: The Discrediting of »Socialism« in Germany During World War I, in: Confrontation and Cooperation. Germany and the United States in the Era of World War I, 1900—1924, ed. by Hans-Jürgen Schroeder, Providence, Oxford 1993, S. 229—252. Der Abdruck erfolgt mit freundlicher Genehmigung von Berg Publishers. Aus dem Englischen übersetzt von Karl Nicolai.

1 Zum »organisierten Kapitalismus« vgl. Organisierter Kapitalismus. Voraussetzungen und Anfänge, hrsg. von Heinrich August Winkler, Göttingen 1974 (= Kritische Studien zur Geschichtswissenschaft, 9). Zu meinen etwas skeptischen Auffassungen vgl. ebd., S. 150—154.

2 Der vorliegende Aufsatz lehnt sich stark an Themen an, die ich weit ausführlicher behandelt habe in meinem soeben erschienenen Buch The Great Disorder. Politics, Economics, and Society in the German Inflation, 1914—1924, Oxford 1993; daher werde ich die Quellenangaben auf ein Minimum beschränken.

3 Franz Eulenburg, Zur Theorie der Kriegswirtschaft, in: Archiv für Sozialwissenschaft und Sozialpolitik, 43 (1916/17), S. 349—396. Es ist nicht unwichtig, daß Eulenburg eine Analyse der sozialen Auswirkungen der Inflation verfaßte, die viele Jahre lang maßgeblich bleiben sollte; vgl. Franz Eulenburg, Die sozialen Wirkungen der Währungsverhältnisse, in: Jahrbuch für Nationalökonomie und Statistik, 122 (1924), S. 748—794.

4 Eulenburg, Zur Theorie der Kriegswirtschaft (wie Anm. 3), S. 369.

5 Ebd., S. 376.

6 Ebd., S. 392.

7 Ebd., S. 393.

[8] Franz Eulenburg, Inflation. Zur Theorie der Kriegswirtschaft, in: Archiv für Sozialwissenschaft und Sozialpolitik, 45 (1919), S. 477—526; Zitat auf S. 504. Dieser wichtige Artikel wurde Ende Dezember 1918 abgeschlossen.

[9] Ebd., S. 512.

[10] Zu nützlichen Darstellungen der Zwangswirtschaft im Bereich der Landwirtschaft, die meinem Aufsatz zugrunde liegen, vgl. Martin Schumacher, Land und Politik. Eine Untersuchung über politische Parteien und agrarische Interessen 1914—1923, Düsseldorf 1978 (= Beiträge zur Geschichte des Parlamentarismus und der politischen Parteien, 65); Jens Flemming, Landwirtschaftliche Interessen und Demokratie. Ländliche Gesellschaft, Agrarverbände und Staat 1890—1925, Bonn 1978 (= Forschungsinstitut der Friedrich-Ebert-Stiftung. Reihe: Politik und Gesellschaftsgeschichte); Robert G. Moeller, German Peasants and Agrarian Politics, 1914—1924: The Rhineland and Westphalia, Chapel Hill 1986.

[11] Zu diesen Institutionen vgl. Gerald D. Feldman, Armee, Industrie und Arbeiterschaft in Deutschland 1914—1918, Berlin, Bonn 1985, S. 94—107.

[12] Sitzung der Preisprüfungsstellen, 15.12.1917, Geheimes Staatsarchiv Kulturbesitz Merseburg, HB, Nr. 1032, Bl. 370.

[13] Zusammenstellungen aus den Monats-Berichten der Stellvertretenden Generalkommandos, 15.6.1918, Bayerisches Hauptstaatsarchiv München, Abt. IV, MK, I Mob zu 4, Allg. U.-A. 2, Bd 2.

[14] Bericht vom 15.10.1918 (wie Anm. 13), Bd 3.

[15] Meine Darstellung der Verordnungen und der Entwicklung der Preiskontrollen basiert großenteils auf Hans Geithe, Wirkungen der Lebensmittelzwangswirtschaft der Kriegs- und Nachkriegszeit auf den Lebensmitteleinzelhandel, Berlin 1926, S. 11ff.

[16] Ebd., S. 17ff., sowie Carl-Ludwig Holtfrerich, Die deutsche Inflation 1914—1923. Ursachen und Folgen in internationaler Perspektive, Berlin, New York 1980, S. 80.

[17] Verbraucherwirtschaft im Kriege, Bd 1, Nr. 67/68, 24.11.1916, Hauptstaatsarchiv Hannover, Frauenverein.

[18] Vgl. die Masse von Protesten der Handelskammern für die Jahre 1916—1918 im Westfälischen Wirtschaftsarchiv Dortmund (WWA).

[19] Reichsdeutscher Mittelstandsverband, Landesausschuß für Rheinland und Westfalen, an Handelskammer Münster i.W., 9.8.1915, WWA.

[20] Petition vom 4.8.1915, ebd.

[21] Petition vom 19.9.1916, ebd.

[22] Sitzung in Dresden, 15.12.1917, Geheimes Staatsarchiv Kulturbesitz Merseburg, HB, Nr. 1032, Bl. 381.

[23] Max Alsberg, Wirtschaftsstrafrecht. Besonders die strafrechtliche Bekämpfung des Sozialwuchers, in: Handbuch der Politik, hrsg. von Gerhard Anschütz u.a., Berlin, Leipzig 1921, Bd 4, S. 143—159; Zitat auf S. 150.

[24] Deutscher Spielwarenverband an die deutschen Handelskammern, 8.4.1918, Rheinisch-Westfälisches Wirtschaftsarchiv Köln, 5/28/1.

[25] Verein der Kaufmannschaft zu Münster an die Handelskammer für den Regierungsbezirk Münster, 10.9.1917, ebd., 5/28/1.

[26] Alsberg (wie Anm. 23), S. 150.

27 Ebd., S. 150ff.

28 Handelskammer Oldenburg, Sitzung des Kleinhandelsausschusses, 12.3. 1918, Niedersächsisches Staatsarchiv Oldenburg, 265/147, S. 3.

29 Vgl. die Fülle von Dokumenten der Handelskammern, ebd. 265/147; Rheinisch-Westfälisches Wirtschaftsarchiv Köln, 5/28/1, 5/28/10 (Münster); 3/10/14, 3/10/18 (Koblenz).

30 Zit. in einer Rede vom 8.11.1915, Rheinisch-Westfälisches Wirtschaftsarchiv Köln, 5/28/1. [Da das Originaldokument nicht beschafft werden konnte, mußte dieser Text aus dem Englischen rückübersetzt werden; Anm. des Übers.].

31 Friedrich Bendixen, Sozialismus und Volkswirtschaft in der Kriegsverfassung, Berlin 1916, S. 23.

32 G.F. Knapp, F. Bendixen, Zur staatlichen Theorie des Geldes. Ein Briefwechsel (1905—1920), hrsg. von Kurt Singer, Tübingen 1958, S. 174, Anm. 1.

33 Bendixen (wie Anm. 31), S. 17.

34 Feldman, Armee (wie Anm. 11), S. 106ff.

35 Die Denkschrift Mertons ist abgedruckt bei Wilhelm Groener, Lebenserinnerungen. Jugend, Generalstab, Weltkrieg, hrsg. von Friedrich Frhr. Hiller v. Gaertringen, Göttingen 1957, S. 521—525; auf ihr basieren die folgenden Ausführungen.

36 Randbemerkung von Geh. Regierungsrat Mathies im Begleitschreiben Groeners an Reichskanzler Michaelis, 25.7.1917, Bundesarchiv Potsdam, RWM, Nr. 3410, Bl. 3.

37 Randbemerkungen zur Denkschrift Mertons, ebd., Bl. 6ff.

38 Memorandum ohne Unterschrift und ohne Datum, ebd., Bl. 15—21; Zitate auf Bl. 17f.

39 Ebd.

40 Ebd., Bl. 18.

41 Ebd.

42 Vgl. die hervorragenden Untersuchungen von Friedrich Zunkel, Industrie und Staatssozialismus. Der Kampf um die Wirtschaftsordnung in Deutschland 1914—1918, Düsseldorf 1974 (= Tübinger Schriften zur Sozialgeschichte, 3), und Hans Gotthard Ehlert, Die wirtschaftliche Zentralbehörde des Deutschen Reiches 1914—1919, Wiesbaden 1982 (= Beiträge zur Wirtschafts- und Sozialgeschichte, 19).

43 Zit. bei Ekkehard Böhm, Anwalt der Handels- und Gewerbefreiheit, in: Staat und Wirtschaft. Beiträge zur Geschichte der Handelskammer Hamburg, Hamburg 1981, S. 179.

44 Rede vom 15.12.1917, Geheimes Staatsarchiv Kulturbesitz Merseburg, HB, Nr. 1032, Bl. 392.

45 Sitzung der Preisprüfungsstellen im Sept. 1918, ebd., HB, Nr. 1032.

Wolfgang Michalka

Kriegsrohstoffbewirtschaftung, Walther Rathenau und die »kommende Wirtschaft«

I.

Die in den ersten Kriegstagen 1914 von Großbritannien verhängte Wirtschaftblockade schnitt die Mittelmächte vom Weltmarkt ab. Fehlende, beziehungsweise immer knapper werdende Rohstoffe mußten ersetzt, erfaßt und nach kriegswichtigen Kriterien verteilt werden. Die Einrichtung der Kriegsrohstoffabteilung 1914, des Kriegsamts 1916 sowie des Demobilmachungsamts und der Sozialisierungskommissionen nach dem Kriege verursachten eine intensive Diskussion um die Wirtschaftsordnung der Nachkriegszeit. Die sich bereits vor 1914 abzeichnenden und durch die Erfahrung der Kriegswirtschaft konkretisierten Modelle staatlicher oder halbstaatlicher bzw. gemischtwirtschaftlicher Institutionen wurden zu Konzepten der »Gemeinwirtschaft«, des »Staatssozialismus« sowie eines »organisierten Kapitalismus« bzw. »corporate collectivism« als Alternativen zum Wirtschaftsliberalismus entwickelt[1].

Die marktwirtschaftlich-individualistische Wirtschaftsordnung geriet immer mehr in den Sog des kontrollierenden, planenden und verwaltenden Staates. Schon während des Krieges wurde das Modell einer am nationalen Wohl orientierten Gemeinwirtschaft konzipiert und in Ansätzen zu verwirklichen versucht. Aber erst nach dem Zusammenbruch, der trotz aller ihn überspannenden Entwicklungsprozesse doch gerade im Hinblick auf die wirtschaftliche und soziale Ordnungspolitik eine Zäsur darstellte, erhielten die Vertreter der Gemeinwirtschaftskonzeption die Chance, einzelne Industriezweige in ihrem Sinne zu organisieren[2]. Ähnliches galt für das während des Krieges in der Sozialdemokratie nur theoretisch verfolgte Ziel einer sozialistischen Wirtschafts- und Gesellschaftsordnung[3], das erst unter den veränderten politischen Machtverhältnissen nach dem Umsturz praktische Bedeutung gewann[4].

Im folgenden sollen zunächst die Reaktionen auf den Wirtschaftskrieg und die sich daraus ergebenden Maßnahmen für die Kriegswirtschaft skizziert werden. Dem schließt sich ein Überblick an über die zeitgenössische Diskussion von Politikern, Industriellen und Wissenschaftlern um die besonders durch Wirtschaftskrieg und Kriegswirtschaft verursachten Veränderungsprozesse im Dreiecksverhältnis von Staat, Wirtschaft und Gesellschaft. Dabei werden besonders nationalkonservative Positionen im Streit der Meinungen und Interessen der Nachkriegswirtschaft vorgestellt und bewertet. Die Konzentration auf die Vorstellungen Walther Rathenaus in dieser Debatte bietet sich schon deswegen an, weil er als Finanzmanager und Industrieorganisator sowohl die Kriegsrohstoffabteilung anregte und anfänglich auch leitete als auch als vielgelesener Schriftsteller der zeitgenössischen Diskussion um die »neue Wirtschaft«, nicht ohne auf starke Kritik zu stoßen, wesentliche Akzente vermittelte.

II.

Die starke Abhängigkeit des Deutschen Reiches vom Weltmarkt ließ nur einen kurzen und siegreichen Krieg als führbar erscheinen. Die mit der britischen Kriegserklärung am 4. August 1914 verhängte Wirtschaftsblockade der Mittelmächte weitete den vorrangig militärisch vorbereiteten Krieg zum Wirtschaftskrieg aus. Die Blockade kam zwar nicht völlig überraschend, aber man hatte erwartet, daß die Handelsinteressen vor allem der Vereinigten Staaten[5] die völlige Abschnürung Deutschlands vom Weltmarkt verhindern würden. Diese Hoffnungen erwiesen sich bald als Illusion. Die Blockade verschaffte dem Britischen Empire gemeinsam mit den USA die Kontrolle über den Weltmarkt, und es bot sich für sie die Möglichkeit, die deutschen Exportmärkte zu übernehmen und damit das Deutsche Reich als wirtschaftlichen Konkurrenten vom Markt zu verdrängen. Der Verlust des Zugangs zu den ausländischen Märkten mußte für einen Staat, der aufgrund seiner Rohstoffabhängigkeit so sehr auf Außenhandel angewiesen war wie das Deutsche Reich, notwendig zu einer physischen Existenzkrise führen. Die britische Seeblockade wurde somit regelrecht zum »Grundgesetz« des sich anbahnenden Weltwirtschaftskrieges[6].

Besonders am Beispiel der Rohstoffversorgung läßt sich sowohl das Fehlen einer zielbewußten Kriegsvorbereitung der Wirtschaft als auch die Notwendigkeit einer zentral organisierten und geführten Kriegswirtschaft in Deutschland demonstrieren[7]. Angesichts der Tatsache, daß in den letzten Friedensjahren weit über 40 Prozent der industriellen Rohstoffe nach Deutschland eingeführt werden mußten, rückte als Resultat der britischen Wirtschaftsblockade die Rohstoffbewirtschaftung in das Zentrum der deutschen Kriegswirtschaft[8].

Erste Initiativen, die unzureichende Rohstofflage zu verbessern, gingen von der Privatwirtschaft aus, und zwar gleich zu Beginn des Krieges. Angeregt von Wichard v. Moellendorff, einem leitenden Angestellten der AEG, konnte Walther Rathenau am 9. August 1914 den preußischen Kriegsminister v. Falkenhayn von der Notwendigkeit einer zentralen »Kriegsrohstoffabteilung« (KRA) überzeugen, die auch umgehend wenige Tage später unter Rathenaus Leitung im preußischen Kriegsministerium eingerichtet[9] und bis März 1915 von ihm geleitet wurde. Auf der rechtlichen Grundlage des Ermächtigungsgesetzes für den Bundesrat und nach der Erklärung des Belagerungszustandes war diese erste für die zentrale Kriegswirtschaft gebildete Institution zuständig für die gesamte Rohstoffbewirtschaftung in Deutschland[10].

Die vielleicht bekannteste Leistung der KRA, die stellvertretend für die enge Verzahnung von Privatwirtschaft und Staat stehen kann, ist das Entwickeln von Ersatzstoffen, dabei besonders die synthetische Stickstoffgewinnung der chemischen Industrie.

Die Rohstoffbewirtschaftung war ein wichtiger Teilbereich, aber sie ist keinesfalls gleichzusetzen mit der deutschen Rüstungswirtschaft insgesamt[11]. Weder die staatliche Kriegsrohstoffabteilung noch die privaten Kriegsrohstoffgesellschaften waren nämlich an der rüstungspolitischen Entscheidungs- und Willensbildung beteiligt. Die langfristigen Rüstungsprogramme und Rüstungsaufträge wurden in Verhandlungen zwischen Staat und Industriellen festgelegt. Zuständig auf staatlicher Seite war in erster Linie das preußische Staatsministerium, allerdings unterhielten konkurrierend dazu die Oberste Heeresleitung und die regionalen Militärbefehlshaber eigene Kontakte zur Rüstungsindustrie. Die Industrie selbst wurde vor allem durch den »Kriegsausschuß der Deutschen Industrie«[12] repräsentiert, in dem sich die beiden großen Industrieverbände, der Bund der Industriellen und der Centralverband deutscher Industrieller, unmittelbar nach Kriegsbeginn zusammengeschlossen hatten.

Neben der Industrie war es vor allem die Landwirtschaft, die durch den Kriegsausbruch stark beeinträchtigt wurde und ihre traditionelle Struktur veränderte. Das Deutsche Reich, das vor dem Kriege trotz eigenen hohen Produktionsniveaus für die Ernährung der Bevölkerung auf Einfuhren angewiesen war, mußte sich nun mit dem begnügen, was es selbst produzierte und was aus den neutralen und verbündeten beziehungsweise später auch besetzten Ländern eingeführt werden konnte. Es fehlte bald an Dünger, an Zugtieren, aber auch an Arbeitskräften, um den gesteigerten Bedarf decken zu können. Schon Ende 1914 wurde daher die Bevölkerung auf Recycling-Maßnahmen gewiesen, beispielsweise auf die Verwertung von Küchenabfällen. Anfang 1915 wurden Brot und Mehl rationiert und generell die Lebensmittelversorgung drastisch eingeschränkt. Im sogenannten »Kohlrübenwinter« 1916/17 erreichte die Ernährungslage in Deutschland ihren katastophalen Tiefpunkt. Der Pro-Kopf-Kalorienverbrauch sank auf Grund schlechter Ernteergebnisse und Verteilungsschwierigkeiten erheblich, so daß Krankheits- und Sterbequoten enorm anstiegen[13].

Die Verknappung von Lebensmitteln führte zu Teuerung und Wucher. Zwar versuchte die Regierung, durch die Festsetzung von Höchstpreisen lenkend und ausgleichend einzugreifen, konnte jedoch das Problem bis zum Kriegsende nicht in den Griff bekommen. Der Schleich- und Schwarzhandel trieb Blüten und verschärfte Unzufriedenheit und Resignation[14].

Im Sommer 1916 kam es zum erneuten Wechsel in der Obersten Heeresleitung. Generalfeldmarschall Hindenburg und mit ihm sein enger Berater, der Erste Generalquartiermeister Ludendorff, bildeten die 3. OHL, die — mit beinahe diktatorischen Vollmachten ausgestattet — durch drastische Maßnahmen die sich verschlechternde Kriegslage und wirtschaftliche Situation verbessern wollte. Das sogenannte »Hindenburg-Programm« vom 31. August 1916 forderte eine Produktionssteigerung um das Zwei- und Dreifache. Gleichzeitig wurde eine Reorganisation des kriegswirtschaftlichen Behördenapparates[15] vorgenommen mit dem erklärten Ziel, ihn überschaubarer und effizienter zu gestalten. Dem neugeschaffenen »Kriegsamt« unter der Leitung von General Groener wurde die Kriegsrohstoffabteilung, das Kriegsersatz- und Arbeitsdepartement, das für die Einberufung und Freistellung von Arbeitskräften zuständig war, und schließlich das Waffen- und Munitionsbeschaffungsamt (WUMBA) unterstellt. Formal wurde damit eine Zentralisierung und eine längst fällige Konzentrierung des kriegswirtschaftlichen Lenkungsapparates erreicht, wenn auch Kompetenzstreitigkeiten zwischen dem neuen »Kriegsamt« und dem Kriegsministerium und der Obersten Heeresleitung nicht ausblieben[16].

Neben dieser institutionellen Kozentration versuchte die 3. OHL eine vollständige, ja totale Mobilisierung und Militarisierung von Wirtschaft und Gesellschaft zu erreichen. Im »Gesetz über den Vaterländischen Hilfsdienst« vom 5. Dezember 1916 wurde ein allgemeiner Arbeitszwang für die gesamte Bevölkerung festgeschrieben. Für Männer wurde die Dienstpflicht vom 15. bis zum 60. Lebensjahr ausgedehnt, wobei die Wehrpflichtigen entweder zum Militärdienst oder zum Dienst in der Rüstungsindustrie abkommandiert wurden[17].

Schließlich — und das sollte die wirtschaftliche Struktur des Deutschen Reiches im Kriege ebenfalls stark verändern — wurde Ende 1916 der »Ständige Ausschuß für die Zusammenlegung von Betrieben« gebildet mit der Aufgabe, die nichtkriegswichtigen Produktionsstätten und weniger leistungsfähigen Kleinbetriebe stillzulegen, um mehr Arbeitskräfte, Rohstoffe und Produktionsanlagen für die Großbetriebe der Rüstungsindustrie zu gewinnen.

Daß mit dem »Hindenburg-Programm« die deutsche Kriegswirtschaft überfordert war, sollte sich bald zeigen. Als erstes brach das Verkehrssystem zusammen, was sich besonders bei der Kohleversorgung im Hungerwinter 1916/17 negativ auswirkte. Der entscheidende Engpaß war schließlich die Überstrapazierung der Arbeiterschaft. Die Erwartung, mit dem Hilfsdienstgesetz erheblich mehr Arbeitskräfte für die Rüstungsindustrie gewinnen zu können, erwies sich ebenfalls als Illusion.

III.

Die Kriegswirtschaft führte zu einer intensiven Diskussion um die Wirtschaftsordnung in Deutschland[18]. Aus der Fülle der unterschiedliche Interessen repräsentierenden Ordnungsmodelle eines »Staatssozialismus«, die während des Krieges entwickelt wurden, ragen besonders zwei durchaus verwandte Konzepte hervor. Es ist das der »Gemeinwirtschaft« Wichard v. Moellendorffs[19] und jenes der »Neuen Wirtschaft« Walther Rathenaus, die beide ihre Erfahrungen aus der Rohstoffbewirtschaftung in ihre Überlegungen einbrachten und davon überzeugt waren, daß das von ihnen angeregte und praktizierte System einer Kombination von staatlicher Lenkung und industrieller Selbstverwaltung der zukünftigen Wirtschaft zugrunde liegen müsse[20].

Walther Rathenau, mit Wichard v. Moellendorff Initiator und bis Anfang 1915 Leiter der Kriegsrohstoffabteilung, entwickelte eine staatlich gelenkte Wirtschaft unter weitgehender Beibehaltung privatwirtschaftlicher Züge, über die er in zahlreichen Publikationen reflektierte:

»Die neue Wirtschaft wird [...] keine Staatswirtschaft sein, sondern eine der bürgerlichen Entschlußkraft anheimgestellte Privatwirtschaft, die freilich zum organischen Zusammenschluß, zur Überwindung innerer Reibung und zur Vervielfältigung ihrer Leistung und Tragkraft staatlicher Mitwirkung bedarf[21].«

Das Nebeneinander von Selbstverwaltung und Dirigismus, von kapitalistischem Privatunternehmertum und zentral gelenktem Staatssozialismus war in diesem Umfang nur möglich, weil die bereits bestehende Mischung aus Konzentration und Kartellierung in der Industrie die organisatorisch notwendige Grundlage bildete. Staat und Wirtschaft wurden so effizient verbunden, wie Rathenau es schon in Friedenszeiten bei der Elektrizitätswirtschaft gewünscht hatte: nicht durch einfache staatliche Zentralisation, sondern durch Bildung von Kriegswirtschaftsgesellschaften, das heißt aktiengesellschaftsähnlichen Gebilden für die Beschaffung und Verteilung einzelner Rohstoffe mit Überwachungsrechten seitens des Staates. Diese Gesellschaften wurden in Anlehnung an bestehende Syndikate, Kartelle und Verbände organisiert[22], »sie waren eigentlich staatlich kontrollierte und geschützte Kartelle[23].«

Diese erfolgreich praktizierte gemischtwirtschaftliche Organisationsform sollte nach Rathenaus Verständnis die strukturelle Grundlage der »neuen Wirtschaft«, der »Gemeinwirtschaft« der Nachkriegszeit bieten. Denn mit zunehmender Dauer des Stellungs- und Vernichtungskrieges zeichnete sich die Unmöglichkeit eines Sieges des Deutschen Reiches und die Fortsetzung der machtpolitischen Auseinandersetzung durch einen jahrzehntedauernden Wirtschaftskrieg für Rathenau immer deutlicher ab. Offen vertrat er die Meinung: Wenn es ein erstrebenswertes Kriegsziel überhaupt gebe, dann sei es gerechtere und effizientere Produktion. Wirtschaft sei nicht mehr Privatsache, sondern Sache der Gemeinschaft[24].

Auf Rathenau hatte die Arbeit in der KRA einen nachhaltigen Eindruck ausgeübt. Durch praktische Erprobung konnte er die Auswirkungen des Staatseingriffs in die freie Wirtschaft beobachten und überrascht den fast reibungslosen Ablauf der Maßnahmen feststellen. Im Augenblick der Beschlagnahme »hört die Friedenswirtschaft auf«, es war »ein entschiedener Schritt zum Staatssozialismus geschehen«[25]. Besonders das Funktionieren der Kriegs-Rohstoff-Gesellschaften, die Rathenau »als ein Mittelglied zwischen der Aktiengesellschaft, welche die freie wirtschaftlich-kapitalistische Form verkörpert, und einem behördlichen Organismus« ansah[26], hatte ihn beeindruckt, und er war sicher, daß diese Form der Selbstverwaltung auch in Zukunft eine Bedeutung behalten werde. Für ihn wies die Kriegswirtschaft staatssozialistische Züge auf, gepaart mit eigener Initiative der Industrie in den Kriegs-Gesellschaften, die »aus dem Wesen der Selbstverwaltung und dennoch nicht der schrankenlosen Freiheit« entstanden waren[27].

Was in Moellendorffs Konzept von der »Gemeinwirtschaft« nur angelegt war, entwickelte Rathenau in seinen viel beachteten Schriften *Von kommenden Dingen* (1917), *Vom Aktienwesen* (1917) und *Die neue Wirtschaft* (1918) zu einem geschlossenen Wirtschaftsprogramm, nach dem — wie er immer wieder betonte — die Wirtschaft

»nicht Privatsache, sondern Gemeinschaftssache, nicht Selbstzweck, sondern Mittel zum Absoluten, nicht Anspruch, sondern Verantwortung«[28]

zu sein habe. Er war überzeugt, daß der Krieg diesen Wandlungsprozeß stark beschleunigen würde. Ein Zeichen dafür — sicherlich sehr idealisiert — glaubte er im Verächtlichwerden des bloßen Reichtums, in der fortschreitenden Entpersönlichung des Besitzes durch Aktien- und Kriegsgesellschaften sowie in der Entwicklung vom Obrigkeits- zum Volksstaat sehen zu können. In der kommenden Friedenszeit war nach Rathenaus Meinung daher auch weder die kapitalistische noch die kommunistische Wirtschaftsordnung fähig, die schwere Aufgabe der Übergangswirtschaft zu bewältigen. Dies könne nur eine »neue Wirtschaft« leisten. Sie sollte zwar noch an den Eigentumsverhältnissen der privatwirtschaftlichen Ordnung festhalten. Jedoch müßten die hohen Reibungsverluste des seiner Meinung nach unnützen Konsums, des zügellosen freien Wettbewerbs, der wirtschaftlichen Sonderinteressen und der »ewigen« Fehde mit der Arbeiterschaft durch »bewußte Organisation«, »solidarische Verantwortung« und durch Aufhebung der »proletarischen Gebundenheit« ersetzt werden.

Rathenau strebte daher eine optimale Rationalisierung des industriellen Produktionsprozesses an. Als Träger dieser Organisation sah er die einzelnen Industriezweige vor. Sie sollten als Berufsverbände die Rechte des Alleinverkaufs, des Ex- und Imports eigener und fremder Produkte, der Planung und Durchführung der Arbeitsteilung sowie der Interessenvertretung gegenüber Verbänden und Staat erhalten. An der Geschäftsführung sollten Rathenaus Vorstellungen nach auch Arbeiter beteiligt werden, während er dem Staat die Kontrolle von Verwaltung, Preisfestsetzung, sozialen Leistungen und Vergünstigungen zuwies. Die Gewinne sollten nach angemessener Verzinsung des arbeitenden Kapitals dem Staat, der Arbeiterschaft, den Unternehmern und letztlich auch der Verbilligung der Produkte zugute kommen. Darüber hinaus empfahl Rathenau eine nationale Autarkiepolitik, um den Ausverkauf deutscher Werte und Arbeit zugunsten ausländischer Kapitalisten zu verhindern und um generell die deutsche Volkswirtschaft weitgehend von ausländischem Kapital freizuhalten. Die staatlich kontrollierte Außenhandelspolitik müßte dafür sorgen, daß die Handels- und Zahlungsbilanz wieder aktiv und die alte Währungsparität zum Ausland erneut erreicht würde. Die Einfuhr sollte daher auf unentbehrliche Rohstoffe und Güter beschränkt, der Export von Kapital und Rohprodukten kontrolliert und die Ausfuhr von arbeitsintensiven Gütern dagegen auf Kosten des Inlandsbedarfs forciert werden. Im Innern aber würde durch Bevorzugung der eigenen Rohstoffquellen, durch Einschränkung des überflüssigen Konsums und Luxus, durch Unterbindung des »Müßiggangs« und der Vergeudung von Arbeitskräften der Wiederaufbau der nationalen Wirtschaft aus eigener Kraft gefördert werden.

Die bisherige individualistische Wirtschafts- und Gesellschaftsordnung schien für Rathenau auf Grund der im Krieg entwickelten neuen Wirtschaftsstruktur zwangsläufig in gemeinwirtschaftliche und staatssozialistische Richtung verändert zu werden — provisorisch, aber vielleicht auch auf Dauer. Diese in die Zukunft weisenden und von ihm in seinen vor allem auf wirtschaftliche Probleme bezogenen Schriften dann weiter entwickelten »Erkenntnisse« formulierte Rathenau erstmals in einem Brief vom 14. August 1914 an Hermann Stehr. In diesem Schreiben, das »als Dokument einer grundlegenden Erfahrung« für sein drittes großes Werk, den *Kommenden Dingen* nämlich, besondere Bedeutung einnimmt[29], umreißt Rathenau sowohl die Schwierigkeiten als auch die Notwendigkeit der zu leistenden »neuen Wirtschaft«:

»Ich bin mir klar, daß die Methoden, nach denen ich vorgehen muß, um dieses Ziel zu erreichen, tief in das Gefüge der kapitalistischen Wirtschaftsordnung eingreifen und dementsprechend auf starken Widerstand bei den Industriellen wie im Reichstag stoßen werden. Wenn ich in mich hineinhöre, meine ich, daß ich mich selbst damit zum Werkzeug einer Entwicklung mache, durch die ich dazu beitrage, die Götter zu stürzen, welche die Welt vor dem August 1914 anbetete, eine Welt, der ich angehöre und durch die ich wurde, was ich bin: ein Individualist. [...] wir stehen vor einer unabsehbaren Periode der Umschichtung, intellektueller und materieller, einer Periode, ich scheue mich fast es auszusprechen, die Vielen als die des europäischen Niedergangs erscheinen wird. Doch nur wo Altes stürzt, kann Neues werden, und Menschen- wie Völkergeschicke haben sich noch nie aus Aufgängen, immer nur aus Erschütterungen geboren[30].«

Ein Weiterwirken der Kriegswirtschaftsorganisation nach dem Kriege hielt Rathenau für unabdingbar[31]. Die KRA würde im Frieden »den Kern eines wirtschaftlichen Generalstabes bilden«, als Vorsorge für einen künftigen Krieg[32]. Außerdem, so glaubte Rathenau, war man durch die Kriegswirtschaft zu einer neuen »Auffassung vom Rohstoff« gekommen. Die Bedeutung dieser Stoffe für die deutsche Wirtschaft habe man in erhöhtem Maße erkannt und werde zu dem »Begriff des Rohstoff-Schutzes« gelangen.

Rathenau beurteilte die Rohstoffeinfuhr, von der die deutsche Wirtschaft schon immer abhängig war, vor allem aus der Sicht der Zahlungsbilanz, die sich durch jeden Kauf aus dem Ausland zuungunsten Deutschlands verschlechtern mußte. Die Kriegswirtschaft hatte einen starken Autarkiewillen hervorgerufen, der zu einem neuen »Merkantilismus« führen würde und dessen Bedeutung für die Zeit nach einem Friedensschluß noch wachsen könnte[33].

Das künftige wirtschaftliche Geschick Deutschlands hat Rathenau die gesamte Kriegszeit hindurch und auch später stark beschäftigt. In einem Vortrag über »Probleme der Friedenswirtschaft«[34] zeigte er für die Zeit nach dem Krieg schwere Gefahren für die deutsche Wirtschaft auf. Jedes Kriegsjahr habe Deutschland in der Entwicklung um etwa vier Jahre zurückgeworfen, bei Friedensschluß seien aber die Kriegsanleihen und Schulden an die Gläubiger zurückzuzahlen, so daß eine »Vermögensumschichtung« großen Ausmaßes bevorstehe, die soziale Probleme mit sich bringen werde. Die Wirtschaft werde durch die zu erwartenden Verschlechterungen der Beziehungen mit dem Ausland ganz auf sich gestellt bleiben und müsse sich auf ihre Erfahrungen mit der Kriegswirtschaft verlassen:

»wir haben in unseren Kriegsgesellschaften die Organismen geschaffen, die damit vertraut sind, wie mit ihrem täglichen Brot[35].«

Rathenau glaubte, daß künftig die gesamte Wirtschaft sich in die Material-, Arbeits- und Kapitalwirtschaft zu gliedern habe, und diese werde stärker als bisher den Schutz der Rohstoffe, »über die uns die Kriegsnotwendigkeit ein neues Denken gelehrt hat«, beachten müssen. Nichts dürfe vergeudet, jede neue Quelle müsse erschlossen werden, damit Deutschland nicht in die Abhängigkeit des Auslandes gerate. Deshalb sprach Rathenau von einem »Neomerkantilismus«, der die »Richtigstellung unserer Handelsbilanz« beinhalte. Die Einfuhr von Waren und Stoffen aus anderen Ländern müsse mit großer Vorsicht gehandhabt werden.

»Die Politik unsrer Kraftquellen und unsrer Kraftverteilung wird eine der Grundfragen unsrer Wirtschaft bilden[36].«

Durch eine Beschränkung der Herstellung und Einfuhr von Luxusgütern sollte diese Wirtschaftspolitik Unterstützung finden.

Von einem weiteren Komplex der Wirtschaft, der »Arbeitswirtschaft«, erwartete Rathenau die äußerste Anstrengung der Kräfte, die mit Hilfe von Rationalisierungen und fortschreitender Konzentration der Betriebe verstärkt werden.

Neben der Steigerung der Produktion verlangte er außerdem als unterstützendes Moment eine Vereinfachung im Groß- und Einzelhandel. Durch Vereinheitlichung der Sortimente, Sammellager und Lagerbestände würden Kräfte der »jugendlichen Mannschaft« frei, die früher sinn- und nutzlos hinter Ladentischen auf Kunden gewartet hätten[37].

Von der Kapitalwirtschaft forderte Rathenau ein Eintreten für die Interessen des Landes. Kein deutsches Kapital dürfe ins Ausland abfließen. Die Frage, ob Unternehmen und Gesellschaften »dauernd privatwirtschaftliche Gebilde bleiben« könnten, mochte Rathenau zu dieser Zeit noch nicht beantworten[38].

Rathenau betonte, daß die sich herausgebildeten Maßnahmen der Kriegswirtschaft nicht mit den Zielen des Sozialismus gleichgesetzt werden dürfen[39], doch wurde dessen Organisation zum Teil als geeignet angesehen, den Übergang zur sozialisierten Wirtschaft zu bilden[40].

Im Juli 1917 schrieb dann Rathenau *Die Neue Wirtschaft*[41], in der er konkrete Schritte zur Umgestaltung der ökonomischen Situation in Deutschland entwickelte. Diese Schrift führte die Gedanken aus Rathenaus Vortrag über »Probleme der Friedenswirtschaft« direkt weiter.

Rathenau schlug eine Zusammenfassung aller gleichgearteten Betriebe in Industrie, Handwerk und Handel zu »Berufsverbänden« vor. Der Berufsverband sei »seiner Form nach als Aktiengesellschaft, seinem Handeln nach als Syndikat« zu sehen. Und der Staat übertrage den Berufsverbänden die Entscheidung über die Aufnahme neuer Unternehmen und das Recht des Aufkaufs oder der Stillegung unwirtschaftlich arbeitender Betriebe. Besonders die vorgeschlagenen Verbände zeigen deutliche Züge der Kriegs-Rohstoff-Gesellschaften, die ebenfalls einzelne Gewerbezweige bewirtschafteten, kleine Betriebe stillegten und deren Mitglieder mit unterschiedlicher Kapitalhöhe beteiligt waren[42]. Diese Verbände hatten aber im Gegensatz zu den Rohstoff-Gesellschaften nicht die Einschränkung, sondern die Ausdehnung und Stärkung der einzelnen Gewerbe zum Ziel[43].

Die entscheidenden Anregungen zu seinen Plänen hatte Rathenau zweifellos in der KRA erhalten:

»Unsere Kriegswirtschaft [...] bietet [...] gerade den Beweis, daß die scheinbar unveränderlichsten Systeme [...] auf viele Weisen abgewandelt werden können[44].«

Am Prinzip der Privatwirtschaft hielt Rathenau jedoch fest. Er setzte Hoffungen zu einem großen Teil auf den kommenden »Gemeinschaftswillen«, auf »Sittlichkeit und Verantwortung«. Deshalb konnte die »neue Wirtschaft« auch keine reine Staatswirtschaft sein,

»sondern eine der bürgerlichen Entschlußkraft anheimgestellte Privatwirtschaft, die freilich [...] staatlicher Mitwirkung bedarf«[45].

Ähnlich wie Moellendorff glaubte auch Rathenau, daß

»die Erkenntnis [dämmert], daß alles Wirtschaftsleben auf dem Urgrund des Staates ruht, daß Staatspolitik der Geschäftlichkeit vorangeht, daß jeder, was er besitzt und kann, allen schuldet«.

Er sah somit die Zeit gekommen, seine grundsätzlichen Anschauungen und kriegswirtschaftlichen Erfahrungen in einem »System des wirtschaftlichen Ausgleichs und der sozialen Freiheit« verallgemeinernd zusammenzufassen, dessen hauptsächliche Richtlinien er in den folgenden Punkten formulierte: 1. Staatliche Zuweisung der verfügbaren Produktionsfaktoren zwischen Konsum und Investition gemäß einer planmäßig festgesetzten erwünschten Wachstumsrate der Wirtschaft; 2. eine gerechte, mehr egalitäre Verteilung des Nationaleinkommens und der Vermögen; 3. Verbot jeglicher monopolistischer Verbindungen, die im modernen Kapitalismus als vornehmliche Quelle ungerechtfertigter Bereicherung fungieren; 4. drastische Begrenzung des Vererbungsrechts, um gemeinsam mit einem großangelegten Ausbildungsprogramm soziale Differenzen zu verringern und eine größere Klassen-Mobilität auf lange Sicht zu gewährleisten. Die Verwirklichung dieser Grundsätze sollte durch das Zusammenwirken der wirtschaftlichen Eigenbetätigung des Staates und umfassender Kontrolle des Lohnes, der Profite, des Zinssatzes und des Außenhandels gewährt werden. Im öffentlichen Wirtschaftssektor, in staatlich geleiteten Betrieben und Investitionen sah Rathenau ein wirksames Instrument zur Beeinflussung der Preise und Zinssätze im Sinne gesellschaftlicher Gesamtinteressen und zum Schutze des Mittelstandes vor der Konkurrenz übermächtiger Industrieverbände[46]. »Das soziale Ethos«, das Rathenaus Schriften durchdringt, entsprang seiner kritischen Haltung der industriellen-kapitalistischen Entwicklung im wilhelminischen Deutschland gegenüber. In den durch Wirtschaftskrieg und Kriegswirtschaft initiierten Entwicklungen sah er allerdings bereits die »kommenden Dinge« visionär vorgezeichnet. In seinem sozialen Bewußtsein stand er seinen kathedersozialistischen Zeitgenossen durchaus nahe, wenn er auch oft deren Kritik seiner radikal weitgreifenden Pläne und Vorschläge zu spüren bekam[47].

IV.

Im Gegensatz zu Rathenau, aber auch zu Wichard v. Moellendorff, der noch konsequenter das Konzept der »Gemeinwirtschaft« vertrat und es nach dem Krieg als Unterstaatssekretär im Reichswirtschaftsamt in die Sozialisierungspolitik einbringen wollte, war für die meisten Industriellen die Rückkehr zur Marktwirtschaft in der Nachkriegszeit selbstverständlich. Sie waren in den letzten Kriegs- und ersten Nachkriegsjahren bestrebt, die im Krieg geschaffenen Kontrollen und Behörden abzuschaffen und die vormals innegehabte Wirtschaftsfreiheit wiederzuerlangen. Bereits im Dezember 1914 warb beispielsweise Alfred Hugenberg, Vorsitzender des Direktoriums bei Krupp, aus Sorge, der Krieg könne den »endgültigen Abschluß der individualistischen Wirtschaftsepoche«[48] darstellen, bei anderen Industriellen um Unterstützung für eine Gegenkampagne. Nach 1918 stritten sie mit dem Reichswirtschaftsamt um die Überwachung der sogenannten Übergangswirtschaft[49]. Kein Wunder auch, daß Rathenaus und Moellendorffs Entwürfe der kommenden Wirtschaft von den konservativ eingestellten Politikern und Industriellen scharf abgelehnt wurden, vor allen Dingen deshalb, weil sich ein »Insider« gegen diejenigen stellte, die für eine Rückkehr zum status quo ante arbeiteten.

Nicht uneingeschränkt ablehnend aufgenommen wurde das Modell der »Gemeinwirtschaft« allerdings von Nationalökonomen. Priesen doch einige von ihnen die perfekte Mobilmachung des Heeres und die staatlich organisierte Kriegswirtschaft als Vorboten einer »wirklichen« sozialistischen Gesellschaft. Johann Plenge beispielsweise, der das Schlagwort »Ideen von 1914« geprägt hatte, setzte der französischen Revolution von 1789 die deutsche Erhebung von 1914 gegenüber, die nicht durch Staatsumsturz oder Systemwechsel, sondern vor allem durch Organisation und Neuaufbau, Staatssozialismus und Volksgemeinschaft geprägt gewesen sei:

»Da ist unser neuer Geist geboren: der Geist der stärksten Zusammenfassung aller wirtschaftlichen und aller staatlichen Kräfte zu einem neuen Ganzen, in dem alle mit gleichem Anteil leben. Der neue deutsche Staat! Die Ideen von 1914!«

Für Plenge bedeutete die deutsche Kriegswirtschaft nichts anderes als die Verwirklichung des Sozialismus, der Entwurf einer neuen Gesellschaft:

»Unter der Not des Krieges schlug die sozialistische Idee in das deutsche Wirtschaftsleben ein, seine Organisation wuchs in einem neuen Geiste zusammen, und so gebar die Selbstbehauptung unserer Nation für die Menschheit die Idee von 1914, die Idee der deutsche Organisation, die Volksgenossenschaft des nationalen Sozialismus.«

Im Gegensatz zu 1789 hatte der »Geist von 1914« eine entschieden antiliberale Spitze, und in der Vorstellung von der »Volksgenossenschaft des nationalen Sozialismus« zeigte sich auch ein neuer Typ von Antikapitalismus, der bestimmte Formen des Kapitalismus im »nationalen Interesse« bekämpfte, eine höhere Effizienz der Wirtschaft anstrebte. Der »nationale Sozialismus« war als ein »Staatssozialismus« gedacht, der sich von den »Ideen der schrankenlosen Freiheit« abwandte und sich an den »Ideen der gesunden Zusammenfassung aller Kräfte« — wie es Plenge forderte — ausrichtete[50]. Scheinbar war nun endlich jene Orientierung der Wirtschaft am Allgemeinwohl hergestellt, die eine ganze Richtung von Staatsidealisten, Korporatisten und Staatssoziali sten während des vergangenen Jahrhunderts gefordert hatte.

»Nicht zuletzt in der Berliner Beamtenschaft, die den Mythos von der preußischen Bürokratie in den Seminaren Wagners und Schmollers aufgenommen hatte, griff die Überzeugung um sich, daß nunmehr das Ende des Kapitalismus gekommen sei und man den Beginn einer neuen Epoche erlebe, in der die Wirtschaft unter Führung des Staates wieder der ›Gesamtheit‹ diene[51].«

Besonders in der Gemeinwirtschaftskonzeption Rathenaus und Moellendorffs wurde die Verbindung von Fichtes Deutschtumsmetaphysik mit Lebensphilosophie und Korporatismus konstatiert. Bezeichnenderweise berief sich Moellendorff unter anderem auf Friedrich II., Fichte und Lagarde als Ahnväter seiner »Deutschen Gemeinwirtschaft«[52], die er als genuin deutsche Wirtschaftsordnung gegenüber dem englischen Wirtschaftsliberalismus verstand. Darüber hinaus war er wie Rathenau auch bemüht, seinen wirtschaftlichen Ordnungsvorstellungen die Rationalisierungslehren des Amerikaners Frederick W. Taylor zu integrieren[53]. Taylor vertrat die Ansicht, daß sich durch die Rationalisierung der Arbeitsvorgänge eine Steigerung der Produktion erzielen lasse, die sowohl die Ansprüche der Unternehmer als auch der Arbeiter befriedigen könne. Diese Vorstellungen hielten vor dem Weltkrieg in Europa und Deutschland Einzug; sie fanden Eingang in die Ideologie des »Industrialismus«[54]. Dieser spiegelte sich nicht zuletzt in der Organisationsmythologie von Rathenau und Moellendorff, aber auch von Nationalökonomen wie Plenge und Edgar Jaffe sowie Friedrich Naumann und anderen, so unterschiedlich ihre politischen Vorstellungen sonst auch waren. Namentlich bei Rathenau und Plenge kann man sich oft des Eindrucks nicht erwehren, daß sie die Übertragung tayloristischer Lehren auf die Gesellschaft beabsichtigten, die maschinenmäßig gleichgeschaltet nach Art des rationalisierten Großbetriebes ›funktionieren‹ sollte.

»Ihre besondere deutsche Note erhielten diese Konzepte, indem sie an konservativ-antikapitalistischen Konzepten anknüpften und ihren Gegensatz zum westlichen Liberalismus hervorhoben[55].«

Es überrascht daher kaum, daß die bekannten Protagonisten eines »dritten Weges« zwischen den Antagonismen der kapitalistischen »Verkehrswirtschaft« und den »Eisenbartrezepten«[56] sozialistischer Planwirtschaft ihre Neuordnungsvorstellungen an den Erfahrungen der Kriegswirtschaft ausrichteten, an deren Aufbau sie maßgeblich beteiligt waren. Die Manager der deutschen Großindustrie Walther Rathenau und Wichard v. Moellendorff entsprachen praktisch der Vision vom »Industriebeamten«, wie sie die Nationalökonomen Plenge, Gerhart v. Schulze-Gävernitz, ja Rathenau selbst formuliert hatten. Zunächst schien mit der Kriegswirtschaft die Hoffnung all jener in Erfüllung zu gehen, die in einer »*Durch*staatlichung« und/oder planmäßigeren Produktion den Ausweg aus den Widersprüchen des Kapitalismus und der Gefahr sozialer Revolution sahen[57]. Diese heterogene Konzeption einer neuen Wirtschafts- und Gesellschaftsordnung, die aus der Grenzsituation des nationalen militärischen und wirtschaflichen Existenzkampfes erwuchs und wesentlich an dem in ihr entwickelten Instrumentarium der Wirtschaftsführung festhielt, fand in der Öffentlichkeit weiten Widerhall[58].

In SPD und USPD fanden Rathenaus Schriften nur begrenzt Anklang[59]. Dies erstaunt, weil ja der von Rudolf Hilferding 1915 in die ordnungspolitische Diskussion eingebrachte Begriff des »organisierten Kapitalismus«, der die marxistische Doktrin vom »staatsmonopolistischen Kapitalismus« modifizierte[60], durchaus mit Rathenaus und Moellendorffs Vorstellungen von der »Gemeinwirtschaft« in Einklang zu bringen war. Denn auch die Sozialdemokraten und Gewerkschaften konstatierten während des Krieges wesentliche Strukturveränderungen in Wirtschaft und Gesellschaft, nämlich

»die Ablösung einer von Einzelunternehmern getragenen und gegen Staatseingriffe weitgehend abgeschirmten Wettbewerbswirtschaft durch eine hochgradig konzentrierte, innerlich bürokratisierte und verbandsmäßig organisierte Wirtschaftsordnung, deren Funktionsfähigkeit durch Staatsintervention unterschiedlichster Qualität gesichert wird[61].«

Als Ergebnis der in der Kriegs- und Nachkriegszeit mit dem Begriff vom »Organisierten Kapitalismus« bezeichneten Entwicklung zunehmender Konzentration des »Finanzkapitals« sowie der Kartell- und Trustentwicklung definierte Hilferding den »Übergang von dem Kapitalismus der freien Konkurrenz zum organisierten Kapitalismus«.

Andere Sozialdemokraten, wie beispielsweise Rudolf Wissell, Wirtschaftsminister 1919, beeinflußt von seinem Staatssekretär v. Moellendorff[62], und Max Cohen, der für ein korporatives Oberhaus eintrat, aber auch Georg Bernhard, Herausgeber der liberalen »Vossischen Zeitung«, der der Demokratischen Partei nahestand und einen »Reichswirtschaftsrat« befürwortete, waren in dieser ordnungspolitischen Debatte bemüht, die Wirtschaft neu zu strukturieren, indem sie Elemente der Räteideologie mit Vorstellungen von Staat und Gemeinschaft als Organismus verbanden. Was sie vor Augen hatten, war eine Pyramide von Industrieplanungsorganen, die sich aus Vertretern des Unternehmertums, der Arbeiterschaft und des Staates zusammensetzen sollte. Mit der Befugnis, Preise festzusetzen, Rohmaterialien und Marktanteile zuzuweisen und die Richtlinien der Wirtschaftspolitik zu bestimmen, sollten diese neuen Institutionen eine Partnerschaft der Klassen im Sinne des öffentlichen Wohls verkörpern. Selbst wenn Verfechter solcher Ideen, wie Wissell, zur Sozialdemokratie zählten, setzten sie sich keineswegs für die Herrschaft des Proletariats ein, sondern forderten die größtmögliche Produktion für die Gesamtheit. Die institutionellen Modelle der Planwirtschaft entlieh man in erster Linie der Kriegswirtschaft, einschließlich der Rüstungsbetriebe in gemischt staatlich-privatem Besitz[63]. Wie dargelegt, hat auch Rathenau in dieser Entwicklung eine Zwischenstufe auf dem Wege vom Kapitalismus zum Staatssozialismus gesehen.

Bemerkenswert ist allerdings, daß Rathenaus Konzept der Kriegsrohstoffabteilung und seine daraus entwickelten Ordnungsmodelle der »neuen Wirtschaft«, die im zeitgenössischen Deutschland größtenteils scharf kritisiert wurden, im Ausland starke Beachtung, ja Zustimmung erfahren haben. Bereits am 11. Oktober 1915 pries die »Times« (»A Businessman and War«) Rathenaus Rohstoffbewirtschaftung als »eine der größten Ideen der modernen Zeiten« und würdigte die Verdienste Rathenaus mit denen der Feldherren Falkenhayn, Hindenburg und Mackensen als kriegsentscheidend. Im gegenerischen Großbritannien begriff Lloyd George als Leiter des britischen Munitionsamtes die Kriegsrohstoffabteilung als wirkungsvolle Waffe gegen die britische Seeblockade und damit auch als Vorbild für effektive Planwirtschaft[64]. Eine starke Rezeption erfuhren Rathenaus futurologische Entwürfe in Schweden, wo seine Schriften in hohen Auflagen erschienen. Besonders jedoch in der entstehenden Sowjetunion wurde die deutsche Kriegswirtschaft als Modell für die am weitesten entwickelte Mischform großkapitalistischer Technik und planmäßiger Organisation gewürdigt. Insbesondere Bucharin und Lenin sowie dessen Wirtschaftsberater Larin und Miljutin bezogen sich dabei ausdrücklich auf Rathenaus Konzept der Gemeinwirtschaft, deren moderne Strukturen unter der Diktatur des Proletariats der sozialistischen Revolution dienstbar gemacht werden sollten[65].

Später bemächtigten sich die Nationalsozialisten der Ideen des von ihnen geschmähten Juden Rathenau. Als Albert Speer, gerade zum Reichsminister für Rüstung und Kriegsproduktion ernannt, im Jahre 1942 die gescheiterte NS-Kommandowirtschaft in eine zwar gelenkte, jedoch auf der Basis industrieller Selbstverwaltung beruhende Kriegswirtschaft umwandelte, die trotz der immer knapper werdenden Ressourcen eine kaum für möglich erachtete Produktionssteigerung erreichte, ließ er sich von der Kriegsrohstoffabteilung Walther Rathenaus anregen. Seine kriegsozialistischen und gemeinwirtschaftlichen Ideen erschienen den Nationalsozialisten als opportunes Mittel, den militärisch längst verlorenen Krieg vielleicht doch noch wirtschaftlich gewinnen zu können.

Anmerkungen

1 Zum Diskussionsstand vgl. Organisierter Kapitalismus. Voraussetzungen und Anfänge, hrsg. von Heinrich August Winkler, Göttingen 1974; Jürgen Kocka, Organisierter Kapitalismus im Kaiserreich, in: Historische Zeitschrift, 230 (1980), S. 613—631; Die Organisierung des Friedens: Demobilmachung 1918—

1920, hrsg. von Wolfgang J. Mommsen, in: Geschichte und Gesellschaft, 9 (1983); Hans-Jürgen Puhle, Historische Konzepte des Industriekapitalismus. »Organisierter Kapitalismus« und »Korporatismus«, in: Kapitalismus, Korporatismus, Keynesianismus, hrsg. von Hans-Jürgen Puhle (= Geschichte und Gesellschaft, 10 [1984]), S. 165—184.

2 Eckhard Biechele, Der Kampf um die Gemeinwirtschaftskonzeption im Jahre 1919. Eine Studie zur Wirtschaftspolitik unter Reichswirtschaftsminister Wissell in der Frühphase der Weimarer Republik, Diss. Berlin 1972.

3 Werner v. Kügelgen, Kriegswirtschaft und Sozialismus. Die sozialistische Ordnung der deutschen Volkswirtschaft im Weltkrieg, dargestellt unter besonderer Berücksichtigung der Kriegsrohstoffbewirtschaftung, Diss. Heidelberg 1935.

4 Vgl. Friedrich Zunkel, Industrie und Staatssozialismus. Der Kampf um die Wirtschaftsordnung in Deutschland, Düsseldorf 1974, S. 9f., sowie Leo Haupts, Deutsche Friedenspolitik 1918—1919. Eine Alternative zur Machtpolitik im Ersten Weltkrieg?, Düsseldorf 1976, S. 93.

5 Vgl. hierzu Ragnhild Fiebig-v. Haase, Die deutsch-amerikanischen Wirtschaftsbeziehungen, 1890—1914, im Zeichen von Protektionismus und internationaler Integration, in: Amerikastudien, XXXIII (1989), S. 329—357, sowie ihren Beitrag in diesem Band.

6 Gerd Hardach, Der Erste Weltkrieg 1914—1918, München 1973, hier speziell S. 62—84.

7 Lothar Burchardt, Friedenswirtschaft und Kriegsvorsorge. Deutschlands wirtschaftliche Rüstungsbestrebungen vor 1914, Boppard a. Rh. 1968; Wolfgang Michalka, Kriegswirtschaft und Wirtschaftskrieg, in: Deutschland und der Erste Weltkrieg, hrsg. von Helmut Böhme und Fritz Kallenberg, Darmstadt 1987, S. 169—192.

8 Kurt Wiedenfeld, Die Organisation der Kriegsrohstoff-Bewirtschaftung im Weltkrieg, Hamburg 1936.

9 Lothar Burchardt, Walther Rathenau und die Anfänge der deutschen Rohstoffbewirtschaftung im Ersten Weltkrieg, in: Tradition. Zeitschrift für Firmengeschichte und Unternehmerbiographie, 15 (1970), S. 169—196; David Graham Williamson, Walther Rathenau and the K. R. A. August 1914—March 1915, in: Zeitschrift für Unternehmensgeschichte, 23 (1978), S. 118—136; Gerhard Hecker, Walther Rathenau und sein Verhältnis zu Militär und Krieg, Boppard a. Rh. 1983, S. 201—267.

10 Joseph Koeth, Rohstoffbewirtschaftung, in: Handbuch der Politik, Bd 2, Berlin 1920, S. 224—235; Clemens v. Delbrück, Die wirtschaftliche Mobilmachung in Deutschland 1914, München 1924.

11 Vgl. besonders Gerald Feldman, Armee, Industrie und Arbeiterschaft in Deutschland 1914 bis 1918, Berlin, Bonn 1985; jetzt besonders ders., The Great Disorder. Politics, Economics, and Society in the German Inflation, 1914—1924, New York, Oxford 1993, S. 52—96.

12 Willibald Gutsche, Die Entstehung des Kriegsausschusses der deutschen Industrie und seine Rolle zu Beginn des Ersten Weltkrieges, in: Zeitschrift für Geschichtswissenschaft, 18 (1970), S. 877—898, sowie generell Hans-Peter Ullmann, Interessenverbände in Deutschland, Frankfurt a. M. 1988, S. 77—84.

[13] Lothar Burchardt, Die Auswirkungen der Kriegswirtschaft auf die Zivilbevölkerung im Ersten und Zweiten Weltkrieg, in: Militärgeschichtliche Mitteilungen (MGM), 15 (1974), S. 65—97; Dieter Baudis, Vom »Schweinemord zum Kohlrübenwinter«. Streiflichter zur Entwicklung der Lebensverhältnisse in Berlin im ersten Weltkrieg (August 1914 bis Frühjahr 1917), in: Jahrbuch für Wirtschaftsgeschichte, 1986, S. 129—152; Gunter Mai, »Wenn der Mensch Hunger hat, hört alles auf«. Wirtschaftliche und soziale Ausgangsbedingungen der Weimarer Republik (1914—1924), in: Die Weimarer Republik als Wohlfahrtsstaat. Zum Verhältnis von Wirtschafts- und Sozialpolitik in der Industriegesellschaft, hrsg. von Werner Abelshauser, Stuttgart 1987, S. 33—62, hier: S. 47—53; Anne Roerkohl, Hungerblockade und Heimatfront. Die kommunale Lebensmittelversorgung in Westfalen während des Ersten Weltkrieges, Stuttgart 1991; Stahl und Steckrüben. Beiträge und Quellen zur Geschichte Niedersachsens im Ersten Weltkrieg (1914—1918), hrsg. von Karl-Heinz Grotjahn und Reinhard Oberschelp, 2 Bde, Hameln 1993.

[14] Wolfram Wette, Reichstag und »Kriegsgewinnlerei« (1916—1918). Die Anfänge parlamentarischer Rüstungskontrolle in Deutschland, in: MGM, 36 (1984), S. 31—56; Lothar Burchardt, Zwischen Kriegsgewinnen und Kriegskosten: Krupp im Ersten Weltkrieg, in: Zeitschrift für Unternehmensgeschichte, 32 (1978), S. 71—123.

[15] Wilhelm Dieckmann, Die Behördenorganisation in der deutschen Kriegswirtschaft 1914—1918, Hamburg 1937.

[16] Otto Goebel, Deutsche Rohstoffwirtschaft im Weltkrieg einschließlich des Hindenburgprogramms, Stuttgart 1930.

[17] Feldman, Armee, Industrie und Arbeiterschaft (wie Anm. 11), S. 169—206.

[18] Zunkel, Industrie und Staatssozialismus (wie Anm. 4); vgl. auch die Beiträge von Gerald D. Feldman und Dieter Krüger in diesem Band.

[19] Wichard v. Moellendorff, Deutsche Gemeinwirtschaft, Berlin 1916, und ders., Konservativer Sozialismus, Hamburg 1932. Vgl. Ralph H. Brown, German Theories of the Corporate State. With Special Reference to the Period 1870—1890, New York, London 1947, S. 164—218; Klaus Braun, Konservativismus und Gemeinwirtschaft. Eine Studie über Wichard v. Moellendorff, Duisburg 1978; Dieter Schmid, Wichard v. Moellendorff. Ein Beitrag zur wirtschaftlichen Selbstverwaltung, Diss. Berlin 1970.

[20] Wolfgang Kruse, Kriegswirtschaft und Gesellschaftsvision. Walther Rathenau und die Organisierung des Kapitalismus, in: Walther Rathenau 1867—1922. Die Extreme berühren sich, hrsg. von Hans Wilderotter, Berlin 1993, S. 151—168.

[21] Rathenau, Die neue Wirtschaft, in: Gesammelte Werke, Bd 5, Berlin 1918, S. 179—261, hier S. 250.

[22] Alfred Müller, Die Kriegsrohstoffbewirtschaftung 1914—1918 im Dienste des deutschen Monopolkapitals, Berlin (Ost) 1955; Gustav Stolper, Deutsche Wirtschaft seit 1870, Tübingen 1964, S. 76ff.; Dieter Baudis, Helga Nussbaum, Wirtschaft und Staat in Deutschland vom Ende des 19. Jahrhunderts bis 1918/19, Berlin (Ost) 1978, S. 261—270.

[23] Ernst Schulin, Krieg und Modernisierung. Rathenau als philosophierender Industrieorganisator im Ersten Weltkrieg, in: Thomas Hughes u.a., Ein

Mann vieler Eigenschaften. Walther Rathenau und die Kultur der Moderne, Berlin 1990, S. 60.

24 Rathenau, Probleme der Friedenswirtschaft (Vortrag, gehalten am 18.12. 1916), in: ders., Gesammelte Schriften, Bd 5, Berlin 1918, S. 59—93, hier S. 71; ders., Die neue Wirtschaft (1917), ebd., S. 179—261, hier S. 181. Vgl. dazu Walther Rathenau. Industrialist, Banker, Intellectual, and Politician. Notes and Diaries 1907—1922, ed. by Hartmut Pogge von Strandmann, Oxford 1985, S. 20.

25 Rathenau, Deutschlands Rohstoffversorgung (Vortrag, gehalten am 20.12. 1915), in: ders. Gesammelte Schriften, Bd 5 (wie Anm. 24), S. 23—58, hier S. 38 und 40.

26 Ebd., S. 41; vgl. auch Emil Lederer, Deutschlands Wiederaufbau und weltwirtschaftliche Neueingliederung durch Sozialisierung, Tübingen 1920, S. 15ff.

27 Deutschlands Rohstoffversorgung (wie Anm. 25), S. 41.

28 Von kommenden Dingen, in: ders., Gesammelte Schriften, Bd 3, Berlin 1918, S. 102.

29 So Ernst Schulin in: Walther Rathenau, Hauptwerke und Gespräche, hrsg. von Ernst Schulin, München, Heidelberg 1977 (= Walther Rathenau-Gesamtausgabe, Bd 2), S. 557.

30 Hermann Stehr — Walther Rathenau. Zwiesprache über den Zeiten. Geschichte einer Freundschaft in Briefen und Dokumenten, hrsg. von Ursula Merides-Stehr, Leipzig, München 1946, S. 25ff.

31 Ebd., S. 25, 41, 53. Vgl. auch Gerald D. Feldman, Die Demobilmachung und die Sozialordnung der Zwischenkriegszeit in Europa, in: Geschichte und Gesellschaft, 9 (1983), S. 156f., sowie Theodor Schieder, Rathenau und die Probleme der deutschen Außenpolitik, in: Discordia Concors. Festgabe für Edgar Bonjour zu seinem 70. Geburtstag am 21. August 1968, hrsg. von Marc Sieber, Bd I, Basel, Stuttgart 1968, 239—268, hier S. 250f.

32 Deutschlands Rohstoffversorgung (wie Anm. 25), S. 55f.

33 Ebd., S. 54.

34 Gehalten am 18.12.1916 in der »Deutschen Gesellschaft« (wie Anm. 24).

35 Ebd., S. 70f.; vgl. auch Die neue Wirtschaft (wie Anm. 24), S. 182ff., wo diese Gedanken in ähnlicher Form dargeboten und fortentwickelt werden.

36 Ebd., S. 75.

37 Ebd., S. 78ff.

38 Ebd., S. 85.

39 Ausdrücklich versteht Rathenau seine wirtschaftlichen Konzepte als Alternativen zum Sozialismus. So schreibt er in »Von kommenden Dingen (wie Anm. 28), S. 16: »Dieses Buch trifft den dogmatischen Sozialismus ins Herz«. Vgl. Josef Toch, Vergesellschaftung in Österreich, Wien o.J., S. 57.

40 Vgl. Hermann Kranold, Sozialisierung: Warum, Was, Wie, Wann? o.O. o.J., S. 15; Ludwig Stephinger, Grundsätze der Sozialisierung, Tübingen 1919, S. 90f.

41 Rathenau, Die neue Wirtschaft (wie Anm. 24), S. 232ff.

42 Vgl. Goebel, Deutsche Rohstoffwirtschaft (wie Anm. 16), S. 52; Müller, Die Kriegsrohstoffbewirtschaftung (wie Anm. 22), S. 130, 135; Gunther Mai, Das

Ende des Kaiserreichs. Politik und Kriegführung im Ersten Weltkrieg, München 1987, S. 92.

43 Die neue Wirtschaft (wie Anm. 24), S. 232ff.

44 Ebd., S. 249.

45 Ebd., S. 250.

46 Rathenau, Von kommenden Dingen (wie Anm. 28), S. 96, 139, 97, 158f. Vgl. Avraham Barkai, Das Wirtschaftssystem des Nationalsozialismus. Ideologie, Theorie, Politik 1933—1945, erw. Neuausg., Frankfurt a.M. 1988, S. 88.

47 Barkai (wie Anm. 47), S. 89.

48 Hugenberg an Beukenberg, 8.12.1914, Mannesmann-Archiv, P 2/2501; zit. nach Michael Epkenhans, Die wilhelminische Flottenrüstung 1908—1914. Weltmachtstreben, industrieller Fortschritt, soziale Integration, München 1991, S. 390.

49 Hans Schieck, Der Kampf um die deutsche Wirtschaftspolitik nach dem Novemberumsturz 1918, Diss. Heidelberg 1958.

50 Reinhard Rürup, Der »Geist von 1914« in Deutschland. Kriegsbegeisterung und Ideologisierung des Krieges im Ersten Weltkrieg, in: Ansichten vom Krieg. Vergleichende Studien zum Ersten Weltkrieg in Literatur und Gesellschaft, hrsg. von Bernd Hüppauf, Königstein i.Ts. 1984, S. 1—30, auch für das Vorstehende. Vgl. jetzt auch Rolf Peter Sieferle, Der jetzt deutsch-englische Gegensatz und die »Ideen von 1914«, in: Das kontinentale Europa und die britischen Inseln. Wahrnehmungsmuster und Wechselwirkungen seit der Antike, hrsg. von Gottfried Niedhart, Mannheim 1993, S. 139—160.

51 Dieter Krüger, Nationalökonomen im wilhelminischen Deutschland, Göttingen 1983, S. 121; vgl. Friedrich Glum, Zwischen Wissenschaft, Wirtschaft und Politik, Bonn 1964, S. 156ff.

52 Moellendorff, Von Einst zu Einst, in: Deutsche Gemeinwirtschaft, H. 1, Jena 1917.

53 Vgl. Moellendorff, Konservativer Sozialismus (wie Anm. 19), S. 31ff. Vgl. dazu Klaus Braun, Konservativismus und Gemeinwirtschaft, S. 42ff., 143ff., 155ff.; Dieter Schmid, Wichard v. Moellendorff (wie Anm. 19), S. 24ff.

54 Vgl. bes. Charles Maier, Zwischen Taylorismus und Technokratie. Gesellschaftspolitik im Zeichen industrieller Rationalität in den zwanziger Jahren in Europa, in: Die Weimarer Republik. Belagerte Civitas, hrsg. von Michael Stürmer, Königstein/Ts. 1980, S. 188—213.

55 Krüger, Nationalökonomen (wie Anm. 51), S. 191.

56 Rathenau, Von kommenden Dingen (wie Anm. 28), S. 125.

57 Rathenau brachte dies in seinem Wahlflugblatt »Die Wirtschaft der Zukunft« vom 29.11.1918 auf folgende Formulierung: »Wir werden eine Wirtschaft errichten, die nicht die marxistische sein wird, die aber allen Gliedern des Volkes mehr Gerechtigkeit, Frieden und Arbeitsfreude bieten wird als die andere [...] Das Ziel des wahren und gesunden Sozialismus ist nicht die Verstaatlichung, sondern die *Durch*staatlichung; es ist die Ordnung, die Durchdenkung und Regelung der bisherigen zuchtlosen und willkürlichen Produktionsvorganges« (ders., Nachgelassene Schriften, Bd 1, Berlin 1928, S. 87).

[58] Vgl. Waldemar Gutsche, Fritz Klein-Joachim Petzold, Der erste Weltkrieg, Köln 1983, S. 256, sowie Zunkel, Industrie und Staatssozialismus (wie Anm. 4), S. 30f.

[59] Hartmut Pogge von Strandmann, Rathenau zwischen Politik und Wirtschaft, in: Am Wendepunkt der europäischen Geschichte, hrsg. von Otmar Franz, Göttingen, Zürich 1981, S. 102f. Vgl. dazu auch Peter Bendixen, Das Staatsdenken Walther Rathenaus, phil. Diss. Kiel 1971, S. 302f.

[60] Günter Könke, Organisierter Kapitalismus, Sozialdemokratie und Staat. Eine Studie zur Ideologie der sozialdemokratischen Arbeiterbewegung in der Weimarer Republik (1924–1932), Stuttgart 1987.

[61] So die Definition von Heinrich August Winkler in: Organisierter Kapitalismus (wie Anm. 1), S. 8.

[62] Hans Gotthard Ehlert, Die wirtschaftliche Zentralbehörde des Deutschen Reiches 1914 bis 1919. Das Problem der »Gemeinwirtschaft« in Krieg und Frieden, Wiesbaden 1982, S. 225–387.

[63] Vgl. Charles Maier, Zwischen Taylorismus und Technokratie (wie Anm. 54), S. 198.

[64] Vgl. Bernd-Jürgen Wendt, Vom Interventionsstaat zum Industrieparlament. Ordnungspolitische Vorstellungen in England nach dem Ersten Weltkrieg, in: Nachkriegsprobleme 1918–1924 im Vergleich, hrsg. von Richard H. Tilly (= Geschichte und Gesellschaft, 12 [1986]), S. 5–33; Alan S. Milward, The Economic Effects of the Two World Wars on Britain, London, Basingstoke [2]1984.

[65] Kruse, Kriegswirtschaft und Gesellschaftsvision (wie Anm. 20), S. 160.

Dieter Krüger

Kriegssozialismus. Die Auseinandersetzung der Nationalökonomen mit der Kriegswirtschaft 1914—1918

Inhaltlich zunehmend heterogen und von Generationenkonflikten geprägt, hatten die Sozialwissenschaftler ihre einstige Rolle als Deutungsinstanz der gesellschaftlichen Entwicklung schon nach der Jahrhundertwende verloren, um im Verlauf des Weltkrieges ihren eigenständigen Einfluß fast ganz einzubüßen[1]. Allenfalls als Sprachrohre der jetzt eindeutig um Parteien und Verbände zentrierten konkurrierenden Lager der Reformachse (Reichstagsmehrheit und Gewerkschaften) und ihrer intransigenten Gegner (Vaterlandspartei, Alldeutsche, Schwerindustrie) fand man noch Gehör[2].

Hatten die Professoren bereits vor 1914 an der Einstimmung der öffentlichen Meinung auf den möglichen Krieg mitgewirkt[3], so schien dessen Ausbruch eine neue Ära gelehrtenpolitischen Engagements einzuläuten. Die Mehrheit der Hochschullehrer warf ihren Nimbus in die Waagschale und betrieb in Aufrufen, Erklärungen und zahlreichen Kriegsschriften die Rechtfertigung der deutschen Kriegspolitik nach außen und die Sinnstiftung nach innen[4]. Mit Gustav Schmoller und Lujo Brentano hatten auch die Altmeister der Historischen Schule der Nationalökonomie und Häupter der konservativen beziehungsweise sozialliberalen Strömungen der im Verein für Socialpolitik organisierten Kathedersozialisten ihre Unterschriften unter den berüchtigten Aufruf »An die Kulturwelt!« gesetzt. Insgesamt beteiligten sich bis 1915 21 von 36 ordentlichen Professoren der Nationalökonomie an der Kriegspublizistik[5]. Einen den Tag überdauernden Ruf als Kriegsideologen erwarben sich — sieht man von den Soziologen Georg Simmel und Max Scheler ab — vor allem zwei Vertreter dieser Disziplin: Werner Sombart (1863—1941) und Johann Plenge (1873—1963)[6].

I.

Sombart war einer der kreativsten Köpfe der jüngeren Generation der Historischen Schule der Nationalökonomie. In den 1890er Jahren noch stark sozialpolitisch engagiert und in seinen Forschungen zum modernen Kapitalismus vom Marxismus beeinflußt, wandte sich Sombart nach der Jahrhundertwende einem apolitischen bildungsbürgerlichen Ästhetizismus zu, der zusehends konservative Züge annahm[7]. In seiner im Februar 1915 fertiggestellten Schrift *Händler und Helden*[8] feierte Sombart dann den Krieg als Ausweg aus dem »Kulturpessimismus« der Vorkriegszeit. Er denunzierte die pragmatische Philosophie und liberale Sozialethik angelsächsischer Provenienz, die Sozialvertragsidee, das sozialliberale Reformideal des größten Glücks der größten Menge und den gleichgewichtsorientierten Freihandelsimperialismus Englands als »Händlergesinnung«. Ihr stellte er eine aus den Ideen der deutschen Klassik, der Romantik und der Lebensphilosophie Friedrich Nietzsches derivierte »Heldengesinnung« Deutschlands gegenüber. Dabei rechtfertigte er den deutschen Militarismus als äußere Form deutscher Kultur und deutschen Staatsdenkens, als »Beethoven-Partitur in den Schützengräben«. Insgesamt deklarierte der Nationalökonom Sombart den Weltkrieg als historisches Ringen zweier Weltanschauungen, demgegenüber wirtschaftliche und politische Gegensätze bestenfalls zweitrangig seien. In der Relativierung des Individuums zugunsten der »Volksgemeinschaft«, in der Verklärung des Krieges als Lebensnotwendigkeit des Staates und in der angeblichen Selbstgenügsamkeit der deutschen gegenüber der europäischen Kultur offenbarte sich die Selbstentfremdung großer Teile des Bildungsbürgertums, welche das rationale Kalkül von Einsatz und Nutzen durch irrationalen Gesinnungsmilitarismus ersetzt und im kriegerischen Atavismus den vermeintlichen Ausweg aus dem Unbehagen an der Moderne gefunden hatten.

Zwar stieß Sombarts »dernier cri«, so Max Weber[9], auf durchaus geteilte Aufnahme seiner Fachkollegen[10]. Nichtsdestoweniger hat er in extremen, bisweilen geschmacklosen Wendungen das Gemeingut der meisten Kriegspublizisten formuliert: das anti-britische Ressentiment, die Deutschtumsmetaphysik, die angebliche Läuterung des Individuums durch den Krieg und seine Aufhebung in Volk und Staat sowie die weitreichende Absage an die bürgerlich-liberalen Traditionen, an die »Ideen von 1789« (Sombart)[11]. Zunächst nahm der germanophile schwedische Staatsrechtslehrer Rudolf Kjellén die Stichworte Sombarts

(Kommerzialisierung, Eudämonisierung, Vermassung u.ä.) auf. Indem er dem bekannten Dreiklang der Ideen von 1789 (Freiheit, Gleichheit, Brüderlichkeit) die »Ideen von 1914« (»Pflicht, Ordnung, Gerechtigkeit!«) entgegensetzte, interpretierte er den Krieg ganz im Sinne Sombarts als Weltanschauungskrieg. Die westeuropäischen Träger einer abgelebten Idee fochten demnach gegen Deutschland als Träger einer neuen Sozialgesinnung[12].

Damit war das Schlagwort geboren, dem — neben dem protestantischen Theologen Ernst Troeltsch[13] — vor allem der 1913 nach Münster berufene Plenge wissenschaftliches Fundament zu geben suchte. Er hatte, nicht untypisch für die jüngste Generation der Nationalökonomen[14], von Anfang an wenig mit der überlieferten sozialreformerischen Gelehrtenpolitik im Sinn. Als Wirtschaftswissenschaftler nach heutigem Verständnis profilierte er sich durch seine innovativen geldpolitischen Studien. Er überhöhte diese freilich durch einen konservativen Neuhegelianismus, an dem seine Kriegspublizistik direkt anknüpfte[15]. Plenge interpretierte die Weltgeschichte als stufenförmige Abfolge von Epochen, in denen konkurrierende soziale oder individualistische Grundideen von hoher Gestaltungskraft entsprechende gesellschaftliche Organisationszustände und insgesamt die immer höhere organisatorische Zusammenfassung der Menschheit bewirkten. Die Ideen von 1789 hatten danach die kapitalistischen Wirtschaftskräfte entfesselt, deren volle Auswirkung jetzt nach organisatorischer Zusammenfassung drängten, wie sie in den Ideen von 1914 zum Ausdruck kamen. Folgerichtig kämpfte mit England der Vertreter des historisch überholten individualistischen Kapitalismus gegen Deutschland als Träger einer neuen Organisationsstufe. Plenge nannte sie Sozialismus, der für ihn in der »straffen Zusammenfassung aller Kräfte des nationalen Produktionsorganismus« durch die deutsche Kriegswirtschaft Gestalt angenommen hatte[16].

II.

Tatsächlich war der »Kriegssozialismus« ein ebenso vieldeutiges Schlagwort wie die Ideen von 1914. Wie diese stand er zum einen für Burgfrieden, Militärstaat, Schützengrabensolidarität und dergleichen. Zum anderen reflektierte er die Entwicklung der kapitalistischen Wirtschaftsordnung unter den Bedingungen der Kriegswirtschaft. Sie erschien einerseits als Fortsetzung der Vorkriegsentwicklung, andererseits als neue Wirtschaftsverfassung. Gewöhnlich sah man vor dem Ersten Weltkrieg den Sozialismus als Alternative zur bestehenden, mehr oder weniger staatlich beeinflußten Marktwirtschaft. Während der marxistische Sozialismus verblüffend wenig konkrete Ordnungsvorstellungen entwickelt hatte, stellte die von Fichte, Johann Rodbertus v. Jagetzow bis Adolph Wagner reichende Tradition des »Staatssozialismus« konservativer Provenienz das eigentliche Alternativmodell dar[17]. Da die Kriegswirtschaft allgemein gesprochen dadurch charakterisiert war, daß die marktwirtschaftliche Selbstvermittlung durch administrative und korporative Regulierung von Produktion und Distribution zurückgedrängt wurde, lag es nahe, dieses Phänomen mit dem an den Staatssozialismus gemahnenden, ebenso schillernden Begriff »Kriegssozialismus« zu belegen. Dabei schwang die schon vor dem Kriege zu beobachtende Neigung mit, wirtschaftlicher Organisation per se sozialistischen Charakter zuzusprechen. Entscheidend war nun freilich, ob man im Kriegssozialismus nur eine vorübergehende kriegsbedingte Notmaßnahme sah oder ob man ihn als Wandel der Wirtschaftsordnung von bleibender Wirkung interpretierte. Sombart hatte in *Händler und Helden* angedeutet, daß in Zukunft die Wirtschaft dem Staate dienen und Deutschland relativ autark werden müsse[18].

Erst recht schienen die Formulierungen Plenges für die Überzeugung zu sprechen, daß Deutschland in eine neue Ära der staatswirtschaftlichen, mindestens aber gemischtwirtschaftlichen Ordnung eingetreten war. Nur der Krieg, nicht die Marktwirtschaft (»freies Spiel der Kräfte«), hatten für ihn den bewußten Zusammenschluß staatlicher Verwaltungserfahrung mit immanenten wirtschaftlichen Organisationstendenzen zu bewirken vermocht. Um die drei Zentren staatlicher Beschaffungspolitik (Preußisches Kriegsministerium, Marine- und Schatzamt) und das Reichsamt des Innern als Zentrum staatlicher Wirtschaftsregulierung gliederten sich jetzt die gewerblichen Interessenverbände zur gemeinschaftlichen Regelung der Verhältnisse in der jeweiligen Branche, wie sich andererseits um die Kriegsrohstoffabteilung die Kriegsrohstoffgesellschaften gruppierten. Besonders reibungslos sei die Umstellung dort verlaufen, wo der Hochkapitalismus aus sich heraus bereits Organisationstendenzen in Form von Kartellen, Trusts und Verbänden hervorgebracht habe. Allerdings sei nun das staatliche Interesse an der wirtschaftlichen Kriegführung an die Stelle des bisherigen privatwirtschaftlichen Interesses an der Marktbeherrschung getreten. Damit waren die wirtschaftlichen Organisationen für Plenge organische Teile eines »geschlossenen Handelsstaates« geworden[19].

Edgar Jaffé (1866—1921) — Professor an der Münchner Handelshochschule und gemeinsam mit Sombart und Max Weber Herausgeber des renommierten »Archivs für Sozialwissenschaft und Sozialpolitik« — erkannte eine »Militarisierung unseres Wirtschaftslebens«, die zu »weitgehender Ausschaltung des Prinzips der wirtschaftlichen Selbstbestimmung« führe und »unverkennbar staatssozialistisches Gepräge« trage. Damit kehre man wieder zur eigentlichen deutschen Tradition der »festen und planmäßigen Ordnung« des Wirtschaftslebens zurück, die der englische »Wirtschaftsegoismus« niemals ganz habe verdrängen können. Für Jaffé erforderten schon die kriegsbedingt hohe Staatsverschuldung und die anhaltende Importabhängigkeit einen erheblichen Staatseinfluß auch nach dem Kriege, der mit marktwirtschaftlichem Wettbewerb als Prinzip nicht mehr vereinbar sei. Wo der Wettbewerb als Selbststeuerung nicht mehr funktionierte, sollten öffentliche und gemischtwirtschaftliche Betriebe eingerichtet werden[20]. Die Aufsätze Jaffés hatten ein beachtliches Presseecho[21]. Allerdings setzte auch er, unter den vermeintlich günstigen Auspizien des Krieges, seine Argumentation aus der Vorkriegszeit fort. Schon damals glaubte er, die Marktwirtschaft überwinde sich selbst, indem die Konkurrenz den Fall der Profite und dieser Kartelle und Trusts sowie allgemein die Organisation von Kapital und Arbeit bewirke[22].

Auf den ersten Blick scheinen die Gedanken Plenges und Jaffés weitgehend identisch. Tatsächlich wehrte sich Plenge jedoch gegen eine Gleichsetzung[23] und warnte: »Die Volkswirtschaft ist kein Exerzierplatz[24].« Seine ordnungspolitischen Forderungen blieben dann auch reichlich vage und seine Ausführungen über die vermeintlich problemlose staatliche Geldschöpfung überraschend unbekümmert. Bedeutender erschien Plenge der Wandel der sozialen Gesinnung, die nunmehr das pflichtbewußte Zusammenwirken aller Gesellschaftsglieder bewirke[25]. Es verwundert daher kaum, wenn der Ruhrindustrielle Wilhelm Beukenberg, Generaldirektor der Phoenix AG, diesem »Sozialismus« seine Anerkennung nicht versagte[26]. Denn bei Lichte besehen waren Plenges Ausführungen über den Verdacht des Staatssozialismus erhaben. In letzter Instanz verlieh er vielmehr der mit dem Burgfrieden — wenn auch nur vorübergehend — erreichten gesellschaftlichen Formierung bei anhaltender Präponderanz der kartellierten Schwerindustrie den Glorienschein einer vermeintlich neuen Sozialordnung.

Der Freiburger Sozialwissenschaftler und linksliberale Reichstagsabgeordnete Gerhart v. Schulze-Gaevernitz verkündete ebenso spektakulär wie Plenge, der Krieg habe »einen mächtigen Anstoß in Richtung auf die Gemeinwirtschaft gegeben«. Praktisch schwebte jedoch auch ihm nur die mittels Reichsbank auszuübende stärkere staatliche Steuerung der prinzipiell privat verfaßten Wirtschaft vor. Dies dürfe freilich nicht zum »Rückfall in den veralteten Merkantilismus« ausarten[27]. Ähnlich wie Plenge unterstellte also auch er dem Phänomen der Organisation und dem Versuch indirekter Steuerung per se gemeinwirtschaftlichen Charakter. Unter dem Druck öffentlicher Kritik betonte schließlich auch Jaffé, er habe weniger das Kapital als den »kapitalistischen Geist« im Auge. Andererseits beharrte er auf der »ungeheuren Stärkung des Staates als solchem und einer weitgehenden Beeinflussung des gesamten Wirtschaftslebens im Sinne des öffentlichen Interesses, aber unter Aufrechterhaltung des bisherigen Verteilungsmodus«[28]. Tatsächlich zielte Jaffé auf eine staatlich gesteuerte und regulierte Marktwirtschaft mit erheblichem staatswirtschaftlichem Sektor, während Plenge und Schulze-Gaevernitz allenfalls auf eine Art Globalsteuerung und die Stärkung korporativer Elemente abhoben. Wenn dagegen Jaffé angesichts zusehends vermachteter Märkte schon in der Vorkriegszeit die Anhänger des marktwirtschaftlichen Status quo ante vor der »unbeschränkten Herrschaft des Kartellfeudalismus« warnte[29], handelte es sich weniger um sozialwissenschaftliche Analyse als um wirtschaftspolitische Forderungen, ganz im Stile des Kathedersozialismus. Und genau hier setzte die Kritik jener Minderheit industrienaher Nationalökonomen an, die seit der Jahrhundertwende die sozialreformerische Gelehrtenpolitik der Mehrheit ihrer Fachkollegen kritisierten[30].

Der Frankfurter Nationalökonom Ludwig Pohle begrüßte zwar die Ideen von 1914 als nützliches Burgfriedensideologem, sah aber in der Kriegswirtschaft vor allem das Organisationsgenie der Unternehmer triumphieren[31]. Dem Rostocker Fachkollegen Richard Ehrenberg schien es völlig abwegig, aus der Kriegswirtschaft die Überlegenheit des gemeinwirtschaftlichen Prinzips abzuleiten[32]. Ähnlich — und aus heutiger Sicht zutreffend — argumentierte der Frankfurter Kollege Pohles, Andreas Voigt. Er erkannte in der Kriegswirtschaft eine den Sachzwängen des Augenblicks geschuldete vorübergehend neue Zusammensetzung der ordnungspolitischen Grundelemente Marktwirtschaft und staatliche Regulierung. Wer dagegen den »Belagerungskommunismus« zur Stufe einer natürlichen Entwicklung zum Sozialismus verkläre, vertrete keine wissenschaftliche Anschauung, sondern eine politische Forderung, mit der man die Irrtümer kathedersozialistischer Gelehrtenpolitik fortsetze[33].

Die ausgewiesenen Gegner der Kathedersozialisten neigten freilich zu einer reichlich homogenen Sicht ihrer Kontrahenten. Tatsächlich argumentierten die Altmeister des Kathedersozialismus eher differenziert. Brentano vermied zunächst Stellungnahmen zur Kriegswirtschaft, um im September 1918 ein vernichtendes Urteil über den Kriegssozialismus zu fällen: »Es ist gar kein Sozialismus, sondern die Karikatur desselben, der nur den Kriegsgewinnlern dient[34].« Schmoller hatte in ähnlichen Wendungen wie später Jaffé nach der Jahrhundertwende die zunehmende Kapitalkonzentration und Vermachtung der Märkte kritisiert. Als mittleren Weg zwischen einer am Ideal vollständiger Konkurrenz orientierten, tatsächlich untauglichen Anti-Trust-Gesetzgebung nach angelsächsischem Muster einerseits und der Verstaatlichung von Großbetrieben andererseits hatte er 1905 die Vertretung des Staates in den Aufsichtsräten und Vorständen der Großbetriebe sowie seine Beteiligung an ihren Gewinnen empfohlen. Das verführte Schmoller freilich nicht dazu, jetzt in den Kriegsgesellschaften und im vermehrten Staatseingriff die Erfüllung alter Forderungen zu sehen. Zwar fühlte er sich durch die zunächst erfolgreiche Umstellung auf die Kriegswirtschaft in seiner positiven Haltung zur preußischen Bürokratie bestätigt[35]. Kaum anders als für seinen Kritiker Voigt hatte der Krieg für Schmoller jedoch das fließende Verhältnis zwischen Staatszwang und individueller Freiheit nur etwas verschoben, nicht grundsätzlich verändert. Er prognostizierte das Verschwinden der kriegswirtschaftlichen Einrichtungen nach Kriegsende[36]. Den eilfertigen Kritikern der Marktwirtschaft hielt Schmoller wenige Monate vor seinem Tode 1917 das Credo der meisten akademischen Sozialreformer entgegen:

> »Das freie Spiel der individuellen Kräfte ist von Segen, soweit die Konkurrenz nicht korrumpiert ist, soweit nicht der Schutz der Schwachen, ihre Mißhandlung die staatlichen Eingriffe nötig machen[37].«

Traditionell verstanden die akademischen Sozialreformer den Staatseingriff auch eher als (ethisch gerechtfertigtes) gesellschaftspolitisches denn als (sozialwissenschaftlich zu begründendes) ordnungspolitisches Instrument. In diesem Sinne hoffte der Jesuit Heinrich Pesch, daß der Krieg die Einsicht in die Notwendigkeit der Unterordnung der Wirtschaft unter die durch den Staat repräsentierten sittlichen Zwecke gefördert habe. Auch ihm schwebte keineswegs eine Zentralverwaltungswirtschaft vor, sondern der staatliche Eingriff zugunsten sozialer Stabilität, die für ihn wie für Schmoller in der Existenz einer breiten Mittelschicht neben einer materiell gesicherten Unterschicht beruhte[38]. Jaffés Münchner Fachkollege, Georg v. Mayr, ging noch etwas weiter. Er verstand die »stramme Konsolidierung« der Volkswirtschaft ebenfalls als Bestätigung seiner bereits vor dem Kriege vertretenen Auffassungen. Habe man damals den Staatseingriff noch als Sozialismus schmähen können, so werde damit jetzt »ein wirklicher Gruselerfolg nicht erzielt«. Mit dem Aufkommen »wirtschaftlicher Machtgebilde« habe der »frei vom Staatseinfluß waltende private Individualismus« seine Berechtigung verloren. Der konservative Gelehrte gestand der Sozialdemokratie sogar zu, daß die Wirtschafts- und Sozialpolitik »in kollektivistische Richtung« gehe[39]. Wortgewaltig verkündete auch der Berliner Gelehrte Carl Ballod das Ende der wirtschaftsliberalen Ära. Wie Jaffé erschien ihm der Trend zur Staatswirtschaft zwangsläufig. Die künftige Wirtschaftsordnung werde sich freilich durch einen Kompromiß der bislang herrschenden Klassen mit der Arbeiterschaft vom perhorreszierten Sozialismus unterscheiden[40].

Für den Tübinger Nationalökonomen Carl J. Fuchs war die Kriegswirtschaft zwar nicht Sozialismus, aber immerhin »Staats- oder Kriegssozialismus«, da die privatwirtschaftliche Verfügungsfreiheit und Verteilung weitgehend staatlich reguliert sei, ohne daß das Privateigentum prinzipiell berührt werde. Wie Pohle schrieb er die Erfolge bei der Umstellung auf den Krieg vor allem der privaten Unternehmerinitiative zugute. Folgerichtig war er von der Wiederkehr der Marktwirtschaft nach Kriegsende überzeugt[41]. Wie Voigt und Pohle konstatierte auch der Marburger Ökonom Hans Köppe nur »staatliche Notstandspolitik großen Stils«, gepaart mit erfolgreicher »Unternehmerinitiative«. Die von Jaffé und Schulze-Gaevernitz behauptete Entwicklung zum Sozialismus vermochte er nicht zu erkennen; bleibe das Privateigentum an Produktionsmitteln doch durchgängig gewahrt[42]. Neben Eberhard Gothein, Heidelberg, Wilhelm E. Biermann, Leipzig, und Arthur Hesse, Königsberg[43], kam auch der Freiburger Kartellexperte Robert Liefmann zu keinem anderen Ergebnis. Anders als Jaffé glaubte er nicht, daß die zunehmende Organisation der Wirtschaft die Preisbildung ausgehöhlt habe. Ferner kritisierte er das »kindliche Vertrauen in den Staat«. Zwar dürfe dieser in Fällen extremer Ausnutzung von Monopolen durchaus eingreifen, aber immer nur unter Berücksichtigung der marktwirtschaftlichen Preisbildung. Wie Voigt gab Liefmann zu bedenken, daß wachsender Staatseinfluß auf die Wirtschaft ökonomische Interessenkonflikte noch stärker als bisher schon in die staatlich-politische Sphäre verlagere. Besonders Jaffé und Schulze-Gaevernitz hielt er entgegen: »bringt uns der Krieg dem Sozialismus näher, so ist er für uns verloren, wie er auch ausgehen möge«[44].

Der Freiburger Kollege von Schulze-Gaevernitz und Liefmann, Karl Diehl, warnte davor, wie Plenge, Jaffé, der österreichische Nationalökonom Othmar Spann[45] und andere in Fichtes »Geschlossenem Handelsstaat« den geistigen Vorläufer der Kriegswirtschaft und das Vorbild der künftigen Friedenswirtschaft zu sehen. Man könne die Kriegswirtschaft ebensowenig mit dem Staatssozialismus Fichtes vergleichen wie die Kriegsgesellschaften. In diesen gehe der profitorientierte Konkurrenzkampf ungeachtet ihrer gemeinnützigen Satzung durchaus weiter[46]. Auch der Leipziger Nationalökonom Franz Eulenburg kritisierte die leichtfertige Übertragung der Utopie Fichtes. Mit weniger ideologischem Ballast befrachtet als Plenge, erkannte er, daß in der Kriegswirtschaft die Strukturmerkmale einer kapitalistischen Wirtschaftsordnung weiter wirksam blieben: vorwiegend privater Kapitalbesitz, Vermögens- und Erbrecht, Arbeitsteilung, großbetriebliche Produktion und, trotz gewisser Einschränkungen, prinzipiell freie Preisbildung. 1917 sah er den kapitalistischen Charakter der Wirtschaft sogar noch gesteigert; habe doch eine »Vermögenskonzentration stärkster Art« stattgefunden. Er war auch nicht bereit, das Problem zu verharmlosen, daß die Kriegsaufträge zur Bildung nur nominalen Einkommens bei tatsächlicher Einschränkung von Produktion und Konsum führten[47].

Noch zutreffender analysierte in der zweiten Kriegshälfte Emil Lederer, der »größte Lichtblick in der zeitgenössischen Soziologie«[48], die Kriegswirtschaft. Der Heidelberger Privatdozent und Redaktionssekretär des »Archivs für Sozialwissenschaft und Sozialpolitik« sah in dieser eher die »Durchkapitalisierung des Staates« als die »Durchstaatlichung der Wirtschaft«[49]. Bereits 1915 erkannte er den Kriegssozialismus als spezifische Wahrnehmung des gewandelten Verhältnisses von Staat und Gesellschaft. Unter den Bedingungen des Krieges gebiete der Staat souverän über alle materiellen und geistigen Ressourcen der Gesellschaft. Die gesellschaftliche Machtverteilung sei für ihn von sekundärer Bedeutung, solange von ihr keine Störung der Kriegführung ausgehe. Folgerichtig werde der Staat sich immer der gesellschaftlichen Interessen annehmen, welche die Fortführung der Kriegsanstrengung begünstigten. In der Tat liegt hierin das eigentliche Motiv der Kriegssozialpolitik.

Mit ihr zeigte der Staat ein in Friedenszeiten nicht gekanntes Entgegenkommen gegenüber Arbeiterforderungen im eng begrenzten Einzelfall, ohne allerdings den globalen Zielen von Sozialdemokratie und Gewerkschaften mehr als nur verbal nachzugeben. In der Gesellschaft entstehe, so Lederer weiter, der Eindruck eines über den gesellschaftlichen Interessen stehenden omnipotenten Staates, während in Wirklichkeit der Antagonismus zwischen Kapital und Arbeit fortdauere[50].

Wie Lederer gehörten Eduard Heimann und Otto Neurath zu den jüngsten Vertretern der Zunft. Unter anderem in Jaffés »Archiv für Sozialwissenschaft« formulierten beide ihre Überzeugung, daß mit der Kriegswirtschaft eine neue Wirtschaftsordnung entstanden sei. Neurath sah die Gegenwart vom »Kampf zwischen Verkehrswirtschaft und Verwaltungswirtschaft« bestimmt. Der Krieg habe jetzt »eine staatliche Naturalwirtschaftsverwaltung großen Stils« entfaltet. Sie werde auch in die Zukunft wirken, indem die »Naturalrechnung des Wirtschaftsplanes« das Geldwesen zurücktreten lasse[51]. Freilich erscheint die auch bei Jaffé gelegentlich anklingende Interpretation der Rohstoff- und Lebensmittelbewirtschaftung als Vorboten einer gebrauchswertorientierten Ordnung angesichts der tatsächlich stattfindenden Aushungerung der Bevölkerung und der Expropriierung der Mittelschichten durch die Ausgabe zusehends wertloser Kriegsanleihen und Banknoten bizarr.

Für Heimann waren Gewerkschaften, Konsumgenossenschaften und Kartelle das Ergebnis der bereits vor dem Kriege einsetzenden Entwicklung zu einer genossenschaftlichen Wirtschaftsordnung. Bei der Unterscheidung angeblich individualistischer Trusts und genossenschaftlicher Kartelle berief er sich auf Plenge. Tatsächlich ging diese für die begriffliche Unschärfe der historischen Nationalökonomie bezeichnende Unterscheidung auf Schmoller zurück[52]. Sie erlaubte Heimann, den in der Realität der Arbeitsbeziehungen vor dem Kriege bestehenden scharfen Antagonismus zwischen Gewerkschaften und Kartellen einzuebnen und sie — gegen die Warnung von Schmoller selbst, die Kartelle als »Brücken zum Sozialismus« mißzuverstehen[53] — zum Träger einer durch den kriegsbedingten Staatseingriff beschleunigt entstehenden korporativen »neuen Wirtschaft« zu erklären. Sie ging jetzt vermeintlich »vom Ganzen der Gesellschaft aus und benutzt die solidarischen Interessengruppen als ihre Organe; sie ist Gemeinwirtschaft«. Mit ihrer planvollen Weiterentwicklung werde man »das Gesetz der Seele [...] verwirklichen«[54]. Nicht nur diese Wendungen, sondern auch die praktischen ordnungspolitischen Forderungen, besonders Zwangskartellierung und öffentlich-rechtlicher Status der Interessenverbände, erinnern an die technokratisch-korporativistischen Gemeinwirtschaftsideen der eigentlichen Schöpfer der deutschen Kriegswirtschaftsorganisation, Walther Rathenau und Wichard v. Möllendorff[55].

III.

Einen Höhepunkt erreichte die öffentliche Auseinandersetzung, als der Theologe und Präsident der Kaiser-Wilhelm-Gesellschaft, Adolf v. Harnack, in einer öffentlichen Kundgebung am 1. August 1916 übermäßige Kriegsgewinne geißelte und die »Herstellung einer deutschen Gemeinwirtschaft« forderte[56]. Zwar handelte sich um eine — vom jüngst erschienen Werke Möllendorffs inspirierte — eher unverbindliche Verbeugung in Richtung staatssozialistisch gestimmter Sozialdemokraten und Gewerkschafter; hatten die moderaten Teile des Bürgertums doch eben begonnen, mit der Mehrheit von Sozialdemokratie und Gewerkschaften gegen alldeutsche Intransigenz bei der Verhinderung aller inneren Reformen und der Durchsetzung maßloser Kriegsziele zusammenzuarbeiten[57]. Andererseits fürchtete die Privatwirtschaft, so die »Deutsche Volkswirtschaftliche Correspondenz« schon 1915, daß die Parlamentarier schließlich »vor der Enteignung der Privatindustrie nicht zurückschrecken« würden, sollte der Staatssozialismus nicht nur in der Bürokratie, sondern auch in der öffentlichen Meinung triumphieren[58]. Seit die Mängel der Kriegswirtschaftsorganisation immer offenkundiger wurden, geriet der Anti-Etatismus immer stärker zum einigenden Band der verschiedenen Gruppen in Industrie, Handel, Landwirtschaft und Handwerk. Und die tatsächlichen oder vermeintlichen Anhänger gemeinwirtschaftlicher oder staatssozialistischer Anschauungen wurden — wie jetzt Harnack — ebenso zur Zielscheibe ihrer Kritik wie die Bürokratie selbst[59].

Unter den Nationalökonomen hatte der Kriegssozialismus freilich nur wenige Anhänger gefunden. Tatsächlich zweifelte die Mehrheit der Nationalökonomen nicht an der Notwendigkeit staatlicher Eingriffe für die Zeit der Kriegswirtschaft und ihrer Überführung in die Friedenswirtschaft. Schon in ihrer Kritik an den Wortführern des Kriegssozialismus konzedierten Köppe, Fuchs, Liefmann und Eulenburg staatliche Monopolbetriebe als wahrscheinlich unumgängliche Folge der kriegsbedingt hohen Staatsschulden. Fuchs propagierte sogar die Schmollerschen Kartellpläne von 1905[60]. Insgesamt traten in der zweiten Kriegshälfte praktischere Überlegungen zur Bewältigung der enormen Staatsverschuldung und der Überleitung in die Friedenswirtschaft an die Stelle der bisherigen »Gesinnungs- und Erbauungsschriften«[61]. In einem dreibändigen Werk diskutierte der Verein für Socialpolitik das Problem der Staatsschulden und der Währungssanierung[62].

Zu Recht warf Jaffé dem Reichsschatzamt vor, daß es die dringend erforderliche Finanzreform genauso vor sich herschiebe wie die Reichsregierung die versprochenen politischen Reformen. Um das Mißverhältnis zwischen Nominalwerten und Gütermenge zu beseitigen, forderte er, neben drastischen Steuern zur Beschneidung der Kriegsgewinne nach englischem Vorbild, eine stark progressive einmalige Vermögensabgabe. Da beides seiner Auffassung nach nicht zur Deckung der Staatsschulden ausreichte, plädierte er für die wirtschaftliche Eigentätigkeit des Staates auf der Grundlage von Monopolen (auf Petroleum, Alkohol, Tabak und Zündhölzer) sowie für die Beteiligung des Staates am Produktivvermögen. Zutreffend konstatierte Jaffé, daß Rohstoffbewirtschaftung, Arbeitskräftemangel und die Stillegung von Betrieben einseitig die Großbetriebe begünstigt hatten. Die Wiederkehr der benachteiligten Klein- und Mittelbetriebe auf einen Wettbewerbsmarkt hielt er für ebenso unwahrscheinlich wie unerwünscht. Die Kartellierung und Syndizierung sollte im Gegenteil, nötigenfalls auf dem Wege staatlicher Maßnahmen, weitergeführt werden. Von der Ausschaltung unwirtschaftlicher Konkurrenz und den Vorteilen großbetrieblicher Produktion und Rationalisierung versprach sich Jaffé eine erhebliche Produktionssteigerung. Im Gegenzug sollte der Staat bei der Bildung von Verkaufspreisen und Löhnen mitwirken sowie durch steuerliche Begünstigungen und Belastungen technisch fortschrittliche Verfahren und Verbilligung der Endprodukte bewirken. Durch staatliche Mindestlöhne, steuerliche Kompensationen und erweiterte politische Partizipation wollte er die Arbeiterschaft für die erforderliche Belastung des Massenkonsums entschädigen und der absehbaren ökonomischen Vernichtung des Mittelstandes entgegenwirken[63].

Mit diesem Programm war Jaffé sowohl ordnungs- wie sozialpolitisch bei dem Staatssozialismus Wagners angekommen. Dieser warnte zwar in seiner Abschiedsvorlesung 1916 die Sozialisten, die Schwächen des Kapitalismus zu überschätzen. Dennoch schien ihm — in Fortsetzung seiner schon vor dem Krieg vertretenen Auffassungen — neben dem ethisch gerechtfertigten Privateigentum ein »partieller Sozialismus« angezeigt, um die Nachteile der Marktwirtschaft auszugleichen. Das Bank-, Versicherungs- und Verkehrswesen wollte er verstaatlichen oder teilverstaatlichen. Freilich dachte er dabei auch an Unternehmen der Kommunen und Provinzen. Staatsmonopole auf Kohle, Salz und andere Produkte empfahl er aus steuerlichen Gründen. Ferner hatte nach seiner Auffassung die Kriegswirtschaft staatliche Höchstpreise als machbar und nützlich erwiesen[64]. Den beiden traten der Rektor der Berliner Handelshochschule, Ignaz Jastrow, und — mit deutlich anti-kapitalistischem Tenor — Ballod zur Seite[65]. Unter ausdrücklicher Berufung auf Schmoller erkannte Gothein zwar in der »privatwirtschaftlichen Tätigkeit [...] das Wesen der Volkswirtschaft«, empfahl aber dennoch die weitgehende Durchsetzung von Kartellen öffentlich-rechtlichen Charakters und von gemischten Betrieben[66]. Weiter als alle anderen ging Neurath, der eine staatlich gesteuerte Verbandswirtschaft bei weitgehender Ausschaltung des freien Handels und der Geldrechnung als Vorstufe einer naturalwirtschaftlichen Planwirtschaft skizzierte[67].

Gemeinsam mit seinem Bruder Max — und gelegentlich radikaler als dieser — war Alfred Weber vor dem Krieg den sozialkonservativen und bürokratischen Idealen Schmollers und weiterer meist älterer Mitglieder des Vereins für Socialpolitik entgegengetreten. Jetzt sang auch er das Lied der dem angelsächsischen Widerpart angeblich überlegenen deutschen Organisation und prognostizierte für die Friedenswirtschaft eine »vom Staat mit beeinflußte zentralisierte Selbstverwaltung«. Von 1916 bis 1918 als Persönlicher Referent des Staatssekretärs im Reichsschatzamt tätig, forderte er wie Jaffé neben erheblich höheren Einkommensteuern die direkte staatliche Beteiligung am Produktionsprozeß durch gesetzliche Syndizierung und Besteuerung des Rohstoffhandels[68]. Max Weber blieb dagegen seiner früheren Überzeugung treu. Im Zuge seiner Forderung nach rascher Parlamentarisierung des Reiches trat er allen Vorschlägen einer modifizierten Übernahme und Weiterentwicklung der Kriegswirtschaftsorganisation im Frieden scharf entgegen. Er fürchtete, daß staatlich geförderte Unternehmenskonzentration in Verbindung mit einem etatistisch gewirkten Anti-Kapitalismus marktwirtschaftliche Effizienz verdränge. Dies zumal, wenn sich eine Bürokratie zum Steuermann der Wirtschaft aufschwingen sollte, die nach wie vor keiner ausreichenden parlamentarischen Kontrolle unterlag, mithin dem fast übermächtigen Einfluß von Schwerindustrie und Landwirtschaft ausgesetzt blieb. Nichtsdestoweniger glaubte auch er, daß Zweckverbände der Wirtschaft selbst an die Stelle der Kriegswirtschaftsorganisation treten würden[69].

Ebenfalls gegen staatliche Kontrolle und ganz im Sinne der Schwerindustrie argumentierte der Marburger Nationalökonom Walter Troeltsch. Der Staat solle sich zwar ruhig um den Erhalt und den Ausbau der Kartelle bemühen, sich aber ihrer Überwachung völlig enthalten[70]. Tatsächlich waren die korporativen Neigungen der stark konzentrierten Schwerindustrie größer als die des Handels, sofern nur der Staat sich aus den Kartellen, Syndikaten und ähnlichen Organisationen heraushielt[71]. Vor der vorwiegend finanz- und sozialpolitischen Betrachtung der Kartelle, die sich meist einseitig an den Verhältnissen der Schwerindustrie orientiere, warnte auch der Bonner Sozialwissenschaftler Herbert v. Beckerath. Soweit die Übergangswirtschaft der Organisation bedürfe, solle diese von der Industrie selbst ausgehen, nicht von den »Staats- und Kriegswirtschaftsbeamten«. Allerdings forderte auch er Staatsmonopole. Dabei handelte es sich freilich, anders als bei Jaffé, Wagner und anderen, um ein marktwirtschaftliches Plädoyer für einen begrenzten staatswirtschaftlichen Sektor aus rein finanzpolitischen Gründen, um den Rest der Wirtschaft desto sicherer von staatlichem Einfluß frei zu halten[72]. Selbst Pohle schloß öffentliche Betriebe nicht aus, obwohl er den Staatssozialismus durch die Kriegswirtschaft endgültig diskreditiert glaubte[73].

Gegen Monopole und Zwangskartelle und für eine Vermögensabgabe als ordnungspolitisch unbedenkliche, rein finanzpolitische Alternative zur Beseitigung des Nominalwertüberhanges argumentierten Biermann[74], Liefmann, der Karlsruher Gelehrte Otto v. Zwiedineck-Südenhorst[75] und der österreichische Nationalökonom Joseph Schumpeter. Letzterer plädierte für die Vermögensabgabe in Form von Geld und Schuldtiteln, um diese sofort im Verbrennungsofen verschwinden zu lassen. Freilich zweifelte er zurecht an der politischen Durchsetzbarkeit einer derartigen Maßnahme. Wie Liefmann hielt Schumpeter Staatsmonopole, so sie denn sein müßten, nur dann für sinnvoll, wenn sie rein privatwirtschaftlich betrieben wurden[76]. Selbst der staatssozialistischer Gedankengänge unverdächtige Liefmann glaubte jedoch, der inflationären Entwicklung nur durch zusätzliche Überwachung von Kartellen und Banken, durch Preiskontrollen sowie Verstaatlichung der Einfuhr Herr werden zu können[77]. Für Heinrich Herkner, Nachfolger Schmollers im Vorsitz des Vereins für Socialpolitik, und für Diehl konnten nur Vermögensabgabe plus Monopole die Schuldenlast des

Staates beheben[78]. Allerdings warnte Diehl davor, in der Vermögensabgabe wie Jaffé den »Schrittmacher [...] einer neuen sozialistischen oder gemeinwirtschaftlichen Gesellschaftsform« zu sehen[79]. Nur die Emeriti Heinrich Dietzel und Gustav Cohn glaubten auf »Wunderkuren« verzichten und sich mit konventionellen langfristigen Steuern begnügen zu können[80].

Je offenkundiger der Staat bei der Regulierung der Kriegswirtschaft im allgemeinen und bei der Finanzierung des Krieges im besonderen versagte, desto heftiger wurde die Opposition von Handel und Industrie gegen staatssozialistisch gewirkte Übergangspläne[81]. Nicht zuletzt die Forderung nach Staatsmonopolen stieß auf harte Kritik[82]. Ziemlich undifferenziert wurden Jaffé, Schulze-Gaevernitz, Ballod, Herkner, Möllendorff, Rathenau und der Sozialdemokrat Paul Lensch als Protagonisten einer gemeinwirtschaftlichen Ordnung angeklagt[83]. Dagegen bemühte sich der Kölner Soziologe Leopold v. Wiese schon 1916 um eine Differenzierung der konkurrierenden Ordnungsmodelle. Danach stand die auf Privateigentum beruhende Marktwirtschaft der Verwaltungswirtschaft auf der Grundlage öffentlichen Eigentums gegenüber. Während der Staatssozialismus im bestehenden Staat den Schrittmacher zum Sozialismus sehe, erwarte der »Klassensozialismus« dies von der politischen Aktion der Arbeiterklasse. Ferner unterschied Wiese vom absoluten den relativen Staatssozialismus, das heißt eine regulierte Marktwirtschaft. Folgt man dieser Unterscheidung, so erscheinen neben den Nicht-Ökonomen Rathenau und Mölledorff nur Jaffé, Wagner und Ballod als relative Staatssozialisten sowie allenfalls Neurath als absoluter Staatssozialist. Sie hofften, die durch den Krieg bewirkte, aber unfreiwillig oder bewußt übertrieben dargestellte Gleichschaltung der sozialen Interessen als »inneren Sieg« in die künftige Wirtschaft hinüberretten zu können. Unter mehr oder weniger starkem staatlichen Einfluß sollte die überkommene Marktwirtschaft korporativ beschränkt und überformt werden. Dabei wäre mit der Einbindung der Arbeiterorganisationen in die korporative Wirtschaftsverfassung zudem die längst überfällige Neuordnung der Arbeitsbeziehungen gelöst worden.

Schmoller, Pesch, Fuchs, Gothein und Jastrow blieben der Marktwirtschaft im Grundsatz verpflichtet, kamen dem relativen Staatssozialismus aber in den Sparten entgegen, wo die Kapitalkonzentration die Konkurrenz tatsächlich oder vermeintlich zum Nachteil der Gesellschaft verdrängt hatte. Wenn Wiese in dem nach der Jahrhundertwende einsetzenden und durch den Krieg beschleunigten Organisationsprozeß keineswegs die zwangsläufige Entwicklung zum Sozialismus angelegt sah, sondern in der selbst in den Verbänden und Unternehmenszusammenschlüssen anhaltenden marktwirtschaftlichen Konkurrenz den langfristig optimalen Ausgleich privater und öffentlicher Interessen erkannte, so formulierte er damit die Mehrheitsposition der deutschen Nationalökonomen[84].

IV.

Mit der Krise des Marxismus erklärte Wiese die zunehmende Neigung der Arbeiterbewegung, im bestehenden Staat das Instrument zur allmählichen Herstellung des Sozialismus zu sehen. Tatsächlich fanden die Ideen Plenges und vor allem Jaffés bei den revisionistischen »Sozialistischen Monatsheften« wohlwollende Aufnahme, während die linkssozialdemokratische »Neue Zeit« nicht mit Kritik an beiden sparte[85]. Der burgfriedlich motivierte, 1915 veröffentlichte Band *Die Arbeiterschaft im Neuen Deutschland*[86] von bürgerlichen Gelehrten auf der einen und sozialdemokratischen Politikern und Gewerkschaften auf der anderen Seite atmete bereits sehr deutlich den Geist von Kriegs- und Staatssozialismus. Das galt vor allem für die Beiträge der Nationalökonomen Jaffé und Tönnies sowie des SPD-Reichstagsabgeordneten Lensch, die dann auch das ausdrückliche Lob Schmollers fanden[87]. Die sozialdemokratischen Politiker Lensch, Heinrich Cunow und Konrad Hänisch boten Plenge ab 1917 mit ihrer Zeitschrift »Die Glocke« ein Organ zur Verbreitung und Weiterentwicklung seiner »Ideen von 1914«[88]. Die Anschauungen der ehemals radikalen, unter dem Eindruck des Kriegserlebnisses jedoch auf einen anti-liberalen patriotischen Sozialismus eingeschwenkten Gruppe boten in der Tat viele Berührungspunkte mit den — freilich meist oberflächlich — an Marx und Hegel anknüpfenden Vorstellungen Plenges. Das galt freilich nicht für die Hoffnung der Gruppe, über den bestehenden, im Prinzip interessenneutral gedachten Staat Inseln des Sozialismus in der kapitalistischen Gesellschaft errichten zu können[89]. Für Plenge war ja der hochkonzentrierte Kapitalismus bereits Sozialismus. Wirtschaftspolitisch teilte Lensch bereits 1915 weitgehend die Auffassungen Jaffés[90].

Aber nicht nur »Die Glocke« vertrat staatssozialistische Ideen[91]. In den »Sozialistischen Monatsheften« verlieh der Reichstagsabgeordnete

Edmund Fischer seiner Überzeugung Ausdruck, »daß die in der Kriegszeit geschaffenen Einrichtungen ein Stück Sozialismus im Kapitalismus [...] geschaffen haben«[92]. Deutlich weniger staatssozialistisch als in den vorangegangenen Jahren[93], aber immer noch stark an Jaffé, Wagner und Heimann gemahnend, veröffentlichte Fischer 1918 sein evolutionäres Transformationskonzept[94]. Ganz und gar staatssozialistisch und voll auf der Linie Jaffés war hingegen die 1917 erschienene Gemeinschaftsarbeit der sozialdemokratischen Gewerkschafter und Politiker Wilhelm Jansson, Otto Hue, Max Schippel und Cunow[95]. In der industriellen Großproduktion und in den Kartellen sah man eine neue Stufe der wirtschaftlichen Entwicklung. Vor allem unter finanzpolitischen Aspekten, aber auch um privaten Mißbrauch zu verhindern, sollten die Großbetriebe in Staatsmonopole umgestaltet werden. Mit wachsendem Einfluß der Arbeiterschaft in den Parlamenten hoffte man, gleichsam automatisch die Kontrolle über wirtschaftliche Schlüsselsektoren zu erreichen[96]. Die Sozialdemokratie hatte sich, so das Resümee Cunows auf dem Würzburger Parteitag 1917, von der Vorstellung der schlagartigen Eroberung der Staatsmacht mit nachfolgender expropriativer Vollsozialisierung zugunsten der allmählichen Demokratisierung der Wirtschaft auf dem Wege der Verstaatlichung gelöst[97]. Allerdings war mit diesem Parteitag dann auch der Zenit des Staatssozialismus in der Arbeiterbewegung überschritten. Denn der bestehende Staat zeigte Auflösungserscheinungen, die staatssozialistischen Vorstellungen den Boden entzogen und überhaupt einen Wandel der öffentlichen Meinung bewirkten. In den ersten Kriegsjahren gehörte es »zum guten Ton, von der deutschen Organisation zu schwärmen [...] und heute [1918] schwört man auf die Wirtschaftsfreiheit«[98].

Bezeichnend für den Stimmungswandel erscheint die wirtschaftspolitische Grundsatzrede, die Schulze-Gaevernitz anläßlich der Einrichtung des Reichswirtschaftsamtes im Mai 1918 vor dem Reichstag hielt. Auch sie lag ganz im Trend der Mehrheitsmeinung der Nationalökonomen. Der Sprecher der Zentrumspartei hatte die Pläne Rathenaus und Möllendorffs scharf attackiert. Dagegen begrüßte der sozialdemokratische Vertreter die Gemeinwirtschaftspläne als willkommene Unterstützung der eigenen staatssozialistischen Vorstellungen. Hierauf gab Schulze-Gaevernitz dem verbreiteten Unmut gegen die Kriegswirtschaft beredten Ausdruck und plädierte für Marktwirtschaft und eine möglichst kurze Übergangswirtschaft. Freilich sollte der Staat durch die Reichsbank und das neue Wirtschaftsressort eine Art Globalsteuerung vornehmen. Immerhin wollte er die Großunternehmen der Schwerindustrie staatlich beaufsichtigt wissen, um ihnen gegenüber die Interessen von Arbeitern und Konsumenten durchzusetzen[99].

Nach der Novemberrevolution wurde der Staatssozialismus der Kriegszeit offizielles wirtschaftspolitisches Programm des Reichswirtschaftsministeriums unter dem Sozialdemokraten Rudolf Wissell und seinem Staatssekretär Möllendorff[100]. Obwohl ihre Gemeinwirtschaftspläne im Gegensatz zur Kriegszeit dem Selbstverwaltungsgedanken der Branchen Priorität gegenüber der staatlichen Verwaltung einräumten, wurden sie ein Opfer des allgemeinen Anti-Etatismus. Vor die Alternative gestellt, ihr Ziel einer paritätischen Gestaltung der Arbeitsbeziehungen über die Wirtschaftspolitik eines faktisch zusammengebrochenen Staates oder in einer Zentralarbeitsgemeinschaft mit den Unternehmern zu verfolgen, hatten sich die Gewerkschaften frühzeitig für den zweiten Weg entschieden. Revolutionär gestimmte Teile der Arbeiterschaft huldigten der expropriativen Vollsozialisierung. Um sie zu beruhigen, richtete der Rat der Volksbeauftragten am 21. November 1918 eine Sozialisierungskommission ein. Hier setzten die Nationalökonomen Ballod, Lederer, Schumpeter, Heimann (als Sekretär) und der Tübinger Nationalökonom Robert Wilbrandt die Linie eines moderaten Staatssozialismus fort, wenn sie den Mehrheitsvorschlag einer Sozialisierung der Kohlewirtschaft unterstützten. Insbesondere Lederer lehnte jedoch in der nach dem Kapp-Putsch 1920 eingesetzten zweiten Sozialisierungskommission jeglichen Vergleich des geplanten Selbstverwaltungskörpers mit der kompromittierten Kriegswirtschaft ab. Dagegen plädierten Rathenau und Alfred Weber für die nur sehr langfristige Sozialisierung des Bergbaus[101]. Freilich blieben diese Vorschläge genauso folgenlos wie die Überlegungen des Reichswirtschaftsministeriums.

Nichtsdestoweniger wurde noch viel über die vermeintlich auf der Tagesordnung stehende »Sozialisierung« publiziert. Diese vielseitige ordnungspolitische Diskussion vom Beginn der Weimarer Republik ist heute — nach dem Debakel der sowjetischen Verwaltungswirtschaft — gänzlich in Vergessenheit geraten, nachdem sie in den 1970er Jahren unter dem Eindruck sozialdemokratischer Vorstellungen zur Investitionslenkung noch einmal eine wirtschaftswissenschaftliche Würdigung erfahren hatte[102]. Die Auseinandersetzung der Nationalökonomen über den ordnungspolitischen Charakter der Kriegswirtschaft verbindet diese Debatte mit dem Bemühen namentlich jener Gelehrter der

Kaiserzeit, die der Historischen Schule zugehörten, den Wandel der Wirtschaftsordnung einzuschätzen und der Politik ordnungspolitische Perspektiven zu seiner Bewältigung zu weisen.

Anmerkungen

1 Vgl. Rüdiger vom Bruch, Wissenschaft, Politik und öffentliche Meinung. Gelehrtenpolitik im Wilhelminischen Deutschland (1890—1914), Husum 1980.

2 Vgl. Klaus Schwabe, Wissenschaft und Kriegsmoral. Die deutschen Hochschullehrer und die politischen Grundfragen des Ersten Weltkrieges, Göttingen u.a. 1969, bes. S. 179—189.

3 Vgl. Rüdiger vom Bruch, Krieg und Frieden. Zur Frage der Militarisierung deutscher Hochschullehrer und Universitäten im späten Kaiserreich, in: Bereit zum Krieg. Kriegsmentalität im wilhelminischen Deutschland 1890—1914, hrsg. von Jost Dülffer und Karl Holl, Göttingen 1986, S. 74—98 mit zahlreichen Hinweisen.

4 Vgl. Schwabe (wie Anm. 2), S. 21—57; Bernhard vom Brocke, Wissenschaft und Militarismus. Der Aufruf der 93 »An die Kulturwelt!« und der Zusammenbruch der internationalen Gelehrtenrepublik im Ersten Weltkrieg, in: Wilamowitz nach 50 Jahren, hrsg. von William M. Calder III u.a., Darmstadt 1985, S. 649—718, hier bes. 649—664, 688—716.

5 So die Zusammenstellung von Schwabe (wie Anm. 2), S. 290.

6 Vgl. auch Hans Joas, Die Klassiker der Soziologie und der Erste Weltkrieg, in: Machtpolitischer Realismus und pazifistische Utopie. Krieg und Frieden in der Geschichte der Sozialwissenschaft, hrsg. von Hans Joas und Helmut Steiner, Frankfurt a.M. 1989, S. 179—210, hier S. 186—194; Sven Papcke, Dienst am Sieg: Die Sozialwissenschaften im Ersten Weltkrieg, in: ders., Vernunft und Chaos. Essays zur sozialen Ideengeschichte, Frankfurt a.M. 1985, S. 125—142.

7 Vgl. Bernhard vom Brocke, Werner Sombart (1863—1941) Capitalism — Socialism — His Life, Works and Influence Since Fifty Years, in: Jahrbuch für Wirtschaftsgeschichte, 1992, T. 1, S. 113—182; Michael Appel, Werner Sombart. Theoretiker und Historiker des modernen Kapitalismus, Marburg 1992, bes. S. 159—177.

8 Vgl. Werner Sombart, Händler und Helden. Patriotische Besinnungen, München, Leipzig 1915 (Zitate S. 76, 85).

9 Weber an Michels, 20.6.1915, Geheimes Staatsarchiv (GStA), Rep.92/Weber, Nr. 30/14.

10 Der Straßburger Nationalökonom Georg Friedrich Knapp empfand Sombart »polternd wie noch nie«. Ihm war »überhaupt [...] die aufgeregte Stimmung der Gelehrten ganz unverständlich«. Knapp an Schmoller, 12.3.1915, ebd., Rep. 92/Schmoller, Nr. 130b. Edgar Jaffé hoffte gar, ausgerechnet die Militärbehörden könnten Sombarts öffentliche Vorträge unter dem Titel

»Unser Hass gegen die Engländer« verbieten. Sie seien doch »ein rein geschäftliches Unternehmen«. Jaffé an Brentano, 20.11.1914, Bundesarchiv Koblenz (BA), Nl 1/29. Der Wirtschaftshistoriker Heinrich Sieveking kommentierte sarkastisch den an den Haaren herbeigezogenen Gegensatz: »Der Deutsche raucht Heldencigarren, der Engländer Händlercigarren, das ist der Unterschied!« Sieveking an Naumann, 22.4.1915, Bundesarchiv Potsdam (BA P), 90 Na 3, Nr. 115.

11 Vgl. Schwabe (wie Anm. 2), S. 24—29, 34—40; Hermann Lübbe, Politische Philosophie in Deutschland (1963), München 1974, S. 171—235.

12 Vgl. Rudolf Kjellén, Die Ideen von 1914, Leipzig 1915.

13 Ernst Troeltsch, Deutscher Geist und Westeuropa, hrsg. von Hans Baron, Tübingen 1925, passim.

14 Vgl. Dieter Krüger, Max Weber und die »Jüngeren« im Verein für Socialpolitik, in: Max Weber und seine Zeitgenossen, hrsg. von Wolfgang J. Mommsen und Wolfgang Schwentker, Göttingen, Zürich 1988, S. 98—118, hier bes. 111—118.

15 Vgl. Axel Schildt, Ein konservativer Prophet moderner nationaler Integration. Biographische Skizze des streitbaren Soziologen Johann Plenge (1874—1963), in: Vierteljahrshefte für Zeitgeschichte, 35 (1987), S. 523—570; Johann Plenge, Marx und Hegel, Tübingen 1911.

16 Vgl. Johann Plenge, Der Krieg und die Volkswirtschaft, Münster ^{2}1915; ders., 1789 und 1914. Die symbolischen Jahre in der Geschichte des politischen Geistes, Berlin 1916 (Zitat S. 82); ders., Grundlegung der vergleichenden Wirtschaftstheorie, in: Annalen für soziale Politik und Gesetzgebung, 5 (1917), S. 39—100, 492—552.

17 Vgl. Ralph Henry Bowen, German Theories of the Corporative State, o. O. (USA) 1947; Harald Winkel, Die deutsche Nationalökonomie im 19. Jahrhundert, Darmstadt 1977, S. 50—68, 128—133, 162—164.

18 Vgl. Sombart (wie Anm. 8), S. 124, 133.

19 Vgl. Johann Plenge, Eine Kriegsvorlesung über die Volkswirtschaft. Das Zeitalter der Volksgenossenschaft, Berlin 1915; ders., Krieg und Volkswirtschaft (wie Anm. 16).

20 Vgl. Edgar Jaffé, Der treibende Faktor in der kapitalistischen Wirtschaftsordnung, in: Archiv für Sozialwissenschaft und Sozialpolitik, 1915, Bd 40, S. 3—29; ders., Die Militarisierung unseres Wirtschaftslebens. Prinzipielle Änderungen der Wirtschaft durch den Krieg, ebd., S. 511—547 (Zitat S. 540f.); ders., Volkswirtschaft und Krieg, Tübingen 1915 (Zitat S. 11f.).

21 Vgl. Pressearchiv des Reichslandbundes, BA P, 61 Re 1, PA, Nr. 217, Bl. 85ff.

22 Vgl. auch Edgar Jaffé, Entwicklungstendenzen der deutschen Volkswirtschaft. Festrede zum 25jährigen Regierungsjubiläum Wilhelm II., in: Bericht der Handelshochschule München über das Studienjahr 1912/13, München 1913, S. 90—105.

23 Vgl. Johann Plenge, Zur Vertiefung des Sozialismus, Leipzig 1919, S. 8.

24 Plenge, Krieg und Volkswirtschaft (wie Anm. 16), S. 218.

25 Vgl. ebd., S. 98, 208f.; ders., Kriegsvorlesung (wie Anm. 19), S. 25f.

26 Vgl. Beukenberg an Plenge, 22.12.1915, Universitätsbibliothek Bielefeld, Nachlaß Plenge.

27 Vgl. Gerhart v. Schulze-Gaevernitz, Freie Meere!, Stuttgart 1915, S. 24; ders.,

Die Deutsche Kreditbank (1915), Tübingen 1922 (= Grundriß der Sozialökonomik, hrsg. von Max Weber, Abt. 5, T. 2: Kreditwesen), bes. S. 181, 185.

28 Jaffé, in: Archiv für Sozialwissenschaft und Sozialpolitik, 1915, Bd 40, S. 556, 560.

29 Jaffé, in: Weltwirtschaftliches Archiv, 8 (1916), T. 2, S. 490.

30 Vgl. Bruch, Gelehrtenpolitik (wie Anm. 1), S. 296—302, 304—317.

31 Vgl. Ludwig Pohle, Die deutsche Volkswirtschaft im Kriegszustand, in: Zeitschrift für Sozialwissenschaft, NF, 6 (1915), S. 69—86, bes. S. 79ff.; ebd., 7 (1916), S. 136ff.

32 Vgl. Richard Ehrenberg, Krieg und Volkskraft, in: Archiv für exakte Wirtschaftsforschung, 6 (1915), S. 431—462, hier S. 461.

33 Vgl. Andreas Voigt, Kriegssozialismus und Friedenssozialismus, in: Zeitschrift für Sozialwissenschaft, NF, 7 (1916), S. 1—10, 88—99.

34 Brentano an Senger, 9.9.1918, BA, Nl 1/33, fol. 164.

35 Vgl. Schmoller an Brentano, 13.12.1914, BA, Nl 1/58, fol. 41.

36 Vgl. Dieter Krüger, Gustav Schmoller und der moderne deutsche Kapitalismus, in: Gustav Schmoller in seiner Zeit: die Entstehung der Sozialwissenschaften in Deutschland und Italien, hrsg. von Pierangelo Schiera und Friedrich Tenbruck, Berlin, Bologna 1989, S. 369—397, bes. S. 383—392.

37 Vgl. Gustav Schmoller, Freie oder sozialistische Volkswirtschaft nach dem Kriege?, in: Jahrbuch für Gesetzgebung, Verwaltung und Volkswirtschaft im Deutschen Reich, 41 (1917), S. 1—11.

38 Vgl. Heinrich Pesch, Produktivität der Volkswirtschaft und volkswirtschaftliche Produktivität, in: Archiv für Rechts- und Wirtschaftsphilosophie, 9 (1915), S. 225—234, 321—332, bes. S. 225ff.

39 Vgl. Georg v. Mayr, Volkswirtschaft, Weltwirtschaft, Kriegswirtschaft, Berlin 1915 (Zitat S. 13); ders., Staatssozialismus in Krieg und Frieden, in: Recht und Wirtschaft, 4 (1915), S. 219—224 (Zitate S. 220f., 223).

40 Vgl. Carl Ballod, Einiges aus der Utopienliteratur der letzten Jahre, in: Archiv für die Geschichte des Sozialismus und der Arbeiterbewegung, 6 (1916), S. 114—128.

41 Vgl. Carl J. Fuchs, Die deutsche Volkswirtschaft im Kriege, Tübingen 1915.

42 Vgl. Hans Köppe, Kriegswirtschaft und Sozialismus, Marburg 1915 (Zitate, S. 23, 29)

43 Vgl. Eberhard Gothein, Krieg und Wirtschaft, Heidelberg 1914; ders., Die Veränderung des Wirtschaftslebens im Kriege und nach dem Kriege, in: Der Kampf des deutschen Geistes im Weltkrieg, Gotha 1915, S. 26—55; Wilhelm E. Biermann, Volkswirtschaftliche Lehren des Weltkrieges, in: Archiv für Rechts- und Wirtschaftsphilosophie, 9 (1915), S. 49—82; Arthur Hesse, Freie Wirtschaft und Zwangswirtschaft im Kriege, Berlin 1918.

44 Rudolf Liefmann, Bringt uns der Krieg dem Sozialismus näher?, Stuttgart 1915 (Zitate S. 27, 38).

45 Vgl. Othmar Spann, Ein Beitrag zur volkswirtschaftlichen Theorie des Krieges und der Kriegskosten, in: Jahrbuch für Nationalökonomie und Statistik, Dritte Folge, 50 (1915), T. 2, S. 608—624.

46 Vgl. Karl Diehl, Deutschland als geschlossener Handelsstaat im Weltkrieg, Stuttgart 1916.

[47] Vgl. Franz Eulenburg, Die deutsche Volkswirtschaft im Krieg, in: Jahrbuch für Gesetzgebung, Verwaltung und Volkswirtschaft im Deutschen Reich, 39 (1915), S. 589—658; ders., Zur Theorie der Kriegswirtschaft, in: Archiv für Sozialwissenschaft und Sozialpolitik, 1916/17, Bd 43, S. 349—396; ders., Literatur über Kriegs- und Volkswirtschaft, ebd., S. 1041—1095; ders., Vorfragen der künftigen Finanzwirtschaft, in: Die Neuordnung der deutschen Finanzwirtschaft, hrsg. von Heinrich Herkner, 3 Teile, T. 2, München, Leipzig 1918 (= Schriften des Vereins für Socialpolitik, Bd 156), S. 11—81 (Zitat S. 73).

[48] Joas (wie Anm. 6), S. 195.

[49] Vgl. Emil Lederer, Die Regelung der Lebensmittelversorgung während des Krieges in Deutschland, in: Archiv für Sozialwissenschaft und Sozialpolitik, 1915, Bd 40, S. 757—783; ders., Die ökonomische Umschichtung im Kriege, ebd., 45 (1918/19), S. 1—39, 430—463 (Zitat S. 18).

[50] Vgl. ders., Zur Soziologie des Weltkrieges, in: Archiv für Sozialwissenschaft und Sozialpolitik, 1915, Bd 39, S. 347—384

[51] Vgl. Otto Neurath, Literatur-Kriegswirtschaft, ebd., S. 197—215; ders., Die Naturalwirtschaftslehre und das Naturalkalkül in ihren Beziehungen zur Kriegswirtschaftslehre, in: Weltwirtschaftliches Archiv, 8 (1916), T. 1, S. 245—258; ders., Das Begriffsgebäude der Wirtschaftslehre und seine Grundlagen, in: Zeitschrift für die gesamte Staatswissenschaft, 73 (1917), S. 484—520; ders., Kriegswirtschaft, Verwaltungswirtschaft, Naturalwirtschaft, in: Europäische Staats- und Wirtschaftszeitung, 2 (1917), S. 966—969.

[52] Vgl. Verhandlungen des Vereins für Socialpolitik 1905, in: Schriften des Vereins für Socialpolitik, Bd 116, Leipzig 1906, S. 267f.

[53] Vgl. Schmoller (wie Anm. 37), S. 9.

[54] Vgl. Eduard Heimann, Über Individualismus und Solidarismus in der kapitalistischen Konzentration, in: Archiv für Sozialwissenschaft und Sozialpolitik, 1915, Bd 39, S. 741—766; ders., Vom neuen Wirtschaftsgeist, ebd., 41 (1916), S. 758—768 (Zitate S. 765, 767).

[55] Vgl. den Beitrag von Wolfgang Michalka in diesem Band.

[56] Vgl. Adolf v. Harnack, An der Schwelle des dritten Kriegsjahres. Rede, gehalten am 1.8.1916 in der Berliner Philharmonie, Berlin 1916, S. 12f.

[57] Vgl. Gunther Mai, Das Ende des Kaiserreichs, München 1987, S. 99—105, 121—139.

[58] Vgl. Staatssozialismus?, in: Deutsche Volkswirtschaftliche Correspondenz, 40 (1915), Nr. 34.

[59] Vgl. Jürgen Kocka, Klassengesellschaft im Krieg 1914—1918, Göttingen [2]1978, S. 91ff., 115ff.; Friedrich Zunkel, Industrie und Staatssozialismus. Der Kampf um die Wirtschaftsordnung in Deutschland 1914/18, Düsseldorf 1974, S. 105ff.

[60] Vgl. Fuchs (wie Anm. 41), S. 24f.

[61] Eulenburg, Literatur (wie Anm. 47), S. 1041.

[62] Vgl. Neuordnung (wie Anm. 47)

[63] Vgl. Edgar Jaffé, Kriegskostendeckung und Reichsfinanzreform, in: Archiv für Sozialwissenschaft und Sozialpolitik, 1916/17, Bd 43, S. 711—741; ders., Grundsätzliches zur Reichsfinanzreform, in: Europäische Staats- und Wirtschaftszeitung, 1 (1916), S. 203—207; ders., Kriegskostendeckung, ebd., 2

(1917), S. 425—431; ders., Grundsätzliches zur Frage: Kriegskostendeckung und Steuerreform, in: Neuordnung (wie Anm. 47), T. 2, S. 83—118.

64 Vgl. Adolph Wagner, Briefe, Dokumente, Augenzeugenberichte 1851—1917, hrsg. von Heinrich Rubner, Berlin 1978, S. 407; ders., in: Deutsche Volkswirtschaftliche Correspondenz, 41 (1916), Nr. 9.

65 Vgl. Ignaz Jastrow, Die Organisationsarbeit nach dem Kriege und die Aufgaben der Wissenschaft, in: Jahrbuch für Gesetzgebung, Verwaltung und Volkswirtschaft im Deutschen Reich, 40 (1916), S. 617—648; ders., Gut und Blut fürs Vaterland, Berlin 1917; Carl Ballod, Die Finanzen nach dem Kriege, in: Europäische Staats- und Wirtschaftszeitung, 2 (1917), S. 826—834, 885—894.

66 Vgl. Eberhard Gothein, in: Neuordnung (wie Anm. 47), T. 1, S. 207—345; ders., Die zukünftige Licht- und Kraftversorgung, in: Europäische Staats- und Wirtschaftszeitung, 2 (1917), S. 251—258.

67 Vgl. Otto Neurath, Die Wirtschaftsordnung der Zukunft und die Wirtschaftswissenschaft (1917), in: ders., Durch die Kriegswirtschaft zur Naturalwirtschaft, München 1919, S. 159—173.

68 Vgl. Alfred Weber, Denkschrift: Die Wirtschaft Deutschlands (Zitat S. 13), Denkschrift: Vorratswirtschaft und Rohstoffbelastung, BA, Nl 197/14. Vgl. dazu Eberhard Demm, Ein Liberaler in Kaiserreich und Republik. Der politische Weg Alfred Webers bis 1920, Boppard 1990, S. 94—120, 180—192.

69 Vgl. Max Weber, Gesammelte Politische Schriften, hrsg. von Johs. Winckelmann, Tübingen [4]1980, bes. S. 266—268, 330—333.

70 Vgl. Walter Troeltsch, Die deutschen Industriekartelle vor und seit dem Kriege, Essen 1916.

71 Vgl. Zunkel (wie Anm. 59), S. 90ff., 99ff.; Gerald D. Feldman, Heidrun Homburg, Industrie und Inflation, Hamburg 1977, S. 48ff.

72 Vgl. Herbert v. Beckerath, Zwangskartellierung oder freie Organisation der Industrie?, Stuttgart 1918. Ähnlich auch Eulenburg, in: Neuordnung (wie Anm. 47), T. 2, S. 57—70.

73 Vgl. Ludwig Pohle, Die Ursachen des neuerlichen Vordringens des öffentlichen Betriebes, in: Zeitschrift für Sozialwissenschaft, NF, 9 (1918), S. 133—150.

74 Vgl. Wilhelm E. Biermann, Die künftige Reichsfinanzreform, in: Zeitschrift für Sozialwissenschaft, NF, 9 (1918), S. 395—416, 550—562, hier bes. S. 415f., 555, 561f.

75 Vgl. Zwiedineck-Südenhorst und Liefmann, in: Neuordnung (wie Anm. 47), T. 3, S. 37—45, 80—85.

76 Vgl. Joseph Schumpeter, Die Krise des Steuerstaates (1918), in: Rudolf Hickel, Rudolf Goldscheid, Joseph A. Schumpeter, Die Finanzkrise des Steuerstaates. Beiträge zur politischen Ökonomie der Staatsfinanzen, Frankfurt a. M. 1976, S. 329—397.

77 Vgl. Robert Liefmann, Die Geldvermehrung im Weltkriege und die Beseitigung ihrer Folgen, Stuttgart 1918, S. 152ff.; ders., Die Kartelle in und nach dem Kriege, Berlin 1918, S. 11f., 21f.

78 Vgl. Heinrich Herkner, Das Finanzwesen, in: Deutschland und der Friede, hrsg. von Walter Götz, Leipzig 1918, S. 573—591.

79 Vgl. Diehl, in: Neuordnung (wie Anm. 47), T. 1, S. 3—83 (Zitat S. 23), T. 3, S. 126—137.

[80] Vgl. Heinrich Dietzel, in: Neuordnung (wie Anm. 47), T. 1, S. 105—149; Gustav Cohn, ebd., T. 2, S. 1—10 (Zitat S. 5).

[81] Vgl. Reichswirtschaftsamt, BA P, 31.01., Nr. 7278; Pressearchiv des Reichslandbundes, ebd., 61 Re 1, PA, Nr. 8550.

[82] Vgl. Pressearchiv des Reichslandbundes, BA P, 61 Re 1, Nr. 6400, Bl. 152ff., sowie Deutsche Volkswirtschaftliche Correspondenz, 41—43 (1915—1918), passim.

[83] So eine aus Wirtschaftskreisen stammende Kampfschrift »Zum Kampf für die Freiheit der Wirtschaft«, in: BA, Nl 158/77.

[84] Vgl. Leopold v. Wiese, Staatssozialismus, Berlin 1916.

[85] Vgl. Sozialistische Monatshefte, 21 (1915), S. 145f.; ebd., 22 (1916), S. 875, 998f.; Neue Zeit, 34 (1915/16), Bd 1, S. 299, 340f.; ebd., Bd 2, S. 441—445

[86] Hrsg. von Friedrich Thimme und Carl Legien, Leipzig 1915. Vgl. dazu bes. Ursula Ratz, »Die Arbeiterschaft im Neuen Deutschland«. Eine bürgerlich-sozialdemokratische Arbeitsgemeinschaft aus dem Jahre 1915, in: Internationale Wissenschaftliche Korrespondenz zur Geschichte der Arbeiterbewegung, 7 (1971), H. 13, S. 1—25.

[87] Vgl. Schmoller, in: Jahrbuch für Gesetzgebung, Verwaltung und Volkswirtschaft im Deutschen Reich, 40 (1916), S. 437.

[88] Die Aufsätze sind auch als Sammelband erschienen: Johann Plenge, Die Revolutionierung der Revolutionäre, Leipzig 1918.

[89] Vgl. Robert Sigel, Die Lensch-Cunow-Hänisch-Gruppe, Berlin 1977.

[90] Vgl. Paul Lensch, Kann alles beim alten bleiben?, in: Recht und Wirtschaft, 4 (1915), S. 258—261.

[91] Vgl. 2 (1916/17), Bd 2, S. 266—271; ebd., 3 (1917/18), Bd 1, S. 899—910, Bd 2, S. 54, 143—151; ebd., 4 (1918), Bd 1, S. 720—728.

[92] Vgl. Edmund Fischer, Geist und Form des Sozialismus, in: Sozialistische Monatshefte, 22 (1916), S. 851.

[93] Vgl. auch ebd., 21 (1915), S. 140f., 443—450, 709f., 909f.; ders., Der Krieg und das sozialistische Werden, in: Annalen für soziale Politik und Gesetzgebung, 4 (1916), S. 74—132.

[94] Vgl. Edmund Fischer, Das sozialistische Werden, Leipzig 1918.

[95] Monopolfrage und Arbeiterklasse, hrsg. von Wilhelm Jansson, Berlin 1917

[96] Vgl. auch Dietmar Petzina, Gewerkschaften und Monopolfrage vor und während der Weimarer Republik, in: Archiv für Sozialgeschichte, 20 (1980), S. 195—217, hier S. 206—209.

[97] Protokoll der Verhandlungen des Parteitages der Sozialdemokratischen Partei Deutschlands 1917 in Würzburg, S. 160.

[98] Arthur Feiler, Vor der Übergangswirtschaft, Frankfurt 1918, S. 83.

[99] Vgl. Stenographische Berichte über die Verhandlungen des Deutschen Reichstages, Bd 312, Berlin 1918, S. 4885—4897, 4902—4908.

[100] Vgl. Eckhard Biechele, Der Kampf um die Gemeinwirtschaftskonzeption des Reichswirtschaftsministeriums im Jahre 1919, Diss. Berlin 1972.

[101] Vgl. Kurt Trüschler, Die Sozialisierungspolitik in der Weimarer Republik (1918—1920), Diss. Marburg, S. 19—123.

[102] Vgl. Klaus Novy, Strategien der Sozialisierung. Die Diskussion der Wirtschaftsreform in der Weimarer Republik, Frankfurt a.M. 1978.

Ute Daniel

Fiktionen, Friktionen und Fakten — Frauenlohnarbeit im Ersten Weltkrieg*

Die Geschichte der Frauenlohnarbeit im Ersten Weltkrieg, wie sie bis vor kurzem überliefert wurde[1], ist die Geschichte einer sozialen Umwälzung. In der Kriegswirtschaft der Jahre 1914 bis 1918 habe sich, so lassen sich die dahingehenden Argumentationen zusammenfassen, nicht nur der Umfang, sondern auch die gesellschaftliche Bewertung weiblicher Lohnarbeit grundlegend und nachhaltig geändert. Neuere Untersuchungen haben an dieser Sichtweise wesentliche Korrekturen angebracht[2]. Ihre wichtigsten Ergebnisse bezüglich der weiblichen Lohnarbeit im Ersten Weltkrieg lassen sich in folgenden Thesen zusammenfassen.

— Die angeblich beispiellose Zunahme weiblicher Lohnarbeit und ihre Ausdehnung auf zahlreiche bislang nicht erwerbstätige Frauen gehört ebenso ins Reich der Legende wie die positivere gesellschaftliche Bewertung, die der Frauenlohnarbeit infolge ihrer »Bewährung« in der Kriegswirtschaft zuteil geworden sein soll.

— Die bestimmenden Faktoren der Entwicklung weiblicher Lohnarbeit im Krieg haben statt dessen sowohl das eine wie das andere verhindert; diese bestimmenden Faktoren sind teils in der politischen Binnenstruktur des kriegführenden kaiserlichen Deutschland und teils in den zeitgenössischen gesellschaftlichen Wahrnehmungsmustern gegenüber weiblicher Lohnarbeit auffindbar.

— Demzufolge sollte in diesem Zusammenhang von einer »modernisierenden« Wirkung des Ersten Weltkriegs beziehungsweise einer durch ihn beförderten »Emanzipation« der Frauen nicht länger die Rede sein.

Als Beleg für diese Hypothesen soll nach einer Analyse der quantitativen Entwicklung der Frauenlohnarbeit im Krieg (I.) ein kurzer Abriß der Arbeitsmarktpolitik 1914—1918 im allgemeinen und der politisch-organisatorischen Bemühungen um die Frauenmobilisierung im besonderen gegeben werden (II.). Den Abschluß bildet ein Rekonstruktionsversuch gesellschaftlicher Wahrnehmungsmuster von weiblicher Lohnarbeit im Krieg anhand eines Detailausschnitts, nämlich der Diskussion und praktischen Vorbereitung der Demobilmachung (III.).

I. Fiktionen: die Statistik

Die zuverlässigsten Aufschlüsse über die quantitative Entwicklung der weiblichen Lohnarbeit im Ersten Weltkrieg sowohl unter dem Kriterium der Repräsentativität als auch der Kontinuität ergeben die Berichte der gesetzlichen Krankenversicherung über ihren Bestand an weiblichen Pflichtversicherten. Sie sind es auch, auf die sich das Argument der großen Zunahme weiblicher Lohnarbeit im Krieg vornehmlich stützt. Der Kreis der Versicherungspflichtigen umfaßte Arbeiter/innen, Angestellte mit einem Jahresgehalt von weniger als 2500 Mark, Dienstboten und landwirtschaftliche Arbeiter/innen. Die beiden letztgenannten Arbeitskräftekategorien konnten ebenso wie Beschäftigte in öffentlichen Betrieben unter bestimmten Bedingungen von der Versicherungspflicht befreit werden. Auch die Heimarbeiter/innen waren nur zum Teil erfaßt, da ihre Versicherungspflicht mit dem 1. September 1914 aufgehoben und nicht überall per Ortsstatut wieder eingeführt worden war. Die absoluten Zahlen über den Umfang des Pflichtversichertenbestandes lagen allerdings zu niedrig, da die Berichterstattung unvollständig war: Die Betriebskrankenkassen der Post berichteten nur selten, die Knappschaftskassen waren von der Berichterstattung befreit, und einige Kassen kamen ihrer Berichtspflicht im Krieg nur sporadisch nach. Infolgedessen erfaßten die veröffentlichten Krankenkassendaten nur etwa 7/10 aller versicherungspflichtig Beschäftigten.

Übererfaßt wurden dagegen zum Teil die männlichen Versicherungspflichtigen, da alle diejenigen Soldaten in den Listen weitergeführt wurden, für die Arbeitgeber, Kommunen oder Gewerkschaften die Beiträge weiterzahlten. Aussagekräftig sind daher weniger die absoluten als die Verhältniszahlen über die Entwicklung des weiblichen Pflichtversichertenbestandes, wenn man diesen als Indikator für die Entwicklung der weiblichen Lohnarbeit im Krieg benutzen will[3]; und zwar nicht so sehr das Verhältnis der weiblichen zu den männlichen Pflichtversicherten — dessen prozentuale Veränderung ja nicht nur auf die Entwicklung der Frauenlohnarbeit, sondern auf die Einziehung der männlichen Pflichtversicherten zurückzuführen war — als die prozentuale Steigerung weiblicher versicherungspflichtig Beschäftigter zwischen 1914 und 1918. Setzt man die Zahl der versicherungspflichtig beschäftigten Frauen im Juni/Juli 1914 = 100, so stieg diese Indexzahl bis Juni/Juli 1918 auf circa 117; das heißt, die prozentuale Steigerung betrug in diesem Zeitraum etwa 17 Prozent[4].

Vor allem auf diese Zahl stützt sich das Argument von der bedeutenden Zunahme der weiblichen Lohnarbeit im Krieg. So plausibel dies auf den ersten Blick auch wirken mag, so problematisch wird die Aussagekraft dieser Zahl, sobald man sich daran erinnert, daß Steigerungsraten nur als relative Angaben Sinn machen: Schlüsse lassen sich aus dieser Steigerungsrate von 17 Prozent erst dann ziehen, wenn sie mit der entsprechenden Steigerungsrate der Vorkriegszeit verglichen werden kann. Diese gestaltete sich von 1889 bis 1913 in einem entsprechend der Kriegsdauer gewählten Vierjahresrhythmus folgendermaßen:

Weibliche Mitglieder der gesetzlichen Krankenversicherung im Jahresdurchschnitt[5]

	absolut	Steigerungsrate in %
1889	1 195 662	
1893	1 549 425	30
1897	1 886 995	22
1901	2 288 270	21
1905	2 834 697	24*
1909	3 444 425	22
1913	4 127 401	20

* 1903 trat die Erweiterung der Krankenversicherungspflicht auf Handlungsgehilfen und Lehrlinge in Kraft.

Die Steigerungsrate von 17 Prozent bei den weiblichen Pflichtversicherten 1914—1918 liegt also völlig im Trend der sich — bei zunehmenden absoluten Zahlen — leicht abflachenden Steigerungsrate zwischen 1889 und 1913. Die Pflichtversichertenzahlen verweisen somit keineswegs auf eine große, sondern vielmehr auf eine bemerkenswert geringe Auswirkung des Krieges auf die Entwicklung der weiblichen Erwerbstätigkeit. Dieses einigermaßen verblüffende Resultat, das sich durch weiteres Material erhärten läßt[6], verweist die Vorstellung von den großen Scharen weiblicher Arbeitskräfte, die zwischen 1914 und 1918 erstmals auf dem Arbeitsmarkt aufgetaucht sein sollen, definitiv ins Reich der Legende.

Damit stellt sich sofort ein neues Problem: Woher, wenn nicht aus den Reihen der bislang nicht berufstätigen Frauen, kamen die Lohnarbeiterinnen der »kriegsindustriellen« Branchen, das heißt insbesondere der Metall-, Maschinen-, elektrischen und chemischen Industrie? Denn hier war die Zunahme der Frauenarbeit zweifellos außerordentlich hoch: In 2594 Betrieben der Metallindustrie waren im August/September 1916 266530 Frauen beschäftigt gegenüber 63570 vor dem Krieg; dies bedeutete eine Steigerung von 319 Prozent[7]. Und in den kriegswirtschaftlichen Betrieben beispielsweise des I. Bayerischen Armeekorps arbeiteten am 15. Februar 1917 11499 Frauen, während in den gleichen Betrieben im Juli 1914 nur 1304 Frauen beschäftigt waren[8]; die Frauenarbeit steigerte sich hier also um 782 Prozent.

Die Frage nach der Herkunft der kriegsindustriellen Arbeiterinnen läßt sich anhand von Erhebungen, die 1916/17 in Bayern durchgeführt wurden, beantworten. Die am 1. Dezember 1916 in den bayerischen Pulverfabriken beschäftigten 22762 Arbeiterinnen hatten am 1. Juli 1914 folgende Berufe ausgeübt[9]:

Vorkriegsberufe der bayerischen Pulverarbeiterinnen

früherer Beruf	absolut	in Prozent
Landwirtschaft	633	2,8
Pulverfabriken	8488	37,3
Metallverarbeitung	645	2,8
Spinnerei	430	1,9
Fabrikarbeiterinnen ohne nähere Angaben	386	1,7
Weberei	344	1,5
Näherinnen	313	1,4
Maschinenbau	311	1,4
(Metall-)Spielwarenindustrie	204	0,9
Summe Arbeiterinnen	*11121*	*48,8*
Verkäuferinnen	257	1,1
Dienstmädchen	1398	6,1
Lohnarbeit im Dienstbotenbereich	222	1,0
Zugehfrauen	219	1,0
Summe häuslicher Dienst	*1839*	*8,1*
ohne Beruf(sangabe)	540	2,4
bislang Erwerbslose	6053	26,6
Sonstige	2319	10,2
Gesamt	*22762*	*100,0*

Knapp die Hälfte der Pulverarbeiterinnen hatte also bereits vor dem Krieg Fabrikarbeit verrichtet, gut 8 Prozent kamen aus dem Dienstbotenbereich, knapp 3 Prozent aus der Landwirtschaft und circa 1 Prozent aus einer Tätigkeit als Verkäuferin. Unter den knapp 27 Prozent, die vorher nicht berufstätig waren, befinden sich insbesondere alle diejenigen weiblichen Jugendlichen, die in der Zwischenzeit ins Berufsleben eingetreten waren. Nur in den nach Abzug der jugendlichen Berufsanfängerinnen noch verbleibenden Frauen dieser Kategorie können solche vermutet werden, deren Arbeitsaufnahme »außerplanmäßig« durch die Kriegssituation verursacht wurde.

Eine sehr ähnliche Zusammensetzung der weiblichen kriegsindustriellen Arbeiterschaft ergibt sich aus einer Erhebung, die von März bis August 1917 unter knapp 91 000 Arbeiterinnen der bayerischen Kriegsindustrie durchgeführt wurde. Das Ergebnis ist eindeutig: In ihrer überwältigenden Mehrheit waren die Arbeiterinnen der Kriegsindustrie bereits vor dem Krieg erwerbstätig gewesen, vor allem in der Industrie (ca. 37 000 = 41%) und im häuslichen Dienst (ca. 17 000 = 18%); nur rund 25 000 Frauen (= 28%) hatten vor dem Krieg keinen Beruf[10]. Wie Stichproben aus anderen Bundesstaaten bestätigen, handelte es sich hier keineswegs um eine bayerische Besonderheit, sondern um einen generellen Trend[11]. Nicht aus neu ins Erwerbsleben eintretenden Frauen rekrutierte sich der überproportionale Anstieg der Frauenarbeit in den kriegsindustriellen Branchen, sondern aus Frauen, die bislang in anderen industriellen Branchen oder in außerindustriellen Arbeitsverhältnissen beschäftigt waren.

An diesem Punkt der Untersuchung der quantitativen Entwicklung der Frauenarbeit im Ersten Weltkrieg angelangt, ist die Frage neu zu stellen: Wie ist es zu erklären, daß trotz des chronischen Arbeitskräftemangels in der Kriegswirtschaft, trotz aufwendiger organisatorischer und propagandistischer Bemühungen von Regierungen und Verwaltungen die Mobilisierung weiblicher Arbeitskräfte für die Kriegsindustrie so weit hinter den Erwartungen zurückblieb? Um diese Frage zu beantworten, muß etwas weiter ausgeholt werden. Zu untersuchen sind, wie dies im folgenden geschehen soll, die Entwicklung des Arbeitsmarkts und der Arbeitsmarktpolitik der Jahre 1914—1918 sowie diejenigen Handlungs- und Wahrnehmungsmuster, deren Auswirkungen auf die kriegsbedingte Frauenarbeit identifizierbar sind.

II. Friktionen: die Politik

Die »Verhältnisse und Verhinderungen« der Arbeitsmarktpolitik im allgemeinen und speziell hinsichtlich der Mobilisierung weiblicher Arbeitskräfte 1914–1918 werden exemplarisch anhand zweier Problemkomplexe dargestellt: der politisch-organisatorischen Rahmenbedingungen, die dieser Politik gesetzt waren und wurden, und der Behandlung der Textilarbeiter/innenfrage als Fallbeispiel aus ihrer Praxis.

Die organisatorischen Rahmenbedingungen

Zwei Jahre dauerte es, bis die militärischen und zivilen Reichsstellen der Kriegswirtschaft endgültig den Charakter eines Provisoriums zu nehmen versuchten. Bis in die zweite Hälfte des Jahres 1916 hinein wurde der Bedarf an Soldaten und zivilen Arbeitskräften in einem organisatorischen Rahmen verwaltet, der diesen Namen schwerlich verdiente. Erst in Zusammenhang mit der Sommeschlacht (1.7.–13.11.1916), in der die Verluste an Menschen und Material ins Ungeheuerliche anstiegen, setzten Versuche zu einer strukturellen Veränderung der Kriegswirtschaft ein: Das Hilfsdienstgesetz sollte die normative Basis, das neuerrichtete Kriegsamt den administrativen Leitstand einer von jetzt an, zumindest dem Anspruch nach, totalen Arbeitskräftemobilisierung abgeben. Wie war die Arbeitsmarktpolitik vor und nach diesem Zeitpunkt verfaßt?

Wichtigste regulierende Instanz auf dem Arbeitsmarkt wurde mit Kriegsbeginn das Militär. Sein Erscheinen hatte hier jedoch alles andere als eine Zentralisierung oder auch nur Vereinheitlichung zur Folge. Aufgrund des preußischen Gesetzes über den Belagerungszustand von 1851 traten mit Verkündigung des Kriegszustands insgesamt 57 Militärbefehlshaber (Bayern nicht eingerechnet) in die ihnen dort zugewiesenen Funktionen ein. Die wichtigsten dieser militärischen Befehlshaber waren die (stellvertretenden) kommandierenden Generale in den Armeekorpsbereichen und die neun Gouverneure der größeren Festungen. Hinzu kamen die dem bayerischen Kriegsministerium unterstehenden Befehlshaber der drei bayerischen Armeekorpsbereiche. Nur in wenigen Fällen deckten sich die Grenzen der Armeekorpsbereiche mit Landes-, Provinz- oder Regierungsbezirksgrenzen; die meisten der stellvertretenden Generalkommandos hatten den ganzen Krieg hindurch Armeekorpsbereiche zu verwalten, deren Abgrenzung die Koordinierung ihrer Tätigkeit mit den maßgeblichen zivilen Verwaltungseinheiten sehr erschwerte. Diese Zerreißung des zivilen Verwaltungszusammenhangs brachte große Folgeprobleme mit sich, da den stellvertretenden Generalkommandos im Verlauf des Kriegs eine Fülle von Funktionen zuwuchs, die keineswegs mehr rein militärischer Art waren. Die wichtigste Aufgabe der heimatlichen Militärbefehlshaber, den Nachschub ihres mobilen Armeekorps an Soldaten und Kriegsmaterial zu decken, wucherte zusehends in alle Bereiche der Verwaltung und Wirtschaft ihres Armeekorpsbereichs hinein: Die Rekrutierung von Soldaten für die Front mußte abgestimmt werden mit der ebenso notwendigen Rekrutierung von Arbeitskräften für die Kriegsindustrie und führte damit zu einer Bewirtschaftung des Arbeitsmarkts; die Sicherstellung des Kriegsmaterialbedarfs machte Maßnahmen der Produktionslenkung erforderlich, und die Verantwortlichkeit der Militärbefehlshaber für die innere Sicherheit ihres Bereichs verlangte ihnen Eingriffe in die Lebensmittelbewirtschaftung, Presse- und Informationspolitik und in die allgemeine Innen- und Sozialpolitik ab.

Dieser sehr weit gefaßte Kompetenzenkatalog machte 21 Generale und für Bayern das dortige Kriegsministerium[12] zu Potentaten der Kriegswirtschaft und Kriegsarbeitsmarktpolitik, deren Nebeneinander nicht in einer weisungsbefugten reichseinheitlichen Oberbehörde aufgelöst wurde. Die wesentliche Orientierung der stellvertretenden Generalkommandos erfolgte, wenn man so will, nicht nach »oben«, sondern nach »außen«, das heißt auf die mobilen Truppenteile an der Front und in der Etappe hin, denen sie zugeordnet waren und als deren Nabelschnur zu den Ressourcen an Menschen und Material sie vor allem anderen zu dienen hatten. Infolge der Immediatstellung der Militärbefehlshaber zum Kaiser waren die Einflußmöglichkeiten des Reichskanzlers oder anderer Zentralinstanzen auf ihre Politik gering. Auch das preußische Kriegsministerium hatte ihnen gegenüber keine Weisungsbefugnis.

Dies verurteilte von vornherein die in seinem Rahmen tätige Abteilung für Zurückstellungswesen (AZS), die vor Ende 1916 als einziger möglicher Kristallisationspunkt einer überregionalen Arbeitskräftepolitik anzusprechen ist, zu relativer Bedeutungslosigkeit. Die Gründung der AZS Ende 1914 war das Produkt von Verhandlungen zwischen dem preußischen Kriegsministerium und dem Kriegsausschuß der deutschen Industrie[13]. Ihre Aufgabe sollte es sein, die Handhabung der Zurückstellung Wehrpflichtiger für die Kriegsindustrie durch die einzelnen Militärbefehlshaber mit den Bedürfnissen der Kriegsindustrie zu koordinieren. Eine solche koordinierende Instanz hatte sich als erforderlich erwiesen, nachdem die bisherige Einberufungspraxis unter ausschließlich militärischen Prärogativen empfindliche Lücken in der männlichen industriellen (Fach-)Arbeiterschaft aufgerissen hatte. Für Betriebe, die Heeresaufträge erhielten, wurde der (Fach-)Arbeitermangel schnell zu einem Produktionsengpaß, und sie begannen einen erbitterten Kleinkrieg mit den — ihnen sonst sehr geneigten — stellvertretenden Generalkommandos um ihre eingezogenen Arbeiter. Diesem Kleinkrieg sollte die AZS ein Ende bereiten. Bei dem Versuch, diese Aufgabe zu erfüllen, geriet sie jedoch sehr schnell zwischen sämtliche Stühle. Mit ihren industriellen Gründervätern verdarb sie es sich, weil sie versuchte, der Kriegsindustrie die Einstellung von Ersatzarbeitskräften anstelle der eingezogenen Arbeiter, darunter Frauen, nahezulegen, und weil die Leiter der AZS von dieser Seite zunehmend als fünfte Kolonne der Gewerkschaften im Kriegsministerium betrachtet wurden. Gegenüber den Militärbefehlshabern war die Stellung der AZS ohnehin sehr prekär, da sie diesen gegenüber keine Weisungen erteilen, sondern nur Empfehlungen aussprechen konnte. Und selbst in ihrem direkten organisatorischen Bezugsrahmen, dem preußischen Kriegsministerium, blieb die AZS als einzige von Zivilisten geleitete Stelle ein Fremdkörper, dem nicht nur die entsprechende Animosität entgegengebracht, sondern auch für die Erfüllung ihrer Aufgabe unerläßliche Kompetenzen vorenthalten wurden. Entsprechend gering waren ihre Erfolge hinsichtlich der Mobilisierung weiblicher Ersatzarbeitskräfte: Ende 1915 konnten immer noch keine Anstrengungen der Kriegsindustrie wahrgenommen werden, Auflagen zur Einstellung von Arbeiterinnen nachzukommen[14]. Die Zahl der Reklamierten, die eigentlich hatte verringert werden sollen, stieg bis Oktober 1916 auf 2 Millionen, von denen 1,2 Millionen »kv« und damit frontdiensttauglich waren[15].

Das war der als äußerst unbefriedigend empfundene Stand der Dinge, dem in der zweiten Hälfte 1916 mittels des Hilfsdienstgesetzes abgeholfen werden sollte. Die frisch installierte 3. Oberste Heeresleitung (OHL) Hindenburg/Ludendorff verkündete das Ende der Improvisationen und den Beginn der totalen Kriegswirtschaft unter militärischer Perspektive und Ägide und meinte damit auch eine vermehrte Heranziehung von Frauen für die Kriegsproduktion[16]. Ihre ursprüngliche Forderung nach Einbeziehung der Frauen in das Hilfsdienstgesetz ließ die OHL, nachdem der Reichskanzler, der Kriegsminister und der designierte Kriegsamtschef Groener dagegen opponiert hatten, vorläufig fallen[17]. Die Reichsleitung hatte damit argumentiert, daß die Einführung einer weiblichen Arbeitspflicht »›das Pferd beim Schwanz aufzäumen‹ heißen« würde[18], da immer noch genügend arbeitslose Frauen vorhanden seien[19]. Dennoch betraf das Hilfsdienstgesetz die Frage der Frauenmobilisierung ganz direkt: Das zu seiner Durchführung errichtete Kriegsamt unter General Groener wurde nämlich gleichzeitig damit beauftragt, die Mobilisierung weiblicher Arbeitskräfte für die Kriegsindustrie zu forcieren und zu zentralisieren. Die weitere Entwicklung der frauenbezogenen Arbeitsmarktpolitik ist daher geprägt von der Entwicklung und Problematik der Kriegsamtsorganisation.

Das Kriegsamt hatte ein ähnliches Schicksal wie das Hilfsdienstgesetz. Auch hier hatte zwar der Einfluß der Militärführung ausgereicht, das Projekt zu lancieren. Die Unkenntnis oder besser: die Mißachtung des komplizierten innerpolitischen Kräftegefüges, die im grobschnittigen Weltbild der OHL Parlament, Parteien, Arbeiterbewegung und preußisch-deutsches Ressortdenken als zu vernachlässigende Größen erscheinen ließ, führte aber auch in diesem Fall zu einem Ergebnis, das niemand so gewollt hatte, das wieder aus der Welt zu schaffen aber niemand — auch Hindenburg und Ludendorff nicht — die politische Durchsetzungskraft hatte. Resultierten die »mutagenen« Faktoren für die Entwicklung des Hilfsdienstgesetzes vor allem aus dem in der Schwebe gehaltenen Kräfteparallelogramm zwischen Regierung, Reichstag und Arbeiterbewegung, so waren es im Fall des Kriegsamts verfassungsrechtliche und verwaltungspraktische Strukturen, die die neue Behörde zu ihrer realisierten Form abschliffen. Vor allem die Widerstände des Kriegsministeriums und der anderen betroffenen Ressorts gegen die Abgabe von Entscheidungskompetenzen an die geplante neue Superbehörde führten dazu, daß

»der bestehende Behördenapparat [...] nicht in eine militärische Zentralstelle mit diktatorischen Vollmachten eingefügt, sondern um eine neue Behörde mit unklarer Kompetenzabgrenzung, aber rasch anschwellendem Beamtenapparat von vielen Tausenden vermehrt«

wurde[20]. — So wurde das Kriegsamt dem Kriegsministerium, dem »größten deutschen Einkaufshaus«[21], nicht übergeordnet, sondern unterstellt. Es übernahm vom Kriegsministerium das Kriegsrohstoffamt, die AZS und andere zentrale kriegswirtschaftliche Abteilungen sowie die diesem am 1. November 1916 verliehene Befugnis, den stellvertretenden Generalkommandos in Heeresersatz-, Arbeiter- und Kriegswirtschaftsangelegenheiten Weisungen zu erteilen. Da die unabhängige Stellung der stellvertretenden Generalkommandos insgesamt jedoch erhalten blieb und jeder kommandierende General weiterhin ausführen konnte, »was ihm genehm war«[22], richtete Groener einen völlig neuen Instanzenzug, die Kriegsamtsstellen und -nebenstellen, ein. Die Kriegsamtsstellen befanden sich jeweils am Orte eines stellvertretenden Generalkommandos, waren aber nicht ihm, sondern dem Kriegsamt direkt unterstellt. Das Ergebnis dieser organisatorischen Umstrukturierungen war durchaus zwiespältig: Zwar war der Dualismus zwischen Kriegsministerium und stellvertretenden Generalkommandos partiell entschärft worden; statt dessen war seither jedoch mit dem nicht unproblematischen Verhältnis zwischen stellvertretenden Generalkommandos auf der einen und Kriegsamtsstellen andererseits zu rechnen. Vor allem aber schwelte nunmehr auf der obersten Ebene ein Dauerkonflikt zwischen Kriegsamt auf der einen und Kriegsministerium und anderen Ressorts auf der anderen Seite. Er wurde mit einem Ausmaß an persönlicher Erbitterung ausgetragen, das die unerläßliche inhaltliche Zusammenarbeit der Ressorts stark beeinträchtigte: Wünschte Groener schon bald »die ganze Berliner Gesellschaft mit ihrem Ressort Partikularismus«, der er nach mehreren Konflikten nurmehr das »Karnickel« sei, zum Teufel[23], so verständigte sich die »Berliner Gesellschaft« ihrerseits mit Bezug auf Groener darüber, daß neuerdings eine »gefährliche Überspannung des militärischen Selbstgefühls« hervortrete und es ihre Aufgabe sei, »das schwer arbeitende Staatsschiff vor den diktatorischen Anwandlungen dieses politischen Dilettantismus zu bewahren«[24]. Groener sei rücksichtslos und machtbesessen, und die Institution Kriegsamt leide unter einer ausgeprägten Profilneurose[25]. Dementsprechende Abfuhren wurden dem Kriegsamt im folgenden zuteil, sobald es sich anschickte, über Ressortzäune hinweg zu grasen.

In diese höchst labile Behördenkonstruktion wurde nun auch die Frauenmobilisierung integriert. Ebenso wie sich Groener mit Alexander Schlicke vom Deutschen Metallarbeiter-Verband einen Arbeitervertreter in das von Militärs und Industriellen geprägte Kriegsamt holte, ergänzte er den rein männlichen Mitarbeiterstab um zwei Mitglieder der Frauenbewegung. Marie-Elisabeth Lüders und Agnes v. Harnack sollten – »von Frauen für Frauen« – die systematische Erfassung der Frauenarbeit leiten und ihre verstärkte Verwendung in der Kriegswirtschaft gegen den Widerstand von Unternehmern und Gewerkschaftern durchsetzen[26]. Die schnellstmögliche Ersetzung von Männern durch

Frauen auf allen Arbeitsgebieten sollte durch eine enge Verbindung von Arbeitskräftebeschaffung und -fürsorge betrieben werden, wofür den beiden Frauen und ihren zukünftigen Mitarbeiterinnen jede notwendige Unterstützung und volle Bewegungsfreiheit zugesichert wurde[27].

Bevor sie jedoch mit ihrer eigentlichen Tätigkeit beginnen konnten, mußte die hierfür erforderliche reichsweite Organisation erst geschaffen und mit geeigneten Frauen besetzt werden — eine Aufbauleistung, die nicht nur unter Kriegsbedingungen und in der gebotenen Schnelligkeit schwierig zu erbringen war, sondern die darüber hinaus auch die ohnehin schon sehr komplexe Struktur des Kriegsamts und seiner Unterbehörden noch unübersichtlicher machte und die Reibungsflächen mit den stellvertretenden Generalkommandos und der Zivilbürokratie noch stärker hervortreten ließ. Ausgehend vom organisatorisch-inhaltlichen Grundgedanken einer Verbindung von Arbeitsmarktpolitik und Fürsorgetätigkeit, wurde parallel zum Instanzenzug des Kriegsamts ein reichsweites Netz von Frauenreferaten aufgebaut. Im Kriegsamt selbst entstand das Frauenreferat und die Frauenarbeitszentrale (FAZ), beide von Marie-Elisabeth Lüders geleitet. Während das Frauenreferat die eigentliche Mobilisierungsarbeit leiten sollte, war die FAZ für die flankierende Fürsorgepolitik zuständig. Der »Nationale Ausschuß für Frauenarbeit im Kriege«, beschickt durch Vertreter/innen von Frauenorganisationen, Gewerkschaften und sozialpolitischen Vereinigungen, dem ebenfalls Marie-Elisabeth Lüders vorstand, sollte die Kriegsamtsarbeit inhaltlich und personell an die Tätigkeit der nichtamtlichen Fürsorge rückbinden. Bei jeder Kriegsamtsstelle wurde ein Frauenreferat und eine sogenannte Frauenarbeitshauptstelle — die in größeren Industrieregionen mehrere Nebenstellen unterhielt — eingerichtet, welche ebenfalls in Personalunion von einer weiblichen Angestellten geleitet wurden. Auch hier war das Frauenreferat für die Mobilisierungsarbeit im engeren Sinn zuständig, die Frauenarbeitshauptstelle für die flankierenden Fürsorgemaßnahmen. Ebenso wie auf zentraler Ebene dem Frauenreferat und der FAZ der »Nationale Ausschuß für Frauenarbeit im Kriege« als Zusammenfassung der nichtamtlichen Wohlfahrtsbestrebungen beigeordnet worden war, wurden auf lokaler Ebene ehrenamtliche »Fürsorgevermittlungsstellen« geschaffen, die als vermittelnde Instanz zwischen den lokalen sozialpolitischen Aktivitäten und dem jeweiligen Frauenreferat fungieren sollten. Im Frühjahr 1918 arbeiteten neben je einem Frauenreferat beziehungsweise einer Frauenarbeitshauptstelle in allen Armeekorpsbereichen 51 Frauenarbeitsnebenstellen und 424 Fürsorgevermittlungsstellen, betrieben von circa 1000 Frauen[28].

Einen Eindruck von dem nahezu universellen Aufgabengebiet, das diese neue Organisation zu bewältigen hatte, gibt der Arbeitsplan für die FAZ. Die Frauenarbeitsorganisation sollte

- alle Maßnahmen in die Wege leiten, die die Arbeitsfähigkeit und -willigkeit der weiblichen Arbeitskräfte fördern konnten;
- darauf hinwirken, daß alle Arbeitshemmnisse für die Frauen hinweggeräumt würden; dies betraf Maßnahmen zum Schutz der Gesundheit, Bereitstellung geeigneter Erholungsräume, Wohn- und Schlafgelegenheiten, Beschaffung von Berufskleidung, Verbesserung der Beförderungsverhältnisse und Verkehrsmittel, Verbesserung der Organisation der Nahrungsmittelbeschaffung und -verteilung für die Frauen;
- Einrichtungen zum Wohl der zu den Frauen gehörenden Familienmitglieder treffen durch Ausgestaltung von Pflegestellen, Krippen, Bewahranstalten, Kindergärten, Stillstuben, Mütterberatungsstellen, Einstellung von Haus-, Gemeinde- und Landpflegerinnen sowie Kreisfürsorgerinnen;
- in Schnellkursen die hierfür erforderlichen Beamtinnen ausbilden und die Fürsorgevermittlungsstellen leiten[29].

Tatsächlich lief diese Tätigkeitsbeschreibung darauf hinaus, daß Marie-Elisabeth Lüders und ihre Mitarbeiterinnen im Zeitraffertempo und unter den erschwerten personellen und materiellen Bedingungen der Kriegszeit eine sozialpolitische Infrastruktur schaffen sollten, die einem gutentwickelten Sozialstaat der zweiten Hälfte des 20. Jahrhunderts wohl anstehen würde. Und dies sollte mittels einer Organisation in die Wege geleitet werden, die mit dem Kriegsamt dessen komplizierte und komplikationsträchtige Struktur teilte, innerhalb des Kriegsamts selbst jedoch — abgesehen von Groener und seinen engsten Mitarbeitern — wiederum nur ein geduldeter Fremdkörper blieb.

Hinsichtlich der Problematik der Behördenstruktur blieb auch in der zweiten Kriegshälfte das schwierige Verhältnis zu den stellvertretenden Generalkommandos bestimmend, das die Effizienz der Frauenmobilisierung begrenzte. Im Februar 1917 unterstellte Groener die Kriegsamtsstellen — unter Beibehaltung ihres geschlossenen Aufbaus und ihrer Funktionen — den stellvertretenden Generalkommandos, denen sie bisher angegliedert waren. Sie empfingen zwar weiterhin unmittelbare Weisung vom Kriegsamt, hatten aber über Vorgänge »grundsätzlicher« Art, auch wenn diese nur ihren Aufgabenbereich tangierten, die stellvertretenden Generalkommandos zu unterrichten. Die Arbeitsgebiete der Kriegsamtsstellen zerfielen seither in solche, auf denen sie als Organe des Kriegsamts tätig wurden — nämlich Hilfsdienstangelegenheiten, Frauenarbeit und -fürsorge, allgemeine Produktionsförderung und Verkehrsfragen —, und solche, auf denen sie als Organe der stellvertretenden Generalkommandos tätig werden sollten — nämlich Reklamationsfragen, Rohstoffbewirtschaftung, Aus- und Einfuhr sowie Rüstungsarbeiterernährung. Die Aufzählung der Arbeitsgebiete verweist auf das Dilemma, das der Anlaß für dieses »extraordinarily puzzling arrangement« (Feldman) gewesen sein dürfte. Nach wie vor lagen nämlich die zentralen Kompetenzen, die die Kriegsamtsstellen zur Durchführung ihrer vorrangigen Aufgabe der Freimachung Reklamierter für die Front eigentlich hätten besitzen müssen, bei den stellvertretenden kommandierenden Generalen. Selbständig bearbeiten konnten das Kriegsamt und seine Unterbehörden nach wie vor nur die in Zusammenhang mit dem Hilfsdienstgesetz neu geschaffenen Arbeitsgebiete, also die Heranziehung Hilfsdienstpflichtiger und weiblicher Arbeitskräfte, nicht aber die Einberufung beziehungsweise Zurückstellung Wehrpflichtiger. Hier waren sie auf die Kooperationsbereitschaft der stellvertretenden Generalkommandos angewiesen, denen Groener eine Einfügung ihrer diesbezüglichen Abteilungen in die Kriegsamtsstellen nur anheimstellen, nicht aber befehlen konnte[30].

Waren schon auf dieser Ebene statt der geplanten entscheidungsstarken Superbehörde chaotische Verhältnisse institutionalisiert worden, so galt dies in mindestens dem gleichen Ausmaß auch für die Zentralbehörde: Hier führte die Integration der Frauenmobilisierung gleich zu einer ganzen Reihe von Kooperationsproblemen einer Behörde mit sich selbst. So erklärte sich beispielsweise das Waffen- und Munitionsbeschaffungsamt des Kriegsamts, dem die gesamte staatliche Rüstungsproduktion unterstand und das in seinen Artilleriewerkstätten etc. eine hohe Zahl von Arbeiterinnen beschäftigte — Mitte 1917 circa 150 000[31] —, erst Ende Juli 1918 bereit, sich Arbeiterinnen für die ihm unterstehenden Betriebe nur durch die auf Betreiben der Frauenreferate eingerichteten weiblichen Arbeitsnachweisabteilungen vermitteln zu lassen[32]; und das, obwohl gerade die Durchsetzung dieser Form der Arbeiterinnenvermittlung wegen der durch sie gewährten größeren Arbeitsmarkttransparenz ein Hauptanliegen der Frauenreferate war. Noch entscheidender aber war, daß die Frauenreferate erst im November 1917, ein Jahr nach ihrer Gründung also, durchsetzten, an den Werksbesichtigungen und Sitzungen der Fachoffiziere für den Hilfsdienst, soweit dabei Fragen des Ersatzes von männlichen durch weibliche Arbeitskräfte angesprochen waren, beteiligt zu werden[33]. Und noch im Juni 1918 lag für das Kriegsamt Anlaß vor, darauf hinzuweisen, daß die Vorgänge des Frauenreferats im Kriegsamt von den Frauenreferaten der Kriegsamtsstellen zu bearbeiten seien und »daß die Frauen-Referate bei der Bearbeitung aller Angelegenheiten, die die Frauen betreffen, beteiligt werden müssen«[34]. Marie-Elisabeth Lüders resignierte schließlich angesichts der »politischen und sozialen Vorurteile«, dem »Männerstolz« und der »eigensüchtige[n] Animosität verschiedener hoher Offiziere«[35]. Sie verließ das Kriegsamt kurz nach Groeners Sturz.

Die Problematik der Kriegsarbeitsmarktpolitik erschöpfte sich jedoch nicht in den Friktionen einer Bürokratie mit sich selber. Hinzu kamen Reibungsverluste, die bei den Versuchen entstanden, arbeitsmarktpolitische Maßnahmen im komplexen Bedingungsgefüge der Kriegswirtschaft und -gesellschaft durchzuführen. Als ein »Fallbeispiel« hierfür dient die folgende Darstellung der Textilarbeiter/innenproblematik.

Die Textilarbeiter/innenfrage

Aus den Reihen der Textilarbeiter/innenschaft rekrutierte sich ein nicht unerheblicher Teil des Arbeitskräftezuwachses der Kriegsindustrie 1914—1918. Betrachtet man aber den Gesamtumfang der textilindustriellen, vorwiegend weiblichen Arbeitslosigkeit der Kriegszeit, so zeigt sich, daß nicht einmal dieses Arbeitskräftepotential — das dafür doch durch seine Vertrautheit mit industriellen Arbeitsprozessen prädestiniert war — für die Kriegsindustrie mobilisierbar war.

Ursache für die hohe Arbeitslosigkeit in der Textilindustrie war der Rohstoffmangel. Ungefähr seit Mitte 1915 konnte keine Baumwolle mehr importiert werden; die eingelagerten Vorräte dieses wichtigsten Rohmaterials der Textilindustrie hätten, wäre im bisherigen Umfang weiterproduziert worden, nurmehr sechs Monate gereicht[36]. Um diese knappen Vorräte für den Heeresbedarf sicherzustellen, erließ die Reichsregierung 1915/16 eine Reihe von Produktions- und Arbeitszeitbeschränkungen für die Textilindustrie. Da die in deren Folge unvermeidliche Beschäftigungslosigkeit unter der Arbeiterschaft dieser Betriebe also eine direkte Konsequenz staatlicher Eingriffe war, erkannten das Reich und die Einzelstaaten — in diesem Umfang ein Novum in der Geschichte der Sozialpolitik — eine ihnen daraus entstehende Verpflichtung zur Erwerbslosenunterstützung an: Als flankierende Maßnahme zu den Produktionseinschränkungen begründete das Reich eine staatliche Textilarbeiterunterstützung. Ihre Leistungen erstreckten sich auf arbeitslose und kurzarbeitende Textil- und Konfektionsarbeiter/innen unter der Bedingung ihrer Bedürftigkeit. Die Gemeinden hatten über die Unterstützungsberechtigung von Fall zu Fall zu entscheiden[37]. Um die Bedeutung ermessen zu können, die diese Maßnahmen in finanzieller und vor allem arbeitsmarktpolitischer Hinsicht hatten, ist ein Blick auf den Umfang der davon betroffenen, vorwiegend weiblichen Arbeiterschaft erforderlich. Dieser soll im folgenden für die Textilindustrie des Rheinlands, Westfalens und des Königreichs Sachsen kurz skizziert werden.

Die Handelskammern der Rheinprovinz gaben im September 1915 bekannt, daß in ihrem Gebiet mindestens 30000 Textilarbeiter/innen zur Entlassung kommen würden, davon etwa 17500 Frauen[38]. Die Textil- und Konfektionsindustrie Westfalens[39] hatte vor dem Krieg insgesamt etwa 70000 Arbeiter/innen beschäftigt, von denen fast die Hälfte Frauen waren. Eine Umfrage des Verbandes westfälischer Arbeitsnachweise unter 349 Textilbetrieben der Provinz ergab im September 1915, daß sich gegenüber der Vorkriegszeit die Zahl der männlichen Arbeiter um 11852 (= 41%), die der weiblichen Arbeiter um 3309 (= 15%) verringert hatte. Rechnet man diesen Prozentsatz auf die in der westfälischen Textilindustrie insgesamt Beschäftigten hoch, gab es im September 1915 in Westfalen knapp 30000 Textilarbeiterinnen, aber nurmehr 17000 männliche Beschäftigte in diesen Branchen. Die übrigen Arbeiter waren zu diesem Zeitpunkt bereits eingezogen oder in andere Betriebe beziehungsweise Regionen abgewandert. Während im September 1915 von einer männlichen Arbeitslosigkeit nicht gesprochen werden konnte, war ein Teil der Frauen bereits arbeitslos oder von Kurzarbeit betroffen. Im Januar 1916 schlugen die Produktionseinschränkungen durch und trieben die Textilarbeiterinnenarbeitslosigkeit auf circa 50000 davon betroffene Frauen hoch[40].

Besonders schwerwiegend waren die Folgen der Produktionseinschränkungen für das textilindustriell geprägte Königreich Sachsen. Von den hier vor dem Krieg ungefähr 380000 Beschäftigten der Textil- und Konfektionsindustrie waren etwa 280000 weiblich[41]. Während von den Männern bis zum Herbst 1915 circa ein Drittel eingezogen wurde oder die Beschäftigung wechselte, wurden im Juli 1915 noch vier Fünftel der Arbeiterinnen beschäftigt; gut 220000 Frauen arbeiteten also in den von den Produktionseinschränkungen direkt betroffenen Betrieben. Die sächsische Regierung rechnete — nach Abzug der in anderen Betrieben unterzubringenden Beschäftigten — mit weit über 100000 Arbeitslosen, die auf Unterstützung angewiesen sein würden, die Mehrzahl von ihnen Frauen.

Es war nicht nur der hohe weibliche Beschäftigungsanteil in der Textil- und Konfektionsindustrie, der die eingeführte Arbeitslosenunterstützung ganz überwiegend zu einer Unterstützung arbeitsloser Frauen werden ließ. Hinzu kam, daß die erwerbslosen Frauen vor allem aufgrund ihrer familiären Bindungen ungern ihren Wohnort verließen[42]. Ihrer Eigenschaft als Familienarbeitskräfte wurde Rechnung getragen: Ehe oder das Vorhandensein von Kindern wurden als triftiger Grund akzeptiert, daß Frauen die Arbeitsaufnahme in anderen Gegenden verweigerten; ihnen mußte weiter Arbeitslosenunterstützung gewährt werden[43]. Diese Seßhaftigkeit der Textilarbeiterinnen wurde noch durch einen weiteren Faktor verstärkt: Zahlreiche Textilarbeiterfamilien besaßen ein eigenes Haus und/oder ein Stück Ackerland und waren schon von daher zu einem Ortswechsel nicht bereit[44]. Ungeachtet verschiedener Versuche, diese Frauen wenigstens zum Teil in die Kriegsindustrie zu überführen, blieb das Problem bis in die zweite Hälfte des Jahres 1916 bestehen. Der »wenig befriedigende Zustand«[45], daß Tausende geübter Industriearbeiterinnen einer vom Staat bezuschußten Arbeitslosigkeit oder Kurzarbeit anheimfielen, während die Rüstungsproduktion zunehmend unter Arbeitskräftemangel litt, änderte sich erst, als die Verarbeitung von Papiergarnen die Beschäftigungsmöglichkeiten in der Textil- und Konfektionsindustrie wieder verbesserten[46].

Damit sind bereits zwei Gründe genannt, die einer Mobilisierung der Textilarbeiter/innen im Wege standen: zum einen die Tatsache, daß auch erwerbslose Frauen nicht arbeitslos waren, sondern als Familienarbeitskräfte unabkömmlich und in vielen Fällen zusätzlich durch Haus- und Landbesitz gebunden; zum anderen die Fürsorgepflicht des Staates, der er aus innenpolitischen Gründen nachkam, obwohl es den Erfordernissen der Kriegswirtschaft in diesem Fall eindeutig abträglich war. Zwei weitere Gründe für die mangelhafte Ausschöpfung dieses potentiellen Kriegsarbeitskräftepotentials kamen hinzu: Sowohl die in Betracht kommenden Frauen wie die kriegsindustriellen Betriebe optierten gegen eine Beschäftigung dieser Frauen in der Kriegsindustrie. Die erwerbslosen Textilarbeiterinnen zogen nämlich in zahlreichen Fällen die Übernahme von Heimarbeit einer Abwanderung in die Kriegsindustrie vor: Die Expansion der Heimarbeit ist — in eigenartigem Kontrast zu sich »modernisierenden« Aspekten der Kriegsindustrie wie Massenfertigung und neue Produktionstechniken — aus dem Gesamtbild der Kriegswirtschaft zwischen 1914 und 1918 nicht wegzudenken. Zum wichtigsten Auftraggeber wurde auch hier das Militär: In der heimgewerblichen Produktion von Gewehrschloßhüllen, Sandsäcken, Patronen- und Granatenkörben, Lederkoppeln, Gasschutzmasken, Zwiebackbeuteln, Uniformen etc. fanden zahlreiche Textilarbeiterinnen ebenso eine Erwerbsmöglichkeit wie viele derjenigen erstmals auf eigenen Gelderwerb angewiesenen Frauen, auf deren Erscheinen in der Kriegsindustrie man vergeblich wartete[47].

Und auch die präsumptiven Arbeitgeber votierten gegen den Ausbau der kriegsindustriellen Frauenarbeit: Sie verursachten Ende 1916 sogar noch eine Vergrößerung der weiblichen Arbeitslosigkeit, als sie — in Hoffnung auf die männlichen Facharbeiter, die sie als Hilfsdienstpflichtige in ihren Betrieben erwarteten — die ersten Massenentlassungen weiblicher Arbeitskräfte in der Kriegszeit durchführten[48].

Zusammengenommen führten diese Reibungsverluste bei der Textilarbeiterinnenmobilisierung dazu, daß schätzungsweise drei Viertel der arbeitslosen Textilarbeiterinnen nicht in die Kriegsindustrie vermittelt werden konnten[49]. Da die Mobilisierung von (weiblichen) Ersatzarbeitskräften auch anderweitig wenig Erfolge zeitigte, blieb das Grundproblem der Arbeitsmarktpolitik bis zum Kriegsende ungelöst: Anfang April 1918 war die Zahl der Reklamierten allein in Preußen auf 2,3 Millionen (davon 1,1 Millionen als »kv«, also kriegsverwendungsfähig eingestuft) gestiegen[50].

III. Fakten: die Wahrnehmungsmuster

Für eine Gewichtung der Gesamtentwicklung weiblicher Lohnarbeit 1914—1918 muß noch ein weiterer Aspekt hinzugenommen werden. Gewiß ist die Infragestellung der Annahme, der Erste Weltkrieg habe eine enorme Expansion der weiblichen Lohnarbeit mit sich gebracht und zahlreiche bislang nicht lohnarbeitende Frauen in die Arbeiterschaft eingereiht, bereits ein erster Schritt zu einer solchen Gewichtung. Ebenso gewiß tut dies der gängigen, meist mehr oder weniger impliziten Interpretation des Ersten Weltkriegs als Schrittmacher der »Emanzipation« der Frauen oder als Modernisierungsschub hinsichtlich der wirtschaftlich-gesellschaftlichen Rolle von Frauen deutlich genug Abbruch, um sie zumindest auf der quantitativen Ebene verneinen zu können: Insofern unter Emanzipation oder Modernisierung in diesem Zusammenhang eine Verallgemeinerung weiblicher Lohnarbeit — mit den bei der Verwendung dieser Begriffe in der Regel unterstellten oder explizierten Folgen für die gesellschaftliche Rolle von Frauen überhaupt — gemeint ist, hat diese Emanzipation oder Modernisierung nicht stattgefunden.

Damit können diese Interpretationsansätze jedoch noch nicht abgetan werden. Denn eine solche Lesart von Emanzipation beziehungsweise Modernisierung ist ja keineswegs zwingend, vielleicht nicht einmal die überzeugendste; sie ist nur diejenige, mit der sich die meisten Interpretatoren — wahrscheinlich dank ihrer scheinbaren Selbstevidenz — begnügen. Eine andere Lesart könnte sich aber von der quantitativen Ebene »emanzipieren« und sich statt dessen auf qualitative Entwicklungen stützen: Sie könnte, statt sich an die fälschliche Annahme eines überproportionalen Anstiegs der Frauenlohnarbeit im Krieg und die daran geknüpften Weiterungen anzulehnen, den Beleg für ihre Interpretation in einer veränderten gesellschaftlichen Akzeptanz der Frauenlohnarbeit im Krieg und durch den Krieg suchen. Die Operationalisierung einer solchen Fragestellung würde bedeuten, die Bewertung der Lohnarbeit von Frauen durch identifizierbare gesellschaftliche Handlungsträger — Interessenverbände, Regierungen, Verwaltungen etc. — und kollektive Einheiten — die männliche Arbeiterschaft und vor allem die betreffenden Frauen selbst — daraufhin zu untersuchen, ob sich hier kriegsbedingte und über den Krieg hinauswirkende Einstellungsänderungen feststellen lassen. Eine solche Einstellungsänderung würde als belegt gelten, wenn sich an den Äußerungen einer oder mehrerer der genannten gesellschaftlichen Gruppierungen zeigen ließe, daß diese die kriegsindustrielle Frauenarbeit nicht nur als vorübergehendes Phänomen der Kriegssituation wahrnahmen, sondern der Frauenlohnarbeit prinzipiell, das heißt also über das Kriegsende hinaus, infolge ihres vieldiskutierten — teils enthusiastisch, teils sorgenvoll gewürdigten — Beitrags zum Durchhalten der »Heimatfront« einen veränderten Stellenwert zuerkannten.

Als paradigmatischer Fall für diese gesellschaftlichen Wahrnehmungsmuster bezüglich der Frauenarbeit im Krieg soll im folgenden die diskursive und praktische Vorbereitung der Demobilmachung in den Jahren 1915 bis 1918 skizziert werden. Diese Vorbereitungen galten zum einen den Soldaten, deren Rückführung ins Reichsgebiet und Zivilleben organisiert werden mußte, zum anderen und vor allem aber den weiblichen Arbeitskräften in der Kriegsindustrie, deren Arbeitsplätze von den demobilisierten Soldaten beansprucht werden würden. Die Debatte dieser Problematik verlief unter sehr breiter Beteiligung — Unternehmer- und Arbeiterorganisationen meldeten sich ebenso zu Wort wie Reichstag, Regierung, Frauenorganisationen und sozialpolitische Vereinigungen — und wurde sehr intensiv geführt; spätestens seit 1916 kann man geradezu von einer Permanenz der Demobilmachungsdebatte sprechen. Da das Kriegsende realiter schließlich entgegen den meisten Vorannahmen als Katastrophe in den zivilen Bereich hereinbrach, die jeder Planung spottete, erwiesen sich die getroffenen Vorbereitungen in der Praxis als obsolet. Interessant sind diese Diskussionen und die darin zum Ausdruck kommenden Positionen denn auch aus einem völlig anderen Grund: Sie verdeutlichen die Stellung der unterschiedlichen sozialen Gruppierungen zu der Frage, welche den Krieg überdauernden Schlußfolgerungen aus der Kriegslohnarbeit der Frauen gezogen werden sollten; und sie lassen Rückschlüsse auf die Haltung der Frauen selber zu diesen Fragen zu: Sie waren an diesem Diskussionsstrang, der auf einigen Gebieten die Ebene des Diskurses verließ und in konkrete vorbereitende Maßnahmen einmündete, wenn schon nicht als Diskutierende, so doch als Wahrnehmende und Reagierende beteiligt.

Die Diskussion über die Rückführung der Soldaten und die Regelung des Arbeitsmarkts — und hierunter ist immer zu verstehen: das Rückgängigmachen der kriegsbedingten Verschiebungen auf dem Arbeitsmarkt durch das Eindringen von Frauen auf bislang von Männern besetzte Arbeitsplätze — nach Kriegsende begann bereits 1915 und war gekennzeichnet durch eine überwältigende Homogenität der Sichtweisen. Alle an dieser Diskussion beteiligten Behörden und Interessenorganisationen — Militär- und Zivilbürokratie, Unternehmer- und Arbeiterorganisationen sowie die Frauenbewegung(en) — waren sich unabhängig von Differenzen in der Verfahrensweise einig in dem Bemühen der Wiederherstellung des status quo ante bezüglich der Frauenarbeit: Die Frauen sollten bei Kriegsende die »Männerarbeitsplätze« für die zurückkehrenden Kriegsteilnehmer freimachen[51]. Dies war bereits Konsens auf der Besprechung, die am 30. April 1915 im Reichstagsgebäude unter Beteiligung des Reichsamts des Innern und zahlreicher preußischer und anderer Ministerien, des Generalstabs und Reichsmarineamts, des Deutschen Städtetags, der Arbeitsnachweisverbände, der Unternehmerverbände und der Gewerkschaften stattfand[52], und wurde 1916/17 in den Verhandlungen des Reichstagsausschusses für Handel und Gewerbe bekräftigt. Dessen mehrmonatige Debatte über Demobilmachungsfragen leitete der Staatssekretär des Innern, Helfferich, im Oktober 1916 u.a. mit folgendem Diktum über die »zahlreichen Frauen, die heute in Berufen tätig sind, wo früher Männer tätig waren, und die — darüber wollen wir uns doch klar sein — sich auf die Dauer nicht für diese Berufe eignen«, ein:

»Hier handelt es sich [...] nicht nur darum, Arbeitsplätze für die zurückgekehrten Männer freizumachen, sondern auch wieder ein Gleichgewicht in der Verteilung der Arbeit für Männer und Frauen, für Erwachsene und Jugendliche zu schaffen, das der Volksgesundheit zuträglich ist. Ich wiederhole, daß das nicht ohne Härten abgehen wird; die Frauen, die sich an die hohen Löhne und an das selbständige Arbeiten gewöhnt haben, werden sich natürlich nicht immer leicht und freiwillig in die alten Verhältnisse zurückfinden[53].«

Der Vertreter des Reichsamts des Innern, der im März 1917 vor dem gleichen Ausschuß auftrat, hatte noch ein anderes Problem mit der kriegsbedingten Frauenarbeit:

»Es ist gewiß nicht zu verkennen, daß in dieser ganzen Entwicklung [der Frauenarbeit im Krieg] etwas Bedenkliches liegt. Wenn man heutzutage die Frauen ansieht, wie sie in allen diesen schweren Diensten tätig sind, die Frauen in den Munitionsfabriken, auf dem Kutscherbock, bei der Straßenreinigung, da muß man manchmal scharf hinblicken, um zu sehen, ob man eine Frau oder einen Mann vor sich hat. Durch die Beschäftigung der Frauen in den männlichen Berufen wird eben der ganze weibliche Organismus und die ganze weibliche Sinnesrichtung in andere Bahnen gedrängt, und das prägt sich schließlich auch äußerlich aus. Es wird mit allem Ernst darauf Bedacht genommen werden müssen, davon wieder loszukommen. Das wird nicht immer ganz leicht sein. Die Frauen haben eine sehr lohnende Beschäftigung in den verschiedenen Betrieben gefunden, sie befinden sich darin im übrigen vielfach sehr wohl, und es wird daher Schwierigkeiten haben, sie aus diesen Beschäftigungen wieder herauszubringen. Und doch muß dies im Interesse unseres Volkswohls erstrebt werden, zugleich auch im Interesse der männlichen Arbeiter. Es wird da also einerseits mit aller gebotenen Vorsicht, andererseits aber auch mit der nötigen Energie vorzugehen sein[54].«

Diese Aussagen über die Wertung der kriegsbedingten Frauenarbeit ließen sich beliebig vermehren — wenn sie auch nicht immer so wie hier in einem Bild gipfelten, das weit eher an die Probleme eines Kammerjägers, schmarotzendes Ungeziefer aus einem Zimmer zu entfernen, erinnert als an die sonst so freigiebig gehaltenen Elogen auf den aufopfernden Dienst der Frauen am Vaterland. Die übereinstimmende Ansicht über die Mittel, die zur Entfernung der Frauen aus den Männerarbeitsplätzen angewandt werden sollten, ging dahin, daß bereits die sofort zum Kriegsende geplante Wiedereinführung der Arbeitsschutzbestimmungen sehr nachhaltig in diesem Sinne wirken werde[55]. Sollte dies wider Erwarten doch nicht genügen, müsse allerdings »auch mit Zwang eingeschritten werden«[56].

Unabhängig von diesen Planungen griffen Unternehmer und Gewerkschaften in vielen Fällen zur vorbeugenden Selbsthilfe. Sie schlossen auf betrieblicher, regionaler oder Branchenebene Vereinbarungen ab, die den zurückkehrenden Soldaten gegenüber den mittlerweile eingestellten Ersatzarbeitskräften ein Vorrecht auf ihren ehemaligen Arbeitsplatz garantierten[57]. Im großen und ganzen war in Deutschland – im Gegensatz zu Großbritannien, wo die »dilution«, das heißt die »Strekkung« des Arbeitskräftepotentials durch die vermehrte Arbeit von Ungelernten, insbesondere von Frauen, Gegenstand heftiger Auseinandersetzungen zwischen Unternehmerschaft und Arbeiterorganisationen war[58] – die Beurteilung der kriegsbedingten Frauenarbeit weit eher ein einheitsstiftender Faktor zwischen Unternehmern und Arbeiterorganisationen. Die Unternehmer, und nicht die Gewerkschaften wie in Großbritannien, waren es hier, die, da sie kein Interesse daran zeigten, ihren Facharbeiterstamm durch in der Regel schlechter qualifizierte weibliche Arbeitskräfte zu ersetzen, von den Arbeitseinsatzbehörden als Hauptwiderstandsnest gegen die Ausdehnung der Frauenarbeit im Krieg identifiziert wurden[59]; und in dieser Haltung wurden sie von den Arbeiterorganisationen, die die Frauen als Konkurrentinnen und als »Totengräber« – wegen der durch sie ermöglichten »Freisetzung« von Arbeitern für die Front – fürchteten[60], bestärkt. Trotz der zunehmenden Zahl gewerkschaftlich organisierter Frauen[61] agierten die Gewerkschaften der Kriegszeit weiterhin primär als Interessenvertretung ihrer männlichen Mitglieder: Sie tolerierten die einstweilige Beschäftigung von Frauen an »Männerarbeitsplätzen« infolge ihrer Haltung gegenüber dem Krieg und seinen Erfordernissen und nicht infolge einer dementsprechenden Haltung zur Frauenarbeit generell. Wie Gertrud Hanna, die Vorsitzende des Frauensekretariats der Gewerkschaften, in einem »Vorwärts«-Artikel vom Februar 1918 argumentierte, hätten die Frauen ja schließlich ihre Kriegsarbeitsplätze auch nicht gern, sondern nur durch die Abwesenheit des Ernährers gezwungen eingenommen[62]. Das Kriegsamt stellte fest, »daß die Facharbeiter-

Organisationen Wert darauf legen, Nichtfacharbeiter nach Möglichkeit aus den Betrieben wieder zu entfernen«[63]. Und vertraten sie Forderungen wie etwa die nach gleichem Lohn für gleiche Leistung, dann geschah dies vorrangig im Interesse ihrer männlichen Mitglieder, die vor lohndrückender Schmutzkonkurrenz geschützt werden sollten: Schließlich war »zu befürchten, daß die kräftigeren Frauen nach dem Kriege bei dieser Arbeit blieben und die Männer durch billigere Löhne verdrängten«[64]. Wie ein Artikel der »Metallarbeiter-Zeitung« mit feiner Kasuistik ausführte, sei die Aufstellung der Forderung nach gleichem Lohn für Frauen auch über den Akkordlohn hinaus nur dann zu begrüßen, wenn sicher sei, daß die Frauen hier die gleiche Leistung in gleicher Zeit erbrachten; sonst werde eine solche Forderung die Frauen benachteiligen, da kein Unternehmer sie bei gleichem Lohn ohne gleiche Leistung einstellen, sondern lieber gleich Männer beschäftigen würde:

»Zu einer Bevorzugung der Männer vor den Frauen besteht aber kein irgendwie begründetes Recht. Im Gegenteil haben die Frauen auch auf diesem Gebiet den Anspruch auf Gleichberechtigung[65].«

Auch den Frauen selbst war dieser gesamtgesellschaftliche Konsens bei der Einschätzung der kriegsbedingten Frauenarbeit präsent. Die hierüber geführte öffentliche Debatte gab ihnen jede Möglichkeit, der allgemeinen Bewertung ihrer Tätigkeit gewahr zu werden. Hinzu kam, daß diese Bewertung oftmals Eingang in die Einstellungsbedingungen für weibliche Arbeitskräfte fand und damit den eingestellten Frauen die praktische Relevanz dieser gesellschaftlichen Bewertung der Frauenarbeit ad oculos demonstriert wurde: Viele Frauen mußten bei ihrer Einstellung ein Revers unterzeichnen, in dem sie sich mit ihrer automatischen Entlassung bei Kriegsende einverstanden erklärten[66]; oder sie wurden ausdrücklich unter der Maßgabe eingestellt, möglichst kurzfristig wieder entlassen und durch Kriegsbeschädigte ersetzt werden zu können[67]. Bei den Ehefrauen, die im Betrieb ihres eingezogenen Mannes tätig waren, war ohnehin die Übergabe des Arbeitsplatzes bei Kriegsende als Familienangelegenheit vorprogrammiert[68]. Die Frauen nahmen diese ausdrückliche Vorläufigkeit ihrer Kriegsarbeitsplätze nicht nur zur Kenntnis, sie reagierten auch darauf. Ebenso wie die Permanenz der Demobilmachungsdebatte die Unternehmerschaft in ihrer ablehnenden Haltung zum Ausbau der Frauenarbeit noch bestärkte[69], bestärkte sie die Arbeiterinnen in ihrer Meidung kriegsindustrieller Arbeit überhaupt oder auch in ihrer häufig beklagten[70] geringen Arbeitsmotivation. Ihren offenkundigsten Ausdruck fand diese mangelhafte innere Verbindung der Arbeiterinnen zu ihrer Tätigkeit, die angesichts der oben skizzierten, immer wieder betonten Vorläufigkeit ihrer Kriegsarbeit ja nur folgerichtig war, in ihrem häufigen Stellenwechsel[71]. Statt sich an einer unter den gegebenen Bedingungen eher irrationalen Arbeits- und Aufstiegswertskala zu orientieren, setzten die Arbeiterinnen ihre Präferenzen ihrer Situation entsprechend rational und rückten andere Kriterien in den Vordergrund. Diese Kriterien waren einerseits materieller Art: Die Frauen verließen Arbeitsplätze, auf denen sie mitunter gerade einen mehrwöchigen Anlernprozeß absolviert hatten, um statt dessen einer sich gerade eröffnenden Möglichkeit zur Verbesserung ihrer Lohn- oder Arbeitsbedingungen nachzugehen[72]. Andererseits waren diese Kriterien mindestens ebenso häufig emotionaler Art: Freundschaftsbeziehungen der Arbeiterinnen untereinander gaben oft den Ausschlag dafür, einen Arbeitsplatz beizubehalten oder aber der die Arbeitsmarktpolitiker so irritierenden »ansteckenden Wanderlust«[73] zu frönen. Entweder wollten häufig die Frauen nicht wechseln, wenn sie sollten:

»Es zeigte sich, daß Frauen, wo sie unter gleichen Bedingungen wirken, ein starkes Zusammengehörigkeitsgefühl entwickeln [...] Das Versetzen einer Frau von einem Arbeitsraume zum anderen erwies sich so gut als unausführbar, weil mit der Trennung von der gewohnten Arbeitsgruppe ein so starker seelischer Druck auftrat, daß die Arbeitsfähigkeit und das Allgemeinbefinden herabgemindert wurden[74].«

Oder aber — und das war ein viel größeres Problem — sie wechselten, wenn sie nicht sollten, und zwar »ohne ersichtlichen Grund und unbekümmert darum, daß sie den Arbeitgeber in große Verlegenheit brachten«[75]. Die FAZ ging davon aus,

»daß die Gründe des jetzt in manchen Bezirken stattfindenden besonders häufigen Arbeitsplatzwechsels der Frauen und Mädchen nicht allein in dem Fehlen geeigneter Fürsorgemaßnahmen liegen. Vielfach wird behauptet, daß Frauen und Mädchen [...] auch unabhängig von eventuell ihnen anderwärts gebotenen oder vermuteten besseren Lohn- und Arbeitsbedingungen, nur aus dem Wunsch, ›sich zu verändern‹, einen Arbeitsplatzwechsel vornehmen[76].«

Und ein Frauenreferat meldete als Ergebnis der hierüber angestellten Erhebungen:

»Als eine in allen Betrieben fast gleichmäßig beobachtete Tatsache steht fest, daß insbesondere die jüngeren Arbeiterinnen durchaus ohne Berufsbewußtsein sind und sich über die Störung, die sie selbst im Betriebe durch ihre Unstetigkeit verursachen, gar keine Vorstellung und infolgedessen auch keine Gewissensbedenken machen. Sie betrachten im allgemeinen ihre Arbeit rein unter persönlichen Gesichtspunkten, lassen sich außerordentlich leicht durch Arbeitsgenossinnen zum Wechsel überreden und ziehen überhaupt meist nicht als einzelne, sondern in kleinen Trupps von einer Fabrik zur anderen. Auch innerhalb desselben Betriebs spielen solche persönlichen Motive für Annahme oder Verweigerung dieser oder jener Arbeit die Hauptrolle.«

In einer der aufgeführten Fabriken

»sind z.B. unangenehme Arbeiten, die aber in Gruppen ausgeführt werden können, und bei denen man sich unterhalten kann, beliebter als angenehmere und höher bezahlte Arbeiten, bei denen man allein arbeiten muß«[77].

In einem engen Zusammenhang damit ist das Problem der Qualifikationsstruktur der weiblichen Arbeiterschaft zu sehen. Auch auf dem Gebiet der Fachausbildung für Arbeiterinnen erwies der Krieg sich weit eher als verlangsamender denn als modernisierender Faktor. Trotz der wiederholten Anmahnung des Kriegsamts, weibliche Lehrlinge auszubilden[78], und der diesbezüglichen Bemühungen des Verbands für handwerksmäßige und fachgewerbliche Ausbildung der Frau und des Vereins deutscher Ingenieure[79] lag das weibliche Lehrlingswesen — wie im übrigen das Lehrlingswesen im Krieg allgemein — im Argen. Der Normalfall der Ausbildung weiblicher Arbeitskräfte im Krieg bot mehr das Bild einer allgemeinen Semi-Qualifikation: Sie bestand vorwiegend in ad hoc-Anlernungsprozessen und Schmalspurqualifikationen[80]. Die Ursache für diese Verschlechterung der weiblichen Qualifikationsstruktur trotz des drängenden Facharbeitermangels war, daß das Kriegsamt in seinem Bemühen um die Ausbildung weiblicher Facharbeiter von keiner Seite her Unterstützung fand. Die Unternehmer zogen es in der Mehrzahl der Fälle vor, ihre eingezogenen Facharbeiter zu reklamieren, und waren auch durch etwaige Gewährung städtischer Unterstützungen während der Anlernzeit nicht dazu zu bewegen, Frauen auf bisherigen Männerarbeitsplätzen anzulernen. Die Gewerkschaften befürchteten von einer vermehrten Anlernung von Frauen eine Verstärkung der weiblichen Konkurrenz und des Lohndrucks. Da dies auch bei den männlichen Arbeitsplatzkollegen der anzulernenden Frauen der Fall war, zeitigte der Anlernungsprozeß, wenn er denn überhaupt erfolgte, wenig Wirkung: Wie die Kriegsamtsstelle Nürnberg berichtete, führte die Ausbildung von Frauen im Maschinenbau durch männliche Facharbeiter

»zu Unzuträglichkeiten, da die Frauen nicht mit voller Aufmerksamkeit bei der Sache waren, während die Männer keine Neigung zeigten, die Arbeiterinnen in die Einzelheiten ihrer Tätigkeit genügend einzuführen [...] Männer als

Abrichter geben sich häufig zu wenig Mühe, weibliche Ersatzkräfte, deren Konkurrenz in künftiger Friedenszeit befürchtet wird, über die verschiedenen Vorgänge an der Maschine und die Kunstgriffe bei der Bedienung gründlich zu unterrichten, während andererseits die lernende Frau oft der Belehrung durch den Mann, dessen Sonderinteressen sie kennt, geringes Vertrauen entgegenbringt[81].«

Der Widerstand der männlichen Arbeiter gegen die Ausbildung weiblicher Kollegen war nur dann geringer, wenn es sich bei den auszubildenden Frauen um die Ehefrauen oder Töchter eingezogener Arbeiter handelte[82]: Hier war keine Konkurrenz zu befürchten, da in einem solchen Fall die Familienbande für die Rückgabe des Arbeitsplatzes an den eingezogenen Arbeiter garantierten. Der Widerstand der männlichen Kollegen war jedoch nicht der einzige Grund dafür, daß Frauen mitunter lieber den Betrieb wechselten als sich anlernen zu lassen, so daß »immer Überredung und nicht selten ein sanfter Druck notwendig waren, um den passiven Widerstand zu überwinden«[83]. Hinzu kam, daß die Permanenz der Demobilmachungsdebatte auch hier konterkarierend wirkte: Die ihnen mit aller Deutlichkeit nahegebrachte Auffassung, ihre Kriegstätigkeit sei, soweit sie auf bislang von Männern besetzten Arbeitsplätzen stattfand — was für qualifizierte Arbeit in der Regel zutraf —, eine durchaus vorübergehende, bewog zahlreiche Arbeiterinnen dazu, eine Anlernung für derartige Arbeitsplätze abzulehnen[84]. Aus dem gleichen Grund bestand auf Seiten der Betriebe wenig Interesse an einer längerfristigen Ausbildung der weiblichen Arbeitskräfte.

Vor die Wahl gestellt, entweder ihren persönlichen emotionalen oder materiellen Interessen oder aber den Erfordernissen der Kriegswirtschaft zu entsprechen — eine Handlungsalternative, in der beides zusammenfiel, war für Arbeiterinnen im Gegensatz zu bürgerlichen Frauen kaum gegeben —, handelten also die lohnarbeitenden Frauen in ihrer Mehrzahl nach persönlichen Gesichtspunkten. Das war der Kern des ihnen attestierten mangelnden Berufsbewußtseins. Die Festschreibung der Frauen als Lohnarbeitskräfte zweiter Klasse, die nur auf bessere Arbeitsplätze avancieren durften, wenn buchstäblich »Not am Manne« war, erwies sich neben ihrer Familiengebundenheit als wichtigstes strukturelles Hindernis der Arbeitskräftebeschaffung.

Die Rationalität dieser handlungsleitenden Erwartungshaltung der lohnabhängigen Frauen wurde vom tatsächlichen Verlauf der Demobilmachung im nachhinein bestätigt: Mit dem wohlmeinenden Ratschlag »Seid sparsam, hütet Ehre und Gesundheit«[85] wurden die Arbeiterinnen von ihren Kriegsarbeitsplätzen entlassen[86]. Dem ersten Demobilmachungsschub unmittelbar nach Kriegsende folgte 1918–1920 ein zweiter. In dessen Verlauf wurden diejenigen Frauen, die Erwerbslosenunterstützung bezogen – die hierfür entscheidende Frage der Bedürftigkeit wurde allerdings bei denjenigen Frauen negativ entschieden, deren Beschäftigung, »lediglich durch die besonderen Kriegsverhältnisse bedingt und ermöglicht, von vornherein als etwas Vorübergehendes zu betrachten war«[87] –, zum großen Teil auch aus dem Kreis der Anspruchsberechtigten für den Empfang der Erwerbslosenunterstützung eliminiert. Dies geschah insbesondere durch die Zuweisung der erwerbslosen Frauen in die reichlich vorhandenen offenen Hausarbeitsstellen: Lehnten die Frauen derartige Stellen ab, wurde ihnen die Unterstützung entzogen[88]. Damit waren, was die weibliche Arbeiterschaft betraf, die letzten Kriegsfolgelasten beseitigt.

Anmerkungen

* Der vorliegende Aufsatz ist die überarbeitete und gekürzte Fassung des gleichnamigen Beitrags in: Arbeiterschaft 1914–1918 in Deutschland, hrsg. von Gunther Mai, Düsseldorf 1985, S. 277–323.

1 Vgl. u. a. Charlotte Lorenz, Die gewerbliche Frauenarbeit während des Krieges, in: Paul Umbreit, Charlotte Lorenz, Der Krieg und die Arbeitsverhältnisse, Stuttgart 1928, S. 307–391; Ursula von Gersdorff, Frauen im Kriegsdienst 1914–1945, Stuttgart 1969; Stefan Bajohr, Die Hälfte der Fabrik. Geschichte der Frauenarbeit in Deutschland 1914 bis 1945, Marburg/L. 1979; Anneliese Seidel, Frauenarbeit im Ersten Weltkrieg als Problem der staatlichen Sozialpolitik, dargestellt am Beispiel Bayerns, Frankfurt a. M. 1979.

2 Ute Daniel, Arbeiterfrauen in der Kriegsgesellschaft 1914–1918: Beruf, Familie und Politik im Ersten Weltkrieg, Göttingen 1989; dies., Der Krieg der Frauen 1914–1918: Zur Innenansicht des Ersten Weltkriegs in Deutschland, in: »Keiner fühlt sich hier mehr als Mensch ...«, hrsg. von Gerhard Hirschfeld u. a., Essen 1993, S. 131–149.

3 Abgesehen davon, daß dieser Indikator hier gewählt wurde, weil sich auf ihn das Argument der kriegsbedingten überproportionalen Zunahme der Frauenlohnarbeit stützt, dürften die Krankenkassenstatistiken diesem Zweck im allgemeinen durchaus entsprechen. Korreliert man die in den drei Berufszählungen der Vorkriegszeit ausgewiesene Zunahme der Frauenarbeit mit den entsprechenden Zahlen der weiblichen Krankenkassenmitglieder, ergibt sich ein Korrelationskoeffizient von 0,99:

	Berufstätige Frauen*	Versicherte Frauen**
1882	7794000	983033***
1895	8219000	1690326
1907	9742000	3166756

* Quelle: Walter Müller, Angelika Willms, Johann Handl, Strukturwandel der Frauenarbeit 1880—1980, Frankfurt a.M., New York 1983, S. 35.
** Quelle: Statistik des Deutschen Reiches, N.F., Bd 289, Berlin 1921, S. 55*.
*** 1888; für 1882 liegt die entsprechende Angabe nicht vor.

Ein Korrelationskoeffizient über nur drei Fälle sollte zwar nicht überstrapaziert werden, belegt jedoch immerhin eine recht enge Verbindung zwischen der Entwicklung der beiden Zahlenreihen. Die Parallelität dieser Entwicklung kann für den Krieg selber nicht nachgewiesen werden, dürfte aber im großen und ganzen weiterbestanden haben. Die zahlenmäßige Untererfassung der Krankenkassenmitglieder aufgrund der lückenhaften Berichterstattung scheint das Gesamtbild der Steigerungsrate nicht wesentlich verschoben zu haben. Nicht ausgeschlossen werden kann allerdings eine leichte Untergewichtung der Zunahme weiblicher Lohnarbeit in den Krankenkassenstatistiken durch die Untererfassung fluktuierender weiblicher Arbeitskräfte. Daten, die diese eventuelle Fehlerquelle ausschalten, stehen jedoch nicht zur Verfügung. Die zeitgenössische Arbeitsmarktstatistik ging nicht davon aus, daß hierdurch eine Untererfassung stattfand.

4 Die entsprechenden Übersichten sind wiedergegeben bei Daniel, Arbeiterfrauen (wie Anm. 2), S. 38—41.

5 Die Zahlen beziehen sich in diesem Fall auf die weibliche Gesamtmitgliedschaft, nicht nur die Pflichtmitglieder. Dies beeinträchtigt die Vergleichbarkeit der Steigerungsrate jedoch nicht, da die Entwicklung für die Gesamtmitgliedschaft und die Pflichtversicherten parallel verlief; vgl. hierzu Reichsarbeitsblatt, 14 (1916), S. 736, sowie Der Anteil der Frau an der Sozialversicherung, in: Archiv für Frauenarbeit, 5 (1917), S. 143—157, 196—217, hier: 148. Die absoluten Zahlen nach Statistik des Deutschen Reiches (wie Anm. 3), S. 55*. Die Steigerungsraten sind eigene Berechnung. Da am 1.1.1914 die Erweiterung der Versicherungspflicht auf Dienstboten und landwirtschaftliche Arbeitskräfte einsetzte, wurde dieser Übergang aus der Berechnung der Steigerungsrate ausgeklammert.

6 Vgl. u.a. die Ergebnisse der Volks- und Berufszählung in Bayern vom 1. Dezember 1916 (Bayern war der einzige Bundesstaat, der die Ergebnisse der Kriegsvolks- und -berufszählung vollständig veröffentlichte): Die Kriegsvolkszählungen vom Jahre 1916 und 1917 in Bayern, hrsg. vom Statistischen Landesamt, München 1919, hier S. 128—134, 139ff., unter dem hier interessierenden Gesichtspunkt ausgewertet in Daniel, Arbeiterfrauen (wie Anm. 2), S. 44.

7 Die Frauenarbeit in der Metallindustrie während des Krieges, dargestellt nach Erhebungen im August/September 1916 vom Vorstand des Deutschen Metallarbeiter-Verbandes, Stuttgart 1917, S. 12.

8 Arbeitskräfteerhebung, Stand vom 15.2.1917; Bayerisches Hauptstaatsarchiv/Kriegsarchiv München (im folgenden: BHStA/Kr), MKr 14198. Die Erhebung erfaßte alle kriegsindustriellen Betriebe mit mindestens 50 Beschäftigten.

9 Kriegsvolkszählungen vom Jahre 1916 und 1917 in Bayern (wie Anm. 6), S. 204. Berufsangaben, die weniger als 200 Frauen gemeinsam hatten, wurden der Übersichtlichkeit halber unter »Sonstige« zusammengefaßt.

[10] Die Frau in der bayerischen Kriegsindustrie nach einer amtlichen Erhebung aus dem Jahre 1917, hrsg. vom Bayerischen Statistischen Landesamt, München 1920, S. 12. Die hier angegebenen Zahlen über die aus der Landwirtschaft stammenden Arbeiterinnen dürften allerdings zu niedrig liegen, da zu diesem Zeitpunkt in Bayern bereits Abwanderungsverbote aus der Landwirtschaft in Kraft waren und demzufolge die Antworten auf diese Frage nicht immer wahrheitsgemäß ausfielen. Ebd., S. 17.

[11] Siehe u. a. Der Arbeitsnachweis in Deutschland, 3 (1915/16), Nr. 5, S. 98; Elisabeth Gravert, Der Einfluß der wirtschaftlichen Demobilmachung auf die Entwicklung der Frauenarbeit. Phil. Diss. Hamburg 1924/25, S. 28, und Daniel, Arbeiterfrauen (wie Anm. 2), S. 35—50, für weitere Belege.

[12] Die Zahl 21 ergibt sich, wenn man nur die außerbayerischen Militärbefehlshaber der Armeekorpsbereiche rechnet. Die drei bayerischen kommandierenden Generale waren in ihrer Stellung weniger selbständig, und die Festungskommandeure etc. waren in ihrer Herrschaftsausübung auf kleine territoriale Einheiten beschränkt.

[13] Siehe hierzu und zum folgenden Gerald D. Feldman, Armee, Industrie und Arbeiterschaft in Deutschland 1914 bis 1918, Berlin, Bonn 1985, S. 49—93 und passim, und Richard Sichler, Joachim Tiburtius, Die Arbeiterfrage, eine Kernfrage des Weltkrieges. Ein Beitrag zur Erklärung des Kriegsausgangs, Berlin o. J. (1925), passim.

[14] Bericht über eine Besprechung im Kriegsministerium am 11. 12. 1915 betreffend die Möglichkeit weiterer Heranziehung der Heimarbeit zur Ausführung von Kriegslieferungen; Staatsarchiv (im folgenden: StA) Münster, Oberpräsidium 4123, Bl. 344.

[15] Bundesarchiv-Militärarchiv Freiburg (im folgenden: BA-MA), N 46/121, Bl. 65.

[16] Hindenburg an Reichskanzler Bethmann Hollweg, 13. 9. und 23. 10. 1916, abgedruckt in: Sichler/Tiburtius (wie Anm. 13), S. 105 ff., 139 ff.

[17] Im weiteren Kriegsverlauf tauchte diese Forderung im Rahmen der Debatte um die Änderung des Hilfsdienstgesetzes allerdings — wenn auch ebenfalls folgenlos — wieder auf.

[18] Dieser Satz wurde aus Helfferichs Vorlage für den Brief Reichskanzler Bethmann Hollwegs an Hindenburg allerdings — unter Beibehaltung der inhaltlichen Argumentation — gestrichen. Bemerkungen zu dem Schreiben des Herrn Chefs des Generalstabs des Feldheeres an den Reichskanzler, 13. 9. 1916; Zentrales Staatsarchiv (im folgenden: ZStA) Potsdam, Reichskanzlei 2398/7, Bl. 254 f.

[19] Reichskanzler an Generalstabschef 30. 9. 1916, abgedruckt bei Sichler/Tiburtius (wie Anm. 13), S. 119—128. Kriegsminister Wild von Hohenborn an dens., 14. 10. 1916, abgedruckt ebd., S. 112 f. Ergebnis der unter Beteiligung der Reichs- und preußischen Ressorts am 17. 10. 1916 im Reichsamt des Innern abgehaltenen kommissarischen Besprechung betr. Versorgung der Kriegsindustrie mit Arbeitskräften; ZStA Potsdam, Reichskanzlei 2398/7, Bl. 139 ff.

[20] Gerhard Ritter, Die Tragödie der Staatskunst. Bethmann Hollweg als Kriegskanzler (1914—1917), München 1964, S. 426.

21 BA-MA, N 46/121, Teil II, Bl. 76.

22 Wilhelm Groener, Lebenserinnerungen, Göttingen 1957, S. 353. Darüber hinaus hielt Groener die kommandierenden Generale für zu eifrige »Parteigänger des Unternehmertums«, deren mitunter recht harsche Politik gegenüber Arbeiterschaft und -bewegung tendenziell den Burgfrieden gefährdete.

23 Ebd., S. 553f.: Tagebucheintragung vom 7.—10. und 19. Oktober 1916.

24 Chef des Zivilkabinetts Valentini an Minister für öffentliche Arbeiten Breitenbach 5. 1. 1917; ZStA Merseburg, Rep. 90a Y.IX.5b, Nr. 5, Bl. 43—48.

25 Minister für öffentliche Arbeiten Breitenbach an Valentini 7. 1. 1917, ebd.

26 »›Mobilisierung der Frauen durch Frauen‹, das war die erste Aufgabe ...«: Marie-Elisabeth Lüders, Das unbekannte Heer. Frauen kämpfen für Deutschland 1914—1918, Berlin 1937, S. 119. Groener (wie Anm. 22), S. 355.

27 Lüders, Heer (wie Anm. 26), S. 120f.

28 Ebd., S. 122ff., und Mitteilungen aus der Arbeit der Frauengruppe beim Kriegsersatz- und Arbeitsdepartement, erstattet zur 3. Tagung des Nationalen Ausschusses für Frauenarbeit im Kriege am 22./23. 4. 1918; BHStA/Kr, MKr 14389, S. 3.

29 Arbeitsplan für die Frauenarbeitszentrale (Anlage 2 zum Kriegsamtserlaß betr. Organisation der Frauenarbeit durch das Kriegsamt vom 16. 1. 1917), abgedruckt bei Gersdorff (wie Anm. 1), S. 129f.

30 Groener an stellvertretende Generalkommandos, 9. 2. 1917; BA-MA, RM 31/1007.

31 Protokoll der Sitzung des Nationalen Ausschusses für Frauenarbeit im Kriege vom 22.—24. 8. 1917, S. 10; BHStA/Kr, MKr 14385.

32 Lüders, Heer (wie Anm. 26), S. 13.

33 Marie-Elisabeth Lüders, Die Entwicklung der gewerblichen Frauenarbeit im Kriege, München 1920, S. 12.

34 Kriegsamt an Kriegsamtsstellen 8. 6. 1918; Bundesarchiv Koblenz (im folgenden: BA), NL 151/158.

35 Marie-Elisabeth Lüders, Fürchte dich nicht. Persönliches und Politisches aus mehr als 80 Jahren, Köln 1963, S. 72.

36 Hermann Schäfer, Regionale Wirtschaftspolitik in der Kriegszeit. Staat, Industrie und Verbände während des Ersten Weltkriegs in Baden, Stuttgart 1983, S. 91ff.

37 Preußischer Innenminister an Regierungspräsidenten 4. 2. 1916; StA Detmold, M1IE/2803. Aus den vom Bundesrat am 18. 11. 1915 bereitgestellten Reichsmitteln für die Unterstützung erwerbsloser Textilarbeiter/innen — 1916 dann auch auf Heim- und Konfektionsarbeiter/innen ausgedehnt — wurde den Gemeinden rückwirkend ab 1. 10. 1915 mindestens die Hälfte der einschlägigen Aufwendungen erstattet. Preußen zahlte seinen Gemeinden ein weiteres Drittel.

38 Der Arbeitsnachweis in Deutschland, 3 (1915/16), S. 80.

39 Diese und die folgenden Angaben nach: Verband westfälischer Arbeitsnachweise 4. 12. 1915 an die Mitglieder des Ausschusses zur Bekämpfung der Folgen der Arbeitslosigkeit in der westfälischen Textilindustrie; StA Münster, Oberpräsidium 4124. Verband westfälischer Arbeitsnachweise: Niederschrift der Sitzung vom 31. 8. 1915 betr. Arbeitslosigkeit in der Textilindustrie, ebd.

[40] Der Arbeitsnachweis in Deutschland, 4 (1916/17), S. 84.

[41] Angaben nach: Kgl. Sächsisches Ministerium für Äußere Angelegenheiten an Reichsschatzamt 7.10.1915; ZStA Potsdam, Reichsministerium des Innern 1055.

[42] Regierungspräsident Arnsberg an Oberpräsident, 24.1.1916; Verband westfälischer Arbeitsnachweise: Niederschrift über die Sitzung des Ausschusses zur Bekämpfung der Folgen der Arbeitslosigkeit in der westfälischen Textilindustrie vom 19.1.1916; beides in StA Münster, Oberpräsidium 4124.

[43] Kriegsersatz- und Arbeitsdepartement an Kriegsamtsstelle Karlsruhe 17.2.1917; Generallandesarchiv Karlsruhe (im folgenden: GLA), 456 EV 8/111.

[44] Regierungspräsident Minden an Oberpräsident Münster 20.12.1915; Verband westfälischer Arbeitsnachweise 4.12.1915: Bericht über die im Oktober veranstaltete Umfrage betr. Arbeitslosigkeit im westfälischen Textilgewerbe; beides in StA Münster, Oberpräsidium 4124.

[45] Minister für Handel und Gewerbe 5.12.1916, abgedruckt in: Der Arbeitsnachweis in Deutschland, 4 (1916/17), S. 74f.

[46] Schäfer (wie Anm. 36), S. 115ff., 181ff.

[47] Berichte der bayerischen Gewerbeaufsicht Mitte 1915, passim; Bayerisches Hauptstaatsarchiv München (im folgenden: BHStA), MH 15956. Berichte der Gewerbeaufsicht 1914—1918, zum Teil abgedruckt in: Archiv für Frauenarbeit, 7 (1919), S. 152, 154. Bericht über eine Besprechung im Kriegsministerium am 11.12.1915 betr. die Möglichkeit weiterer Heranziehung der Heimarbeit zur Ausführung von Kriegslieferungen, S. 1; StA Münster, Oberpräsidium 4123, Bl. 344.

[48] Kriegsersatz- und Arbeitsdepartement an stellvertretende Generalkommandos 12.12.1916; GLA, 456 EV 8/111: Kriegsamtsstelle Karlsruhe: Betr. Hilfsdienstgesetz, Bl. 21.

[49] R. Zesch, Was ist geschehen zur Ermöglichung der Arbeit von Ungelernten und Frauen in der gesamten Schwer-, Maschinen- und chemischen Industrie und im Handwerk? ... Berlin, März 1933 (masch.), S. 55, Anm. 23; BA-MA, MSG 779/80.

[50] Beauftragter des bayer. Kriegsministeriums beim preußischen Kriegsamt an bayer. Kriegsministerium 19.6.1918; BHStA/Kr, MKr 17306.

[51] Umfangreiches Material zur Planung der Demobilmachung und der Haltung der Interessengruppen findet sich in den fünf Teilberichten des Ausschusses für Handel und Gewerbe des Reichstags betr. Überführung der Kriegs- in die Friedenswirtschaft 1916/17 (Reichstagsdrucksachen, 13. Legislaturperiode, II. Session, Nr. 504, 740, 749, 805 und 875; hier sind auch zahlreiche Petitionen abgedruckt), im Protokoll der Sitzung im Kriegsamt vom 12.1.1918 betr. Planung der Frauendemobilmachung (BA, NL 151/157) und in den Niederschriften über die Sitzungen des Arbeitsausschusses der Kommission für Demobilmachung der Arbeiterschaft und dieser Kommission selbst Oktober/November 1918 (BA-MA, RM 20/627).

[52] Aufzeichnung betr. Besprechung vom 30.4.1915 über Arbeitsbeschaffung für die heimkehrenden Kriegsteilnehmer und die Regelung des Arbeitsmarkts nach Friedensschluß; BA-MA, RM 3/5163.

[53] 1. Teilbericht des Reichstagsausschusses für Handel und Gewerbe (wie Anm. 51), S. 7.

[54] Unterstaatssekretär im Reichsamt des Innern am 29.3.1917; 3. Teilbericht des Reichstagsausschusses für Handel und Gewerbe (wie Anm. 51), S. 6.

[55] Siehe die beiden vorherigen Anmerkungen und Protokoll der Besprechung im Reichsamt des Innern am 16.3.1917 betr. Demobilmachungsplanung, S. 3; BA, NL 151/157.

[56] Niederschrift über die 11. Sitzung des Arbeitsausschusses der Kommission für Demobilmachung der Arbeiterschaft am 7.11.1918, S. 5; BA-MA, RM 20/627.

[57] Siehe als ein Beispiel für viele: Arbeitsgemeinschaft zur Wiedereinstellung der Kriegsteilnehmer in der Berliner Herrenkonfektion (sowie entsprechende Vereinbarungen im Bäcker- und Konditorgewerbe und dem Berliner Wäschereinigungs- und Plättgewerbe) in: Der Arbeitsnachweis in Deutschland, 4 (1916/17), S. 22ff.

[58] Gerd Hardach, Der Erste Weltkrieg, München 1973, S. 199—203.

[59] Siehe hierzu neben den bereits genannten Quellen: preußisches Kriegsamt an Kriegsamtsstellen 16.7. und 2.8.1917; beides in BHStA/Kr, MKr 14199. Lüders, Heer (wie Anm. 26), S. 95.

[60] Lüders, Heer (wie Anm. 26), S. 137. Der Ausdruck »Totengräber« hatte sich in der Etappe für die männlichen und weiblichen Hilfsdiensttätigen eingebürgert, deren Arbeitsaufnahme Ursache für die Frontkommandierung von bisher in der Etappe beschäftigten Soldaten war.

[61] Die freien Gewerkschaften hatten im Jahresdurchschnitt 1914 210314, 1918 422957 weibliche Mitglieder. Für die christlichen Gewerkschaften sind die entsprechenden Zahlen 25624 bzw. 72409; Die Verbände der Unternehmer, Angestellten, Arbeiter und Beamten im Jahre 1918, bearb. im Reichsamt des Innern, Berlin 1920, S. 37, 41.

[62] Gertrud Hanna, Frauenarbeit nach dem Kriege, in: Vorwärts, 17.2.1918. Zur Haltung der Gewerkschaften gegenüber der Frauenarbeit siehe generell auch: Gisela Losseff-Tillmanns, Frauenemanzipation und Gewerkschaften, Wuppertal 1978; Heinz Niggemann, Emanzipation zwischen Sozialismus und Feminismus. Die sozialdemokratische Frauenbewegung im Kaiserreich, Wuppertal 1981; Richard J. Evans, Sozialdemokratie und Frauenemanzipation im deutschen Kaiserreich, Berlin 1979.

[63] Kriegsersatz- und Arbeitsdepartement an stellvertretende Generalkommandos 15.1.1917; BHStA/Kr, MKr 14197.

[64] Bericht des kommandierenden Generals VI. Armeekorps Münster vom 26.5.1915 über die Vorstellungen, die eine Delegation der Metallarbeiterverbände am gleichen Tag ihm gegenüber gemacht hatte; StA Münster, Oberpräsidium 4123, Bl. 213.

[65] Metallarbeiter-Zeitung, Nr. 46 vom 13.11.1915.

[66] Marie-Elisabeth Lüders, Demobilmachung der Frauen (Entwurf, ca. 1917), S. 5; BA, NL 151/158. Else Buß, Die Frauenarbeit im Dienst der preußisch-hessischen Staatseisenbahnen und ihre Entwicklung während des Krieges, Phil. Diss. Göttingen 1919, S. 68.

67 Für die Eisenbahnen, die im Krieg erstmals in größerem Umfang Frauen beschäftigten, regelte der Minister für öffentliche Arbeiten dies durch Erlaß vom 5.5.1915, abgedruckt in: Der Arbeitsnachweis in Deutschland, 2 (1914/15), S. 229f.

68 Die Beschäftigung von Ehefrauen auf dem Arbeitsplatz des eingezogenen Mannes war sehr häufig. Siehe hierzu z.B. die Berichte der bayerischen Gewerbeaufsicht Mitte 1915; BHStA, MH 15956; Archiv für Frauenarbeit, 4 (1916), S. 17; ebd., 7 (1919), S. 33ff.

69 Kriegsamt an Staatssekretär des Reichswirtschaftsamts 18.7.1918; ZStA Potsdam, Reichsarbeitsministerium 1734, Bl. 30. Mitteilungen der IHK Zittau, abgedruckt in: Archiv für Frauenarbeit, 3 (1915), S. 215f.

70 Marie-Elisabeth Lüders, Bericht über die Durchführung der Kriegsfürsorge in Charlottenburg (Entwurf vom 9.6.1915), S. 8; BA, NL 151/165. Kriegsamtsstelle Nürnberg an bayerisches Kriegsamt 27.6.1918; BHStA/Kr, MKr 14204.

71 Lüders, Entwicklung (wie Anm. 33), S. 36f. Daß die Arbeiterinnen im Krieg den Arbeitsplatz häufiger wechselten als vor dem Krieg und häufiger als die Männer war Konsens der Arbeitseinsatzbehörden. Siehe z.B. Notizen für die Besprechung mit dem Herrn Reichskanzler am 1.7.1918 aus dem preußischen Kriegsministerium; ZStA Potsdam, Reichskanzlei 2398/11, Bl. 321f., sowie die Auszüge aus den Jahresberichten der Gewerbeaufsicht 1914—1918 in: Archiv für Frauenarbeit, 7 (1919), S. 135ff., und die aufschlußreiche Übersicht über die Fluktuation der Arbeiterinnen und Arbeiter 1917 verglichen mit 1913 des Verbandes bayerischer Metallindustrieller, wiedergegeben in Daniel, Arbeiterfrauen (wie Anm. 2), S. 95.

72 Bericht des bayerischen Frauenreferats an die Kriegsamtsstellen vom 14.12. 1917 über die Erhebung der Frauen in der Kriegsindustrie; BHStA/Kr, MKr 14391.

73 Kriegsamtsstelle Nürnberg an bayerisches Kriegsministerium 30.8.1918, S. 12; ebd., MKr 14205.

74 Bericht eines Lübecker Betriebs, abgedruckt in: Archiv für Frauenarbeit, 5 (1917), S. 5ff. Der Bericht wird von der Redaktion als »nahezu typisch« bezeichnet.

75 Wiesbadener Bericht in den Jahresberichten der Gewerbeaufsicht 1914—1918, abgedruckt in: Archiv für Frauenarbeit, 7 (1919), S. 144.

76 FAZ 7.3.1917, abgedruckt in: Zesch (wie Anm. 49), Dokument Nr. VIc.

77 Wochenbericht des Frauenreferats einer Kriegsamtsstelle, abgedruckt bei Zesch (wie Anm. 49), Dokument Nr. XI.

78 Kriegsersatz- und Arbeitsdepartement 29.1.1917; Kriegsamt 5.2. und 21.2. 1917; alle abgedruckt in: Zesch (wie Anm. 49), Dokumente Nr. IIa, IIb, X.

79 Siehe hierzu Marie-Elisabeth Lüders, Volksdienst der Frau, Berlin 1937, S. 81ff.; dies., Entwicklung (wie Anm. 33), S. 33—46.

80 Siehe hierzu als einen Beleg unter vielen Kriegsamtsstelle Magdeburg an Kriegsamt 7.7.1917, abgedruckt bei: Zesch (wie Anm. 49), Dokument Nr. XII.

81 Erster Teil des Zitats: Kriegsamtsstelle Nürnberg an bayerisches Kriegsamt 28.4.1918; BHStA/Kr, MKr 14204; zweiter Teil: dies. an dass. 27.9.1917; ebd., MKr 14200.

[82] Zesch (wie Anm. 49), S. 52.
[83] Lüders, Kriegsfürsorge (wie Anm. 70).
[84] Kriegsamtschef Scheüch an Staatssekretär des Reichswirtschaftsamts 18.7.1918; ZStA Potsdam, Reichsarbeitsministerium 1734, Bl. 30.
[85] Merkblatt des Demobilmachungsamts für Arbeiterinnen und weibliche Angestellte Ende November 1918; BA, NL 151/157.
[86] Siehe hierzu auch Richard Bessel: »Eine nicht allzu große Beunruhigung des Arbeitsmarktes«. Frauenarbeit und Demobilmachung in Deutschland nach dem Ersten Weltkrieg, in: Geschichte und Gesellschaft, 9 (1983), S. 211—229, sowie Susanne Rouette, Die Erwerbslosenfürsorge für Frauen in Berlin nach 1918, in: Internationale wissenschaftliche Korrespondenz zur Geschichte der deutschen Arbeiterbewegung, 21 (1985), S. 295—308, und dies.: Sozialpolitik als Geschlechterpolitik. Die Regulierung der Frauenarbeit nach dem Ersten Weltkrieg, Frankfurt a.M., New York 1993.
[87] Preußischer Innenminister 13.10.1919 auf Anfrage des Regierungspräsidenten Köslin betr. Erwerbslosenunterstützung für Kriegerwitwen; ZStA Potsdam, Reichsarbeitsministerium 1170, Bl. 4.
[88] Verband Badischer Arbeitsnachweise an Badisches Arbeitsministerium 30.8. 1920; ZStA Potsdam, Reichsministerium des Innern 1170, Bl. 35. Sitzung des Demobilmachungsausschusses Karlsruhe 18.12.1918; GLA, 456 EV 8/102 (Stellvertretendes Generalkommando XIV. Armeekorps Karlsruhe).

Ewald Frie

Vorbild oder Spiegelbild? Kriegsbeschädigtenfürsorge in Deutschland 1914–1919

I.

Am 12. April 1919 fand in der sächsischen Landeshauptstadt Dresden eine Demonstration von Kriegsbeschädigten statt. Ziel des Massenprotestes war das Dienstgebäude des »sächsische[n] Noske«[1], des sozialdemokratischen Kriegsministers Neuring. Dort kam es zu einer Eskalation der Gewalt. Nachdem eine oder mehrere Handgranaten in der Menge explodiert waren, drangen Demonstranten in das Gebäude ein. Der offenbar von den Militärs nur unzureichend geschützte Neuring wurde mißhandelt und in die Elbe geworfen. Er versuchte noch, schwimmend zu fliehen. Doch trafen ihn Gewehrschüsse aus der Menge. Die Leiche konnte erst Wochen später geborgen werden.

Dresden war ein Extremfall, aber kein Einzelfall. Wütende Proteste verbitterter Kriegsopfer waren im ersten Nachkriegsjahr keine Seltenheit, wenngleich Gewaltexzesse mit tödlichen Folgen in aller Regel ausblieben. In Berlin hatte am 22. Dezember 1918 eine große Demonstration stattgefunden. Unter dem Druck des Straßenprotestes hatte Staatssekretär Bauer eine gesetzliche Regelung der Kriegsbeschädigtenfürsorge und ihre Übernahme auf das Reich zusagen müssen. Wie stark und nachhaltig diese und ähnliche Demonstrationen auf das politisch-administrative System wirkten, zeigen Aktenvermerke bei den Reichs- und Staatsbehörden. Am 27. Januar 1919 wischte das Preußische Handelsministerium Bedenken des Reichsschatzamtes gegen Teile der Verordnung über soziale Kriegsbeschädigten- und Kriegshinterbliebenenfürsorge mit dem Hinweis vom Tisch,

> »daß der Entwurf einer Zusage des Staatssekretärs Bauer an die Kriegsbeschädigten im Dezember v. J. entspreche, und daß die Regelung des Gegenstandes bei den dringlichen Wünschen der Kriegsbeschädigten keinen Aufschub zulasse«[2].

Ein knappes halbes Jahr später drohte die Durchführung der Verordnung in Preußen an der Weigerung des Finanzministeriums zu scheitern, einen Teil der Kosten zu tragen. Daraufhin teilte Volkswohlfahrtsminister Stegerwald seinem sozialdemokratischen Amtskollegen Südekum besorgt mit, er befürchte,

»daß die Organisationen der Kriegsbeschädigten und Kriegshinterbliebenen [...] demnächst wieder mit Demonstrationen vorgehen, die alsdann möglicherweise die beteiligten Ressorts zu überstürzten Maßnahmen zwingen werden«[3].

Und der Vorsitzende des Reichsbundes der Kriegsbeschädigten, Kriegsteilnehmer und Kriegshinterbliebenen, Roßmann, berichtete seinem Parteifreund Südekum von alarmierenden Zuständen:

»Überall kommt es zu aufgeregten Versammlungen und stürmischen Demonstrationen der Beschädigten und Hinterbliebenen, die durch die Breittretung von Einzelfällen einen sehr unerquicklichen Verlauf nehmen. Es wäre sehr viel geholfen, wenn [wie in der Verordnung vorgesehen, E. F.] endlich die Möglichkeit gegeben würde, die Wünsche und Beschwerden der Beteiligten durch die Bildung von Beiräten in legale Bahnen zu lenken[4].«

Das erste Nachkriegsjahr bot den deutschen Kriegsopfern besonders günstige Rahmenbedingungen, um in den politischen Entscheidungsablauf steuernd einzugreifen[5]. Die Entscheidungsträger waren neu, standen unter erheblichem Legitimationsdruck und waren sozialpolitischen Reformen im Grundsatz aufgeschlossen. Die unübersichtliche politische, wirtschaftliche und soziale Situation verschaffte denjenigen Sozialgruppen Einflußchancen, die wegen ihres Droh- oder Protestpotentials oder ihrer moralischen Legitimation in der Lage waren, sich im sehr kurzfristig orientierten, von aktuellen Nöten und Bedürfnissen geprägten Entscheidungshorizont der politischen Akteure bemerkbar zu machen. Dies gelang den Kriegsopfern recht gut. Bereits 1920 waren ihre wesentlichen Forderungen im sozialen Bereich erfüllt. Demobilmachungsverordnungen zur Arbeitsfürsorge und zur Fürsorgeorganisation sowie das Reichsversorgungsgesetz (alle bis 1924 wegen der Inflation mehrfach novelliert, aber nicht mehr grundsätzlich reformiert) schufen ein Gesamttableau der Kriegsopferfürsorge, das im internationalen Vergleich vorbildlich erscheint[6]. Und dennoch — die Kriegsopfer und ihre Organisationen ließen sich durch die frühe Weimarer Gesetzgebung nicht an die junge Demokratie binden. Viele fanden in der antidemokratischen Veteranenbewegung ihren Platz[7].

Für dieses merkwürdige Phänomen — eine im internationalen Vergleich recht gut abgesicherte Sozialklientel bleibt dem Staat fremd, der diese Leistungen erbringt — werden in der spärlichen Forschungsliteratur zur Kriegsopferproblematik[8] zwei bislang nicht miteinander verknüpfte Erklärungsmodelle vorgeschlagen.

1. Stephen R. Ward und James M. Diehl weisen vor allem auf die politischen, intellektuellen, sozialen und wirtschaftlichen Bruchlinien hin, die sich in der Kriegsopfer- und Veteranenbewegung der größeren kriegführenden Staaten widerspiegelten[9]. Die tief zerklüftete politische Kultur des Weimarer Staates fand demnach ihre Entsprechung in einer fragmentierten, stark politisierten und großenteils dem demokratischen Staatswesen ablehnend gegenüberstehenden Kriegsopferbewegung.
2. Michael Geyer legt den Akzent stärker auf spezifisch sozialpolitische Fragen. »Das Fehlen politischer Substanz in Fragen der Militärversorgung«[10] sei vor allem für die Desintegration der Kriegsopfer verantwortlich. Überhastet seien 1919/20 die im Krieg entstandenen Sozialleistungsbürokratien mit der Abwicklung der Kriegsopferhilfe betraut worden. Eine politische Debatte habe nicht stattgefunden, der Diskurs sei von Sozialexperten und Verwaltungstechnikern bestimmt worden. Ihnen gegenüber hätten die Kriegsopfer keine eigenständige Identität gewinnen können. Sie blieben auf Interessenverbände angewiesen, »unwirtliche[n] Vereine[n]«[11], die einen ständigen Ressourcenkampf mit den Sozialleistungsbürokratien ausfochten, ohne doch eine identifikatorische Größe zu bieten. Im politischen Raum blieben die Kriegsopfer und ihre Verbände heimatlos, trotz ihrer Fragmentierung entlang der Bruchlinien des Wilhelminischen Parteiensystems ohne Ansprechpartner.

   »Identifikation und kollektive Identität konnten nur außerhalb des auf Interessenausgleich getrimmten politischen Systems der Weimarer Republik und nur außerhalb der auf den Weimarer Staat abzielenden Verbandslobby gefunden werden[12].«

Waren also die radikale Protesthaltung der Kriegsopfer im ersten Nachkriegsjahr und ihre dauerhafte Entfremdung vom ersten deutschen demokratischen Staat nur symptomatisch für die Gesamtverfassung Weimars, wie Ward und Diehl annehmen? Oder lassen sich in der Kriegsopferhilfe selbst Spezifika auffinden, die die allgemeinen Probleme potenzierten, mit der die Kriegsopferfürsorge und -versorgung also »der allgemeinen Wohlfahrtsstaatsproblematik [...] vorausgeeilt«[13] wäre? Um einer Antwort auf diese Frage näher zu kommen, müssen wir bis zum Beginn des Ersten Weltkriegs zurückgehen. Anders als die meisten Untersuchungen zur Kriegsopferproblematik wollen wir Entstehungsgeschichte und Weiterentwicklung der Kriegsopferfürsorge in den Blick nehmen, nicht ihre abschließende Kodifizierung im Rahmen einer entmilitarisierten Versorgungsgesetzgebung. Denn die Reform der Versorgung durch ausreichende Renten wurde während des Krieges aus finanziellen Gründen immer wieder aufgeschoben und durch Aushilfslösungen ersetzt. Daneben und an seiner Statt entwickelte sich jedoch improvisiert, ungeplant, aber durchaus mit politischen Implikationen ein ganzes Bündel sozialer Fürsorgemaßnahmen, das die spätere Gestalt der Kriegsopferhilfe präformierte.

II.

Der Krieg, der 1914 begann, war in seiner Dauer, Intensität und in seinen Folgewirkungen von den politisch Verantwortlichen fahrlässig unterschätzt worden. Dementsprechend hatten die kriegführenden Staaten keine adäquate Vorsorge für die Opfer getroffen. In Deutschland, Frankreich und Großbritannien waren »die Vorkriegsgesetze und Verordnungen zur Kriegsfürsorge und Kriegsopferversorgung allesamt an der Wirklichkeit des Ersten Weltkriegs vorbeikonstruiert«[14]. Das deutsche Offizierspensionsgesetz und das Mannschaftsversorgungsgesetz vom 31. Mai 1906 rechneten mit Feldzügen einer aus Berufssoldaten bestehenden Truppe, nicht aber mit einem längeren Krieg, der von einer Wehrpflichtigenarmee bestrittenen werden mußte[15]. Weder die Hinterbliebenen der Kriegstoten noch die Kriegsversehrten konnten so ausreichend abgesichert werden. Während jedoch die Hinterbliebenenhilfe als Sonderproblem der lokalen Fürsorge für die Familien der Kriegsteilnehmer angesehen werden konnte[16], erwies sich die Fürsorge für Kriegsbeschädigte[17], die aus den Lazaretten entlassen wurden, als völlig neue Aufgabe. Rein lokale Hilfen schienen wenig erfolgversprechend, dafür waren die Probleme der beruflichen und sozialen Integration, der Heilfürsorge und der materiellen Sicherung zu komplex. Eine durchgreifende Reform der Versorgungsgesetzgebung, die das Problem durch einheitliche Regelungen und materielle Gratifikationen hätte lindern können, scheiterte an der hartnäckigen Weigerung des Reiches als verantwortlicher, weil kriegführender Instanz, während des Krieges neue finanzielle Lasten zu übernehmen. Ein »Aufgabenvakuum« entstand. Seiner nahmen sich zunächst kleinere öffentliche und private, seriöse und weniger seriöse Wohltätigkeitsvereine und -einrichtungen an. Diese kurzfristigen Aushilfen erschienen aber um so weniger adäquat, als Ende 1914 die Zahl der Betroffenen immer größer und das Kriegsende immer unabsehbarer wurde. Doch das Reich blieb bei seiner Position, alle Reformen auf den Tag X, die siegreiche Beendigung des Krieges zu verschieben. Schließlich sprangen die Bundesstaaten und preußischen Provinzen ein, nicht ohne immer wieder auf die letztendliche Verantwortung des Reiches zu verweisen. 1915/16 kam es daher zu regional ganz unterschiedlichen Organisationen und Methoden der Kriegsopferfürsorge. Für die Kriegsbeschädigten eine unübersichtliche Situation. Für die regionalen Handlungsträger aber die Möglichkeit, noch einmal ihre Vorstellungen von der optimalen Handhabung sozialer Probleme manifest werden zu lassen. Sozialexperten und Verwaltungsfachleute handelten in den einzelnen Staaten und preußischen Provinzen auf der Grundlage Wilhelminischer Erfahrungshorizonte ganz unterschiedliche Lösungsmodelle aus. Dies soll am Beispiel zweier Staaten gezeigt werden, die vor 1914 den »sicheren Hort des Konservativismus«[18] in Deutschland gebildet hatten: Sachsen und Preußen.

Sachsen

Im mitteldeutschen Industriestaat fand eine konservativ-patriarchalische und doch auf Funktionalität und Massenwirksamkeit zielende Fürsorgepolitik ihren prägnanten Ausdruck in der Stiftung »Heimatdank«[19]. Der Name war Programm. Die Bevölkerung des Freistaates sollte, so das Kalkül der Organisatoren, in einer großen Gemeinschaftsaktion zugunsten der verwundeten Soldaten und Hinterbliebenen zusammengeschweißt werden. Eine an die Behörden der Inneren Verwaltung angelehnte Vereinsorganisation sollte das ganze Land erfassen, Spenden sammeln und gleichzeitig fürsorgerisches Fachwissen, verbunden mit nachbarschaftlicher Solidarität, in jeden Ort tragen. Auf diese Weise konnte Fürsorge für alle Kriegsopfer gewährt werden, ohne den von Konservativen und Nationalliberalen gefürchteten Rechtsanspruch auf Hilfe zuzulassen. Die gesamte Privatwohltätigkeit konnte einbezogen werden, ohne den staatlichen Führungsanspruch aus der Hand zu geben. Schließlich konnten Kriegsbeschädigten- und Kriegshinterbliebenenfürsorge zusammengefaßt und vereinheitlicht werden, was in keinem anderen Bundesstaat so früh gelang.

Letztlich ging es im »Heimatdank« darum, ein vormodernes Fürsorgemodell, die »Hilfe von Mensch zu Mensch«, mit zeitgemäßem medizinischen und wohlfahrtspflegerischen know-how zu verbinden und die Finanzierung durch weitestgehende Mobilisierung von Privatressourcen zu erleichtern. Modernes wohlfahrtspflegerisches Fachwissen und konservative Herrschaftssicherungsstrategien wurden miteinander verquickt. Diese aufwendig betriebene, verdeckte Politisierung des Sozialen von konservativer Seite begrenzte aber den Wirkungsgrad der Stiftung. Die in Sachsen traditionell »linken« Sozialdemokraten taten sich schwer, ein vereinsartiges und Rechtsansprüche negierendes Fürsorgemodell zu unterstützen. Teile des pragmatischen Gewerkschaftsflügels fanden sich zur Mitarbeit bereit, während die Parteiführung nach kontroversen Debatten ihren Mitgliedern jede Beteiligung per Vorstandsbeschluß untersagte[20]. Die innersozialdemokratischen Konflikte trugen dazu bei, daß in Hochburgen der »Linken« wie Leipzig der »Heimatdank« seine sozialintegrative und herrschaftssichernde Funktion nicht erfüllen konnte[21]. Außerdem dauerte es sehr lange, bis die imposante Organisationsstruktur aufgebaut und funktionstüchtig war. Im Frühjahr 1916 war sie noch kaum zu praktischer Wirksamkeit gelangt[22].

Preußen

Die preußische Ministerialbürokratie setzte 1914/15 beim Aufkommen des Kriegsbeschädigtenproblems ihre sozialpolitisch bewährte Vorkriegsstrategie fort: Verschieben des Problems auf die untergeordnete Ebene, die Provinzialverbände, und Steuerung der dortigen Aktivitäten mit Hilfe des üblichen administrativen Instrumentariums[23]. Kritik an diesem Vorgehen, die in der Haushaltsdebatte Anfang März 1915 laut wurde und auch die Leistungsfähigkeit der Provinzialverbände in Zweifel zog[24], blieb ohne nachhaltige Wirkung. So entstanden in Preußen provinziale Fürsorgeorganisationen, die sich nach Organisationsform beziehungsweise -grad und Politikansatz unterschieden. Dem brandenburgischen Modell, das die Fürsorgeorganisation der Provinzialverwaltung inkorporierte und dem Kriegsbeschädigten »im gewissen Sinne einen Anspruch auf Hülfe«[25] einräumen wollte, stand das westfälische Modell gegenüber, das eine vereinsartige, an die Provinzial-, Kreis- und Lokalverwaltungen angelehnte Organisation bevorzugte und einen Rechtsanspruch auf Hilfe aus grundsätzlichen sozialpolitischen Erwägungen ablehnte. Andere Provinzen wiederum handhabten die Aufgabe eher nachlässig. Eine einheitliche preußische Kriegsbeschädigtenfürsorge gab es nicht. Dies hatte »Mangel an Einheitlichkeit und namentlich das Zurückbleiben und Versagen großer Bezirke« zur Folge, wie die Zeitschrift »Soziale Praxis« Ende 1916 kritisierte.

»Die großen Leistungen, die manche Bezirke, wie die Rheinprovinz, Westfalen, Berlin, Hamburg, aufweisen können, [...] dürfen nicht über das Versagen anderer Gebiete hinwegtäuschen; die Erfüllung einer so weitreichenden Aufgabe kann nicht von persönlichen Zufälligkeiten abhängig gemacht werden[26].«

Außer Preußen und Sachsen ließen sich noch andere Beispiele für divergierende Organisationsformen in der Kriegsopferfürsorge anführen, die häufig mit unterschiedlichen Politikinhalten korrespondierten. »Der bunteste Kuddelmuddel«[27] sei infolge der Untätigkeit des Reiches entstanden, beklagte Gustav Bauer im August 1915 während einer Reichstagsdebatte. Das Parlament war sich mit dem Sozialdemokraten in der Forderung einig, eine politische Debatte über dieses Problem herbeizuführen, Volksvertreter und die Arbeitsmarktparteien an der konzeptionellen Weiterentwicklung zu beteiligen und von Reichsseite aus zumindest einheitliche Rahmenbedingungen herzustellen. Diesem Zweck sollte eine von Reichs- und Landesministerien, dem Reichstag und den Arbeitgebern und Gewerkschaften beschickte »Zentralstelle für soziale Kriegsfürsorge« dienen, um deren unverzügliche Einrichtung der Reichstag den Kanzler bereits Ende Mai 1915 ersucht hatte[28]. Zu einer derartigen Zentralstelle kam es jedoch nicht. Zwar scheint das Reichsamt des Innern zwischenzeitlich erwogen zu haben, durch »Bildung einer freien Kommission an zentraler Reichsstelle« zum Zwecke der Informationssammlung und -weitergabe den Druck seitens des Reichstages und der Gewerkschaften abzufangen, doch die regionalen Fürsorgeorganisationen kamen dem zuvor[29]. Auf Initiative der Provinzen Westfalen und Brandenburg sowie des Landes Sachsen bildeten sie im September 1915 einen Reichsausschuß für Kriegsbeschädigtenfürsorge, der die regionalen Zusammenschlüsse von Sozialexperten und Verwaltungsfachleuten auf die Reichsebene übertrug. Der westfälische Landeshauptmann Wilhelm Hammerschmidt, von dem die Vorarbeiten in organisatorischer Hinsicht geleistet wurden, setzte sich auf der Gründungsversammlung kritisch mit den Vorstellungen des Reichstages auseinander. »Nach meinem Gefühl«, beschied er die Mitwirkungswünsche von Gewerkschaften, Arbeitgebern und politischen Parteien abschlägig,

»versteht es sich von selbst, daß es weit eher zu unseren Zielen führt, weit mehr anregend ist, bei den einzelnen die Arbeitsfreudigkeit mehr fördert und auch zu brauchbareren Ergebnissen führt, wenn man den naturgemäßen Weg einschlägt und eine Reichszentrale sich zusammensetzen läßt aus den Vertretern der Organisationen, die unmittelbar in der Arbeit stehen[30].«

Als Aufgaben des Reichsausschusses nannte Hammerschmidt die Abgrenzung des Aufgabengebietes, den Informationsaustausch, die Herausgabe einer Zeitschrift und die Einflußnahme auf Gesetzgebung und Verordnung, nicht aber die von oben nach unten durchgreifende Vereinheitlichung der Fürsorge. Die neue Organisation solle, so bestätigte ihr erster Vorsitzender, der deutschkonservative brandenburgische Landeshauptmann Joachim v. Winterfeldt, »lediglich eine anregende, beratende und begutachtende Tätigkeit ausüben, aber in keiner Weise einen Zwang auf die einzelnen Organisationen ausüben«[31]. Da die führenden Vertreter der Landes- und Provinzeinrichtungen vom unpolitischen, rein sachbezogenen Charakter ihrer Arbeit überzeugt waren, hofften sie auf die allmähliche »natürliche« Durchsetzung bestmöglicher Lösungsmodelle.

Im Gegensatz zu den Vorstellungen des Reichstages sicherte die von Hammerschmidt konzipierte Selbstorganisation der Fürsorgeorganisationen den regionalen Sozialexperten und Verwaltungsfachleuten entscheidenden Einfluß. Die politischen Parteien und Interessenverbände wurden auf die Rolle nach Bedarf zuzuziehender Mitarbeiter reduziert. Im Spätsommer 1915 war damit der Versuch gescheitert, Parteien und Gewerkschaften größere Gestaltungsräume bei der Fürsorge für die Opfer des Krieges einzuräumen. Mit dieser Forderung hatte sich der Reichstag gegenüber der Administration nicht durchsetzen können. Der »Dank des Vaterlandes«, der den Kriegsopfern gewiß sein sollte, wurde von neu entstehenden Bürokratien verwaltet, die kaum parlamentarischer Kontrolle unterlagen und deren Handlungslogiken verwaltungs- und sozialfürsorgerischen Diskussionen entstammten[32]. Die von Michael Geyer analysierte Ausklammerung der Kriegsopferversorgung aus der politischen Debatte und die Verweisung der Kriegsopfer auf die Sozialleistungsbürokratien nahm von hier ihren Ausgang.

III.

Kriegsbeschädigte sollte es eigentlich gar nicht geben. Darin waren sich bis über das Jahr 1916 hinaus Fürsorgeexperten und Verwaltungsfachleute, aber auch Exponenten von politischen Parteien und Gewerkschaften einig. Ehemalige Kriegsteilnehmer, ob verwundet oder nicht, sollten sich in ihr früheres Lebens- und Arbeitsumfeld reintegrieren, wieder Arbeiter, Angestellte, Bauern werden. Eine Selbstdefinition über

Kriegserfahrung, Körperbehinderung und daraus abgeleiteten Ansprüchen an den Staat begann aber seit 1916 immer mehr an Bedeutung zu gewinnen. Es kam zur Bildung von Selbstorganisationen, zunächst in Essen, dann in anderen Städten des Rheinlandes und Sachsens, schließlich an immer mehr Orten des Reiches. Dies lief einerseits der allseits akzeptierten Fürsorgezielbestimmung entgegen, die Klienten in die Gesellschaft zu reintegrieren. Andererseits sahen sich die Organisationen in ihren Wirkmöglichkeiten beeinträchtigt, die bislang die Sorge für die Kriegsbeschädigten als ihr eigenes Terrain angesehen hatten. Dementsprechend harsch waren die Reaktionen. Die Gewerkschaften, die in Anknüpfung an ihre Erfahrungen in der Arbeitsvermittlung und wegen der Gefahr des Auseinanderbrechens der Arbeiterorganisationen schon früh die berufliche Wiedereingliederung der Kriegsbeschädigten zu ihrem Thema gemacht hatten, lehnten Selbstorganisationen einmütig ab. In einem Beschluß vom 2. April 1917 hieß es:

»Gerade weil wir den Kriegsbeschädigten nach allen Richtungen hin dienen wollen und durch unsere Organisationseinrichtungen auch dienen können, erscheint uns eine besondere Organisation der Kriegsbeschädigten nicht nur für überflüssig, vielmehr für diese selbst schädlich. Die Kriegsbeschädigten dienen ihrer Sache am besten, wenn sie die von den Gewerkschaften und Angestelltenverbänden geschaffenen Einrichtungen in Anspruch nehmen und dadurch im Kreise ihrer Kollegen und Arbeitsgenossen die dauernde Vertretung ihrer berechtigten Wünsche und Forderungen finden[33].«

Der »Tätigkeitsausschuß der Kriegsbeschädigtenfürsorge in der Rheinprovinz« wies die in seiner Provinz, in Essen, zunächst aufgetretene Kriegsbeschädigten-Vereinigungen ebenfalls brüsk ab:

»Die Arbeit besonderer Vereinigungen führt [...] zu einer zwecklosen Zersplitterung der Fürsorgetätigkeit und damit leicht zur Entstehung von Unzufriedenheit und zur Weckung unerfüllbarer Wünsche bei den Kriegsbeschädigten selbst. Die Vereinigungen widerstreben auch dem Grundsatze, daß die Kriegsbeschädigten keine Sonderstellung einnehmen sollen, sondern möglichst im Volksganzen wieder aufgehen und mit ihren gesunden Arbeitsgenossen, ohne Inanspruchnahme von Vorrechten, wieder zusammenarbeiten sollen[34].«

Ähnlich äußerte sich die Stiftung »Heimatdank« in Sachsen[35]. Der Reichsausschuß unterstützte seit Ende März 1917 diese Position, nachdem Winterfeldt zunächst mit Repräsentanten des Essener Verbandes verhandelt hatte[36]. Doch weder durch Ignorieren seitens der Fürsorgebehörden noch durch Polemik der Gewerkschaften ließ sich die Verbandsbildung aufhalten. Hierfür sind mehrere Gründe verantwortlich:

a. allgemeinpolitische Situation: Der Burgfrieden hatte Ende 1916 viel von seiner Bindungswirkung verloren und damit die Bildung neuer, nicht mehr den Staatsinteressen verpflichteter Organisationen ermöglicht.

b. fürsorgepolitische Lage: Die ablehnende Haltung des Reiches gegenüber einer Reform der unzureichenden Versorgungsgesetzgebung verwies die Kriegsopfer auf die Fürsorgebehörden. Dies stand ihrem Selbstverständnis entgegen, durch ihre im Dienst des Reiches erlittene Invalidität Rechtsansprüche erworben zu haben.

c. Zustand des Fürsorgewesens: Die amtliche Kriegsbeschädigtenfürsorge arbeitete vor Ort auch nach eigener Einschätzung nicht immer effektiv und reibungsfrei. So wies die Stiftung »Heimatdank« ihre Kreisverbände und -vereine darauf hin, daß vor allem bessere Serviceleistungen die Kriegsbeschädigten davon überzeugen könnten, von Selbstorganisationen abzusehen[37]. Der Recklinghausener Landrat Bürgers berichtete dem Regierungspräsidenten in Münster, daß in seinem Bezirk größere Arbeitgeber mit Kriegsbeschädigtenvereinen korrespondiert hätten, weil ihnen die amtliche Fürsorge unbekannt geblieben sei. »Die ganze amtliche Organisation [muß] volkstümlicher gemacht werden[38],« forderte er. Aber auch gut funktionierende Fürsorgestellen litten unter dem Geburtsfehler der amtlichen Kriegsbeschädigtenfürsorge, im Lichte fürsorge- und verwaltungsbezogener Kriterien den zweckmäßigen Umgang mit Klienten anzustreben und dabei die Bedürfnisse der Kriegsopfer als nachrangig oder gar als Störfaktor zu bewerten[39].

d. Mentalität der Kriegsopfer: Für eine immer größer werdende Zahl von Kriegsbeschädigten waren die Erfahrungen des Krieges und der eigenen Verwundung prägender als die vor dem Krieg eingenommene Position. Die Forderung, in die Gesellschaft und die von ihr bereitgestellten Massenorganisationen zurückzukehren, bedeutete für die Invaliden, ihr Kriegsschicksal gegenüber ihrer Friedensfunktion zurückzustellen. Dazu waren, je länger der Krieg dauerte, immer weniger Kriegsopfer bereit[40].

e. parteipolitische Konkurrenz: Zu den aus der Situation der Kriegsbeschädigtenfürsorge und ihrer Klientel herleitbaren Push-Effekten kam ein Pull-Effekt aus dem politischen Feld. Die früheste Essener Wirtschaftliche Vereinigung Kriegsbeschädigter unterhielt über ihren Vorsitzenden Hans Adorf gute Beziehungen zum Hause Krupp und schien in den Augen der Sozialdemokraten den Gelben Gewerkvereinen nahe. Trotz anfänglicher Gegnerschaft der Gewerkschaften bildete sich daher schnell eine nominell parteiunabhängige, tatsächlich aber der SPD nahestehende Gegenorganisation, der »Bund der Kriegsbeschädigten und ehemaligen Kriegsteilnehmer«[41], der unter dem Namen Reichsbund in der Weimarer Republik zur mitgliederstärksten Organisation wurde[42]. Dies rief wiederum die Christlichen Gewerkschaften auf den Plan, so daß schließlich fünf größere und mehrere kleinere Verbände die Lagerbildung des Wilhelminischen Parteiensystems reproduzierten.

Die Gründungsphase der Selbstorganisationen Kriegsbeschädigter bestimmte so ihr späteres Schicksal mit. Die Fürsorgebürokratien standen den Verbänden ablehnend, bestenfalls skeptisch gegenüber. Auch Vertretern der bürgerlichen Sozialreform war »diese ganze Organisiererei«[43] zuwider. Von vornherein waren die jungen Verbände auf negative Politik verwiesen, auf Appelle, Proteste, Demonstrationen. Allenfalls im parteipolitischen Rahmen fanden sie Anerkennung als eine Form von Vorfeldorganisationen. Doch der Sog in Richtung politische Parteien ließ die Verbandsstruktur zerfasern und nahm ihr viel von ihrer Schlagkraft. War die starke Stellung der Sozialleistungsbürokratien in der Entstehungsphase der Kriegsopferfürsorge grundgelegt, so wurde die Verweisung der Selbstorganisationen auf die Politik und die dortige marginale Bedeutung durch die Gründungsumstände zur Zeit des zerbrechenden Burgfriedens vorgezeichnet.

IV.

Natürlich muß man differenzieren. Angesichts fehlender Reichseinheitlichkeit stellten sich die Beziehungen zwischen amtlicher Kriegsbeschädigtenfürsorge und den Kriegsopferverbänden vielfältiger dar, als aus der Sicht des Reiches und der Länder erkennbar ist. Dies zeigen Beispiele aus der preußischen Provinz Westfalen. In Gladbeck hatten sich die Verantwortlichen trotz Widerspruchs des provinzialen Ausschusses bereits Anfang 1917 gezwungen gesehen, Vertreter des Essener Verbandes in den Ortsausschuß aufzunehmen, um sie von »größeren Quertreibereien und Erregung von Unzufriedenheit unter den Kriegsbeschädigten«[44] abzuhalten. Selbst in der Provinzialhauptstadt Münster konnte im Mai 1918 nicht verhindert werden, daß eine große Kundgebung des Essener Verbandes durch die Beteiligung des Oberbürgermeisters, des Landrates, eines Vertreters des Regierungspräsidenten und weiterer hochrangiger Behördenvertreter wesentlich aufgewertet wurde.

Der westfälischen Hauptfürsorgeorganisation, durch den Reichsausschuß wegen dieser Ereignisse zur Rede gestellt, erschien die Essener Vereinigung in Münster so populär, daß Gegenmaßnahmen keinen Erfolg versprächen[45]. Doch schon auf der regionalen Ebene, wo die unmittelbare Bedrohung durch das Protestpotential der Invaliden weniger spürbar war, gab es kaum noch Bereitschaft, die Selbstorganisationen als legitime Vertreter der Kriegsopfer anzuerkennen. Auch hier war allerdings eine allmähliche Aufweichung der ursprünglich schroff ablehnenden Haltung unübersehbar. Der rheinische Landesrat Johannes Horion, eine der prägenden Persönlichkeiten im Reichsausschuß der Kriegsbeschädigtenfürsorge, hatte im Mai 1916 seinem westfälischen Kollegen Schmedding zuversichtlich mitgeteilt: »Wir werden in der Rheinprovinz wohl der Bewegung Herr werden[46].« Im Mai 1917 forderte er dazu auf, die Versammlungen des Essener Verbandes einfach zu verbieten[47]. Im März 1918 hingegen lehnte er weitere »Bekämpfungsmaßnahmen gegenüber irgendwelchen Kriegsbeschädigtenvereinigungen« ab und empfahl statt dessen, sie nicht zur Kenntnis zu nehmen, ihre Vertreter wie nichtorganisierte Kriegsbeschädigte zu behandeln. Auf diese Linie konnten sich die Landes- und Provinzialvertreter im Reichsausschuß am 26. März 1918 einigen. Sie wollten den mittlerweile parteipolitisch aufgefächerten Verbänden gegenüber neutral bleiben, ihre Vertreter nicht zu Orts- oder Landesausschüssen heranziehen und ihre Anfragen wie die anderer Invaliden behandeln[48]. Diesem allmählichen Zurückweichen vor der steigenden Bedeutung der Verbände[49] folgte im Oktober 1918 eine Kehrtwendung. Mit der offiziellen Begründung, es sei »jetzt eine gewisse Ordnung in die Organisationsbestrebungen hereingekommen«, vor allem aber unter dem Eindruck der Demokratisierung des Reiches und des negativen Kriegsausgangs, wurde die Einbindung der Selbstorganisationen in die Institutionen der amtlichen Kriegsbeschädigtenfürsorge versucht. Doch auch jetzt noch war das Bemühen spürbar, die laufende Arbeit ohne Beteiligung der Betroffenen fortzuführen. Ihnen sollte ein Sonderausschuß zugestanden werden,

> »in welchem den Vereinigungen Gelegenheit geboten werde, Wünsche, Anregungen und Beschwerden zum Ausdruck zu bringen und sich zu einzelnen Fragen gutachtlich zu äußern«[50].

Erst die unter dem Eindruck der Revolution zustandegekommene »Verordnung über die soziale Kriegsbeschädigten- und Kriegshinterbliebenenfürsorge« vom 8. Februar 1919 räumte den Verbänden größere Mitspracherechte ein. Sie wurden nun auf Reichs-, Landes-/Provinzial- und Lokalebene in Beiräte einbezogen, die an die amtlichen Fürsorgestellen angeschlossen waren. Sie konnten damit über grundsätzliche Fragen der Fürsorge und über Beschwerdefälle Beschluß fassen. Ihr Stimmenanteil war nicht numerisch festgelegt, doch mußten Kriegsopfer- und Arbeitnehmervertreter die Hälfte der Beiratsmitglieder stellen und Arbeitgeber- und Arbeitnehmervertreter gleich stark vertreten sein. Es scheint damit, als sei das aus den jeweiligen formativen Gründungsgeschichten herleitbare spannungsreiche Verhältnis zwischen Sozialleistungsbürokratien und Kriegsopfern, das durch die Interessen der Arbeitsmarktparteien noch kompliziert wurde, mittels der unter enormem außerparlamentarischen Druck improvisierten Verordnung vom 8. Februar 1919 kunstvoll austariert worden. Doch ein erneuter Blick auf die Verhältnisse in einzelnen Ländern und Provinzen weist auf ein bleibendes Dilemma hin. Die Klienten konnten sich über die Beiräte in den traditionell von verwaltungs- und fürsorgebezogenen Kriterien bestimmten Diskurs einschalten, wie es die Verordnung vorsah. Dann waren sie kaum in der Lage, gegen die Verwaltungs- und Fürsorgeexperten aufzukommen, die diese Diskussionsformen besser beherrschten, weil sie in der Regel neben der geeigneteren Vorbildung noch einen mehrjährigen Erfahrungsvorsprung besaßen[51]. Die Klienten konnten auch versuchen, ihr Protestpotential geltend zu machen, die Fürsorgegremien von außen unter Druck zu setzen. Hierfür bietet Sachsen ein gutes Beispiel, wo eine vom »Einheitsverband der Kriegsbeschädigten Deutschlands« in Auftrag gegebene Denkschrift nicht davor zurückschreckte, den eingangs erwähnten Mord an Kriegsminister Neuring argumentativ auszunutzen. Mit Hinweis auf die Dresdener Ereignisse im April 1919 hieß es:

> »Läßt man die Verhältnisse so wie bisher weiter bestehen, dann war das nicht die einzige und letzte Explosion. Die Herren, die es treffen kann, mögen sich das ja vor Augen stellen [...] Es ist ganz unberechenbar, wen es das nächste Mal packt[52].«

Derartige Argumentationsformen »motivierten« zwar die Verwaltungen kurzfristig zu größerem Entgegenkommen[53], doch wurden gleichzeitig Einhegungsstrategien eingeleitet. Sie beschnitten die Einflußmöglichkeiten der Klienten auf die Weiterentwicklung der Fürsorge dadurch, daß der Zuständigkeitsbereich der einschlägigen Institutionen eng definiert und die Verbindungen zu verwandten Einrichtungen möglichst gering gehalten wurden[54].

V.

»Die KB.- und KHF. [= Kriegsbeschädigten- und Kriegshinterbliebenenfürsorge, E. F.] ist deshalb von besonderem Interesse«, schrieb Otto Wölz, Ministerialrat im Reichsarbeitsministerium, 1921 in der »Sozialen Praxis«,

»weil fast alle sachlichen Probleme der allgemeinen Wohlfahrtspflege in dieser Sonderfürsorge zur Behandlung gekommen sind. In einer Reihe von Fragen sind auf diesem Gebiet mit nicht unerheblichen Mitteln Maßnahmen getroffen, die allmählich auf weitere Kreise, die der sozialen Fürsorge bedürfen, übertragen werden können.«

Würden die Erfahrungen der Kriegsopferfürsorge nur sorgfältig bedacht und analysiert, sie seien geeignet, »bei dem Ausbau der allgemeinen Wohlfahrtspflege eine Unterlage zu schaffen«[55].

Diese ungebrochen optimistische Einschätzung der Kriegsopferfürsorge als Vorläufer und Vorbild der Wohlfahrtspflege im Ganzen bestimmte das Selbstverständnis einschlägig tätiger Fürsorgeexperten in den ersten Jahren der Weimarer Republik. Michael Geyer hat diese Position 1983 der Sache nach geteilt, in der Wertung jedoch umgedreht. »Ein Vorbote des Wohlfahrtsstaates« sei die Kriegsopferversorgung in der Tat. Jedoch würden hier nicht nur seine Potentiale und Chancen, sondern auch und vor allem die Risiken und Gefahren deutlich. Herrschaft der Experten, politische Substanzlosigkeit, Entmündigung der Klientel hätten dazu geführt, daß die Integration der Kriegsopfer in den Wohlfahrtsstaat trotz vergleichsweise großzügig bemessener Versorgungs- und Fürsorgeleistungen nicht gelang. Unser Durchgang durch die Geschichte der Kriegsopferfürsorge während des Ersten Weltkrieges hat diese Annahme bestätigt. Nicht nur Spiegelbild der in ihrer politischen Kultur tief zerklüfteten Weimarer Republik waren die Kriegsopferverbände und die ihnen zugedachten Politikkonzepte, sondern Vorbote, Vorläufer, Vorbild ihres ambivalenten wohlfahrtsstaatlichen Ausbaus. Allerdings erscheint es wenig sinnvoll, hierfür politische Fehlentscheidungen während der Frühphase der Weimarer Republik mitverantwortlich zu machen. »Überhastet«[56] hätten die staatlichen Entscheidungsträger 1918—1920 reagiert, meint Michel Geyer, und daher die während des Krieges entstandenen Sozialleistungsbürokratien umstandslos inkorporiert, anstatt zunächst eine politische Debatte zu führen und den Expertokratien offensiv gegenüberzutreten. Eine derartige Argumentation verkennt jedoch die Beharrungskraft verfestigter Strukturen, die aus den formativen Gründungsgeschichten von Fürsorgebürokratien 1914/15 und Selbstorganisationen 1916/17 erwuchsen. Unter den Bedingungen von Kriegsniederlage, Revolution und materiellen Nöten verknäulten sich beide Entwicklungsstränge ineinander. Die Protestwelle der Jahre 1918/19 mit dem Mord am sächsischen Kriegsminister Neuring als herausragendem Einzelfall war die Folge. Unter diesen Umständen blieb den politisch Verantwortlichen kaum eine andere Wahl, als durch rasche und große Zugeständnisse die Klientel zu beruhigen und hierfür die während der Kriegszeit ungeplant gewachsenen Sozialleistungsbürokratien in Dienst zu nehmen. Daß sie damit strukturelle Defizite des Wohlfahrtsstaates wie Bürokratisierung, Expertenherrschaft und Kolonialisierung der Lebenswelten der Klientel vorzeichneten, scheint unausweichlich.

Anmerkungen

1 W. Berger, Sachsen unter der Revolution. Wahlhandbuch für die Landtagswahl 1920, hrsg. im Auftrag des Landesverbandes der DVP für Sachsen, Dresden 1920, S. 27. Zu der nachfolgend geschilderten Demonstration mit tödlichem Ausgang vgl. neben Berger auch Walter Fabian, Klassenkampf um Sachsen. Ein Stück Geschichte 1918—1930, Löbau 1930 [unveränd. Nachdruck Berlin 1972], S. 69f. Zu den Massenprotesten der Kriegsopfer im ersten Nachkriegsjahr insgesamt vgl. Robert Weldon Whalen, Bitter Wounds. German Victims of the Great War, 1914—1939, Ithaca, London 1984, S. 124—128.

2 27.1.1919: Aktennotiz im Preuß. Handelsmin., Geheimes Staatsarchiv, Abteilung Merseburg (GStAM), Rep. 120 BB VII 1 Nr. 3h, Bd 4, Fol. 37f.

3 23.6.1919: Stegerwald an Südekum, GStAM, Rep. 151 I C 11722, unfol.

4 13.6.1919: Roßmann an Südekum, GStAM, Rep. 151 I C 11722, unfol.

5 Vgl. Stephen R. Ward, Introduction, in: The War Generation. Veterans of the First World War, ed. by Stephen R. Ward, Port Washington, N.Y., London 1975, S. 3—9, hier S. 8.

6 »One of the most progressive of its day«, urteilt James M. Diehl, Change and Continuity in the Treatment of the German Kriegsopfer, in: Central European History, 18 (1985), S. 170—185, hier S. 171.

7 Vgl. Michael Geyer, Ein Vorbote des Wohlfahrtsstaates. Die Kriegsopferversorgung in Frankreich, Deutschland und Großbritannien nach dem Ersten Weltkrieg, in: Geschichte und Gesellschaft, 9 (1983), S. 230—277, hier S. 256; Richard Bessel, Die Heimkehr der Soldaten: Das Bild des Frontsoldaten in der Öffentlichkeit der Weimarer Republik, in: Keiner fühlt sich hier mehr als Mensch ... Erlebnis und Wirkung des Ersten Weltkriegs, hrsg. von Gerhard Hirschfeld und Gerd Krumeich, Essen 1993 (= Schriften der Bibliothek für Zeitgeschichte, N.F. 1), S. 221—239.

[8] Neben den angegebenen Titeln von Geyer (wie Anm. 7), Ward (wie Anm. 5) und Whalen (wie Anm. 1) vgl. u. a. Bernd Ulrich, »... als wenn nichts geschehen wäre«. Anmerkungen zur Behandlung der Kriegsopfer während des Ersten Weltkrieges, in: Keiner fühlt sich hier mehr als Mensch (wie Anm. 7), S. 115—129; Rainer Hudemann, Kriegsopferpolitik nach den beiden Weltkriegen, in: Staatliche, städtische, betriebliche und kirchliche Sozialpolitik vom Mittelalter bis zur Gegenwart, hrsg. von Hans Pohl (= Vierteljahrsschrift für Sozial- und Wirtschaftsgeschichte, Beiheft 95), Stuttgart 1991, S. 269—293; James M. Diehl, Germany: Veterans' Politics under three Flags, in: The War Generation (wie Anm. 5), S. 135—186; ders., The Organization of German Veterans, 1917—1919, in: Archiv für Sozialgeschichte, 11 (1971), S. 141—184.

[9] Vgl. Ward, Introduction (wie Anm. 5); Diehl, Organization (wie Anm. 8).

[10] Geyer (wie Anm. 7), S. 255. Ähnlich, wenngleich mit stärker mentalitätsgeschichtlichem Akzent, argumentiert in diesem Punkt auch Whalen (wie Anm. 1), S. 131—153.

[11] Geyer (wie Anm. 7), S. 256.

[12] Ebd.

[13] Ebd., S. 273.

[14] Ebd., S. 234. Zum folgenden vgl. Ewald Frie, Wohlfahrtsstaat und Provinz. Fürsorgepolitik des Provinzialverbandes Westfalen und des Freistaates Sachsen 1880—1930, Paderborn 1993, S. 128—159.

[15] Vgl. Helmut Rühland, Entwicklung, heutige Gestaltung und Problematik der Kriegsopferversorgung in der Bundesrepublik Deutschland, Wirtschafts- und sozialwiss. Diss. Köln 1957, S. 24.

[16] Vgl. Das Wesen und die Aufgabe der Kriegshinterbliebenenfürsorge im Deutschen Reiche, hrsg. von Hermann Luppe, Leipzig, Berlin 1917; Karin Hausen, The German Nation's Obligations to the Heroes' Widows of World War I, in: Behind the Lines. Gender and the two World Wars, ed. by Margaret Randolph Higonnet, New Haven, London 1987, S. 126—140.

[17] Dieser Begriff bürgerte sich, nachdem anfangs auch von Kriegsverstümmelten, Kriegskrüppeln, Kriegsinvaliden etc. die Rede war, seit 1915 zunehmend ein.

[18] Wolfgang J. Mommsen, Die latente Krise des Wilhelminischen Reiches: Staat und Gesellschaft in Deutschland 1890—1914, in: Militärgeschichtliche Mitteilungen (MGM), 15 (1974), S. 7—28, hier S. 23.

[19] Vgl. hierzu Frie (wie Anm. 14), S. 137ff. und 147ff.

[20] Vgl. Theodor Leipart, Kriegsinvaliden und Gewerkschaften. Materialien zur Kriegsinvaliden-Fürsorge, Berlin 1915, S. 37; Material-Sammlung betreffend Heimatdank, Leipzig 1915. Den Hinweis auf die innersächsische Kontroverse verdanke ich Paul Brandmann, dessen Dissertation über die Fürsorgepolitik der Stadt Leipzig in Kürze Auskunft auch über Kriegsopferfürsorge in der sächsischen Großstadt geben wird.

[21] Vgl. die Aussage des Leipziger Oberbürgermeisters auf der Sitzung des Direktoriums der Stiftung Heimatdank am 16. 6. 1919, Sächsisches Hauptstaatsarchiv Dresden (SHStAD), Staatskanzlei 294, Fol. 6f.

[22] Vgl. Rechnungslegung auf die Zeit seit der Gründung am 11. 6. 1915, in: Heimatdank, 1 (1915/16), Nr. 19, S. 5f.

[23] Vgl. Frie (wie Anm. 14), S. 26—80.
[24] Vgl. Verhandlungen des Preuß. Hauses der Abgeordneten, 22. Leg.-per., II. Session 1914/15, Stenographische Berichte, Sp. 8554—8587.
[25] So der brandenburgische Landesdirektor v. Winterfeldt auf der Landesdirektorenkonferenz am 22.1.1915, Verwaltungsarchiv des Landschaftsverbandes Westfalen-Lippe (VA LWL), C I 348, Fol. 377.
[26] Die Beteiligung der Arbeiter an der Kriegsbeschädigtenfürsorge, in: Soziale Praxis, 26 (1916/17), Sp. 200f.; vgl. Anton Trilling, Die bisherige Entwicklung der sozialen Kriegsbeschädigtenfürsorge unter besonderer Berücksichtigung der westfälischen Verhältnisse, Staatswiss. Diss. Münster 1923, S. 23—30.
[27] Verhandlungen des Reichstages, Stenographische Berichte, Bd 306, S. 363.
[28] Ebd., S. 162f.
[29] Vgl. 24.7.1915: Reichsamt des Innern an Preuß. MdI, GStAM, Rep. 151 I C 11718, Fol. 299ff.; 8.10.1915: Reichsamt des Innern an Preuß. Handelsmin., GStAM, Rep. 120 BB VII 1 Nr. 3h, Bd 2, Fol. 7.
[30] Bericht über die Konferenz zur Errichtung eines Reichsausschusses der Kriegsbeschädigtenfürsorge am Donnerstag, den 16. September 1915 im Landeshause der Provinz Brandenburg, Berlin 1915, S. 12.
[31] Ebd., S. 25.
[32] Vgl. Whalen (wie Anm. 1), S. 103.
[33] Erklärung der Generalkommission der Gewerkschaften Deutschlands, des Gesamtverbandes der christlichen Gewerkschaften Deutschlands, des Verbandes der Gewerkvereine Hirsch-Dunker, des Verbandes für einheitliches Angestelltenrecht, der Arbeitsgemeinschaft der technischen Verbände und der Polnischen Berufsvereinigung vom 2.4.1917, zit. nach: Die Kriegsbeschädigten-Organisationen in Deutschland, hrsg. vom Reichsbundvorstand, Berlin o.J., S. 14.
[34] Beschluß des Tätigkeitsausschusses der Kriegsbeschädigtenfürsorge in der Rheinprovinz vom 3.1.1917, zit. nach: Reichsausschuß der Kriegsbeschädigtenfürsorge, Die Kriegsbeschädigtenvereinigungen, Anlage 7, VA LWL, C 61 I 136, unfol.
[35] 16.1.1917: Rundschreiben der Stiftung Heimatdank, ebd., Anlage 5, VA LWL, C 61 I 136, unfol.
[36] Vgl. 29.3.1917: Winterfeldt an alle Hauptfürsorgeorganisationen, VA LWL, C 61 I 136, Fol. 17.
[37] 16.1.1917: Rundschreiben der Stiftung Heimatdank, zit. nach: Reichsausschuß (wie Anm. 34), Anlage 5, VA LWL, C 61 I 136, unfol.
[38] 24.4.1918: Landrat Bürgers an den RP Münster, VA LWL, C 61 I 137, unfol.
[39] Vgl. Whalen (wie Anm. 1), S. 103.
[40] Vgl. ebd., S. 117ff.
[41] Vgl. hierzu Diehl, Organization (wie Anm. 8); ders., Germany (wie Anm. 8).
[42] Nach einer Angabe des Reichsarbeitsministeriums waren 1921 im Reichsbund 639856 der insgesamt fast 1,4 Millionen organisierten Kriegsopfer vertreten. Der nächstgrößte Verband, Kyffhäuser-Bund, repräsentierte 225382 Mitglieder. Vgl. Whalen (wie Anm. 1), S. 128.
[43] H., Ein Verband deutscher Kriegsbeschädigter und Kriegsteilnehmer, in: Soziale Praxis, 27 (1917/18), Sp. 645f.

[44] 16.1.1917: Amtmann Gladbeck an Ausschuß für die Kriegsbeschädigten-Fürsorge im Landkreise Recklinghausen, VA LWL, C 61 I 136, Fol. 29. Vgl. außerdem 5.2.1917: Ausschuß für Kriegsbeschädigtenfürsorge in der Provinz Westfalen an Ausschuß für die Kriegsbeschädigten-Fürsorge im Landkreise Recklinghausen, ebd., Fol. 6; 20.4.1917: Amtmann Gladbeck an Ausschuß für die Kriegsbeschädigten-Fürsorge im Landkreise Recklinghausen, ebd., Fol. 31.

[45] 15.6.1918: Ausschuß für Kriegsbeschädigtenfürsorge in der Provinz Westfalen an den Reichsausschuß, VA LWL, C 61 I 136, unfol. Vgl. außerdem den Artikel »Eine Kundgebung der Kriegsbeschädigten« im Westfälischen Merkur vom 13.5.1918.

[46] 29.5.1916: Horion an Schmedding, VA LWL, C 61 I 136, unfol.

[47] 19.5.1917: Niederschrift über die 8. Sitzung des Reichsarbeitsausschusses des Reichsausschusses der Kriegsbeschädigtenfürsorge in Dresden, VA LWL, C 61 I 136, unfol.

[48] Vgl. 26.3.1918: Niederschrift über die 11. Sitzung des Reichsarbeitsausschusses des Reichsausschusses der Kriegsbeschädigtenfürsorge in Dresden, VA LWL, C 61 I 45, unfol. Das Zitat Horion ebd.

[49] Der sozialdemokratische Reichsbund etwa hatte seine Mitgliederzahl zwischen Januar und November 1918 von 5000 auf 50000 Mitglieder verzehnfacht. Vgl. Kriegsbeschädigten-Organisationen (wie Anm. 33), S. 24.

[50] 8.10.1918: Niederschrift über die 13. Sitzung des Reichsarbeitsausschusses des Reichsausschusses der Kriegsbeschädigtenfürsorge in Dresden, VA LWL, C 61 I 45, unfol.

[51] Dies läßt sich am Beispiel Westfalens zeigen, wo Landesrat Jung sein Ressort trotz der Mitspracherechte der Kriegsopfer sicher beherrschte. Vgl. Frie (wie Anm. 14), S. 155.

[52] A. Schanz, Zur Frage eines Invalidenamtes für Sachsen, SHStAD, Wirtschaftsmin. 392, Fol. 228—234.

[53] Das Reichsarbeitsministerium beklagte im Oktober 1920 die zu großzügige Ausgabenpraxis der sächsischen Kriegsopferfürsorge: »Man gebe dem Druck der Strasse dort offenbar mehr nach, als sich finanziell vertreten lasse, wenn auch anzuerkennen sei, dass die politischen Verhältnisse in Sachsen besonders gespannt seien.« 19.10.1920: Erste Fortsetzung des Berichts vom 18.10., Haushalt des Reichsarbeitsministeriums betreffend, gez. v. Sichart, SHStAD, Außenmin. 2373, Fol. 354ff.

[54] Vgl. Frie (wie Anm. 14), S. 158f.

[55] Otto Wölz, Lehren der Kriegsbeschädigten- und Kriegshinterbliebenenfürsorge für die Gestaltung der allgemeinen Wohlfahrtspflege, in: Soziale Praxis, 30 (1921), Sp. 1105—1111, hier Sp. 1105f.

[56] Geyer (wie Anm. 7), S. 255.

Vierter Teil

Die umstrittene Volksgemeinschaft

Gunther Mai

»Verteidigungskrieg« und »Volksgemeinschaft«. Staatliche Selbstbehauptung, nationale Solidarität und soziale Befreiung in Deutschland in der Zeit des Ersten Weltkrieges (1900–1925)*

Das »August-Erlebnis« 1914 als Ausdruck nationaler Geschlossenheit und die Novemberrevolution 1918 als Ergebnis unversöhnlicher Klassenspaltung sind die beiden zeitlichen wie politischen Extrempunkte des Weltkrieges. Verteidigungskonsens nach außen und Verteilungsdissens nach innen standen gleichwohl nicht als unvermittelte Widersprüche neben- oder gegeneinander. Nationale Solidarität und soziale Befreiung flossen vielmehr ineinander – zuletzt, im Ruhrkampf 1923, fast konturenlos. Und das, trotz divergierender Interessen und Intentionen, quer durch die parteipolitische Topographie. Dahinter stand die Suche nach ubiquitärer »Sicherheit«, die geradezu als Voraussetzung von »Freiheit« galt: retrospektiv als Suche nach Geborgenheit und statischer Ordnung aller Lebensverhältnisse (System-Sicherheit); prospektiv als berechenbare Verfügbarkeit von materieller Absicherung und privatem Lebenssinn (Selbst-Sicherheit); werthaft als Sorge-Losigkeit gegenüber den alltäglichen Lebensrisiken der post-agrarischen Gesellschaft (Vertrauens-Sicherheit)[1]. Dieser Primat der »Sicherheit« sollte sich als eine folgenreiche Konstante der politischen Kultur vom ausgehenden Kaiserreich über das Ende der Weimarer Republik bis in die fünfziger Jahre erweisen[2].

Es wäre daher eine unzulässige Verkürzung, nur der »objektiven« Wirklichkeit der spätwilhelminischen Gesellschaft unter den extremen Belastungen der Kriegswirtschaft nachzugehen. Nicht minder wichtig ist die Frage nach der »interpretierten« Wirklichkeit, das heißt, nach der Wahrnehmung und politischen Verarbeitung dieser Gegebenheiten, nach den Wertvorstellungen, nach den kollektiven Mentalitäten.

Zu diesem Zweck muß man den Blick über die eigentlichen Kriegsjahre hinaus ausdehnen. Denn der Erste Weltkrieg war eingebettet in eine Phase des beschleunigten sozialen, kulturellen und politischen

Wandels, die sich in ganz Europa relativ einheitlich auf die Zeitspanne von 1900 bis 1925 datieren läßt. Der Kern dieses strukturellen Wandels war der Durchbruch zur industriell-urbanen Massengesellschaft. Begleitet war dieser Prozeß von Verstädterung, Binnenwanderung und Zergliederung der Gesellschaft, von sozialer und emotionaler Verunsicherung, von Kulturkritik und Suche nach Sinnstiftung.

Neue soziale Gruppen wie die Angestellten oder die technische Intelligenz entstanden, die ihre Verortung zwischen Bürgertum und Unterschichten nach sozialem Status und politischer Loyalität befriedigend nicht zu definieren vermochten. Die »Feudalisierung« des Bürgertums in äußerer Lebenskultur, sozialem Konnubium und politischer Allianz schritt zwar voran, die aufsteigenden, »modernen« industriellen Eliten begannen sich gleichwohl vom Bündnis mit den alten, agrarischen Eliten zu emanzipieren. Um ihren Einfluß auf den Staatsapparat geltend machen zu können, suchten sie vorsichtig den Kontakt zu den Gewerkschaften, der anderen aufsteigenden industriellen Elite. Die zunehmende Dominanz des Industrialismus trieb den alten Mittelstand in eine wachsende Distanz zum Staat. Dieser begann sich in eigenen Organisationen zu sammeln und suchte das Bündnis mit den völkisch-radikalen Gruppierungen der »nationalen Opposition«. Die Agrarier, deren soziale Hegemonie im Preußischen Herrenhaus durch eine Art politischer Veto-Position de facto auch für das Reich festgeschrieben war, schlugen einen zunehmend reaktionären Kurs ein, in dem Maße, in dem ihre Interessen denen der Industriegesellschaft geopfert zu werden drohten.

Zugleich begann die organisierte Arbeiterbewegung ihr freiwillig-unfreiwilliges Getto zu verlassen. Unübersehbar war die steigende Bereitschaft, sich — zumal im Zeichen verbesserter Lebenshaltung — sowohl mit der kapitalistischen Eigentumsordnung als auch mit dem monarchischen System zu arrangieren und sich zu diesem Zweck von der radikalen Linken ideologisch und ansatzweise auch schon organisatorisch zu trennen. Der Widerspruch zwischen trotzigem Bekenntnis zum sozialen Klassenkampf und unreflektiertem Bekenntnis zum nationalen Klassenstaat wurde immer offenkundiger[3].

Auf der einen Seite wurde die politische Kultur des Kaiserreichs immer stärker fragmentiert. Auf der anderen Seite begannen sich die sozial-moralischen Milieus, die diese Fragmentierung bisher getragen hatten, aufzulösen; nicht nur das proletarische, sondern ebenso das bürgerliche, das bäuerliche oder das katholische. Mit der beginnenden Klassen-Entbildung bereits im Klassenstaat entstanden neue soziale Konfigurationen und Bündniskonstellationen, die über die traditionelle Klassengesellschaft mit quasi-ständischen Zügen hinauswiesen. Statt dessen taten sich neue Trennungslinien auf, und das fast synchron seit etwa 1900. Zum einen die wachsende Kluft zwischen den Generationen, deren markantester Ausdruck der Aufstieg der Jugendbewegung war. Zum anderen der unversöhnliche Gegensatz zwischen agrarischer Nostalgie und industrieller Moderne.

Die seit 1900 geführte Debatte, ob Deutschland Agrarstaat bleiben oder Industriestaat werden solle, hatte diesen Gegensatz ins allgemeine Bewußtsein gerückt[4]. Als Agrarstaat, so hofften die Protagonisten einer Modernisierungsverweigerung, wäre das Reich zwar autark geblieben, hätte aber nur Kontinentalpolitik treiben können, wenn es zum Beispiel auf die allgemeine Wehrpflicht verzichtete, um das Heer von der industriellen Arbeiterschaft ebenso unabhängig zu erhalten wie von bürgerlichen Offizieren. Als exportorientierter Industriestaat wurde das Reich vom Zugang zum Weltmarkt und insofern von einer Flotte abhängig. Zwar mußte das Heer sich in eine gewisse Abhängigkeit vom Bündnis mit der Arbeiterschaft begeben; doch ohne industrielle Mobilisierung, das sahen technokratische Militärs wie Tirpitz oder Ludendorff ebenso präzise wie der virulenter werdende völkische Radikalismus, war ein »totaler« Krieg nicht zu gewinnen[5]. Nicht Ablenkung der inneren Konflikte durch außenpolitische Erfolge, sondern Herstellung der inneren Solidarität als Voraussetzung für eine kraftvolle Außenpolitik, das war die Quintessenz dieser Strategie. »Wir wünschen darum eine Politik der Macht nach außen und der Reform nach innen«, so hat es Friedrich Naumann 1900 formuliert[6].

Die Erfolgsaussichten einer solchen Strategie standen nicht schlecht. Denn ausgehend von der Propaganda des rechten Parteiflügels fand das Argument der offiziellen »Weltpolitik« in immer weiteren Kreisen der SPD und der Gewerkschaften Resonanz, daß Arbeitsplätze und Wohlstand nur durch die Abwehr der »wirtschaftlichen Erdrosselung« und der »Abschnürung vom Weltmarkt« seitens der Entente gewährleistet werden könnten: durch Freihandel und »offene Tür« — oder durch den Besitz von Kolonien[7]. Die Einordnung von SPD und Gewerkschaften in den nationalen Verteidigungskonsens hatte (spätestens) mit der ersten Marokkokrise 1904/05 eingesetzt und fand ihren Höhepunkt in der (verschämten) Zustimmung zur Kolonialpolitik oder zum Militäretat 1913[8]. Dieser Verteidigungskonsens implizierte eine (zumindest begrenzte) Identität von Klassen-Interesse und Klassenstaats-Interesse.

Die Zustimmung zu den Kriegskrediten im August 1914 war im Lichte eines solchen Kalküls nur konsequent. Die Frage nach der Kriegsschuld trat hinter die Sicherung des individuellen und nationalen Überlebens zurück: Es handele sich

»in diesem Kriege um einen Verteidigungs-, ja Existenzkampf für das deutsche Volk und damit auch für die deutsche Arbeiterklasse. Denn, eine Niederlage Deutschlands in diesem gewaltigen Ringen wäre gleichbedeutend mit der Vernichtung der Existenzbedingungen für Millionen deutscher Arbeiter und ihrer Familien[9].«

Die Verteidigungsemotion des August 1914 gegen das reaktionäre Rußland war kaum mehr als Alibi; Vorrang hatte längst der wirtschaftliche Konkurrenzkampf gegen England gewonnen. Und dem dienten auch die Kriegsziele der SPD: Sicherung der Überlebensbedingungen durch den freien Zugang zum Weltmarkt im Westen, teilweise gar durch Sicherung der Selbstversorgung im Osten[10].

Eine Richtungsentscheidung zwischen »agrarischer« und »industrieller« Politik wurde im Kaiserreich jedoch nicht getroffen, um den immer prekärer werdenden staatstragenden Kompromiß der »Sammlung« von Industrie und Landwirtschaft nicht zu gefährden. Das Reich geriet in die Gefahr, »agrarische Politik in einem industriellen Staat« zu treiben[11].

Ein wachsender Teil der Gesellschaft fühlte sich von dieser Spannung erkennbar überfordert, und ein Lernprozeß im Umgang mit den Lebensweisen der industriellen Gesellschaft wurde geradezu bewußt verweigert. Der Widerspruch von Endzeitstimmung und Aufbruchshoffnung, der im August 1914 in die Kriegsbereitschaft mündete, spiegelte insofern die innere Krise der alteuropäischen Gesellschaft wider. Den einen erschien der Krieg als »Befreiung« aus der Sinnkrise, den anderen als Chance zur Rückkehr zum Status quo ante, den dritten als Durchbruch zur Moderne, den vierten, vor allem den Paria-Gruppen des Kaiserreichs, also Sozialdemokraten und Juden, als Verheißung, durch »Pflichterfüllung« den Anspruch auf Teilhabe am »neuen Deutschland« erwerben und sich aus diskriminierender Duldung befreien zu können[12].

Wie sehr der Wandel der industriell-urbanen Massengesellschaft unter dem pompösen Deckmantel des Wilhelminismus längst vorangeschritten war, unterstrichen Verlauf und Ergebnis des Krieges, die maßgeblich von den neuen »Maschinen«-Waffen bestimmt wurden (Maschinengewehr, Tank, Flugzeug, Unterseeboot). Als entscheidend sollte sich jedoch die Dauer des Krieges erweisen. Je kürzer, desto größer die Chancen, daß das »nationale Stahlbad« eine innere Reform überflüssig machte.

Zunächst sah es ganz nach einem Erfolg der agrarisch-konservativen Kräfte aus. Der Schlieffen-Plan schien aufzugehen[13]. Dieser war bewußt auf einen »kurzen Krieg« berechnet. Allein ein solcher konnte aus den Waffen- und Munitionsvorräten mit einer begrenzten Zahl von Soldaten und einer begrenzten Umstellung der Wirtschaft geführt werden, ohne daß sich Staat und Militär von einer industriellen Kriegsrüstung und der Kooperation der Arbeiterbewegung abhängig gemacht hätten. Die Niederlage an der Marne im September 1914 entschied daher nicht nur den Ausgang des Weltkrieges. Sie zerstörte zugleich die agrarisch-altkonservative Hoffnung, durch einen siegreichen »Blitzkrieg« die industriegesellschaftliche Modernisierung doch noch verhindern zu können. Jetzt ließ sich die ursprüngliche Konzeption des im August 1914 ausgerufenen »Burgfriedens«[14] nicht länger aufrechterhalten, der lediglich den Status quo gegen die Arbeiterbewegung, notfalls auch durch eine Militärdiktatur, sichern sollte. Der »Siegfrieden« nach außen war immer auch als »Siegfrieden« nach innen gedacht; darin lag der Sinn scheinbar sinnloser Kriegsziele.

Nach der Niederlage an der Marne mußte die industrielle Mobilmachung für einen unabsehbar langen Krieg in Angriff genommen werden. Das war die entscheidende Weichenstellung. Was zunächst als Notmaßnahme für eine Übergangszeit gedacht war, wurde seit Anfang 1915 zum Maßstab aller Dinge. Weitgehend autonom konnte die Industrie, mit staatlicher Exekutivgewalt ausgestattet, in »Kriegsgesellschaften« die Rüstungsproduktion organisieren — von der Rohstoffbeschaffung über die Verteilung der Produktionsquoten bis zur Finanzierung der Investitionen. Je geringer die Versorgung mit Kohle, Rohstoffen, Baumaterial, Maschinen oder Transportkapazität, desto mehr sprach für eine Konzentration und Standardisierung der Rüstungsproduktion. Zivile und Konsumgüterbereiche, wie die Bau- oder Textilindustrie, kamen unter die Räder; ihre Arbeiter wurden kurzerhand umgesetzt. Für das Handwerk, dessen Bestand um 30 bis 40 Prozent dezimiert wurde, war in diesem System kein eigenständiger Platz mehr, es sei denn in Überlebensnischen von Reparatur- und Zulieferaufgaben. Ebenso für den Handel, der von den Rüstungsorganisationen ersetzt wurde oder zu staatlichen Verkaufsstellen absank. Die Industrie wurde zum eigentlichen Kriegsgewinner.

Die Arbeiterschaft vermochte ihre Verteilungsposition zu behaupten, konnte diese teilweise sogar ausbauen, da die Beschaffung der Arbeiter zum entscheidenden Engpaß für die Rüstungsindustrie wurde. Der

Mannschaftsbedarf von Heer *und* Industrie konnte langfristig nur auf Kosten von Landwirtschaft, Handwerk und Kleingewerbe sichergestellt werden. Durch materielle Anreize und sozialpolitische Kompensationen mußte die Rückendeckung der Gewerkschaften für die Kriegsanstrengung erkauft werden — nicht als Belohnung, sondern als Voraussetzung für den militärischen Sieg. Auch um den Preis, daß dies nach dem Krieg nicht mehr reversibel sein würde. Denn gegen die Arbeiterschaft, so Groener 1917, war der Krieg nicht zu gewinnen[15].

Doch Preisanreize für die Industrie und Lohnanreize für die Arbeiter beschleunigten nur die inflationäre Lohn-Preis-Spirale, die von der staatlichen Kriegsfinanzierung ausging. Landwirtschaft, Handwerk, Handel und Mittelschichten gerieten auch hier entscheidend in Nachteil. Die materiellen Bedingungen von Krieg und Inflation boten nicht den Verteilungsspielraum, um allen sozialen Gruppen eine Bestandssicherung zu garantieren. Nicht länger Besitz und Bildung, Status und Tradition konstituierten und privilegierten die sozialen Klassen, sondern die rüstungswirtschaftliche Funktion. Angestellte und Beamte, Rentiers und Kapitaleinkommensbezieher, Handwerk und Handel waren mehr oder weniger unnütze Esser; und wer nicht arbeitete, der sollte — buchstäblich — auch nicht essen.

Die Mittel zum physischen Überleben konnten nur noch nach den Kriterien der rüstungswirtschaftlichen Bedeutung zugeteilt werden. Bereits 1915 mußte zur Rationierung der Lebensmittel übergegangen werden, das hieß zu diesem Zeitpunkt zur Verteilung eben noch ausreichender Vorräte. Als nach unüberlegten staatlichen Maßnahmen, wie dem »Schweinemord« von 1915, und Mißernten (»Kohlrübenwinter« 1917) das physiologische Existenzminimum nicht mehr gewährleistet war, mußte von der Verteilung zur Zuteilung nach Kriterien der Kriegswichtigkeit übergegangen werden. Nur durch private Schwarzmarktkäufe, bei zehnfachen Preisen, war ein Überleben möglich. Seit 1917 konnten Angestellte, Beamte oder Rentiers auf dem Schwarzmarkt nicht mehr mithalten. Im Frühjahr 1918 traf dies die schlechter verdienenden Arbeiter; im Sommer 1918 zunehmend auch die am besten verdienenden Rüstungsarbeiter[16].

Die gehässige, das soziale Klima vergiftende Debatte um das »Kriegsgewinnlertum« bezog sich daher keineswegs nur auf den Aspekt materieller Vorteile, sondern mehr noch auf die gesellschaftlichen Umverteilungswirkungen der Kriegswirtschaft: die Positionsgewinne der Industrie zu Lasten der Landwirtschaft; die Konzentration der Rüstungsproduktion in Preußen zu Lasten der süddeutschen Staaten; die Vernichtung des Mittelstandes; die Bevorzugung der Industriearbeiter gegenüber Angestellten und Beamten; die in Gestalt der Schwarzmarktgewinne erkennbare Ausbeutung der Allgemeinheit durch die agrarischen Produzenten[17].

Krieg und Hunger, Friede und Brot, dieser Zusammenhang drängte sich automatisch auf. Lange Zeit hat die Erfahrung von Not eher den Durchhaltewillen gestärkt und radikale Kriegszielforderungen legitimiert, nämlich solange es die Ursachen der Not auf die Entente, vor allem das »perfide Albion« und dessen »Hungerblockade«, abzuwälzen gelang. Zufrieden registrierten die Militärbehörden, daß das mittlere Funktionärskorps von SPD und Gewerkschaften sich mit diesem Argument bis zuletzt für eine »Durchhalte«-Propaganda einspannen ließ[18].

»Die Not hat uns gelehrt: Der Kampf der Klassen kann erst aufgenommen werden, wenn die Solidarität der Klassen den Bestand der übergeordneten Gemeinschaft gesichert hat[19].«

Daraus entstand seit 1915 die Vorstellung der »Gemeinwirtschaft«, des Wirtschaftens im Interesse des Gemeinwohls, von Walther Rathenau und Wichard v. Moellendorff in den Kriegswirtschaftsorganisationen praktisch vorbereitet und nachträglich als Wirtschaftsethik theoretisch fundiert[20]. Je schärfer die Verteilungskämpfe im Inneren um das pure Überleben entbrannten, der »Klassenkampf« an Schärfe zunahm, um so drängender wurde die Notwendigkeit, den Krieg — und vor allem den kommenden Frieden — nicht durch innere Zerrissenheit zu gefährden. Indem gesellschaftliche Verteilungsgerechtigkeit und soziale Überlebensgarantie in Krieg und Nachkriegszeit sichergestellt werden sollten, sprach man auch von »Kriegssozialismus«. Die Verpflichtung auf das Gemeinwohl, der Appell an Opfer und Verzicht sollten das höhere, kollektive Überlebensinteresse von Volk, Staat oder Nation gewährleisten und, wie konservative Nationalökonomen erhofften, die »Volksgenossenschaft eines nationalen Arbeitsstaats aus der nationalen Kriegswirtschaft« entstehen lassen[21]. Auch MSPD und Gewerkschaften griffen dieses Modell in Gestalt der »sozialistischen Gemeinwirtschaft« auf, der das Bekenntnis zur »Arbeitsgemeinschaft der Klassen« zugrunde lag[22].

Nur vordergründig markierte die »Gemeinwirtschaft« den Sieg der industriellen Großgruppen, indem die von der Kriegswirtschaft bedrohten Sozialgruppen zum Stillhalten verpflichtet wurden. Nachdem im Krieg die Industrie aus der »Sammlung« mit der Landwirtschaft ausgeschieden war, nachdem sich der linke Flügel der SPD abgespalten hatte, war die Chance zur Gründung einer neuen gesellschafts- und staatspolitischen Bündniskonstellation gegeben. Diese »neue industrielle Mitte« entfaltete ihre politische Wirkung seit Anfang 1915, als in der Berliner und der süddeutschen Metallindustrie »Kriegsausschüsse« eingerichtet wurden, die — unter militärischem Vorsitz — mit Arbeitgeber- und Gewerkschaftsvertretern paritätisch besetzt waren und aus denen im Dezember 1916 das »Gesetz über den vaterländischen Hilfsdienst« hervorging[23]. Doch zugleich war mit dem Hilfsdienstgesetz ein System korporativen Interessenausgleichs als Not- und Übergangslösung installiert worden, das durch berufsständische, vertikale Versäulung der ökonomischen, sozialen und politischen Interessen allen Sozialgruppen eine Überlebens- und Mitbestimmungsgarantie anbot. Das bedeutete mehr als nur das Versprechen, die am stärksten von der Kriegswirtschaft Geschädigten in der Nachkriegszeit (mit Hilfe von Reparationen) materiell zu kompensieren; es enthielt implizit zugleich die Verpflichtung, eine Rückkehr zum Status quo ante anzustreben und somit die Folgen des säkularen Strukturwandels nachträglich wieder zu korrigieren.

Als ideologische Unterfütterung und korrespondierende politische Verantwortungsethik trat, in enger Verbindung mit dem außenpolitischen Verteidigungskonsens, auf allen Seiten des Parteienspektrums eine neue Formel in Erscheinung: die »Volksgemeinschaft« einer um ihre Existenz kämpfenden Kriegsnotgemeinschaft. Der Begriff ist seit 1860/70 bei Antisemiten[24] wie Zionisten[25] gleichermaßen nachweisbar. Zum eigentlichen Protagonisten wurde um 1900 die Jugendbewegung[26]. Liberale Imperialisten[27], »technokratische« Militärs[28], die das Bündnis mit der bürgerlichen Sozialreform suchten, jungdeutsche Ideologen[29] und völkische Militaristen der »nationalen Opposition«[30] schlossen sich an.

»Gemeinschaft«, einerseits »affektuell«, andererseits rationales Kalkül kollektiver Interessenwahrung nicht ausschließend[31], war hier stets autoritär definiert und mit der Verteidigungsposition des Reiches begründet. Sie war Gegenentwurf sowohl gegen die klassenkämpferische Intransigenz der alten Eliten als auch gegen die Revolutionsdrohung der Arbeiterbewegung. Erstere galt es in die »Pflicht gegenüber der Volksgemeinschaft« zu nehmen, indem »Privatansichten und -Interessen« hinter die vordringliche Aufgabe zurückzutreten hatten, »daß das Volk am Leben bleibt«; letztere war, ohne deren Sonderinteressen »weg[zu]disputieren«, »bei gegenseitiger Wahrung der Standpunkte« für eine »Arbeitsgemeinschaft zum Besten unseres Volkes zu gewinnen«[32]. Individuelles und kollektives Überleben waren nur garantiert, wenn der »neutrale«, von partikularer Einflußnahme freie Staat in der Lage war, den Interessenausgleich zwischen den Gruppen, das heißt die Überwindung des Klassenkampfes zugunsten einer solidarischen Produktions- und Lebensgemeinschaft, notfalls ebenso zu erzwingen wie die Gemeinwohlverpflichtung des Eigentums beziehungsweise die Einschränkung der privaten Verfügungsgewalt über die Produktionsmittel (»nationaler Sozialismus«). In der autoritären (eher populistisch als demokratisch legitimierten) Staatsräson verknüpften sich die Prinzipien von »Nation« und »Sozialismus«[33].

Wohl erwuchs aus der »äußeren« Verteidigungsgemeinschaft ein vordergründiger Gemeinsamkeitsglaube[34], doch dieser ließ sich, trotz aller Forderungen der Linken, nicht durch eine »innere« Werte- und Reformgemeinschaft ergänzen. Gleichwohl begann auch in der SPD seit der ersten Marokkokrise 1904/05 die Rezeption des »Volksgemeinschafts«-Gedankens[35]. Es war nicht allein die Hoffnung auf eine soziale Dividende der äußeren Machtpolitik, die den rechten Flügel der »Außenpolitiker« zu dieser Option veranlaßte, sondern mehr noch die Hoffnung, die Partei in die Nation zurückzuführen[36]. Die Zustimmung zu den Kriegskrediten am 4. August 1914 war aus dieser Sicht das selbstverständliche »Zusammenstehen mit der Volksgemeinschaft in Not und Tod«[37]. Das »Volksgemeinschaftsgefühl«[38] begründete die »Solidarität des gesamten Volkes« als »erste und bedeutungsvollste Voraussetzung zur Durchführung eines modernen Krieges«[39]; »nationale Solidarität« mit der »Volksgemeinschaft« erforderte, »alles Wollen der einzelnen Partei der Frage um das Wohlergehen des Volkes unterzuordnen«[40].

»Volksgemeinschaft« war auch bei Friedrich Ebert als Symbol innerer und äußerer Geschlossenheit, der nationalen Solidarität über den Klasseninteressen und über den Parteigegensätzen gefaßt[41]. In diesem Sinne forderte Eduard David 1919 anläßlich der Debatte über die Nationalflagge:

> »Wir müssen nach einem Symbol suchen, das über alle Parteigegensätze und alle Parteifahnen hinaus von möglichst allen Parteien als Ausdruck der Zusammengehörigkeit zur Volksgemeinschaft, die höher ist als alle Parteien, angesehen und empfunden wird[42].«

Das hatte (nicht nur bei den im Hofgeismarer Kreises vereinigten Jungsozialisten nach dem Krieg[43]) Anklänge an die konservative Umwertung des Begriffs Solidarität als Einordnung, Pflicht und Opfer. Zugleich war die »Volksgemeinschaft« bekenntnishafter Gegenentwurf zum exklusiven Nationsbegriff der Konservativen und Völkischen und verlieh dem Topos eine Erweiterung des Gemeinschaftsbegriffs über Staat und Nation, über die Staatsbürgernation hinaus.

Die sozialdemokratische »Volksgemeinschafts«-Variante reflektierte die Akzeptanz des Verteidigungskonsenses. Als Organisationsmodell einer Notgemeinschaft beruhte sie auf den traditionellen Werten von Organisation und Disziplin, Solidarität und Gerechtigkeit, indem sie der individuellen wie der nationalen Kriegsverarmung durch soziale Verteilungsgerechtigkeit Rechnung (»moral economy«) tragen wollte: Mit Hilfe eines selbstverwaltet-korporativen Interessenausgleichs sollten die gesellschaftlichen Reibungsverluste im Hinblick auf die (Wieder-)Gewinnung von Weltmacht- oder doch Weltmarktposition minimiert werden.

Zwar wurde das Fortdauern des Klassenkampfes postuliert, in Abwehr entsprechender Forderungen der konservativen »Volksgemeinschafts«-Konzeption, aber diese Form von Klassenkampf war mehr als wirtschaftlicher Verteilungskampf denn als »revolutionärer« Kampf um Staatsform und Staatsmacht zu verstehen. Letztlich bedeutete die Selbstverpflichtung auf die »Volksgemeinschaft«, daß der Klassenkampf (zumindest auf Zeit) ausgesetzt werden mußte.

Damit waren die Chancen, eine »sozialistische« Variante der »Volksgemeinschaft« zu verankern (wie im Falle der »Gemeinwirtschaft«), bereits im Ansatz gescheitert: nämlich die Sozialisierung als deren Konkretion zu definieren. In dem Sinne hat die »Volksgemeinschaft« Eingang in Parteitagsresolutionen[44] gefunden und 1921 als Begründung der Sozialisierungsforderungen im Görlitzer Parteiprogramm gedient[45], die Gemeinschaftsverpflichtung des einzelnen durch die Gemeinwohlverpflichtung des Eigentums ergänzend.

Anschaulichste Konsequenz dieser Selbstverpflichtung war der 1918/19 praktizierte Transformationsverzicht der SPD. An der Leistungsfähigkeit der Wirtschaftsordnung orientiert, unterwarfen sich MSPD und freie Gewerkschaften dem Diktat von Not und Hunger. Der neuerlich beschworene Verteidigungskonsens gegen »Versailles« rechtfertigte nachträglich noch einmal die Kriegspolitik des 4. August, ebenso die Kriegsziele von SPD und Gewerkschaften; er gab erneut der Grundthese Nahrung, daß eine Identität von Klasseninteresse und nationalem Interesse bestand. Aus dieser Sicht erzwangen die Klasseninteressen geradezu die Vertagung der Transformationsansprüche, die Zurückstellung des Klassenkampfes.

Die SPD stand mit dieser Politik keineswegs allein. Unter dem Eindruck von Krieg, Niederlage, Friedensvertrag und Inflation wurde die »Volksgemeinschaft« kurzzeitig zu einer Art Gründungskonsens der Weimarer Republik. Jetzt als Antwort auf die These beziehungsweise den propagandistischen Topos, das Reich habe den Krieg durch innere Zerrissenheit verloren; als Reaktion auf die Erfahrung des inneren Verteilungskampfes in der Inflation, auf die revolutionären Wirren und den Bürgerkrieg; als Anspruch an andere soziale Gruppen, im Interesse des nationalen Wiederaufstiegs ihre Sonderinteressen zurückzustellen. »Gemeinnutz geht vor Eigennutz«, auch das keine Erfindung der Nationalsozialisten, wurde zur eingängigen Chiffre. Friedrich Meinecke, Hugo Preuß und Theodor Heuss[46] propagierten die »demokratische Volksgemeinschaft«, Zentrums-Reichskanzlers Marx verfolgte die (von Stresemann angeregte[47]) »parlamentarische« Volksgemeinschaft der »ganz großen Koalition« von SPD bis DNVP[48]; die christlichen Gewerkschaften sahen sie als Organisationsform eines »nationalen Sozialismus«[49]; den Konservativen[50] (und ebenso dem frühen Hitler[51]) war sie autoritäre, berufsständische, völkische, KPD, SPD und Juden ausgrenzende Kampfgemeinschaft zur Revision der inneren und äußeren Ergebnisse des Krieges; der Reichsbund jüdischer Frontsoldaten verstand sie als Anspruch auf Integration in eine durch eigene Opfer und Pflichterfüllung verteidigte Nation[52]. Anklänge an die »Volksgemeinschaft«-Idee fanden sich selbst bei der KPD[53].

Das Ausmaß, in dem die soziale *Ent*solidarisierung in den Verteilungskämpfen von Krieg und Inflation durch die nationale *Re*solidarisierung gegen »Versailles« kompensiert werden konnte, zeigte sich in extremer Form während des Ruhrkampfes von 1923. Es war bezeichnend, daß selbst die KPD es für angebracht hielt, mit nationalistischen Parolen in der Arbeiterschaft zu werben, auch wenn Karl Radeks Lobrede auf Leo Schlageter dem taktischen Bemühen entsprang, eine Art »Einheitsfront von unten« auch gegenüber der politischen Rechten zu betreiben. Diese Agitation war jedoch so erfolgreich, daß die Zentrale schließlich die Bewegung stoppen mußte, als manche Bezirksgrößen auf den Plakaten neben dem Sowjetstern das Hakenkreuz druckten und zu Diskussionen zwischen völkischen und kommunistischen Rednern einluden[54]. Nationale Befreiung war hier als Ausgangspunkt für das Vorantreiben zum sozialen Freiheitskampf intendiert; bei der SPD als Voraussetzung für die Befreiung von materieller Not und antirepublikanischen Revisionsbestrebungen; bei der Rechten Grundlage für die Revision der inneren wie der äußeren Ergebnisse der Niederlage. Die Konjunktur aller Bewegungen, die die Verschmelzung des nationalen und des sozialen Prinzips auf ihre Fahnen geschrieben hatten, nationalrevolutionär, nationalbolschewistisch oder nationalsozialistisch, läßt zumindest die Verunsicherung und die Orientierungslosigkeit erahnen, die auch die Arbeiterschaft erfaßten[55].

Doch überdeckte die von außen erzwungene Solidarität, daß »Volksgemeinschaft«, »Gemeinwirtschaft« und »Sozialismus« weiterhin nur *semantisch* identische Topoi waren, die inhaltlich geradezu konträr definiert wurden. Stets blieb die fundamentale Differenz zwischen rechter und linker »Volksgemeinschafts«-Vorstellung erhalten — je nachdem, ob »Volk« als »transzendent« (völkisch beziehungsweise mythisch) oder »demokratisch« (integrativ), ob »Gemeinschaft« in erster Linie »affektuell«-anthropologisch, bündisch, kollektivistisch oder solidarisch, ob »Volksgemeinschaft« als deterministisch-rassische »Bluts-« oder Abstammungsgemeinschaft oder voluntaristisch-demokratische Bekenntnisgemeinschaft verstanden wurde.

1924/25, als innere und äußere Krise vermeintlich überwunden waren, zerbrach der fragile Konsens. Alle Parteien, einschließlich der SPD, rückten vom Anspruch der »Volkspartei« ab und suchten als Klassenparteien neue Identität in ihren traditionellen Sozialmilieus. Der Verzicht der SPD auf die Umwandlung in eine Volkspartei 1920—1922 entsprang der Notwendigkeit, neue Eigenidentität durch Rückzug aus dieser lähmenden »Volksgemeinschafts«-Umarmung zu gewinnen, die sie durch Einbindung in die nationale Solidarität konturenlos machte. Aber, darin lag ihr Grunddilemma, das ansatzweise erfolgreiche Bemühen um eine neue sozio-kulturelle Verdichtung als Klassenpartei entzog ihr die Möglichkeit zur offensiven Meinungsführerschaft bei der Herausbildung der nationalen Identität eines republikanischen Volksstaates. Die staatstragende Tolerierungspolitik ließ nicht mehr als die Rolle eines sozialen Korrektivs aus der Opposition zu. Da die »negativ« definierte, vom wilhelminischen Klassenstaat erzwungene Klassenidentität nicht mehr trug, kam die nostalgische Entscheidung für die Klassenpartei einer Selbst-Isolation gleich, zumal angesichts der Konkurrenz der KPD, der Klassenpartei par excellence.

Doch alle Parteien hatten nicht erkannt, daß der Krieg längst die Auflösung der bäuerlichen Welt beschleunigt hatte, den Zerfall der bürgerlichen Selbstgewißheit, aber ebenso die Zersetzung des proletarischen Milieus. Angesichts der zunehmenden Verstaatlichung der sozialen Netze von Familie, Nachbarschaft und Sozialmilieu in der Industriegesellschaft erschien die Spannung zwischen Selbstverwirklichung des einzelnen und den Anforderungen des Gemeinwohls unüberbrückbar — es sei denn autoritär. Zudem traf der Verlust materieller Sicherheit und sozio-kultureller Gewißheiten auf einen milieu- und klassenübergreifenden Wertewandel. Dieser, nicht-materialistisch und gemeinschaftsbezogen, kulturpessimistisch und vor-modern, überlagerte seit 1900 die sozialen Verteilungskonfliktlinien und leitete den langfristigen Verfall des klassen- und milieugebundenen Loyalitätsverhaltens ein, der die Weimarer Republik prägen sollte. Die kulturelle Vielfalt der Weimarer Republik war keineswegs nur bereichernder Fortschritt zu neuer Form und neuer Freiheit, sondern mehr noch erschrockene Suche nach neuer Bindung und Sinnstiftung durch eine »verlorene« Generation.

Diese fehlende oder verlorene Homogenität der »Klassen« war die Einbruchstelle für neue Identifikationsangebote, die die Einheit auf höherer Ebene wiederherzustellen versprachen, dafür aber im Interesse kollektiver Rekonvaleszenz eine Friedenspflicht als nationale Solidarität einforderten. Das war die Chance des Nationalsozialismus, der nun das Erbe dieses »Volksgemeinschafts«-Gedankens antrat und geschickt in der Krise an dessen Reminiszenzen anzuknüpfen wußte. »Große Teile der Arbeiterschaft haben geglaubt«, so das deprimierte Fazit der enttäuschten Exil-SPD 1936, »durch die Hinnahme des Systems Freiheit gegen Sicherheit eintauschen zu können«[56]. Aus dieser Tradition war auch das Angebot des Allgemeinen Deutschen Gewerkschaftsbundes vom 9. April 1933, sich »dem höheren Recht des Staates als Repräsentanten der gesamten Volksgemeinschaft« zu unterwerfen, keineswegs vorauseilende Kapitulation, sondern Rekurs auf die Hoffnungen der Jahre 1914 oder 1919, der deutsche Arbeiter müsse »ein vollberechtigtes Mitglied der deutschen Volksgemeinschaft werden«[57].

Der Weltkrieg hat all diese Entwicklungen gebündelt, verstärkt und beschleunigt. Er hat sie nicht verursacht, ihnen keine prinzipiell neue Richtung, wohl aber eine neue Qualität verliehen. Dem abrupten System- und Wertewandel in Krieg, Revolution und Republik entsprach kein Lernprozeß im Umgang mit der anonymen Massenkultur, den urbanen Lebensformen, der pluralistischen Meinungskonkurrenz und den wohlfahrtsstaatlichen Versorgungssystemen einer post-agrarischen Gesellschaft. Die Adaptionslücke von »agrarischer« Mentalität und »industrieller« Lebenswelt war in Deutschland mehr als nur der Überhang sozial absterbender, aber politisch hegemonialer Eliten des 19. Jahrhunderts. Sondern die Idee der »Volksgemeinschaft« war definiert durch kollektive Schicksals-Lagen; sie war weniger Klassen- als Generationen-Erfahrung. Oder anders gewendet: sie war gelebter Mythos einer kollektiven Krisen-Biographie. Die autoritäre Nostalgie war die ebenso verständliche wie unzutreffende Lektion aus der Erfahrung des Krieges, obwohl nicht dieser selbst, sondern die durch ihn dramatisch beschleunigte Intensität und Verlaufsgeschwindigkeit der »Modernisierung«, die fehlende Vermittelbarkeit der »Sinnhaftigkeit« dieses Wandels die soziale Zumutbarkeit und politische Akzeptanz der Veränderungen verhinderten.

Anmerkungen

* Überarbeitete Fassung eines Vortrags, gehalten auf dem 38. Historikertag in Bochum am 27.9.1990.

1 Franz-Xaver Kaufmann, Sicherheit als soziologisches und sozialpolitisches Problem. Untersuchungen zu einer Wertidee hochdifferenzierter Gesellschaften, Stuttgart 1970, S. 356ff.

2 Gunther Mai, Vom Obrigkeitsstaat zur Demokratiefähigkeit? Westdeutsche Einstellungen seit Kriegsende, in: Auf dem Wege zu einer gesamtdeutschen Identität?, hrsg. von Axel Knoblich, Antonio Peter und Erich Natter, Köln 1993, S. 65—83.

3 Carl F. Schorske, Die große Spaltung. Die deutsche Sozialdemokratie 1905—1917, Berlin 1981. Zur Basis vgl. Gerhard A. Ritter, Klaus Tenfelde, Arbeiter im Deutschen Kaiserreich 1871 bis 1914, Bonn 1992, bes. S. 730ff.

4 Kenneth D. Barkin, The Controversy over German Industrialization 1890—1902, Chicago 1970.

5 Stig Förster, Der doppelte Militarismus. Die deutsche Heeresrüstungspolitik zwischen Status-quo-Sicherung und Aggression 1890—1913, Stuttgart 1985.

6 Friedrich Naumann, Demokratie und Kaisertum (1900), in: ders., Werke. Politische Schriften, hrsg. von Theodor Schieder. Bd 2: Schriften zur Verfassungspolitik, bearb. von Wolfgang Mommsen, Köln, Opladen 1964, S. 1—351, hier S. 348.

7 Hans-Christoph Schröder, Sozialismus und Imperialismus. Die Auseinandersetzung der deutschen Sozialdemokratie mit dem Imperialismusproblem und der »Weltpolitik« vor 1914, Bonn [2]1974; Roger Fletcher, Revisionism and Empire. Socialist Imperialism in Germany 1897—1914, London 1984; Dieter Groh, Peter Brandt, »Vaterlandslose Gesellen«. Sozialdemokratie und Nation 1860—1990, München 1992; Ho-Seong Park, Sozialismus und Nationalismus. Grundsatzdiskussion über Nationalismus, Imperialismus, Militarismus und Krieg in der deutschen Sozialdemokratie vor 1914, Berlin 1985; Christoph Butterwegge, Heinz-Gerd Hofschen, Sozialdemokratie, Krieg und

Frieden. Die Stellung der SPD zur Friedensfrage von den Anfängen bis zur Gegenwart, Heilbronn 1984.

8 Wilhelm Kolb, Die Militärfrage und die Sozialdemokratie, in: Sozialistische Monatshefte (SM), 29.1.1914, S. 83—88.

9 Zit. nach Gunther Mai, Das Ende des Kaiserreichs. Politik und Kriegführung im Ersten Weltkrieg, München ^{2}1993, S. 183.

10 Susanne Miller, Burgfrieden und Klassenkampf. Die deutsche Sozialdemokratie im Ersten Weltkrieg, Düsseldorf 1974, S. 190ff.; Arbeiterinteressen und Kriegsergebnis. Ein gewerkschaftliches Kriegsbuch, hrsg. von Wilhelm Jansson, Berlin 1915.

11 Beiträge zur neuesten Handelspolitik, Bd II, Berlin 1901 (= Schriften des Vereins für Socialpolitik, Bd 98), S. 259 (Carl Helfferich).

12 Paul Umbreit, 25 Jahre deutscher Gewerkschaftsbewegung 1890—1915, Berlin 1915, S. 153; ders., Die deutschen Gewerkschaften im Weltkrieg, Berlin 1917, S. 4f.

13 Avner Offer, The First World War. An Agrarian Interpretation, Oxford 1989, S. 331ff., bes. S. 348ff.

14 Gunther Mai, Burgfrieden und Sozialpolitik in Deutschland in der Anfangsphase des Ersten Weltkriegs (1914/15), in: Militärgeschichtliche Mitteilungen, 22 (1976), S. 21—50.

15 Militär und Innenpolitik im Weltkrieg 1914—1918, bearb. von Wilhelm Deist, Düsseldorf 1970, S. 513.

16 Gunther Mai, »Wenn der Mensch Hunger hat, hört alles auf«. Wirtschaftliche und soziale Ausgangsbedingungen der Weimarer Republik, in: Die Weimarer Republik als Wohlfahrtsstaat. Zum Verhältnis von Wirtschafts- und Sozialpolitik in der Industriegesellschaft, hrsg. von Werner Abelshauser, Stuttgart 1987 (= Beihefte zur Vierteljahrschrift für Sozial- und Wirtschaftsgeschichte, Bd 81), S. 33—62, hier S. 55.

17 Gunther Mai, Öffentlichkeit und Rüstung im Ersten Weltkrieg, in: Parlamentarische und öffentliche Kontrolle von Rüstung in Deutschland 1700—1970. Beiträge zur historischen Friedensforschung, hrsg. von Jost Dülffer, Düsseldorf 1992, S. 109—126.

18 Gunther Mai, »Aufklärung der Bevölkerung« und »Vaterländischer Unterricht« in Württemberg 1914—1918. Struktur, Durchführung und Inhalte der deutschen Inlandspropaganda im Ersten Weltkrieg, in: Zeitschrift für württembergische Landesgeschichte, 36 (1977), S. 199—235, hier S. 222—229.

19 Heinrich Peus, Für die Einheit und die Sicherung der Nation, in: SM, 1916, S. 833—840, hier S. 834. Ähnlich: Emil Kloth, Volksgemeinschaft und Volkswirtschaft, ebd., S. 433—437, hier S. 433; August Müller, Die Stellung der deutschen Sozialdemokratie zum Krieg und zu den Kriegsmaßnahmen, ebd., S. 729—736, hier S. 732: »Die Zustimmung zu den Kriegskrediten war eine Folge des auch im Arbeiter lebendigen Gemeinschaftsgefühls mit den anderen Volksgenossen, seiner Vaterlandsliebe und seiner Treue zur deutschen Nation, ihrer Arbeit und ihrer Zukunft«; Paul Kampffmeyer, Der Gemeinschaftsgedanke nach dem Weltkrieg. Aufgaben der Sozialdemokratie, ebd., S. 260—265, hier S. 265.

[20] Friedrich Zunkel, Industrie und Staatssozialismus. Der Kampf um die Wirtschaftsordnung in Deutschland 1914—1918, Düsseldorf 1974; Hans Gotthard Ehlert, Die wirtschaftliche Zentralbehörde des Deutschen Reiches 1914 bis 1919. Das Problem der »Gemeinwirtschaft« in Krieg und Frieden, Wiesbaden 1982.

[21] Dieter Krüger, Nationalökonomen im wilhelminischen Deutschland, Göttingen 1983, S. 127; Rüdiger vom Bruch, Bürgerliche Sozialreform im deutschen Kaiserreich, in: Weder Kommunismus noch Kapitalismus. Bürgerliche Sozialreform in Deutschland vom Vormärz bis zur Ära Adenauer, hrsg. von demselben, München 1985, S. 61—179, hier S. 121, 150. Vgl. auch den Beitrag von Dieter Krüger in diesem Band.

[22] Karl Severing, Arbeitsgemeinschaften im Krieg und im Frieden, in: SM, 1915, S. 402—407; Hugo Lindemann, Arbeitsgemeinschaften, ebd., S. 1217—1222; Max Koerbler, Arbeitsgemeinschaft und arbeitsgemeinschaftlicher Gedanke. Der deutsche Versuch eines Ausgleichs im Kampfe zwischen Kapital und Arbeit, Diss. Erlangen 1922. Erst mit dem Begriff der »Wirtschaftsdemokratie« gelang es der SPD, diese Identitätslücke zu überwinden und einen ihren Intentionen angemessenen Terminus zu entwickeln.

[23] Gunther Mai, Kriegswirtschaft und Arbeiterbewegung in Württemberg 1914—1918, Stuttgart 1983, S. 165—315.

[24] Kleist-Retzow im Preußischen Herrenhaus 1860: Die Einführung der Zivilehe werde »eine Trennung der beiden Volksgemeinschaften« von Christen und Juden unmöglich machen. Hermann Lange, Die christlich-jüdische Ehe. Ein deutscher Streit im 19. Jahrhundert, in: Memora. Jahrbuch für deutsch-jüdische Geschichte, 1991, München, Zürich 1991, S. 70. Für Richard Böckh, Der Deutschen Volkszahl und Sprachgebiet in den europäischen Staaten, Berlin 1870, S. 5, begründete die Sprache die Zugehörigkeit zur Nation; die Volkssprache sei Ausdruck von Volksgeist und »Volksgemeinschaft«.

[25] Theodor Herzl, Der Judenstaat, Berlin 1918, S. 17 (»Wir haben uns ehrlich bemüht, in der uns umgebenden Volksgemeinschaft unterzugehen und nur den Glauben unserer Väter zu bewahren«) und 80 (»unsere [jüdische] Volksgemeinschaft«).

[26] Jakob Müller, Die Jugendbewegung als deutsche Hauptrichtung neukonservativer Reform, Zürich 1971, S. 113ff., 122ff., 216f., 222f.; Harry Pross, Jugend. Eros. Politik. Die Geschichte der deutschen Jugendverbände, Bern, München, Wien 1964, S. 212ff.; Gudrun Fiedler, Jugend im Krieg. Bürgerliche Jugendbewegung, Erster Weltkrieg und sozialer Wandel 1914—1923, Köln 1989, S. 128—156.

[27] Sim. Krieg, Die Volksgemeinschaft (Deutsch-christlich-sozial). Anhaltspunkte zur weiteren Ausführung, Mannheim 1894.

[28] Förster, Der doppelte Militarismus (wie Anm. 5), S. 153, 182.

[29] Gunther Mai, Sozialismusdebatte, Kapitalismuskritik und die Diskussion über Krieg und Frieden nach den Niederlagen 1918 und 1945, in: Lernen aus dem Krieg? Deutsche Nachkriegszeiten 1918/1945. Beiträge zur historischen Friedensforschung, hrsg. von Gottfried Niedhart, Dieter Riesenberger, München 1992, S. 241—261, 417—422.

[30] Förster, Der doppelte Militarismus (wie Anm. 5), S. 153.

31 Max Weber, Wirtschaft und Gesellschaft. Grundriß der verstehenden Soziologie, Tübingen ^{5}1976, 1. Hbd., S. 21.

32 Zit. nach Mai, Aufklärung (wie Anm. 18), S. 219, 226.

33 Vgl. Mai, Sozialismusdebatte (wie Anm. 29); Friedrich Lange, Reines Deutschtum. Grundzüge einer nationalen Weltanschauung, Berlin ^{3}1904; Geoff Eley, Reshaping the German Right. Radical Nationalism and Political Change after Bismarck, New Haven, London 1980, S. 184ff., 191ff.; Paul Lensch, Die Sozialdemokratie, ihr Ende und ihr Glück, Leipzig 1916, S. 189 (»Der Sozialismus als Retter des Nationalismus«).

34 Michael Jeismann, Das Vaterland der Feinde. Studien zum nationalen Feindbegriff und Selbstverständnis in Deutschland und Frankreich 1792—1918, Stuttgart 1992, S. 99—318; Reinhard Rürup, Der »Geist von 1914« in Deutschland. Kriegsbegeisterung und Ideologisierung des Krieges im Ersten Weltkrieg, in: Ansichten vom Krieg. Vergleichende Studien zum Ersten Weltkrieg in Literatur und Gesellschaft, hrsg. von Bernd Hüppauf, Königstein 1984, S. 1—30, hier S. 17.

35 Eduard David, Sozialdemokratische Briefe über Vaterlandsliebe V, in: Neue Gesellschaft, 1 (1905), S. 171ff., hier S. 173; Karl Leuthner, Deutschtum und Sozialdemokratie, in: Neue Gesellschaft, 2 (1906), S. 183f. Den Hinweis auf diese Fundstellen verdanke ich Friedemann Neuhaus, Nationalistische Tendenzen in der SPD vor dem Ersten Weltkrieg. Die Sozialistischen Monatshefte 1905—1914, ungedr. Staatsexamensarbeit, Göttingen 1993.

36 Fletcher, Revisionism (wie Anm. 7), S. 54—64, 93.

37 Konrad Haenisch, Die deutsche Sozialdemokratie in und nach dem Weltkriege, Berlin 1916, S. 98; Wolfgang Heine, Zu Deutschlands Erneuerung, Jena 1916, S. 8—14, 27, 48—53, 74, 130—139, 161ff. u.ö.

38 Heinrich Cunow (1915), zit. nach Johann Meenzen, Außenpolitik und Weltfriedensordnung der deutschen Sozialdemokraten 1914—1919, maschr. schriftl. Diss. Hamburg 1951, S. 11.

39 Edmund Fischer, Der Sozialismus während des Krieges, in: SM, 1914, S. 1128—1133, hier S. 1128.

40 Walter Oehme, Nationale Solidarität, in: SM, 1914, S. 1124—1127, hier S. 1125.

41 Ebert würdigte die Lebensleistung Carl Legiens als »Zusammenfassung aller schaffenden Kräfte unseres Wirtschaftslebens zum Wiederaufbau unseres Vaterlandes«, als »unerschütterliche Pflichttreue und Schaffensfreude im Dienste der Volksgemeinschaft«. Theodor Leipart, Carl Legien. Ein Gedenkbuch, Berlin 1929, S. 177f.

42 Verhandlungen der Verfassunggebenden Deutschen Nationalversammlung. Stenographische Berichte, Berlin 1920 (= Verhandlungen der Reichstage, Bd 337), S. 1225.

43 Franz Walter, Nationale Romantik und Revolutionärer Mythos. Politik und Lebensweisen im frühen Weimarer Jungsozialismus, Göttingen 1986, S. 38ff. (Franz Osterroth, Karl Bröger, Alma de l'Aigle); Reinhard Lüpke, Zwischen Marx und Wandervogel. Die Jungsozialisten in der Weimarer Republik 1919—1931, Marburg 1984, S. 38 (Erik Nölting, Kurt Schumacher).

44 Auf dem ersten Nachkriegsparteitag der SPD 1919 wurde ein von Gustav Hoch und Adolf Braun eingebrachter Antrag verabschiedet, der forderte,

»an Stelle der reinen Privatwirtschaft eine zugunsten der Volksgemeinschaft planmäßig betriebene und gesellschaftlich kontrollierte Volkswirtschaft (Gemeinwirtschaft)« in den Wirtschaftszweigen zu praktizieren, in denen Sozialisierung »noch nicht« möglich sei. Ehlert, Die wirtschaftliche Zentralbehörde (wie Anm. 20), S. 348. So wörtlich Wichard v. Möllendorff am 21. 3. 1919. Peter Krüger, Deutschland und die Reparationen 1918/19. Die Genesis des Reparationsproblems in Deutschland zwischen Waffenstillstand und Versailler Friedensschluß, Stuttgart 1973, S. 122.

45 »Grund und Boden, die Bodenschätze sowie die natürlichen Kraftquellen, die der Energieerzeugung dienen, sind der kapitalistischen Ausbeutung zu entziehen und in den Dienst der Volksgemeinschaft zu überführen«. Görlitzer Programm der SPD 1921, in: Wilhelm Treue, Deutsche Parteiprogramme seit 1861, Göttingen [4]1968, S. 115 f.; Rudolf Wissell, Wir kommen doch wieder hoch!, in: SM, 1919, S. 597—605; Fischer, Sozialismus (wie Anm. 39), S. 1128, hatte bereits 1914 gefordert: »Zu den Mitteln der nationalen Verteidigung wird in Zukunft in erster Linie die Sozialisierung der Produktion gerechnet werden müssen«.

46 Für Friedrich Meinecke, Hugo Preuß oder Theodor Heuss war »Volksgemeinschaft« ohne Demokratie »ein Widerspruch in sich«. In Abgrenzung zu den Konservativen wurde die »demokratische« Volksgemeinschaft als »staatsbürgerliche Solidarität« verstanden: »Demokratie ist Arbeitsgemeinschaft der Klassen«. Der »Lebenswillen einer nicht sterben wollenden Nation« forderte die »nationale Einheit der Volksgemeinschaft«. »Volksgemeinschaft und Parteienkampf schließen sich keineswegs aus«, insofern sei die Weimarer Verfassung »die Grundlage einer echten Volksgemeinschaft«. Jürgen Heß, »Das ganze Deutschland soll es sein«. Demokratischer Nationalismus in der Weimarer Republik am Beispiel der Deutschen Demokratischen Partei, Stuttgart 1978, S. 13, 34 f., 237, 331 ff., 355 ff.

47 Jürgen Blunck, Der Gedanke der Großen Koalition in den Jahren 1923—1928, Diss. Kiel 1961, S. 77, 83; Gustav Stresemann, Reden und Schriften, Dresden 1926, Bd 1, S. 51; dass., Bd 2, S. 87 ff., 96, 115 (»Volksgemeinschaft« gegen ein neues Versailles), 183 f.

48 Akten der Reichskanzlei. Die Kabinette Marx I und II, bearb. von Günter Abramowski, Boppard 1973, S. 1076, 1089, 1091, 1097, 1101, 1224, 1227. Die Koalition von der SPD bis zur DNVP wurde auch von Müller-Franken (SPD) als »Regierung der Volksgemeinschaft« bezeichnet. Herbert Mömig, Das preußische Zentrum in der Weimarer Republik, Mainz 1979, S. 119, 125; Emil Ritter, Der Weg des politischen Katholizismus in Deutschland, Breslau 1934, S. 390 ff.

49 Ansatzweise bereits bei Clemens Wagner, Zur Jahrhundertfeier der Wiedererhebung Preußens 1813, in: Präsides-Korrespondenz, hrsg. von August Pieper, 26 (1913), S. 292—300, bes. S. 299 f.; Anton Heinen, Die Großstadt und ihr Einfluß auf Welt- und Lebensauffassung, ebd., S. 221—246, bes. S. 246. Nach Kriegsausbruch wurde die »Volksgemeinschaft« sofort aufgegriffen: Anton Heinen, Krieg und Vorsehung, ebd., 27 (1914), S. 367 ff.; August Pieper, Soziale Verständigung, ebd., 29 (1916), S. 306, spricht vom »Erhaltungstrieb der Volksgemeinschaft« gegen die »auseinanderstrebenden Glieder«

als »hinreißender Ausdruck im nationalen Willen zur Verteidigung des Vaterlandes, den wir alle naturgewaltig erleben«. Die christlichen Gewerkschaften sind ein anschauliches Beispiel für die vor 1914 einsetzende Verknüpfung von Gemeinschafts-Idee und Sozialismus-Anspruch zu einer berufsstatt geburtsständischen, organologisch gegliederten statt klassenmäßig geschichteten, kapitalistisch leistungsorientierten, aber sozialpolitisch abgefederten, autoritären, aber nicht unbedingt monarchischen Staats- und Gesellschaftsordnung. Michael Schneider, Die Christlichen Gewerkschaften 1894–1933, Bonn 1982, S. 512f., 544ff., 551ff., 575ff.

[50] Ursachen und Folgen. Vom deutschen Zusammenbruch 1918 und 1945 bis zur staatlichen Neuordnung in der Gegenwart, hrsg. von Herbert Michaelis und Ernst Schraepler, Berlin o.J., Bd 6, S. 493 (v. Lindeiner-Wildau: »Sie predigen die Volksgemeinschaft nach innen. Bekennen wir uns im deutschen Reichstag und im deutschen Volke auch zur Volksgemeinschaft nach außen, dann kann das das Ziel sein, in dem wir Jungen uns querweg über die zerspalteten Schranken der Parteien zusammenfinden«). Amrei Stupperich, Volksgemeinschaft oder Arbeitersolidarität. Studien zur Arbeitnehmerpolitik in der Deutschnationalen Volkspartei (1918–1933), Göttingen, Zürich 1978, S. 53ff.

[51] Rainer Zitelmann, Hitler. Selbstverständnis eines Revolutionärs, Stuttgart ^{2}1989, S. 205–227.

[52] Trude Maurer, Variations on the Theme of ›Einigkeit und Recht und Freiheit‹. Jewish Obituaries of German Heads of State 1888–1925–1934, in: Leo Baeck Institute, Year Book, 35 (1990), S. 153–187, hier S. 171, 175. Der jüdische Frontkämpferverband würdigte Ebert als Exponenten einer »Volksgemeinschaft« über Klassen- und Rassenhaß. Der Schild. Zeitschrift des Reichsbundes jüdischer Frontsoldaten, 4. Jg, 15.5.1925. Israelitisches Familienblatt, 27. Jg, 5.3.1925. Brüning wies diesen Anspruch auf Teilhabe an der »Volksgemeinschaft« durch Stillschweigen zurück. Arnold Paucker, Der jüdische Abwehrkampf gegen Antisemitismus und Nationalsozialismus in den letzten Jahren der Weimarer Republik, Hamburg 1968, S. 131f., 223f.

[53] Alfred Kurella (= Bernhard Ziegler), Deutsche Volksgemeinschaft [Juli 1918], in: Grundschriften der deutschen Jugendbewegung, hrsg. von Werner Kindt, Düsseldorf, Köln 1963, S. 163–179. Kurella (1895–1975), seit 1919 Mitglied der KPD und Mitbegründer der kommunistischen Jugendinternationale, unterschied in einen »völkischen« und einen »sozialistischen« Flügel, denen die »Volks-Gemeinschaft« gemeinsam sei, »wobei dem Einen der Ton mehr auf der ersten, bei den Anderen auf der zweiten Hälfte der Wortgruppe liegt«; ebd., S. 170. Er versuchte mit seiner Schrift zu vermitteln »zwischen ›menschheitlich‹ (pazifistisch, kosmopolitisch, internationalistisch, sozialistisch) und ›völkisch‹ (Fortführung des Kampfes, national, sozial im jungdeutschen Sinne), das heißt zwischen links und rechts in der Jugendbewegung«. Müller, Die Jugendbewegung (wie Anm. 26), S. 217, 222ff.

[54] Kurt Sontheimer, Antidemokratisches Denken in der Weimarer Republik, München ^{2}1983, S. 123ff. Radeks Schlageter-Rede war indes nur die Spitze des Eisbergs. Conan Fischer, The German Communists and the Rise of Nazism, Houndmills, London 1991.

55 Im Reichsbanner Schwarz-Rot-Gold behielt »der Begriff ›Volksgemeinschaft‹ [...] seinen festen Platz in der Alltagssprache«; »über alles Trennende der Klasse und parteipolitischen Weltanschauung hinweg [sollte] ein eisernes Band deutscher Zusammengehörigkeit und Volksgemeinschaft« geschmiedet werden. Heinrich August Winkler, Der Schein der Normalität. Arbeiter und Arbeiterbewegung in der Weimarer Republik 1924 bis 1930, Berlin, Bonn 1985, S. 383.

56 Deutschland-Berichte der Sozialdemokratischen Partei Deutschlands (Sopade), Nachdr. Frankfurt a.M. 1980, Jg. 1936, S. 149, 156f.; dass., 1937, S. 321f. Zu den autoritären Sehnsüchten in der Arbeiterschaft vgl. Erich Fromm, Arbeiter und Angestellte am Vorabend des Dritten Reiches. Eine sozialpsychologische Untersuchung, bearb. und hrsg. von Wolfgang Bonß, München 1983.

57 Aufruf des ADGB vom 15.4.1933 zum 1. Mai. Die Gewerkschaften in der Endphase der Republik 1930–1933, bearb. von Peter Jahn unter Mitarbeit von Detlev Brunner, Köln 1988 (= Quellen zur Geschichte der deutschen Gewerkschaftsbewegung im 20. Jahrhundert, Bd 4), S. 881f., 897; Heinrich August Winkler, Der Weg in die Katastrophe. Arbeiter und Arbeiterbewegung in der Weimarer Republik 1930 bis 1933, Berlin, Bonn 1987, S. 918ff.

Volker Ullrich

Kriegsalltag. Zur inneren Revolutionierung der Wilhelminischen Gesellschaft

I. Von der Kriegsbegeisterung zur Kriegsverdrossenheit 1914/15

Mit dem Beginn des Ersten Weltkrieges verbindet sich die Vorstellung eines rauschhaften, alle Schichten des Volkes umfassenden nationalen Aufbruchs. Die Bilder von jubelnden Kriegsfreiwilligen, von blumenbekränzten Militärtransporten, die hymnischen Lobpreisungen des »Augusterlebnisses« durch Schriftsteller und Professoren scheinen diesen Eindruck zu bestätigen. Doch bei näherem Hinsehen zeigt sich, daß das Bild einer kollektiven Kriegspsychose der Wirklichkeit nicht entspricht. Am ehesten trifft es zu für bürgerlich-akademische Kreise. Hier war auch der gesellschaftliche Druck auf junge Männer am größten, sich als Kriegsfreiwillige zu melden[1]. Unterschiedliche Motive trafen zusammen: patriotische Hingabe, Abenteuerlust, Überdruß an den verkrusteten bürgerlichen Verhältnissen, Sehnsucht nach Ausbruch aus der Saturiertheit einer langen Friedenszeit. Dagegen war in ländlichen Regionen von Kriegsenthusiasmus wenig zu spüren[2], und auch die Stimmung in der großstädtischen Arbeiterschaft, vor allem ihrer sozialdemokratisch beeinflußten Teile, war Ende Juli/Anfang August 1914 eher von Niedergeschlagenheit als von Begeisterung gekennzeichnet[3]. Was die Spitzel der Hamburger Politischen Polizei in Arbeiterkneipen erlauschten, war typisch:

> »Was geht uns das an, wenn der österreichische Thronfolger ermordet worden ist? Dafür sollen wir unser Leben lassen? Wie kommen wir dazu?« »Ich bin froh, daß ich nicht mehr mit (in den Krieg) brauche. Denn mich für andere Leute totschießen zu lassen, dazu habe ich keine Lust[4].«

Unter dem Eindruck der ersten Siegesmeldungen schlug die Stimmung jedoch seit Mitte August 1914 um. Jetzt wurde auch in Arbeitervierteln die Reichsflagge gehißt, erklangen auch aus Arbeiterkneipen patriotische Lieder. Anfang September 1914 faßte der Berliner Polizeipräsident v. Jagow die Beobachtungen seiner Beamten zusammen:

»Kriminalbeamte, die dienstlich viel in Arbeiterkreisen zu tun haben, wollen es kaum glauben, daß es dieselben Leute sind, die noch vor kurzem in Protestversammlungen die Internationale hochleben ließen und jetzt patriotisch überschäumen[5].«

Wo sich patriotische Hochstimmung auch in der Arbeiterschaft geregt hatte, wirkte der Kriegsalltag bald ernüchternd. Obwohl bereits im August 1914 ein großer Teil der wehrfähigen Männner einberufen wurde, kam es zu einer Massenarbeitslosigkeit, wie es sie lange Zeit nicht gegeben hatte. In einigen Großstädten betrug sie bis zu 40 Prozent der Beschäftigten. Viele Arbeitslose mußten sich, da es keine staatliche Unterstützung gab, an private Wohltätigkeitsorganisationen wenden oder — was noch demütigender war — an die Armenfürsorge. In einer Eingabe an den Hamburger Senat von Mitte August 1914 klagten arbeitslos gewordene Landsturmleute ihr Leid:

»In nächster Zeit wird auch hier Krieg geführt werden, da schlägt der Mann die Frau und Kinder tot, der Tod ist doch leichter als das Verhungern. In der Armen-Anstalt wird man auch miserabel behandelt. Da sollen die armen Landwehrleute noch Mut behalten und freudig in den Kampf ziehen[6]!«

An die Familien der eingezogenen Soldaten zahlten Reich und Kommunen zwar eine Kriegsunterstützung. Doch war diese viel zu niedrig bemessen, um die Verteuerung der Lebenshaltungskosten auszugleichen. Viele Familien konnten ihre Miete nicht mehr bezahlen und wurden obdachlos. Am 16. August 1914, zum selben Zeitpunkt, als die Spalten der Zeitungen voll waren mit Siegesnachrichten, notierte ein junger Hamburger Sozialdemokrat in seinem Tagebuch:

»Wegen Einberufung der Genossen mußte ich Parteibeiträge kassieren — Wohnungselend, Kummer verlassener Frauen, Arbeitslosigkeit, Mutlosigkeit, vereinzelt gefaßte Menschen[7].«

Nach der relativen ökonomischen Stabilität der Vorkriegsjahre, die Arbeitern, Angestellten und Beamten eine zwar bescheidene, aber doch stetige Verbesserung ihres Lebensstandards beschert hatte, wurde die plötzlich hereinbrechende Notlage von den betroffenen Familien doppelt schwer empfunden. Schon die ersten Kriegswochen enthüllten, wie trügerisch die Parole von der »nationalen Gemeinschaft«, wie brüchig der proklamierte innenpolitische »Burgfriede« war. Diese Erfahrung wirkte nach, auch als seit Oktober 1914 die Arbeitslosigkeit infolge fortgesetzter Einberufungen und vermehrter Heeresaufträge rasch zurückging. Die Normalität des Vorkriegsalltags stellte sich nicht wieder ein.

Besonders schwer wurde das Leben für die Frauen. Nicht nur die Sorge um das Schicksal der eingezogenen Männer und Söhne begleitete sie in ihrem immer grauer werdenden Kriegsalltag. Sie mußten auch zusehen, wie sie sich und ihre Kinder mit der kärglichen Kriegsunterstützung durchbringen konnten. Viele Frauen waren gezwungen, sich eine Verdienstmöglichkeit zu suchen. Erstaunlich rasch lernten sie, auch im Berufsleben — wie es hieß — »ihren Mann zu stehen«. Und dennoch wurde die Befreiung aus der ökonomischen Abhängigkeit vom Mann zunächst kaum als ein Schritt in Richtung Emanzipation empfunden, sondern eher als ein von außen auferlegter Zwang, der mit dem traditionellen Rollenverständnis nur schwer in Einklang zu bringen war[8].

Nicht nur für Frauen, auch für Kinder bedeutete der Kriegsausbruch einen tiefen Einschnitt. Der Schulalltag bekam ein anderes Gesicht; das Kriegsgeschehen wurde Bestandteil des Unterrichts. In allen Klassenzimmern hingen Landkarten, auf denen täglich mit kleinen schwarz-weiß-roten Fähnchen der Frontverlauf abgesteckt wurde; in allen Fächern bemühten sich die Lehrer um aktuelle Bezüge. Oberprimaner konnten, bevor sie im August 1914 ausrückten, noch schnell eine Notreifeprüfung ablegen. Die jüngeren Schüler wurden zu vormilitärischen Übungen, zum Ernteeinsatz oder zu Sammelaktionen herangezogen. An einen geregelten Schulbetrieb war unter diesen Umständen kaum mehr zu denken, zumal es bei jedem größeren Erfolg auf dem Schlachtfeld »siegfrei« gab[9].

Doch mit dem Scheitern des deutschen Angriffs an der Marne im September 1914 und dem Übergang zum Stellungskrieg gab es bald nicht mehr allzu viele Gelegenheiten zum Feiern. Die Verlustlisten in den Zeitungen wurden immer länger; immer häufiger überbrachten Briefträger die Nachricht »gefallen«. Nach Hause kamen nicht die Männer, die so siegesgewiß ausgezogen waren, sondern gräßlich verstümmelte Verwundete, Invaliden, Krüppel. Von der Euphorie der Augusttage war schon zwei Monate später nichts mehr zu spüren. »Die Stimmung ist so gedrückt, keine Fahnen, kein Extrablatt — man weiß nicht, was noch werden mag«, schrieb eine Hamburger Kolonialwarenhändlerin Anfang Oktober 1914 ihrem Mann ins Feld, und am Ende des Monats klagte sie:

»Wenn doch dieser schreckliche Krieg erst zu Ende wäre! Nichts wünschen die Menschen mehr herbei als das Ende dieses unseligen Krieges[10].«

Ernüchterung und Desillusionierung zeigten sich früh auch bei den Kriegsfreiwilligen des August 1914, und zwar häufig schon vor dem ersten Fronteinsatz. Der stumpfsinnige Kasernenhofdrill, dazu mancherlei Schikanen und Mißhandlungen durch Unteroffiziere wirkten abkühlend auf den patriotischen Überschwang. Vollends ernüchtert wurden die meisten Kriegsfreiwilligen durch die »Feuertaufe« auf dem Schlachtfeld. Sie entsprach so gar nicht dem Bild, das sie sich vom Krieg gemacht hatten. Gerade Studenten stellten sich den Krieg als eine Art Duell im Großen vor — als einen Kampf Mann gegen Mann in offener Feldschlacht, mit mutigen Kavallerieattacken und waghalsigen Unternehmungen, bei denen der Soldat seine Tapferkeit beweisen konnte. Doch die Wirklichkeit des Krieges sah ganz anders aus: An die Stelle individueller Bewährung, des heroischen Beweises von Mut und Männlichkeit trat der anonyme Tod im Granatenhagel und Maschinengewehrfeuer. So schrieb ein Gießener Student Ende Oktober 1914:

»Nicht das vergossene Blut, nicht auch der Umstand, daß es vergeblich vergossen war, nein, die ganze Kampfesweise ist es, die abstößt. Kämpfen wollen und sich nicht wehren können! Der Angriff, der mich so schön dünkte, was ist er anders als der Drang: hin zur nächsten Deckung da vorn gegen diesen Hagel tückischer Geschosse. Und der Feind, der sie entsendet, nicht zu sehen[11].«

Langemarck — jener kleine Ort in Flandern, wo im November 1914 Tausende junger deutscher Kriegsfreiwilliger mit dem Deutschland-Lied auf den Lippen gegen die englischen Stellungen anrannten — wurde zum Symbol für die neue schockartige Erfahrung: den massenhaften maschinellen Tod auf dem Schlachtfeld. Im April 1915 schrieb ein junger Kriegsfreiwilliger:

»Alle Sehnsucht, die einer [...] aufbringen kann, alle Wünsche, die er für sich hegt, und alle Träume, die er in seinem Unterstand von der Zukunft träumt, sind zusammengefaßt in diesem einen linden Wort: Frieden[12].«

II. »Heimatfront« und Schützengraben 1915—1917

Zur zentralen Erfahrung an der »Heimatfront« wurde der Hunger. Die alliierte Wirtschaftsblockade schnitt das Deutsche Reich von den dringend benötigten Lebensmittelzufuhren ab. Verschärft wurde die Versorgungskrise allerdings durch die Unfähigkeit der Behörden, den Mangel halbwegs gerecht zu verteilen. Bereits in den ersten Tagen der Mobilmachung hatte in den Großstädten ein Sturm auf die Lebensmittelgeschäfte eingesetzt. Panikkäufe trieben die Preise in die Höhe. Auch die Festsetzung von »Höchstpreisen« konnte die Teuerung nicht wirksam eindämmen. Im Sommer 1915 waren höherwertige Nahrungsmittel wie Fleisch, Butter und Eier für die Masse der großstädtischen Bevölkerung bereits zu unerschwinglichen Luxusgütern geworden. Im Juni 1915 meldete der Berliner Polizeipräsident:

»Wessen Lohn durch den Krieg erheblich gewachsen ist, der kann unter den gegenwärtigen Umständen die frühere Lebenshaltung fortsetzen. In allen anderen Haushaltungen aber ist man zu ständig größeren Einschränkungen, insbesondere auf dem Gebiet des Fleischgenusses, genötigt [...] Unter dieser Teuerung leidet die Stimmung, zumal die Dauer des Krieges nicht abzusehen ist[13].«

Neben der Verteuerung bildete die zunehmende Knappheit der Lebensmittel eine Quelle ständiger Unzufriedenheit. Im Februar 1915 wurde die Brotkarte eingeführt, die den Konsumenten nur noch den Verbrauch bestimmter Brot- und Mehlmengen erlaubte. Bis Ende 1916 fielen auch die wichtigsten anderen Grundnahrungsmittel unter die Rationierung[14]. Mit dem Kartensystem war allerdings noch längst kein Garantieanspruch für die Verbraucher verbunden. Denn häufig waren die Lebensmittelzufuhren so unregelmäßig, daß nicht einmal die auf den Karten verzeichnete Mindestmenge abgegeben werden konnte.

Die Lebensmittel wurden aber nicht nur knapper und teurer, sondern auch schlechter. Das Brot wurde gestreckt, die Milch verdünnt. Immer häufiger mußte die Bevölkerung auf wenig nährreiche Ersatzstoffe zurückgreifen. Windige Geschäftemacher nutzten die Mangelsituation, um den Markt mit Schwindelfabrikaten zu überschwemmen.

In fast allen größeren Städten wurden öffentliche Kriegsküchen eingerichtet. Hier konnte jeder, der wollte, ein billiges Mittagessen, meistens einen Eintopf, einnehmen. Bei vielen Arbeitern bestand zunächst eine deutliche Abneigung gegen die Massenspeisungen, weil sie mit dem Odium der Armut behaftet waren. Als die Not immer größer wurde, blieb ihnen – wie auch verarmten Angehörigen des Mittelstandes – nichts anderes übrig, als ihren Widerstand aufzugeben[15].

Seit Ende 1915/Anfang 1916 trat die Versorgungslage in ein kritisches Stadium. Verbraucherschlangen vor Geschäften und Marktständen gehörten seitdem zum Alltagsbild vieler Städte und Gemeinden. Bei Tag und Nacht, Wind und Wetter harrten Frauen und Kinder aus, um ein Pfund Butter, ein paar Eier oder ein Stück Fleisch zu ergattern. Die Behörden beobachteten diese »Lebensmittelpolonaisen« mit großer Sorge. Denn sie bildeten Kristallisationspunkte der Unzufriedenheit und des Protests. In den Unterhaltungen der abgearbeiteten und hungernden Frauen vor den Geschäften äußerte sich manches, was in der auf den

»Burgfrieden« eingeschworenen Presse keinen Niederschlag mehr fand. Nirgendwo sonst — außer im Großbetrieb — war die Möglichkeit der unkontrollierten Kommunikation unter dem Belagerungszustand so günstig. Und die Frauen nutzten sie, um ihrer Verärgerung Luft zu machen. So berichtete ein Berliner Polizeibeamter im September 1915:

»An den Verkaufsstellen der in den Arbeitervierteln gelegenen Markthallen und Lebensmittelgeschäften lassen sich mitunter Wahrnehmungen machen, die sehr zu denken geben. Sobald zum Beispiel irgend ein notwendiges Lebensmittel eine weitere, teilweise wucherische Preissteigerung erfahren hat, stehen die wartenden Arbeiterfrauen in kleineren und größeren Gruppen herum und geben ihrem Unwillen in lebhafter Weise untereinander Ausdruck. Es herrscht hierbei eine äußerst gereizte Stimmung unter diesen Proletarierfrauen und die Maßnahmen der Regierung erfahren häufig eine recht gehässige Kritik. Es [...] muß damit gerechnet werden, daß es gelegentlich solcher Vorkommnisse mal zu Tumulten kommt[16].«

Im Oktober 1915 kam es in Lichtenberg, einem Vorort Berlins, zu den ersten Lebensmittelunruhen. Seitdem riß die Kette der Hungerkrawalle nicht mehr ab: Frauen demonstrierten für »Frieden und Brot«, stürmten Rathäuser und plünderten Lebensmittelgeschäfte. Ausnahmslos handelte es sich hierbei um regellose, von keiner Organisation vorbereitete oder gesteuerte, vielmehr aus einem akuten Versorgungsengpaß heraus entstandene Selbsthilfeaktionen[17]. Neben Frauen waren Jugendliche, nicht selten auch Kinder an den Hungerunruhen beteiligt. Das überrascht nicht, denn gerade Jugendliche waren im Kriege einer gewaltsamen Veränderung ihrer bisherigen Lebensweise ausgesetzt. Da die Väter an der Front waren, die Mütter in der Fabrik arbeiteten und in ihrer knappen Freizeit sich um die zeitraubende Beschaffung von Lebensmitteln kümmern mußten, waren die Heranwachsenden weitgehend sich selbst überlassen. Häufig mußten sie, um zum Lebensunterhalt der Familien beizutragen, auf eine Lehre verzichten und als ungelernte Arbeitskräfte in der Rüstungsindustrie arbeiten. Seit 1916 häuften sich die Klagen der Behörden über die wachsende »Disziplinlosigkeit« und »Verwahrlosung« der Großstadtjugend[18].

Im Winter 1916/17 wurde die Geduld der Bevölkerung auf eine besonders harte Probe gestellt. Die Kartoffelzufuhren setzten fast vollständig aus; Kohlen gab es nicht einmal mehr auf Bezugsschein. An die Stelle der Kartoffel trat die Steckrübe — das Ernährungssymbol dieses Winters. Sie diente zur Herstellung der Suppe, des Gemüses und selbst des Nachtisches. Es wurden Kriegskochbücher verfaßt und in großen Mengen verteilt, die den Hausfrauen die Zubereitung von Steckrübengerichten schmackhaft machen sollten. Da die knappen Rationen längst nicht mehr ausreichten, litten immer mehr Menschen an Hunger. Im Februar 1917 klagte eine Frau aus Hamburg in einem Brief:

»Hier bei uns [...] sieht es traurig aus, schon fünf Wochen keine Kartoffeln, Mehl und Brot knapp [...] Man geht hungrig zu Bett und steht hungrig wieder auf [...] Nur die ewigen Rüben, ohne Kartoffeln, ohne Fleisch, alles in Wasser gekocht[19].«

Im Frühjahr 1917 traten in den Großstädten die ersten Hungerödeme auf – eine Krankheit, bei der Arme und Beine stark anschwollen. Die Beschaffung von Nahrungsmitteln unter Umgehung des staatlichen Rationierungssystems wurde zu einer Überlebensfrage. Kolonnen von Frauen und Kindern fielen am Wochenende in die ländlichen Gebiete ein, um bei den Bauern zusätzliche Lebensmittel zu kaufen oder einzutauschen. Alle Verbote und Kontrollen konnten nicht verhindern, daß das »Hamstern« immer größere Ausmaße annahm. Große Erbitterung löste es jedesmal aus, wenn Polizeibeamte bei ihren Bahnhofskontrollen den kleinen »Rucksackhamsterern« die mühsam ergatterten Lebensmittel wegnahmen, während die großen Schieber und Spekulanten ungeschoren davonkamen. Die Hauptmenge der auf dem Schwarzmarkt zu Wucherpreisen gehandelten Waren floß in die Taschen der begüterten Schichten. So hatte der Schleichhandel eine die gesellschaftliche Ungleichheit zugleich enthüllende und verstärkende Funktion. Im Februar 1917 empörte sich eine Frau in einer Hamburger Kriegsküche:

»Alles wird für die Reichen, für die Besitzenden reserviert. Sobald es heißt, Entbehrungen mitmachen zu müssen, dann wollen die Herrschaften keine Brüder und Schwestern mehr von der arbeitenden Klasse sein. Die schönen Reden vom Durchhalten gelten nur für die arbeitende Klasse, die herrschende Klasse hat sich mit ihrem Geldsack schon genügend versorgt[20].«

Das offenkundige Versagen der Behörden bei der Bekämpfung des Schleichhandels wirkte demoralisierend. Das Empfinden für Recht und Gesetz ließ nach. Die Zahl der Eigentums- und Vermögensdelikte nahm sprunghaft zu. Diebstähle oder Fälschungen von Lebensmittelkarten waren an der Tagesordnung. Auch harte Strafen hatten kaum noch abschreckende Wirkung. Denn die Selbsthilfe war inzwischen zum Normalfall der Versorgung geworden. Der Hunger schuf seine eigenen Gesetze, die stärker waren als alle behördlichen Vorschriften.

Auch im betrieblichen Alltag vollzogen sich im Laufe des Krieges tiefgreifende Veränderungen. Die Belegschaften wurden völlig neu zusammengesetzt. In die expandierende Rüstungswirtschaft strömten Bevölkerungsgruppen, die dem industriellen Arbeitsprozeß bislang ferngestanden hatten: kleine Gewerbetreibende und Handwerker, die ihr Geschäft oder ihre Werkstatt hatten schließen müssen; Landarbeiter, die durch die höheren Löhne angelockt wurden; Jugendliche, die die Schulbank früh mit der Werkbank vertauschen mußten; vor allem aber Frauen, die mit der geringen Kriegsunterstützung nicht auskommen konnten[21]. Besonders verbreitet war Frauenarbeit in der Munitionsindustrie. Hier arbeiteten Frauen und Mädchen unter zum Teil extrem gefährlichen Arbeitsbedingungen. Schwere Unfälle waren an der Tagesordnung. So flog im Februar 1917 in Quickborn nördlich von Hamburg eine ganze Munitionsfabrik in die Luft — 120 Frauen fanden den Tod, 150 wurden zum Teil schwer verletzt[22].

Aber auch in den meisten anderen Rüstungsbetrieben wurden während des Krieges Schutzbestimmungen außer Kraft gesetzt, Arbeitszeiten verlängert, Nacht- und Sonntagsschichten eingeführt. Wie der Alltag in einem Rüstungsbetrieb aussah, das schildert Karl Retzlaw, der als Werkzeugschleifer im Kabelwerk Cassirer in Berlin-Charlottenburg arbeitete, in seinen Erinnerungen:

»Immer war ›etwas los‹. Besonders in den Nachtschichten. Keine Nacht ohne Zusammenbruch einer oder mehrerer Frauen an den Maschinen, infolge Erschöpfung, Hunger, Krankheit [...] An manchen Tagen im Winter wurde nicht geheizt, die Arbeiter standen in Gruppen herum, sie konnten und wollten nicht arbeiten [...] In der Kantine kam es fast täglich zu Schreianfällen von Frauen, manchmal auch zu deprimierenden Schlägereien untereinander, weil angeblich ›die Kelle nicht gefüllt‹ war[23].

In einer so zusammengewürfelten Belegschaft war, wie das Beispiel zeigt, das Gefühl für Solidarität nicht mehr stark entwickelt. Viele der neu in die Rüstungsproduktion strömenden Arbeitskräfte besaßen weder eine Verbundenheit mit dem für sie fremden Betrieb noch eine Bindung an die gewerkschaftlichen Organisationen. Das machte sie zu einem unruhigen, für Unternehmer wie Gewerkschaftsführer gleichermaßen schwer zu kontrollierenden Element. Es ist kein Zufall, daß gerade diese Arbeiter besonders reizbar auf die sich verschlechternden Arbeits- und Lebensbedingungen reagierten und als erste dagegen zu rebellieren begannen.

Schon 1916 kam es zu den ersten wilden Streiks in der Rüstungsindustrie. In der Regel handelte es sich um spontane, auf wenige Stunden befristete Aktionen. Motive und Ziele waren überwiegend wirtschaftlicher Natur: die Arbeiter verlangten Teuerungszulagen oder zusätzliche Lebensmittel und nahmen — sobald die Unternehmer Entgegenkommen zeigten — die Arbeit wieder auf. Selbst solche kurzfristigen Arbeitsniederlegungen waren nicht ohne Risiko. Da die Gewerkschaftsleitungen bei Kriegsausbruch auf alle Kampfmaßnahmen verzichtet hatten, konnten die Streikenden von dieser Seite weder mit finanzieller noch mit moralischer Unterstützung rechnen. Außerdem mußten sie, sofern sie wehrdienstfähig waren, fürchten, zur Strafe eingezogen zu werden. Die »Drohung mit dem Schützengraben« war ein sehr wirksames Instrument zur Disziplinierung der Belegschaften. Deshalb zogen es viele Arbeiter vor, ihre Unzufriedenheit auf andere Weise zu äußern — etwa durch Verlangsamung des Arbeitstempos, durch unerlaubtes Fernbleiben von der Arbeit, Ablehnung von Überstunden oder einfach durch renitentes Verhalten. Im Dezember 1917 berichtete die Leitung der Hamburger Vulcan-Werft:

»Die Arbeiter zeigen den vorgesetzten Ingenieuren, Meistern und Vorarbeitern gegenüber ein derartig freches Benehmen, daß es außerordentlich schwierig ist, die notwendige Autorität der Vorgesetzten den Arbeitern gegenüber zu wahren. Die oft geübte Faulheit und Bummelei hindert ein schnelles Fortschreiten der Arbeit[24].«

Der zermürbenden Erfahrung des Hungers und des Mangels in der Heimat entsprach die des massenhaften Todes und Sterbens an den Fronten. In Stellungskrieg und Materialschlachten verflüchtigte sich endgültig der Siegespatriotismus der ersten Kriegsmonate. Was blieb, war die Gemeinschaft des Schützengrabens — ein Leben in Unterständen, manchmal bis zu zehn Metern unter der Erde, inmitten einer surrealistischen Schlachtlandschaft von Laufgräben und Stacheldrahtverhauen, mit verstümmelten, faulenden Leichen und zerrissenen Gliedmaßen, wieder und wieder umgepflügt durch Granaten.

An die Stelle des idealistischen Kriegsfreiwilligen von 1914 trat der desillusionierte, harte Frontkämpfer, der Krieger im technischen Zeitalter, für den das Kämpfen kalte, mechanische Pflichterfüllung war:

»Der Krieg verroht Herz und Gemüt, macht den Mensch kalt gegen alles, was ihn sonst ergriff und bewegte; und doch sind diese Eigenschaften, Härte und Unbarmherzigkeit gegen das Schicksal und den Tod, notwendig für die heißen Kämpfe, zu denen der Schützengrabenkrieg führt[25].«

Die Gesetze bürgerlicher Normalität waren in dieser rauhen Männergesellschaft außer Kraft gesetzt. Abstumpfung, Verrohung, Haß auf die militärischen Vorgesetzten und Verachtung für die Etappe prägten den Frontalltag. Von dieser Wirklichkeit war die Familien- und Arbeitswelt der Vorkriegszeit weit entrückt. Nur gelegentlich, zwischen den Kampfpausen, tauchten sie auf — die Erinnerungen an »bessere Tage«, an das friedliche Zusammensein daheim. Doch solche Träume und Visionen entlasteten nur für Augenblicke von der furchtbaren Allgegenwart des Todes.

Die Erfahrungswelten von Front und Heimat traten auseinander. Wer als Urlauber für wenige Wochen wieder in das Normalleben zurückkehrte, der fühlte sich nicht selten fremd, der war aber auch nicht selten für Frau und Kinder, Eltern und Geschwister ein Fremder geworden. Die Folge war eine oft beklemmende Sprachlosigkeit, die Unfähigkeit, sich über die trennenden Erlebnisse zu verständigen.

Gleichzeitig rückten Front und Heimat in einem Punkt auch wieder zusammen: in der Gegnerschaft gegen den Krieg. In den Briefen an ihre eingezogenen Männer berichteten verzweifelte Frauen von den Entbehrungen ihres Kriegsalltags[26]. Die Postüberwachungsstellen bemühten sich zwar zu verhindern, daß solche Briefe ihre Adressaten erreichten, doch war eine lückenlose Kontrolle und Zensur des Briefverkehrs angesichts des gewaltigen Umfangs der Feldpost nicht möglich. So verlegten sich die Behörden darauf, die Frauen zu ermahnen, keine »Jammerbriefe« mehr ins Feld zu schicken. Doch auch solche Appelle blieben weitgehend wirkungslos, zumal sie mit der tristen Wirklichkeit in allzu deutlichem Kontrast standen. Umgekehrt verstanden es auch viele Soldaten an der Front, die Briefzensur zu unterlaufen, etwa indem sie Urlaubern Briefe zur Beförderung mitgaben. Im April 1917 mußte die deutsche Oberste Heeresleitung eingestehen:

> »Es gelangen Nachrichten in die Heimat und werden dort verbreitet, trotz aller Ermahnungen zur Verschwiegenheit, trotz allen Appells an das Pflichtgefühl, daß man auf Urlaubsreisen und in Feldpostbriefen nichts erzählen soll. Es geschieht eben doch[27].«

Zwischen der Kriegsmüdigkeit an der Front und in der Heimat bestand eine enge Wechselwirkung: Urlauber trugen die Mißstimmung im Heere in die Heimat und kehrten, erst recht des Krieges überdrüssig, an die Front zurück. In ihren Erzählungen über die Zustände in der Heimat mischten sich eigene Beobachtungen mit Gerüchten, die in der Bevölkerung kursierten. Solche Gerüchte waren nicht nur ein Ventil für die aufgestaute Erbitterung, sondern auch ein Ausdruck des Mißtrauens in die staatliche Informationspolitik und die von ihr gelenkte Presse. Eine ideale Gerüchtebörse war das Eisenbahnabteil: Hier trafen Frauen auf Hamsterfahrt mit Soldaten auf Heimaturlaub zusammen. Und hier wurden die ungeheuerlichsten Geschichten erzählt über die Prassereien der Offiziere in der Etappe und die ausschweifenden Vergnügungen der Kriegsgewinnler und Spekulanten. Solche Gerüchte fanden offene Ohren, weil sie an die für alle sichtbare ungleiche Versorgung anknüpften. Diese Ungleichheit war es, aus der die Kriegsverdrossenheit ständig neue Nahrung bezog.

III. Auf dem Weg zum revolutionären November 1918

Einen starken Auftrieb erhielten die Antikriegsstimmungen durch den Ausbruch der russischen Revolution im März 1917. Wie die Nachricht unter den Soldaten aufgenommen wurde, das schildert der elsässische Rekrut Dominik Richert in seinen nach Kriegsende 1918 geschriebenen Erinnerungen:

»Das ganze Bataillon stellte sich im Kreis um den Kommandeur: ›Soldaten‹, fing er an, ›der Krieg auf dieser Front ist soviel als beendet. In Rußland ist eine Revolution ausgebrochen. Der Zar ist abgesetzt. Die Garnison von Petersburg, 30000 Mann, hat sich den Revolutionären angeschlossen.‹ Wir alle horchten mit offenem Munde, dann konnten wir in unsere Quartiere gehen. Alle möglichen und unmöglichen Vermutungen wurden ausgetauscht [...] Fast alle freuten sich, daß das Schützengrabenleben nun bald ein Ende haben sollte[28].«

Auch in den Unterhaltungen der Frauen vor den Lebensmittelgeschäften wurden die revolutionären Vorgänge in Rußland lebhaft besprochen. Daran knüpften sich Hoffnungen auf ein schnelles Ende des Krieges und eine Verbesserung der elenden Lebensbedingungen. So beobachtete ein Hamburger Polizeibeamter im April 1917:

»Die Vorgänge in Rußland scheinen ihre Wirkung auf die Masse nicht verfehlt zu haben, denn an verschiedenen Stellen sind Äußerungen laut geworden: ›Wir müssen es nur machen wie in Rußland, dann wird es auch bald anders werden‹[29].«

Solche Äußerungen belegen, wie sehr sich die Erbitterung über die wirtschaftlichen Nöte inzwischen politisch aufgeladen und radikalisiert hatte. Von der öffentlich geäußerten Kritik wurde auch Kaiser Wilhelm II. nicht mehr ausgenommen. Er galt den abgearbeiteten und hungernden Frauen als Verkörperung jener Kräfte, die an einer Verlängerung des Krieges interessiert waren. In einem Bericht der Hamburger Polizei aus den ersten Maitagen 1917 hieß es:

»Ab und zu lassen sich jetzt Äußerungen vernehmen, welche die antimonarchische Gesinnung vorläufig vielleicht nur einzelner Personen erkennen lassen. So hat eine Frau vor einem Schlachterladen geäußert: ›Deutschland, wie tief bist du gesunken. Runter mit Wilhelm, ehe wir alle zugrunde gehen‹[30].«

Die Politisierung der Protestbewegung zeigte sich bereits im April 1917, als in Berlin, Leipzig und anderen Orten die Metallarbeiter die Arbeit niederlegten. Noch deutlicher wurde sie in der großen Streikwelle vom Januar 1918, die zur größten Massenaktion während der Kriegszeit wurde[31]. Allein in Berlin, dem Zentrum der Bewegung, streikten über 400000 Arbeiter; von hier aus sprang der Funke auf fast alle Industriestädte über. Karl Retzlaw hat in seinen Erinnerungen wiedergegeben, was er am Morgen des 28. Januar, am Tage des Streikbeginns, zur versammelten Belegschaft des Kabelwerks Cassirer in Berlin-Charlottenburg sprach:

»Auf einem Tisch in der Mitte der Versammelten stehend begann ich meine Rede: ›Wir streiken nicht aus Kohlrübengründen, wir streiken, um den Krieg zu beenden!‹ schrie ich mit der erheblichen Lautstärke, die mir gegeben war; ›wir wollen Frieden [...] wir wollen dem Kaiser und seinen Generälen keine Waffen mehr liefern! Wir wollen Verbrüderung mit der russischen Revolution [...] Wir wollen streiken, bis der Krieg beendet ist! Es lebe die russische Revolution; es leben Lenin und Trotzki!‹ So wiederholte ich meinen Aufruf, immer wieder unterbrochen von den Zurufen der über tausend begeisterten Frauen und Männer[32].«

Lenin und Trotzki — das waren die Führer der Bolschewiki, die im Oktober 1917 in Rußland die Macht ergriffen hatten. Die Arbeiterinnen und Arbeiter, die dem Redner zujubelten, wußten wenig über deren Programm und Ziele; was sie aber wußten, war, daß die beiden Namen standen für ein schnelles Ende des Krieges.

Am Nachmittag des 28. Januar wählten die Delegierten der streikenden Betriebe in Berlin eine Streikleitung. Sie nannte sich — dem russischen Beispiel folgend — »Arbeiterrat« und trat sofort mit einem Aufruf an die Öffentlichkeit. An der Spitze stand das Verlangen nach einem Frieden ohne Annexionen auf der Grundlage des Selbstbestimmungsrechts der Völker. Weitere Forderungen waren: Aufhebung des Belagerungszustands, Wiederherstellung des Vereins- und Versammlungsrechts, Freilassung der politischen Gefangenen, durchgreifende Demokratisierung aller Staatseinrichtungen. Zivil- und Militärbehörden reagierten überaus nervös. Die streikenden Betriebe wurden unter militärische Leitung gestellt, Versammlungen und Demonstrationen verboten, der verschärfte Belagerungszustand proklamiert. Im Berliner Stadtteil Moabit kam es zu Straßenschlachten zwischen den Streikenden und der Polizei. Die Reichshauptstadt stand — so schien es — am Vorabend einer Revolution. Doch dann traten die Führer der Sozialdemokraten auf den Plan. Sie boten allen ihnen noch verbliebenen Einfluß auf, um die außer Kontrolle geratene Streikbewegung einzudämmen. Am 2. Februar wurde in fast allen Betrieben wieder gearbeitet[33].

Nach dem Ende des Streiks übten die Behörden Vergeltung. Zahlreiche Streikführer wurden verhaftet oder zum Militär eingezogen. Doch alle Repressalien konnten die aus den Fugen geratene wilhelminische Gesellschaft nicht noch einmal stabilisieren. Eine junge Hamburger Sozialdemokratin zog Anfang Februar 1918 in einem Brief Bilanz:

»Es war ein gewaltiger Ruck, der durch unser aller Gefühl gegangen ist. Die Arbeiterschaft zog ihre Hand zurück von den Maschinen, die Waffen liefern, mit denen dieser Krieg geführt wird. Haß und Wut tobten sich bei jenen aus, denen der Krieg noch etwas einbringen soll [...] Sie eiferten gegen die ›Landesverräter‹ und mußten doch die Ruhe und Würde anerkennen, mit der die Arbeiterschaft ihren Willen kundgab [...] Es waren die ersten züngelnden Flammen aus dem glimmenden Feuer[34].«

Im März 1918 wollte die deutsche Oberste Heeresleitung das Blatt doch noch wenden. Nach dem Separatfrieden mit dem revolutionären Rußland in Brest-Litowsk suchte sie im Westen durch eine letzte große Offensive die militärische Entscheidung zu erzwingen. Fast schien es, als könnte der »Geist von 1914« noch einmal wiederbelebt werden. Doch schon im April 1918 zeigte sich, daß die Militärs sich wieder einmal verrechnet hatten. Der deutsche Angriff blieb nach beträchtlichen Anfangserfolgen stecken. Die Enttäuschung darüber, daß auch diese letzte große Anspannung aller Kräfte nicht zum Ziel geführt hatte, war groß. Und als Reaktion darauf passierte an der Westfront etwas Unerhörtes: Deutsche Soldaten verweigerten den Gehorsam, und zwar in so großer Zahl, daß man von einem »verdeckten Militärstreik« sprechen kann[35]. Zahlreiche Soldaten versuchten, sich durch vorgetäuschte Krankheiten oder Selbstverstümmelung dem Frontdienst zu entziehen. Andere fanden Gelegenheit, in der Etappe unterzutauchen. Wiederum andere entschlossen sich zu desertieren. Häufig kam es jetzt vor, daß ganze Einheiten den Befehl zum Angriff verweigerten und die Offiziere bedrohten.

Auch in den Heimatgarnisonen gärte es. In Erlangen machte im Mai 1918 eine Schar Soldaten, die vor dem Abtransport an die Front stand, die Stadt unsicher. Polizisten, die für Ordnung sorgen wollten, bezogen Prügel, die Fenster des Rathauses wurden zertrümmert[36]. Im Monat darauf kam es in München zu Soldatenkrawallen. Ausgelöst wurden sie wiederum durch Angehörige eines Truppenteils, der an die Front gehen sollte. Auf dem Weg von der Kaserne zum Bahnhof randalierten die Soldaten und schossen unentwegt in die Luft[37]. Solche Vorfälle zeigten, wie sehr die Autorität der militärischen Vorgesetzten und der zivilen Beamten inzwischen gelitten hatte. Nicht nur weigerten sich Soldaten in steigender Zahl, sich in letzter Stunde noch an der Front verheizen zu lassen; sie waren auch nicht mehr bereit, bei Bekämpfung innerer Unruhen als Hilfstruppe der Polizei zu dienen. Im Gegenteil — im Laufe des Jahres 1918 wurde deutlich, daß die Sympathien der Soldaten bei denen lagen, die gegen den Krieg angingen.

Ende Juli 1918 belauschte ein Regensburger Bürger in einem Zugabteil ein Gespräch zwischen Straubinger Frauen, die sich darüber erregten, daß der Bürgermeister den bayerischen König zur bevorstehenden Siebenhundertjahrfeier Straubings eingeladen hatte:

»Jetzt kommt der König zu uns — den braucha ma a no — der soll mit seine Trudeln daheim bleibn — Unser Bürgermeister, der Depp is extra nach München g'fahrn und hat'n eig'ladn [...] — a Festfressen wollns a gebn — Der soll nur kema — mir habens schon ausgmacht — mit de fauln Kartoffel wird er empfanga. De moano, wenns a Militär hinstelln, dös hilft eana was — die Soldaten helfa alle zu uns — dö ham von dem Schwindel a gnua[38]!«

Nachdem die Hoffnungen auf einen militärischen Sieg sich endgültig zerschlagen hatten, traten Kriegsmüdigkeit und Erschöpfung in bislang unbekanntem Ausmaß hervor. In seinem Stimmungsbericht vom Juli 1918 meldete der Berliner Polizeipräsident:

»Im Volk wird nur noch eine Frage mit Interesse erörtert, die Beendigung des Krieges, und es mehren sich in bedenklichem Umfang die Stimmen für ›Frieden um jeden Preis‹ [...] Denn jeden graut vor einem Kriegswinter[39].«

Einen Monat später hieß es:

»Die Stimmung unter der Bevölkerung Groß-Berlins [...] ist nach wie vor als sehr gedrückt zu bezeichnen [...] Die Aussicht auf einen baldigen Frieden ist nach Ansicht der Bevölkerung in weite Ferne gerückt. Im Vordergrund steht natürlich immer wieder die Magenfrage, und davon hängt auch in Zukunft ab, ob es gelingt, die Bevölkerung ruhig zu halten[40].«

Da die Versorgung sich nicht besserte und zugleich die Kriegslage im Westen sich immer mehr verschlechterte, beschleunigte sich der Stimmungsabfall seit Juli 1918 rapide.

»Keiner glaubt mehr, daß wir den Krieg gewinnen«, notierte der Münchner Schriftsteller und Gymnasialprofessor Josef Hofmiller Mitte August 1918. »Alle wissen, daß wir ihn verloren haben, und doch rückt keiner mit der Sprache heraus[41].«

Nach all den Leiden und Entbehrungen fiel es schwer zu akzeptieren, daß der Krieg verloren war. Statt die Wahrheit ungeschminkt darzulegen, verbreitete die amtliche Propaganda weiterhin Siegeszuversicht und beförderte damit nur den Autoritätsverfall des herrschenden Systems. Was ein Polizeispitzel Mitte August 1918 aus einem Gespräch zweier Lazarettinsassen in Bremerhaven erlauschte, entsprach einer weitverbreiteten Stimmung:

»Siehst Du, Kamerad, wir sind kaputt, keiner denkt mehr an Sieg, was die Zeitungen schreiben, ist alles Lug und Trug [...] Wenn wir jetzt Schluß machen, können wir noch viel retten, Geld und Menschen. Sollen wir uns denn die Knochen kaputt schießen lassen, nur weil die Oberen noch Lust haben zu dieser wahnsinnigen Schlachterei [...] Und wenn wir alle zusammenhalten, dann geht das auch, wir machen einfach nicht mehr mit [...] Wir kriegen unsere Kameraden so weit, daß sie alle mitmachen wie in Rußland, wir haben ja nichts mehr zu verlieren[42].«

Ende September 1918 mußte auch die Oberste Heeresleitung eingestehen, was Einsichtige längst wußten: Der Krieg war für Deutschland verloren. Nachdem jahrelang ein unbegründeter Optimismus genährt worden war, mußte die Nachricht, Deutschland habe um Waffenstillstand nachgesucht, viele Menschen wie ein Schock treffen. Im Oktober 1918 berichtete der sächsische Gesandte in Berlin:

»Zwei Stimmungen beherrschen die Massen. Die eine ist eine aufs äußerste gesteigerte Friedenssehnsucht, die andere eine unverkennbare Bitterkeit darüber, daß die früheren Regierungen sich über die Grenzen der deutschen Kraft nicht klargeworden seien und den Glauben an unsere Unbesiegbarkeit so stark genährt hätten, daß sich weite Kreise in falscher Sicherheit wiegten[43].«

Kriegsmüdigkeit und Friedenssehnsucht griffen jetzt stärker um sich als jemals zuvor. Hinzu kam eine verheerende Grippeepidemie, die gerade Mitte Oktober 1918 ihren Höhepunkt erreichte. Allein in Köln starben in den zehn Tagen zwischen dem 14. und 23. Oktober über 300 Menschen an Grippe; insgesamt verzeichnet die Statistik für 1918 über 180000 Grippetote[44]. Nach vier Jahren voller Entbehrungen waren viele Menschen mit ihren Kräften am Ende, so daß sie der Krankheit nichts mehr entgegenzusetzen hatten.

Ende Oktober 1918 spitzte sich die innenpolitische Situation zu. Durch Reformen »von oben« suchte die neue, Anfang Oktober gebildete Regierung des Prinzen Max von Baden die drohende Revolution »von unten« aufzufangen. Die Antworten des amerikanischen Präsidenten Wilson auf das deutsche Waffenstillstandsgesuch machten allerdings deutlich, daß ohne eine Abdankung Wilhelms II. ein Frieden nicht zu haben war. Doch der Kaiser dachte gar nicht daran, freiwillig dem Thron zu entsagen. Und so richtete sich die Massenstimmung gegen den Krieg schließlich vor allem gegen den Träger der Krone.

Der revolutionäre Funke zündete dort, wo sich besonders viel Konfliktstoff angehäuft hatte: in der kaiserlichen Marine, genauer, auf den Großkampfschiffen, wo Mannschaften und Offiziere auf engstem Raum zusammenlebten. Richard Stumpf, ein national eingestellter Arbeiter, hat in seinem Tagebuch festgehalten, wie die Offiziere durch ihre Arroganz, durch kleinliche Schikanen und aufreizende Gelage schließlich auch den kaisertreuesten Matrosen gegen sich aufbrachten:

> »Was kein Buch, kein Sozialist vermocht hätte, das gelang dem System des Militärs. Ich habe diese verkörperte Autorität hassen und verachten gelernt wie nichts auf der Welt. Diese Autorität, die ihren Rückhalt nicht in der fühlbaren Überlegenheit, sondern einzig in der Furcht vor den Paragraphen des Militär-Strafgesetzbuches hat[45].«

Als die Marineleitung Ende Oktober den Befehl gab, zu einem letzten Gefecht mit der englischen Flotte auszulaufen, verweigerten die Matrosen den Befehl. »Auf zur Demonstration an Land« — lautete die Parole. Der Stein war ins Rollen gekommen. In dem Augenblick, als die militärische Disziplin zusammenbrach, war der wilhelminische Obrigkeitsstaat am Ende. Die Revolution war nicht mehr aufzuhalten.

Anmerkungen

1 Vgl. Bernd Ulrich, Die Desillusionierung der Kriegsfreiwilligen von 1914, in: Der Krieg des kleinen Mannes. Eine Militärgeschichte von unten, hrsg. von Wolfram Wette, München, Zürich 1992, S. 110—126.

2 Vgl. Benjamin Ziemann, Zum ländlichen Augusterlebnis 1914, in: Geschichte und Psychologie. Annäherungsversuche, hrsg. von Bedrich Loewenstein, Pfaffenweiler 1992, S. 193—203.

3 Vgl. Wolfgang Kruse, »Welche Wendung durch des Weltkrieges Schickung«. Die SPD und der Beginn des Ersten Weltkrieges, in: August 1914: Ein Volk zieht in den Krieg, hrsg. von der Berliner Geschichtswerkstatt, Berlin 1989, S. 115—126; ders., Krieg und nationale Integration. Eine Neuinterpretation des sozialdemokratischen Burgfriedensschlusses 1914/15, Essen 1994; Simone

Lässig, Sozialdemokratisches Friedensengagement, Julikrise und der 4. August 1914 in Ostsachsen, in: Demokratie und Emanzipation zwischen Saale und Elbe. Beiträge zur Geschichte der sozialdemokratischen Arbeiterbewegung bis 1933, hrsg. von Helga Grebing, Hans Mommsen, Karsten Rudolph, Essen 1993, S. 147—170.

4 Kneipengespräche im Kaiserreich. Die Stimmungsberichte der Hamburger Politischen Polizei 1892—1914, hrsg. von Richard J. Evans, Reinbek bei Hamburg 1989, S. 415.

5 Berichte des Berliner Polizeipräsidenten zur Stimmung und Lage der Bevölkerung in Berlin 1914—1918. Bearb. von Ingo Materna und Hans-Joachim Schreckenbach unter Mitarbeit von Bärbel Holtz, Weimar 1987 (= Dokumente aus geheimen Archiven, Bd 4), S. 7.

6 Staatsarchiv (StA) Hamburg, Kriegsakten des Senats, C II g 6.

7 Zit. in Volker Ullrich, Kriegsalltag. Hamburg im ersten Weltkrieg, Köln 1982, S. 21.

8 Vgl. Edith Hagener, »Es lief sich so sicher an Deinem Arm«. Briefe einer Soldatenfrau 1914, Weinheim, Basel 1986.

9 Vgl. Jo Mihaly, ... da gibt's ein Wiedersehn! Kriegstagebuch eines Mädchens 1914—1918, Freiburg, Heidelberg 1982; Ingeborg Rürup, »Es entspricht nicht dem Ernste der Zeit, daß die Jugend müßig gehe«. Kriegsbegeisterung, Schulalltag und Bürokratie in den höheren Lehranstalten Preußens 1914, in: August 1914 (wie Anm. 3), S. 181—191.

10 Hagener (wie Anm. 8), S. 68, 77.

11 Kriegsbriefe gefallener Studenten, hrsg. von Philipp Witkop, München 1930, S. 16; vgl. dazu Manfred Hettling, Michael Jeismann, Der Weltkrieg als Epos. Philipp Witkops »Kriegsbriefe gefallener Studenten«, in: Keiner fühlt sich hier mehr als Mensch ... Erlebnis und Wirkung des Ersten Weltkriegs. Hrsg. von Gerhard Hirschfeld und Gerd Krumeich in Verbindung mit Irina Renz, Essen 1993, S. 175—198.

12 Kriegsbriefe (wie Anm. 11), S. 51.

13 Berichte des Berliner Polizeipräsidenten (wie Anm. 5), S. 67.

14 Vgl. die vorzügliche Studie von Anne Roerkohl, Hungerblockade und Heimatfront. Die kommunale Lebensmittelversorgung in Westfalen während des Ersten Weltkrieges, Stuttgart 1991, S. 113 ff.

15 Ullrich, Kriegsalltag (wie Anm. 7), S. 41.

16 Robert Scholz, Ein unruhiges Jahrzehnt: Lebensmittelunruhen, Massenstreiks und Arbeitslosenkrawalle in Berlin 1914—1923, in: Pöbelexcesse und Volkstumulte in Berlin. Zur Sozialgeschichte der Straße (1830—1980), hrsg. von Manfred Gailus, Berlin 1984, S. 82.

17 Die Lebensmittelunruhen im Ersten Weltkrieg sind noch wenig erforscht. Vgl. für Hamburg: Ullrich, Kriegsalltag (wie Anm. 7), S. 51—56, 68—72; für Hannover: Friedhelm Boll, Massenbewegungen in Niedersachsen 1906—1920. Eine sozialgeschichtliche Untersuchung zu den unterschiedlichen Entwicklungstypen Braunschweig und Hannover, Bonn 1981, S. 201—206; für Nürnberg: Klaus-Dieter Schwarz, Weltkrieg und Revolution in Nürnberg. Ein Beitrag zur Geschichte der deutschen Arbeiterbewegung, Stuttgart 1971, S. 146—154; für Chemnitz: Stephan Pfalzer, Der »Butterkrawall« im Okto-

ber 1915. Die erste größere Antikriegsbewegung in Chemnitz, in: Demokratie und Emanzipation (wie Anm. 3), S. 196—201.

18 Vgl. Klaus Saul, Jugend im Schatten des Krieges, in: Militärgeschichtliche Mitteilungen, 32 (1983), S. 91—184.

19 StA Hamburg, Politische Polizei, Abl. 38 Nr. 45.

20 Überwachungsbericht über die Versammlung der Kriegsküchenfrauen, 12.2.1917; ebd., Nr. 890 Vers., Bd I.

21 Zur Entwicklung der Frauenarbeit im Kriege vgl. Ute Daniel, Arbeiterfrauen in der Kriegsgesellschaft. Beruf, Familie und Politik im Ersten Weltkrieg, Göttingen 1989; vgl. den Beitrag der Autorin im vorliegenden Band.

22 Zusammenstellung der Explosionen und Brände sowie ihrer Ursachen in der Explosivstoff-Industrie im Jahre 1917; Landesarchiv (LA) Schleswig, Abt. 309 Nr. 23140; dazu Ullrich, Kriegsalltag (wie Anm. 7), S. 73—77.

23 Karl Retzlaw, Spartakus. Aufstieg und Niedergang. Erinnerungen eines Parteiarbeiters, Frankfurt a.M. 1971, S. 72.

24 Vulcan-Werft an Reichsmarineamt, 1.12.1917; Bundesarchiv-Militärarchiv (BA-MA) Freiburg, F 6447/AXXXV. 434a, Bd 2; vgl. dazu Hans-Joachim Bieber, Die Entwicklung der Arbeitsbeziehungen auf den Hamburger Großwerften zwischen Hilfsdienstgesetz und Betriebsrätegesetz (1916—1920), in: Arbeiterschaft in Deutschland 1914—18, hrsg. von Gunther Mai, Düsseldorf 1985, S. 126—129.

25 Kriegsbriefe (wie Anm. 11), S. 244.

26 Vgl. Bernd Ulrich, Feldpostbriefe im Ersten Weltkrieg — Bedeutung und Zensur, in: Kriegsalltag, hrsg. von Peter Knoch, Stuttgart 1989, S. 40—83.

27 Ebd., S. 63.

28 Dominik Richert, Beste Gelegenheit zum Sterben. Meine Erlebnisse im Kriege 1914—1918. Hrsg. von Angelika Tramitz und Bernd Ulrich, München 1989, S. 238.

29 StA Hamburg, Politische Polizei, Abl. 38 Nr. 45.

30 Ebd.

31 Auch über die Januarstreiks 1918 gibt es noch keine zusammenfassende Monographie. Siehe für Berlin: Deutschland im ersten Weltkrieg, Bd 3, hrsg. von einem Autorenkollektiv, Berlin (Ost) 1969, S. 135—178; für Norddeutschland: Volker Ullrich, Der Januarstreik 1918 in Hamburg, Kiel und Bremen. Eine vergleichende Studie zur Geschichte der Streikbewegungen im Ersten Weltkrieg, in: Zeitschrift des Vereins für Hamburgische Geschichte, Bd 71 (1985), S. 45—74; für Rheinland-Westfalen: Dieter Engelmann, Der Januarstreik 1918 im rheinisch-westfälischen Industriegebiet, in: Jahrbuch für Regionalgeschichte, 9 (1982), S. 95—104; für Köln: Manfred Faust, Sozialer Burgfrieden im Ersten Weltkrieg. Sozialistische und christliche Arbeiterbewegung in Köln, Essen 1992, S. 125—133.

32 Retzlaw (wie Anm. 23), S. 82f.

33 Scholz (wie Anm. 16), S. 97f.

34 Zit. nach Ullrich, Kriegsalltag (wie Anm. 7), S. 132.

35 Vgl. Wilhelm Deist, Verdeckter Militärstreik im Kriegsjahr 1918?, in: Der Krieg des kleinen Mannes (wie Anm. 1), S. 146—167.

36 Vgl. Karl-Ludwig Ay, Die Entstehung einer Revolution. Die Volksstimmung

in Bayern während des Ersten Weltkrieges, Berlin 1968, S. 109.

[37] Ebd., S. 106.

[38] Ebd., S. 122.

[39] Berichte des Berliner Polizeipräsidenten (wie Anm. 5), S. 278.

[40] Ebd., S. 282.

[41] Zit. in: Innenansicht eines Krieges. Bilder, Briefe, Dokumente. Hrsg. von Ernst Johann, Frankfurt a.M. 1968, S. 324.

[42] Die deutsche Revolution 1918/19. Quellen und Dokumente, hrsg. von Jörg Berlin, Köln 1979, S. 110.

[43] Die Auswirkungen der Großen Sozialistischen Oktoberrevolution auf Deutschland, hrsg. von Leo Stern, Bd IV, Berlin (Ost) 1959, S. 1668.

[44] Vgl. Manfred Vasold, Pest, Not und schwere Plagen. Seuchen und Epidemien vom Mittelalter bis heute, München 1991, S. 271f., und ders., Der erste apokalyptische Reiter, in: Die Zeit, Nr. 47 vom 19.11.1993, S. 80.

[45] Richard Stumpf, Warum die Flotte zerbrach. Kriegstagebuch eines christlichen Arbeiters, Berlin 1927, S. 132.

Martin Vogt

»Illusionen als Tugend und kühle Beurteilung als Laster«. Deutschlands »gute Gesellschaft« im Ersten Weltkrieg*

Im Sommer 1917 – einen Tag nach der Friedensresolution der Mehrheitsparteien im Reichstag – richtete Walther Rathenau die Warnung an einen Freund, nicht Illlusionen als eine Tugend anzusehen und kühle Beurteilung der Realität nicht als ein Laster zu verurteilen. Rathenaus Bemerkung verweist auf die heftigen Auseinandersetzungen, die die unterschiedlichen Einstellungen ausgelöst hatten, die sich in der deutschen Gesellschaft seit August 1914 über den Kriegsverlauf und die an den Krieg geknüpften Erwartungen herausgebildet hatten. Diese Differenzen waren erst recht aufgebrochen, nachdem Reichskanzler v. Bethmann Hollweg aus dem Amt gedrängt worden war und die Mehrheit der Fraktionen im Reichstag ihrer Friedensbereitschaft Ausdruck gegeben hatte. Über die möglichen Ergebnisse des militärischen Ringens und ihre innen- und außenpolitischen Konsequenzen hatten seit Kriegsbeginn in großen Teilen der Gesellschaft ebenso Illusionen geherrscht wie über die politischen Folgen oder auch die Fortdauer des »Augustgeistes«; kritische Beurteilungen oder Skepsis angesichts hoher Erwartungen waren auf Ablehnung und den Vorwurf mangelnden Patriotismus gestoßen.

Mit der deutschen »guten Gesellschaft«, deren Einstellung zum Ersten Weltkrieg in diesem Beitrag behandelt werden soll, ist diejenige Gruppe der Bevölkerung gemeint, die gemeinhin als Bildungsbürgertum gilt. Ihre Repräsentanten entwickelten, um ihre illusionären Erwartungen zu begründen und politisch zu propagieren sowie ihre Feindschaft gegen äußere und innere Gegner auszudrücken, während der Kriegsjahre eine verbalradikale Militanz, die von den Normen zwischenmenschlichem nationalen und internationalen Umgangs entschieden abwich. Die über die Kriegsjahre hin wachsende Intransigenz stand im Zusammenhang mit politischen und militärischen Ereignissen.

Dabei ist festzustellen, daß es auch in den Gegnerstaaten Deutschlands während des Ersten Weltkrieges problematische Formen im Umgang mit äußeren Gegnern und innerer Opposition gegeben hat. Der Umgang mit Deutschen und Angehörigen der mit dem Deutschen Reich Verbündeten ist in diesen Gegnerstaaten häufig durchaus rüde gewesen, und erste Kriegsgedichte auf alliierter Seite sind von Brutalität geprägt. Deutsche Soldaten wurden – insbesondere nach dem Einmarsch in Belgien – des Mordes, des Raubes und der Vergewaltigung beschuldigt:

»Vorwärts! Vorwärts! Damit der Boden Frankreichs,
den sie uns rauben wollen, einmal ihr Grab wird.
Menschendünger ist gut. Wir brauchen Dünger.
Tausend Ähren werden sich erheben über einen Boche, der fällt.
Vorwärts! Vorwärts! Diese Schurken
Haben unsere Frauen und Töchter vergewaltigt,
Unsere Kinder verstümmelt. Sie haben geplündert, gestohlen.
Sie haben ihre schmutzigen Leidenschaften gestillt!
Töten! Töten! Töten! Laßt uns mit Fleisch sättigen
Das fleischfressende Bajonett.
Das Blut rötet, der Himmel taucht in Blau seinen weißen Stahl:
Das Bajonett – die Trikolore!«

Damit waren die Voraussetzungen für eine Stimmung der Rache und des Strafwillens geschaffen, die politisch gegenüber der eigenen Bevölkerung genutzt wurde, um den alliierten Kriegszielen, vor allem deutsche Gebiets- und Souveränitätsverluste sowie Einschränkungen künftiger wirtschaftlicher Beziehungen und Produktivität, Geltung zu verschaffen; aber ebenso war auch die Rede von der Beseitigung des deutschen Militarismus und der Hinlenkung zu einer parlamentarischen Demokratie. Gegen Pazifisten und Gegner eines Krieges mit Deutschland in den eigenen Ländern gingen die alliierten Regierungen deshalb auch mit Internierung und Diskriminierung vor. In Frankreich und Italien sind im Krisenjahr 1917 kampfunwillige Soldaten mit rücksichtsloser Dezimierung diszipliniert worden. Im Vergleich dazu harmlos und von unfreiwilliger Komik war das Vermeiden von deutschen Ausdrücken oder dem Wort »deutsch«, wenn zum Beispiel in den USA 1917 Röteln nicht mehr »German Measles«, sondern »Liberty Measles« und Sauerkraut »Liberty Cabbage« genannt wurden.

»Hoffentlich ist der Krieg, der ja jetzt über die ganze Welt tobt, bald zu Ende, denn wenn man schon 16 Wochen hier draußen im Felde liegt, und schon viel an Anstrengungen und Strapazen aushalten mußte, so sehnt man sich doch manchmal nach der lieben Heimat, zu seinen Angehörigen,«

schrieb Mitte November 1914 ein Darmstädter Soldat und drückte damit das Ende jener Euphorie aus, die in den ersten Kriegswochen bestanden hatte. Einen Monat zuvor hatte der Direktor der Krupp-Werke Eberhard v. Bodenhausen, der die deutschen Presseberichte mit erheblicher Kritik betrachtete, seinem Freund Hugo von Hofmannsthal von deutschen Politikern wenig Vorteilhaftes zu schreiben gewußt:

»Und nun wir mitten darin sind im Kampfe, da, sollte man meinen, müßten die ›Köpfe‹ sich zeigen. Aber nichts zeigt sich. Führer im Reichstag stehen im Felde als Kolonnen-Führer und verdienen sich das Eiserne Kreuz. Welche Verkennung ihrer Aufgabe! Wenn Gott uns den Sieg gibt, an den auch mein Innerstes glaubt, wer zeigt uns den neuen Weg?!«

Ein halbes Jahr später schrieb Bodenhausen unter Berufung auf die Meinung des Oberbefehlshabers an der Ostfront, Feldmarschall v. Hindenburg, in Erwartung italienischer und rumänischer Kriegserklärungen an Deutschland und Österreich-Ungarn:

»Und niemand zweifelt daran, daß unsere vereinten Kräfte einem solchen Druck nicht würden widerstehen können, daß eine solche Wendung des Kriegs vielmehr unseren beiden Ländern nichts anderes mehr läßt, als einen ehrenvollen Untergang, um damit für alle Zeiten von der Bildfläche der Weltgeschichte zu verschwinden.«

Anders der angesehene nationalliberale Rechtswissenschaftler und Reichstagsabgeordnete Wilhelm Kahl im Januar 1915, der das vorgebliche Langemark-Geschehen aufgreift, den Optimisten vor Leichtsinn warnt, aber den Pessimisten verurteilt:

»Es ist kein Märchen, daß auch heute wieder unsere Jungen mit Jauchzen und mit ›Deutschland, Deutschland über alles‹ zum Sturme schreiten. Der Kampf fürs Vaterland hebt auf eine Höhe des Glückes, die weit hinausragt über das Maß des Alltäglichen. Unser kämpfendes und singendes Heer ist ein fröhliches Heer. [...] Der reine Optimist ist eine Gemeingefahr. Er zieht einen Schleier über die rauhe Wirklichkeit der Tatsachen. [...] Der reine Pessimist schädigt unmittelbar die Volkskraft [...] Er versündigt sich an der Gerechtigkeit gegen sein eigenes Volk. Er ist der Größe der Zeit nicht gewachsen.«

Offensichtlich war die euphorische Stimmung der ersten Kriegswochen in Teilen der Bevölkerung Deutschlands seit dem Erstarren der Fronten nach der Marneschlacht und der Wirksamkeit der britischen Seeblockade langsam der Ernüchterung über die lange Dauer des Krieges und die wachsende Zahl der Gegner – bis zum Waffenstillstand wurden es 28 Staaten – in Europa und Übersee gewichen. Parallel dazu fand die Diskussion über Parlamentarisierung und Wahlrechtsreform in Preußen – eine seit langem besonders von den Liberalen und den Sozialdemokraten erhobene Forderung – statt.

Konfliktsituationen, die durch Parteibündnisse in der Zeit der Reichstagswahlen 1912 und als Konsequenz des sozialdemokratischen Wahlsiegs, aber auch wegen militärischer Übergriffe in dem elsässischen Städtchen Zabern entstanden waren, schienen bei gleichzeitiger ökonomischer Rezession auf eine innenpolitische Krise zuzutreiben, als im August 1914 der Krieg ausbrach und der Versuch unternommen wurde, die verschiedenen Gesellschaftsgruppen des Staates zur nationalen Gemeinschaft zusammenzuführen. Zwar hatte bei der SPD Anlaß zur Sorge bestanden, daß die Reichsregierung und die Generalkommandos aufgrund der inneren Spannung nun Internierungen und Schutzhaft verhängen und dem langjährigen Drängen des Reichsverbandes gegen die Sozialdemokratie auf ein Parteiverbot nachgeben würden; aber die Bereitschaft der Reichstagsfraktion, trotz innerer Auseinandersetzungen den Kriegskrediten zuzustimmen, die Freiwilligen-Meldungen zahlreicher Sozialdemokraten und Gewerkschaftler, die die Meinung vertraten, Deutschland müsse verteidigt werden, führten zur Zurückhaltung der Behörden. Getragen von der Aufbruchstimmung des Augusts 1914 schrieb der Arbeiterdichter Karl Bröger über das Verhältnis der Arbeiterbewegung zu Deutschland:

»Herrlich offenbart erst deine größte Gefahr,
daß dein ärmster Sohn auch dein getreuster war.«

Unter dem Eindruck der kaiserlichen Burgfriedensproklamation — »Ich kenne keine Parteien mehr; ich kenne nur Deutsche« — bestand die Preußische Regierung auf einem Tätigkeitsverbot des SPD-feindlichen Reichsverbandes für die Dauer des Krieges; gegenüber Kritikern bemerkte dessen Vorsitzender zweideutig, »späterhin« werde »eine politische Bekämpfung der Sozialdemokratie« hoffentlich »nicht mehr erforderlich sein«. Wenn hingegen sozialdemokratische Führer vom Opfer der Arbeiter im Krieg ein Ende der politischen Gettoisierung sowie die Wende zur Demokratisierung und tatsächlichen Gleichberechtigung von Sozialdemokraten in Staat und Heer erhofften, dann stand dem die konservativ-rechtsbürgerliche Auffassung entgegen, der »vaterländische Geist« müsse »immer wirksam bleiben«, und von industrieller Seite wurde der Reichsregierung zum Vorwurf gemacht, sie habe versäumt, aus der Stimmung des Kriegsbeginns »denjenigen Nutzen zu ziehen, der für das Staatswohl und das wirtschaftliche Wohl dauernd von Vorteil hätte sein können.«

Sowohl das offizielle Entgegenkommen gegenüber der Arbeiterbewegung als auch die Tatsache, daß die militärischen Zensurbehörden gegen Zeitungen alldeutsch-konservativer Provenienz anfänglich vorgingen, wenn diese den vorgeschriebenen Kurs innen- und außenpolitischer Zurückhaltung aufgaben, heizte die rechtsradikale Kampagne mit der Absicht an, »Bethmann Hollweg und alle anderen schlappen Menschen in der Regierung zu stürzen«. Zwar gelang es oberflächlich, die Angriffe bis zum Zusammenbruch des Burgfriedens 1916 aufzufangen; doch der Eindruck verbreitete sich wunschgemäß, der Reichskanzler und die Mehrheitsparteien des Reichstags (Zentrum, Linksliberale und Sozialdemokraten) seien »Flaumacher«. Das Verlangen nach Parlamentarisierung und preußischer Wahlrechtsreform drücke die Anpassung an eine westliche politische Kultur aus, die sich im Gegensatz zur deutschen Demokratie befinde, die ihr Qualitätsmerkmal darin besitze, daß an ihrer Spitze eine in ihren Führungsfunktionen unbestrittene Persönlichkeit stehe. Hinter diesen Angriffen stand zunächst einmal der Alldeutsche Verband, der zwar nur über eine begrenzte Mitgliederzahl verfügte, doch dessen Beziehungen zu anderen Organisationen wie Wehr-, Flotten- und Kolonialverein, zu den Wirtschaftsverbänden und den bürgerlichen Parteien ihm einen umfassenden Kreis von Sympathisanten verschafft hatten. In enger Verbindung zum Verbandsvorsitzenden Heinrich Claß stand Alfred Hugenberg, der von der ihm nahestehenden Presse verlangte, alles zu unterlassen, »was die schwache Politik der Regierung oder gar der Mehrheitsparteien fördern würde«. Wenn noch kurz vor Beginn des Krieges der Vorsitzende der Deutsch-Konservativen Ernst v. Heydebrand und der Lasa von einer Rückkehr zu patriarchalischer Ordnung gesprochen hatte, die anzustreben sei, dann sah Claß im Krieg »das größte Glück, das uns widerfahren kann«, da nun nach Ansicht des Verbandsvorstandes drängende innenpolitische Probleme autoritär zu lösen waren, so etwa eine Anpassung des Reichstagswahlsystems an eine Klassen- und Pluralstimmordnung, eine scharfe Pressezensur, eine Beschränkung, wenn nicht gar Aufhebung der bürgerlichen Rechte der Juden, sodann die Praktizierung einer diktatorischen Staatsführung sowie die politische Ausschaltung der Arbeiterbewegung durch Ausweisung der Führer der Sozialdemokratie und der sozialdemokratischen Gewerkschaften, eben der »3 Millionen Volksgenossen, die ihr Volk verleugnen, die im Reich ihren Feind sehen«, wie vor dem Krieg behauptet worden war.

In seinem autobiographischen Roman *Jahrgang 1902* hat Ernst Glaeser nachgezeichnet, wie zunächst vor sozialdemokratischen Chargen des Heeres ihre bisherigen Gegner und Ankläger niedrigeren militärischen Ranges strammstanden, als die Mobilisierung stattfand; doch als die Dauer des Krieges die Erwartungen weit überschritt, frühzeitig gerade in Arbeiterfamilien die Versorgungsengpässe spürbar wurden, die Zahl der Gefallenen und Verwundeten unaufhörlich stieg, verstärkte sich auch der Eindruck, Sozialdemokraten und mit ihnen Sympathisierende hätten Nachteile zu erleiden. Beispielsweise wurde der Kriegsfreillige Ernst Lemmer erst verspätet zum Offizier ernannt, da er unter anderem eine sozialdemokratische Zeitung las. Glaeser läßt seinen Freund August etwa im Jahr 1915 sagen:

»Außerdem sei es gar nicht mehr so weit her mit der Begeisterung. Die Offiziere bekämen viel mehr Urlaub und die sichersten Unterstände.«

Klassen- und Parteiunterschiede, die die kaiserliche Burgfriedensäußerung überdeckt hatte, traten — wie Glaeser zeigt — bald wieder hervor, wenn Augusts Vater der Heimaturlaub und das Eiserne Kreuz verweigert wurden, da ein Amtsrichter, der zum Leutnant ernannt werden wollte, ihn wegen der Bemerkung, der Krieg sei »ein kapitalistischer Schwindel«, denunziert hatte. Bei Glaesers romanhafter Zuspitzung ist eine Pauschalisierung kaum zu bestreiten; doch seit 1916 machte an der Front und in den Betrieben der Heimat der Spruch die Runde: »Gleicher Sold und gleiches Essen, dann wär' der Krieg schon längst vergessen.«

Der Eindruck, daß eine Ungleichbehandlung bei der Versorgung mit Nahrungsmitteln bestand, so daß Arbeitnehmer — in diesem Fall auch Angestellte und Beamte — gegenüber Wohlsituierten benachteiligt waren, da sie nicht über die finanziellen Mittel verfügten, sich auf dem Schwarzen Markt zu versorgen, führte zur Polarisierung. Im Bericht eines Generalkommandos wurde dazu festgestellt:

»Ungleichheiten, die man in Friedenszeiten, indem man sich mit der bestehenden Gesellschaftsordnung abfand, als selbstverständlich und unabänderlich in Kauf nahm, will man heute nicht mehr gelten lassen.«

Bereits Ende 1915 gab es erste Hungerstreiks; ihre Zahl nahm in den nächsten Jahren zu, und sie erreichten ihren Höhepunkt in den Massenstreikbewegungen Ende Januar 1918. Doch wurden von den Rechtsparteien und den hinter ihnen stehenden Verbänden nicht erhebliche Kriegsmüdigkeit und akute Not als Ursachen erkannt, sondern sozialistische Agitatoren allein verantwortlich gemacht. Allerdings führten die Engpässe in der Versorgung zu der bedenklichen Folge, daß die Mortalität in Heilanstalten überproportional stark anstieg und erst nach

Kriegsende wieder auf das Vorkriegsniveau zurückging. Zwar scheint dies in der Öffentlichkeit kaum aufgefallen zu sein, doch der Steckrübenwinter 1916/17 und der vom Kriegsernährungsamt verordnete »Schweinemord« haben ein zunehmendes Widerstandspotential gegen die unbedingte Weiterführung des Krieges geweckt. Die Erkenntnis des Mangels an physischer und materieller Widerstandskraft weckte Zweifel an der Möglichkeit eines Siegfriedens. Während es aber mit dem Hindenburgprogramm Ende 1916 teilweise gelang, die Gewerkschaften und die Arbeiterschaft ruhigzuhalten, wuchs die politisierende Sorge im Mittelstand vor der Proletarisierung. Aus Propagandaformeln, die die Verantwortung auch für die inneren Verhältnisse den Mehrheitsparteien im Reichstag zuschoben, erwuchs zumindest bei Teilen des »alten Mittelstandes« und bei zahlreichen Bauern die Tendenz zu einer Anlehnung an die Rechte und ihre Parolen. Als Konsequenz steigerte sich das Spannungsverhältnis zwischen »proletarischer« Stadt und »konservativem« Land, so daß in einer Flugschrift des Kriegspresseamtes aus dem Jahr 1917 nachdrücklich auf die Notwendigkeit verwiesen wurde, daß »Stadt und Land nicht gegeneinander, sondern füreinander arbeiten« müßten, wenn um den Bestand des Deutschen Reiches gekämpft werde:

»Aber was geschieht? Das Herz kann einem bluten, wenn man sieht, wie die beiden Stände, von deren Hand in Hand gehen jetzt alles abhängt, sich untereinander entrüsten und hassen und oft die Hilfe verweigern. Das Haus brennt und die Insassen zanken sich! Die Städter schelten auf den Landmann und der Landmann entrüstet sich über den Städter. Daran kann der Krieg verlorengehen.«

Es wäre falsch, der bürgerlichen Gesellschaft des ausgehenden Kaiserreiches in ihrer Gesamtheit Urteile zu unterstellen, denen zufolge Juden, Sozialdemokraten und Pazifisten als Landesverräter anzusehen seien. Tatsächlich gab es ironisierende und ernsthaft kritische Äußerungen gegen die extreme Propaganda der Rechten; doch die Kritik ist auch ein Zeichen für das Gewicht, das dieser Propaganda beigemessen worden ist. Der Dichter Rudolf Borchardt wandte sich Anfang 1916 als Fronturlauber vor der Berliner »Deutschen Gesellschaft 1914« in einem Vortrag über den Krieg und die deutsche Verantwortung nachdrücklich gegen die von ihm »unsinnig« genannten Kriegsziel- und Entschädigungsforderungen:

»niemand von den Kameraden, die ich vor wenigen Tagen verlassen habe, findet es denkbar, an der Waffe zu erlahmen, ehe das Vaterland ruhig sein kann. Aber keiner von ihnen, das versichere ich Sie, könnte solche Reden mit anderem als Zornrot und Schamrot erwidern. Wir alle haben gelernt, was hier in der Heimat, wie es scheint, noch gelernt werden kann — das Verzeihen. Wir glauben nicht, daß uns Lebenden und Toten gelohnt werden kann, was wir dahingeben und dahinzugeben bereit sind. Wir sind weder Rächer im Räubersinne, noch Tauschobjekte des Volkes, sondern seine Söhne und Schützer.«

Schon vor der eigentlichen Freigabe der Kriegszieldiskussion im Dezember 1916 hatte die persönliche Verunglimpfung von Vertretern eines Verständigungsfriedens beziehungsweise eines Friedens ohne Annexionen und Kontributionen und des Drängens auf schnelle Beendigung der Kämpfe gefährliche Formen angenommen, da diesen Politikern und Publizisten ein Verzicht auf Rechtsansprüche, die angeblich dem Deutschen Reich zustanden, unterstellt wurde. Die Distanzierung von deutschen militärischen Maßnahmen erschien solchen Autoren verachtenswert, die einem simplen Freund-Feind-Denken verfallen waren. Das führte zum Sturz von Idolen: Der Schweizer Ferdinand Hodler, dessen Monumentalgemälde in Deutschland bisher gefeiert worden waren, wurde das Opfer einer den Krieg überdauernden Verleugnung und Verleumdung, als er sich 1914 den Protesten anschloß, die ein internationales Publikum erhoben hatte, weil bei der Beschießung von Reims durch deutsche Artillerie die Kathredale gefährdet worden war. Nachdem der in der Schweiz lebende Hermann Hesse geschrieben hatte, er spreche den Schriftstellern das Recht ab, im Krieg »das Schlimme zu verschlimmern und das Häßliche und Beweinenswerte zu vermehren«, und da er anklingen ließ, bei Fortdauer von deutschem »Radau und Säbelklirren« Schweizer werden zu wollen, zögerte erbittert auch die liberale Presse Deutschlands nicht, ihn zum »vaterlandslosen Gesellen« zu erklären und zum Boykott seiner Werke aufzurufen. (Diese Einstellung hat nicht nur den Ersten Weltkrieg überdauert.) — Widerspruch, wie er im Fall Hesses vom Chefredakteur der »Heilbronner Neckarzeitung« Theodor Heuss erhoben wurde, der trotz der württembergischen Präventivzensur das Recht auf Gesinnung verteidigte, war selten genug. Das liberale Bürgertum hielt sich im allgemeinen zurück und überließ damit auch dort, wo es eine aus dem Bemühen um sachliche Einschätzung der Verhältnisse gewonnene, abweichende Meinung besaß, dem rechten illusionären Radikalismus das Feld aus Sorge, beschwichtigende Äußerungen und objektive Darstellung könnten von der Zensur als mangelnder Kampfeswille ausgelegt und daher die entsprechende Zeitung und Zeitschrift für bestimmte Zeit verboten werden. Immerhin wurde dem dem linken Parteiflügel angehörenden sozialdemokratischen Reichstagsabgeordneten Georg Ledebour von den Rechtsparteien Verrat vorgeworfen, als er aus einem Tagesbefehl der Obersten Heeresleitung den Satz zitierte:

»Für jedes von diesen [russischen] Horden auf deutschem Boden niedergebrannte Dorf oder Gut werden drei Dörfer des von uns besetzten russischen Gebiets in Flammen aufgehen.«

Obgleich sich Reichskanzler Bethmann Hollweg seit August 1914 trotz seiner »Politik der Diagonale« ideologisch sicher nicht Sozialdemokraten oder der Fortschrittlichen Volkspartei angenähert hatte, verhärteten sich die Angriffe auf ihn, die ihm Schwächlichkeit und mangelnde »Entschlossenheit und Klarheit des Willens« vorwarfen. Charakteristisch hierfür ist eine Aufzeichnung des Obersten im Generalstab Mertz v. Quirnheim vom Anfang Juli 1917:

»Ich finde aber, daß der Haß gegen Bethmann Hollweg ein so tiefgehender ist, daß er keinerlei Grenzen mehr kennt. Man sollte glauben, daß man es in diesem Manne mit dem niederträchtigsten Staatsverbrecher zu tun hat, dem jedes Mittel recht ist, um seine selbstsüchtigen Pläne durchzusetzen.«

Auch wenn sich Mertz v. Quirnheim auf die innenpolitische Entwicklung bezog, so hätte diese Aussage auch im Hinblick auf das militärisch-politische Geschehen Gültigkeit besessen; denn in diesem Bereich wurden dem Kanzler seine außenpolitischen Bedenken gegen eine Erneuerung des unbeschränkten U-Boot-Krieges ebenso zum Vorwurf gemacht wie seine Bemerkung, der deutsche Einmarsch in Belgien 1914 sei ein Unrecht gewesen. Vor allem aber wurde ihm angelastet, daß er sich nicht auf den Boden der extensiven Kriegszielforderungen gestellt und schließlich im Dezember 1916 eine Friedensdeklaration herausgegeben hatte, obwohl und weil sie von den Gegnerstaaten zurückgewiesen worden war. Hinzu kamen die primär von deutsch-konservativer Seite vorgetragenen Bedenken gegen die potentiellen Verfassungsänderungen, so daß Mertz v. Quirnheim schrieb:

»Man betrachtet die Osterbotschaft geradezu als die Tat eines Schurken, eine Charakterbezeichnung, die man gegen den Reichskanzler überall und laut anwenden zu dürfen glaubt.«

Die unterminierenden Vorarbeiten für den Sturz des Kanzlers im Juli 1917 waren damit geleistet. Es lag durchaus im Interesse der entsprechenden Gruppen, daß in Georg Michaelis ein »Gegner des parlamentarischen Regiments« neuer Reichskanzler wurde, da er in Verkennung der Realität die Friedensresolution des Reichstages mißbilligte und den innenpolitischen Bemühungen Ludendorffs, das heißt verstärkter politischer Einflußnahme durch die Oberste Heeresleitung, Raum gewährte.

Als sich nach kurzer Zeit die Unfähigkeit des bisherigen Ministerialbeamten herausstellte, Formen der Kooperation mit dem Reichstag zu entwickeln, distanzierten sich die Mehrheitsparteien von ihm. Als dritten Kanzler im Jahr 1917 berief der Kaiser den greisen früheren Philosophieprofessor und bisherigen bayerischen Ministerpräsidenten Graf Hertling, der zwar auch die Friedensresolution ablehnte, sich aber für die Parlamentarisierung des Reichs und die Reform des preußischen Wahlrechts aussprach. Damit stand die extreme Rechte zu Hertling in Opposition, da sie in der Wahrung des sozialen Status quo ihre innenpolitische Minimalforderung sah. So berichtete Ende Juli 1917 ein für autoritäre Führung eintretender Generalstäbler nach einem Heimaturlaub über seine Beobachtungen:

»Die gebildeten, wohlhabenden Kreise waren aufs äußerste besorgt um den Fortbestand unserer Monarchie und Verfassung. [...] Die Mißstimmung gegen den Besitz ist außerordentlich groß; sie richtet sich gleichzeitig gegen die Obrigkeit, die die Verordnungen der Rationierung durchführen muß, in gänzlicher Verkennung der Umstände. Dadurch entstand der Haß gegen die ›Herren‹. Dies alles so weitergehen zu lassen, würde bedeuten, dem fleißig arbeitenden Umsturz den Boden zu ebnen. Unser Volk ist so leicht zu führen! Die Regierung steht dem Volk zu fern, als daß sie diese Erscheinungen in ihrer vollen Bedeutung erkennen kann.«

Seit September 1917 bestand für alle Gruppen, die zumindest eine Fortdauer der bestehenden Verfassungsordnung wünschten und für einen Siegfrieden eintraten, eine breite gemeinsame Basis in der »Deutschen Vaterlandspartei«. Ihr Initiator war der umstrittene ostpreußische Generallandschaftsdirektor Wolfgang Kapp, der mit Unterstützung großer Wirtschaftsverbände das neue Rechtskartell gebildet hatte, dessen Gründungskreis mit Bedacht im Königsberger Yorck-Saal zusammengetreten war. Die neue politische Organisation erklärte sich zum »kraftvollen Werkzeug« der Reichsregierung »für eine kraftvolle Reichspolitik«. Sie behauptete, zu anderen Parteien nicht in Konkurrenz treten zu wollen und auch nicht für Parlamentswahlen zu kandidieren. Allerdings agitierte die Vaterlandspartei wie der maßgeblich durch sie wirkende Alldeutsche Verband mit der Behauptung, der Reichstag, vor dem Krieg gewählt, besitze deshalb auch nicht das Recht, nun »zu den wichtigsten Lebensfragen des Vaterlandes« Stellung zu nehmen. Seine Friedensresolution wurde als »nervenschwache« Kundgebung verhöhnt. Zu innenpolitischen Konfliktstoffen wurde erklärt, sie dürften erst nach dem Krieg zur Entscheidung gebracht werden, wobei die Ablehnung jeglicher weiteren Demokratisierung unüberhörbar ausgesprochen wurde:

»Deutsche Freiheit steht himmelhoch über der unechten Demokratie mit allen ihren angeblichen Segnungen, welche englische Heuchelei und ein Wilson dem deutschen Volk aufschwatzen wollen, um so das in seinen Waffen unüberwindliche Deutschland zu vernichten.«

Die Versuche der Gegner Deutschlands, eine Destabilisierung herbeizuführen oder den Pazifismus zu stärken, müßten unterbunden werden; sie seien aber auch bisher zum Scheitern verurteilt: »Sie ahnen nicht, wie kriegerische Zucht uns Deutschen kein Opfer, sondern freiester Stolz ist.«

Not und Entbehrungen, wie sie insbesonders seit dem Winter 1916/17 in Deutschland verbreitet waren, wurden von der Vaterlandspartei zur Grundlage des »Hindenburgfriedens«, das heißt der Erfüllung der extremsten Kriegszielforderungen, erklärt, der die bisherigen »Opfer und Anstrengungen« ausgleichen werde.

»Jeder andere Frieden bedeutet einen vernichtenden Schlag für unsere Zukunftsentwicklung. Die Verkümmerung unserer Weltstellung und unerträgliche Lasten würden unsere wirtschaftliche Lage, vor allem die Aussichten unserer Arbeiterschaft, vernichten. Statt hochwertige Waren auszuführen, wird Deutschland dann wieder seine Söhne in Scharen auswandern sehen.«

Mit Entschiedenheit stellte sich die Deutsche Vaterlandspartei hinter die 3. Oberste Heeresleitung (OHL) und forderte ihre Mitglieder in einem martialischen Aufruf auf, auf die deutschen Fürsten »ein Trommelfeuer von Eingaben« zu richten, in denen zu erklären sei, sie hätten »unser Volk vor dem Unheil und der Schmach eines Verzichtfriedens zu retten«. Allerdings vermochte die Kooperation der Deutschen Vaterlandspartei mit der militärischen Führung, die deren Flugschriften und Broschüren für den »Vaterländischen Unterricht« der Soldaten einsetzte, nicht, die personelle und materielle Unterlegenheit des deutschen Heeres zu überwinden. Vergeblich rief Claß im Oktober 1918 zu einer Levée en masse auf; und obwohl die Forderung nach Waffenstillstandsverhandlungen von der Obersten Heeresleitung ausgegangen war, sprach Claß Reichskanzler Max von Baden und dem Reichstag die Berechtigung hierzu ab:

»Noch steht kein fremder Heeresteil auf reichsdeutschem Boden und doch will sich die Regierung unterwerfen. Wir sind soweit gekommen, weil zwar unser Volk in Waffen große Führer hatte, in der Heimat aber während der mehr als vier Kriegsjahre der Führer fehlte. Jetzt muß sich zeigen, was die Heimat unter einem Führer fertigbringt, der wirklich einer ist.«

Der illusionäre Aufruf verhallte in der Wirklichkeit. Weitaus realistischer zu diesem Zeitpunkt war der im Heer und bei der hungernden Bevölkerung umlaufende und auf das Kaiserpaar gemünzte Dreizeiler:

»Wenn Wilhelm im Zylinder geht,
Viktoria in der Schlange steht,
dann ist der Krieg vorbei.«

Der Wunsch nach schnellem Frieden war mächtiger geworden als die Kriegszielvorstellungen und Siegfriedensparolen, die auf eine deutsche Weltmachtstellung hinausliefen.

Nicht erst im Krieg sind die Äußerungen festzustellen, die ein übermächtiges Deutsches Reich erstreben, sondern sie finden sich besonders ausgeprägt in der alldeutschen Agitation der 1890er Jahre, waren aber generell verbreitet, wie die bekannte Formulierung in der Freiburger Antrittsvorlesung Max Webers aus dem Jahr 1895 zeigt:

»Wir müssen begreifen, daß die Einigung Deutschlands ein Jugendstreich war, den die Nation auf ihre alten Tage beging und seiner Kostspieligkeit halber besser unterlassen hätte, wenn sie der Abschluß und nicht der Ausgangspunkt einer deutschen Weltmachtpolitik sein sollte.«

Der Alldeutsche Verband begnügte sich nicht mit abstrakten Formulierungen, sondern drängte auf eine Zusammenfassung der deutschen oder von Deutschen Abstammenden in aller Welt, um sie deutscher Interessenpolitik nutzbar zu machen. Diese Vorstellungen, die dann in den Forderungen wiederkehrten, die nach Kriegsbeginn in der Kriegszieldiskussion eine Rolle gespielt haben, betrafen die Schaffung eines starken Kolonialreichs in Übersee und Expansion im europäischen Osten und Südosten,

»um der germanischen Rasse diejenigen Lebensbedingungen zu sichern, deren sie zur vollen Entfaltung ihrer Kräfte bedarf, selbst wenn darüber auch minderwertige Völklein wie Tschechen, Slowenen und Slowaken [...] ihr für die Zivilisation nutzloses Dasein einbüßen sollten.«

Die deutsche politische Kontrolle und Oberhoheit über ein ökonomisch zusammengefaßtes Gebiet sollte sich bis Kleinasien erstrecken. Diese Forderungen sind bereits im Jahr 1894 aufgestellt worden. Zur Ausdehnung im Osten trat die Erwartung, auch von dem als Erbfeind ausgegebenen Frankreich Territorium gewinnen zu können. Im Jahre 1911, als die zweite Marokkokrise zu einer gefährlichen Zuspitzung der Verhältnisse führte und der Alldeutsche Verband jeden Kompromiß verwarf, ist erst in den Druckbogen einer Flugschrift die entsprechende Aussage gestrichen worden:

»Das Deutsche Reich müßte verlangen, daß ihm der Landstrich von Nancy nordwestlich über Toul, Verdun bis an die Mündung der Somme, und von Nancy südlich über Besançon, Grenoble bis Toulon abgetreten würde, wobei vom Rhonetal mitzunehmen wäre, was militärisch notwendig erscheint [...] wir aber müßten die abgetretenen Gebiete frei von Menschen halten.«

In der von Claß im September 1914 verfaßten Denkschrift über deutsche Kriegsziele, die er zunächst wegen der Entwicklung an der Marne zurückhielt, waren diese Ansichten erneut enthalten, jetzt dahin erweitert, Belgien in eine flämische und eine wallonische Provinz unter deutscher diktatorischer Verwaltung aufzuteilen; Frankreich sei derart zu zerschlagen, daß es »nicht mehr aufstehen« könne, und Rußland müsse auf die Grenzen des petrinischen Reichs reduziert werden, wobei die von Deutschland zu annektierenden Gebiete oder unter deutsche Kontrolle zu stellenden Territorien westlich des Dnjepr möglichst menschenleer übergeben werden sollten. Claß richtete weiter seinen Blick auf große Teile Afrikas, auf die Azoren und die Kapverden, auf Madagaskar, Goa, Ceylon und Teile Französisch-Hinterindiens. Bevor die Denkschrift gedruckt wurde, ließ der Kanzler ein Veröffentlichungsverbot aussprechen, da im Spätherbst 1914 die Fiktion des Verteidigungskrieges noch gewahrt werden sollte. Im voraus waren jedoch 2000 maschinenschriftliche Kopien verbreitet worden und fanden bei Repräsentanten der Schwerindustrie wie Stinnes und Hugenberg Zustimmung. In mehr oder minder modifzierter Form kehrten die Auffassungen der alldeutschen Verbandsführung in den Petitionen und Denkschriften wieder, die seit Frühjahr 1915 an Reichsregierung und Reichstag geleitet wurden, entweder direkt von Wirtschaftsverbänden und Einzelpersonen oder auch über Vermittler mit militärischem oder sonstigem institutionellen Rang, um den Schriftsätzen durch den Anschein eines plebiszitären Charakters Nachdruck zu verleihen. Damit verschwand auch langsam das Wort »Verteidigungskrieg« aus dem Wortschatz der Annexionisten und blieb nur noch bei Sozialdemokraten und einigen Linksliberalen – zum Beispiel bei dem Chefredakteur des Berliner Tageblattes Theodor Wolff – in Gebrauch.

Auch die deutschen Hochschullehrer griffen in die Diskussion um Krieg und Kriegsziele ein. Zum Teil in Verbindung mit Angehörigen der Wirtschaftsverbände oder mit Künstlern, gelegentlich auch von allein, traten die Professoren mit Deklarationen hervor, wobei sie meinten, nicht nur auf Grund ihres gesellschaftlichen Ansehens, sondern unter Berufung auf ihr wissenschaftliches Renommee allgemeingültige Aussagen treffen zu können. Historiker und Nationalökonomen wiesen in Vorträgen und Broschüren auf die Notwendigkeit hin, den Krieg zu nutzen, um Deutschland die Vorrangstellung, eine der ersten Weltmächte zu sein, zu verschaffen.

Die von Bremer Wirtschaftskreisen aus dem Umfeld des Alldeutschen Verbandes inspirierte »Intelektuellen-Denkschrift« vom 20. Juni 1915 macht den Umschlag von der vorgeblichen Defensive in die faktische Offensive deutlich:

»Ganz gewiß nicht Weltherrschaft, aber volle, der Größe unserer kulturellen, wirtschaftlichen und kriegerischen Kraft entsprechende Weltgeltung wollen wir.«

Die stärkste Gruppe der Unterzeichner stellten 352 Hochschullehrer dar, an zweiter Stelle standen 252 Künstler, Verlagsbuchhändler und Schriftsteller, dann folgten 182 Industrielle und Bankiers, 158 Geistliche, 148 Richter und Rechtsanwälte sowie 145 höhere Verwaltungsbeamte, 52 Landwirte, 40 Parlamentarier und 18 aktive Generale und Admirale. Allerdings gab es auch Persönlichkeiten, die ihre Unterschrift zurückzogen, zum Beispiel die Historiker Otto Hintze, Hermann Oncken und Friedrich Meinecke. Die Denkschrift, die nach größeren Erfolgen des deutschen Heeres im Osten erschien, erregte bei ihrem Bekanntwerden erhebliches Aufsehen, wozu zweifellos beigetragen hat, daß sich Reichskanzler v. Bethmann Hollweg weigerte, den Rektor der Berliner Universität und angesehenen protestantischen Theologen Reinhold Seeberg zu empfangen, der sie ihm hatte überreichen wollen. Auch wenn die Unterzeichner nicht — zumindest nicht deutlich artikuliert — eine deutsche Weltherrschaft erwarteten, verlangten sie aber, daß »bis an die äußerste Grenze des Erreichbaren« gegangen werde, um »die mit so großen Opfern erzielten militärischen Ergebnisse des Krieges » auszunutzen. Zwar differenzierten sie zwischen Kriegszielen und Friedensbedingungen, aber sie beharrten auf »Bürgschaften eines dauerhaften Friedens« in der Form territorialer Expansion. Sie bezogen sich hierbei auf die seit dem Herbst 1914 erneuerten Vorstellungen über Grenzveränderungen im Westen, die das Gebiet von Belfort unter Einbeziehung des Kohlebeckens Longwy-Briey bis Calais — das vom nationalliberalen Reichstagsabgeordneten Gustav Stresemann bereits das »deutsche Gibraltar« genannt wurde — zu erfassen hatten. Das hieß, neben dem Großherzogtum Luxemburg sollte Belgien insgesamt in das Reich inkorporiert werden in der Erwartung, daß sich

»das in seiner Kultur uns so verwandte Vlämentum im Laufe der Zeit aus der künstlichen romanischen Umklammerung befreit und auf sein Germanentum zurückbesinnt.«

Allerdings wurde den Belgiern kein politischer Einfluß zugestanden. Vom Bevölkerungswachstum ging nach der in der Denkschrift ausgedrückten Meinung die »zweifellos [...] größte Gefahr der deutschen und europäischen Zukunft« aus. Daher verlangten die Intellektuellen, zur Sicherung eines Zuwachses der deutschen Bevölkerung auf abgetretenem Gebiet eine Schutzzone einzurichten. Zwar wurde etwa von dem Mediävisten Dietrich Schäfer behauptet, Deutschland wolle die baltischen Völker von der russischen Zwangsherrschaft befreien; der künftige Verlauf der Ostgrenze sollte jedoch die Balten dem Deutschen Reich als Wanderarbeiter sichern und Kontakte zwischen der polnischen Minderheit in Deutschland und den Polen Rußlands verhindern; außerdem sollte südlich Ostpreußens und östlich von Pommern und Schlesien ein Siedlungsgebiet geschaffen werden, das von seinen derzeitigen Einwohnern wenigstens teilweise zu räumen war. Diese als Wiedergutmachung dargestellte Maßnahme rückten die Unterzeichner ohne Bedenken in die Nähe zu den russischen Deportationen nach Sibirien:

»Mit dem Grunde und Boden ist die russische Bevölkerung nicht so wurzelhaft verwachsen wie diejenige im westlichen und mittleren Europa. Im gewaltigsten Maßstab hat Rußland vielmehr immer wieder, bis in die Kriegszeiten hinein, große Teile seiner Bevölkerung in weit entfernte Gebiete verpflanzt.«

Als Hauptfeind Deutschlands galt — und auch hier setzten sich alldeutsche Gedankengänge durch — Großbritannien (in Bayern bildete sich zum Beispiel ein Volksausschuß für die schnelle Niederwerfung Englands, der 20000 Mitglieder zählte). Die Intellektuellen verlangten, Großbritanniens maritime Verbindungen zu zerstören und die Vernichtung seines Einfllusses auf ausländische Regierungen und Presse, indem die britischen Überseekabel von Deutschland zu übernehmen seien. In der Intellektuellendenkschrift ist die erwartete finanzielle Kriegsentschädigung zwar nicht in absoluten Zahlen genannt worden, doch sollte sie zum Wiederaufbau Ostpreußens und des Elsaß ausreichen sowie zur Einrichtung eines Hinterbliebenen- und Veteranenfonds. (In späteren Jahren sind im Zusammenhang mit deutschen Kriegszielforderungen Summen zwischen 120 und 170 Milliarden Mark gefordert worden.) Als eigentliche Schuldner dieser an Deutschland zu entrichtenden Reparationen nannten die Intellektuellen England und Frankreich. Das Schlußkapitel der Denkschrift hat die Überschrift »Keine Kulturpolitik ohne Machtpolitik« erhalten; in ihm wurde ausgeführt, daß der deutsche Geist durch die »Erweiterung des nationalen Körpers« keinen Schaden nehmen werde: »sie wird ihn [...] durch vergrößerte Aufgaben vielmehr kräftigen.«

Künftige Denkschriften sind über die Auffassungen der Intellekuellendenkschrift kaum mehr hinausgelangt und zeichneten sich höchstens dadurch aus, daß in ihnen schon die zu Annexion vorgesehenen Orte mit eingedeutschten Namen — wie Boone für Boulogne — versehen wurden. Unter dem Eindruck des Friedens von Brest Litowsk äußerte die Vaterlandspartei die Hoffnung »auf die Wiedergewinnung der lange entfremdeten baltischen Gebiete«. Nach ihrer durch ausgeprägte Realitätsferne ausgezeichneten Auffassung, die noch im August 1918, das heißt nach dem Scheitern der deutschen Sommeroffensive im Westen, publiziert worden ist, erforderten die ökonomischen »Daseinsbedingungen« nicht allein Kontrolle über die Kanalküste und das belgisch-französische Erzbecken, sondern

»über die weiten Flächen des ehemaligen russischen Kaiserreiches und durch die Türkei bis an den Stillen Ozean und an die Pforten Indiens, und über das Mittelmeer in das Innere Afrika.«

Obgleich die Denkschriften und Eingaben, in denen Forderungen erhoben wurden, bis zur Freigabe der Kriegszieldiskussion im Jahr 1916 geheimzuhalten oder vertraulich zu behandeln waren, ist ein Teil von ihnen durch gezielte Indiskretion in die Öffentlichkeit gelangt und auch dem Ausland bekanntgeworden. Insofern mußte der Reichsleitung daran gelegen sein, auch gemäßigtere Anschauungen verbreitet zu sehen, die allerdings den Garantievorstellungen, die Bethmann Hollweg vertrat, nicht zu widersprechen hatten. Einige Konservative, Kathedersozialisten und Liberale fanden sich um den Historiker Hans Delbrück und den ehemaligen Staatssekretär des Kolonialamtes Bernhard Dernburg, die Ende Juli 1915 eine Gegenpetition zur Eingabe der »Intellektuellen« unterbreiteten, in der sie »nach so viel Ruhm und so viel still und mit Seelengröße getragenem Leid [...] einen Siegespreis« für das Deutsche Reich beanspruchten, der sich jedoch auf unmittelbare Grenzsicherung beschränken müsse und Gefühle benachbarter Völker nicht verletzen dürfe. Außerdem sei der »Charakter des Nationalstaates« nicht zu zerstören. Das bedeutete zwar, daß auch diese Gruppe von einer territorialen Expansion ausging, aber wie Delbrück und Dernburg sind die anderen Unterzeichner, zu denen unter anderen der Theologe Adolf v. Harnack, die Brüder Alfred und Max Weber und die Nationalökonomen Lujo Brentano und Gustav v. Schmoller sowie die Industriellen Robert Bosch und Karl Friedrich v. Siemens zählten, ebenso wie der später von ihnen getragene »Volksbund für Freiheit und Vaterland« eindeutig unter der von Illusionen bestimmten Forderungsschwelle der Rechtskonservativen und -radikalen geblieben. Allerdings erhielt die Delbrück-Denkschrift nur etwa ein Zehntel der Unterschriftenzahl, die für die Intellektuellen-Petition zusammengekommen war. Das zum Beispiel von Theodor Heuss gerügte »deklamatorische Pathos« der Professoren trat hier zwar weniger hervor; aber es muß eine Resonanz gegeben haben, da zwischen den Unterzeichnern beider Eingaben heftige persönliche Auseinandersetzungen stattfanden, die bis zu Beleidigungsklagen geführt haben. Schließlich hat zur Bekämpfung der Delbrück-Gruppe der damals angesehene Mediävist und engagierte Alldeutsche Dietrich Schäfer den Vorsitz über den »Unabhängigen Ausschuß für einen Deutschen Frieden« übernommen. Dieser Ausschuß, der alldeutsche Siegfrieden- und Kriegszielvorstellungen propagierte und eines der Mitgliederreservoire der Deutschen Vaterlandspartei gebildet hat, ist erst nach Kriegsende im Dezember 1918 aufgelöst worden.

Als im Jahr 1916 der Leiter der Bibliothek des Preußischen Herrenhauses Friedrich Thimme den Sammelband *Vom inneren Frieden des Deutschen Volkes* herausgab, da entsprach dieser Titel, der bestenfalls für die ersten Kriegsmonate hatte gelten können, nicht der Realität. Unterschiedliche Auffassungen, wie lange der Krieg fortzuführen sei, über die Zielsetzungen aus deutscher Sicht und den Umgang mit Gegnern hatten kaum überbrückbare Differenzen entstehen lassen. Während die sich radikalisierende Rechte auf unbeschränktem U-Boot-Krieg und extensiven Annexionen bestand, erhielt der Vositzende des Alldeutschen Verbandes 1916 einen Brief, in dem ihm vorgeworfen wurde, er sei ein »Stammtischstratege« und solle doch mit seinen Verbandsangehörigen selbst Calais und Marseille erobern:

»Verlangen Sie nicht von uns, denen noch der Schrecken der Sommeschlacht in den Knochen und einige Stücke Eisen im Fleisch stecken, noch weitere Anstrengungen. Sie können mir auf Ehre glauben, daß der Wille der kämpfenden Truppe vom Feldwebel abwärts ist: ›Friede um jeden Preis!‹«

Sehr viel drastischer hatten Alldeutsche den gegen sie gerichteten Unwillen zu spüren, als ihnen während eines Luftangriffes auf eine südwestdeutsche Stadt der Zugang zu Schutzräumen mit der Begründung verweigert wurde, sie hätten den Krieg gewünscht.

Die nach dem Kriegsausbruch eine Weile vorherrschende Erwartung, die Einsatzbereitschaft breiter Bevölkerungsgruppen werde mit Parlamentarisierung und Abschaffung des preußischen Klassenwahlrechtes belohnt, waren einer resignativen Ernüchterung und dem Bewußtsein gewichen, daß Tod, Verwundung und selbst Gefangenschaft weitaus weniger den idealistischen Vorstellungen entsprachen, die noch bei Kriegsausbruch gepflegt worden waren. Damals hatte Erich Kästner von Reservisten das Lied gehört: »Siegreich wollen wir Frankreich schlagen, sterben als ein tapfrer Held!« Soldaten aus studentischen Verbindungen sangen nach dem Kommersbuch ebenso wie die von der Jugendbewegung Herkommenden nach dem »Zupfgeigenhansel«:

»Kein schönrer Tod ist's in der Welt
als wer vorm Feind erschlagen
auf grüner Heid', im breiten Feld
darf nicht hör'n groß Wehklagen.«

Selbst das schon dunkler gefärbte »Reiterlied« des Österreiches Hugo Zuckermann zeigte noch verharmlosende Züge:

»Drüben am Wiesenrand hocken zwei Dohlen
Fall ich am Donaustrand?
Sterb ich in Polen?
Was liegt daran?
Eh' sie meine Seele holen
kämpf' ich als Reitersmann.«

Aber die Realität eines Krieges mit Bajonettnahkampf, Maschinengewehren, mit Gas und Trommelfeuer, der langsame Tod im Niemandsland zwischen den Schützengräben, waren darin so wenig zu erfassen wie dauernde Invalidität und die psychischen Leiden der »Schüttler« und »Zitterer«. Die Verharmlosung des Geschehens gilt auch für eine Vielzahl der zeitgenössischen Darstellungen bildender Kunst, die den Krieg schönten oder Momente der Idylle herausdestillierten; so machte es zum Beispiel der in der Darstellung Berliner Unterschichtenmilieus weitaus mehr der Realität des Alltags zugewandte Heinrich Zille mit seinen Bänden über den pommerschen Musketier »Vadding« und seinen Freund »Korl«. Theodor Heuss erwartete einen sicheren deutschen Sieg, aber tiefes Mißtrauen und Unbehagen erfüllten ihn, »wenn einer anfängt, die Schönheit des Krieges, seine ästhetische Schönheit zu beschreiben«, und so erschienen ihm auch die Zeichnungen am eindrucksvollsten, die »dem grausamen Weg des Krieges« folgten:

»zerstörte Häuser, Landstraßen voll dumpf-flüchtenden Volkes, voll schiebender Kolonnen, die fürchterliche Nacht des Schlachtfeldes, über das von ferner Feuersbrunst ein mitleidloser Lichtschein kriecht.«

Der aus Augsburg stammende TH-Professor Walter Brecht hat in seinen Lebenserinnerungen gegenüber damaligen Verharmlosungen, die sich auch in der zeitgenössichen Belletristik und Jugendliteratur, zum Beispiel in Agnes Sappers *Kriegsbüchlein* finden, das »fröstelnd aufkommende Angstgefühl« angesprochen, das schon 1914 durch Verwundete ausgelöst worden ist: »Zwar leuchteten die Verbände in üppigem Weiß, aber der Krieg wies zum erstenmal Züge auf, die bis jetzt verborgen geblieben waren.«

Der Bruder Eugen Bertold war als Gymnasiast zeitweise von Relegation bedroht, weil er in einem Aufsatz zum Thema »Süß und ehrenvoll ist es für das Vaterland zu sterben« bemerkt hatte, dies Zitat sei »Zweckpropaganda«, da niemand gerne sterbe, erst recht nicht junge Menschen:

»Nur Hohlköpfe können die Eitelkeit so weit treiben, von einem leichten Sprung durch das dunkle Tor zu reden, auch dies nur, solange sie sich weitab von der letzten Stunde glauben. Tritt der Knochenmann aber an sie selbst heran, dann nehmen sie den Schild auf den Rücken und wetzen.«

Im *Jahrgang 1902* beschreibt Ernst Glaeser den Schrecken, der in Familien ausbrach, die derart mit dem Tod der Angehörigen konfrontiert wurden, verweist auf Selbstmord und geistige Verwirrung, die von Vertretern des unverrückbaren Siegeswillens als peinlich und schmachvoll angesehen worden sind. Immerhin brachte es der bis 1914 dem Militarismus gegenüber kritische »Simplicissimus« fertig, als Text zu einer Karrikatur die junge Dame dem Leutnant sagen zu lassen: »Wenn Sie also leben bleiben, haben Sie Ihren Beruf verfehlt.« Militärpsychiater bezeichneten Soldaten, die unter dem Trommelfeuer der Artillerie einen Schock erlitten hatten, als Feiglinge und bemühten sich, sie an die Front zurückzuschicken, wo sich die »Patienten« dann bei Sturmangriffen durch ihrem Tod »rehabilitieren« konnten. Von den geistlichen Vertretern der Konfessionen konnten Soldaten und die Familien nur begrenzten Trost erwarten, da viele von ihnen bereit gewesen waren, nicht nur Kampfbereitschaft, sondern auch Kriegsfreude zu predigen. In einer Rechtfertigung der evangelischen Kirche hatte es geheißen, man kämpfe auch »für die unverbrüchliche Gültigkeit des sittlichen Gottesgedankens, und dem gehört der Sieg«. In katholischer Kriegsauffassung ragte der Soldatentod in eine höhere Region: »Er wird zum heiligen Sterben, bestrahlt und verklärt von der Religion.« Geistliche beider christlicher Konfessionen haben Waffen gesegnet, und von theologischer Besonderheit war ein verbreiteter Gruß, der Soldaten beim Antreten abverlangt wurde und auch sonst zu hören war, wie der Bericht von einer Schwarzwaldwanderung zeigt:

»Mit dem Gruße ›Gott strafe England‹ zogen beim Abstieg junge Leute (Schüler) an uns vorbei. (Für uns) ist ein solch' böses Wort ein ganz unverständlicher Gruß.«

Auch unter den deutschen Juden verband sich Gottesglauben mit Kriegsbegeisterung:

»Die heilige Schrift hat wohl den Kriegsschrecken gemildert und den Krieg durch weise Gesetze ›geheiligt‹, sie weiß aber, daß der ruchlose Vernichtung planende Feind zu Boden gestreckt werden muß.«

Obgleich Aufrufe und Schriften jüdischer, religiöser und anderer Verbände ähnliche Emphase und pathetische Wendungen zeigen wie die anderer sozialer und kultureller Gruppen, obwohl der erste Reichstagsabgeordnete, der sich freiwillig meldete, der Sozialdemokrat aus jüdischer Familie Ludwig Frank war, der schon Anfang September 1914 bei Lunéville fiel, waren die deutschen Juden sehr schnell Angriffen ausgesetzt. Schon bald nach einer Gedenkfeier für Frank hatten judenfeindliche Zeitungen erklärt: »Macht euch keine Hoffnung, ihr seid und bleibt die Parias Deutschlands.« Daß wie andere Auslandsdeutsche sich deutsche, im Ausland lebende Juden nach Deutschland oder in verbündete Länder durchschlugen, um sich bei ihren Truppenteilen zu melden, spielte dabei keine Rolle. Die Beteiligung des Generaldirektors der HAPAG Albert Ballin und des AEG-Chefs Walther Rathenau an der Organisation der Kriegswirtschaft, die Einbindung jüdischer Getreidehändler in das Kriegsernährungsamt boten Gelegenheiten zu weitreichenden Verdächtigungen des Inhalts, die Juden würden am Krieg verdienen. Es ist durchaus möglich, daß es unter ihnen wie aber ebenso unter anderen Geschäftsleuten Kriegsgewinnler gegeben hat, doch eine der merkwürdigsten und in Anlehnung an das Sedan-Telegramm von 1870 formulierten Preiserhöhungen unmittelbar nach der Eroberung Antwerpens stammt von der anscheinend nichtjüdischen Stettiner Hausbesitzerin Redepenning:

»Die gewaltige Wendung, die durch die Gnade des allmächtigen Gottes unsere durch seine Macht und Kraft bewaffneten Truppen uns errungen haben, lassen uns in eine gesegnete kommende Zeit blicken. Möchte unser Volk so viel Gnade nie vergessen, nie den alten Gott, der Staat und Volk vor allem Übel bewahrt. Ihre Wohnung kostet vom 1. Oktober ab 30 Mark mehr.«

Obwohl jüdische Bankiers sich um Zeichnung der Kriegskredite und Ankauf von Lebensmitteln im Ausland zur Besserung der deutschen Ernährungslage bemühten, wurde dies bei manchen politischen Gruppen verdrängt, da für sie Liberalismus und Judentum verbunden waren;

so kam im Umkreis des bayerischen Zentrumspolitikers Georg Heim das Wort »Judäodemokratie« auf, und der Nationalökonom Schmoller behauptete 1916, es bestehe die Gefahr, daß in einem demokratisierten deutschen Volksstaat die Juden zu mächtig und »Germanen und Christen« benachteiligen würden. Schon ein Jahr zuvor waren völkische Politiker zusammengetreten, um

»über die schnellste Verwendung des umfangreichen belastenden Materials, das der Weltkrieg gegen das Judentum ergeben hat, zu beraten.«

Zweifellos gehört in diesen Zusammenhang die diskriminierende Behauptung, Juden würden sich vor dem Kriegsdienst drücken. Dies führte im Bereich des Stettiner Generalkommandos dazu, daß Juden — und allein sie — nachgemustert wurden, wenn sie für nicht militärtauglich erklärt worden waren. Das preußische Kriegsministerium geriet unter wachsenden Druck rechter politischer Gruppen, unter denen die eigentlich zahlenmäßig unbedeutende Deutschvölkische Partei einen judenfeindlichen Fragenkatalog zusammengestellt hatte, in dem es unter anderem hieß:

»Wieviel Personen jüdischen Stammes stehen an der Front? Wieviel in Etappen, Garnisonen, Indentanturen usw.? [...] Wieviel Juden sind reklamiert bzw. als unabkömmlich bezeichnet worden?«

Vermehrte Anfragen von Parlamentariern, Interessengruppen und hohen Militärs führten dann zu der als konfessionelle Erfassung getarnten »Judenzählung«, das heißt der Feststellung, bei welchen Einheiten und in welcher Stärke Glaubensjuden im deutschen Heer standen. Mehrere Armeestäbe nahmen ohne Nachprüfung den Vorwurf der Drückebergerei und Feigheit auf, indem sie verfügten, im Schreibdienst tätige jüdische Soldaten generell an die Front zu versetzen oder zumindest praktischer Tätigkeit zuzuführen. Weder eine Reichstagsdebatte, in der Sozialdemokraten und Fortschrittsparteiler Seite an Seite gegen diese Judenfeindschaft kämpften, noch gar die unglückliche Entscheidung des preußischen Kriegsministeriums, auf eine Zahlenveröffentlichung zu verzichten, um — vorgeblich — Diskriminierungen zu verhindern, beendeten die Benachteiligung und verbale Angriffe durch Offiziere und Unteroffiziere, denen Juden im Militär ausgesetzt waren. Das jüdische Statistische Büro hat daher die Zahlen veröffentlicht: Während von der Gesamtbevölkerung etwa ein Sechstel eingezogen war, stand ein Fünftel der Juden im Militärdienst (ca. 100000), davon 80000 an der Front. Etwa 12000 Juden sind gefallen (= 15%), die Gesamtzahl der deutschen Gefallenen betrug 1,9 Millionen (etwa 11% des Heeres).

Nachdem diese Angaben vorlagen, erhob der völkische Oberregierungsrat Paul Bang in seiner Agitationsschrift *Das Schuldbuch Juda* den Vorwurf, in der Relation seien im Kriegsverlauf doppelt soviel Juden wie Nichtjuden in den Offizierstand befördert worden. Die Eskalation antijüdischer Hetze, in der der Reichstag als »Judenparlament«, die Friedensresolution von 1917 als »Judenfrieden« beschimpft wurden, steigerte sich dermaßen bis zum Kriegsende hin — mitgeschürt von einigen Mitgliedern der Deutschen Vaterlandspartei —, daß der Soziologe Franz Oppenheimer ein Pogrom als Beruhigung und Ablenkung im Fall der Niederlage befürchtete. Tatsächlich ist auch im alldeutschen Judenausschuß überlegt worden, »die Lage zu Fanfaren gegen das Judentum und die Juden als Blitzableiter für alles Unrecht zu benutzen.« Claß gab dem fatalen Wort Heinrich von Kleists gegen die Franzosen jetzt eine neue Richtung: »Schlagt sie tot, das Weltgericht fragt Euch nach den Gründen nicht!«

Der nackte Haß, der sich in dieser Haltung gegenüber einer Gruppe äußerte, die gerade ein Prozent der Gesamtbevölkerung ausmachte, war bei Kriegsbeginn, wie schon der englandfeindliche Gruß gezeigt hat, auch durch Schriftsteller und Dichter gegen die militärischen Gegner des Deutschen Reiches gerichtet worden. Dabei ist allerdings festzustellen, daß diese literarischen Ausbrüche nach und nach abebbten. Es wirkt im Vergleich zu anderem noch fast friedlich, wenn Gerhard Hauptmann im September 1914 in einem Offenen Brief an Romain Rolland von »französischer Lügenpresse« und »verbrecherischen Anschlägen auf das Leben eines gesunden und kerntüchtigen Volkes« sprach. In dichterischer Umformung heißt es schon zuvor in einer Gleichsetzung von Kampf und Ernte im Gedicht »O mein Vaterland«: »Mähen will ich, mähen und nicht ruhn! / Ehe ich nicht die letzte Garbe band und der Tod mich löst aus meiner Pflicht.« Der seinerzeit hochgeschätzte Lyriker Richard Dehmel, der, obwohl er das fünfzigste Lebensjahr überschritten hatte, sich sofort zum militärischen Kriegsdienst gemeldet hatte, erklärte: »Zum Teufel! Soll [...] etwa Deutschland mit christlichen Phrasen um sich werfen anstatt mit Bomben und Granaten.« Sowohl Ernst Lissauer als auch Will Vesper schrieben Haßgedichte, in denen Lissauer die Empörung über die britische Kriegserklärung an das Deutsche Reich ausdrückte, während sich Vesper gegen das christliche Gebot der Feindesliebe stellte. Bei Lissauer heißt es:

»Dich werden wir hassen mit langem Haß,
Wir werden nicht lassen von unserem Haß,

Haß zu Wasser und Haß zu Land,
Haß des Hauptes und Haß der Hand,
Haß der Hämmer und Haß der Kronen,
Drosselnder Haß von siebzig Millionen,
Sie lieben vereint, sie hassen vereint,
Sie haben alle nur einen Feind: England.«

Nicht weniger unangenehm berühren die blasphemischen Verse Vespers:

»Ich hasse Herr!
Aus tiefster Seele haß ich, Herr!
Und blick Dir doch klar ins Gesicht:
Mein Haß weicht Deiner Liebe nicht!
Weil dieser Haß, Herr Jesu Christ,
Die Frucht der höchsten Liebe ist.
Mein Vaterland in tiefster Not:
Haß allen Feinden bis in den Tod!«

Die Beispiele lassen sich vermehren; doch in den Jahren nach 1914 scheinen an die Stelle solcher Lyriker die Belletristen getreten zu sein. Der Krieg hatte zu einer Umstellung der Buchproduktion geführt, in der die Kriegsliteratur zu Weihnachten 1914 bereits eine starke Konjunktur aufwies. Die Verleger behielten recht, die — wie Theodor Heuss feststellte — damit gerechnet hatten, »daß alle Dinge, die auf den Krieg Bezug haben, Käufer finden.« Während die Kriegsliebesromane in die Zeitungen drängten, gelangte Heuss ironisch nüchtern zu dem Ergebnis:

»Niemand verkennt, daß die Plötzlichkeit des Marktwechsels sehr viel Minderwertiges erzeugt hat, aber man drückt ein Auge zu; denn es ist immerhin sehr wichtig, volkswirtschaftlich und kulturell, daß ein so wichtiger Teil unserer Produktion sich halbwegs über Wasser hält.«

Dies gilt auch für die Kinder- und Jugendbücher. Der gut bekannte Bückeburger Kinderbuchautor Adolf Holst reimte eine Geschichte über brave, spielende Kinder — Deutschland und seine Verbündeten — die von bösen — den Alliierten — angegriffen werden, sich zu behaupten wissen, aber sich wahrscheinlich noch längere Zeit wehren müssen. Agnes Sapper war nun nicht mehr allein die Autorin von *Gretchen Reinewalds letztem Schuljahr* und der — im zweiten Band schon recht nationalen — *Familie Pfäffling*, in denen sie Idylle deutschen Bürgertums geschildert hatte, sondern sie verfaßte ein *Kriegsbüchlein*, in dem unter anderem die Bösartigkeit der Franzosen dargestellt wurde, die deutsche Familien nach dem Kriegsausbruch auseinanderrissen; und in dem Jugendroman *Ohne den Vater* schilderte sie, wie einem heldenhaften ostpreußischen Förster, der sich geweigert hatte, eine deutsche

Patrouille zu verraten, von Russen die Augen ausgebohrt worden sind. Bis 1916 erschien in einer Auflage von 250000 Exemplare im Ullstein Verlag die Romantrilogie Richard Skowroneks *Sturmzeichen*, *Das große Feuer* und *Die schwere Not*. Der Schauplatz ist ein ostpreußisches Garnisonstädtchen nahe der russischen Grenze, aber der Autor fand Gelegenheit, die literarischen Versatzstücke der Zeit deutlich herauszuarbeiten: Während Deutsche edel sind und tragische Schuld mit dem Tod sühnen, schießen Franzosen Deutsche in den Rücken, sind Lothringer franzosenfreundlich und unzuverlässig; Russen erscheinen versoffen und vertiert, militärische Erfolge verdanken sie allein Offizieren deutscher Abstammung, die dann um die Ehre von dekadenten russischen Adligen betrogen werden. Ohne anderen Grund als Verweigerung des Eides auf den Zaren nehmen die Russen Ortshonoratioren als Geiseln, die mißhandelt und nach Rußland deportiert werden. Den verschleppten Landrat läßt Skowronnek denken, »daß es mit diesem entmenschten Volk keinen Frieden geben« dürfe:

»Erschlagen müßte man es Mann für Mann, oder man mußte es in einen festen Käfig sperren, der ihm, gleich einer gefährlichen Bestie, für immer das Ausbrechen verwehrte.«

Primitiveren Vernichtungswillen zeigt der Kehrreim der »Ballade von den Masurischen Seen«, die 1914 nach der »Schlacht von Tannenberg« in den vom Bildungsbürgertum viel gelesenen »Vellhagen und Klasings Monatsheften« erschien:

»Der Sumpf ist Trumpf, der Sumpf ist Trumpf
Verschluckt sind die Russen mit Rumpf und Stumpf.«

Eine quantifizierende Differenzierung des Grades deutscher Feindschaft gegenüber den einzelnen Gegnerstaaten ist kaum möglich; denn sie erscheint einigermaßen gleichmäßig verteilt, wie die Sprüche auf den Waggons der Militärtransporte ergeben, die kaum das Niveau mancher deutscher Autoren unterboten haben. Dies war der Boden, in den bald die Saat der extremen Kriegsziele gegeben worden ist:

»Jeder Schuß ein Russ'.
Jeder Stoß ein Franzos'.
Jeder Tritt ein Brit'.
Auch in Serbien sollen sie sterbien
und in Belgien uns nicht behelligen.«

Der »Simplicissimus« brachte im Jahr 1915 Sonderbände mit den seine Anpassung an vermuteten Zeitgeschmack charakterisierenden Titeln: »Gott strafe England« und »Franzos' und Ruß' in Spiritus« heraus. Diese

Stimmung griff weiter. Noch nach Kriegsende beschrieb Theodor Wolff mit Schrecken die »kannibalischen Freudenausbrüche«, die auf alldeutsch-schwerindustrieller Seite nach der Versenkung der »Lusitania« mit dem Tod von 1200 Menschen zu verzeichnen gewesen waren. Zum Haß kamen schließlich die Versuche, den Gegner aus dem Gefühl eigener kultureller Überlegenheit zu verspotten, wobei gerade dadurch die Entgleisung des Geschmacks um so deutlicher wurde: Nach dem Kriegseintritt Rumäniens im Jahr 1916 verstieg sich der gefürchtete Kritiker Alfred Kerr zu einem sprachkarikierenden Gedicht, das er allerdings vorsichtshalber unter einem Pseudonym im großbürgerlichen »Tag« erscheinen ließ und in dem es heißt:

»Gebrüllescu von Triumphul
Mitten im Korruptul-Sumpful
In der Hauptstadt Bukurescht
Wo sich kainer Fiße wäscht.«

Das Volk der Dichter und Denker zu sein, war Stolz im deutschen Bürgertum gewesen; doch schon im 19. Jahrhundert war die Zeile Emanuel Geibels: »Am deutschen Wesen muß die Welt genesen« von deutschen Chauvinisten wie etwa dem Alldeutschem Verband und seinen Sympathisanten in gefährlicher Tendenz beansprucht und interpretiert worden. Die Absichten, Grenzveränderungen in Europa herbeizuführen und darüber hinaus aus überseeischem Kolonialbesitz ein Kolonialimperium zu schaffen, drückte sich nach dem Kriegsausbruch in einem verbreiteten, zum Teil grenzenlosen Expansionismus aus, der von Geschichte und Recht anderer Staaten kaum Notiz nahm (und auch den Verbündeten gegenüber Überheblichkeit an den Tag legte). Die Friedensschlüsse von Brest Litowsk und Bukarest im März und Mai 1918 zeigten, in welchem Umfang annexionistisches Gedankengut von der Reichsregierung und besonders von der 3. Obersten Heeresleitung mitgetragen worden ist, und sie fanden auch Zustimmung in der Bevölkerung, die unter diesen Umständen noch einmal der Frühjahrsoffensive Hoffnungen entgegenbrachte, so daß Prinz Max von Baden in seinen *Gedanken und Erinnerungen* schrieb:

»Das Gefühl der Unwiderstehlichkeit, das bei Beginn der Schlacht unsere Truppen begleitete, läßt sich nicht beschreiben. Die jahrelange Erstarrung an der Front löste sich. Der Glaube an Führung und Sieg war nie größer gewesen, auch im August 1914 nicht.«

In illusionärer Siegeserwartung richteten sich neben der Rücksichtslosigkeit gegen den äußeren Feind die Angriffe auf die innenpolitischen

Gegner, denen wegen ihres Bemühens um objektive Beurteilung der Verhältnisse Defätismus und Verrat vorgeworfen wurde. Soziale und politische Veränderungen erschienen den national-konservativen Gruppen mit schwerindustriell-agrarischen Hintergrund, die in der Deutschen Vaterlandspartei ein Sprachrohr hatten, im hohen Grade unerwünscht. Insofern hätten nach einem Siegfrieden innere Auseinandersetzungen durch Verfolgung der Skeptiker ebenso gedroht wie nach einem Verständigungsfrieden durch das Aufbegehren der Expansionisten. Schon im Jahr 1916 erklärte der Vorsitzende des Alldeutschen Verbandes einen deutschen Machtfrieden für unabdingbar; denn andernfalls würden

»nicht nur bei den deutschen Sozialdemokraten, sondern auch in dem alsdann vernichteten unteren und besseren Mittelstande bis in jetzt reich begüterte Schichten hinein sich Bestrebungen zeigen, die eine üble Staatsumwälzung befürchten ließen.«

Die Rechtsgruppen, die von einigen Schwerindustriellen finanzielle Unterstützung erhielten, waren weitaus leichter in der Lage, ihre spektakulären Meinungsäußerungen verbreiten und wirksam werden zu lassen, zumal sie auch in ihrer Propagandaarbeit die Unterstützung der 3. Obersten Heeresleitung erhielten. Schon in der ersten Kriegsphase hatten Redakteure Probleme, die, wie der Heilbronner Chefredakteur Heuss, bemüht waren, »die Ereignisse in ihrer großen geschichtlichen Linie zu erfassen, ohne Geschrei und Phrase, sondern sachlich«. Erst nachdem »sich die Mehrzahl der Presse überschrieen [hatte] und ungenießbar geworden war«, hatte in der Berichterstattung größere Objektivität Raum gegriffen, soweit amtlich gelenkter Nachrichtendienst und militärische Zensur das zugelassen hatten. Der emotionalen Erregung der ersten Kriegsmonate folgte eine drastische Ernüchterung, so daß schon im Jahr 1915 »Kriegsmüdigkeit« konstatiert worden ist. Offensichtlich war die Vehemenz, mit der Kriegszielforderungen aufgestellt und verfochten wurden, Ausdruck der Ermunterung, für das künftig erwartete größere Deutschland jedwedes Opfer — auch das einer bisher erstrebten sozialen und politischen Emanzipation — zu erbringen. Beachtlich ist allerdings ebenso, wie schnell nach der Niederlage deutsche Forderungen und Vorstellungen für den Fall des Siegfriedens in Vergessenheit geraten sind, und gleichfalls, welche Ausbrüche an Feindschaft literarischen Niederschlag gefunden haben. Die pazifistische Zeitschrift »Welt am Montag« demonstrierte dies bereits 1914 an dem von ihr abgedruckten Gedicht des Karlsruher Hofrates Heinrich Vierordt:

»O Deutschland, jetzt hasse mit eisigem Blut
Hinschlachte Millionen der teuflischen Brut,
Und türmten sich berghoch in Wolken hinein
Das rauchende Fleisch und das Menschengebein!
O Deutschland, jetzt hasse: geharnischt im Erz
Jedem Feind ein Bajonettstoß ins Herz!
Nimm keinen gefangen! Mach jeden gleich stumm!
Schaff' zur Wüste den Gürtel der Länder ringsum!«

Vergleichbare Vorstellungen haben trotz der Niederlage mehr oder minder verborgen überdauert und im Zweiten Weltkrieg eine partielle Verwirklichung gefunden. Neben die von Alexander Mitscherlich dargestellte Unfähigkeit zur Trauer ist im Hinblick auf die Illusionen und die Radikalität, mit der sie zum Ausdruck gebracht oder als künftige Realität eingefordert wurden, die Unfähigkeit zur Scham zu stellen, für die die von Rathenau geforderte kühle Lagebeurteilung förderlich, wenn nicht Voraussetzung gewesen wäre. An ihre Stelle trat seit Ende 1918 Verdrängung und Selbstmitleid.

Anmerkung

* Dieser Beitrag stellt die geringfügig erweiterte und überarbeitete Fassung eines Vortrags dar, der unter dem Titel »Radikalisierung der Gesellschaft im Krieg« abgedruckt wurde in: Deutschland und der Erste Weltkrieg. Hrsg. von Helmut Böhme und Fritz Kallenberg, Darmstadt 1987 (= Bd 37 der THD-Schriftenreihe Wissenschaft und Technik), S. 193—219. Ich verzichte wie dort auf Belege und Literaturhinweise.
Das Titelzitat aus: Ernst Johann, Innenansicht eines Krieges. Deutsche Dokumente 1914—1918, München 1973, S. 248.

Walter Mühlhausen

Die Sozialdemokratie am Scheideweg — Burgfrieden, Parteikrise und Spaltung im Ersten Weltkrieg

Am Vorabend des Ersten Weltkrieges blickte die deutsche Sozialdemokratie auf eine wechselvolle 50jährige Parteigeschichte zurück. Zahlreiche innerparteiliche Krisen und Kontroversen hatten sie zwar erschüttert, aber die seit 1875 bestehende Einheit der Partei und ihren kontinuierlichen Aufstieg nicht ernsthaft gefährden können. Im Gegensatz dazu stürzte der Erste Weltkrieg die SPD in ihre bis dahin schwerste Zerreißprobe, die schließlich 1917 in eine dauerhafte Parteispaltung mündete.

Die größte Partei des Kaiserreiches, die am Vorabend des Weltkrieges mit 110 von 397 Abgeordneten die stärkste Fraktion im Reichstag stellte, über 4 Millionen Wähler hinter sich wußte — jeder dritte hatte ihr 1912 die Stimme gegeben — und die mehr als eine Million Mitglieder besaß, zerbrach an der Frage, welche Haltung die Partei im Krieg gegenüber der Regierung einnehmen sollte[1]. Im Januar 1916, als der parteiinterne Konflikt dem Höhepunkt zusteuerte und sich die Spaltung bereits abzeichnete, umriß ein sozialdemokratischer Parteifunktionär gegenüber seinem Reichstagsabgeordneten die grundsätzliche Problematik:

> »Der schwerwiegendste Punkt, der alle Parteigenossen des In- und Auslandes in fiebernder Erregung hält, ist die Haltung zur Kreditfrage und der sich daraus ergebenden Politik oder umgekehrt. Alle anderen Fragen stehen damit in engster Berührung[2].«

Das traf den Kern der Sache, denn über die Bewilligung der Kriegskredite hinaus, für deren Annahme im Reichstag die sozialdemokratischen Stimmen nicht ausschlaggebend waren, ging es zentral um den zu Beginn des Krieges geschlossenen »Burgfrieden«, den Verzicht der Sozialdemokratie auf den von ihr propagierten Klassenkampf, auf Aktionen gegen die Regierung, es ging um Tolerierung, ja Unterstützung der Regierungspolitik. Mit dem Burgfrieden eng verknüpft war die Frage der Reform des preußisch-deutschen Obrigkeitsstaates, das Verhältnis der SPD zu den bürgerlichen Parteien und die Friedensproblematik. Insgesamt zwölf Mal wurde die Reichstagsfraktion, Kristallisationspunkt der Auseinandersetzung[3], bei Abstimmungen über Kriegskredite gezwungen, Farbe zu bekennen.

Als die SPD am 4. August 1914 im Reichstag einstimmig die erstmals geforderten Kredite bewilligte, überraschte dies die deutsche Öffentlichkeit. Denn die Sozialdemokratie hatte seit ihrer Gründung dem kaiserlichen System und dessen Trägergruppen aus einer fundamentalen Opposition heraus den Kampf angesagt, der Revolution und dem gewaltsamen Umsturz das Wort geredet. Das radikale Vokabular überdeckte die innerparteilichen Gegensätze zwischen einem radikal-revolutionären, zur Aktion bereiten Flügel, der in der Partei weit weniger Resonanz und Gefolgschaft besaß, als es nach außen hin erschien, und einer stetig wachsenden reformistischen Richtung, die sich ungeachtet theoretischer Querelen zwischen Revolutionären und Revisionisten die soziale und demokratische Reformierung des Reiches zur Aufgabe machte. Ansatzpunkte boten sichtbare soziale Verbesserungen, die zu einer partiellen Integration der Arbeiterschaft und ihrer Interessenvertretungen in Staat und Gesellschaft führten. Die Parteimitte zwischen beiden Flügeln hielt an der marxistischen Theorie fest und verknüpfte sie mit reformistischer Praxis. Ihr Ziel war der Zusammenhalt der Bewegung. Sie erhielt dabei indirekte Schützenhilfe durch die unversöhnliche Frontstellung des Klassenstaates, der die sozialistischen Arbeiterorganisationen bekämpfte und ausgrenzte[4] und damit die Partei zusammenschweißte. Wenn auch der Boden für die Trennung bereitet war, so folgte sie keineswegs wie eine unausweichliche Konsequenz aus der Vorkriegsentwicklung; erst die durch den Krieg entstehenden neuen Konfliktfelder, die zunächst die Flügel durchbrachen, führten schließlich zur Abspaltung der Unabhängigen Sozialdemokratie (USPD).

Der Krieg stellte die Partei vor eine neue Situation. Der sich zuspitzenden internationalen Krise im Anschluß an die Ermordung des österreichischen Thronfolgers stand die gesamte internationale Arbeiterbewegung wie auch die mächtige deutsche Sozialdemokratie zunächst mit argloser Gelassenheit gegenüber[5]. Erst auf das Ultimatum Österreich-Ungarns an Serbien vom 23. Juli reagierte die Parteileitung zwei Tage später mit einem Aufruf, der das Vorgehen Wiens als »frivole Kriegsprovokation« anprangerte und mit den Losungen »Wir wollen keinen Krieg!« und »Nieder mit dem Kriege!« zu Massenversammlungen aufforderte, an denen dann in den nächsten Tagen Hunderttausende teilnahmen, eine ebenso gewaltige wie wirkungslose Demonstration der Sozialdemokratie gegen das heraufziehende Unheil.

Am 1. August schuf die deutsche Kriegserklärung an Rußland unverrückbare Tatsachen. Alle zuvor innerhalb der deutschen Sozialdemokratie und der sozialistischen Internationale geführten Diskussionen um Strategien zur Kriegsverhütung waren mit einem Schlage hinfällig geworden. Jetzt ging es nicht mehr darum, einen drohenden Krieg abzuwenden, sondern um die Haltung zu dem ausgebrochenen Krieg:

»Ist er aber einmal da, so können wir nichts anderes tun, als dafür zu sorgen, daß zu dem schweren Schicksal des Krieges nicht auch noch das einer Niederlage mit ihren fürchterlichen Folgen hinzukommt[6].«

Die Partei, die unmittelbar zuvor noch gegen die Kriegstreiberei mobilisiert hatte, stimmte im Reichstag geschlossen für die Annahme der Kriegskredite, nachdem sich die Fraktion am 3. August mit einer deutlichen Mehrheit von 78 gegen 14 Abgeordnete dafür ausgesprochen hatte. Schon hier zeichneten sich Positionen und Einstellungen von zwei in sich keineswegs homogenen Richtungen ab, einerseits einer Mehrheit, die den mit dem 4. August eingeschlagenen Weg bis zum Kriegsende fortsetzte, und andererseits einer stetig wachsenden Minderheit, die gegen diese Politik opponierte. Der Ausgang des Votums in der Fraktion war lange Zeit offen gewesen. Erst ein Meinungsumschwung der Mehrzahl ihrer Mitglieder sorgte für Klarheit. Bei der deutlichen Entscheidung für die Annahme der Kredite und für den weiteren Weg in den Burgfrieden trafen aus der Situation geborene und aus der Tradition herrührende Beweggründe sowie langfristige Zielperspektiven und historische Erfahrungen zusammen. Zu letzteren gehörte die nicht unbegründete Furcht vor staatlichen Repressionen wie zu Zeiten des nicht einmal 25 Jahre zurückliegenden Sozialistengesetzes. Die Partei wußte seit einigen Jahren von den Planungen der Behörden und militärischen Kommandostellen, bei Kriegsgefahr sozialdemokratische Abgeordnete und Redakteure zu verhaften und SPD-Blätter zu verbieten. Vorsorglich hatte die Parteiführung nach Verkündung des drohenden Kriegszustandes Friedrich Ebert, einen ihrer beiden Vorsitzenden, und Otto Braun, den Hauptkassierer der Fraktion, in die Schweiz entsandt, um Parteigelder in Sicherheit zu bringen und einen Nachrichtendienst ins Ausland einzurichten. Die Vorsichtsmaßnahme stellte sich schließlich als überflüssig heraus, denn die Behörden verzichteten auf Maßnahmen gegen die Sozialdemokratie, während aus Parteikreisen der Regierung zu verstehen gegeben wurde, daß keine weiteren Aktionen geplant seien und überhaupt eine Strategie der Partei für den Kriegsfall fehlte.

Jetzt ging das Kalkül von Reichskanzler v. Bethmann Hollweg voll auf, die »Schuld Rußlands« in das »hellste Licht« zu stellen, um die traditionell antizaristische Grundhaltung der Sozialdemokratie zu aktivieren und so die Oppositionspartei in der von der Reichsleitung bewußt in Kauf genommenen militärischen Auseinandersetzung in die nationale Front einzubauen[7]. Für die meisten Sozialdemokraten stand in den ersten Augusttagen fest, daß das Zarenreich der eigentliche Kriegstreiber war und Deutschland sich in einer Verteidigungsposition befand, auch wenn selbst auf seiten des rechten Parteiflügels schon bald die Erkenntnis durchschimmerte, daß das Deutsche Reich »durch seine weitgehende Unterstützung« Österreichs ebenso wie die anderen Staaten »sein vollgerüttelt Maß Schuld am Kriege« trug[8], und nachfolgend in sozialdemokratischen Kreisen von einem gewollten »Präventivkrieg« gesprochen wurde. Erst nach einiger Zeit setzte sich dann vornehmlich auf dem linken Flügel die zutreffende Einsicht durch, daß Berlin den Krieg wesentlich verursacht hatte. Die Mehrheit blieb trotz einiger Zweifel weiterhin von der Hauptschuld Rußlands überzeugt. Für sie war die Frage nach Schuld und Ursache eher zweitrangig, denn das Schicksal des Reiches stand auf dem Spiel.

Der Krieg war nun einmal Realität, und der Gegner hieß Rußland. Kurt Eisner, einer der prominenten Kritiker der Burgfriedenspolitik außerhalb des Reichstages, später Mitglied der USPD, beschrieb ein halbes Jahr nach Kriegsausbruch, vom »deutschen Expansionskrieg« überzeugt, seine Einstellung:

»Der Krieg war und ist für mich eine Katastrophe, in der niemand neutral sein kann; irgendwo müssen wir kämpfen, und da wir nun einmal dem deutschen Reiche angehören, ist hier unser Platz[9].«

Damit war die Bereitschaft zur Landesverteidigung begründet, zu der sich die Sozialdemokraten von jeher bekannten, vor allem, wenn in den Diskussionen als vermeintlicher Kriegsgegner das zaristische Rußland ausgemacht worden war. Die Parteifunktionäre konnten sich im August 1914 mit vollem Recht auf den 1913 verstorbenen Vorsitzenden August Bebel berufen, wenn sie ihren entschiedenen Willen zur Verteidigung herausstrichen. Die Sozialdemokraten machten sehr wohl einen Unterschied zwischen dem von ihnen abgelehnten monarchischen Klassensystem, das die Sozialisten als »Reichsfeinde« und »vaterlandslose Gesellen« ausgrenzte, durch vielfältige Maßnahmen zu unterdrücken versuchte und ihnen demokratische Teilhabe verweigerte, und der Nation, auf deren Boden sie standen und die man erhalten wollte.

Das Vaterland vor dem »blutdurstigen Zarismus« zu bewahren, war das entscheidende Moment für die meisten Funktionäre in der Parteimitte, die sich erst kurz vor der Sitzung am 3. August zu einem zustimmenden Votum durchrangen[10].

Für die radikale Linke bedeutete dies Bruch mit der Idee des Internationalismus, ja Verrat an diesem Ideal der internationalen Arbeiterbewegung. Für die Mehrheit lag die August-Entscheidung in der Tradition der Partei, sah sie doch in Internationalismus und Patriotismus keine sich gegenseitig ausschließenden Werthaltungen[11]. Im Krieg hatte zweifellos die Nation Vorrang. Das Prinzip der Landesverteidigung wurde auch von den meisten Vertretern der Minderheit akzeptiert, nicht jedoch die Politik des Burgfriedens, die von der Mehrheit als Voraussetzung für eine erfolgreiche Abwehr des vermeintlichen Angriffs interpretiert wurde. Der Parteistreit spitzte sich auf den Punkt zu, ob das der Regierung durch die Kreditbewilligung entgegengebrachte Vertrauen gerechtfertigt war oder nicht; dabei rückte die Frage nach dem Charakter des Krieges in den Vordergrund. Durch eine dann bald an Vehemenz zunehmende Kriegszieldiskussion fühlte sich die Minderheit in ihrer Einschätzung bestätigt, daß es schließlich nicht mehr um Verteidigung, sondern rein um Eroberung gehe.

Mit der Burgfriedenspolitik war darüber hinaus vor allem bei den Reformisten die Hoffnung verbunden, damit die Basis geschaffen zu haben, daß die Hindernisse, die der Emanzipation der Arbeiterbewegung entgegenstanden, nun abgebaut werden konnten. Das zielte auf Parlamentarisierung und Demokratisierung, zentral auf Überwindung des preußischen Dreiklassenwahlrechts, das Sinnbild der politischen Rückständigkeit, gegen das die Sozialdemokratie nach der Jahrhundertwende vergeblich Sturm gelaufen war. Der Mannheimer Abgeordnete Ludwig Frank — Jude, Reformist und Kriegsfreiwilliger, der in seinem ersten Fronteinsatz im September 1914 fallen sollte — brachte dieses Motiv auf den vielzitierten Satz, statt eines Generalstreiks für das preußische Wahlrecht einen Krieg zu führen. Hier bot sich dem sozialdemokratischen Reformismus nach dem Scheitern der badischen Großblockpolitik eine neue Perspektive[12]. Frank und seine Gefolgsleute — etwa ein Viertel der Fraktion — hatten keinen Zweifel gelassen, für die Annahme der Kriegskredite zu stimmen, selbst wenn sich die Fraktionsmehrheit dagegen entschieden hätte. Dabei spielte die Erwartung mit, durch den Beweis der patriotischen Haltung das Kainsmal der vaterlandslosen Gesellen abstreifen zu können. Die Hoffnung wurde genährt durch die den nationalen Konsens beschwörenden Worte des Kaisers vom 1. August, er kenne keine Parteien mehr, sondern nur Deutsche. Innenpolitische Reformen wurden zunächst nicht zur Bedingung für die Kreditzustimmung gemacht. In der Situation der äußeren Bedrohung wollte man keine »Schacherpolitik« betreiben. Der rechte Flügel machte in der Folgezeit der Regierung deutlich, daß die Fortsetzung des Burgfriedens von der Reformbereitschaft des Staates abhänge. Die in dieser Frage zurückhaltende Parteispitze wurde mit zunehmender Dauer durch die hartnäckige Untätigkeit der Regierung herausgefordert, schärfer auf Erfüllung ihrer Ziele zu pochen. Die Minderheit glaubte von vornherein nicht an die Reformwilligkeit des Staates.

Auch die Haltung der Freien Gewerkschaften, die bereits am 2. August die Einstellung der Lohnkämpfe signalisiert hatten, strahlte auf die Partei aus. Denn schließlich war fast jeder zweite SPD-Reichstagsabgeordnete unmittelbar mit den Gewerkschaften verbunden oder direkt für sie tätig. Darüber hinaus ließ die Position der sozialistischen Parteien Europas keine Gedanken an Alternativen des Handelns aufkommen. Hermann Müller wußte nach seiner Rückkehr von Besprechungen mit französischen Sozialisten seinen Kollegen im Parteivorstand am 3. August zu berichten, daß die Pariser Genossen ihrerseits den Krieg als eine Verteidigung Frankreichs werteten, die sie entschlossen unterstützen wollten. In der Tat stellten sich fast alle sozialistischen Organisationen der kriegführenden Staaten hinter ihre Regierungen.

Emotional am stärksten wirkte die allgemeine Kriegsbegeisterung, die bis weit in die Arbeiterschaft hineinreichte, wenngleich in den Arbeitervierteln kein zügelloser Kriegsenthusiasmus ausgebrochen war. Das vielschichtige Stimmungsbild der Arbeiterschaft war zwar neben Begeisterung von Unsicherheit, Ratlosigkeit und Furcht vor der ungewissen Zukunft gekennzeichnet, doch die nach der Kriegserklärung durch Deutschland reisenden sozialdemokratischen Abgeordneten nahmen subjektiv einen Jubel der Arbeiter wahr[13], was die Meinungsbildung sicherlich beeinflußte und das Gefühl der nationalen Geschlossenheit stärkte. Es stellte sich gewissermaßen eine Wechselwirkung zwischen August-Entscheidung und August-Stimmung in sozialdemokratischen Kreisen ein. Das Votum der Fraktion stieß an der Parteibasis zunächst auf überwiegende Akzeptanz.

Der mehrheitlichen Stimmung für die Annahme der Kredite hatten deren Gegner nichts Entscheidendes entgegenzusetzen. Nachdem man sich in der Fraktion gegen 24 Stimmen auf Fraktionszwang geeinigt hatte, votierten alle im Plenum des Reichstages anwesenden SPD-Abgeordneten — zwei entfernten sich vorübergehend — für die Kriegskredite. Die Entscheidung des 4. August war im Grunde eine Wendemarke der Sozialdemokratie als Gesamtpartei. Sie wurde von vielen innerhalb und außerhalb der Partei so verstanden. Darüber hinaus ließ sie sich jedoch auch aus der Vorgeschichte der Partei ableiten, lag vor allem für den reformistischen Flügel in der Linie ihrer bisherigen Politik, war somit für einen Teil der SPD Endpunkt der Vorkriegsentwicklung, zugleich Ausfluß partieller Integration in Staat und Gesellschaft und markierte letztlich den »Aufbruch in die Nation«[14].

Die Tatsache, daß der Parteivorsitzende Hugo Haase, obwohl auf seiten der Minderheit, die in der Fraktion verabschiedete Erklärung vor dem Reichstag verlas, vermittelte nach außen den Eindruck von der Geschlossenheit der Sozialdemokratie; die vorausgegangene interne Abstimmung deutete aber schon an, daß die Burgfriedenspolitik umstritten war und bleiben würde. Der Parteispitze ging es vor allem darum, die Organisation intakt zu halten und keine Angriffsfläche zu bieten. Der Versuch, durch einen innerparteilichen Burgfrieden eine Diskussion der August-Entscheidung in der Partei zu unterbinden, mißlang. Doch sollte zumindest nach außen Einheitlichkeit gewahrt werden. Das war freilich ein Balanceakt, der nur bei einem kurzen Krieg gelingen konnte, von dem die SPD allerdings zu Beginn allgemein überzeugt war. Je länger der Krieg jedoch dauerte, um so brüchiger zeigte sich das innerparteiliche Stillhalteabkommen, denn die opponierende Minderheit, die zunächst das Leitprinzip der äußeren Geschlossenheit eingefordert hatte, besaß unter den Bedingungen des Krieges, ohne entscheidende Publikationsorgane und behindert von den Behörden, kaum ausreichende Möglichkeiten, die eigene Position darzustellen.

In der Opposition schälten sich zwei Linien heraus. Die radikale Linke hatte den Schock des August-Votums bald überwunden. Sie umfaßte mehrere Gruppen und besaß ihre herausragenden Persönlichkeiten in den späteren Führern des Spartakusbundes Rosa Luxemburg und Karl Liebknecht, der im Dezember 1914 bei der zweiten Kreditbewilligung als erster die Fraktionsdisziplin durchbrach und im Reichstag gegen die Annahme stimmte. Ohne eigentliche Massenbasis und ohne Massenwirkung, hielt die radikale Linke, deren führende Köpfe zeitweise inhaftiert wurden, am revolutionären Klassenkampf fest, brandmarkte den Krieg als imperialistischen Konflikt, den sie allein durch Revolution für überwindbar betrachtete, und setzte in ihrer Kompromißlosigkeit die gemäßigte Opposition unter Zugzwang, eindeutig Stellung zu beziehen.

Die gemäßigte Minderheit um Haase hielt, obwohl sie das Urteil über den Charakter des Krieges mit der radikalen Linken teilte, eine Revolution während des Krieges für kaum möglich und sah in ihr auch nicht die Voraussetzung für den Frieden, den sie über gemeinschaftliche Aktionen der sozialistischen Internationale zu realisieren hoffte. Sie setzte auf internationale Kooperation der sozialistischen Parteien. Diese stärkste Gruppe der Minderheit wollte grundsätzlich die Parteieinheit aufrechterhalten, dabei die Mehrheit in Fraktion und Partei für ihre Politik gewinnen, den Burgfrieden aufzugeben und in Opposition zur Regierung zu gehen.

Die Richtungen formierten sich nicht längs der Scheidelinien, die sich in der Vorkriegszeit in den grundlegenden Diskussionen um Strategie und Theorie, um Reformismus, Revisionismus und Massenstreik herauskristallisiert hatten. Während Vorkriegsradikale wie Konrad Haenisch in der Kriegszeit einen fundamentalen Wechsel in extrem nationalistische Positionen vollzogen, wählten Vertreter des Revisionismus den Weg in die Opposition, wie sein Begründer Eduard Bernstein, der zunächst noch für die Annahme der Kredite gestimmt hatte, sich dann schließlich einträchtig neben seinem einstigen Gegenspieler im theoretischen Disput, Karl Kautsky, bei der Minderheit wiederfand[15]. Zur gemäßigten Opposition, dem späteren Kern der USPD, gingen einige der Vorkriegslinken und Vertreter der alten Parteimitte. Die alte Mitte war für die weitere Entwicklung ausschlaggebend; sie stand unter der Führung des anderen Vorsitzenden Friedrich Ebert mehrheitlich auf dem Boden der Burgfriedenspolitik. Die Parteispitze geriet unter den Druck des rechten Flügels, der grundsätzlich zur Trennung von der ständig wachsenden Opposition bereit war. Vor allem die Gewerkschafter, die konsequentesten Vertreter der Burgfriedenspolitik, drohten ganz unverhohlen mit der Gründung einer eigenen Partei, falls die Haase-Gruppe sich durchsetzen würde.

Am weitesten reichten die Vorstellungen Wolfgang Heines, der sich mit seiner Forderung, daß die Sozialdemokratie zur »nationalsten und vaterländischsten Partei« werden und ihr Verhältnis zu Staat und Nation grundlegend neu formulieren müsse, von dem auf dem rechten Spektrum dominierenden Kreis um Eduard David isolierte, der durch eine vorsichtigere Strategie dem Reformismus in der Partei zum Sieg verhelfen wollte[16]. Dabei bemühte sich dieser Flügel um Einfluß auf die

Parteiführung, um die »laue und flaue Mitte vorwärts zu treiben«[17], deren Mehrheit, so sehr sie den Burgfrieden bejahte, gegen die Parteiminderheit keinen so konfrontationswilligen Kurs steuerte, wie die Parteirechten es für angebracht hielten. Um die Burgfriedensgegner nicht zu provozieren, gingen die Mitglieder des Parteivorstandes auf Distanz zu den »Umlernern« um Heine und David, was diese heftig beklagten[18]. Sie verwarfen ihrerseits das Bemühen, die widerstrebenden Richtungen in der Partei zu halten, als untauglichen Versuch. Für die Parteispitze stellte die Einheit der Bewegung den eigentlichen Wert an sich dar, das verpflichtende »Bebelsche Vermächtnis« (Ebert). Ganz unter dieser Prämisse handelte die Führung, als sie Liebknecht, der im Dezember 1914 mit Nein gestimmt und damit den bis dahin intern ausgefochtenen Streit in die Öffentlichkeit gebracht hatte, zwar rügte, den vom Gewerkschaftsführer Carl Legien eingebrachten Antrag auf Fraktionsausschluß des Abweichlers jedoch abwehren konnte.

Es war entscheidend für den Fortgang des Streites, daß gleichzeitig das traditionelle Parteiprinzip der äußeren Geschlossenheit, zum »Grundgesetz« der Partei stilisiert, nochmals festgeschrieben wurde. Gleichwohl besaß die Opposition innerhalb der Partei Entfaltungsmöglichkeiten, die sie auch nutzte. Haase bereiste im Frühjahr 1915 werbend für die Minderheit die Bezirke und kam damit dem örtlichen Informationsbedürfnis entgegen. Denn einige Parteigruppierungen wünschten nach Liebknechts Alleingang Aufklärung und verlangten, daß in den Versammlungen vor Ort als Korreferenten auch Vertreter der Parteiminderheit zu Wort kommen sollten. Zwischen einzelnen Abgeordneten und den Parteiorganisationen ihrer Wahlkreise, die mittlerweile die Burgfriedenspolitik hinterfragten, wuchsen allmählich die Spannungen[19]. Diese Meinungsverschiedenheiten sollten jedoch in der Partei, nicht in der Öffentlichkeit ausgetragen werden. So hatte die Fraktion im Reichstag einstimmig zu votieren; den Oppositionellen war es allerdings erlaubt, der Abstimmung unauffällig fernzubleiben. Das schien zwischen Fraktionsmehrheit und -minderheit ein tragfähiger Kompromiß zu sein, wie dies der 20. März 1915 unter Beweis stellte, als sich bei der Entscheidung über das Reichsbudget, das auch 10 Milliarden Mark an Kriegskrediten enthielt, 30 SPD-Abgeordnete aus dem Reichstagsplenum entfernten. Nur Liebknecht und Otto Rühle lehnten demonstrativ den Etat im Parlament ab.

In dem Moment, als die Partei einen Weg gefunden hatte, trotz auseinanderstrebender Meinungen unter einem gemeinsamen Dach fortzubestehen, weitete sich, ausgelöst durch Denkschriften von Wirtschaftsverbänden[20], die Kriegszieldiskussion aus. Damit wurde der Eckpfeiler des Burgfriedens, das Verbot der öffentlichen Kriegszieldebatte, untergraben und das Bild vom Verteidigungskrieg in Frage gestellt. Die Opposition sah sich bestätigt. Nachdem auf Intiative Liebknechts die Radikalen in einer Unterschriftenaktion die Politik des 4. August an den Pranger gestellt hatten, riefen im Juni 1915 die drei prominentesten Vertreter der gemäßigten Opposition — Haase, Bernstein und Kautsky — in ihrem Flugblatt »Das Gebot der Stunde« die Partei zur Aufgabe der Burgfriedenspolitik auf, da die jetzt offenbarten Annexionspläne den Krieg als einen Eroberungsfeldzug enthüllt hätten.

Die Parteiführung hatte bis zu diesem Zeitpunkt eine entschiedene Reaktion gegen die Annexionisten und auch eine von der Minderheit geforderte Festlegung eigener Leitsätze in der Friedensfrage vermieden, um den Burgfrieden nicht zu gefährden und um keine innerparteiliche Debatte über Kriegsziele heraufzubeschwören. Denn am rechten Rand der Partei galten Zuwächse im Osten und in den Kolonien oder kontinentale Wirtschaftshegemonie durchaus als diskutabel. Grundlinie der Partei aber war und blieb die strikte Ablehnung der Eroberungspläne. Ihr Ziel war der Verständigungsfrieden, ein »Frieden ohne Vergewaltigung eines anderen Volkes«, wie das Ebert im Mai 1915 im Reichstag auf einen knappen Nenner brachte und dabei die »Bestrebungen, die den Frieden abhängig machen wollen von allerlei Eroberungen«, verdammte[21]. Doch ging die Mehrheit erst nach Freigabe der Kriegzieldiskussion im Spätherbst 1916 und vor allem nach der russischen Revolution vom Februar 1917 in die propagandistische Offensive. Die Minderheit wollte die Regierung in der Friedensfrage viel früher aus der Reserve locken. Im Dezember 1915 suchte sie den Reichskanzler im Reichstag zu einem Bekenntnis zu zwingen, ob er »zu sofortigen Friedensverhandlungen auf Grundlage des Verzichtes auf Annexionen jeder Art durch alle kriegführenden Staaten bereit« sei. Doch wurde ihr Antrag von der Fraktionsmehrheit in entscheidenden Punkten auf die unverbindliche Formel gestutzt, nach der lediglich Auskunft über die Bedingungen für Friedensverhandlungen erwartet wurde. Daß Bethmann Hollweg eine Antwort auf die Anfrage schuldig blieb, ein Vertreter der Mehrheit gar dem Kanzler Bereitschaft zum Frieden attestierte, verdichtete den Parteistreit. Das Verhältnis zum Reichskanzler gestaltete sich zu einem weiteren Konfliktherd zwischen den Richtungen. Die Mehrheit stellte hier Solidarität mit dem Kanzler unter

Beweis, der aus ihrer Sicht eine gemäßigte und daher von der Sozialdemokratie zu unterstützende Politik im Gegensatz zu den ungehemmten Eroberungspolitikern betreibe. Sie hatte seit den Augusttagen 1914 doch einiges Vertrauen zu Bethmann Hollweg gefaßt, das auch noch beim Friedensangebot der Mittelmächte vom Dezember 1916 bestand. Von dessen Aufrichtigkeit war die SPD-Mehrheit überzeugt – auch wenn selbst vom rechten Flügel zweifelnde Untertöne zu vernehmen waren[22] –, während die gegenüber der Politik des Kanzlers weitaus kritischere Opposition die Unzulänglichkeit der Offerte herausstellte und ihr Scheitern vorhersagte. Erst das weitere Zögern der Regierung in der Frage der Neuorientierung und eine an Heftigkeit zunehmende Kriegszieldiskussion sorgten dafür, daß die Mehrheitsfraktion im Frühjahr 1917 auf deutliche Distanz zum Kanzler ging.

Als nach der wirkungslosen Interpellation vom Dezember 1915 kurz vor Weihnachten wieder Kriegskredite auf der Tagesordnung standen, wurde der Parteikonflikt in ganzer Breite in den Reichstag hineingetragen. Die Minderheit sah sich gezwungen, aus dem Korsett der innerparteilichen Disziplin auszubrechen. Was in der Vorkriegszeit als ein die Bewegung stabilisierendes Element begriffen und verteidigt worden war, weil es die Partei mit ihren unterschiedlichen Strömungen gegenüber dem sie bekämpfenden System gestärkt hatte, wurde jetzt von der Opposition als Fessel empfunden. Parteidisziplin, und das meinte in letzter Konsequenz Unterordnung der Minderheit unter die Mehrheit, und Gewissenszwang waren für sie immer schwerer miteinander zu vereinbaren. Obwohl die Fraktion mit 66 gegen 44 für die Kreditannahme gestimmt hatte, begründete entgegen dem Beschluß, der eine Sonderaktion untersagte, ein Sprecher im Reichstag die Ablehnung für die Minderheit. Schließlich votierten 20 SPD-Abgeordnete dagegen, weitere 22 verließen den Saal. Die Tragweite dieser Aktion war schon im Vorfeld absehbar: »Daß ein solches Vorgehen gleichbedeutend wäre mit der Spaltung der Fraktion, liegt auf der Hand[23].«

Die Fraktionsführung konnte noch ein letztes Mal das Unausweichliche abwenden und den von rechts vehement geforderten Ausschluß der Opponenten aus der Fraktion verhindern. Die Haltung der Parteispitze war in den Augen des Exponenten des rechten Flügels, Eduard David, »elendster Umfall, jetzt wo das Geschwür ausgeschnitten werden könnte und müßte«[24]. Das Skalpell hätte, so war man sich im rechten Spektrum einig, viel früher angesetzt werden müssen. Nach Davids Meinung war wieder einmal eine Gelegenheit vertan, den längst überfälligen Schnitt vorzunehmen und den linken Ballast abzuwerfen, um die Manövrierfähigkeit und die Schlagkraft der Partei zurückzugewinnen, die sich im gegenseitigen Kampf zerfleische und in einer permanenten Kompromißsuche verbrauche. Letztlich war die Wandlung der Partei das Ziel, der Schritt »von der Handarbeiterpartei zur Volkspartei«, die »historische Mission«, die man nicht verpassen dürfe[25]. Damit benannte David — vorausschauend — einen zentralen Punkt des innerparteilichen Diskurses in der Weimarer Zeit, die Frage »Volkspartei oder Klassenpartei«.

Die nur oberflächlich zugeschütteten Gräben brachen endgültig bei der Beratung des Notetats am 24. März 1916 auf, den anzunehmen man mit knapper Mehrheit (44 zu 36) beschlossen hatte. Ohne Vorankündigung ergriff Haase im Reichstag in turbulenter Atmosphäre für die Minderheit das Wort. In der anschließenden Fraktionssitzung wurden die Rechte der Minderheit für hinfällig erklärt. Die Gemaßregelten zogen die Konsequenzen und formierten sich zu einer neuen Fraktion, der »Sozialdemokratischen Arbeitsgemeinschaft«. Haase trat, gedrängt vom Vorstand, als Parteivorsitzender zurück. Der zunächst 18köpfigen Arbeitsgemeinschaft gehörte nicht die gesamte Minderheit an, die in der Fraktion gegen die Kriegskredite gestimmt hatte. Den Schritt machten diejenigen Abgeordneten nicht mit, die zwar grundsätzlich mit den Dissidenten in der Kreditfrage übereinstimmten, aber die Spaltung der Fraktion als verhängnisvolle Schwächung der Sozialdemokratie ablehnten, aus Loyalität in der Partei verblieben und sich als letzter »Hemmschuh«[26] einer nach der Loslösung der Opposition jetzt stärker nach rechts tendierenden Mitte verstanden. Zu dieser »Minderheit in der Mehrheit« zählte Gustav Hoch, der ein Jahr später die Zeit nach der Fraktionsspaltung treffend mit den Worten umschrieb:

> »Aus dem Streit über den rechten Weg zu unserm Ziele ist der Kampf um die Macht geworden mit allen seinen Rücksichtslosigkeiten auf beiden Seiten[27].«

Es setzte in der Tat ein hartes Ringen um die sozialdemokratischen Vereine ein. Der interne Konflikt verbrauchte viel an politischer Energie der Partei. Beide Seiten waren nicht mehr zu irgendwelchen Kompromissen bereit und versuchten, ihre Position in der Mitgliederschaft auszubauen. Persönliche Rücksichten wurden nicht genommen und Fraktionsinterna zur Diffamierung der innerparteilichen Gegner in die Öffentlichkeit getragen[28]. Um die etwa 90 parteieigenen Zeitungen, vor allem um das von der Minderheit dominierte Zentralorgan »Vorwärts«, entwickelte sich ein kompromißloser Kampf. Unter den Kriegsbedingungen waren gerade die Parteiblätter, zumeist von mehrheitsfreundlichen Redaktionen geleitet, unersetzlich als Informationsträger und Medium, um die Mitgliederschaft zu erreichen. Der unerbittliche Streit um die Presse kennzeichnete die Verschärfung der Auseinandersetzung. Auch die Reichskonferenz im September 1916 brachte keine Entspannung, sondern rollte den Konflikt in voller Unversöhnlichkeit aus, verfestigte die Fronten und wirkte wie ein Katalysator auf dem Weg zur endgültigen organisatorischen Spaltung. Kein Gehör fanden Mahner nach Besinnung und Bewahrung der Parteieinheit wie der Chefredakteur der »Fränkischen Tagespost« Adolf Braun, der die Überdehnung des Disziplinbegriffs beklagte, mehr Freiheit der einzelnen Meinungen und gegenseitige Duldung der verschiedenen Strömungen forderte[29]. Vergeblich. Nach einer Sonderkonferenz der Opposition im Januar 1917 folgte im April in Gotha die Gründung der USPD, obwohl Prominente aus den Reihen der Minderheit eine neue Partei für überflüssig hielten und lediglich »Ellbogenfreiheit« (Kautsky) verlangten. Doch die Trennung war nun besiegelt. Die grundlegenden Meinungsunterschiede waren durch die rigorose Handhabung des Disziplinbegriffs zum Sprengsatz geworden. Der heterogenen USPD schloß sich zunächst auch die Spartakusgruppe an.

Die neue Partei, die nach eigenen Angaben im Herbst 1917 circa 120000 Mitglieder besaß und gegen Ende des Krieges 24 Abgeordnete im Reichstag stellte, konnte vor allem in den industriellen Zentren — unter anderem in Berlin, Leipzig und Frankfurt a.M. — an Boden gewinnen. 57 von insgesamt 357 Wahlkreisorganisationen der SPD gingen bis zum Herbst 1917 zur USPD über. Diese bittere Erfahrung mußten auch prominente Parteiführer machen. Während der Parteivorsitzende Ebert im August 1915 seinen Wahlkreis in Elberfeld-Barmen auf seiner Linie wußte und seine Politik dort ein halbes Jahr danach noch einmal mit knapper Mehrheit gutgeheißen wurde, erntete Haase im Juni 1916 auf einer Funktionärsversammlung in Eberts Wahlkreis breite Zustimmung. Schließlich lehnte einen Monat später eine Mitgliederkonferenz mit zwei Drittel der Stimmen im Anschluß an eine Rede Eberts die Politik der Fraktionsmehrheit ab. Der sozialdemokratische Verein schloß sich dann der USPD an; die alte Partei mußte hier eine neue Organisation aufbauen[30]. Scheidemann, seit dem Würzburger Parteitag vom Oktober 1917 neben Ebert Vorsitzender der Mehrheitssozialdemokraten (MSPD), erging es in seinem Solinger Wahlkreis ähnlich. Für die Entscheidung vor Ort waren in starkem Maße die lokale Tradition der Partei — radikale Vorkriegspositionen führten meist in die USPD —, zudem die Einstellung der führenden Persönlichkeiten sowie der Parteipresse und das Verhalten der Behörden gegenüber der Sozialdemokratie ausschlaggebend. Auch innerparteiliche Umgangsformen spielten eine Rolle; dort, wo Streitkultur eingeübt war, beschleunigte dies die Herausbildung der USPD, während Regionen, in denen innerparteiliche Kritik als unbotmäßig galt, bei der alten Partei blieben[31].

Trotz der durch Krieg und Spaltung verursachten organisatorischen Schwächung behielt die Mehrheitspartei einen intakten Apparat. Die Mitgliederzahl der SPD (Mehrheit) war im März 1918 im Vergleich zum Vorkriegsstand (März 1914) von fast 1,09 Mio. auf nominell 240000 gesunken. Allerdings tauchten die zum Heeresdienst eingezogenen Mitglieder, die von Beiträgen befreit waren, nicht in dieser Statistik der zahlenden Parteigänger auf.

Die endgültige Spaltung vollzog sich vor dem Hintergrund einer Veränderung der außenpolitischen Situation und einer innenpolitischen Zuspitzung, die zum Aufbrechen und schließlich zum Ende des Burgfriedens führte. Die Versorgungskrise im Kohlrübenwinter 1916/17 steigerte Hunger und Not in der Heimat. Die Linien an der Front waren festgefahren und die Vereinigten Staaten durch die Wiederaufnahme des uneingeschränkten U-Boot-Krieges zum Kriegseintritt provoziert worden. Der Friede war nicht in Sicht; weiterhin wurden ungezügelte Annexionsforderungen aufgestellt, die immer mehr als der eigentliche Grund für die Fortsetzung des Krieges und somit die unsäglichen Entbehrungen gesehen wurden. All dies schürte im Frühjahr 1917 die Streikbewegung, die durch die russische Februarrevolution zusätzlich motiviert wurde. Die Streiks nahmen jetzt eindeutig politische Züge an und traten aus dem Stadium der unorganisierten Versorgungsunruhen heraus[32]. Frieden, Freiheit und Brot hieß die Parole. Die Ausstände dokumentierten, daß die MSPD an Einfluß in der Arbeiterschaft verloren hatte. Mochte sie die Klagen auch als berechtigt anerkennen, so lehnte sie Streiks doch als wirkungslose Demonstrationspolitik ab. Nach ihrer Ansicht änderten sie nichts an der Notlage im Innern, dienten keineswegs dem Frieden, sondern stärkten allenfalls den Kampfeswillen der Kriegsgegner. Sie glaubte den nach wie vor erhofften Reformprozeß sogar gefährdet.

Unter dem Eindruck einer sich dramatisch verschlechternden Stimmung im Innern setzte die Mehrheitspartei offensiv die Friedensfrage auf die Tagesordnung, griff dabei den Ruf des Petersburger Arbeiter- und Soldatenrats nach einem Frieden der Verständigung »ohne Annexionen und Kontributionen« auf, der dann in der deutschen Öffentlichkeit als »Scheidemann-Frieden« bekannt wurde. Auch in der Frage der Neuorientierung schlug sie eine schärfere Tonart an. Ihre Kritik hatte sich bis dahin auf die Not der Bevölkerung und die Behinderung ihrer Aktivitäten konzentriert. Sie hatte gegen die Handhabung des Belagerungszustandes und der Zensur, gegen die Auslegung von Vereins- und Versammlungsrecht Klage geführt und die Kriegsgewinnler angeprangert[33]. Jetzt stellte sie die Ziele Demokratisierung und Parlamentarisierung stärker heraus. Dies war auch dadurch herausgefordert worden, daß der 1914 wegen des Burgfriedens zurückgestellte Gesetzentwurf über die Familienfideikommisse im preußischen Abgeordnetenhaus wieder aufgegriffen wurde. Das bedeutete schlicht Bruch des Burgfriedens. Außerdem drängten die Gewerkschaften die MSPD, sich nicht mehr mit Worten abspeisen zu lassen. Sie hielten die Zeit für Reformen reif, denn auch sie benötigten auf diesem Gebiet dringend Erfolge, um ein weiteres Abwenden der Arbeiter zu verhindern[34]. Die Mehrheitspartei stand unter Rechtfertigungszwang angesichts der offensichtlichen Erfolgslosigkeit ihrer Politik. Die Einsetzung eines letztlich wirkungslosen Verfassungsausschusses und die auf die Nachkriegszeit vertröstende Osterbotschaft des Kaisers waren im dritten Kriegsjahr kaum mehr als bescheidene Gesten. Substantiell war nichts geschehen, wie Ebert vor dem Hauptausschuß des Reichstages im Juli 1917 anmahnte:

»Schöne Reden, Erklärungen und kaiserliche Botschaften über die Neuorientierung im Innern genügten nicht. [...] Wozu die großen Opfer, wenn die Regierung nicht gewillt ist, uns das Notwendigste, Unentbehrlichste, Selbstverständlichste: die politische Gleichberechtigung, zu gewähren[35].«

Zum ersten Mal schien das Pendel innerhalb der MSPD zugunsten einer Kreditverweigerung ausschlagen zu können. In dieser äußerst gespannten Lage sah sich die Zentrumspartei, bis dahin erbitterter Gegner jeglicher Neuorientierung, zu einem Linksruck, zu einer »halben Wende«[36] veranlaßt. Sie war zu Konzessionen an die Sozialdemokratie bereit, um den Burgfrieden zu erhalten, aus dem die MSPD mit Blick auf die steigende Radikalisierung der Arbeiterschaft auszuscheren drohte. Dies sorgte für Bewegung im bürgerlichen Lager. Bereits im März hatten linksliberale Fortschrittspartei und Nationalliberale mit der Mehrheitssozialdemokratie ein gemeinsames Vorgehen im Reichstag bei innenpolitischen Themen vereinbart. In der Friedensfrage gab es zudem Berührungspunkte der Linksliberalen mit der MSPD. Der Umschwung der Zentrumspartei, manifestiert durch die Juli-Rede von Matthias Erzberger im Hauptausschuß, als er von einem innenpolitischen Umdenken und von einem Frieden des Ausgleichs sprach, machte den Weg frei für eine neue Reformmehrheit aus MSPD, Zentrum und Fortschrittlicher Volkspartei — dem Modell der Weimarer Koalition 1919/20 —, die im Interfraktionellen Ausschuß ein informelles Beratungsgremium besaß, dem sich zeitweilig auch die Nationalliberalen anschlossen. Die erste institutionalisierte Zusammenarbeit der Sozialdemokratie mit bürgerlichen Parteien, ein Meilenstein auf ihrem Weg zur Regierungspartei, war erst nach der Spaltung der SPD und einer Öffnung der bürgerlichen Organisationen möglich geworden. Allein das Zustandekommen des Interfraktionellen Ausschusses war ein Erfolg für die MSPD, auch ein sichtbares Zeichen, daß gesellschaftliche Schranken durchbrochen worden waren.

Dieses Aufweichen der politischen Isolation zählte zu den wesentlichen gesellschaftspolitischen Veränderungen im Krieg. Die Kriegserfordernisse brachten die Sozialdemokraten in starkem Maße in Kontakt mit der Regierung, den Behörden und Beamten, vor allem in zahlreichen Kommissionen und im Hauptausschuß, dem wichtigsten Gremium zwischen den Sessionen des Reichstages. Das ging über den normalen parlamentarischen Rahmen hinaus. Die einst als Reichsfeinde stigmatisierten Sozialdemokraten wurden von Regierung und Parteien als Gesprächs- und Verhandlungspartner akzeptiert. Stärker noch war dieser Prozeß auf kommunaler Ebene zu spüren. SPD-Vertreter erhielten den in der Vorkriegszeit weithin verwehrten Zugang zu öffentlichen Ämtern und kommunalen Deputationen; in Preußen wurden erstmals Sozialdemokraten nach ihrer Wahl zu unbesoldeten Stadträten durch staatliche Behörden auch bestätigt. Die gestiegene Anerkennung in den Kommunen wurde von den Sozialdemokraten mit innerer Zufriedenheit registriert und war ein Stück Integration. Ihre Tätigkeitsfelder weiteten sich aus. Die Partei, die vor Ort einen starken Aderlaß an Funktionären durch Einberufungen zu verkraften hatte, arbeitete in den aus der Kriegssituation geborenen Ausschüssen mit, die Entscheidungsbefugnisse besaßen und die angesichts der Knappheit von Nahrungsmitteln und lebenswichtigen Gütern für den Lebenskreis des einzelnen von existentieller Bedeutung waren[37].

Die neue begrenzte Kooperation mit den bürgerlichen Parteien auf Reichsebene vergrößerte die Distanz zwischen MSPD und USPD, was nicht durch entsprechende Erfolge der Mehrheitspartei über den Interfraktionellen Ausschuß kompensiert wurde. Seine Ergebnisse blieben, gemessen an sozialdemokratischen Zielen, eher gering, obwohl der Sturz von Bethmann Hollwegs Nachfolger Georg Michaelis vor allem durch von der SPD forcierte Angriffe der neuen Mehrheit ausgelöst wurde. Doch auf die Nachfolge von Michaelis besaß die Sozialdemokratie keinen Einfluß.

Allenfalls propagandistische Wirkung erzielte die vom Interfraktionellen Ausschuß am 19. Juli im Reichstag durchgebrachte Friedensresolution, die mit der Formel nach einem Frieden der Verständigung weitgehend sozialdemokratischem Vokabular entsprach. Sie war ein dehnbarer Kompromiß, wurde von Michaelis durch die Worte »wie ich sie auffasse« sogleich entwertet und schließlich durch den Friedensvertrag von Brest-Litowsk unterlaufen. Wie schon bei der Diskussion um die päpstliche Friedensnote erfuhr die MSPD auch hier keine Unterstützung von den Partnern im Interfraktionellen Ausschuß, als sie die Vertragsverhandlungen zum Gegenstand von parlamentarischen Debatten machen wollte. Beide sozialdemokratischen Parteien zeigten sich einig in ihrer Ablehnung des Vertrages mit Rußland, der nicht mit dem von ihnen geforderten Selbstbestimmungsrecht der Völker in Einklang zu bringen war. Doch stimmte nur die USPD im Reichstag gegen den Diktatfrieden. Die MSPD übte Stimmenthaltung, nachdem innerhalb der Fraktion eine starke Minderheit sogar für Annahme, einige wenige für Ablehnung plädiert hatten. Die Friedensverhandlungen mit den Sowjets, die offenbarten, daß Militärs und Regierung immer noch vom machterweiternden Siegfrieden träumten, gaben das Signal für die großen Streiks im Januar 1918. Der Versuch der MSPD, zwischen Streikenden und Regierung zu vermitteln, scheiterte an der unversöhnlichen Haltung der Behörden. Der Vorwurf des Landesverrats gegenüber den Streikenden wurde laut, ein dem antisozialistischen Arsenal der Vorkriegszeit entlehnter Stereotyp, der den Sozialdemokraten noch lange anhaftete und der nach dem Krieg zum zentralen Bestandteil der antirepublikanischen Sammlungsideologie wurde. Damit war der Weg zur Dolchstoßlüge bereitet, die die politische Kultur der Weimarer Republik so nachhaltig vergiftete.

Der Januar-Streik machte das ganze Dilemma der Mehrheitssozialdemokratie deutlich, die außenpolitisch im Kreis der sozialistischen Parteien bereits isoliert war, wie im Juni 1917 die Stockholmer Vorgespräche über eine Konferenz der Sozialisten der kriegführenden Länder offenbart hatten. Innenpolitisch trug die Zusammenarbeit mit den bürgerlichen Parteien, die sie auch noch wegen ihrer Haltung im Streik kritisierten, nur wenige sichtbare Früchte, während sie andererseits in der Arbeiterschaft Terrain an die USPD verlor. Dennoch hielt die MSPD an der bisherigen Politik fest. Dies war für sie so lange geboten, wie die militärische Niederlage nicht zu erwarten stand. Solange der Sieg oder zumindest die Nicht-Niederlage wahrscheinlich war, war davon auszugehen, daß das politische System in seinen Grundfesten nicht verändert werden würde. Fundamentale Opposition drohte die alte ausgrenzende Vorkriegspolitik von Regierung und Parteien neu zu beleben und nach dem Krieg zu einem Rückfall in den Antisozialistenkampf zu führen, den die USPD ohnehin ungeachtet der Haltung der Sozialdemokratie erwartete. Die Politik der MSPD, weiter durch Zusammenarbeit mit Regierung und bürgerlichen Parteien zu versuchen, ihre Ziele zu verwirklichen, dabei zugleich beharrlich Kritik zu erheben und Reformen zu fordern[38], war der Basis schwer zu vermitteln, wenn die konkreten Ergebnisse ausblieben. Allerdings brachte die Grundsatzopposition der USPD unter dem Strich auch nichts Zählbares ein, allenfalls Anerkennung in der sozialistischen Internationale. Die USPD fühlte sich durch die Streiks bestätigt. Unter dem Eindruck einer zunehmenden Mißstimmung der gewerkschaftlich organisierten Arbeiter wechselten jetzt Gewerkschaftsführer wie der spätere Vorsitzende des Metallarbeiterverbandes Alwin Brandes zur USPD, um nicht gänzlich den Einfluß auf die Mitglieder zu verlieren. Die Resonanz der USPD bei den Streikenden schlug sich jedoch nicht entsprechend an der Urne nieder. In den wenigen Reichstagsnachwahlen der Kriegszeit mußten ihre Vertreter durchweg herbe Niederlagen gegenüber den Mehrheitskandidaten einstecken, selbst in den als links geltenden Hochburgen. Offensichtlich wirkten sich bei der Stimmabgabe doch starke Bindekräfte zur alten Partei aus, erreichte die USPD kaum Wähler über die organisierte Arbeiterschaft hinaus.

Auch noch im Sommer 1918 stimmte die MSPD für die Kriegskredite, geleitet von der Furcht vor einer Niederlage, die — daran ließen die Ziele der Kriegsgegner keinen Zweifel — für Deutschland die schwersten Folgen haben mußte. Risse in der inneren Geschlossenheit würden, so waren die Kreditbefürworter nach wie vor der Ansicht, den Kampfeswillen des Gegners nur noch stärken. Die Entscheidung der MSPD im September 1918 für eine Regierungsbeteiligung und ihr Festhalten an dem einmal gefaßten Entschluß, nachdem ihr die aussichtslose militärische Lage offenbart worden war, stand ganz im Zeichen, den ersehnten Frieden herbeizuführen, die längst überfälligen Reformen durchzusetzen, die Militärdiktatur zu verhindern, aber auch die Revolution zu vermeiden und die Zusammenarbeit mit den bürgerlichen Parteien zum Aufbau einer parlamentarischen Demokratie, gleich ob mit monarchischer oder republikanischer Spitze, fortzusetzen[39]. Unter dieser Zielsetzung trat sie in die am 3. Oktober gebildete Regierung des Prinzen Max von Baden ein. Damit übernahmen Sozialdemokraten erstmals Ministerämter. Das Ende Oktober verabschiedete Paket von Verfassungsreformen war für die MSPD ein großes Stück vorwärts zu dem Ziel einer parlamentarischen Demokratie, aber es war zu spät geschnürt worden.

Die revolutionäre Welle spülte die Hoffnung auf einen allmählichen Übergang fort; die Revolution der kriegsmüden Massen brach sich Bahn. Der letzte kaiserliche Kanzler übergab dem MSPD-Vorsitzenden Friedrich Ebert die Regierungsgeschäfte; die Sozialdemokratie trat in die Verantwortung. Unter dem Druck der revolutionären Ereignisse kam es vorübergehend zu einer Zusammenarbeit der beiden sozialdemokratischen Parteien auf allen Ebenen, an der Spitze in der revolutionären Übergangsregierung, dem Rat der Volksbeauftragten, in den Landesregierungen und den Arbeiter- und Soldatenräten. Hieran knüpfte sich die während des Krieges auf beiden Seiten gehegte Erwartung, daß die Spaltung nach dem Krieg schnell überwunden werden könne. Die Hoffnung erwies sich als illusionär. Eduard Bernsteins Aktion, der Anfang 1919 wieder in die SPD eintrat, ohne seine USPD-Mitgliedschaft aufzukündigen, blieb ein Zeichen ohne Wirkung. Von der USPD vor die Alternative Entweder-Oder gestellt, wählte er die SPD. Zu tief war die im Krieg aufgebrochene Kluft, man hatte sich in einem kompromißlosen innerparteilichen Kampf gespalten, nicht »schiedlich-friedlich«[40], was vielleicht noch die Möglichkeit eröffnet hätte, die Einheit wieder herzustellen. Die im Parteistreit geschlagenen Wunden waren nicht vernarbt und wurden durch den jetzt offen aufbrechenden Kampf noch vertieft. Die Revolutionszeit führte zur vollkommenen Verkrustung der gegenseitigen Beziehungen. Die Frontstellung änderte sich mit dem Zerbrechen der USPD, deren einzig einigendes Band, die unbedingte Gegnerschaft gegen die Kriegs- und Burgfriedenspolitik der Mehrheit, mit dem Kriegsende weggefallen war. Die radikalen Revolutionäre sammelten sich in der KPD, die erst 1920 nach dem Anschluß des linken USPD-Flügels zu einer Massenpartei aufstieg, während die Rest-USPD 1922 wieder zur alten SPD zurückfand. Unversöhnlich standen sich jetzt — Koalitionen in Ländern blieben nur kurzlebige Episoden — eine parlamentarisch-demokratische und eine revolutionär-radikale Partei gegenüber. Für die Systemopposition KPD war und blieb die staatstragende SPD einer ihrer Hauptgegner, wenn nicht gar der Hauptfeind schlechthin. Die im Ersten Weltkrieg vollzogene Spaltung der sozialdemokratischen Arbeiterbewegung erwies sich als unüberbrückbar. Sie belastete das innenpolitische Klima der Weimarer Republik, überdauerte die nationalsozialistische Diktatur und setzte sich unter anderen Vorzeichen nach 1945 fort.

Anmerkungen

1 Nach wie vor grundlegend — und für diesen Beitrag richtungweisend — mit weiteren Verweisen auf Quellen und ältere Literatur: Susanne Miller, Burgfrieden und Klassenkampf. Die deutsche Sozialdemokratie im Ersten Weltkrieg, Düsseldorf 1974; auch: Friedhelm Boll, Frieden ohne Revolution? Friedensstrategien der deutschen Sozialdemokratie vom Erfurter Programm 1891 bis zur Revolution 1918, Bonn 1980. Im Überblick: Susanne Miller, Heinrich Potthoff, Kleine Geschichte der SPD. Darstellung und Dokumentation 1848—1983, Bonn [5]1983, S. 73ff.; Helga Grebing, Die Geschichte der deutschen Arbeiterbewegung. Ein Überblick, München [11]1981, S. 139ff.; Dieter Groh, Peter Brandt, »Vaterlandslose Gesellen«. Sozialdemokratie und Nation 1860—1990, München 1992, S. 158ff. Für die innenpolitische Entwicklung generell: Thomas Nipperdey, Deutsche Geschichte 1866—1918. Bd 2: Machtstaat vor der Demokratie, München 1992, S. 778ff.
In den Fußnoten verwendete Abkürzungen: AdsD = Archiv der sozialen Demokratie; BAP = Bundesarchiv, Abt. Potsdam; IWK = Internationale Wissenschaftliche Korrespondenz zur Geschichte der deutschen Arbeiterbewegung; NL = Nachlaß; RZM = Russisches Zentrum für die Aufbewahrung und Erforschung der Dokumente der neuesten Geschichte, Moskau; SAM = Sonderarchiv Moskau.

2 Paul Kiß an Max Cohen-Reuß, 19.1.1916, SAM, 1396, NL Cohen-Reuß, 1—1.

3 Die Protokolle in: Die Reichstagsfraktion der deutschen Sozialdemokratie 1898 bis 1918. Zwei Teile, bearb. von Erich Matthias und Eberhard Pikart, Düsseldorf 1966; ausführliche Aufzeichnungen über die Fraktionssitzungen von Wilhelm Dittmann (später USPD) auch in: RZM, 215, NL Dittmann, 1—43 und 1—44.

4 Mit weiteren Verweisen: Walter Mühlhausen, Strategien gegen den Systemfeind — Zur Politik von Staat und Gesellschaft gegenüber der Sozialdemokratie im Deutschen Kaiserreich 1871—1914, in: Freiheitsstreben, Demokratie, Emanzipation. Aufsätze zur politischen Kultur in Deutschland und den Niederlanden, hrsg. von Horst Lademacher und Walter Mühlhausen, Münster 1993, S. 283—329.

[5] Karl-Heinz Klär, Der Zusammenbruch der Zweiten Internationale, Frankfurt a.M., New York 1981, S. 68ff.

[6] Cohen-Reuß an einen eingezogenen Sozialdemokraten, 13.7.1916, SAM, NL Cohen-Reuß, 1—1.

[7] Dieter Groh, Negative Integration und revolutionärer Attentismus. Die deutsche Sozialdemokratie am Vorabend des Ersten Weltkrieges, Frankfurt a.M., Berlin, Wien 1974 (ungekürzte Ausgabe), S. 648ff.

[8] Cohen-Reuß an Paul Kiß, 18.11.1914, SAM, NL Cohen-Reuß, 1—1; ähnlich: Wolfgang Heine an Otto Hué, 9.10.1914, BAP, NL Heine, 2, fol. 69; vgl. Wolfgang Kruse, Krieg, Neuorientierung und Spaltung. Die politische Entwicklung der deutschen Sozialdemokratie 1914—1918 im Lichte der Vorstellungen ihrer revisionistisch-reformistisch geprägten Kritiker, in: IWK, 1 (1987), S. 1—27.

[9] Eisner an Heine, 11.2.1915 (Abschrift), BAP, NL Heine, 3, fol. 133.

[10] Stellvertretend der Parteiveteran Hermann Molkenbuhr in seinem Tagebuch, zit. bei Miller (wie Anm. 1), S. 55.

[11] So etwa Otto Braun an Konrad Haenisch, 6.8.1915, BAP, NL Haenisch, 43, fol. 8.

[12] Peter Brandt, Reinhard Rürup, Volksbewegung und demokratische Neuordnung in Baden 1918/19. Zur Vorgeschichte und Geschichte der Revolution. Hrsg. von den Stadtarchiven Karlsruhe und Mannheim, Sigmaringen 1991, S. 57ff.

[13] Etwa Ebert in seinen Kriegsnotizen am 3. August: AdsD, Sammlung Ebert, 8; ähnlich Dittmann, rückblickend jedoch kritisch, zit. bei Jürgen Rojahn, Arbeiterbewegung und Kriegsbegeisterung: Die deutsche Sozialdemokratie 1870—1914, in: Kriegsbegeisterung und mentale Kriegsvorbereitung. Interdisziplinäre Studien, hrsg. von Marcel van der Linden und Gottfried Mergner unter Mitarbeit von Herman de Lange, Berlin 1991, S. 57—71, hier S. 71. Vgl. vor allem Boll (wie Anm. 1), S. 110.

[14] Gunther Mai, Das Ende des Kaiserreichs. Politik und Kriegführung im Ersten Weltkrieg, München 1987, S. 38ff.

[15] Francis Ludwig Carsten, Eduard Bernstein 1850—1932. Eine politische Biographie, München 1993, S. 142ff.; Jürgen Rojahn, Karl Kautsky im Ersten Weltkrieg, in: Marxismus und Demokratie. Karl Kautskys Bedeutung in der sozialistischen Arbeiterbewegung, hrsg. von Jürgen Rojahn, Till Schelz und Hans-Josef Steinberg, Frankfurt a.M., New York 1992, S. 199—219; Till Schelz-Brandenburg, Eduard Bernstein und Karl Kautsky. Entstehung und Wandlung des sozialdemokratischen Parteimarxismus im Spiegel ihrer Korrespondenz 1879 bis 1932, Köln, Weimar, Wien 1992, S. 370ff.; Kruse (wie Anm. 8), S. 17. Zu Vorgeschichte und Geschichte der USPD: Hartfrid Krause, USPD. Zur Geschichte der Unabhängigen Sozialdemokratischen Partei Deutschlands, Frankfurt a.M., Köln 1975, S. 57ff.

[16] Zitat aus einem Brief von Heine an David, 14.11.1914, BAP, NL Heine, 2, fol. 189; vgl. Kruse (wie Anm. 8), S. 10. Zum rechten Flügel auch: Wolfram Wette, Gustav Noske. Eine politische Biographie, Düsseldorf 1987, S. 135ff.

[17] Haenisch an Heine, 5.1.1916, BAP, NL Heine, 8, fol. 7. Für die Mehrheit im Zentrum auch: Hagen Schulze, Otto Braun oder Preußens demo-

kratische Sendung. Eine Biographie, Frankfurt a. M., Berlin, Wien 1977, S. 193 ff.

18 Heine an Georg von Vollmar, 8. 10. 1914, ebenso 14. 11. 1914, BAP, NL Heine, 2, fol. 53 und 193.

19 Gut dokumentiert ist die Verschlechterung in den Beziehungen zwischen dem Reichstagsabgeordneten Max Cohen-Reuß vom rechten Flügel und der Parteiorganisation seines Wahlkreises im thüringischen Fürstentum Reuß a. L., die später zur USPD überging; Materialien in: SAM, NL Cohen-Reuß, 1—1.

20 Vgl. grundlegend Fritz Fischer, Griff nach der Weltmacht. Die Kriegszielpolitik des kaiserlichen Deutschland 1914/18, Nachdruck der Sonderausgabe 1967, Düsseldorf [2]1979, S. 141 ff.

21 In: Friedrich Ebert, Schriften, Aufzeichnungen, Reden, Dresden 1926, Bd 1, S. 310 ff.

22 Heine an Schütte, 23. 1. 1918, BAP, NL Heine, 12, fol. 62; vgl. Miller (wie Anm. 1), S. 117 ff. und S. 254 ff.

23 Gustav Bauer an Paul Löbe, 4. 12. 1915, BAP, NL Löbe, 4, fol. 7.

24 Das Kriegstagebuch des Reichstagsabgeordneten Eduard David 1914 bis 1918. In Verbindung mit Erich Matthias bearb. von Susanne Miller, Düsseldorf 1966, S. 148 (21. 12. 1915). Konsequenter Vertreter dieser Politik auf Landesebene war der Vorsitzende der badischen SPD-Landtagsfraktion Wilhelm Kolb; vgl. Klaus-Peter Müller, Politik und Gesellschaft im Krieg. Der Legitimitätsverlust des badischen Staates 1914—1918, Stuttgart 1988, S. 97 ff.

25 Kriegstagebuch David (wie Anm. 24), S. 157 (4. 2. 1916).

26 Adolf Braun an Hoch, 29. 10. 1916, AdsD, NL Hoch, 1.

27 Hoch an Haase, 29. 1. 1917, ebd.; auch Hochs Aufzeichnung über die Minderheit, ebd., 20; vgl. Miller (wie Anm. 1), S. 133 ff.

28 Etwa der Disput zwischen Scheidemann und Dittmann im März/April 1916, RZM, NL Dittmann, 1—28; auch die Klagen von Scheidemann an Löbe, 24. 6. 1916, ebenso 29. 6. 1916, BAP, NL Löbe, 67, fol. 4 f.

29 Peter Fasel, Dr. Adolf Braun (1862—1929). Grundriß zu einer politischen Biographie, Diss. MS Würzburg 1990, S. 128 ff.

30 Parteiagitation und Wahlkreisvertretung. Eine Dokumentation über Friedrich Ebert und seinen Reichstagswahlkreis Elberfeld-Barmen 1910—1918, hrsg. und eingel. von Dieter K. Buse, Bonn-Bad Godesberg 1975; exemplarisch für lokale Richtungskämpfe: Volker Ullrich, Die Hamburger Arbeiterbewegung vom Vorabend des Ersten Weltkrieges bis zur Revolution 1918/19, Hamburg 1976, S. 285 ff.

31 Vgl. Torsten Kupfer, Bernd Rother, Der Weg zur Spaltung: die Ursachen der Richtungskämpfe in der deutschen Sozialdemokratie 1890—1920 am Beispiel der Länder Anhalt und Braunschweig, in: IWK, 2 (1993), S. 139—177; Miller (wie Anm. 1), S. 166 ff.; Friedhelm Boll, Massenbewegungen in Niedersachsen 1906—1920. Eine sozialgeschichtliche Untersuchung zu den unterschiedlichen Entwicklungstypen Braunschweig und Hannover, Bonn 1981, S. 151 ff. Regional beispielhaft: Müller (wie Anm. 24), S. 143 ff.

32 Gerald D. Feldman, Armee, Industrie und Arbeiterschaft in Deutschland 1914 bis 1918, Berlin, Bonn 1985, S. 267 ff. und S. 356 ff.; Jürgen Kocka, Klas-

sengesellschaft im Krieg. Deutsche Sozialgeschichte 1914—1918, Göttingen 1973, S. 43 ff.; Boll (wie Anm. 1), S. 230 ff.

[33] Dies schlägt sich nieder in den Protokollen des Hauptausschusses: Der Hauptausschuß des Deutschen Reichstags 1915—1918. Eingel. von Reinhard Schiffers, bearb. von Reinhard Schiffers und Manfred Koch in Verbindung mit Hans Boldt, 4 Bde, Düsseldorf 1981.

[34] So etwa der Vorsitzende des Holzarbeiterverbandes Theodor Leipart an die Redaktion des »Vorwärts«, 27.4.1917, Historische Kommission zu Berlin, Gewerkschaftliche Restakten, NB 224, fol. 25.

[35] Zit. bei Peter-Christian Witt, Friedrich Ebert, Parteiführer — Reichskanzler — Volksbeauftragter — Reichspräsident, Bonn [3]1992, S. 82f.

[36] Wilfried Loth, Katholiken im Kaiserreich. Der politische Katholizismus in der Krise des wilhelminischen Deutschlands, Düsseldorf 1984, S. 325 ff.; Der Interfraktionelle Ausschuß 1917/18. Zwei Teile, bearb. von Erich Matthias unter Mitwirkung von Rudolf Morsey, Düsseldorf 1959.

[37] Dieter Rebentisch, Die deutsche Sozialdemokratie und die kommunale Selbstverwaltung. Ein Überblick über Programmdiskussion und Organisationsproblematik 1890—1975, in: Archiv für Sozialgeschichte, 25 (1985), S. 1—78, hier S. 27 ff.; aus einer Vielzahl lokaler Studien für die kommunale Ebene zuletzt: Manfred Faust, Sozialer Burgfrieden im Ersten Weltkrieg. Sozialistische und christliche Arbeiterbewegung in Köln, Essen 1992, S. 146 ff. und S. 203 ff.

[38] Das zeigt sich deutlich bei: Fritz Ebert, Zur Streikbewegung, in: Die Neue Zeit, Bd 1, Nr. 20 (Februar 1918), S. 457—462.

[39] Susanne Miller, Die Bürde der Macht. Die deutsche Sozialdemokratie 1918—1920, Düsseldorf 1978, S. 26 ff.

[40] So die Hoffnung von Haenisch an Heine, 23.7.1916, BAP, NL Heine, 9, fol. 121. Für die Nachkriegszeit grundlegend: Heinrich August Winkler, Von der Revolution zur Stabilisierung. Arbeiter und Arbeiterbewegung in der Weimarer Republik 1918 bis 1924, Berlin, Bonn 1984, S. 34 ff.

Klaus Schönhoven

Die Kriegspolitik der Gewerkschaften

Im Oktober 1919 fand in Stuttgart die vierzehnte Generalversammlung des Deutschen Metallarbeiter-Verbandes statt. Dieser Kongreß der mitgliederstärksten deutschen Einzelgewerkschaft erstreckte sich über zehn Tage und dauerte damit ungewöhnlich lange. An Diskussionsstoff herrschte jedoch kein Mangel, hatte man sich doch auch mit der gewerkschaftlichen Kriegs- und Revolutionspolitik zu beschäftigen, worüber in allen Gewerkschaftsverbänden die Meinungen weit auseinandergingen. Auf dem Stuttgarter Verbandstag der Metallarbeiter war das nicht anders. Carl Legien, der als Vorsitzender der Generalkommission der Gewerkschaften Deutschlands Anfang August 1914 die Weichen für den gewerkschaftlichen Burgfriedenskurs gestellt hatte, warb vergeblich um Verständnis für diese Politik. Seine Feststellung, man habe sich bei Kriegsbeginn »zum eigenen Lande stellen« müssen, »so wie das alle Sozialdemokraten in den anderen Ländern getan haben«, überzeugte die Mehrheit der Delegierten nicht. Als er am Ende seiner kurzen, von Protestrufen häufiger unterbrochenen Rede betonte, die Kriegspolitik der Generalkommission und der Verbandsvorstände sei nichts anderes gewesen »als die glatte Fortsetzung der Politik, die die Gewerkschaften stets betrieben haben«, nämlich »im Interesse der Arbeiterklasse« zu handeln, fand er nur den Beifall einer Minderheit[1].

In einer Resolution zum Vorstandsbericht, die in namentlicher Abstimmung mit 194 gegen 129 Stimmen gebilligt wurde, verurteilten die Delegierten des Metallarbeiter-Verbandes die »verwerfliche Kriegspolitik der leitenden Gewerkschaftsinstanzen und Vorstände« in holprigem Deutsch, jedoch ohne Wenn und Aber:

> »Jene Kriegspolitik ließ den Klassenkampfcharakter der Gewerkschaften verschwinden und fand ihren Anschluß an der Seite der herrschenden Klasse, der bürgerlichen Parteien, und führt zum engsten Zusammenarbeiten mit dem Arbeitgebertum in den sogenannten Arbeitsgemeinschaften, in denen sich die Vertreter freier Gewerkschaften in holder Eintracht mit den Widersachern der Arbeiterklasse, den Kapitalisten, zusammengefunden haben[2].«

In dieser scharfen Anklage der Gewerkschaftsinstanzen spiegelte sich die Erbitterung über die aus sozialistischer Sicht völlig unbefriedigenden Ergebnisse der Revolutionsmonate wider. Zugleich bedeutete sie eine kompromißlose Absage an die Kooperationspolitik zwischen Kapital und Arbeit, wie sie in der Kriegszeit unter der Regie der Militärbefehlshaber von Großindustrie und Gewerkschaften begonnen und nach dem Sturz der Monarchie fortgesetzt worden war. Die Mehrheit der Kongreßdelegierten votierte damit im nachhinein gegen den engen Schulterschluß zwischen kaiserlichem Obrigkeitsstaat und Gewerkschaftsführungen bei Kriegsbeginn wie gegen den Novembervertrag von 1918, mit dem sich aus ihrer Sicht die Spitzengremien der Arbeitgeber und der Gewerkschaften zum antirevolutionären Zweckbündnis der Zentralarbeitsgemeinschaft zusammengefunden hatten. Für sie waren die Entscheidungen vom August 1914 und vom November 1918 nichts anderes als ein Verrat an den Zielen der Arbeiterbewegung. Legien als Repräsentant des sozialreformerischen Gewerkschaftsflügels — dieser verfügte in der deutschen Gewerkschaftsbewegung eindeutig über den größeren Anhang[3] — betonte dagegen die Kontinuität der Gewerkschaftspolitik in Krieg und Revolution und wollte keinen Bruch zur Vorkriegszeit erkennen.

Die Kontroversen von 1919 fanden in der Gewerkschaftsgeschichtsschreibung nach 1945 ihre Fortsetzung. So ließ die DDR-Historiographie nie einen Zweifel daran aufkommen, daß die von ihr als rechtsopportunistisch und sozialchauvinistisch gebrandmarkten Gewerkschaftsführer Klassenverrat begangen hätten, weil sie im Sommer 1914 das Signal zum Einschwenken ins Lager des Militarismus gegeben und ihre Verbände zu willfährigen Instrumenten im Dienste des imperialistischen Krieges degradiert hätten[4]. Mit diesem Schwarz-Weiß-Bild, das in bester leninistischer Tradition die bestochenen Arbeiterbürokraten von den revolutionären Kadern der deutschen Arbeiterklasse trennte, mußten sich differenzierter argumentierende Autoren auch in der Bundesrepublik immer wieder auseinandersetzen. Denn hier fanden historiographische Frontalangriffe gegen die Generalkommission und die Verbandsvorstände breite Resonanz, solange die »Marburger Schule« nahezu ein Deutungsmonopol für Gewerkschaftsgeschichte besaß[5]. Seit dem Beginn der achtziger Jahre erschien jedoch eine Reihe von Untersuchungen, die Rahmenbedingungen und Spielräume gewerkschaftlichen Denkens und Handelns sorgfältiger ausloteten und auch aus sozialgeschichtlicher Perspektive nach den Voraussetzungen und Konsequenzen der Verbandspolitik in den Kriegsjahren fragten[6].

Im August 1914 identifizierten sich alle drei richtungsgewerkschaftlichen Dachverbände in Deutschland mit dem Wilhelminischen Kaiserreich. Am wenigsten Probleme mit der vorbehaltlosen Eingliederung in die »Volksgemeinschaft« hatten die christlichen Gewerkschaften, die schon bald den Krieg als ein Purgatorium feierten, sei er doch »der Feuerofen, der die Menschheit von Schlacken und Fehlern« reinige und so eine »sittliche Volkserneuerung« ermögliche[7]. Moderater in der Wortwahl, aber ebenso entschlossen in der Sache, stimmten auch die Hirsch-Dunckerschen Gewerkvereine der deutschen Mobilmachung zu. Sie hatten sich schon in der Vorkriegszeit als freiheitlich-nationale Arbeiterbewegung verstanden und erhofften sich nun vom gewerkschaftlichen Bekenntnis zur patriotischen Pflichterfüllung entscheidende Impulse für eine soziale Verständigung zwischen den verschiedenen Gesellschaftsgruppen. Für die mit weitem Abstand größte Richtungsgewerkschaft, die im Lager der Sozialdemokratie stehenden Freien Gewerkschaften, war das Votum für die Vaterlandsverteidigung eine strategische Grundsatzentscheidung, deren ganze Tragweite Anfang August 1914 wohl noch niemand genau einzuschätzen vermochte. Dennoch legten sich die Spitzengremien des sozialdemokratischen Dachverbandes erstaunlich schnell und fast geschlossen auf die Politik des Burgfriedens fest, was zunächst die Einstellung aller Arbeitskämpfe und die Kooperation mit den Behörden bei verschiedenen kriegswirtschaftlichen Maßnahmen bedeutete[8]. Der Beschluß der Verbandsvorstände vom 2. August 1914 hatte über die Gewerkschaftsbewegung hinaus auch eine Signalwirkung auf die Entscheidungsfindung in der SPD-Reichstagsfraktion, die zwei Tage später im Parlament die Kriegskredite mitbewilligte.

Die maßgebenden Repräsentanten der drei Richtungsgewerkschaften arbeiteten schon bald nach Kriegsbeginn eng zusammen. Zentrale Aufgabenfelder betreute man in einem einheitsgewerkschaftlichen Aktionsbündnis, dessen Reichweite sich auch auf programmatische Fragen und auf die während der Kriegszeit immer enger werdende politische Kooperation von Sozialdemokratie, Zentrumspartei und Linksliberalismus im Reichstag erstreckte. Als führende Vertreter der Reichsleitung und des Militärapparats in den ersten Kriegsmonaten Gewerkschaftseinrichtungen demonstrativ Besuche abstatteten und als vom Staat einige diskriminierende Auflagen für die gewerkschaftliche Verbandsarbeit gelockert wurden, machte sich in den Reihen der freigewerkschaftlichen Funktionäre Optimismus breit. Man deutete diese meist unverbindlichen Gesten als Signale einer grundsätzlichen Verständigungsbereitschaft und als Vorboten einer politischen Neuorientierung des kaiserlichen Obrigkeitsstaates. Der Begriff »Kriegssozialismus« wurde geprägt und erlebte sofort eine Hochkonjunktur; Hoffnungen auf das bevorstehende Ende des kapitalistischen Zeitalters verbreiteten sich schnell, und mancher Gewerkschaftsredakteur sah schon im Herbst 1914 nur noch »Sozialismus, wohin wir blicken«[9].

Selbst weniger spekulativ veranlagte Verbandsführer gingen davon aus, daß der Staat die Burgfriedenspolitik der Gewerkschaften honorieren werde. Man hoffte auf sozialpolitische Konzessionen der Monarchie, erwartete eine Reform des Arbeits- und Koalitionsrechts, insbesondere die Legalisierung des gewerkschaftlichen Status als Tarifvertragspartner, und man wünschte, daß sich Staat und Unternehmer aus ihrer Kampfstellung gegen die Gewerkschaften zurückzögen, nachdem man selbst den ersten Schritt zum Abbau alter Feindmarkierungen getan hatte. Sozialdemokratische Gewerkschafter hegten darüber hinaus verfassungspolitische Reformvorstellungen, zu denen die Beseitigung des Dreiklassenwahlrechts in Preußen und die Demokratisierung des konstitutionellen Regierungssystems im Reich zählten. Diese Wünsche standen allerdings nicht an der Spitze ihrer Prioritätenliste. Hätte das Kaiserreich den nationalen Integrationskurs der Gewerkschaftsverbände mit deren voller Anerkennung belohnt und alle Diskriminierungen auf dem Feld der Arbeitsbeziehungen beseitigt, wäre für die Führer der Freien Gewerkschaften die Frage der Staatsform sekundär geworden. Nach einem Vierteljahrhundert politischer Sozialisation in der Monarchie wollte von ihnen kaum einer mehr für die Republik auf die Barrikaden gehen.

Wie sehr das Wilhelminische Reich als Basis der eigenen Existenz angesehen wurde und wie stark auch die sozialdemokratische Gewerkschaftsbewegung nationalen Traditionen verhaftet war, läßt sich mit vielen Äußerungen von Gewerkschaftsfunktionären untermauern und in zahlreichen Artikeln der Verbandspresse nachlesen. Man bekannte sich nicht nur zur patriotischen Pflichterfüllung und zur Vaterlandsverteidigung — eine deutsche Kriegsschuld stand für die Gewerkschaften nicht zur Debatte —, sondern man identifizierte sich auch mit Kriegszielen, die territorial über die Vorkriegsgrenzen hinausreichten und ökonomisch die Sicherung von Rohstoff- und Absatzmärkten für das Deutsche Reich anstrebten. So betonte das Zentralorgan der Freien Gewerkschaften in seinem Rückblick auf das Jahr 1915, es sei »absurd« und eine »Zumutung«, wenn verlangt würde, Deutschland solle die besetzten Gebiete »ohne irgendwelche Entschädigung für die seither aufgewandten Kriegsopfer« räumen[10]. Die Abtrennung von Elsaß-Lothringen oder Oberschlesien, wie sie von den Alliierten gefordert wurde, betrachtete man als »Todesstoß für die deutsche Industrie«[11]. Schon deshalb sah man einen deutschen Sieg als »absolute Notwendigkeit«[12] an, wobei die Gewerkschaftspresse und die Gewerkschaftsfunktionäre die ökonomischen und sozialen Folgen einer Niederlage in den düstersten Farben schilderten und den Krieg als wirtschaftlichen Überlebenskampf des deutschen Volkes deuteten. Noch einen Schritt weiter als die Freien Gewerkschaften, die zumindest offiziell auf Annexionsforderungen verzichteten, gingen die Christlichen Gewerkschaften. Ihr Generalsekretär Adam Stegerwald propagierte noch im Mai 1917 die Devise: »Wenn ein Machtfrieden erreichbar ist, dann unter allen Umständen einen Machtfrieden[13].«

Zur Politik des 4. August, wie sie von den Führungsgremien der Richtungsgewerkschaften verstanden wurde, gehörte auch eine emotional fundierte Gemeinschaftsideologie, in der das Wort des Kaisers, er kenne »nur noch Deutsche«, als Versöhnungsangebot interpretiert wurde. Namentlich die sozialdemokratischen Gewerkschafter, die sich jahrzehntelang als »vaterlandslose Gesellen« hatten schmähen lassen müssen, reihten sich nun bereitwillig in die nationale Einheitsfront ein, als ihnen der Monarch höchstpersönlich das Ende ihrer Pariasituation zu offerieren schien und dabei psychologisch geschickt an den Patriotismus des Proletariats appellierte. Dieses »Augusterlebnis« wirkte lange nach. Noch ein Jahr nach Kriegsbeginn betonte eine Jubiläumsschrift für die Generalkommission stolz, die Reichsregierung habe »in dieser schweren Zeit, da Deutschland rings von Feinden bedroht, auf das einmütige Zusammenhalten aller Glieder des Volkes angewiesen war«, die Gewerkschaften »als wertvolle Träger der Volksorganisation kennen und schätzen gelernt«[14].

In der Tat war die Reichsleitung seit Kriegsbeginn sehr stark an konfliktfreien Beziehungen zu den Gewerkschaften interessiert, wußte man doch nur zu genau, daß ohne das Wohlverhalten dieser Massenorganisationen die »Heimatfront« nicht zu befrieden war. Ob ein Verbot der Gewerkschaftsverbände, mit dem man in den Vorstandsgremien der Freien Gewerkschaften zunächst rechnete, überhaupt eine praktikable Alternativstrategie gewesen wäre, ist höchst zweifelhaft. Man hätte schwerlich Millionen von Gewerkschaftsmitgliedern zum Kriegsdienst mobilisieren können, wenn man gleichzeitig ihre Verbandsführer verhaftete. Deshalb vermieden die zivilen und militärischen Führungsstäbe das Risiko der Repression und setzten auf die Karte der Integration. Eine Regierungsdenkschrift vom Oktober 1914 formulierte die inneren Kriegsziele mit Blick auf die Gewerkschaften: Der Staat müsse versuchen, »die Arbeiterbewegung nicht als staatsfeindlich zu behandeln, ihre Träger, die Gewerkschaften, heranzuziehen, und den staatsfeindlichen Dogmatikern der alten Sozialdemokratie keine Parole an die Hand zu geben, unter der sie die Arbeiter wieder gegen den Staat führen« könnten[15]. Diese Denkschrift empfahl also nicht eine Unterdrückung der sozialdemokratischen Arbeiterbewegung mit Hilfe des Belagerungszustandes, sondern deren Spaltung durch eine Politik, die den Gewerkschaften selektiv entgegenkam.

Die Entscheidung, die deutsche Kriegspolitik mit allen Kräften zu unterstützen, hatte für alle Gewerkschaftsverbände erhebliche organisatorische Konsequenzen. Besonders dramatisch war der Mitgliederschwund, der durch die massenhaften Einberufungen zum Militärdienst, aber auch durch eine hohe Arbeitslosigkeit in den sogenannten Friedensindustrien unmittelbar nach Kriegsbeginn und durch eine starke Abwanderung von Arbeitskräften in die Rüstungsindustrie ausgelöst wurde. So verloren die Freien Gewerkschaften bis Ende 1914 zwei Fünftel ihrer Mitglieder, wobei einzelne Verbände bis an den Rand der Existenzfähigkeit schrumpften, während der Aderlaß in den rüstungsrelevanten Branchen deutlich geringer war. Dieser Massenexodus setzte sich 1915 und 1916, allerdings in langsamerem Tempo, fort: Am Jahresende 1916 hatten die Freien Gewerkschaften sechzig Prozent weniger Mitglieder als im Juli 1914; die Schwundquote der christlichen und liberalen Dachverbände bewegte sich knapp unter der Fünfzig-Prozent-Schwelle. Insgesamt summierten sich die Mitgliederverluste der drei Richtungsgewerkschaften in diesem Zeitraum auf 1,8 Millionen, wovon allein auf den sozialdemokratischen Dachverband 1,5 Millionen entfielen.

Die Begleit- und Folgeerscheinungen dieses drastischen Mitgliederrückgangs lassen sich folgendermaßen umreißen: In vielen Zahlstellen und Ortskartellen kam die Gewerkschaftsarbeit weitgehend zum Erliegen, weil es an geschultem Personal fehlte, nachdem die ehrenamtlichen Kader in den Krieg gezogen waren; zur Lähmung des Organisationslebens trug auch die sinkende Finanzkraft der Verbände bei, deren Kassen von Unterstützungszahlungen so stark beansprucht wurden, daß für andere Aktivitäten kaum mehr Geld übrigblieb; aus finanziellen wie aus politischen Gründen verzichteten viele Einzelverbände für die Dauer des Krieges auf Kongresse und folgten damit dem Beispiel ihrer Dachverbände, die zwischen Kriegsbeginn und Kriegsende ohne Basislegitimation gesteuert wurden. Für die Freien Gewerkschaften hatte Legien schon in der Vorständekonferenz am 2. August 1914 verkündet:

»Wie die Dinge heute liegen, hört die Demokratie in den Gewerkschaften auf; jetzt haben die Vorstände auf eigene Verantwortung zu entscheiden, und zwar so, wie sie es vor ihrem Gewissen verantworten können[16].«

Diese Suspendierung der innerverbandlichen Demokratie ließ sich mit dem Belagerungszustand, der Pressezensur und dem Verbot, die Kriegspolitik in Versammlungen zu erörtern, nur zum Teil rechtfertigen. Sie war auch Ausdruck eines Führungsverständnisses, das sich an preußischen Disziplinvorstellungen orientierte und schon in der Vorkriegszeit von der Sozialdemokratie und den Freien Gewerkschaften gepflegt worden war. Im Krieg wirkte sich dann die Abkoppelung der Vorstandsgremien von Verbandstagen und regelmäßigen Mitgliederversammlungen gravierend aus. Während die Unzufriedenheit in der Arbeiterschaft über die Verschlechterung ihrer sozialen Situation wuchs und sich schließlich in Massenstreiks entlud, konzentrierten sich die Führungsinstanzen der Gewerkschaften ganz auf ihre Rolle als Ordnungsfaktor und schätzten die Alarmzeichen des Vertrauensschwundes in den Reihen der Mitglieder falsch ein.

Mit ihrem Kooperationsangebot an die Reichsleitung legten die gewerkschaftlichen Vorstandsgremien schon im August 1914 den Grundstein für einen Funktionswandel der Gewerkschaften. Waren die Verbände im ausgehenden 19. Jahrhundert als autonome Zusammenschlüsse von Arbeitern zur kollektiven Interessenwahrnehmung auf dem Arbeitsmarkt gegründet worden, so verwandelten sie sich in der Kriegszeit zu quasistaatlichen Instanzen, die für die Stabilisierung der »Heimatfront« Mitverantwortung übernahmen. Der erste Schritt in diese Richtung war der Streikverzicht, mit dem die Gewerkschaftsführer die nationale Solidarität vor die Klassensolidarität stellten und ihr wichtigstes ökonomisches Druckmittel preisgaben. Je häufiger dann Gewerkschaftsgremien von der Militär- und Ministerialbürokratie herangezogen wurden, um Ernährungsprobleme, Fragen der Arbeitsbeschaffung und des Arbeitskräfteeinsatzes, Hilfsprogramme für Kriegsverletzte und Hinterbliebene sowie viele weitere Detailaufgaben im Rahmen des innenpolitischen Krisenmangagements zu klären, desto enger gestaltete sich die korporative Einbindung der einzelnen Verbände in die staatliche Gesamtverantwortung für die soziale und wirtschaftliche Kriegführung.

Sie wurden Teil »eines festgefügten Disziplinierungskartells aus Staat, Unternehmern und Gewerkschaften«[17], dessen Hauptzweck die restlose Mobilisierung aller Kräfte für einen deutschen Sieg war.

Aus Sicht der Unternehmer blieb diese Interessenkongruenz von Kapital und Arbeit allerdings eng begrenzt und sollte vor allem nicht in eine Machtkonstellation münden, in der die Gewerkschaften über Produktion und Profite mitentschieden. Für den »Kriegssozialismus«, welcher Spielart auch immer, hatten die Kapitalvertreter keine Sympathien. Deshalb reagierten sie auch auf gewerkschaftliche Kooperationsangebote sehr reserviert. So stieß der Vorschlag der freigewerkschaftlichen Generalkommission, in allen Wirtschaftszweigen Kriegsarbeitsgemeinschaften zu gründen, bei der Vereinigung der Deutschen Arbeitgeberverbände auf demonstratives Desinteresse. Eine institutionalisierte Form der Zusammenarbeit kam zunächst nur in Gewerbezweigen zustande, die überwiegend noch handwerklich produzierten, traditionell tarifvertraglich orientiert waren und auf der Schattenseite des Rüstungsbooms standen (Holzindustrie, Baugewerbe, Buchdruck, Nahrungsmittelherstellung). In Branchen, in denen die Kriegskonjunktur Absatz und Gewinn versprach, verweigerte sich das Unternehmerlager dem Arbeitsgemeinschaftsgedanken und verharrte in seiner antigewerkschaftlichen Frontstellung der Vorkriegszeit: Bergbau und Schwereisenindustrie, Metallverarbeitung und Chemie verschlossen sich in der Regel gewerkschaftlichen Einigungsappellen und lehnten Arbeitnehmerorganisationen weiterhin als Verhandlungspartner ab. Der Geschäftsführer des Vereins deutscher Eisen- und Stahlindustrieller forderte vielmehr, die Arbeitsbeziehungen im Krieg am militärischen Vorbild zu orientieren:

»Ebensowenig wie der Oberst sich im Schützengraben auf Verhandlungen mit seinen Soldaten einlassen kann, ebensowenig dürfen die Arbeiter eine Entscheidung über die grundlegenden Betriebsfragen erhalten[18].«

Ihren lange Zeit ehernen Grundsatz, nicht mit Gewerkschaftsvertretern zu verhandeln, mußten die Rüstungsindustriellen jedoch schon in der Anfangsphase des Krieges unter dem Druck der Militärbehörden lockern. Deren Interessen an einem gesellschaftlich stabilen Burgfrieden und an geregelten Beziehungen zwischen den beiden Arbeitsmarktparteien entsprang nicht etwa sozialreformerischen Motiven, sondern dem durch die Kriegssituation diktierten Zwang, die Front kontinuierlich mit Waffen und Munition beliefern zu müssen. Auf diese Hauptsorge waren alle kriegswirtschaftlichen Maßnahmen der Militärs fixiert, die nicht davor zurückschreckten, ebenso energisch gegen

Lohndrückerei oder die offenkundige Ausbeutung von Arbeitskräften einzuschreiten wie gegen die Leistungsverweigerung von Belegschaften, das Krankfeiern oder zu häufigen Arbeitsplatzwechsel. Während die Gewerkschaftsführer in ihrer Bilanz nach einem Kriegsjahr dem Preußischen Kriegsministerium ausdrücklich bescheinigten, es habe »stets gegenüber den Wünschen der Arbeiter weitgehendes Entgegenkommen gezeigt«[19], dachte man in Unternehmerkreisen über die langfristigen Folgen einer engen Kooperation von Industrie, Arbeiterbewegung und Staat nach. Dabei sah man Gefahren für die eigene Autonomie, denn der Krieg drohte zum Geburtshelfer einer Wirtschaftsordnung zu werden, in der es keine freie Verfügungsgewalt der Kapitaleigner mehr gab.

Gleichwohl mußten die Unternehmerverbände Konzessionen machen und ihren antigewerkschaftlichen Kurs korrigieren. Zum Präzedenzfall wurde der im Januar 1915 gegründete »Kriegsausschuß für die Metallbetriebe Groß-Berlins«, in dem der örtliche Verband der Metallindustriellen und die drei Richtungsgewerkschaften paritätisch vertreten waren. Dieses Gremium hatte auf Geheiß der Feldzeugmeisterei Streitfälle bei Stellenwechsel und Kündigungen zu schlichten und auf diese Weise zur termingerechten Abwicklung der Heeresaufträge beizutragen. Für die Gewerkschaften war die Einrichtung des Kriegsausschusses ein erster Erfolg, weil er die von ihnen angestrebte Zusammenarbeit von Arbeit und Kapital sektoral und lokal auf der Grundlage der Gleichberechtigung regelte. Man glaubte eine Bresche in die gewerkschaftsfeindliche Front der Rüstungsindustriellen geschlagen zu haben und hoffte, diesen Brückenkopf ausbauen zu können. Die Vereinigung der Deutschen Arbeitgeberverbände sah hingegen in der Bildung der Berliner Kommission ein gefährliches Zugeständnis an die Gewerkschaften und warnte ihre Verbandsmitglieder im Reich davor, dieser Entwicklung andernorts Vorschub zu leisten[20].

Die Hoffnung der Gewerkschaften, auch in anderen Städten und Reichsteilen rasch zu einem ähnlichen Abkommen wie in Berlin zu kommen, erwies sich dann auch als Illusion. Es dauerte bis zum Sommer 1916 und bedurfte massiver »Überredungskünste« der Militärbehörden, um vergleichbare Kriegsausschüsse von Arbeit und Kapital in Sachsen, Thüringen, Bayern, Baden und Württemberg einzurichten. In Preußen selbst entstanden nur noch in den Korpsbezirken Hannover und Frankfurt am Main zwei Ausschüsse. Überall sonst verzichteten die stellvertretenden Generalkommandos darauf, eine institutionalisierte

Zusammenarbeit von Unternehmern und Gewerkschaften zu erzwingen und den Widerstand einflußreicher Großindustrieller zu brechen. Dies hatte aber zur Folge, daß es in den Zentren der deutschen Schwerindustrie an der Saar, im Ruhrgebiet und in Oberschlesien in den ersten beiden Kriegsjahren zu keinem Arrangement zwischen den Arbeitsmarktparteien kam. Hier dominierte noch die wirtschaftliche Ellbogenfreiheit der Unternehmer, ihr überkommener Herr-im-Haus-Standpunkt, den die Gewerkschaften immer wieder als »Fabrikfeudalismus« anprangerten[21].

Obwohl also die Reformbilanz für die drei Richtungsgewerkschaften nicht sonderlich überzeugend ausfiel, hielten deren Spitzengremien unbeirrt an der Burgfriedenspolitik fest. Aus ihrer Sicht verbesserte sich das innenpolitische Klima immer stärker zugunsten der Arbeiterbewegung, weil sich der Staat verhandlungsbereit zeigen mußte und die Verbände in die kriegswirtschaftliche Planung einbezog. Als weitere Schönwetterzeichen interpretierte man die Liberalisierung des Vereinsrechtes und den Abbau von Koalitionsrechtsbeschränkungen für Staatsarbeiter[22], ohne jedoch genau sagen zu können, ob diese Auflockerung traditioneller Fronten nur eine Konzession auf Zeit war. Solange die Verbandsvorstände aber dazu entschlossen waren, die nationalen Kriegsanstrengungen auch weiterhin zu unterstützen, existierte praktisch keine Alternative zu ihrem Kooperationskurs.

Allerdings verschlechterte sich ihre innergewerkschaftliche Position von Kriegsmonat zu Kriegsmonat. Der Staat bürdete den Gewerkschaftsführern die Verantwortung für die Domestizierung und Disziplinierung der Arbeiterschaft auf, ohne diese Leistungen entsprechend zu honorieren. Die Arbeiter aber erwarteten von ihren Verbandsfunktionären eine wirksame Interessenvertretung, die sich nicht nur in patriotischen Durchhalteappellen erschöpfte. Schon 1915 signalisierten erste Lebensmittelunruhen und spontane Streiks, daß in der Arbeiterschaft der Unmut über die ihr zugemuteten Entbehrungen wuchs. Eine Verschärfung der Klassenspannungen bahnte sich zusehends an. Dies registrierte man auch in den Verbandszentralen, wie folgende Passage aus dem Jahrbuch des freigewerkschaftlichen Bauarbeiterverbandes deutlich macht:

»Je länger der Krieg dauert, um so mehr drücken seine Begleiterscheinungen auf die Stimmung der Massen, und unter diesem Druck hat die zuerst alles beherrschende freudige Zustimmung zu der gewerkschaftlichen Kriegspolitik einer grollenden Skepsis Raum geben müssen[23].«

Die schlechte Stimmung an der »Heimatfront« wurde durch den Kriegsverlauf nicht verbessert. Die Sommerschlachten an der Somme 1916 hatten weder den Mittelmächten noch der Entente entscheidende Geländegewinne gebracht, aber insgesamt einer Million Soldaten das Leben gekostet. Das Deutsche Reich reagierte auf das Scheitern dieser Massenkämpfe mit einer radikalen Steigerung der Rüstungsproduktion und mit einer schonungslosen Mobilmachung aller noch verfügbaren materiellen und menschlichen Ressourcen. Dies jedenfalls war das Ziel des sogenannten »Hindenburg-Programms«, welches die neuernannte Oberste Heeresleitung (OHL) im Spätsommer 1916 gemeinsam mit Vertretern der Rüstungsindustrie entworfen hatte. Bei seiner Beratung stellte sich jedoch sehr schnell heraus, daß die Sicherung des Heeresbedarfes, wie sie Hindenburg und Ludendorff anstrebten, und die Konservierung der bestehenden Sozialordnung keine deckungsgleichen Ziele mehr waren: Die OHL mußte Zugeständnisse an die Emanzipationsforderungen der Gewerkschaften machen und die Schwerindustriellen zu Konzessionen zwingen, weil sonst die nationale Loyalität der Arbeiterbewegung einer unkalkulierbaren Belastungsprobe ausgesetzt worden wäre.

Zu den wichtigsten Komponenten des »Hindenburg-Programms« gehörte nämlich die umfassende Militarisierung des Arbeitsmarktes, auf dem die freie Arbeitsplatzwahl aufgehoben und die Arbeitspflicht für alle Männer zwischen 17 und 60 Jahren eingeführt werden sollte. Diese fundamentalen Eingriffe in Grundrechte ließen sich ohne breiten gesellschaftlichen Konsens nicht verwirklichen, wie die Reichsleitung der OHL in Verhandlungen verdeutlichte. Da in den entscheidenden Besprechungen die drei Richtungsgewerkschaften geschlossen auftraten und sich zudem auch noch der Unterstützung der mit ihnen verbundenen Reichstagsfraktionen gewiß waren, entstand eine Situation, in der sich die Repräsentanten der Monarchie dem Doppeldruck von Gewerkschaftsblock und Parlamentsmehrheit beugen mußten.

Mit dem am 2. Dezember 1916 vom Reichstag verabschiedeten Hilfsdienstgesetz[24] konnten die Gewerkschaften ihre Forderungen weitgehend durchsetzen: In allen Wirtschaftszweigen mußten nun paritätisch besetzte Schlichtungsausschüsse nach dem Berliner Vorbild von 1915 gebildet werden; in sämtlichen kriegswichtigen Betrieben, die mehr als 50 Beschäftigte hatten, waren Arbeiter- und Angestelltenausschüsse einzurichten; beim neugegründeten Kriegsamt wurde ein parlamentarischer Beirat geschaffen und ein gewerkschaftlicher Vertrauensmännerausschuß als Kontrollgremium eingeführt; der Vorsitzende des freigewerkschaftlichen Metallarbeiterverbandes zog als »Vertreter der Arbeitnehmerschaft« in diese Reichsbehörde ein. Außerdem sicherte die Regierung den Gewerkschaften zu, sie werde sie als kriegswichtige Einrichtungen behandeln und ihren Funktionärskörper nicht durch weitere Einberufungen schwächen.

Mit dem Erlaß des Gesetzes war für die Gewerkschaften ein jahrzehntelanger Kampf um staatliche Anerkennung abgeschlossen, wie sie in ihren teils geradezu euphorischen Stellungnahmen betonten. Darüber hinaus mußten ihnen die Arbeitgeber, mit denen sie nun rechtsgeschützt verhandeln konnten, die Parität in den gesetzlich geschaffenen Schlichtungsausschüssen zubilligen und damit die gewerkschaftliche Mitbestimmung bei arbeitsmarktpolitischen Fragen hinnehmen. Vor allem aber öffneten sich nun für die Gewerkschaften die Tore der Großindustrie, deren Belegschaften bis Ende 1916 die Wahrnehmung gewerkschaftlicher Rechte so gut wie unmöglich gemacht worden war. Entsprechend negativ fiel dann auch das Echo auf das Gesetz in den Konzernzentralen aus, wo man abfällig von einem »Gewerkschafts-Hilfsgesetz« sprach, das ein »reines Schutzgesetz für die Arbeiterschaft« und ein »sozialpolitisches Ausnahmegesetz« gegen die Unternehmer sei[25]. Derartige Äußerungen verdeutlichen, was man im Arbeitgeberlager von den gesellschaftspolitischen Weichenstellungen des Gesetzes hielt, dessen praktische Anwendung in der Folgezeit von der Großindustrie teils unterlaufen, teils sabotiert wurde.

Diese negativen Reaktionen der Gegenseite bestärkten die Gewerkschaften darin, ihre neugewonnenen Machtpositionen auf Betriebsebene zügig auszubauen und gerade in der Rüstungsindustrie die Gründung von Arbeiter- und Schlichtungsausschüssen voranzutreiben. Die positiven Auswirkungen dieser organisatorischen Initiativen ließen sich an den Mitgliederstatistiken ablesen. Ab 1917 setzte nicht nur ein Wiedererstarken der in den ersten beiden Kriegsjahren stark zur Ader gelassenen Gewerkschaftsverbände ein, sie verwurzelten sich nun auch in Branchen und Betrieben, die — wie etwa die Chemie, die Schwereisenindustrie oder die Elektroindustrie — vorher Hochburgen der unternehmerhörigen, »gelben« Werkvereine gewesen waren[26]. Insgesamt steigerten die Freien Gewerkschaften ihre Mitgliederzahl von Anfang 1917 bis zum Herbst 1918 um mehr als fünfzig Prozent auf 1,4 Millionen, wobei den größten Zuwachs die für die Rüstungsindustrie zuständigen Verbände der Berg-, Metall- und Farikarbeiter verbuchen konnten. Auch die christlichen und liberalen Richtungsgewerkschaften verzeichneten ein kräftiges Mitgliederplus und wuchsen sogar über ihren Vorkriegsstand hinaus. Für alle drei Dachverbände brachte dieser Mitgliederzustrom aber auch neue Probleme mit sich. Binnen kurzer Zeit und unter erschwerten Bedingungen mußten sie viele gewerkschaftlich völlig unerfahrene Arbeitskräfte integrieren sowie in der Rüstungsindustrie als Interessenvertretung Reputation gewinnen, wo die Arbeitsbelastung und die Unzufriedenheit besonders groß waren.

Auch wenn die Gewerkschaften das Hilfsdienstgesetz als großen Erfolg ihrer Kriegspolitik feierten, blieben ihnen dessen negative Seiten nicht verborgen. Als rüstungswirtschaftliches Zwangsgesetz brachte es nicht den angestrebten Ertrag ein, weil sich der Facharbeitermangel nicht beheben ließ, die Arbeiterfluktuation zwischen den Rüstungsbetrieben allenfalls abflachte und der Raubbau an der menschlichen Arbeitskraft immer rücksichtsloser wurde. Die hochgesteckten Planvorgaben des »Hindenburg-Programms« erwiesen sich als unerreichbar, denn der erzielte Produktionszuwachs war zu schmal, um den Rüstungsvorsprung der Entente auszugleichen. Ihre Integration in den behördlich gelenkten Produktions- und Verteilungsapparat brachte den Gewerkschaften eine noch engere Verkoppelung mit der Kriegsmaschinerie des Kaiserreichs ein, verstärkte ihre Funktion als Disziplinierungsagentur und höhlte ihre Autonomie als Arbeitsmarktpartei weitgehend aus. Vom Obrigkeitsstaat in die Pflicht genommen, gerieten sie in den beiden letzten Kriegsjahren in eine immer schwierigere Situation, als sich die Stimmung in den Belegschaften dramatisch verschlechterte und die Rüstungsarbeiter zum Mittel des Massenstreiks griffen.

An deutlichen Vorzeichen für das stete Anwachsen der Unzufriedenheit hatte es auch in den Gewerkschaften nicht gefehlt. Zwar konzentrierte sich im ersten Kriegsjahr die ganze Aufmerksamkeit auf die Sozialdemokratie, deren Reichstagsfraktion seit Dezember 1914 zum Forum erbitterter Zusammenstöße zwischen Kriegsgegnern und Kreditbefürwortern wurde. Doch auch die Freien Gewerkschaften waren vom Parteistreit in der SPD betroffen. Ihre Spitzenfunktionäre standen fast ausnahmslos im Lager der Fraktionsmehrheit, verlangten ein energisches Vorgehen gegen die Dissidenten um Karl Liebknecht und drohten bereits im Sommer 1915 mit der Gründung einer Gewerkschaftspartei. Nur zwei der fast fünfzig freigewerkschaftlichen Verbandsvorsitzenden sympathisierten mit der Parteilinken und mahnten zur Besonnenheit. Alle anderen unterstützten die Generalkommission und ihren Vorsitzenden Legien bei seinen öffentlichen und fraktionsinternen Attacken gegen die oppositionelle Minderheit[27], womit er auch die noch stummen Burgfriedensgegner in den eigenen Reihen disziplinieren wollte.

Ein Übergreifen der Kriegskritik von sozialdemokratischen Parteiversammlungen auf Gewerkschaftstagungen war damit allerdings nicht zu verhindern. Zum wichtigsten Zentrum der Opposition entwickelte sich schon bald der Deutsche Metallarbeiter-Verband, dem 1916 ein Viertel, 1918 jedoch schon die Hälfte aller freigewerkschaftlichen Mitglieder angehörte. Er organisierte die ebenso hochqualifizierten wie klassenbewußten Facharbeiter der Rüstungsindustrie, unter denen sich sehr früh Unwillen über die einseitigen Stellungnahmen des eigenen Vorstandes im sozialdemokratischen Parteistreit breitmachte. Dies wurde schon auf der Generalversammlung im Juni 1915 deutlich, als mehrere Delegierte eine größere Zurückhaltung der Verbandsspitze und der Verbandszeitung in den parteipolitischen Kontroversen anmahnten und mit ihrer Kritik an der wirtschaftsfriedlichen Kriegspolitik der Gewerkschaftsführungen nicht hinter dem Berg hielten[28]. Zwei Jahre später, bei der zweiten Generalversammlung der Metallarbeiter im Krieg, sah sich der Vorstand mit einer mächtig angewachsenen Opposition konfrontiert. Zur ihr bekannten sich nun zwei Fünftel der Delegierten, die ihre offene Gegnerschaft gegen die Politik der Generalkommission und des Metallarbeitervorstandes in einer Resolution dokumentierten. Damit war endgültig eine innerverbandliche Polarisation in der größten deutschen Einzelgewerkschaft eingeleitet, die nach Krieg und Revolution in einer Umkehr der Mehrheitsverhältnisse mündete: Im Herbst 1919 löste die Verbandsopposition der Kriegszeit die alte Verbandsführung ab[29].

In anderen freigewerkschaftlichen Einzelgewerkschaften konnte die Opposition nicht so festen Fuß fassen wie bei den Metallarbeitern. Deutliche Kritik am Hilfsdienstgesetz und am Kurs der Generalkommission wurde jedoch in den Verbänden der Schuhmacher, Textilarbeiter, Holzarbeiter und Handlungsgehilfen laut. Auch örtliche Gewerkschaftskartelle in Berlin, Leipzig, Dresden oder Braunschweig entwickelten sich zu Zentren des Widerstandes gegen die gewerkschaftliche Kooperation mit Staat und Unternehmern. Dennoch eskalierten die Konflikte in der sozialdemokratischen Gewerkschaftsbewegung nicht bis zu einem organisatorischen Bruch zwischen Mehrheit und Minderheit. Trotz wachsender Spannungen bewahrte der freigewerkschaftliche Dachverband seine Einheit und folgte nicht dem Beispiel der SPD, die sich im April 1917 in zwei Parteien aufspaltete.

Zu diesem Zeitpunkt wurden Berlin und andere Großstädte von Massenstreiks erschüttert. Sie offenbarten, wie brüchig die Kriegsloyalität der Arbeiterschaft zum Kaiserreich geworden war. Hatte es schon vorher immer wieder Hungerunruhen und Teuerungskrawalle gegeben, in denen sich der Unmut und die Verbitterung der kleinen Leute über die Mängel und Mißstände bei der Lebensmittelversorgung Luft verschafften, so entfachten nun Kriegsmüdigkeit und Friedenssehnsucht einen Flächenbrand des Protests. Spontane Sozialrevolten griffen von der Straße auf die Betriebe über, wo nach vielen punktuellen Arbeitsniederlegungen im zweiten und dritten Kriegsjahr der »Kohlrübenwinter« von 1916/17 zum Auslöser einer reichsweiten Streikwelle wurde. Sie ergriff die Rüstungsindustrie und erreichte ihre Gipfelpunkte im April 1917 und im Januar 1918[30].

Anfang 1917 verweigerten bei Krupp in Essen insgesamt 40000 Beschäftigte die Arbeit und verlangten höhere Löhne; 75000 Bergarbeiter im rheinisch-westfälischen Industriegebiet fuhren nicht mehr in die Gruben ein, weil die Ernährungsnotlage und die Einberufungspraxis sie verbitterten; im April traten in Berlin rund 300000 Rüstungsarbeiter in den Ausstand; gleichzeitig streikten ihre Kollegen in Leipzig und erhoben auch politische Forderungen. Im Sommer folgte eine Kette von regionalen Streiks auf den Hamburger Werften, in den Bergbaurevieren in Westfalen und Oberschlesien, den Kohlegruben an der Saar und bei den mitteldeutschen Leunawerken. Im Januar 1918 erreichte die Streikwelle ihren Höhepunkt, als nahezu alle Rüstungsbetriebe im Reich stillstanden und die Zahl der Streikenden die Millionengrenze überschritt. In Deutschland hatte sich eine Massenbewegung entwickelt, in der wirtschaftliche Not und politische Unzufriedenheit eine vorrevolutionäre Situation schufen.

Dieser Systemkrise standen die Gewerkschaften machtlos gegenüber. Mit Beschwichtigungsappellen und Durchhalteparolen ließ sich der Unmut der überforderten Arbeiter nicht mehr besänftigen. Streikbereit waren jetzt nicht nur die angelernten Massenarbeiter in den Rüstungsbetrieben, sondern auch die hochqualifizierten Fachbelegschaften, die sonst das organisatorische Rückgrat der Gewerkschaften bildeten. Aus ihren Reihen rekrutierten sich die Sprecher und syndikalistischen Lenkungsorgane des Protests, wie das Beispiel der revolutionären Obleute in Berlin zeigt[31], unter denen gelernte Schlosser und Dreher den Ton angaben. Arbeiterausschüsse, betriebliche Vertrauensleute der Gewerkschaften und Obleute entwickelten nun Konfliktformen, die basisnah waren und gewerkschaftliche Streikreglements mißachteten; am Arbeitsplatz wurde diskutiert und beschlossen – nicht mehr in Zahlstellenversammlungen nach Feierabend. Meinungsbildend waren die Belegschaften, deren direktdemokratische Legitimationsformen an den Lokalismus der Vorkriegszeit anknüpften und das Repräsentativsystem der Gewerkschaften ignorierten.

Ohne Zweifel wurde in den letzten beiden Kriegsjahren die Autorität der etablierten Führer und Funktionäre der Gewerkschaften in Frage gestellt. Schlüsselgruppen der Arbeiterschaft wollten die Belastungen der Burgfriedenspolitik nicht länger tragen, forderten eine schnelle Beendigung des Krieges und eine bessere Versorgung der Bevölkerung mit Nahrungsmitteln. »Brot und Frieden« lauteten die massenwirksamen Parolen. Denen konnten die Gewerkschaftsvorstände nichts entgegensetzen, weil sie keine erkennbaren Reformfortschritte in der Sozialpolitik, bei der Beseitigung des Dreiklassenwahlrechtes in Preußen und der Parlamentarisierung des Reiches vorzuweisen hatten. Ihre Doppelfunktion als kriegswirtschaftliche Ordnungsinstanz und als Interessenorganisation der Arbeiterschaft überforderte die Gewerkschaften jetzt permanent. Dennoch kündigten ihre Führungsinstanzen das Stillhalteabkommen mit der Monarchie nicht auf, weil sie ihre erst im Krieg gewonnene Reputation als Verhandlungspartner von Staat und Unternehmern nicht gefährden wollten und die sozialen und ökonomischen Folgen einer Kapitulation des Kaiserreichs fürchteten.

Als der Zusammenbruch des Wilhelminischen Deutschland nicht mehr zu verhindern war, richtete sich das Hauptaugenmerk der Gewerkschaftsführer darauf, soviel wie möglich aus dessen Konkursmasse zu retten. Mit einem rapiden Autoritätsverfall der alten Gewalten und einer radikalen Massenbewegung konfrontiert, entschlossen sie sich im Herbst 1918 zur Intensivierung der Zusammenarbeit mit den Unternehmern. Beide Seiten gründeten im November 1918 die Zentralarbeitsgemeinschaft mit unterschiedlichen Zukunftshoffnungen: Die Gewerkschaften wollten mit ihr den Grundstein für eine dauerhafte Sozialpartnerschaft legen, während die Arbeitgeber vor allem die Bewahrung ihrer privatkapitalistischen Autonomie im Auge hatten[32]. Auch in der Phase des revolutionären Umbruchs setzten die Gewerkschaftsführer also auf Kontinuität und korrigierten ihre reformistische Orientierung nicht. Niemand von ihnen ahnte, daß man sie bald als »Novemberverbrecher« schmähen würde, obwohl sie in der Stunde der Republikgründung keine machtbewußte Klassenpolitik betrieben hatten, sondern aus innen- wie aus außenpolitischen Überlegungen alles taten, um der im Krieg geschlagenen Nation den Übergang von der Monarchie zur Demokratie zu erleichtern.

Anmerkungen

1 Vgl. Die vierzehnte ordentliche Generalversammlung des Deutschen Metallarbeiter-Verbandes in Stuttgart 1919. Abgehalten vom 13. bis 23. Oktober im großen Saale des Stadtgartens, Stuttgart 1919, S. 206f.

2 Vgl. ebd., S. 47 (Text der Resolution) und S. 291 (Ergebnis der namentlichen Abstimmung).

3 Auf dem allgemeinen Gewerkschaftskongreß Anfang Juli 1919 war mit Zweidrittelmehrheit eine Resolution verabschiedet worden, die der von Legien geführten Generalkommission ausdrücklich das Vertrauen für ihre Tätigkeit während des Krieges aussprach. Vgl. Protokoll der Verhandlungen des zehnten Kongresses der Gewerkschaften Deutschlands. Abgehalten zu Nürnberg vom 30. Juni bis 5. Juli 1919, Nürnberg 1919, S. 55 (Resolution) und S. 405 (Abstimmung).

4 Den geringen interpretatorischen Bewegungsraum begrenzte die von einem Autorenkollektiv unter der Leitung von Walter Ulbricht verfaßte Geschichte der deutschen Arbeiterbewegung, hrsg. vom Institut für Marxismus-Leninismus beim Zentralkomitee der SED, Bd 2, Berlin (Ost) 1966, insbes. S. 207ff.

5 Die 1977 in Köln bei Pahl-Rugenstein erstmals publizierte und dann mehrfach wieder aufgelegte Geschichte der deutschen Gewerkschaftsbewegung, hrsg. von Frank Deppe, Georg Fülberth und Jürgen Harrer, war trotz aller Kritik in den Fachrezensionen zunächst die einzige und außerdem noch preisgünstige Überblicksdarstellung zu diesem Thema.

6 Zu nennen ist hier vor allem die bahnbrechende Untersuchung von Hans-Joachim Bieber, Gewerkschaften in Krieg und Revolution. Arbeiterbewegung, Industrie, Staat und Militär in Deutschland 1914—1920, T. 1.2., Hamburg 1981; hinzu kam eine umfangreiche Quellenedition: Die Gewerkschaften in Weltkrieg und Revolution 1914—1919, bearb. von Klaus Schönhoven, Köln 1985; dann folgten Gesamtdarstellungen von Michael Schneider (Kleine Geschichte der Gewerkschaften. Ihre Entwicklung in Deutschland von den Anfängen bis heute, Bonn 1989) und Klaus Schönhoven (Die deutschen Gewerkschaften, Frankfurt a.M. 1987), welche auch die Gewerkschaftsgeschichte in der Kriegszeit ausführlich berücksichtigten.

7 So das Jahrbuch der christlichen Gewerkschaften für 1915; zit. nach Schneider (wie Anm. 6), S. 117.

8 Vgl. dazu: Die Gewerkschaften in Weltkrieg und Revolution (wie Anm. 6), S. 74ff.

9 So die Metallarbeiter-Zeitung am 7. 11. 1914; zit. nach Bieber (wie Anm. 6), S. 147. Dort noch weitere Belege für die »kriegssozialistischen« Prognosen sozialdemokratischer Funktionäre.

[10] Correspondenzblatt der Generalkommission der Gewerkschaften Deutschlands vom 1.1.1916.

[11] So Wilhelm Jansson, Redakteur des Correspondenzblattes, in dem von ihm hrsg. Sammelband Arbeiterinteressen und Kriegsergebnis. Ein gewerkschaftliches Kriegsbuch, Berlin 1915, S. 152.

[12] Ebd., S. 155.

[13] Zit. nach Schneider (wie Anm. 6), S. 119.

[14] So Paul Umbreit, 25 Jahre deutscher Gewerkschaftsbewegung 1890—1915. Erinnerungsschrift zum fünfundzwanzigsten Jubiläum der Begründung der Generalkommission der Gewerkschaften Deutschlands, Berlin 1915, S. 144.

[15] Zit. nach Bieber (wie Anm. 6), S. 120f. Dort auch noch zahlreiche weitere Belege für die staatliche Integrationsstrategie.

[16] Zit. nach: Die Gewerkschaften in Weltkrieg und Revolution (wie Anm. 6), S. 83.

[17] So Michael Ruck, Gewerkschaften, Staat, Unternehmer. Die Gewerkschaften im sozialen und politischen Kräftefeld 1914 bis 1933, Köln 1990, S. 37.

[18] So bei einer Hauptvorstandsversammlung im November 1916; zit. nach Gerald D. Feldman, Armee, Industrie und Arbeiterschaft in Deutschland 1914 bis 1918, Berlin, Bonn 1985, S. 77.

[19] So Gustav Bauer, stellvertretender Vorsitzender der Generalkommission und SPD-Abgeordneter im Reichstag am 26.8.1915; zit. nach Feldman (wie Anm. 18), S. 93.

[20] Vgl. dazu Bieber (wie Anm. 6), S. 157ff.; Jutta Rabenschlag-Kräußlich, Parität statt Klassenkampf? Zur Organisation des Arbeitsmarktes und Domestizierung des Arbeitskampfes in Deutschland und England 1900—1918, Frankfurt a.M., Bern 1983, S. 207ff.

[21] Vgl. dazu Gunther Mai, Das Ende des Kaiserreichs. Politik und Kriegführung im Ersten Weltkrieg, München 1987, S. 95ff.; Bieber (wie Anm. 6), S. 125ff.

[22] Das im Juni 1916 novellierte Reichsvereinsgesetz erleichterte die Aufnahme von Jugendlichen in die Gewerkschaften und gab den Verbänden mehr Rechtssicherheit; die Ausdehnung des Koalitionsrechts auf Staatsbedienstete machte die Gründung eines gewerkschaftlichen Eisenbahnerverbandes möglich.

[23] Jahrbuch 1915, S. 114; zit. nach Bieber (wie Anm. 6), S. 288.

[24] Zu den einzelnen Etappen der Verhandlungen im Spätherbst 1916 vgl. ausführlich Feldman (wie Anm. 18), S. 169ff.; Bieber (wie Anm. 6), S. 300ff.; Rabenschlag-Kräußlich (wie Anm. 20), S. 243ff.; den innergewerkschaftlichen Willensbildungsprozeß dokumentiert: Die Gewerkschaften in Weltkrieg und Revolution (wie Anm. 6), S. 252ff.

[25] So Stimmen aus dem Lager des Vereins deutscher Eisen- und Stahlindustrieller, zit. nach Bieber (wie Anm. 6), S. 301.

[26] Vgl. dazu Klaus Mattheier, Die Gelben. Nationale Arbeiter zwischen Wirtschaftsfrieden und Streik, Düsseldorf 1973, S. 252ff.

[27] Vgl. dazu die Dokumente in: Die Gewerkschaften in Weltkrieg und Revolution (wie Anm. 6), S. 126ff., 181ff., 227ff., 242ff.

[28] Vgl. dazu: Die 12. ordentliche General-Versammlung des Deutschen Metallarbeiter-Verbandes. Abgehalten in Berlin vom 28. Juni bis 3. Juli 1915, Stutt-

gart o.J.; Fritz Opel, Der Deutsche Metallarbeiter-Verband während des Ersten Weltkrieges und der Revolution, Köln [4]1980, S. 48ff.

29 Vgl. zum Verbandstag von 1917: Die 13. ordentliche General-Versammlung des Deutschen Metallarbeiter-Verbandes. Abgehalten vom 27. bis 30. Juni 1917 in Köln, Stuttgart o.J.; Opel (wie Anm. 28), S. 65ff.; zur Lage im Herbst 1919 siehe den Beginn dieses Beitrages.

30 Zur Entwicklung des Protestpotentials siehe Jürgen Kocka, Klassengesellschaft im Krieg. Deutsche Sozialgeschichte 1914–1918, Göttingen [2]1978; Volker Ulrich, Die Hamburger Arbeiterbewegung vom Vorabend des Ersten Weltkrieges bis zur Revolution 1918/19, Hamburg 1976; Gerald D. Feldman, Eberhard Kolb, Reinhard Rürup, Die Massenbewegungen der Arbeiterschaft in Deutschland am Ende des Ersten Weltkrieges (1917–1920), in: Politische Vierteljahresschrift, 13 (1972), S. 84–105.

31 Vgl. dazu Dirk H. Müller, Versammlungsdemokratie und Arbeiterdelegierte in der deutschen Gewerkschaftsbewegung vor 1918, Berlin 1985, S. 285ff.

32 Die Gründung der Zentralarbeitsgemeinschaft und die gewerkschaftliche Revolutionspolitik sind häufig behandelt worden, zuletzt durch Ruck (wie Anm. 17), S. 47ff.

Kurt Meier

Evangelische Kirche und Erster Weltkrieg

Als Anfang August 1914 der Erste Weltkrieg ausbrach, hat sich das evangelische Kirchentum dem aufbrechenden Kriegspatriotismus keineswegs verschlossen. Kirchenbehörden gaben vaterländische Stellungnahmen ab; die umfangreiche kirchliche Publizistik hat sich mit Kriegsausbruch und weiterem Kriegsgeschehen ausführlich beschäftigt. Vielfältige religiöse Kriegsliteratur erschien, zahlreiche Kriegspredigten wurden gedruckt. Die evangelischen Geistlichen hatten den neuen Erfordernissen der Kriegszeit entsprechend mannigfache Betreuungsaufgaben wahrzunehmen. Innerhalb der herkömmlichen Arbeitszweige wie Gottesdienst, Bibelstunden, Seelsorge und Unterricht, aber auch bei der »vaterländischen Aufklärungsarbeit«, die auf die Kirche in der Kriegszeit zukam, hat es die Pfarrerschaft an Engagement nicht fehlen lassen. Durch Kriegseinsatz von Pfarrern mit der Waffe, meist aber im Sanitätsdienst oder als Feldgeistliche[1], wurde die Betreuung von vakanten Nachbargemeinden erforderlich, so daß sich die pastoralen Aufgaben in der Heimat ohnehin erweiterten[2].

1. Kriegspatriotismus, Kriegsziel- und Friedensdiskussion

Der »Geist von 1914«, symbolhafter Ausdruck für solidarische Kampfentschlossenheit zur Verteidigung des Vaterlandes über alle Klassen- und Standesunterschiede hinweg, wurde auch in den späteren Kriegsjahren immer wieder beschworen, als Kriegsmüdigkeit und Skepsis um sich griffen. Zu Kriegsbeginn sahen sich die evangelischen Kirchen in einen gleichsam dynamischen Aufbruch einer entschlossenen Nation hineingestellt, Deutschlands Lebensrecht in Mitteleuropa zu verteidigen. Das Recht Deutschlands zum Kriege wurde wie in der Öffentlichkeit so auch im landeskirchlichen Protestantismus weithin bejaht, wenngleich Einzelfragen der Kriegspropaganda und ihre Resonanz in den Kirchen unterschiedlich bewertet wurden. Vaterländisches Einheits- und Gemeinschaftsbewußtsein, das zunächst auch kirchenfremde Arbeiterschichten, die organisierte Arbeiterbewegung und selbst kirchenkritische Bildungsschichten nachhaltig zu erfassen schien, beseelte auch Pfarrerschaft und kirchenbewußte Kreise in den Gemeinden.

Allerdings wurde die Rolle der Kirchen bei der Entstehung des Kriegspatriotismus schon unter Zeitgenossen nicht ganz einhellig beurteilt. So war strittig, ob der »Geist von 1914« aus dem »durch reiche Denkerarbeit befruchteten Gemeinschaftsidealismus und Persönlichkeitsidealismus unseres Volkes«, die künftig eine »neue völkische Gesinnung« zu fördern schienen, oder aus der Kirche selbst entstanden sei. Diedrich Bischoffs Flugschrift *Deutsche Gesinnung, eine Gabe und ein Gebot großer Zeit* wurde in einer Kurzbesprechung in der »Evangelischen Freiheit« entgegengehalten, es sei falsch zu meinen, daß dieser idealistischen »Geheimreligion der Gebildeten« mehr als der Kirche selbst für die vaterländische Gesinnung bei Kriegsausbruch zu danken sei; bringe doch gerade dieser Krieg

> »den tatkräftigsten Beweis für die Lebenskräfte der längst totgesagten Kirche; denn nicht auf das Konto der dünnen Oberschicht, sondern gerade der breiten Massen ist der Geist dieser Zeit geboren; die wissen aber nichts von jener Geheimreligion[3].«

Natürlich haben sich auch intellektuelle Kreise ausgesprochen kriegspatriotisch artikuliert; verschiedentlich kam es zu geradezu exzessiver Polemik gegen die Kriegsgegner Deutschlands. Dabei galt England zur Zeit des Kriegsanfangs nach fast einstimmigem Urteil der deutschen Gelehrten als bestgehaßter Feind, Hauptkriegsschuldiger und Hauptgegner. Auch in Kreisen der Universitätstheologie wirkte sich ein betontes deutsches Nationalgefühl und ungebrochenes Reichsbewußtsein in polemischer Verteidigung der deutschen Sache gegen England, Frankreich und Rußland als Kriegsgegner Deutschlands aus. Harsche Englandkritik, verstärkt durch den als enttäuschend empfundenen unerwarteten Eintritt Großbritanniens in den Krieg gegen Deutschland, äußerten damals auch Theologen wie Harnack und Deißmann, die wissenschaftliche und ökumenische Kontakte zu führenden englischen Kreisen unterhalten hatten. Indem England sich mit Rußland verbündet hatte, schien es die westliche Zivilisation verraten zu haben. Neben zahlreichen Kriegsschriften und Kollektiverklärungen von Gelehrten war der »Oktoberaufruf«[4] des Jahres 1914, in dem 93 Universitätsprofessoren (vornehmlich aus Berlin) und andere Intellektuelle der deutschen Seite das Recht zum Kriege zusprachen und die deutsche Verletzung der Neutralität Belgiens zu rechtfertigen versuchten, auch im Ausland besonders öffentlichkeitswirksam. Den vom klassischen Philologen Ulrich Wilamowitz-Moellendorff (Berlin) verfaßten Aufruf hatten auch 13 Theologen unterschiedlicher Richtung mitunterzeichnet, unter ihnen so bekannte Namen wie die Professoren der Theologie Wilhelm Herrmann (Marburg), Adolf Schlatter (Tübingen), Adolf Deißmann (Berlin), Adolf v. Harnack (Berlin) und (außerhalb des akademischen Bereichs) der ehemals national-soziale Pfarrer und in der freisinnigen Volkspartei wirkende Publizist und Politiker Friedrich Naumann, nach dem Kriege 1919 Mitbegründer der Deutschen Demokratischen Partei. Von katholischer Seite waren die Mitunterzeichner Professoren Albert Ehrhard und Sebastian Merkle besonders bekannt. In dieser »Erklärung der 93«, der sich dank der eifrigen Werbetätigkeit des Berliner Historikers Dietrich Schäfer später noch ungefähr 4000 Unterschriften deutscher Hochschullehrer anschlossen, hatte es geheißen: »Es ist nicht wahr, daß der Kampf gegen unseren sogenannten Militarismus kein Kampf gegen unsere Kultur ist.« Dieser »an die Kulturwelt« gerichtete Appell wies auf die solidarische Haltung von Bevölkerung, Wissenschaft und Militär hin: »Deutsches Heer und deutsches Volk sind eins. Dieses Bewußtsein verbrüdert heute 70 Millionen ohne Unterschied der Bildung, des Standes und der Partei[5].«

Der kriegspatriotisch wirksame »Oktoberaufruf«, dem sich außer einigen Pazifisten und besonders links stehenden Wissenschaftlern nahezu die gesamte deutsche Professorenschaft anschloß, galt im Ausland als Bekenntnis der deutschen Intelligenz zum deutschen Militarismus schlechthin und wurde kriegspropagandistisch gegen das Deutsche Reich ausgeschlachtet. Der französische Ministerpräsident Georges Clemenceau hat den Aufruf das »größte Verbrechen Deutschlands« genannt. Besonders in England und USA rief der Oktoberaufruf der deutschen Wissenschaftselite noch in der Nachkriegszeit Empörung hervor. Unterzeichner mit internationalen Wissenschaftskontakten, so auch Harnack, mußten sich ausländischen Kollegen gegenüber für ihre Unterschrift rechtfertigen. Daß die kriegspatriotische Einmütigkeit der Unterzeichner — wie sich erst später herausstellte — offensichtlich nur für den Grundtenor der Erklärung galt, die sich gegen eine Verunglimpfung Deutschlands durch die alliierte Kriegspropaganda richtete, nicht aber auf alle Einzelpunkte bezog, änderte nichts an der aktuellen Wirkung. Dabei war die integrative Wirkung des Kriegspatriotismus offenkundig. Die Unterzeichner des »Oktoberaufrufs der 93« waren unterschiedlicher Denkungsart, nahmen später verschiedene, teilweise entgegengesetzte Standpunkte ein oder rückten von Einzelaussagen des Aufrufes ab. Auch bei den unterzeichnenden Theologen zeichnete sich das ab. Der liberale Kirchen- und Dogmenhistoriker Harnack, der auch den Kriegsaufruf Kaiser Wilhelms II. »An das deutsche Volk!« vom 6. August 1914 entworfen hatte, nahm später in der Weimarer Republik eine stärker demokratische und vernunftrepublikanische Haltung ein, während Reinhold Seeberg, theologisch »modern-positiv« eingestellt, politisch ausgesprochen nationalkonservativ orientiert und 1917 mit der maximal-annexionistisch eingestellten, 1917 gegründeten Deutschen Vaterlandspartei sympathisierend, auch später kirchlich betont deutschnational orientiert blieb.

Das Bild des anfänglich überschwenglichen Kriegspatriotismus in der evangelischen Kirche, gegen den vereinzelte pazifistische Stimmen nichts auszurichten vermochten, hat sich im Verlauf des Krieges natürlich differenzierter gestaltet, wie sich an der Reformdiskussion im Jahre 1917 zeigte. Während die von Wilhelm II. in der Julibotschaft 1917 versprochene Verfassungsänderung, die dem Druck der Reichstagsmehrheit nach einer Wahlrechtsreform entsprach, dem Widerstand breiter konservativer, aber auch nationalliberaler Kreise begegnete, hat sich der sozialliberale Flügel des deutschen Protestantismus, dem trotz unterschiedlichen Profils Harnack, Baumgarten, Troeltsch, Max Weber und Friedrich Naumann aktiv zugehörten, im ganzen realistisch-konstruktiv zu diesen Demokratisierungsansätzen in der Spätphase des Weltkrieges gestellt und sich den staatsstabilisierend gedachten Reformideen eines »demokratischen Volksstaates« durchaus nationalbewußt geöffnet. Wandlungsprozesse kirchlich-theologischer Exponenten des deutschen Weltkriegsprotestantismus sind dabei durchaus konstatierbar. In der Anfangsphase des Ersten Weltkrieges herrschte jedoch in der evangelischen Kirche eine vaterländische Aufbruchsstimmung, die als »Geist von 1914« symbolhafte Bedeutung gewann und kriegskritische Tendenzen erschwerte.

Patriotische Kriegsbereitschaft zeigte sich im Ersten Weltkrieg auch im Katholizismus. Bis 1914 war das Trauma des Kulturkampfes der siebziger Jahre und die entsprechende Reichsverdrossenheit der Katholiken im wesentlichen abgebaut. Ihr Staatsbewußtsein konnte weithin als gefestigt gelten. Auch in Kreisen, die den Kulturkampf noch nicht wirklich innerlich bewältigt hatten, wollte man zeigen, daß man als Katholik ein guter Deutscher sei.

Ein eindrückliches Beispiel bietet ein im Herder-Verlag Anfang 1916 erschienener umfangreicher Sammelband[6], der sich gegen die »literarische Kriegserklärung der französischen Katholiken« richtete. Die apologetischen Beiträge versuchten die Teilhabe des Katholizismus in Deutschland an der nationalen deutschen Kultur und am vaterländischen Geschehen der Kriegszeit ins rechte Licht zu rücken. Vorwiegend katholische Universitätstheologen und Historiker haben in 20 kriegsthematisch einschlägigen Aufsätzen Themen behandelt wie etwa »Recht und Notwendigkeit des Weltkrieges«, »Belgiens Neutralität und ihr Untergang«, »Zur Psychologie der Greuel-Aussagen«, »Gottesverehrung im deutschen Volke«, »Seelsorge und religiöses Leben im deutschen Heere«. Mit gezielten Argumenten wiesen die deutschen Autoren französische Verdächtigungen zurück, dabei von den Kardinälen Felix v. Hartmann (Köln) und Franz v. Bettinger (München) und von der Fuldaer Bischofskonferenz unterstützt. Die Bischöfe brachten in Telegrammen an Kaiser Wilhelm II. ihre Empörung darüber zum Ausdruck, wie in dem französischen Buche *La Guerre Allemande et le Catholicisme* das deutsche Volk und sein glorreiches Heer verunglimpft werde. Eine Beschwerde darüber beim Papst wurde in Aussicht gestellt[7].

Der Band wies auf die kulturpolitisch bedeutende Rolle hin, die die »katholische Minorität von 36,6 Prozent im Deutschen Reich« spiele. Der bekannte Moraltheologe Professor Joseph Mausbach (Münster) schrieb, die deutschen Katholiken hätten sich jahrelang den bitteren Vorwurf der Reichsfeindschaft gefallen lassen, als es galt, für ihre kirchlichen Rechte und Freiheiten einzustehen; sie hätten indes durch die Tat bewiesen, das sie kaisertreu und an nationalem und sozialem Verständnis allen Konfessionen und Parteien ebenbürtig oder überlegen seien[8]. Der Herausgeber, Professor Georg Pfeilschifter (Freiburg), der über »Seelsorge und religiöses Leben im deutschen Heere« berichtete, wies französische Anwürfe zurück, die Deutschland im wesentlichen als ketzerisch und kulturkämpferisch bezeichneten. Es sei eine beschränkte und unehrliche Politik, mit dem Kulturkampf des 19. Jahrhunderts gegen Deutschland zu argumentieren. Erfreue sich doch die katholische Kirche im Deutschen Reich eines reichen religiösen Lebens, an dem auch die Katholiken in der Armee teilnähmen. Selbst der protestantische Charakter des deutschen Kaiserreichs wurde in dem Band gegenüber französischen Angriffen ins rechte Licht gerückt und die interkonfessionelle Zusammenarbeit in der Militärseelsorge als vorbildlich gewürdigt.

Professor Baumgarten, der als evangelischer Theologe diese eindrucksvolle katholische Apologie kirchlichen National- und Staatsbewußtseins in seiner Zeitschrift »Evangelische Freiheit« ausführlich besprach, bescheinigte dem Band:

»Jeder deutsche Patriot wird die zumeist glänzend, mit warmem Pathos und sittlicher Energie geschriebene Verteidungsschrift mit Freude und Genugtuung lesen; einen vollgültigeren Beweis der vollsten Teilnahme des deutschen Katholizismus an der deutschen Sache ist nicht denkbar[9].«

Dem protestantischen Rezensenten erschienen sogar manche katholische Urteile über den Protestantismus zu günstig, weil apologetisch der Abwehr französischer Verdächtigungen des deutschen Katholizismus geschuldet.

Im Unterschied zum Katholizismus war im föderalistisch strukturierten deutschen evangelischen Landeskirchentum, dessen organisatorische Zusammenfassung über Zwischenstufen erst 1922 im Deutschen Evangelischen Kirchenbund gelang, von Anfang an ein ausgesprochener Reichspatriotismus verstärkend hinzugetreten. Die Erfahrung, seit dem deutsch-französischen Krieg 1870/71 unter einem protestantischen Kaiser im konfessionell überwiegend protestantisch bestimmten Deutschen Reich zu leben, gab dem evangelischen Nationalbewußtsein im wilhelminischen Deutschland eine besondere Prägung. Dabei wurden mit der Reichsgründung 1871 nationale Traditionen des 19. Jahrhunderts, die auf die Freiheitskriege zurückgingen, unterschiedlich intensiv in den Reichspatriotismus des wilhelminischen Deutschlands integriert. Ausgesprochen nationalistische Züge waren dem kaiserlichen Deutschland als »verspäteter Nation« nicht fremd[10]; auch dies hatte seine Auswirkungen auf die Kirchen.

Der »Geist von 1914« stand im Kontrast zu dem Bild, wie sich die letzten Vorkriegsjahrzehnte vorwiegend kirchlich-konservativem Bewußtsein darboten. Kirchliche Kultur- und Zivilisationskritik gab es quer durch die kirchlichen Richtungen, auch Klagen über zunehmende religiös-sittliche Entartungserscheinungen waren verbreitet, gegen die man entsprechende Strategien zu entwickeln versuchte.

Ein umfangreicher Neujahrsartikel der stärker konfessionell orientierten »Allgemeinen evangelisch-lutherischen Kirchenzeitung«, der auch andere verstreute Presseäußerungen des Herbstes 1914 verarbeitete, beschrieb mit drastischen Worten den auch sonst zivilisationskritisch beurteilten Zustand der Vorkriegszeit. Der Krieg erschien in dieser Hinsicht gleichsam als »Retter«, als »Reformator mit furchtbarem Antlitz«[11]; denn so wie bisher habe es nicht weitergehen können. Im Gegensatz zu dem als gefährlich empfundenen Individualismus sah man im Kriege wieder das Bewußtsein erwacht, »daß wir auch Teile eines Ganzen sind, eines von Gott dem Schöpfer und Leiter der Geschichte zu einer realen Einheit verbundenen Volkes« und man darum auch zum Opfer bereit sein müsse: »Die Plage des Krieges wird zum Segen Gottes[12].«

Der Pluralismus soziokultureller Entwicklungs- und Wandlungsprozesse in der deutschen Vorkriegsgesellschaft galt als Werteverlust, als Folge des negativ akzentuierten Säkularisierungsprozesses. Wo unflexible gesellschaftliche Homogenitätsmuster kirchliches Denken bestimmten, fehlte es nicht an massiv abwertenden Urteilen über die zeitgenössische Sexual- und Ehemoral, die vielfach gewollte Kinderlosigkeit, überhaupt laszive sittliche Verhältnisse, die den Geburtenrückgang begünstigten und die Volkskraft schwächten. Im Spektrum kirchlicher Kultur- und Zivilisationsskritik erschien die Vorkriegszeit religiös-sittlich zumeist auf düsteren Hintergrund. Davon hob sich der »Geist von 1914« als Ausdruck eines wiedererwachten vaterländisch-nationalen Verantwortungsbewußtseins und einer Wiedergeburt des frommen Sinnes kontrastreich ab:

> »Jetzt begehrt das Volk den Dienst der Prediger wieder, viel Mißtrauen ist geschwunden, Gott sei's gedankt; die Kirche hat wieder Anziehungskraft. Brücken zwischen Volk und Kirche sind geschlagen; da gilt es, die Brücken zu benutzen[13].«

Ganz einhellig war das Urteil darüber, wie sich der kriegspatriotische »Geist von 1914« und der beobachtete volkskirchliche Aufschwung künftig auf das kirchliche Leben auswirken würden, allerdings auch unter Kirchenmännern und Theologen nicht. Pastor Johannes Schneider in Elberfeld stellte in dem von ihm herausgegebenen offiziellen *Kirchlichen Jahrbuch für die evangelischen Landeskirchen Deutschlands* zwar relativ günstige kirchliche Zukunftsprognosen. Volkskirchliche Aktivität vorausgesetzt, würde die Kirche nach dem neuen Aufschwung von 1914 Elastizität und Dauerkraft beweisen. Anfang Mai 1915 hieß es in der Rubrik »Kirchliche Zeitlage« im Blick auf den vaterländisch-religiösen Aufschwung, an dem auch das evangelische Kirchentum teilhatte: Eine verstärkt wahrgenommene kirchlich-seelsorgerliche Betreuung, gepaart mit engagierter »vaterländischer Teilnahme, im Mithoffen, Mittrauern, Mitjubeln« werde »das neugewonnene Band zwischen Volk und Kirche« festigen und die Kirchenentfremdung bleibend überwinden helfen. Trotz verstärkter Kirchenaustritte und zunächst beängstigend verminderter Öffentlichkeitsgeltung der Kirche im weltanschauungsneutralen Weimarer Staat hat Johannes Schneider gegen Ende der zwanziger Jahre tatsächlich diese Prognose bestätigt gefunden[14].

Es gab indes auch Stimmen, die schon frühzeitig, mitten im vaterländischen Hochgefühl der ersten Kriegswochen, Zweifel daran hegten, ob die allgemeine volkskirchlich-vaterländische Euphorie Bestand haben werde. So hat der praktische Theologe Professor Otto Baumgarten (Kiel), da Kriegsende und Kriegsausgang unsicher blieben, immer wieder zu realistischer Zurückhaltung im Blick auf optimistische volkskirchliche Zukunftsprognosen gemahnt. Die 1915 für viele überraschend aufgestellte These seines ebenfalls dem freien Protestantismus verpflichteten Marburger Kollegen Professor Martin Rade, der meinte, im vaterländisch-religiösen Aufschwung von 1914 sei die »Kirche als Volksinstitution« und zugleich als »Volksheimat« entdeckt worden, darum könne das Staatsvolk als Vollendung der Volkskirche gelten, so daß von einer Trennung von Kirche und Staat vorerst keine Rede mehr sei, hielt Baumgarten nicht für überzeugend. Fragen wie Trennung von Kirche und Staat, die Regelung des Verhältnisses von Kirche und Schule und andere, wie sie in kirchlich-liberalen Kreisen (so auch von Otto Baumgarten, Erich Förster und Rade selbst) vor dem Kriege im Interesse des freien Protestantismus im Sinne größerer Selbständigkeit der Kirche erörtert worden waren, müßten zurückstehen, bis Klarheit über die künftige Gesellschaftsgestaltung vorhanden sei. Das auch sonst im kirchlich-liberalen Umkreis *vor* 1914 vielfach vertretene Anliegen: »Entstaatlichung der Kirchen und Entkirchlichung des Staates« solle man besser bis nach dem Kriege ruhen lassen:

»Wer weiß denn etwas von der ›Neuorientierung der inneren Politik‹, ob die jene reaktionäre Tradition, die uns in Opposition gegen das ›königlich preußische Christentum‹ getrieben hat, der Vergangenheit übergeben oder neu stabilieren wird[15].«

Baumgarten empfahl auch sonst bescheidenere kirchliche Erwartungen im Blick auf einen volkskirchlichen Aufschwung nach dem Kriege. Auch die Sozialkritik der Kirche setze Sachkompetenz voraus; wo sie fehle, sei Zurückhaltung am Platze. Bloße Entrüstung der Geistlichen auf der Kanzel über die sozialen Mißstände genüge nicht. Die sozialpolitischen und sozialreformerischen Analysen des Evangelisch-sozialen Kongresses, in dem Baumgarten führend mitarbeitete, und auch der konservativer orientierten Kirchlich-sozialen Konferenz schienen ihm auch in Zukunft am ehesten verheißungsvoll[16]. Auch für die von dem liberalen Professor Heinrich Weinel, Neutestamentler in Jena, damals im »Kunstwart« vertretene Idee einer »Reichskirche« gelte es, die Entwicklung des Verhältnises der deutschen Einzelstaaten zum Reich abzuwarten[17].

Auch staats- und kriegspolitisch waren die Aussagen in der kirchlich-christlichen Publizistik nicht ganz einheitlich. Realistische Urteile und Aussagen, die als defätistisch galten, konnten nur schwer die Zensur passieren. Selbst manche Leser aus dem kirchlich-liberalen Umkreis, die politisch stärker deutschnational gesinnt waren, verdachten es Baumgarten, als er im Herbst 1914 darauf hinwies, im beginnenden Stellungskrieg an der Westfront zeige sich die technische und moralische Unterschätzung des französischen Kriegsgegners. Bei der allenthalben verbreiteten Euphorie stieß die Meinung, ein volltönend propagiertes deutsches »Sieges- und Vortrefflichkeitgefühl« sei unangemessen und auf alle Fälle verfrüht, damals auf wenig Resonanz[18].

Auch in der Diskussion mit dem ehemals nationalsozialen Pfarrer und Politiker Friedrich Naumann, der 1915 in seinem Buch *Mitteleuropa* den »mitteleuropäischen Militär- und Wirtschaftsstaat« unter engem Zusammengehen mit Österreich-Ungarn als außenpolitisch-wirtschaftliche Nachkriegslösung für das Deutsche Reich propagierte, meldete Baumgarten politische und konfessionelle Bedenken an: »Wir als ausgesprochene Kulturprotestanten bleiben eingeschworen auf ein kleineres Deutschland unter Preußens Führung[19].« Baumgartens anglophile Einstellung hatte ihn über Englands Kriegseintritt gegen Deutschland maßlos enttäuscht sein lassen. Seine Mahnung, trotzdem nicht in den verbreiteten deutschen Rachegesang gegen England einzustimmen und im übrigen auch den anderen Kriegsgegnern ihre Ehre zu lassen, fand damals nur wenig Verständnis; realistische Töne galten als unpatriotisch[20]. Auch mit der Zensur hatte Baumgarten seine Schwierigkeiten.

Innenpolitisch übrigens hielt Baumgarten schon im Herbst 1914 alle für »beneidenswerte Illusionisten, die durch diesen Krieg mit einem Schlage alle Trübungen unseres Volkslebens beseitigt wähnten«. Auch die Freude über die vaterlandstreu und deutsch empfindende Sozialdemokratie könne nicht einfach hoffen lassen, daß sie nach dem Krieg auf ihre Umsturzforderungen verzichte. Ob man außerdem auf Dauer in der »katholisch-jesuitischen Hierarchie« einen »verläßlichen Bundesgenossen deutschen Staats- und Kulturlebens« sehen dürfe, sei trotz wünschenswerter Mäßigung im zwischenkonfessionellen Streit immerhin noch fraglich. All die bitteren Erfahrungen im Klassen- und Konfessionskampf sollten zwar mit Schweigen bedeckt, aber nicht vergessen werden[21].

Kennzeichnend für den Kriegspatriotismus ist die Kriegspredigt, die auch publizistisch einen großen Niederschlag fand. Dabei wurde oft versucht, an den »Geist der Befreiungskriege« wieder anzuknüpfen, nicht nur in chauvinistischen Ausfällen, sondern auch im allgemeinen vaterländischen Hochgefühl. Die »Sänger der Freiheitskriege« von 1813 (Theodor Körner, Max von Schenkendorf, Friedrich Rückert, Ernst Moritz Arndt und andere) gehörten zum Repertoire vaterländisch-kirchlichen Bewußtseins. Reichspatriotische, auch völkische Gedanken »deutscher Art« traten hinzu. Viele der »wortgewaltigen, bombastischen, zündenden Kriegspredigten«, deren Tenor nach den kirchlichen Erfahrungen in der Hitlerzeit im Rückblick theologisch noch zusätzlich suspekt erscheint, erzielten große Breitenwirkung. Doch ist auch bereits zeitgenössische Kritik an nationalistisch übersteigerten, das eigentlich Christliche verfremdenden Zügen der Kriegspredigt laut geworden[22].

Die stark geschichtstheologisch argumentierende protestantische Kriegspredigt und Kriegsliteratur, über die gute Analysen vorliegen[23], unterschied sich von der katholischen Wortverkündigung oft nur wenig, obschon bei dem internationalen Charakter der römisch-katholischen Kirche manche Akzente anders gesetzt wurden[24]. Noch im Jahre 1918 waren allerdings auch hier verschiedentlich Kriegshoffnungen der ersten Zeit lebendig und vereinzelt der Gedanke einer deutschen Weltgeltung vorherrschend.

Zu beobachten ist eine übergreifende Breite des Predigtstils, vielfach unabhängig von kirchenpolitischen und theologischen Differenzen. Überkonfessionell aufweisbar sind Sakralisierungstendenzen des Politischen: »heiliger Krieg«, die Neigung, die Sache Gottes mit der Sache der Nation in unkritische Beziehung zu setzen oder gar gleichzusetzen; die Übernahme von negativen Meinungschiffren über den Kriegsgegner aus der Kriegspropaganda. Bedeutungsvoll war der Kriegstheologie und Kriegspredigt der Läuterungs- und Bußgedanke (Katharsisfunktion des Krieges gegenüber religiös-sittlichen Schäden der unmittelbaren Vorkriegszeit); Patriotismus ohne Glauben und Buße müßten scheitern. Auf mangelnde Tragfähigkeit »idealistischer Vorstellungen« wird nicht selten hingewiesen; die »Ideen von 1914«, der »Geist von 1914« hingegen werden als nationales Aufbruchsgeschehen verstanden, in dem altruistischer Gemeinschaftsgedanke, vaterländisches Verantwortungsbewußtsein und gläubiger Opfersinn wiedererweckt wurden. Wo auch die unheimlichen und tragischen Seiten des Kriegsgeschehens benannt werden, wo religiös-ethischer Fortschrittsglaube, die Hoffnung auf den Sieg des Guten, des Rechts und der Wahrheit zerbrochen scheinen, kehrt sich die Enttäuschung um in den Appell, den Gottesglauben »nicht nur trotz des Krieges, sondern auch im Kriege und durch den Krieg bewähren zu können«[25].

Im Zusammenhang mit Bemühungen kirchlicher Kreise, zu einem Ende des Völkermordens zu gelangen, sind auf katholischer Seite die zahlreichen diplomatischen Aktivitäten des Papstes Benedikt XV., besonders seine Friedensnote vom 1. August 1917 an die kriegführenden Staaten wichtig. Protestantischerseits blieb das offizielle Kirchentum zurückhaltend. Im Zusammenhang mit der Friedensresolution des Reichstags vom 19. Juli 1917 und der ausgiebigen Reformdiskussion, die durch demokratisierende Einbeziehung breiterer Schichten auf staatspolitische Stabilisierung zielte, gelang zwar eine stärkere Öffnung. Doch waren auch hier — wie die Kirchenpresse zeigt — die Meinungen gespalten. Mitbedingt durch die Organisationsstruktur des deutschen Protestantismus blieben die Friedensinitiativen 1917/18 auf einzelne kirchliche Gruppen begrenzt.

Schon in den ersten Monaten des Jahres 1917 war in der kirchlichen Publizistik das Pazifismusproblem verstärkt diskutiert worden. Wie das kirchliche Jahrbuch (1918) rückblickend bemerkte, hatte von den Kirchenzeitungen eigentlich nur die »Christliche Welt« Rades die pazifistischen Bestrebungen der Pfarrerschaft stärker »unter ihre Fittiche genommen«; von den übrigen kamen zumeist Bedenken oder auch scharfe Widersprüche gegen Friedensaufrufe einzelner Pfarrergruppen. Martin Rade hatte sich dem Friedensproblem gegenüber stärker aufgeschlossen gezeigt und pazifistische Tendenzen in der »Christlichen Welt« nachdrücklich unterstützt. Schon lange Mitglied der Deutschen Friedensgesellschaft, empfahl er den protestantischen Kirchengemeinschaften eine stärkere Förderung der verschiedenen Friedensansätze, die ihm katholischerseits einen erheblichen Vorsprung zu haben schienen. Schon 1916 hatte Rade betont: »Auf alle Fälle wird die Kirche der Zukunft alle Ursache haben, sich mit dem pazifistischen Problem ernster zu befassen als bisher[26].«

Eine kirchenoffiziöse Gegenposition vertrat 1917 in der Zeitschrift »Deutsch-Evangelisch« Professor Martin Schian, damals noch an der Universität Gießen, später (seit 1924) schlesischer Generalsuperintendent, ein volkskirchlich vermittelnd eingestellter Kirchenmann, politisch eher rechts orientiert. In seinem Aufsatz »Ernste Gedanken zum Weltkrieg« hieß es: »Wir Antipazifisten sind wahrlich Freunde des Friedens wie jeder Pazifist.« Aber der Pazifismus führe das deutsche

Volk aus der Welt der Tatsachen in das Reich der Träume und schmälere damit sein durch militärische Einkreisung Deutschlands gefährdetes Lebensrecht. Auf alliierter Seite habe sich der Pazifismus teilweise (besonders in Frankreich) »dermaßen in den Dienst des Chauvinismus gestellt, daß wir ein für allemale kuriert sein sollten, auf einen Weltfrieden zu hoffen, der von solchen Leuten ausgeht«. Der Pazifismus sei kein echter Friedensfaktor. Selbst den Religiös-Sozialen in der Schweiz unterstellte Schian: »Glühender Pazifismus und dabei eine bis zur Unzurechnungsfähigkeit gesteigerte Ungerechtigkeit gegen Deutschland[27]!«

Auch die in den folgenden Monaten des Jahres 1917 weiter anschwellende Kontroverse in der theologisch-politischen Grundsatzdiskussion um Krieg und Frieden zeigte die Unversöhnlichkeit protestantischer Positionen in zentralen Fragen der politischen Ethik[28]. Ein in der Christlichen Welt abgedruckter Aufruf aus Galizien, »Kirchen und Pfarrer hinein in die Arbeit für den Frieden!«, provozierte in der »Täglichen Rundschau« einen Gegenartikel von Pfarrer Georg Schulz, dem späteren Vorsitzenden der Sydower Bruderschaft. Der Aufruf sei »unbelehrbar-erfahrungswidriger Illusionismus«; von ökumenischen Kontakten, um wirksame Friedensbereitschaft unter den Auslandskirchen zu fördern, sei wenig zu halten, ebensowenig vom einem »Verzichtfrieden«, der deutsche Annektionen ausschloß[29].

Eine Artikelserie des Berliner Pfarrers Gerhard Lasson im »Evangelisch-Kirchlichen Anzeiger von Berlin« über »Weltkrieg und Völkerfrieden« setzte sich mit der Friedensresolution des Reichstags vom 19. Juli 1917 polemisch auseinander. Da das Ergebnis des Weltkrieges keinesfalls eine politische Beruhigung Europas bringen werde[30], sei mit dem dort proklamierten »Weltfrieden« auf lange Zeit nicht zu rechnen; es gelte vielmehr, einen Frieden zu suchen, der künftig Deutschlands Sicherheit garantiere. Friedensangebote dieser Art offenbarten den Kriegsgegnern Deutschlands nur die politisch-militärische Schwäche, seien daher als Friedensfaktoren untauglich.

Dieser stärker kriegstheologischen Position gegenüber, die »jeden christlichen Unterton« vermissen lasse, verteidigte Pfarrer Lic. Karl Aner (Groß-Berlin) das kirchlich-pazifistische Friedensengagement der »Christlichen Welt«: Ihm schien »jede deutsche Erklärung der Friedensbereitschaft vom kaiserlichen Angebot bis zu den gegenwärtigen Stimmen aus dem Hauptausschuß der Reichstags« faktisch doch nicht ohne Wirkung auf die internationale Öffentlichkeit zu sein, wie sehr die feindliche Presse sie auch als Eingeständnis der Schwäche hinstellen möge. Aner verstand sein Friedensengagement »durchdrungen von der Heiligkeit der Friedensidee. Nicht aus politischer Klugheit im Blick auf unsere Kirche«. Er bedauerte aber, daß in einer Zeit, da neben den sozialdemokratischen Friedensbestrebungen in Stockholm sich die katholischen zu regen begännen, »sich von evangelischer Seite noch so viele Kriegstheologen hören lassen«[31]. Das rufe viel Ärgernis an der Kirche hervor und begünstige eine »wachsende Entfremdung großer Volksteile von der Kirche«.

Im Herbst 1917 kam es zu einem erneuten Höhepunkt in der Diskussion zwischen den verschiedenen theologischen und politischen Richtungen des Weltkriegsprotestantismus. Fünf Berliner Pfarrer, unter ihnen Lic. Karl Aner, später Kirchengeschichtsprofessor in Halle und Kiel, nahmen das Reformationsjubiläum 1917 zum Anlaß, in einer Erklärung ihre Sicht der Kriegsursachen und die Notwendigkeit eines Verständigungsfriedens darzulegen. Die Erklärung war von ökumenischer Gesinnung gegenüber den Christen auch in den Feindstaaten getragen. Die tiefsten Kriegsursachen werden in den das Völkerleben beherrschenden widerchristlichen Mächten, in Mißtrauen, Gewaltvergötzung und Begehrlichkeit, erblickt. Hindernise der Völkerannäherung wie Lüge und Phrase sollen von den Friedensfreunden in allen Ländern bekämpft werden:

> »Wir fühlen angesichts dieses fürchterlichen Krieges die Gewissenspflicht, im Namen des Christentums fortan mit aller Entschiedenheit dahin zu streben, daß der Krieg als Mittel der Auseinandersetzung unter den Völkern aus der Welt verschwindet[32].«

Diese Berliner Erklärung, an Pfarrer und Universitätstheologen mit der Bitte um Zustimmung geschickt, wurde in vielen Kirchenzeitungen abgedruckt. Ein Vergleich mit der päpstlichen Friedensnote vom 1. August 1917 erschien schon damals als unangebracht; dazu fehlte der die innerprostantische Friedensdiskussion auslösenden Erklärung selbst nach Meinung Rades, der sie mit seinem Blatt unterstützte, Macht und Kompetenz[33]. Doch sei nach der Papstnote ein protestantisches Wort zur Friedensfrage am Platze gewesen. Die Erklärung löste im evangelischen Bereich eine kontrovers geführte Diskussion in der kirchlichen Öffentlichkeit aus. Angesichts der starken Reserviertheit der offiziellen kirchlichen Vertretungen wie auch der evangelischen Pfarrer gegenüber Friedensinitiativen konnte sie als mutige Tat gelten[34].

Scharf ablehnend reagierte das kirchlich-liberale Protestantenblatt, das Sachkompetenz im Blick auf die politischen und militärischen Verhältnisse vermißte; die Erklärung der fünf Berliner Pfarrer verlasse die legitime geistliche Mahnung, verbinde die Friedensforderung mit Parteischlagworten und verkenne durch den Hinweis auf einige Erscheinungen menschlicher Sündhaftigkeit die auch für den Weltkrieg ausschlaggebenden Wirtschafts- und Machtinteressen[35].

Auch die »Chronik der Christlichen Welt«, die im Zusammenhang mit der »Christlichen Welt« Rades stand, aber von dem kirchlich-liberal, politisch indes betont deutschnational orientierten Pfarrer und Kirchenrat Johannes Kübel in Frankfurt (Main) eigenständig konzipiert wurde, stellte sich distanziert: Die fünf Berliner Pfarrer seien sämtlich »liberal«. Ihre Erklärung verstärke den bis ins erste Kriegsjahr zurückgehenden Eindruck, daß nämlich ein Teil der kirchlich Liberalen diesem Krieg ablehnend gegenüberstehe, während die kirchliche Rechte in einmütiger Geschlossenheit die Sache Deutschlands, nicht der »Völkerwelt« vertrete und den Sieg der deutschen Waffen als die sicherste Bürgschaft des zukünftigen Friedens betrachte[36]. Der »Evangelisch-Kirchliche Anzeiger von Berlin«[37], kirchlich konservativ ausgerichtet und von nationaler Mentalität geprägt, hielt die in der Erklärung der fünf Pfarrer geäußerten Gedanken im Blick auf den Weltfrieden für anerkennenswert, jedoch für praktisch wertlos. Ihr Ziel setze die Unmöglichlichkeit voraus, die Sünde aus der Welt zu schaffen.

Abwertend-lakonisch erklärte im Rückblick der ausgesprochen nationalkonservativ orientierte Herausgeber des Kirchlichen Jahrbuches (1918) Pfarrer Johannes Schneider (damals Elberfeld, später Berlin):

»Die Erklärung, deren Verwandtschaft mit der Verzichts- und Friedensresolution des Reichstages deutlich erkennbar war, fand in der Pfarrerschaft nur spärliche Zustimmung, 16 gaben ihre Unterschrift[38].«

Ausgesprochen scharfe Verurteilungen aller Friedensstimmen hatte ein Pfarrerkreis um D. Wilhelm Philipps sich zur Aufgabe gesetzt. Philipps, ein bekannter, politisch betont rechtsorientierter christlich-sozialer Geistlicher, Superintendent, seit 1917 wieder führend in der Berliner Stadtmission tätig, initiierte eine Gegenerklärung, die in kurzer Zeit allein in Großberlin 160 Unterzeichner aus verschiedenen kirchlich-theologischen Richtungen fand. Es hieß darin: Die Bereitschaft zu einem »Frieden der Verständigung und Versöhnung« bedeute, daß faktisch von den Pfarrern eine Zustimmung zur Reichstagsentschließung vom 19. Juli 1917 erwartet werde. Diese Friedensresolution der

Reichstagsmehrheit wirke indes durch Ermutigung der Feindstaaten nur kriegsverlängernd und sei deshalb abzulehnen:

»Wir wollen [...] mit den Versöhnungsangeboten warten, bis wir durch Kampf und Not den Feind besiegt und uns und unseren Kindern die Freiheit und den Frieden gesichert haben[39].«

Ein Offener Brief des Erlanger Theologieprofessors Hermann Jordan an Lic. Dr. Aner hielt den Aufruf für ein mit religiösen Motiven untermauertes politisches Programm, das der reformatorischen Unterscheidung von Religion und Politik nicht entspreche und gerade im Monat des Reformationgedenkens 1917 höchst unpassend sei[40].

Neben der Berliner Erklärung um Lic. Aner traten noch zwei kleine Pfarrergruppen hervor, so 17 Pfarrer aus der Hannoverschen Landeskirche[41], unter ihnen Lic. Ernst Rolffs (Osnabrück) und Ludwig Berkenbusch (Hannover), und einige Pfarrer aus Württemberg unter Leitung von Pfarrer Dr. Albert Esenwein (Stuttgart), die 1917/18 Aufrufe zur Friedensfrage publizierten; sie blieben in der Kirchenpresse nicht unwidersprochen. Die württembergische Erklärung[42] sah in der einseitigen Betonung des Machtgedankens in der Politik eine Gefahr und wollte sich durch den vaterländischen Sinn den Blick für die Menschheitsaufgaben des Evangeliums nicht trüben lassen. In der Öffentlichkeit dürfe nicht der die Volkskirche schädigende falsche Eindruck entstehen, daß die Beteiligung zahlreicher Pfarrer an der politischen Arbeit der »Alldeutschen« und an der einen annexionistischen Siegfrieden propagierenden neugegründeten Vaterlandspartei der Standpunkt des ganzen württembergischen Pfarrerstandes oder gar der evangelischen Kirche insgemein sei.

Gegen die württembergische Erklärung polemisierte der wegen seines Eintretens für den liberalen Kölner Pfarrer Carl Jatho 1913 dienstentlassene Pfarrer Gottfried Traub, der während des Krieges als Mitglied im Preußischen Abgeordnetenhaus und Protagonist der Vaterlandspartei für einen Sieg- und Annexionsfriedens eintrat und mit seinen »Eisernen Blättern« eine religiös motivierte Durchhaltepolitik betrieb[43].

Diese kontroverse Friedensdiskussion in der evangelischen Kirche ging zeitlich parallel mit der päpstlichen Friedensnote vom 1. August 1917 an die kriegführenden Mächte wie auch mit der Botschaft des lutherischen Erzbischofs Nathan Söderblom (Uppsala) an die Protestanten der kriegführenden und neutralen Länder zu Pfingsten 1917 und anschließenden ökumenischen Aktivitäten[44]. Mit dem Aufruf zur

Gründung der »Deutschen Vaterlandspartei« am 2. September 1917 in Königsberg formierten sich die rechtsnationalen Kräfte aus dem nationalkonservativen wie auch nationalliberalen Lager: Innerhalb der evangelischen Kirche fanden sie durchaus Anklang[45]. Vertreter der kirchlichen Rechten, so D. Wilhelm Philipps und sein Kreis, hatten die Gründung der »Deutschen Vaterlandspartei« sofort begrüßt. Die Zeitschrift »Wartburg«, das Organ des Evangelischen Bundes, auch die »Allgemein-Evangelisch-Lutherische Kirchenzeitung« riefen dazu auf, sie zu fördern. Das »Deutsches Pfarrerblatt«, Organ der evangelischen Pfarrervereine, öffnete seine Zeilen für eine entsprechende Diskussion. Auch der »Unabhängige Ausschuß für einen deutschen Frieden«, 1915 von Professoren und Wirtschaftsvertretern gegründet und dem Alldeutschen Verband nahestehend, trat für maximal-annexionistische Kriegziele ein. Zu seinen Protagonisten gehörte kirchlicherseits Professor Reinhold Seeberg.

Als Gegengründung zur »Deutschen Vaterlandspartei« entstand am 4. Dezember 1917 der »Volksbund für Freiheit und Vaterland«, der Spitzenverbände der freien und christlichen Gewerkschaften wie Teile des linksdemokratischen Bürgertums umfaßte. Für den Volksbund wurde relativ spärlich in der protestantischen Publizistik geworben. Nur Professor Otto Baumgarten wie die Mehrheit des Evangelisch-Sozialen Kongresses bekannte sich zu den Zielen des Volksbundes, in dem linksliberales Bürgertum, katholische Verbände und sozialdemokratisch orientierte Gewerkschaftsbewegung zusammenwirkten. Auch der damals in Berlin wirkende Theologe und Religionsphilosoph Professor Ernst Troeltsch unterstützte den Volksbund.

Dieser kriegspolitische Dualismus, der sich in scharfer Antithetik auch innerprotestantisch auswirkte, hat über das Kriegsende hinaus fortgewirkt. Dabei war ein theologischer Pluralismus am Werke, der eine einfache Gleichsetzung politischer Parteipositionen mit kirchenpolitisch-theologischen Richtungsunterschieden schwierig erscheinen ließ. Auch politisch kam es im letzten Kriegsjahr zu keiner Annäherung dieser Gremien. Das Protokoll[46] einer Verhandlung zwischen Vertretern des »unabhängigen Ausschusses für einen Deutschen Frieden«, der »Deutschen Vaterlandspartei« und des »Volksbundes für Freiheit und Vaterland«, zu der Professor Adolf v. Harnack am 10. Oktober 1918 in die Räume der Königlichen Bibliothek in Berlin eingeladen hatte, zeigt, daß es zwischen diesen Gruppierungen auch in den letzten Kriegswochen keine Verständigung gegeben hat. Politisch konfrontative und kontroverse Positionen blieben erhalten. Auch in der evangelischen Kirche wurden die Gegensätze nicht ausgeglichen. In der Kriegs- und Friedensdiskussion blieb es bei allen Wandlungen im einzelnen bei einer Polarisierung der Standpunkte, quer durch die kirchenpolitisch-theologischen Strömungen[47].

Die Frage nach der Zuordnung und der Rangfolge von »nationaler Pflichterfüllung« im Krieg und dem Gedanken der christlichen Verständigung unter den entzweiten Völkern hat sich in der Kriegsziel- und Friedensdiskussion im deutschen Protestantismus seit 1917 stärker abgezeichnet. Der verlorene Weltkrieg und die Schuldbelastungen Deutschlands durch den Versailler Friedensvertrag 1919 haben dann die Frage nach dem Verhältnis von nationaler Verantwortung und Völkerverständigung unter den veränderten Verhältnissen der Weimarer Republik im deutschen Protestantismus strittig bleiben lassen. Pazifistische Strömungen im Nachkriegsprotestantismus blieben Randerscheinungen, so die Vertreter eines »radikalen Pazifismus« (Friedrich Wilhelm Foerster) oder des »realen Pazifismus« (Martin Rade). Auch Vertreter der ökumenischen Bewegung (wie der Berliner Professor Adolf Deißmann und andere) sahen sich im Bemühen um Völkerverständigung durch die Tatsache gehemmt, daß die Kriegsschuldfrage auch Ende der zwanziger Jahre noch nicht zufriedengestellt gelöst war. Die Auseinandersetzung mit dem Versailler Vertrag von 1919 gehörte so zu den protestantischen Dauerthemen der Weimarer Zeit[48].

2. Kirchliche Arbeit und Aktivitäten im Krieg

Der Beginn des Ersten Weltkrieges war kirchlich als ein »gewaltiges, alle Seelen aufwühlendes, alle Gewohnheiten durchbrechendes Ereignis« empfunden worden[49].

In der »Chronik der Christlichen Welt« hieß es Mitte August 1914 dazu: Der Krieg — das Schreckliche — sei Wirklichkeit geworden:

> »Europa steht in Flammen [...] Niemand wagt sich die Opfer auszudenken, die der Krieg allen Völkern, den beteiligten und den unbeteiligten, auferlegen wird.«

Für Deutschland handele es sich um den Bestand seiner in zäher Arbeit errungenen Zivilisation und Kultur. Der Ausgang des Krieges sei unabsehbar. Der vom Kaiser angeordnete Buß- und Bettag am 5. August habe unermeßliche Scharen in die Gotteshäuser geführt; das Vertrauen auf den allmächtigen Gott sei in diesen Wochen siegreich durchgedrungen, der Dienst der Kirche begehrt, als habe es Kirchenfeindschaft nie gegeben:

»Nicht nur für unser Volk, auch für die Kirche handelt es sich in diesen Wochen um Sein oder Nichtsein. Entweder erobert sie jetzt die Seele des Volkes zurück oder es wird mit ihr ganz zu Ende gehen[50].«

In vielen Kirchgemeinden entstand im Herbst 1914 tatsächlich eine unerwartete neue »kirchgemeindliche Gemeinsamkeit«. Nicht nur in kleineren, überschaubaren Kirchgemeinden sah sich der Pfarrer wieder stärker im Mittelpunkt der gesamten Kirchgemeinde stehen:

»Die Leute kommen zu uns, ob sie Gaben für das Rote Kreuz bringen, ob sie ihre Not klagen, sich nach ihren Angehörigen erkundigen, sie kommen ins Pfarrhaus [...] Und die Leute, die jetzt am Sonntag und Werktag die Kirche bis auf den letzten Platz füllen, das sind nicht die gewohnheitsmäßigen Kirchgänger der Friedenszeit [...] Wir sind jetzt nicht die Träger des geistlichen Amts, sondern die Vertrauensmänner des Volks. Nie hat man es so deutlich gesehen, daß wir wirklich eine Volkskirche sind[51].«

Der vaterländisch-religiöse Aufschwung, der sich bei Kriegsbeginn 1914 zeigte, spiegelte sich in kirchlichen Aktivitäten wider. Neben den stark besuchten Gottesdiensten wurden schon im August 1914 freie Versammlungen gehalten, zu denen die ganze Gemeinde geladen war, besonders auf dem Lande; sie informierten über die Kriegssituation; Feldpostbriefe eben ausgerückter Soldaten wurden verlesen. Es fanden Kirchgemeindeabende, »vaterländische Abende«, »Kriegsfamilienabende« (auch »Kriegerfamilienabende« oder ähnlich genannt) statt, die dem Orientierungs- und Kommunikationbedürfnis vor allem von Angehörigen der zum Kriegsdienst Einberufenen Rechnung trugen.

Anfänglicher Massenzulauf zu »Kriegsbetstunden«[52] verschafften den Kirchen eine über das bisherige Maß hinausgehende Öffentlichkeitsfunktion. Diese ungewohnt rapide Zunahme volkskirchlicher Resonanz auch unter kirchlich fernstehenden Kreisen der evangelischen Bevölkerung war so groß, daß es besonders in den ersten Monaten des Krieges sogar zu Raumproblemen kam, wo geeignete Gemeindehäuser mit Kirchsälen fehlten oder zu Lazarettzwecken beschlagnahmt blieben. Diese »Kriegsbetstunden«, gelegentlich auch »Kriegsandachten« genannt, waren in den meisten Gemeinden wie von selbst entstanden, »aus innerer Notwendigkeit heraus, als selbstverständliche Frucht der religiösen Hochspannung des August 1914«. In der Mobilmachungszeit mitunter täglich, später ein- oder mehrmals wöchentlich gehalten, wurden die Kriegsbetstunden im Laufe des Krieges zwar seltener oder auch mit anderen kirchlichen Veranstaltungen (Passionsandachten, Bibelstunden und andere) zusammengelegt. Doch blieb in manchen Landeskirchen, so in Sachsen, die Zahl der Kirchgemeinden, die die Kriegsbetsunde bis zuletzt durchführten, erheblich. Lediglich in Nordschleswig waren sie schon anfangs bei der deutsch-dänischen Bevölkerung problematisch gewesen oder unterblieben auch ganz. Kirchenfeindlichen Strömungen galten die Kriegsbetstunden und vaterländische Veranstaltungen als suspekt. Auch innerkirchliche Kritik an ihrer Gestaltung blieb nicht ganz aus.

Herkömmliche kirchliche Veranstaltungen für besondere Gruppen[53] in der Gemeinde stellten sich auf die Situation der Kriegszeit ein, so Männerabende, die allerdings erst wieder im letzten Kriegsjahr begannen. Häufiger waren Frauenabende, die in manchen Gemeinden »der religiösen und sittlichen Festigung, der Befriedigung des Anschlußbedürfnisses Vereinsamter und der Stärkung des Gemeinschaftsgefühls« dienten; andernorts standen praktische Aufgaben (Strick- und Näharbeiten, Vorbereitung von Geschenkpäckchen und Grußsendungen an Soldaten) im Vordergrund.

Während des Krieges gewann auch die pfarramtliche Einzelseelsorge[54] besondere Aspekte. Kriegerfrauen benötigten Beratung und Beistand des Seelsorgers; bei Ungewißheit über das Schicksal der Angehörigen an der Front, beim bangen Warten auf die Verlustlisten nach den großen Schlachten des Frühherbstes 1914 und später. Die Familien von Gefallenen, Vermißten und Verwundeten bedurften besonderen Zuspruchs. Manche Pfarrämter führten Verlustlisten, richteten Kriegsschreibstuben ein, versuchten Nachrichten über das Schicksal einzelner Soldaten zu erlangen. Eine besonderes Problem ergab sich für Geistliche, wenn sie behördlicherseits als Überbringer der Trauernachricht in Anspruch genommen wurden[55]. Aber auch sonst waren Teilnahmebesuche bei den Familien von Gefallenen erforderlich. Infolge der engen volkskirchlichen Integration waren die Pfarrämter in die kommunalen Strukturen stärker eingebunden und wurden während des Krieges mit der Übernahme an sich behördlicher Aufgaben belastet. So sollten sie die 1915 von Kaiser Wilhelm II. gestifteten Gedenkblätter für die Gefallenen den Angehörigen übergeben[56]. Die Zivilbehörde übernahm in der Regel nur die Ausgabe des Gedenkblattes bei Familien, die aus der Kirche ausgetreten waren. Im Erfurter Raum wurden in der letzten Kriegszeit diese Gedenkblätter vereinzelt mit bitteren Worten zurückgewiesen. Üblich war die feierliche Abkündigung der Gefallenen im Gemeindegottesdienst im Beisein der Angehörigen.

Pastoraltheologisch ebenso wie sozialgeschichtlich aufschlußreich ist folgende Bemerkung im Erfurter Ephoralbericht 1917:

»Außerordentlich schwierig ist die seelsorgerliche Einwirkung auf die zahlreichen Kriegerwitwen, welche das Andenken an den gefallenen Mann durch uneheliche Geburten schänden und eine Ehe nicht eingehen *können*, weil die Väter dieser Kinder vielfach verheiratete Männer sind, oder die eine neue Ehe nicht eingehen *wollen*, weil sie den mit der Wiederverheiratung verbundenen Rentenverlust scheuen[57].«

Umfangreich war auch die Einwirkung der kirchlichen Publizistik. Gemeindeblätter, die neben den übergemeindlichen provinzial- oder landeskirchlichen Sonntagsblättern während des Krieges eingeschränkt aufrechterhalten werden konnten, bildeten ein wichtiges Kommunikationsmittel der Kirchgemeinden, dienten indes auch dazu, »dem Volk das gute Gewissen zum Krieg zu stärken«. Von den Gemeindeblättern heißt es:

»Hier war auch der Platz, der wachsenden Unzufriedenheit — in der Stadt über die mangelnde Ernährung, auf dem Land über die zahllos einengenden Vorschriften, besonders über die Zwangswirtschaft — entgegenzutreten[58].«

Seit Herbst 1915 wurde die kirchliche Jugendarbeit mit den bereits konfirmierten Jugendlichen zum pflichtmäßigen Aufgabenkreis der Geistlichen und Gemeindekörperschaften erklärt. Man versuchte die Aktivitäten bisheriger vereins- und verbandsmäßiger evangelischer Jugendpflege kirchenoffiziell zu ergänzen. Dabei sollte die kirchgemeindliche, vom Pfarramt geleitete Jugendarbeit keineswegs in ein Konkurrenzverhältnis zur staatlichen »Jugendwehr« treten, die vorwiegend der körperlichen Ertüchtigung und vormilitärischen Schulung diente. Es wurden deshalb Vereinbarungen getroffen, um gottesdienstliche Überschneidungen mit Veranstaltungen der Jugendwehr zu vermeiden.

Sozialdiakonisch wirksamen Aktivitäten, die vor dem Kriege in etwa 70 Prozent der größeren Kirchgemeinden wenigstens ansatzweise zusätzlich zur staatlichen Fürsorge geleistet wurden, gewannen während der Kriegszeit besondere Bedeutung. Es handelte sich um finanzielle Unterstützung, um die Verteilung von Lebens- und Stärkungsmitteln, von Kohlen und Textilien. In Suppenküchen wurden Bedürftige — oft im Zusammenhang mit kommunalen Aktivitäten — verköstigt. Auch in der Kinderfürsorge wurde manches getan, besonders für Kinder, deren Väter gefallen waren. Vermittlungsaufgaben übernahmen die Pfarrer auch bei der Unterbringung von Stadtkindern auf dem Lande. Auch Ansätze zu einer von der Evangelischen Frauenhilfe organisierten

Säuglings- und Wöchnerinnenfürsorge gab es. Ehe das spätere staatliche Hilfsdienstgesetz diese Frage löste, haben Kirchgemeinden und Pfarrämter arbeitsvermittelnd für Kriegerfrauen eingegriffen. Seit 1917 spielten auch kirchliche Wohnungsbau- und Siedlungsprogramme eine Rolle, die aber damals im Planungsstadium steckenblieben.

Zu diesen kirchenoffiziellen Bemühungen kamen die Aktivitäten des vereinsrechtlich organisierten Verbandsprotestantismus hinzu; wie für die katholische Kirche der Caritasverband hat sich im protestantischen Bereich der Centralausschuß für Innere Mission mit seine zahlreichen Landes- und Provinzialvereinen und Fachverbänden in der Kriegszeit sozialfürsorgerisch im weitesten Sinne eingesetzt.

Die Inanspruchnahme der Kirchen durch Anliegen der Reichs- und Landesbehörden wie kommunaler Stellen ist ein besonderes Kapitel im evangelischen Landeskirchentum des Ersten Weltkrieges. Die Kirchen wurden aufgefordert, Vertreter in die Hilfsausschüsse zur Sicherung der Volksernährung zu entsenden. Schon der erste Erlaß des Reichsamtes des Innern vom 22. November 1914 an die einzelnen Länder zur Regelung der Brotversorgung enthielt einen nachdrücklichen Appell an Kirche und Schule:

»Bei der autoritativen Stellung, die Schule und Kirche in unserem Volke einnehmen, würde es von großem Werte sein, wenn die Herren Geistlichen und Lehrer sich dieser wichtigen Aufgabe in vaterländischem Interesse annehmen wollten[59].«

Die Pfarrerschaft hat in der Tat ihren Kirchgemeinden die kriegswirtschaftlichen Verordnungen erläutert. In der Übermittlung staatlicher Wünsche an die Gemeinden herrschte zumeist ein bereitwilliges Engagement:

»Ob es sich um Abwendung der Gefahr der Verfütterung von Brotgetreide an Vieh handelte, ob der Schleichhandel mit Lebensmitteln bekämpft werden sollte, ob die Notwendigkeit der Einschränkung des Fettverbrauchs eingeschärft werden mußte — immer wandten sich die staatlichen Stellen an die Kirchenbehörden, und diese gaben die Anregung an die Pfarrämter weiter[60].«

So wurden Pfarrer als Vertrauensmänner in Ausschüsse gewählt, die in landwirtschaftlichen Überschußkreisen die Ernährungslage der Stadtbevölkerung sichern helfen sollten. Dabei stieß allerdings der kirchliche Appell nicht selten auch auf wirtschaftliche Interessenkonflikte. Aber es entsprach der Struktur des evangelischen Landeskirchentums, wie natürlich auch dem traditionell in kommunale Aufgaben übergreifenden Verständnis des Pfarramts und einer verbreiteten vaterländisch-nationalen Mentalität, daß die protestantische Pfarrerschaft kriegswirtschaftlichen Erfordernissen und entsprechenden behördlichen Wünschen engagiert nachkam und sich für zahlreiche öffentliche Dienste zur Verfügung stellte.

Dabei tangierten allerdings kriegswirtschaftliche Kontrollfunktionen in den Landgemeinden oft bäuerliche Interessen. Der Unmut der Landbewohner über die staatliche Zwangswirtschaft ließ oft genug Mahnungen von Gemeindepfarrern zu verstärkter Ablieferung von Nahrungsmitteln und niedriger Preisbemessung auf Unverständnis und Erbitterung stoßen. Die empfehlende Weitergabe anderer kriegswirtschaftlicher Forderungen der Behörden (Mahnungen zur Sparsamkeit im Kohlenverbrauch, Textilienaufwand usw., die Unterstützung von Altstoffsammlungen) zeigten ein starkes Engagement von Kirche und Schule, das im Zusammenhang mit den auch kirchlicherseits umgesetzten Durchhalteparolen vielfach auch kontraproduktiv wirkte, wo die kirchlich unterstützten Maßnahmen auf Ablehnung in der Bevölkerung stießen[61]. Spektakuläre Kriegspredigt und enge Staatsbindung des evangelischen Kirchentums bis 1918, die schon vor dem Krieg verschiedentlich auch innerkirchlicher Kritik begegnete, haben denn auch in der Nachkriegszeit der Freidenkerpropaganda zugkräftige kirchenkritische Argumente geliefert und die Kirchenaustrittsbewegung begünstigt.

Während des Weltkrieges war insbesondere die behördlich gewünschte pfarramtliche Werbung für Abgabe von Goldschmuck und Goldmünzen 1916/1917 an die Reichsbank eine ebenso heikle Angelegenheit wie die kirchliche Einwirkung auf die Gemeindeglieder, für die einzelnen Kriegsanleihen zu zeichnen, weil besonders in den späteren Kriegsjahren mit dem — tatsächlich eingetretenen — Verlust eingezahlter Vermögenswerte und Ersparnisse gerechnet werden mußte[62]. Manche Pfarrer hatten Bedenken gegen die Werbung für die Kriegsanleihe von der Kanzel. Das Direktorium der lutherischen Kirche in dem erst im Gefolge des deutsch-französischen Krieges von 1870/71 von Deutschland annektierten Reichsland Elsaß-Lothringen hat die Pfarrer nicht zur Werbung für die Kriegsanleihe aufzufordern vermocht. Schleichende Kriegsmüdigkeit und vorhandende Antikriegsstimmung begünstigten das Argument, die Zeichnung der Kriegsanleihe wirke kriegsverlängernd. Pazifistisch eingestellte Pfarrer scheinen wenigstens bei den letzten Anleihen nicht aktiv mitgewirkt haben, ohne daß dies besonders bekannt wurde. Nach dem Zusammenbruch 1918 haben nicht wenige Betroffene der Kirche wegen der eingetreteten wirtschaftlichen

Schädigung Vorwürfe gemacht. Nicht selten kam es zu Verbitterung und Vertrauensschwund gegenüber kirchlicher Kompetenz in diesen Fragen.

Die Kirchen selbst hatten allerdings nicht nur unter ihren Gliedern für die Zeichnung der Kriegsanleihe geworben, sondern auch das eigene, vielfach bescheidene Kirchgemeindevermögen dafür eingesetzt: aus Kirchgemeinden, kirchlichen Stiftungen und Fonds sind bei den neunmaligen Kriegsanleihen zwischen 1914 und 1918 allein in der altpreußischen Landeskirche mindestens circa 200 Millionen Mark aufgebracht worden[63].

Außer den freiwilligen Spenden von Gemeindegliedern für »vaterländische Zwecke«, die damals zumeist höher waren als die Kollekten für rein »gemeindliche Zwecke«, wurden vor allem durch die kirchenbehördlich ausgeschriebenen zahlreichen Kirchenkollekten (Kriegskollekten) beträchtliche finanzielle Mittel aufgebracht. Es gab während des Krieges Kollekten zur Linderung von Kriegsnotständen in Ostpreußen und Elsaß-Lothringen, Kaisergeburtstagskollekten für Kriegsinvaliden und andere Wohlfahrtszwecke, zur Verbreitung christlicher Schriften unter den Truppen, für die Nationalstiftung der Kriegshinterbliebenen, Soldatenheime, Lazarettzug und anderes.

Als »Opfer für vaterländische Zwecke«[64] galten insbesondere auch beschlagnahmte Kupfer- und Zinngegenstände der Kirchgemeinden. Die im Jahre 1917 erfolgte Beschlagnahme von zinnernen Orgelprospektpfeifen und vor allem von Bronzeglocken wirkte sich dabei durchaus zwiespältig aus. Bei der verständlicherweise oft nur widerwillig erfolgten Ablieferung der Kirchenglocken war die Einsicht in die »vaterländische Notwendigkeit« nur schwer verständlich zu machen; die Kirchenbehörden haben sich daher — wenn auch mit begrenztem Erfolg — bemüht, die Befreiungen von der Enteignung von Glocken zu erweitern und die niedrigen Entschädigungssätze zu erhöhen. Abgesehen von Glocken mit großem Kunstwert gelang in der Regel nur, die kleinste Glocke als Läuteglocke zu erhalten. Insgesamt sind in den älteren Preußischen Provinzen insgesamt 10132 Glocken abgeliefert worden; eine nicht vollständige Gesamtübersicht über die deutschen evangelischen Landeskirchen, bei der aber eine Reihe vor allem mittlerer und kleinerer Landeskirchen fehlen, beläuft sich auf 18668, so daß die Gesamtzahl noch beträchtlich höher liegt.

Die gewohnte Erwartungshaltung der Behörden an die Pfarrerschaft, sich für die Umsetzung kriegswirtschaftlicher Maßnahmen in der Heimat verantwortlich zu fühlen, kann ein noch nach dem Waffenstillstand auf die Arbeitsbeschaffung für Textilarbeiter zielender Erlaß des preußischen Ministeriums für Wissenschaft, Kunst und Volksbildung vom 21. November 1918 veranschaulichen helfen:

»Es darf erwartet werden, daß die Geistlichen, die während des Krieges eine so rührige und verdienstvolle Tätigkeit entfaltet haben, wenn es sich um die Aufklärung der Bevölkerung über wirtschaftliche Notwendigkeiten handelte, auch in dieser nicht minder wichtigen Angelegenheit ihre Mithilfe bereitwillig zur Verfügung stellen und insbesondere innerhalb der kirchlichen Gemeindevertretung die schleunige Bestellung ihres Bedarfs an *Papiergarnerzeugnissen* veranlassen, aber auch sonst unter der gesamten Bevölkerung auf eine verständnisvolle Förderung dieser Bestrebungen durch Wort und Tat Bedacht nehmen werden[65].«

Die durch das Kriegsgeschehen intensivierte enge volkskirchliche Ausrichtung des trotz synodaler Mitbestimmung noch weitgehend obrigkeitlich geordneten landeskirchlichen Protestantismus hatte nach der Novemberrevolution 1918 verständlicherweise erhebliche Probleme, sich auf die neuen weltanschauungsneutralen Verhältnisse der Weimarer Republik einzustellen[66]. Die Trennung von Kirche und Staat in der Weimarer Reichsverfassung 1919 zwang das evangelische Kirchentum nicht nur zu Reformen ihrer Organisationsstruktur. Das Problem, wie volkskirchliche Öffentlichkeitsgeltung unter den veränderten gesellschaftspolitischen Verhältnissen durchzusetzen sei, spielte dabei eine beherrschende Rolle. Doch ist die institutionelle Absicherung des evangelischen Landeskirchentums, für die in der Weimarer Reichsverfassung Voraussetzungen geschaffen waren, trotz zunächst vorhandener starker Befürchtungen im ganzen gelungen. Evangelische Kirchenverträge (Bayern 1924, Preußen 1931, Baden 1932), meist in zeitlichem Zusammenhang mit den entsprechenden katholischen Landeskonkordaten abgeschlossen, haben das Verhältnis zur Weimarer Republik staatskirchenrechtlich stabilisieren helfen.

3. Zur evangelischen Militärseelsorge

Ein zusätzliches kirchliches Aufgabenfeld oblag im Ersten Weltkriege der evangelischen Militärseelsorge (Feldseelsorge)[67]. Die militärkirchliche Dienstordnung von 1902 in Preußen enthielt im Unterschied zur preußischen Militärkirchenordnung von 1832 keine Bestimmungen für den Mobilmachungsfall; es gab nur geheime interne Verordnungen dazu. Organisatorische Schwierigkeiten wirkten sich bei Kriegsbeginn dahin aus, daß die dringend benötigte Aussendung überetatsmäßiger evangelischer Feldgeistlichen erst um Monate verspätet erfolgen konnte. Zahlreiche evangelische Pfarrer meldeten sich freiwillig zum Heeresdienst, insbesonder solche, die innerhalb ihres vor der Ordination abgeleisteten Wehrdienstes zu Reserveoffizieren avanciert oder Reserveoffizieranwärter waren. Nach § 36, 11 der Heeresordnung konnten sie im Mobilmachungsfall mit einer Verwendung in der Militärseelsorge rechnen. Die übrigen diensttauglichen und nach der Wehrordnung dienstpflichtigen Geistlichen sollten dem Sanitätspersonal zugeordnet werden, konnten aber bei Bedarf auch in der Feldseelsorge Verwendung finden.

Bei Kriegsbeginn hat sich eine beträchtliche Zahl evangelischer Geistlicher, auch solche, die altersmäßig gar nicht mit ihrer Einberufung zum Kriegsdienst zu rechnen hatten, als Feldgeistliche gemeldet, verschiedentlich auch zum aktiven Wehrdienst. Charakteristisch hierzu der kirchliche Bericht:

»Die vaterländische Begeisterung, die bei der Mobilmachung durch das ganze Volk flutete, lebte in gewaltiger Kraft auch in den Pfarrern. Wer jene Zeit miterlebt hat, versteht ohne weiteres, daß viele den brennenden Wunsch hatten, nicht in irgendeinem Lazarett — vielleicht in der Heimat — mit ungewohnten Dienstleistungen, bei denen Vorbildung und Befähigung ungenutzt blieben, beschäftigt zu werden, sondern gerade als Pfarrer mit der Gabe und Übung der religiösen Rede und sonstiger Seelsorge unmmittelbar mit den kämpfenden Truppen ihren Mann zu stehen. Durch die Nachrichten über den starken Mangel an Seelsorgekräften im Heere wurde diese Stimmung selbstverständlich bedeutend verstärkt[68].«

Auch Pfarrer deutscher evangelischer Gemeinden im Ausland, die ihren Wirkungskreis wegen des Krieges hatten verlassen müssen, und zufällig auf Heimtaturlaub befindliche Geistliche im Missionsdienst meldeten sich. Bevor die etatsmäßigen militärkirchlichen Schwierigkeiten behoben wurden, hat man bei dringenden Bedarfsfällen auch Kandidaten der Theologie zur Seelsorge herangezogen. Nachmusterungen älterer Jahrgänge und Reduzierung der Zahl der kirchlicherseits als unabkömmlich gemeldeten Geistlichen erhöhten im Laufe der Zeit die Zahl der Meldungen zum Feldseelsorgedienst. Nur 1916 ergab sich vorübergehend ein Mangel, der durch Pfarramtskandidaten ausgeglichen wurde, deren Ordination noch nachgeholt werden mußte[69].

Bei Kriegsbeginn gab es 20 aktive Marinegeistliche und im preußischen Heer 125 Feldgeistliche. Der Stand vom 1. April 1915 betrug 404, davon 32 Marinepfarrer. Die Gesamtzahl erreichte im Frühjahr mit 744 preußischen Militärgeistlichen und 39 Marinepfarrern den Höchststand.

Bei den nichtpreußischen Kontingenten war die Zahl der aktiven Militärpfarrer relativ gering. Bei sächsischen Kontingenten wirkten neben 9 aktiven zuletzt 52 freiwillige Kriegspfarrer; von ihnen standen 42 im Frontdienst, 15 in der Etappe, einige auch im besetzten Gebiet der beiden Generalgouvernemente Brüssel und Warschau. In Bayern, das zunächst als in der Feldseelsorge unterversorgt galt, wurden verhältnismäßig viele Pfarrer zum Sanitätsdienst einberufen und zeitweilig zur Militärseelsorge herangezogen. Auch in den Garnisonen der Heimat und den Militärkirchengemeinden bestand Bedarf, der nach Möglichkeit durch nebenamtliche Garnisonspfarrer gedeckt wurde, die im Gemeindepfarramt standen. In Württemberg konnten sich im Unterschied etwa zur zunächst restriktiveren Praxis in Altpreußen verhältnismäßig viele Pfarrer zum Dienst mit der Waffe melden, weil die Kirchenbehörde dies gestattete; dem entsprachen die Verlustziffern[70].

Charakteristisch für die Stimmungslage war, daß gegen die den Waffendienst evangelischer Theologen einengende Bestimmungen aus der evangelischen Pfarrerschaft nach Kriegsbeginn öfters protestiert wurde. Man sah im Reichsmilitärgesetz, wonach ordinierte Geistliche zum Dienst mit der Waffe nicht herangezogen wurden, »ein nicht zu rechtfertigendes Ausnahmegesetz und eine Zurücksetzung ihres Standes in der sonst allen Ständen zustehenden Ehre, mit den Waffen das Vaterland zu verteidigen«. Die Erklärung vom November 1914 wurde von 172 evangelischen Pfarrern aller Richtungen von Großberlin beschlossen. Man wollte beim Reichstag eine gesetzliche Neuregelung der militärischen Stellung der evangelischen Pfarrer beantragen. Es sei eine Halbheit, »zwar vor der Ordination mit der Waffe dienen zu dürfen, dafür aber nach der Ordination sowohl in Friedens- als besonders in Kriegszeiten von diesem Vorrecht ausgeschlossen zu sein«. Zwar erkannten sie als ihre »vornehmste Pflicht an, in Kriegszeiten durch Predigt und Seelsorge im Felde wie daheim die geistigen Vorbedingungen des Sieges zu schaffen«, verlangten aber »über diesen Beruf hinaus als Staatsbürger auch mit der Tat für die in ihrer evangelischen Verkündigung aufgestellten höchsten Forderungen eintreten zu dürfen«[71]. Der Zentralvorstand der evangelichen Pfarrervereine wurde ersucht, für eine gesetzliche Neuregelung einzutreten. Eine entsprechende Erklärung sächsischer Pfarrer trug 246 Unterschriften. Der Gesamtvorstand des Evangelischen Bundes erklärte auf seiner Ostertagung 1915:

»Wir sind dankbar und voll vaterländischer Freude, daß in dem schweren Ringen so viele evangelische Theologen zur Waffe gegriffen und sie bis in die Schützengräben unter Aufopferung ihres Lebens getragen haben. Die Erfahrungen dieses Krieges lassen eine Nachprüfung der Bestimmungen über den Heeresdienst der evangelischen Theologen vom Standpunkt der evangelischen Grundanschauungen aus dringend geboten erscheinen[72].«

Natürlich fehlten vereinzelt auch Äußerungen gegen den Waffendienst der Geistlichen nicht; besonders drastisch ein Wort in der Hannoverschen Pastoralkorrespondenz (Nr. 21), wo der Waffendienst von Pfarrern mit dem Amt eines Scharfrichters verglichen wurde. Auch sonst wurde mitunter vom Amtsverständnis des Predigtamtes gegen ordinierte Pfarrer im Waffendienst argumentiert. Der Hinblick auf die gesetzliche Regelung im Deutschen Reich, wonach katholische Kleriker nach der Weihe nur im Sanitätsdienst oder als Feldseelsorger verwendet wurden, aber nicht mit der Waffe kämpften, mochte dabei eine untergeordnete Rolle spielen.

Der Militärseelsorge oblag an der Front, der Etappe und in den besetzten Gebieten wie auch in der Heimat ein breites Spektrum seelsorgerlichen Dienstes an der Truppe wie auch an Verwundeten und Kranken in den Lazaretten. Die Aufgaben erstreckten sich auf Feldgottesdienste, Abendmahlsfeiern, Grabreden, Gruppen- und Einzelseelsorge, Schriftenverbreitung und allgemeinbildende Angebote.

4. Die Kriegsfrömmigkeit im zeitgenössischen Diskurs

Was die zeitgenössische Beurteilung der Kriegsfrömmigkeit im Heere betrifft, so gab es eine auf konkreten Erfahrungen von Kriegspfarrern, minutiös-exemplarischer Auswertung von Feldpostbriefen und anderem zeitgenössischen Material beruhende Literatur. Zu Anfang des Krieges wird auf die »gewaltige Welt religiösen Empfindens« im Heer hingewiesen, die auch sonst einer weit verbreiteten vaterländischen Hochstimmung entsprach. Kritisch wird dabei reflektiert, daß das innere Verhältnis der einzelnen zu solchen Massenstimmungen außerordentlich verschieden sei:

»Es kann zwischen den Extremen bewußter nachdrücklicher Förderung der Gemeinstimmung und kühler innerer Ablehnung für die eigene Person schwanken[73].«

Im Herbst 1914 konnte von einer »religiösen Woge« als Massenerscheinung gesprochen werden, die der Militärseelsorge mit überwiegender Akzeptanz begegnete. Dabei gab es von Anfang an unterschiedliche

Bewertungen. Die religiöse Stimmungslage in soziologischer Dimension adäquat analytisch aufzuschlüsseln, galt als problematisch. Auch und gerade nach religiösen Gesichtspunkten ausgewählte Feldpostbriefsammlungen schienen nicht das repräsentative Bild abzugeben. Begriffe wie »Wiedergeburt« oder »Erweckung« auf den religiösen Aspekt der Stimmungslage zu Beginn des Ersten Weltkrieges anzuwenden, begegnete schon damals Bedenken, setzten beide doch religionspsychologisch-frömmigkeitstypisch zumindest einen nachwirkenden religiösen Impuls voraus. Der negativ akzentuierte Begriff »Rausch« — wie ihn kriegskritisch-pazifistisch der führende Religiös-Soziale in der Schweiz, Leonhard Ragaz (Zürich), verwandte, dessen Urteil allerdings nicht nur dem deutschen Heere galt, übersieht auch vorhandene Nüchternheit und kritische Selbstbesinnung schon nach Kriegsbeginn. Verbreitet war das Interpretament »*wirkliches* Erleben«, anknüpfend an die massiv-akute Lebens- und Existenzbedrohung an der Front.

In der zeitgenössischen Literatur wurde die Kriegsfrömmigkeit auch als dramatische Aktualisierung von religiösen Kindheitsmustern oder bisheriger religiöser Erziehung verstanden; sie war verständlicherweise stark vom Gedanken der Hilfe und Errettung in Lebensgefahr bestimmt. Ein neubelebter Glaube an das Wunder trat hinzu, wobei in der Volksfrömmigkeit übliche abergläubische Mittel mit Amulettcharakter verbreitet gewesen sind (Himmelsbriefe, Himmelsregeln, Schutzbriefe). Der Bewahrungsglaube scheint oft Formen fatalistischen Schicksalglaubens angenommen zu haben. Die schlichte Grundart religiöser Stimmung hat zudem eine konfessionell nivellierende Tendenz. Bei Feldgottesdiensten nahmen oft auch auch Angehörige der anderen Konfession teil. Der spezifisch christliche Gehalt der Kriegsfrömmigkeit wurde unterschiedlich beurteilt, vielfach als relativ gering veranschlagt. Es gab im Blick auf geprägte christliche Glaubensgedanken problematische Züge der Volksreligion, aber durchaus verschiedene Frömmigkeitstypen, auf die beispielsweise Erich Seeberg, später Kirchenhistoriker in Berlin, während des Krieges selbst Frontseelsorger, hinwies[74]. Die Christusfrömmigkeit trat sichtlich zurück; doch finden sich Züge des Heldischen und des Vorbilds im Jesusverständnis. Gottvertrauen als Kern der Kriegsfrömmigkeit ist vielfach stark vom Schicksalsglauben bestimmt gewesen[75].

Das allseits bezeugte starke Gemeinschaftserlebnis und Einheitsgefühl der ersten Kriegsmonate hat offensichtlich zur Akzeptanz der Militärseelsorge beigetragen, das zumal in den Fronttruppen vorhanden war. Auch die ungewohnte Situation, aber auch bedrückende Fronterlebnisse, zumal des Stellungskrieges, spielten dabei eine Rolle. Jedoch hat ein übermäßig artikuliertes vaterländisch-nationales Pathos oder gar exzessiver Kriegspatriotismus auf Soldaten abstoßend gewirkt[76].

Die Entwicklung des religiösen Lebens im Fortgang des Krieges läßt Wandlungsprozesse erkennen. Es wird von zeitgenössischer Seite darauf hingewiesen, daß manche Kreise in der Heimat der Selbsttäuschung unterlagen, daß auch später noch die patriotisch-religiöse Stimmung im Heer dem »Geist von 1914« entsprochen habe. »Fronterlebnis« und »Schützengrabenkameradschaft« wurden nicht selten zu typisierten Durchhalteparolen gegenüber der »Heimatfront« stilisiert (Vorbildcharakter der »tapferen Feldgrauen« für die Daheimgebliebenen). Kritische Beobachter sprachen in diesem Zusammenhang vom »mangelnden Wirklichkeitssinn gerade weiter Oberschichten des deutschen Volkes« und von ihrer »Abneigung, sich durch scharfes Zusehen die idealistische Einschätzung des eigenen Heeres selbst zu zerstören«[77]. Hier zeigten sich unrealistische Tendenzen, die einsetzende Kriegsmüdigkeit bagatellisierten. Ideologisierungstendenzen wie das »Versagen der Heimatfront« und die spätere Dolchstoßlegende fanden hier ansatzweise mentalen Nährboden.

Zeitgenössische Analyse sah Veränderungen in der religiösen Stimmung des Heeres als »Wellenbewegungen«; es bestehe ein Zusammenhang mit der unterschiedlichen Verwendung der Truppenteile. Beteiligte Divisionspfarrer meinten, große Schlachten hätten zum »Aufflackern« der Massenreligion geführt, wie man sie Frühjahr 1918 im Zusammenhang mit den fünf deutschen Offensiven an der Westfront stimmungsmäßig noch einmal glaubte feststellen zu können. Die Zeit der alliierten Gegenoffensiven seit Juli 1918 und des deutschen Rückzugs bis zum Waffenstillstand im November entsprach demgegenüber einem Tief im Stimmungsbarometer[78]. Ein länger wirksames Abstumpfungsmoment angesichts verheerender Materialschlachten, furchtbarer Blutopfer und sinnloser Zerstörungen war unübersehbar. Nachdenkliche, kritische Fragen, zunächst von der »religiöse Woge« des Anfangs, der »Wucht dieser Gesamtempfindung« in den Hintergrund gedrängt, werden beobachtet, als der Krieg sich in die Länge zog. Nur singulär sind Urteile, daß die lange Kriegsdauer auch »vertiefende, verchristlichende Wirkung« gehabt habe (aus dem Jahre 1916). Deutungsvarianten neigten zur Annahme einer polarisierenden Wirkung der Kriegsereignisse auf das religiöse Grundempfinden: Momente der Bestärkung und der Infragestellung der ursprünglichen Religiosität[79].

Auf die »erkenntnisdisponierende Bedeutung des Krieges« hatte schon der katholische Philosoph Max Scheler in seinem Herbst 1914 geschriebenen, durchaus kriegspatriotisch geprägten Buch *Vom Genius des Krieges und der Deutsche Krieg*[80] hingewiesen. Spätere kirchliche Erörterungen über religiöse Existenzfragen, die sich aus dem Phänomen des Krieges ergaben, konnten hier anknüpfen. In der Anfangsphase des Zweiten Weltkrieges schrieb Pastor Hanns Lilje, damals Generalsekretär des Lutherischen Weltkonvents, in seiner Schrift *Der Krieg als geistige Leistung*[81], der Mensch erfahre im Krieg die elementare Bedrohung seiner Existenz. Ähnlich wie der Braunschweiger Domprediger Hans Schomerus, damals Predigerseminardirektor in Wittenberg, in seiner Schrift *Ethos des Ernstfalles*[82] wies Lilje angesichts massiver völkisch-antichristlicher Tendenzen im Dritten Reich auf die »Unzulänglichkeit der Kriegsromantik oder des landläufigen Heroismus« hin:

»Der Krieg deckt mit einer brutalen Plötzlichkeit und grellen Deutlichkeit die verborgenen Quellen und Gründe des geschichtlichen Lebens auf; er legt jene ursprünglichen Triebkräfte bloß, die das geschichtliche Schicksal der Völker formen und die, solange die Zeit im friedlichen Gleichmaß geht, so leicht mit allerlei ideologischen Hüllen der verschiedenartigsten Herkunft zugedeckt werden.«

Auf katholischer Seite hat Jesuitenpater Alfred Delp in einem von Lilje als wertvoll und aufschlußreich bezeichneten Aufsatz gleichen Titels Fragen der existiellen Bewältigung des Kriegsgeschehens angesprochen:

»Die Stunden und geschichtlichen Wirklichkeiten seines Schicksals wählt der Mensch sich nicht selbst, und ihm bleibt nur die Aufgabe, damit fertig zu werden[83].«

Dabei ging es auch ihm keineswegs um Kriegsverherrlichung, sondern vielmehr um den Aufweis der existentiellen Bewährungskraft christlichen Glaubens im Krieg aus einer letzten geistigen Haltung und Verantwortung heraus[84].

Anmerkungen

1 Zum (hier nicht näher behandelten) Problemkreis der Militärseelsorge im Ersten Weltkrieg vgl. das materialreiche zeitgenössische im Auftrage des Deutschen Evangelischen Kirchenauschusses vom damaligen Gießener praktischen Theologen und späteren schlesischen Generalsuperintendenten Professor D. Dr. Martin Schian herausgegebene Werk: Die deutsche evangelische Kirche im Weltkriege. Bd 1: Die Arbeit der evangelischen Kirche im Felde, Berlin 1921. Über die gesetzlichen Regelungen des Militärdienstes evangelischer Pfarrer vgl. Hermann Mulert, Der Waffendienst der evangelischen Pfarrer, Leipzig 1915.

[2] Vgl. dazu — ebenfalls von Martin Schian herausgegeben: Die deutsche evangelische Kirche im Weltkriege. Bd 2: Die Arbeit der evangelischen Kirche in der Heimat, Berlin 1925. Der ebenfalls materialreiche Band ist auftragsgemäß auf die »Arbeit der organisierten Kirche und ihrer Gemeinden« konzentriert; die Aktivitäten des Verbands- und Vereinsprotestantismus (Innere Mission, Gustav-Adolf-Verein, Evangelischer Bund u.a) sind nicht berücksichtigt (Vorwort, S. V).

[3] Vgl. Kurzrezension von Pastor Wilhelm Treblin in: Evangelische Freiheit. Monatsschrift für die kirchliche Praxis in der gegenwärtigen Kultur, 15 (1915), S. 117f.

[4] Zum folgenden die gründliche, quellenbelegt-analytische Arbeit von Klaus Schwabe, Die deutschen Professoren und die politischen Grundfragen des Ersten Weltkrieges, Diss. Freiburg i.Br. 1958, S. 34—92; Lit.: S. 401—421; zum »Oktoberaufruf der 93« bes. S. 69—71; Text u.a. in: Internationale Monatsschrift für Wissenschaft, Kunst und Technik, 9 (1914), S. 275; vgl. auch Fritz Fischer, Griff nach der Weltmacht. Die Kriegszielpolitik des kaiserlichen Deutschland 1914/18, Düsseldorf 1961, [2]1967; hier: Nachdruck der Sonderausgabe Kronberg i.Ts. 1977, S. 132f., Anm. 5.

[5] Schwabe (wie Anm. 4), S. 69.

[6] Deutsche Kultur, Katholizismus und Weltkrieg. In Verbindung mit (vielen anderen) hrsg. von Georg Pfeilschifter, Freiburg i.Br. 1916. Vgl. den aspektreichen thematischen Rückblick auf das »Ende des Kaiserreichs« und die »Wende im Krieg« bei Heinz Hürten, Deutsche Katholiken 1918—1945, Paderborn u.a. 1992, S. 13—48.

[7] Telegrammtexte in: Deutsche Kultur (wie Anm. 6), S. 493f.

[8] Otto Baumgarten, Kirchliche Chronik, in: Evangelische Freiheit, 16 (1916), S. 188—198, S. 230—242.

[9] Ebd., S. 188—198, 230—242, Zit. S. 188.

[10] Helmuth Plessner, Die verspätete Nation, Stuttgart 1959.

[11] Kirchliches Jahrbuch für die evangelischen Landeskirchen Deutschlands, hrsg. von Johannes Schneider, 42 (1915), S. 137—153, Zit. S. 140.

[12] Wilhelm Walther, Deutschlands Schwert durch Luther geweiht, Leipzig 1915, S. 10.

[13] Kirchliches Jahrbuch (wie Anm. 11), 42 (1915), S. 147.

[14] Ebd.; 56 (1929), S. 314—323.

[15] Baumgarten, in: Evangelische Freiheit, 16 (1916), S. 67—76, Zit. S. 70.

[16] Ebd., S. 108—118.

[17] Ebd., S. 65—76, Zit. S. 73.

[18] Ebd., 14 (1914), S. 317.

[19] Ebd., 16 (1916), S. 35.

[20] Ebd., 14 (1914), S. 391f. (Baumgartens Kritik an »steigender Wut gegen England«), S. 439f.

[21] Ebd., S. 321.

[22] Wilhelm Niemöller, Evangelische Verkündigung in zwei Weltkriegen, in: Junge Kirche, 25 (1964), S. 567—579; Wolf-Dieter Marsch, Politische Predigt zu Kriegsbeginn 1914/15, in: Evangelische Theologie, 24 (1964), S. 513—538.

[23] Für die Anfangszeit vgl. Deutsche Theologen über den Krieg. Stimmen aus

schwerer Zeit. Hrsg. von Wilhelm Laible, Leipzig 1915; Otto Baumgarten, Der Krieg auf der Kanzel, in: Evangelische Freiheit, 14 (1914), S. 302—313; vgl. auch die Annotationen (»Notizen«) der »Evangelischen Freiheit« (passim) zu zahlreichen Titeln zeitgenössischer religiöser Kriegsliteratur. Vgl. die analytischen Monographien Karl Hammer, Deutsche Kriegstheologie 1870—1918, München 1971; Wilhelm Pressel, Die Kriegspredigt 1914—1918, Göttingen 1967 (= Arbeiten zur Pastoraltheologie, Bd 5). Zur Einordnung der Kriegspredigt in den Typ der politischen Predigt vgl. Marsch (wie Anm. 22).

24 Vgl. dazu Heinrich Missalla, »Gott mit uns«. Die deutsche katholische Kriegspredigt 1914—1918, München 1968; Der deutsche Krieg und der Katholizismus. Deutsche Abwehr französischer Angriffe. Hrsg. von einem deutschen Katholiken, Berlin 1917; Heinrich Schroers, Das christliche Gewissen im Weltkriege. Zur Beleuchtung des Buches »L'Allemagne et les alliés devant la conscience chrétienne, Freiburg i. Br. 1916; Michael von Faulhaber, Waffen des Lichtes. Gesammelte Kriegsreden, Freiburg i. Br. [4]1916.

25 Marsch (wie Anm. 22), S. 523. Vgl. Karl Dunkmann, Idealismus oder Christentum?, in: Deutsche Theologen über den Krieg (wie Anm. 23), S. 85—100.

26 Die Christliche Welt, 30 (1916), Sp. 909.

27 Deutsch-Evangelisch. Monatsblatt für den gesamten deutschen Protestantismus, 8 (1917), S. 124—128, Zit. S. 126; vgl. Günter Brakelmann, Der deutsche Protestantismus im Krisenjahr 1917, Witten 1974 (= Politik und Kirche. Studienbücher zur kirchlichen Zeitgeschichte, Bd 1), S. 50 ff., Zit. S. 151.

28 Brakelmann (wie Anm. 27), S. 145.

29 Ebd., S. 152—155.

30 Ebd., S. 166.

31 Ebd., S. 174.

32 Die Christliche Welt, 31 (1917), S. 756; Kirchliches Jahrbuch (wie Anm. 11), 45 (1918), S. 486; Brakelmann (wie Anm. 27), S. 174. Außer Pfarrer Lic. Dr. Karl Aner waren weitere Unterzeichner die Berliner Pfarrer Walther Nithack-Stahn, Otto Pleß, Lic. Dr. Friedrich Rittelmeyer, Lic. Rudolf Wielandt. Nach einem Bericht von Pfarrer Christian Geyer war Rittelmeyer Hauptverfasser, siehe Christentum und Gegenwart, 14 (1923), S. 39.

33 Brakelmann (wie Anm. 27), S. 179.

34 Ebd., S. 176.

35 Ebd., S. 180.

36 Chronik der Christlichen Welt, hrsg. von Johannes Kübel, 27 (1917), S. 349; Kirchliches Jahrbuch (wie Anm. 11), 45 (1918), S. 489.

37 Evangelisch-Kirchlicher Anzeiger von Berlin, 68 (1917), S. 277.

38 Kirchliches Jahrbuch (wie Anm. 11), 45 (1918), S. 486.

39 Ebd., S. 486 f., Zit. S. 487. Mitverfasser waren die Berliner Pfarrer Max Braun, D. Daniel von der Heydt, Erich Mann.

40 Abgedr. in: Die Christliche Welt, 31 (1917), S. 858 f.

41 Deutsch-Evangelisch, 9 (1918), S. 85.

42 Brakelmann (wie Anm. 27), S. 145, S. 218.

43 Christliche Freiheit 1914 bis Frühjahr 1919. Blätter für deutschen Glauben und deutsche Zukunft des Evangelischen Gemeindeblatts für Rheinland und Westfalen, hrsg. von Gottfried Traub, 34 (1918), S. 282. Bei den »Eisernen

Blättern« handelt es sich um insgesamt 108 einzelne schwarz-rot-gold umrandete (undatierte) Blätter aus Kunstdruckpapier von Ende 1914 bis Frühjahr 1919, mit politischen und religiösen Einzelthemen; Nr. 62 gegen den Kriegswucher; Nr. 72 rechtfertigt deutschen Annexionsfrieden; Nr. 108 (»Der Sieg der Revolution«) polemisiert gegen den sozialdemokratischen Kultusminister Konrad Hänisch; terminus a quo: statistische Bezugnahme vom 24.4.1919.

44 Kirchliches Jahrbuch (wie Anm. 11), 45 (1918), S. 489f. Zur päpstlichen Friedensnote (Wortlaut, protestantische Kritik, Stellungnahmen): 45 (1918), S. 376—394, Wortlaut der amtlichen deutschen Übersetzung, S. 379—383. Vgl. Die Kundgebungen Papst Benedikts XV. zum Weltfrieden im Urtext und in deutscher Übersetzung. Hrsg. von Arnold Struker, Freiburg i.Br. 1917, S. 72—79.

45 Vgl. zum folgenden Brakelmann (wie Anm. 27), S. 276—308.

46 Aus dem Nachlaß von Reinhold Seeberg erstmals veröffentlicht ebd., S. 297—310; Stellungnahmen zu Kriegsende und Novemberrevolution bei Martin Greschat, Der deutsche Protestantismus im Revolutionsjahr 1918—19, Witten 1974 (= Politik und Kirche. Studienbücher zur kirchlichen Zeitgeschichte, Bd 2).

47 Teilaspekte bei Kurt Meier, Krisenbewältigung im freien Protestantismus. Kontinuitäts- und Umbruchsbewußtsein im kirchlichen Liberalismus nach 1918, in: Umstrittene Moderne. Hrsg. von Horst Renz und Friedrich Wilhelm Graf, Gütersloh 1987 (= Troeltsch-Studien, Bd 4), S. 285—304.

48 Kurt Nowak, Protestantismus und Weimarer Republik. Politische Wegmarken in der evangelischen Kirche 1918—1932, in: Die Weimarer Republik 1918—1933. Politik, Wirtschaft, Gesellschaft. Hrsg. von Karl Dietrich Bracher, Manfred Funke, Hans-Adolf Jacobsen, Bonn 1987 (= Studien zur Geschichte und Politik, Bd 251), S. 218—237.

49 Vgl. Deutsche evangelische Kirche im Weltkriege, Bd 2 (wie Anm. 2), S. 205.

50 Chronik der Christlichen Welt (wie Anm. 36), 24 (1914), S. 409f.

51 Deutsche evangelische Kirche im Weltkriege, Bd 2 (wie Anm. 2), S. 206.

52 Ebd., S. 165—180.

53 Ebd., S. 213—216.

54 Ebd., S. 216—220.

55 Vgl. H. Balke, Der Pfarrer als Überbringer von Trauernachrichten, in: Die Dorfkirche (1916/17), S. 137f., S. 176ff., S. 217.

56 Deutsche evangelische Kirche im Weltkriege, Bd 2 (wie Anm. 2), S. 219f. Gedenkblätter zunächst für Preußen, dann für die Kriegsmarine, auf kaiserliche Veranlassung hin auch für die württembergischen, bayerischen und sächsischen Truppen bis Anfang 1916 eingeführt.

57 Ebd., S. 220.

58 Ebd., S. 264.

59 Ebd., S. 271.

60 Ebd.

61 Ebd., S. 280—289.

62 Ebd., S. 297.

63 Ebd., S. 299f. (Statistik).

64 Ebd., S. 289—303.

65 Ebd., S. 287f.

66 Vgl. Kurt Meier, Volkskirche 1918—1945. Ekklesiologie und Zeitgeschichte, München 1982 (= Theologische Existenz heute, Nr. 219), S. 9—46.

67 Vgl. zum folgenden: Die deutsche evangelische Kirche im Weltkriege, Bd 1 (wie Anm. 1), passim.

68 Ebd., S. 18.

69 Ebd., S. 27.

70 Ebd., S. 515—548: Namentliches Verzeichnis der während des Krieges in der evangelischen Militärseelsorge hauptamtlich beschäftigten Geistlichen: 1. Das preußische Heer: 127 aktive Militärgeistliche; 1338 Zivilgeistliche; 2. Marine: 28 Marinegeistliche, 28 Zivilgeistliche; 3. Preußische Altlutheraner: 8 Pastoren; 4. Bayern rechts des Rheins: 242 Pfarrer und Pfarramtskandidaten; 5. Bayern links des Rheins (Pfälzische Kirche) 37 Pfarrer; 6. Sachsen: 74 Geistliche; 7. Württemberg: 42 Geistliche.

71 Mulert (wie Anm. 1), S. 33. M. behandelt knapp Vorgeschichte, Bestimmungen, Probleme.

72 Ebd., S. 34.

73 Die deutsche evangelische Kirche im Weltkriege, Bd 1 (wie Anm. 1), S. 100.

74 Erich Seeberg, Religion im Felde, Berlin-Lichterfelde 1919, S. 12f.

75 Die deutsche evangelische Kirche im Weltkriege, Bd 1 (wie Anm. 1), S. 115; im Kapitel »Die religiöse und sittliche Haltung des Heeres während des Krieges«, S. 98—143, weitere ausgewählte zeitgenössische Literatur, Erlebnisberichte usw.

76 Vgl. Niemöller (wie Anm. 22), S. 571f. Er berichtet, »wie schrecklich uns jungen Soldaten die weitverbreitete Sieges- und Durchhaltepredigt auf die Nerven gefallen ist«, nennt indes auch Gegenbeispiele (positiver Verweis auf W. Niemöllers Divisionspfarrer Lic. Hermann Schafft). Nach Wilhelm Niemöller ist »die Abneigung und der Widerstand gegen die christliche Predigt« nach 1918 mitbedingt durch Erfahrungen mit der Kriegspredigt.

77 Die deutsche evangelische Kirche im Weltkriege, Bd 1 (wie Anm. 1), S. 119.

78 Seeberg (wie Anm. 74).

79 Die deutsche evangelische Kirche im Weltkriege, Bd 1 (wie Anm. 1), S. 120—127.

80 Max Scheler, Vom Genius des Krieges und der Deutsche Krieg, Leipzig 1915, S. 119. Jetzt auch: Gesammelte Werke. Bd 4: Politisch-pädagogische Schriften, Bern, München 1982, S. 7—250.

81 Hanns Lilje, Der Krieg als geistige Leistung, Berlin 1941 (= Furcheschriften, Nr. 26).

82 Hans Schomerus, Ethos des Ernstfalles, Berlin 1938; ^{2}1939: »Auf das Schlimmste gefaßt zu sein — das ist im Grunde eine nüchterne, höchst wachsame und harte — Selbsterkenntnis vor dem Angesicht Gottes.« (S. 34) Oder: »Nur der Mann, der Glauben hat, ist ein Soldat, wie ihn die Geschichte in ihrem Ernst fordert.« (S. 29).

83 Alfred Delp, Der Krieg als geistige Leistung, in: Stimmen der Zeit. (Katholische) Monatsschrift für das Geistesleben der Gegenwart, 70 (1940) (= Bd 137, H. 7), S. 207—210, Zit. S. 207.

84 Ebd., S. 210.

Heinz Hürten

Die katholische Kirche im Ersten Weltkrieg[1]

In der konfessionellen Struktur des Deutschen Reiches vor 1914 nahm die katholische Kirche mit einem Anteil von 37,7 Prozent Gläubigen den Platz einer zahlenmäßig starken und durch die Zentrumspartei, die bei den Reichstagswahlen von 1912 noch einen Stimmenanteil von 16,3 Prozent erreicht hatte, auch politisch einflußreichen, aber gleichwohl wenig geachteten Minorität ein[2]. Ein schwerer Stein in der Barriere, die den Katholiken den vollen Zugang zur nationalen Gemeinschaft versperrte, war ihr »Ultramontanismus«, die Bindung an das übernationale Papsttum. Jeder Krieg, noch viel mehr ein echter oder angeblicher »Volkskrieg«, bedeutete für ihre kirchlich begründete Gemeinschaft eine zweifache Herausforderung. Sahen sie sich als deutsche Staatsbürger durch den Krieg vor eine Bewährungsprobe ihrer nationalen Zuverlässigkeit gestellt, so war umgekehrt die universale, die Kampffronten des Krieges überwölbende Gemeinschaft der Katholiken als Glieder der einen Kirche einer bis dahin unbekannten Belastung ausgesetzt. Im Krieg der Nationen geriet die katholische Kirche in die Spannung zwischen den auf den verschiedenen Fronten gegeneinander im Kampf stehenden Katholiken und ihrem gemeinsamen geistlichen Oberhaupt, das von ihnen gleichermaßen in Anspruch genommen wurde und ihnen in gleicher Weise verpflichtet war. Die Kirche handelte somit in ihrer Reaktion auf den Krieg auf zwei Ebenen, jener des auf die Wahrung der kirchlichen Einheit bedachten Papsttums und jener der mit ihrer jeweiligen Nation verbundenen und darum gegeneinander streitenden Katholiken.

In dieser Lage hat der Heilige Stuhl zu einer Definition seiner Funktion als Friedensmacht gefunden, die für die Folgezeit verpflichtend wurde und darum auch seiner Haltung im Zweiten Weltkrieg den Rahmen zog. Papst Benedikt XV. griff dabei zwar ältere Traditionen auf, gestaltete diese jedoch unter den Bedingungen der säkularisierten Völkerrechtsgesellschaft und des interkonfessionellen Nationalstaates neu. Der Kirchenstaat war bis zu seinem Ende 1870 eine nach den Grundsätzen des Völkerrechts zur Kriegführung berechtigte und faktisch befähigte Macht gewesen und als solche war er von der italienischen Nationalbewegung überwunden worden. Aber schon während der napoleonischen Kriegsära hatte der Papst aus seinem Amt »die Pflicht des Friedens gegen alle« ohne jeden Unterschied abgeleitet[3]. Folgerichtig hatte er sich nicht an der Kontinentalsperre gegen Großbritannien beteiligt, und zur Enttäuschung vieler hat sich Pius IX. 1848 dem vermeintlichen Befreiungskampf Italiens gegen Österreich entzogen. Die Staaten Europas haben diese Entwicklung, die unter Leo XIII. weiter forciert worden war, nicht gerade gefördert. Vielmehr verhinderte das Königreich Italien, daß der Heilige Stuhl zu den Haager Friedenskonferenzen von 1899 und 1907 eingeladen wurde, und Italien verpflichtete beim Kriegseintritt auf der Seite der Entente im Jahre 1915 seine Verbündeten, jede Beteiligung des Papstes an den Friedensverhandlungen oder auch nur seinen Einfluß auf die künftige Friedensordnung zu verhindern.

Dessen ungeachtet hat Papst Benedikt XV. sich während des Ersten Weltkrieges unablässig bemüht, sobald wie möglich einen tragfähigen Frieden wiederherzustellen und den Opfern des Krieges zu helfen[4]. Dabei vermied er peinlich jede Stellungnahme zum aktuellen Kriegsgeschehen. Er unterließ es auch, die kirchliche Lehre vom gerechten Krieg, von den Bedingungen, unter denen ein Christ Krieg führen dürfe, weiter zu entwickeln. Der Grund hierfür könnte derselbe gewesen sein, der sein »Schweigen« zu einzelnen, konkret bestimmbaren Kriegsgreueln verursachte: Unabdingbare Voraussetzung für eine erfolgreiche Friedensvermittlung wie für die zahlreichen Hilfsaktionen des Heiligen Stuhls war strengste Neutralität. »Nullius partis« zu sein, von keiner Partei vereinnahmt und gegen die andere verwendet zu werden, war ebenso Voraussetzung jeglicher Aktion wie Bedingung für die Aufrechterhaltung der kirchlichen Einheit. Wenngleich sich der Papst als Hüter des Naturrechts und der christlichen Moral verstand, entzog er sich, um nicht Partei zu werden, allen Bemühungen der Kriegführenden, Maßnahmen der jeweils anderen Seite — etwa den von den Deutschen aufgenommenen »uneingeschränkten U-Boot-Krieg« — ausdrücklich zu verurteilen. Im Entscheidenden, der Wiederherstellung des Friedens, ist die Politik Benedikts XV. gescheitert. Die großangelegte diplomatische Aktion vom Sommer 1917, welche die Mächte zu einem Frieden auf der Basis des status quo ante (eventuell mit Kompromißlösungen hinsichtlich einzelner Grenzfragen) bewegen wollte, schlug fehl, weil keiner der großen kriegführenden Staaten bereit war, auf mögliche kriegerische Erwerbungen zu verzichten. Der Krieg war für sie noch ein Mittel zur Vermehrung nationaler Macht.

Eben darin lag jedoch der Unterschied zu der Auffassung, die Benedikt XV. unermüdlich verkündete. Jeglicher Glorifizierung des Krieges, wie sie zu beiden Seiten der Fronten ihre Blüten trieb, zutiefst abhold, kennzeichnete er ihn mit Ausdrücken, wie sie schärfer kein Pazifist hätte formulieren können, als »Blutbad«, das Europa zur Schande gereiche, als »entsetzlichen Wahnsinn«, als »Gemetzel« und »Selbstmord des zivilisierten Europa«. Um der Wiederkehr eines solchen Unheils vorzubeugen, schlug er in seiner Friedensnote an die kriegführenden Mächte vom 1. August 1917 vor, in Zukunft »an die Stelle der materiellen Gewalt der Waffen [...] die moralische Macht des Rechts« treten zu lassen. Abrüstung auf den niedrigsten für die Aufrechterhaltung der Sicherheit erforderlichen Stand und obligatorisches Schiedsgericht sollten fortan die Ordnung Europas bestimmen[5].

Mit dieser Politik errang das Papsttum zwar vermehrtes Ansehen, nach dem Ende des Krieges nahmen mehr und mehr Staaten diplomatische Beziehungen zum Heiligen Stuhl auf. Aber von den Friedensverhandlungen in Paris blieb der Papst ausgeschlossen, und er wurde auch nicht Mitglied des Völkerbundes. Die Politik Benedikts XV. verfehlte jedoch in den Kriegsjahren nicht nur den erstrebten Erfolg, sie belastete auch seine Beziehungen zu den Katholiken unter den kämpfenden Völkern, die damals noch weitaus die Mehrheit aller Katholiken auf der Welt bildeten.

Die rund zwei Drittel aller Katholiken, die als Angehörige einander feindlicher Staaten in den Ersten Weltkrieg verwickelt waren, vermochten oftmals die Auffassungen ihres obersten Hirten über den Krieg nicht zu teilen. In Deutschland und Frankreich waren viele von ihnen der Ansicht, daß ein Sieg ihrer Nation die Lage der Kirche in ihren Ländern, vielleicht sogar darüber hinaus entscheidend verbessern werde. Auch in Italien neigten manche Gruppen zu dieser Meinung. Bei allen nationalen Unterschieden war doch in diesen drei Ländern die Situation der kirchentreuen Katholiken gekennzeichnet durch den Konflikt mit Liberalismus und Antiklerikalismus, der sie in der nationalen Gesellschaft zu Außenseitern gemacht hatte. Die »Union sacrée« der kämpfenden Nation, ihre selbstverständliche Eingliederung in die Kampfgemeinschaft des Volkes schien ihnen die Chance zu eröffnen, die ihnen bislang vorenthaltene Anerkennung als gleichberechtigte Bürger zu erstreiten. Für sie hatte darum dieser Krieg einen Sinn, dessen Legitimität freilich davon abhing, daß er einer gerechten Sache diente. Darum konnten sie oft nicht wie ihr Papst darin ein »sinnloses Massaker« sehen. Unreflektierter Patriotismus und kirchlicher Selbstbehauptungswille verbanden sich zu einem Amalgam, das sich dem Friedenswillen des Papstes gegenüber resistent erwies.

Diese Spannungen fanden besonders heftigen Ausdruck in Frankreich, wo ein zur Unterstützung der staatlichen Auslandspropaganda gebildetes Gremium unter dem Vorsitz des Rektors des Instituts catholique in Paris, des späteren Bischofs, Kardinals und Mitglieds der Académie française, Baudrillart, ein Buch veröffentlichte, das den deutschen Glaubensbrüdern nichts geringeres vorwarf, als schlechte Katholiken zu sein. Es mag als Gegenbeweis für diese These gelten, daß die dadurch provozierte Gegenschrift der deutschen Katholiken solche Mißgriffe vermied[6]. Die Identifizierung der französischen Katholiken mit der nationalen Sache ging so weit, daß nicht einmal ein offener Konflikt mit dem Papst vermieden wurde. Baudrillart verweigerte sich dem Ansinnen Benedikts, bei der französischen Regierung als Mittelsmann seiner Friedenspolitik zu wirken, und ein bekannter Ordensmann erklärte mit Genehmigung des Erzbischofs von Paris in Notre Dame von der Kanzel herab, daß die französischen Katholiken dem Aufruf des Papstes zum Frieden nicht zu folgen bereit seien: »Wir sind Söhne, die ›Nein‹ sagen[7].«

Wenngleich sich in Deutschland keine vergleichbaren Vorgänge konstatieren lassen, gab das Verhalten der Katholiken hier kritischeren Geistern nach dem Ende des Krieges doch Anlaß zu wenig selbstgewissen Reflexionen[8]. Für die hochgespannten Erwartungen, in denen manche in der Phase der deutschen Erfolge lebten, bieten so unterschiedliche Gestalten wie der Philosoph Max Scheler und der Parlamentarier Matthias Erzberger eindrucksvolles Anschauungsmaterial. Scheler machte sich in seiner Schrift von 1914 *Der Genius des Krieges und der deutsche Krieg* zum Herold einer religiösen Erneuerung Europas durch einen Sieg der Mittelmächte. Hierdurch werde nicht allein der Einfluß des orthodoxen Rußland und des protestantischen England geschwächt, sondern durch die Gewichtsverschiebung innerhalb der Kirche zugunsten des deutschen Elements »der germanischen, tieferen, innigeren und religiösen Form« des katholischen Glaubens eine Bedeutung zukommen, die der Kirche »die Anwartschaft auf eine allseitige spirituelle Leitung Europas vielleicht wieder zurückgeben könnte«[9]. Auch Erzberger sah in einem deutschen Sieg eine welthistorische Chance der katholischen Kirche und — nach dem Kriegseintritt Italiens — auch die Möglichkeit zu einer Bereinigung der »Römischen Frage«, die den Papst wieder zu einem unbestreitbaren Souverän mit eigenem Territorium machen sollte. Aber gerade er, der sich stärker als mancher andere seiner Glaubensgenossen in weit ausgreifenden Annexionsplänen ergangen hatte, solange das Kriegsglück die Deutschen zu begünstigen schien, wurde mit seiner Initiative zur Friedensresolution des Deutschen Reichstags vom Sommer 1917 zur Symbolfigur einer Wende zur politischen Realität, zur Abkehr zum Vertrauen auf die herrschenden Eliten, deren militärische Planungen kläglich versagten, und zur Verlagerung der Verantwortung auf das Parlament. Mit ihm fanden die Mehrheitsparteien des Reichstags, die seither im Interfraktionellen Ausschuß institutionell verbunden zusammenarbeiteten, allmählich den Weg, der ihnen die Trennung vom gescheiterten System und die Begründung der ersten deutschen Republik ermöglichte[10].

Nicht alle Katholiken hatten freilich während des Krieges so weitreichende Wendungen zu vollziehen wie der agile Erzberger. Das Kriegsheft des Volksvereins für das katholische Deutschland[11], der größten katholischen Vereinigung und mit rund 800000 Mitgliedern einer unter den gegebenen Verhältnissen beachtlichen Massenorganisation, wiederholte zwar einmal mehr die 1914 allüberall umlaufenden Topoi vom unerschütterlichen Friedenswillen des Deutschen Reiches und seines Kaisers, vom Neid Englands und der planmäßigen Einkreisung Deutschlands durch seine Gegner und gab sich somit als ein Stück Kriegspropaganda zu erkennen, welche die politischen Legenden verbreitete, die für die Geschlossenheit der inneren Front unerläßlich schienen, — aber dieses Heft enthielt sich doch sehr weitgehend der Versuchung, die Ereignisse religiös zu überhöhen, die christliche Botschaft für die Politik des eigenen Landes in Anspruch zu nehmen. Eine ähnliche Zurückhaltung, die freilich nur vor der Folie anderer zeitgenössischer Äußerungen als solche zu erkennen ist, kennzeichnet auch den Beitrag des Moraltheologen Joseph Mausbach, mit dem die nach damaliger Auffassung als fortschrittlich geltende Kulturzeitschrift »Hochland« erstmals einläßlich zum Ausbruch des Krieges Stellung nahm[12]. Bemerkenswert erscheint die Frage, die sich Mausbach stellte, ob nämlich »die kriegerische Begeisterung unserer Tage ein Abfall von der echten Christenstimmung« sei. Er vermochte diese Frage durch den Rückgriff auf die Theorie vom gerechten Krieg zu verneinen, aber eben mit dem Hinweis auf den gerechten Krieg bannte er die patriotische Begeisterung in einen Rahmen, der keinen uferlosen Annexionismus zuließ. Offensichtlich beeindruckt von der intensiven religiösen Praxis der Soldaten bei Kriegsausbruch und der Bereitschaft des Volkes, die Belastungen des Krieges zu tragen, sprach Mausbach zwar von »Kreuzzugsstimmung«, aber damit wurde für ihn der Krieg doch nicht zum Kreuzzug. Von einer »heilsgeschichtlichen Aufwertung des Zeitgeschehens«[13] findet sich in den Quellen katholischer Provenienz nicht eben viel.

Ähnliches läßt sich von den Hirtenbriefen sagen, mit denen sich die Bischöfe während des Krieges an ihre Gläubigen wandten. Sie sprachen zwar eine andere Sprache als ihr oberster Hirte. Was dieser sagte, um das Grauen des Krieges zu kennzeichnen und zum Frieden zu mahnen, wäre im Munde eines Bischofs – ganz gleich auf welcher Seite der Fronten – Opposition gegen die Politik des eigenen Landes gewesen, das diesen vom Papst verurteilten Krieg mit letzter Entschlossenheit und wenigstens in Deutschland wie in Frankreich lange Zeit hindurch mit der Unterstützung breiter Volksschichten führte. Aber es waren auch in Deutschland nicht solche Rücksichten politischer Natur, welche die Bischöfe hinderte, sich in gleicher Weise wie Benedikt XV. zu äußern. Vielmehr wird aus ihren Verlautbarungen eine wahrscheinlich unreflektierte Identifikation mit dem eigenen Lande und der Sache, die es verfocht, deutlich. Obgleich solche öffentlichen Erklärungen und Predigten erweisen, wie stark ihre Autoren Sprache und Denkstil ihrer Epoche verhaftet waren und daß es wohl keinen Grund gibt, das Urteil eines erfahrenen Seelsorgers in Zweifel zu ziehen, der nach Ende des Krieges kritisch feststellte, die Kanzel habe während dessen »mancherorts Predigten über sich ergehen lassen müssen, die fast ebenso gut in einer patriotischen Versammlung oder in einem Unterricht über bürgerliche und nationale Lebenskunde gehalten werden könnten«[14], bleibt doch festzuhalten, daß nach den bisherigen Untersuchungen über die Predigten und Hirtenbriefe aus der katholischen Kirche in Deutschland die Forschungsergebnisse Wilhelm Pressels hinsichtlich der evangelischen Kriegspredigt auf die katholische nicht übertragen werden dürfen[15].

Der Hirtenbrief, den alle deutschen Bischöfe gemeinsam (und mit dieser Abweichung vom üblichen Brauch in seinem Gewicht betonend) zum 3. Adventssonntag des Jahres 1914 ergehen ließen[16], redete zwar von der moralischen Erhebung, die der Kriegsausbruch gezeitigt habe, aber er kennzeichnete die begonnenen blutigen Auseinandersetzungen als »Gottesgericht« über den schuldhaften »Niedergang des religiösen und sittlichen Lebens«, der Umkehr und Buße verlange. Darum riefen sie den 10. Januar 1915 zu einem Sühnesonntag aus, der »an der Kriegsschuld unseres Volkes« abtragen helfen solle.

»So tun wir das unsrige, um die Zeit der Heimsuchung abzukürzen, die Wiederkehr des Friedens zu beschleunigen, die Wiedergeburt unseres Volkes zur Wahrheit zu machen«.

Die Hirtenbriefe, mit denen sich die katholischen Oberhirten traditionsgemäß zur Fastenzeit an ihre Gläubigen wandten — auch die des preußischen Heerespropstes —, folgten der hier angestellten Deutung des Kriegsgeschehens. Der Krieg ist Appell zu Buße und Sühne, das Strafgericht Gottes über die sündige Menschheit und zugleich ein Anruf, die Tugenden des Christen zu bewähren. Dabei fehlt es allerdings nicht an patriotischen Tönen. Michael v. Faulhaber, Bischof von Speyer, meinte 1915 erklären zu können, »auch die Namen Vaterhaus und Vaterland und Landesvater« seien »zu heiligen Namen geweiht und in die Nähe Gottes gerückt«, weil Gott sich Vater nenne[17]. Im Jahr darauf schrieb der Kölner Kardinal Hartmann an seine Diözesanen:

»Unendlich Großes steht auf dem Spiele: der Bestand und die Freiheit des Vaterlandes. Kein Opfer ist dafür zu groß. Es gilt, den Segen unserer deutschen Kultur, wie sie in der Sonne des Christentums erblüht ist, durch diesen von unseren Feinden angefachten Weltbrand hindurchzuretten in eine bessere Zukunft[18].«

Der Münchner Erzbischof nahm sogar »Die Vaterlandsliebe im Lichte des Glaubens« zum Thema seines Fastenhirtenbriefes vom Jahre 1916[19]. Daß die getreuliche Übernahme der durch den Krieg entstandenen Lasten den Bürgern als patriotische Pflicht dargestellt wurde, kann bei einer solch fraglosen Identifizierung der Bischöfe mit der Sache des eigenen Landes nicht überraschen. Allerdings stand »die Sorge um das starkmütige Ausharren im Kampfe fürs Vaterland, die Sorge um einen für Deutschland und Österreich ehrenvollen Frieden« doch nicht konkurrenzlos in ihrer Aufmerksamkeit, wie der Fürstbischof von Breslau, Kardinal Bertram, der Vorsitzende der Fuldaer Bischofskonferenzen, erkennen ließ. Die »Sorge der Kirche um die Zukunft nach dem Kriege«, um die Überwindung der moralischen Fehler, welche die Heimsuchungen des Krieges nach der Ansicht des Kardinals ausgelöst hatten, ging ihr noch voraus[20]. So blieben die bischöflichen Verlautbarungen trotz unbeirrbarer Überzeugung von der Gerechtigkeit der deutschen Sache und der religiösen Verbindlichkeit der staatsbürgerlichen Pflichten doch generell im Rahmen nach Form und Inhalt religiös-transzendenter Aussagen, die sich der Säkularisierung der überlieferten Redemuster entzogen. Darin dürften sie sich nicht nur von manchen Äußerungen in anderen Konfessionen, sondern auch im französischen Katholizismus unterschieden haben. In der Polemik gegen die französische Propagandaschrift, welche die deutschen Katholiken in ihrer kirchlichen Qualität zu diffamieren suchte, wurde gerade dies als Erweis des Gegenteils herausgestellt. In den deutschen Verlautbarungen zum Kriege komme »die Tröstung der Religion, die Mahnung zu ernster Selbsterkenntnis und aufrichtiger Buße« zu Wort, während in den französischen »die Stimme des nationalen Chauvinismus, völkererregender Leidenschaft« erklinge[21]. Nicht konstatiert wurde hier allerdings, daß auch die deutschen Bischöfe trotz achtungsvoller Erwähnungen des regierenden Papstes und seiner Friedensbemühungen noch nicht die Distanz zu ihrer nationalen Umwelt gefunden hatten, die es ermöglicht hätte, der von Benedikt XV. definierten neuen Rolle des Heiligen Stuhls und der Kirche in einer von Krieg zerrissenen Welt einen stärkeren Widerhall zu geben.

Es zeigte sich freilich bald nach dem Ende des Ersten Weltkrieges, daß die überkommenen Vorstellungen über Vaterland, Krieg und Frieden, an denen der deutsche Katholizismus, wenigstens in der Öffentlichkeit, festgehalten hatte, bei manchen tief erschüttert waren. Ein hervorragendes Beispiel für den durch den Krieg eingeleiteten Prozeß der Neuorientierung bietet der während des Krieges von Speyer nach München versetzte Faulhaber, dessen Äußerung vom Jahre 1915, daß »dieser Feldzug für uns das Schulbeispiel eines gerechten Krieges« darstelle[22], zu den am meisten zitierten Belegen für die Identifikation des deutschen Klerus mit seiner Nation gehört. Faulhaber, der seine zahlreichen Predigten oftmals zum Druck gelangen ließ, hat sich jedoch nach eigener Aussage schon im weiteren Verlauf des Krieges differenzierter geäußert, wenngleich dafür gedruckte Quellen fehlen. Jedenfalls hat er 1932 erklärt, man dürfe sich nicht mehr auf seine während des Krieges gedruckten Predigten berufen[23], und schon in den Jahren zuvor hatte er bei einer Reihe von Gelegenheiten seine Entfernung von früheren Ansichten deutlich gemacht. Der Gestaltwandel des Krieges, den er erlebt hatte, schien ihm eine veränderte moraltheologische Qualifizierung erforderlich zu machen. Er wurde darüber hinaus zu einem prominenten Vertreter der auch unter dem Nachfolger Benedikts XV., Papst Pius XI., weitergeführten Auffassungen über Frieden und Völkerverständigung, darum auch zum Protektor des Friedensbundes deutscher Katholiken, für den der Völkerbund »ein herrlicher und im Grunde tief christlicher Gedanke« war[24]. Einige seiner Amtsbrüder, aber auch die Fuldaer Bischofskonferenz, haben in ähnlicher Weise erkennen lassen, daß ein neues Denken über Krieg und Frieden Aufgabe des Christen geworden war. Zeitlich und sachlich ging damit eine Neuinterpretation der Lehre vom gerechten Kriege einher, dessen naturrechtliche Möglichkeitsbedingungen gelegentlich für die moderne Praxis sogar gänzlich in Zweifel gezogen wurden. Auch die katholische Publizistik und die Bildungsarbeit der kirchlichen Organisationen ist von diesem Reflexionsprozeß nicht unberührt geblieben, wenn auch noch nicht ermittelt werden kann, in welchem Umfang dieses neue Denken sich bereits im Kirchenvolk eingewurzelt hatte. Jedenfalls verhielten sich beachtliche Teile des deutschen Katholizismus antizyklisch zu jenem Trend zur intellektuellen Militarisierung, den Wolfram Wette für die zweite Hälfte der zwanziger Jahre in Deutschland konstatiert hat[25].

Mit dem Beginn der nationalsozialistischen Herrschaft war freilich das Ende solcher Besinnungen gekommen. Der Friedensbund der deutschen Katholiken wurde alsbald aufgelöst, und die Kontrolle über die öffentliche Meinung verbannte die Erörterung von Themen, die dem Regime mißliebig waren, je länger um so mehr in die kleinen Kreise Gleichgesinnter. Die amtliche Verkündigung der Kirche bot dafür wenig Ersatz, da die Diskussion um die neue moraltheologische Bewertung des Krieges erst in Gang gekommen war und als gesicherter Bestand der Lehre die überkommene Theorie vom gerechten Krieg zu gelten hatte, während die Feststellung, ob die von der kirchlichen Lehre gestellten Bedingungen für die moralische Zulässigkeit der Kriegführung im konkreten Fall erfüllt waren oder nicht, von einer Kenntnis der Umstände abhing, über die zu Beginn des Krieges kaum einer außerhalb der engsten Führungsschichten des Regimes verfügen konnte. Aus solchen Gründen konnten Katholiken sich wiederum bereit finden, die ihnen auferlegte Pflicht des Kriegsdienstes auch aus innerer Überzeugung zu bejahen, selbst wenn sie dem Nationalsozialismus und seinen Taten aus tiefster Seele widerstrebten. Sie erwiesen sich dabei durch falsche Apperzeption des Faktischen desorientiert und noch von Idealen bestimmt, die eine spätere Generation mit schärferen Augen zu sehen gelernt hat. Gleichwohl blieb das Wort der Kirche im Zweiten Weltkrieg bei allen Irrtümern im einzelnen doch weitaus weiter als im ersten großen Krieg entfernt von dem, »was in einer patriotischen Versammlung oder in einem Unterricht über bürgerliche und nationale Lebenskunde« gesagt werden konnte[26]. In welch geringem Maße die Kirche den Anforderungen entsprach, welche das Regime im Kriege an sie stellte, erweisen die Quellen immer wieder[27].

Anmerkungen

1 Dieser Beitrag bietet eine weiterführende Zusammenfassung von Heinz Hürten, Katholische Kirche und nationalsozialistischer Krieg, in: Die deutschen Eliten und der Weg in den Zweiten Weltkrieg, hrsg. von Martin Broszat und Klaus Schwabe, München 1989, S. 135—179, und ders., Patriotismus und Friedenswille, in: ... und auch Soldaten fragten. Zur Aufgabe und Problematik der Militärseelsorge in drei Generationen, hrsg. von Hans Jürgen Brandt, Paderborn 1992, S. 17—37.

2 Zur Distanz der deutschen Gesellschaft ihren katholischen Mitbürgern gegenüber jetzt Margret L. Anderson, Windthorsts Erben: Konfessionalität und Interkonfessionalismus im politischen Katholizismus 1890—1918, in: Christliche Demokratie in Europa, hrsg. von Winfried Becker und Rudolf Morsey, Köln, Wien 1988, S. 69—90, Bezug: S. 85ff.

3 Joseph Müller, Das Friedenswerk der Kirche in den letzten drei Jahrhunderten. Diplomatie des Vatikans im Dienste des Weltfriedens seit dem Kongreß von Vervins, Berlin 1927, Bd 1, S. 257.

4 Ein knapper, aber aufschlußreicher Überblick über die Politik Benedikts XV. bei Konrad Repgen, Die Außenpolitik der Päpste im Zeitalter der Weltkriege, in: Die Weltkirche im 20. Jahrhundert, hrsg. von Hubert Jedin und Konrad Repgen, Freiburg 1979 (= Handbuch der Kirchengeschichte, Bd 7), S. 40—51.

5 Diese und weitere negative Kennzeichnungen des Krieges durch Benedikt XV. in: Die Kundgebungen Papst Benedikts zum Weltfrieden, hrsg. von Arnold Struker, Freiburg 1917.

6 La guerre allemande et le catholicisme, éd. par Alfred Baudrillart, Paris 1915; die deutsche Gegenschrift: Deutsche Kultur, Katholizismus und der Weltkrieg, hrsg. von Georg Pfeilschifter, Freiburg 1915.

7 Pierre Blet, Die katholische Kirche Frankreichs, in: Die Weltkirche (wie Anm. 4), S. 593—610, Bezug S. 594.

8 Zu diesem Komplex vgl. Heinrich Lutz, Demokratie im Zwielicht. Der Weg der deutschen Katholiken aus dem Kaiserreich in die Republik 1914—1925, München 1963.

9 Max Scheler, Der Genius des Krieges und der deutsche Krieg, in: ders., Gesammelte Schriften, Bd 4, Bern, München 1982, S. 7—250, Bezug S. 198.

10 Zu Scheler und Erzberger: Lutz (wie Anm. 8), S. 22—66. Zu Erzberger überdies: Klaus Epstein, Matthias Erzberger und das Dilemma der deutschen Demokratie, Berlin, Frankfurt a.M. 1962.

11 Der Volksverein. Zeitschrift des Volksvereins für das katholische Deutschland, 24 (1914), H. 5 und 6: »Kriegszeit«.

12 Joseph Mausbach, Vom gerechten Krieg und seinen Wirkungen, in: Hochland, 12 (1914/15), S. 1—13.

13 Wilhelm Pressel, Die Kriegspredigt 1914—1918 in der evangelischen Kirche Deutschlands, Göttingen 1967, S. 360.

14 Max Kassiepe, Volksmissionen nach dem Kriege, in: Theologie und Glaube, 10 (1918), S. 243.

15 Pressel (wie Anm. 13), S. 360, kommt zu dem Ergebnis, »daß die [evangelische] Kriegspredigt im ganzen ihrem Auftrag nicht gerecht geworden« ist,

sondern »in der Regel weit mehr Ausdruck einer eigenmächtigen Geschichtsdeutung und eines säkularen Heilsverlangens als legitime Formen christlicher Theologie und Verkündigung« oder gar »Hilfsmittel zur heilsgeschichtlichen Aufwertung des Zeitgeschehens und zur religiösen Verbrämung ephemerer Erlebnisinhalte« gewesen sei. Heinrich Missalla, »Gott mit uns«. Die deutsche katholische Kriegspredigt 1914—1918, München 1968, gelangt trotz seines kritischen Standorts nicht zu Verdikten von vergleichbarer Schärfe.

16 Eingehende Darstellung bei Alois Knöpfler, Deutsche und französische Kriegshirtenbriefe, in: Deutsche Kultur (wie Anm. 6), S. 269—290, Bezug S. 270ff.

17 Hirtenbriefe des deutschen Episkopates anläßlich der Fastenzeit 1915, Paderborn 1915, S. 179.

18 Hirtenbriefe des deutschen Episkopates anläßlich der Fastenzeit 1916, Paderborn 1916, S. 7.

19 Ebd., S. 145—153.

20 Hirtenbriefe des deutschen Episkopates anläßlich der Fastenzeit 1917, Paderborn 1917, S. 49.

21 Knöpfler (wie Anm. 16), S. 284.

22 Michael v. Faulhaber, Der Krieg im Lichte des Evangeliums, München 1915, S. 4.

23 Brief Faulhabers an B. Meier vom 22.11.1932, in: Akten Kardinal Michael v. Faulhabers 1917—1945, bearb. von Ludwig Volk, Bd 1, Mainz 1975, S. 647f.

24 Michael v. Faulhaber, Rufende Stimmen in der Wüste der Gegenwart. Gesammelte Reden, Predigten, Hirtenbriefe, Freiburg 1931, S. 461. Ein Überblick über die Haltung Faulhabers zu diesen Fragen in der Zwischenkriegszeit bei Hürten, Katholische Kirche (wie Anm. 1), S. 141—145. Nähere Ausführungen zum folgenden und Belege ebd., S. 138—141 und S. 145—157.

25 Wolfram Wette, Ideologien, Propaganda und Innenpolitik als Voraussetzungen der Kriegspolitik des Dritten Reiches, in: Wilhelm Deist u.a., Ursachen und Voraussetzungen der deutschen Kriegspolitik, Stuttgart 1979 (= Das Deutsche Reich und der Zweite Weltkrieg, Bd 1), S. 95f.

26 Vgl. Anm. 14.

27 Hierzu jetzt Heinz Hürten, Deutsche Katholiken 1918 bis 1945, Paderborn 1992, insbes. S. 460—478. Ebd., S. 462, der Hinweis auf die Unübersichtlichkeit der moralischen Situation bei Kriegsausbruch in der Darstellung des katholischen Philosophen Jacques Maritain, der einerseits den Krieg Frankreichs zur Unterstützung Polens ausdrücklich einen gerechten Krieg im Sinne der kirchlichen Lehre nannte, es aber angesichts der Problemlage für unvermeidlich hielt, daß die Bischöfe auch in den feindlichen Ländern ihre Gläubigen zu getreulichem Kriegsdienst aufriefen.

Clemens Picht

Zwischen Vaterland und Volk. Das deutsche Judentum im Ersten Weltkrieg

Die deutschen Juden haben auf den Ausbruch des Ersten Weltkrieges mit eben der patriotischen Begeisterung reagiert, mit der die deutsche Gesellschaft insgesamt auf die Kriegserklärungen an Frankreich und England, insbesondere aber an Rußland reagierte. Das gilt für das liberale Judentum ebenso wie für Zionismus und Orthodoxie[1]. Nicht, daß die Juden den Krieg gewünscht hätten. Aber sie verstanden ihn ebenso wie die Mehrheit des deutschen Volkes als Verteidigungskrieg, als legitime Notwehr. Die deutsche Reichsleitung hatte sich deshalb auch jede erdenkliche Mühe gegeben, den Kriegsausbruch als Überfall zu präsentieren, wußte sie doch, daß sie nur so die notwendige Zustimmung der Sozialdemokratie zu den Kriegskrediten erhalten könne. Die weit überwiegende Mehrheit sah das Reich zu einem Verteidigungskrieg gegen die »Einkreisung« durch die Entente und das autokratische Rußland gezwungen. Diese Tatsache war für die Einstellung weiter Bevölkerungskreise dem Krieg gegenüber von entscheidender Bedeutung, und dies galt für die Juden im besonderen Maße: Der Krieg gegen das Zarenreich, gegen die »Barbaren des Ostens«[2] schien die Möglichkeit zu eröffnen, die unter ständiger Pogromfurcht lebenden Juden Osteuropas zu befreien, wenn nicht zu rächen: »Das Blut der Juden, ihrer Märtyrer und Glaubenshelden dampft seit Jahrhunderten vom russischen Boden zum Himmel empor,« schrieb Heinrich Loewe Anfang August in der zionistischen »Jüdischen Rundschau« und zog daraus den Schluß:

»Wir wissen [...], daß der Sieg des Moskowitertums jüdische und zionistische Hoffnungen und Arbeit vernichtet. Wir wissen, daß unser Interesse wie im Frieden so noch mehr jetzt in dem wilden Weltkriege ausschließlich *auf deutscher Seite liegt*. Denn auf deutscher Seite ist *Fortschritt*, *Freiheit* und *Kultur*. Uns gegenüber stehen härteste Tyrannei, blutigste Grausamkeit und finsterste Reaktion[3].«

Der Krieg schien aber auch — so jedenfalls interpretierte man die Äußerung Wilhelms II. in seiner Thronrede vom 4. August 1914, er kenne keine Parteien mehr — in Deutschland selbst die Chance zu eröffnen, die vorhandenen Emanzipationsdefizite zu überwinden und den Antisemitismus durch den im Felde bewiesenen Patriotismus zu widerlegen: »Lernt man uns kennen, so wird man uns auch verstehen und achten lernen[4].« Das Zentralorgan des »Centralvereins deutscher Staatsbürger jüdischen Glaubens« (CV), »Im deutschen Reich«, sah eine »sittlich neue Morgenröte in Deutschland«[5] aufscheinen, Zionisten und Orthodoxe sprachen von einem »jüdischen Krieg«[6]. Das führte zu der von einigen jüdischen Organisationen vertretenen Forderung, die Juden müßten sich »weit über ihre Pflicht hinaus«[7] betätigen, zu patriotischer Überanpassung und »Anbiederung«[8], wie Arnold Zweig kritisch vermerkte. Aber bei allem betonten Patriotismus der offiziellen Verlautbarungen jüdischer Organisationen war ein skeptischer Unterton gegenüber der Wirksamkeit des »Burgfriedens« doch nicht zu überhören: die Geschichte der Juden sei nicht dazu angetan, Optimismus zu wecken[9].

So gut sich diese Reaktion auf den Ausbruch des Krieges etwa durch die Kriegsaufrufe der jüdischen Organisationen oder die zahlreichen, häufig allerdings in apologetischer Absicht veröffentlichten Kriegsbriefe jüdischer Soldaten[10] belegen läßt, so sehr handelt es sich doch gleichzeitig um eine Verallgemeinerung. Tatsächlich hat es eine einhellige jüdische Antwort auf den Krieg nicht gegeben, und die Differenzen verstärkten sich, je länger der Krieg andauerte. Neben einem weit verbreiteten, eher unreflektierten Patriotismus finden sich etwa die skeptischen Reaktionen jüdischer Industrieller wie Alfred Ballin und Walther Rathenau, die sich beide gleichwohl sofort nach Kriegsausbruch in den Dienst des Reiches stellten. Es gab Pazifismen verschiedener Ausrichtung, so bei Alfred Einstein und Gustav Landauer. Unter den Juden, die prominente Positionen in der Sozialdemokratie einnahmen, findet sich der Reichstagsabgeordnete Ludwig Frank, der als Freiwilliger Anfang September 1914 fiel, ebenso wie etwa Hugo Haase und Joseph Herzfeld, die beide am 3. August 1914 in der Fraktion gegen die Kriegskredite gestimmt hatten[11].

Damit ist das Spektrum der Antworten von Juden auf den Kriegsausbruch nur angedeutet, aber bei weitem nicht ausgeführt. Die Frage, inwieweit es sich hierbei um spezifisch jüdische Antworten, nicht allein um die Reaktionen von Juden gehandelt hat, bleibt dabei noch unberührt und kann hier für den Einzelfall nicht beantwortet werden. Wenn denn der Krieg tatsächlich einen »epochalen Wandel des deutsch-jüdischen Verhältnisses«[12] herbeigeführt hat, so liegt das weit mehr an den außenpolitischen Möglichkeiten, die er dem organisierten Judentum zu bieten schien, an der Begegnung mit dem Ostjudentum in den besetzten Gebieten Osteuropas, vor allem aber an den im Krieg und durch den Krieg aufbrechenden Spannungen und Brüchen in der deutschen Gesellschaft. Statt durch patriotische »Leistung« endgültig Aufnahme in dieser Gesellschaft zu finden, sah sich das deutsche Judentum einem verstärkten und radikalisierten Antisemitismus ausgesetzt. Der jüdische »Bewußtseinswandel« und die im Krieg intensiv geführte Debatte über die jüdische Identität, über »Deutschtum und Judentum« waren in diesem Sinne eher aufgezwungen, so sehr man, vor allem im Nachherein, die »Selbstbesinnung«[13] der deutschen Juden hätte begrüßen mögen.

Die jüdische Position im Kriege war also von Anfang an in mehrfacher Weise gebunden: in ihren außenpolitischen Möglichkeiten an die militärische Entwicklung und die Kriegsziele der Mittelmächte, für ihre innenpolitischen Chancen an den Kompromiß, der durch Bethmann-Hollwegs Politik der »Diagonale« und sein Versprechen einer »Neuorientierung« repräsentiert wurde[14]. Sie war aber dadurch auch unaufhebbar in die Kontroverse über Kriegsziele und innenpolitischen Kurs des Kaiserrreiches verstrickt. Der aus dieser Bindung resultierende, stark taktisch bestimmte Charakter gerade der offiziellen jüdischen Äußerungen darf deshalb nicht übersehen werden. Sie geben weit mehr über die politischen Positionsbestimmungen der jeweiligen Organisationen Aufschluß als über das »Bewußtsein« der handelnden Akteure. Das zu betonen heißt nicht, die Existenz originärer patriotischer Begeisterung unter den Juden jedenfalls in den ersten Wochen des Krieges in Zweifel zu ziehen. Nur muß man sich klar machen, daß der (vorübergehende) Verzicht auf »Abwehr« als »viel zu winzig [...] gegenüber dem Ernst und der Heiligkeit dieser Stunde«[15] und der vor allem, aber nicht nur vom CV verfolgte Versuch, die (Interessen-)Identität von »Deutschtum« und »Judentum« nachzuweisen und den Patriotismus der Juden positiv darzustellen, einer spezifischen Situationsanalyse entsprach, die auf Kooperation mit der Reichsleitung setzte.

Zunächst gab es durchaus Gründe für Optimismus auf jüdischer Seite. Wie gegenüber der Sozialdemokratie wurden auch gegenüber den Juden die Beschränkungen, die ihnen bisher den Zugang zu hohen Stellen in Verwaltung und Militär versperrt hatten, zumindest vorübergehend aufgehoben. Wichtig war dabei vor allem, daß jetzt Juden in der preußischen Armee zu Offizieren befördert wurden — der Ausschluß aus dem Offizierkorps war in der militarisierten Gesellschaft des Kaiserreiches als eine der bittersten Diskriminierungen empfunden worden. Allerdings resultierte diese Öffnung nicht aus einer Überwindung des gerade im Offizierkorps weit verbreiteten Antisemitismus, sondern aus einem Mangel an Offizieren, hatte man doch, zumindest bis zur Heeresvorlage von 1913, eine Ausweitung des Offizierkorps verhindert, um dessen soziale Homogenität zu wahren[16]. Der sich schon bald nach Kriegsausbruch wieder verstärkt bemerkbar machende Antisemitismus im Heere führte dazu, daß schon 1915 die Zahl der beförderten jüdischen Unteroffiziere wieder abnahm. Zunächst allerdings gab es weitere Erfolge, erhielten Juden wie Walther Rathenau als Leiter der von ihm initiierten Kriegsrohstoffabteilung im preußischen Kriegsministerium oder Alfred Ballin in dem von ihm gegründeten »Reichseinkauf« (seit dem Frühjahr 1915 »Zentral-Einkaufs-Gesellschaft«) wichtige Stellen in der Kriegswirtschaft.

Zu Beginn des Krieges wurde der »Burgfrieden« auch von der radikal-antisemitischen Rechten eingehalten oder seine Einhaltung durch die Zensur erzwungen. Schon Ende August 1914 allerdings forderte der antisemitische Reichshammerbund unter Theodor Fritsch seine Mitglieder zu »Kriegsermittlungen« gegen die Juden auf:

> »Wir müssen uns darüber heute schon völlig klar sein, daß die Judenfrage nach dem Kriege brennend wird. Die Juden werden zu allen ihnen verfügbaren Mitteln greifen, um ihre alte Forderung dem deutschen Heere gegenüber durchzusetzen[17].«

Wenig später trafen sich der Vorsitzende des Alldeutschen Verbandes, Heinrich Claß, und Alfred Hugenberg, um ihren Widerstand gegen die Politik des Reichskanzlers, vor allem gegen die ihr unterstellte, als »Schwäche«[18] gewertete Demokratisierungstendenz zu koordinieren. Auch wenn hier die antisemitische Zielsetzung nur verschlüsselt formuliert wurde, so kann kein Zweifel daran bestehen, daß der Alldeutsche Verband, der sich besonders nach den Reichstagswahlen von 1912 »zu einer Art Holding im Geflecht der vielen radikal-nationalistischen [...] Organisationen«[19] entwickelt hatte, an der antisemitischen Zielrichtung als zentralem Punkt seiner völkischen Ideologie festhielt. Der Kampf gegen die Juden blieb eines der wichtigsten Mittel einer ideologischen Mobilisierung, die zunehmend offen auf die Errichtung einer Militärdiktatur zielte[20].

Daß es spätestens nach dem Kriege zu einer verschärften Auseinandersetzung mit dem Antisemitismus kommen werde, sah man auch außerhalb der radikal-völkischen Kreise voraus[21]. Die jüdischen Organisationen selbst hielten, worauf zurückzukommen ist, an ihrer Strategie fest, den Antisemitismus »widerlegen« zu wollen, und fingen ihrerseits an, durch das Anfang 1915 gegründete »Büro für Statistik der Juden« Material über die jüdische Beteiligung am Kriege zu sammeln[22]. Der Burgfrieden wurde also von beiden Seiten bestenfalls als Waffenstillstand betrachtet, wenn auch Teile der Führung des CV eine Fortsetzung des Verzichts auf die vor 1914 verfolgte Abwehrpolitik für richtig hielten[23].

Die Politik der verschiedenen jüdischen Organisationen hatte aber auch die innerjüdischen Verhältnisse und insbesondere die Beziehungen zwischen CV und der Zionistischen Vereinigung für Deutschland (ZVfD) ins Kalkül zu ziehen. Diese waren in den beiden Jahren vor Ausbruch des Krieges spürbar schlechter geworden. Der Streit zwischen den beiden Organisationen (und auch innerhalb des Zionismus selbst) um die Selbstdefinition des deutschen Judentums wurde allerdings nach August 1914 häufig nicht mehr direkt geführt, sondern vermittelt in der Debatte über die Ostjuden, mit deren Schicksal sich das deutsche Judentum nach der Besetzung zunächst Polens, dann weiterer Teile Osteuropas auseinanderzusetzen hatte — nach dem Einmarsch in die Ukraine 1918 lebte die große Mehrheit der europäischen Juden unter deutscher Besatzung. Die »Ostjudenfrage« war also für die deutschen Juden weit mehr als ein Problem der Außen- oder Kriegszielpolitik, vielmehr stellte sie ihnen die Frage nach ihrer eigenen Identität.

Sofort nach Beginn des Krieges, am 14. August 1914, gründete der Zionist Max Bodenheimer zusammen mit Franz Oppenheimer und Adolf Friedemann das »Deutsche Komitee für die Befreiung der russischen Juden«[24]. Alle drei gehörten zu der Generation der älteren Zionisten, die 1913/1914 in der Auseinandersetzung innerhalb der ZVfD mit der jungen, radikal-zionistischen Fraktion um Kurt Blumenfeld unterlegen war. Damals war es, verkürzt ausgedrückt, darum gegangen, ob der Zionismus nur etwas für die osteuropäischen Juden sei — Oppenheimer hatte seine Position als die eines »uninteressierten Altruismus«[25] beschrieben —, oder ob die Auswanderung nach Palästina in das »Lebensprogramm« auch eines jeden deutschen Juden aufgenommen werden müsse, eine Forderung, die Blumenfeld damit begründete, daß die Existenz des deutschen Judentums weit stärker durch Auflösung bedroht sei als die des osteuropäischen[26]. Während die jüngeren Zionisten im ersten Kriegsjahr öffentlich weitgehend verstummten, sah Bodenheimer eine weitgehende Parallelität der jüdischen mit den deutschen Interessen. Die Juden Rußlands hätten, schrieb er 1914 an den Präsidenten der Exekutive der zionistischen Weltorganisation, Otto Warburg, »an einem entscheidenden Sieg Deutschlands genau dasselbe Interesse wie das deutsche Reich«[27]. In einer Denkschrift vom Herbst 1914 schlug er der deutschen Regierung die Einrichtung eines Nationalitätenstaates als Puffer zwischen Deutschland und Rußland vor, in dem die Juden eine der autonomen Nationalitäten bilden sollten[28]. So sehr das Komitee davon überzeugt war, damit im Interesse der osteuropäischen Juden zu handeln, so hielt man doch gleichzeitig die Autonomie für »the best way to Germanize the East«[29]. Der deutsche Generalstab war allerdings zu bindenden politischen Erklärungen zugunsten der Juden ebensowenig bereit wie die deutsche Regierung, für die Polen lange Zeit das Pfand für den erhofften Separatfrieden mit Rußland blieb. Wenn die jüdische Frage in den folgenden Jahren überhaupt eine Rolle für die deutsche Politik spielte, so war es eine negative: Aus Furcht vor den »jüdischen Massen« plädierte der Staatssekretär des Auswärtigen Amtes, v. Jagow, im Herbst 1915 für die sogenannte austro-polnische Lösung, da nur so eine jüdische Masseneinwanderung nach Deutschland verhindert werden könne[30].

Auch wenn nach dem Rückzug der deutschen Truppen Ende 1914 von Bodenheimers Plan nicht mehr viel die Rede war und die Versuche, eine Ostjudenproklamation der Reichsregierung zu erhalten, im März 1915 aufgegeben wurde, so benutzte man doch eines der Argumente, mit der der deutschen Regierung eine projüdische Politik nahegebracht werden sollte, auch weiterhin: Eine Unterstützung der Juden werde nicht nur in Osteuropa einen Vorposten der deutschen Kultur schaffen und damit den deutschen Einfluß in dieser Region erhöhen, vielmehr seien auch in Palästina die Juden prädestiniert, als »Vermittler zwischen Deutschland und dem Orient« den imperialen Zielen des Reiches zu dienen[31]. Begründet wurde das im Falle Osteuropas nicht zuletzt damit, daß das Jiddische, bisher als »nicht entwicklungsfähiger Jargon« diskreditiert, als deutscher »Dialekt« neu entdeckt wurde[32]. Wenn Bodenheimer auch gegen die anfänglichen Pläne der deutschen Regierung, die Juden im Rahmen ihrer Revolutionierungspolitik gegenüber dem zaristischen Rußland zu gebrauchen, mit dem Argument protestiert hatte, daß diese die osteuropäischen Juden einer unmittelbaren Pogromgefahr aussetzen würde, so erschwerte doch auch die kulturelle Vereinnahmung der Ostjuden durch die deutsch-jüdischen Organisationen ein Zusammenleben von Polen und Juden. Man wird den Anspruch auf Überlegenheit in den Äußerungen der deutschen Juden auch nicht allein taktischen Motiven zuschreiben dürfen. »Der Geist der Bevormundung ist es«, schrieb noch während des Krieges der Zionist Julius Berger unter Bezug auf die charitative und politische Tätigkeit deutsch-jüdischer Organisationen in Polen,

»der das Werk der deutschen Juden an ihren polnischen Brüdern charakterisiert, dem die polnischen Juden lediglich als ein Objekt der Behandlung erscheinen und dem es gar nicht beikommt, daß es die erste, die selbstverständlichste Pflicht hätte sein müssen, die polnischen Juden zum Subjekt der Handlung zu machen«[33].

Nicht zuletzt wegen der Kritik seitens der Zionistischen Weltorganisation, die an ihrem Neutralitätskurs festhielt, veränderte Bodenheimer den Namen des Komitees in »Komitee für den Osten« (KfdO), dem jetzt auch führende Mitglieder des CV wie Maximilian Horwitz und Eugen Fuchs, der Präsident von B'nai Brith, Berthold Timmendorfer sowie der Vorsitzende des liberalen Deutsch-Israelitischen-Gemeindebundes, Moritz Sobernheim, beitraten, was möglich war, weil das KfdO den Zionismus auf die Ostjuden beschränkte und deshalb in keinen Widerspruch zu dem deutschen Nationalismus seiner Mitglieder geriet, dafür allerdings in Kauf nehmen mußte, daß schließlich auch die ZVfD sich von ihm distanzierte[34]. Die damit jedoch zumindest implizit ausgesprochene, wenn auch etwa von Fuchs als solche nie anerkannte Zustimmung zu der von Bodenheimer vertretenen Definition des (Ost-)Judentums als Nation rief sofort den Widerstand des nationalen Flügels des CV und einer Reihe prominenter liberaler Juden wie Max Warburg, Alfred Ballin und Theodor Wolff hervor. Unter der Führung von Paul Nathan kam es zur Gründung des »Interkonfessionellen Komitees für die Interessen der osteuropäischen Juden«, das rein humanitäre, also keine politischen Zwecke verfolgen sollte. Das Judentum sei allein eine Religionsgemeinschaft, keine Nation[35]. Ebenso plädierte die 1915 gegründete »Deutsche Vereinigung für die Interessen der osteuropäischen Juden« für ein Festhalten an dem von dem assimilierten deutschen Judentum vorgegebenen Weg: nicht nationale Autonomie, sondern Assimilation an die Mehrheit und deren Staat, sei es Deutschland oder Polen, müsse das Ziel sein[36]. Es verdient darauf hingewiesen zu werden, daß Nathan seine assimilatorische Politik während des ganzen Krieges mit einer Position betonter und ungewöhnlicher politischer Vorsicht verband: Weder sei der Ausgang des Krieges noch die Zukunft Polens entschieden, weshalb jede Festlegung zu vermeiden sei. Die Orthodoxie, deren Fortbestehen von der Existenz des chassidischen Judentums abhängig war und die deshalb einen assimilatorischen Prozeß auf jeden Fall vermeiden wollte, betrieb eine Politik des status quo und erhielt wegen dieses Konservatismus die Unterstützung der deutschen Behörden in Polen[37].

Mit der Proklamation eines polnischen Staates durch die deutsche Regierung im November 1916 war endgültig deutlich geworden, daß die Autonomiepläne Bodenheimers gescheitert waren (das liberale und orthodoxe Judentum hingegen begrüßte die hiermit ausgesprochene Definition des Judentums als Religionsgemeinschaft, also nicht als Nation). Die (kurzfristige) Hoffnung auf polnische Soldaten besaß größeres Gewicht als alle Pläne einer sich eher auf indirekte Einflußnahme stützenden Politik in Osteuropa, zumal die Reichsregierung nach 1916 zunehmend den Plänen der OHL folgte, die in Oberost und gegenüber Polen eine Politik direkter militärischer Sicherung nicht zuletzt durch Ansiedlung deutscher Kolonisten durchführte beziehungsweise forderte. Das hieß Vertreibung und Umsiedlung der polnischen und jüdischen Bevölkerung und führte zu einer von deren Seite unfreiwilligen Koalition mit den Zionisten[38]. Konkreter als diese Pläne aber war in den letzten beiden Kriegsjahren die praktische Politik der deutschen zivilen und militärischen Behörden, die den Juden gegenüber eine »größere Gleichgültigkeit als gegenüber anderen Nationen«[39] zeigten.

Neben der Schul- und Kulturpolitik, in der es zu keiner einheitlichen Linie der verschiedenen deutschen Stellen kam[40], spürten die osteuropäischen Juden die Wirksamkeit der deutschen Behörden in erster Linie durch die Rekrutierung von Zwangsarbeitern und ihrem Einsatz in der deutschen Industrie. Die Lebensverhältnisse in den besetzten Gebieten können hier im einzelnen nicht dargestellt werden. Innenpolitisch bedeutsam aber wurde, daß die Anwesenheit der jüdischen Zwangsarbeiter innerhalb der Grenzen des Reiches – man rechnet mit einer Zahl von etwa 10–15 000[41] – der seit 1915 aufbrechenden Diskussion über die angeblich drohende jüdische Masseneinwanderung eine reale Grundlage zu geben schien. Die Kampagne für einen »Grenzschluß« gegen die Ostjuden, der schließlich im April 1918 unter dem Vorwand seuchenpolizeilicher Notwendigkeit tatsächlich durchgeführt wurde, traf auf die zutiefst ambivalente Haltung, die das liberale Westjudentum seit Jahrzehnten geprägt hatte, und die auch durch die Begegnung mit den osteuropäischen Juden im Kriege nicht verändert worden war[42]. Der Protest der jüdischen Organisationen richtete sich infolge dessen auch eher gegen den Ausnahmecharakter des Gesetzes, weniger gegen sein Ziel, sah man doch, wie auch vor 1914, die eigenen Assimilations- und Emanzipationserfolge durch die Präsenz der kulturell andersartigen Juden Osteuropas bedroht.

Blieben die politischen Folgen deutsch-jüdischen Engagements in Osteuropas begrenzt, so waren die Rückwirkungen der Begegnung mit dem Ostjudentum und das Wiederaufbrechen der Ostjudenfrage durch den Weltkrieg von erheblicher Bedeutung für die Auseinandersetzung um das religiöse, kulturelle, politische und nationale Selbstverständnis der deutschen Juden. Trotz der jüdischen Einwanderung aus Osteuropa vor 1914 lernten die deutschen Juden das Ostjudentum eigentlich erst mit der Besetzung Polens und des Baltikums kennen. Der »Ostjudenkult« der deutschen Zionisten verklärte das »Schtetl« zu einem Ort organischer Gemeinschaft und verlorener geistiger Werte[43]. So verschieden daneben die Reaktionen zwischen Abwehr und euphorischem Erkennnen der eigenen Wurzeln im einzelnen auch waren, entziehen konnte sich niemand in der innerjüdischen Debatte der neuen Perspektive und Erfahrung, die gleichwohl durchweg durch die deutsche Perspektive geprägt blieb[44].

Waren schon die Auseinandersetzungen um Ziel und Organisation jüdischer Politik in Osteuropa von dem Streit um die richtige Definition des Judentums — Nation oder Religionsgemeinschaft — geprägt gewesen, so setzte sich dieser nach 1915 auch unter direktem Bezug auf das deutsche Judentum fort[45]. Der unter dem Zeichen steigender innergesellschaftlicher Spannungen bestehende Druck hin auf nationale, wenn nicht gar völkische Uniformität verlangte von den Juden gerade dann eine Klärung ihres Verhältnisses zum »Deutschtum«, wenn sie den Krieg als Chance zur Überwindung der Emanzipationsdefizite ansahen. Hermann Cohens *Deutschtum und Judentum* — der sicherlich einflußreichste Versuch, eine derartige Synthese zustandezubringen — orientierte sich, wie bestimmende Richtungen innerhalb der sogenannten »Ideen von 1914«, idealistisch an dem Begriff der deutschen Kultur, deren Mission zu erfüllen der Sinn des Krieges sei[46]. Das »Menschheitliche«, so Cohen, sei das spezifisch Deutsche, der Begriff der Menschheit aber habe seinen Ursprung »in Messianismus und den israelischen Propheten«[47]. Indem er den Messianismus als zentrales Element des Judentums benannte, konnte Cohen den deutschen Patriotismus zur religiösen Aufgabe erheben, konnte er — gegen den Zionismus — das Judentum religiös, also nicht national definieren. Die durch Cohen ausgelöste Debatte, in der ihm etwa Martin Buber erwiderte, der Zionismus wolle Palästina nicht für die Juden, sondern für die Menschheit, weil die Juden nur im eigenen Staat ihre messianische Aufgabe erfüllen könnten, kann hier nicht weiter verfolgt werden. Ebenso muß die 1917 erneut aufbrechende Diskussion über die Judentaufe als Lösung der »Judenfrage« unerörtert bleiben. Für die innere Politik der jüdischen Organisationen jedenfalls änderten sie wenig, boten sie doch keine politische Alternativen, nicht zuletzt, da die »deutschen Zeitgenossen [...] diese Verflüchtigung des Judentums ins rein Gedankliche«[48] nicht anerkannten: Solange der Krieg andauerte, war eine Alternative zu dem Versuch einer Zusammenarbeit mit der Regierung kaum zu entwickeln.

Wenden wir uns damit wieder der innenpolitischen Lage zu. Die alldeutsch beherrschte Propaganda konstruierte einen engen argumentativen Zusammenhang zwischen der von ihr als »schlapp« kritisierten Außen- und Innenpolitik des Reichskanzlers auf der einen und dem Einfluß der Juden auf der anderen Seite. Zu Anfang des Krieges richtete sich die antisemitische Kritik unter dem Zeichen des Burgfriedens zunächst nur indirekt gegen die deutschen Juden, indem sie auf die Juden der Entente-Länder oder die Ostjuden zielte, aber doch ein Bild »des« Juden zu verbreiten suchte. Je länger der Krieg andauerte, und je mehr die inneren Spannungen in Deutschland wuchsen, desto intensiver wurde die Forderung nach Freigabe der Kriegszieldebatte und parallel dazu die antisemitische Agitation — beides erreichte im Jahr 1916 einen ersten Höhepunkt[49]. Der Burgfrieden, hieß es jetzt, mache »die werte-schaffende Bevölkerung mundtot« und liefere sie »wehrlos den Ausbeutern« aus, der »Plutokratie«, deren Beziehungen »international, vaterlandslos, immer auf Gewinn gerichtet, darum, wenn nötig, auch antinational« seien[50]. Als »Beweis« diente vor allem die Kriegswirtschaft, das sogenannte »System Rathenau-Ballin«[51]. Die Juden, lautete der Vorwurf, drückten sich vor dem Dienst an der Front und beherrschten die Kriegswirtschaft mit ihren übermäßigen Gewinnen. Das ganze kriegswirtschaftliche System, vor allem die von Rathenau initiierten Kriegsgesellschaften dienten dabei nicht den nationalen Interessen, sondern den internationalen des Judentums, der »internationalen Hochfinanz,« der es

»außerordentlich unbequem [wäre], wenn das von ihr gesponnene Netz irgend wo ein großes Loch erhielte, wenn also in dem Weltkrieg ein Großstaat vernichtet würde [...] Darum darf England nicht vernichtend getroffen werden, darum darf Deutschland nicht seine U-Boot-Waffe rücksichtslos gebrauchen[52].«

Der Zusammenhang zwischen Kriegszieldiskussion und Antisemitismus ist also überdeutlich. Die Argumente, die zum großen Teil auf Claß' bereits 1912 erschienenes Pamphlet *Wenn ich Kaiser wär'* zurückgriffen, bewiesen die Fähigkeit des Antisemitismus zur »Amalgamierung verschiedener Begründungsweisen und Agiatationsmuster«[53] und fanden so seit Ende 1915 immer mehr Verbreitung und Resonanz. Sie verbanden sich mit dem im Heere weit verbreiteten »alten« Antisemitismus, was dadurch erleichtert wurde, daß die Führung der Konservativen ihre Distanzierung vom »Radauantisemitismus« der Alldeutschen trotz fortbestehender sozialpolitischer Differenzen aufgegeben hatte[54]. Die 1916 von Reichshammerbund und den Alldeutschen inszenierte antisemitische Kampagne, die mit den oben genannten Argumenten darauf zielte, die patriotische Haltung der Juden zu diskreditieren und den Juden die Basis ihres Emanzipationsverlangens aus der Hand zu schlagen, konnte also mit Sympathie, wenn nicht offener Unterstützung in Kriegsministerium und Armee, aber auch bei den Landwirten, in der Schwerindustrie und im nationalen Bürgertum rechnen[55]. Die antisemitische Kampagne

»politisierte gerade diejenigen Volksschichten, auf die die Staatsführung sich bisher gestützt hatte. Aus der Sorge heraus, das nationale Bürgertum zu verstimmen, vermieden es die politischen und besonders die militärischen Instanzen zumeist, von den Aktionen und Haßkampagnen der Antisemiten Kenntnis zu nehmen[56].«

Die Kampagne hatte entscheidenden Anteil am Zustandekommen der Judenzählung von 1916. Da die Akten des preußischen Kriegsministeriums im Zweiten Weltkrieg vernichtet worden sind, läßt sich deren Vorgeschichte nur lückenhaft rekonstruieren. Der Erlaß des preußischen Kriegsministers Adolf Wild v. Hohenborn vom 11. Oktober 1916, der explizit auf die antijüdischen Vorwürfe reagierte, verpflichtete alle militärischen Dienststellen, »eine Nachweisung der beim Heer befindlichen wehrpflichtigen, wie auch der noch nicht zur Einstellung gelangten, vom Waffendienst zurückgestellten und als dauernd oder zeitweilig dienstuntauglich befundenen Juden beizubringen«[57]. Obwohl das Ministerium behauptete, mit dieser Zählung den antisemitischen Vorwürfen »entgegentreten« zu wollen, so machen doch die Art der Fragestellung und Durchführung, die Weigerung, den antisemitischen Behauptungen klar entgegenzutreten, nachdem die Wirkung der Zählung deutlich geworden war, und schließlich die Nichtveröffentlichung der Ergebnisse die antisemitische Tendenz des Erlasses mehr als deutlich[58]. Einige Tage nach dem 11. Oktober brachte der Zentrumsabgeordnete Matthias Erzberger einen Antrag im Hauptausschuß des Reichstages ein, nach dem die Reichsregierung zur »Vorlegung einer Statistik über die Zahl der beim Kriegsernährungsamt und den Kriegsgesellschaften beschäftigten Personen, über ihr Gehalt und ihre Konfession« verpflichtet werden sollte[59]. Auch wenn es zur Aufstellung dieser Statistik nicht kommen sollte, so zeigt doch gerade die Tatsache, daß ein solches Verlangen aus dem an sich nicht antisemitischen Zentrum kam, wie stark der Druck der völkischen Rechten inzwischen geworden war.

Der ursprünglich nur für militärische Stellen bestimmte Erlaß wurde einer breiteren Öffentlichkeit erst durch die Reichstagsdebatte vom 3. November bekannt, in der der Direktor des Allgemeinen Kriegsdepartements, v. Wrisberg, auf den Erlaß seines Ministeriums einging[60]. Am 4. November protestierte einer der Vorsitzenden des Verbandes der deutschen Juden (VddJ), Oscar Cassel, erstmalig im Namen seines Verbandes, der 1904 als jüdischer Dachverband gegründet worden war, gegen den Erlaß. Auch aufgrund seiner Eingabe sah sich das Kriegsministerium veranlaßt, am 11. November eine ergänzende Verfügung herauszugeben, in der die militärischen Dienststellen angewiesen wurden, »keine eigenmächtige Entfernung jüdischer Heeresangehöriger aus ihren ›bisher innegehabten‹ Stellungen zu veranlassen«[61] — ein Hinweis darauf, wie der Erlaß in der Praxis durchgeführt wurde. In den folgenden Monaten versuchte zunächst der Hamburger Bankier Max M. Warburg, der wegen seiner familiären und geschäftlichen Verbindungen mit der jüdischen Hochfinanz in Amerika einigen Einfluß bei der deutschen Regierung geltend machen konnte, und seit Dezember auch wieder Cassel für den VddJ, den Kriegsminister »zu einer Äußerung der Anerkennung« zu bewegen,

»dass diese Massnahmen keineswegs ihre Begründung finden können in einem Versagen der Pflichterfüllung der jüdischen Heeresangehörigen, sondern dass diese Pflichterfüllung [...] auch in diesem jahrelangen Kriege von den jüdischen Heeresangehörigen durchaus bestätigt worden ist«[62].

Weder Cassels teilweise »fast unterwürfige«[63] Eingaben noch auch Warburgs Drohung, die Juden würden sich aus Verärgerung über die Statistik bei der anstehenden Kriegsanleihe zurückhalten, konnten im Kriegsministerium mehr erreichen als den einem Schreiben an Cassel eingefügten Satz des Kriegsministers v. Stein, er habe festgestellt,

»dass das Verhalten der jüdischen Soldaten und Mitbürger während des Krieges keine Veranlassung zu der Anordnung meiner Herren Vorgänger gegeben hat und damit nicht in Beziehung gebracht werden kann«[64].

Mit diesem Passus gab sich Cassel und mit ihm die im VddJ vereinigten jüdischen Organisationen zufrieden und distanzierten sich von allen Versuchen, Pressionen auf das Kriegsministerium auszuüben. Man beschränkte sich in der folgenden Zeit darauf, gegen Mißbräuche des Erlasses zu protestieren.

Viele jüdische Stimmen haben die Judenzählung nicht allein als verheerend in ihrer Auswirkung auf die Stellung der jüdischen Soldaten und Offiziere im Heer beschrieben, sondern auch als entscheidenden Einschnitt in der Geschichte ihrer deutsch-jüdischen Existenz. Am bekanntesten geworden ist wohl die Darstellung, die Ernst Simon kurz nach Ende des Krieges gegeben hat. Habe schon die Erfahrung des alltäglichen Antisemitismus seit Ausbruch des Krieges sein Selbstverständnis als assimilierter Jude erschüttert, so sei ihm durch die mit der Zählung verbundene staatlich verordnete Sonderbehandlung und Bloßstellung endgültig klar geworden, daß der liberal-assimilatorische Traum von einer deutsch-jüdischen Symbiose unerfüllbar sei[65]. Wie Simon hatte auch die ZVfD bereits im November 1916 den Erlaß des Kriegsministeriums als »Bestätigung der Ansichten« gewertet, »die wir über das Wesen des Antisemitismus und seine Ausbreitung im deutschen Volke haben«[66]. Die Judenzählung sei eine Widerlegung der Politik der Assimilierten:

»Sie werden einsehen müssen, daß der Antisemitismus nicht, wie sie meinen, eine Reaktion auf ›schlechte jüdische Gewohnheiten‹ ist, sondern eine im Bewußtsein des umgebenden Volkes tiefwurzelnde Macht, deren man sich manchmal [...] zur Ablenkung der Massen von brennenden, aber unbequemen innerpolitischen Fragen bedient. Diese tiefwurzelnde antisemitische Grundstimmung wird weder durch Apologie und Hinweis auf Verdienste aus der Welt geschafft, noch durch das Streben nach Anpassung auch nur vermindert. Es gibt nur einen Weg zur wirksamen Bekämpfung des Judenhasses. Es ist der Weg der Erlösung der Juden aus ihrer Vereinzelung durch Konzentrierung auf einem gemeinsamen Territorium[67].«

Die Zionisten konnten gute Argumente anführen, wenn sie meinten, jeder Widerstand gegen den Antisemitismus sei von vornherein aussichtslos. Nicht zugeben aber konnte ihnen das liberale »Abwehr-Establishment«, daß damit das Ziel einer vollständigen Emanzipation unerreichbar und die Politik der liberalen jüdischen Organisationen obsolet geworden war. Nicht, daß diese den Antisemitismus übersahen. Sie hielten aber an der Politik des Burgfriedens fest und verwiesen auf den, wie sie meinten feststellen zu können, abnehmenden Antisemitismus der Reichsleitung[68]. Bis zu Bethmanns Sturz jedenfalls hoffte man auf die versprochene »Neuorientierung« der deutschen Politik, mit deren Hilfe der Antisemitismus zwar nicht beseitigt, aber doch politisch marginalisiert werden könne. Das hieß realiter an der Hoffnung festzuhalten, der Antisemitismus der aristokratisch-konservativen Elite sei noch immer vom »Radauantisemitismus« der Alldeutschen zu trennen, hieß also, die Veränderungen etwa in der konservativen Partei seit 1912 zu verkennen, und stellte die Juden weiterhin vor die Aufgabe, ihren Patriotismus unter Beweis zu stellen. Infolgedessen sah etwa der CV 1917 die Hauptgefahr darin, die Juden könnten wegen der antisemitischen Welle von ihren patriotischen Bemühungen ablassen. Folgerichtig war es auch, dem Kampf gegen den Zionismus höchste Priorität einzuräumen. Wie ambivalent aber die ständige Betonung der Nähe wenn nicht Identität von Deutschtum und Judentum wirkte, zeigt sich etwa daran, daß Eugen Fuchs und der CV in den beiden letzten Jahren des Krieges den Kampf gegen die »Renegaten« in den eigenen Reihen zu einem ihrer wichtigsten Ziele erklärten.

Zu einer Änderung der Politik des CV gegenüber der ZVfD kam es erst Anfang 1918, nachdem die deutsche Regierung in einem verspäteten Versuch, die Wirkung der Balfour-Deklaration zu konterkarieren, ihrerseits erklärte hatte, sie begrüße die weiten Spielraum lassende Absicht des Osmanischen Reiches,

> »die aufblühende jüdische Siedlung in Palästina durch Gewährung von freier Einwanderung und Niederlassung in den Grenzen der Aufnahmefähigkeit des Landes, von örtlicher Selbstverwaltung, entsprechend den Landesgesetzen, und von freier Entwicklung ihrer Eigenart zu fördern«[69].

Erst nachdem durch diese »feierliche Verheißung, daß alles bleiben werde, wie es ist«[70], ein Eintreten für die jüdischen Siedlungen in Palästina offiziell als national deklariert war, kam es zu einer Annäherung zwischen CV und ZVfD, wobei der weiter wachsende antisemitische Druck auch eine Rolle spielte[71]. Die 1918 mit Blick auf die kommenden Friedensverhandlungen gegründete »Vereinigung jüdischer Organisationen Deutschlands zur Wahrung der Rechte der Juden des Ostens« (VIOD), der unter anderem der CV, der deutsch-israelitische Gemeindebund, der Verband für das liberale Judentum in Deutschland und die ZVfD angehörten, verband die Forderung nach vollständiger Gleichstellung und kultureller Autonomie der osteuropäischen Juden mit der nach dem »Recht auf freie Niederlassung und Pflege selbständiger jüdischer Kultur in Palästina«[72].

Als die türkische und ihr folgend die deutsche Regierung die von jüdischer Seite schon seit Jahren geforderte Erklärung abgaben, waren ein Teil Palästinas und Jerusalem bereits von britischen Truppen besetzt. Der Kampf um die Meinung des Judentums in den neutralen Staaten, vor allem aber in Amerika, war schon lange vorher verloren worden, im Falle der USA spätestens seit deren Kriegseintritt 1917 obsolet geworden. Die deutsche Regierung hatte zwar seit 1914 einige Bemühungen unternommen, die antirussische Karte zu spielen und den wahrscheinlich überschätzten Einfluß jüdischer Finanzkreise vor allem Amerikas im Sinne Deutschlands geltend zu machen, war aber nie bereit gewesen, in den entscheidenden Fragen bindende projüdische Zugeständnisse zu machen, was von amerikanischer Seite als conditio sine qua non gefordert worden war. Die von dem aus Deutschland stammenden amerikanischen Bankier Schiff zudem erhobene Forderung, eine Unterstützung der Mittelmächte setze eine Änderung der preußischen Judenpolitik voraus und verlange den »Aufzug eines neuen Geistes im deutschen Volk«, zu erfüllen, war die deutsche Regierung weder willens noch in der Lage[73]. Sie beschränkte sich auf eine Politik des status quo, darauf bedacht, der antideutschen Propaganda jedenfalls nicht noch zusätzliches Material zu verschaffen. Was Palästina betraf, war das Reich allerdings auch in einer verglichen mit Großbritannien schwächeren Situation, gerade weil es mit der Türkei verbündet und von diesem Bündnispartner abhängig war. Wenn man, wie es die zionistischen wie nichtzionistischen jüdischen Organisationen taten, die Position der Mittelmächte vertrat, konnte man deshalb zwar darauf verweisen, daß durch den Einfluß des deutschen Reiches einige der schlimmsten antijüdischen Maßnahmen der türkischen Regierung verhindert oder zumindest gemildert worden waren[74]. Auf der Ebene der großen, wenn auch meist symbolischen Taten aber blieben das deutsche Reich und die deutsch-jüdischen Organisationen in der Defensive — das Emanzipations- und Demokratiedefizit in Deutschland zählten stärker als der Hinweis auf das Bündnis der Entente mit Rußland, der überdies nach der russischen Revolution seine Bedeutung verlor.

Die Frage nach der Bedeutung des Ersten Weltkrieges für die Geschichte des deutschen Judentums hängt zunächst davon ab, wie man die Situation vor seinem Ausbruch beurteilt. Auch wenn man die Stimmenverluste der Antisemitenparteien als Zeichen für einen Bedeutungsverlust des Antisemitismus hoch bewertet, bleibt doch zu konstatieren, daß die Situation wegen der latenten sozialen und politischen Krise des Reiches labil blieb. Organisatorisch wie argumentativ konnten die antisemitischen Organisationen jedenfalls im Krieg an ihre in den Jahren seit 1910/1912 erreichten Positionen nahtlos anknüpfen. Der Krieg, von mancher Seite als Mittel zur Lösung der Krise begrüßt, verschärfte diese stattdessen und verschaffte so der antisemitischen Agitation zunehmend Resonanz. Allein die Regierungen Bethmann-Hollwegs und seiner Nachfolger wären zu konkreten Schritten hin auf eine »Neuorientierung« und zu wirksamen Maßnahmen gegen die völkische Rechte in der Lage gewesen. Ihre Schwäche gegenüber dem Militär wirkte deshalb besonders stark auf die Lage der Juden zurück. So blieb, solange der Krieg andauerte, den jüdischen Organisationen keine Alternative zu ihrer Politik, am »Burgfrieden« bis auf weiteres festzuhalten. Der Antisemitismus war zu sehr mit den allgemeinen soziostrukturellen Problemen des Reiches verknüpft, als daß man ihn isoliert hätte wirkungsvoll bekämpfen können, mit anderen Worten: die jüdischen Organisationen konnten nicht erfolgreicher sein als die Mehrheitsparteien des Reichstages, so sehr man hier wie dort eine entschiedenere Politik hätte wünschen mögen. Die etwa von Gustav Landauer vertretene Alternative: Revolution, nicht Apologie, aber war, unbeschadet der Frage danach, wie realistisch sie überhaupt war, im mehrheitlich bürgerlichen und national-gesinnten Judentum nicht konsensfahig[75].

So sehr die »Selbstbesinnung« einzelne jüdische Biographien bestimmt, so deutlich macht doch gerade die Begegnung mit den Juden Osteuropas, wie stark die Prägung durch die deutsche Kultur und die Erfahrungen der deutsch-jüdischen Geschichte waren. Bei aller Entfremdung, die der Kriegsantisemitismus bei vielen Juden hervorrief, waren es doch nur wenige, die zu einem dauerhaften Wandel ihrer religiösen oder politischen Stellung gegenüber ihrem eigenen Judentum gelangten[76] — und wenn es einen Bruch gab, läßt sich dieser, wie etwa bei Franz Rosenzweig, häufig in die Zeit vor dem Kriege datieren. Bei aller Enttäuschung und bitterer Erfahrung, aber auch beglückender geistiger Erlebnisse in der Begegnung mit dem Ostjudentum, die der Krieg für die Juden brachte, wird seine Bedeutung als Einschnitt wohl eher relativiert werden müssen — die sozialen, geistigen und politischen Kontinuitäten deutscher und deutsch-jüdischer Geschichte weisen deutlich über ihn hinaus.

Anmerkungen

1 Zusammenfassend Stephen Magill, Defence and Introspection: German Jewry 1914, in: Jews and Germans from 1860 to 1933, ed. by David Bronson, Heidelberg 1979, S. 209—233.

2 Heinrich Loewe, Feinde ringsum!, in: Jüdische Rundschau, 7.8.1914, zit. nach: Dokumente zur Geschichte des deutschen Zionismus, hrsg. von Jehuda Reinharz, Tübingen 1981, S. 147.

3 Ebd.

4 Georg Salzberger, Aus meinem Kriegstagebuch, Frankfurt 1916, S. 17.

5 Im deutschen Reich, 9.9.1914, zit. nach Rolf Vogel, Ein Stück von uns. Deutsche Juden in deutschen Armeen 1813—1976, Mainz 1977, S. 75.

6 Mordechai Breuer, Jüdische Orthodoxie im deutschen Reich 1871—1918, Frankfurt 1986, S. 342; Stephen M. Poppel, Zionism in Germany, 1897—1933: The Shaping of a Jewish Identity, Philadelphia 1977, S. 79.

7 So der Kriegsaufruf des CV. Vgl. dazu die Rede seines Vorsitzenden, Maximilian Horwitz, am 23.11.1914 (Im deutschen Reich, 21 (1915), S. 4).

8 Arnold Zweig, Juden und Deutsche, in: Der Jude, 2 (1917/18), S. 205.

9 Im deutschen Reich, 9.9.1914 (wie Anm. 5); Magill (wie Anm. 1), S. 223 ff.

10 Das gilt besonders für die erstmals 1935 vom Reichsbund jüdischer Frontsoldaten herausgegebenen Kriegsbriefe gefallener deutscher Juden.

11 Peter Pulzer, Jews and the German State. The Political History of a Minority, 1848—1933, Oxford 1992, S. 166.

12 Thomas Nipperdey, Deutsche Geschichte 1866—1918, Bd 2, München 1992, S. 309.

13 Martin Buber in: Der Jude, 1 (1916/17), S. 1, und ihm folgend Eva G. Reichmann, Der Bewußtseinswandel der deutschen Juden, in: Deutsches Judentum in Krieg und Revolution, 1914—1923, hrsg. von Werner E. Mosse, Tübingen 1971, S. 612.

14 Vgl. dazu auch David Engel, Patriotism as a Shield. The Liberal Jewish Defence against Antisemitism in Germany during the First World War, in: Leo Baeck-Institute. Yearbook 31 (1986), S. 153 f.

15 Ludwig Holländer vor der Versammlung des CV am 23.11.1914 (wie Anm. 7), S. 22. Der Begriff der »Abwehr« als Sammelbegriff für die gegen den Antisemitismus gerichteten Aktivitäten nach dem in den 1890er Jahren gegründeten »Verein zur Abwehr des Antisemitismus« (kurz: Abwehrverein).

16 Werner T. Angress, Das deutsche Militär und die Juden im Ersten Weltkrieg, in: Militärgeschichtliche Mitteilungen, 19 (1976), S. 77—146, hier S. 78.

17 Zit. nach Werner Jochmann, Die Ausbreitung des Antisemitismus in Deutschland 1914—1923, in: ders., Gesellschaftskrise und Judenfeindschaft in Deutschland 1870—1945, Hamburg [2]1991, S. 101, Anm. 5.

18 Ebd., S. 105.

19 Nipperdey (wie Anm. 12), S. 605.

20 Vgl. dazu etwa Dankwart Guratsch, Macht und Organisation. Die Grundlegung des Hugenberg'schen Presseimperiums, Düsseldorf 1973, S. 124.

21 Vgl. dazu etwa Theodor Wolff, Tagebücher 1914—1919, hrsg. von Bernd Sösemann, Boppard 1984, Eintragung vom 23.5.1915.

22 Ein »Ausschuß für Kriegsstatistik« war vom Verband der deutschen Juden bereits im August 1914 eingesetzt worden: Engel (wie Anm. 14), S. 153.
23 Ebd., S. 163.
24 Vgl. dazu Dokumente (wie Anm. 2), S. 148—151; Isaiah Friedman, Germany, Turkey and Zionism, 1897—1917, Oxford 1977, S. 230ff., und Steven E. Aschheim, Brothers and Strangers: the East European Jew in German and Jewish Consciousness, 1800—1923, Madison, Wis. 1982, S. 158.
25 Franz Oppenheimer, Standesbewußtsein und Volksbewußtsein, in: Die Welt, 14. Jg., Nr. 7, 18.2.1910, zit. nach Dokumente (wie Anm. 2), S. 88.
26 Kurt Blumenfeld, Deutscher Zionismus, ebd., S. 91.
27 Zit. nach Saul Friedländer, Die politischen Veränderungen der Kriegszeit und ihre Auswirkungen auf die Judenfrage, in: Deutsches Judentum (wie Anm. 13), S. 32.
28 Zu Bodenheimers Plan und seiner Zusammenarbeit mit der deutschen Regierung vgl. Egmont Zechlin, Die deutsche Politik und die Juden im Ersten Weltkrieg, Göttingen 1969, S. 117ff.
29 Aschheim (wie Anm. 24), S. 158.
30 Die Denkschrift Jagows vom 2.9.1915 in: L'Allemagne et les problèmes de la paix pendant la première guerre mondiale, éd. par André Scherer et Jacques Grunewald, vol. 1, Paris 1962, S. 174ff. Paul Nathan und Max Warburg hatten im Oktober ein Einwanderungsverbot für alle Polen gefordert. Zu der in dieser Zeit beginnenden Grenzschlußdebatte vgl. Trude Maurer, Medizinalpolizei und Antisemitismus. Die deutsche Politik der Grenzsperre gegen Ostjuden im 1. Weltkrieg, in: Jahrbücher für die Geschichte Osteuropas, 33 (1985), S. 208ff.
31 Für Palästina vgl. besonders Kurt Blumenfeld, Der Zionismus. Eine Frage der deutschen Orientpolitik, in: Preußische Jahrbücher, 161 (1915), hier zit. nach Dokumente (wie Anm. 2), S. 163f., dafür und für die Diskussion in der deutschen Publizistik Zechlin (wie Anm. 28), S. 326ff.
32 Zosa Szajkowski, The Struggle for Yiddish during World War I, in: Leo Baeck-Institute. Yearbook 9 (1964), S. 131—158.
33 Julius Berger, Deutsche Juden und polnische Juden, in: Der Jude, 1 (1916/17), S. 138. Vgl. außerdem Aschheim (wie Anm. 24), S. 165f., und Poppel (wie Anm. 6), S. 127ff.
34 Für die Position des KfdO vgl. die Sondernummer der Süddeutschen Monatshefte zur Ostjudenfrage vom Februar 1916; für die Beziehungen der ZVfD zum internationalen Zionismus Friedman (wie Anm. 24), S. 228ff.
35 Vgl. dazu Aschheim (wie Anm. 24), S.157ff. Für Fuchs dessen Schrift Glaube und Heimat, in: ders., Von Deutschtum und Judentum, Frankfurt 1919, S. 248ff.
36 Die wichtigste Schrift, in der diese Position vertreten wurde, war Binjamin Wolf Segel, Die polnische Judenfrage, Berlin 1916.
37 Aschheim (wie Anm. 24), S. 165ff.; Breuer (wie Anm. 6), S. 347.
38 Fritz Fischer, Griff nach der Weltmacht, Düsseldorf 1984, S. 230ff.; Zechlin (wie Anm. 28), S. 517; vgl. auch Daniel Frymann [i. e. Heinrich Claß], Wenn ich Kaiser wär', Leipzig 1914, S. 78.
39 Zechlin (wie Anm. 28), S. 280.

40 Szajkowski (wie Anm. 32), S. 138 ff.

41 S. Adler-Rudel, Ostjuden in Deutschland 1880—1940, Tübingen 1959, S. 39.

42 Vgl. dazu Jack Wertheimer, Unwelcome Strangers. East European Jews in Imperial Germany, New York, Oxford 1987, bes. S. 143 ff.; zur Grenzsperre: Maurer, Medizinalpolizei (wie Anm. 30).

43 Trude Maurer, Ostjuden in Deutschland 1918—1933, Hamburg 1986, S. 28.

44 Aschheim (wie Anm. 24), S. 150 ff.; Poppel (wie Anm. 6), S. 127 ff.

45 Für die dafür mitverantwortlichen Beziehungen zwischen Zionisten und Nicht-Zionisten vgl. Engel (wie Anm. 14) und dagegen Jürgen Matthäus, Deutschtum and Judentum under Fire. The Impact of the First World War on the Strategies of the Centralverein and the Zionistische Vereinigung, in: Leo Beack-Institute. Yearbook 33 (1988), S. 136 f.

46 Hermann Lübbe, Die philosophischen Ideen von 1914, in: ders., Politische Philosophie in Deutschland, Basel, Stuttgart 1963, S. 173—238.

47 Hermann Cohen, Deutschtum und Judentum, Berlin 1916, S. 28.

48 Siegbert Feuchtwanger, Die Judenfrage, Berlin 1916, S. 68.

49 Wolfgang J. Mommsen, Die Regierung Bethmann-Hollweg und die öffentliche Meinung 1914—1917, in: Vierteljahrshefte für Zeitgeschichte, 17 (1969), S. 145 f.

50 So der Aufruf des Vorsitzenden den Reichshammerbundes, Theodor Fritsch »An Deutschlands Fürsten« vom März 1916 (nach dem Exemplar im Bayrischen Hauptstaatsarchiv, Militärarchiv, MH 15498).

51 Otto Arnim (i. e. Alfred Roth), Die Juden in den Kriegsgesellschaften, München 1921, S. 6 ff.

52 Fritsch (wie Anm. 50).

53 Hans Jürgen Puhle, Agrarische Interessenpolitik und preußischer Konservatismus im wilheminischen Reich 1893—1914, Hannover 1966, S. 125.

54 Vgl. dazu etwa Geoff Eley, Konservative und radikale Nationalisten in Deutschland, in: ders., Wilhelminismus, Nationalismus, Faschismus, Münster 1991, S. 224 f.

55 Zur Begünstigung der Antisemiten durch die militärischen Zensurbehörden vgl. Mommsen (wie Anm. 49), S. 151, und ders., Die deutsche öffentliche Meinung und der Zusammenbruch des Regierungssystems Bethmann-Hollweg im Juli 1917, in: ders., Der autoritäre Nationalstaat, Frankfurt 1990, S. 422—440, hier S. 432 ff.

56 Jochmann (wie Anm. 17), S. 106. Ein gutes Bespiel dafür vermitteln die Erfahrungen, die Walther Rathenau mit dem Kriegsministerium machte, als er nach seinem Ausscheiden um Schutz gegen die Anfeindungen nachsuchte, denen er sich aufgrund seiner Tätigkeit an der Spitze der Kriegsrohstoffabteilung ausgesetzt sah. Vgl. dazu Wolfgang Michalka, Mitteleuropa, Kriegsrohstoffversorgung und »Von Kommenden Dingen«: Walther Rathenau im Ersten Weltkrieg, in: ders. und Ernst Schulin, Walther Rathenau im Spiegel seines Moskauer Nachlasses, Heidelberg 1993, S. 32 ff.

57 Angress (wie Anm. 16), S. 79. Dort auch S. 97 f. der Wortlaut des Erlasses.

58 Die Zahlen wurden erst nach dem Kriege in einem Pamphlet des führenden Antisemiten Alfred Roth, der sich auf die amtlichen, inzwischen vernichteten Materialien stützen konnte, veröffentlicht (Otto Arnim [i. e. Alfred

Roth], Die Juden im Heere. Eine statistische Untersuchung nach amtlichen Quellen, München 1919). Franz Oppenheimer hat diese Zählung selbst wie auch die Auswertung Roths einer gründlichen Kritik unterzogen und sie als die »größte statistische Ungeheurlichkeit, [...] deren sich eine Behörde jemals schuldig gemacht hat«, bezeichnet (Franz Oppenheimer, Die Judenstatistik des preußischen Kriegsministeriums, München 1922, S. 14).

59 Angress (wie Anm. 16), S. 83; Zechlin (wie Anm. 28), S. 525f.

60 Meine Darstellung folgt Angress (wie Anm. 16).

61 Ebd., S. 84.

62 Eingabe des VddJ an den Kriegsminister von Stein bezüglich der Judenstatistik, 29.12.1916, zit. ebd., S. 113.

63 Ebd., S. 86.

64 Von Stein an Cassel, 20.1.1917, zit. ebd., S. 87.

65 Reichmann (wie Anm. 13), S. 531.

66 So der Vorsitzende der ZVfD, Hantke, vor der Plenarsitzung des Zentralkomitees der ZVfD am 12.11.1916, zit. nach: Dokumente (wie Anm. 2), S. 189.

67 Jüdische Rundschau, 21. Jg., Nr. 43, 27.10.1916, S. 351, zit. ebd., S. 188.

68 Engel (wie Anm. 14), S. 156f.

69 Zit. nach Dokumente (wie Anm. 2), S. 213.

70 Die Zukunft, 100 (1918), S. 179.

71 Aschheim (wie Anm. 24), S. 184f.

72 Das Gründungscommunique in: Neue jüdische Monatshefte, 2 (1917/18), S. 263f.

73 Zechlin (wie Anm. 28), S. 475ff.; Friedman (wie Anm. 24), S. 202ff. Der Brief Schiffs an den Unterstaatssekretär im Auswärtigen Amt, Zimmermann, gedruckt in: Reinhard R. Doerries, Washington—Berlin 1908/17, Düsseldorf 1975, S. 83f.

74 Ebd., S. 191ff.

75 Vgl. dazu Aschheim (wie Anm. 24), S. 176, und Werner T. Angress, Juden im politischen Leben der Revolutionszeit, in: Deutsches Judentum (wie Anm. 13), S. 137—316.

76 Vgl. dazu auch Breuer (wie Anm. 6), S. 347.

Fünfter Teil

Der Krieg der Ideen

Thomas Rohkrämer

August 1914 — Kriegsmentalität und ihre Voraussetzungen

I. Das »Augusterlebnis«

Die Bereitwilligkeit, mit der der Erste Weltkrieg in Deutschland wie in den anderen kriegführenden Ländern begrüßt wurde, ist in Retrospektive nur schwer nachzuvollziehen. Phantastische Träume von einer apokalyptischen Umwälzung der Gesellschaft überdeckten im August 1914 bei großen Teilen der Bevölkerung die einfache Tatsache, daß ein Krieg für die Betroffenen vor allem Leid und Entbehrungen, Schmerzen und Tod, Freisetzung von Aggressionen und Verrohung bedeutet. Selbst in der organisierten Arbeiterbewegung, die den Kriegsausbruch im allgemeinen mit negativeren Gefühlen wahrnahm, dominierte ein überraschender Glaube an seine Unausweichlichkeit. Diese schärfsten Kritiker des Kaiserreichs glaubten plötzlich den offiziellen Meldungen der Regierung. Selbst die deutsche Kriegserklärung an Frankreich und die völkerrechtswidrige Verletzung der belgischen Neutralität erschütterten nicht ihren Glauben an die Notwendigkeit der Vaterlandsverteidigung.

Wohl haben neuere Untersuchungen zu Recht die Rede von einem einheitlichen »Augusterlebnis« als Legende bezeichnet, welche die unterschiedliche Bereitschaft zum Krieg bei den verschiedenen sozialen Gruppen — von erschreckter Lähmung über den Glauben an seine Notwendigkeit bis hin zu offener Kriegsbegeisterung — übersieht. Aber dieser Erkenntnisgewinn darf nicht zu dem umgekehrten Schluß führen, daß »die große Mehrheit der Bevölkerung« dem Krieg »distanziert bis ablehnend gegenüberstand«, während nur der Jubel »einige[r] frustrierte[r] Intellektuelle[r]« und einer »kriegstreiberische[n] bürgerliche[n] Presse« den Eindruck einer einzigartigen Kriegsbereitschaft hervorgerufen habe[1]. Auch wenn eine differenzierte Untersuchung der Reaktion sämtlicher Bevölkerungsgruppen noch aussteht, so ist doch die breite Akzeptanz des Krieges gerade im Vergleich zu anderen Kriegsausbrüchen der neuesten deutschen Geschichte unverkennbar[2]. Der unter der politischen Elite verbreitete Glaube an die Unvermeidlichkeit des Krieges[3], das Ausbleiben jeder schärferen Kritik an der Regierung durch die politische Opposition, die übereinstimmenden Beschreibungen des »August-Erlebnisses« durch viele Zeitgenossen vom Vorsitzenden des Alldeutschen Verbandes Claß[4] bis hin zum Pazifisten Stefan Zweig[5], die Flut kriegs-rechtfertigender und -verherrlichender Schriften von Publizisten und Wissenschaftlern, die auf 1,5 Millionen geschätzten Kriegsgedichte anerkannter Schriftsteller und »inspirierter« Amateure allein im August 1914[6], die hohe Zahl der Kriegsfreiwilligen[7], all das läßt sich plausibel nur als eine fast allgemeine Akzeptanz des Krieges und eine weit verbreitete Begeisterung über ihn interpretieren. Die Leugnung dieser Tatsache verkennt das eigentlich Erschreckende am Ausbruch des Ersten Weltkrieges: die fatale Weise, mit der sich subjektive Überzeugungen, Wünsche und Sehnsüchte mit der gefährlichen systemischen Dynamik der imperialistischen Epoche verzahnten.

Die einschlägigen Zitate aus dieser Flut von kriegsbejahenden Publikationen, die der Straßburger Historiker Georg Knapp etwas rassistisch aber pointiert mit dem »Stammesgeheul der Sioux-Indianer« verglichen hat[8], sind weithin bekannt[9]. Statt einer erneuten Anführung soll es hier genügen, die zentralen Komponenten zusammenzufassen:

1. Der Glaube an die Notwendigkeit und Unausweichlichkeit des Krieges, an die Unmöglichkeit, ihn räumlich zu begrenzen, und an die Vergeblichkeit jeglicher Versuche, eine Eskalation der militärischen Mittel zu verhindern. Dieses Geflecht an Überzeugungen zeigte sich nicht nur in Worten, sondern auch an der Selbstverständlichkeit, mit der die waghalsige Politik der Regierung akzeptiert und eine rein militärische Logik wie die des Schlieffen-Plans als »Zwangsprodukt«[10] akzeptiert wurde.
2. Die Wahrnehmung des Krieges als Bewährungsprobe. Besonders die häufig von Kriegsfreiwilligen ausgedrückte Furcht, der Krieg könne vor ihrer Teilnahme beendet sein, weist darauf hin, daß große Teile der jüngeren Generation in dieser Situation unbedingt ihren Wert unter Beweis stellen wollten.
3. Die Hoffnung, der Krieg biete die Chance zu einem großen Abenteuer. In Verkennung der Realitäten eines Krieges (noch dazu eines modernen, technischen, tendenziell totalen Krieges) sah gerade ein großer Teil der bürgerlichen jungen Männer den Kriegseinsatz als Aufbruch zu einer »authentischen« Existenz frei von den artifiziellen Konventionen der bürgerlichen Welt, die die Intensität des Lebens und Erlebens zu zerstören schienen.

4. Die Hoffnung, die harten Realitäten des Krieges könnten in einer Zeit, in der überkommene Weltbilder ihre Überzeugungskraft verloren, einen neuen, realitätsnäheren Sinn stiften als die zu Konventionen erstarrten Überzeugungen der älteren Generation. Das als doppelte Moral kritisierte Auseinanderklaffen von Ethik und Lebenspraxis sollte in der Aufopferung für ein nationales Ziel überwunden werden.
5. Das Gemeinschaftserlebnis erweckte die Zuversicht, der Krieg werde als politischer Integrationsfaktor wirken. Während viele Konservative und Liberale erwarteten, daß der Krieg die Arbeiter an den bestehenden Staat heranführe, gingen SPD und Gewerkschaften davon aus, daß ihre Bereitschaft zum Kampf für die Nation durch politische und soziale Reformen honoriert werde.
6. Mit dem neuen Zusammengehörigkeitsgefühl verband sich weitergehend die Hoffnung auf die Überwindung der pluralistischen, modernen, »atomisierten« Gesellschaft und das Entstehen einer harmonischen Volksgemeinschaft. Durch die Anforderungen des Krieges sollte das Volk nicht nur politisch, sondern auch geistig zusammenwachsen und mit den anti-westlichen »Ideen von 1914« eine spezifisch deutsche Identität ausbilden.
7. Während die ältere Generation den Beginn des Krieges eher mit Skepsis und Fatalismus betrachtete, steigerte sich die positive Einstellung bei der jungen Generation bis hin zur offenen Begeisterung. Die hohe Zahl der freiwilligen Meldungen[11] gerade aus der bürgerlichen Jugend spricht eine deutliche Sprache.

II. Voraussetzungen für die Bereitschaft zum Krieg

Ebenso vielschichtig wie die im August 1914 zum Ausdruck kommende Kriegsmentalität sind ihre Voraussetzungen. Die Einigung Deutschlands unter kriegerischen Vorzeichen hatte die Akzeptanz reiner Machtpolitik gefördert sowie das Ansehen alles Militärischen gesteigert. Zinnsoldaten und Matrosenanzüge, Schulen und Universitäten, »nationale« Verbände und Kriegervereine, vaterländischer Unterricht und militärische Rituale, alles wirkte zusammen, den Gesinnungsmilitarismus zu fördern. Selbst die Kirchen predigten den Gehorsam gegen die Obrigkeit und akzeptierten die wachsende Dominanz militärischen Denkens, wenn sie diese nicht sogar befürworteten[12].

Die vielfältigen Formen des alltäglichen Militarismus übten zweifellos einen nicht zu unterschätzenden Einfluß aus. Aber die Meinung, ihr Wirken habe große Teile der Bevölkerung zu Gesinnungsmilitaristen *gemacht*, isoliert eine Seite der Entwicklung. Weitergehend muß auch gefragt werden, worauf die Attraktivität dieses Denkens beruhte, denn jede Ideologie muß an menschliche Bedürfnisse und Ängste anknüpfen, um eine Wirkung zu entfalten. Wenn sich auf freiwilliger Basis »nationale« Verbände bilden, um für eine imperialistische Politik zu agitieren, wenn auf Eigeninitiative von Veteranen nationalistische Kriegervereine entstehen, denen schließlich etwa 15 Prozent der wahlberechtigten Bevölkerung angehören, wenn Lehrer überzeugt den Gesinnungsmilitarismus verbreiten und Eltern ihren Sohn im Matrosenanzug besonders stattlich finden, dann sind dies freiwillige Handlungen und Ausdruck einer schon vorhandenen Überzeugung. Diese Handlungen tragen zur weiteren Verbreitung des Gesinnungsmilitarismus bei, erzeugt haben sie ihn aber nicht. Und auch die Radikalisierung des Militarismus nach der Jahrhundertwende, die sich bis hin zu einer »nationalen« Opposition gegen die Regierung steigerte, ist ein Indiz dafür, daß diese Überzeugungen nicht allein Resultat von Propaganda waren, sondern den Prädispositionen weiter Teile der Bevölkerung entsprachen.

Diesen mentalen Voraussetzungen für die Bereitschaft zum Krieg möchte ich im folgenden nachgehen. Dabei konzentriere ich mich besonders auf den Generationenkonflikt bei den »kleinen Leuten« und im Bildungsbürgertum, um zu zeigen, daß er eine zentrale Rolle bei dem Aufkommen der Wilhelminischen Kriegsmentalität gespielt hat.

Krieg als Schicksal

Unter den Militärs des Kaiserreiches galt es als selbstverständlich, daß der Krieg ein notwendiger Bestandteil der menschlichen Existenz sei. Prägnant hat Colmar v.d. Goltz diese Meinung in den häufig von Zeitgenossen zitierten Worten auf den Punkt gebracht: »Kriege sind Menschenloos, sind unvermeidliches Völkergeschick. Ewiger Frieden ist den Sterblichen in dieser Welt nicht beschieden[13].« Wie Kriege als unvermeidbar galten, so erschien auch jeder Versuch hoffnungslos, ihre Destruktivität zu begrenzen. Da die Einhaltung zwischenstaatlicher Vereinbarungen nicht durch eine höhere Instanz erzwungen werden könne, tendiere jede ernsthafte Auseinandersetzung zwangsläufig zum

Einsatz aller möglichen Mittel, d. h. zum totalen Kriegseinsatz[14]. Die Geschichte des 19. Jahrhunderts, in dem der Krieg immer schärfere Formen angenommen hatte, schien unwiderlegbar zu zeigen, daß nicht die Politik, sondern eine rein militärische Logik des effektivsten Einsatzes aller Machtmittel die Realität des Krieges bestimme. Bei dieser Einstellung kann es nicht verwundern, daß auch die vorbeugende Eröffnung eines Krieges »nicht zur Abwehr einer unmittelbar zwingenden Bedrohung, sondern zur Vorbeugung künftiger Gefahren im Interesse Deutschland[s]« als legitim galt[15] und vom Generalstab unter Moltke häufiger erwogen wurde.

Diese amoralische Orientierung an der Staatsräson wurde schon zu Beginn des Kaiserreichs von Militärs und Politikern mit wachsender Selbstverständlichkeit akzeptiert. Doch führte dies unter Bismarck und Moltke nicht zu einer aggressiv-revisionistischen Politik, da bei ihnen das Interesse an der Wahrung des Erreichten im Vordergrund stand. Doch in der Wilhelminischen Zeit drängten jüngere Militärs wie Ludendorff[16] und die extremistischen »nationalen« Verbände darauf, ohne Rücksicht auf innenpolitische Kosten mit der möglichst effektiven Vorbereitung auf den nächsten Krieg Ernst zu machen und tatsächlich ein »Volk in Waffen« zu schaffen[17]. Neben der Überzeichnung der außenpolitischen Bedrohung gaben sozialdarwinistische Ideen die ideologische Rechtfertigung für diese Politik: Die internationale Politik galt als reiner Kampf ums Überleben, in dem nur Stärke die staatliche Existenz sichern könne. Jeder Stillstand sei der erste Schritt auf dem Weg zum Niedergang. Die einzige Möglichkeit der Existenzsicherung bestehe deshalb in einer durch keine moralischen Rücksichten begrenzten expansionistischen Politik. Dies gelte vor allem für Deutschland, welches als junges, wachsendes Volk Raum zur Ausdehnung brauche. Da ein Krieg nicht zu verhindern sei, müsse eine realistische Politik Deutschlands Armee optimal auf diesen vorbereiten und einen möglichst günstigen Zeitpunkt zum Losschlagen wählen[18]. Diese Adaption der Evolutionstheorie Darwins unter Betonung des Selektionsgedankens und des Kampfmotives wurde zur Rechtfertigung einer Politik der unbegrenzten Mittel verwandt. Der steten Kampfbereitschaft kam dabei die zentrale Bedeutung für das Überleben des Kollektivs zu. Der Gruppenegoismus galt als einzige der Realität entsprechende Verhaltensweise. Bei den militärischen und politischen Eliten, so kann man abschließend konstatieren, bestand kein Zweifel an der Unvermeidlichkeit von Kriegen. Einen Krieg zu entfesseln, galt in wachsendem

Maße als legitim und unter Umständen als staatsmännische Pflicht, da nur ein expandierender Staat seine Existenz wahren könne.

Doch zum Verständnis der Masse der Bevölkerung im August 1914 ist es mindestens ebenso wichtig, einen Einblick in die Verbreitung und Ausformung des militärischen Denkens der »kleinen Leute« zu gewinnen[19]. Eine Betrachtung der Kriegserinnerungen an den Deutsch-Französischen Krieg 1870/71 ergibt, daß selbst nationalistisch eingestellte ehemalige einfache Soldaten den Krieg mit großer Ambivalenz betrachteten. Zwar waren sie stolz auf ihre militärischen Leistungen, aber sie hatten die Grauen des Krieges nicht vergessen. Und vor allem war es ihnen wichtig, den Krieg als Kampf für eine gerechte Sache darzustellen, als notwendige Verteidigung gegen einen mutwilligen Angriff. Auch ihre grundsätzlichen Ansichten über den Krieg waren nicht unkritisch: Wohl vertraten sie keine pazifistischen Überzeugungen, aber die meisten sahen den Krieg als Geißel der Menschheit. Auch wenn die Erinnerungen erst Jahrzehnte nach dem Ereignis verfaßt wurden, standen den Autoren die Schrecken und Leiden noch zu deutlich vor Augen, als daß sie den Krieg als wertneutrales Mittel der Machtpolitik hätten akzeptieren können. Während sich in den Führungsschichten schon zu Beginn des Kaiserreichs eine machiavellistische Einstellung durchgesetzt hatte, war für die Veteranen der Krieg ein furchtbares Mittel, welches nur im äußersten Notfall für eine gerechte Sache eingesetzt werden durfte. Auch sehnte sich kaum einer nach einem neuen Einsatz im Krieg. Die meisten wünschten sich nichts mehr, als daß das Schicksal sie »vor dem Krieg bewahren möge«[20].

Aber diese kritische Haltung gegenüber dem Krieg als Mittel der Politik hinderte die Veteranen nicht daran, ihre kriegerischen Taten im nachhinein zu verherrlichen und ihre »heldenhaften« Leistungen in großer Zeit zu schildern. Sie gaben dem stolzen Gefühl Ausdruck, mit dem Einsatz ihres Lebens einen Beitrag zur Entstehung des Deutschen Reiches geleistet zu haben. Diese Taten sollten nun im Frieden ihren Lohn finden. Die Veteranen erwarteten, daß die jüngere Generation »mit großen Augen und offenem Munde an den Lippen des Erzählers« von Kriegserinnerungen hängen sollte[21], und reklamierten in den Kriegervereinen, die sich aus Veteranen und Reservisten zusammensetzten, Sonderrechte. Sie dekorierten sich demonstrativ mit ihren Orden und Medaillen, forderten bei Vereinsfesten Ehrenplätze und Ehrenbezeugungen und erwarteten ständige Bewunderung und Hochachtung.

Viele Berichte über Konflikte zwischen Veteranen und Reservisten in den Kriegervereinen belegen, daß die Reservisten die Glorifizierung der Einigungskriege und der Reichsgründung auf Dauer nicht ertragen konnten. Wenn sie aus dem Schatten ihrer Väter hervortreten wollten, mußten sie entweder die soldatischen Taten entwerten und ihnen friedliche Leistungen entgegensetzen oder einen neuen Krieg herbeisehnen, um ihre eigenen soldatischen Tugenden unter Beweis stellen zu können. Wie die meisten Wilhelminer akzeptierten die Reservisten in den Kriegervereinen den Gesinnungsmilitarismus und konnten deshalb nur von einem Aufbruch zu neuen Zielen und einem zukünftigen Krieg erwarten, ihrer Epigonenrolle zu entkommen.

Aus diesem Grunde kam den jungen Männern im Kaiserreich der Aufbruch zu imperialistischer Politik entgegen. Wenn gerade die »Jugend den Flottengedanken« begrüßte[22] und »die neuen Schlagworte vom Streben nach ›Weltmacht‹ und ›Seemacht‹ von der jüngeren Generation geradezu als Erlösung empfunden wurden von dem ewig rückwärtsgewandten Pathos des herkömmlichen Patriotismus«[23], so lag das daran, daß nun endlich ein neues Ideal am Horizont auftauchte, welches die Einigung Deutschlands als »Jugendstreich« erscheinen ließ, »den die Nation auf ihre alten Tage beging und seiner Kostspieligkeit halber besser unterlassen hätte, wenn sie der Abschluß und nicht der Ausgangspunkt einer deutschen Weltpolitik sein sollte«[24].

So führte die Verherrlichung der kriegerischen Leistungen in den Einigungskriegen in der nächsten Generation zu einer neuen Leichtfertigkeit im Denken über den Krieg, das die Veteranen oft entsetzte, und zu einem in die Zukunft schauenden Militarismus. Dies zeigt sich unter anderem auch daran, daß die Kriegervereine in Baden zunächst die Erinnerung an die Schlachten von Belfort und Nuit feierten, an denen sie persönlich teilgenommen hatten, aber seit der Jahrhundertwende Sedansfeiern veranstalteten. Das Gedenken an ein Ereignis der eigenen Lebensgeschichte wurde von einer Feier des siegreichen Deutschlands abgelöst[25].

Die Überzeugungen der älteren Generation schufen für die jungen Männer, die sich nach neuen Zielen und Bewährungsproben sehnten, ein Dilemma: Einerseits konnte sich wahre Männlichkeit nur im Krieg bewähren. Alle Taten im zivilen Bereich hielten einem Vergleich mit dem Einsatz im Krieg nicht stand. Andererseits durfte diese Bewährungsprobe aber nicht gesucht werden, denn der wahre Held durfte nicht, daran hielten viele »kleine Leute« fest, aggressiv sein.

Dieses Dilemma ließ sich zum einen dadurch lösen, daß den anderen europäischen Großmächten aggressive Absichten unterstellt wurden. Auch wenn es vor dem Ersten Weltkrieg genügend objektive Gründe zur Besorgnis gab, so ist doch auffällig, mit welcher Konstanz ein Gefühl der allseitigen Bedrohung vorhanden war, welches im Glauben an die Unvermeidbarkeit des nächsten Krieges gipfelte. Einer der Gründe für dieses Gefühl war sicherlich die subjektive Notwendigkeit, sich in der Position des kampfbereiten Bedrohten zu sehen. Deshalb wurden Hochrüstung und Kriegsbereitschaft auch weniger als notwendiges Übel gesehen, sondern vielmehr als genehmes Mittel, den »soldatischen Geist« zu bewahren. Der Glaube an die Kriegsgefahr diente als Instrument zur Erzeugung der innenpolitisch und psychisch erwünschten Mentalität des »friedliebenden Kriegers«. Der Aufbruch Deutschlands zum Kampf um Weltgeltung wurde begeistert begrüßt, aber die aggressive Komponente mit der Behauptung geleugnet, daß Deutschland nur eine seiner Bedeutung und seinen Bedürfnissen entsprechende Position erreichen wolle und müsse.

Wenn diese Argumentation nicht mehr überzeugen konnte, weil die traditionelle Überzeugung, eine Nation dürfe nur für ihre existentiellen Interessen Krieg führen, immer stärker überdehnt wurde, bot der Sozialdarwinismus eine praktische Theorie, um das Streben nach Weltmacht zu rechtfertigen. Wie Publikationen und Aktivitäten der Kriegervereine, dieser »Armee im Bürgerrock« (Wilhelm II.), in der »kleine Leute« das Gros der Mitglieder ausmachten[26], zeigen, erreichte dieses Denken auch weitere Kreise der Bevölkerung wie Arbeiter, Landarbeiter und Kleinbürger. Die seit den 90er Jahren neu aufkommenden Aktivitäten wie Sanitätskolonnen für den Kriegsfall, militärisches Schießen und paramilitärische Manöver zeigen, daß die Worte der Verbandszeitungen vom »Kampf ums Dasein« als bewegender Kraft in der Geschichte[27] und einem baldigen »Völkerentscheidungskampf«, in dem über Deutschlands Schicksal entschieden werde[28], nicht nur die Meinung der Verbandsleitung widerspiegelten. Auch eine allerdings sehr impressionistisch gefärbte Befragung von Arbeitern weist drei Antworten mit kriegerisch-sozialdarwinistischen Tendenzen auf[29], was zumindest zeigt, daß diese Klasse nicht völlig gegen solche Ideen gefeit war.

Die Übereinstimmung zwischen einem Denken in machtpolitischen, militaristischen und sozialdarwinistischen Kategorien und der oben zusammengefaßten Reaktion auf den Kriegsbeginn ist evident. Es förderte eine Mentalität, die den Krieg als unvermeidlich ansah, ihn als eine Bewährungsprobe wahrnahm und ihm eine höhere Realität als dem Frieden zusprach, so daß in ihm ein »wahres Leben« fern von artifiziellen Konventionen der bürgerlichen Gesellschaft eher möglich zu sein schien. So bewahrheitete sich im Ersten Weltkrieg die Überzeugung der Militärs, daß die Masse des Volkes einen Krieg zumindest als notwendig sehen und auch extreme Belastungen ertragen werde[30].

In diesem Zusammenhang verdient noch ein weiterer Punkt Beachtung: Für den Sozialdarwinismus gibt es keinen qualitativen Unterschied zwischen Angriff und Verteidigung, da beide nur unterschiedliche Ausdrucksformen des »Kampfs ums Dasein« seien. So verlieren diese beiden Begriffe ihre traditionelle Bedeutung und Konnotationen. Insofern erscheint es für die Analyse des Kriegsausbruchs wichtig, Rechtfertigungen des Krieges als Verteidigung mit Mißtrauen zu betrachten. Nach der Militarisierung des Denkens im Kaiserreich war die Bedeutung von »Verteidigung« so ausgeweitet, daß sie auch eindeutig kriegsprovozierende Handlungen, wie den Willen zur Eroberung von »Lebensraum« für ein wachsendes Volk, umfassen konnte.

Bürgerliche Kriegsbereitschaft und Jugendbewegung

Das Bürgertum, vor allem das protestantische Bildungsbürgertum, war die soziale Gruppe, die den Krieg mit dem größten Enthusiasmus begrüßte, die »Ideen von 1914« formulierte und sie verbreitete. Wohl stieß die bürgerliche Deutung der Ereignisse weit über diese Kreise hinaus auf soviel Zustimmung, »daß die Grenzen zwischen Produzenten und Rezipienten verschwammen — deutlicher Beleg dafür, daß der Sinn, den die Deutungen vermittelten, von vielen Menschen akzeptiert wurde und demnach weit verbreitete Bedürfnisse befriedigte«. Jedoch blieb das Bildungsbürgertum der zentrale Träger der Ideen, und gerade die bürgerliche Jugend stellte das Gros der Kriegsfreiwilligen. Deshalb verdient diese Gruppe besondere Beachtung[31].

Trotz hohem Sozialprestige erfuhr das Bildungsbürgertum im Kaiserreich einen einschneidenden Funktions- und Einflußverlust. Es verlor nicht nur an politischer Bedeutung gegenüber den alten Eliten und der organisierten Arbeiterbewegung, sondern auch gegenüber dem wachsenden Gewicht von Wirtschaft, Technik und den mit ihnen verbundenen praktischen Professionen. Die Interessenvertretungen des Bildungsbürgertums konnten ebensowenig mit Wirtschaftsverbänden und Gewerkschaften konkurrieren wie die humanistisch-akademische Bildung mit den stärker praxisorientierten technischen Ausbildungen. Die Folge war eine Krise des Bildungsbürgertums und der von ihr vertretenen Werte. Umgekehrt kritisierten große Teile des Bildungsbürgertums die ihren Status bedrohenden modernen Entwicklungen wie die Polarisierung der Gesellschaft zwischen Besitzenden und Arbeiterklasse und die wachsende Bedeutung von Interessenpolitik und Wirtschaftsfragen. Aus ideologiekritischer Sicht läßt sich die Korrespondenz zwischen Statuskrise und wachsender Zivilisationskritik so erklären, daß schichtenspezifische Probleme auf den historischen Prozeß projeziert wurden und eine negative Sicht der Moderne als »materialistisch verflacht« bedingten. Unter diesen Voraussetzungen konnte der Kriegsbeginn in doppelter Hinsicht als Erlösung betrachtet werden:

1. Bei unklarer Interessenlage und schwachem wirtschaftlichen Gewicht konnte das Bildungsbürgertum bei einer wachsenden Polarisierung der Gesellschaft zwischen Wirtschaftsverbänden und Gewerkschaften nur verlieren. Die scheinbare Überwindung der Klassengegensätze durch das »Gemeinschaftserlebnis« im August 1914 weckte Hoffnungen auf eine Umkehrung dieser Tendenz.
2. Der Krieg wurde als Kampf zwischen den materialistischen Werten des Westens und den idealistischen Werten der deutschen Kultur interpretiert. Damit verband sich die Hoffnung, daß Wirtschaft, Technik und Interessenpolitik ihre Vorherrschaft verlieren und einer »Herrschaft des Geistes« Platz machen würden. Das Pochen auf den Vorrang des Geistes gab auch der Erwartung Ausdruck, daß das Bildungsbürgertum in Zukunft stärkeren Einfluß auf die Ziele der Politik nehmen werde, der materielle Bereich dagegen dieser Politik zu dienen habe[32].

Dieses Erklärungsmodell, welches die Zivilisationskritik der Jahrhundertwende auf schichtenspezifische Erfahrungen und Interessen zurückführt, enthält wichtige Punkte, ist aber keine vollständige Erklärung. Vielmehr muß in Umkehrung der Argumentation auch gesagt werden, daß die persönliche Krisenerfahrung besonders sensibel machte gegenüber tatsächlich existierenden Kosten der Modernisierung und Kräfte zur Überwindung der negativen Aspekte mobilisierte.

Meine folgende Betrachtung möchte zeigen, wie die Suche der bürgerlichen Jugendbewegung nach neuen Lebensformen zur Kriegsbereitschaft von 1914 beitragen konnte.

Die Suche der jungen Generation nach neuen Zielen ist um die Jahrhundertwende in den verschiedensten gesellschaftlichen Bereichen festzustellen. Die Begeisterung über die neue Weltpolitik sowie das Aufkommen eines vorwärtsgewandten Militarismus in den Kriegervereinen und eines völkischen Nationalismus auf der extremen Rechten sind Erscheinungen, die von den Zeitgenossen auch als Konflikt zwischen der selbstzufriedenen Generation der Reichsgründung und einer unruhigen Jugend, die mit größerer Konsequenz zu neuen Zielen aufbrechen wollte, wahrgenommen wurden[33].

Während jedoch die Verbindung der oben erwähnten Veränderungen mit den »Ideen von 1914« auf der Hand liegt, sind die Ideen der Jugendbewegung viel unbestimmter. Wohl lassen sich auch dort militaristische Tendenzen zeigen: So veranstalteten die Wandervögelbünde Kriegsspiele, in denen militärische Handlungen eingeübt wurden[34], oder sangen Lieder mit Texten wie »Ich habe Lust, im weiten Feld zu streiten mit dem Feind, wohl als ein tapfrer Kriegsheld« oder »Kein schönrer Tod ist in der Welt, als wer vom Feind erschlagen«[35]. Diese Beispiele zeigen, daß militaristische Formen auch die Jugendbewegung erreichten und Militärisches mit Abenteuer assoziiert wurde, aber sie erklären nicht die überraschende Bereitschaft zum Krieg, zumal vor 1914 auch kritische Äußerungen zu Nationalismus, Militarismus und Krieg gemacht wurden (z.B. ein Telegram des Bundestages der Deutschen Akademischen Freischar unmittelbar vor Kriegsbeginn, in dem sie den »Friedenskaiser« aufforderten, »den Krieg im letzten Augenblicke mit allen nur irgend möglichen Mitteln zu bannen«[36]). So kann nur eine genauere Betrachtung der Jugendbewegung Antwort auf die Frage geben, warum eine recht unschuldig wirkende Suche der Jugend nach neuen Zielen im August 1914 so unerwartete Konsequenzen haben konnte.

Zentrale Aktivitäten der bürgerlichen Jugendbewegung waren das Wandern und die »Fahrt«. Als Ausbruch aus der öden Welt des Gymnasiums brachen die Wandervögel auf, um ihre Freizeit in einer jugendlichen Gemeinschaft unabhängig von der Erwachsenenwelt zu gestalten, die Welt mit eigenen Augen zu sehen und sich ihre Fähigkeit zu beweisen, auf eigenen Beinen stehen zu können. Die Lust am Wandern war weniger Folge eines romantischen Impulses oder Ausdruck einer prinzipiellen Abkehr von der industrialisierten Welt, sondern die Sehnsucht nach einer engen Gemeinschaft mit Gleichaltrigen, die Suche nach direktem, nicht durch Bücher und Lehrer vermitteltem Lernen und Erleben sowie der Wille, ohne die Unzahl an technischen Bequemlichkeiten der Erwachsenenwelt auszukommen. Das Wandern bot wohl auch Raum für romantisches Erleben, aber die damit verbundenen physischen Anstrengungen und Entbehrungen gaben vor allem dem einzelnen ein neues Bewußtsein seiner Fähigkeiten und ließen die Gruppe durch gemeinsam bestandene Abenteuer zusammenwachsen. Außerdem erweckten gerade die Härten der »Fahrt« das Gefühl, nicht mehr kulturell und pädagogisch vorgefertigtes Wissen nachzukauen, sondern die eine, ursprünglichere, »wahrere« Existenz zu erleben. Jakob Müller faßt diese Elemente mit den Worten zusammen:

»Fahrt im engeren und eigentlichen Sinne ist selbsttätige Bewegung, gemeinsames Marschieren, Wandern, Schauen, Schweifen, Abenteuer, Spielen, Besichtigen, Leben in Landschaft und ländlicher Kultur, in Urnatur und Ferne, bedeutet Aufbruch und Auszug aus einer irgendwie als eng, unfrei, unecht, klein, öde, wesenlos-mediatisiert und unrein empfundenen Welt, vorab aus der damaligen Stadt, bedeutet Suchen und Finden einer weiten, rhythmisch-bewegten, erlebnisreichen, echten, unmittelbar-elementaren, strahlenden Welt[37].«

Mit dem Heranwachsen der ersten Generation der Wandervögel und dem Wunsch nach Vereinigung der verschiedenen lokalen Gruppen auf nationaler Ebene stellte sich die Aufgabe, dem neu entdeckten Lebensgefühl allgemeineren Ausdruck zu geben. Dabei ergaben sich weitgehende Übereinstimmungen mit den zivilisationskritischen Stimmen des Kaiserreichs: Wohl wurde die moderne Welt der Technik und Arbeitsteilung akzeptiert, nicht aber deren gesellschaftliche Begleiterscheinungen. Der eigentliche Unterschied zwischen den Generationen bestand nicht in den Überzeugungen, sondern in der Ernsthaftigkeit des Bemühens nach Überwindung der negativen Aspekte in der Moderne[38]. Während sich die Eltern-Generation generell mit der Diskrepanz von Ideal und Realität bequem arrangiert oder zumindest abgefunden hatte, forderte und erwartete die Jugendbewegung einen kulturellen Aufbruch. Sie erstrebte eine Übertragung des Gemeinschaftserlebnisses von »großer Fahrt« und gemütlichem »Nest« (d.i. der Treffpunkt am Heimatort) auf die gesamte Gesellschaft, eine Rückbesinnung auf die traditionellen Werte und eine neue Harmonie zwischen materieller Realität und Kultur. Diese Veränderungen sollten die Voraussetzung für die ganzheitliche Entwicklung des Einzelmenschen schaffen[39].

Beim Treffen der Freideutschen Jugend auf dem Meißner im Jahre 1913 fanden die Absichten der bürgerlichen Jugendbewegung den deutlichsten Ausdruck. Der Anlaß, die hundertjährige Wiederkehr der Völkerschlacht bei Leipzig, wie auch die Ablehnung der offiziellen Feiern mit ihrem »billigen Patriotismus« zeigen, daß die Teilnehmer wohl nationalen Empfindungen Ausdruck geben wollten; aber es sollte nicht das saturierte, sondern das junge Deutschland zelebriert werden. Gegen die Selbstzufriedenheit der Älteren sahen sie ihr Fest »als eine Gedenk- und Auferstehungsfeier jenes Geistes der Freiheitskämpfe, zu dem wir uns bekennen«, und wollten dem »gemeinsamen Willen« zu »Natürlichkeit, Wahrhaftigkeit, Echtheit, Geradheit« Ausdruck geben[40]. Die postulierte Autonomie der Jugend, die in dem Willen zu einer unabhängigen Feier genauso zum Ausdruck kommt wie in der Meißner-Formel[41], stellte implizit die Forderung auf, dem Drang der Jugend nach Reform Raum zu gewähren. Im Gegenzug gaben sie ihrer freudigen Bereitschaft Ausdruck, Verantwortung zu übernehmen und konstruktiv an einer an traditionellen Werten orientierten Reform der Gesellschaft mitzuarbeiten.

»Die Jugend, bisher nur ein Anhängsel der älteren Generation, aus dem öffentlichen Leben ausgeschaltet und auf eine passive Rolle angewiesen, beginnt sich auf sich selbst zu besinnen. [...] Sie, die im Notfall jederzeit bereit ist, für die Rechte ihres Volkes mit dem Leben einzutreten, möchte auch im Kampf und Frieden des Werktags ihr frisches, reines Blut dem Vaterland weihen[42].«

Das Verlangen nach direktem Erleben und Abenteuer, die Suche nach einer wahren Gemeinschaft und ganzheitlichen Menschen, die Forderung nach jugendlicher Autonomie und gesellschaftlichem Einfluß, der Wunsch, sich zu bewähren und Verantwortung zu übernehmen, das alles klingt vielleicht etwas idealistisch, aber vor allem als verständliche und moderate Reaktion auf eine in Konventionen erstarrte Gesellschaft. Auch wenn die folgende Darstellung deren Verbindung zu der Kriegsbereitschaft im August 1914 aufzeigen möchte, ist damit keine Verurteilung der Ideale und Ziele der Jugendbewegung intendiert. Vielmehr geht es darum zu zeigen, wie die Utopie von einer dynamischeren und menschengerechteren Moderne umschlagen konnte in die oft freudige Bereitschaft für einen Krieg, der sich zur »Urkatastrope des 20. Jahrhunderts« entwickelte und die mit ihm verbundenen Hoffnungen zumeist schon bald enttäuschte.

Die Verführbarkeit der Jugendbewegung lag vor allem in ihrem Idealismus und ihrer mangelnden Distanzierung von gesellschaftlich dominierenden Überzeugungen begründet. Idealisierte Vorstellungen von einem zukünftigen Krieg, Vertrauen in »Friedenskaiser« und politische Führung sowie ein Gesellschaftsideal, das Harmonie mit Homogenität gleichsetzte, schufen die Voraussetzungen für eine fatale Bereitschaft zum Krieg.

1. Realitätsferne Vorstellungen führten dazu, daß der Krieg als Freiheit vom Elternhaus und als »große Fahrt« wahrgenommen werden konnte. Nicht die Schrecken des Krieges dominierten das Bild, sondern Vorstellungen vom »lustigen« Krieg mit Kameradschaft, Abenteuer und Heldentum[43]. Die oben erwähnten Kriegsspiele und kriegsverherrlichenden Lieder sind Beispiele für eine geringe Resistenz vieler Wandervögel gegen den Gesinnungsmilitarismus im Kaiserreich.
2. Die Jugendbewegung hatte stets nach einer tieferen Realität und »authentischem Erleben« jenseits von Buchweisheit und Zivilisation gesucht und interpretierte häufig auch den Krieg in diesem Sinne. So findet sich noch 1916 im »Monatsbericht der Deutschen Akademischen Freischar« eine Charakterisierung des Krieges als »gesteigertes Leben«; ein anderer empfahl martialische Fetzen von Nietzsches Zarathustra zum Nachdenken:

   »Man hat auf das große Leben verzichtet, wenn man auf den Krieg verzichtet. [...] Nicht die gute Sache ist es, die den Krieg heiligt, sondern der gute Krieg ist es, der jede Sache heiligt«[44],

   und ein dritter sah es als

   »die eigentliche Aufgabe, dieses Ereignis in seiner ganzen Größe, mit aller Erhabenheit und aller Tragik [...] mit zu erleben und es ganz das eigene empfängliche Ich erfüllen zu lassen«[45].

   Das Mißtrauen gegen Konventionen und der Glaube, gerade in den härtesten und grausamsten Situationen die Realität des »Lebens« zu entdecken, erreicht hier eine extreme Steigerung, ein Vorschein auf die Schriften Ernst Jüngers aus der Weimarer Zeit.
3. Wie jüngeren Mitgliedern der Kriegervereine erschien auch vielen Mitgliedern der Jugendbewegung der Krieg als Bewährungsprobe, in dem sie der Eltern-Generation ihre Fähigkeiten und Opferwilligkeit beweisen konnten. Von der oben zitierten Erklärung auf dem Meißner, »im Notfall jederzeit bereit« zu sein, »für die Rechte ihres Volkes mit dem Leben einzutreten«, ist es nur ein kleiner Schritt zu der Aussage in einem Feldpostbrief: »Es kann nichts Größeres und Schöneres für mich geben als das, daß ich mich einsetzen darf, mit allem[46].« Die Mitglieder der bürgerlichen Jugendbewegung fühlten sich als Elite, die in dieser schweren Zeit ihren Wert unter Beweis stellen mußte, um ein moralisches Anrecht auf die Gestaltung der Gesellschaft zu erlangen.
4. Bei der Übertragung der Gemeinschaftserfahrung in den kleinen lokalen Gruppen auf die vereinigte bürgerliche Jugendbewegung und

potentiell auf die gesamte Gesellschaft waren schon in der Vorkriegszeit intolerante und diskriminierende Tendenzen zum Vorschein gekommen. Eine lautstarke Minderheit forderte ein offizielles Bekenntnis zum »Deutschtum« und den generellen Ausschluß von Juden[47], und selbst die Bundesleitung, die allgemeine Beschlüsse gegen die Aufnahme von bestimmten Bevölkerungsgruppen ablehnte, fand Verständnis für die Ablehnung eines Juden durch eine Ortsgruppe, »etwa weil besonders ausgeprägte Rasseeigentümlichkeit ihr mit der Art des Wandervogels, die aus dem Tiefsten des deutschen Wesens hervorgegangen ist und in deutscher Vergangenheit wurzelt, unverträglich erscheint«[48]. Der Traum einer harmonischen Gemeinschaft verband sich durchweg nicht mit Vielfalt, sondern mit der »Zusammenfassung der Menschen [...] nach ihrem Seinsbestand«[49]. Aus dieser Sicht konnte die Gesellschaft im Krieg, in der die äußere Bedrohung zunächst innenpolitische Konflikte zurücktreten ließ, als Schritt zu einer wahren nationalen Gemeinschaft erscheinen. Das »August-Erlebnis« erweckte Hoffnungen, nun im »Feld« wie an der »Heimatfront« mehr Resonanz für die Ideale der Jugendbewegung zu finden.

III. Zusammenfassung

Die Reichsgründung im Jahre 1871 erschien vielen Zeitgenossen als Höhepunkt der deutschen Geschichte, nach dem es vor allem auf die Konsolidierung des Erreichten ankomme. Während sich die aktiven Zeitgenossen stolz in der Erinnerung an ihren Beitrag zu den großen Ereignissen sonnen konnten, stellte sich den Nachgeborenen die Frage des Historikers Sybels, was dem Leben danach noch Sinn und Ziel geben könne, mit gesteigerter Schärfe. Wenn sie nicht ein weitergehendes Ideal wie den Sozialismus anstrebten, sondern sich den überkommenen Werten verpflichtet fühlten, konnten sie dem Epigonen-Dasein nur durch eine Radikalisierung der herrschenden Überzeugungen und der Forderung nach ihrer uneingeschränkten Umsetzung entrinnen. Dies entfesselte eine Dynamik, die der Wilhelminischen Zeit einen neuen Grundtenor gab.

Die oben aufgezeigte Radikalisierung der Ziele knüpfte an die beiden zentralen Ideologien der Kaiserzeit, den Militarismus und den Nationalismus, an. Die Verherrlichung von kriegerischen Taten der Vergangenheit konnte bei den Söhnen umschlagen in einen vorwärtsgerichteten Militarismus, der eine expansive Weltpolitik befürwortete und die Erwartung eines zukünftigen Krieges mit der Hoffnung verband, sich auch als Kriegshelden bewähren zu können. Die Steigerung nationalistischer Gefühle fand in der Überzeugung Ausdruck, daß die Reichsgründung zwar formal eine Nation geschaffen habe, die innere Einigung aber noch ausstehe. Der gesellschaftlichen Zerrissenheit des Kaiserreichs wurde das politische Ziel einer harmonischen Volksgemeinschaft entgegengestellt. Bei mangelnder Distanzierung von den herrschenden Ideologien konnte der Erste Weltkrieg deshalb gerade bei den Nachgeborenen als konservative Utopie erscheinen, der die Nation zusammenschweiße, mit einer expansiven Weltpolitik Ernst mache und die Chance zur kriegerischen Bewährung eröffne.

Anmerkungen

1 Wolfgang Kruse, Die Kriegsbegeisterung im Deutschen Reich zu Beginn des Ersten Weltkrieges, in: Kriegsbegeisterung und mentale Kriegsvorbereitung, hrsg. von Marcel v.d. Linden und Gottfried Mergner, Berlin 1991, S. 74f. Überzeugender und differenzierter weist Bernd Ulrich auf die Grenzen des »Augusterlebnisses« hin (vgl. seine Aufsätze in: August 1914: Ein Volk zieht in den Krieg, hrsg. von der Berliner Geschichtswerkstatt, Berlin 1989, und: Der Krieg des kleinen Mannes, hrsg. von Wolfram Wette, München 1992).

2 Thomas Rohkrämer, Der Militarismus der »kleinen Leute«. Die Kriegervereine im Deutschen Kaiserreich 1871—1914, München 1990, S. 88—91; Wolfram Wette, Die schwierige Überredung zum Krieg. Zur psychologischen Mobilmachung der deutschen Bevölkerung 1933—1939, in: Aus Politik und Zeitgeschichte. Beilage zur Wochenzeitung Das Parlament, B 32—33/1989, 4.8.1989, S. 3—17, hier S. 17.

3 Wolfgang Mommsen, Der Topos vom unvermeidlichen Krieg. Außenpolitik und öffentliche Meinung im Deutschen Reich im letzten Jahrzehnt vor 1914, in: Bereit zum Krieg. Kriegsmentalität im wilhelminischen Deutschland 1890—1914, hrsg. von Jost Dülffer und Karl Holl, Göttingen 1986, S. 194ff.

4 Heinrich Claß, Wider den Strom, Leipzig 1932, S. 299ff.

5 Stefan Zweig, Die Welt von Gestern. Erinnerungen eines Europäers (1944), Frankfurt a.M. 1970, S. 257—263. Zweig ist auch von dem Gegensatz zu 1939 frappiert.

6 Deutsche Kriegslieder 1914/16, hrsg. von Carl Busse, Bielefeld u.a. [3]1916, S. VI.

7 Die häufig genannte Zahl von 1,5 Millionen ist sicherlich weit übertrieben (Bernd Ulrich, in: August 1914 (wie Anm. 1), S. 234f.). Doch es bleibt ein substantieller Rest.

[8] Alfred Dove, Ausgewählte Aufsätze und Briefe, Bd 2, München 1925, S. 299.

[9] Vgl. vor allem: Klaus Vondung, Die Apokalypse in Deutschland, München 1988; Klaus-Peter Philippi, Volk des Zorns, München 1979; Klaus Schwabe, Wissenschaft und Kriegsmoral, Göttingen 1969; Roland N. Stromberg, Redemption by War. The Intellectuals and 1914, Lawrence 1982; August 1914 (wie Anm. 1); Kriegsbegeisterung (wie Anm. 1); Reinhard Rürup, Der »Geist von 1914« in Deutschland. Kriegsbegeisterung und Ideologisierung des Krieges im Ersten Weltkrieg, in: Ansichten vom Krieg, hrsg. von Bernd Hüppauf, Hanstein 1984, S. 1—30; Gudrun Fiedler, Jugend im Krieg. Bürgerliche Jugendbewegung, Erster Weltkrieg und sozialer Wandel 1914—1923, Köln 1989.

[10] Wolfgang v. Groote, Historische Vorbilder des Feldzugs 1914 im Westen, in: MGM, 47 (1990), S. 33—55, hier S. 35.

[11] Siehe aber Anm. 7.

[12] Überblicke bieten: Bereit zum Krieg (wie Anm. 3) und August 1914 (wie Anm. 1).

[13] Carl Freih. v. d. Goltz, Das Volk in Waffen, Berlin [5]1899, S. 430.

[14] Vgl. z. B. Helmuth Graf v. Moltke, Gesammelte Schriften und Denkwürdigkeiten des General-Feldmarschalls Grafen Helmuth von Moltke, Berlin 1892, Bd V, S. 195, oder Goltz (wie Anm. 13), S. 8f.

[15] Helmuth Graf v. Moltke, Ausgewählte Werke, Bd 3, Berlin 1925, S. 13.

[16] Siehe dazu den Schriftwechsel zwischen dem Chef des Großen Generalstabes Generaloberst Helmuth v. Moltke d. J. mit dem preußischen Kriegsminister Josias v. Heeringen zwischen 1911 und 1913 in: Der Weltkrieg 1914—1918, Kriegsrüstung und Kriegswirtschaft, hrsg. vom Reichsarchiv, Anlagenband, Berlin 1930, S. 132—197.

[17] Stig Förster, Der doppelte Militarismus. Die deutsche Heeresrüstungspolitik zwischen Status-quo-Sicherung und Aggression, 1890—1913, Stuttgart 1985.

[18] Friedrich v. Bernhardi, Deutschland und der nächste Krieg, Stuttgart u. a. 1912.

[19] Zum folgenden vergleiche Thomas Rohkrämer, Der Gesinnungsmilitarismus der »kleinen Leute« im Deutschen Kaiserreich, in: Der Krieg des kleinen Mannes (wie Anm. 1), S. 95ff.

[20] Kriegs-Erinnerungen eines bayrischen Jägers aus den Jahren 1870/71, Nürnberg 1894, S. 101.

[21] Parole. Deutsche Kriegerzeitung, 1, 1.3.1896, S. 3f.

[22] Friedrich Naumann, Demokratie und Kaisertum, Berlin [2]1900, S. 182.

[23] Gerhard Ritter, Staatskunst und Kriegshandwerk, Bd 2, München 1965, S. 126f.

[24] Max Webers Freiburger Antrittsrede in: ders., Gesammelte politische Schriften, hrsg. von Johs. Winckelmann, Tübingen [2]1958, S. 23.

[25] Rohkrämer, Militarismus (wie Anm. 2), S. 60f.

[26] Ebd., S. 34ff. Die Sozialstruktur ist sicherlich noch nicht hinreichend erforscht. Aber W. Kruses Kritik an meiner Behauptung, daß die »kleinen Leute« das Gros der Mitglieder ausmachten (Rezension in: Internationale wissenschaftliche Korrespondenz zur Geschichte der deutschen Arbeiterbewegung, 27 (1991), H. 3, S. 397ff.), wird meiner Begründung nicht gerecht,

weil er nur auf die beiden lokalen Mitgliedertabellen im Anhang meines oben zitierten Buches (wie Anm. 2) eingeht, nicht aber auf die weiteren Belege im Textteil (u.a. weitere lokale Untersuchungen und eine Statistik des Deutschen Kriegerbundes, ebd., S. 34ff.). Diese Unterlassung ist umso überraschender, als Zitate in der Rezension zeigen, daß Kruse die entscheidenden Seiten gelesen hat.

27 Badisches Militärvereinsblatt, 15, 7.4.1911, S. 140f.

28 Parole, 17, 21.4.1899, S. 265.

29 Während die meisten Arbeiter auf die Frage: »Gehen sie oft in den Wald? Was denken sie, wenn sie auf dem Waldboden liegen, ringsherum tiefe Einsamkeit?« einem positiven, häufig romantischen Naturverständnis Ausdruck gaben, sprach einer vom »Kampf bis aufs Messer«, ein zweiter sah »einen Kampf von Gattung gegen Gattung und weiß, daß der Kampf Gesetz ist«, und ein dritter hielt den Waldfrieden für ein Märchen (Adolf Levenstein, Die Arbeiterfrage. Mit besonderer Berücksichtigung der sozialpsychologischen Seite des modernen Großbetriebes und der psychophysischen Einwirkungen auf die Arbeiter, München 1912, S. 354—381).

30 Goltz (wie Anm. 13), S. 424f.

31 Vondung (wie Anm. 9), S. 193.

32 Ebd., S. 198—207.

33 Besonders deutlich wird die Verbindung von Generationenkonflikt und Radikalisierung des Denkens in der Autobiographie von Claß (wie Anm. 4).

34 Joachim Wolschke-Bulmahn, Kriegsspiel und Naturgenuß — Zur Funktionalisierung der bürgerlichen Jugendbewegung für militärische Ziele, in: Jahrbuch des Archivs der deutschen Jugendbewegung, 1986/87, Bd 16, S. 251—270.

35 Zit. nach Gerhard Ille, Von andrer Art gibt's jetzt 'ne Fahrt. Die bürgerliche Jugendbewegung an der Schwelle des Ersten Weltkriegs, in: August 1914 (wie Anm. 1), S. 49—59, hier S. 56.

36 Knud Ahlborn, Das Freideutschtum in seiner politischen Auswirkung, Werther 1923, S. 3f. Allerdings wurde Ahlborns Inhaltsangabe zufolge (das Original ist verloren) gleichzeitig die Bereitschaft zur Verteidigung des Vaterlandes ausgedrückt.

37 Jakob Müller, Die Jugendbewegung als deutsche Hauptrichtung neukonservativer Reform, Zürich 1971, S. 33f.

38 Ulrich Aufmuth, Die deutsche Wandervogelbewegung unter soziologischem Aspekt, Göttingen 1979, S. 152.

39 Diese Hoffnungen kommen besonders deutlich in der von Hans Breuer gezogenen Bilanz des Wandervogels zum Meißner-Tag zum Ausdruck; zit. in: Müller (wie Anm. 37), S. 35.

40 Alle Zitate aus den beiden Ausrufen für die Tagung in: Werner Kindt, Grundschriften der Jugendbewegung Düsseldorf u.a. 1963 (= Dokumentation der Jugendbewegung, Bd 1), S. 92ff.

41 Winfried Mogge, Jürgen Reulecke, Hoher Meißner 1913. Der erste Freideutsche Jugendtag in Dokumenten, Deutungen und Bildern, Köln 1988, S. 52.

42 Ebd., S. 86.

[43] Eric J. Leed, No Man's Land. Combat & Identity in World War I, Cambridge u. a. 1979, S. 68.

[44] Adolf Allwohn, Ewald König, zit. in: Fiedler (wie Anm. 9), S. 60ff.

[45] Heinz v. Rohden, Brief vom 12. 8. 1914, in: Zwei Brüder. Feldpostbriefe und Tagebuchblätter, hrsg. von Gustav v. Rohden, 2 Bde, Tübingen 1916/17. Bd 2: Leutnant d. R. Heinz v. Rohden, S. 14f.

[46] Hans Wix, Feldpostbrief 1914, in: Gerhard Ziemer, Hans Wolf, Wandervogel und Freideutsche Jugend, Bad Godesberg 1961, S. 523.

[47] Walter Laqueur, Die deutsche Jugendbewegung, Köln 1962, S. 98.

[48] Wandervogel (Gelbe) 1914, S. 122, zit. in: Müller (wie Anm. 37), S. 80.

[49] Monatsbericht der Deutschen Akademischen Freischar, 5. Jg., Juli 1914, H. 2, S. 83, zit. in: Müller (wie Anm. 37), S. 84.

Jost Dülffer

Kriegserwartung und Kriegsbild in Deutschland vor 1914*

I.

Die offiziellen deutschen Kriegspläne sind bekannt[1]. Der Generalstab erwartete einen Zweifrontenkrieg, der seit dem Schlieffen-Plan von 1905 zuerst im Westen gegen Frankreich gewonnen werden und sich erst dann mit österreich-ungarischer Unterstützung im Osten gegen Rußland wenden sollte. Angesichts der Unterlegenheit der Mittelmächte an Soldaten sollten die ersten entscheidenden Erfolge durch einen Angriff auf dem rechten Flügel durch das neutrale Belgien hindurch errungen werden. Dies sollte zu einer Einkreisung des Feindes führen und dessen Vernichtung erleichtern. Schlieffen entwickelte einen umfassenden Plan, der sich auf die Entscheidung des Krieges in einer Schlacht konzentrierte. Seine Kritiker waren in den folgenden Jahren skeptischer und argumentierten wie der ältere Moltke:

»Kein Operationsplan reicht [...] mit einiger Sicherheit über das erste Zusammentreffen mit der feindlichen Hauptmacht hinaus [...] Alle aufeinanderfolgenden Akte des Krieges sind somit nicht prämeditierte Ausführungen, sondern spontane Akte, geleitet durch militärischen Takt[2].«

Schlieffens Planungen beinhalteten ein hohes Risiko: Man mußte alles auf eine Karte setzen — auf den Durchbruch, der auf alle Fälle glücken mußte, und auf die Vernichtung des Feindes. Alles andere hätte katastrophale Resultate für die Deutschen. Auch ein langer Krieg wäre verhängnisvoll für das ganze wirtschaftliche, politische und soziale System.

»Der Feldzug schleppt sich hin. Solche Kriege sind aber zu einer Zeit unmöglich, wo die Existenz der Nation auf einen ununterbrochenen Fortgang des Handels und der Industrie begründet ist, und durch eine rasche Entscheidung das zum Stillstand gebrachte Räderwerk wieder in Lauf gebracht werden muß. Eine Ermattungsstrategie läßt sich nicht treiben, wenn der Unterhalt von Millionen den Aufwand von Milliarden erfordert,«

schrieb Graf Schlieffen 1905[3]. Und Reichskanzler von Bethmann Hollweg drückte in einem Brief vom 23. März 1913 folgende Überzeugung aus:

»Am schwersten hat mich der Einblick belastet, den mich die Militärs in unsere Stärkeverhältnisse haben tun lassen. Man muß schon einen guten Teil Gottvertrauen haben, und auf die russische Revolution als Bundesgenossen rechnen, wenn man einigermaßen ruhig schlafen will[4].«

Auch seiner Ansicht nach würde ein schneller Sieg der Feinde Deutschlands Niederlage und mögliche Vernichtung bringen.

Das Risiko erhöhte sich durch Wandel im internationalen System in den akuten Krisen um Bosnien, Marokko und die beiden Balkankriege. Diese Situation spiegelte sich in den beiden deutschen Heeresvorlagen 1912 und 1913, die auf einen Ausgleich der zahlenmäßigen Unterlegenheit zu Deutschlands Gunsten abzielten[5]. Es war eine merkwürdige Angelegenheit, daß in dem sich herausbildenden Zeitalter des industrialisierten Krieges einer der am stärksten industrialisierten Staaten, der wenigstens in dieser Hinsicht einige strukturelle Vorteile gegenüber den anderen kontinentalen europäischen Staaten hatte, genau diese Vorteile zugunsten des personellen Faktors, nämlich zahlenmäßiger Vermehrung, aufgab. Obwohl man argumentieren kann, daß sich in Marinerüstungen das Reichsmarineamt weiterhin bemühte, die zahlenmäßige Unterlegenheit an Schiffen durch qualitative Bemühungen auszugleichen, wurde in Sachen der Heeresrüstung die Erfahrung von Kriegen seit 1899 nicht angemessen in den materiellen Rüstungen reflektiert, z.B. in der Artillerie oder im Luftkrieg. Dies betraf sowohl die technische Entwicklung auf der deutschen Seite als auch eine angemessene Einschätzung der zu erwartenden Wirkungen feindlichen Feuers oder der Aufklärung auf die eigenen Operationen und taktischen Überlegungen.

Dennoch bedeuteten diese sehr oberflächlichen Überlegungen die Grundlage für die Vermehrung der Heeresstärke: Die Wirkung feindlichen Feuers forderte eine ständig wachsende Zahl von Soldaten, die den Angriff fortsetzen sollten, auch wenn ihre Kameraden in den ersten Wellen gefallen waren. In der internen Debatte argumentierte General v. Bock nur wenig umsichtiger[6],

»daß die Infanterie nicht dazu da sei, ihr Blut und ihre Knochen nur zu dem Zweck zu opfern, daß die Artillerie Ziele erhält. Es ist ja ihre Aufgabe in gewissem Grade u. es wird dazu kommen müssen, aber man soll es nicht so frei aussprechen. Das sei der Waffe nicht würdig.«

Wie konnte man Menschen dazu bringen, ihre Rolle als Kanonenfutter zu akzeptieren? Dies war eine Frage von moralischer Stärke oder »sittlicher Kraft«[7]. Diese moralische Stärke forderte von dem Soldaten, sich wie ein Zahnrad in der Kriegsmaschinerie zu bewegen, sich völlig den Befehlen unterzuordnen, aber auch Mut zu haben und einen Willen, der auch unter Feuer Gehorsam garantierte gegenüber den Befehlen zum Vorrücken oder Hinlegen — und das in äußerster Lebensgefahr, ja sogar vorwärts zu laufen über die Leichen gefallener Kameraden und in Nachtattacken oder ähnlichen Extremsituationen vorzurücken.

Aber diese Art von Moral hatte auch weitreichende Folgen für die gesamte Gesellschaft: Gerade für Kriegszwecke mußte hierarchischer Gehorsam als strukturelle Komponente der Gesellschaft nicht nur aufrechterhalten, sondern noch gestärkt werden. Das war keine neue Einsicht; aber es war Ausdruck der bedrohten Hierarchie eines traditionellen Systems, in dem die herrschenden Schichten ihre Stellung im eigenen Interesse zu erhalten suchten. Der Wunsch nach Aufrechterhaltung der Kriegsdisziplin spiegelte daher die Fortsetzung der sozialen Hierarchie für die übrige Gesellschaft. Natürlich hatte diese Ansicht ihre Grundlage in konkreten Erfordernissen der Massenproduktion auch in Industrie und Landwirtschaft, in dem politischen Glauben an ein autoritäres System, aber sie war zusätzlich begründet auch in dem Bild des kommenden modernen Krieges. Die beiden Argumente des Krieges und der Moral verstärkten sich wechselseitig: Moralische Stärke war notwendig für den Krieg, der Krieg wurde notwendig, um die politischen und sozialen Strukturen der zivilen Gesellschaft aufrechtzuhalten.

In der großen Heeresvorlage des Jahres 1913 hofften einige, die volle Ausschöpfung der allgemeinen Wehrpflicht könne eine Öffnung des politischen Systems auch zur revisionistischen Sozialdemokratie bedeuten, deren Anhänger die Soldaten der Armee sein würden:

> »Nur [...] wenn das gesamte Volk von der Erkenntnis durchdrungen ist, daß mit der Schädigung des Bundesgenossen auch eigene Lebensinteressen gefährdet sind, wird *die* Opferwilligkeit in ihm aufleben, deren jeder Staat in unserer Zeit, der keine Kabinettskriege mehr will, bedarf, um einen energischen Krieg zu führen[8],«

war die Ansicht des Generalstabes in einem berühmten Memorandum vom Dezember 1912. Die entgegengesetzte Ansicht wurde in solchen vaterländischen Verbänden wie dem Deutschen Wehrverein oder dem Alldeutschen Verband vertreten, die von innen her bedrohte Gesellschaft zu stabilisieren. In den Worten des Generals Colmar v.d. Goltz aus dem Jahre 1914 war der Wohlstand in der deutschen Gesellschaft, besonders in den unteren Klassen, zu schnell gestiegen:

»Genußsucht und Verwöhnung greifen um sich. Die gedankenlose Lehre vom Recht der Persönlichkeit, die sich jeder nach seinem Behagen auslegt, hat diesen Prozeß beschleunigt. Von ihren Pflichten spricht man den Massen des Volkes nicht mehr, [...] sondern nur von ihren Rechten. [...] Schon ist das Wort ›kriegerisch‹ in einen ganz unverdienten Mißkredit gekommen. [...] Das erinnert an das Treiben jener wahnwitzigen religiösen Sekte, die sich der eigenen Kraft beraubt. [...] Deutschland sänke nochmals in Elend und Knechtschaft zurück, wie vor Jahrhunderten[9].«

Als Resultat zitierte er Clausewitz, der 1812 gesagt hatte: »Mein Vaterland braucht den Krieg.«

In diesem Sinne war es nur folgerichtig, daß Goltz in seiner Schlußbetrachtung empfahl, die Jugend »zu einem tatkräftigen, harten und unerschrockenen Geschlecht« zu erziehen, »das sich des Friedens und seiner segensreichen Arbeit wohl freut, aber auch die Gefahren niemals scheuen wird, unter denen wir ehedem groß geworden sind.«

II.

Man könnte die gekennzeichnete Haltung militaristisch nennen, und in der Tat charakterisierte sie die dominanten Erwartungen in der deutschen Gesellschaft. Ihr sollte dennoch eine Minderheitenmeinung entgegengestellt werden, nämlich die Erwartungen der Pazifisten. Viele Pazifisten waren überzeugt, daß ein moderner Krieg nicht stattfinden dürfe, weil sie davon ausgingen, daß ein zukünftiger Krieg ein großes Unglück bedeute. Nach ihrer Ansicht war diese Entwicklung unmittelbar einsichtig, dennoch war Propaganda notwendig, um den noch nicht überzeugten Teil der Nation zu überzeugen. In diesem Zusammenhang ist es bemerkenswert, Alfred H. Frieds Naivität zu sehen, der alle verbalen Äußerungen führender Personen der Gesellschaft sammelte, welche den Wunsch nach Frieden und die Furcht vor den Schrecken des Krieges widerspiegelten, und diese als Teil wahrhaft pazifistischen Denkens ausgab. In seinem Buch *Der Kaiser und der Weltfriede*[10] (1910) wollte er zeigen, wie der Kriegsherr zum Friedensmacher wurde. Er betitelte ausdrücklich ein Kapitel: »Der Kaiser als Pazifist«. Als der deutsche Botschafter in London, Graf Metternich, in einer Rede über den Krieg gesagt hatte, »in wenigen Tagen würden Werte in einem höheren Umfange zerstört worden sein als der glücklichste Krieg wiederherstellen könnte«, wertete Fried diese Einsicht als eine »durch und durch pazifistische Rede«, die bemerkenswerterweise einer der Ratgeber Kaiser Wilhelms II. gehalten habe. In den Jahren vor 1914 gab Fried »Die Friedenswarte« heraus, in welcher er eine monatliche »pazifistische Chronik« publizierte, die auch separat jährlich als Broschüre erschien. Hier versuchte er, alle Bemerkungen führender Personen der ganzen Welt in Sachen Frieden ebenso wie alle friedlichen Lösungen von Streitfällen zusammenzustellen. Er tendierte immer dazu, optimistisch anzunehmen, daß der Friede bald zu erwarten sei — bis zum Beginn des Krieges 1914, als er nach dem Zusammenbruch seines Lebenswerkes seinen ersten Leitartikel mit den Worten begann:

»Die Friedensarbeit wird fortgesetzt! — An Clausewitz uns anlehnend, können wir sagen: der Krieg ist die Fortsetzung der Friedensarbeit, nur mit anderen Mitteln[11].«

Der Hintergrund des pazifistischen Kriegsbildes war eine internationale Debatte, die hauptsächlich Ausländer wie etwa Jan de Bloch, Jacques Novicow, Norman Angell oder Charles Richet beschäftigte, deren Bücher größtenteils ins Deutsche übertragen wurden (Bloch, Angell, Richet) und die dann popularisiert und zusammengefaßt wurden in pazifistischen Zeitungen oder Broschüren. In einer Broschüre, die seine sechs Bände *Der Krieg der Zukunft* (in Deutschland 1899 publiziert) knapp zusammenfaßte[12], widmete Bloch ein Kapitel »den politischen und wirtschaftlichen Ergebnissen eines Krieges zwischen Großmächten«. Einige Kapiteltitel mögen genügen:

»Die Kriegsmaschinerie kann nicht funktionieren ... Die Wahl liegt zwischen endlosen Verlusten oder einem Kampf ohne Ende ... Wir können keinen Krieg mehr führen... Das Leben der modernen Völker bietet ein noch viel complicierteres Räderwerk dar, als das einer Präcisionsuhr. Der Krieg würde dies ganze Räderwerk stören und würde sein Stillstehen eintreten lassen.«

Er argumentierte, daß Krieg zu einer Unterbrechung der Seeverbindungen führen würde, zu Hunger, Preisanstieg, finanziellem Zusammenbruch, wirtschaftlichem Elend, Bankrott, »allgemeiner Proletarisierung«.

»Aus diesen verschiedentlichen Ursachen wird ein tiefes sociales Elend hervorgerufen, ein allgemeiner Jammer, so daß der Ausbruch von gewaltsamen Aufständen wohl zu befürchten sein wird. Und diese Verhungerten, diese Verelendeten werden Waffen in den Händen haben.«

Krieg bedeutete somit die Gefahr einer Revolution von seiten der unteren Klassen.

Genau dieses Argument wurde auf der anderen Seite von Sozialisten als eine Warnung an die herrschenden Klassen zur Verhütung des Krieges benutzt. Wenn sie darin keinen Erfolg hätten, sei die proletarische Revolution das Ergebnis. Das war die Bedeutung von August Bebels Kladderadatsch oder dem »Generalmarsch Europas« von 15 Millionen Soldaten[13], die mit sich die »letzte Stunde der bürgerlichen Gesellschaft« als Ergebnis des Krieges bringen würden. Die Basis von Blochs und anderer Pazifisten Szenario war Cobdens Vision, daß freier Welthandel das beste Mittel sei, um das menschliche Wohlergehen und die Wohlfahrt zu fördern, daß Krieg und sogar die Kosten für Waffen zur Vorbereitung von Kriegen eine Verhinderung des menschlichen Fortschritts darstellten. Bloch weitete diese Argumente aus, indem er genauestens die Operations- ebenso wie die technischen Probleme auf dem Schlachtfeld darstellte, die Unmöglichkeit eines schnellen Sieges, das Anwachsen der Defensivfähigkeiten als Ergebnis technologischer Entwicklungen. All dieses würde zum Schützengrabenkrieg führen, und der Angreifer würde schwerere Verluste an Menschen und Material zu gewärtigen haben als der Verteidiger. Blochs Arbeit war eindrucksvoll, weil er versuchte, genaue Zahlen anzugeben, konnte jedoch in dieser Präzision nur falsch liegen. Es gab jedenfalls seinen Schriften einen wissenschaftlichen Anstrich, der sich wirkungsvoll gegen das Selbstvertrauen der Militärs richtete.

In der pazifistischen Wahrnehmung war Krieg schrecklich. Frieden würde in jeder Hinsicht beweisen, daß es rational war, den Krieg zu verhindern. Diese Rationalität war mehr oder weniger gekoppelt an emotionale Bilder des Leidens im Kriege, von Angst und Gefahr, von Tod und Verstümmelung. Der allgemeine Trend im letzten Jahrzehnt vor 1914 lag jedoch zumindest in Deutschland in entgegengesetzter Richtung: die Stärkung von kriegsfördernden Emotionen wie Wut und Empörung, der Versuch zu beweisen, daß die Qualität des Krieges erst »kulturschaffend« gewesen sei. Pazifisten bemühten sich in ihren Zeitschriften und Broschüren oft ebenso verzweifelt wie naiv, diese Anschauung zurückzuweisen. Walther Schücking z. B. schrieb nach dem Balkankrieg 1913:

»Und sind wirklich nur diejenigen im Kriege überrannt worden, die innen faul und morsch gewesen, wie jetzt die europäische Türkei? Gerade die Geschichte der Türkei beweist das Gegenteil«

— weil die Türken vor Jahrhunderten den Balkan erobert hätten und das Serbische Reich auf dem Amselfeld zerstört hätten.

»Auch für die Kultur der Einzelpersönlichkeit leistet der Krieg nicht das, was man ihm zuschreibt. Gewiß kann es seinen erziehlichen Wert haben, wenn der einzelne genötigt wird, sein Leben einzusetzen für seine Volksgenossen, aber der Krieg zwingt ihn, den Seinen zu nützen, indem er die anderen schädigt [...] Aber zu behaupten, daß die grausige Arbeit des Schlachtfeldes, die nur im Vernichten blühender Leben besteht, die beste und edelste sei, und daß die Völker den Krieg zu ihrer Erziehung brauchen, das geht zu weit[14].«

Der Unterschied zwischen Schücking und v.d. Goltz scheint gar nicht so groß zu sein; die Wertsysteme beider Männer waren nicht so antagonistisch, wie man sich vorstellen könnte. Beide stimmten darin überein, daß der Krieg einen positiven Effekt auf das Individuum haben könnte. Aber während der Pazifist argumentierte, daß es zu weit gehe, den Krieg nur aus diesem Grunde zu rechtfertigen, sah der General gerade dies als willkommenes Ergebnis an.

III.

Das Bild des kommenden Krieges in Deutschland[15] war vielgestaltig, konnte aber in vielen Fällen nur in einer metaphorischen Weise umrissen werden. Der »Weltenbrand« war seit Jahrzehnten zu einem gängigen Begriff geworden, der auch metahistorische Bedeutungen beinhaltete. Der Krieg konnte so auch religiöse oder quasi-rechtliche Facetten zugewiesen erhalten, wenn es etwa heißt, er stelle ein Weltgericht dar, oder aber: er bedeute die Reinigung der Menschheit, ein Sühneopfer. In offiziellen Kreisen wie bei der kritischen Opposition lauerte jedoch die Furcht vor einem langen und verlustreichen Krieg hinter den offiziellen Planungen für einen kurzen Krieg. Der Unterschied zwischen den Denkrahmen der Militaristen und der Pazifisten war letztlich doch nicht so groß; letztlich unterschieden sie sich nur in der positiven oder negativen Beurteilung. Friedrich v. Bernhardi in seinem *Deutschland und der nächste Krieg* sah die Möglichkeit für die Deutschen voraus,

»in einem großen Weltkriege allein zu stehen [...], angewiesen einzig auf unsere eigene Kraft und unseren eigenen Willen zum Siege. Ein solcher Krieg aber muß sich für uns — mehr fast als für jeden anderen Staat — stets zu einem Kampf um unsere staatliche und nationale Existenz gestalten [...] Wir müssen [...] bestrebt sein, unsere gesamte Volkskraft aufzubieten und für die bevorstehende große Weltentscheidung vorzubereiten und auszurüsten[16].«

Der jüngere Moltke argumentierte, kurz nachdem er sein Amt 1905 angetreten hatte:

»Es wird ein Volkskrieg werden, der nicht mit einer entscheidenden Schlacht abzumachen sein wird, sondern der ein langes, mühevolles Ringen mit einem

Lande sein wird, das sich nicht eher überwunden geben wird, als bis seine ganze Volkskraft gebrochen ist, und der auch unser Volk, selbst wenn wir Sieger sein sollten, bis aufs äußerste erschöpfen wird[17].«

Bereits im Jahre 1914 forderte Oberquartiermeister General Georg Graf Waldersee mehr Waffen, um dem Vorwurf zu begegnen[18], er tue nicht genug für

»die Erhaltung des Deutschen Reiches und der deutschen Rasse [...] Denn, daß es sich bei einem Zukunftskriege um Sein oder Nichtsein des deutschen Volkes handeln wird, darüber kann wohl ernstlich ein Zweifel nicht mehr bestehen.«

Ludendorff sprach vom kommenden »Kampf ums Überleben«. Und ein ehemaliger Oberst, der Pazifist geworden war, Richard Gädke, benutzte die gleiche allgemeine Terminologie bereits 1907:

»Nur ein sehr großer Feldherr könnte das dann vorhandene Mißverhältnis der Zahl zu unseren Gunsten ausgleichen — und müßte immerhin die *letzten Kräfte* des Volkes für den Kampf um seine Existenz anspannen[19].«

In seiner Kritik an Bernhardi in »Die Friedenswarte« kritisierte Gädke fünf Jahre später unter dem Titel *polemos pater panton?* die Vorschläge seines Gegners als

»Rezept zur Entzündung des großen Weltenbrandes, des Muspili [d.h. eines alten germanisch-christlichen Gedichtes, welches das Ende der Welt prophezeit], zur Heraufführung der Götterdämmerung.«

Literarische Behandlungen des Zukunftskrieges waren ausführlicher. Als Georg Heym 1911 ein Gedicht unter dem Titel »Der Krieg« schrieb, personifizierte er den Krieg in gereimten Versen als allgemeines Monster. Als Beispiele seien hier die vierte und fünfte der zehn Strophen angeführt:

»Auf den Bergen hebt er schon zu tanzen an,
Und er schreit: ›Ihr Krieger alle, auf und an!‹
Und es schallet, wenn das schwarze Haupt er schwenkt,
Drum von tausend Schädeln laute Kette hängt.

Einem Turm gleich tritt er aus die letzte Glut,
Wo der Tag flieht, sind die Ströme schon voll Blut.
Zahllos sind die Leichen schon im Schilf gestreckt,
Von des Todes starken Vögeln weiß bedeckt.«

In der populären Literatur wurde am besten bekannt Bertha v. Suttners *Die Waffen nieder* (1889), das in die meisten Sprachen übersetzt und auch in unserem Jahrhundert noch oft wieder abgedruckt wurde. So erschien es etwa als Fortsetzungsroman in sozialdemokratischen Zeitungen wie der Bremer Bürgerzeitung 1898/99.

Science-fiction mit kriegsprophezeienden Stimmen sproß international wie Pilze empor, wie I. F. Clarke gezeigt hat. 1912 stellte ein Schreiber, der sich selbst Nostradamus nannte, die Wahl *Weltherrschaft oder Krieg*[20] mit dem Untertitel: »Ein ernsthaftes Wort zur deutsch-englischen Verständigung«. 1913 gab Max Heinrichka »ein[en] kurz[en] phantastisch-historisch[en] Rückblick aus dem Jahre 2021, dem Jahre der 150. Wiederkehr des Deutschen Reiches« unter dem Obertitel *100 Jahre deutscher Zukunft*. Das waren nur Symptome. Andere Autoren zielten auf eine massive Aufrüstung, manchmal unter besonderer Betonung neuer Waffen. Andere wiederum äußerten Warnungen gegenüber den Schrecken des Krieges und vor denselben Waffen, indem sie entweder betonten, daß die Deutschen siegreich sein oder mit Erfolg neue Technologien nutzen würden. Wiederum andere bemühten sich, den Krieg zu verhindern, indem sie die militärischen Erfolge anderer Staaten im Kriege schilderten, während einige politisch eher neutrale Schriftsteller mehr oder weniger spannende oder sentimentale Romane oft trivialer Art veröffentlichten. Dieses Material stellt für Historiker eine reiche Quelle kollektiver Mythen dar. Einige Beispiele mögen genügen.

Ein Buch von einem gewissen »Seestern« (d. h. Friedrich Grautoff) mit dem Titel *1906 – Der Zusammenbruch der alten Welt*[21] wurde in seinem Publikationsjahr bereits in der 19. Auflage mit 95 000 Exemplaren gedruckt. Der Autor gab vor, im folgenden Jahr, 1907, am Vorabend der Waffenstillstandsverhandlungen am Ende eines Krieges zu schreiben. Dieser Krieg war über eine triviale Ehrenfrage auf Samoa zwischen Deutschland und England ausgebrochen, als die Briten deutsche Rechte bei der Verfolgung von Eingeborenen auf der Insel verletzt hatten. Frankreich verletzte die belgische Neutralität und schloß sich den Briten an, Rußland blieb neutral; die italienische Neutralität wurde von Großbritannien nicht akzeptiert, was zu nachfolgenden französisch-britischen Feldzügen im Mittelmeer gegen Deutschland, Österreich und Italien mit Seeschlachten vor Neapel und La Spezia führte. Die erste Schlacht im Norden fand vor Helgoland statt, wo die britische Flotte Cuxhaven bombardierte. Später besetzte sie Kiel und Umgebung (»Der Union Jack im Kieler Hafen«). Die große Schlacht vor Helgoland endete mit schweren Verlusten auf deutscher Seite. »Der Tag von Helgoland hatte denen eine furchtbare Lehre gegeben, die sich einer Vermehrung der deutschen Flotte gegenüber ablehnend verhalten hatten.«

Im allgemeinen bestand die Geschichte nicht nur aus Propaganda und war geschickt konstruiert. Arbeiteraufstände fanden in Charleroi statt, aber es gab auch nationale Aufstände in Prag. Ein verwundeter deutscher Kavallerieoffizier schrieb einen langen Brief über die erste Schlacht in Belgien aus einem Krankenhaus in Leuwen und berichtete über militärische Aktionen ebenso wie über seine mitfühlenden Beobachtungen und persönliches Leid. Die »Schlacht der Million«, welche französische und deutsche Soldaten zwischen Arras und Châlon betraf, dauerte mehr als vier Tage, und die Deutschen gewannen schließlich — obwohl die Munition knapp wurde.

Ausschlaggebend waren aber nicht die Erfolge der deutschen Waffen, sondern es war der Aufstand der Araber und Muslime in ganz Nordafrika gegen die französische und britische Herrschaft, dem ein »schwarzer Schrecken« in ganz Afrika gegen die Herrschaft des weißen Mannes folgte, und der Großbritannien und Frankreich veranlaßte, um Waffenstillstand zu bitten. Trotz seiner Seeherrschaft nahm Großbritannien den Frieden an. Das Vorwort schloß:

»Allein die Einigkeit der Völker Europas kann das, was ihnen verloren gegangen ist, die unbestrittene politische Macht und die Seeherrschaft auf dem Weltmeer, wieder zurückgewinnen. Heute liegt der politische Schwerpunkt in Washington, Petersburg und Tokio.«

Das Buch war ein Plädoyer für die Einheit der europäischen Staaten und spielte die Schrecken des Krieges nicht herunter.

»Immer neue Schlachten, neue Siege und neue Verlustlisten. Wie lange sollte dieses furchtbare Ringen noch dauern, das die Länder entvölkerte und die jugendfrische Blüte der Nationen unter dem grünen Rasen bettete?«

Offensichtlich hatte »Seestern« einen empfindlichen Punkt deutscher militärischer Erwartungen getroffen. Im gleichen Jahr analysierte Major a. D. Karl v. Bruchhausen systematisch *De[n] kommende[n] Krieg. Eine Studie über die militärische Lage Deutschlands*[22] und stimmte darin zum Teil mit »Seestern« überein. Das betraf zum Beispiel die Einschätzung der Haltung der USA. Aber er kritisierte ungewisse »Phantasiestücke«, die sich hauptsächlich mit dem Seekrieg beschäftigten. »Das Phantasiestück des modernen Landkrieges bleibt noch zu schreiben!« Im selben Jahr setzte Hansa die Debatte fort mit *Hamburg und Bremen in Gefahr* und Beowulf mit *Der deutsch-englische Krieg*. Ebenfalls noch 1906, offenbar in einer offiziösen Position, schrieb Moriturus seine Antwort unter dem Titel *Mit deutschen Waffen über Paris nach London. Briefe von der Elbe. Eine sachliche Antwort auf Seestern, Hansa, Beowulf* (3000 Exemplare). Der Autor versuchte, zunächst einmal Detailfehler aufzudecken. Zum Beispiel gebe es keine britischen Möglichkeiten, in die Elbe vorzudringen. Sein ein wenig langweiliges Szenario in der Form eines Austausches von Briefen nahm einen schnellen deutschen Sieg an der Marne an, der Frankreich aus dem Krieg ausscheiden ließ. Daraufhin wurde die entscheidende Seeschlacht in der Nähe Helgolands zwischen der britischen und deutschen Flotte ausgefochten, die von den Deutschen gewonnen wurde. Eine Invasion Großbritanniens schien möglich. Aber der Autor der fiktiven Briefe starb, nachdem er gerade noch auf eine »frisch fröhliche Seeschlacht« gehofft hatte. Die Botschaft war klar: Es war das Lob der fleet in being, der Möglichkeit eines Seekrieges für eine schwächere Nation und zugleich ein Appell an das mutige Opfer für das Überleben des eigenen Vaterlandes. Aus diesem Grunde nannte der Autor sich selbst Moriturus.

Die Kriegserwartung war ein internationales Phänomen, und die Übungen in Kollektivbildern dienten dazu, die jeweiligen Staaten zu mobilisieren, sei es für Waffen oder ein kriegerisches Verhalten oder genau für das Gegenteil. Um die Dinge zu komplizieren, gab es Übersetzungen der Romane, Pamphlete und Broschüren in andere Sprachen. Sie wurden auch im Ausland verbreitet und antworteten auf unterschiedliche nationale Gefühle, sie wurden somit instrumentalisiert, um genau die entgegengesetzen Bilder und Emotionen zu verstärken oder erst zu schaffen.

1912 übersetzten die Verleger des Deutsches Offiziersblattes das Buch des französischen Major de Civrieux *La fin du empire allemand. La bataille du champs de Boulaux 191...*[23] (14000 Exemplare 1912). Der Autor sah den entscheidenden französischen Sieg in einem künftigen Krieg in der Gegend zwischen Hamm und Unna auf der Hälfte des Weges nach Berlin voraus. Dieser vorausgesagte Krieg würde an einem 16. August mit dem Sturz der Hohenzollernmonarchie enden. Geschützt durch vernichtendes Artilleriefeuer würden 50000 Afrikaner schnell vorrücken, die, selbst den Tod verachtend, hinter sich einen breiten »Todespfad« hinterließen. Das Pamphlet gab vor, die Erfüllung einer alten Straßburger Weissagung darzustellen, daß 45 Jahre nach seiner Errichtung (am Ende eines Menschenalters und eines halben) das Deutsche Reich untergehen werde. Ein Vorwort des französischen Abgeordneten für Nancy in Lothringen, Major Driant, richtete sich gegen die »Herrschaft der brutalen Gewalt« in Europa. Aber der deutsche Übersetzer, der seinerseits ein kritisches Vorwort beisteuerte, ließ das Ende der französischen Geschichte aus und endete: »Und unter dem furchtbaren Krachen der zerschmetterten Stahlplatten und der umherfliegenden Sprengstücke...«. Er fügte eine Anmerkung hinzu:

»Nach der Überzeugung des Übersetzers ist es nicht statthaft gewesen, die nächsten Zeilen, die die Vernichtung des ganzen Kaiserlichen Hauptquartiers schildern, hier in der Übertragung wiederzugeben.«

So endete das Pamphlet mit einem offenen Aufruf zur Empörung an die Deutschen und erhielt noch im gleichen Jahr eine offiziöse deutsche Antwort »durch einen aktiven deutschen General« mit dem Titel: *Und dann...?! Fortsetzung der Schlacht auf dem Birkenfelde in Westfalen 191...! Errettung des Deutschen Reiches vor dem Untergang*![24]

Natürlich kehrte der Autor das Ergebnis des Krieges um, indem er die Ungenauigkeit einiger Einzelheiten aufzeigte, z.B. der Verwirrung bei Tag- und Nachtangriff und der aktiven deutschen Verteidigungsmaßnahmen gegen Flugzeuge. In seiner Version fragten die französischen Angreifer sich bald: »Waren denn die ganzen 60 Millionen des Deutschen Reiches im Anmarsch?« Die Friedensbedingungen für Frankreich waren »vernichtend« — ihr Vorbild war der Frankfurter Friede von 1871. Frankreich, das für diesen »furchtbaren Krieg« verantwortlich war, ging unter, aber »jetzt ist die Welt auf lange Zeit vor solchen Beunruhigungen und allen Folgen französischer Ruhmessucht befreit.«

Dieses Beispiel zeigt, daß Science-fiction ein Mittel der psychologischen Kriegführung noch zu Friedenszeiten geworden war. Krieg, der sich einer neuen totalen Qualität annäherte, wurde in dem Ziel vorweggenommen, die Gesellschaft psychologisch zu mobilisieren, indem Empörung gegen die feindliche Mentalität geschaffen wurde. *Die Kriegspropaganda begann, bevor der erste Schuß abgefeuert wurde.*

»Zukunftskriegsromane [...] sind [...] mit der Tendenz geschrieben, zu zeigen, wie die eigene Nation, dank außerordentlicher Vorbereitungen, über den lauernden Feind glänzende Siege davontragen und zur Weltherrschaft gelangen wird«,

schrieb Bertha v. Suttner in ihrem letzten schmalen Band 1912[25]. Während viele Autoren nicht überraschend gerade auf dem Gebiet des maritimen Wettrüstens zu beweisen suchten, wie schrecklich die Wirkungen oder wie herrlich das letztliche Ergebnis einer entscheidenden Seeschlacht sein würden, wandten sich andere ähnliche Themen dem künftigen Luftkrieg zu. *Die Barbarisierung der Luft* war Suttners Titel. In langen Passagen zitierte und übersetzte sie H.G. Wells, der sehr eindrucksvoll und lebhaft die Wirkungen plötzlicher Angriffe von »Luftflotten« geschildert hatte, die Handel und Industrie unterbrechen und zu einem allgemeinen sozialen Kollaps, Hunger und Seuchen führen würden. Die Luftschlacht selbst wurde mit Zitaten des französischen Autors de Michiels (Mitarbeiter von Le Gaulois) beschrieben:

»Die Motoren begannen wieder ihr dumpfes Rattern, und während die totbringenden Apparate über der feindlichen Armee [...] nach allen Richtungen hin ausschwärmten, ließen die 50 Offiziere plötzlich einen Regen von Eisen und Feuer niedergehen, einen Platzregen von Bomben«

— das war ganz ähnlich wie de Civrieuxs oben zitiertes Szenario. Was in seinem Fall der deutschen Antwort als Grundlage für Empörung und zum Aufruf nach militärischer Vorbereitung gedient hatte, motivierte Suttner zu einem Appell auf den völligen Verzicht einer militärischen Verwendung von Flugzeugen. Sie publizierte ein »Memorandum gegen die Verwendung bewaffneter Luftschiffe«, die von 300 international bekannten Leuten aus vielen Ländern unterzeichnet wurde. Aber: »Bis jetzt hat der Aufruf kein Gehör gefunden. Ungehört zu bleiben: Daran muß die Stimme der Vernunft schon nachgerade gewöhnt sein.«

1913 wurde das Buch des dänischen Autors Vilhelm Hansen *Die vierte Waffe. Zukunftsroman* übersetzt[26] und erhielt ein Vorwort von Seestern, der betonte, daß in Dänemark offensichtlich immer noch ein gewisser Revanchismus aufgrund der Niederlage von 1864 existierte. Die Handlung des Romans bestand hauptsächlich aus einer Dreiecksliebe zwischen einer Frau, einem dänischen Erfinder eines neuartigen Flugzeuges und einem deutschen Spion. Der dänische Erfinder, Alstrup, trat in französische Dienste, bombardierte und blockierte den Kaiser-Wilhelm-Kanal an seiner Schleuse und zerstörte seine Brücken. Um von den Deutschen gestohlenes Material zurückzubekommen, landete der dänische Held mit seinem Flugzeug in der Nähe von Berlin, benutzte die S-Bahn, um zum deutschen Generalstabsgebäude zu gelangen und schließlich auch zum Kommandierenden General selbst. Er bedrohte diesen General nicht nur mit seiner Pistole, sondern auch mit der Bombardierung der ganzen Innenstadt von Berlin. Dann zwang Alstrup den Deutschen, mit ihm auf den Balkon des Generalstabsgebäudes zu gehen.

»›Was hat dies zu bedeuten?‹ ›Es hat zu bedeuten, daß in diesem Augenblick ein Aeroplan, ein Kriegsflieger, über diesem Gebäude schwebt. Sein Name ist *La France*, und ich bin sein Führer.‹«

Zähneknirschend gab der deutsche General nach, händigte die Dokumente aus, und der dänische Pilot verließ das Generalstabsgebäude, indem er an einem Seil in sein Flugzeug stieg.

1908 publizierte Rudolf Martin, ein Vielschreiber zahlreicher Bücher über unterschiedliche Themen und mit sehr wechselnden politischen Anschauungen, das Buch: *Stehen wir vor einem neuen Weltkrieg?* Er machte darin genaue politische Vorhersagen über die Zukunft, in die er besonders die Wirkungen des Luftkrieges einschloß. »Das Aufkommen der Motorluftschiffahrt in der Gegenwart entscheidet endgültig schon jetzt über das Machtverhältnis der Großmächte der Zukunft.« Großbritannien, das relativ sicher vor einer deutschen Invasion durch Seestreitkräfte war, konnte nun aus der Luft bedroht werden. Nach der Niederlage der deutschen Marine und großer Luftstreitkräfte konnte nach seiner Vorstellung ein Landkrieg in England, aber auch ein Zusammenbruch der Kolonialherrschaft nach kolonialen Aufständen in Nordafrika stattfinden. »Die augenblickliche Kriegsgefahr ist größer, als man gemeinhin annimmt.«

Diesem anscheinend realistischen Szenario ging ein anderes, noch phantastischeres Werk von Rudolf Martin voraus: *Berlin—Bagdad. Das deutsche Weltreich im Zeitalter der Luftschiffahrt 1910—1931* (1907)[27]. Dieses beschrieb die Bombardierung Berlins durch »Suwarows Luftschiffe« am 20. April 1916. Anschließend gab es jedoch einen deutsch-türkischen Sieg über die Russen: »Petersburg, Warschau und Kiew zur deutsch-österreichischen Föderation.« Das deutsche Weltreich erstreckte sich von Berlin bis Bagdad. »Unmittelbar nach dem Anschluß des türkischen Reiches an die deutsche Föderation im Herbst 1916 machte der deutsche Kaiser seinen ersten Besuch in Bagdad«, der nach des Kaisers eigenen Ideen ausgestaltet wurde. In Bagdad traf er den Direktor von Standard Oil Company, Mr. White... 15 Jahre später, 1931, schlossen das Deutsche Reich und England einen Vertrag, in dem ersteres dem letzteren Beistand versprach, um seine Herrschaft in Indien gegen Rußland aufrechtzuerhalten.

Die eindruckvollste aller Vorausahnungen des Krieges war *Das Menschenschlachthaus* von Wilhelm Lamszus (1912)[28]. Während die meisten anderen Autoren, die über unser Thema schrieben, auch Schilderungen des Schlachtfeldes und des Leidens einschlossen, tendierten sie dennoch zumeist dazu, die politischen, sozialen und wirtschaftlichen Folgen der Schlacht oder des ganzen Krieges darzustellen. Lamszus' Buch ist auch heute noch so eindrucksvoll, weil seine »Bilder des kommenden Krieges« sich fast ausschließlich mit der psychologischen Wahrnehmung des Krieges, menschlicher Furcht und menschlichen Leidens beschäftigen, szenenweise wie in einem Bühnenstück. Dieser Eindruck einer auf allgemein Menschliches zielenden Darstellung wird verstärkt durch die Tatsache, daß Lamszus seinen Soldaten keine Nationalität beilegt. Er beschreibt menschliche Phänomene im allgemeinen. Er erzählt in der ersten Person von einem Menschen, der nach und nach zur kollektiven Identität für die Menschheit insgesamt wird. Das Buch beginnt mit der Mobilmachung, dem Abschied von der Familie. »Soldat!« heißt der nächste Abschnitt; es folgt die militärische Ausbildung, wozu auch das Schießen auf Schießscheiben mit menschlichen Zügen gehört. Der psychische Konflikt ist unausweichlich. Der innere Monolog verstärkt sich im Lauf der Erzählung bis zu gebetsartigen Passagen. »Vater im Himmel! Du schaust so furchtbar still auf uns hernieder. Graut Dir vor Deinen Menschenkindern!« Die Schlacht selbst nimmt 14 (von 111) Seiten ein. Die Erfahrung physischer Anstrengung, Angst und der Anblick von verwundeten und toten Kameraden stehen im Mittelpunkt. Als nachdrücklicher Kontrapunkt endet das Kapitel:

»Nun laßt es steigen hochgemut, das donnernde Viktoria! Laßt klingen Pfeifen- und Trompetenschall! Das ist der Tod auf freiem Feld! Das ist Soldatenlust und Schlachtenbraus: mit offner Brust in das gezückte Eisen rennen, das weiche, bloßgelegte Hirn jauchzend an eine Wand von Stahl zu schmettern! So massenhaft, so kaltblütig, so sachverständig rottet man nur das Ungeziefer aus. In diesem Kriege sind wir nichts als Ungeziefer mehr.«

Das Buch enthält noch eine andere Schlachtenszene, den Rückzug in einen Sumpf, der mit dem Selbstmord des Erzählers endet. »Ich drücke ab und falle hintenüber — der letzte Mensch auf dieser toten Erde«. Die allerletzten Seiten enthalten einen Dialog zwischen dem Toten und seinen begrabenen Brüdern. »Wir drehen uns den Kopf nach unten. Laß uns auf unsern Lorbeeren schlafen und laß uns nichts als deutsche Zukunft träumen!« Dies ist die einzige Stelle, an der ein nationaler Bezug zu erkennen ist. Die Paradoxien, die man oberflächlich als Sarkasmus verstehen könnte, lassen sich eher als ruhige Trauer deuten. Vermutlich löste diese Haltung einen tieferen Eindruck auf den Leser aus als alle direkten Appelle für oder gegen einen Zukunftskrieg.

Man könnte Lamszus' Ideen als Aufforderung zur Kriegsdienstverweigerung auffassen. Aber das wäre wohl ein Mißverständnis. In »Die Friedenswarte« erörterte er 1913 die Kriegsfrage unter dem Titel »Vom Anarchismus zum Gesetz!«[29]. Gerade weil der neue Mensch, den er beschrieben hatte, »einem Krieg nicht mehr gewachsen« sei, werde »auch die Kultureinheit der Völker kommen trotz allen offiziellen Rückwärtsblasens«. Für seine Zeit war Lamszus' Ratschlag jedoch nicht radikal pazifistisch, wie man erwarten könnte. Er gab zwar zu: »Ein Geschlecht, das einem Krieg nicht mehr gewachsen ist, das ist dem Untergang geweiht.« Aber er beanspruchte nachdrücklich, auch wenn der Krieg zehnmal schrecklicher als in der Gegenwart wäre,

»dürfen [wir] nicht vor ihm zusammenbrechen. Es hilft nichts, reichen unsere Kräfte nicht, so gibt es keine heiligere Pflicht, als sie zu stärken, bis sie eben reichen. Denn wehrhaft im Kampf ums Dasein müssen wir bleiben um jeden Preis.«

Weiterhin argumentierte er, er habe nicht den Tod selbst oder die Angst beschrieben, sondern »was wohl das Bitterste auf Erden ist, das hoffnungslose, leere Sterben gemalt, das nicht mehr weiß, wozu es stirbt.« Auf den ersten Blick könnte dies als Ausdruck von Sozialdarwinismus gesehen werden, des Überlebens der Tüchtigsten, für den einige andere ja den Krieg als angemessenen Test ansahen. Aber das ist nur die halbe Wahrheit. Die andere Seite von Lamszus' erklärenden Impressionen wurde durch den tiefen Eindruck der Absurdität des Todes markiert, und so könnte man ihn fast als einen Vorläufer des Existenzialismus ansehen. Er unterschied sich von dieser Philosophie durch seine Einstellung, daß das Leben im allgemeinen nicht wegen des Todes absurd sei, sondern wegen des Todes im Krieg. Er sah immer noch einen Ausweg durch die internationale Verständigung durch Gesetze, welche die Nationen ebenso wie die Menschen untereinander verband.

IV.

Abschließend sollen einige Schlußfolgerungen gezogen werden. Das Quellenmaterial, auf dem dieser Aufsatz beruht, ist breiter als die zitierten Passagen, aber es kann keineswegs beanspruchen, erschöpfend oder auch nur für die deutsche Seite insgesamt repräsentativ zu sein. Die folgenden Bemerkungen geben erste Beobachtungen in Thesenform wieder.

1. Kriegsbilder über den Zukunftskrieg wurden vornehmlich nach internationalen Krisen entwickelt. Manchmal waren sie wohl in den Köpfen ihrer Autoren längst zuvor vorgebildet, vielleicht auch schon fertig, auch wenn sie erst kurz nach solchen Krisen publiziert wurden. So waren in den 1880er Jahren nach der internationalen Doppelkrise 1885/87 um Boulanger und um Bulgarien Publikationen über einen französisch-deutschen Krieg sehr häufig. Der ersten Marokko-Krise 1905/06 und dem Beginn des britischen »Dreadnought«-

Schiffsbaus folgten eine ganze Reihe von Pamphleten über eine kommende Seeschlacht zwischen Deutschland und Großbritannien, jetzt allerdings als Teil eines allgemeinen europäischen Krieges, wenn auch Rußland in der Regel neutral war (hierin spiegelten sich die Folgen der Revolution und des russisch-japanischen Krieges). 1911 führte die zweite Marokko-Krise zu einer neuen Science-fiction-Welle über Krieg, der erneut als ein europäischer wahrgenommen wurde, diesmal aber mit besonderer Betonung neuer technischer Entwicklungen. Der Luftkrieg war hierbei das auffälligste Beispiel. Die öffentliche Debatte über den Zukunftskrieg zeigt, daß der Krieg zu einem immer häufiger interessierenden Thema wurde und auch auf diese Weise schließlich zu einer sich selbst erfüllenden Prophetie.

2. Für das militärische Establishment ebenso wie für die weniger informierte Öffentlichkeit — einschließlich der antimilitaristischen oder pazifistischen Gruppen — gab es keine grundlegenden Differenzen in der Einschätzung der Schrecken eines Zukunftskrieges. Der Unterschied lag in dem Wunsch nach oder der Einsicht in die Notwendigkeit eines Krieges auf der einen, und dem Versuch, ihn mit fast allen Mitteln zu verhindern, auf der anderen Seite. Während Teile der Öffentlichkeit und des Militärs für die Vorbereitung eines Krieges eintraten und dazu tendierten, seine dauerhaften und langfristigen positiven Folgen zu betonen, legten andere Gruppen größeren Nachdruck auf die Vorbereitung zu aktuellem Kampf und Auseinandersetzungen.
3. Es gab breiten Konsens darüber, daß der Zukunftskrieg große Verluste verursachen würde, aber die Phantasien und Szenarien, die hier beschrieben wurden, waren im Vergleich zu dem tatsächlichen Ersten Weltkrieg nicht realistisch. In der Debatte über die Zukunftskriege gab es in der Tat eine metaphorische Vorausschau der apokalyptischen Dimensionen, aber gerade diese entbehrte oft der Lebensnähe tatsächlicher Kriegsereignisse.
4. Der Gedanke an einen kurzen Krieg herrschte in der deutschen Militärplanung — und nicht nur dort — vor. Er beherrschte auch die Erwartungen vieler Soldaten zu Beginn des Krieges 1914. Aber hinter dieser anscheinend optimistischen Einschätzung lauerte — auch in der Ansicht vieler Schriftsteller — die Gefahr eines langen Krieges. In den offiziellen Planungen wurde der kurze Krieg die einzige zu bewältigende und aus diesem Grunde »realistische« Version. Dies bedeutete ein Hasardspiel, in dem man alles auf eine Karte und ohne

Rückfallposition setzte. Die meisten literarischen Publikationen beschrieben gleichfalls nur einen Krieg von kurzer Dauer, der meistens zwischen drei und sechs Monaten dauerte. Meistens handelte es sich — vielleicht auch um Spannung zu schaffen — um eine große Schlacht. Die Folgen konnten Sieg und/oder Frieden darstellen, gerade weil Erschöpfung drohte. Die Erschöpfung der Ressourcen selbst wurde selten in realistischen Begriffen beschrieben.

5. Der industrialisierte Krieg wurde erwähnt, aber in der Regel nicht im Detail beschrieben. Eine pazifistische Zeitschrift wie »Der Völkerfriede« druckte Szenarios ohne Unterschied aus allen Kriegen des letzten Jahrhunderts ab, die auch in den Jahren unmittelbar vor dem Ersten Weltkrieg abschreckend wirken sollten. Die technischen Instrumente des modernen Krieges wurden entweder romantisiert oder stellten apokalyptische Metaphern dar. Man kann dies auch als Ausdruck der Einsicht sehen, daß der moderne Krieg tatsächlich nicht mehr führbar geworden war, zumal wenn man die Daten und Appelle Jan de Blochs oder Norman Angells mit heranzieht.
6. Ich habe eine überraschend große Anzahl von Fällen gefunden, in denen Überseegebiete oder farbige Völker[30] — zumeist Araber und/oder andere Muslime in Nordafrika, aber auch im übrigen Afrika ebenso wie in Asien, von Indien bis China, eine bedeutende Rolle spielten. Zum Beispiel erhoben sie sich gegen England und Frankreich, wobei Deutschland diese »Völker der Dritten Welt« unterstützte und dadurch in eine günstige Position kam. Dies konnte dann eine bedeutende Auswirkung auf das Ergebnis des europäischen Krieges haben. Andere Autoren kamen zu diesem Szenario vielleicht deswegen, weil sie es für unmöglich hielten, daß Deutschland allein einen europäischen Krieg gewinnen konnte. Eine andere Möglichkeit bestand darin, daß die Aufstände farbiger Völker als Warnung gegen die Herrschaft des weißen Mannes über die Welt dienten und somit einen Appell an die europäische Einheit darstellten.
7. Kriegsbegeisterung und die Bereitschaft, sein eigenes Leben zu opfern, werden sehr selten in den Science-fiction-Quellen, die ich benutzt habe, dargestellt. Jedenfalls blieb in keinem der fiktiven Zukunftskriege der Enthusiasmus erhalten. Natürlich wurden positive Einstellungen dem Krieg gegenüber benutzt, um in nationalistischer Literatur Patriotismus zu erwecken.

Aus dieser Diagnose eines weitreichenden immanenten Skeptizismus, der mit Furcht vor dem Zukunftskrieg verbunden war, und im Licht der Erwartungen der vorangegangenen Jahre in Deutschland — und vielleicht nicht nur in Deutschland — sollte das »Augusterlebnis« des Jahres 1914 noch einmal sorgfältig neu untersucht werden[31].

Anmerkungen

* Der Beitrag erschien zuerst in französischer Sprache unter dem Titel: Préfigurations de la guerre en Allemagne avant 1914, in: Guerres mondiales et conflits contemporains, No. 171, 1993, S. 13—28.

1 Bernd F. Schulte, Die deutsche Armee 1900—1914. Zwischen Beharren und Verändern, Düsseldorf 1977; Gerhard Ritter, Staatskunst und Kriegshandwerk, Bd 2: 1890—1914, München ²1965.

2 Jehuda Wallach, Das Dogma der Vernichtungsschlacht. Die Lehren von Clausewitz und Schlieffen und ihre Wirkungen in zwei Weltkriegen, Frankfurt a.M. 1967, S. 97.

3 Schulte (wie Anm. 1), S. 291.

4 Zit. nach Willibald Gutsche, »Mitten im Frieden überfällt uns der Feind«. Zur Friedensdemagogie des deutschen Imperialismus vor 1914 und ihren Auswirkungen, in: Sie reden vom Frieden und rüsten zum Krieg, hrsg. von Reinhard Kühnl, Karen Schönwälder, Köln 1986, S. 51—72 (S. 57).

5 Stig Förster, Der doppelte Militarismus. Die deutsche Heeresrüstungspolitik zwischen Status-quo-Sicherung und Aggression 1890—1913, Stuttgart 1985, S. 208 ff.

6 Schulte (wie Anm. 1), S. 217.

7 Friedrich von Bernhardi, Vom Kriege der Zukunft, Berlin 1920, S. 151.

8 Der Weltkrieg 1914—1918. Die militärischen Operationen zu Lande. Bearb. im Reichsarchiv, 15 Bde, Berlin 1925—1944. Bd 1: Die Grenzschlachten im Westen, 1925, Dok. 54, S. 158 ff.

9 Colmar Freiherr von der Goltz, Kriegsgeschichte Deutschlands im Neunzehnten Jahrhundert, 2 Bde, Berlin 1910, 1914. Teil II: Im Zeitalter Kaiser Wilhelms des Siegreichen, Berlin 1914, S. 623; die beste Erläuterung: Roger Chickering, We Men Who Feel Most German, London u. a. 1984.

10 Alfred Hermann Fried, Der Kaiser und der Weltfriede, Berlin 1910, S. V, 73; Excelsior, Michael der Große. Eine Kaiserbiographie der Zukunft, Leipzig 1912.

11 Die Friedenswarte, 16 (1914), S. 281.

12 Johann von Bloch, Der Krieg, 6 Bde, Berlin 1899; ders., Die wahrscheinlichen politischen und wirthschaftlichen Folgen eines Krieges zwischen Großmächten, Berlin, Bern 1901, S. 77 ff., 103.

13 Bebel im Reichstag, 13. 1. 1899, zit. nach Werner Jung, August Bebel. Deutscher Patriot und internationaler Sozialist, Pfaffenweiler 1986, S. 281 ff.

14 Walther Schücking, in: Die Friedenswarte, 15 (1913), S. 382—385 (S. 383), Rede vom 6. 10. 1913.

15 Die beste Bibliographie bei: I. F. Clarke, Voices Prophesying War 1763—1984, London u. a. 1966; für diese Epoche besonders: S. 101—161; Kriegserlebnis.

Der Erste Weltkrieg in der literarischen Gestaltung und symbolischen Deutung der Nationen, hrsg. von Klaus Vondung, Göttingen 1980, bes. die Beiträge von J. Gebhardt, Vondung, Linse; Klaus Vondung, Die Apokalypse in Deutschland, München 1988, für eine diachrone und systematische Analyse; vgl. auch Henning Franke, Der politisch-militärische Zukunftsroman in Deutschland 1904—1914: Ein populäres Genre in seinem literarischen Umfeld, Frankfurt a.M. 1985; Scott D. Denham, Visions of War. Ideologies and Images of War in German Literature before and after the Great War, Bern u.a. 1992; Carl Bleibtreu, Weltbrand, Berlin 1907.

16 Friedrich von Bernhardi, Deutschland und der nächste Krieg, Stuttgart, Leipzig ^{2}1913, S. 181f.

17 Helmut von Moltke, Erinnerungen, Briefe, Dokumente, Stuttgart 1920, S. 308. Manche Anregungen verdanke ich Peter Sprong, Ludendorff und das Problem des modernen Krieges 1892—1916, unveröffentlichte Magisterarbeit, Köln 1992.

18 Walter Kloster, Der deutsche Generalstab und der Präventivkriegsgedanke, Stuttgart 1932, S. 56.

19 Oberst a.D. (Richard) Gädke, Krieg oder Frieden? Unsere Aussichten in einem künftigen Kriege, Berlin 1907, S. 43; ders., Polemos pater panton?, in: Die Friedenswarte, 14 (1912), S. 167 (Kritik an Bernhardi, Anm. 16).

20 Nostradamus, Weltherrschaft oder Krieg!, Stuttgart 1912; Max Heinrichka, 100 Jahre deutsche Zukunft. Ein kurzer phantastisch-historischer Rückblick aus dem Jahre 2021, dem Jahre der 150. Wiederkehr der Gründung des Deutschen Reiches, Leipzig 1913.

21 Seestern, »1906« — Der Zusammenbruch der alten Welt, Leipzig 1906 (91.—95. Tausend), S. IV, 135, 164.

22 Karl von Bruchhausen, Der kommende Krieg. Eine Studie über die militärische Lage Deutschlands, Berlin 1906 (2. Tausend), S. 33; Hansa, Hamburg und Bremen in Gefahr, Hamburg 1906; Beowulf, Der deutsch-englische Krieg, Hamburg 1906; Moriturus, Mit deutschen Waffen nach Paris und London. Briefe von der Elbe. Eine sachliche Antwort auf Seestern, Hansa, Beowulf, Hanau 1906 (3. Tausend), S. 78.

23 Major de Civrieux, Der Untergang des Deutschen Reiches. Die Schlacht auf dem Birkenfelde 191 , Oldenburg 1912 (11.—14. Tausend), S. 100, 102, 17.

24 Ein aktiver deutscher General, Und dann ...?! Fortsetzung der Schlacht auf dem Birkenfelde in Westfalen 191 ...! Errettung des deutschen Reichs vom Untergang!, Leipzig ^{2}1912, S. 20, 92, 94.

25 Bertha von Suttner, Die Barbarisierung der Luft, Berlin 1912, S. 7f., 17f., 28.

26 Vilhelm Hansen, Die vierte Waffe. Zukunftsroman, Leipzig 1913, S. 137; ein ähnliches Szenario der Rettung aus der Luft nach politischer Erpressung: Maurus, Ave Caesar! Deutsche Luftschiffe im Kampf um Marokko, Leipzig 1909 (1.—5. Tausend).

27 Rudolf Martin, Stehen wir vor einem neuen Weltkrieg?, Leipzig 1908, S. 121, 128; ders., Berlin—Bagdad. Das deutsche Weltreich im Zeitalter der Luftschiffahrt 1910—1931, Stuttgart, Leipzig 1907, S. 85, 118.

28 Wilhelm Lamszus, Das Menschenschlachthaus. Bilder vom kommenden Krieg, Hamburg, Berlin 1912, S. 29, 77, 106, 111.

[29] Ders., Vom Anarchismus zum Gesetz!, in: Die Friedenswarte, 15 (1913), S. 58—62.

[30] Dieses Thema verdiente eine genauere Untersuchung, vgl. Seestern (wie Anm. 21), S. 170ff.; Martin (wie Anm. 27); Maurus (wie Anm. 26); Anonymus, Völker Europas ...! Der Krieg der Zukunft, Berlin 1907 (1.—15. Tausend).

[31] Zum Rahmen: Bereit zum Krieg. Kriegsmentalität im wilhelminischen Deutschland. 1890—1914, hrsg. von Jost Dülffer und Karl Holl, Göttingen 1986; Bernd Ulrich, Die Desillusionierung der Kriegsfreiwilligen von 1914, in: Der Krieg des Kleinen Mannes, hrsg. von Wolfram Wette, München 1992, S. 110—126, sowie in diesem Band: Thomas Rohkrämer, August 1914 — Kriegsmentalität und ihre Voraussetzungen.

Peter Grupp

Voraussetzungen und Praxis deutscher amtlicher Kulturpropaganda in den neutralen Staaten während des Ersten Weltkrieges

Reklame, Propaganda, Public Relations und Öffentlichkeitsarbeit sind charakteristische Phänomene der Massengesellschaften des 20. Jahrhunderts. Sie begegnen auf nahezu allen Gebieten des modernen Lebens bis hin zu den Kriegen, die zwar immer noch auf den Schlachtfeldern geführt, aber zunehmend über die Massenmedien auch in den Köpfen und den öffentlichen Meinungen mit entschieden werden. Vietnam- und Golfkrieg sind prägnante Beispiele. Erstmals ist dieser mit der militärischen Auseinandersetzung einhergehende Propagandakampf im Ersten Weltkrieg zu beobachten. Die Kriege des 19. Jahrhunderts, selbst die deutschen Einigungkriege, standen noch in der Tradition der Kabinettskriege früherer Epochen. Der Weltkrieg brachte neue Elemente; er war der erste Krieg, der die Völker in ihrer Gesamtheit, einschließlich der Heimatfront, mobilisierte und mit Massenheeren geführt wurde, und er stand wie zuvor nur die Religionskriege des 16. und 17. Jahrhunderts und die erste Phase der französischen Revolutionskriege stark unter dem Vorzeichen der Ideologie. Da er zudem länger und intensiver geführt wurde als die meisten Kriege der Vergangenheit, entwickelte sich zunehmend der Kampf um die Meinung der Kriegführenden selbst, um die der potentiellen Mitkämpfer und der neutralen Beobachter zu einem beachtenswerten Faktor der Gesamtauseinandersetzung. Die Kämpfenden mußten vom Sinn ihres Kampfes überzeugt werden, die Heimatfront gefestigt, die noch nicht beteiligten Staaten entweder auf die eigene Seite gezogen oder zumindest in wohlwollender Neutralität gehalten werden, zur Aufrechterhaltung und zum möglichen Ausbau teilweise vitaler Wirtschaftbeziehungen und in der Hoffnung auf gute Dienste bei Friedensvermittlungen oder künftigen Friedensschlüssen.

Deutschlands Voraussetzungen für diesen Aspekt der Auseinandersetzung waren ungünstig. Die militärische Planung war ganz auf einen kurzen Krieg eingestellt gewesen. Kaum jemand in der politischen und militärischen Führung des Reichs hatte mit einem jahrelangen Kampf und lang andauernden Materialschlachten gerechnet. Auf nahezu allen Gebieten mangelte es an Vorbereitungen. Die Rüstungs- und Munitionsfabrikation war unzulänglich, und es gab keine Pläne für die Umstellung der Volkswirtschaft auf den Kriegszustand. Erst die von Rathenau in einem erstaunlichen Kraftakt organisierte Kriegswirtschaft machte das Führen eines längeren Krieges überhaupt möglich. Ebenso unzulänglich war die Vorbereitung auf den Kampf um die öffentliche Meinung, auf den *Weltkrieg ohne Waffen* — so der Titel eines Buches des Historikers Hans Thimme[1]. Dieser »Propagandakrieg« mußte — nach innen wie nach außen — weitgehend improvisiert werden. Die Ergebnisse waren in ihrem Erfolg aber nicht mit denen auf dem militärischen und volkswirtschaftlichen Sektor zu vergleichen, was nach dem verlorenen Krieg zu einer lebhaften Diskussion in der deutschen Öffentlichkeit führte, nachdem besonders Ludendorff in seinen Kriegserinnerungen die Behauptung aufgestellt hatte, Deutschland habe den Krieg weniger militärisch als propagandistisch verloren[2]. Fast durchgängig hielt man Deutschland auch für den Verlierer des Propagandakriegs. Arthur Moeller van den Bruck schreibt vier Jahre nach Kriegsende:

»Als der Weltkrieg ausbrach, war Deutschland in der Lage eines Volkes, das seine Sache für so gut hielt, daß es deren Austragung ruhig den Waffen überlassen zu können glaubte. Wir waren so gutgläubig, daß wir fast mit Erstaunen feststellten, wie sehr unsere Gegner auch ihre Sache für eine gute Sache hielten und sich die Verbreitung dieser ihrer Meinung durch die Presse in der öffentlichen und zumal in der neutralen Welt angelegen sein ließen. Erst durch die Notwehr wurden wir von der Notwendigkeit überzeugt, für unsere Sache auch zu sprechen[3].«

Mag man auch den anschließenden Ausführungen des konservativen Publizisten nicht ohne weiteres folgen, so kann dieser Analyse doch zugestimmt werden, ebenso wie seinem harten Urteil »unsere Ausübung der Propaganda war dilettantisch«. Dies gilt auch für den hier interessierenden speziellen Fall der Kulturpropaganda.

Zunächst müssen die einschlägigen Termini etwas genauer betrachtet werden. Der Begriff »Propaganda« hat heute einen entschieden pejorativen Klang und wird, nach dem Wirken eines »Reichsminister für Volksaufklärung und Propaganda« Joseph Goebbels, tunlichst vermieden[4]. An seine Stelle sind »Öffentlichkeitsarbeit« oder »public relations« getreten. In der Zeit des Ersten Weltkriegs dagegen war der Begriff durchaus gebräuchlich. Anfang des 20. Jahrhunderts war er aus der Sprache der wirtschaftlichen Werbung in die der Politik eingedrungen und dort akzeptiert worden. Staatliche Propaganda im Krieg kann nach innen auf die eigene Bevölkerung abzielen, zur Stärkung des Durchhaltewillens, oder nach außen, auf die Gegner beziehungsweise, sinnvoller, auf die nicht involvierten Neutralen. Unterbegriffe sind, und sie sollten getrennt werden, Pressepropaganda und Kulturpropaganda, beide selbstverständlich wieder nach innen oder nach außen gerichtet. Eng verwandt mit der Kulturpropaganda, sich mit ihr mal überschneidend, mal von ihr absetzend, ist die Kulturpolitik. Diese wiederum kann Politik im Dienste der Kultur sein oder aber Politik mittels Kultur. Eduard Spranger hat dies 1923 so ausgedrückt: Kulturpolitik »hat entweder die Hervorbringung von ›Kultur‹ zum Ziele, oder sie bedient sich der Kultur als Mittel für Machtzwecke. In der kürzesten Antithese: der Sinn der Kulturpolitik ist entweder Kultur durch Macht oder Macht durch Kultur«[5]. Von dieser Antithese kommt man rasch zu dem schwierigen Problem der »Autonomie der Kulturpolitik«[6]. Es scheint naiv, an eine wirkliche Autonomie besonders der »auswärtigen Kulturpolitik« glauben zu wollen. Bis zu einem gewissen Grad wird Kultur hier stets Mittel sein müssen, Mittel der nationalen Selbstdarstellung, Mittel zur Sympathiewerbung, ja auch Mittel zur Völkerverständigung. Die Übergänge zwischen Kulturpolitik und Kulturpropaganda werden daher stets fließend sein[7]. Allerdings hat der Gedanke der »Autonomie der Kultur« im Laufe des 20. Jahrhunderts Fortschritte gemacht. Paul Rohrbach forderte 1912 eine planmäßige Kulturpolitik und verstand darunter »Propaganda für die deutsche Idee« und »Propaganda für den nationalen Gedanken«[8]. Nach dem Krieg, im Jahre 1919, meinte dann der preußische Kultusminister C. H. Becker:

»Kulturpolitik heißt bewußte Einsetzung geistiger Werte im Dienste des Volkes und des Staates zur Festigung im Innern und zur Auseinandersetzung mit anderen Völkern nach außen[9].«

1980 formuliert ein ehemaliger Leiter der Kulturabteilung des Auswärtigen Amts schließlich:

»Mit dem Begriff ›auswärtige Kulturpolitik‹ ist die Einbeziehung der internationalen Kulturbeziehungen in die Außenpolitik bzw. eine international ausgerichtete Kulturpolitik im Interesse der Außenbeziehungen eines Staates gemeint[10].«

Die im Vergleich zu den vorausgehenden Zitaten wenig griffige Formulierung mag Ausdruck der beträchtlich gesteigerten Problematisierung des Begriffs und der Sache selbst sein. Unter deutscher Kulturpropaganda sollen im folgenden, in einer Verengung, die sich aus der Situation des Weltkriegs zwangsläufig ergibt, die Bemühungen verstanden werden, unter Einsatz und Darstellung kultureller Leistungen ein günstiges Bild von Deutschland zu präsentieren mit dem Ziel, hieraus außenpolitischen Nutzen im Sinne einer erfolgreichen Kriegführung zu ziehen. Kultur also in ihrer Funktion als Waffe im Krieg.

Vor dem Weltkrieg hat es im Deutschen Reich eine organisierte amtliche Kulturpolitik und -propaganda nur in allerersten Ansätzen gegeben[11]; dies war nicht zuletzt auch eine Frage der fehlenden geistigen Voraussetzungen und der Mentalität, wie vor allem ein Vergleich mit Frankreich zeigt. Gewiß hatte es im Reich und in Preußen seit jeher Kulturpolitik, auch auswärtige, gegeben. Zu denken ist an die wissenschaftlichen Einrichtungen im Ausland — die archäologischen Institute in Rom, Athen und Kairo oder die zoologische Station für Meeresforschung in Neapel —, an Studentenaustausch und vor allem an die Auslandsschulen[12]. Aber hinter diesen Aktivitäten hatte keine deutliche außenpolitische Zielsetzung als Antrieb gestanden. In Frankreich dagegen hatte eine Hinwendung zu bewußter kulturpropagandistischer Politik viel früher eingesetzt. Sie stand in engstem Zusammenhang mit der nach der Niederlage von 1870/71 und dem Fiasko napoleonischer Machtpolitik vollzogenen, zum Teil kompensatorischen Wiederaufnahme der Kolonialexpansion, in deren Kontext die alte Idee der mission civilisatrice de la France revitalisiert wurde und zahlreiche koloniale pressure-groups aus privater Initiative unter gelegentlicher amtlicher Assistenz entstanden, die häufig kulturpropagandistisch ausgerichtet waren. Die bedeutendste dieser Organisationen war die 1883 gegründete Alliance Française, der nichts Vergleichbares in Deutschland gegenüberstand. Die Durchschlagskraft der französischen Kulturpropaganda der Vorkriegszeit gründete dabei weniger auf staatlicher Organisation als vielmehr auf einem gesamtgesellschaftlichen Konsens und der breitesten Überzeugung von Wert, Bedeutung und Vorbildcharakter französischer Kultur und Zivilisation. Während die wilhelminischen Deutschen stolz auf die Armee und in zunehmenden Maße auf die Erfolge der Wirtschaft waren, stellten die Franzosen der Dritten Republik ihre Sprache, Kultur und Lebensart in den Vordergrund. Gegenüber deutschen wirtschaftlichen Erfolgen setzten sie ihre Überzeugung, daß Frankreich die wirkliche Zivilisation repräsentiere.

Eine ähnliche Wendung, wie sie sich in Frankreich ab 1875 vollzogen hatte, ergab sich in Deutschland erst nach den außenpolitischen Mißerfolgen in den Marokkokrisen von 1906 und 1911. Das Reich war offensichtlich in außenpolitische Isolierung geraten; die bis dahin praktizierte Machtpolitik, die sich wenig um das Ansehen Deutschlands in der Welt gekümmert hatte, stieß augenscheinlich an Grenzen. Daraus entwickelte sich in Teilen der deutschen Öffentlichkeit, im Bildungsbürgertum und in Wirtschaftskreisen, der Ruf nicht nach einer Abkehr von den Zielen, aber doch nach neuen Methoden deutscher Weltpolitik[13]. Es ist bezeichnend, daß erst jetzt, 1912, der Begriff »auswärtige Kulturpolitik« in einem Vortrag des Historikers Karl Lamprecht geprägt wurde, obwohl die Sache selbst nicht neu war. Entscheidend ist, daß es nun zu einer bewußten Verknüpfung von auswärtiger Kulturpolitik und allgemeiner Außenpolitik kam — damit aber gewann die alte Sache eine neue Qualität[14]. Auch der Begriff Kulturpropaganda wurde im selben Jahr erstmals verwendet, in Rohrbachs Buch *Der deutsche Gedanke in der Welt*, und der Kanzlerberater Kurt Riezler plädierte für eine »Verfeinerung der Kampfmittel« in der auswärtigen Politik und den Einsatz kulturpolitischer Instrumente[15]. Von Autonomie der Kultur war in dieser ganzen Diskussion nie die Rede, Kultur sollte als reines Mittel zum Zweck eingesetzt werden.

»Es ging bei der Neukonzipierung der deutschen Außenpolitik am Vorabend des Ersten Weltkriegs um die Ablösung überkommener Machtpolitik durch eine Weltwirtschaftspolitik, der mit auswärtiger Kulturpolitik die Wege geebnet werden sollten[16].«

Erste Schritte in Richtung einer solchen neuen Politik hat es gegeben. In der Rechtsabteilung des Auswärtigen Amts (AA) wurde 1906 ein Schulreferat, das Referat III d, eingerichtet, die Auslandsschulpolitik deutlich forciert und bis 1914 das sehr offensive Konzept der »Propagandaschulen« entwickelt[17]. Auch Reichskanzler Bethmann Hollweg bekannte sich in einem Schreiben an Lamprecht vom 21. Juni 1913 prinzipiell zur Notwendigkeit von Kulturpolitik, und zwar explizit in der Spielart der Kulturpropaganda[18]. Darüber, wie weit die Regierungsstellen wirklich auf diese Forderungen und Anregungen eingegangen sind, gehen die Ansichten in der Forschung auseinander. Rüdiger vom Bruch meint, speziell Lamprechts Denkmodell sei »vornehmlich im Auswärtigen Amt auf erhebliche Widerstände« gestoßen[19]; Kloosterhuis setzt dagegen, das AA habe langsam reagiert, »weil man in Hinblick auf die internationale Konkurrenz in Angelegenheiten auswärtiger Kulturpolitik möglichst unauffällig und inoffiziell arbeiten wollte«[20]. Die Übereinstimmung dieser von ihm sogenannten »Methode der Interaktion zwischen Regierungsstellen und privaten Kreisen« mit dem seit langem in Frankreich praktizierten Modell wäre damit sehr deutlich. Tatsache ist, daß die neuen Vorstellungen und Pläne bis zum Kriegsausbruch nicht mehr umgesetzt worden sind und die praktische Politik nicht entscheidend beeinflußt haben.

Der Weltkrieg brachte dann hektische Betriebsamkeit auf dem Gebiet der Öffentlichkeitsarbeit.

»Den erstaunlichen Mangel an Vorbereitungsarbeiten für den Kriegsfall löste ein ebensolches gedankenloses Übermaß an offiziellen, halboffiziellen und inoffiziellen Propagandabüros nach Kriegsausbruch ab[21].«

Walter Vogel hat auf 40 sehr dichten Seiten, auch an Hand heute verlorener Akten, die »Organisation der amtlichen Presse- und Propagandapolitik« des Reiches während des Weltkrieges minutiös in ihren Verästelungen dargestellt[22]. Daraus ergibt sich ein Bild chaotischer Verhältnisse mit einem permanenten Neben-, Durch- und Gegeneinander amtlicher, halbamtlicher und privater Institutionen, mit ständigen Reorganisationen, mit unklaren und sich überschneidenden Kompetenzen; Auslands- und Inlandsarbeit vermengten sich, desgleichen Nachrichtenbeschaffung, -vermittlung und -manipulation; die Beeinflussung der Öffentlichkeit in Deutschland verquickte sich mit der in den verbündeten, neutralen und feindlichen Staaten. Daß dabei Zensur, d.h. negative, und Propaganda, d.h. positive Beeinflussung der Presse sich vermischten, ist ebenso selbstverständlich wie die Tatsache, daß Presse- und Kulturpropaganda von konkurrierenden Organisationen parallel und gleichzeitig betrieben wurden. Abgrenzungen werden dadurch schier unmöglich. Weil verfassungsgemäß mit Verhängung des Kriegszustandes die Zensur in die Hände der Militärs kam, Bethmann Hollweg zudem auf dem Gebiet der Presse- und Propagandapolitik wenig Initiative zeigte, wurde letztere von Kriegsbeginn an mit zu einer Domäne der OHL[23]. Eine Schlüsselposition in diesem wuchernden Geflecht nahm das Auswärtige Amt ein, da im Kaiserreich der Reichskanzler als preußischer Minister des Auswärtigen über das Pressereferat des AA auch für innenpolitische Zwecke verfügen konnte und dieses auch letztlich damit als Pressestelle des Kanzlers fungiert hat[24]. Nachdem der rasche militärische Erfolg ausgeblieben war, wurde den zivilen und militärischen Stellen zunehmend die Bedeutung der Öffentlichkeitsarbeit bewußt, und ab Mitte 1916, besonders nach dem Amtsantritt der 3. OHL, häuften sich Konferenzen und Denkschriften, in denen Möglichkeiten einer effizienteren Organisationsstruktur erörtert wurden. Auswärtiges Amt, Reichsamt des Inneren, Reichstag und OHL waren beteiligt; viele Pläne wurden erarbeitet, die meisten blieben auf dem Papier, und durchschlagender Erfolg fehlte völlig.

Speziell für die Auslandspropaganda — quantitativ wesentlich weniger ins Gewicht fallend als die Aktivitäten an der Heimatfront und beim Heer — ist das Bild keineswegs klarer. Auch hier gab es eine Fülle von Organisationen. In Absprache mit Vertretern des Reichsmarineamts, dem AA und Bethmann Hollweg richtete Matthias Erzberger bereits im August 1914 ein Büro für die Propaganda in den neutralen Ländern ein. Daneben kümmerten sich aber zahlreiche weitere — Erzberger hat von 27 gesprochen — private und halbstaatliche Organisationen um dieselbe Aufgabe. Unter ihnen prominente wie der Kriegsausschuß der deutschen Industrie, der Bund der Landwirte, der Verein für das Deutschtum im Ausland, der Deutsche Überseedienst, aber auch recht obskure wie in Düsseldorf ein Büro zur Verbreitung von deutschen Nachrichten im Auslande; darunter waren eine Reihe der Organisationen, die in den letzten Jahren vor dem Krieg eine Forcierung der Kulturpolitik als neuer außenpolitischer Methode gefordert hatten und dies nun in die Tat umsetzen wollten. Alle diese Institutionen kümmerten sich um die Versendung und Verteilung von Weißbüchern, Druckschriften, Broschüren, Bildern und planten eine Fülle unterschiedlichster weiterer Aktivitäten. Die negativen Folgen dieses Nebeneinanders zum Teil laienhaft operierender Institutionen erwiesen sich sehr bald, und aus den Bemühungen um bessere Koordinierung entstand unter anderem schon am 5. Oktober 1914 die beim AA angesiedelte »Zentralstelle für Auslandsdienst« (ZfA)[25]. Deren Leitung lag bis Oktober 1916 bei dem Botschafter a.D. Freiherrn Mumm v. Schwarzenstein, danach bei dem Gesandten Freiherrn v. dem Bussche-Haddenhausen, der aber, mit weiteren Funktionen betraut, die praktische Geschäftsführung dem Gesandten Paul v. Buri überließ. In einem beratenden Ausschuß waren Abgesandte der wichtigsten interessierten Institutionen vertreten, unter anderem Erzberger, der Leiter des Studienausschusses für Auslandsorganisation, Prof. Ernst Jäckh, Paul Rohrbach und der Leiter der der Zentralstelle ihrerseits angegliederten Bilderzentrale des deutschen Überseedienstes, Schumacher. Die ZfA sollte ursprünglich die Verbreitung von Büchern, Broschüren und Bildern im Ausland zentralisieren, kümmerte sich später aber auch um die Organisation von Theater-, Konzert- und Varieté-Veranstaltungen und Kunstausstellungen. Sie wurde Anfang 1917 als besonderes Referat in die Nachrichtenabteilung des AA (AN) eingegliedert, die ihrerseits im Mai 1915 aus dem alten Pressereferat hervorgegangen war. Deren Funktion beschreibt Bussche, mittlerweile Unterstaatssekretär im AA, recht allgemein:

»Die Aufgabe der Nachrichtenabteilung des Auswärtigen Amtes ist die Unterstützung unserer auswärtigen Politik durch eine geeignete Pressepolitik im In- und Auslande[26].«

Direktor dieser Abteilung wurde Oberstleutnant Erhard Deutelmoser. Buri leitete weiterhin die Zentralstelle, die zunächst auch ihren angestammten Namen behielt; nachdem dies aber offensichtlich für Verwirrung gesorgt hatte, durfte die Bezeichnung ZfA ab Juli 1918 auch intern nicht mehr verwendet werden[27]. Bereits im Oktober 1917 war Buri ausgeschieden und die ZfA in zwei Referate mit der Bezeichnung AN-K und AN-B für die Kunst- bzw. Bücher- und Druckschriftenpropaganda aufgeteilt worden, die wie die übrigen Referate der Nachrichtenabteilung deren Direktor und Dirigenten untergeordnet waren. Von der ursprünglich beabsichtigten Koordinierungsfunktion der Stelle konnte unter diesen Umständen nicht mehr die Rede sein.

Der ZfA — sie stellt sich in der Gesamtheit der deutschen Presse- und Propagandaorganisationen wie die berühmte Stecknadel im Heuhaufen dar — oblag offiziell die amtliche Kultur- oder, wie damals häufig auch gesagt wurde, Kunstpropaganda im neutralen Ausland. Allerdings arbeitete im AA daneben weiterhin das Schulreferat III d, zu dessen Obliegenheiten neben der Schulpolitik auch die amtlich-diplomatische Betreuung weiterer deutscher kultureller Auslandsaktivitäten wie archäologische Ausgrabungen, Vortragsreisen von Wissenschaftlern, Konzertreisen etc. gehörte. Die Zentralstelle stand mit ihm in Konkurrenz ebenso wie mit den oben genannten Organisationen, die eben durch die Gründung der ZfA keineswegs weggefallen waren, denn der ursprünglich angestrebte Koordinationseffekt war von Anfang an recht begrenzt geblieben; die OHL hat angeblich 1918 noch 22 mit Auslandspropaganda befaßte Stellen gezählt[28]. Ein weiterer Konkurrent in unmittelbarer Nähe bestand in der Mitte Juli 1916 eingerichteten »Militärischen Stelle des Auswärtigen Amts« (MAA) unter der Leitung des Oberst Hans v. Haeften, mit der sich die OHL neben dem innenpolitisch operierenden Kriegspresseamt ein außenpolitisches Standbein auf dem Propagandasektor geschaffen hatte, die in Abstimmung mit dem AA, das heißt in erster Linie der Abteilung AN, sich um die militärische, militärpolitische und kriegswirtschaftliche Auslandspropaganda kümmern sollte, aber auch auf dem innen- und dem kulturpolitischen Gebiet tätig war. Sie gliederte sich seit Anfang 1917 ein Netz von Auslandshilfsstellen in allen verbündeten und neutralen Hauptstädten an und schuf sich damit neben den normalen diplomatischen Missionen und den Militärattachés eigene Auslandsvertretungen[29]. Wichtig für gewisse Aspekte der Kulturpropaganda wurde schließlich das Ende Januar 1917 durch Erlaß des Kriegsministeriums gegründete »Bild- und Filmamt«, dessen Aufgabe Beschaffung, Verwertung und Vertrieb des einschlägigen Materials im In- und Ausland war. Mithin waren in der Heimat für die Auslandsarbeit — so muß wohl gesagt werden, da Presse- und Kulturpropaganda auch konzeptionell nie deutlich getrennt wurden — amtlicherseits die Nachrichtenabteilung des AA und die mit ihr in wechselnden Beziehungsverhältnissen stehenden ZfA und MAA zuständig; vor Ort kümmerten sich um diese Dinge die Presseabteilungen der Gesandtschaften, die Militärattachés und die Auslandsvertretungen der MAA, die sich ihrerseits jeweils unterschiedlichster Hilfsorgane bedienten[30].

Diese Auslandspropagandaorganisationen befaßten sich in der Hauptsache mit der Verbreitung von Druckschriften, Broschüren, Zeitungen, Flugblättern, Filmen und Photos, die in großer Zahl und hohen Auflagen hergestellt und vertrieben wurden und den deutschen Standpunkt zu den laufenden politischen und militärischen Ereignissen bekannt machen sollten[31]. Neben der direkten Verteilung deutscher Publikationen bemühte man sich um die Gründung von Korrespondenzbüros zur Versorgung der ausländischen Presse mit deutschem Material und darüberhinaus um Einflußnahme auf einzelne ausländische Journalisten oder ganze Zeitungen, schließlich um den käuflichen Erwerb ausländischer Presseorgane, um einen indirekteren, dabei sichereren und weniger leicht den deutschen Ursprung erkennen lassenden Zugang zum ausländischen Publikum zu erhalten.

Nur ein schmaler Ausschnitt der Aktivitäten bestand in der eigentlichen Kulturpropaganda, das heißt der Organisation oder Unterstützung von Konzerten, Theatertourneen, Ausstellungen und Vorträgen, kultureller Veranstaltungen also, die keinen direkten Bezug zum Krieg selbst hatten und indirekter Sympathiewerbung dienen sollten, indem sie deutsche Kulturleistungen präsentierten. Dieser Aspekt wurde aufs Ganze gesehen nicht allzu ernst genommen, blieb meist Zufällen überlassen, wurde zum Teil direkt abgelehnt. Als der »Berliner Lokal-Anzeiger« am 9. Mai 1917 darüber berichtete, daß ein in Christiania geplantes Konzert der Berliner Philharmoniker unter Arthur Nikisch im Anschluß an deutschfeindliche Demonstrationen von der Polizei verboten worden war, nahm dies der Direktor der Rechtsabteilung des AA, Johannes Kriege, dem auch das genannte Schulreferat unterstand, zum Anlaß, um bei AN zur Kenntnis zu bringen, daß er die Ansicht der Zeitung teile, daß man seine guten Gaben nicht dahin bringen solle, wo sie nicht verlangt würden.

»Es wäre zu wünschen, daß solche Veranstaltungen, die meistens nur auf die maßlose Eitelkeit gewisser Künstler zurückzuführen sind, nunmehr unterbleiben oder doch wenigstens nicht von amtlicher Stelle gefördert werden[32].«

Deutelmoser nahm zunächst den Dirigenten Nikisch gegen den Vorwurf der Eitelkeit in Schutz, um dann die geplante Veranstaltung zu rechtfertigen, die auf Veranlassung seiner Abteilung initiiert worden sei und dem Wunsch deutschfreundlicher Kreise in Skandinavien entspreche,

»gerade jetzt durch das Auftreten einwandfreier Beweise deutscher Kultur in ihrer Aufklärungstätigkeit unterstützt zu werden, die die Entgegnung des Feldzuges der Entente gegen das Ansehen der Deutschen im Auslande zum Zweck hat und gegen den ›Barbarismus‹ der Deutschen Front macht. [...] Die sorgsame Pflege internationaler Kulturbeziehungen ist die wirksamste diplomatische Vorarbeit unserer Gegner zu ihrem Erfolge in diesem Kriege gewesen und es unterliegt keinem Zweifel, daß wir uns hier die größten Unterlassungssünden vorzuwerfen haben. Man kann nur bedauern, daß die Erkenntnis hiervon sich bei uns so spät Geltung verschafft hat, so daß wir erst jetzt durch den Krieg abgesperrt von der Mehrzahl der Kulturnationen gezwungen sind, uns durch äußerst mangelhafte Verkehrsverhältnisse eingeengt, vorwiegend mit einer Rechtfertigung gegenüber Angriffen unserer Gegner zu befassen. Es ist nicht zu verkennen, daß aus diesem Grunde der Erfolg unserer Propagandaschriften erheblich beeinträchtigt wird. Umso wichtiger ist es, bei dieser Art der Aufklärung allein nicht halt zu machen, sondern die weiteste Entfaltung aller uns zu Gebote stehenden Mittel zur Verbreitung der Kenntnis unserer Kultur mit allen Kräften auszunützen.«

Kriege ließ sich von diesen Argumenten nicht überzeugen, ließ vielmehr am Rande notieren:

»Die nebenstehenden Ausführungen vermögen nicht die diesseitige Auffassung zu entkräften, wonach *während des Krieges* unsere General- und Admiralstabsberichte die wirksamste Propaganda im Ausland bilden.«

Andere Stellen erkannten durchaus die Bedeutung, die auch kulturpolitische Aspekte für die normale Pressearbeit haben konnten — so zu beobachten bei einer von der Nachrichtenstelle des Reichsamts des Innern, zuständig für die Bereitstellung nichtmilitärischer Informationen, Anfang 1917 gestarteten Aktion, die auch zeigt, wie bisweilen gewaltige Anläufe unternommen wurden, die dann nur zu recht kleinen Sprüngen führten. Am 24. Januar schrieb das Reichsamt des Innern, es bereite »einen umfassenden Arbeitsplan« vor, »um die Lieferung für die neutrale Auslandspresse geeigneten innerpolitischen, wirtschaftspolitischen und kulturpolitischen Aufklärungsmaterials an die Nachrichtenabteilung des Auswärtigen Amts zu systematisieren[33].« Man gehe von dem Grundgedanken aus, »daß Darlegungen über unsere kriegswirtschaftliche Kraft und Überlegenheit im neutralen Auslande nicht allzuviel Beachtung und Sympathie finden«, zumal das Friedensbedürfnis der Neutralen zunehme. »Außerdem sind ja solche Darlegungen durch das neuerdings ergangene Verbot, die wichtigsten Zahlen unserer Rohstoffproduktion zu veröffentlichen, außerordentlich erschwert.« Dagegen glaube man, »mit einiger Aussicht auf Stimmungs- und Gesinnungserfolg auf die Neutralen zu wirken«, wenn man ihnen zeige, »was in der Kriegszeit auf den verschiedensten Gebieten materieller und geistiger Kultur« an Fortschritten in Deutschland erzielt worden sei. Die verschiedensten Gebiete sollten — im Sinne eines hier sehr weit gefaßten Kulturbegriffs — behandelt werden; zu denken sei an den Städtebau oder die chemische Industrie »wie auf der anderen Seite an die Schilderung der religiösen und philosophischen Strömungen, an die Entwicklung des Romans und der Bühnenkunst, oder an die Eigenart, die die deutsche Karikatur im Kriege im Vergleiche zu der der feindlichen Staaten aufweist.« Das AA fand die Idee gut, und am 14. Februar übermittelte das Innenamt eine Liste von 101 für die Propaganda im neutralen Ausland in Aussicht genommenen Stoffgebieten mit den Rubriken: Kulturelle und kulturpolitische Gegenstände (1—19), Kunst, Literatur, Nachrichtenwesen, Presse (20—35), Technik und Industrie (36—49), Verkehr (50—52), Wirtschaft (53—65), Versicherung (66—70), Recht (71—74), Öffentliche Verwaltung (75—77), Sozialpolitik und Wohlfahrtspflege (78—91), Gesundheitswesen, Hygiene (92—101). Zu jedem Thema war auch bereits ein Bearbeiter (»berufene Fachleute«) genannt; darunter recht wohlklingende Namen, unter anderem Ernst Troeltsch, Dietrich Schäfer, Friedrich Meinecke, Gertrud Bäumer, Stefan Zweig, Wilhelm v. Bode, Philipp Heineken, August Müller, Rudolf Wissell. Das wenigste von diesem Programm dürfte realisiert worden sein. Nicht zuletzt, weil hier in überperfektionistischem Organisationseifer doch an den Anforderungen der Praxis vorbeigegangen wurde. So betonte Deutelmoser in seiner im Prinzip zustimmenden Antwort, die einzelnen Beiträge sollten im Umfang streng begrenzt sein, und verwies auf einen Bericht des Gesandten in Kopenhagen Graf v. Brockdorff-Rantzau, der geschrieben hatte, in der dänischen Presse seien nur ganz knappe Meldungen unterzubringen. Bei der Anlage des ganzen

Unternehmens und angesichts mancher der vorgesehenen Bearbeiter dürften allerdings eher umfangreiche Essays zu erwarten gewesen sein. Für die praktische Arbeit im Ausland hat sich manches anders dargestellt als für die Strategen in Berlin.

Vor Ort und im Detail bietet sich das gleiche verwirrende Bild, das die deutsche Propagandapolitik im Großen zeigt. Bei Kriegsausbruch waren die Auslandsmissionen auf Propagandaaufgaben kaum vorbereitet, und auch in den ersten Kriegsjahren wurde amtlicherseits noch recht wenig energisch agiert, zumal auf dem Gebiet der Kunstpropaganda. Das meiste blieb privaten Initiativen überlassen, die dann mit amtlichen Mitteln unterstützt wurden. Es waren die diversen Organisationen selbst, einzelne Gesandte und die Militärs, die das Auswärtige Amt zu mehr Aktivität drängten[34]. Aber auch bei der Intensivierung der Anstrengungen in den letzten beiden Kriegsjahren bediente sich das AA mit Vorliebe nicht zum diplomatischen Dienst gehörender Außenseiter. Dies ist gut am Beispiel der Propagandaaktionen in Schweden und in der Schweiz zu zeigen, auf die im folgenden das Hauptaugenmerk gerichtet und an denen das Vorgehen illustriert werden soll.

Der finanziell unabhängige Kunstliebhaber, Schriftsteller und Mäzen Harry Graf Kessler[35] war als Reserveoffizier seit Kriegsausbruch in Belgien, dann im Osten und wieder an der Westfront eingesetzt. Seit Frühjahr 1916 bemühten sich einflußreiche Freunde in Diplomatie, Politik und Wirtschaft, dem 48jährigen die Rückkehr ins Zivilleben zu ermöglichen. Dazu wurde auch der Gesandte in Bern, Freiherr v. Romberg, Bundesbruder eines der engsten Freunde Kesslers, kontaktiert, der eben zu dieser Zeit im AA auf eine Intensivierung der Propagandaaktivitäten drängte und entsprechende Vorschläge unterbreitete, wobei er die Wichtigkeit der Tageszeitungen heraushob, das Thema Kulturpropaganda aber nicht erwähnte[36]. Zwei Tage später besuchte Kessler Romberg auf der Gesandtschaft, um seine mögliche Verwendung zu besprechen; im Anschluß daran erarbeitete er für den Gesandten ein Memorandum über Kulturpropaganda in der Schweiz[37]. Beide reisten gemeinsam nach Berlin, und am 17. September legte Romberg im AA seine Pläne dar. In einer Aufzeichnung darüber heißt es, er

»erklärte, die politische Lage in der Schweiz erfordere dringend eine stärkere Propagandatätigkeit unsererseits, um den neuerlichen starken Anstrengungen unserer Gegner die Spitze zu bieten«[38].

Zu den bereits früher vorgebrachten Plänen zur Zeitungspropaganda tritt nun eine neue Idee:

»Reklamierung des Grafen Harry Kessler zum Zwecke der Organisation von theatralischen und musikalischen Aufführungen, kleineren Ausstellungen und dergleichen. Zu diesem Zwecke würde nach Ansicht Frhrn. v. Rombergs die Gewährung eines Propagandafonds von etwa 1/2 bis zu 1 Million Mark[39] notwendig sein.«

Es ist offenkundig, daß Romberg, der bereit war, Kessler zu irgendeiner Tätigkeit in Bern zu verhelfen, und gleichzeitig beabsichtigte, die Propagandaarbeit der Gesandtschaft zu intensivieren, von dem kulturell interessierten Kessler auf die Idee der Kulturpropaganda gestoßen worden ist. Kessler hatte Erfolg; er wurde zum AA kommandiert und der Gesandtschaft in Bern attachiert, wo er endgültig Mitte November die Arbeit aufnahm, um dort die Kulturpropaganda zu organisieren, eine Aufgabe, für die er dank seiner Vertrautheit mit allen Strömungen des zeitgenössischen Kulturlebens die besten Voraussetzungen mitbrachte. In der während des Krieges zu einem Riesenapparat mit zwischen 500 und 600 Beschäftigten aufgeblähten Berner Gesandtschaft wurde neben unzähligen Arbeitseinheiten nun die Miniabteilung K (K für Kessler) für die Propaganda auf den Gebieten Kunst, Theater, Konzerte, Kino und Varieté mit einem festen Personalbestand von zunächst zwei, später drei Personen eingerichtet[40]. (Die Pressearbeit blieb bei der Abt. P, die Broschürenverteilung unterstand dem literarischen Büro, und 1918 wurde die Abt. O (Propagandachef) zur Zusammenfassung aller Propagandatätigkeiten eingerichtet.) Wegen seines ungeheuer breit gefächerten Bekanntenkreises in einflußreichen Kreisen ganz Westeuropas, vor allem Frankreichs und Englands, sowie seiner guten persönlichen Beziehungen zu Romberg wurde Kessler neben dieser Tätigkeit auch damit betraut, in persönlichen Kontakten eventuelle Friedensmöglichkeiten mit den Westalliierten zu sondieren. Kessler war für seine Tätigkeit in Bern durchaus geeignet, es handelte sich keineswegs um einen Drückebergerposten, wie es im Bereich der Propagandaunternehmungen des öfteren der Fall gewesen ist. Dennoch wird bei seiner Bestallung deutlich, daß nicht das AA wegen seiner Qualifikation um ihn geworben hat; vielmehr hatte man eine Stellung für ihn gesucht und dann auch eine Aufgabe gefunden. Dementsprechend wurden die Modalitäten der Anstellung und die Details der geplanten Kulturpropaganda auch nicht mit den zuständigen Referaten des AA, sondern direkt mit Staatssekretär Jagow, dem Gesandten in Bern und den Militärs, voran Haeften, aber auch Ludendorff selbst, geregelt. Innerhalb des AA wurden Kesslers Aktivitäten von dem Generalkonsul in der Nachrichtenabteilung Thiel betreut, der anläßlich der Rekrutierung Kesslers spezielle Anweisungen direkt von Jagow erhalten hatte; erst nach Thiels Ausscheiden Anfang 1917 übernahm die ZfA die Kontakte mit Kessler.

Für die geschäftlichen Aspekte der Schweizer Aktivitäten wurde in Berlin die »Internationale Gastspiel-Gesellschaft« mit einer Filiale in der Schweiz gegründet; ansonsten ging Kessler eher individualistisch vor, ließ seine persönlichen Kontakte zu Künstlern, Galeristen, Musikern und Theaterleuten wie Max Reinhardt, Richard Strauss, Paul Cassirer, Emil Waldmann spielen und konzentrierte sein Engagement auf Dinge, die ihn auch persönlich künstlerisch interessierten — Theater, Konzerte und vor allem die gerade besonders schwierig zu organisierenden Kunstausstellungen[41]. 1917 fanden eine Deutsche Kunstausstellung in Zürich, eine Neudeutsche Kunstausstellung in Basel und eine Werkbundausstellung in Bern statt; 1918 folgte eine Expressionismusausstellung, eine Ausstellung Schweizer Gemälde in Berlin und eine Austauschausstellung in Mannheim. Die sonst dominierende Buch-, Bild- und Filmpropaganda dagegen scheint Kessler eher als Pflichtaufgabe betrieben zu haben[42].

Grundlegend anders lagen die Dinge in Stockholm. Hauptperson war hier ein rühriger Geschäftsmann, Walther Ad. Bintz, Mitglied des Direktoriums der Kathreiner Malzkaffee GmbH und deren Generalvertreter für Skandinavien[43]. Den Hintergrund des Engagements Bintz', seiner und anderer Firmen, die an den Plänen, bei denen zunächst an die Einrichtung sogenannter »Depeschensäle« und den Vertrieb von Broschüren und Filmen gedacht war, beteiligt waren, bildete ein Gemisch aus Geschäftsinteresse und Patriotismus. Buri schrieb dazu in einem Erlaß an den Gesandten in Stockholm Lucius v. Stoedten:

»Die in Aussicht genommenen und ausschließlich von den beteiligten Firmen aufzubringenden Mittel sind derartig erhebliche, daß mit ihnen dem Unternehmen jede gewünschte Vornehmheit und Großzügigkeit gesichert werden würde. Als Beweggrund für die Bereitwilligkeit so namhafte Opfer zu leisten, gibt mir Herr Bintz vertraulich den Wunsch der Beteiligten an, Geld, das sie jetzt so reichlich verdient haben, patriotischen Zwecken wieder dienstbar zu machen. Außerdem befolgten die Firmen in sofern auch eigene Zwecke, als sie alle in Schweden stark interessiert seien und wenigstens das Ihrige dazu beitragen wollten, daß Schweden der deutschen Sache erhalten und sie dadurch von schweren Geschäftsverlusten verschont blieben[44].«

Mit Schreiben vom 3. November 1916[45] unterbreitete Bintz Buri ein gedrucktes vorläufiges Arbeitsprogramm mit Vorschlägen für die Einrichtung einer »Großorganisation zum Zwecke der Erhaltung, Befestigung und des Erwerbs gegenseitigen Vertrauens«. Dabei konnte er 200 000 Kronen vorweisen, die ihm je zur Hälfte von den Firmen Krupp und Stinnes zur Verfügung gestellt worden seien. Bintz verfügte auch über gute Kontakte zu den Militärs; so heißt es in einem Schreiben der Gesandtschaft Stockholm an den Legationsrat im AA Trautmann vom 9. Juni 1917, man habe »die Organisation Bintz weder gewünscht noch für besonders begrüßenswert bezeichnet«, sie sei »uns vielmehr von den militärischen Stellen mehr oder weniger aufoktroyiert worden«[46]. Bintz begann Ende 1916 in Stockholm mit der »Hotelpropaganda«, d.h. der Auslage von Zeitungen und Zeitschriften in Hotels, wurde zudem durch Haeften am 11. Dezember mit dem »Alleinvertrieb der von den Militärischen Film- und Fotostellen hergestellten Films für Skandinavien« beauftragt. Er nannte sich »Leiter der Centralstelle für deutsche Kulturpropaganda in Skandinavien« und verfügte über Briefpapier mit dem gedruckten Kopf »Bureau Director Bintz. Stockholm — Copenhagen — Christiania« mit dem Zusatz »Kaiserlich Deutsche Gesandtschaft«. Er zog seine Organisation — viel stärker als Kessler in Bern — ganz geschäftsmäßig auf. Dazu gründete er zunächst die Aktiengesellschaft »Aktiebolaget Tidningskontoret Jorden Rundt«, richtete ein Zeitungskontor mit Bildersaal und Vortrags-, Kino- und Musiksaal in Stockholm ein, spannte ein Netz von Filialen über ganz Schweden und publizierte die Zeitschrift »Jorden Rundt«. In der Folgezeit gründete er insgesamt 11 Aktiengesellschaften, darunter je eine Agentur für Konzert und Theater sowie Cabaret und Variété. Ähnliche Einrichtungen entstanden in Dänemark und Norwegen, allerdings bedingt durch die dortigen speziellen Verhältnisse — sowohl hinsichtlich der Politik dieser Staaten als auch der Haltung der dortigen deutschen Gesandten — in bescheidenerem Umfang. In kürzester Zeit ist es Bintz tatsächlich gelungen, eine »Großorganisation« für die Propaganda in Skandinavien aufzubauen. In einem Tätigkeitsbericht vom 1. Juli 1917 nennt er 8 Abteilungen seiner »Centralstelle«: Filme — Bilder — Depeschensaal (Etablissement Jorden Rundt) — Hotelbearbeitung — Broschüren, Drucksachen, Flugblätter — Zeitschriften — Theater und Musik — Arbeiterkreise. Natürlich handelte es sich bei den von Bintz gegründeten Gesellschaften durchweg um Tarnorganisationen. Er erläutert dies dem AA:

»Keine der für obige Zwecke errichteten Gesellschaften konnte natürlich als Erwerbsgesellschaft ausgesprochen werden; sie waren vielmehr nur nach außen hin nach kaufmännischen Grundsätzen geleitet; in Wirklichkeit gaben sie pro Saldo natürlich nur erhebliche Beträge aus; die Einnahmen standen in keinem Verhältnis zu den Ausgaben[47].«

Während Kessler in Bern zur Finanzierung seiner Unternehmungen stets auf amtliche Unterstützung rekurieren mußte, konnte Bintz sich auf den von der Wirtschaft zur Verfügung gestellten Fonds stützen und daher von Anbeginn an in großem Stil operieren. Dennoch hat er mit den für Gastspiele engagierten Künstlern durchaus nach Art eines scharf kalkulierenden Geschäftsmanns verhandelt[48] und sich dabei kaum von Kriterien künstlerischer Qualität, wie dies Kessler tat, leiten lassen. Trotz des vorhandenen Fonds mußte auch die Gesandtschaft mit finanziellen Mitteln einspringen, um Verluste zu kompensieren oder die Gagen der Künstler zu garantieren, und dies desto stärker, je mehr im Laufe der Zeit die Reserven schmolzen. Seit Frühjahr 1918 betrug der Zuschuß der Gesandtschaft monatlich 8—10000 Kronen[49].

Anders als Kessler, der mit persönlicher Hilfe des Berner Gesandten in seine neue Stellung gekommen war, mußte Bintz in Stockholm das anfängliche Mißtrauen der amtlichen Vertretung überwinden. Lucius schreibt in seinem Bericht Nr. 229 vom 2. März 1917[50]:

»Es ist von Anfang an kein Hehl daraus gemacht worden, daß die Einrichtung der Organisation Bintz von hier aus nicht als ›Bedürfnis‹ bezeichnet werden kann, daß man ihr im Gegenteil mit gewissen Bedenken entgegen sah.«

Die bisher in Schweden betriebene Propaganda habe günstige Resultate gezeitigt und sei vor allem in größter Stille und Diskretion betrieben worden, was bei der neuen umfassenden Organisation nicht gewährleistet sei. Im folgenden gab es wiederholt Spannungen: Lucius wollte Bintz die Verteilung von Flugblättern überlassen, nicht aber deren Redaktion; man beklagte Bintz' »Politik der passiven Resistenz, mit welcher er sich hartnäckig der Kontrolle der Gesandtschaft zu entziehen sucht«[51]. Es gab Streit darüber, ob er seine Berichte direkt an das AA richten oder sie über die Gesandtschaft zu leiten habe. Auch Brockdorff-Rantzau in Kopenhagen monierte die Form der Bintzschen Briefbögen mit Erwähnung der Kaiserlichen Deutschen Gesandtschaft. Schließlich wurde Vizekonsul Pistor im Oktober 1917 zu einer Inspektionstournee in die skandinavischen Länder geschickt[52]. Im Laufe der Zeit hat Bintz aber doch die Anerkennung der Gesandtschaft zu erlangen vermocht, und als Lucius im Juni 1918 von Bestrebungen hörte, die dem Büro Bintz obliegende Propagandatätigkeit der Gesandtschaft anzugliedern und Bintz auszuschalten, setzte er sich energisch für die Beibehaltung des aktuellen Standes ein[53]. Die Einrichtung Bintz' habe sich ausgezeichnet bewährt, die Presse- und Propagandatätigkeit in Schweden sei geradezu mustergültig. Abgesehen davon, daß der Apparat für die Gesandtschaft viel zu groß sei, habe sich die Trennung als günstig erwiesen.

»Gerade der private Charakter des Bureaus Bintz hat es der Gesandtschaft wiederholt ermöglicht, bei Angriffen der Presse oder von anderer Seite zu betonen, daß die Gesandtschaft mit der Angelegenheit nichts zu tun hat.«

Die Verhältnisse in Bern und Stockholm stellen sich in Genese und Organisation also höchst unterschiedlich dar, doch unterschieden sich die bei der Durchführung der konkreten Arbeit ergebenden Probleme und Schwierigkeiten kaum. In der Schweiz wie in Skandinavien wurde viel unternommen und durchaus Qualität geboten. Die von Kessler organisierten Ausstellungen wurden schon erwähnt; daneben gab es — um herausragende Ereignisse zu nennen — Theatergastspiele mit dem Deutschen Theater Max Reinhardts und dem Lessingtheater Victor Baranowskys, Konzerte des Komponisten Richard Strauss mit einheimischen Orchestern und des Dirigenten Arthur Nikisch mit den Berliner Philharmonikern, Gastspiele des Gewandhaus-Orchesters oder des Berliner Domchors. Aber es drängte auch viel Mittelmaß auf diesen neuen Markt, und Geschäftemacher witterten eine Chance. Während mancher renommierte Künstler sich sein patriotisches Engagement durchaus gut honorieren ließ[54] und kaum einer auf finanzielle Garantien amtlicher Stellen verzichten mochte, sahen auch weniger Erfolgreiche hier eine Chance, endlich aus ihrer Kunst auch einen materiellen Verdienst zu ziehen. Dies führte zu einem gewissen Überangebot auf einem Markt, der nur begrenzt aufnahmefähig war. So ergaben sich durchaus unliebsame mit Eitelkeiten garnierte Konkurrenzkämpfe zwischen einzelnen Künstlern wie etwa im Frühjahr 1917 zwischen Reinhardt und Baranowsky um ein Gastspiel in Stockholm[55]. Schwierigkeiten machte mithin weniger die Suche nach Auftrittskandidaten als vielmehr die richtige Auswahl. Es galt, Qualität zu präsentieren und das Publikum nicht zu überfordern.

»Der wesentliche Sinn unseres Eingriffs in diesen Propagandazweig war ja, gerade ein Zuviel und Minderwertiges abzuhalten, und der einzig wirksame Weg hierzu besteht nur in einer Kontrolle der Veranstalter. Für die meisten Künstler bedeutet das Engagement eine Verdienstfrage, die Quelle ihres Einkommens, und die Wirkung in nationaler Beziehung ist für sie zumeist von sekundärer Bedeutung[56].«

Immer wieder betonten die Gesandten, man möge vor allem ein Zuviel vermeiden.

»Drei — höchstens vier Veranstaltungen von dem Besten, was sich in Deutschland finden läßt, für die ganze Saison dürften genügen und unserem Interesse besser dienen als eine zu grosse Häufung[57].«

Solche Überlegung war vielen Beteiligten, die zum Beweis des Erfolges ihrer Arbeit gern die Quantität der durchgeführten Propagandamaßnahmen ins Feld führten, nicht immer recht eingängig, zumal es objektive Maßstäbe für den Erfolg der Unternehmungen eben nicht gab.

Materielle Schwierigkeiten bei der Organisation können hier nur summarisch angedeutet werden: Probleme bei der Raumbeschaffung für die Gastspiele, bei Termingestaltung, Transport, Unterbringung und Verpflegung großer Ensembles, bei der Überlassung von Leihgaben für Kunstausstellungen, bei den nötigen Freistellungen vom Militärdienst. Die allgemeinen kriegsbedingten Einschränkungen bei der Versorgung mit Rohstoffen wirkten sich auch auf die Propagandaanstrengungen aus, so fehlte es bisweilen an Papier, und ganz besonders bei der Filmpropaganda stellte der Mangel an Rohfilmen ein ernstes Handicap dar, das besonders Bintz häufig zu schaffen machte[58]. Probleme ergaben sich auch, wenn einheimische Künstler das massive Auftreten der deutschen Konkurrenz beanstandeten[59]. Man versuchte dies durch Einladungen zu Auftritten in Deutschland, etwa durch Organisation schweizerischer und schwedischer Musikfeste in Deutschland oder durch Austauschausstellungen zu kompensieren. Zu rechnen war mit den Aktionen und Gegenaktionen der Entente. Besonders in Dänemark und Norwegen gelang es ihr mehrmals, Druck auf die öffentliche Meinung auszuüben, so daß aus Furcht vor unliebsamen Zwischenfällen, die den angestrebten Erfolg ins Gegenteil verkehrt hätten, geplante deutsche Kulturveranstaltungen abgesetzt werden mußten[60]. Die Entente beschränkte sich aber nicht darauf, deutsche Aktionen zu behindern. Ganz besonders die Franzosen engagierten sich auf dem Gebiet der Kulturpropaganda intensiv[61] und gruben bisweilen den Deutschen das Wasser ab.

Letzteres galt besonders für die Filmpropaganda, die hier nur en passant erwähnt werden soll. Sie wurde eher als spezielle Form der Presse- und Bildpropaganda betrachtet und der Film als neues Medium noch nicht als wirkliche »Kunst« angesehen. Vor allem die Militärs aber hatten die Bedeutung des Films erkannt, der beim Publikum gut ankam, eben weil ihm der Reiz des Neuen anhaftete; Ludendorff und Haeften hatten ihn Kessler anläßlich der Vorbesprechungen vor seinem Dienstantritt in Bern besonders ans Herz gelegt; speziell die MAA kümmerte sich um Filmpropaganda, und das im Januar 1917 gegründete Bild- und Filmamt war eine Schöpfung des Kriegsministeriums[62]. Dieses Amt lieferte hunderte von Propagandafilmen und förderte die Herstellung von Spielfilmen, da Kriegsfilme als Propagandainstrument im Ausland meist nur im Beiprogramm oder vor geladenen Gästen vorgeführt werden konnten. Die Entente hatte auf dem Gebiet der Filmindustrie einen großen Vorsprung, und es gelang trotz großer Anstrengungen, die unter anderem Ende 1917 zur Gründung der UfA führten, nicht, diesen wettzumachen. Wie deutlich man den Wettbewerb hier verloren hatte, zeigt zum Beispiel ein Erlaß der Nachrichtenabteilung vom 4. Oktober 1918, in dem aufgefordert wird, sich zu bemühen, in der linksgerichteten Presse des neutralen Auslandes eine Bewegung für ein künftiges Verbot von »Hetzfilmen« in Gang zu bringen[63].

»Eines der wirkungsvollsten Werkzeuge der feindlichen Regierungen zur Aufrechterhaltung und erneuten Anfachung der Kriegsstimmung ihrer Völker und zur Erzeugung deutschfeindlicher Stimmung bei den Neutralen ist der politische Hetzfilm. Der Umstand, daß Deutschland dieser verwerflichen Art der Filmpropaganda nichts gleichartiges gegenüberstellen kann, mit anderen Worten auf diesem Gebiete über ein völlig reines Gewissen verfügt, gibt ihm die Möglichkeit, zu fordern, daß politische Hetzfilme durch besondere Klauseln in den Friedensverträgen künftig von der Verbreitung ausgeschlossen werden.«

Auch bei den Filmen läßt sich eine Diskussion beobachten, die zu einem Kernproblem der Kunst- und Kulturpropaganda hinführt, dem der Programmgestaltung. Häufig gab es Meinungsverschiedenheiten darüber, ob bestimmte Filme für den Einsatz geeignet oder politisch opportun seien. Eine Frage, die sich auf allen Gebieten immer wieder stellte. Nikisch wurde gedrängt, die Tannhäuserouvertüre durch das Meistersingervorspiel zu ersetzen oder anstelle Schuberts einen schwedischen Komponisten zu Gehör zu bringen, Thomas Mann sollte als Ausgangspunkt eines geplanten Vortrags statt Eichendorffs *Taugenichts* doch lieber Madame de Staels *De l'Allemagne* wählen[64]. Besondere Probleme verursachte Max Reinhardts Inszenierung von Büchners *Dantons Tod*, bei der auf der Bühne die Marseillaise gesungen wurde; ein Vorgang, durch den die Gefahr heraufbeschworen wurde, »daß das Militärkabinett die Angelegenheit Allerhöchsten Ortes zur Sprache bringen werde«[65]. Besonders die Militärs waren sehr empfindlich, wenn sie wähnten, im Namen der Kunst würden patriotische Werte mißachtet.

Bei der Programmplanung handelte es sich um eine stete Gratwanderung zwischen den Erfordernissen des politischen Opportunismus und denen des künstlerischen Ethos. Dabei stellte dies für den Geschäftsmann Bintz, dem es wenig Mühe bereitete, den Künstlern gegenüber die »Staatsräson« zu vertreten, ein geringeres Problem dar als für den engagierten Kunstfreund Kessler, dem es schwerfiel, reine Propaganda ohne Rücksicht auf künstlerische Qualität zu machen, selbst wenn er sich voll und ganz mit seinem politischen Auftrag identifizierte. Ein Brief an Stresemann[66] ist hier aufschlußreich. Eingangs weist er auf die zunehmenden Anstrengungen der Ententepropaganda in der Schweiz hin und meint, »die Verbindung von amerikanischem Gelde mit französischer Gewandtheit trägt ihre Früchte auch auf diesem Gebiete.« Dann verweist er auf das anstehende Schweizer Musikfest in Leipzig.

»Erfahrungsgemäß wirken nun gerade solche Einladungen, wenn dann die Gäste mit dem nötigen Erfolg und Glanz aufgenommen werden, besonders gut auf die Stimmen in den neutralen Ländern. Zu dem Erfolg trägt natürlich außerordentlich viel die Aufnahme in der Presse bei. Obwohl ich nun überzeugt bin, daß tatsächlich die Vorführungen, die durch das Leipziger Gewandhaus-Orchester unter Leitung der verschiedenen Schweizer Komponisten und von Nikisch stattfinden, wirklich auch künstlerisch bedeutend sein werden, so würde es vielleicht trotzdem gut sein, wenn Sie die Güte hätten, ihre Parteipresse darauf hinzuweisen, daß hier nicht bloß rein künstlerische, sondern im hervorragenden Maße auch politische Gesichtspunkte bei der öffentlichen Beurteilung dieser Vorführungen maßgebend sein sollten. Ich habe leider die Erfahrung gemacht, daß Kunstkritiker von allen Menschengattungen am schwersten für solche Gesichtspunkte zu haben sind und lieber die Welt untergehen lassen, als daß sie ein Werk nicht in Grund und Boden kritisieren, wenn es ihren künstlerischen Bestrebungen nicht entspricht.«

Nicht immer gelang diese Gratwanderung, und bisweilen beeinträchtigte das Engagment für die Kunst die politische Wirkung. Die von Kessler organisierte Kunstausstellung im Züricher Kunsthaus stiftete in der Schweizer Öffentlichkeit Verwirrung, weil auch die noch ganz unbekannte hochmoderne Richtung des Expressionismus stark vertreten war, während eine anschließende französische Ausstellung sich auf berühmte und bewährte Werke konzentrierte. Die deutsche Ausstellung mag künstlerisch anspruchsvoller und kühner gewesen sein, die französische war als Propagandaveranstaltung erfolgreicher[67].

Bei der Fülle von Problemen verwundert es nicht, daß es Kritik und Widerstände gab. Anfang 1918 mußte sich die Gesandtschaft in Bern gegenüber Kritik aus der Nachrichtenabteilung des Generalstabs rechtfertigen. In der Stellungnahme, die die Kritik zurückweist und das Positive unterstreicht, heißt es einleitend:

»Zunächst ist zu bemerken, daß allerdings im vergangenen Jahre vielleicht etwas zuviel auf dem Gebiete der Kunstpropaganda geschehen ist. Es läßt sich das leicht aus dem Eifer erklären, mit dem dieses neue und gewiß nicht unwesentliche Gebiet unserer Propagandatätigkeit hier in Angriff genommen wurde. Man sollte aber m.E. nicht nur kritisieren, sondern gerade diesen Eifer auch anerkennen, mit dem Graf Kessler und seine Mitarbeiter sich dieser großen und schwierigen Aufgabe gewidmet haben und sollte auch das Gute nicht übersehen, was geleistet worden ist[68].«

Die Kritik beschränkte sich weder auf Einzelpersonen[69] noch auf die Kulturpropaganda allein; allenthalben wurden im Jahre 1918 — parallel zur sich verschlechternden militärischen Lage — zunehmend die bisherigen Leistungen der gesamten Propaganda moniert. Dies führte zu einer Fülle von Reorganisationsbemühungen[70], die aber allesamt bis Kriegsende keinen durchschlagenden Ergebnisse mehr erbrachten. Das Ergebnis der deutschen Propagandaanstrengungen war insgesamt eher mager, und dies Urteil gilt auch für die Kulturpropaganda. Allerdings waren von Anfang an die Voraussetzungen schlecht. Zum einen hatte Deutschland auf diesem Gebiet einen technisch-organisatorischen Rückstand; zum anderen, und das ist wesentlich entscheidender, war auch die moralische Ausgangslage denkbar ungünstig. Gerade in den neutralen Ländern, deren Wohlwollen durch die Kulturpropaganda gewonnen werden sollte, hatte die Verletzung der belgischen Neutralität verheerend gewirkt und hätte durch noch so geschickte Propaganda nicht ausgeglichen werden können. Der *Lusitania*-Zwischenfall hatte das schlechte Image Deutschlands zusätzlich negativ belastet. Was Klaus Epstein über Erzberger geschrieben hat, kann auch für Kessler und andere an der Kulturpropaganda Beteiligte gelten:

»Für einen nationalistischen, militaristischen, halb-autokratischen Staat, dessen Kriegsanstrengungen die Freiheit und das Gleichgewicht in Europa bedrohten, als Propagandist zu arbeiten, hieß eine Aufgabe übernehmen, bei der keine großen Erfolge zu erwarten waren[71].«

Das unglückliche Kriegsende bewirkte aber kein Nachlassen der Propagandaanstrengungen — im Gegenteil[72]. Nach der militärischen Niederlage wurde der Kampf um die öffentliche Meinung des Auslandes verstärkt fortgesetzt, um sie zurückzugewinnen und für die Revision der Folgen des verlorenen Krieges zu engagieren. Dies geschah auch und vermehrt unter Rückgriff auf die Kulturpropaganda. Hierbei spielte die 1919 neu gegründete Kulturabteilung des AA ihre Rolle[73], hierzu gehörte aber auch der große Bereich des Kampfes gegen den Kriegsschuldvorwurf, der unter immensem Einsatz publizistischer und »kultureller« Methoden vom Kriegschuldreferat des Auswärtigen Amts in enger Abstimmung mit nominell unabhängigen privaten Organisationen, die das Amt jedoch lenkte und finanziell unterstützte, geführt wurde[74]. War vor 1914 auf dem Gebiet der auswärtigen Kulturpolitik und -propaganda das meiste Privatinitiativen überlassen worden, so hatte der Weltkrieg auch auf diesem Gebiet, wie auf so vielen anderen ein zunehmendes Engagement des Staates bewirkt, das nach dem Kriege nicht mehr zurückgeschraubt, sondern eher verstärkt wurde und einen deutlichen und dauerhaften Anstieg der Staatsquote zum Ergebnis hatte.

Anmerkungen

1 Mit dem Untertitel »Die Propaganda der Westmächte gegen Deutschland, ihre Wirkung und ihre Abwehr, Stuttgart, Berlin 1932.

2 Siehe hierzu und allgemein zu diesem Begriff den Artikel »Propaganda« von Wolfgang Schieder und Christof Dipper, in: Geschichtliche Grundbegriffe. Historisches Lexikon zur politisch-sozialen Sprache in Deutschland. Hrsg. von Otto Brunner, Werner Conze, Reinhart Koselleck, Bd 5, Stuttgart 1984, S. 69—112.

3 Moeller van den Bruck, Artikel »Propaganda«, in: Politisches Handwörterbuch. Unter redaktioneller Mitwirkung von Kurt Jagow hrsg. von Paul Herre, Bd II, Leipzig 1923.

4 Diese Feststellung galt allerdings nicht für die DDR, wo der Begriff durchaus, und zwar positive Verwendung fand. So heißt es in: Kulturpolitisches Wörterbuch, Berlin (Ost) 1970, zu dem Stichwort »Kulturpropaganda: systematische Verbreitung kultureller und künstlerischer Bildung, Kenntnisse, Fähigkeiten und Fertigkeiten, insbesondere die Heranführung der Werktätigen an die aktive Teilnahme am vielgestaltigen geistig-kulturellen Leben in der DDR und an die Schätze der humanistischen und sozialistisch-realistischen Kunst und Literatur.«

5 Artikel »Kulturpolitik« in: Politisches Handwörterbuch (wie Anm. 3), Bd I, 1923.

6 Siehe dazu u. a.: Deutsche Auswärtige Kulturpolitik seit 1871. Geschichte und Struktur. Referate und Diskussionen eines interdisziplinären Symposions. Hrsg. von Kurt Düwell und Werner Link, Köln, Wien 1981.

7 Siehe hierzu Kurt Düwell, Deutschlands auswärtige Kulturpolitik 1918—1932. Grundlinien und Dokumente, Köln, Wien 1976, der immer wieder das Problem der Autonomie der Kultur thematisiert und eine, allerdings nicht ganz überzeugende und von ihm selbst relativierte, »Typologie auswärtiger Kulturpolitik« entwirft, indem er die Kategorien Kulturausstrahlung, kulturelle Selbstinterpretation, kulturelle Expansion, Kulturpropaganda und Kulturimperialismus unterscheidet (S. 34ff.).

[8] Paul Rohrbach, Der deutsche Gedanke in der Welt, Düsseldorf, Leipzig 1912, S. 226.

[9] Carl Heinrich Becker, Kulturpolitische Aufgaben des Reiches, Leipzig 1919, S. 13.

[10] Hans Arnold, Auswärtige Kulturpolitik. Ein Überblick aus deutscher Sicht, München 1980, S. 9.

[11] Ähnliches gilt für den eng verwandten Bereich der Pressepolitik und -propaganda. So spricht Koszyk von der »1914 weder geistig noch organisatorisch koordinierte[n] Pressepolitik der einzelnen militärischen und zivilen Instanzen«. Kurt Koszyk, Deutsche Pressepolitik im ersten Weltkrieg, Düsseldorf 1968, S. 10.

[12] Dazu Düwell (wie Anm. 7), S. 53ff.

[13] Siehe dazu Jürgen Kloosterhuis, Deutsche auswärtige Kulturpolitik und ihre Trägergruppen vor dem Ersten Weltkrieg, in: Deutsche Auswärtige Kulturpolitik (wie Anm. 6), S. 7—45.

[14] Zu Lamprecht, seinen Vorstellungen, seiner Initiative gegenüber Bethmann Hollweg und seinen Gesprächen mit dem Auswärtigen Amt siehe vor allem die ausführliche Darstellung und Dokumentation bei Rüdiger vom Bruch, Weltpolitik als Kulturmission. Auswärtige Kulturpolitik und Bildungsbürgertum in Deutschland am Vorabend des Ersten Weltkriegs, Paderborn usw. 1982. Dazu auch Düwell (wie Anm. 7), S. 14ff.

[15] Nach Düwell (wie Anm. 7), S. 23.

[16] Kloosterhuis (wie Anm. 13), S. 35.

[17] Düwell (wie Anm. 7), S. 60ff.

[18] Der Briefwechsel Lamprecht—Bethmann Hollweg ist bei vom Bruch (wie Anm. 14) im Anhang gedruckt. Dabei fällt auf, daß der primär auf Völkerverständigung zielende Ansatz Lamprechts in der wohl von Riezler entworfenen Antwort Bethmann Hollwegs eine neue Wendung erhält, in der die Kulturpolitik wesentlich stärker als Agens der Weltpolitik erscheint. Siehe dazu Schieder, Dipper (wie Anm. 2), S. 103.

[19] Vom Bruch (wie Anm. 14), S. 102.

[20] Kloosterhuis (wie Anm. 13), S. 17.

[21] Klaus Epstein, Matthias Erzberger und das Dilemma der deutschen Demokratie, Frankfurt a.M. 1976 (zuerst 1959), S. 124f.

[22] Walter Vogel, Die Organisation der amtlichen Presse- und Propagandapolitik des Deutschen Reiches von den Anfängen unter Bismarck bis zum Beginn des Jahres 1933, Berlin 1941.

[23] Zum militärischen Presse- und Propagandaapparat, der sich um die oben genannte negative und positive Pressebeeinflussung im Reich kümmerte, siehe: Militär und Innenpolitik im Weltkrieg 1914—1918. Bearb. von Wilhelm Deist, Düsseldorf 1970 (= Quellen zur Geschichte des Parlamentarismus und der politischen Parteien, Reihe 2, Bd 1, T. 1 und 2), S. LIIff., sowie zahlreiche der dort gedruckten Dokumente, die Vogels Darstellung untermauern.

[24] Noch in der Weimarer Republik wirkt dieses Verhältnis nach, wo der Direktor der Presseabteilung des AA in Personalunion Reichspressechef war.

[25] Siehe deren Akten in: Bundesarchiv, Abteilungen Potsdam (BA P), 09.01

Auswärtiges Amt, Bd 35 Zentralstelle für Auslandsdienst (ZfA); speziell zur Organisation Nr. 1, 2 und 1653.

[26] Schreiben vom 11.3.1918 an den Staatssekretär im Reichsschatzamt; Bonn, AA, Politisches Archiv (PA), Akten der Presseabteilung, R 120 957.

[27] Siehe dazu die Geschäftsverteilungspläne in PA, Presseabteilung, R 120 749.

[28] Vogel (wie Anm. 22), S. 35. Bei solchen Angaben ist allerdings zu berücksichtigen, daß auch damals kaum jemand einen wirklichen Überblick gehabt haben dürfte und bei entsprechenden Aufzählungen Organisationen unterschiedlicher Funktion und Aufgabenstellungen wohl durcheinandergeraten sind.

[29] Im Mai/Juni 1918 wurde die Militärische Stelle in »Auslandsabteilung der OHL« umbenannt; am 31.10.1918 wurde sie sachlich dem AA als Abt. M der AN unterstellt. In der Praxis scheinen sich diese Namensänderungen nicht durchgesetzt zu haben. Die Personalkosten trug während der ganzen Zeit das Kriegsministerium, die Sachkosten das AA. Zur MAA siehe BA P, ZfA, Nr. 1 und 2; dazu Militär und Innenpolitik (wie Anm. 23), Dokument Nr. 136.

[30] Einen Einblick in die Schwierigkeiten, die sich bei der Abgrenzung der jeweiligen Zuständigkeiten und Aufgabenverteilungen ergaben, bietet der Schriftwechsel anläßlich der Einrichtung einer Vertretung der MAA Ende 1916/ Anfang 1917 in Kopenhagen; PA, Akten der Gesandtschaft Kopenhagen, D II 6, Militärische Propaganda in Dänemark (Hauptmann von Neergaard).

[31] Beispiele bei Koszyk (wie Anm. 11), S. 239ff.

[32] Zeitungsausschnitt mit hschr., von Kriege gezeichnetem Randvermerk; PA, Kulturabteilung, R 64654. Dort auch die im folgenden genannte Aufzeichnung Deutelmosers.

[33] Fundort dieses Schreibens und der folgenden in diesem Zusammenhang genannten Dokumente: PA, Presseabteilung, R 120 956.

[34] »Es bedurfte längerer energischer Vorstellungen, das Auswärtige Amt zu bestimmen, die Propaganda im Ausland auszugestalten. [...] Erst im Juli 1916 gelang es, den Beschluß herbeizuführen, daß die Zentralstelle für Auslandsdienst im Auswärtigen Amt den Anforderungen der Lage sich anpassen sollte.« So der ehemalige Chef der Abt. IIIB im Generalstab des Feldheeres; W[alter] Nicolai, Nachrichtendienst, Presse und Volksstimmung im Weltkrieg, Berlin 1920, S. 88.

[35] Siehe dazu Peter Grupp, Harry Graf Kessler als Diplomat, in: Vierteljahrshefte für Zeitgeschichte, 1992, H. 1, S. 61—78.

[36] Bericht Rombergs vom 8.9.1916; PA, Presseabteilung, R 122 982.

[37] Siehe dazu Kesslers Tagebücher; Deutsches Literaturarchiv Marbach a. N., A: Kessler, Tagebücher 68.447/10.

[38] Die nicht gezeichnete Aufzeichnung wurde am selben Tage vom Leiter der ZfA Mumm dem Direktor der Nachrichtenabt. Hamman vorgelegt; PA, Presseabteilung, R 122 982.

[39] Für das Haushaltsjahr April 1918—März 1919 erhielt die Gesandtschaft Bern für »Presse- und Propagandazwecke« insgesamt 4559200 Mark; Deutelmoser an Romberg, 5.8.1918; AA, PA, Presseabteilung, R 122 983.

[40] Dazu trat eine wechselnde Zahl von »Unterpersonal«. Zur Organisation der Gesandtschaft siehe PA, Akten der Gesandtschaft Bern, Bde 15, 18, 31 und 32.

41 Details dazu u.a. in PA, Gesandtschaft Bern, Bde 1373—1377, sowie BA P, ZfA, Nr. 182, 183, 192, 892, 893, 1525 und 1820; dort Rombergs 44seitiger Bericht Nr. 741 vom 25.3.1918 mit einer Analyse des von Kessler vorgelegten Budgetentwurfs.

42 In einer Denkschrift vom 14.5.1917 forderte das Bild- und Filmamt eine Reorganisation der Filmpropaganda, die in der Schweiz bislang auch deshalb zu kurz gekommen sei, weil Kessler »seiner Eigenart entsprechend« sich ganz »auf eine anerkennenswerterweise erfolgreiche Kunstpropaganda durch Konzerte, Theateraufführungen u. dergl.« konzentriert habe. BA P, ZfA, Nr. 198. Im folgenden übermittelte Kesslers Abt. regelmäßig ausführliche Wochenberichte über die deutschen und ententistischen Aktivitäten auf dem Gebiete des Films.

43 Siehe dazu ebd., ZfA, Nr. 80 und 1526, sowie besonders PA, Akten der Gesandtschaft Stockholm, Paket 317, Krieg 1914/17, Propaganda (Direktor Walter A. Bintz), 186 IV Abt. 4, 2 Bde. Dort auch die im folgenden genannten Dokumente, falls kein anderer Fundort angegeben ist.

44 Erlaß vom 7.10.1916; BA P, ZfA, Nr. 1526.

45 Ebd., Nr. 1526.

46 Siehe auch eine Notiz, wonach der Admiralstab sich beim AA am 30.9.1916 für Bintz verwendet habe; ebd.

47 Bintz an das AA, 25. Juni 1918 (wie Anm. 43).

48 Etwa im Frühjahr 1918 mit dem Marionettentheater München; u.a. Bintz' Schreiben an das AA vom 18.3.1918; PA, Gesandtschaft Stockholm, Paket 318, Krieg 1914/17, Propaganda, 186 IV, Abt. 19—22 und 24—29.

49 Brief Frays (Gesandtschaft Stockholm) an v. Stumm (AN), 22.11.1918; siehe auch Frays Bericht vom 17.10.1918 (wie Anm. 43).

50 BA P, ZfA, Nr. 1526.

51 Fray an Trautmann, 9.6.1917 (wie Anm. 43).

52 Brief des Dirigenten der Nachrichtenabt. Radowitz an Lucius vom 6.10.1917 (wie Anm. 43).

53 Bericht Lucius' an Hertling vom 24.6.1918 (wie Anm. 43).

54 Lucius schlug nach einem ersten Gastspiel Max Reinhardts, das »politisch hier ausgezeichnet gewirkt« habe, vor, diesem einen preußischen Orden zu verleihen. Mumm lehnte u.a. mit dem Hinweis ab, Reinhardt habe keineswegs lediglich aus patriotischem Interese gehandelt, vielmehr eine »sehr bedeutende finanzielle Unterstützung« seites des AA zu Vorbedingung seines Auftretens gemacht. Briefwechsel vom 17. und 27.11.1915 in: PA, Gesandtschaft Stockholm, Paket 315, Künstlerische Propaganda, 186 IV, Abt. 8, Bd 1, 1. Teil.

55 Siehe dazu die Korrespondenzen in dem in Anm. 54 genannten Aktenband sowie im selben Bestand Paket 318, Krieg 1914/16, Propaganda , 186 IV, Abt. 1—10; dazu auch BA P, ZfA, Nr. 1526.

56 Pistor an Lucius vom 28.11.1917 (wie Anm. 54).

57 Bericht Lucius' vom 17.5.1917, ebd.

58 PA, Gesandtschaft Stockholm, Paket 317, Krieg 1914/18, Filmpropaganda, 186 IV, Abt. 14.

59 Der Konsul in Basel Wunderlich an Romberg, 8.11.1917; PA, Gesandtschaft Bern, Nr. 1376.

[60] Siehe dazu PA, Gesandtschaft Stockholm, Paket 315, Künstlerische Propaganda, 186 IV, Abt. 8, Bd 1, 1. Teil.

[61] Kessler hat eine ausführliche Übersicht zusammengestellt und für dienstliche Zwecke als Broschüre drucken lassen; BA P, ZfA, Nr. 183.

[62] Siehe dazu Vogel (wie Anm. 22), S. 30ff.

[63] Erlaß v. Stumms an die Gesandtschaft in Stockholm vom 4.10.1918; PA, Gesandtschaft Stockholm, Paket 317, Krieg 1914/18, Filmpropaganda, 186 IV, Abt. 14.

[64] Zur Planung des Vortrags Manns, der schließlich nicht zustande kam, siehe ebd., Paket 318, Krieg 1914/16, Propaganda, 186 IV, Abt. 1—10.

[65] Radowitz an Romberg und Kessler an Romberg, 16. bzw. 20.10.1917; PA, Gesandtschaft Bern, Nr. 1376; dazu PA, Gesandtschaft Stockholm, Paket 315, Künstlerische Propaganda, 186 IV, Abt. 8, Bd 1, 1. Teil.

[66] PA, Nachlaß Stresemann, Bd 195; Brief vom 17.8.1918.

[67] Siehe dazu Harry Graf Kessler. Tagebuch eines Weltmannes. Eine Ausstellung des Deutschen Literaturarchivs im Schiller-Nationalmuseum Marbach am Neckar; Katalog von G. Schuster und M. Pehle, Marbach [2]1988, S. 295ff.

[68] Entwurf vom 26.1.1918 für einen Bericht an den Reichskanzler; PA, Gesandtschaft Bern, Nr. 1377.

[69] Auch Bintz mußte sich rechtfertigen. Siehe sein Schreiben an das AA vom 25.6.1918; PA, Gesandtschaft Stockholm, Paket 317, Krieg 1914/17, Propaganda (Direktor Walter A. Bintz), 186 IV, Abt. 4, Fortsetzungsbd.

[70] Vogel (wie Anm. 22), S. 56ff., sowie AA, Presseabteilung, R 120 958.

[71] Epstein (wie Anm. 21), S. 126.

[72] Meinungen wie die Richard Strauss', der stark in der Kulturpropaganda engagiert gewesen war, sind die Ausnahme. Auf eine Anfrage, ob er im Laufe des Winters 1919 in Stockholm gastieren könne, antwortete er abschlägig und führte u.a. aus, er sei der Meinung, »daß die bisherige Auslandspropaganda künftig unterbleiben kann. Wir haben uns in diesem Punkte schon viel zu sehr weggeworfen, und das Volk Beethovens, Goethes, Richard Wagners und 100 anderer ›Großmächte‹ hat nicht nötig, bei Negern, Amerikanern und sonstigen Neutraliern, aber ›Siegern‹, wie sie sich zu nennen belieben, um freundliche Aufnahme zu ersuchen.« Man solle warten, bis sich in Stockholm das Bedürfnis nach deutscher Kunst rege. »Begnügt man sich dort mit englischer, japanischer Musik und amerikanischer Dichtkunst, nun dann behalten wir eben unsere deutsche Kunst für uns und denken uns unser Teil dabei.« Strauss an Lucius am 12.1.1919. PA, Gesandtschaft Stockholm, Paket 315, Künstlerische Propaganda, 186 IV, Abt. 8, Bd 1, Abt. 2.

[73] Siehe dazu Düwell (wie Anm. 7).

[74] Siehe dazu vor allem Ulrich Heinemann, Die verdrängte Niederlage. Politische Öffentlichkeit und Kriegsschuldfrage in der Weimarer Republik, Göttingen 1983.

Helmut Fries

Deutsche Schriftsteller im Ersten Weltkrieg

»Wie hätte der Künstler, der Soldat im Künstler nicht Gott loben sollen für den Zusammenbruch einer Friedenswelt, die er so satt, so überaus satt hatte! Krieg! Es war Reinigung, Befreiung, was wir empfanden, und eine ungeheure Hoffnung.« (Thomas Mann)[1]

I. Einleitung

Deutsche Schriftsteller im Ersten Weltkrieg — bei diesem Thema wird man sehr schnell an die »Sturm- und Springflut«[2] affirmativer Kriegslyrik denken, die mit dem Tage der Mobilmachung im Deutschen Reich einsetzte. Die unzähligen Kriegsgedichte bekannter wie unbekannter Autoren vom Herbst 1914 bleiben in der vorliegenden Abhandlung aber weitgehend außer Betracht. Diese Gedichte waren formal wie inhaltlich fast ausnahmslos in völlig traditioneller, epigonaler Machart verfaßt. Sie verraten dem späteren Leser außer einer heftigen Empörung über den »heimtückischen Überfall« der Feinde sowie allgemeiner Kriegsromantik nur wenig darüber, wie der Erste Weltkrieg von den deutschen Schriftstellern der Zeit aufgenommen, erklärt und gewertet wurde.

Sehr viel deutlicheren Aufschluß geben die zahlreichen Zeitungsartikel, Reden, Aufsätze, Essays, die von deutschen Schriftstellern in den Jahren 1914 bis 1918 über den Krieg geschrieben wurden. Ziel dieser explizit auf den Krieg bezogenen Schriften war, mit den Worten Thomas Manns, die »Ausdeutung, Verherrlichung, Vertiefung«[3] des erneuten »Völkerringens« für das breite Publikum. Bei der Auswahl der schriftstellerischen Kriegspublizistik beschränkt sich die vorliegende Abhandlung streng auf die Jahre des Ersten Weltkriegs selber. Die spätere Publizistik über diesen Krieg (zum Beispiel aus der Weimarer Republik) bleibt hier mit Absicht ausgespart. Mit dem Wissen um den Ausgang des Krieges entstand dieses Schrifttum unter anderen Voraussetzungen und verfolgte andere Ziele. Zur Ergänzung der Befunde werden im folgenden oft auch private Aufzeichnungen (Briefe, Tagebücher) herangezogen. Dies ist insbesondere in dem Abschnitt über die Desillusionierung der Schriftsteller angesichts der Realität des Krieges nötig. Denn der Vorgang der Ernüchterung wurde der deutschen Öffentlichkeit publizistisch nicht mehr mitgeteilt. Der Begriff des Schriftstellers kommt hier übrigens in einem sehr allgemeinen Sinne zur Anwendung. Er steht nicht in Bezug zur Sprachregelung um die Jahrhundertwende, die oft sehr streng (und polemisch) zwischen Dichter — Schriftsteller — Literat unterschied.

Trotz einer Fülle wissenschaftlicher Literatur über den Ersten Weltkrieg wurde die Kriegspublizistik deutscher Schriftsteller aus den Jahren 1914—1918 bisher höchst selten zum Thema der Forschung. Ein Grund dafür mag nicht zuletzt in der tiefen Irritation liegen, welche die Lektüre des Kulturchauvinismus so angesehener Autoren wie Thomas Mann, Gerhart Hauptmann, Richard Dehmel, Rudolf Borchardt beim heutigen Leser hervorrufen kann. Die vorliegende Abhandlung versucht, das nach der Erfahrung zweier Weltkriege heute kaum mehr verständliche Gedankengebäude der schriftstellerischen Kriegspublizistik von 1914 bis 1918 zu rekonstruieren und in den Kontext der Zeit zu stellen. Ziel ist also nicht eine schnelle Aburteilung der oft sehr erschreckenden Auffassungen vom Standpunkt eines späteren »Besserwissers«. Es soll allerdings auch klar ersichtlich werden, daß die bisherige Bewertung der genannten Kriegspublizistik als kurzfristige Überwältigung der Autoren durch die patriotische Stimmung der Massen oder als simple Nachrede offizieller Verlautbarungen zum Kriege nicht länger haltbar ist[4].

II. Mobilmachung der Literatur

Auf das Ereignis eines Krieges waren die deutschen Schriftsteller im August 1914 nicht vorbereitet. Überraschung, Neugierde und sofort auch schon sehr hochfliegende Erwartungen lassen sich als erste Reaktionen feststellen. Zahlreiche deutsche Schriftsteller meldeten sich als Kriegsfreiwillige, so zum Beispiel Richard Dehmel, Ludwig Ganghofer, Alfred Henschke (= Klabund), Hermann Hesse, August Stramm. Auch die Autoren des frühen Expressionismus (unter anderen Kasimir Edschmid, Albert Ehrenstein, Paul Zech) opponierten keineswegs, wie später oft geschrieben, sofort gegen den Krieg. Auch in ihren Gedichten, Essays und privaten Schriften vom Sommer/Herbst 1914 findet sich vielfach eine eindeutig kriegsbejahende Haltung. In großem Unterschied allerdings zur Einstellung der anderen deutschen Schriftsteller (die hier noch genauer analysiert wird) hoffte die kleine Gruppe der expressionistischen Autoren, daß der neue Krieg endlich eine Zerstörung der verhaßten bürgerlichen Werte und Lebensformen bringen werde[5].

Zu den überraschenden Erscheinungen aus der Anfangszeit des Ersten Weltkrieges im Deutschen Reich gehört eine noch nie zuvor dagewesene Mobilmachung auch der Literatur. Ein Zeitgenosse schätzte, daß in den ersten Wochen nach Kriegsbeginn täglich rund 50000 Kriegsgedichte an Zeitungen und Zeitschriften eingeschickt wurden[6]. Urheber der beispiellosen »Sturm- und Springflut« kriegsaffirmativer Lyrik waren nicht so sehr die »professionellen« Schriftsteller, sondern zuallererst Laien und Dilettanten. Die Hintergründe dieses Phänomens sind bisher nicht erforscht. Die massenhafte Anfertigung kriegsbejahender Literatur durch Laien kann sicherlich nicht allein auf Einflüsse der offiziellen Propaganda zurückgeführt werden. Sie muß wohl mehr noch verstanden werden als ein Akt der psychischen Entlastung, als Versuch einer positiven Sinnfindung für das trotz aller Hurra-Stimmung doch auch sehr beunruhigende Ereignis Krieg.

Natürlich verfaßten auch die »eigentlichen« Schriftsteller zahlreiche Kriegsgedichte, insbesondere im August 1914. Eine größere Bedeutung für ihr Schaffen in den Jahren 1914/1915 erhielt jedoch sehr bald das Feld der Publizistik, also die Veröffentlichung von Aufrufen, Aufsätzen, Reden, Essays über den neuen Krieg in der Massenpresse. Die Bedeutung der Presse als dem führenden Mittel zur Ansprache an ein möglichst breites Publikum war vielen deutschen Schriftstellern schon länger bekannt. Die »Journalisierung« der Literatur bildet ein wichtiges, allerdings wenig beachtetes Kennzeichen der deutschen Kulturgeschichte um 1900. Auch Autoren, die zuvor jede Beschäftigung mit gesellschaftlichen oder gar tagespolitischen Vorgängen streng abgelehnt hatten (wie zum Beispiel Thomas Mann), nahmen nun im Herbst 1914 publizistisch zum neuen Krieg Stellung. Aus verschiedenen, sehr zeitgebundenen Gründen beanspruchten im Deutschen Reich gerade die Schriftsteller eine ganz besondere Kompetenz zum Verstehen und Erklären dieses Krieges. Den Hintergründen dieses Anspruches und den verschiedenen Arten der Deutung und Sinngebung des Ersten Weltkrieges durch die zeitgenössischen deutschen Schriftsteller gelten die zwei Hauptkapitel der vorliegenden Abhandlung.

An der Mobilmachung der Literatur im Dienste des Krieges beteiligten sich allerdings keineswegs alle deutschen Schriftsteller. Zu den Gegnern des Krieges von Anfang an gehörten zum Beispiel Johannes R. Becher, Ricarda Huch, Annette Kolb, Heinrich Mann, Arthur Schnitzler, Franz Werfel. Allerdings befanden sich die Kriegsgegner in einer sehr schwierigen Lage. Durch das als tiefen Schock empfundene kriegsaffirmative Verhalten der Sozialdemokratie fehlte ein politischer Bündnispartner. Die Zensur verhinderte das Erscheinen jeglichen Schrifttums, das sie in Widerspruch sah zur »treuen und entschlossenen vaterländischen Stimmung und Haltung des deutschen Volkes«[7]. Somit gab es im Deutschen Reich nur sehr geringe Möglichkeiten für die Bekundung einer gegen den Krieg gerichteten Einstellung. Um der Zensur zu entgehen, wurden einige literarisch-kulturelle Zeitschriften im Verlaufe des Krieges in die Schweiz verlagert. Dieses Land entwickelte sich schnell zum Zufluchtsort deutscher Emigranten (zum Beispiel Heinrich Mann) und zum Zentrum einer internationalen Opposition gegen den Krieg. Im Deutschen Reich konnte diese Opposition allerdings kaum vernommen werden.

Die sofortige Verurteilung des Ersten Weltkrieges durch eine kleine Gruppe von Schriftstellern beruhte zunächst wesentlich auf moralisch-ethischen Motiven. Politische Aspekte gewannen erst im Verlaufe des Krieges an Bedeutung. Insbesondere die russische Revolution von 1917 öffnete vielen Zeitgenossen den Blick für den Einfluß menschlichen Handelns auf Vorgänge, die bis dahin, gerade auch wegen der herrschenden Kriegsideologie, als Schicksal, als Naturgesetz oder als Wille Gottes gegolten hatten. Zum Zeitpunkt der Revolution in Rußland allerdings sahen sich die meisten deutschen Schriftsteller, die den Ersten Weltkrieg zunächst so eindeutig begrüßt und auf vielfache Weise rechtfertigt hatten, schon längst von der Realität widerlegt und waren zunehmend stumm geworden.

III. Der eigentliche Sinn und Wert des Krieges

Die überragende Mehrheit der deutschen Schriftsteller (wie auch Künstler) begrüßte den Ersten Weltkrieg im Spätsommer und Herbst 1914 mit einer Vielzahl äußerst unterschiedlicher Erwartungen, Hoffnungen und Sinngebungen. Eine erste Hoffnung betraf den Krieg als Auslöser neuer ästhetischer Anregungen. Er »fange schon an«, den Krieg »artistisch zu erleben«[8], freute sich der expressionistische Dichter Ernst Wilhelm Lotz am 5. August 1914. Noch nach sieben Monaten Sanitätsdienst im Feldlazarett schrieb der Maler Max Beckmann über das »Wunder« des neuen Krieges: »Meine Kunst kriegt hier zu fressen[9].« Die Schriftsteller verdankten dem Krieg vom August 1914 die sofort in vielfältigen literarischen Variationen gestalteten Themen Mobilmachung und Burgfrieden zwischen Sozialdemokratie und Monarchie. Nach einer langen Zeit wachsender Entfremdung von der immer schwerer zu verstehenden Realität und von der Mehrheit des Publikums schien die Literatur im Herbst 1914, dank dem neuen Krieg, endlich wieder direkten Anschluß an die Gegenwart und an das Volk gefunden zu haben. Noch wenige Wochen vor Beginn des Krieges hatte der Schriftsteller Jakob Wassermann in einem offenen (!) Brief resigniert festgestellt, die Gegenwart sei »so reich« und »so tumultuarisch bewegt«[10], daß der zeitgenössische Künstler sie oft nicht mehr erfassen und gestalten könne. Die Schriftsteller, so sein höchst aufschlußreiches Fazit, »blicken mit Schrecken auf die Zeit, sie fliehen vor den Menschen und den Ereignissen«[11]. Mit dem neuen Krieg schien eben diese Flucht vor der Zeit endlich ein Ende zu haben.

Eine freudige Begrüßung des Krieges als »Schule des Talents«[12] und als Auslöser zukünftiger großer Kunst findet sich Ende 1914 allenthalben im wilhelminischen Kulturbetrieb. Als wichtigster Beleg für einen sofortigen positiven Einfluß des neuen Krieges auf Kunst und Literatur galt den Zeitgenossen die Veränderung der Arbeiterdichtung. Zentrale Themen dieser Literatur waren nun nicht mehr die Welt der Arbeit und die Bewegung der Sozialdemokratie, sondern der Burgfrieden und die neue Einheit des Volkes. Unter dem Einfluß des Krieges, so schrieb 1915 der Anthologie-Herausgeber Carl Busse erfreut, habe sich die »Arbeiterpoesie« endlich aus aller »partei- und standeshaften Verengung« befreien können und sei »zum wirkenden Element der allgemeinen Volks- und Nationaldichtung«[13] geworden.

Diese Zeilen verweisen auf eine weitere Hoffnung, die im Herbst 1914 mit dem neuen Krieg verbunden wurde. Dieser sollte nicht nur neue Themen und Erfahrungen liefern, die sich »einst in schöne Kunst dann«[14] verwandeln würden. Er sollte vielmehr zugleich auch die gesamte Kunst und Literatur radikal befreien von aller »Dekadenz« der Vorkriegszeit. Julius Hart, früher einmal Naturalist und in scharfer

Opposition zum Geschmack des wilhelminischen Bürgertums, erwartete noch Anfang 1915 eine »völlige Umwälzung« der Literatur durch den Krieg:

»und mit einem freudigen Aufleuchten der Augen hören wir es, daß dieser Kriegsgeist mit einem Schlage die ganze Poesie der Mode, der Perversitäten und Dekadenzen, der wildgewordenen Erotiken und des snobistischen Übermenschentums, der formalistischen und technischen Leere hinwegfegen wird«[15].

Die Ausführungen von Julius Hart enthalten weitgehend genau jene Vorwürfe, die schon vor 1914 immer wieder von einer großen Mehrheit der Kritiker gegen die Literatur der »Moderne« (also Naturalismus, Impressionismus, Expressionismus) erhoben worden waren. Auf den ersten Blick durchaus überraschend, übernahmen im Herbst 1914 viele deutsche Schriftsteller eben diese Urteile und bewerteten nun die Kultur der Vorkriegszeit als eine Epoche der Dekadenz, der Narrheit, der erkrankten Nerven.

Zur Erklärung des nun so heftig beklagten kulturellen Niederganges bis zum »Geschenk« des neuen Krieges griffen die deutschen Schriftsteller im Herbst 1914 auf eine Argumentation zurück, die im Deutschen Reich schon längere Zeit immer weitere Verbreitung gefunden hatte: die Lehre einer zunehmenden »Zersetzung« der deutschen Kunst und Kultur durch ausländische, insbesondere französische Einflüsse. Thomas Mann, Rudolf Borchardt und viele andere warnten nun heftigst vor einer eingetretenen »systematischen Vergiftung« (Otto Ernst)[16] durch Ausländerei und Überfremdung. Der von Politikern und Militärs vorgebrachten Argumentation einer heimtückischen Einzingelung des Reiches stellten die Schriftsteller die kulturphilosophische Lehre einer geistigen Unterwanderung und Zersetzung zur Seite. In beiden Argumentationen erschien das Deutsche Reich als unschuldiges Opfer und sein »Griff zum Schwert« (so die gängige Metapher der Zeit) als ein dringendst gebotener Akt der Notwehr. Die schlagartige Beendigung aller Unterwanderung deutscher Kultur durch ausländische Einflüsse war nach den Ausführungen der Schriftsteller bereits ein erster großer Segen des neuen Krieges.

Die Begrüßung des erneuten »Waffenganges« als Quelle großer Kunst und Auslöser einer tiefen kulturellen Katharsis verlieh dem Krieg vom August 1914 sofort einen äußerst positiven Sinn. Sie besagte allerdings noch nichts über seine eigentlichen Ursachen und Ziele. Die Aufdeckung der tieferen Zusammenhänge, die »Ausdeutung« und »Vertiefung«[17] des doch auch sehr bedrohlichen Ereignisses Krieg wurde im

Herbst 1914 zum zentralen Anliegen der deutschen Schriftsteller. Mit dieser Aufhellung der eigentlichen, das hieß nach ihrer Auffassung geistig-kulturellen Dimension des neuen Krieges beanspruchten die deutschen Schriftsteller, nach langer Zeit gesellschaftlicher Außenseiterstellung endlich wieder als geistige Führer, als zuständige Berater in »den höchsten Angelegenheiten der Nation« (Rudolf Borchardt)[18] anerkannt zu werden.

Entscheidender Ausgangspunkt in den Ausdeutungen des Ersten Weltkrieges durch die zeitgenössischen deutschen Schriftsteller wurde eine Trennung von innerer und äußerer Welt. Das reale militärische Geschehen galt ihnen nur als die äußere, wenn auch blutige »Ausbruchsform« eines viel älteren, inneren, das hieß geistigen »Konfliktes«[19]. Rudolf Borchardt schrieb noch 1916 ausdrücklich, der neue Krieg sei kein Kampf »etwa der Wirtschaft gegen die Wirtschaft« oder »des Ländergeizes gegen die Ländergier«, sondern in Wirklichkeit »ein Krieg des Innern gegen das Innere um ein Inneres«[20]. Was aber war dieses »Innere«, um dessentwegen seit anderthalb Jahren schon so erbittert gekämpft wurde? Nach den Ausführungen Borchardts und seiner schriftstellerischen Kollegen ging es in dem realen Krieg zwischen dem Deutschen Reich und den Staaten der Entente um nichts anderes als um die künftige geistige Beherrschung der ganzen Welt durch die den Sieg davontragende nationale »Wesensart«.

Die Auffassung einer jeweils ganz spezifischen »Wesensart« der einzelnen Völker bildet einen Kernpunkt der schriftstellerischen Kriegsdeutungen von 1914/15. Die sehr viel weiter zurückreichende Geschichte der Entstehung und Verbreitung dieser Idee kann hier leider nicht verfolgt werden. Der Grundgedanke der um 1914 nicht nur im Deutschen Reich weit verbreiteten »Völkerpsychologie« lautete:

> »Der Mensch ist immer ein Franzose, ein Engländer, ein Deutscher. Volkstum ist kein bloßes Kleid, zufällig aufgezogen auf überall gleiche Leiber[21].«

Die spezifische, auch über Jahrhunderte hinweg als nahezu unveränderbar angesehene nationale »Wesensart« galt als eine letztlich alles beherrschende Determinante. Das »deutsche Wesen«, so ein Autor 1914, »schwingt als Unterton in jedem Gespräch, in jeder Gebärde, in jedem Ding, das uns umgibt«[22]. Der Aufbau eines Staates (zum Beispiel Verfassung, Militär, Sozialstruktur) wurde ebenso als Manifestation des »Volkscharakters« angesehen wie alle individuellen, zum Beispiel künstlerischen Leistungen.

Die Einteilung der Welt in verschiedene Völker mit äußerst unterschiedlichen »Wesensarten« erklärte den Zeitgenossen im Herbst 1914 noch nicht die Entstehung des neuen Krieges. Der entscheidende Schritt erfolgte durch den Anspruch auf Höherwertigkeit, auf weltweite Vorrangstellung der »deutschen Art des Seins«. Bei der Ausformulierung und Verbreitung dieses Anspruches übernahmen im Herbst 1914 die deutschen Schriftsteller eine führende Rolle. Als Beleg sei hier Rudolf Borchardt zitiert, der im Dezember 1914 für das deutsche Wesen den »Alleinbesitz aller erdenklichen Tugenden schlechthin«[23] postulierte. Nach den Ausführungen Borchardts, die sich in ähnlicher Weise auch bei vielen anderen schriftstellerischen Kriegsapologeten von 1914/15 nachweisen lassen, konnte allein das deutsche »Wesen« wirkliche Kunst und Kultur hervorbringen. Den anderen Völkern sprach Borchardt aufgrund ihrer unterlegenen »Wesensart« bestenfalls die Fähigkeit einer ungenügenden Nachahmung der von deutschem »Geist« erschaffenen Kulturstufe zu.

Auch der schnelle Aufstieg des Deutschen Reiches nach 1871 in den Kreis der Weltmächte wurde im Herbst 1914 von den Schriftstellern entscheidend auf die Einmaligkeit der deutschen »Wesensart« zurückgeführt. Mit dieser Erklärung war nun der letzte Schritt zum »tieferen« Verständnis des neuen, realen Krieges getan. Gerade die anderen Völker, so führte die Argumentation weiter, wüßten sehr genau um den Zusammenhang von deutscher Wesensart und neuer Weltmachtstellung des Reiches. Der von den Staaten der Entente aus Haß, Neid und Verzweiflung entfesselte Krieg richte sich letztlich nicht gegen Militär, Ökonomie etc., sondern gegen das alle materiellen Leistungen überhaupt erst ermöglichende deutsche »Sonderwesen«.

Aus der Distanz etlicher Jahrzehnte, mit dem Wissen um Verlauf und Grauen zweier Weltkriege, muß diese zeitspezifische Kriegsausdeutung von 1914/15 doch sehr fremd erscheinen. Einige markante Zitate von deutschen Schriftstellern sollen deshalb den überraschenden Befund noch genauer belegen. Der »Vernichtungskampf« der Feinde, so Cäsar Flaischlen 1914, ziele nicht gegen Politik und Wirtschaft des Reiches, sondern gegen »das Deutsch*tum*«: »es ist unser geistiges und sittliches Übergewicht, um dessen willen wir ans Kreuz genagelt werden sollen[24].« Ähnlich hieß es wenig später bei Waldemar Bonsels: »Nicht um Politik handelt es sich hier, nicht um Besitz, nicht um Provinzen, sondern um das Deutschtum und sein Ansehen[25].« Richard Dehmel schließlich beanspruchte noch im Januar 1916, seinen Zuhörern die wahre Bedeutung des Krieges aufzuhellen:

»Um unser höchstes Seelengut geht der Krieg: *unsern Geist* will man niederkämpfen, unsre eigentümliche Kraft, die jene körperlichen Besitztümer in so kurzer Zeit emporwachsen ließ, daß den andern Völkern um ihre Zukunft bangt, um den Machtbereich ihres eigenen Geistes. Diese unsre Schaffenskraft will man knebeln[26]!«

Die aufgezeigte Auslegung des Ersten Weltkriegs als eines Vernichtungskampfes gegen das überlegene deutsche »Sonderwesen« war eine ungeheure ideologische Novität mit weitreichenden Konsequenzen. Die historisch gewachsenen politischen und ökonomischen Konflikte zwischen dem Reich und seinen Nachbarn wurden von den deutschen Schriftstellern aus allen menschlichen Handlungszusammenhängen gelöst, »ins Prinzipielle« erhoben und »zur kompromißunfähigen Absolutheit von Wesenskämpfen emporgesteigert«[27]. Der Krieg vom August 1914 erhielt somit eine geradezu heilsgeschichtliche Qualität zugesprochen. In den schriftstellerischen Auslegungen wurde er zu einer Total-Entscheidung über die geistige Zukunft nicht nur des Deutschen Reiches, sondern der ganzen Welt. Fatale Konsequenz dieser Sehweise war die vermeintliche Unmöglichkeit eines Friedensschlusses nach herkömmlicher Art. »Entweder, oder! Jede Versöhnung, jeder Kompromiß ist ausgeschlossen[28],« verkündete zum Beispiel Ludwig Ganghofer im November 1914. Für seinen Kollegen Rudolf Borchardt war noch 1916 der epochale Entscheidungskampf zwischen den vollkommen unversöhnbaren nationalen »Formen des Lebens und des Seins« letztlich »durch nichts aufzuheben als durch Vernichtungen und Erschöpfungen, die den Charakter von Vernichtungen tragen«[29].

In der schriftstellerischen Apologetik des Ersten Weltkrieges nahm, für manchen späteren Leser wohl doch recht überraschend, sehr bald Thomas Mann eine besonders exponierte Position ein. Schärfer noch als andere und viel beredter formulierte er die Auffassung eines epochalen Entscheidungskampfes zwischen völlig verschiedenen nationalen »Wesensarten«. In seinem frühen Essay *Gedanken im Kriege* lassen sich noch einmal beispielhaft die zentralen Denkmuster der von deutschen Schriftstellern 1914/15 vorgebrachten Kriegsausdeutungen aufzeigen. Auch bei Thomas Mann erschien der Krieg der Armeen nicht als eine Konsequenz menschlichen Handelns, sondern als äußerer Ausbruch eines viel tieferen, inneren Konfliktes, nämlich des »ewigen Weltgegensatzes und Widerspieles von Geist und Natur«[30]. Als aktuelle »Erscheinungsformen« dieses ewigen Gegensatzes standen sich laut Thomas Mann jetzt »Kultur« und »Zivilisation« gegenüber. Unter Rückgriff auf die Lehre von der »Psychologie der Völker« verband Thomas Mann »Kultur« mit der »Wesensart« der Deutschen, »Zivilisation« hingegen mit dem »Wesen« der Feinde, insbesondere dem der Franzosen. Zur Kennzeichnung einer einzigartigen Besonderheit des deutschen »Wesens« erschien Thomas Mann der Begriff des »Militarismus« am geeignetsten. Darunter war nach seiner Darstellung vor allem eine grundsätzlich positive Einstellung der Deutschen gegenüber einem Krieg als naturgegebenem »Schicksal«, als immer wieder notwendig werdendem Mittel der Geschichte zur geistig-sittlichen Erneuerung der Völker zu verstehen. Ein Nachdenken über politische oder ökonomische Motive erschien in der Mannschen Lehre vom deutschen »Soldatentum« aus »Moralität« als völlig unvereinbar mit dem deutschen »Wesen«. Der spätere Betrachter kann hier erahnen, welche enormen ideologischen Barrieren der kleinen Opposition gegen den Ersten Weltkrieg zunächst entgegenstanden.

Wie viele andere Kriegsapologeten von 1914 erstellte auch Thomas Mann eine konstitutive Verbindung zwischen nationaler »Wesensart« und Staatsform. Der deutschen »Seele« entsprach nach seiner Darstellung ausschließlich die Form der Monarchie. Noch 1918 lehnte Thomas Mann jede Art von Demokratisierung als Zerstörung des deutschen »Sonderwesens« entschieden ab[31]. Eigentliches Kriegsziel der Gegner war auch nach Thomas Mann nicht die militärische und ökonomische Niederlage des Reiches, sondern die Ausrottung der deutschen »Sonderart« durch Demokratisierung und »Zwangszivilisierung«[32]. Die vorgeblich vollkommen unpolitische, rein kulturphilosophische Betrachtung des neuen Krieges entwickelte sich bei Thomas Mann im Herbst 1914 zu einer eindeutigen Apologie der im Wilhelminischen Reich bestehenden Machtverhältnisse. In dieser Hinsicht ging Thomas Mann noch sehr viel weiter als die meisten seiner schriftstellerischen Kollegen, die 1914/15 ihren Lesern ein Aufdecken der tieferen Bedeutung des Krieges versprachen.

Im Rückblick fällt sehr bald ein eklatanter Widerspruch auf zwischen der Idee einer zur geistigen Führung der Welt berufenen deutschen »Sonderart« und den vielfachen Klagen über eine abgrundtiefe »Dekadenz« der Jahre vor dem Krieg. Für die Zeitgenossen löste sich dieser Widerspruch durch die Auffassung einer unter dem Druck des neuen Krieges eingetretenen »Wiedergeburt« (Gerhart Hauptmann)[33] des wahren, »des alten deutschen Wesens« (Rudolf Borchardt)[34]. Die allgemeine Überzeugung einer einzigartigen »Revolution der deutschen Seele« (Otto Ernst)[35] im Moment der Mobilmachung bildet den wohl entscheidenden Schlüssel zum späteren Verstehen der Kriegsbegeisterung vom Herbst 1914. Der Schriftsteller Hermann Bahr zum Beispiel jubelte am 14.8.1914 im »Berliner Tageblatt«: »Gelobt sei dieser Krieg, der uns am ersten Tag von allen deutschen Erbübeln erlöst hat[36]!« Sein Kollege Harry Graf Kessler schrieb drei Tage später:

»Überhaupt haben diese ersten Kriegswochen in unserem deutschen Volk irgendetwas aus unbewußten Tiefen emporsteigen lassen, das ich nur mit einer Art von ernster und heiterer Heiligkeit vergleichen kann. Das ganze Volk ist wie umgewandelt und in eine neue Form gegossen[37].«

Als Beweis für jene »Wiedergeburt« der »tiefen Kräfte aus dem unzerstörten deutschen Wesen« (Rudolf Borchardt)[38] verwiesen die Schriftsteller zuallererst auf zwei Vorgänge von Anfang August 1914: auf die patriotische Stimmung der Massen in den Tagen der Mobilmachung und auf den Burgfrieden zwischen Regierung und Sozialdemokratie. Die Stimmung der Massen und das so überraschende Verhalten der Sozialdemokratie wurden nicht psychologisch beziehungsweise politisch erklärt, sondern galten als Beleg für das »Wunder«[39] der »Wiedergeburt« eines lange Zeit durch dekadente Einflüsse verschütteten deutschen »Wesens«. Auf die weiteren Entwicklungen im Reich (wie zum Beispiel Polarisierung zwischen den Parteien, Autoritätsverlust der Monarchie, Schiebertum und Kriegsgewinnlerei) war man mit dieser Sehweise allerdings nicht vorbereitet.

Die »Wiedergeburt« des deutschen »Wesens« manifestierte sich in einer schlagartigen Rückbesinnung der Deutschen auf ihre eigentlichen »Tugenden« und Denkhaltungen. Für Robert Musil gehörten dazu an erster Stelle »Treue«, »Mut«, »Unterordnung« und »Pflichterfüllung«[40]. Ganz ähnlich bestimmte auch Hermann Bahr »Entsagung, Pflicht und Ehrfurcht« als konstitutive Merkmale der deutschen »Persönlichkeit«[41]. Es war also nicht etwa die Geisteshaltung der so sehr von Technik und Industrie geprägten wie faszinierten wilhelminischen Ära, deren »Wiedergeburt« euphorisch gefeiert wurde, sondern vielmehr die preußische »Seele« aus der Zeit Friedrich des Großen. Niemand anderes als Thomas Mann schrieb wörtlich Ende 1914: »Und Deutschland ist heute Friedrich der Große [...] Es ist auch seine Seele, die in uns aufgewacht ist[42].« Die keineswegs auf Thomas Mann begrenzte Erhebung der preußischen Zeit zur wahren Verkörperung deutscher »Art des Denkens und des Seins« verrät dem späteren Betrachter eine tiefgehende Irritation der Kriegsapologeten von 1914 über den gewaltigen Umbruch, der in den vorangegangenen Jahrzehnten im Deutschen Reich abgelaufen war.

IV. Geistige Führung der Nation

In den zeitgenössischen Ausführungen der deutschen Schriftsteller wurde der Erste Weltkrieg aus allen militärischen, ökonomischen, politischen Zusammenhängen gelöst und erschien als geistig-ideeller Entscheidungskampf von weltgeschichtlicher Tragweite. Mit dieser kulturphilosophischen Ausdeutung des realen Krieges verband sich eine äußerst wichtige Konsequenz hinsichtlich Bedeutung und Aufgabe der Schriftsteller. Wenn der neue Krieg entscheidend aus geistigen Gründen entstanden war und um geistige Ziele geführt wurde, dann mußte auch die eigentliche Kompetenz für sein Verstehen und Erklären nicht bei den Politikern und Militärs liegen, sondern vielmehr bei den Vertretern der Geisteswissenschaften, das heißt nicht zuletzt gerade bei den Schriftstellern selber. Das zunächst ja sehr überraschende kriegspublizistische Engagement nahezu aller deutschen Schriftsteller in den Jahren 1914/15 kann ohne Berücksichtigung eben genau dieses Anspruches auf die führende Kompetenz zur »Ausdeutung« und »Vertiefung« des neuen »Völkerringens« nicht erklärt werden. Mit ihrem Anspruch, die tiefere, »geistige Bedeutung« (Hugo von Hofmannsthal)[43], »das Ganze des Konfliktes« (Rudolf Borchardt)[44] aufzuzeigen, hofften die deutschen Schriftsteller, nach langen Jahren gesellschaftlicher Randstellung endlich wieder zu Führern und Erziehern des Volkes aufsteigen zu können.

Der neue Krieg, dessen eigentliche Bedeutung nach den Ausführungen der Schriftsteller in der geistigen Sphäre lag, erforderte aus ihrer Sicht auch den entschiedenen Einsatz gerade der »geistigen Waffen«. Dazu sollte insbesondere die Aufklärung der Deutschen über ihre so besondere »Wesensart« gehören. Das Wissen um diese nationale Besonderheit war nach Meinung der Schriftsteller bei vielen Landsleuten immer mehr verlorengegangen. Indem die Schriftsteller die Aufklärung über das deutsche »Sonderwesen« zu einem Schwerpunkt ihrer Kriegspublizistik machten, beanspruchten sie zugleich auch einen besonderen Anteil an der Weiterführung und Vertiefung der nationalen »Läuterung« vom August 1914. Nach einer langen Zeit oftmals erhobener Klage über eine miserable Stellung von Kunst und Literatur in der Wilhelminischen Gesellschaft finden sich in der schriftstellerischen Kriegsapologetik erstmals wieder Belege hohen Selbstbewußtseins. Wohl am deutlichsten hat Rudolf Borchardt noch 1916 die Auffassung einer wiedergewonnenen Führungsrolle der Schriftsteller formuliert:

»Die geistige Produktion, und als ihr höchster Ausdruck die Poesie, tritt in das alte von Goethe und Schiller ihr vererbte Recht, die Verantwortung für jede vor ihr stehende Jugend zu übernehmen, von nun an wieder ein und setzt sich vor, durch ihre Schöpfung und ihre Gestalten das geistige Leben der Nation zu führen[45].«

Der neue Führungsanspruch bezog sich allerdings, bei genauerem Hinsehen, oft nur auf das eigene Werk oder das einer kleinen Gruppe Gleichgesinnter. Obwohl sich die Positionen der deutschen Schriftsteller zu Beginn des Ersten Weltkrieges für einige Zeit sehr ähnlich geworden waren, und in klarem Widerspruch zur literarischen Verherrlichung eines neuen »Brudertums« aller Deutschen, wurden die schriftstellerischen Fehden der Vorkriegszeit nahezu ungebrochen weitergeführt. Rudolf Borchardt zum Beispiel empörte sich im Dezember 1914 heftigst über die ehemaligen Vertreter der literarischen Moderne, die nun »mit eilfertiger Konvertitengebärde« schon wieder »am Markte«[46] seien. Er empfahl der unwillkommenen Konkurrenz erst einmal eine Haltung der Buße durch: Schweigen.

Zu den auffälligen Kennzeichen der schriftstellerischen Auslegungen des Ersten Weltkriegs gehören auch die Versuche verschiedener Autoren, bestimmte Teile der Vorkriegsliteratur, und insbesondere jeweils das eigene Werk, mit dem neuen Krieg in eine direkte Verbindung zu bringen. Robert Musil zum Beispiel bestimmte im September 1914 wahre Dichtung als »Kampf« um eine »höhere menschliche Artung«. Einige Werke, darunter seine eigenen, sah er nun von »dem gleichen kriegerischen Geist« beherrscht, »den wir heute in seiner Urart verwundert und beglückt in uns und um uns fühlen«[47]. Auch Thomas Mann beanspruchte wenig später, ob nicht »vielleicht gewisse Wendungen und Willensmeinungen der Literatur« den neuen Weltkrieg »geistig« überhaupt erst »möglich« gemacht hätten. Ausdrücklich machte Thomas Mann »Ehre und Wirklichkeit« seines eigenen literarischen Werkes nun davon abhängig, daß auch in ihm etwas von eben jenem deutschen »Militarismus«[48] enthalten sei, der sich nun anschicke, die Welt zu erobern.

Bei der Angleichung der Kunst an den Krieg ging Thomas Mann sehr viel weiter als seine schriftstellerischen Kollegen. Er erhob nun explizit die Tätigkeit des Soldaten zum Vergleichsmaß für künstlerisches Schaffen. Die Anfertigung eines literarischen Werkes verlief nach seiner Darstellung letztlich genau wie der Ablauf einer militärischen Operation. Als entscheidende Gemeinsamkeit von Krieg und Kunst bestimmte Thomas Mann das »Prinzip« der »Organisation«: »Jenes siegende kriegerische Prinzip von heute: Organisation — es ist ja das erste Prinzip, das Wesen der Kunst[49].« Auf dem Wege dieser auch für die Zeitgenossen sehr ungewohnten Analogiesetzung von Künstler und Soldat, von Kunst und Krieg konnte Thomas Mann ein weiteres Mal eine besondere Kompetenz des Schriftstellers zum Verstehen und Erklären des Krieges vom August 1914 beanspruchen.

Das neue Selbstbewußtsein der deutschen Schriftsteller vom Herbst 1914 gründete nicht nur auf ihren Überlegungen einer konstitutiven Verbindung zwischen Krieg und Kunst, zwischen Literatur und nationaler Katharsis. Tatsächlich erfuhr zu Beginn des Ersten Weltkrieges die Literatur im Deutschen Reich (für kurze Zeit) wieder eine große Beachtung. Einige Schriftsteller, zum Beispiel Karl Bröger, Heinrich Lersch, Ernst Lissauer, wurden durch ihre Kriegsgedichte schlagartig berühmt. Der Reichskanzler zitierte im Reichstag feierlich das Gedicht eines Arbeiterdichters (Karl Brögers »Bekenntnis«) als Beleg für die Einheit der Nation. Die neue patriotische Literatur fand in der gesamten Presse ausführliche Beachtung. Unter dem Eindruck des Krieges schien sich sogar der literarische Geschmack der breiten Masse verändert zu haben. Ein Zeitgenosse schrieb voller Stolz Anfang 1915:

»Nach der Mobilmachung war in Metz nicht eine Taschenbuchausgabe von Goethes ›Faust‹ mehr zu haben. In den Schützengräben und auf unseren Kriegsschiffen werden Zehntausende der besten Bücher gelesen[50].«

Alle diese für sie sehr positiven Erscheinungen galten den Schriftstellern als Beweis für eine gewaltige kulturschöpferische Kraft des neuen Krieges.

Die eindeutige Bejahung des Ersten Weltkrieges durch die überragende Mehrzahl der deutschen Schriftsteller im Herbst 1914 wird bisher in der Forschung, sofern sie überhaupt Beachtung findet, als kurzzeitige Überwältigung der Autoren durch die patriotische Stimmung der Zeit oder als unreflektierte Nachahmung der staatlichen Kriegspropaganda ausgegeben. Die genaue Analyse der schriftstellerischen Kriegspublizistik zeigt allerdings, daß diese zwei Erklärungen viel zu kurz greifen. In deutlichem Unterschied zu den amtlichen Verlautbarungen verbanden die deutschen Schriftsteller mit ihrer sehr spezifischen, kulturphilosophischen »Ausdeutung« und »Vertiefung« des Krieges eine massive Aufwertung der eigenen Stellung in der Wilhelminischen Gesellschaft. Der Hintergrund dieser bisher kaum erkannten pro-domo-Funktion schriftstellerischer Kriegsapologetik von 1914/15 liegt in den gewaltigen Umbrüchen, die in den Jahrzehnten vor dem Ersten Weltkrieg im Deutschen Reich abliefen[51].

Nach der Gründung des Reiches 1871 setzte ein rapider Prozeß der Industrialisierung und Technisierung ein. Dieser brachte auch für die Herstellung und Verbreitung von Literatur tiefgehende Veränderungen. Durch die Erfindung neuer Drucktechniken wurde das Buch zu einer Massenware, die den Bedingungen des Marktes unterworfen war. Die Schriftsteller gerieten untereinander in eine immer stärkere Konkurrenz um den Leser beziehungsweise Käufer. Die so auffällige Herausbildung immer neuer literarischer Stile, Richtungen und Schlagwörter um 1900 bildete eine Form der Reaktion der Schriftsteller auf die Situation der Konkurrenz. Schon die Zeitgenossen setzten das Bemühen der meisten Schriftsteller um Originalität (bis hin zur äußeren Erscheinung), um ästhetische Innovation mit dem »Kampf« um den Leser in Verbindung. Durch den triumphalen Erfolg der neuen Medien illustrierte Massenpresse und Kino gerieten die Schriftsteller um die Jahrhundertwende noch weiter in Bedrängnis. Insbesondere die »Kinopest« (Otto Ernst)[52] wurde als existentielle Bedrohung der Literatur empfunden. Im Jahre 1912 notierte Frank Wedekind erfreut: »Sämtliche Dramatiker Deutschlands sammeln sich zu einem Kampf gegen den Kinematographen[53].« Die Veränderung der Literatur zur Ware, das Aufkommen neuer Medien, die wachsende Faszination der Zeitgenossen durch Industrie und Technik hatten die Lage der Schriftsteller und den gesellschaftlichen Stellenwert von Literatur deutlich verändert. Von der Klage Theodor Fontanes aus dem Jahre 1891 über das eingetretene »Aschenbrödeltum«[54] der Literatur erstreckt sich eine durchgehende Linie schriftstellerischer Empörung, Erbitterung, Resignation bis zu der mutlosen Frage Jakob Wassermanns vom Sommer 1914: »Was sollen wir tun?« Wenige Wochen vor Beginn des von ihm nicht vorhergesehenen Krieges brachte Jakob Wassermann noch einmal die Schaffenszweifel und die Verbitterung vieler zeitgenössischer deutscher Schriftsteller exemplarisch zum Ausdruck.

»Was nützt das Reden, was nützt das Schreiben? Zu viele reden, das Wort verhallt; zu viele schreiben, es wird gelesen, es wird vergessen[55].«

So lautete ein Kernsatz seiner resignativen Lagebeschreibung.

In dieser vielfach nachweisbaren Stimmung eines tiefen Kulturpessimismus und ernster Zweifel an Sinn und Wert literarischer Arbeit erschien im August 1914 der Erste Weltkrieg den meisten deutschen

Schriftstellern wie eine Erlösung. Von ihm erhofften sie sich das Ende aller so bedrohlichen Veränderungen und die Wiedereinsetzung der Literatur zum Führer der Nation. Wie schrieb doch Thomas Mann so aufschlußreich über die Empfindungen der Künstler (!) bei Beginn des Krieges? »Es war Reinigung, Befreiung, was wir empfanden, und eine ungeheure Hoffnung[56].«

V. Der Schock der Realität

Die aufgezeigten kulturphilosophischen Betrachtungen der deutschen Schriftsteller waren nur möglich auf der Basis einer vollkommen antiquierten Vorstellung über das wirkliche Kriegsgeschehen. Dieser verhängnisvolle Irrtum beschränkte sich allerdings 1914 keineswegs auf die Schriftsteller. Nahezu alle Deutschen waren in ihrer Vorstellung vom Krieg auf dem Stand von 1871 oder noch früher stehengeblieben. Demgemäß wurde auch der neue Krieg als ein »offener, ehrlicher Kampf mit ritterlichen Waffen«[57] gedacht, der den Teilnehmern Abenteuer, Romantik und persönliches Heldentum bringen würde. Das Erlebnis der Realität, insbesondere des Geschehens an der Front, zerstörte meist sehr schnell alle anfänglichen Vorstellungen. Der Schriftsteller Wilhelm Klemm zum Beispiel, der noch kurz vor seinem ersten Fronteinsatz Ende August 1914 gemeint hatte, »Der Krieg ist etwas ungeheuer Großartiges«[58], schrieb nur wenig später: »Der Krieg kann so scheußlich sein, daß man sich nach einer Kugel förmlich sehnt, die einen all dieser Aufregungen und Qualen enthebt[59].« Wie sehr Realität und anfängliche Erwartung auseinanderklafften, belegen deutlich die folgenden Zeilen, die Heinrich Lersch Ostern 1915 an seinen Kollegen Alphons Petzold schrieb:

»Lieber Petzold, ich hätt's mir ja nicht *so* vorstellen können — keiner kann's, denn so etwas ist so neu, daß es nie zum Kriegsein gehört hat. [...] Mut, Tapferkeit und Geschick — alles ist überflüssig. Wer die stupidesten Nerven hat, der fühlt am wenigsten davon, und alles andere ist gleich[60].«

Der Erste Weltkrieg brachte den Soldaten nicht das erhoffte Abenteuer und Heldentum, sondern die verstörende Erfahrung einer völligen Degradierung des einzelnen zum wehrlosen Objekt der Kriegsmaschinerie. Dazu noch einmal Heinrich Lersch: »Wir warten nur bis die ›richtige‹ Granate kommt, die zerfetzt alles [...] Nur stehn und warten[61].«

Auch unter den Schriftstellern und Künstlern forderte der Erste Weltkrieg schon bald Opfer. 1914 fielen zum Beispiel Georg Trakl, Alfred Lichtenstein, Ernst Stadler, August Macke. Später folgten unter anderen Hermann Löns, August Stramm, Walter Flex, Gerrit Engelke, Franz Marc. Die unmittelbare Betroffenheit über den Tod von Kollegen und das endlose Massensterben an der Front widerlegten den Schriftstellern die anfangs auch unter ihnen verbreitete Rechtfertigung des Krieges als eines Mittels der Natur zur Auslese der Besten eines Volkes. Der neue Krieg brachte auch nicht die erhofften ästhetischen Impulse. Vor seiner Realität versagten vielmehr alle bisherigen literarischen (und künstlerischen) Mittel. Franz Marc berichtete schon im September 1914 von einer völligen Unfähigkeit, die Eindrücke der Front geistig zu verarbeiten oder gar künstlerisch zu gestalten[62]. Entsprechend notierte auch der Schriftsteller August Stramm: »Ich habe kein Wort. Ich kenne kein Wort. Ich muß immer nur stieren, stieren um mich stumpf zu machen[63].«

Das Erlebnis des Krieges motivierte die deutschen Schriftsteller nicht wie erhofft zu neuer großer Kunst. Es stürzte sie vielmehr in immer größeres Entsetzen und eine zunehmende Unfähigkeit zu literarischer Arbeit. Heinrich Lersch, wegen seiner frühen Kriegsgedichte von der Kritik als »der Sänger des deutschen Krieges« gefeiert[64], bekannte im November 1916: »Seit ich den Krieg verließ, verachte ich alles Geschriebene und Gedachte — meines so gut wie alles[65].« Natürlich verlief der Prozeß der Desillusionierung nicht bei allen Schriftstellern in gleichem Umfang und gleichem Tempo. Die Autoren in der Heimat hielten zumeist deutlich länger an ihren Vorstellungen fest als die Schriftsteller mit Fronterfahrung. Thomas Mann veröffentlichte noch 1918 eine umfangreiche Apologie des Weltkrieges, derentwegen er vier Jahre lang alle literarischen Arbeiten zurückstellte[66].

Anders als Thomas Mann gaben viele deutsche Schriftsteller ihre anfänglichen kriegsapologetischen Positionen schon bis zum zweiten Halbjahr 1915 zunehmend auf. Wichtigen Anteil an dieser Abkehr hatte neben einem direkten Erleben der Front auch die Erkenntnis, daß die geistig-sittliche »Erhebung« der Nation, falls sie denn überhaupt je wirklich existiert hatte, nicht von Dauer war. Die Auffassung einer einzigartigen »Wiedergeburt« des deutschen »Wesens« bildete ja, wie aufgezeigt, einen Kernpunkt der schriftstellerischen Kriegspublizistik vom Herbst 1914. Der Auslöser für die bittere Einsicht in den Illusionismus jener Idee einer »Läuterung« des Volkes konnte je nach Schriftsteller recht verschieden sein. Richard Dehmel litt schwer unter dem geistig-moralischen Niveau seiner Militär-Kollegen und notierte schon nach kurzer Zeit: »Es ist schwer, bei alledem des guten Glaubens zu bleiben, daß die Sache Deutschlands zugleich die der edleren Menschheit bedeute[67].« Für Arnold Zweig wurde der steigende Antisemitismus zu einem wichtigen Grund der Preisgabe aller anfänglichen Kriegsbejahung. Im August 1917 hoffte er schließlich, einmal mit einem »unerhörten Buch dafür Rache zu nehmen«, daß sein zuvor »reines und zurückgezogenes Leben« in die »Kloake«[68] des Krieges gezerrt worden sei. Auf die so wichtige Frage, ob der Krieg denn irgendetwas positiv verändert habe, lautete nicht nur für den Schriftsteller Friedrich Wolf schließlich die bittere Antwort: »Nein, alles ist beim Alten geblieben[69].«

Mit der Widerlegung aller anfänglichen Vorstellungen und Erwartungen durch die Realität stellte sich für viele Deutsche schon bald erneut die Frage nach den Hintergründen und Zielen des Krieges. Der Vorgang der Ernüchterung brachte weithin den Rückzug auf eine Position, die dann bis zum Ende des Krieges zentrale Bedeutung behielt: auf das Gebot der Pflichterfüllung. Entscheidende Grundlage für die Wirksamkeit der immer wichtiger werdenden Berufung auf die Pflicht jedes einzelnen zur Verteidigung seines angegriffenen Vaterlandes war die Gewißheit einer völligen Unschuld des Reiches an der Entstehung des neuen Krieges. Die Überzeugung vom heimtückischen Überfall der Feinde auf das Reich durfte bis zum Ende des Ersten Weltkrieges nicht angetastet werden. Andernfalls hätten zahllose Deutsche ihre wohl letzte, entscheidende Motivation zum psychischen und physischen Ertragen des längst vom Abenteuer zum Grauen gewordenen Krieges gefährdet.

Auch die deutschen Schriftsteller vollzogen etwa ab Anfang 1915 weitgehend den Übergang zur Ethik der Pflichterfüllung. Persönliche Schriften belegen, wie sehr die Berufung auf die Pflicht die Kraft geben sollte zum weiteren Ertragen des Krieges. In der Lyrik löste das Bild des pflichtbewußten, eisern ausharrenden Stellungskämpfers immer mehr die anfänglichen, traditionellen Motive von Aufbruch, Abenteuer, Heldentum ab. Für die schriftstellerische Kriegspublizistik hingegen war der Gedanke der Pflichterfüllung nicht mehr allzu bedeutsam. Denn diese Publizistik zur »Ausdeutung, Verherrlichung, Vertiefung«[70] des Krieges ging im Verlaufe des Jahres 1915 rapide zurück. Widerlegt von der Realität, verstummten die selbsternannten geistigen Führer der Nation. Aus der anfänglichen Hochstimmung und Hoffnung war schon bald »eine Wüste von Nicht-begreifen-können und Schmerz« (Rainer Maria Rilke)[71] geworden.

VI. Späte Folgen

Die kulturphilosophischen Betrachtungen der Schriftsteller über den Krieg fanden im Deutschen Reich zunächst sehr positive Resonanz. Die schriftstellerischen Ausführungen entsprachen in vielen Gedankengängen jener spezifischen Mentalität, die heute als ein auffälliges Kennzeichen des Wilhelminischen Bürgertums um die Jahrhundertwende angesehen wird. Zu dieser Mentalität gehörte insbesondere ein tiefer Antagonismus von Stolz und Angst, von technischem Fortschrittsglauben und wachsendem Kulturpessimismus. Man war voller Stolz auf den technisch-industriell begründeten Aufstieg des Deutschen Reiches zu einer Weltmacht, die gesellschaftlichen und geistig-kulturellen Auswirkungen dieses Aufstieges aber wurden vehement abgelehnt. An der Person des deutschen Kaisers Wilhelm II. ließe sich dieser Antagonismus von Technikbegeisterung und Verhaftung in vorindustriellen Wertvorstellungen und Denkhaltungen exemplarisch aufzeigen. Den Zeitgenossen mußte allerdings die Diskrepanz zwischen dem Aufstieg des Reiches zu einem führenden Industriestaat und der geistigen Rückwärtsorientierung seiner politischen und intellektuellen Führung (zumindest großer Teile davon) noch nicht allzusehr auffallen. Denn zur Erklärung aller unerwünschten mentalen, moralischen, kulturellen etc. Entwicklungen diente schon bald die Idee einer Unterwanderung des Reiches durch »Ausländerei«, durch nicht zum deutschen »Wesen« passende Denkweisen. Die Resonanz der schriftstellerischen Kriegsauslegungen von 1914/15 beruhte zu einem erheblichen Teil auf der langen Vorgeschichte eben dieser nun von den Schriftstellern so massiv vertretenen Unterwanderungstheorie.

Die Kriegspublizistik der deutschen Schriftsteller gilt heute oft als Beleg einer plötzlichen und eigentlich nicht so recht zu erklärenden »umfassenden Politisierung«[72]. Die sorgfältige Analyse der schriftstellerischen Kriegsbetrachtungen führt allerdings zu einem genau gegenteiligen Befund. Der reale Krieg wurde von den deutschen Schriftstellern anfangs rein geistig-ideell gesehen und gedeutet. Die Kriegspublizistik von 1914/15 bietet somit noch einmal das Beispiel einer radikalen Ausgrenzung des Denkens in politischen und ökonomischen Kategorien. Derartige Sehweisen des Krieges galten vielmehr ausdrücklich als oberflächlich und mit dem deutschen »Wesen« nicht vereinbar.

Eine Niederlage des Reiches war in der kulturphilosophischen Sehweise des Krieges nicht vorstellbar. Die Realität und ganz besonders dann der Ausgang des Krieges mußte die Anhänger einer weltgeschichtlichen »Missionsaufgabe« des deutschen »Wesens« zutiefst verstören. Die Mehrheit der deutschen Schriftsteller rückte im Verlaufe des Ersten Weltkrieges von den anfänglichen Ausdeutungen und Rechtfertigungen ab. Der Zeitgenosse allerdings, der zur Preisgabe der Deutschtumsmetaphysik nicht bereit war, brauchte nun eine Erklärung für das Scheitern der so sicher erwarteten Übernahme der geistigen Weltherrschaft durch die »sendungsvolle« (Thomas Mann)[73] deutsche »Wesensart«. Die Schuld dafür wurde immer mehr bei einem inneren Feind gesucht, der die großartige geistig-moralische »Erhebung« des deutschen Volkes vom August 1914 untergraben und zerstört haben mußte. Im Verlaufe des Krieges verbreitete sich im Deutschen Reich eine Denkhaltung, deren verhängnisvolle Konsequenzen erst Jahre später wirksam werden sollten: Rassismus und Antisemitismus. Insbesondere das Judentum wurde nun verantwortlich gemacht für eine schnelle Rückkehr von Dekadenz, Egoismus, Profitmoral etc. in das geistig-kulturelle »Leben« der Nation. Der altbekannte Vorwurf der »Verausländerung« des Reiches durch undeutsche Einflüsse wandelte sich in den Jahren des Ersten Weltkrieges zunehmend in einen offenen Antisemitismus. Mit dem Kriegsende von 1918 kam dann zu der Auffassung eines geistigen Verrates noch die Behauptung des Dolchstoßes, also die Schuldzuweisung für den militärischen Ausgang des Krieges an die vermeintlich von Juden und Bolschewisten beherrschte Sozialdemokratie. Damit war eine wichtige Basis gelegt für den späteren Erfolg völkisch-nationaler Ideologie. Je mehr die Erinnerung an die Realität des Krieges von 1914—1918 verblaßte, um so heftiger konnte nun Rache gefordert werden für den »doppelten Verrat« am deutschen Volke. Eine neue Generation, gehärtet in den »Stahlgewittern« des Ersten Weltkrieges, galt nun als auserwählt zur Revision der Weltgeschichte.

Von den vielen deutschen Schriftstellern, die den Ersten Weltkrieg publizistisch begrüßt und rechtfertigt hatten, beteiligten sich nur sehr wenige auch an den späteren Revisionsforderungen und den erneuten Glorifikationen des Krieges. Die geistige Verbindungslinie allerdings zwischen den schriftstellerischen Kriegsauslegungen von 1914/15 und der völkisch-nationalen Ideologie späterer Jahre sollte nicht länger übersehen werden.

Anmerkungen

1 Thomas Mann, Gedanken im Kriege, zuerst abgedr. in: Die Neue Rundschau, 25 (1914), H. 11, S. 1471—1484. Im folgenden zit. nach: Thomas Mann, Politische Reden und Schriften, 2, Frankfurt 1968 (= Das essayistische Werk, Taschenbuchausgabe in acht Bänden, hrsg. von H. Bürgin), S. 7—20, Zitat S. 9.

2 Carl Busse, Einleitung, in: Deutsche Kriegslieder 1914/16, hrsg. und eingel. von Carl Busse, Bielefeld, Leipzig 1915. Zit. wird nach der 3., vollständig umgearbeiteten Aufl. Bielefeld und Leipzig 1916, das Zitat dort S. VI.

3 Aus einem Brief Thomas Manns an Richard Dehmel vom 14.12.1914. Abgedruckt in: Thomas Mann, Briefe 1889—1936, hrsg. von Erika Mann, Frankfurt 1961, S. 114f.

4 Die vorliegende Abhandlung beruht auf der umfangreichen Dissertation des Verfassers mit dem Titel: Euphorie. Desillusionierung. Widerspruch. Das Verhalten deutscher Schriftsteller im Ersten Weltkrieg. Ein Beitrag zur Kulturgeschichte des wilhelminischen Kaiserreiches, Konstanz 1991 (Mikrofiche). In dieser Dissertation finden sich zahlreiche weitere Belege für die hier aufgeführten Befunde. Die Arbeit enthält auch Ausführungen über Themen, die wegen der gebotenen Kürze hier leider nicht behandelt werden können, so z. B. über die antiheroische Lyrik der Kriegsjahre und die Bewegung des deutschen Expressionismus.

5 Genauer zu diesem Thema siehe z. B. Hermann Korte, Der Krieg in der Lyrik des Expressionismus. Studien zur Evolution eines literarischen Themas, Bonn 1981, speziell Kap. III.

6 Diese Angabe bei Julius Bab, Die deutsche Kriegslyrik 1914—1918. Eine kritische Bibliographie, Stettin 1920, S. 25.

7 Zitat aus einem Schreiben des Bayerischen Kriegsministeriums zum Verbot der Zeitschrift »Das Forum«, Herbst 1915. Zit. nach: Expressionismus. Manifeste und Dokumente zur deutschen Literatur 1910—1920. Mit Einleitungen und Kommentaren hrsg. von Thomas Anz und Michael Stark, Stuttgart 1982, S. 319.

8 Aus einem Brief von Ernst Wilhelm Lotz, datiert vom 5.8.1914, zit. nach: Ernst Wilhelm Lotz, Prosaversuche und Feldpostbriefe. Aus dem bisher unveröffentlichten Nachlaß, hrsg. von Hellmut Draws-Tychsen, Diessen vor München o.J. (1955), S. 61.

9 Aus einem Brief Max Beckmanns vom 18.4.1915, zit. nach: Max Beckmann. Briefe im Kriege, Gesammelt von Minna Tube. Nachwort von Peter Beckmann, München 1984, S. 43.

10 Jakob Wassermann, Was sollen wir tun? Zuerst in: Das Forum, 1. Jg., H. 5/6 (August/September 1914), S. 286—294. Der Brief entstand vor dem 30.6. 1914. Er wird hier zitiert nach: Jakob Wassermann, Lebensdienst. Gesammelte Studien, Erfahrungen und Reden aus drei Jahrzehnten, Leipzig, Zürich 1928, S. 303—313.

11 Ebd., S. 307.

12 Karl Scheffler, Der Krieg, in: Kunst und Künstler. Illustrierte Monatsschrift für Kunst und Kunstgewerbe, 13 (1914/15), Berlin 1915, S. 1—4, Zitat S. 4.

[13] Busse, Einleitung (wie Anm. 2), S. XI.
[14] Scheffler, Der Krieg (wie Anm. 12), S. 4.
[15] Julius Hart, Der Krieg als Umgestalter unserer Literatur, in: Der Tag, Nr. 220 (1915). Hier zit. nach dem Teilabdruck in: Das literarische Echo, 18 (1915), Sp. 104/105.
[16] Otto Ernst, Die Revolution der deutschen Seele, in: Otto Ernst, Gewittersegen. Ein Kriegsbuch, Leipzig 1915, S. 80—116, Zitat S. 97.
[17] Siehe Anm. 3.
[18] Rudolf Borchardt, Der Krieg und die deutsche Verantwortung, Berlin 1916, S. 51.
[19] Beide Zitate ebd., S. 28.
[20] Ebd., S. 33.
[21] Ewald Geißler, Was ist deutsch?, Halle an der Saale 1914, S. 3.
[22] Ebd., S. 7.
[23] Rudolf Borchardt, Der Krieg und die deutsche Selbsteinkehr. Rede, öffentlich gehalten am 5. Dezember 1914 zu Heidelberg, Heidelberg 1915, S. 9.
[24] Cäsar Flaischlen, Deutscher Weltkrieg, in: Deutsche Dichter — Kriegsgabe. Hrsg. von Leopold Klotz, Gotha 1914, S. 144—149, die Zitate S. 146 und 147.
[25] Waldemar Bonsels, Das junge Deutschland und der große Krieg. Aus Anlaß des Briefwechsels Romain Rollands mit Gerhart Hauptmann über den Krieg und die Kultur, München, Wien 1914, S. 7f.
[26] Richard Dehmel, Zwischen Volk und Menschheit. Kriegstagebuch, Berlin 1919, S. 372f. Dehmel skizziert hier den Inhalt einer Rede, die er im Januar 1916 in Berlin hielt.
[27] Hermann Lübbe, Politische Philosophie in Deutschland. Studien zu ihrer Geschichte, Basel, Stuttgart 1963, S. 193.
[28] Aus einem Brief Ludwig Ganghofers, abgedr. in den »Leipziger Neueste Nachrichten« vom 12. November 1914. Hier zit. nach: Der Krieg der Geister. Auslese deutscher und ausländischer Stimmen zum Weltkriege 1914. Gesammelt und hrsg. von Dr. Hermann Kellermann, Dresden 1915, S. 451.
[29] Borchardt, Verantwortung (wie Anm. 18), S. 32.
[30] Mann, Gedanken im Kriege (wie Anm. 1), S. 7. Alle folgenden Zitate stammen aus diesem Essay, insbes. von S. 7, 12 und 14.
[31] Siehe seine Betrachtungen eines Unpolitischen, Berlin 1918.
[32] Mann, Gedanken im Kriege (wie Anm. 1), S. 17.
[33] Gerhart Hauptmann, Die Unwahrhaftigkeit unserer Feinde, in: Der Krieg der Geister (wie Anm. 28), S. 436—440, der Begriff S. 438.
[34] Borchardt, Verantwortung (wie Anm. 18), S. 45.
[35] Vgl. Anm. 16.
[36] Hermann Bahr im »Berliner Tageblatt« vom 14. 8. 1914. Das Zitat hier nach: Die Aktion, 5 (1915), Nr. 18/19, Sp. 236.
[37] Hugo von Hofmannsthal, Harry Graf Kessler, Briefwechsel 1898—1929. Hrsg. von Hilde Burger, Frankfurt 1968, S. 384.
[38] Borchardt, Verantwortung (wie Anm. 18), S. 46.
[39] In bezug auf »das brüderliche Zusammenarbeiten von Sozialdemokratie und Militärbehörde« schrieb Thomas Mann 1914 von einem »Wunder«. Mann, Gedanken (wie Anm. 1), S. 9.

40 Robert Musil, Europäertum, Krieg, Deutschtum, in: Die Neue Rundschau, 25 (1914), H. 9 (September), S. 1303 ff. Hier zit. nach: Robert Musil. Gesammelte Werke. Prosa und Stücke. Kleine Prosa, Aphorismen. Autobiographisches. Essays und Reden. Kritik. Hrsg. von Adolf Frisé, Reinbek 1978, S. 1020 ff., Zitat S. 1020.

41 Hermann Bahr, An einen entfremdeten Freund. Zuerst in: Die Tägliche Rundschau, 5.12.1914. Hier zit. nach: Der Krieg der Geister (wie Anm. 28), S. 463 ff.

42 Mann, Gedanken (wie Anm. 1), S. 11.

43 Hugo von Hofmannsthal, Über Krieg und Kultur. Zuerst in »Svenska Dagbladet«, 1915. Hier zit. nach: Hugo von Hofmannsthal. Prosa III, Frankfurt 1952 (= Gesammelte Werke in Einzelausgaben), S. 503 ff., das Zitat S. 503.

44 Borchardt, Verantwortung (wie Anm. 18), S. 28.

45 Ebd., S. 50.

46 Borchardt, Selbsteinkehr (wie Anm. 23), S. 11.

47 Musil, Europäertum (wie Anm. 40), S. 1021.

48 Thomas Mann, Gute Feldpost, in: Zeit-Echo, 1 (1914/15), H. 2, S. 14 und 15.

49 Mann, Gedanken (wie Anm. 1), S. 8.

50 Ernst Schultze, Was verbürgt den Sieg?, Leipzig 1915 (= Zwischen Krieg und Frieden, Bd 18), S. 37.

51 Diese Veränderungen können hier nur in äußerster Kürze aufgezeigt werden. Genauer dazu siehe die bereits genannte Dissertation des Verfassers (wie Anm. 4).

52 Ernst, Revolution (wie Anm. 16), S. 97.

53 Frank Wedekind, Torquemada (1912). Zur Psychologie der Zensur, in: Frank Wedekind. Gesammelte Werke. Neunter Band: Dramen. Entwürfe. Aufsätze aus dem Nachlaß. Mit einem Nachwort von Joachim Friedenthal, München 1921, S. 391—395, Zitat S. 394.

54 Anonymus (d.i. Theodor Fontane), Die gesellschaftliche Stellung der Schriftsteller, in: Das Magazin für Litteratur, 60 (1891), Nr. 52, S. 818 f. Hier zit. nach: Jahrhundertwende. Manifeste und Dokumente zur deutschen Literatur 1890—1910, hrsg. von Erich Ruprecht und Dieter Bänsch, Stuttgart 1981, S. 1—4, Zitat S. 3.

55 Jakob Wassermann, Was sollen wir tun? (wie Anm. 10), S. 303.

56 Siehe Anm. 1.

57 So wörtlich Friedrich von Bernhardi 1912 in seinem populären Werk Deutschland und der nächste Krieg, Stuttgart, Berlin [6]1913, Zitat S. 32.

58 Wilhelm Klemm, Ich lag in fremder Stube. Gesammelte Gedichte. Hrsg. und mit einem Nachwort versehen von Hanns-Josef Ortheil, München 1981, S. 110 (Brief vom 28.8.1914).

59 Ebd., S. 115 (Brief vom 27.9.1914).

60 Heinrich Lersch, Briefe und Gedichte aus dem Nachlaß, hrsg. von Christian Jenssen, Hamburg 1939, S. 32.

61 Ebd.

62 Siehe Franz Marc, Briefe aus dem Feld. Neu hrsg. von Klaus Lankheit und Uwe Steffen, München 1982, S. 11 (Brief vom 12.9.1914).

63 August Stramm, Briefe an Nell und Herwarth Walden, Berlin 1988, S. 48 (Brief vom 14.2.1915).

64 Siehe Julius Bab, Heinrich Lersch, der Sänger des deutschen Krieges, in: Heinrich Lersch, Herz! Aufglühe dein Blut. Gedichte im Kriege, Jena 1916, S. 1—8.

65 Lersch, Briefe und Gedichte (wie Anm. 60), S. 44f. (Brief vom 2.11.1916).

66 Mann, Betrachtungen (wie Anm. 31).

67 Dehmel, Zwischen Volk und Menschheit (wie Anm. 26), S. 58.

68 Aus einem Schreiben Arnold Zweigs vom 23.8.1917, zit. nach: Arnold Zweig 1887—1968. Werk und Leben in Dokumenten und Bildern. Hrsg. von Georg Wenzel, Berlin, Weimar 1978, S. 78.

69 Aus einem Brief Friedrich Wolfs vom 12.10.1916, zit. nach: Friedrich Wolf, Briefe. Eine Auswahl. Hrsg. von Else Wolf und Walther Pollatschek, Berlin, Weimar 1969, S. 28.

70 Wie Anm. 3.

71 Aus einem Brief Rainer Maria Rilkes vom Sommer 1915, zit. nach: Hans Egon Holthusen, Rilke, Reinbek bei Hamburg 1958, S. 122.

72 Diese Sehweise z.B. bei Eckart Koester, Literatur und Weltkriegsideologie. Positionen und Begründungszusammenhänge des publizistischen Engagements deutscher Schriftsteller im Ersten Weltkrieg, Kronberg 1977, Zitat S. 13.

73 Mann, Gedanken (wie Anm. 1), S. 20.

Danksagung

an Renate und Eberhard Pfeuffer aus Augsburg für ihre großartige Gastfreundschaft. In ihrem Hause fand ich die nötige Ruhe und Konzentration zur Niederschrift dieses Aufsatzes.
Dank auch an Hans Rott von der Universität Konstanz für die Hilfe bei der Umsetzung des Textes auf PC.

Thomas Rohkrämer

Die Verzauberung der Schlange. Krieg, Technik und Zivilisationskritik beim frühen Ernst Jünger

Die unterschiedlichsten Reflexionen über den Ersten Weltkrieg haben ein gemeinsames Element: die Überraschung und den Schock über die Macht der Technik. Kaum ein Zeitgenosse hatte erwartet, daß technische Fertigkeiten und Produktionskapazitäten kriegsentscheidende Bedeutung gewinnen würden. Die Dominanz des Materials über strategische Überlegungen und traditionelle militärische Tugenden wie »Schneid«, Tapferkeit und Todesverachtung erzwang einen dramatischen Einstellungswandel. So erinnerte sich Friedrich Dessauer,

»wie unter lebhaften Diskussionen die Urteile über die Bedingungen erfolgreicher Kriegführung sich änderten. Der Inhalt dieses Wandels kommt in einem damals häufig und in mancher Abwandlung ausgesprochenen Satz zum Ausdruck: ›Die Techniker haben den Feldherren die Marschallstäbe aus den Händen genommen.‹ Panzerwagen, Schiffahrt, ferntragende Artillerie (die ›dicke Bertha‹), Aviatik, drahtloser Nachrichtendienst, Leistungsfähigkeit der Betriebe (›technisches Kriegspotential‹), heimatliche Grundstoffbasis und Arbeitsleistung brachten die Entscheidung. Und nach dem Zusammenbruch von 1918 war es klar, daß Anspannung aller technischen Kräfte zur Rettung aus dem wirtschaftlichen Chaos nötig wurde[1].«

Gerade in Deutschland löste die Niederlage eine besonders heftige Diskussion aus, in der dem Militär des Kaiserreichs der Vorwurf gemacht wurde, technik-feindlich gewesen zu sein. So sprach selbst ein wilhelminischer Experte für Militär-Technologie im Rückblick selbstkritisch von einer »in der Vorkriegszeit zweifellos bestehende[n] Unterschätzung der aus der Technik dem Heere zuwachsenden Kräfte«[2], und auch die Desillusionierung des Gros der Kriegsfreiwilligen wurde auf eine ungenügende Vorbereitung »der bürgerlichen Bildungswelt« auf einen technischen Krieg zurückgeführt[3].

Diese Selbstkritik, die das Bild vieler Historiker geprägt hat, war sicherlich übertrieben. Gerade die Zeit nach 1890 erlebte eine bis dahin unbekannte Geschwindigkeit der technischen Innovationen im militärischen Bereich, nicht nur in der Marine mit neuen Linienschiffen und U-Booten, sondern auch im Heer mit rauchארmem Pulver von etwa dreifacher

Leistungsfähigkeit, verbesserten Gewehren und Geschützen, neuen Kommunikationsmitteln wie Fernsprechern und Visiereinrichtungen sowie der Nutzung von Kraftfahrzeugen, Luftschiffen und Flugzeugen[4].

Auch das Bildungsbürgertum lehnte die Technik nicht rundweg ab. Die Bedeutung des »Geistigen« gegenüber dem »Materiellen« wurde zwar betont, aber für den erstrebten Lebensstil »brauchte [die gebildete Welt] natürlich Techniker« und Industrie und war sich dessen auch bewußt[5]. Selbst die Jugendbewegung wollte sich mit ihrer Verherrlichung des Wanderns nicht von der Moderne abwenden, sondern grenzte sich bewußt von den »Naturschwärmer[n] des 18. Jahrhunderts« und Rousseaus »Zurück zur Natur« ab[6]. Das Schlagwort von der »Technikfeindlichkeit« führt in die Irre.

Wenn die Erfahrung des Krieges im Industriezeitalter dennoch als Schock wirkte, so ist der Grund vielmehr in einem fortschrittsgläubigen Wunschdenken zu suchen, das die Technik als willfährige Dienerin des Menschen und seiner Ziele sah. Aus folgenden Gründen erzwang der Erste Weltkrieg ein Umdenken.

— Die Kriegsteilnehmer sahen sich in die Rolle von Zauberlehrlingen gedrängt, denen die militärischen Mittel das Handeln vorschrieben. Gerade die Freiwilligen mußten erkennen, daß alle gläubige Hingabe sich nicht erfolgreich über technische Realitäten hinwegsetzen konnte[7]. So kommentierte Ernst Jünger die Erfahrung von Langemarck mit den Worten:

  »Freier Wille, Bildung, Begeisterung und der Rausch der Todesverachtung reichen nicht zu, die Schwerkraft der wenigen hundert Meter zu überwinden, auf denen der Zauber des mechanischen Todes regiert[8].«

  Die Soldaten waren gezwungen, ihre Kampfweise der Technik anzupassen. Die führenden Militärs wurden zu Technokraten, die Soldaten statt Helden zu Arbeitern mit genau definiertem Aufgabenbereich (mit dem einzigen Unterschied, daß sie nicht Produktions-, sondern Vernichtungsmaschinen bedienten), und die Armeen mußten mit tradierten Formen brechen und zu funktionalen Kampfmaschinen werden[9].

— Die militärische Führung mußte lernen, daß der technische Krieg alle Kräfte der Gesellschaft für die Erreichung des Kriegsziels benötigt und damit die Trennung zwischen militärischem und zivilem Bereich aufhebt. Er ist kein Kampf zwischen Armeen, sondern zwischen Nationen in ihrer Gesamtheit. Die Nutzung militärischer Mittel konnte nicht mehr getrennt gedacht werden von wissenschaftlichen Erkenntnissen, industriellen Produktionsbedingungen und ideologischer Kriegsbereitschaft der zivilen Gesellschaft. Die Logik des modernen Krieges verlangte, daß die Verantwortlichen den modernen Staat ohne wenn und aber akzeptierten.

»Die Organisationskraft und Verzahnung der Industrie, die Arbeitskraft der Masse, die nationale Einstellung der Finanz, die Überlegenheit der Wissenschaft und ihre Verbindung mit dem Leben, der Ausbau des Verkehrssystems, der Stand der allgemeinen Bildung — wer könnte alles nennen, was hier zusammenwirken muß[10]?«

Besonders deutlich zeigte sich der Zusammenhang zwischen Krieg und einer leistungsfähigen Industrie beziehungsweise Wissenschaft bei der Stickstoffproduktion, einem unersetzlichen Grundstoff für die landwirtschaftliche Düngung und die Herstellung von Sprengstoffen. Vor dem Krieg war Deutschland für über die Hälfte seines Bedarfs von Importen abhängig gewesen. Erst im Juli 1914 wurde die erste Fabrik eröffnet, die Stickstoff nach einem neuen Verfahren ohne größeren Energieaufwand herstellen konnte. Ohne dieses Herstellungsverfahren hätte die alliierte Blockade Deutschland wohl schnell zur Kapitulation gezwungen[11].

Insgesamt verlangten die Materialschlachten des Ersten Weltkrieges eine immer massivere Anspannung aller Kräfte der Nation und eine bis dahin unbekannte Ideologisierung des Krieges, denn nur eine ideologisch aufgeladene Gesellschaft konnte die Bereitschaft entwickeln, die Kosten einer, wie Jünger später formulierte, »totalen Mobilmachung« zu ertragen.

»In der letzten, schon gegen Ende dieses Krieges angedeuteten Phase, geschieht keine Bewegung, und sei es die einer Heimarbeiterin an ihrer Nähmaschine, mehr, der nicht eine zum mindesten indirekte kriegerische Leistung innewohnt. [...] Um Energien von solchen Ausmaßen zu entfalten, genügt es nicht mehr, den Schwertarm zu rüsten, — es ist eine Rüstung bis ins innerste Mark, bis in den feinsten Lebensnerv erforderlich[12].«

Die Sachzwänge, Eigendynamik und nicht-intendierten Wirkungen eines technischen Krieges zwischen Industrienationen enthüllten nicht nur die Realitätsferne der wilhelminischen Kriegsvorstellungen, sondern versetzten darüber hinaus der Hoffnung, die Technik in überkommene Formen einbinden zu können, einen entscheidenden Schlag. Während vor 1914 nur eine kleine Avantgarde bezweifelt hatte, daß traditionelle Überzeugungen und Verhaltensweisen auch in einer modernen Gesellschaft ihren Wert bewahren würden, erreichten diese Befürchtungen mit dem Ersten Weltkrieg weite Kreise der Bevölkerung.

Verstärkt durch die wirtschaftlichen und politischen Probleme der Weimarer Republik verbreitete sich das Gefühl, die Politik habe die Kontrolle über die Industrialisierung und Technisierung der Gesellschaft verloren. Der Versuch, diese »Krise der Moderne« (Detlef Peukert) zu überwinden, löste eine intensive Suche nach gegenwarts-adäquaten Sinnstiftungen aus.

Im national-konservativen, militaristischen Spektrum war es vor allem Ernst Jünger, der nicht nur dem Schrecken der Kriegsteilnehmer über die Übermacht der Technik prägnanten Ausdruck gab, sondern sich auch intensiv bemühte, ihr mit einer neuen Deutung einen positiven Sinn abzugewinnen. Dieser Versuch soll im folgenden aufgezeigt werden.

Ernst Jünger war sicherlich kein typischer Frontsoldat. Als begeisterter Kriegsfreiwilliger zog er in den Krieg, ausgerüstet mit einem Tagebuch, um die großen Erlebnisse festzuhalten und wohl auch Stoff für ein literarisches Werk zu sammeln[13]. Die höchsten Auszeichnungen, die er erhielt, weisen ihn als Elitesoldaten aus. Als Führer eines Sturmtrupps, der mit neuen, von der Pioniertechnik inspirierten Kampfmethoden[14] und einer präzise organisierten Arbeitsteilung versuchte, die Überlegenheit der Verteidigung zu brechen, erlebte er den Kampf sicherlich weniger passiv als das Gros der Soldaten.

Doch selbst dieser Soldat, dessen Erfahrungen noch eher die Hoffnung wecken konnten, mit der richtigen Taktik wieder zum Herrn der kriegerischen Mittel werden zu können, erlebte den technischen Krieg als Schock. Seine in der Weimarer Zeit unausgesetzte Beschäftigung mit dem Krieg galt dem Versuch, dem Krieg einen Sinn zu geben, da die Größe des persönlichen Leidens nicht die Anerkennung seiner Sinnlosigkeit erlaubte. Die verschiedenen Deutungsmuster, die er dabei entwickelte, waren sicherlich auch durch die Lebenssituation zur Zeit der Erstellung seiner jeweiligen Schriften motiviert[15]; sie dokumentieren aber vor allem die Schwierigkeit, eine positive Deutung der gemachten Erfahrungen zu finden. Die Vielschichtigkeit seiner Interpretationen geben ein deutliches Bild von der Schwierigkeit, die vom Frontsoldaten erlebte Übermacht der Technik zu bewältigen. Sein Erfolg als Schriftsteller[16] und als Chefideologe des soldatischen Nationalismus[17] zeigt, daß seine Interpretationen ein weit verbreitetes Bedürfnis nach Bewältigung der Fronterfahrung befriedigten, auch wenn sie vielleicht individuell motiviert waren.

Eine Bemerkung noch zum Wert von literarischen Quellen: Historiker ziehen im allgemeinen Briefe oder Tagebücher literarischen Verarbeitungen vor, da das ursprüngliche Erlebnis dort nicht durch spätere Erfahrungen und Absichten überlagert sein kann. Dabei wird jedoch häufig übersehen, daß auch diese Quellen kein »authentisches« Erleben zum Ausdruck bringen, sondern von kulturellen Erwartungen und Deutungsmustern geprägt sind. Wenn eine Erfahrung sämtliche Erwartungshorizonte sprengt, kann es, wie zum Beispiel anthropologische Untersuchungen gezeigt haben, zu realitäts-fernen Deutungen oder sogar zu Sprachlosigkeit kommen. Erst ein Wandel der Kultur erlaubt eine realitäts-adäquatere Interpretation des Ereignisses[18]. Ernst Jüngers literarische Verarbeitung der Erfahrungen im technischen Krieg entspricht diesem Muster: Während in seinen ersten beiden Schriften die Macht der Technik nur knappe Erwähnung findet und nicht in die Erzählungen eingebunden werden kann, erlauben die späteren Deutungen eine differenziertere Darstellung, die Technik und menschliches Erleben zusammenbringt.

Meine folgende Darstellung soll deshalb auch deutlich machen, daß es für die Geschichtswissenschaft einen Verlust bedeuten würde, reflektiertere Quellen mit dem Argument zu ignorieren, daß die nachträgliche Verarbeitung das ursprüngliche Erlebnis vollkommen überdecke. Auch ästhetisch stilisierte Darstellungen geben Auskunft über geschichtliche Erfahrungen und ihre individuelle Bewältigung[19].

Bei aller Vielfalt der Interpretationen zeigen sich Konstanten in Jüngers Denken, die Grundsteine seiner Weltsicht darstellen. Das Problem, den Weltkrieg zufriedenstellend zu deuten, ergab sich aus der Spannung zwischen seinen Kriegserfahrungen und den im folgenden kurz dargestellten Überzeugungen beziehungsweise Zielvorstellungen, deren Nähe zu geistigen Trends der Zeit offensichtlich ist.

1. Die Sehnsucht nach einem abenteuerlichen Leben. Schon bei seinem Ausbruch aus der bürgerlichen Sicherheit zur Fremdenlegion suchte Jünger als Schüler nach heroischen Bewährungsproben, extremen Erfahrungen und Grenzsituationen. Einem entzauberten Zeitalter versuchte er, »den Glauben an die lebendige Fülle der Welt«, »an das bunte, sinnvolle und schicksalhafte Spiel, das sie bewegt« entgegenzusetzen[20]. Der Krieg erschien in diesem Sinne als Chance, eine bisher unbekannte Realität und Abenteuer zu erleben.

   Auch wenn Jünger sicherlich ungewöhnlich risikofreudig bei der Umsetzung seiner Träume vorging, so entsprachen sie doch deutlich der Aufbruchstimmung seiner Zeit. Die Suche der Jugend- und Lebensreformbewegung nach neuen Formen außerhalb der gesellschaftlichen Konventionen, die lebensphilosophische Suche nach dem »wahren« Leben und die künstlerische Suche nach subjekt-adäquateren Ausdrucksmöglichkeiten zielten in die gleiche Richtung[21].

2. Die Verherrlichung des »Lebens« in seiner Fülle und Intensität führte bei Ernst Jünger in Anlehnung an Nietzsche und die damals weit verbreitete Lebensphilosophie[22] zu einer wachsenden Ablehnung normativen Denkens. Zwischenmenschliche Moralvorstellungen erschienen als lebensfeindlich, Humanität als Feigheit und Schwäche. Durch diese Ablehnung aller normativen Wertungen wuchs jedem geschichtlichen Ereignis eine unausweichliche Notwendigkeit zu. Der Krieg erschien deshalb als Härtetest für jede individuelle Sinnstiftung. Diese Einstellung wurde typisch für eine Generation, die nach den Kriegsjahren normativen Ordnungen nationalen wie internationalen Zusammenlebens und dem Schein gesellschaftlicher Normalität mißtraute. Stattdessen sollte gerade der widerständigsten Realität ein Sinn abgerungen werden.
3. Bei aller Verherrlichung von Kampf und Abenteuer suchte Jünger immer nach stabilen Ordnungen. Dieses konservative Element, welches unter dem Nationalsozialismus immer deutlicher hervortrat[23], zeigt sich beispielsweise an seiner Hochschätzung der hierarchischen Gliederung im Militär, seinem Glauben an ein zeitloses Wesen hinter allen Veränderungen und seiner Hoffnung auf eine konservative Überwindung der Weimarer Republik. Chaos und Katastrophen wurden nur als Übergangserscheinung akzeptiert; die Sehnsucht richtete sich immer auf eine stabile und homogene Gesellschaft. Auch in diesem Punkt traf sich Jüngers Denken mit dem vieler Zeitgenossen, die die Auflösung traditioneller Wertvorstellungen in der Moderne als Niedergang wahrnahmen.

Im Rahmen dieser Überzeugungen erschien Ernst Jünger wie vielen anderen Kriegsfreiwilligen der Erste Weltkrieg zunächst als Erfüllung vieler Hoffnungen[24]: die Armee als vorbildliche konservative Gliederung, der Feldzug als großes Abenteuer und der Kampf als Einbruch des Elementaren in die versteinerten Strukturen der bürgerlichen Gesellschaft. Doch auch er machte bald die Erfahrung, daß »der Sinn, mit dem man ausgezogen war, sich verzehrt hatte und nicht mehr zureichte«[25]. Der Krieg bot keinen Raum für Heldentum im traditionellen Sinne[26], sondern verlangte vor allem das Ertragen ungeheurer Strapazen[27]. Das Hinschlachten war für ihn ebenso »schwer zu verstehen« wie die funktionale Sichtweise, die »den Menschen nur noch als Sache« betrachtete. Auch daß man an einer Schlacht teilnehmen konnte, »ohne einen Gegner zu Gesicht [zu] bekommen«, weil die Feuerkraft die Soldaten unter die Erde trieb, entsprach nicht den gehegten Erwartungen[28]. Die Technik hatte die heldische Romantik des Krieges zerstört:

»Seit der Erfindung der Moral und des Schießpulvers hat der Satz von der Auswahl der Tüchtigsten für den Einzelnen immer mehr an Bedeutung verloren.« — »Bei diesem Zusammenprall werden nicht mehr wie zur Zeit der blanken Waffe die Fähigkeiten des Einzelnen, sondern die der großen Organismen gegeneinander abgewogen. Produktion, Stand der Technik, Chemie, Schulwesen und Eisenbahnnetze: das sind die Kräfte, die unsichtbar hinter den Rauchwolken der Materialschlacht sich gegenüberstehen[29].«

Die Erfahrung des technischen Krieges mit seiner Übermacht des Materials über den Menschen stand zumindest vordergründig in Widerspruch zu den oben skizzierten Konstanten im Denken von Ernst Jünger: Der Krieg bot keinen Raum für Abenteuer im traditionellen Sinne, der scheinbare Ausbruch in einen elementaren Raum führte nur tiefer in die Abhängigkeit von modernen Machtmitteln, und die verherrlichte Struktur der kaiserlichen Armee brach unter der Belastung des modernen Krieges.

Die Schriften der Weimarer Zeit sind Ausdruck des Willens, diese Widersprüche aufzulösen, sich »mit dem Krieg ab[zu]finden«[30] und »hinter der Mathematik der Schlachten den prächtigen Traum« zu finden, »in den sich das Leben stürzte, als ihm das Licht zu langweilig ward«[31]. Dies diente zum einen der Überwindung des Gefühls, vier Jahre des eigenen Lebens an einen »Wahnsinn« verschwendet zu haben[32]. Zum anderen erlaubten die Konstanten seines Denkens keine Ablehnung des technischen Krieges, so sehr auch das eigene Kriegserlebnis eine Enttäuschung gewesen sein mochte. Die Verachtung normativer Urteile und die Verherrlichung der Realität in allen ihren Aspekten verboten eine Verurteilung. Ein so machtvolles Phänomen wie der Krieg mußte als elementares Ereignis und als Ausdruck des »Willens zur Macht«, den Jünger mit Nietzsche als Grundtrieb des Lebens ansetzte, erscheinen[33]. Damit verstrickte sich Ernst Jünger in eine für die gesamte Lebensphilosophie typische Ambivalenz: Die Technik erschien als Teil der Moderne, die das elementare Leben durch eine immer komplexer werdende gesellschaftliche Ordnung unterdrückt, und gleichzeitig als zeitgemäßer Ausdruck der elementaren Vitalität des Menschen, die keine Skrupel in der Verwendung von Mitteln zur Erreichung ihrer Ziele kennt. Aus romantischer Perspektive wurde die Technik als Störfaktor in der natürlich-harmonischen Ordnung, aus sozialdarwinistischer oder Nietzscheanischer Perspektive als Mittel im Daseinskampf und im Kampf um Macht wahrgenommen.

In den 1920 geschriebenen *Stahlgewittern*, der ersten Schilderung seiner Kriegserfahrungen, war Jünger noch stark in traditionellen Deutungsmustern gefangen. Sein Versuch, nach dem verlorenen Krieg die Ehre der Kämpfer zu retten (S. 7), basierte noch ganz auf den Wertungen der militärischen Führung, weshalb auch die für einen Frontsoldaten sehr außergewöhnliche Verleihung des Ordens »Pour le Mérite« als Höhepunkt seines Kriegserlebnisses erscheint.

Schon in diesem Buch identifizierte er die beiden zentralen Aspekte des Krieges, die er später mit den Begriffen »Blut« und »Feuer« belegte: die elementaren Gefühle der Kämpfenden und die Macht der Technik. Der Kämpfer stehe »im Banne gewaltiger Urtriebe« (S. 205); er werde vom »Rausch der Tat« ergriffen (S. 203), verliere die Kontrolle über sich und »will töten« (S. 205). Mit solchen Worten brachte Jünger zum Ausdruck, daß er im Krieg Abenteuer erlebt und seine elementaren Gefühle ausgelebt habe. Doch an anderen Textstellen wird deutlich, daß der Krieg für ihn durch die Technik die heroischen Elemente verloren hatte.

»Eines erhebt sich indes immer klarer aus der Flut der Erscheinungen: Die überragende Bedeutung der Materie. Der Krieg gipfelte in der Materialschlacht; Maschinen, Eisen und Sprengstoffe waren seine Faktoren. Selbst der Mensch wurde als Material gewertet. [...] Das Bild des Krieges war nüchtern, grau und rot seine Farben; das Schlachtfeld eine Wüste des Irrsinns, in der er [der Soldat] das Leben kümmerlich unter Tage fristete (S. III).«

Der Mensch war der Macht der Technik ausgeliefert.

»Du kauerst zusammengezogen einsam in deinem Erdloch und fühlst dich einem unbarmherzigen, blinden Vernichtungswillen preisgegeben. Mit Entsetzen ahnst du, daß deine ganze Intelligenz, deine Fähigkeiten, deine geistigen und körperlichen Vorzüge, zur unbedeutenden, lächerlichen Sache geworden sind (S. 136).«

Unter diesen Eindrücken bestand der Versuch der Bewältigung vor allem in einem moralischen »und doch«.

»Warum hältst du noch immer aus, du und deine Braven? Kein Vorgesetzter sieht dich. Und doch beobachtet dich jemand. Dir selbst vielleicht unbewußt, wirkt der moralische Mensch in dir und bannt dich durch zwei mächtige Faktoren am Platze: die Pflicht und die Ehre (S. 137).«

Da »der moralische Faktor [...] eben alles« sei (S. 113), habe es auch in diesem Krieg Männer gegeben,

»die vielleicht zermalmt, nicht aber besiegt werden konnten. In solchen Augenblicken triumphiert der menschliche Geist über die gewaltigen Äußerungen der Materie, der gebrechliche Körper stellt sich, vom Willen gestählt, dem furchtbarsten Gewitter entgegen (S. 74).«

Abenteuer und das Erlebnis elementarer Kräfte erscheinen so in den *Stahlgewittern* als Gegensatz zur Technik. Die Technik wird wohl erwähnt, steht aber als Fremdkörper in der Erzählung. Die Schilderung ihrer Wirkung ist abstrakt und nicht mit den erzählenden Passagen verbunden. Ihr kann kein positiver Sinn abgewonnen werden; die einzige Möglichkeit menschlichen Widerstandes sei ein moralisch motiviertes Ausharren.

Diese Deutung konnte Jünger nicht lange befriedigen. Da er nie sehr patriotisch gewesen war[34] und jede Form von Moral mit großer Skepsis betrachtete, blieb die Notwendigkeit bestehen, eine seinen Überzeugungen entsprechende Interpretation des Krieges zu finden. Hinzu kam eine wachsende Entfremdung von der militärischen und politischen Führung im Ersten Weltkrieg, die sich so bequem mit der Niederlage und der Revolution arrangierte, nachdem sie zuvor das Leben von »Unzähligen« geopfert hatte[35]. In seinem 1922 veröffentlichten Buch *Der Kampf als inneres Erlebnis* war er deshalb gezwungen, eine neue Deutung des Krieges ohne Rückgriff auf nationalistische Überzeugungen zu finden. Die Lösung fand er in der Betonung der Kampfmotivation. Politische und soziale Begründungen verloren ihre Bedeutung gegenüber einer lebensphilosophischen Interpretation, in der der Krieg als Mittel der Befreiung von einer überzüchteten Moderne erschien.

»So lebten wir dahin und waren stolz darauf. Als Söhne einer vom Stoffe berauschten Zeit schien Fortschritt uns Vollendung, die Maschine der Gottähnlichkeit Schlüssel, Fernrohr und Mikroskop Organe der Erkenntnis. Doch unter immer glänzender polierter Schale, unter allen Gewändern, mit denen wir uns wie Zauberkünstler behingen, blieben wir nackt und roh wie die Menschen des Waldes und der Steppe (S. 3).«

Bei Ausbruch des Krieges durchbrach Jünger zufolge die wahre Natur des Menschen die künstliche Fassade. »Wenige Urtriebe von gewaltiger Stärke« wie »der Wille zum Leben, der Wille zum Kampf und zur Macht« (S. 116) bestimmten das Geschehen; politische Gründe waren nur vorgeschoben. Das Volk und alle seine Glieder ergriffen bei Kriegsausbruch die Flucht vor dem »horror vacui« der Zivilisation (S. 115) und fanden im Kampf eine Gelegenheit, lange unterdrückte Gefühle auszuleben. Der »Landsknecht«, der nichts kennt außer der Freude am Kampf, wird von Jünger zur Idealfigur erhoben.

In dieser Sicht erscheint die Technik als eines von vielen Mitteln zum Kampf. Dabei sei es gleichgültig, ob im Kampf »die Krallen gespreizt und die Zähne entblößt, ob roh gekantete Beile geschwungen, hölzerne Bögen gespannt werden, oder ob sehr feine Technik Vernichtung zu höchster Kunst erhebt« — »der Mensch bleibt der alte« (S. 8 und 115). Auch wenn Jünger die Macht der Technik nicht unerwähnt ließ, war sie ihm doch nichts als zeitgemäßer Ausdruck der ewigen Natur des Menschen.

»Und doch: Hinter allem steckt der Mensch. Er gibt den Maschinen erst Richtung und Sinn. Er jagt aus ihnen Geschosse, Sprengstoffe und Gifte. Er erhebt sich in ihnen als Raubvogel über den Gegner. Er hockt in ihrem Bauche, wenn sie feuerspeiend über das Schlachtfeld fauchen. Er ist das gefährlichste, blutdürstigste und zielbewußteste Wesen, das die Erde tragen muß (S. 114).«

Diese Erklärung wird dem Phänomen des technischen Krieges noch weniger gerecht als die Interpretation in den *Stahlgewittern*. Das Erleiden der Technik, das Gefühl, nichts als Material zu sein und einen maschinenmäßigen Dienst zu verrichten, die Anonymität des Kampfes gegen einen unsichtbaren Gegner und die langweilige Routine der Existenz im Graben finden zwar hin und wieder Erwähnung[36], bleiben aber bei der Betonung der kämpferischen Natur des Menschen als zentraler Kriegsgrund ohne angemessene Erklärung[37]. Die unwiderlegbare Tatsache, daß modernes Kriegsmaterial eine hochentwickelte Gesellschaft voraussetzt, wird ausgeblendet, weil der Krieg sonst nicht als Gegensatz zur lebensfernen Zivilisation erscheinen könnte. Jüngers Erklärung erfüllte zwar seine Sehnsucht, den Krieg als Abenteuer und intensives Erleben erscheinen zu lassen, entspricht aber nicht der Vielschichtigkeit des technischen Krieges. Auch konnte diese Deutung nicht Jüngers Sehnsucht nach stabilen Formen befriedigen, da sie keine Möglichkeit bietet, die positiven Aspekte des Krieges dauerhaft in die menschliche Existenz einzubinden. Die Geschichte der Menschheit erscheint im *Kampf als inneres Erlebnis* als ewiger Konflikt zwischen dem Bau am Turm der Zivilisation und dem Ausbruch archaischer Gefühle, die dieses tönerne Gebäude immer wieder zum Einsturz bringen (S. 6f.).

Nach 1922 zeichnete sich bei Ernst Jünger eine Interessenverschiebung ab. Vier Jahre nach dem Krieg gewann es an Bedeutung, wie die Erfahrung des Krieges mit der zivilen Existenz verbunden werden könne und welche historische Bedeutung der Krieg besitze. Noch immer waren Jüngers Schriften von dem Versuch motiviert, den Erfahrungen des Krieges einen Sinn zu geben, aber dieser Sinn sollte nun auch Relevanz für die Gesellschaft im Frieden und für die geschichtliche Entwicklung gewinnen. In der Folge entwickelte er eine Geschichtsphilosophie, die dem Ersten Weltkrieg und den individuellen Opfern eine herausragende Stellung für die Entwicklung der Menschheit zuordnete. Das Leiden der Kriegsteilnehmer fand in dieser Phase immer deutlicheren Ausdruck, weil Jünger es nun im Rahmen einer teleologischen Geschichtsdeutung positiv bewerten und damit akzeptieren konnte.

In Betrachtungen, die sich auf Jüngers Werk in der Weimarer Republik konzentrieren, wird Jüngers Geschichtsphilosophie zumeist als vorbehaltlose Zelebration der Technik und des totalen Staates verstanden. Bei dieser Sichtweise bleibt unverständlich, warum Jünger schon 1938 in der zweiten Version des *Abenteuerlichen Herzens* deutlich andere Akzente setzte und sich in späteren Schriften sehr kritisch zur Technik und zum allmächtigen Staat äußerte[38]. Diese scheinbaren Widersprüche in Jüngers Werk lösen sich auf, wenn beachtet wird, daß sein Versuch, der modernen Entwicklung einen positiven Sinn abzuringen, durch Ohnmachtserfahrungen motiviert war. So äußerte er im Dezember 1925 seine »tiefe Angst vor diesem technischen Apparat, vor diesem Hexenbesen«[39] und beschrieb in dem später nach eigener Aussage vergessenen Roman *Sturm* das Gefühl der Hilflosigkeit gegenüber der »Sklavenhalterei des modernen Staates« und der Verzweiflung, nichts als eine »Ameise« in einem (geschichtlich vielleicht notwendigen) Prozeß zu sein, »die der achtlose Tritt eines Riesen am Straßenrand zertrat«[40].

Dennoch setzte mit den Romanen *Feuer und Blut* und *Das Wäldchen 125* die optimistischste Kriegsdeutung im Werk von Ernst Jünger ein. Der noch vage formulierte Glaube, daß es im Weltkrieg um »die Gestaltung einer in der Zukunft verborgenen Welt«[41] gegangen sei, ließ »das Brutale der Methode als unwesentlich erscheinen«. Auch wenn Jüngers Hoffnung auf einen »eisern, diktatorisch und absolut« gegliederten Staat der Frontsoldaten aus historischer Distanz als gefährlicher Wahn bezeichnet werden muß[42], so erlangte er doch mit diesem Glauben an eine positive zukünftige Entwicklung die Fähigkeit, ihm unbequeme, bisher verdrängte Themen anzusprechen.

Die neue Offenheit gegenüber ungeliebten Realitäten zeigt sich zunächst in der expliziten Anerkennung der deutschen Niederlage. Während die früheren Schriften durch die Betonung des persönlichen Kriegseinsatzes den Zusammenbruch, den Jünger wegen einer Verwundung nicht an der Front miterlebte, ausblendeten, erschien die deutsche Niederlage nach 1925 als »geschichtliche Notwendigkeit«[43], weil das alte Deutschland nicht die Fähigkeit zur totalen Mobilmachung besessen habe. Neben einer mangelnden Anpassung der Armee an die Bedingungen des modernen Krieges machte Jünger vor allem die Unfähigkeit zur totalen Anspannung aller Kräfte für die Niederlage verantwortlich. Ungerechtigkeiten in der militärischen und gesellschaftlichen Hierarchie hätten ebenso demotivierend gewirkt wie eine unwirksame Begründung der deutschen Kriegsziele.

Auch schilderte Jünger nun die Technik im Weltkrieg mit einer bis dahin nicht erreichten Konkretheit und Vielschichtigkeit, wobei er die frühere Schwäche, die Militärtechnik auf anthropologische Konstanten zu reduzieren und sie von der modernen Gesellschaft abzulösen, ebenso vermied wie eine Beschönigung des soldatischen Alltags im technischen Krieg. So beschreibt eine Passage, wie Soldaten tagelang im Artilleriefeuer ausharren mußten. In ihren Erdlöchern kauernd, sahen sie die Flugzeuge über sich kreisen, die der Artillerie die Ziele mitteilten. Durch die einschlagenden Geschosse wurden Leichen durch die Luft geschleudert, und die Soldaten mußten jeden Augenblick mit der Möglichkeit rechnen, verschüttet oder getötet zu werden. Jünger kommentierte:

»Das ist das Material. [...] Die Schlacht ist ein furchtbares Messen der gegenseitigen Produktion, und der Sieg der Erfolg einer Konkurrenz, die schneller und rücksichtsloser herzustellen versteht. Hier deckt das Zeitalter, aus dem wir stammen, seine Kehrseite auf. Die Herrschaft der Maschine über den Menschen, des Knechts über den Herrn wird offenbar, und ein tiefer Zwiespalt, der schon im Frieden die wirtschaftlichen und gesellschaftlichen Ordnungen zu erschüttern begann, tritt auch in den Schlachten dieses Zeitalters tödlich hervor. Hier enthüllt sich der Stil eines materialistischen Geschlechts, und die Technik feiert einen blutigen Triumph[44].«

Der Weltkrieg erscheint hier als Teil der technisierten Gesellschaft, der die Gefahren der Moderne, vor allem die vernichtende Übermacht des »Materials« über den Menschen, in besonderer Deutlichkeit enthüllt.

Die erste Reaktion der Soldaten war Ungläubigkeit, Entsetzen und die fatalistische Überzeugung, sie kämen »da ja nie wieder heraus«. Doch trotz der vielen Opfer sah Jünger den Krieg als einen geschichtlich notwendigen Lernprozeß, in dem sich die Entstehung einer neuen

Elite angedeutet habe, die sich zum Herrn dieser modernen Vernichtungswaffen aufschwingen werde. In einer von häufigen Rückfällen in Verzweiflung über die Übermacht der Waffen charakterisierten Entwicklung zeichne sich doch ab, daß die »Zauberlehrlinge« von 1914, die sich die modernen Waffen »noch nicht geistig zu eigen gemacht« hatten, langsam zu einem neuen Geschlecht heranwuchsen, »das Maschinen baut und Maschinen trotzt, dem Maschinen nicht totes Eisen sind, sondern Organe der Macht, die es mit kaltem Verstand und heißem Blut beherrscht.« »Der große Flieger, der Mann im Tank und der technisch geschulte Stoßtruppführer« waren die Repräsentanten dieses neuen Menschen[45].

In dieser Darstellung gliederte Jünger die Erfahrungen des Weltkriegs auf einer Zeitachse: Die Erfahrung des Ertragens und Leidens ordnete er dem Alten, Vergehenden zu, während er die Momente, in denen die Soldaten die Technik kontrollierten, als Vorschein auf eine zukünftige Herrschaft des Menschen über die Technik interpretierte. Das erlaubte ihm, die Bedeutung der Technik anzuerkennen, ohne den Soldaten als machtlos Leidenden zu sehen. Auch wenn nicht die soldatische Leistung die meisten Schlachten entschieden hat, sondern die Macht der Technik, so war doch die Kriegsbegeisterung, die Jünger als elementaren menschlichen Trieb im »Blut« ansiedelte, von unersetzlicher Bedeutung, weil sie den Soldaten zu immer neuen Versuchen motivierte, die Technik für seine Ziele einzusetzen. Der »Wille zur Macht und Übermacht« (S. 191) finde seinen angemessenen Ausdruck nicht in einem primitiven Kampfstil, der »seine Träger als dionysische Tänzer oder Amokläufer ins Verderben wirft«, sondern in einem »bewußten Willen«, der »sich seine Machtmittel zu schmieden weiß« (S. 123). Es sei ein Kampf mit »kaltem Verstand und heißem Blut« (S. 19), in dem die Technik zum Mittel menschlicher Triebe werde.

»Die Maschine ist ganz und gar unser Geschöpf, auf das wir wohl stolz sein dürfen. Gewiß ist es nur ein Mittel, doch ein Mittel, das von der Stärke unseres Willens Zeugnis gibt. Wie wir mit ihrer Hilfe auf jedem realen Gebiet unsere Leistung steigern, so auch im Kampf. Mit ihr verteidigen wir uns, und mit ihr greifen wir an. Und sind es denn nicht wir selbst, die hinter ihr stehen (S. 126)?«

Was zeichnete nun diesen neuen Menschen aus, der in der Lage sein sollte, die Technik für seine Zwecke einzuspannen? Vor allem die Tatsache, daß er sich der Logik der Maschinenwelt anpaßte. Im Gegensatz zum oben skizzierten Denken des Kaiserreichs meinte Jünger, daß die Technik nur dem zur Verfügung stehe, der sich ihren Imperativen beuge.

So seien im technischen Krieg nicht in Traditionen verhaftete Soldaten gefragt, sondern Menschen, »aufgewachsen in den Zentren der modernen Industrie«, »gewohnt, die Maschine zu bedienen und ihr innerlich überlegen« (S. 78 und 43).

»Zwanzigjährige, mit hartem, von Tatsächlichkeiten gehämmertem Gesicht, denen der Schwung der Schnellbahnen, das Tempo der Fabrik, Gedichte aus Stahl und Eisenbeton das selbstverständliche Erlebnis ihrer Kindheit gewesen sind. [...] Denen macht das Technische Spaß, sie haben es in der Gewalt wie ein Australier seinen Bumerang. Sie sind ja an Steigerung des Lebens durch die Maschine gewöhnt (S. 78 f.).«

Dieses neue Verständnis der Technik war sicherlich auch von Jüngers Erfahrungen in der Weimarer Zeit geprägt, denn ihre augenfällige Bedeutung im zivilen Bereich mußte den Glauben an die Unaufhaltsamkeit der Technisierung verfestigen[46]. Dennoch ist es kein Zufall, daß Jünger diese Meinung zunächst in Schilderungen von Kriegserlebnissen zum Ausdruck brachte und sie erst in einem zweiten Schritt zur Interpretation der Gesellschaft im Frieden verwandte. Wie die vielen Beispiele aus dem militärischen Bereich zeigen, war die Erfahrung der Hilflosigkeit im Ersten Weltkrieg das primär zu bewältigende Problem, wie auch die Tätigkeit als Sturmtruppführer, der mit neuen Techniken wie Handgranaten und einer exakten Arbeitsteilung die von der Übermacht der Feuerkraft erzwungene Bewegungslosigkeit überwand, auf die Möglichkeit einer Lösung hindeutete. Jüngers Überzeugung, mit der neuen Taktik die Untätigkeit des Grabenkrieges überwunden und nun endlich »sein Schicksal in der eigenen Faust« zu haben (S. 243), gab ihm den Glauben, daß es »nichts Schreckliches geben [kann], dem der Mensch sich zuletzt nicht doch überlegen zeigt« (S. 213). Als Führer eines Sturmtrupps erlebte er die Faszination, mit technischen Mitteln und »maschinenhafter Arbeitsteilung« (S. 93) die eigene Macht und Kompetenz zu steigern.

Der Angriff mit Granaten »ist ein Wurfspiel auf Leben und Tod. [...] Die Angst ist vollkommen verschwunden, man konzentriert sich mit jeder Faser seines Wesens auf die beiden Chancen, die die höchsten sind, die es gibt. Die Befriedigung, mit der man einen gutgezielten Wurf landen sieht, und die atemlose Aufmerksamkeit, mit der man die Bahn des feindlichen Geschosses in Bruchteilen von Sekunden berechnet, wechseln sich ab wie Licht und Finsternis. [...] Man fühlt sein Schicksal in der eigenen Faust. [...] Und es ist ein sonderbares Gefühl, mit dem man über diese Toten hinwegspringt, die man im Leben nie gesehen hat: eine rein sachliche Befriedigung, als ob man das erwartete Resultat einer intelligenten Berechnung vor Augen sähe, und eine letzte Zustimmung erteilte (S. 243 f.).«

War Ernst Jüngers Hoffnung, der neue Mensch werde sich zum Herrn der Technik aufschwingen, Ausdruck seiner vorbehaltlosen Versöhnung mit der Technik und der bestehenden Gesellschaft unter machtpolitischen Vorzeichen? Erschien ihm der Erste Weltkrieg nun als Ausnahmesituation, in der vorübergehend der falsche Eindruck entstehen konnte, daß der Mensch die Kontrolle über die Technik verloren habe? Sollte dieser Eindruck entstanden sein, belehrt das 1929 erschienene *Abenteuerliche Herz* schnell eines Besseren. Es enthält Jüngers expliziteste Kritik an der bürgerlichen Gesellschaft.

In diesem Buch wird der Versuch, durch die Beherrschung der Natur eine bürgerliche Ordnung voller Sicherheit herzustellen, zur lebensfeindlichen Illusion erklärt. Die Vorherrschaft positivistischen Denkens in der modernen Gesellschaft des 19. Jahrhunderts habe die Freude an der Fülle des Lebens, den Glauben an »einen zwar verborgenen, doch unbedingt vorhandenen Sinn« (S. 51) und die Sehnsucht nach Bindung an ein höheres Ziel als irrational diffamiert und tabuisiert. Zurück blieb eine Gesellschaft, die »nicht zu glauben glaubte« (S. 53) und dabei doch in der Illusion verfangen war, das Leben durch Ausgrenzung aller nicht-quantifizierbarer Aspekte kontrollieren zu können.

Dieser Versuch, auf dem Rücken der Natur eine Welt bürgerlicher Sicherheit zu errichten, mußte scheitern, weil er die menschlichen Sehnsüchte und Triebe nicht einbinden, sondern ignorieren wollte. Zwar gelang es, Träume von einer lebensnahen Existenz voller Sinnesfülle, Abenteuer und Tragik als romantisch abzutun, aber das wachsende »Unbehagen in der Kultur« (Sigmund Freud) konnte auf Dauer nicht unterdrückt werden. Vielmehr begehrte das ausgegrenzte »Leben« der menschlichen Gefühle mit neuer Effektivität auf, indem es rationales Denken gegen die Aufklärung selbst einsetzte. »Aristokraten des Traumes«, die ahnten, daß jede Ordnung »unnütz« wird, »sobald sich in ihr der große Traum nicht mehr verwirklichen läßt« (S. 77), begannen, die Mittel der Aufklärung umzufunktionieren, um mit ihnen die eigenen Ziele verfolgen zu können.

»Hier sah sich jede Unzufriedenheit in den leeren Raum verbannt, wenn sie nicht die Mittel des Verstandes für sich in Anspruch nahm und sich in den Rüstkammern der Wissenschaft bis an die Zähne bewaffnete. [...] Schließlich ist der Verstand ein Mittel wie jedes andere, und in einer Welt, der nur die Mathematik von Bedeutung schiene, würden neue Lehrsätze von unerhörter Kühnheit die gegebenen Handhaben des Umsturzes sein. Wie man, sofern man es nur will, mit jedem Kieselstein, der zufällig am Wege liegt, einen Mord begehen kann, so wird jedes Feldzeichen gefährlich, wenn es das Herz ist, das es entrollt (S. 139f.).«

Aufgeklärtes Denken war Jünger zufolge davon überzeugt, ein Monopol auf die modernen Mittel zu besitzen, weil es von einem inneren Zusammenhang zwischen Rationalisierung, Industrialisierung und Humanisierung ausging. Doch in Wirklichkeit gewinne jeder Gedanke seine Bedeutung »nicht durch sich selbst«, sondern »vom Strome des tieferen Lebens«. Dies zeige sich besonders deutlich an der Technik. »Ihre Sprache klingt grundverschieden, je nachdem ob es der Händler oder der Krieger ist, der sich ihrer bedient.« Ihre grundsätzliche Ambivalenz ergebe sich, wie der Weltkrieg hinreichend bewiesen habe, daraus, daß jede technische Erfindung sowohl friedlich als auch militärisch genutzt werden könne (S. 80).

Aus dieser Analyse der bürgerlichen Gesellschaft ergab sich für Jünger die Überzeugung, daß die Technik eine destruktive Kraft sei. Der Krieg habe nur gezeigt, was auch für die Gesellschaft im Frieden gelte: eine wachsende Gefährdung der bürgerlichen Gesellschaft durch die Technik. Die bestehenden Verhältnisse könnten nicht gewahrt werden, da den zerstörerischen Tendenzen »ein solcher Grad von Notwendigkeit zu[kommt], daß man sie nur mit der höchsten Anteilnahme verfolgen kann« (S. 91).

Doch es war nicht Fatalismus, der Jünger zur Anerkennung dieser Tendenzen brachte, sondern der Glaube an eine gesellschaftliche Auferstehung nach dem apokalyptischen Zusammenbruch[47]. Er begrüßte emphatisch die destruktive Wirkung der Technik, weil ihm eine Zerstörung »im wesentlichen Kern« des Lebens als unmöglich erschien (S. 144). Vernichtet werde nur die ihm verhaßte positivistisch-»lebensfeindliche« bürgerliche Ordnung. Deren völlige Auflösung sei Voraussetzung für die Entstehung von Neuem. Den Zustand des völligen Chaos, auf den die moderne, technisierte Welt unausweichlich zustrebe, bezeichnete Jünger positiv als »magischen Nullpunkt«, weil dieser das Versprechen auf eine bessere Ordnung enthalte, die der menschlichen Natur mit ihrer Sehnsucht nach Träumen, Abenteuern und metaphysischen Lebensentwürfen einen zentralen Raum gewähren werde. Als Folge dieser utopischen Überzeugung kam Jünger zu der Ansicht, »daß man der Zivilisation nicht in den Zügel fallen darf, daß man im Gegenteil Dampf hinter ihre Erscheinungen setzen muß« (S. 91). Das Leben bedarf des »Sprengstoffes [...], damit der Lebensraum leergefegt werde für eine neue Hierarchie« (S. 223).

Auf persönlicher Ebene brachte die Vision einer Entwicklung von Zusammenbruch und Auferstehung Jüngers Sehnsucht nach Abenteuer mit seinem Traum von einer stabilen Ordnung zusammen, indem er sich die Rolle des »preußischen Anarchisten« zuschreiben konnte, der mit der Zerstörung alter Ordnungen und der Suche nach neuen Ordnungen die geschichtliche Entwicklung beschleunige (S. 257). In bezug auf die Technik bedeutete es, daß ihre Destruktivität das Erschreckende verlor, weil sie nur »die Zerstörerin der Idylle, der Landschaften alten Stils, der Gemütlichkeit und der historischen Biedermeierei« sowie anderer nicht mehr zeitgemäßer Ordnungen sei (S. 224).

Der Glaube an eine Wende am »magischen Nullpunkt« barg für Jünger die Hoffnung, daß der Technik nach dem Höhepunkt der Zerstörung eine neue, positive Funktion zukommen werde. Deshalb schrieb er:

»O, du stählernste Schlange der Erkenntnis [= Technik] — du, die wir verzaubern müssen, wenn du uns nicht erwürgen sollst (S. 224).«

Diese Formulierung bringt Jüngers Ambivalenz klar zum Ausdruck: Die Technik der Gegenwart erscheint als tödlich-würgende Gefahr, die nur gebannt werden kann, wenn die Verzauberung am »magischen Nullpunkt« der Technik eine konstruktive Funktion zuweisen kann. Das ist keine Verherrlichung der Technik, wie so oft behauptet wird, sondern der Versuch, ihre destruktiven Kräfte in einer neuen Gesellschaftsordnung zu überwinden.

Das Buch *Der Arbeiter* markiert den Höhepunkt von Jüngers optimistischer Geschichtsdeutung und enthält die umfassendste Darstellung der Hoffnung auf eine neue hierarchische Gliederung, in welcher der Mensch zum Herrn der Technik wird, indem er sie in eine »organische Konstruktion« einbindet. Was im *Abenteuerlichen Herzen* primär als Vision der Träumer und Abenteurer von einer besseren Ordnung erscheint, wird im *Arbeiter* als objektive und determinierte Entwicklung beschrieben, in der es »keinen Ausweg, kein Seitwärts oder Rückwärts« gibt (S. 194), sondern nur die Chance, die Phase der Auflösung und des Chaos durchzustehen und zu überwinden.

Die Zerstörung der bürgerlichen Ordnung begann mit dem Weltkrieg. Unter »einem schrecklichen Hohnlachen der Natur über ihre Unterstellung unter die Moral, einem wütenden Frohlocken des Blutes über den Geist« (S. 18) geriet die bürgerliche Ordnung des 19. Jahrhunderts ins Wanken. Ihr Versuch, die »nützlichen« Kräfte von Mensch und Natur für den wirtschaftlichen Fortschritt zu gebrauchen und die »nicht nützlichen« Kräfte zu unterdrücken (S. 50), scheiterte, als die Technik den ihr »innewohnenden Machtcharakter« enthüllte (S. 158).

Im Krieg habe sich die Naivität der Vorstellung, daß die Natur nichts als ein Lieferant von Rohstoffen und die Technik nichts als ein Mittel zur Produktivitätssteigerung sei, gezeigt.

Da die bürgerliche Gesellschaft weder auf die Technik verzichten, noch ihre nicht-intendierten und dysfunktionalen Wirkungen unterbinden oder begrenzen könne, werde sie zum entscheidenden Motor der Umwälzungen. Die Technik sei »das wirksamste, das unbestreitbarste Mittel der totalen Revolution« (S. 162), weil ihre unkontrollierte Entwicklung immer neue Situationen heraufbeschwöre, in denen Sachzwänge die Anpassung der Gesellschaft an technische Notwendigkeiten verlange. So etabliere die Technik eine neue Realität, der sich keiner entziehen könne. Wer nicht bereit sei, die Sprache der Technik zu sprechen, werde aus dem zukunftsgestaltenden Diskurs ausgeschlossen.

»Überall, wo der Mensch in den Bannkreis der Technik gerät, sieht er sich vor ein unausweichbares Entweder-Oder gestellt. Es gilt für ihn, entweder die eigentümlichen Mittel zu akzeptieren und ihre Sprache zu sprechen oder unterzugehen. Wenn man aber akzeptiert, und das ist sehr wichtig, macht man sich nicht nur zum Subjekt der technischen Vorgänge, sondern gleichzeitig zu ihrem Objekt. Die Anwendung der Mittel zieht einen ganz bestimmten Lebensstil nach sich, der sich sowohl auf die großen wie auf die kleinen Dinge des Lebens erstreckt (S. 158).«

Für Jünger, der jeder normativen Kritik an der Realität mißtraute und sich dem Lebendig-Wachsenden verpflichtet fühlte, war eine zum Untergang verurteilte technikfeindliche Haltung nicht akzeptabel. Vielmehr forderte er dazu auf, sich in einem Akt des »heroischen Realismus« auf die neue Sprache einzulassen, um so die Fähigkeit zu erlangen, der Technik menschliche Gestalt zu geben. Das »allgemein gewordene Leiden der Welt« an dem »Chaos von Tatsachen, Machtmitteln und Bewegungsmöglichkeiten«, die dem Menschen über den Kopf gewachsen seien, könne nur durch das Erlernen der Sprache der Technik überwunden werden (S. 68).

Wiederum wäre es falsch, von einer vorbehaltlosen Verherrlichung der Technik zu sprechen. Ausgangspunkt von Jünger war vielmehr die Meinung, daß die Technisierung der Welt eine unwiderlegbare Tatsache sei, die der moderne Mensch »freiwillig oder unfreiwillig« akzeptieren müsse (S. 162). Solange er sich den Konsequenzen dieser Entwicklung entziehen wolle, würden Chaos und Leiden herrschen. Erst das Akzeptieren der Sachzwänge eröffne die Möglichkeit zur Gestaltung der technisierten Welt. Da für Jünger »Ordnung« ein Wert an sich darstellte, der unter allen Umständen der Unordnung vorzuziehen sei[48], genügte ihm die Fähigkeit, den Wildwuchs der technischen Mittel durch Einbindung in eine gesellschaftliche Ordnung zu überwinden, als hinreichende Legitimation einer neuen Herrschaft (S. 75). Der Wunsch, der Übermacht der Technik zu entkommen, blieb zentrales Motiv in Jüngers Denken.

Der »Arbeiter«, wie Jünger ihn im Gegensatz zum üblichen Sprachgebrauch definierte, sei der neue Typus Mensch, der dem modernen Zeitalter entspreche. Er erkenne in der Technik das ihm entsprechende Mittel zur Erlangung von Macht. Während das Bürgertum von der Technik zerstört werde, weil es sie benutzen wolle, ohne ihre Logik zu akzeptieren, sei der Arbeiter »vom Schicksal zur Herrschaft« bestimmt (S. 65), weil er die technische Logik verkörpere.

Warum zerstört nun Jünger zufolge die Technik traditionelle Bevölkerungsgruppen einschließlich des Bürgertums, während sie den Arbeiter triumphieren läßt? Der Grund liege in der technischen Forderung nach möglichst hoher Effektivität. Ein leistungssteigernder Gebrauch sei der Technik angemessen, ein leistungssenkender unangemessen. Der kapitalistische Wunsch, die Technik zur Steigerung des Wohlstands einzusetzen, gilt ihm als unangemessen, weil ein zum Luxus gesteigerter Konsum die Leistungsfähigkeit des Systems senkt und damit dysfunktional ist. Dagegen sei der Arbeiter nur an seiner eigenen Leistungsfähigkeit interessiert und entspreche deshalb dem technischen Imperativ nach steigender Effektivität. Sein Leben werde immer »zynischer, spartanischer, preußischer oder bolschewistischer« (S. 201), weil er ganz in der Arbeit aufgehen wolle. Dem Zeitalter der Technik, in dem es nichts geben kann, »was nicht als Arbeit begriffen wird« (S. 65), entspreche, ganz im Sinne von Max Weber, der Mensch, dessen Leben der Arbeit gewidmet ist.

Ernst Jünger beschrieb im *Arbeiter* einen Prozeß der technischen Rationalisierung, der sich auf Mensch und Maschine erstreckt. Wie der moderne Mensch die »Sprache der Arbeit«, das heißt das reine Leistungsprinzip, akzeptieren müsse, wenn er überleben wolle (S. 96 und 148), so entstehe »unter dem Zwange« der gleichen »eisernen Gesetzmäßigkeit« der technokratische Staat (S. 144), dessen Form sich nicht aus traditionell politischen Überlegungen wie Glück und Gerechtigkeit, sondern aus den Forderungen technischer Effektivität ergebe.

Diese Schilderung der im totalen Arbeitscharakter aufgehenden Welt ist sicherlich einseitig und überpointiert, es kann aber kaum bezweifelt werden, daß sie wesentliche Tendenzen der Moderne mit großer Klarheit erfaßt. In meiner Interpretation geht es mir jedoch weder um eine Bewertung von Jüngers Gegenwartsanalyse noch um eine Kritik an den Prämissen seines Denkens, obwohl ich wegen der derzeitigen Jünger-Renaissance doch anmerken möchte, daß bei aller berechtigter Kritik an den bürgerlichen »Händlern« die deutsche Geschichte doch gegen eine Verherrlichung der kriegerischen »Helden« mißtrauisch machen sollte. Vielmehr möchte ich mich auf die Frage konzentrieren, warum der frühe Ernst Jünger schließlich die doch eher erschreckende Zukunftsvision eines technokratischen Staates mit menschlichen Arbeits-Robotern nicht nur für wahrscheinlich hielt, sondern sogar begrüßte. Eine Erklärung bieten die oben beschriebenen Konstanten seines Denken.

— Die Verherrlichung aller vitalen Kräfte und die Ablehnung normativen Denkens erlaubte keine klare Kritik geschichtlicher Entwicklungen.
— Jünger sah ein, daß seine Träume von Abenteuern im traditionellen Sinne romantische Fluchten gewesen waren. Im Rahmen seiner Gegenwartsanalyse blieb deshalb nur die Alternative zwischen dem Akzeptieren der bestehenden kapitalistischen beziehungsweise utilitaristischen Gesellschaft und der asketischen Arbeit an der Gestaltung einer neuen Welt. Unter diesen Bedingungen mußte letzteres als abenteuerlicher und lebensnäher erscheinen, wenn man wie Jünger den »Willen zur Macht« als zentralen menschlichen Trieb ansetzt.
— Während ein Verzweiflungskampf gegen die Technisierung nur die Zerrissenheit der Weimarer Republik gesteigert hätte, eröffnete die Akzeptanz der Entwicklung die konservative Hoffnung auf eine stabile technokratische Weltordnung. Der pluralistischen modernen Gesellschaft setzte Jünger die Vision einer neuen Zeit entgegen, die von einer »Einheit der Gestaltung« geprägt sein werde (S. 225).

> »Seit langem kennt man die Einheit einer Herrschaft nicht mehr, die dem Höchsten verpflichtet ist, — nicht mehr das Schwert der Macht und Gerechtigkeit, das allein den Frieden der Dörfer, den Glanz der Paläste, die Einigkeit der Völker verbürgt. Und doch ist diese Sehnsucht überall irgendwie lebendig. [...]
> Erst aus einer solchen Einheit sind Gestaltungen und Sinnbilder möglich, in denen das Opfer sich erfüllt und legitimiert, Gleichnisse des Ewigen im harmonischen Gesetz der Räume und in Monumenten, die den Angriffen der Zeit gewachsen sind (S. 217f.).«

Jüngers Akzeptanz der Technik beruhte auch im *Arbeiter* auf der Hoffnung, daß der Mensch in Zukunft die Technik beherrschen werde. Zwar akzeptierte er die Notwendigkeit, sich ihren Imperativen anzupassen, aber nur, weil sich dadurch die Chance zur Überwindung der technischen Dynamik und Anarchie abzeichne. Wohl sah er sich gezwungen, bei seiner Sehnsucht nach Abenteuer und elementarer, naturnaher Existenz deutliche Abstriche zu machen, aber dieses Zugeständnis erschien gerechtfertigt, weil es für ihn die Hoffnung auf eine Zügelung der technischen Dynamik eröffnete. Am Ende seiner Auseinandersetzung mit der Technik in der Weimarer Republik stand der Glaube, daß »die Entwicklung der Technik [...] nicht grenzenlos« sei (S. 164), sondern »in der organischen Konstruktion, der engen und widerspruchslosen Verschmelzung des Lebens mit den Mitteln, die ihm zu Gebote stehen«, einen harmonischen Abschluß finden werde (S. 226). Das ist die Utopie einer homogenen Gestaltung der Welt, in der die in »uferlose Bewegung geratenen Massen und Energien« ebenso ihren Platz finden werden wie die elementaren Kräfte des Lebens, welche bis dahin als Ausgeschlossene und Unterdrückte immer wieder Ursache von eruptiven Ausbrüchen und Katastrophen gewesen seien (S. 271 und 56).

Erst diese Utopie erlaubte es Jünger, die Erfahrung der Technik im Weltkrieg bruchlos mit seinen Zielvorstellungen zu verbinden. Nun konnte er die Herrschaft der modernen Technik über alle Bereiche der modernen Gesellschaft bis hin zum Zwang, der menschlichen Existenz einen reinen Arbeitscharakter zu geben, akzeptieren, weil der bürgerliche Traum von 1914, das »Geistige« werde schließlich über das »Materielle« triumphieren, in dieser Zukunftsvision wahr zu werden schien.

Wie läßt sich Jüngers Versuch, die Technik in traditionelle Zielvorstellungen einzubinden, zusammenfassend charakterisieren? Die seit den 60er Jahren verbreitete Bestimmung als »Antimodernismus« wird dem Phänomen nicht gerecht.

1. Die wörtliche Bedeutung des Begriffes als »gegen die moderne Gesellschaft gerichtet« ist zu weit und unspezifisch, da damit die unterschiedlichsten Kritiken an der modernen Gesellschaft von der konservativen Zivilisationskritik bis hin zum Marxismus und der Postmoderne in einen Topf geworfen werden.
2. Werden die Ideale der Aufklärung und der Französischen Revolution als notwendige Bestandteile der »Moderne« gesehen und die verschiedensten Gegenbewegungen als »antimodern« qualifiziert, so

wird die Realität der Moderne zugunsten einer normativ aufgeladenen Bestimmung ignoriert.

3. Versteht man unter »Antimodernismus« jene Kritik an der Moderne, die einen vormodernen Zustand als Ideal hochhält, wird gerade das orginellste Element am Denken von Ernst Jünger ignoriert: nämlich das Bemühen, eine zeitgemäße Alternative zur existierenden Moderne zu entwickeln. Auch der Versuch, einen Mittelweg zu gehen und auf vormoderne Elemente im Denken hinzuweisen, ist unbefriedigend, da jedes politische Denken auf Aspekte der Vergangenheit zurückgreift.

Die Kategorisierung von Jüngers Denken als »reactionary modernism«[49] überwindet diese Schwierigkeiten nicht. Wohl war dieses Konzept wichtig, weil es zu Recht die Bedeutung des Versuchs betonte, der konservativen Zivilisationskritik in der Weimarer Republik eine zeitgemäße Form zu geben; aber auch dieser Begriff identifiziert die »normale« Moderne mit emanzipatorischem Denken. Außerdem weckt die Charakterisierung als »reactionary« falsche Assoziationen, weil sich Jünger — wie auch die anderen Vertreter der sogenannten »konservativen Revolution«[50] — nicht reaktionär an einer früheren Gesellschaft orientierte, sondern die Vision einer anderen Moderne entwirft, in der nicht die systemischen Eigengesetzlichkeiten der Technik und des Marktes dominieren, sondern der Mensch.

Auch die Charakterisierung von Jüngers Denken als »irrational« kann nicht befriedigen. Jünger selbst lehnte eine Argumentation ab, die »das Irrationale« als Begründung anführt[51], und argumentierte — wie ich hoffe, gezeigt zu haben — bei seinen Angriffen auf den »Kultus der Vernunft«[52] rational. Der Vorwurf des Irrationalismus, der generell ohne weitere Begründung erhoben wird[53], enthält meist nichts als die pauschale Disqualifizierung eines unbequemen Denkens. Auch wenn die Verherrlichung des Krieges und der Haß auf Demokratie, Liberalismus und ein behaglich-unheroisches Leben in Jüngers Frühschriften befremden, so sind sie doch weder irrational noch antimodern. Eine normative Kritik an diesen Überzeugungen sollte sich nicht hinter scheinbar rein klassifizierenden Begriffen verstecken, sondern die politischen Vorbehalte offen aussprechen.

In einer Zeit, in der die technische Logik endgültig nicht mehr als beispielhafte Rationalität angesehen werden kann, erscheint es mir weniger wichtig, ein weiteres Mal auf die anti-demokratische und militaristische Haltung des frühen Ernst Jüngers hinzuweisen, als vielmehr die doch sehr konkreten Erfahrungen Ernst zu nehmen, die ihn zum Kritiker seiner Zeit gemacht haben.

In seinem Frühwerk unternahm Ernst Jünger den sehr verständlichen Versuch, die Realitäten der Moderne mit seinen Zielvorstellungen in Übereinstimmung zu bringen. Dabei wollte er vor allem das Mißverhältnis zwischen technischer Macht und menschlicher Ohnmacht, wie er es im Ersten Weltkrieg handgreiflich erlebt hatte, nachträglich gedanklich korrigieren. Die Angst vor dem technischen Wildwuchs motivierte die Suche nach einer anderen Moderne. Wenn dieses Unterfangen schließlich in der Vision einer total organisierten Welt mündete, so lag das an einer Überpointierung der Sachzwänge. Das aus Amerika importierte technokratische Denken[54], die einseitige Bestimmung des Lebens als »Wille zur Macht« und die unerschütterliche Überzeugung, daß sich hinter chaotisch erscheinenden Phänomenen eine tiefere Ordnung verberge, verdeckten den Blick für die Offenheit historischer Entwicklungen. So führte der Versuch, die Macht der Technik zu brechen, paradoxerweise zu der Vision einer technokratischen Welt des Arbeiters. Eine in Teilen bestechende Analyse der Technik, die viele Erfahrungen des Ersten Weltkriegs und der Weimarer Zeit auf den Punkt brachte, schlug in eine Utopie von einer Welt ohne menschliche Freiräume um.

Diese teleologische Hoffnung ermöglichte Jünger, das eigene Ohnmachtgefühl der Technik gegenüber zu akzeptieren und zum Ausdruck zu bringen; aber sie beinhaltete auch eine Verharmlosung der Widersprüche und Gefahren der technisierten Gesellschaft, die in der Zukunftsvision spekulativ aufgehoben wurden. Der feste Glaube an eine positive Entwicklung führte zum Akzeptieren der Destruktivität der Technik in der Gegenwart, da alle Probleme einschließlich der Umweltzerstörung[55] in der Zukunft eine Lösung finden würden. Erst die Erfahrung des Nationalsozialismus zerstörte diese Illusion.

Wie kam Jünger zu dem Glauben an eine Übereinstimmung zwischen seinen Idealen und den elementaren Kräften der Entwicklung, obwohl die Flucht aus der Gegenwart doch offensichtlich seine Prämisse, die Realität ohne Einschränkung zu akzeptieren, verletzte? Es scheint, als habe Jünger auf den Begriff des »Lebens« beziehungsweise des »Elementaren« zurückgegriffen, weil der im wissenschaftlich-technischen Zeitalter diskreditierte Begriff der Moral als schwach und altbacken erschien. Doch der Versuch, sich einen naturwissenschaftlichen Begriff zu borgen, führte zu neuen Schwierigkeiten. Eine Bestimmung des Begriffes anhand der bestehenden Zustände in der Gesellschaft mußte zu einer Identität von »elementaren Kräften« und herrschender Realität oder zumindest zu einer Vielfältigkeit des Begriffs führen. Die zur Kritik notwendige Eindeutigkeit und Schärfe konnte nur einer idealisierten Zukunft entnommen werden, in der sich das als elementar Angenommene mit voller Deutlichkeit zeigen würde. Mit dieser Strategie tauchten jedoch alle Probleme einer deterministischen Geschichtsphilosophie im Werk von Ernst Jünger auf. So führte der Versuch, dem wissenschaftlichen Denken einen technik-kritischen Begriff zu entwinden, in unauflösbare Widersprüche.

Anmerkungen

1 Friedrich Dessauer, Streit um die Technik, Frankfurt a.M. 1956, S. 26.

2 Max Schwarte, Einleitung, in: Die Technik im Weltkriege, hrsg. von M. Schwarte, Berlin 1920, S. 3.

3 Achim Schondorff, Grundlegung einer volkswissenschaftlichen Lehre vom Menschen, Leipzig 1936, S. 50f.

4 Einen Überblick über die technische Entwicklung bietet: Technik des Kriegswesens, hrsg. von Max Schwarte, Leipzig u.a. 1913. Zur Diskussion über die Technik in den Streitkräften vgl. Dieter Storz, Kriegsbild und Rüstung vor 1914. Europäische Landstreitkräfte vor dem Ersten Weltkrieg, Herford, Bonn 1992, S. 295–319.

5 Dessauer (wie Anm. 1), S. 24.

6 Zit. in Jakob Müller, Die Jugendbewegung als deutsche Hauptrichtung neukonservativer Reform, Zürich 1971, S. 35; vgl. auch passim.

7 Hans v. Hentig, Psychologische Strategie des großen Krieges, Heidelberg 1927, S. 38f.

8 Ernst Jünger, Das Abenteuerliche Herz. Aufzeichnungen bei Tag und Nacht, Berlin 1929, S. 104.

9 Michael Geyer, German Strategy in the Age of Machine Warfare, 1914–1945, in: Makers of Modern Strategy from Machiavelli to the Nuclear Age, ed. by Peter Paret, Princeton, N.J. 1986, S. 527–597, hier S. 537ff.

10 Ernst Jünger, Das Wäldchen 125. Eine Chronik aus den Grabenkämpfen 1918 (1925), Berlin [5]1930, S. 125f.

11 Nikodem Caro, Die Stickstoffgewinnung im Krieg, in: Die Technik im Weltkriege (wie Anm. 2), S. 537–551.

12 Ernst Jünger, Die totale Mobilmachung, in: ders., Krieg und Krieger, Berlin 1930, S. 9–30, hier S. 14. Vgl. auch Michael Geyer, Deutsche Rüstungspolitik 1860–1980, Frankfurt a.M. 1984, S. 99–105.

13 Darauf verweist eine kleinere Veröffentlichung vor dem Krieg (Hans-Harald Müller, Der Krieg und die Schriftsteller. Der Kriegsroman der Weimarer Republik, Stuttgart 1986, S. 216) und die Sorge, mit der Jünger selbst unter

Lebensgefahr sein Tagebuch bewahrte (vgl. z.B. Ernst Jünger, Feuer und Blut, Hamburg 51929, S. 208).

14 Die Technik im Weltkriege (wie Anm. 2), S. 140.

15 Das ist die Hauptthese des Buches von Müller (wie Anm. 13).

16 Sein erfolgreichstes Buch *In Stahlgewittern* erschien in 26 Auflagen von insgesamt 244000 Exemplaren und wurde in 7 Sprachen übersetzt, vgl. Karl Prümm, Die Literatur des Soldatischen Nationalismus der 20er Jahre (1918–1933). Gruppenideologie und Epochenproblematik, Kronberg/Ts. 1974, S. 101.

17 Vgl. zusammenfassend: Eugen Gottlob Winkler, Ernst Jünger und das Unheil des Denkens, in: Eugen Gottlob Winkler, Ausgewählt und eingeleitet von Walter Jens, Frankfurt a.M. 1960, S. 112–133, und Prümm (wie Anm. 16), S. 84.

18 Vgl. z.B. Marshall Salin, Historical Metaphors and Mythical Realities, Ann Arbor 1981.

19 Martin Meyer, Ernst Jünger, München u.a. 1990, S. 59.

20 Jünger, Das Abenteuerliche Herz (wie Anm. 8), S. 50.

21 Überblicke dazu bieten: Jahrhundertwende. Der Aufbruch in die Moderne 1880–1930, hrsg. von August Nitschke u.a., 2 Bde, Hamburg 1990; Corona Hepp, Avantgarde. Moderne Kunst, Kulturkritik und Reformbewegungen nach der Jahrhundertwende, München 1987.

22 Heinrich Rickert, Die Philosophie des Lebens. Darstellung und Kritik der philosophischen Modeströmungen unserer Zeit, Tübingen 1920.

23 Dies zeigt sich bei einem Vergleich zwischen der ersten und der zweiten Fassung von Jüngers *Das Abenteuerliche Herz* (1929 und 1938). Auch die zerstörerischen Aspekte der Technik beurteilte er nach 1933 kritischer; vgl. Karl Heinz Bohrer, Die Ästhetik des Schreckens. Die pessimistische Romantik und Ernst Jüngers Frühwerk, München u.a. 1978, S. 198.

24 Ernst Jünger, In Stahlgewittern. Aus dem Tagebuch eines Stoßtruppführers, Berlin 21922, S. 1.

25 So die zugespitzte Formulierung in der letzten Ausgabe der Stahlgewitter in: Ernst Jünger, Sämtliche Werke, 18 Bde, Bd 1, Stuttgart 1978, S. 271.

26 Müller (wie Anm. 13), S. 225–234.

27 Jünger, Stahlgewitter (wie Anm. 24), S. 7.

28 Ebd., S. 17, 231 und 20.

29 Ernst Jünger, Sturm, in: ders., Sämtliche Werke, Bd 15, Stuttgart 1978, S. 15 und 16.

30 Ders., Der Kampf als inneres Erlebnis, Berlin 1922, S. 52.

31 Ders., Das Abenteuerliche Herz (wie Anm. 8), S. 213.

32 Ders., Der Kampf als inneres Erlebnis, Berlin 21926, S. XI.

33 Diese häufig bei Jünger angedeutete Überzeugung findet ihren deutlichsten Ausdruck in seinem Buch: Der Arbeiter. Herrschaft und Gestalt, Hamburg 1932, S. 67.

34 Müller (wie Anm. 13), S. 219.

35 »Der Fürst hat die Pflicht, im Ringe seiner letzten zu sterben. Das können die Unzähligen verlangen, die vor ihm in den Tod gingen«; Jünger, Der Kampf als inneres Erlebnis (wie Anm. 30), S. 52.

[36] Z.B. S. 114, 80, 25f. und 107.

[37] Vgl. dazu Müller (wie Anm. 13), S. 246.

[38] Vgl. z.B. Der Waldgang, Frankfurt a.M. 1951, und Gläserne Bienen, Stuttgart 1957.

[39] Zit. nach Klausfrieder Bastian, Das Politische bei Ernst Jünger. Nonkonformismus und Kompromiß der Innerlichkeit, Diss. Heidelberg 1963, S. 77.

[40] Jünger, Sturm (wie Anm. 29), S. 16 und 45. Vgl. auch S. 48. Die dem ganzen Roman eigentümliche Offenheit gegenüber negativen Erfahrungen ist vermutlich der Grund für dieses »Vergessen«.

[41] Das Wäldchen (wie Anm. 10), S. VIII und 141; die folgenden Zitate ebd., S. IX und 74.

[42] Jüngers eigene Versuche, seine Frühschriften nicht als politische Stellungnahme, sondern als objektive Beschreibung zu sehen, können nicht überzeugen. Aber die Verleugnung ihres politischen Gehalts zeigt zumindest, daß er seit der NS-Zeit einen diktatorischen oder technokratischen Staat ablehnt.

[43] Das Wäldchen (wie Anm. 10), S. 178; im folgendem S. 74, 90 und 134.

[44] Feuer und Blut (wie Anm. 13), S. 22ff.; im folgenden S. 19.

[45] Das Wäldchen (wie Anm. 10), S. 21, 19 und 3; im folgenden ebd.

[46] Vgl. z.B. Jünger, Die totale Mobilmachung (wie Anm. 12), S. 15.

[47] Klaus Vondung, Die Apokalypse in Deutschland, München 1988.

[48] Diesen Gedanke vertrat damals vor allem Carl Schmitt.

[49] Geoffrey Herf, Reactionary Modernism. Technology, culture, and politics in Weimar and the Third Reich, Cambridge 1984.

[50] Siehe dazu Stefan Breuer, Anatomie der konservativen Revolution, Darmstadt 1993.

[51] Ernst Jünger, ›Nationalismus‹ und Nationalismus, in: Das Tagebuch, hrsg. von Leopold Schwarzschild, Berlin, 10 (1921), H. 38.

[52] Der Arbeiter (wie Anm. 33), S. 47.

[53] Um Jünger Irrationalität nachzuweisen, wäre zunächst der Nachweis nötig, daß die zur Kritik herangezogenen Werturteile und die eigene Einstellung rational sind. Doch kaum ein Autor setzt sich diesem schwierigen Unterfangen aus.

[54] Charles S. Maier, Between Taylorism and Technocracy: European ideologies and the vision of industrial productivity in the 1920s, in: Journal of Contemporary History, 1970 (5), Nr. 2, S. 27ff. Dessauer (wie Anm. 1), S. 28ff.

[55] Jünger, Der Arbeiter (wie Anm. 33), S. 213.

Bernd Hüppauf

Kriegsfotografie

Die Fülle an Vietnamfilmen, die in den siebziger und achtziger Jahren die Kinos überschwemmte und von einem nach Millionen zählenden Publikum auf der ganzen Welt gesehen wurde, machte schließlich die Beobachtung unübersehbar, daß das Genre Kriegsfilm sein kritisches und innovatives Potential erschöpft hat. Über Filme mit historischem Inhalt ist gesagt worden, daß

> »die bloße Masse geschichtlicher Bilder, die die zeitgenössischen Medien übermitteln, die Bindung zwischen öffentlichem Gedächtnis und privater Erfahrung schwächt. Die Vergangenheit läuft Gefahr, zu einer rasch wachsenden Ansammlung von Bildern zu werden, die leicht abrufbar, aber aus Zeit und Raum gelöst sind[1].«

Die Anfänge der Tendenz der fotografischen Abbildung zur Verselbständigung und *Isolation* und, in der Folge unbeschränkter Reproduktion, Variation und Verbreitung, zur *Entleerung* von konkreter Erfahrung ist schon in den Jahren nach dem Ersten Weltkrieg, etwa von Benjamin, Kracauer und Jünger und, wenig später, von Bazin beobachtet worden. In diesen Tendenzen lassen sich die wichtigsten Voraussetzungen für das allmähliche Verschwinden der Grenze zwischen Kriegsfilmen und Antikriegsfilmen vermuten. »The Deer Hunter«, »Full Metal Jacket«, »Apocalypse Now« oder »Gallipoli« sind mit Berechtigung als Kriegs- wie als Antikriegsfilme verstanden worden. Diese Ambivalenz gilt für die meisten neueren Filme, in denen Bilder von Krieg und Gewalt eine kriegerische und gewalttätige Wirklichkeit in zahllosen Reproduktionen und Variationen repräsentieren. Bilder moderner Krieger und Kriegstechnologie, von Tod, Töten und Vernichtung, in den Rahmen einer Leinwand oder eines Bildschirms gespannt und zum Konsum unter den allgemeinen Bedingungen des Konsums massenhaft reproduzierter Bilder freigegeben, werden in einem Rezeptionsspektrum aufgenommen, das in einem langfristigen Prozeß durch die Medien selbst geformt worden ist. Die Faszination durch die scheinbare Unmittelbarkeit des Ikonischen gegenüber der Vermittlung der Sprache hat sich erhalten und täuscht leicht über den komplexen Kode hinweg, der dem Betrachter diese Bilder verständlich macht, als ob sie natürlich wären. Eingebettet in die Medienkonvention der Isolation und Entleerung, denen die Rezipienten kaum anders als mit Überdruß oder Gleichgültigkeit begegnen, haben Film und Fotografie keinen Raum für die Entwicklung einer Bildersprache gefunden, die sowohl der Struktur des modernen Krieges gerecht würde als auch das Ideal einer Welt im Frieden zu repräsentieren vermöchte[2].

Mit dem Ende klarer moralischer Oppositionen im Genre Kriegsfilm ging eine Thesenbildung über die spezifische Verwandtschaft von Krieg und Film/Fotografie, ja über die strukturelle Identität der Technologie des modernen Krieges und der Fotografie einher. Besonders weit wagt sich Paul Virilio in dieser Hinsicht vor und argumentiert, daß Krieg und Film in einer Weise miteinander verknüpft seien, die zu der vollständigen *Zerstörung herkömmlicher Felder der Wahrnehmung* führe.

»Krieg ist Kino und Kino ist Krieg. [...] In der Ableitung von Figuren und Figurationen der physischen Realität gelangte die wissenschaftliche Theorie, auf die sich die militärischen Leistungen stützten, innerhalb eines halben Jahrhunderts selbst zu den surrealistischen Gipfeln eines kinematischen Unbekannten, der vollständigen Zerstörung der alten Wahrnehmungsfelder[3].«

Virilio schätzt es, seine Position in provokanter und extravaganter Weise, aber mit wenig Argumentation vorzutragen. Das sollte nicht darüber hinwegtäuschen, daß sich die Genese seiner Grundthese in die Geschichte der Medientheorien des 20. Jahrhunderts zurückverfolgen läßt.

Die ersten Einsichten in den komplexen Zusammenhang von Krieg und medialer Repräsentation sind in der Folge des Ersten Weltkrieges gemacht worden. Verdankte sich das Entstehen des offiziellen Bild und Filmamtes (BUFA) den bloß propagandistischen Absichten der OHL während des Krieges, so führte die enge Verbindung von Fotografie und Krieg in der Nachkriegszeit zu ersten Überlegungen über die Veränderungen in der Wahrnehmung von Wirklichkeit in einem anthropologischen Sinn. Die außer-moralische Perspektive der Theorien, die ethische Gesichtspunkte zugunsten einer Theorie der Wahrnehmung außer acht läßt, hat ihre Ursprünge in Reflexionen über Film und Fotografie aus der Zeit, die nach 1918 mit den Erschütterungen des zivilisatorischen Selbstverständnisses umging, ohne dabei auf die humanistische Tradition und das aufklärerisch optimistische Bild vom Menschen zurückgreifen zu können. Denn aus der Perspektive vieler Zeitgenossen hatten sich Fortschrittsgedanke und Humanismus auf den Schlachtfeldern endgültig desavouiert. Fragen nach der bildlichen Repräsentation dieses Krieges hingen auf elementare Weise mit der Erfahrung einer Krise der europäischen Zivilisation zusammen und stellten sich daher als Fragen der Kriegsfotografie auf verschärfte Weise. Nachdem das vom Feldherrnhügel überschaubare Schlachtfeld endgültig zu einer Erinnerung an vergangene Feldzüge geworden war, die farbigen Uniformen in den ersten Wochen dieses Krieges und die Heldentaten früherer Kriege in der Anonymität der Massenheere verschwunden waren, stellten sich Fragen, die es bis dahin für die Repräsentation von Krieg in Literatur und Kunst nicht gegeben hatte. Ließen sich überhaupt noch Bilder denken, die für diesen Krieg repräsentativ waren, oder war er nicht gerade dadurch charakterisiert, daß er weder die räumliche Einheit des Schlachtfelds noch die Erfahrungseinheit des Kampfes bewahrt hatte, die Kriege traditionell zu Ausnahmesituationen und zu ›Heldenzeiten‹ gemacht hatten? Zerfiel dieser Krieg nicht in eben derselben Weise wie die Industriegesellschaften der Vorkriegszeit in fragmentierte Einzelwirklichkeiten, deren Zusammenhang nicht erlebbar war? Wie kann ein Krieg repräsentiert werden, der letztlich nicht auf dem Schlachtfeld, sondern durch die Effizienz ökonomischer Produktion, technologische Innovationen und die Stabilität gesellschaftlicher Organisationen entschieden wird?

Ernst Jünger war bei der Edition von zwei der zahlreichen Fotobände zum Ersten Weltkrieg, die seit Mitte der zwanziger Jahre in Deutschland erschienen, beteiligt und machte seither regelmäßig Kommentare über Fotografie, insbesondere über den Zusammenhang von Krieg und den veränderten Formen der Wahrnehmung im Zeitalter der Technologie[4]. Nach Jünger entsprach die kalte und distanzierte Perspektive des Kameraobjektivs der Struktur des modernen Schlachtfeldes, der menschliche Blick verändere sich entsprechend und gleiche sich dem »Sehen« der Kamera an[5]. Der Prozeß der ungehemmten Entfaltung moderner Technologie auf dem Schlachtfeld habe die anthropologischen Bedingungen der menschlichen Wahrnehmung nicht unverändert gelassen. Der objektive Charakter des fotografischen Prozesses in der Repräsentation der Wirklichkeit könne als das Modell des neuen Verhältnisses zwischen den gehärteten Sinnen des Menschen und seiner Welt gesehen werden. In den Strukturen der Apperzeption wiederhole sich, so diese These, die Struktur der modernen Welt, die auf dem technologischen Schlachtfeld gesteigert erfahren wurde, und die Fotografie bilde das Muster für dieses Verhältnis. Die oft beschworenen Implikationen der Immoralität dieser Sicht von Krieg als einer anthropologischen Erfahrung und seiner Zuspitzung auf Fragen der

Wahrnehmung waren für Jünger ohne Bedeutung. Er stellte seine Beobachtungen auf einem Feld an, das er auf dieselbe Weise jenseits von Ethik definierte wie etwa die Evolution. Auch den entscheidenden Unterschied zwischen der Welt des Kriegs und Friedens, nämlich die Omnipräsenz der Todesdrohung auf dem Schlachtfeld, sah er in anthropologischer und nicht in moralischer Weise, wenngleich er die Konsequenz der traditionellen Heroisierung von Taten im Angesicht des Todes in Kauf nahm oder gar als Steigerung des menschlichen Lebens propagierte und damit positiv bewertete. Im Zentrum seiner Repräsentationstheorie steht jedoch die Idee eines simultanen Prozesses der Dekomposition bürgerlicher Subjektivität und des Auftauchens des kalten, unbeteiligten Blicks der Kamera[6]. Das künstliche Auge der Fotografie liefere der Zeit radikale Bilder vom Untergang des Individuums und der sozialen Physiognomie, die im Zeichen der Geburt des »Arbeiters« gelesen werden müßten. Das neue Zeitalter sei durch eine tiefe Verbindung zwischen den neuen Maschinen und einem »neuen Menschentyp« charakterisiert[7].

Wie weitgehend sich Jünger auch in späteren Jahren, als er seine Position der zwanziger Jahre zu revidieren unternahm, von Emotionalität und einer wertenden Perspektive distanzierte und die Bereiche von Ethik und Ästhetik getrennt zu halten suchte, macht eine Eintragung im Tagebuch von 1945 deutlich. Am 11. Januar erfuhr er, daß sein Lieblingssohn Ernstel im Alter von 18 Jahren im Kampf umgekommen war. Er betrachtet daraufhin Fotos von seinem Sohn und entwickelt dabei »neue Ideen über Fotografie.« Er notiert den folgenden Kommentar:

> »Kein Lichtbild kann mit einem guten Gemälde wetteifern in der Domäne, in der die Kunst regiert und wo Ideen und Bewußtsein herrschend sind. Doch ist den Photographien eine andere, dunklere Qualität eigen — das Lichtbild ist ja im Grunde ein Schattenbild. Es gibt etwas von der Substanz des Menschen, von seiner Ausstrahlung, ist ein Abdruck von ihm. In diesem Sinn ist es der Schrift verwandt[8].«

Bei der Gelegenheit des Todes seines Sohnes auf dem Schlachtfeld denkt Jünger zwar nicht an den Neuen Menschen, hart und emotionslos, aber er beschränkt sich in der Tagebucheintragung doch auf die nüchterne Reflexion. Daß der Abgebildete im Foto auf eine Weise anwesend sei wie der Schreiber in seiner Schrift, in der er seinen *Abdruck* hinterlasse, nähert seine Einsicht in den Prozeß der fotografischen Repräsentation der Ausdruckstheorie von Ludwig Klages an. In der Weise, wie der Graphologe den einmaligen Charakter des Schreibenden in den Spuren zu finden sucht, die er, ohne beim Schreiben die Absicht dieser Selbstenthüllung gehabt zu haben, auf dem Papier hinterläßt, so sieht Jünger in der Fotografie die Substanz der Person bewahrt. Ohne es zu intendieren, hinterlasse der Abgebildete im Foto eine aktive Leistung der Person, seinen Abdruck. Durch den mechanisch-chemischen Prozeß der Fotografie hindurch wirkt, nach dieser Auffassung, eine Aktivität der abgelichteten Person, die dem Akt des Schreibens mit Feder und Tinte entspricht[9]. Die *Ausstrahlung* des Menschen scheint direkt in das fotografische Bild einzugehen. Sein Wesen strahlt von der Repräsentation aus, ohne daß die physische Anwesenheit des Fotografierten noch nötig wäre. Fotos schaffen für Jünger eine Wirklichkeit, in der die Bedingungen von Zeit und Raum außer Kraft gesetzt werden, so daß eine abwesende oder auf immer verlorene Person wie durch Magie ihre Anwesenheit bewahrt, und gleichzeitig versteht er Fotografien als Konstruktionen, die den Regeln der Mechanik des Apparats folgen. Während »Ideen und Bewußtsein« in diesem Prozeß abwesend seien, jedenfalls weit hinter ihrer Bedeutung in der bildenden Kunst zurückträten, betont Jünger den zauberhaften Anstrich der Fotografie, ihre dunklere Qualität, bewußtlos Anwesenheit zu schaffen. Er vermeidet jeden offenen Anklang an die Sprache der Psychoanalyse. Diese Nähe ist aber zweifellos gegeben, insbesondere sobald man an Benjamins Überlegungen zur Graphologie denkt. Er betont die Verbindung von Interpretation der zeichnerischen Qualitäten von Schrift mit dem Aufdecken von unbewußten seelischen Vorgängen[10]. Benjamins Reflexionen zur Leistung der »neuen Graphologie« als einer Übertragung des Abwesenden auf das graphische Bild der Schrift verdankten sich einem psychoanalytisch angeregten Verständnis von Repräsentation, in dem Übergänge von graphischer Form zu psychischem Inhalt, und damit von visueller zu verbaler Bildlichkeit für das Entdecken verborgener Wirklichkeit fruchtbar gemacht werden. Die Nähe von Jüngers These, daß im Foto auf dieselbe Weise wie in der Schrift etwas von der ›Substanz‹ des Abgebildeten zum Ausdruck komme, zu Benjamins Ideen über Graphologie als einer Technik, das Abwesende lesbar zu machen, sind offensichtlich. Bei allen Gemeinsamkeiten dieser zeitgemäßen Anschauungen bleiben Jüngers Begriffe von Substanz, Ausstrahlung oder Abdruck der expressionistischen Ausdruckslehre von Klages verpflichtet und vermeiden theoretische Systematisierung.

In dem Maß, in dem die moderne Wirklichkeit das Produkt von Wissenschaft und Technologie geworden ist, ihre Konsistenz und Kontinuität verloren hat und sich durch Prozesse abstrakter Vermittlung dem Erleben entzieht, ist das Verhältnis von bildlicher und sprachlicher Repräsentation problematisch geworden. Die Tendenz zur Abstraktion in der Moderne verlangt Begrifflichkeit und entzieht sich einer bildlichen Wiedergabe der sichtbaren Oberfläche. Zu dieser Tendenz steht die populäre Auffassung der Fotografie und das unbezweifelte dokumentarische Potential dieses Mediums in einem Spannungsverhältnis. Die Repräsentation des modernen Krieges durch Film und Fotografie liefert ein irritierendes Beispiel für das Schwinden der Beziehung zwischen Wissen und Erfahrung. In der Folge eines ungelösten Widerspruchs zwischen Bildern und Strukturen findet sich in ihr eine asymmetrische Beziehung zwischen Abstraktion und bildlichen Repräsentationen.

***

Der Aufsatz geht von der Hypothese aus, daß die Repräsentation des modernen Krieges in Film und Fotografie vor einem unlösbaren Dilemma steht: Moralisches Engagement ist an einen bildlichen Kode gebunden, der mit den formalen Anforderungen an die Repräsentation einer hoch abstrakten Wirklichkeit kollidiert. Gegenüberstellungen von Bildern des menschlichen Antlitzes und der zerstörerischen Gewalt moderner Kriegstechnologie leiden an einem internen Widerspruch: Sie zielen darauf ab, eine Dichotomie zwischen Krieg und Zivilisation zu erhalten. Dieser Versuch beruht jedoch auf einem Bild vom Menschen und von der Natur, das durch die Struktur der modernen Zivilisation selbst — eine Struktur, die sich auf dem Schlachtfeld lediglich verdichtet und beschleunigt, aber nicht grundsätzlich unterschieden zeigt — zunehmend zersetzt wird. Eine Ikonographie, die sich aus einer Gegenüberstellung des menschlichen Angesichts und inhumaner Technologie speist, verzerrt ein kompliziertes Abhängigkeitsverhältnis durch eine simplifizierende binäre Opposition. Eine Bilderwelt, die sich durch die Mittel von Film und Fotografie auf dieser Opposition aufbaut, ist das Produkt des zunehmend unzeitgemäßer werdenden Versuchs, die elementaren Konstitutionsprinzipien der Moderne zu ignorieren und ihr das idealisierte Bild einer Welt im Frieden gegenüberzustellen[11].

Die Landschaft des modernen Krieges ist weitgehend durch die Möglichkeiten und Anforderungen der Kommunikationstechnologie des elektronischen Zeitalters bestimmt. Gleichzeitig sind Strukturen moderner Technologie in einem solchen Maß ununterscheidbar von den Konstitutionselementen des Kriegsraums geworden, daß die Ästhetik eines moralisch begründeten Kriegsdiskurses Gefahr läuft, obsolet zu werden und gegenüber der Ästhetik eines außer-moralisch und rein technologisch konstruierten Kodes lediglich einen psychologisch zu erklärenden Kompensationseffekt behält. In diesem Prozeß haben Fotografie, Film und die elektronischen Medien selbst eine aktive Rolle gespielt[12]. Der Ursprung des Prozesses der Abstraktion — der schließlich zu den von jedem Raum für Erfahrung entleerten, aber phantastischen und spielerisch leichten elektronischen Bildern des Golfkriegs führte — läßt sich ins späte 19. Jahrhundert zurückverfolgen. Seine Konsolidierung und seinen ersten Höhepunkt brachte der Erste Weltkrieg, insbesondere die neue Luftfotografie. Die auf ihn folgenden, moralisch begründeten Antikriegsfilme sehen sich dem Problem gegenüber, daß die Eigenart ihrer Bilder und das Prinzip ihrer Repräsentation dem Repräsentierten gegenüber unangemessen sind oder ihm gar widersprechen, das heißt die Destruktion des Menschen durch die Bedingungen des technologisch-wissenschaftlichen Zeitalters verdecken.

Der Amerikanische Bürgerkrieg hatte der Kriegsfotografie eine erste weite Verbreitung und Popularität gebracht[13]. Stereographische Fotografie wurde entwickelt, und fotografische Alben, etwa die von Gardener oder Haupt-Russell, bildeten die Grundlage für eine gänzlich neue Präsenz von Kriegsbildern in der Öffentlichkeit. Alexander Gardner, ›Autor‹ eines *Photographic Sketchbook of the War* (1866) schrieb, daß es unsicher sei, ob »sprachliche Repräsentationen« Orte und Ereignisse des Krieges genau wiedergäben, »aber ihre fotografischen Wiedergaben werden von der Nachwelt mit zweifelsfreiem Vertrauen aufgenommen werden[14].« Gardner hatte sich nicht getäuscht, und Beispiele für einen solchen Glauben sind bis heute zahlreich. Dennoch war es der Amerikanische Bürgerkrieg, in dem — trotz der zahlreichen Fotografien von Helden und Leichen — die Repräsentation von Krieg zum erstenmal von der unsichtbaren Struktur der modernen Destruktionslandschaft geprägt wurde. Ein in Ansätzen industrialisiertes Schlachtfeld, neue Waffen und moderne Formen der Kommunikation brachten das Ende des traditionellen Krieges. Der ökonomische, soziale und kulturelle Prozeß der Rationalisierung begann nun, auch das Schlachtfeld zu erfassen. Nach unklaren Anfängen im Krimkrieg begann zum erstenmal eine Spannung zwischen Kriegsbildern und der sich langsam abzeichnenden abstrakten, technologischen Struktur des Schlachtfeldes eine bedeutende Rolle für die Entwicklung eines Bilderkodes zu spielen.

In seiner Analyse von drei Alben des Bürgerkrieges kritisiert Alan Trachtenberg die verbreitete Vorstellung, daß der Bürgerkrieg in seinen Fotografien mit dokumentarischer Exaktheit festgehalten sei. Er interpretiert einzelne Bilder und Alben im sozialen und kulturellen Kontext ihres Entstehens und ihrer Wirkung. In dem Maß, in dem die sozialen und kulturellen Bedingungen, unter denen diese »Dokumente« entstanden und gesehen wurden,

> »aus dem Feld der Wahrnehmung ausgeblendet bleiben [...] erscheinen Fotografien unvermittelt, wie unschuldige Repräsentationen — und ihre scheinbare Unvermitteltheit wird gerade zu ihrer ideologischen Botschaft: daß sie durch ihre Verbindung von Wissenschaft und Kunst die Natur ungebrochen widergäben. Es ist gerade dieser Akt des scheinbaren Sichtbarmachens der Welt selbst, durch den die Fotografie als solche aus der Sicht verschwindet[15].«

Diese Eigenschaft der Fotografie, hinter einer Wirklichkeit, die sie dem Anschein nach lediglich *re*-konstruiert, zu verschwinden, trug entscheidend zu ihrem Siegeszug bei. Die Geschichte der Fotografie und ihrer Rezeption zeigt, daß Trachtenbergs an der Fotografie des Amerikanischen Bürgerkrieges gewonnene Beobachtung generalisiert und auf die Geschichte der sich rasch entwickelnden Kriegsfotografie übertragen werden kann. Eine pseudo-natürliche, ideologische Lesart setzt — im Gegensatz zur Forderung Arnheims nach Reflexivität — die Standards.

Die Alben des Bügerkrieges gingen über das Herstellen eines Vorrats scheinbar natürlicher Bilder, deren Ikonographie das kollektive Gedächtnis formten, einen entscheidenden Schritt hinaus. Sie schufen einen spezifischen Kode, der die Erinnerung einer eigenen Ordnung unterwarf: der Norden und der Süden, schwarz und weiß, Recht und Unrecht, Erfolg und Fehlschlag wurden in Bildern von Kampf, Tod und kriegswichtigen Tätigkeiten und Ereignissen aufeinander bezogen, und die Oppositionen schufen ein eigenes Muster bildlicher Erinnerung. In der Kombination mit einer offen ideologischen Rhetorik und der »Schaustellung der traditionellen Flamboyanz des Offizierskorps«[16] trugen diese Fotos zum Entstehen eines moralisch besetzten Diskurses bei, in dem das Zusammenspiel von Bildlichkeit und Begrifflichkeit sich zu einem System verstärkte, das dem amerikanischen Kollektivgedächtnis eine machtvolle Ordnung einschrieb. Eine Dekodifizierung dieses durch öffentliche Kommunikation und den politischen und kulturellen Rahmen verstärkten Kodes setzt analytische Distanz voraus. Löst man ihn aus dem Netz seiner moralischen Bindungen, wird eine verborgene Sprache sichtbar, die, besonders im Haupt-Russell Album, die Mentalität industrieller Produktion und des ökonomisch nüchternen Kalküls enthüllt, die die amerikanische Nachkriegsgesellschaft grundlegend ändern sollte. Trachtenberg argumentiert, daß aus der Verbindung von Bild und Text im Haupt-Russell Album die Verknüpfung von Industrialisierung und militärischem Reglement abzulesen sei. Russells Album könne als das Dokument nicht so sehr eines Krieges, sondern der mentalen Mobilisierung gelesen werden, die zur ökonomischen und sozialen Modernisierung der Nachkriegszeit führte. In diesem Album werde durch das Medium der Fotografie die Modernität des Krieges ausgestellt und an die technologischen, sozialen und kulturellen Strukturen des Nordens gebunden.

»Die Fotografie zeigte sich in der Tat als ein beachtliches Element in der Modernität des Kriegs, und darin, was diesen Krieg zu einer bestimmenden Scheidemarke in der Transformation Amerikas in einen modernen Nationalstaat und eine militärisch-industrielle Macht machte: die Kraft der Kamera zum Sichtbarmachen, und zwar in Bildern, die mit dem Ereignis gleichzeitig sind, prägte dem Krieg den endgültigen Stempel der Modernität auf[17].«

Wärend der erste Einsatz des Maschinengewehrs, moderne Formen der Nachrichtenübermittlung und Fotografie im Amerikanischen Bürgerkrieg den Anfang des industrialisierten Krieges zwar bereits ankündigten, entstanden die Bedingungen für das Auftauchen der »ouvriers de la destruction«, wie Barbusse 1917 die Soldaten nannte, erst während des Ersten Weltkrieges. Der im engeren Sinn moderne, technologische Krieg ist mit dieser Inversion des Arbeitsbegriffs unauflösbar verknüpft. Die Transformation des Arbeitsbegriffs von der Produktivität zur Destruktion bildet die Voraussetzung für die paradigmatische Disproportionalität von vernünftig begründeten Zielen und dem zu ihrer Durchsetzung bereitstehenden technologischen Potential der Destruktion. War es seit dem 17. Jahrhundert zunehmend gelungen, den Krieg zu »hegen«, indem er juristischen und politischen Regeln unterworfen wurde, so führte die Inversion des Arbeitsbegriffs in der Industrialisierung des modernen Krieges zu einer neuen Schrankenlosigkeit. Der moderne Krieg folgte der Tendenz zur Totalität nicht allein in dem Sinn, daß er Gesellschaften als ganze einbezog und alle Ressourcen mobilisierte, sondern auch, indem er keine Maßstäbe außerhalb seiner selbst anerkannte. Die Ansätze zu dieser Entwicklung lassen sich aus der Retrospektive in die Zeit des Amerikanischen Bürgerkrieges zurückverfolgen, ebenso wie auch die damit verbundenen Probleme der Repräsentation in dieser Zeit, genauer gesagt wohl bereits im Krimkrieg auftauchen. Im eigentlichen Sinn jedoch entfalten sich die Probleme der Repräsentation von Destruktion erst im frühen 20. Jahrhundert und sind an die Krise der Erfahrung sowie an den Zerfall der tradierten Kategorien von Raum und Zeit gebunden. Zur Schwellenerfahrung wurde der Erste Weltkrieg durch seine »Absurdität«: ein scheinbar endloser Krieg, der sich offenbar von vernunftgeleiteter Kontrolle befreit hatte und dessen Morden und Destruktion sich in einer Dimension jenseits der durch politische Rationalität oder moralische Legitimationen gesetzten Proportionen aus einer Eigendynamik fortsetzte, während er doch den Gesetzen von Technik, Naturwissenschaften und ökonomischem Kalkül folgte wie kein anderer Krieg zuvor.

Im Ersten Weltkrieg wurden Film und Fotografie sowohl für die militärische Strategie[18] als auch für die Formung des kollektiven Gedächtnisses bedeutsam. Die bloße Zahl an Fotografien dieses Krieges ist bemerkenswert. Zehntausende von Fotos in öffentlichen und privaten Archiven scheinen den Historiker mit einer kompletten Dokumentation jeder Phase und jedes Aspekts dieses Krieges zu versehen: der stolze Soldat in seiner neuen Uniform und die begeisterten Massen von 1914; die ersten Wochen des Bewegungskrieges; die Gräben; technische Neuerungen wie Zeppelin und Flugzeug, Panzer, Gas, Flammenwerfer und neue Artillerie; die großen Schlachten von Verdun, der Somme, Flandern; Tote, Verwundete, Verbandsplätze, Genesungsheime; die exotischen Fronten; die Heimatfront; Kriegsgefangenenlager und viele weitere Seiten dieses Krieges sind hundert- und tausendfach dokumentiert[19]. Waren Kriegsbilder im Krimkrieg durch Fotografie zum erstenmal ›demokratisiert‹ worden[20], so verwoben sich nun Krieg und öffentliches Kriegsbild zu einer unlösbaren Einheit, die sich in den Jahren nach dem Waffenstillstand im kollektiven Gedächtnis immer fester zusammenfügte. Während des Krieges erschienen in Frankreich, England und Deutschland Fotos, die von der Zensur freigegeben worden waren, in Zeitungen und Zeitschriften (gelegentlich in Sondernummern zur Erinnerung an besondere Ereignisse oder zu Jahrestagen), als Postkarten und Sammelbilder oder als Illustrationen in Dokumentar- und Bildbänden. Nicht unwesentlich hat die Fotografie zur bildlichen Ausfüllung des Begriffs vom »Großen Krieg« beigetragen, der bis heute in der englischsprachigen Welt benutzt wird. Viele Bildsammlungen gebrauchten weiterhin Reproduktionen von Zeichnungen und Lithografien, oft weil Fotos bestimmter Ereignisse (vor allem von Schlachten und schnellen Aktionen) nicht verfügbar waren oder die Kamera nicht in der Lage war, die gewünschte Perspektive zu liefern. Trotz mancher Einschränkungen stand die Fotografie jedoch nicht länger in Konkurrenz mit den traditionellen Techniken der bildenden Kunst[21]. Die dominante Position der Fotografie war nun als Folge ihrer dokumentarischen Genauigkeit und bald auch im Sinn von Aktualität unangezweifelt. Malerei, Zeichnung und Grafik begannen, sich am Standard der Detailgenauigkeit der Fotografie auszurichten, oder schlugen den entgegengesetzten Weg ein, indem sie sich von den Zwängen der Mimesis zunehmend befreiten. Bereiche, die der bildenden Kunst in der Darstellung des Krieges offen blieben, waren etwa Satire, Karikatur (insbesondere der Leistungen der Gegner) und Propaganda (insbesondere Plakate für Kriegsanleihen und ähnliche Öffentlichkeitsarbeit), wo Symbole und Allegorien zur Seelenmassage eingesetzt wurden.

Im Krieg fotografierten auf deutscher Seite Soldaten, Offiziere und offizielle Berichterstatter, Zeitungs- und Agenturreporter sowie Zivilisten bei Frontbesuchen. Die hunderttausende von Fotos vom Leben an der Front und unter den Bedingungen des modernen Krieges verschwanden nach Kriegsende nicht in Archiven (sie gehörten noch kaum zu den Sammelobjekten der Archive) oder Schubladen, sondern wurden gesammelt und zur Erinnerung an Tote, deren Gräber oft nicht in Reichweite oder nicht einmal bekannt waren, und an eine bald kaum noch verständliche Zeit aufbewahrt. Kriegsfotos bildeten einen, historisch gesehen, neuen Teil der privaten Erinnerungswelten, indem sie individuelle Biographien mit Weltgeschichte ikonographisch verknüpften. Sie wurden zu prominenten und in Einzelfällen machtvollen Elementen in der bald von Bildern überfluteten Sphäre, dic wir heute mit dem blassen Begriff der Öffentlichkeit bezeichnen. Die Ausbildung eines modernen Bilderkodes für das kollektive Gedächtnis vom modernen Krieg (das nicht auf eine dünne privilegierte Schicht begrenzt ist) ist aufs engste mit der Fotografie des Ersten Weltkrieges verknüpft. Seine Schlachtfelder hatten über politische, soziale und nationale Grenzen hinweg eine Gemeinsamkeit von Erlebnissen erzwungen, und seine Fotografie stellte für die Erinnerung eine neuartige Gemeinsamkeit der Bildersprache her.

Fotografien erschienen als Illustrationen in populären und akademischen Geschichtsbüchern und in der Flut an militärischer Literatur, die nach Kriegsende zu erscheinen begann; sie wurden in militärischen Ausbildungsprogrammen eingesetzt. In Deutschland erschienen nach 1920 zahlreiche Fotobände, die mit pazifistischen oder mit militanten Intentionen zusammengestellt waren (und gelegentlich identisches Bildmaterial benutzten). Ernst Friedrich gründete sein einzigartiges Antikriegsmuseum aufgrund seiner in mühevoller Kleinarbeit zusamnmengetragenen privaten Sammlung von grausamen Aufnahmen und publizierte 1924 eine Auswahl als Buch mit Bildunterschriften in vier Sprachen. Einige Filme mit Originalaufnahmen wurden öffentlich und in Veranstaltungen der Veteranenvereine gezeigt (die meisten Filme benutzten jedoch nachgestellte Kampfszenen). Darüber hinaus bildeten sich Millionen von privaten Sammlungen von Amateurfotos, Postkarten, professionellen Sammlerstücken in Alben und an den Wänden von Wohn-, Arbeits- und Kinder- (vorwiegend Jungen-)zimmern. Vor der Einführung der elektronischen Medien machte die Fotografie eine bis dahin undenkbare Präsenz von Kriegsbildern in den ›friedlichen‹ Gesellschaften nach 1918 möglich. Diese massive Anwesenheit von Kriegsbildern hatte nachhaltigen Einfluß auf die Strukturierung des kollektiven Gedächtnisses und des öffentlichen politischen und kulturellen Diskurses. Die Fotografie trug zum Entstehen einer Spannung zwischen dem kollektiven Gedächtnis und der Struktur des modernen Krieges ebenso wie zwischen dem Ideal der zivilen Gesellschaft und ihrem Bilderhaushalt bei. War eine solche Spannung bereits in nuce in der Kriegsfotografie des 19. Jahrhunderts angelegt, so entfaltete sie sich unter den Schockerfahrungen des Weltkrieges erst in voller Dimension.

In der Folge des Krieges wandelte sich das Bild vom Menschen, Zeit und Raum entleerten sich von überkommenen Formen der Erfahrung, und Fotografie wurde für den Prozeß der Veränderung der Wahrnehmung im Zeitalter der Technologie funktional. Es ist eine offene Frage, ob mit der Einführung von Fotografie und Film ein neues Verhältnis des Menschen zu seiner Welt im anthropologischen Sinn entstanden oder ob diese neue Sinnlichkeit potentiell schon immer Teil der conditio humana gewesen sei[22]. Die seit dem Beginn dieses Jahrhunderts gemachten Beobachtungen über die strukturelle Verwandtschaft zwischen der Abstraktion des neuen Sehens und primitiver Kunst legen den Gedanken einer Kontinuität nahe. Die neuen Formen der Wahrnehmung erscheinen dann zwar als ein Bruch mit den Projektionen einer homogenisierten Wirklichkeit in der Neuzeit, gleichzeitig aber als die technologisch transformierte und verschärfte Wiederkehr von älteren, elementaren Modellen der Welt und des menschlichen Verhaltens in ihr. Wurde der Krieg zu einem wichtigen kollektiven Erlebnis, das das Vertrauen auf die Einbettung des Menschen in natürliche und zivilisatorische Zusammenhänge, das in den Sprachen der Literatur, Philosophie oder Mathematik gleichermaßen ausgedrückt wurde, nachhaltig untergrub, so hielten doch Abstraktion und Fragmentierung, von Ausnahmen abgesehen, keinen Einzug in die öffentliche Bildersprache des Krieges. Trotz des verbreiteten Wissens über Einzelheiten des modernen Krieges, seine Millionenarmeen, Waffensysteme, Depersonalisierung und die Bedeutung der Ökonomie, wurde er weiterhin vorwiegend mit archaischen Bildern vom individuellen Leid und Heroismus verbunden[23]. In Fotografie und Film erhielt sich eine Tendenz, diesen Krieg als eine Fortsetzung traditioneller Formen von Krieg, die um neuere Waffen erweitert waren, abzubilden. In der öffentlichen Bilderwelt erhielt sich ein vor-moderner oder romantischer Krieg, der 1915 an sein Ende gekommen war, auch dort, wo an die Stelle früherer Bilder von Enthusiasmus nun Bilder von Leid, Verzweiflung oder Tod traten. Die strukturellen Veränderungen, die einen neuen Raum der Destruktion konstituierten, für den aber lediglich das alte Wort »Front« zur Verfügung stand, gingen in einem Bilderkode unter, als dessen Zentrum der rennende, kämpfende, rastende, essende, lachende, sterbende Soldat erhalten blieb.

Wir kennen nun die ›typischen‹ Filme der Zeit. Mit statischer Kamera und schlechter Beleuchtung aufgenommen, zeigen sie die unscharfen Figuren von Soldaten in langen Mänteln und Helmen, Gewehr im Arm und Granaten am Gürtel, an der Leiter stehend, dann über den Grabenrand springend, meist in der Diagonale über eine schwarze Fläche rennend, von der wir wissen, daß es das »Niemandsland« oder die »Todeszone« ist, dann am Bildrand verschwindend oder, selten, die Arme in die Luft werfend und in die Knie brechend, als Folge, wie wir wissen, des für uns unsichtbaren Gewehr- und MG-Feuers aus dem feindlichen Graben. Spiel- und Dokumentarfilme und Fernsehserien haben solche Bilder popularisiert. Ihr dokumentarischer Charakter ist unbezweifelt, besonders wenn sie im Fernsehen von den Kommentaren von Veteranen, die ihre eigenen Geschichten vom Kampf und Überleben erzählen, oder von Historikern, die den politischen Hintergund und die strategische Bedeutung der besonderen Schlacht erläutern, begleitet und verständlich gemacht werden. Kinofilme, in denen oft die erhaltenen wenigen Meter an Originalaufnahmen mit gestellten

Sequenzen und späterer Schauspielerei kombiniert sind, hatten einen beachtlichen Anteil an der Verbreitung eines Bilds vom Krieg, *wie er wirklich war.* Dies Bild vom Krieg, das im öffentlichen Gedächtnis durch solche ›dokumentarischen‹ Fotos und Filme entstand, spricht jedoch von einer Wirklichkeit, die es nicht mehr gab. Indem sie sich auf eine Oberfläche konzentrieren, die mit der Wirklichkeit des modernen Krieges nicht mehr identisch war, liefern sie einen wirkungsvollen Beitrag zum öffentlichen Diskurs über den Krieg. Während sich unter seinen Bedingungen Soldaten in anonyme Kampfmaschinen und das Kampffeld in abstrakte, ökonomisch-technologische Beziehungssysteme verwandelten, schuf die ›dokumentarische‹ Repräsentation eine Bildersprache, in der sich tradierte Wahrnehmung als Perversion des romantischen Kriegsbildes erhielt. Mit der mimetischen Autorität des modernen Mediums ausgestattet, erhielt die Kriegsfotografie einen Kode, der die spezifische Modernität des Krieges gerade zum Verschwinden brachte. Die Tendenz im technologischen Krieg, den Soldaten in der Statistik verschwinden zu lassen und sein Handeln zum Appendix anonymer Strukturen zu reduzieren, blieb für das fotografische Objektiv weitgehend unsichtbar und wurde folglich in der Bildergeschichte des Krieges ›vergessen‹. Dieser innere Widerspruch war für das kollektive Gedächtnis, soweit es von Filmen und der Masse der Fotografien geprägt wurde, folgenreich. In einer Kultur, die in hohem Maß auf das Auge fixiert ist, trugen die neuen Medien zum politischen und kulturellen Nachkriegsprojekt bei, eine imaginierte Wirklichkeit zu erfinden, die die Modernität des Krieges negierte. Ihr — meist unwillentlich geleisteter — Beitrag zu diesem umfassenderen Projekt einer kollektiven Mythenbildung bestand darin, daß sie die Erfahrungen der Destruktion jener Bedingungen, unter denen traditionelle Kriegsbilder entstanden waren, durch eben den Krieg, den sie auf dokumentarische Weise einzufangen meinten, in eine Bildersprache von Kohäsion, Sinn und Sinnlichkeit übersetzten und damit in eine vergangene Erfahrungswelt verschoben.

Frank Hurley war einer der Fotografen, deren Bilder einen weitreichenden Einfluß bei der Ausbildung eines anachronistischen Bildes vom Krieg im Kollektivgedächtnis gewannen. Historisch gesehen lassen sich seine Kriegsbilder auf der Grenze zwischen konventionellen und modernistischen Formen der Repräsentation ansiedeln. Sein berühmtes Foto »Over the Top« stammt aus den Kämpfen bei Zonnebeke während der dritten Schlacht bei Ypern im Oktober 1917. Es wurde einen

Monat nach Kriegsende in einer Vergrößerung auf 6,5 mal 4,5 Metern in einer Ausstellung in London und danach in anderen Städten gezeigt. Es läßt sich als das ›archetypische‹ Bild dieses Krieges bezeichnen. Es zeigt das Grabensystem, Stacheldrahtverhaue, den Schlamm, Abfall und die Leere des Niemandslandes, Erdfontänen der detonierenden Granaten, Flugzeuge und Schrapnells und, als sein Blickzentrum, Soldaten im Stahlhelm im Augenblick des Angriffs, von dem der Betrachter weiß, daß er ein weiterer Versuch der zahllosen und sinnlosen Versuche der Generale war, den kriegsentscheidenden »Durchbruch« zu erzielen. Diese archetypische Szene, an der, wie Fotografien des Londoner Ausstellungsraums und die erhaltenen Besucherstatistiken zeigen, Tausende von Betrachtern in dichten Trauben vorbeizogen, ist kein dokumentarisches Foto im traditionellen Sinn, sondern das Ergebnis von Hurleys sorgfältiger Arbeit in der Dunkelkammer: Es ist aus zwölf verschiedenen Negativen zusammengesetzt. Für den heutigen Leser hat die hitzige Debatte zwischen Hurley und dem offiziellen australischen Kriegshistoriker Bean über die Berechtigung dieser Manipulation von Fotos ihre Herausforderung verloren. Wir finden die naturalistischen Einwände gegen Hurleys Technik, die er mit einem verbreiteten Begriff der Fotografie des späten 19. Jahrhunderts als »combination printing« bezeichnete[24], nicht mehr wichtig, und Beans naturalistische Vorstellung von fotografischer Abbildung scheint uns naiv und historistisch. Es ist jedoch von einigem historischen Interesse, die Debatte als ein Beispiel für den Wendepunkt in der Theorie der Fotografie zu verstehen.

Hurley war auf das Problem gestoßen, durch die Mittel der Fotografie das Schlachtfeld, wie er es sah, nicht angemessen abbilden zu können. Er ging mit seiner Kamera bis in die vorderste Linie vor, entging gelegentlich nur um Haaresbreite der Verwundung und blieb doch von den Ergebnissen seiner Arbeit enttäuscht. In seinem Tagebuch hielt er fest:

> »Ich habe wieder und wieder versucht, die Ereignisse auf einem einzelnen Negativ festzuhalten, aber die Ergebnisse waren hoffnungslos. Alles war so riesig groß. Die Personen waren weit verstreut – die Luft mit Dunst und Rauch gefüllt – Granaten wollten nicht an der gewünschten Stelle explodieren – und doch waren alle Teile eines Bildes da, hätte man sie nur zusammenbringen und verdichten können [...] wenn ich meine Platte entwickelte, war ich enttäuscht! Alles was es gab, war die Aufnahme von ein paar Figuren, die aus den Gräben vorgingen – und ein Hintergrund mit Dunst. Nichts hätte weniger einer Schlacht gleichen können[25].«

Ohne daß Hurley je eine theoretische Betrachtung seiner Schwierigkeiten unternommen hätte, enthüllen seine Beobachtungen doch deutlich die Kluft zwischen der ›Wirklichkeit‹ des Krieges und den Erwartungen an die mimetischen Möglichkeiten der dokumentarischen Fotografie. Hurley erhält sich die Ansicht vom Schlachtfeld als einem ganzen, kohärenten und aufs beobachtende Subjekt bezogenen Raum. Es ist dennoch bemerkenswert, wie nahe seine Arbeit in der Dunkelkammer einer anti-illusionistischen Technik kam, die im Zentrum des Modernismus steht, nämlich der Montage.

Es war Hurleys Absicht, die technischen Manipulationen, mit denen er aus seinen Negativen das gewünschte Bild vom Krieg erzielte, vor dem Betrachter zu verbergen. Idee und Technik der Montage beruhten dagegen gerade auf der entgegengesetzten Absicht[26]. Ihr Ziel war es, den künstlichen und künstlerischen Prozeß des Zerschneidens und Zusammensetzens auf provozierende, das Auge verletzende Weise sichtbar zu machen. War die Kamera unfähig, die Wirklichkeit wiederzugeben, so mußte der Grund dafür nicht in den mehr oder weniger zufälligen Beschränkungen durch das Objektiv, das Filmmaterial oder den Standpunkt des Fotografen gesehen werden, sondern wurde als die Folge der veränderten Struktur der Welt selbst verstanden. Ihre fragmentierte, abstrakte und komplexe Natur war die Folge moderner Technologie, einschließlich der Techniken der Repräsentation wie Film und Fotografie, und sperrte sich einem mimetischen Zugang. Dies Bild der Moderne verdankte sich der Anschauung, daß die Welt ihre Kohäsion, Bedeutsamkeit und Ganzheit in einem Prozeß der Modernisierung, in dem Destruktion, einschließlich kriegerischer Destruktionen, einen konstitutiven Beitrag leistete, endgültig verloren habe. Sie erschien amorph und instabil. Da ihr kontingentes Ordnungssystem als Folge eines die kulturellen Konstruktionen dominierenden wissenschaftlich-technischen Prozesses gedacht wurde, hatte sie den Anschein der Natürlichkeit verloren und schien nur noch einer theoriegeleiteten Wahrnehmung zugänglich. Dies Problem der Apperzeption war fundamental für das philosophisch und — von Eisenstein bis Heartfield — ebenso politisch entworfene Konzept der Montage.

Der Ästhetik des Zeitgenossen Hurley blieb dies modernistische Denken fremd. Seine Manipulation mit Negativen folgte der Konzeption von mimetischer Abbildung. Das Vertrauen auf den herkömmlichen Begriff von Beobachtung war gebrochen, dennoch wurde die Kamera mit der Aufgabe betraut, das kohärente Bild der Welt zu erhalten. Obwohl Hurley den modernen Krieg mit eigenen Augen sah, blieb seine Vorstellung von einer angemessenen Repräsentation des Krieges an das Bild einer Vorkriegswelt und eines vormodernen Krieges gebunden. Seine Einsicht in die Unfähigkeit der Mimesis gegenüber den Anforderungen des technologischen Schlachtfeldes führte ihn nicht zu einem Bruch mit den tradierten Formen und Techniken der bildlichen Repräsentation, sondern zu einer Indienstnahme von Montagetechniken zum Zweck der Illusionsbewahrung. Indem er die Montage durch sorgfältige Retouche verbarg, brachte er im Foto gerade zum Verschwinden, was ihn in der Erfahrung des Krieges beunruhigte und verstörte. In den Endprodukten seiner arbeitsaufwendigen fotografischen Produktion entsteht aufs neue, was er in der Erfahrungswelt einem brutalen Zerstörungsprozeß ausgesetzt sah. Der Widerspruch in seiner Fotografie besteht darin, daß sie diesen Prozeß in Bildern einer kohärenten und überschaubaren Welt wiederzugeben sucht. Hurley erkannte nicht die Spannung zwischen einem moralischen und einem ästhetischen, zwischen einem realistischen und einem modernistischen Verständnis von Fotografie, obwohl diese Spannung, durch die Bedingungen des modernen Schlachtfelds aufs äußerste gesteigert, das Zentrum seines Repräsentationsproblems bildete. Es gelang ihm folglich nicht, ästhetische Mittel zu entwickeln, die einen Zugang zu einer neuen Wirklichkeit eröffneten, deren Zeuge und Teilnehmer er war und die er doch gleichzeitig einer harmonisierenden Sicht unterwarf. Die paradoxe Folge ist, daß die pazifistische Motivation seiner Fotografie in der harmonisierenden Konstruktion seiner Bilder verlorengeht. Sein moralisch-ästhetischer Realismus verwandelte sich in die ikonographische Apologie einer Philosophie der Harmonie in Opposition zur totalen Destruktion, die ihn umgab. Sein Versuch, durch Montagetechnik am Begriff einer fotografischen Mimesis festzuhalten, ist ein frühes Beispiel für ein Dilemma, dem fotografischer Realismus nur schwer entgehen kann: In seinen Bildern verwandelt sich eine moralisch begründete Antikriegshaltung unwillentlich in eine Mythologie des modernen Krieges. Die Trennlinie zwischen fotografischem Realismus und einer Ästhetisierung des modernen Schlachtfeldes verwischt sich leicht, da die Absicht, die destruktive Gewalt sichtbar zu machen, unbeabsichtigt durch die Kohärenz und Bedeutsamkeit der mimetischen Abbildung vereitelt und die aufklärerische Wirkung verschluckt wird.

Die modernen Formen der Manipulation von Fotos folgen technischen Prozessen, in denen die Erfahrung der destruktiven Macht der Moderne zum Produktionsmoment transformiert wird. Der Krieg war in diesen Techniken nicht mehr das bloße Objekt des Objektivs, sondern er bestimmte die Position der Kamera und des fotografischen Prozesses in der Konstruktion von Wirklichkeit auf eine neue Weise, die die Objektivität der Kamera und der Abbildung nicht mehr akzeptierte. Die Begrenzungen, die aus der mechanischen Natur der Kamera folgen, werden gesprengt und Destruktion in den fotografischen Prozeß einbezogen. Es waren Beobachtungen von der Art, wie Hurley sie machte, aus denen der Anstoß und die Rechtfertigung für Theorien und Praktiken folgten, die aus der Auflösung eines ererbten und geschätzten Bildes vom Krieg radikale Konsequenzen zogen. Auf die Frage, wo das Neue in der Geschichte der Wahrnehmung und kollektiven Konstruktion von Wirklichkeit entstehe, liefert der Hinweis auf die schmerzhafte Erfahrung des Krieges keine zureichende, aber doch eine notwendige Antwort.

***

Anton Giulio Bragaglia gehörte zu den ersten, die die Kamera als eine Maschine zur Produktion einer Bilderwelt, die sich von der Nachahmung der sichtbaren Welt unabhängig mache, definierten. Diese Maschine, schreibt er 1911, müsse vom Fotografen auf eine Weise beherrscht werden, daß sie das aufnehme, was ihre eigene mechanische Natur überschreite[27]. Obwohl sein *fotodinamismo futuristica* sich noch im Rahmen der Kunst-Debatte bewegte, eröffnete er doch im Verhältnis zur Fotografie eine neue Dimension in der Frage der Wahrnehmung. Indem er die Einsicht in die Instabilität und andauernde Deformation der modernen Wirklichkeit mit der Fotografie als einer Erweiterung und Veränderung der menschlichen Wahrnehmung verband, nahm Bragaglia Hurleys Problem auf theoretisch wie praktisch radikal veränderte Weise auf.

Im Ersten Weltkrieg wurde die Kamera mit einer noch neueren Erfindung, die einen ebenso alten Traum der Menschen verwirklichte, dem Flugzeug, verbunden. Diese durch fortwährende Verbesserungen stets intensiver werdende Verschmelzung von Fliegen und Sehen war der Auftakt zu einer der machtvollsten Innovationen der Kriegstechnologie in diesem Jahrhundert. Diese Kombination hatte weitreichende Folgen für die Geschichte der Wahrnehmung und die Mentalität der Moderne. Zahlreiche Briefe und Tagebücher des Ersten Weltkrieges sprechen von Flugzeugen, und die Annahme ist kaum übertrieben, daß jeder Soldat, der Briefe von der Westfront schrieb, irgendwann auch über Flugzeuge schrieb. Die Beobachtung von Flugzeugen und Luftkämpfen gehört zu den emotional stark besetzten Eindrücken der Front, war mit wilden Spekulationen, Gerüchten und Phantasien, mit Bewunderung und Hoffnung, aber ebenso mit Gefühlen der Angst, Hoffnungslosigkeit und Schutzlosigkeit verbunden und bildete ein neues Feld der literarischen Einbildungskraft[28]. Sie wurden zu Objekten von Identifikation und der Phantasien, den unerträglichen Lebensbedingungen der Front, dem Schlamm, Gestank und Grabendunst zu entfliehen. Gleichzeitig erinnerten sie daran, daß dieser Krieg die dritte Dimension erobert und Dädalus' Traum, dem Labyrinth durch die Luft zu entfliehen, in einen Alptraum der totalen Überwachung und allseitigen Bedrohung verwandelt hatte. Soldaten wußten, daß Drachen, Ballons und Flugzeuge aufstiegen, um ihre Linien zu fotografieren und das Artilleriefeuer des Gegners auf sie zu lenken. Flugzeuge führten zu weitreichenden Veränderungen in der Wahrnehmung der Umwelt, und die Luftaufnahmen in den Alben der Soldaten demonstrieren die neue Wahrnehmung einer bis dahin unbekannten ›Landschaft‹, einer Landschaft totaler Destruktion und hoher Künstlichkeit in der Folge eines elaborierten Systems aus Gräben, Verbindungslinien, Nachschublinien und Kommandozentren.

Dieser Raum, von den traditionellen Orientierungsmarken und dem Erfahrungspotential der Landschaft entleert und zu einem bloßen, funktionalen Beziehungsgeflecht reduziert, ist in tausenden von Luftbildern festgehalten, von denen sich einige auch in Sammelalben erhalten haben. Sie sind ein Dokument der Veränderung der Wahrnehmung, auf deren Tendenz Ernst Jünger früh hinwies. Im Kontrast zur einfühlenden Perspektive des vergangenen Jahrhunderts war diese Landschaft das Korrelat eines kalten, distanzierten Blicks. Den beinahe geometrisch streng ausgebildeten Konturen einer seelenlosen Landschaft entspricht der Akt des emotionslosen Registrierens und Konstruierens. Aus der Perspektive der Luftfotografie erscheinen Szenen der Destruktion wie Bilder eines grandiosen oder schrecklichen Schauspiels. Aber sie wecken keine Gefühle des Mitleids oder der Besorgnis. Jüngers Werk enthält Beispiele für Auswirkungen dieser Perspektive, etwa wenn er die Szene nach dem Einschlag einer schweren Granate schildert, als werde sie durch ein umgekehrtes Fernglas wahrgenommen: entrückt, mit unnatürlich scharfen Konturen und ins Ameisenhafte verkleinerten Menschen[29]. Andere Beispiele der Wirkung, die die Zerstörung der Landschaft und die technologischen Mittel, die der Krieg zu diesem Ziel entwickelte, auf die Wahrnehmung hatte, sind weniger stilisiert und sprechen sich in eher konventioneller Sprache aus. Auch der Diskurs des Erhabenen findet sich in der Begegnung mit der Destruktionslandschaft wieder, jedoch als Umkehrung seiner ursprünglichen Ordnung. Der Schauer vor der gewaltigen Größe und den Abgründen der Schöpfung, der sich seit dem 18. Jahrhundert mit der Transzendenz und Moralität verband, verwandelte sich nun in den Schauer beim Anblick der menschlichen Zerstörungskraft, die die Grenzen der Phantasie sprengte. Jüngere Piloten, Produkte des humanistischen Gymnasiums, nahmen aus der Höhe ihrer kleinen Flugzeuge die gewaltigen Zerstörungen der Kulturlandschaft unter sich mit einem an Kant geschulten Blick wahr und sprachen in Briefen und Tagebüchern in der Sprache der Theorie des Erhabenen von diesem »grandiosen« Anblick. Gefühle der Erschütterung verbanden sich in den Berichten aber auch mit der Sprache des Heroismus und Nationalismus[30]. Die Entleerung des *Erhabenen* von seinen moralischen und transzendenten Qualitäten entsprach der Optik der Luftfotografie, in der die Zerstörung der alten und das Schaffen einer neuen Landschaft zur Leistung des technisch Machbaren wurde. Das ›Grandiose‹ dieser artifiziellen Landschaft, in der sich Destruktion und Konstruktion vermischten, drängte zur Sprache des Erhabenen.

Von den Haltevorrichtungen der Kameras über die Aufnahme- zu den Auswertungstechniken verfeinerte sich die Luftbildtechnik bis zum Ende des Krieges fortwährend. Die Produkte dieser neuen Technik, oft zu Leporellos zusammengesetzt und nur dem geschulten Interpreten verständlich, sind in vielen Hinsichten der abstrakten Landschaftsmalerei des 20. Jahrhunderts und der abstrakten Repräsentation von Orten in primitiver Kunst vergleichbar. Auch in ihnen wird die Fülle der Details einer ›natürlichen‹ Landschaft dadurch reduziert, daß sie einem abstrakten Prinzip und einem Darstellungswillen unterworfen und dadurch ›rationalisiert‹ werden. Im Vergleich mit traditionellen Schlachtenbildern oder auch stilisierten Darstellungen von Kriegsszenen wird ein elementarer Unterschied zwischen dieser neuen Technik der Repräsentation der Wirklichkeit des Krieges und einer jahrhundertealten Sicht bemerkbar. Luftbilder geben keinen Raum wieder, der moralische oder sinnliche Erfahrung möglich macht; aber auch eine Anleitung für militärische Bewegungen oder deren Analyse sind, im Unterschied zu bestimmten bildlichen Darstellungen militärischer Räume früherer Jahrhunderte, nicht Teil ihres ikonischen Gehalts. Ohne geschulte Analyse sind sie stumm, Ausdruck eines neuen Typus der vermittelten Wahrnehmung und Organisation von riesigen Räumen. Deren Zusammenhang ist nicht zu sehen, sondern muß ins Bild ›hineingesehen‹ werden. Er entsteht lediglich durch das Wissen über strategische Planung und die Konzentration von Material und Kampfformationen, die von keinem Individuum überblickt werden können. Der Krieg zerstörte die ›natürliche‹ Landschaft und ersetzte sie durch hoch artifizielle und, in ihrem eigenen Rahmen betrachtet, funktionale räumliche Arrangements. Indem die Luftfotografie eine eigene Künstlichkeit ausbildete, abstrahierte sie die ›Wirklichkeit‹ dieser abstrakten Landschaft noch einmal auf einer bildlichen Metaebene. In ihr sind nicht allein Gerüche, Geräusche und alle anderen sinnlichen Reize abwesend, sondern sie projizierte darüber hinaus eine eigene Ordnung auf den Raum, indem sie die Fülle der Details auf das restriktive Muster einer Oberflächentextur reduzierte. Auf Fotografien, die aus einer bestimmten Höhe gemacht werden, sind nur Objekte einer bestimmten Mindestgröße sichtbar. Kleinere Objekte, dazu gehören auf vielen Aufnahmen die menschlichen Körper, bleiben abwesend und können auch mit Lupen oder durch extreme Vergrößerungen nicht sichtbar gemacht werden[31]. Die Morphologie der Destruktionslandschaft entsteht dadurch, daß die Destruktion, aus der Höhe eines Flugzeugs wahrgenommen, als visuelle Ordnung eines abstrakten Raummusters sich abbildet.

Die Luftfotografie entwickelte auch eine eigene Ästhetik, jenseits ihrer taktischen und strategischen Funktionen. Eine Senfgaswolke kann einen ästhetisch reizvollen, leicht grauen Schatten vor einem dunkleren Hintergrund bilden, und regelmäßige Muster aus dunklen Kreisen mit betonten Randkonturen können vom jüngsten Bombardement stammen. Aber das durch Gas und Granatfeuer verursachte Leid der Soldaten liegt gänzlich außerhalb des Rahmens dieser Bilder. In gewissem Sinn erhält sich in diesen Bildern die Tradition des Pittoresken, die Macht, den Blick des Betrachters zu lenken[32]. Während ihre ›pittoreske‹ Qualität zur Popularität dieser Bilder beitrug, erscheint ihre Struktur eher wie die moderne Version abstrakter Repräsentationen von Krieg in primitiver Kunst. Um die Formen und Farben, die in diesen Bildern für Ereignisse, Dämonen, Totems oder Stämme und ihre Taten im Krieg stehen, entziffern zu können, ist ebenso das Wissen des initiierten Spezialisten erforderlich. Die Konstruktion des modernen Schlachtfeldes in der Luftfotografie läßt sich als ein weiteres Beispiel der These von der Wiederkehr archaischer Strukturen in der Welt moderner Technologie verstehen. Der Wiederkehr von endgültig ausgestorben gedachten Schutzmitteln wie Helmen und Schilden und ihrer mentalen Verbindung mit magischer Wirkung vergleichbar, führte die Luftfotografie zum Wiederaufleben von primitiver Bildlichkeit im Gewand fortgeschrittener Technik. Wilhelm Worringer gründete seine Reflexionen in »Abstraktion und Einfühlung« auf die Opposition zwischen einer Ästhetik, die um das psychologische Bedürfnis nach Einfühlung kreist — Zentrum der europäischen klassisch-romantischen Kunst — , und der Tendenz zur Abstraktion, die die längste Zeit der Kunstgeschichte dominiert habe und primitive und moderne Kunst verbinde. Er behandelt die Tendenz zur Abstraktion in einer Weise, die sie zur Ästhetik der Luftbildfotografie des Krieges in eine unmittelbare Beziehung setzt[33].

Mit den rein ästhetischen Effekten ist eine Schicht von verborgener Information verbunden, die, wie Jünger über die Natur der fotografischen Abbildung bemerkte, etwas von der »Substanz« des Repräsentierten enthält. Sie kann nur erschlossen werden und benötigt, in Jüngers Fall das Auge des wissenden Vaters, in der Luftbildauswertung das trainierte Auge des Interpreten, das die Topographie der artifiziellen Landschaft mit Interpretationen füllt und aus ihren Veränderungen über Zeit Schlüsse zieht. Auf dieser Ebene ist weniger wichtig, was im Foto sichtbar wird, als die interpretierenden Verknüpfungen und Konjekturen der Eingeweihten. Der Kode der sichtbaren Landschaft muß dekodifiziert und in militärischem Sinn rekodifiziert werden. Nur in einem solchen Prozeß ist es möglich, ihre geometrischen Symmetrien zu entziffern und mit einem vorgängigen Wissen über Logistik, Ballistik, strategische Planung die sichtbare Oberfläche zu lesen.

Luftbilder sind Symptome und gleichzeitig auch Kräfte im Prozeß der Veränderung der Wahrnehmung, indem sie ästhetische Effekte mit militärisch funktionalen Daten zu einer Einheit verschmelzen. Ihr Raum ist von Erfahrungswirklichkeit und moralischem Gehalt entleert.

Mit der Zerstörung eines moralisch und mit Erfahrungsgehalt besetzten Raums und seiner Rekonstruktion im technischen Sinn ging die Rekonstruktion der Identität der Soldaten einher. Die neue Landschaft, die Ernst Jünger an Traumlandschaften und Hochöfen erinnert, machte keine Angebote zur Identifikation. Identität, als ein komplexer und andauernder Prozeß der Identifikation mit oder Zurückweisung von Personen, Werten und kulturellen und natürlichen Umwelten verstanden, geriet in eine Krise, sobald die Soldaten den Bedingungen der Front ausgesetzt wurden. Da gab es wenig, was zur Identifikation einlud. Die Soldaten fühlten sich vom wirklichen Leben abgeschnitten und »abgestumpft«, wie es in vielen Briefen heißt[34]. Eine Verbindung zwischen ihrem Leben in den Gräben und dem Leben, das sie im Frieden geführt hatten, auch nur vorzustellen, wurde vielen unmöglich. Zu Anfang half der Blick auf Fotos von Frauen, Kindern, Freundinnen oder mit Erinnerung geladenen Objekten und Szenen, das emotionale Band zu erhalten und einen Sinn von räumlicher und zeitlicher Orientierung in der Gefühlslandschaft herzustellen. Nach einer Weile jedoch starrten die Soldaten auf solche Fotos, und sie blieben stumm. Die Einbildungskraft vermochte nicht länger, die Zusammenhänge herzustellen, in die diese Fotos eingebettet werden müssen, um ihre Geschichten zu erzählen und ihre Suggestivkraft für die Imagination zu entfalten. Gelegentlich reichten einige erholsame Tage hinter der Front aus, um diese Zusammenhänge des emotionalen Lebens zu regenerieren. Aber nach einer längeren Zeit des Lebens an der Front verlor sich diese Fähigkeit. Die Unterschiede zwischen den Erfahrungen englischer und deutscher Soldaten scheinen in dieser Hinsicht erheblich. Während den englischen Soldaten regelmäßig Zeit hinter der Front, in der »base«, zustand, folgte die deutschen Armeeführung der Theorie, daß solche Phasen der Erholung der Kampfmoral eher schade und Soldaten dem Druck der Front ohne Unterbrechungen über längere Zeiträume hinweg ausgesetzt bleiben sollten. (Für die neue Luftwaffe galten allerdings gänzlich andere Regeln.) Daß es in den Erinnerungen so unterschiedliche Kriege gibt, dürfte auch hierin eine Ursache haben.

Berichte über die Zersetzung des kulturell bedingten Ich an der Front sind zahlreich und stammen aus der Zeit nach dem Ende des Krieges. Diese Berichte sehen auf eine Zeit im eigenen Leben zurück, als das Bewußtsein und die Reflexivität, die zur Erfahrung und Beschreibung dieses Prozesses nötig sind, verloren waren. Zur Zersetzung des Ichs der Soldaten gehörte das Ende der Fähigkeit, sich die eigene Geschichte zu erzählen. Das Schweigen, das sowohl von der unmittelbaren Umgebung ausging als auch die Fotografien aus der Heimat zunehmend umgab, kam oft viele Jahre nach dem Kriegsende wieder in die Erinnerung und führte immer wieder zurück zu dieser verwirrenden Erfahrung von Monotonie und Schweigen, das in krassem Kontrast zur Gewaltigkeit der Ereignisse stand, von denen die Soldaten umgeben waren. Noch kurz vor seinem Tod konnte Edmund Blunden in der Erinnerung an seine Kriegserlebnisse als junger Mann schreiben:

»Meine Erlebnisse im Ersten Weltkrieg haben mich mein ganzes Leben lang verfolgt, und es schien, als ob ich viele Tage eher in jener als in dieser Welt lebte[35].«

Die Krise des Ichs und Auflösung der Subjektivität, zentrales Thema in Nietzsches Philosophie der Moderne und in Freuds Psychoanalyse, hatte endgültig die Welt der Bourgeoisie verlassen, und die Probleme der philosophischen Reflexion und tiefenpsychologischen Analyse waren zur Massenerfahrung geworden. Unter den Bedingungen der technologischen Kriegführung wurden die destruktiven Elemente der Moderne auf extreme Weise kondensiert und mit Macht ins Gedächtnis der Moderne eingeschrieben.

Als ein Versuch, die Konsequenzen aus dieser Entwicklung zu ziehen, entstand das Bild des anonymen Kämpfers in grauer Felduniform. Mit der Auflösung des bürgerlichen Ichs und seiner bedeutsamen psychologischen Konstruktion verband sich eine Rekonstruktion des Soldaten als Kampfmaschine. Der harte Mann im Stahlhelm, emotionslos, erfahren, ohne Moral, abgesehen vom einzigen Wert des Grabens, der Kameradschaft, und ohne Verpflichtungen oder Bindungen, abgesehen von denen gegenüber der unmittelbaren Umgebung, kam den Ideen des Futurismus nahe, und eine Fülle von literarischen Bildern stammt aus dieser wechselseitigen Affinität. Das modernistische Bild von Krieg und Soldat entartete schnell zum faschistischen Mythos vom ›Neuen Menschen‹[36]. Die ideologische Variante mit ihrem Zwangscharakter und der offenen Gewaltdrohung, die den NS-Mordprogrammen ein mentales Muster vorgab, war die bedrohlichste, aber kurzlebige Verwirklichung dieser Erfahrung. Ernst Jüngers Idee vom »Arbeiter« war, bei allen nun leicht verstaubt wirkenden avantgardistischen Eigenschaften der zwanziger Jahre, eine typisierte Konstruktion, die für das Bild vom Menschen im 20. Jahrhundert unzweifelhaft Bedeutung hat. Jüngers Behauptung von 1963, daß viele seiner damaligen Beobachtungen nun nicht mehr überraschend oder provozierend wirken, weil sie zum Teil der unbefragten Lebenswelt geworden seien, ist kaum zu widersprechen[37].

Die Erfahrung der Zersetzung von Subjektivität und ihrer traditionellen Muster der Orientierung und Werte, der Wandel von Formen der Wahrnehmung, die Verwüstung weiter Landschaften und die Entleerung von Raum- und Zeiterfahrung sind zu Grundbedingungen des modernen Bewußtseins geworden. Die Destruktivität der Moderne ist nicht eine Folge des Ersten Weltkrieges, aber dieser Krieg wurde — aus dem Abstand einiger Jahre immer deutlicher — als ein gewaltiger Initiationsritus in die technologische Wirklichkeit des 20. Jahrhunderts empfunden. Nachdem die westliche Zivilisation einmal diese Erfahrung gemacht hatte, wurden die für ihr Selbstverständnis zentralen Gegensätze von Krieg und Frieden, Produktion und Destruktion obsolet und, um Blundens Wort aufzugreifen, das Gedächtnis der Moderne wird seitdem von dieser Erfahrung *verfolgt*. Nachdem das menschliche Angesicht in dem Ausbruch von Gewalt und Destruktion nach 1914 auf unmenschliche Weise verstümmelt worden war, schien es nur noch Illusionisten denkbar, daß es in einem geschichtlichen Heilungsprozeß je wieder hergestellt werden könnte. Entgegen ihrem humanistischen und pazifistischen Engagement bringt Ernst Friedrichs Sammlung von Kriegsfotos die Unmöglichkeit einer Umkehr und das menschliche Angesicht als das einst gottgleiche Bild wiederherzustellen, zum Ausdruck. Das Foto der Sammlung mit der Unterschrift »Gottes Ebenbild mit Gasmaske«[38] ist nicht nur Ausdruck von Friedrichs satirischer Absicht, sondern bringt ebenso eine Verzweiflung zum Ausdruck, die seiner erklärten Absicht widerspricht. Wie konnte eine Zivilisation, die nicht nur bereit war, ein solches Schlachten zu beginnen, sondern es über Jahre hinweg fortzusetzen und zu steigern, ihren Anspruch, dem Ideal der Humanität zu dienen, je zurückgewinnen? Der Beitrag von Film und Fotografie zur Behandlung dieser Frage ist schmal. Hatten sich in der Geschichte der Fotografie dieser Zeit in der Tat wichtige Voraussetzungen dafür erfüllt, daß die Kamera zu einer Maschine wurde, die die mechanischen Prinzipien ihrer Konstruktion überwand und zu einem Instrument der Konstruktion von Wirklichkeit wurde, so blieb doch die Kriegsfotografie allgemein bemerkenswert konventionell und nahm diese Herausforderung nicht an.

***

Vor diesem Hintergrund enthüllen die heroischen Bilder vom Ersten Weltkrieg ihren ideologischen Charakter als Propaganda. Es ist nicht erstaunlich, daß die jüngste Innovation des technischen Zeitalters, das Flugzeug, auch zu der heroischen Bildersprache der neuen Zeit führte. Die massenhafte Verbreitung von Fotos sorgte dafür, daß die Gesichter junger Piloten für die Erhaltung der Verbindung von Glanz und Abenteuer mit dem Krieg führte. Sie gaben dem Bedürfnis, das Bild eines Krieges zu bewahren, das mit der Ankunft der Gräben, der Flugzeuge und der Luftbilder obsolet geworden war, bildlichen Ausdruck. Flugzeuge und Luftkämpfe erwiesen sich als besonders geeignet, Heldenbilder hervorzubringen. Mehr als alle anderen Waffengattungen – wie U-Boote oder Panzer, um von den Gas-Einheiten nicht zu reden – wurde die entstehende Luftwaffe der Ort der Heroisierung. Diese Heldenbilder hielten im Zeitalter der Massenarmeen und der Abstraktion das Ideal der Ritter am Leben. Piloten wurden als starke Individuen vorgestellt, die Natur und Maschinen gleichermaßen bemeisterten. Ein Kult der jungen Piloten entstand, die oft mit den Symbolen ihrer neuen Welt abgebildet wurden: Lederkappe, Fliegerbrille oder ein Stück vom Flugzeugrahmen gaben ihnen eine Aura, den Herrschern, Eroberern oder kühnen Kaufleuten auf Gemälden der frühen Neuzeit vergleichbar. Mit dieser Bildersprache der ›Nobilität‹ verband sich in Frankreich und England seit 1915 der Kult um den Begriff ›ace‹ für Piloten mit mindestens fünf Abschüssen feindlicher Flugzeuge[39]. Die fliegenden jungen Leutnants waren prominenter als Feldmarschälle, Generalstabsoffiziere, Admirale, und bei besonderen Gelegenheiten führte der Heldenkult zu Ausbrüchen öffentlicher Emotionalisierung und Identifikation. 1916 berichteten deutsche Blätter auf der Titelseite vom »Triumphalen Begräbnis« eines dieser Helden, Max Immelmann. Fotos von einem endlosen Trauerzug, der sich durch die Straßen Dresdens wand, erschienen, und viele Schüler, deren 1914 begonnene Kriegsalben inzwischen vernachlässigt waren, gewannen neuen Ansporn und begannen aufs neue, Bilder in ihre Sammlungen zu kleben und sich patriotische Kommentare zum Heldenleben auszudenken. Die Legenden, die sich um den Roten Baron v. Richthofen rankten, waren eher noch machtvoller als die Immelmann-Begeisterung. In England und Frankreich war die Begeisterung über die nationalen Helden der Lüfte mindestens so groß und gleichermaßen mit den Reproduktionen der reinen und jugendlichen Gesichter der neuen Kriegshelden verknüpft. In der öffentlichen Bildersprache des Luftkrieges verband sich das idealisierte Gesicht des jugendlichen Helden mit Bildern von offenen Duellen zwischen Flugzeugführern, an denen ganze Nationen wie Sekundanten teilnahmen, und trug zur Uminterpretation des entleerten Raums der Luftfotografie im Sinn von individueller Erfahrung und kollektiver Mythologie bei. Dies anachronistische Bild, das die Macht der Fotografie, Illusionen hervorzubringen, dazu benutzte, um die Macht der Fotografie zu verbergen, gewann entscheidende Bedeutung für das Unternehmen, eine moralische Begründung für die Kriegspropaganda zu erhalten. Mehr als das: es waren die massenhafte Reproduktion und Verbreitung von Bildern des reinen menschlichen Antlitzes, die so erfolgreich zur Vernebelung des Bildes vom modernen Krieg in der kollektiven Erinnerung beitrugen.

In dem einzigen Gespräch, das in Remarques *Im Westen nichts Neues* (1929) über den Krieg reflektiert, bemerkt Paul Bäumer, nachdem er zwei Wochen lang Töten, Zerstören und psychologische Regression erlebt hat, daß die jungen Soldaten der Front nie wieder wie Menschen der Vorkriegszeit werden können. Auch in Louis Milestones Film »All Quiet on the Western Front« (1930) werden diese Sätze gesprochen. Die Anti-Kriegs-Botschaft dieses Films ist nur zu offenbar, aber seinen Bildern gelingt es nicht, Bäumers einfache Beobachtung über die irreversible Veränderung, die die Kriegserfahrung mit sich brachte, zu reflektieren. Es ist dieses Versagen, das dem strukturellen Widerspruch im verbreiteten Anti-Kriegsdiskurs zugrunde liegt. Metaphern und Bilder, durch die Erfahrung obsolet geworden, werden immer wieder neu belebt und tragen dazu bei, eine Sprache zu erhalten, die moralisch gerechtfertigt ist, aber sich dabei als unfähig erweist, der Modernität der Kriegserfahrung gerecht zu werden. Milestones Film und »Westfront 1918« von G.W. Pabst (1930) trugen entscheidend zum Entstehen eines Filmkodes bei, indem sie für das neue Medium eine imaginäre Bild- und Sprachwelt schufen, deren Auftrag es sein sollte, zur internationalen pazifistischen Bewegung beizutragen und Friedenserziehung zu leisten. Indem sie Bilder einer zunehmenden Brutalität des Krieges auf die Leinwand brachten und sie mit dem immer gleichen Angesicht des Menschen, jung und alt, konfrontierten, entwarfen sie ein piktoriales Grundmuster des politischen und humanistischen Engagements. Auch die Geräuschkulisse im gerade entwickelten Tonfilm trug zur Emotionalisierung der Filme bei. Durchdringendes Maschinengewehrfeuer und das dumpfe Rollen der Artillerie, das den Kampfszenen unterlegt ist oder die Bedrohung des Lebens in Szenen signalisiert, die Soldaten im Unterstand zeigen, und lange Passagen des Films begleitet, wirken mit dem visuellen Kode zusammen und führen eine weitere Dimension der Gefährdung durch Technik ein. Die stilisierten und durchdringend lauten Geräusche der Front beziehen den Zuschauer in die Polarisierung der Welt in eine des Lebens und eine technischer Todesdrohung akustisch ein. Es ist offensichtlich, daß sich die Kombination von drohender Akustik und gefühlsstarker Bildlichkeit im Kinoerlebnis von früheren Mustern der Repräsentation von Krieg unterschied. Gewalt, Tod und Destruktion sind nicht länger in Zusammenhänge von Heroismus, Sinn und einer gerechten nationalen Sache eingebettet. Diese Kinoerlebnisse entstehen jedoch weiterhin im Rahmen einer Moral des vormodernen Krieges. Bild und Ton werden auf eine Weise psychologisiert eingesetzt und aufgenommen, die erst durch die Mißachtung der strukturellen Inhumanität des modernen Schlachtfeldes möglich wird. Visuelle, semantische und akustische Individualisierung des Erlebnisses sowie die Imperative einer wertrationalen Moral der Alternativen liegen weiterhin der Mehrzahl der Kriegsfilme mit pazifistischen Intentionen zugrunde.

In der Bildwelt der Anti-Kriegsfilme übernimmt das Objektiv die Position des leidenden Soldaten als Opfer des Krieges und begibt sich der Möglichkeit, die Struktur der Gewalt aufzudecken und die Soldaten als deren Elemente vorzustellen. Es gehört folglich zu dieser Ikonographie, eine klare Trennung zwischen Front und Heimat, Krieg und Frieden in Raum und Zeit aufrechtzuerhalten und mit der Illusion zu verbinden, daß die Macht von Krieg und Destruktion über Frieden und Konstruktion mit dem Kriegsende revidiert werde. Die vollständige Wiederherstellung der friedlichen Welt erscheint als eine Frage der Zeit und Wiedereinsetzung der lediglich zeitweise außer Kraft gesetzten Vernunft. Der räumliche und zeitliche Abstand zwischen Krieg und Frieden wird durch emotional besetzte Bilder markiert, etwa Fotos aus der glücklichen Vergangenheit, Traumszenen, Blumen, städtische Straßenszenen oder Bilder von Müttern, Schwestern, Freundinnen. In Kriegsfilmen verbinden sich diese Bilder und Sequenzen mit der Sehnsucht nach der ganz anderen Welt des Friedens und dem Begehren, den weiten Abstand zwischen der anwesenden Unvernunft und sinnlosen Destruktion und der in der Vergangenheit erlebten oder in der Zukunft erwarteten Erfahrung von Glück, Vernunft und Ordnung zu überspringen. Die Wiederherstellung einer vernünftigen und friedlichen Ordnung wird zum Problem, die Zeit zu überwinden und Vernunft wieder in ihr Recht einzusetzen. In Milestones Film verbringen deutsche Soldaten eine Nacht mit französischen Mädchen, und es gibt keinen Zweifel daran, daß dies Glück nicht von Dauer ist. Die Szene wird jedoch keineswegs als eine Illusion aufgebaut, sondern sie visualisiert die ungebrochene Dauer einer von Krieg und Gewalt unberührten Welt, die sich offenbar in der ländlichen Idylle trotz der sie räumlich umgebenden Destruktion und der jüngsten Erfahrung der Soldaten an der Front erhalten hat und von einer unsichtbaren Grenze umgeben und geschützt zu sein scheint.

Seit Milestones und Pabsts Filmen hat sich diese Gegenüberstellung von zwei getrennten Realitäten in der Konstruktion der Bildwelt in Kriegsfilmen erhalten. Diese Opposition einer Welt des Krieges und einer Welt der Gewaltlosigkeit verstärkt weiterhin die Sichtweise, aus der Krieg und Frieden, Destruktion und Konstruktion durch eine klare Trennlinie geschieden erscheinen. Die philosophische Grundlage dieser oppositionellen Bilder ist die Utopie vom »ewigen Frieden«, die als absoluter Wert diese Trennung begründet. In der affektiven Qualität und Zeitlupe der Sequenzen, in denen Paul Bäumer während des Urlaubs seine Mutter trifft, kommt ebenso wie in den letzten Bildern des Films, in denen der friedliche Flug eines Schmetterlings dem tödlichen Schuß eines Scharfschützen gegenübergestellt wird, dieses Ideal der reinen Friedfertigkeit zur Wirkung. Die beiden Liebesszenen im Film von Pabst oder die Sequenz mit zwei Soldaten vor einem Plakat, das ein elegantes Paar in städtischer Umgebung zeigt, sind auf vergleichbare Weise auf der Gegenüberstellung zweier Welten, die durch ihre Werte und moralischen Imperative voneinander getrennt sind, aufgebaut. Die bildliche Gegenüberstellung einer Welt der sinnlosen Destruktion, Diskontinuität, Verstörung und Identitätskrise mit einer anderen Welt der Emotionen, Bedeutungen und sinnvollen Handlungen entwickelte eine machtvolle Gefühlssprache für kommerzielle Kriegsfilme. Die Dimension von Hoffnung wird in die Kriegswelt dieser Filme eingeführt, indem die Trennung, nachdem sie als Konstruktionsprinzip etabliert ist, durch Phantasien, Träume oder Erinnerungen überbrückt wird und auf diese Weise die scheinbar lückenlose Verschmelzung von Krieg und Technologie, Hoffnungslosigkeit und Destruktion gelockert und das erbärmliche Leben unter den Bedingungen des Krieges im helleren Licht der Zukunft erscheint, auf die ein Glanz der Utopie vom Frieden fällt.

Mit ihren Bildern vom gequälten Soldaten verfolgten Milestone und Pabst die Absicht, ein Gegengewicht zur Tendenz der Ent-Humanisierung und Ent-Moralisierung, die für die Abstraktion und kalkulierte Distanz des modernen Krieges zentral ist, zu schaffen. Ihr Beitrag zu einem pazifistischen Diskurs über den Krieg besteht im Versuch, die entleerten Räume der Luftfotografie wieder mit Emotionen und Bildern eines menschenwürdigen Lebens zu füllen. Im Licht späterer Erfahrungen erscheint es aber zweifelhaft, ob der moralische Kode dieser Versuche überhaupt möglich macht, die Implikationen und Konsequenzen der modernen Technologie einzubeziehen. Die andauernde

Rekonstitution der modernen Wirklichkeit, die in Krieg und Frieden einem identischen Muster folgt, macht auch eine andere Art des Zugangs nötig, soll die Komplementarität in der Konstruktion der Wirklichkeit und den Formen ihrer Wahrnehmung nicht übersehen werden. Die Entwicklung abstrakter und hoch vermittelter Konstruktionen hat strategische Operationen mit Millionenarmeen, in unüberschaubaren Räumen und auf große Entfernungen möglich gemacht. Im Gegensatz zum Prinzip der Abstraktion schufen die Kriegsfotografie und später der Kriegsfilm der späten zwanziger Jahre einen Kode, der Nähe und Konkretion in der Erfahrung von einzelnen und kleinen Gruppen betont. Das strukturelle Dilemma scheint unvermeidlich: Die ethische Motivation dieser Fotografie forderte eine ästhetische Regression hinter die Produktions- und Destruktionsverhältnisse, die im modernen Krieg ihre Macht entfalteten. Eine angemessene Visualisierung der strategisch-technischen Abstraktionen des Ersten Weltkrieges müßte ohne die binäre Struktur der Bildwelt von Fotografie und Film auskommen. Das aus der Modernität des Krieges und der Archaik jedes einzelnen Sterbens — selbst wenn es sich millionenfach wiederholt — stammende Dilemma betrifft Film und Fotografie auf radikalere Weise als die traditionellen Medien, teils als Folge der Natur der neuen Medien, teils als Folge der kommerziellen Bedingungen, unter denen sie produziert und vertrieben werden.

Versuche in Fotografie und Film, die »Armut der Erfahrung« in die Bildstruktur umzusetzen, sind selten und oft mit der Absicht verbunden, die grandiose Welt des technischen Fortschritts zu glorifizieren, oder sie sind in die entfernten Räume von Science Fiction versetzt. In Fotobänden des Ersten Weltkrieges finden sich die ersten Beispiele für Bilder, in denen Kriegstechnik und die entleerte Kriegslandschaft den Gegenstand und den Gehalt ausmachen. Am bisherigen Ende dieser Entwicklung standen die Bilder vom Golfkrieg, die den technologischen Charakter des modernen Krieges in den Medien beinahe kompromißlos repräsentierten. Kühle Bilder des militärischen Materials und der präzisen Operationen, von entfernten und über Satellit verbundenen Kommandozentren appellierten an einen Sinn für Technik und die Bewunderung ungeahnter (später allerdings bezweifelter) Präzision. Die ethische Basis, die für die Legitimation dieser kalten Bilder von entwickelter Destruktionstechnologie als notwendig erachtet wurde, sollte durch die moralische Überlegenheit der Nation garantiert werden, die in diesem Krieg besonders exponiert war, die USA. Demonstrierte technische Überlegenheit des Westens wurde mit der moralischen Würde seiner Position identifiziert und als Opposition zur dunklen, unmenschlichen und moralisch inferioren Position des Gegners — der auch zur Anwendung seines eigenen komplizierten technischen Materials sich als unfähig erwies — aufgebaut. Die Verteilung von Gut und Böse war unzweideutig und bildete eine ideale Grundlage, um die ästhetische Qualität abstrakter Kriegsbilder so vorzuführen, daß moderne Kriegstechnologie ihre Reinheit und bloße Effizienz demonstrieren konnte. Die Ästhetik eines komplexen Apparats in voller Bewegung konnte sich in der Konfrontation mit Bildern von einem durch Rückständigkeit, Feigheit und Unmenschlichkeit charakterisierten Gegner voll entfalten. Im moralischen Sinn wurde hier die Konstellation der Filme über den Ersten Weltkrieg oder den Spanischen Bürgerkrieg umgekehrt. Technischer Fortschritt und kalte Moderne waren nicht mit Menschenverachtung, Faschismus und Aggression verbunden, sondern wurden nun mit den Idealen von Humanität und moralischer Überlegenheit identifiziert. Es gab wenig Anlaß, im Bild dieses Krieges einen Raum für den leidenden Soldaten zu schaffen. Die Konstruktion des modernen Krieges in der Tradition der Luftbilder des Ersten Weltkrieges setzt die Konzeption eines leeren Raums ohne affektive Qualität voraus. Es ist dieser geometrische, abstrakte Raum, der die weltweite Mobilität moderner Armeen und die gigantische Logistik ermöglicht. Die Wirkung des Anti-Kriegsfilms bleibt jedoch notwendig an einen Raum der Gefühle und Erfahrung gebunden. Unter den gegebenen Bedingungen scheint der Entwurf seiner Bildwelt unentrinnbar anachronistisch zu sein.

Siegfried Kracauer stellte bereits 1927 die These auf, die massenhafte Fotografie führe dazu, daß an die Stelle der Wirklichkeit nun Bilder von Wirklichkeit träten[40]. Sechzig Jahre später argumentiert Baudrillard, daß die Wirklichkeit zum Zusammenspiel von Zeichen und Kodes geworden sei, die ihren eigenen semiotischen Regeln ohne Bezug auf einen äußeren Referenten folgten. Begriffe wie »Abstraktion« oder »Simulation« gehörten in die Vergangenheit, da es nichts Reales mehr gebe, von dem die Abstraktion abgeleitet sein könnte, und kein Raum mehr existiere, in dem Simulation auf etwas anderes als auf sich selbst bezogen sei.

»Das Reale wird von miniaturisierten Einheiten, von Matrixen, Datenbanken und Befehlsmodellen produziert — und mit ihnen kann es unendlich oft reproduziert werden[41].«

Die fotografischen Labors des Ersten Weltkrieges spielten eine bedeutende Rolle im Prozeß der Miniaturisierung und der Produktion von artifiziellen Realitäten ohne Erlebnisqualität. Dieser durch die frühe Luftbildfotografie freigesetzte Prozeß ist nun in eine neue Phase eingetreten. Ein Ende dieser Entwicklung ist ebensowenig abzusehen wie es Hoffnung darauf gäbe, die Sinne könnten mit dem Ziel erzogen werden, durch Veränderung der Wahrnehmung einen Beitrag zum Entstehen einer Welt im Frieden zu liefern.

Anmerkungen

1 Anton Kaes, History and Film. Public Memory in the Age of Electronic Disseminaion, in: History and Memory 2.1, Fall/Winter 1990, S. 111–129, hier 121.

2 Die weltweit von Kriegsfilmen ausgehende Faszination ist ein aufklärungsbedürftiges Phänomen. Neuere Filme wie Kamarkas »Warheads« oder die Dokumentation »Mein Krieg« machen insbesondere auf die Ambivalenz in der Bewertung aufmerksam und legen es nahe, für die Filmanalyse die Kontexte der Rezeption sorgfältig zu beachten.

3 Paul Virilio, Krieg und Kino. Logistik der Wahrnehmung, München 1986, S. 47f. (zuerst: Guerre et cinéma. Logistique de la perception, Paris 1984).

4 Ernst Jünger, Das Antlitz des Weltkrieges. Fronterlebnisse deutscher Soldaten, Berlin 1930 (darin bes. Jüngers Einleitung: Krieg und Lichtbild, S. 9–11), und: Hier spricht der Feind. Kriegserlebnisse unserer Gegner, Berlin 1931 (hrsg. unter dem Pseudonym Richard Junior). Vgl. auch Jüngers verwandte Schriften aus den frühen dreißiger Jahren: Das Lichtbild als Mittel im Kampf. Totale Mobilmachung (1930), Feuer und Bewegung (1930), Über den Schmerz (1934).

5 Ernst Jünger, Über den Schmerz. Werke. Bd 5: Essays I, Betrachtungen zur Zeit, Stuttgart o.J., S. 149–198.

6 Ernst Jünger, Der Arbeiter. Herrschaft und Gestalt, Stuttgart 1982 (1. Aufl. Hamburg 1932), S. 128.

7 Ebd., S. 130.

8 Ernst Jünger, Kirchhorster Blätter. Sämtliche Werke, Bd 3, Stuttgart 1979, S. 363.

9 Jünger kannte Ludwig Klages und war vermutlich mit seinen Vorstellungen über Graphologie vertraut: L.K., Ausdrucksbewegung und Gestaltungskraft, Leipzig 1921. Eine revidierte Fassung erschien unter dem Titel: Grundlegung der Wissenschaft vom Ausdruck, Leipzig 1932.

10 Mit Graphologie hatte sich Walter Benjamin seit den zwanziger Jahren aus verschiedenen Anlässen immer wieder einmal beschäftigt und seine Gedanken notiert. Vgl. W.B., Gesammelte Schriften, Frankfurt a.M. 1972–1989, Bd IV, 1 und Bd VI.

[11] In einem Brief an Albert Einstein stellte Sigmund Freud bereits 1932 die radikale Frage, ob Krieg nicht eine unvermeidbare Implikation der Kultur sei. Sigmund Freud, Warum Krieg? Gesammelte Werke, Bd 9, Frankfurt a.M. 1974, S. 272—286.

[12] In Filmen, Büchern und Aufsätzen hat Alexander Kluge die enge Beziehung zwischen Wahrnehmung und Krieg in eindrucksvoller Weise herausgestellt. Vgl. etwa: Schlachtbeschreibung, Die Patriotin, oder das Gemeinschaftsprojekt mit Oskar Negt, Geschichte und Eigensinn, Frankfurt a.M. 1981, S. 797—866. Siehe auch die anregenden, sprunghaft assoziativen und gelegentlich abwegigen Beiträge zu dieser Diskussion von Paul Virilio, La machine de vision, Paris 1988; ders., Krieg und Kino (wie Anm. 3); ders. und Sylvère Lotringer, Pure War, New York 1983 (dt: Der reine Krieg, Berlin 1984).

[13] Vgl. unter den zahlreichen Neuauflagen u.a. The Photographic History of the Civil War, 5 vols., Secaucus 1987 (1. Aufl. 1911); Alfred Hudron Guernsey, Harper's Pictorial History of the Civil War, New York 1978.

[14] Zit. nach Alan Trachtenberg, Albums of War: On Reading Civil War Photographs. Representations 9, Winter 1985, S. 1—32, hier S. 13.

[15] Ebd., S. 12.

[16] Ebd.

[17] Ebd., S. 27.

[18] Das entscheidende Ereignis des frühen Kriegsgeschehens, das »Wunder an der Marne« vom September 1914, war weitgehend die Folge einer korrekten Interpretation von Luftaufnahmen der Bewegungen der 5. deutschen Armee durch das französische Oberkommando.

[19] Diese Überlegungen basieren auf Auswertungen von Bildbeständen und persönlichen Nachlässen in den folgenden Archiven: Imperial War Museum, London; Bundesarchiv Koblenz und Bundesarchiv-Militärarchiv Freiburg; Bayerisches Armeenmuseum, Ingolstadt; Militärarchiv, Prag; Zentrales Staatsarchiv, Potsdam; Archives Militaires, Vincennes.

[20] Vgl. Bernd Hüppauf, The Emergence of Modern War Imagery in Early Photography, in: History and Memory, Bd 5, Nr. 1 (1993), S. 130—151.

[21] Es ist eine verbreitete Ansicht, daß die moderne Kriegsfotografie erst als Folge technischer Entwicklungen wie schneller Verschlüsse, empfindlicherem Filmmaterial und kleinen 35mm-Kameras aufgekommen und während des Spanischen Bürgerkriegs entwickelt worden sei. Während der Fotojournalismus im heutigen Sinn gewiß erst das Ergebnis von Entwicklungen der Zeit nach 1919 war, sind doch alle Elemente der Repräsentation von modernem Krieg bereits Teil der Fotografie der Jahre nach 1916. Vgl. Bernd Hüppauf, Kriegsfotografie an der Schwelle zum Neuen Sehen. Über einen Aspekt der kollektiven Erinnerung des Ersten Weltkriegs, in: Geschichte und Psychologie. Annäherungsversuche. Hrsg. von Bedrich Lowenstein, Pfaffenweiler 1992, S. 205—233.

[22] Vgl. Frederick Jameson, Signatures of the Visible, New York 1990, S. 5.

[23] Walter Benjamin, Theorien des deutschen Faschismus. Gesammelte Schriften, Bd 3, Frankfurt a.M. 1972, S. 238—250.

[24] Dieser Begriff wurde für die verbreitete Technik, schöne oder dramatische Himmel, idealisierte Hintergründe und andere, ästhetisch erwünschte Ele-

mente in ein Foto zu montieren, verwandt. Eines der ersten Beispiele für die ›konzeptionelle‹ Verwendung einer Montagetechnik liefert Galton mit seinen ethnologisch-völkerpsychologischen Versuchen, ›typische‹ Gesichtsphysiognomien durch Vielfachbelichtungen herzustellen. Vgl. Sir Francis Galton, Inquiries into Human Faculty and its Development, London 1889. Zu Hurley vgl. Bernd Hüppauf, Hurleys Optik. Über den Wandel von Wahrnehmung, in: Medien/Kultur. Für Friedrich Knilli zum Sechzigsten. Hrsg. von Knut Hicketier und Siegfried Zielinski, Berlin 1991, S. 113—130.

25 Die Passage stammt aus Frank Hurleys Tagebuch, das in der State Library of New South Wales liegt. Hier zit. nach: Hurley at War. The Photography and Diaries of Frank Hurley in two World Wars. Hrsg. von der Fairfax Library in Zusammenarbeit mit Daniel O'Keefe, Annandale 1986, S. 6.

26 Vgl. Ansgar Hillach, Allegorie, Bildraum, Montage. Versuch, einen avantgardistischen Begriff aus Benjamins Schriften zu begründen, in: Theorie der Avantgarde. Antworten auf Peter Bürgers Bestimmung von Kunst und bürgerlicher Gesellschaft. Hrsg. von Martin Lüdke, Frankfurt a.M. 1976, S. 105—142. Für weitere Hinweise vgl. Hüppauf, Kriegsfotografie (wie Anm. 21), S. 205—233.

27 Anton Giulio Bragaglia, Fotodinamismo futuristica. Hrsg. von Anton Giulio Bragaglia et al., Turin 1970 (erste Ausgabe 1913). Zit. nach: Theorie der Fotografie, hrsg. von Wolfgang Kemp, Bd 2, München 1979, S. 50—54.

28 Vgl. die herausragende und zu wenig beachtete Studie von Felix Philipp Ingold, Literatur und Aviatik. Europäische Flugdichtung 1909—1927, Basel, Stuttgart 1978.

29 Ernst Jünger, Feuer und Blut. Ein kleiner Ausschnitt aus einer großen Schlacht, Berlin 1929, S. 98ff.

30 Ein Beispiel aus der Kategorie der publizierten Trivialprosa ist Emil Ferdinand Malkowsky, Vom Heldenkampf der deutschen Flieger. Ein Ruhmesbuch der deutschen Tapferkeit, Berlin 1916, bes. S. 74.

31 Paul Virilio (wie Anm. 3) nimmt die anthropologische Diskussion der zwanziger Jahre auf, wenn er betont, daß die Luftfotografie zu einem neuen Zusammenspiel zwischen den menschlichen Sinnen und technischen Apparaten als deren Erweiterungen führe.

32 Vgl. Hüppauf (wie Anm. 20).

33 Wilhelm Worringer, Abstraktion und Einfühlung, München 1959 (1. Aufl. 1908), S. 36.

34 Vgl. etwa Bernd Ulrichs Beobachtungen zum Komplex »Nerven« unter den Bedingungen der Front: Bernd Ulrich, Nerven und Krieg, in: Geschichte und Psychologie (wie Anm. 21), S. 163—192.

35 Edmund Blunden, zit. nach: Paul Fussell, The Great War and Modern Memory, New York 1975, S. 256.

36 Der Mythos von einem Neuen Menschen nahm im frühen 20. Jahrhundert eine Reihe von Gestalten an. Die Unterschiede und Gemeinsamkeiten zwischen den expressionistischen, faschistischen, sozialistischen Versionen und die Bedeutung von Eugenik, Technik, politischer Ideologie sind oft diffizil und schwer zu bestimmen. Ein kompliziertes Geflecht aus literarisch-bildnerischen Motiven und Konventionen bildete sich, das bisher kaum die nöti-

ge Aufmerksamkeit gefunden hat. Vgl. u.a. Bernd Hüppauf, Schlachtenmythen und die Konstruktion des »Neuen Menschen«, in: Gerd Krumeich und Gerhard Hirschfeld, »Keiner fühlt sich hier mehr als Mensch«, Essen 1993, S. 43–84.

37 Jünger, Vorwort zu: Der Arbeiter (wie Anm. 6), S. 8.

38 Ernst Friedrich, Krieg dem Kriege!, Frankfurt a.M. 1981 (1. Aufl. Berlin 1924), S. 131.

39 In der uferlosen Literatur zum Luftkrieg vgl. u.a. Peter Fritzsche, A Nation of Fliers. German Aviation and the Popular Imagination, Cambridge, London 1992, hier bes. S. 64–101.

40 Siegfried Kracauer, Die Fotografie, in: Das Ornament der Masse, Frankfurt a.M. 1963, S. 21–39.

41 Jean Baudrillard, Selected Writings. Ed. by Mark Poster, Stanford 1988, S. 166–184, S. 166.

Sechster Teil

Der Erste Weltkrieg als Problem der internationalen Forschung

Gerd Krumeich

Vergleichende Aspekte der »Kriegsschulddebatte« nach dem Ersten Weltkrieg*

In der deutschen Geschichtsforschung der letzten Jahre gibt es eine immer deutlicher werdende Tendenz, nach der Vorgeschichte des Ersten Weltkrieges nunmehr auch die Geschichte der unmittelbaren Nachkriegszeit einer kritischen Überprüfung zu unterziehen. Für einige Jahre stand im Zentrum des Interesses die sogenannte Rätebewegung und das Problem der möglichen Bedeutung dieser von einigen Historikern als Alternative zu dem Weimarer Kompromiß zwischen alten und neuen gesellschaftlichen Mächten angesehenen Bewegung[1]. In dieselbe Richtung zielt ein anderes historisches Paradigma, das in den letzten Jahren von deutschen Historikern allmählich eingeführt worden ist, meines Erachtens aber einer weitaus größeren Diskussion beziehungsweise Kritik bedürfte. Es handelt sich um die Behauptung, daß die »Kriegsschulddebatte« nach dem Ersten Weltkrieg in der Art und Weise, wie sie geführt, seitens regierungsamtlicher Institutionen lanciert und gefördert wurde, eine verheerende Konsequenz gehabt habe: sie habe verhindert, daß sich in Deutschland diejenigen Kräfte, die einen wirklichen Schlußstrich unter den Wilhelminismus setzten und das Land auf den Weg einer tragfähigen Demokratisierung bringen wollten, hätten durchsetzen können. Unter dem Banner des Kampfes gegen die vorgebliche »Kriegsschuldlüge« sei es zu einer anti-demokratischen und extrem nationalistischen Sammlung gekommen, die die mögliche und notwendige radikale Neuorientierung Deutschlands im Keime erstickt habe. Wenn die Deutschen nicht so fanatisch und unerbittlich gegen die »Kriegsschuldlüge« gekämpft hätten, so wäre die Intransigenz und geschlossene Front der Siegermächte in und nach Versailles nicht so stark gewesen, wie sie es wurde. Deutschland hätte sowohl bessere Friedensbedingungen erhalten als auch einen ruhigeren Weg der demokratischen Erneuerung gehen können[2]. Besonders Hans Mommsen hat in seiner Geschichte der Weimarer Republik unter dem suggestiven Titel *Die verspielte Freiheit* diese Argumentation aufgegriffen und weitergeführt[3]. Mommsen betont vor allem die Tatsache, daß in Deutschland trotz des formellen Endes des Kriegszustandes keine

»Gesinnung des Friedens und des Friedenswillens die Oberhand gewann. Die Nation verdrängte die Erkenntnis, daß der Weltkrieg verlorengegangen war[4].«

Brockdorff-Rantzau und das Auswärtige Amt hätten sich jeder wirklichen Aufklärung enthalten und anstelle dessen zugelassen, daß sich eine »manipulatorische Mobilisierung nationalistischer Gefühle« vollzog[5]. So sei ein von bürgerlich-republikanischer Seite induzierter Nationalismus entstanden,

»in dessen Folge verhindert wurde, daß es zu einer ernstlichen Auseinandersetzung mit dem deutschen Vorkriegsimperialismus [...] kam«[6]. »Unter der Devise des Kampfes gegen den Kriegsschuldartikel und den Versailler ›Schmachfrieden‹ blieb die notwendige politisch-moralische Distanzierung aus, ja sie wurde von den politischen Exponenten des Kaiserreiches in ihr Gegenteil verkehrt[7].«

All das habe zu einer grundsätzlichen »inneren Verweigerung des Friedensschlusses durch nahezu alle politischen Gruppen« und zu einer »Politik der Illusionen« geführt[8]. Ganz ähnlich hat Heinrich August Winkler in seiner Geschichte der Arbeiterbewegung in der Weimarer Republik argumentiert, wenn er aus den gut dargestellten großen Schwierigkeiten auch der Sozialdemokraten, sich von der These zu lösen, daß dieser Krieg ein Verteidigungskrieg gewesen sei, zu der Folgerung gelangt, daß die

»Chance zu einer Generalabrechnung mit der Politik, die in den Krieg und die Niederlage geführt hatte [...], nicht genutzt [wurde]. Die Kriegsunschuldslegende der Rechten konnte weiterwuchern[9].«

Und in seiner neuen Geschichte der Weimarer Republik hat Winkler jüngst diese Anschauungen zum Teil weiter zugespitzt. Kategorisch wird hier die Behauptung an den Anfang des Kapitels über den »unbewältigten Frieden« gestellt, daß es trotz guter Chancen verabsäumt worden war, einen moralischen Bruch mit dem Kaiserreich herbeizuführen. Dies, obwohl die »historische Wahrheit über die Auslösung des Ersten Welkrieges [...] bereits im Frühjahr 1919 weitgehend offen zutage« gelegen habe[10].

Ein Hauptargument der Verfechter dieser These ist, daß der berüchtigte Kriegsschuld-Paragraph des Versailler Vertrages in Wirklichkeit keineswegs eine moralische Verurteilung Deutschlands intendiert habe, sondern lediglich eine juristische Basis für die Reparationen nach dem »Verursacher-Prinzip« habe herstellen wollen[11]. Die Polemik gegen den »Kriegsschuldparagraphen« des Versailler Vertrages sei insofern überzogen und unrealistisch gewesen, als erst die deutsche Politik der Formel des § 231 den Sinn des Angriffskrieges gegeben habe. Die Alliierten hätten ursprünglich trotz der gewählten Formel von der haftungsrechtlich relevanten »Aggression« Deutschlands nicht an eine grundsätzliche moralische Verurteilung gedacht[12].

Tatsächlich ist in den 1930er Jahren so argumentiert worden, als es erhebliche Tendenzen zu einem — wie auch immer zu beurteilenden — deutsch-französischen Dialog gab[13]. Vor allem Pierre Renouvin hat sich um diese Neuinterpretation bemüht, und seine diesbezügliche Arbeit ist auch heute noch die Hauptquelle der »revisionistischen« Argumentation[14]. Dabei wird nur häufig — zu häufig — übersehen, daß ein großer Unterschied zwischen dem Geist der 30er und der Atmosphäre der 20er Jahre bestand. Im Frankreich der frühen 1920er Jahre wäre niemand auf die Idee gekommen, den Inhalt des »Kriegsschuld«-Paragraphen nicht als eine auch moralische Schuldigsprechung Deutschlands anzusehen. Hier scheint mir in der Tat ein Schuß »historistischer« Empfindsamkeit in den historischen Diskurs wieder neu einzubringen zu sein.

Dies ist der Grund, warum hier die innerfranzösische Debatte zur Kriegsschuldfrage umrißartig dargestellt werden soll. Denn sie kann dazu dienen, die Dimensionen, die die deutsche Debatte in den Augen vieler Historiker gewonnen hat, auf das richtige Maß zurückzuführen und die tatsächlichen Erfolgschancen vorgeblich möglicher alternativer Verhaltensweisen der deutschen Politiker und Publizisten deutlicher zu erkennen.

Zunächst mag es nützlich sein, angesichts heutiger Interpretationen und Kritik des deutschen Verhaltens in Erinnerung zu rufen, daß in der deutschen Öffentlichkeit ganz überwiegend die Überzeugung herrschte, daß dieser Krieg keineswegs ein allein von Deutschland schuldhaft verursachter Angriffskrieg war. Daran änderten auch die ersten Archivveröffentlichungen des bayerischen Ministerpräsidenten Kurt Eisner wenig, zumal diesem ziemlich bald massive Quellenmanipulationen zu politischen Zwecken nachgewiesen wurden[15]. Allerdings war auch klar, daß Deutschland sich durch den Bruch der belgischen Neutralität völkerrechtlich ins Unrecht gesetzt hatte. Selbst Politiker, die vehement für die deutsche »Unschuld« kämpften, kamen gemeinhin um das Zugeständnis nicht herum, daß dieses offenkundige Unrecht »wiedergutzumachen« sei. Auch die schon in der Lansing-Note und in Wilsons 14 Punkten betonte Verpflichtung Deutschlands, für die in Frankreich verursachten Schäden geradezustehen, fand keinen ernsthaften Widerspruch.

Ganz anders stand es mit dem Vorwurf, der alsbald massiv geäußert wurde und die direkte Fortsetzung der alliierten Kriegspropaganda war, daß Deutschland diesen ungeheuerlichen Krieg frevlerisch vom Zaun gebrochen habe, gleichermaßen aus niederen Motiven ein »Menschenschlachthaus«[16] inszeniert habe, welches heute noch — trotz der quantitativ ungleich größeren Erfahrungen an »Tötungskapazität« des Zweiten Weltkrieges — als Stigma unseres Jahrhunderts gilt. Wenn heute Historiker im nachhinein die Meinung vertreten, Deutschland habe sich schuldig bekennen sollen, um einen radikalen Bruch mit der wilhelminischen Tradition zu schaffen und gleichzeitig einen wirklichen demokratischen Neubeginn in Deutschland leisten zu können, so werden die damals tatsächlich vorhandenen Erkenntnis-, Denk- und Kritikmöglichkeiten viel zu wenig beachtet. Die Ungeheuerlichkeit des Erlebten, die Erfahrung des universellen Massentötens auf hochtechnisierte Art, die Dauer dieses Geschehen — 4 Jahre! — schlossen solche direkten moralischen Ableitungen und einseitigen Schuldanerkennungen seitens der Besiegten vollkommen aus. So undeutlich waren für die Kämpfenden die Grenzen zwischen wahr und falsch, Recht und Unrecht geworden, daß beispielsweise die Somme-Schlachten in der deutschen Erinnerung noch der 1930er Jahre als »Verteidigungskrieg« verhaftet geblieben sind — und merkwürdigerweise in der französischen kollektiven Erinnerung aus wohl eben diesem Grund lange nicht denselben positiven Stellenwert haben wie die Abwehrschlacht von Verdun ... Diese Tatsachen zeigt bereits eine kursorische Durchsicht etwa der Regimentstagebücher, zeitgenössischen Bildbände und Erinnerungen von Soldaten[17]. Vielleicht auffälliger beziehungsweise überzeugender ist die Beobachtung, wie schwer sich beispielsweise die äußerste Linke innnerhalb der Sozialdemokratie mit der Frage der deutschen Kriegsschuld tat. Man mag dies als ein »eklatantes Versagen der Sozialdemokratie in der Auseinandersetzung mit der nationalistischen Rechten«[18] werten. Fest steht allerdings nach der minutiösen Untersuchung von Klenke, daß sich nur einige wenige Köpfe der Parteilinken wie Heinrich Ströbel und Walter Fabian dem Druck auch der linken communis opinio entziehen konnten, daß von einer einseitigen Kriegsschuld Deutschlands nicht die Rede sein könne. Man kann als Historiker nicht umhin, bei aller Notwendigkeit einer kritischen Perspektive diese — wie auch immer unrichtigen — zeitgenössischen Anschauungen ernst zu nehmen. Und angesichts der massiven Kritik, die beispielsweise das Verhalten des Grafen Brockdorff-Rantzau bei der Übernahme der Friedensbedingungen am 7. Mai 1919 erfahren hat, sei hier einmal der vielleicht ebenfalls überpointierte antikritische Standpunkt eingenommen, daß angesichts der Welle von Feindschaft und Haß, die der deutschen Delegation entgegenschlug, die Rede Brockdorffs eigentlich relativ selbstkritisch und zuvorkommend war. Vergewärtigen wir uns die entscheidenden Sätze aus der Rede des französischen Ministerpräsidenten Clemenceau bei der Übergabe der Friedensbedingungen am 7. Mai 1919:

»Meine Herren Delegierten des Deutschen Reichs! Es ist hier weder Ort noch die Stunde für überflüssige Worte. Sie haben vor sich die Versammlung der Bevollmächtigten der kleinen und großen Mächte, die sich vereinigt haben, um den fürchterlichsten Krieg auszufechten, der ihnen aufgezwungen worden ist. Die Stunde der Abrechung ist da[19].«

Dies war eindeutig und eine direkte Fortsetzung dessen, was der französische Staatspräsident Poincaré bei der Eröffnung der Friedenskonferenz am 18. Januar 1919, gesagt hatte:

»au moment où s'achève ce cycle d'horreur, toutes les Puissances dont les délégués sont assemblés ici peuvent se rendre elles-mêmes cette justice qu'elles n'ont aucune part dans le crime d'où est sorti un désastre sans précédent. [...] L'humanité peut vous faire confiance, parce que vous n'êtes pas de ceux qui ont violé les droits de l'humanité. [...] La vérité, toute couverte de sang, s'est déjà évadée des archives impériales. La préméditation du guet-apens est aujourd'hui clairement démontrée[20].«

Angesichts dieser hochemotionalisierten und bedingungslosen Sprache der führenden französischen Politiker klingt meines Erachtens die Antwort des Grafen Brockdorff vom 7. Mai 1919 recht gemäßigt, konziliant und sogar selbstkritisch:

»Es wird von uns verlangt, daß wir uns als die allein Schuldigen am Kriege bekennen. Ein solches Bekenntnis wäre in meinem Munde eine Lüge. Wir sind fern davon, jede Verantwortung dafür, daß es zu diesem Weltkriege kam, und daß er so geführt wurde, von Deutschland abzuwälzen. Die Haltung der früheren Deutschen Regierung auf den Haager Friedenskonferenzen, ihre Handlungen und Unterlassungen in den tragischen zwölf Julitagen mögen zu dem Unheil beigetragen haben, aber wir bestreiten nachdrücklich, daß Deutschland, dessen Volk überzeugt war, einen Verteidigungskrieg zu führen, allein mit der Schuld belastet ist[21].«

Diese Sätze sind gar nicht weit von dem entfernt, was man heute historisch zuverlässig über die Schuld am Krieg sagen kann und erscheinen angesichts der hohen Emotionalisierung und existentiellen Bedeutung dieser Frage in moralischer und direkt materieller Hinsicht als überaus reflektiert, konzessionsbereit — ja mutig gegenüber den Emotionen der eigenen Öffentlichkeit, die sich in jenem Augenblick in revolutionären Umbrüchen befand. Es ist auch wichtig, angesichts der heute gängigen Kritik zu betonen, daß solche Abwägungen keineswegs allein einem politischen — zumal innenpolitischen — Kalkül entstammten, sondern aus tiefster Überzeugung kamen[22]. Die Debatten in der »Geschäftsstelle für die Friedensverhandlungen« über den einzuschlagenden Kurs zeigen, mit welch großer Intensität über die Fragen des Ausmaßes der deutschen Kriegsschuld und darüber, wie weit es staatspolitisch zu verantworten sei, dies einer feindlichen Öffentlichkeit darzulegen, diskutiert wurde. Die von Krüger zuerst publizierten Akten lassen in dieser Hinsicht überhaupt keinen Zweifel und geben ein sprechendes Bild der damaligen Atmosphäre[23]. Gegenüber Max Warburg, der den quasi offiziellen Kurs vertrat, nämlich zwischen einer »causa proxima« und einer »causa remota« zu unterscheiden, das heißt eine Schuld Deutschlands an der Julikrise und deren Eskalation zum Weltkrieg zuzugeben, dahingegen aber die krisenhafte Entwicklung der Jahre seit der Bismarckzeit vor allem der »Einkreisung« Deutschlands beziehungsweise dessen Aussperrung von der Verteilung der Welt anzulasten, vertrat Eduard Bernstein, prominentester Vertreter der USPD, den folgenden Standpunkt:

»Deutschland ist heute eine Republik und hat mit dem alten System gebrochen. Es muß doch eines gesagt werden: daß das neue Deutschland nicht mit dem alten Deutschland gleichbedeutend, solidarisch ist; die Solidarität muß abgewiesen werden, und gerade indem man sie abweist, stellt man das neue Deutschland viel sicherer vor dem Ausland, als es bisher der Fall war[24].«

Diese Auffassung spiegelt die Hoffnung, durch einen radikalen »Schlußstrich« auch gleichermaßen eine opportune außenpolitische Neuorientierung der ehemaligen Gegner herbeiführen zu können:

»je mehr wir [...] das anerkennen, was wir den Völkern und Staatsmännern drüben nicht ausreden werden, um so eher werden wir sie zu Konzessionen bereit finden, um so mehr zeigen wir, zeigt das neue Deutschland, daß man mit dem alten gebrochen hat[25].«

Demgegenüber vertrat Max Warburg in aller Schärfe den Standpunkt, daß es weder zutreffend noch politisch opportun sei, bei aller Distanz zum kaiserlichen Deutschland ein solches Schuldbekenntnis abzulegen:

»Es handelt sich darum, daß wir diesen Leuten gegenüber — und das ist außerordentlich wichtig, weil wir sonst auf eine sehr schlechte finanzielle Unterhandlungsbasis kommen — mit Stolz erklären: Wir sind in die allgemeine Kriegslage hineingetrieben worden infolge der Verhältnisse, wie sie früher existiert haben; ihr habt uns wirtschaftlich nicht aufkommen lassen, wir haben während der ganzen Zeit uns wirtschaftspolitisch nicht ausdehnen können, sei es in der einen oder andern Weise. [...] Also wir dürfen nicht dahin kommen und sagen: ›Wir sind bisher Verbrecher gewesen, von jetzt ab wollen wir aber anders sein‹; darüber lachen unsere heutigen Gegner[26].«

Sicherlich, wenn man die Verhandlungen des »Conseil des Quatre« verfolgt, so stellt man fest, daß gegenüber der mangelnden Bereitschaft Deutschlands, sich für die Aggression schuldig zu bekennen, eine ziemliche Erbitterung herrschte und daß das Warburgsche Kalkül keineswegs realistisch war. Ein Beispiel aus der Sitzung vom 19. Mai 1919, also wenige Tage nach Überreichung der Note des Grafen Brockdorff vom 13. Mai 1919, welche den offiziellen deutschen Standpunkt in seiner charakteristischen Mischung aus Zurückweisung einer Gesamtschuld bei Zugabe erheblicher Verfehlungen resumierte, fand zwischen den Führern der Alliierten die folgende Unterhaltung statt:

Wilson: Vous êtes-vous formé une oppinion sur la note allemande relative à la responsabilité générale des dommages? Au moment de l'armistice les Allemands se sont reconnus responsables des dommages causés par l'agression de l'Allemagne [...] Aujourd'hui ils continuent à déclarer que ce n'est pas eux qui ont causé la guerre. Cette attitude est incroyable.
Lloyd-George: Elle montre que l'Allemagne est toujours aux mains de son ancien personnel, ou ne l'a pas encore renvoyé.
Wilson: Ou du moins l'Allemagne le laisse parler en son nom[27].«

Solche Empörung scheint die kritische Haltung heutiger Historiker gegenüber dem Kurs der deutschen Nachkriegspolitik zu stützen. Wie aber sahen die Alternativen aus? Meines Wissens gibt es bisher nicht eine einzige stichhaltige Quelle, die geeignet wäre, aus der moralischen Emphase eine gesicherte historische Erkenntnis zu machen: Wäre die Nachkriegspolitik der Alliierten bei einem — wie auch immer hypothetischen — deutschen Schuldbekenntnis und bei Totalrevision der Außenpolitik in irgendeiner Weise anders ausgefallen als sie dann verlief? Sicherlich wäre unter Umständen die Verstimmung und Distanzierung zwischen Franzosen und Engländern noch früher eingetreten — aber hätte ein eventuelles Auseinanderdriften der Alliierten die französische Politik der Härte wesentlich modifizieren können? Die Geschichte der Ruhrbesetzung zeigt doch, daß Frankreich gerade in dem Maße »poincaristisch« reagierte, wie es sich alleingelassen fühlte mit seinem Anspruch auf Schutz vor künftiger Aggression und integraler Reparation. »Le Boche payera« war ja nicht von ungefähr die Hauptlosung schon während des Krieges und bei den Wahlen zur »Chambre bleu-horizon« von 1919 gewesen. Und welche zeitgenössischen Quellen vermögen die Auffassung zu stützen, daß ein mea culpa Deutschlands an diesen als absolut existentiell empfundenen Forderungen eines zerstörten, geschundenen und ausgebluteten Landes auch nur ein Jota geändert hätte? Vielleicht wären die innenpolitischen Auseinandersetzungen im Nachkriegsfrankreich etwas akuter noch geworden, aber es ist nicht ersichtlich, daß sich eine Politik des freundlichen Ausgleichs mit einem nunmehr demokratisierten Deutschland schon Anfang der 1920er Jahre hätte durchsetzen lassen. Es gab in Frankreich schlicht keine irgendwie bedeutende politische Gruppe, die eine solche Politik hätte tragen können. Die zu jenem Zeitpunkt allgemein geteilte »poincaristische« Befindlichkeit hat der Biograph Poincarés, Pierre Miquel, folgendermaßen bündig beschrieben:

»Il fallait qu'il fût bien clair que c'était l'Allemagne qui avait voulu et provoqué le conflit, et qu'elle était seule coupable. Cette notion de la responsabilité totale, qui avait rebuté Wilson, était nécessaire à l'honneur français et à la conception française de la paix. Renoncer à la faire prévaloir, c'était non seulement jeter le trouble sur la conscience d'un peuple qui avait subi quatre ans de guerre pour le ›droit‹, mais c'était aussi renoncer aux fruits de la paix, et d'abord aux réparations: si les torts étaient partagés, pourquoi ne pas partager aussi les dommages[28]?«

Die Geschichte der innerfranzösischen Kriegsschulddebatte ist bislang überhaupt noch nicht erforscht[29]. Einige zum Teil neue Einzelheiten sollen im folgenden gegeben werden, ohne daß schon der Anspruch erhoben wird, eine umfassende Darstellung dieser Probleme zu leisten.

Generell läßt sich sagen, daß der Prozeß des Bewußtwerdens, daß Frankreich keineswegs nur ein vom brutalen Deutschland seit langen Jahren bedrohtes, dann schließlich unter einem Vorwand angegriffenes Land gewesen war, äußerst mühselig war. Neben der nachwirkenden Kriegspropaganda standen ja auch offizielle Werke wie der vorgebliche historisch und quellenmäßig genau abgesicherte Senatsbericht, der unter den Namen Emile Bourgeois und Georges Pagès veröffentlicht wurde und für das breite Publikum über mehr als ein Jahrzehnt die entscheidende Quelle zur Kriegsschuldproblematik ausmachte, ähnlich wie in Deutschland der »Leitfaden zur Kriegsschuldfrage« von Montgelas[30]. Subtilere Darstellungen wie die von Pierre Renouvin über die »Origines immédiates de la guerre« von 1922 oder alle deutsche Kritik an den massiven Fälschungen des französischen Gelbbuches haben daran nichts ändern können. Auch Poincarés Schrift: *Comment fut déclarée la Guerre de 1914*, aus einer Vortragreihe hervorgegangen und im Jahre 1920 veröffentlicht, ist in vollständig unveränderter Form immer wieder publiziert worden[31], ungeachtet der Tatsache, daß zwischenzeitlich eine Vielzahl neuer Quellen veröffentlicht wurde, ausgehend von den Aktenpublikationen der Sowjets aus den zaristischen Archiven, die einige Zweifel an der Friedfertigkeit der Poincaréschen Vorkriegspolitik aufkommen ließen. Sicherlich schritt auch in Frankreich die Kriegsursachenforschung kontinuierlich voran, nicht zuletzt durch den Einsatz Pierre Renouvins, dessen Institut an der Sorbonne von Regierungsseite installiert worden war, um ein wissenschaftliches Gegengewicht gegen die deutsche »Kriegsschuldforschung« zu setzen[32]. Und wenngleich Renouvin von Seiten der französischen Linken immer wieder als »offiziell« und apologetisch desavouiert worden ist, so muß doch deutlich gesagt werden, daß er bereits 1920 leistete, was Jules Isaac 15 Jahre später noch einen »grand effort d'objectivité« genannt hat[33]. Tatsächlich war es ja Renouvin, der in einer berühmt gewordenen Seminarsitzung seines Instituts vor seinen Studenten im Februar 1920 zum ersten Mal die groben Textverfälschungen des offiziellen französischen Gelbbuches klarlegte. Und über die Autorität Renouvins und der »Revue d'histoire de la guerre mondiale« bleibt trotz aller Einzelfehden und persönlichen Unversöhnlichkeiten[34] der wissenschaftliche »Draht« zwischen den quasi »offiziellen« Historikern und den ernsthaften Revisionisten — zu nennen wäre hier insbesondere Jules Isaac — stets erhalten. Vielleicht liegt hier der größte Unterschied zur innerdeutschen Polarisierung der Forschung, bei der doch stärker die Tendenz bestand, Außenseiter, gar »marxistische«, aus der auf die »nationale Selbstbehauptung« eingeschworenen Universitätshistoriker-Zunft auszuschließen[35]. Aber wenn solche »Exklusivität« gemeinhin aus der »wilhelminischen« und obrigkeitsstaatlichen Tradition abgeleitet wird, die nicht zu brechen eben als das Stigma der Weimarer Demokratie gefaßt wird, so wäre auch hier antikritisch zu fragen, ob diese Tendenzen und das Beharrungsvermögen des Alten durch das »Diktat« und den Pauschalvorwurf, für das größte Verbrechen der Neueren Geschichte verantwortlich zu sein, nicht doch ganz erheblich gesteigert worden sind. Was anderes als eine »Festungsmentalität« ist als Antwort auf die Herausforderung von Versailles konzipierbar?

Für Frankreich hingegen hatten die einseitige Schuldzuweisung und die daraus abgeleiteten Reparationsansprüche ebenfalls erhebliche und eindeutige Konsequenzen auf der Ebene des kollektiven Verhaltens. Mehrere Dinge spielten hier zusammen, um das zu schaffen, was man ebenfalls als »Festungsmentalität« charakterisieren könnte. Es war die ganz überwiegende Überzeugung — viel stärker ausgeprägt als selbst bei den offiziellsten »Wilhelminern« —, daß Frankreich das unschuldige Opfer einer bösartigen und von langer Hand geplanten Aggression geworden sei und daß Frankreich zudem bis zum letzten Moment versucht habe, sei es durch das Zurückziehen der Truppen auf eine Distanz von 10 km von der Grenze, sei es durch diplomatische Aktivitäten, den europäischen Frieden zu retten.

Gegen diese Grundüberzeugung anzukämpfen, war nahezu unmöglich. Bis hin zum Zweiten Weltkrieg hat es auf der Ebene sowohl der organisierten Forschung als auch der der politischen Gruppierungen kaum einen nachhaltigen Versuch gegeben, den Fragen der Vorgeschichte des Ersten Weltkrieges systematisch nachzugehen. Wenn man sich mit dem französischen »Revisionismus« beschäftigt, stößt man auf Grüppchen, die indessen publizistisch überaus eifrig waren und vor allem in Deutschland erhebliche — zu Teilen auch materielle! — Unterstützung erhielten[36]. So wie in Deutschland der »Kampf gegen die Kriegsschuldlüge« für einige Zeit zum Kitt der nationalen Identität wurde (bevor er dann — zusammen mit der »Dolchstoßlegende« — zum Bindemittel der nationalen Opposition gegen das Weimarer »System« degenerierte[37]), so standen die französischen »Revisionisten« unter einem ständigen Bannstrahl. Demartial, einer der entschiedensten Ankläger des Vorkriegs-«Poincarismus«, das heißt des angeblichen Bemühens Poincarés, mit Hilfe der russischen Politik und unter Schürung des Nationalismus Frankreich auf die »Revanche« vorzubereiten, wurde sogar aus der Ehrenlegion ausgeschlossen. Und wie schwer es eine — wie auch immer schüchterne — Opposition im Parlament hatte, zeigt die berühmte improvisierte Kriegsschulddebatte im französischen Parlament, 4. bis 6. Juni 1922. Vaillant-Couturiers Anklagerede im Namen der kommunistischen Fraktion gegen »Poincaré-la-guerre« fand nicht einmal die Unterstützung der sozialistischen Fraktion. Dies ist umso bemerkenswerter, als gerade deren Führer, Léon Blum, zu den schärfsten Kritikern Poincarés gehörte.

Wie schwer es fiel, überhaupt öffentlich die Kriegsschuld-Frage aufzuwerfen, mag folgender Vorfall aus der »Ligue des Droits de L'Homme« zeigen. Auf dem Jahreskongreß 1923 der Menschenrechtsliga, die von allen französischen Vereinigungen traditioneller Art wohl diejenige war, die sich am meisten der Kriegsschuld-Problematik widmete, wurde beanstandet, daß die auf dem Kongreß des Jahres 1922 eingesetzte Kommission des Verbandes sich noch nicht in der Lage gesehen habe, auch nur einen vorläufigen Bericht zu erstatten. Der Vorstand erklärte, daß er bereits Ende 1922 den Ministerpräsidenten Poincaré gebeten habe, alle Dokumente zur Vorgeschichte des Weltkrieges zu veröffentlichen. Er fügte aber resigniert hinzu, daß offensichtlich »in der gegenwärtigen Kammer [des Bloc National, G. K.] in dieser Frage nichts zu erreichen« sei. Die entschiedenen Revisionisten innerhalb der »Ligue des Droits de l'Homme«, besonders Matthias Morhardt und Octave Bloch, warfen dem Vorstand vor, in Wirklichkeit nicht aktiv zu sein, weil man Angst vor Poincaré habe. Daraufhin entspann sich eine so erbitterte Auseinandersetzung, daß der Kongreß abgebrochen werden mußte ...[38].

Selbstverständlich wurden in Frankreich gewisse zentrale Themen der Kriegsschuldfrage ebenfalls öffentlich diskutiert, zumal dann, wenn neue Aktenfunde dem Publikum in sensationeller Form mitgeteilt wurden. Das beste Beispiel hierfür sind die Veröffentlichungen der kommunistischen »Humanité« zwischen Dezember 1923 und März 1924 aus den von den Sowjets mitgeteilten zaristischen Archiven über die »abominable vénalité de la presse«[39]. Die dokumentarischen Beweise, daß Rußland in vorgeblicher Abstimmung mit Poincaré versucht hatte, mittels finanzieller Zuwendungen französische Zeitungen zu beeinflussen, war sensationell und Wasser auf die Mühlen derjenigen, die ohnehin an eine Verschwörung Poincarés und der russischen Politik gegen den Weltfrieden glaubten. Die Auflage der »Humanité« stieg nach eigenem Bekunden in jener Zeit von circa 120000 auf 220000 Exemplare an[40], und die wenigen Revisionisten schöpften aus solchen Veröffentlichungen Material für neue Bücher, wie etwa Fabre-Luces *La Victoire* von 1924.

Das Problem war allerdings, daß sich die kommunistische »antipoincaristische« Kampagne der Nachkriegszeit eng — zu eng — mit den innen- und außenpolitischen Problemen der Nachkriegsjahre, mit der Auseinandersetzung zwischen »Bloc National« und »Cartel des Gauches« verband. Der Vorwurf an die Linke, sie bekämpfe den »Poincarismus« der Vorkriegszeit allein aus innenpolitischen Gründen, war naheliegend und ist auch immer wieder geäußert worden[41]. Auch auf Seiten der »antipoincaristischen« Linken waren die Positionen alles andere als einheitlich. Denn auch die allermeisten Sozialisten, wenn sie nicht wie die »Alten« um Marcel Sembat[42] zutiefst von der Tatsache der deutschen Aggression überzeugt waren, kamen höchstens zu dem Resultat, daß unter Umständen eine »responsabilité partagée« vorliege. Hieraus wurden allerdings innerhalb der Sozialistischen Partei keine Schlüsse im Hinblick auf die Frage gezogen, ob die Reparationsforderungen rechtmäßig seien. Wenn die Sozialisten scharf gegen Annexionen und die Ruhrbesetzung opponierten, so trennten sie diese Probleme doch stets von dem der Reparationen, auf die auch die Sozialisten nicht verzichten wollten. In diesen Kreisen wurde schon sehr frühzeitig die Distinktion zwischen der rein »juristischen« Interpretation des Art. 231 des Versailler Vertrages, der vorgeblich eine nur zivilrechtliche Haftung Deutschlands für die angerichteten Schäden, nicht aber eine moralische Verurteilung beinhalte, eingeführt, wie sie dann von Bloch und Renouvin im Jahre 1931 in systematisierter Form ausgeführt wurde[43].

Aber wie sensibel auch die französische Linke noch Mitte der 1920er Jahre reagierte, wennn es um die Frage der Kriegsverantwortlichkeit ging, zeigt folgendes Ereignis: Als die deutsche Regierung am 29. August 1924 eine offizielle Erklärung veröffentlichte, in der sie kategorisch festhielt, daß Deutschland keine Alleinverantwortlichkeit für die Entfesselung des Weltkrieges anerkenne, erfolgte nur 2 Tage später die folgende amtliche Erwiderung des Quai d'Orsay:

> »Die öffentliche Meinung der Welt weiß, daß es gerade 10 Jahre her sind, daß Deutschland plötzlich ein heldenhaftes Land angegriffen hat, welches durch seine Neutralität hätte geschützt sein müssen, und daß Frankreich, um seinen Friedenswillen zu zeigen, spontan seine Truppen 10 km von der Grenze zurückgezogen hatte[44].«

Wenn die deutsche Regierung mit ihrer Note die Haltung der neuen Linksregierung des »Cartel des Gauches« hatte testen wollen, so fiel deren Antwort ebenso deutlich wie kategorisch aus: Der Ministerpräsident Edouard Herriot, Führer der Radikalen Partei, erklärte bereits am 7. September 1924, daß diese Art von Erklärungen der Aufnahme Deutschlands in den Völkerbund äußerst abträglich sei. In einem Interview mit der »Vossischen Zeitung« verlangte Herriot, daß das neue und demokratische Deutschland deutliche Zeichen setzen müsse, um sich von dem alten Deutschland zu distanzieren. Wenn dies nicht geschehe, könne er, Herriot, seine Bemühungen um einen deutsch-französischen Ausgleich niemandem in Frankreich mehr verständlich machen[45].

Im Jahre 1925 schlugen im Zusammenhang der Aufnahme Deutschlands in den Völkerbund noch einmal die Wellen der Kriegsschuldfrage hoch, wobei die Untersuchung des Rhythmus der einzelnen Stellungnahmen den — noch vorläufigen — Eindruck vermittelt, daß, während sich die französischen Parteien immer stärker auf beharrliches Schweigen und gleichermaßen auf das »abgeschlossene Verfahren« zurückzogen, die sich formierende »nationale Opposition« in Deutschland in der Kriegsschuldfrage immer aggressiver operierte. Dazu gehörten beispielsweise die 1925 erfolgte Neuausgabe des inzwischen seit langem bekannten französischen Gelbbuches mit seinen vielen Fälschungen und die 1926 erfolgte deutsche Ausgabe des im Grunde längst überholten Buches von Bourgeois/Pages von 1919 genau so wie etwa Hindenburgs extreme »Tannenberg«-Rede vom September 1927. Hier setzte auf deutscher Seite ein Prozeß der innenpolitischen Instrumentalisierung der Kriegsschuldfrage ein, den die neuere deutsche Forschung genau untersucht hat, wohl zu Unrecht aber auch auf die ersten Jahre der Weimarer Republik zurückprojiziert[46]. Angesichts solchen politischen Hochspielens der Frage auf deutscher Seite und der gleichermaßen sturen Beharrlichkeit der offiziellen französischen Position blieb der kritischen Linken in Frankreich eigentlich nur Schweigen, wollte sie sich nicht marginalisieren: Am 25. Mai 1925 erklärte die »Ligue des Droits de l'Homme«, daß sie beim derzeitigen Stand der Forschung nicht in der Lage sei, sich eindeutig zu den Kriegsursachen zu äußern. Es bestehe auch Interesse, die Schuldfrage aus der Diskussion zu lassen, um zur Beruhigung und Wiederversöhnung der beiden Nationen zu gelangen. Auch die Sozialistische Partei Frankreichs befleißigte sich augenscheinlich nunmehr endgültig einer Politik des quieta non movere: Auf ihrem Jahreskongreß vom September 1925 stand die Frage nicht einmal mehr auf der Tagesordnung. Armand Charpentier, einer der eifrigsten Revisionisten, resümierte den Stand der Frage resignierend in folgender Weise:

»Die Politiker, die Führer der Radikalen und die Prediger des Sozialismus [... tun ...] nichts, absolut nichts [...] Aber diese Frage stellt in gewisser Hinsicht den gordischen Knoten des gesamten politischen Lebens der großen Nationen dar. Solange dieser Knoten nicht durchhauen ist, wird es keine Stabilität geben, keinen sicheren Frieden [...] Ach, wenn Jaurés da wäre[47].«

Ziehen wir ein erstes Resümé aus dieser noch umrißartigen Skizze der Bewegung der französischen Kriegsschulddiskussion im Zusammenhang mit der deutschen, so bleibt folgendes festzuhalten: Die Tendenz in der heutigen deutschen, Geschichtswissenschaft, die deutsche Agitation wider den »Schandparagraphen« für die Unnachgiebigkeit der Alliierten in den Reparationsverhandlungen zumindest mitschuldig zu machen, übersieht die Eigendynamik der Frage insbesondere in Frankreich. Es ist überhaupt nicht auszumachen, daß eine größere Nachgiebigkeit Deutschlands in dieser Frage — ohnehin schwer zu stipulieren — irgendwelche mäßigenden Konsequenzen für Frankreich hätte haben können[48]. Die Konstruktion, daß auch in Frankreich die Revisionisten ein stärkeres Gehör gefunden hätten, wären die Deutschen nicht so engstirnig gewesen, scheint mir die Möglichkeiten der wissenschaftlichen Aussage im Bereich der Geschichte unbedenklich zu überschreiten.

Anmerkungen

* Dieser Beitrag ist die erheblich erweiterte Fassung eines ursprünglich in: Annali della facoltà di lettere e filosofia dell'università di Napoli, vol. XXX, 1987—1988, S. 433—448, erschienenen Aufsatzes.

1 Vgl. den zusammenfassenden Literaturbericht von Reinhard Rürup, Demokratische Revolution und »dritter Weg«. Die deutsche Revolution von 1918—19 in der neueren wissenschaftlichen Diskussion, in: »Geschichte und Gesellschaft«, 9 (1983), S. 278—301.

2 Vgl. bes. Ulrich Heinemann, Die verdrängte Niederlage. Politische Öffentlichkeit und Kriegsschuldfrage in der Weimarer Republik, Göttingen 1983, bes. S. 37, 45, 4; Imanuel Geiss, Die manipulierte Kriegsschuldfrage, in: Militärgeschichtliche Mitteilungen, 34 (1983), S. 31—60; Wolfgang Jäger, Historische Forschung und politische Kultur in Deutschland. Die Debatte 1914—1980 über den Ausbruch des Ersten Weltkrieges, Göttingen 1984, S. 41 ff.; Walter Schwengler, Völkerrecht, Versailler Vertrag und Auslieferungsfrage, Stuttgart 1982. Ebenso argumentiert grundsätzlich Heinrich August Winkler, Von der Revolution zur Stabilisierung, Arbeiter und Arbeiterbewegung in der Weimarer Republik 1918—1924, Bonn 1984, S. 217 ff.; differenzierter und skeptischer gegenüber der Möglichkeit bzw. Angemessenheit, Schuldbekenntnisse abzulegen: Fritz Dickmann, Die Kriegsschuldfrage auf der Friedenskonferenz von Paris 1919, in: Historische Zeitschrift, Bd 197, 1963, S. 1—100; Peter Krüger, Die Außenpolitik der Republik von Weimar, Darmstadt 1985, bes. S. 62—64; vgl. ders., Deutschland und die Reparationen 1918/19, Stuttgart 1973.

3 Vgl. Hans Mommsen, Die verspielte Freiheit. Der Weg der Republik von Weimar in den Untergang 1918 bis 1933, Berlin 1989 (= Propyläen Geschichte Deutschlands, Bd 8), bes. S. 63 ff.

4 Ebd., S. 88.

5 Ebd., S. 89.

6 Ebd., S. 90.

7 Ebd., S. 99.

8 Ebd., S. 103.

[9] Heinrich August Winkler, Von der Revolution zur Stabilisierung. Arbeiter und Arbeiterbewegung in der Weimarer Republik 1918 bis 1924, Berlin, Bonn 1984, S. 217ff., zit. S. 226.

[10] Heinrich August Winkler, Weimar 1918—1933, München 1993, S. 87—98, zit. S. 87. Kurioserweise endet dieses Kapitel, an dessen Anfang die Behauptung von der deutschen Kriegsschuld steht, mit der Feststellung, daß die These falsch sei, daß Deutschland allein schuld am Weltkrieg sei, vgl. ebd., S. 98.

[11] Eine ausführliche — wenngleich die Sachlage zu stark komplizierende — Darstellung der Entstehung des Art. 231 bereits bei Dickmann (wie Anm. 2); Heinemanns Darstellung ist überaus simplifizierend; ich folge hier der Auffassung von Krüger, Außenpolitik (wie Anm. 2), S. 64, der die formaljuristische Eingrenzung des Art. 231 ablehnt.

[12] Mommsen (wie Anm. 3), S. 106.

[13] Vgl. bes. Hermann Hagspiel, Verständigung zwischen Deutschland und Frankreich?, Bonn 1987.

[14] Camille Bloch, Pierre Renouvin, Die Entstehung und Bedeutung des Art. 231 des Versailler Vertrages, in: Berliner Monatshefte, 9 (1931), S. 1166ff. (deutsche Übersetzung eines in der Zeitung le Temps vom 15.11.1931 erschienenen Aufsatzes).

[15] Vgl. Abdruck und Kritik der »Eisner-Dokumente« in: Bayerische Dokumente zum Kriegsausbruch und zum Versailler Schuldspruch, hrsg. von Pius Dirr, München, Berlin 1922 u.ö., S. 3ff.

[16] So der Titel des prophetischen Buches von Wilhelm Lamszus aus dem Jahre 1912 (Hamburg, Berlin 1912, Ndr. München 1980).

[17] Vgl. Gerd Krumeich, Der deutsche Soldat an der Somme 1914—1916: zwischen Idylle und Entsetzen, in: Der Erste Weltkrieg als Kommunikationsereignis, hrsg. von Siegfried Quandt und Horst Schichtel, Gießen 1993, S. 45—62.

[18] So Dietmar Klenke, Die SPD-Linke in der Weimarer Republik, 2 Bde, Berlin 1987, hier Bd 1, S. 157.

[19] Hier zit. nach: Ursachen und Folgen. Vom deutschen Zusammenbruch 1918 und 1945 bis zur staatlichen Neuordnung Deutschlands in der Gegenwart, hrsg. von Herbert Michaelis und Ernst Schraepler. Bd 3: Der Weg der Weimarer Republik, Berlin 1959, S. 346.

[20] Zit. nach Raymond Poincaré, Messages, discours, allocutions, vol. 2, Paris 1920, S. 133ff.; vgl. auch Dickmann (wie Anm. 2), S. 17.

[21] Ursachen und Folgen (wie Anm. 19), Bd 3, S. 347f.

[22] Diese Bemerkungen schließen selbstverständlich eine Kritik am Lavieren Brockdorffs, an seinen Eigenmächtigkeiten gegenüber den Regierungsanweisungen nicht aus: vgl. Krüger, Außenpolitik (wie Anm. 2), S. 53f.

[23] Krüger, Deutschland und die Reparationen (wie Anm. 2), S. 147—151.

[24] Ebd., S. 148f., zit. S. 149.

[25] Ebd.

[26] Zit. ebd., S. 151.

[27] Zit. nach Les délibérations du Conseil des Quatre, éd. par Paul Mantoux, Paris 1955, vol. 2, S. 220f.

[28] Pierre Miquel, Poincaré, Paris 1961, S. 421; vgl. insgesamt Miquels Darstellung der öffentlichen Meinung Frankreichs zu jenem Zeitpunkt: ders., La Paix de Versailles et l'opinion publique française, Paris 1972.

[29] Einige Hinweise bei Jacques Droz, Les causes de la première guerre mondiale. Essai d'historiographie, Paris 1973, bes. über das Werk von Jules Isaak.

[30] Emile Bourgeois, Georges Pagès, Les origines et les responsabilités de la Grande Guerre, Paris 1921.

[31] Die letzte mir vorliegende Ausgabe stammt aus dem Jahre 1939!

[32] Vgl. hierzu Droz, Les causes (wie Anm. 29).

[33] Jules Isaac, Un debat historique: Les origines de la guerre mondiale, Paris 1936, Vorwort.

[34] Vgl. hierzu bes. die Arbeiten von Demartial, L'Evangile du Quai d'Orsay, Gouttenoire de Toury, Poincaré-t-il voulu la guerre?, und das Buch des Schweizers Mathias Morhardt, Les vrais coupables (dt.: Die wahren Schuldigen, Leipzig 1925). Näher zu diesen und anderen französischen Werken der Kriegsschuld-Polemik vgl. Droz, Les causes (wie Anm. 29), S. 26ff. Über den Antipoincarismus auch: Gerd Krumeich, Poincaré und der Poincarismus, in: Francia, 8 (1980), S. 427ff.

[35] Am bekanntesten ist das Beispiel von Eckhard Kehr, vgl. Eckhard Kehr, Der Primat der Innenpolitik, hrsg. von Hans Ulrich Wehler, Berlin 1965, Einleitung. Vgl. auch Bernd Faulenbach, Ideologie des deutschen Weges, München 1980.

[36] Vgl. Heinemann (wie Anm. 2), S. 111ff.

[37] Eine solche Zweiteilung ergibt sich implizit aus der Darstellung von Heinemann.

[38] Bericht in: le Quotidien, 2.1.1923, Übers.: Die Kriegsschuldfrage. Berliner Monatshefte, 1 (1923), Bd 1, H. 4, S. 136.

[39] So der Titel der französischen Erstveröffentlichung im Buchform, erschienen im Jahre 1931.

[40] Ebd., S. IX.

[41] Zuletzt noch von Pierre Renouvin in: le Monde, 30.7.1964.

[42] Vgl. Gerd Krumeich, Wolfgang Mock, Sozialisten in der Regierungsverantwortung: Hilferding und Sembat, in: Die geteilte Utopie, Sozialisten in Frankreich und Deutschland, hrsg. von Marie Luise Christadler, Opladen 1985.

[43] Vgl. insgesamt Richard Gombin, Les socialistes et la guerre. La SFIO et la politique étrangère française entre les deux guerres mondiales, Paris 1970, S. 11—26.

[44] Zit. nach: Berliner Monatshefte, 2 (1924), S. 376.

[45] Ebd.

[46] Vgl. insbes. Heinemann (wie Anm. 2).

[47] Berliner Monatshefte, 3 (1925), S. 630.

[48] So interessanterweise jetzt auch Winkler, Weimar 1918—1933 (wie Anm. 10), S. 89: »es spricht wenig dafür, daß die Friedensbedingungen durch deutsche Schuldeingeständnisse noch beeinflußt worden wären«. Dies sei »allenfalls längerfristig« möglich gewesen.

Hartmut Pogge von Strandmann

Britische Historiker und der Ausbruch des Ersten Weltkrieges

Die Auseinandersetzungen in der britischen Geschichtswissenschaft über die Ursachen des Ersten Weltkrieges setzten wie in Deutschland bereits mit dem Kriegsausbruch im August 1914 ein. Besonders die Historiker fühlten sich berufen, Stellung zu beziehen und den Konflikt historisch zu erklären. Ihre zeitgeschichtlichen Analysen machten es offenkundig, wie eng miteinander verwoben zu dieser Zeit Geschichtswissenschaft und Politik waren. Allerdings würde es zu weit führen, allgemein von einer politisierten Historiographie zu sprechen, aber zumindest in den kriegserklärenden Schriften läßt sich ein solcher Eindruck nicht vermeiden. Ausgangspunkt bildete in der Julikrise die Kontroverse zwischen den liberalen Akademikern, die für eine Neutralität Englands in einem kommenden Krieg eintraten, und denen, die von vornherein für eine Unterstützung Frankreichs plädierten.

Am Tag der deutschen Kriegserklärung an Rußland veröffentlichte die »Times« den Scholars' Protest Against War with Germany, der neun Unterschriften, hauptsächlich aus Cambridge, trug[1]. Auch im Manchester »Guardian« erschien eine Reihe von Briefen, in denen vor einem Krieg mit Deutschland gewarnt wurde. Gleichzeitig sprach sich Graham Wallas, Historiker an der London School of Economics, besorgt über das Wohl der englischen Industriearbeiter aus, wenn das Britische Empire in einen europäischen Krieg verwickelt würde[2]. Auch die negativen Folgen, die ein Krieg auf die Stellung Londons als Finanzzentrum haben würde, wurden von den Kriegsgegnern angesprochen. Die Opposition gegen eine englische Beteiligung am Krieg ging hauptsächlich von solchen Akademikern aus, die entweder Labour oder der liberalen Partei nahestanden.

Als England Deutschland den Krieg erklärte, erschien in der Times dann unter dem Titel »A Scholar's Protest« eine Oxforder Replik auf die Zuschrift aus Cambridge[3]. In dem Brief wurde den Kollegen aus Cambridge vorgeworfen, einseitig die deutsche Kultur zu verherrlichen, ohne auf militaristische und expansionistische Tendenzen zu verweisen, die mit den Namen von Treitschke und Bernhardi assoziiert wurden. Außerdem wurden sie daran erinnert, daß Deutschland nicht von Gelehrten, sondern von Politikern regiert werde, die es als ihr Recht und ihre Pflicht ansahen, schwächere Staaten anzugreifen. Die wachsende Isolierung der Neutralitätsbefürworter in den ersten Tagen des Krieges veranlaßte die Mehrheit, ihre Meinung auf Grund des deutschen Einmarsches in Belgien zu ändern. Die weitgehend aus dem liberalen Lager stammende Kritik an der politischen Entwicklung in der Julikrise machte einem Solidarpatriotismus Platz. Die Folge war, daß sich das von Graham Wallas begründete British Neutrality Committee auflöste und die vorher kritisierte Greysche Außenpolitik nunmehr gebilligt wurde. Anders als im Burenkrieg wechselten 1914 die liberalen Kritiker der Regierungspolitik relativ schnell in das nationale Fahrwasser über.

Der Krieg hatte die englische Öffentlichkeit insofern nicht ganz unerwartet getroffen, als allgemeine Kriegserwartungen schon seit geraumer Zeit publizistisch erörtert wurden. Seit der ersten Marokkokrise hatten sich die Stimmen gemehrt, die einen europäischen Krieg voraussahen, ja sogar für notwendig hielten. Zur ersten Gruppe gehörte der Altertumswissenschaftler G. Lowes Dickinson, der im November 1907 einen deutsch-englischen Krieg in den Bereich der Möglichkeiten stellte:

»There may, indeed, be war between Germany and England, but, if so, it will be because the Government and peoples of those countries have willed it; not because of any necessity to be[4].«

Kurz vor Kriegsausbruch 1914 veröffentlichte Wallas sein Buch *The Great Society*, in dem er Abschied nahm von liberalen Friedenshoffnungen: »An internecine European war is the enormous disaster which over-hangs our times[5].« Wallas glaubte sogar, daß über die Hälfte der Historiker und Psychologen in Europa einen Krieg für unvermeidbar hielten und ihn unter Hinweis auf sozialdarwinistische Argumente sogar bejahten. Gegen diesen, wie er meinte, weitverbreiteten Glauben an den Krieg setzte Wallas auf die Kraft des Völkerrechts, aber die Zustimmung zu seinen Argumenten blieb begrenzt. Auch Norman Angells Ansichten scheinen unter den Historikern nur geringen Zuspruch gefunden zu haben. Die Verteidiger des Nationalstaatsprinzips, darunter auch gerade Liberale, gingen von der Notwendigkeit von Kriegen aus. Schon der Philosoph Francis H. Bradley hatte diese Einsicht Jahre vorher formuliert:

»A nation must aim at the good of mankind and at peace in the end; but, as things are, this principle will in some cases justify violence, and even extermination[6].«

In England gingen die Debatten über die Akzeptanz von Kriegen auf den Burenkrieg zurück, aber 1914 hatten sich die Umstände geändert, die auch von den Liberalen anders interpretiert wurden. So schrieb der ursprüngliche Kriegsgegner Leonard T. Hobhouse nach der Invasion Belgiens:

»there is no analogy between this and the Boer War. There we were doing a wrong — deliberately destroying two small peoples. Here we are fighting for France and Belgium which if beaten will be dismembered or annexed[7].«

Hobhouse warf der englischen Regierung vor, nicht genug zur Verhinderung des Krieges getan zu haben, aber plädierte nach dem 4. August für »nationale Geschlossenheit«, solange der Krieg dauern würde. Seine Kritik an der Greyschen Außenpolitik wollte er auf die Nachkriegszeit verschieben.

Die weitgehende Geschlossenheit, welche die Historiker in England nach dem Kriegsausbruch zeigten, ging jedoch nicht so weit, wie sie deutsche Theologen und das deutsche Gelehrtenmanifest vom Oktober 1914 demonstrierten. In den akademischen Kreisen Deutschlands schien man sich noch mehr mit dem Staat und seiner Außenpolitik zu identifizieren, als das in England der Fall war[8]. Jedoch gingen die Historiker Englands weiter als seine Theologen oder Philosophen. Ihr Hauptanliegen war es zwar, die Politik historisch zu beleuchten, doch trugen sie auch dazu bei, wie Stuart Wallace zeigt, die positive Vorstellung, welche die politisch führenden Gruppen von der Rolle Englands im Krieg hatten, zu rechtfertigen.

Bereits im September 1914 veröffentlichte eine Gruppe namhafter Oxforder Historiker, die verschiedenen politischen Richtungen angehörten: *Why We Are at War. Great Britain's Case*. Darin versicherten sie ihrer Leserschaft, daß sie keine Propaganda trieben, sondern »we have written this book to set forth the causes of the present war, and the principles we believe to be at stake[9].« Mit Ausnahme des deutschen Weißbuchs wurde den amtlichen Veröffentlichungen der anderen Staaten unkritisch Glauben geschenkt. Damit rückten die Historiker in die Nähe der offiziellen britischen Kriegspropaganda, ja haben sie damit vielleicht auch beeinflußt. Immerhin waren sie bereit zuzugeben, daß die Unterstützung Frankreichs ebenso ausschlaggebend für den britischen Kriegseintritt war wie die Invasion Belgiens. Für den in Manchester lehrenden liberalen Historiker Ramsay Muir stellte jedoch der deutsche Einmarsch in Belgien den ausschließlichen Angelpunkt in seinem Buch *Britain's Case Against Germany* (1914) dar. Muir ging sogar so weit, die englischen Verpflichtungen gegenüber Frankreich zu verneinen. Für ihn war die Beschießung Löwens ein »unaussprechliches Verbrechen«, das die barbarische Kriegführung Deutschlands offenlegte. Seine moralische Entrüstung machte jedoch seine ansonsten im Text betonte Objektivität illusionär.

Beide Werke bildeten jedoch nicht den Endpunkt einer historischen Meinungsskala; sie waren umgeben von einer ganzen Flut historischer Broschüren, die im Herbst 1914 erschienen. Neben einer Reihe hysterischer und unsachlicher Äußerungen überwiegen jedoch Argumente, die den Versuch einer gewissen Distanz und Nüchternheit gegenüber den Ereignissen erkennen lassen. Allerdings gab es nur wenige kritische Beiträge, die sich mit Großbritanniens Rolle befaßten. Aus dem Solidarpatriotismus entwickelte sich ein nationaler Konformismus. Bei der folgenden Erörterung der Schriften einiger Historiker fällt auf, wie schnell sich die frühere positive Beurteilung Deutschlands in ihr Gegenteil verkehrt hatte, wenn auch unterschiedliche Begründungen ins Feld geführt wurden.

Für William G.S. Adams bedeutete der Krieg einen Kampf der »Freiheit gegen den Militarismus«[10]. Allerdings war es dann schwierig, das autokratische Rußland der Seite der Freiheit zuzuordnen. Er umging dieses Problem, indem er Rußlands Zukunft als ungewiß bezeichnete. Aber sobald das russische Volk vom starken Einfluß der Deutschen in Verwaltung und Wirtschaft befreit sei, würden auch die Friedensneigungen in Rußland wachsen. Für Adams kam es darauf an, daß England die Ausdehnung der deutschen Herrschaft verhindere, die seiner Meinung nach auf Kosten der kleinen Staaten und der demokratischen Rechte durchgesetzt werden sollte. Außer der Erörterung der Prinzipienfrage versuchte Adams nachzuweisen, daß Österreich und Deutschland bewußt eine europäische Konflagration riskiert hätten, damit England seine moralischen Verpflichtungen gegenüber Frankreich und Belgien einlöste. Während Adams den moralischen Standpunkt als entscheidend für den englischen Kriegswillen hervorhob, konzentrierte sich Murray Beaven auf die historische Analyse der österreichischen Außenpolitik. Ihm ging es hauptsächlich um den Nachweis, daß Deutschland nicht allein als Auslöser des Krieges einzustufen sei, sondern daß auch Österreich eine kriegslüsterne Politik betrieben habe. Für ihn war die Fortsetzung der Aehrenthalschen »Vorwärtspolitik« gegen Serbien ebenso entscheidend wie der deutsche Standpunkt, »that the hour has struck to translate her vision of Weltmacht into substance«[11]. Österreichs

Motive waren nach Beaven von der Furcht vor der unvermeidlichen Auflösung der Doppelmonarchie bestimmt. Dagegen habe Deutschland darauf gesetzt, seine expansionistischen Ziele zu erreichen. Beavens Analyse unterschied sich durch seine relative Sachlichkeit von den frankophilen Pamphleten Ernest Barkers und den Vereinfachungen Robert S. Raits in seiner Schrift *Why we are fighting Germany: A Village Lecture*.

Moralische Überlegenheit, Selbstgefälligkeit und der Appell an »gerechte« englische Interventionstraditionen charakterisierten die meisten Schriften, aber es gab auch Historiker, die sich von diesen Schlagworten zu distanzieren suchten. So schrieb Henry M. Gwatkin: »I claim no special virtue for my own country [...] we never sought the war that we could not honourably avoid[12].« Aber eine Zerschlagung Frankreichs glaubte man schon aus strategischen Gründen nicht zulassen zu können. Daneben wurden auch in England Argumente wie nationale Ehre als Erklärung für die englische Intervention benutzt.

Die Analyse der deutschen Zustände beschränkte sich auf die Betonung des preußisch-deutschen Militarismus, die Zwei-Lager-These, das heißt die Unterscheidung zwischen Militärpartei und gemäßigter Richtung, Sozialdarwinismus und Machtdenken in den regierenden Kreisen, das durch die Namen Hegel, Nietzsche, Treitschke und Bernhardi gekennzeichnet sei. Nur George W. Prothero nannte als deutsche Kriegsgründe sozialimperialistische Motive:

»It can hardly be doubted that the spectre of Socialism and the menace of a revolutionary proletariat have contributed to make the great capitalists, the dominant military party and the Emperor himself, already inclined on other grounds to war, more ready to adopt this solution as an alternative[13].«

An den britischen Historikern fällt die Geschlossenheit ihrer Meinung auf, daß die Wurzeln für den Krieg in Deutschland und Österreich zu suchen seien, daß der Kriegswille beider Staaten die Erklärung für den Kriegsausbruch bilde und daß das Handeln der drei Ententemächte eine Reaktion auf die Initiativen der Mittelmächte gewesen sei. Trotz des Mangels an detaillierten Analysen deutscher Politik und Geschichte vor 1914 decken sich einige der kurz angeführten Gründe für die Kriegsauslösungspolitik in Berlin und Wien durchaus mit neueren Forschungsergebnissen, wenn man einmal von den moralischen Urteilen und der propagandistischen Polemik absieht. Immerhin unterschieden sich die Historiker noch von dem Tenor offensichtlicher Propagandabroschüren, die unter der negativ bestimmten Alliteration Kaiser, Krupp und Kultur zusammengefaßt werden könnten.

Im Verlauf des Krieges tauchten vereinzelt auch andere Meinungen über den Kriegsausbruch auf, aber der Konsens unter den Historikern schien — anders als im Burenkrieg — Bestand gehabt zu haben. Die Mehrheit fühlte sich sogar »peaceful of being at war« und unterstützte die Regierungspolitik. Es ist auffallend, daß es unter den Historikern kaum Dissidenten gab. So ist es auch nicht verwunderlich, daß sie in den ersten drei Kriegsjahren wenig Bereitschaft für einen Kompromißfrieden zeigten. Erst als es darum ging, einen dauerhaften Frieden zu planen, erhielten die schon am Anfang des Krieges entwickelten Völkerbundsideen allmählich Zuspruch, wobei die »Hardliners«, wie Frederic Pollard, der Herausgeber der Zeitschrift History, schon damals den Ausschluß Deutschlands befürworteten. Wie immer auch die Argumentationslinien unter den Historikern verliefen, trugen die Friedensprobleme mit der Schaffung eines Völkerbunds sowie die Oktoberrevolution in Rußland zu einer revisionistischen Geschichtsauffassung bei, die jedoch allgemein gesehen mehr Verbreitung in Amerika als in England fand.

Erst der Versailler Frieden wurde zum Wendepunkt. Die Folgen des Friedens lösten in der angelsächsischen Literatur allmählich einen Meinungsumschwung aus, so daß von seiten der Liberalen und Labour der Vertrag als moralisch angreifbar abgelehnt wurde.

Die wachsende Kritik am Versailler Frieden führte bei einer Reihe von Historikern dazu, ihre Meinung über den Kriegsausbruch zu ändern[14]. So hatte John Gooch bereits früh den Vertrag als zu hart kritisiert, wahrscheinlich weil er glaubte, daß Deutschland nicht allein den großen Konflikt verursacht habe. In seinem Buch *Recent Revelations of European Diplomacy* (1923) ging er einen Schritt weiter und bestritt, daß überhaupt irgendjemand den Krieg gewollt habe — eine These, die noch heute verbreitet ist. Aus politischen Gründen wurde eine genaue Festlegung von Ursache und Wirkung verwischt. Für Gooch waren alle diejenigen »schuldig«, die Geheimdiplomatie betrieben hatten, anstatt die internationale Anarchie zu beseitigen. Aus einer »Alleinschuld« Deutschlands war eine Allgemeinschuld der Hauptbeteiligten geworden. Was bei Gooch im Vergleich zu seiner Meinung im Krieg noch eine Nuancenverschiebung gewesen war, führte bei dem Historiker William H. Dawson, der am Anfang des Krieges noch im deutschen Militarismus den alleinigen Grund für den Krieg gesehen hatte, zu einer Korrektur seiner Auffassung. Von ihm wurde nun das vor 1914 bestehende Bündnissystem als Kriegsursache angeklagt. Und Raymond Beazley, zweiter Vorsitzender der Royal Historical Society, schrieb 1933, Deutschland »had not plotted the great war, had not desired a war, and had made genuine, though belated and ill-organised efforts to avert it«[15]. Wenn auch noch andere Ansichten verbreitet waren, so urteilte Gilbert Murray zu dieser Zeit, daß kaum noch jemand in England von der deutschen Alleinverantwortung für den Krieg spreche[16].

Ob diese Einschätzung auf den Einfluß einer Reihe von britischen Historikern zurückgeht, wie Cline meint, ist zumindest fraglich. Es gab nämlich auch politische Interessen, die Deutschland von der »Alleinschuld« befreit wissen wollten. Sie hingen mit dem erwünschten Eintritt Deutschlands als gleichberechtigter Partner in den Völkerbund und der Schaffung einer Europäischen Staatenunion zusammen. Beide Ziele konnten nur erreicht werden, wenn die deutsche Verantwortung am Krieg zumindest erheblich reduziert wurde. Außerdem waren die obengenannten Historiker um den Erhalt der Weimarer Republik besorgt, die sie durch eine Revision des Friedensvertrags zu stärken suchten. Sie erreichten jedoch eher das Gegenteil. Wie Hermann Kantorowicz schon damals schrieb: »To whitewash the old Germany is to blacken the new Germany[17].« Was der Weimarer Revisionismus jedoch tatsächlich bedeutete, war anscheinend der revisionistischen Gruppe von Historikern in England nicht bewußt. Hinzu kommt, daß Beazley und Dawson von deutscher Seite finanzielle Unterstützung empfingen und sich in den Dienst des »Kriegsschuldreferats« im Auswärtigen Amt gestellt hatten[18]. Der Einfluß dieser Historiker auf einige Politiker soll beträchtlich gewesen sein, aber die englische Politik gegenüber Deutschland vor 1933 war nach Cline eher von dem Streben beeinflußt, die internationalen Beziehungen zu normalisieren, als den Friedensvertrag zu revidieren[19].

Allerdings hat der Revisionismus wohl mit zur Rechtfertigung der Appeasement-Politik von Chamberlain beigetragen. So hat Harold Temperley auch den Anschluß Österreichs als unvermeidlich und das Münchener Abkommen als Wiedergutmachung für den Versailler Vertrag gedeutet. Die Appeasement-Politiker bedienten sich der von Historikern propagierten moralischen Argumente, denen zufolge Deutschland 1919 unfair behandelt worden sei, um die von ihnen gemachten Konzessionen Hitler gegenüber zu verteidigen. In der Bewertung der Politik Chamberlains schätzten sich die Historiker Arthur J. Grant und Harold Temperley als »Realisten« ein, da die Alternative zur Appeasement-Politik ein neuer Krieg sei, der als größeres Übel galt. Ihre Kritiker taten sie als »Idealisten« ab, welche die Grundlagen der revisionistischen Politik auf beiden Seiten nicht verstünden.

Seit Mitte der dreißiger Jahre wurden aber auch die Gegenstimmen wieder lauter, die in der deutschen Aggressivität vor 1914 den alleinigen Kriegsgrund sahen. Es ist bemerkenswert, wie stark sich die britischen Historiker den politischen Hauptströmungen anzupassen wußten oder sie sogar beeinflußten. Demnach ist die Zwischenkriegszeit durch drei Phasen gekennzeichnet. Nach dem Kriegsausbruch herrschte zunächst Einstimmigkeit, daß Deutschland den Krieg verursacht habe. Diese Geschlossenheit begann sich noch im Krieg aufzulockern, um nach dem Frieden von Versailles einer Strömung Platz zu machen, die in Deutschland weder den Allein- noch den Hauptschuldigen sah. Unter dem Einfluß der nationalsozialistischen Außenpolitik gewann die Ansicht wieder an Boden, welche die deutsche Aggression im Jahr 1914 betonte, wobei die zwanziger Jahre deutliche Spuren hinterlassen hatten.

In der Memoirenliteratur, die kürzlich zum Gegenstand eines angloamerikanischen Forschungsprojekts geworden ist, nehmen die Kriegserinnerungen von Lloyd George einen besonderen Platz ein[20]. Obwohl er den Versailler Vertrag noch in der Ratifizierungsdebatte als »stern but just« bezeichnet hatte, änderte er seine Meinung im Rahmen des liberalen Meinungsumschwungs. Seine oft zitierte Bemerkung, daß »the nations slithered over the brink into the boiling cauldron of war«, fand in Deutschland positive Aufnahme[21]. Auch der Glaube Lloyd Georges, daß keiner der Staatsmänner im Frühsommer 1914 den kommenden Krieg vorhergesehen hatte, war Wasser auf die Mühlen der deutschen Apologetik. Was jedoch auf deutscher Seite übersehen wurde, waren die politischen Motive des ehemaligen Premierministers für seine Aussagen. Als Liberaler bekannte er sich zu den Prinzipien Gladstones von Frieden und Reform. Darüber hinaus betonte er seinen Patriotismus, der die deutsche Vorkriegspolitik als eine nationale Herausforderung interpretierte. Wie eine Reihe von englischen Historikern sah auch er im preußischen Militarismus und im Rüstungswettlauf die tieferen Ursachen für den Krieg. Als Kabinettsmitglied war es für ihn wahrscheinlich schwierig, der Argumentation von Goldsworthy Lowes Dickinson zu folgen, der in der internationalen Anarchie vor 1914 die allgemeine Kriegsursache sah[22]. Doch während Dickinson an einen Völkerbund, ausgerüstet mit militärischen Kräften und effektiven Sanktionen, glaubte, der eine Wiederholung der internationalen Anarchie und damit Kriege verhindern könnte, wies Lloyd George auf die Führungskrise in der europäischen Politik von 1914 hin und hob besonders den englischen Außenminister Grey als Versager hervor, »who had failed in every enterprise of magnitude he ever undertook«[23]. Er behauptet, es sei

»a mistaken view of history [...] to assume that its episodes were entirely due to fundamental causes which could not be averted, and that they were not precipitated or postponed by the intervention of personality.«

Wenn das englische Kabinett seinem Vorschlag gefolgt wäre, Deutschland frühzeitig darauf hinzuweisen, daß eine Neutralitätsverletzung Belgiens für England den casus belli darstellen würde, hätte seiner Überzeugung nach der Krieg vermieden werden können. Greys Konferenzvorschlag sei verfehlt gewesen, weil sich die internationale Lage dafür bereits zu sehr zugespitzt habe. Die heftige Kritik Lloyd Georges an der Greyschen Außenpolitik trug mit dazu bei, daß der Konsens von 1914, der hinsichtlich der britischen Außenpolitik unter den englischen Historikern geherrscht hatte, einer mehr kritisch ausgerichteten Analyse Platz machte. Damit folgte der ehemalige Premierminister den revisionistischen Tendenzen in der Geschichtsschreibung, die zunächst die russische und französische Außenpolitik kritisierte, ohne die deutsche Regierungpolitik vor und während des Krieges zu schonen.

Eine Episode, die Donald C. Watt kürzlich veröffentlicht hat, verdeutlicht diese Sichtweise[24]. Als nach 1949 die Akten des Auswärtigen Amtes an die Bundesrepublik zurückgegeben werden sollten, verzögerten die englischen Historiker (Namier, Wheeler-Bennett, Medlicott und Woodward) mit Erfolg diese Aktion bis 1960, da sie davon überzeugt waren, daß deutsche Diplomaten wie Historiker es einem internationalen Gremium unmöglich machen würden, die Fakten über 1914 und die Vertuschungspraktiken des Auswärtigen Amtes bei der Herausgabe der Aktenbände *Die Große Politik der Europäischen Kabinette* offenzulegen. Woodward wies als Beispiel dafür auf die Machenschaften des Auswärtigen Amtes hin, als es um die Veröffentlichung der Akten zur Spanischen Thron-Kandidatur von 1870 ging. Im Jahr 1931 bestand das Auswärtige Amt darauf, alle Geheimen Akten sowie die Akten zur Thronkandidatur weder dem Herausgeber Thimme noch der Forschung im allgemeinen zugänglich zu machen. Das AA begründete diesen Schritt damit, daß sonst Bismarcks provozierende Handlungen von 1870 den früheren »Feinden«, die Berlin schon die Schuld für den Ersten Weltkrieg gegeben hätten, einen Beweis für die preußische Kriegsschuld von 1870/71 liefern würden. Die verheimlichten Akten zur spanischen Thronkandidatur sind dann erst 1957 von George Bonnin veröffentlicht worden.

Die der deutschen Historiographie des Ersten Weltkrieges entgegengebrachte Skepsis begann erst mit Fritz Fischers *Griff nach der Weltmacht* zu schwinden. Nach Ansicht englischer Historiker, denen der Revisionismus von Sydney B. Fay und Harry E. Barnes zu weit gegangen war, bestätigte die Veröffentlichung der Aktenbände von Luigi Albertini, die in England insgesamt Zustimmung hervorgerufen hatten, die Meinung bei einigen Historikern, daß Deutschland und Österreich die Julikrise zur Kriegsauslösung benutzt hatten. Hugh Trevor Roper faßte diese Meinungsrichtung am vierzigsten Jahrestag des Kriegsausbruchs dahingehend zusammen, »that the war was caused by deliberate German aggression«[25]. Insofern boten die ersten beiden Kapitel von Fischers Werk nach englischer Ansicht nicht etwas völlig Neues. Aber die Tatsache, daß die Thesen von einem deutschen Historiker vorgetragen wurden, war für viele Historiker in Großbritannien überraschend. Denn hier wurde ein Gegensatz zur offiziellen deutschen Meinung zum Kriegsausbruch offenkundig, der Rückschlüsse auf eine Veränderung der deutschen Geschichtswissenschaft zuließ. Neu war auch der Gegenstand, nämlich die Kriegszieldiskussion im Deutschland des Ersten Weltkrieges. Der englische Rezensent von Fischers Buch stellte im »Times Literary Supplement« (TLS) noch vorsichtig fest: Die Kriegszieldiskussion »destroys the myth that Germany had no share in starting the war« (TLS, 4. 5. 1962).

Aber nicht alle Historiker teilten die Meinung des Rezensenten. So hielt Francis H. Hinsley, Historiker in Cambridge, an der von Dickinson und Gooch ausgegangenen Deutung der zwanziger Jahre fest, daß »men and governments lost control of the situation from the time of the Sarajevo assassination« (TLS, 5. 8. 1965). Die These von der Verantwortlichkeit aller beteiligten europäischen Staaten, wenn auch mit unterschiedlicher Gewichtung, hatte auch in England ihre Anhängerschaft noch nicht verloren. Man wich damit einer genauen Analyse der vielschichtigen Frage aus, wer die Hauptverantwortung am Kriegsausbruch trage, da man vielleicht mögliche Auswirkungen auf das westliche Bündnis befürchtete. In der Zwischenkriegszeit wie auch auf dem Höhepunkt der Fischer-Kontroverse wurde die Schwierigkeit, eine klare Kausalkette herzustellen, auf deutscher Seite noch immer von einigen Historikern zur Unterstützung der eigenen Apologie benutzt. Wenn jedoch alle beteiligten Mächte von 1914 für sich in Anspruch nahmen, einen Verteidigungskrieg geführt zu haben, dann fragt es sich, wer der Angreifer gewesen war. Da aber ein Angreifer nicht zufällig oder gegen seinen Willen in seine Rolle hineinstolpert und da er sich von einem zu gewinnenden Krieg Vorteile verspricht, von denen er glaubt, daß sie anders nicht zu erreichen seien, bedingen Kriegsintentionen militärische wie politische Verhaltensweisen, die den Angreifer mit dem Kriegsauslöser identifizieren[26]. In der Situation von 1914 kann man von einem europäischen Phänomen, nämlich der Kriegsbejahung, sowie dem Glauben an die Unvermeidlichkeit eines europäischen Krieges ausgehen. Die deutsche und österreichische Ausnutzung des Attentats von Sarajewo zur Auslösung eines Krieges mit Serbien, Rußland und Frankreich machte die Mittelmächte eindeutig zu den Angreifern. Aus Legitimationsgründen mußten jedoch beide Regierungen vor der Öffentlichkeit ihren offensiv geplanten Feldzug als Verteidigungskrieg deklarieren. Die Analyse der dahinterstehenden Motivationen und Ursachen weist auf eine komplexe Kausalkette hin, die von bestimmten Vorentscheidungen ausgeht und die Interaktion zwischen den Mächten sowie den Kriegswillen in Deutschland mitberücksichtigt. So allgemein gesehen, herrscht in der neueren britischen Forschung wieder eine gewisse Einstimmigkeit, die aber anders als der Konsens von 1914 auf einer festen Forschungsgrundlage basiert.

Einen tiefen Eindruck hinterließ bei den englischen Historikern die in Deutschland stattfindende historisch-politische Fischer-Kontroverse, die auch in England der Diskussion über die Ursprünge des Ersten Weltkrieges neue Impulse verlieh. Die in Deutschland unter anderem von Hans Herzfeld und Erwin Hölzle geäußerte Kritik, Fischer habe sich zu einseitig auf Deutschland konzentriert, wurde von James Joll mit dem Argument zurückgewiesen, daß sich ein Studium der Vorkriegsakten in den Londoner und Pariser Archiven, die noch gar nicht zugänglich waren, über einen zu langen Zeitraum hingezogen hätte. Was in Deutschland als Kritik geäußert wurde, galt in England als Aufforderung an die eigenen Historiker: »What we now need are equally comprehensive studies of the war aims of other belligerents in the First World War« (TLS, 4.5.1962). Aber dafür mußten erst die Archive geöffnet werden. Das vom internationalen Historikertag in Wien im Jahr 1965 ausgehende Signal, die aus vorwiegend deutschen und österreichischen Archiven stammenden Forschungsergebnisse durch systematische Untersuchungen in anderen Ländern zu ergänzen, fand sein Echo in Großbritannien, ohne gleich Ergebnisse liefern zu können. Unter der in England damals noch herrschenden 50-Jahresregel sollte es noch einige Zeit dauern, bis die staatlichen Akten bis Ende 1914 der Forschung zur Verfügung gestellt wurden. Erst 1967 wurde der Zugang zu den Akten im Public Record Office bis zum Fall der Kriegskoalition im Jahr 1922 ermöglicht. Kurze Zeit später wurde die 50-Jahre-Frist auf 30 Jahre verkürzt. Folglich brach eine regelrechte Materialflut über die internationale Forschung herein. Die zeitliche Entwicklung der Quellenlage hatte zur Folge, daß sich die beiden Forschungsgebiete verfestigten, die bereits vorher existierten und die nur selten von einer übergreifenden Deutung zusammengehalten wurden, nämlich die Ära vor dem Kriegsausbruch und der Krieg selbst.

Es sollte jedoch noch einige Jahre dauern, bis die englische Vorkriegs- und Kriegsforschung mit Ergebnissen aufwarten konnten. Zunächst beschränkte man sich darauf, deutsche Werke zu rezensieren oder ins Englische zu übersetzen. So erschien 1967 die von C.A. Macartney ins Englische übersetzte Fassung von Fischers Buch unter dem Titel *Germany's Aims in the First World War*. In seiner Einleitung hob Joll hervor, daß es Fischers Verdienst sei, Fragen aufgeworfen zu haben, »which many had regarded as closed« (S. XIV). Dazu gehöre auch die Frage der deutschen Verantwortung für den Krieg. Angeregt durch die Fischerschen Fragestellungen erschien Joll die moralische Stellung der englischen Regierung im Krieg als hohl. Und er forderte:

»Even if Fischer's work reinforces the belief that the German leaders bear the greatest weight of responsibility for the outbreak and prolongation of the First World War, it therefore imposes all the more strongly on British historians the duty of looking again at the record of the British government.« (S. XVI)

Außerdem warf die Kontinuitätsthese neue Fragen über die Ursprünge des Dritten Reiches auf. In seiner Verteidigung Fischers in der Zeitschrift »Past & Present«: The 1914 Debate Continues. Fritz Fischer and his Critics, griff James Joll auch die Generationenfrage in dem Streit zwischen Fischer und Ritter auf und stellte fest:

»The presumptions of the whole generation of 1914 are called into question, and there is more continuity between 1914 and 1933 and 1941 than many Germans would like to admit[27].«

Der Grundtenor, der sich unter den englischen Historikern herauszuschälen begann, war eine mit Abstrichen vorgenommene Befürwortung der Fischerschen Thesen. So folgte der Rezensent der Geiss'schen Dokumentenbände dem Herausgeber mit den Worten: »Undeniably, he [Geiss] has established the fact that Germany took a leading hand throughout [the July Crisis].« (TLS, 5.8.65) Aber er glaubte feststellen zu können, daß die große Menge der gedruckten Quellen weitere diplomatische Studien überflüssig mache. Stattdessen drängte der Rezensent darauf, daß vielmehr die Stimmungen, Voraussetzungen und Ansichten der Entscheidungsträger von 1914 erforscht werden müßten, um die Handlungen verständlich zu machen. James Joll griff diese Gedanken in seiner Inauguralvorlesung von 1968 auf, in der er nach den »Unspoken Assumptions« fragte, welche die Erklärung für viele Handlungsvorgänge abgeben könnte[28]. Er benannte Psychologie, Soziologie und die Wirtschaftswissenschaften als die Disziplinen, welche den Historikern weiterhelfen könnten. Die politische Sprache des englischen Außenministers Grey erklärte er zum Beispiel mit dessen Internatserziehung in Winchester, während die Aussprüche des Zaren Nikolaus II. von einem naiven Gottesgnadentum charakterisiert seien. Das geistige Klima vor 1914 mag von besonderer Bedeutung für den Historiker sein, aber die Politiker und Militärs handelten auf der Grundlage von Ideen und Voraussetzungen, die sie 20 oder 30 Jahren vorher übernommen hätten. Darüber hinaus unterstrich Joll, daß die zeitgenössische Sichtweise internationaler Beziehungen durch pseudo-darwinistische Ideen und Entstellungen der Gedanken von Nietzsche beeinflußt worden seien. Es sei deshalb kein Zufall, daß die Charta der Vereinten Nationen feststelle: »wars begin in the minds of men[29].« Während die Jollsche Perspektive in seinem 1984 erschienenen Buch *The Origins of the First World War* wesentlich erweitert worden ist, stellten sich jüngere Historiker die Aufgabe, die diplomatischen Akten einer systematischen Untersuchung zu unterziehen und die Kriegsziele der anderen kriegführenden Staaten aufzuarbeiten.

Die erste britische Kriegszielstudie wurde von Victor H. Rothwell unter dem Titel *British War Aims and Peace Diplomacy 1914—1918* (1971) veröffentlicht. Elf Jahre später folgte David Stevenson mit einer Aufarbeitung der *French War Aims against Germany*. Einer der ersten außenpolitischen Studien, die bereits 1972 erschien, ist Roy Bridges *The Foreign Policy of Austria-Hungary 1866—1914*, in der er sich deutlich, aber wenig überzeugend, von Fischers Interpretationen der Julikrise absetzte. Achtzehn Jahre später modifizierte Bridge seine Position in *The Habsburg Monarchy among the Great Powers* dahingehend, daß der Anlaß zum Kriegsausbruch in Deutschlands Reaktion auf die russische Mobilisierung zu suchen sei. Die oben erwähnten Studien fanden ihre Fortsetzung in Richard Cramptons diplomatiegeschichtlich ausgerichteten *The Hollow Entente. Anglo-German Relations in the Balkans 1911–1914* (1979), in Richard Langhornes *The Collapse of the Concert of Europe: International Politics 1890–1914* (1981) und in Joseph Hellers *British Policy towards the Ottoman Empire, 1908–1914* (1983). Im Gegensatz zu den eben genannten Werken konzentrierte sich Zara Steiner in ihrem *Britain and the Origins of the First World War* (1977) auf England. Wie schon Bridge sah auch Steiner keinen Anlaß, innenpolitische Faktoren für den Kriegseintritt beider Länder verantwortlich zu machen. Allerdings ist nicht einzusehen, warum sich diese Feststellung gegen Fischer richten soll. Im Gegensatz zu Bridge und Steiner ging Paul Kennedy über die außenpolitische Komponente in seinem *The Rise of the Anglo-German Antagonism 1860–1914* hinaus, um strukturelle Faktoren zu analysieren, die für die Entwicklung der Beziehungen beider Länder zueinander von Bedeutung sind. So vielseitig und anregend die Analyse von Kennedy ist, so ist das Schlußkapitel, das die entscheidenden Jahre von 1907 bis 1914 behandelt, allerdings viel zu kurz geraten. Außerdem wird die von Crampton herausgestellte Phase der deutsch-englischen Detente auf dem Balkan in den entscheidenden Jahren vor dem Kriegsausbruch von Kennedy gar nicht erwähnt.

Was also in den ersten 20 Jahren nach dem Erscheinen von Fischers Buch von englischen Historikern zur Weltkriegsproblematik geschrieben worden ist, unterschied sich wesentlich von früheren Studien aus der Zeit nach 1919. Die politisch gefärbte Diskussion des englischen Standpunkts war einer breitgefächerten Analyse der britischen Außenpolitik sowie der Politik der anderen Mächte gewichen. Entscheidend war der quellenhistorische Ansatz, der auf Archivstudien beruhte und neues Material zutage förderte, das dann andere Schlüsse zur Folge hatte. Hinzu kommt, daß die wachsende zeitliche Distanz zum Kriegsausbruch von 1914 eine sachlichere Erörterung ermöglichte.

Die auf diese ersten Arbeiten folgende zweite Welle bestand im wesentlichen aus Länderstudien, die mit Hilfe neuen Materials auch zu neuen Ergebnissen führte. Nachdem Volker Berghahn sein bekanntes Werk *Germany and the Approach of War in 1914* veröffentlicht hatte, das 1993 in einer 2. Auflage erschienen ist, und John Röhl die die deutsche Politik belastenden Zeugnisse von Lichnowsky und Eulenburg ediert sowie seine Forschungsergebnisse zum Kriegsrat vom 8. Dezember 1912 vorgelegt hatte[30], folgten 1983 John Keiger mit *France and the Origins of the First World War*, Dominic Lieven mit *Russia and the*

Origins of the First World War und Richard Bosworth mit *Italy and the Approach of the First World War*. Keiger stellte eine neue These über Poincarés Politik vor, die weniger eine Konfrontation mit Deutschland als einen modus vivendi mit dem rechtsrheinischen Nachbarn suchte, ohne eine Detente anzustreben, die das bestehende Gleichgewicht zwischen den beiden Bündnissystemen in Frage gestellt hätte. Auf jeden Fall scheint Poincaré nicht der »Scharfmacher« gewesen zu sein, zu dem er in der Zwischenkriegszeit von deutschen und englischen Historikern gemacht worden ist. Des weiteren war Keiger in der Lage, eine bereits bekannte Annahme zu beweisen, nämlich daß das Revanchekonzept mit der Wiedergewinnung von Elsaß-Lothringen in den letzten Jahren vor dem Krieg keine entscheidende Rolle mehr gespielt hatte. Jedoch weist die neue Studie von Mark B. Hayne nach, daß die Macht Poincarés in der Außenpolitik beschränkt war und daß die Diplomaten im Außenministerium einen sehr viel stärkeren Einfluß auf die französische Politik hatten, als bisher angenommen wurde[31]. Hayne lehnt die herrschende Meinung ab und belastet Frankreich wieder stärker mit dem Kriegsausbruch. Die Schlüsselfigur für seine revisionistische Auffassung ist Paléologue, der französische Botschafter in St. Petersburg, der Sasanovs Politik der festen Haltung gegenüber Österreich und Deutschland erst ermöglicht haben soll. Nach Haynes Ansicht ist der französische Botschafter noch einen Schritt weiter gegangen und hat auf eine möglichst schnelle russische Mobilisierung gedrängt, um die möglichen Auswirkungen des Schliessenplans auf Frankreich zu verringern. Hinzu kommt, daß Paléologue Paris bewußt zu spät von der russischen Teilmobilisierung informiert hat. Ob das allerdings ausreicht, um ihm die Hauptverantwortung für eine Unterminierung des Friedens anzulasten, ist fraglich. Denn die Mobilisierungsnachricht erreichte Paris über andere Kanäle. Paléologues Nachrichtenverzögerung macht deutlich, daß schon 1914 eine Regierung nicht mehr allein auf die Mitteilungen eines Botschafters angewiesen war.

Der Entschluß des russischen Ministerrats vom 24. Juli scheint größeres Gewicht gehabt zu haben als die Machenschaften Paléologues. Wie Dominic C.B. Lieven (*Russia and the Origins of the First World War*, 1983) nachgewiesen hat, war in der genannten Ministerratssitzung jedoch nicht der Außenminister Sasanov, sondern die Meinung des Landwirtschaftsministers Krivoshein entscheidend, um die Einstimmigkeit des Ministerrats zu sichern. Er sprach sich zwar für eine feste Haltung gegenüber Deutschland und Österreich aus, um letzten Endes den Frieden zu bewahren, aber nicht um jeden Preis. Schon im Januar 1914 hatte Sasanov seine Kollegen darüber informiert, daß Frankreich bereit sei, eine russische Politik der Stärke auf dem Balkan weitestgehend zu unterstützen[32]. Dies spricht wohl gegen eine Überbewertung Paléologues und für die These Derek Springs, die von einem tiefgreifenden Sinneswandel der russischen Politik im Hinblick auf den erwarteten deutschen Druck bei den kommenden Handelsvertragsverhandlungen ausgeht, die im Sommer 1914 einen Höhepunkt erreicht habe.

Berücksichtigt man die deutsch-österreichische Entschlossenheit, es nach dem Attentat von Sarajewo zu einem Krieg mit Rußland und Frankreich kommen zu lassen, dann ist es verständlich, daß die britischen Anstrengungen, eine europäische Explosion zu vermeiden, sehr viel weiter hätten gehen müssen. Nur eine frühzeitige Bloßstellung and Entlarvung der deutschen Absichten hätten Deutschland und Österreichisch vielleicht daran hindern können, 1914 den Krieg auszulösen. Der 1993 erschienenen Biographie über Sir Eyre Crowe zufolge hätte Grey die Ratschläge und Warnungen Crowes beachten müssen, um von Anfang an eine Neutralität Englands auszuschließen und den Ententepartnern militärische Unterstützung zuzusagen[33]. Um dieses Ziel zu erreichen, hätte Grey nicht unter dem Einfluß seines Privatsekretärs William Tyrell stehen dürfen, der wegen der wachsenden anglo-russischen Gegensätze in Persien eine Verbesserung der Beziehungen mit Deutschland anstrebte. Schon Zara Steiner hat gezeigt, welche Gegensätze im Foreign Office im Sommer 1914 bestanden. Das Ergebnis war Greys konfuse politische Linie und die daraus resultierende Schwäche im Kabinett, die von Lloyd George, Crowe und anderen kritisiert wurde. Die Tatsache, daß Grey in der Julikrise mit Österreich nur über Berlin zu verhandeln bereit war, zeigt zum Beispiel, daß er sich nichts davon versprach, Wien gegen Berlin auszuspielen. Damit zeigte die Greysche Außenpolitik in der Julikrise wenig Flexibilität. Anstatt Initiativen zu entwickeln, reagierte er nur, oder, wie Crowe an seine Frau am 2. August schrieb: »The force of circumstances is driving the government where they ought to have gone spontaneously[34].«

Für die englische Historiographie hat die österreichische Position einen besonderen Reiz ausgeübt. Die drei Historiker, die sich mit der Julikrise in Österreich befaßt haben, weisen auf das Eigengewicht der Wiener Entscheidungen hin. Roy Bridge, Robert Evans und John Leslie haben in unterschiedlicher Weise den Anteil Österreichs an der Kriegsauslösung bewertet. Leslie hat betont, daß »die eigentlichen Urheber des

Kriegs nicht nur in Berlin, wie die Fritz Fischer Schule immer behauptet hat, sondern auch in Wien zu suchen sind« und daß die Entfesselung des Krieges in Wien auf eine Gruppe von »Falken« im österreichischen Außenministerium zurückgeführt werden kann[35]. Dabei wies Leslie nach, daß für das österreichische Außenministerium die Gegensätze mit Rußland über Polen sowie über die Ukraine wichtiger waren als die über Serbien. Das würde bedeuten, daß Serbien für beide Mittelmächte nur der Anlaß, nicht aber die Ursache für den Krieg war. Wo immer auch die österreichisch-russischen Interessen aufeinander trafen, für Robert Evans steht fest, daß die »high policy-makers of the Monarchy actively provoked that war because they saw the circumstances of the assassination as themselves a fateful provocation to Austria-Hungary«[36].

Die englische Politik ist wiederholt Gegenstand eingehender Untersuchung gewesen. Die im angelsächsischen Sprachraum viel beachteten Werke von Paul Kennedy, Zara Steiner, Keith Robbins, Francis H. Hinsley, die Artikel von C. Hazlehurst, Michael Ekstein und Keith M. Wilson, um nur einige zu nennen, zeigen, daß sich die englischen Historiker sehr eingehend mit der englischen Vorkriegspolitik beschäftigt haben. Nur das Buch von Wilson *The policy of the Entente: Essays on the determinants of British foreign policy 1904—1914* (1985) und Michael Brocks Artikel »Britain Enters the War«[37] haben bisher in Deutschland nicht genügend Beachtung gefunden. Wilson hat hier eine Typologie der englischen Außenpolitik herausgearbeitet und die Frontstellung des Foreign Office gegen Deutschland mit den Worten charakterisiert: »The invention of Germany was an indispensible part of the projection of Britain.« Brock hielt sich dagegen nicht mit den Grundlagen der englischen Außenpolitik auf. Er wies stattdessen auf die wachsende Interventionsbereitschaft der britischen Öffentlichkeit und den belgischen Hilferuf, welche die Entscheidung des Londoner Kabinetts bestimmten. Brock wehrte sich gegen Wilsons vereinfachende Interpretation, der das deutsche Ultimatum an Belgien für den ersehnten Ausweg für das Kabinett hielt:

> »It probably did not alter what they wanted to do; but almost certainly it altered their judgement of what they could do, and of the speed at which this could be done[38].«

Der deutsche Schritt diente als Vorwand, aber er hätte als sofortige Handlungsgrundlage nicht ausgereicht, wenn die britische Öffentlichkeit ihn und die Bedrohung Frankreichs nicht als Interventionsgrund angesehen hätte.

In diesem Zusammenhang nahm Geoffrey Barracloughs *From Agadir to Armageddon. Anatomy of a Crisis* (1982) eine Außenseiterstellung ein. Für ihn ist die Parallele der internationalen Lage von 1980 der Anlaß zu seiner Studie, die vor dem seiner Ansicht nach bevorstehenden Kollaps des internationalen status quo warnen wollte. Das Buch ist nicht das Resultat der Erforschung von Primärquellen, sondern eine weitreichende Analyse der existierenden Literatur. Für ihn bildete die Zweite Marokkokrise den Auftakt zur Katastrophe des Weltkrieges. Dazu trug einmal die Stärkung der Entente zwischen Frankreich und England mit ihren Folgen für das europäische Allianzsystem bei; zum andern schuf die Verhärtung der öffentlichen Meinung keine friedliche Atmosphäre; und drittens betonte er den Zusammenhang der Marokkopolitik mit der italienischen Eroberung von Tripolis, die wiederum zum Bündnis der Balkanstaaten gegen die Türkei führte. Und von den Balkankriegen ließe sich eine gerade Linie zu 1914 ziehen. Für Barraclough waren die so entstandenen Situationen bestimmender als die von der öffentlichen Meinung getragenen Regierungsentscheidungen. Offensichtlich sind bei Barraclough die letzten Auswirkungen der These aus der Zwischenkriegszeit von der internationalen Anarchie zu spüren.

Zu den Vorkriegsstudien, die sich nicht vordringlich mit außenpolitischen Fragen beschäftigt haben, gehört James Jolls *The Origins of the First World War* (1984). Er analysiert das Spannungsverhältnis zwischen einem allgemein erwarteten Krieg und dem Entscheidungsprozeß der verschiedenen Regierungen. Damit begrenzt Joll die Entscheidungsfreiheit der Politiker und Militärs von 1914, die sich oft als Opfer von Handlungsabläufen und ihren Kräften begriffen, denen sie sich nicht gewachsen fühlten. Ihm kommt es darauf an, zu zeigen, wie gering das Verständnis der Männer von 1914 für komplexe politische Vorgänge war.

Im Gegensatz zu Joll, der sich auf die Führungseliten und die Handelnden in den verschiedenen Ländern konzentrierte, sucht der Kanadier Modris Eksteins in seinem Buch *Rites of Spring. The Great War and the Birth of the Modern Age* (1989)[39] etwas ganz anderes herauszufinden, nämlich wie derjenige, der nicht an Entscheidungen teilnimmt, vom Zuschauer zum Akteur wird. Des weiteren ist Eksteins daran interessiert festzustellen, was der Krieg für die künstlerisch engagierten Gruppen bedeutete und wie sich die Verbindungen von Krieg und Kultur entwickelt haben. Eksteins Methode, Erwartungshaltungen nachzugehen, stellte einen neuen Ansatz dar. Bisher scheint das Echo auf sein Buch in Deutschland positiver zu sein als bei den skeptischen Historikern in England.

Es ist überhaupt bemerkenswert, wie wenig kontrovers englische Historiker trotz bestehender Meinungsverschiedenheiten den Ersten Weltkrieg debattiert haben. Auch wenn sich die Forschung wie im Fall Eksteins von dem Einfluß Fischers weit entfernt hat, so bleibt bei vielen Historikern der Bezug zu Fischer bestehen. Hugh Strachan ist daher zuzustimmen, wenn er in einer längeren Besprechung: The First World War: Causes and Course, schreibt, daß die historischen Auseinandersetzungen über den Krieg nach dem Erscheinen von Fischers *Krieg der Illusionen* weder in Deutschland noch in den anderen Staaten zu einem Abschluß gekommen sind[40].

Der strukturelle Ansatz bei Fischer hat mit dazu beigetragen, daß englische wie amerikanische Historiker ihre Untersuchungen in Gebiete ausgeweitet haben, die außerhalb des außenpolitischen Rahmens lagen. Ein Forschungsgebiet, das sich in England größerer Popularität erfreut als in Deutschland, ist die Militärgeschichte. Mitte der sechziger Jahre erschien bereits Jonathan Steinbergs Analyse der deutschen Flottenrüstung unter Tirpitz, in der jedoch der Nachlaß Tirpitz noch nicht voll ausgewertet werden konnte[41]. Norman Stones *The Eastern Front 1914–1917* (1975) ist eine quellenmäßig abgesicherte traditionell geschriebene Kriegsgeschichte, bei der das Novum das Thema ist. In seiner Studie *The Russian Army in World War I* (1975) legt Ward Rutherford sehr viel aufschlußreichere Ergebnisse vor.

Die Analyse der deutschen und österreichischen Streitkräfte hat man mit einer Ausnahme — Norman Stones Artikel über Army and Society in the Habsburg Monarchy, 1900–1914 — bisher weitgehend deutschen und amerikanischen Historikern überlassen[42]. Nur Niall Ferguson weist in seiner längeren Besprechung der neueren Literatur zur Weltkriegsproblematik auf ein deutsches militärisches Paradox hin. Einerseits sei von deutschen Militärs die militärische und industrielle Stärke Deutschlands vor dem Krieg betont worden, andererseits habe man aber auf die wachsende Schwäche des Heeres hingewiesen. Die Taktik der Militärs legt jedoch den Gedanken nahe, daß die Betonung der Schwäche nur ein Vorwand war.

Auf allgemeinerer Ebene sind die Arbeiten von Michael Howard zu nennen, der sehr viel für die Modernisierung kriegsgeschichtlicher Studien in England getan hat. In seinen Büchern *Studies in War and Peace*

(1970), *War in European History* (1976) und *The Causes of War* (1983) nahm der Kriegsausbruch von 1914 eine zentrale Stellung ein. In seinem Beitrag in the *Coming of the First World War* wies er darauf hin, daß die Militärs in Europa von der allgemeinen Vermutung ausgingen, daß ein europäischer Krieg unvermeidbar war. In seiner »cost/benefit« Analyse vertrat er die Meinung, in Berlin und Wien »there seemed much to be lost by peace and gained by war«[43]. Howard glaubt, daß die drei Alliierten die Gefahren, den Frieden zu erhalten, höher einschätzten als diejenigen, die sich aus einer Kriegsteilnahme ergaben.

Ein anderes Feld der Militärgeschichte sind die strategischen Pläne. In einem Sammelband hat Paul Kennedy die Kriegspläne, die vor 1914 in den einzelnen Ländern existiert haben, von verschiedenen Autoren behandeln lassen, während sich Douglas Porch in seiner Untersuchung *The March to the Marne* auf die französische Armee, Gesellschaft und Politik vor 1914 konzentrierte[44]. Obwohl die französisch-britischen Stabsbesprechungen 1906 begannen, zielte Haldane mit seinen Heeresreformen nicht vordringlich darauf ab, ein britisches Korps für einen Krieg in Frankreich zu schaffen. Wie Gooch und Spiers gezeigt haben, wurden die Weichen in dieser Hinsicht erst 1910 und 1911 gestellt, so daß der Kontinent Einsatzpriorität vor dem Empire gewann[45]. Da Haldane zunächst noch nicht einen Einsatz in Frankreich für sinnvoll hielt, fand die National Service League auch bei ihm keine Unterstützung für eine rekrutierte Armee. Obwohl die League über 250000 Mitglieder zählte, schaffte sie es nicht, wie Ralph J. Adams und Philip Poirier zeigen, vor 1914 eine Heeresreform einzuleiten[46]. Erst der militärische Hilferuf Belgiens vom 6. August ermöglichte es einem vorher zögerndem Kabinett, der öffentlichen Meinung zu folgen und das Expeditionskorps in voller Stärke nach Frankreich zu senden. Damit war der erste Schritt erfolgt, dem weitere unter Lord Kitchener mit seinem Konzept der New Armies folgten.

Die Frage wirtschaftlicher Vorbereitungen für einen kommenden Krieg sind von David French und Avner Offer erörtert worden. French hat in seinem Buch auf die Diskrepanz zwischen Planungen und tatsächlichen Gegebenheiten hingewiesen. Während die Größe des Expeditionskorps nicht der Funktion entsprach, die der englische Generalstab vorgesehen hatte, basierte die Admiralität ihren Plan einer Blockade Deutschlands auf einer angenommenen Handelsabhängigkeit der Mittelmächte. Die Pläne von Flotte und Heer harmonisierten jedoch in keiner Weise. Selbst die liberale Regierung war sich vor dem Krieg nicht einig, welche Strategie sie befolgen sollte. Die Unklarheiten der britischen strategischen Planung fanden ihren korrespondierenden Faktor in der Wirtschaftsplanung. »Business as Usual« war das Schlagwort, unter dem England seine Alliierten mit Kapital und Kriegsgütern versorgen wollte, welche die englische Industrie herstellen sollte. Daß die Herausforderungen an die englische Wirtschaft und die Bevölkerung alle Erwartungen übertrafen, erzwang eine völlige Umstellung. Die englische Planung hatte die Mobilisierung von Millionen Menschen für die Streitkräfte und die Industrie nicht vorgesehen. »This meant«, wie David French hervorhob, »that before 1914, in several important respects, the government failed to plan for the war which actually happened[47].« Der Glaube an einen kurzen Krieg mag jedoch, wie im Fall Deutschlands, den Mangel an weitreichenden ökonomischen Planungen erklären.

Allerdings hatte sich England darauf vorbereitet, die Ernährung der Bevölkerung im Kriegsfall sicherzustellen. Wie Margaret Bartlett in *British Food Policy during the First World War* (1985) gezeigt hat, sind einige organisatorische Schritte unternommen worden, die sich im August 1914 trotz des Business as Usual auszahlten. Beim Board of Agriculture wurde ein Unterausschuß gebildet, der sich damit zu befassen hatte, wie die Bevölkerung zu ernähren sei, wenn die Versorgung aus Übersee ins Stocken käme. Zwei weitere Maßnahmen sollen kurz erwähnt werden: die Regulierung der britischen Eisenbahnen im Kriegsfall und die Bildung eines Kabinettsausschusses, der bei Kriegsausbruch die Gesamtversorgung der Zivilbevölkerung zu organisieren hatte. In dem verwirrenden und unklaren Buch von Avner Offer *The First World War: An Agrarian Interpretation* (1989) standen ebenfalls die Seeblockade und ihre Auswirkung auf deutsche Versorgungsmöglichkeiten zur Debatte. Damit lenkte Offer die Aufmerksamkeit auf ein bisher vernachlässigtes aber nicht weniger wichtiges Gebiet. Leider blieben seine Aussagen widersprüchlich. So hat England den Krieg mit Hilfe der Blockade gewonnen, aber Deutschland hat ihn wegen der Blockade nicht verloren. Außerdem gehört der von ihm untersuchte Fragenkomplex nicht zu den Ursachen des Krieges, wie er behauptete. Hinzu kommt die Asymmetrie seiner Forschungen. Während Offer seine Aussagen über England auf Primärquellen stützen konnte, wertete er für Deutschland nur Sekundärliteratur aus.

Weitere Untersuchungen über die Vorkriegsjahre stehen noch aus, aber englische Historiker haben in den letzten Jahren bemerkenswerte Studien über den Ersten Weltkrieg vorgelegt. Man braucht nur die kürzlich erschienen Rezensionsartikel von Hugh Strachan, John Stevenson, Jay Winter and Niall Ferguson zu lesen, um die verschiedenen Untersuchungsebenen für die Vorkriegs- sowie Kriegszeit zu registrieren[48]. Die Themenstellung reicht von den Auswirkungen des Krieges auf die englische und französische Gesellschaft bis zu vergleichenden Kulturstudien. Schriftsteller und Künstler im Krieg sind eingehend untersucht worden. Ebenso sind Truppenmoral, Propaganda und Spionage Themen für englische Historiker. Dabei kommen politische sowie militärstrategische Analysen nicht zu kurz. Vorkriegszeit, Krieg und seine Auswirkungen werden für englische Historiker auch in Zukunft ein nahezu unerschöpfliches Thema bleiben.

Während des Ersten Weltkrieges waren die Historiker in den geisteswissenschaftlichen Kreisen in gewisser Weise tonangebend, da ihr Einsatz für nationale Solidarität mit dazu beitrug, eine Kehrtwendung unter den liberalen Kritikern der Regierungspolitik herbeizuführen. Wie in Deutschland gab es auch in England einen Nationalliberalismus, aber die Tradition der Radicals führte zu einer Debatte in der Öffentlichkeit über das Für und Wider eines englischen Kriegsbeitritts. Erst der Krieg bewegte auch sie zur Aufgabe liberaler Prinzipien. Auf der Suche nach einem dauerhaften Frieden gegen Ende des Krieges machte sich liberales Gedankengut wieder stärker bemerkbar. Die liberale Enttäuschung über den Versailler Frieden, die auch von Labour geteilt wurde, gab den revisionistischen Strömungen Auftrieb. Allerdings sollte sich diese Phase in der Geschichtswissenschaft unter dem Einfluß der Außenpolitik Hitlers wieder abschwächen. Erst nach 1945 setzte eine allmähliche Entpolitisierung in der britischen Geschichtswissenschaft hinsichtlich des Ersten Weltkrieges ein. Dieser Trend verstärkte sich mit dem Erscheinen von Fischers Buch. Dabei ging die Versachlichung der Historiographie Hand in Hand mit einer undogmatischen Pluralisierung der Fragestellungen. In den kommenden Jahren wird die englische Vorkriegs- und Kriegshistoriographie weiterhin »alive and kicking« sein.

Anmerkungen

Die Literaturangaben erscheinen entweder in den Fußnoten oder im Text. Für die Erwähnung von Quelleneditionen war in diesem Beitrag kein Platz mehr, ebenso für die große Zahl von Tagebüchern, Briefbänden und Berichten, die für die Zeit vor 1914 und für die Zeit des Weltkrieges nach 1945 veröffentlicht worden sind.

1 The Times, 1.8.1914, S. 6; Stuart Wallace, War and the Image of Germany. British Academics 1914—1918, Edinburgh 1988, S. 24 und 250. Wallace hat anstatt der neun Unterschriften nur acht aufgelistet. Fälschlicherweise behauptet A.J.P. Taylor, daß 81 Akademiker aus Cambridge den Brief unterschrieben hätten. Siehe A.J.P. Taylor, The Troublemakers, 1969, S. 117.

2 The Times, 4.8.1914, S. 5; Wallace (wie Anm. 1), S. 24 und 250.

3 Ebd., S. 26. Stuart Jones, Trinity College, Oxford, hatte den Brief unterzeichnet.

4 Ebd., S. 113.

5 Ebd., S. 19.

6 Francis H. Bradley, The Limits of Individual and National Self-Sacrifice, wieder abgedr. in: Collected Essays, Oxford 1935, vol. 1, S. 168; Wallace (wie Anm. 1), S. 22.

7 Ebd., S. 27.

8 Fritz Fischer, Germany's Aims in the First World War, London 1967, S. 156.

9 R.J.W. Evans, Hartmut Pogge von Strandmann, The Coming of the First World War, Oxford ^{2}1991, S. 91f.; Zit. Wallace (wie Anm. 1), S. 60.

10 William G.S. Adams, The Reasons for the War, Oxford Pamphlets, 1914, S. 17.

11 Murray Beaven, Austrian Policy since 1867, ebd., S. 28.

12 Henry M. Gwatkin, An English Clergyman to a Swedish Clergyman, in: The Nation, 14. Oct. 1916, S. 80.

13 Wallace (wie Anm. 1), S. 66.

14 Catherine A. Cline, British Historians and the Treaty of Versailles, in: Albion, 20 (1988), S. 46f.

15 The Road to Ruin in Europe, London 1933, S. 86; Cline (wie Anm. 14), S. 50.

16 Cline (wie Anm. 14), S. 51.

17 The Spirit of British Policy and the Myth of the Encirclement of Germany, London 1932, S. 21. (Die deutsche Ausgabe erschien 1929 unter dem Titel: Der Geist der englischen Politik und das Gespenst der Einkreisung Deutschlands.)

18 Cline (wie Anm. 14), S. 52f.

19 Ebd., S. 51.

20 George W. Egerton, The Lloyd George War Memoirs: A Study in the Politics of Memory, in: Journal of Modern History, vol. 60, 1988, S. 55—94.

21 Evans, Pogge von Strandmann (wie Anm. 9), S. 95.

22 Wallace (wie Anm. 1), S. 119 und 123.

23 Egerton (wie Anm. 20), S. 73.

24 Donald C. Watt, British Historians, The War Guilt Issue and Post-War Germanophobia: A Documentary Note, in: The Historical Journal, vol. 36, 1993, S. 179—185.

25 New York Times Magazine 1954, zit. nach Laurence Davis Lafore, The long fuse. An interpretation of the origins of World War I, London 1966, S. 21.

[26] Evans, Pogge von Strandmann (wie Anm. 9), S. 92—100.
[27] Past & Present, vol. 33, 1966, S. 100—113.
[28] James Joll, 1914. The Unspoken Assumptions, London 1968, S. 6.
[29] Ebd., S. 24.
[30] Zur neuesten Stellungnahme vgl. John C. G. Röhl, Der militärpolitische Entscheidungsprozeß in Deutschland am Vorabend des Ersten Weltkriegs, in: Kaiser, Hof und Staat. Wilhelm II. und die deutsche Politik, hrsg. von John C. G. Röhl, München 1987, S. 175—202.
[31] Mark B. Hayne, The French Foreign Office and the Origins of the First World War 1898—1914, Oxford 1993.
[32] Derek Spring in: Evans, Pogge von Strandmann (wie Anm. 9), S. 72.
[33] Sibyl Crowe, Edward Corp, Our Ablest Public Servant Sir Eyre Crowe 1864—1925, Braunton Devon 1993.
[34] Ebd., S. 268.
[35] John Leslie, Österreich-Ungarn vor dem Kriegsausbruch, in: Deutschland und Europa in der Neuzeit, hrsg. von Ralph Melville u. a., Stuttgart 1988, S. 662.
[36] Evans, Pogge von Strandmann (wie Anm. 9), S. 34.
[37] Abgedr. ebd., S. 145—178.
[38] Brock, ebd., S. 176.
[39] Dt. Ausgabe: Tanz über Gräben. Die Geburt der Moderne und der Erste Weltkrieg, Reinbek bei Hamburg 1990.
[40] Hugh Strachan, The First World War: Causes and Course, in: The Historical Journal, vol. 29, 1986, S. 227—255.
[41] Jonathan Steinberg, Yesterday's Deterrent. Tirpitz and the Birth of the German Battle Fleet, London 1965.
[42] Norman Stone, Army and Society in the Habsburg Monarchy, 1900—1914, in: Past & Present, vol. 33, 1966, S. 95—111.
[43] Michael Howard, in: Evans, Pogge von Strandmann (wie Anm. 9), S. 7.
[44] The War Plans of the Great Powers 1880—1914, ed. by Paul Kennedy, London 1979; Douglas Porch, The March to the Marne. The French Army 1871—1914, Cambridge 1981.
[45] John Gooch, Mr. Haldane's Army, in: The Prospect of War. Studies in British Defence Policy 1847—1942, London 1981; Edward M. Spiers, Haldane. An Army Reformer, Edinburgh 1980.
[46] Ralph J. Q. Adams, Philip Poirier, The Conscription Controversy in Great Britain, 1900—1918, London 1987.
[47] David French, British Economic and Strategic Planning 1905—1915, London 1982, S. 36.
[48] Vgl. Anm. 39 für Strachans Artikel. John Stevenson, More Light on World War One, in: The Historical Journal, vol. 33, 1990, S. 195—210; Jay Winter, Catastrophe and Culture. Recent Trends in the Historiography of the First World War, in: Journal of Modern History, vol. 64, 1992, S. 525—532; Niall Ferguson, Germany and the Origins of the First World War: New Pespectives, in: The Historical Journal, vol. 35, 1992, S. 725—752.

Rudolf Jeřábek

Die österreichische Weltkriegsforschung

Kennzeichnend für die österreichische Weltkriegsforschung ist, daß die Beschreibung der militärischen Aspekte bis weit nach 1945 von den ehemaligen k.u.k. Offizieren monopolisiert wurde. Dies gilt sowohl für die offizielle als auch die nichtamtliche Darstellung.

Dabei hatten gerade der Weltkrieg und die propagandistische Nutzbarmachung der kriegsdienstpflichtigen Literaten im Rahmen des Kriegspressequartiers und des Kriegsarchivs eine vorübergehende Wandlung in dieser österreichischen Tradition gebracht. So arbeiteten an der ersten offiziellen Gesamtdarstellung *Unteilbar und Untrennbar. Österreich-Ungarn im Weltkrieg* zahlreiche österreichische Schriftsteller wie Rudolf Hans Bartsch, Franz Theodor Csokor, Alfred Polgar und Stefan Zweig mit[1]. Immerhin handelt es sich dabei neben den Beiheften zum halbamtlichen »Streffleurs Militärblatt«[2] um die erste offiziöse, aus Aktenmaterial geschöpfte Darstellung.

Daneben etablierten sich im Rahmen des Kriegsministeriums Arbeitsgruppen, welche die durch den Krieg bewirkten Veränderungen auf nicht operativem Gebiet mit riesigen Arbeitsprogrammen zu dokumentieren und zu erforschen begannen[3]. Im Werk *Die Technik im Weltkrieg* sollten nicht nur die Tätigkeit der technischen Truppen selbst, sondern auch die Heeresversorgung, Munitions- und Waffenproduktion und -entwicklung, das Verkehrswesen, Hochbauten und Technik in Industrie und Gewerbe behandelt werden, doch scheiterte die Realisierung des Unternehmens.

Nach dem Verschwinden der Donaumonarchie erfolgte fürs erste die ersatzlose Streichung einer amtlichen Geschichtspflege. Die einstige Opposition nützte die Umkehr der Verhältnisse nicht einmal für eine wohlfundierte Abrechnung mit dem alten Regime, obwohl es zuerst schien, als ob die »Kommission zur Erhebung militärischer Pflichtverletzungen« das Material hierzu liefern würde. Hatte sich diese Kommission das hohe Ziel gesteckt, nicht nur die Schuldhaftigkeit des Versagens der österreichisch-ungarischen militärischen Führer und die damit verbundene Verschwendung von Menschenleben aufzudecken und zu ahnden, so gelang es den Offizieren im Rahmen der Kommission, ihre schützenden Hände über die keineswegs vom Schlachtenglück verfolgten Kameraden zu halten[4].

Dieser Fehlschlag und die Rückeroberung von Terrain durch konservative Kräfte im österreichischen Heer begünstigten ein Wiedererstarken der von offizieller Seite getragenen Militärhistoriographie. Im Mittelpunkt standen die Offiziere des Kriegsarchivs, vor allem Edmund Glaise v. Horstenau[5]. Er und Ferdinand Stöller — beide ehemalige Offiziere — waren ab 1934 auch die einzigen Dozenten für Kriegsgeschichte an der Universität Wien.

Das Aktenmonopol ausnützend, gelang es nunmehr einer Gruppe ehemaliger k.u.k. Generalstabsoffiziere, das von ihr gewünschte Bild der österreichischen Weltkriegsgeschichte während der Jahre bis 1938 festzuschreiben und zu verankern. Dabei fehlte es nicht an Flügelkämpfen unter den geschichtsschreibenden Offizieren sowie an Gegendarstellungen seitens ehemaliger Heerführer, die sich ungerecht behandelt fühlten. Auch die Memoirenliteratur der Generale schlägt teilweise ins Gebiet der Rechtfertigung[6]. Letztlich dominierte eine retrospektive Staatsraison, die allerdings auch von den Gegnern der offiziellen Darstellung nur ausnahmsweise angekratzt wurde. Noch heiliger als diese Staatsraison, aber auch ihr Kristallisationspunkt, ihre menschliche Manifestation war den zu Geschichtsschreibern degradierten Generalstäblern die Person des langjährigen k.u.k. Generalstabschefs Franz Graf Conrad v. Hötzendorf. Conrad wurde zum kleinsten gemeinsamen Nenner der beiden rivalisierenden Gruppen der ehemaligen Offiziere. Jene mit deutschnationalen, anschlußfreudigen Tendenzen, die auch die amtliche Geschichtsschreibung dominierte, und jene österreichischer, habsburgtreuer Observanz, welche einem von Wien dominierten Vielvölkerreich nachtrauerten.

Doch noch ehe sich die ökonomischen Möglichkeiten so weit gebessert hatten, daß an die Herausgabe eines »Generalstabswerkes« geschritten werden konnte, war es der 5. Band des von Max Schwarte herausgegebenen Werkes *Der große Krieg 1914—1918*[7], der Gelegenheit gab, einen Probegalopp für ein amtliches Kriegswerk zu reiten. Die Mehrzahl der Verfasser kann der deutschnationalen Offiziersgruppe zugerechnet werden, vor allem der bereits erwähnte Glaise v. Horstenau und sein Nachfolger als Kriegsarchivdirektor Rudolf Kiszling, die letztlich aber beide als eher gemäßigte Nationale angesehen werden können, die nie vergaßen, dem alten Österreich ihre Reverenz zu erweisen. Beide wurden später zu den bestimmenden Personen der amtlichen Weltkriegsgeschichte *Österreich-Ungarns letzter Krieg*, während die extremen Vertreter der beiden Flügel der nunmehr in gegnerische Lager abdriftenden k.u.k. Offiziere nicht mehr zur Mitarbeit herangezogen wurden: Walter Adam, der Vertreter der antinationalen Linie, der 1938 im KZ landete, und Alfred Krauss[8], einer der größten antiösterreichischen Propagandisten des Anschlußgedankens, der verbissen um seinen Anteil am spärlichen österreichischen Kriegsruhm kämpfte.

Während diese Beiträge zum »Schwarte«-Band entstanden, wurde ein anderes, noch bedeutenderes »nichtamtliches« Werk mit amtlichen Mitteln gefördert. Es handelte sich um die monumental angelegten Conrad-Memoiren, die als Ersatz für ein in weite Ferne gerücktes offizielles Werk aufgefaßt wurden[9]. Das Werk diente vor allem der Rechtfertigung von Conrads Verhalten als Generalstabschef vor Kriegsausbruch und während des verunglückten Kriegsbeginns sowie der Fundierung von Conrads Anspruch als geistiger Urheber der spärlichen Siege Österreich-Ungarns gegen Rußland 1914. Die extrem apologetische Darstellungsweise mit dem Versuch, ein endgültiges, gefärbtes Bild Conrads und des Anteils Österreich-Ungarns an den Kriegsereignissen festzuschreiben, zeigt sich an der Tatsache, daß wichtige Quellen offensichtlich später vernichtet wurden[10]. Immerhin forderten die Conradmemoiren die Kritik jener heraus, die den Eindruck erhalten hatten, daß der Feldmarschall die Schuld an den Niederlagen anderen in die Schuhe schieben wollte[11].

Auch in Aufsatzform griff die Offiziersgruppe ums Kriegsarchiv ab Beginn der zwanziger Jahre immer intensiver in die Debatten um Kriegsschuld und Kriegsbeginn und die militärischen Kriegsereignisse ein. Das Forum hiefür boten einerseits die »Berliner Monatshefte (zur Kriegsschuldfrage)« sowie die immer opulenter gestaltete offizielle Zeitschrift »Militärwissenschaftliche Mitteilungen«[12]. Bis zu seiner Pensionierung 1924 vermochte der ins sozialdemokratische Lager übergewechselte k.u.k. General Theodor v. Körner sämtliche Anknüpfungen an kaiserliche Traditionen zu verhindern[13].

Die Pensionierung Körners ebnete den Weg für die amtliche militärgeschichtliche Darstellung des Weltkrieges[14]. 1930 wurde der erste Band der Öffentlichkeit übergeben. Nach dem Anschluß 1938 erschien das Register als achter und letzte Band, womit das österreichische(-ungarische) Kriegswerk das einzige eines der goßen Kriegsteilnehmer war, das tatsächlich fertiggestellt werden konnte.

Mit *Österreich-Ungarns letzter Krieg* lag eine Darstellung der militärischen Ereignisse bis auf Divisionsebene hinab vor. Pragmatismus bestimmte die Darstellungsweise am Gängelband der Traditionspflege und Prestigenwahrung. Manches wird verschwiegen, um die gängigen Normen des Conradmythos zu wahren, um keine neuen Gräben im Offizierkorps aufzureißen und um noch lebenden Heerführern nicht zu nahe zu treten. Oft — vor allem Conrad betreffend — flüchtete man sich in die scheinbare Schicksalshaftigkeit der Geschehnisse, um einer Erörterung der Führerverantwortlichkeit zu entgehen. Daß trotz allem die Schriftleitung von *Österreich-Ungarns letzter Krieg* unter Glaise-Horstenau und Kiszling sich an die Grenzen desjenigen herantastete, was unter der damaligen außen- und innenpolitischen Konstellation Österreichs möglich schien, lag wohl in der Tatsache begründet, daß die österreichische offizielle Militärgeschichtsschreibung — im Gegensatz zur deutschen — seit Jahrzehnten daran gewöhnt war, nicht berauschende Siege, sondern schmerzhafte Niederlagen zu beschreiben. Begleitet wurde das »Generalstabswerk« von 10 Ergänzungsheften, die Einzelprobleme in Aufsatzform behandelten[15].

Eine ähnliche Genese wie das offizielle Landkriegswerk erlebte auch die Darstellung des Seekriegs Österreich-Ungarns. Bereits während des Krieges erschien mit offizieller Unterstützung ein Werk über den Flußkrieg auf der Donau 1914—1916, verfaßt vom Kommandanten der Donauflottille, das er schließlich 1934 zu einer Gesamtdarstellung ausbaute[16]. Die Darstellung des adriatischen Seekrieges in offizieller Form erfolgte 1933 durch das Kriegsarchiv[17].

Naturgemäß erschienen bereits vor *Österreich-Ungarns letzter Krieg*, danach häufig als Antwort oder Ergänzung zu diesem Werk, zahlreiche Monographien. Meist als rein militärische Darstellungen, oft von Kriegshandlungen, an welchen der Autor selbst teilgenommen hatte und zu denen er Memoirenhaftes einbringen konnte, bisweilen aber auch mit polemischem Gehalt Fragen der Schuldhaftigkeit an verfehlten Maßnahmen, an Unterlassungen seitens der Führer behandelnd und vor allem Herabminderungen des eigenen Anteils an erfolgreichen Aktionen bekämpfend. Auch hier stand das letztlich schon entscheidende Kriegsjahr 1914 im Mittelpunkt der Kontroversen. Neben einer Studie über Kriegspläne, Aufmarsch und die ersten Kriegswochen aus der Feder eines Generalstäblers, der nicht als Mitautor am offiziellen Kriegswerk aufscheint[18], ragen vor allem Monographien über einzelne Schlachten heraus[19]. Überraschend zurückhaltend wurde das Kriegsjahr 1915 behandelt[20], während der Umschwung des Kriegsglücks 1916[21], mehr aber noch die siegreiche 12. Isonzoschlacht zu publizistischen Auseinandersetzungen[22] führte. Über die militärischen Ereignisse des Zusammenbruchs entstanden zwei Publikationen, die trotz neuerer Literatur ihren Wert nicht eingebüßt haben[23].

Ein wichtiges Werk über den Krieg der Geheimdienste stammt — natürlich — vom langjährigen Chef der Nachrichtenabteilung des Armeeoberkommandos[24]. Ebenfalls von den Akteuren selbst — und nur diese hatten Zugang zu den Akten — wurden zwei Werke über die Militärverwaltung in den besetzten Gebieten verfaßt, von welchen eines in der Carnegie-Serie erschien[25].

Schließlich gelang es 1943, wohl in letzter Minute und nur unter Patronanz des extrem deutschnationalen Generals Carl Frhr. v. Bardolff, noch ein letztes Werk altösterreichischer Traditionspflege über die ordenswürdigen Taten der Militär-Maria-Theresien-Ordensritter im Weltkrieg zu veröffentlichen, das offizielle Unterstützung genoß[26].

Mit *Österreich-Ungarns letzter Krieg* war der Höhepunkt der offiziellen Darstellung des Ersten Weltkrieges überschritten, was nach 1945 folgte, waren nur noch offiziöse Nachwehen, die bewiesen, daß aus der Feder der Offiziere Österreich-Ungarns, aber auch der Republik zu diesem Thema kein Neuansatz kommen würde[27]. Hatte Oskar Regele, nunmehr Direktor des Kriegsarchivs, auch im Vorwort seiner Conradbiographie[28] seine Absicht geäußert, »an Stelle einer Apotheose oder eines Panegyricus einen nützlichen Beitrag zur Conrad-Forschung zu liefern«, so reichten die Ergebnisse in keiner Weise über die den Conrad-Verehrern zumutbare Mischung aus Tatsachen und Legenden hinaus.

Frische Impulse für die Erforschung des Ersten Weltkrieges kamen erst von einer neuen Generation von Historikern, die mit geringen Ausnahmen keinen der beiden Weltkriege als Soldaten miterlebt hatte, in jedem Fall aber als Zivilisten angesprochen werden konnte, auch wenn ihre berufliche Tätigkeit als Bedienstete des Kriegsarchivs oder des Heeresgeschichtlichen Museums (Militärwissenschaftliches Institut) sie in den Dunstkreis offizieller Geschichtsschreibung rückt. Doch die Jahre 1938—1945 hatten die Kontinuität der österreichischen Tradition unterbrochen. Gerade die Diskussion um die Frage, welche Tradition das republikanische Kleinstaatheer pflegen solle, führte schließlich zu einer intensiveren Bearbeitung der Weltkriegsgeschichte unter zunehmender Außerachtlassung alter Rücksichten.

Die Wandlung im Umgang mit der österreichischen Weltkriegsgeschichte dokumentiert sich in den Sonderheften, welche die offiziöse »Österreichische Militärische Zeitschrift« zur fünzigjährigen Wiederkehr der Ereignisse veröffentlichte[29]. Zwar stehen die Verfasser der ersten beiden Hefte noch im Banne des ebenfalls mitarbeitenden Doyens der österreichischen Militärgeschichtsschreibung Rudolf Kiszling, doch wagt Kurt Peball in seinem Aufsatz über den Krieg am Balkan 1914 bereits offen auszusprechen, was im Generalstabswerk bestenfalls zwischen den Zeilen zu lesen war[30]. In den letzten Sonderheften zeigt sich zunehmend das den Generalstäblern einst so verhaßt gewesene, nunmehr aber unaufhaltbare Vordringen ziviler Historiker nicht nur aus dem archivischen sondern auch universitären Bereich, von Lehrern wie Ludwig Jedlicka und Fritz Fellner sowie deren Schülern, deren Abstand zu den Ereignissen zum Garanten dafür wurde, daß in einer Reihe von Dissertationen auch einzelne Episoden der Militärgeschichte des Ersten Weltkrieges ohne den Ballast an Prestigen und politischen Rücksichten neu behandelt wird. Der Dissertation von Peter Fiala über die letzte große Offensive des k.u.k. Heeres 1918 sollten andere akademische Prüfungsarbeiten folgen, von welchen allerdings, wie es der Zeit entspricht, wenige das Hauptgewicht auf die militärischen Ereignisse legen[31]. Ganz wesentliche Beiträge in dieser Hinsicht stammen aus dem Ausland[32], während die österreichischen Studienreformen der letzten Jahre die Forschungstätigkeit im universitären Bereich viel an Produktivität kosteten[33].

Auch unter den Beiträgen, die nicht als akademische Prüfungsarbeiten entstanden, zählen viele außerösterreichische Produkte zu den wertvollsten und befruchten die österreichische Forschung gerade durch ihre inzwischen gewonnene durchaus nicht kritiklose Unvoreingenommenheit gegenüber dem einst als Völkerkerker diffamierten Habsburgerreich. Dazu zählen vor allem Halperns Geschichte des Seekrieges im Mittelmeer[34] und Stones Geschichte des Krieges an der russischen Front[35].

Zur Demontierung des Conradmythos lieferte der Deutsche Dieter Degreif — speziell im Hinblick auf den »flexiblen Aufmarsch« Conrads — einen bahnbrechenden Beitrag[36], nachdem schon Norman Stone die systemimmanenten Gebrechen aufgezeigt hatte[37]. Doch auch andere, scheinbar unverrückbare Größen mußten sich Korrekturen gefallen lassen; so der ungarische Ministerpräsident Tisza[38]. Seine Hoffnung, daß Rußland nicht in den Krieg eingreifen würde, war es auch, die er — in der Julikrise anfänglich der einzige der mitbestimmenden Männer, der vor dem Krieg zurückschreckte — für sich instrumentalisierte, nachdem er sich hingegeben hatte, den Kriegsbeschluß mitzutragen. Umso bezeichnender die gezielten Auslassungen in der ungarischen amtlichen Edition der Tisza-Papiere, die in Parallele zu der Aktenbehandlung bei der Verfassung der Conradmemoiren zu sehen sind[39].

Eine verblüffende Einheit von Männern, die Geschichte machten, und Männern, die Geschichte schreiben, zeigt sich auch auf dem Gebiet der Sozial- und Wirtschaftsgeschichte, die sich an großen Monographien für die Zwischenkriegszeit mit den Werken der Carnegie-Serie nahezu erschöpft[40]. Dabei war bereits 1916 vom k.u.k. Kriegsministerium ein »Wissenschaftliches Komitee für Kriegswirtschaft« eingerichtet worden[41]. Zahlreiche Fachleute sollten nicht nur die Entwicklung der einzelnen Wirtschaftszweige im Detail nach »historisch-statistischer Methode« behandeln, sondern auch die Rückwirkung auf die Privatwirtschaft, die Arbeitswelt, Sozialpolitik, Wohlfahrts- und Fürsorgeeinrichtungen sowie auf die Sozialversicherung und Verwaltung im allgemeinen. Auch dieses Projekt fand durch den Zusammenbruch Österreich-Ungarns ein jähes Ende und hinterließ nur einen mageren Aktenbestand im Wiener Kriegsarchiv.

Stellvertretend für die außerhalb der Carnegie-Serie erschienenen Werke zum durch den Weltkrieg bewirkten wirtschaftlichen und sozialen Wandel sei auf das kleine Werk Eduard Liszts[42] und das Werk des Generals Landwehr von Pragenau[43] über die Versorgungsprobleme in der Spätphase des Krieges hingewiesen. Eine umfassende Bibliographie im Rahmen der Carnegie-Serie[44] gibt Auskunft über das zeitgenössische Material und die frühen Forschungsprodukte.

Erfreulicherweise sind in den letzten Jahren wohlfundierte Darstellungen entstanden, mit welchen sich eine empfindliche Lücke der österreichischen Weltkriegsforschung zu schließen begonnen hat[45]. Der mehr oder minder nüchternen Betrachtung der Bemühungen einer Rüstungswirtschaft beziehungsweise einer Wirtschaft unter den durch den Weltkrieg geschaffenen Ausnahmebedingungen, die alle strukturellen Schwächen hervortreten ließen, steht gegenüber die Behandlung der Veränderung des Alltagslebens, der Organisierung der Massen, ihre Instrumentalisierung durch Parteiführer und Ideologen sowie der Versuche des Staates, das revolutionäre Potential durch eine entsprechende Politik in den Griff zu bekommen[46]. Eine Brücke zwischen sozialem, nationalem und wirtschaftlichem Aspekt schlagen jene Werke, die eine bestimmte soziale oder ethnische Gruppe und deren Stellung in der

Monarchie während des Krieges — oder wenigstens vor 1914 — zum Thema der Erörterung machen. Das längst fällig gewesene Werk István Deáks über das kaiserliche Offizierskorps[47] schließt hier eine Lücke, nachdem Erwin Schmidl wertvolle Vorarbeiten über die Rolle der Juden in der kaiserlichen Armee geliefert hatte[48]. Über die Haltung der einzelnen Völkerschaften im Verlauf des Krieges informiert das in Entstehung begriffene Werk *Die Habsburgermonarchie 1914—1918*[49].

Die jüngeren Publikationen zeichnen ein eindrucksvolles Bild des inneren und äußeren Niederganges der Donaumonarchie als Machtfaktor. Während die Politik Österreich-Ungarns vorerst mit der Frage der innenpolitischen Neuordnung vor allem im Sinn der Bändigung der zentrifugale Tendenzen entwickelnden Nationalitäten beschäftigt war[50], wandelte sich die Monarchie im Rahmen der teilweise auf irrealer Grundlage geführten Kriegszieldiskussion[51] immer mehr vom Subjekt zum Objekt, worüber auch die im Osten erfolgten Friedensschlüsse[52] nicht hinwegtäuschen konnten. Neue Forschungen zeigen, daß letztlich die zunehmende militärische und wirtschaftliche Hilfsbedürftigkeit der Monarchie diese nicht nur immer mehr dem deutschen Bündnispartner und damit einem deutschnationalen, die Zukunft vorausbestimmenden Irredentismus auslieferte, sondern auch, daß es die nationale Revolution war, die — angesichts der Ernährungskrise — zumindest im deutschen Bereich der Monarchie sozialrevolutionär instrumentalisiert wurde[53]. Konterkariert wurde der Prozeß der Abhängigwerdung vom deutschen Bündnispartner[54] und der Entstehung von Nationalstaaten durch die Friedensversuche[55] Kaiser Karls und seine Bemühungen zur Umgestaltung der Donaumonarchie in einen Föderalstaat auf der Basis des Nationalitätenprinzips[56]. Kaiser Karl versuchte nicht nur die Eigenständigkeit der Monarchie, sondern deren Existenz überhaupt auf Kosten des deutschen Bündnisses und zuungunsten der deutschen Vorherrschaft im Vielvölkerreich zu retten. Diese Tatsache hat bereits in der Zwischenkriegszeit und bis heute zu nicht immer mit geschichtswissenschaftlicher Professionalität geführten Kontroversen geführt[57]. Die jüngst erschienenen durchaus apologetischen Werke können hier als Wiederherstellung des historiographischen Gleichgewichts angesehen werden[58].

Die Kriegsschulddiskussion, wie sie vor allem durch die Werke Fritz Fischers neu entflammt war, fand in Österreich bei weitem nicht den Widerhall wie in Deutschland. Die österreichischen Forscher, vor allem jene der älteren Generation, lassen doch ein Bemühen erkennen, den österreichischen Anteil an der Kriegsentfesselung zugunsten des Anteils Deutschlands gering zu halten. Das klassische Beispiel hiefür bietet die umfassende Biographie des k. u. k. Ministers des Äußern Leopold Graf Berchtold von Hugo Hantsch[59]. Schon 1919 war — abgesehen von den Rotbüchern der Kriegszeit — die erste offizielle Darstellung von Roderich Gooss erschienen[60]. Begleitet wurde dieses Werk 1919 von der ersten Aktenedition, die bald darauf, in Berlin in gleicher Form wie die deutschen und bayerischen Aktenpublikationen herausgegeben, das Standardwerk bildete[61], ehe 1930 die umfassende neunbändige Aktenedition erschien[62]. Hantsch stützte sich nicht nur auf diese Edition, sondern auch auf etliche Diplomatennachlässe, vor allem auf jenen Berchtolds selbst, wobei auch in diesem Archivalienbereich bewußte Beseitigung von Quellen zu beklagen ist. Bis heute fehlt es nicht an Versuchen, die objektive Kriegsschuld Serbiens zu belegen[63]. Untrennbar — außen- wie innenpolitisch — mit der Vorgeschichte der Weltkrieges verbunden ist das Attentatsopfer von Sarajevo, Erzherzog Franz Ferdinand, dessen Person immer wieder zum Gegenstand von Monographien wurde[64]. Erst der Tod dieses zuletzt strikten Friedensbefürworters ermöglichte jenen Elementen den Durchbruch, die dazu drängten, den als unausweichlich angesehenen militärischen Existenzkampf zu eröffnen. Wie im Verlauf der Julikrise untergeordnete Kräfte des k. u. k. Ministeriums des Äußern das Heft in die Hand zu nehmen wußten, nach dem Umschwenken des ungarischen Ministerpräsidenten Tisza in Wien die aktivistische Linie obsiegte und die Bündnisautomatik zum Weltkrieg führten, wird durch neuere Forschungen eingehend beleuchtet[65].

Es bleibt die Gegenüberstellung zweier Gesamtdarstellungen des Weltkrieges[66], von welchen sich jene József Galántais auf die Rolle Ungarns konzentriert. Die Bedeutung der transleithanischen Reichshälfte als kompaktester und in vieler Hinsicht stärkster Machtblock innerhalb der Gesamtmonarchie sowie das aktive Auftreten der führenden ungarischen Politikerpersönlichkeiten bewirken, daß ein derartiges Werk den Rahmen rein ungarischen Interesses bei weitem sprengt. Der Autor signalisiert auch für den Bereich der ungarischen Staatsmythologie und Geschichtsschreibung eine Aufweichung alter ideologisch bedingter spezifisch ungarischer Sichtweisen. Während Galántai das Schwergewicht auf die »hohe Politik« der führenden Diplomaten, Politiker und Parteimänner legt, beleuchtet Rauchensteiner nicht nur eingehend die militärischen Ereignisse, sondern versucht auch andere Bereiche von der Diplomatie über die Innenpolitik bis zum Alltagsleben zu berücksichtigen. Rauchensteiner bietet nicht nur punktuell interessante neue Erkenntnisse[67], sondern zeigt mit seiner Zusammenschau der gesamten neuen und neuesten relevanten Literatur neben ausgiebiger Quellenbenützung auf, daß noch so mancher Aspekt der österreichisch(-ungarischen) Weltkriegsgeschichte einer eingehenderen oder endlich unvoreingenommenen Behandlung bedarf.

Obwohl auf rein militär- und diplomatiehistorischem Gebiet in letzter Zeit Forschungsfortschritte zu verzeichnen sind, fehlen diese für andere Sparten der Weltkriegsgeschichte weitgehend. Letzlich ist die Zerstörung oder zumindest Korrektur des von vielen früheren Darstellungen in apologetischer Weise geschaffenen Abbildes einer Scheinrealität noch lange nicht an ihrem Ziel angelangt.

Anmerkungen

1 Unteilbar und Untrennbar. Die Geschichte des großen Weltkrieges mit besonderer Berücksichtigung Österreich-Ungarns. Unter Leitung des Generals der Infanterie Emil Freiherr Woinovich von Belobreska und des Generalmajors Max Ritter von Hoen, Direktor des k. u. k. Kriegsarchivs hrsg. und redigiert von Oberst Alois Veltzé, Vorstand der Schriftenabteilung des k. u. k. Kriegsarchivs, Wien 1917; Die Geschichte des Weltkrieges mit besonderer Berücksichtigung des früheren Österreich-Ungarn. Hrsg. und redigiert von Oberst Alois Veltzé, Abteilungsvorstand im Kriegsarchiv, Bd 2, Wien 1919, Bd 3, Wien o. J. Vgl. Peter Broucek, Das Kriegspressequartier und die literarischen Gruppen im Kriegsarchiv 1914—1918, in: Österreich und der Große Krieg 1914—1918. Die andere Seite der Geschichte, hrsg. von Klaus Amann und Hubert Lengauer, Wien 1989, S. 132—139.

2 Österreichisch-ungarische Kriegsberichte. H. 1: Die Kriegsereignisse im Norden von der Mobilisierung bis einschließlich der Schlacht bei Lemberg, Wien 1915; H. 2: Die Schlacht bei Limanowa-Lapanów, Wien 1915; H. 3: Der Einleitungsfeldzug gegen Rußland (4. August bis 11. September 1914), Wien 1915; H. 4: Das österreichisch-ungarische Nordheer im Frühjahrsfeldzug in Galizien (2. Mai bis 23. Juni1915), Wien 1915; H. 5: Der Herbstfeldzug 1914 am San und an der Weichsel (12. September bis 5. November 1914), Wien 1916; H. 6: Der Feldzug von Krakau (6. November bis 17. Dezember 1914), Wien 1917; H. 7: Die Eroberung von Belgrad 1915, Wien 1917; H. 8: Der Krieg gegen Italien bis zum Ende der zweiten Isonzoschlacht (24. Mai bis 10. August 1915), Wien 1918.

3 K.u.k. Kriegsministerium, Die Technik im Weltkriege in Österreich-Ungarn, Wien 1917; Erwin Steinböck, Der Plan eines österreichischen kriegstechnischen Geschichtswerkes über den Ersten Weltkrieg, in: Militaria Austriaca, Bd 3, Wien 1982, S. 91—94. Betreffend das »Wissenschaftliche Komitee für Kriegswirtschaft« vgl. Anm. 40.

[4] Vgl. Emil Ratzenhofer, Strafverfolgung höherer Kommandanten in Österreich, in: Wissen und Wehr, 1 (1930), S. 624—632; Wolfgang Doppelbauer, Zum Elend noch die Schande. Das altösterreichische Offizierskorps am Beginn der Republik, Wien 1988 (= Militärgeschichtliche Dissertationen österreichischer Universitäten, Bd 9); K.R. Eissler, Freud und Wagner-Jauregg vor der Kommission zur Erhebung militärischer Pflichtverletzungen, Wien 1979; Rudolf Jeřábek, Potiorek. General im Schatten von Sarajevo, Graz 1991, S. 164, 204—212.

[5] Peter Broucek, Ein General im Zwielicht. Die Erinnerungen Edmund Glaises von Horstenau, Bd 1, Wien 1980 (= Veröffentlichungen der Kommission für neuere Geschichte Österreichs, Bd 67).

[6] Arthur Albert Arz, Zur Geschichte des großen Krieges, Wien 1924; Arthur (Arz) Baron Straußenburg, Kampf und Sturz der Kaiserreiche, Wien 1935; Carl Bardolff, Soldat im alten Österreich. Erinnerungen aus meinem Leben, Jena 1939; Auffenberg-Komarów, Aus Österreichs Teilnahme am Weltkrieg, Berlin 1920; ders., Aus Österreichs Höhe und Niedergang. Eine Lebensschilderung, München 1921; Feldmarschall Conrad, Aus meiner Dienstzeit 1906—1918, 5 Bde, Wien 1921—1925.

[7] Der österreichisch-ungarische Krieg, hrsg. von M. Schwarte, Leipzig 1922 (= Der große Krieg 1914—1918 in zehn Bänden, Bd 5).

[8] Alfred Krauss, Das »Wunder von Karfreit« im besonderen der Durchbruch bei Flitsch und die Bezwingung des Tagliamento, München 1926; Bei Flitsch und am Grappa. Die Möglichkeiten größerer Erfolge da und dort. Notwendige Klarstellungen der beteiligten Divisionäre und der Generalstabschefs der Heeresgruppe FM v. Conrad, Wien 1927.

[9] Conrad, Aus meiner Dienstzeit (wie Anm. 6). Vgl. Peter Broucek, Militärgeschichte in Österreich von 1918 bis 1938/45, in: Militärgeschichte in Deutschland und Österreich vom 18. Jahrhundert bis in die Gegenwart, Herford 1985 (= Vorträge zur Militärgeschichte, Bd 6), S. 87—107, hier S. 97.

[10] Österreichisches Staatsarchiv/Kriegsarchiv, Nachlaß Conrad B/1250. Vgl. Peter Broucek, Über den Schriftennachlaß des Feldmarschalls Franz Conrad von Hötzendorf im Kriegsarchiv, in: Mitteilungen des Österreichischen Staatsarchivs, Bd 43, Wien 1993.

[11] Rudolf Pfeffer, Zum 10. Jahrestag der Schlachten von Złoczów und Przemyślany 26.—30. August 1914. Eine Entgegnung auf die Angaben des Feldmarschalls Conrad über die Führung der 3. Armee in diesen Schlachten im vierten Bande »Aus meiner Dienstzeit«, Wien 1924.

[12] Als einzige vom Heeresinspektorat geförderte Zeitschrift erschien dieses Periodikum 1920—1921 unter dem Titel »Technische Mitteilungen, monatliche Rundschau auf dem gesamten Gebiete der Technik unter besonderer Berücksichtigung der Wehrtechnik« als Fortsetzung der bis 1918 erschienen »Mitteilungen über Gegenstände des Artillerie- und Geniewesens«. Ab 1922 erschien die Zeitung unter dem Titel »Militärwissenschaftliche und technische Mitteilungen« und wurde erst 1944 eingestellt. Vgl.: Militärwissenschaftliche und technische Mitteilungen. Inhaltsverzeichnis der Jahrgänge 1920—1929, Wien o.J., und Othmar Tuider, Militärwissenschaftliche und technische Mitteilungen. Inhaltsverzeichnis der Jahrgänge 1930—1944, Wien 1974.

[13] Vgl. Broucek, Militärgeschichte (wie Anm. 9) S. 95.

[14] Österreich-Ungarns letzter Krieg, hrsg. vom Bundesministerium für Heerwesen und österreichischen Kriegsarchiv, 7 Bde und Registerband, Wien 1930—1938. Neben dem Einstampfen der ersten Version, angeblich wegen der Darstellung des Krieges gegen Serbien, zeigte sich die Problematik des verunglückten Kriegsbeginnes auch an den zahlreichen Richtigstellungen, die der Redaktion von »Österreich-Ungarns letzter Krieg« zugingen und teilweise auch zu publizistischen Äußerungen führten: Rudolf von Dieterich, Berichtigung zu Österreich-Ungarns letzter Krieg 1914—1918. Erste Schlacht bei Lemberg am 29., 30. und 31. August 1914, Felixdorf 1933; Hermann Häßler, Zurückweisung der in »Österreich-Ungarns letzter Krieg« vom österreichischen Kriegsarchiv veröffentlichten abfälligen Beurteilung des Wertes der Marsch- und Landsturmformationen der öster.ung. Armee, o.O. o.J.; Anton Walter, Am Ostflügel der 4. Armee (Auffenberg) in der Schlacht von Komarów. Beobachtungen und Erlebnisse eines Truppenführers, Zwickau 1933; Ladislaus Rásky, Aus dem Tagebuch der 4. Division 1914, Budapest 1930. Dieser Beitrag ist im Rahmen des publizistischen Kampfes zu sehen, den die ungarischen ehemaligen Offiziere führten, um den Anteil Ungarns an den militärischen Ereignissen ins rechte Licht zu rücken. Man fand ungarischerseits nach Erscheinen von »Österreich-Ungarns letzter Krieg« die Verdienste der aus der ungarischen Reichshälfte stammenden Regimenter und Verbände nicht hinreichend gewürdigt.

[15] Ergänzungshefte 1—10 zum Werke Österreich-Ungarns letzter Krieg. H. 1: v. Schäfer, Deutsche Offensive auf Siedlec; Franek, Probleme der Organisation im 1. Kriegsjahr; Ratzenhofer, Verlustkalkül für den Karpathenwinter 1915, Wien 1930; H. 2: v. Schäfer, Die Kriegspläne Italiens gegen Österreich-Ungarn; Leppa, Die Galizische Schlacht; Ratzenhofer, Der Waffenstillstand von Villa Giusti und die Gefangennahme Hunderttausender, Wien 1931; H. 3: Veith, Die Isonzoverteidigung; Fabini, Monte Priaforà, Wien 1932; H. 4: Kerchnawe, Die unzureichende Kriegsrüstung der Mittelmächte als Hauptursache ihrer Niederlage; Schubert, Haben Rüstungen den Weltkrieg verursacht?, Wien 1932; H. 5: Franek, Die Entwicklung der öst.-ung. Wehrmacht in den ersten zwei Kriegsjahren, Wien 1933; H. 6: Ratzenhofer, Die Auswertung der inneren Linie im Dreifrontenkrieg Mai—Juni 1915; ders., Das Rückgrat der Dauerfront im Osten. Sein Aufbau Juni 1915 bis Mai 1916; ders., Militärische Bahnauswertung im 1. Halbjahr 1916, Wien 1933; H. 7: Frauenholz, Rüling, Weltkriegsliteratur, Wien 1933; H. 8: Glingenbrunner, Intendanzdienst im Gebirgskrieg, Wien 1933; H. 9: Maximilian Ehnl, Die österreichisch-ungarische Landmacht nach Aufbau, Gliederung, Friedensorganisation, Einteilung und nationaler Zusammensetzung im Sommer 1914, Wien 1934; H. 10: Brosch, Steinitz, Die Reichsbefestigung Österreich-Ungarns zur Zeit Conrads von Hötzendorf, Wien 1937.

[16] Olaf Wulff, Österreich-Ungarns Donauflottille in den Kriegsjahren 1914—1916, Wien 1918; Olaf Richard Wulff, Die österreichisch-ungarische Donauflottille im Weltkriege 1914—1918, Wien 1934.

[17] Hans Hugo Sokol, Österreich-Ungarns Seekrieg 1914—1918, hrsg. auf Anregung des Marine-Verbandes vom Kriegsarchiv (Marinearchiv), Wien 1933.

[18] Max Freiherr von Pitreich, 1914. Die militärischen Probleme unseres Kriegsbeginnes. Ideen, Gründe und Zusammenhänge, Wien 1934.

[19] Max v. Hoen, Egon Frhr. v. Waldstätten, Die letzte Reiterschlacht der Weltgeschichte (Jaroslawice 1918), Wien 1929; Konrad Leppa, Die Schlacht bei Komarow, Karlsbad 1932; Max Freiherr von Pitreich, Lemberg 1914, Wien 1929; Joseph Freiherr Roth v. Limanowa, Die Schlacht von Limanowa-Lapanów Dezember 1914, Innsbruck 1928; Joseph Schön, Šabač! Der Kampf der Deutschböhmischen 29. Inf.-Division, des Prager VIII. und des Budapester IV. Korps im August 1914 in Nordwest-Serbien, Reichenberg 1928; Joseph Schön, Schaschintzi. Die sogenannte Vernichtung der Timok-Division, Wien 1930; Konrad Leppa, Das Gefecht bei Schaschintzi am 6. September 1914, Reichenberg o.J.

[20] Ludwig Riedl, Die Gefechtstätigkeit des k.u.k. VI. Korps in der Durchbruchsschlacht bei Gorlice am 2. Mai 1915, Budapest 1928.

[21] Max Schönowsky-Schönwies, August Angenetter, Luck. Der russische Durchbruch im Juni 1916, Wien 1919; Max Frhr. v. Pitreich, Die Schlacht bei Okna, Wien 1926.

[22] Krauss, Das »Wunder von Karfreit« (wie Anm. 8); Bei Flitsch und am Grappa (wie Anm. 8).

[23] Hugo Kerchnawe, Der Zusammenbruch der Österr.-Ungar. Wehrmacht im Herbst 1918. Dargestellt nach Akten des Armee-Ober-Kommandos und anderen amtlichen Quellen, München 1921; Szende Zoltán, Die Ungarn im Zusammenbruch 1918. Feldheer/Hinterland, Oldenburg 1931.

[24] Max Ronge, Kriegs- und Industriespionage. Zwölf Jahre Kundschaftsdienst, Wien 1930.

[25] Hugo Kerchnawe u.a., Die Militärverwaltung in den von den österreichisch-ungarischen Truppen besetzten Gebieten, Wien 1928 (= Wirtschafts- und Sozialgeschichte des Weltkrieges, österr. und ung. Serie, Bd 10); Arthur Hausner, Die Polenpolitik der Mittelmächte und die österreichisch-ungarische Militärverwaltung in Polen während des Weltkrieges, Wien 1935. — Zur Carnegie-Serie siehe Anm. 40.

[26] Oskar von Hofmann und Gustav von Hubka, Der Militär-Maria-Theresien-Orden. Die Auszeichnungen im Weltkrieg 1914—1918, Wien 1943.

[27] Peter Fiala, Feldmarschall Conrad von Hötzendorf, Wien 1972. Erw. ital. Ausgabe erschien 1990: Peter Fiala, Il Feldmaresciallo Franz Conrad von Hötzendorf. Biografico Storico-Militare 1852—1925, Novale di Valdagni (Vicenza) 1990; Anton Wagner, Der Erste Weltkrieg, Wien 1981 (= Truppendienst-Taschenbuch 7, 2. Aufl.); Rudolf Kiszling, Die hohe Führung der Heere Habsburg im Ersten Weltkrieg, Wien o.J.

[28] Oskar Regele, Feldmarschall Conrad. Auftrag und Erfüllung 1906—1918, Wien 1955. Vgl. ders., Gericht über Habsburgs Wehrmacht, Wien 1968.

[29] Zur Vorgeschichte des Ersten Weltkrieges (= Österreichische Militärische Zeitschrift (ÖMZ), Sonderh. II/1964). Die wichtigsten Operationen der österreichisch-ungarischen Armee 1914 (= ÖMZ, Sonderh. I/1965); 1917. Das Jahr am Beginn einer neuen Epoche in der Geschichte Europas (= Sonderh. der ÖMZ 1967); 1918. Das Ende der österreichisch-ungarischen Monarchie — der Anfang der Republik Österreich (= ÖMZ, H. 6, 1968).

[30] Kurt Peball, Der Feldzug gegen Serbien und Montenegro im Jahre 1914, in: Die wichtigsten Operationen (wie Anm. 29), S. 18—31. Vgl. Conrad von Hötzendorf. Private Aufzeichnugnen. Erste Veröffentlichungen aus den Papieren des k. u. k. Generalstabs-Chefs, hrsg. von Kurt Peball, Wien 1977.

[31] Vladimir Aichelburg, Österreichisch-ungarische Unterseebote 1905—1918. Eine militärtechnische Studie, phil. Diss. Wien 1975; Gerhard Artl, Die österreichisch-ungarische Südtiroloffensive 1916, Wien 1983 (= Militärgeschichtliche Dissertationen österreichischer Universitäten, Bd 2); Peter Fiala, Die letzte Offensive Altösterreichs. Führungsprobleme und Führungsverantwortlichkeit bei der öst.-ung. Offensive in Venetien, Juni 1918, Boppard a. Rh. 1967 (= Militärgeschichtliche Studien, Bd 3); Eduard P. Hoffmann, Feldmarschall Boroevic von Bojna. Österreich-Ungarns Kriegsfront an den Flüssen Isonzo und Piave, phil. Diss. Wien 1985; Christine Horvath-Mayerhofer, Die österreichisch-ungarische Militärverwaltung in den besetzten Gebieten Italiens, phil.Diss. Wien 1970. Gedruckt: Christine Horvath-Mayerhofer, L'amministrazione militare austro-ungarica nei territori italiani occupati dall'ottobre 1917 al novembre 1918, Udine 1985; Helmut Hoyer, Kaiser Karl I. und Feldmarschall Conrad von Hötzendorf. Ein Beitrag zur Militärpolitik Kaiser Karls, Wien 1972 (= Dissertationen der Universtität Wien, Bd 70); Rudolf Jeřábek, Die Brussilowoffensive. Ein Wendepunkt der Koalitionskriegführung der Mittelmächte, Phil. Diss. Wien 1982; Peter Jung, Beiträge zum militärischen Engagement Österreich-Ungarns im Nahen und Mittleren Osten 1914—1918, phil. Diss. Wien 1992. Gedruckt: Peter Jung, Der k. u. k. Wüstenkrieg. Österreich-Ungarn im Vorderen Orient 1915—1918, Wien 1992; Peter Schubert, Die Tätigkeit des k. u. k. Militärattachés in Bern während des Ersten Weltkrieges, Osnabrück 1980 (= Studien zur Militärgeschichte, Militärwissenschaft und Konfliktforschung, Bd 26); Bruno Wagner, Der Waffenstillstand von Villa Giusti 3. November 1918, phil. Diss. Wien 1970.

[32] Dieter Degreif, Operative Planungen des k. u.k. Generalstabes für einen Krieg in der Zeit vor 1914 (1880—1914), phil. Diss. Wiesbaden 1983; Hans Jürgen Pantenius, Der Angriffsgedanke gegen Italien bei Conrad von Hötzendorf. Ein Beitrag zur Koalitionskriegsführung im Ersten Weltkrieg, Köln 1984 (= Dissertationen zur neueren Geschichte, 15/I und 15/II); Gary W. Shanafelt, The Secret Enemy: Austria-Hungary and the German Alliance, 1914—1918, New York 1985 (= East European Monographs, Nr. CLXXXVII).

[33] Die meisten Studenten machen heute Gebrauch davon, es beim Studienabschluß des »Magisteriums« bewenden zu lassen, zu dessen Erreichung allerdings lediglich eine Magisterarbeit ohne oder mit nur sehr begrenzter Archivalienbenützung vonnöten ist. Trotz steigender Studentenzahlen ist eher ein Rückgang an fundierten Dissertationen zu beklagen.

[34] Paul G. Halpern, The Naval War in the Mediterranean 1914—1918, Annapolis 1987.

[35] Norman Stone, The Eastern Front 1914—1917, London 1975.

[36] Degreif, Operative Planungen (wie Anm. 32).

[37] Norman Stone, Die Mobilmachung der österreichisch-ungarischen Armee 1914, in: Militärgeschichtliche Mitteilungen, 16 (1974), S. 67—95.

38 Gabor Vermes, István Tisza. The Liberal Vision and Conservative Statecraft of a Magyar Nationalist, New York 1985 (= East European Monographs, Bd 184).

39 Oskar von Wertheimer, Graf Stefan Tisza. Ungarischer Ministerpräsident. Briefe (1914—1918), Bd 1, Berlin 1928.

40 Wirtschafts- und Sozialgeschichte des Weltkrieges, österr. und ung. Serie. Bd 1: Othmar Spann, Bibliographie der Wirtschafts- und Sozialgeschichte des Weltkrieges, Wien 1923; Bd 2: Emil Homann-Herimberg, Die Kohlenversorgung in Österreich während des Krieges, Wien 1925; Bd 3: Alexander Popovics, Das Geldwesen im Kriege, Wien 1925; Bd 4: Joseph Redlich, Österreichische Regierung und Verwaltung im Weltkrieg, Wien 1925; Bd 5: Gustav Gratz, Richard Schüller, Die äußere Wirtschaftspolitik Österreich-Ungarns: »Mitteleuropäische Pläne«; Österreich-Ungarns letzter Ausgleich und Wirtschaftsbündnis mit dem Deutschen Reiche; Die Friedensverhandlungen in Brest-Litowsk und Bukarest; Die Verhandlungen über die Polenfrage, Wien 1925; Bd 6: Hans Loewenfeld-Russ, Die Regelung der Volksernährung im Kriege, Wien 1926; Bd 7: Clemens Frhr. v. Pirquet, Die Volksgesundheit im Weltkrieg, Wien 1926; Bd 8: Ferdinand Hanusch, Die Regelung der Arbeitsverhältnisse im Kriege, Wien 1927; Bd 9: Franz Exner, Krieg und Kriminalität im Krieg, Wien 1927; Bd 10: Kerchnawe, Die Militärverwaltung (wie Anm. 25); Bd 11: Wilhelm Winkler, Die Einkommensverschiebung in Österreich während des Weltkrieges, Wien 1930; Bd 12: Gustav Gratz, Richard Schüller, Der wirtschaftliche Zusammenbruch Österreich-Ungarns, Wien 1930; Bd 13: Bruno Enderes, Verkehrswesen im Kriege, Wien 1931; Bd 14: Richard Riedl, Die Industrie Österreichs während des Krieges, Wien 1932.

41 K. u. k. Kriegsministerium, Wissenschaftliches Komitee für Kriegswirtschaft. Entwurf eines Arbeitsplanes dann Personaleinteilung, Wien 1916.

42 Eduard Liszt, Der Einfluß des Krieges auf die soziale Schichtung der Wiener Bevölkerung, Wien 1919.

43 Ottokar Landwehr von Pragenau, Hunger. Die Erschöpfungsjahre der Mittelmächte 1917/18, Wien 1931.

44 Spann, Bibliographie (wie Anm. 40).

45 Robert J. Wegs, Die österreichische Kriegswirtschaft 1914—1918, Wien 1979; Heinrich Mejzlik, Die Eisenbewirtschaftung im Ersten Weltkrieg. Die Planwirtschaft des k. u. k. Kriegsministeriums, Wien 1977; Kriegswirtschaft — Modell einer neuen Wirtschaftsordnung. Wirtschaftsverwaltung in Österreich 1914—1918. Hrsg. von Wilhelm Brauneder und Franz Baltzarek, Frankfurt 1991 (= Rechtshistorische Reihe, 74).

46 Marion Breiter, Hinter der Front. Zum Leben der Zivilbevölkerung im Wien des Ersten Weltkrieges, phil. Diss. Wien 1991; Margarete Grandner, Kooperative Gesellschaftspolitik in der Kriegswirtschaft. Die freien Gewerkschaften Österreichs im ersten Weltkrieg, Wien 1992 (= Veröffentlichungen der Kommission für Neuere Geschichte Österreichs, Bd 82); Rudolf Neck, Arbeiterschaft und Staat im Ersten Weltkrieg 1914—1918, Wien 1964; Revolutionäres Potential in Europa am Ende des Ersten Weltkrieges. Die Rolle von Strukturen, Konjunkturen und Massenbewegungen. Hrsg. von Helmut Kon-

rad und Karin M. Schmidlechner, Wien 1991 (= Böhlaus zeitgeschichtliche Bibliothek, Bd 16).

[47] István Deák, Der k.(u.).k. Offizier 1848—1918, Wien 1991.

[48] Erwin A. Schmidl, Juden in der k.(u.)k. Armee 1788—1918. Jews in the Habsburg Armed Forces, Eisenstadt 1989 (= Studia Judaica Austriaca, XI). Vgl. auch: Jüdisches Archiv. Mitteilungen des Komitees »Jüdisches Kriegsarchiv« 1915—1918, Wien 1920.

[49] Die Habsburgermonarchie 1848—1918. Im Auftrag der Kommission für die Geschichte der österreichisch-ungarischen Monarchie (1848—1918) hrsg. von Adam Wandruszka und Peter Urbanitsch. Bisher erschienen: Bd 1: Die wirtschaftliche Entwicklung, Wien 1973; Bd 2: Verwaltung und Rechtswesen, Wien 1975; Bd 3 in 2 Teilbänden: Die Völker des Reiches, Wien 1980; Bd 4: Die Konfessionen, Wien 1985; Bd 5: Die bewaffnete Macht, Wien 1987; Bd 6, 1. Teilband: Die Habsburgermonarchie im System der internationalen Beziehungen, Wien 1989.

[50] Christopher Führ, Das k.u.k. Armeeoberkommando und die Innenpolitik in Östereich 1914—1917, Graz 1969 (= Studien zur Geschichte der österreichisch-ungarischen Monarchie, Bd 7); Felix Höglinger, Ministerpräsident Heinrich Graf Clam-Martinic, Graz 1964 (ebd., Bd 2).

[51] John Leslie, Austria-Hungary's Eastern Policy in the First World War, August 1914—August 1915, phil. Diss. Cambridge 1975; Heinz Lemke, Allianz und Rivalität. Die Mittelmächte und Polen im ersten Weltkrieg (Bis zur Februarrevolution), Wien 1977 (= Quellen und Studien zur Geschichte Osteuropas, Bd 18); Heinz Lemke, Die Regierung Stürgkh und die Pläne zur Teilung Galiziens, in: Österreich-Ungarn in der Weltpolitik 1900 bis 1918, hrsg. von Fritz Klein, Berlin 1965; Andrej Mitrović, Die Kriegsziele der Mittelmächte und die Jugoslawienfrage 1914—1918, in: Die Donaumonarchie und die südslawische Frage von 1848 bis 1918, Wien 1978 (= Texte des ersten österreichisch-jugoslawischen Historikertreffens Gösing 1976); Andrej Mitrović, Die Ballhauspolitik der Ballhausplatzbürokratie im Ersten Weltkrieg (1914—1918), in: Gesellschaft, Politik und Verwaltung in der Habsburgermonarchie, hrsg. von F. Glatz und R. Melville, Stuttgart 1987 (= Veröffentlichungen des Instituts für Europäische Geschichte Mainz, Abteilung Universalgeschichte, Beih. 15); Helmut Rumpler, Die Kriegsziele Österreich-Ungarns auf dem Balkan 1915/16, in: Österreich und Europa. Festgabe für Hugo Hantsch zum 70. Geburtstag, Graz 1965, S. 465—482; Joachim Lilla, Innen- und außenpolitische Aspekte der austropolnischen Lösung 1914—1916, in: Mitteilungen des Österreichischen Staatsarchivs, Bd 30, Wien 1977, S. 221—250.

[52] Wolfdieter Bihl, Österreich-Ungarn und die Friedensschlüsse von Brest-Litowsk, Wien 1970 (= Studien zur neueren Geschichte der Österreichisch-ungarischen Monarchie, Bd 8).

[53] Richard Georg Plaschka, Horst Haselsteiner, Arnold Suppan, Innere Front. Militärassistenz, Widerstand und Umsturz in der Donaumonarchie 1918, Wien 1974 (= Veröffentlichungen des östereichischen Ost- und Südosteuropa-Instituts, Bd 8); Revolutionäres Potential (wie Anm. 46); Rudolf Neck, Arbeiterschaft und Staat im Ersten Weltkrieg 1914—1918, Wien 1964; 1918.

Österreich im Jahre 1918. Berichte und Dokumente, hrsg. von Rudolf Neck, Wien 1968; Die Auflösung des Habsburgerreiches. Zusammenbruch und Neuorientierung im Donauraum, hrsg. von Rudolf Neck, Wien 1970 (= Schriftenreihe des österreichischen Ost- und Südosteuropa-Instituts, Bd 3).

[54] Imre Gonda, Verfall der Kaiserreiche in Mitteleuropa. Der Zweibund in den letzten Kriegsjahren 1916—1918, Budapest 1977; Rudolf Jeřábek, Militär und Politik in der ersten Jahreshälfte 1916. Mit einem Anhang über die Überlieferungsform der Gabelsberger Stenographie. Hausarbeit am Institut für Österr. Geschichtsforschung, Wien 1983.

[55] Heinrich Benedikt, Die Friedensaktion der Meinlgruppe 1917/18. Die Bemühungen um einen Verständigungsfrieden nach Dokumenten, Aktenstücken und Briefen, Wien 1962 (= Veröffentlichungen der Kommission für neuere Geschichte Österreichs, Bd 48); Friedrich Engel-Janosi, Über den Friedenswillen Kaiser Karls, in: Virtute Fideque. Festschrift für Otto von Habsburg zum fünfzigsten Geburtstag, Wien 1965, S. 37—48; Friedrich Engel-Janosi, Die Friedensbemühungen Kaiser Karls mit besonderer Berücksichtigung der Besprechungen des Grafen Revertera mit Comte Armand, in: ITE International des Sciences Historiques. Congrès International des Sciences Historiques. Rapports IV Methodologie et Histoire Contemporaine, Wien 1966, S. 279—296; Helmut Rumpler, Die Sixtusaktion und das Völkermanifest Kaiser Karls, in: Versailles, St. Germain, Trianon. Umbruch in Europa vor fünfzig Jahren, München 1971, S. 111—125; in der Reihe: Quellen und Studien zu den Friedensversuchen des Ersten Weltkrieges, hrsg. von Wolfgang Steglich, sind erschienen: Bd 1: Wolfgang Steglich, Die Friedenspolitik der Mittelmächte 1917/18, Stuttgart, Wiesbaden 1946; Bd 2: ders., Der Friedensappell Papst Benedikts XV. vom 1. August 1917 und die Mittelmächte. Diplomatische Aktenstücke des deutschen Auswärtigen Amtes, des bayrischen Staatsministeriums des Äußern, des österreichisch-ungarischen Ministeriums des Äußern und des britischen Auswärtigen Amtes aus den Jahren 1915—1922, Stuttgart 1970; Bd 4: ders., Die Friedensversuche der kriegführenden Mächte im Sommer und Herbst 1917. Quellenkritische Untersuchungen, Akten und Vernehmungsprotokolle, Stuttgart 1984; Bd 5: Wilhelm Ernst Winterhager, Mission für den Frieden. Europäische Mächtepolitik im Ersten Weltkrieg. Vom August 1914 bis zum italienischen Kriegseintritt Mai 1915, Stuttgart 1984. — Tamara Griesser-Pečar, Die Mission Sixtus. Österreichs Friedensversuch im Ersten Weltkrieg, Wien 1988; Ingeborg Meckling, Die Außenpolitik des Grafen Czernin, Wien 1969; Ladislaus Singer, Ottokar Graf Czernin. Staatsmann einer Zeitenwende, Graz 1965; Robert A. Kann, Die Sixtusaffäre und die geheimen Friedensverhandlungen Österreich-Ungarns im Ersten Weltkrieg, Wien 1966.

[56] Edmund Glaise von Horstenau, Die Katastrophe. Die Zertrümmerung Österreich-Ungarns und das Werden der Nachfolgestaaten, Wien 1929; Heinrich Lammasch. Seine Aufzeichnungen, sein Wirken und seine Politik, hrsg. von Marga Lammasch und Hans Sperl, Wien 1922; Arthur Graf Polzer-Hoditz, Kaiser Karl. Aus der Geheimmappe seines Kabinettschefs, Zürich 1929; Helmut Rumpler, Max Hussarek. Nationalitäten und Nationalitätenpolitik in Österreich im Sommer des Jahres 1918, Graz 1965 (= Studien zur Geschichte

der österreichisch-ungarischen Monarchie, Bd 4); Helmut Rumpler, Das Völkermanifest Kaiser Karls vom 16. Oktober 1918. Letzter Versuch zur Rettung des Habsburgerreiches, Wien 1966.

57 Richard Fester, Die Politik Kaiser Karls und der Wendepunkt des Weltkrieges, München 1925; Gottfried Zarnow (d.i. Moritz Ewald), Verbündet — verraten. Habsburgs Weg von Berlin nach Paris, Zürich 1936; Gottfried Zarnow, Gekrönt — entehrt! Europas Schicksal, Habsburgs Schuld, Bern 1937; Karl Frhr. von Werkmann, Der Tote auf Madeira, München 1923; ders., Aus Kaiser Karls Nachlaß, Berlin 1925; ders., Deutschland als Verbündeter. Kaiser Karls Kampf um den Frieden, Berlin 1931.

58 Tamara Griesser-Pečar, Zita. Die Wahrheit über Europas letzte Kaiserin, Bergisch Gladbach 1985; Kaiserin Zita. Legende und Wahrheit, hrsg. von Erich Feigl nach Gesprächen und Dokumenten, München ^{5}1991; Kaiser Karl. Persönliche Aufzeichnungen, Zeugnisse und Dokumente, hrsg. von Erich Feigl, Wien 1984.

59 Hugo Hantsch, Leopold Graf Berchtold, Grandseigneur und Staatsmann, Graz 1963.

60 Roderich Gooss, Das Wiener Kabinett und die Entstehung des Weltkrieges. Mit Ermächtigung des Deutschösterreichischen Staatsamts für Äußeres auf Grund aktenmäßiger Forschung dargestellt, Wien 1919. Vgl. hierzu Broucek, Ein General im Zwielicht (wie Anm. 5), S. 469 und 550.

61 Die österreichisch-ungarischen Dokumente zum Kriegsausbruch. Diplomatische Aktenstücke zur Vorgeschichte des Krieges 1914, hrsg. vom Staatsamt für Äußeres in Wien, Berlin 1923.

62 Österreich-Ungarns Außenpolitik von der Bosnischen Krise 1908 bis zum Kriegsausbruch 1914. Diplomatische Aktenstücke des österr.-ungar. Ministeriums des Äußern. Ausgewählt und bearbeitet von Ludwig Bittner und Hans Uebersberger, Wien 1930 (= Veröffentlichungen der Kommission für neuere Geschichte Österreichs, Bde 19—27).

63 Der Prozeß gegen die Attentäter von Sarajewo. Aktenmäßig dargestellt von Profesor Pharos, Berlin 1918; Fritz von Reinöhl, Großserbische Umtriebe vor und nach Ausbruch des Ersten Weltkrieges. I. Der Fall Jeftanovic-Sola-Gavrila, Wien 1944 (= Veröffentlichungen des Reichsarchivs Wien, hrsg. im Auftrage des Auswärtigen Amtes, Reihe I, Bd 1); Friedrich Würthle, Die Spur führt nach Belgrad. Die Hintergründe des Dramas von Sarajevo 1914, Wien 1975; ders., Dokumente zum Sarajevoprozeß. Ein Quellenbericht, Wien 1978 (= Mitteilungen des Österreichischen Staatsarchivs, Ergänzungsband 9).

64 Gerd Holler, Franz Ferdinand von Österreich-Este, Wien 1982; Robert A. Kann, Erzherzog Franz Ferdinand. Studien, Wien 1976 (= Veröffentlichungen des österreichischen Ost- und Südosteuropa-Instituts, Bd 10); Erwähnenswert auch der Beitrag eines englischen Publizisten: Gordon Brook-Shepherd, Die Opfer von Sarajevo. Erzherzog Franz Ferdinand und Sophie von Chotek, Stuttgart 1988; Robert A. Kann, Kaiser Franz Joseph und der Ausbruch des Weltkrieges. Eine Betrachtung über den Quellenwert der Aufzeichnungen von Dr. Heinrich Kanner, in: Österreichische Akademie der Wissenschaften, phil.-hist. Klasse. Sitzungsberichte 274, 3. Abhandlung, Wien

1971; Rudolf Neck, Literaturberichte, Sammelreferate, Erster Weltkrieg, in: Mitteilungen des Österreichischen Staatsarchivs, Bd 24, Wien 1972, S. 494—500.

65 Fritz Fellner, Die Mission Hoyos, in: Les grandes puissances et la Serbie à la veille de la Première Guerre Mondiale. Accise scientifique de l'Académie Serbe des sciences et des arts. IV, Nr. 1 Classe de sciences historiques, Belgrad 1976, S. 387—419; Samuel R. Williamson Jr., Austria-Hungary and the Origins of the First World War, London 1991; Vermes, István Tisza (wie Anm. 38).

66 József Galántai, Hungary in the First World War, Budapest 1989; Manfried Rauchensteiner, Der Tod des Doppeladlers. Österreich-Ungarn und der Erste Weltkrieg, Graz 1993.

67 Manfried Rauchensteiner, Wie entfesselt man einen Weltkrieg? Juli 1914: Temes Kubin brach den Bann, in: Die Presse, 22.7.1989. Vgl. auch ders., Das Desaster von Vittorio Veneto, in: Die Presse, 30.10.1993.

Giorgio Rochat

Die italienische Historiographie zum Ersten Weltkrieg*

I. Die historiographische Literatur bis zum Zweiten Weltkrieg

Die italienischen Besonderheiten

Bei der Beurteilung der italienischen historiographischen Literatur müssen einige Besonderheiten der Situation Italiens berücksichtigt werden:

1. Italien ist als einzige der europäischen Mächte nicht auf einer Welle großer Emotionen und einer Mobilisierung der Massen im Sommer 1914 in den Weltkrieg eingetreten, sondern aufgrund einer »kühlen« Entscheidung der Regierung im Frühjahr 1915, die (trotz Massenkundgebungen in den größeren Städten) jede Erwähnung einer nationalen Einheit ablehnte. (Eine Regierung, die alle in den Krieg verwickelten Kräfte repräsentierte, wurde erst im Frühjahr 1916 gebildet.)

2. Nur in Italien gab es eine starke, im Volk verankerte sozialistische Partei mit Kampferfahrung, die eine Unterstützung des Krieges ablehnte und ihre Neutralität mit der Formel »weder unterstützen noch sabotieren« proklamierte, und nur in Italien gelang es der führenden Schicht nicht, ihre Gegensätze zu überwinden. Dies beweisen die ständigen Versuche, die Kräfte der liberalen Linken um Giolitti und die Katholiken als Neutralisten und »Defaitisten« auszugrenzen und zu kriminalisieren. (Die Katholiken hatten den Kriegseintritt 1915 abgelehnt oder nur halbherzig befürwortet, zeigten sich dann aber solidarisch mit den Kriegsanstrengungen, auch nachdem sich Papst Benedikt XV. gegen »das unnötige Blutbad« ausgesprochen hatte.)

3. Italien war die einzige Siegermacht, bei der ein nicht geringer Teil der führenden Schicht seine Unzufriedenheit mit den Friedensbedingungen offen zum Ausdruck brachte, weil zwar das erklärte Ziel des Krieges erreicht wurde, nämlich die Vollendung der nationalen Einheit mit Trient und Triest (dazu kamen noch 200000 Südtiroler und 600000 Slowenen aus Gründen der »nationalen Geographie«, was je-

doch dem Erbe des Risorgimento widersprach); nicht gelungen ist aber der Schritt von der Mittelmacht zur Großmacht, durch die manchmal kleinliche Feindseligkeit der Franzosen und Engländer, vor allem aber durch die objektive Unterlegenheit der italienischen Wirtschaft und des Finanzwesens.

4. Nur in Italien wurde die stürmische Nachkriegszeit abgeschlossen durch die Diktatur einer Partei, die sich in offener Polemik gegen die führende Schicht der Kriegsjahre als Erbe und einziger Vertreter der Kämpfer und ihrer Ziele ausgab, indem sie die übersteigerte Verherrlichung des italienischen Sieges zu einem der Pfeiler ihrer Propaganda und ihrer Forderung nach größerer nationaler Bedeutung machte.

Die Diskussion in der unmittelbaren Nachkriegszeit

Durch diese italienischen Besonderheiten kam es sowohl zu lebhaften, ja heftigen Diskussionen, die im Sommer 1919 begannen, als auch zur raschen Beendigung der Polemik und zur strikten Einschränkung der Kritik während der zwei Jahrzehnte der faschistischen Herrschaft. Für die unmittelbare Nachkriegszeit sind zumindest drei Aspekte zu berücksichtigen:

1. die heftige Reaktion des Volkes gegen den Krieg und diejenigen, die ihn geführt haben. Diese Reaktion fand in der Sozialistischen Partei und der Zeitung »Avanti!« zwar einen Sprecher, aber keinen Interpreten. Die sozialistischen Führer wurden von der Gewalt des Volksprotestes, den sie eigentlich gefördert hatten, überrumpelt und konnten ihn politisch nicht nutzen. Der Protest ging also ohne feststellbare Konsequenzen vorüber, wurde sogar von den Führern der Arbeiterbewegung mißbilligt und erst vor kurzem untersucht (Rochat 107, 108);

2. die Arbeiten der Untersuchungskommission über die katastrophale Niederlage der italienischen Armee bei Caporetto (24.10.1917), die in ihrem Bericht (40) vom August 1919 schwere Vorwürfe gegen die italienische Kriegführung und die Generale Cadorna und Capello erhob;

3. die polemischen Schriften hoher Befehlshaber, die ihre Führung verteidigten — hier seien nur die schweren Vorwürfe Capellos (32, 33) und die in der Form distanzierteren von Cadorna (28, 29) erwähnt, und diejenigen der Militärexperten, die sehr einseitige Analysen des Krieges vorlegten (erwähnt seien hier der Ultra-Cadornianer Barone (21) und der Anti-Cadornianer Viganò (132)). Der politische Kampf und die persönlichen Auseinandersetzungen verloren jedoch rasch an

Heftigkeit und Resonanz, noch bevor die faschistische Diktatur jede Interpretation außer der offiziellen patriotischen unterband und den persönlichen Angriffen ein Ende bereitete, indem sie alle Protagonisten des Krieges verherrlichte. Die italienische Geschichtsschreibung insgesamt wurde also nicht durch die heftigen Diskussionen unmittelbar nach dem Krieg beeinflußt, sie stellt sich vielmehr homogen und ohne grundsätzliche Kontraste dar, mit sehr gründlichen, aber immer im Rahmen der großen patriotischen Tradition geführten Untersuchungen.

Die allgemeine Geschichtsschreibung

Betrachten wir nun die verschiedenen Strömungen der italienischen historiographischen Literatur. Die politik- und diplomatiegeschichtlichen Werke nahmen beträchtlichen Aufschwung und sollten vor allem Italien den ihm gebührenden Platz im Krieg zuweisen. Dies geschah mit einer Polemik, die zum Teil gerechtfertigt war durch die Neigung der früheren Alliierten, den Beitrag Italiens zum Sieg unterzubewerten, die andererseits aber forciert wurde zugunsten der faschistischen Propaganda, die für Italien eine größere Rolle im internationalen Konzert forderte. Nach einem halben Jahrhundert bleibt nicht viel übrig von dieser Literatur: Der einzige unter den Historikern des Regimes, der heute noch lesenswert ist, ist G. Volpe (134), während die Studien über die politische Führung des Krieges schwach und überholt erscheinen, wie zum Beispiel die Memoiren G. Giolittis (68), die zu sehr als Verteidigungsschrift angelegt sind, oder an das Regime angepaßt wurden wie die Werke Salandras (114, 115). Es ist sicher kein Zufall, daß die bedeutendsten und interessantesten Tagebücher und Memoiren später erschienen sind, und zwar nach dem Zweiten Weltkrieg. Diplomatiegeschichtliche Studien sind nur begrenzt vorhanden durch die Weigerung des Regimes, eine Reihe von Dokumenten über internationale Politik, ähnlich denen in Frankreich, England oder Deutschland, zu veröffentlichen. So können wir nur auf die Arbeiten M. Toscanos (123, 124) hinweisen, der das seltene Glück des Zugangs zu den Archiven des Außenministeriums hatte, und auf die umfassende Synthese L. Albertinis über die Ursachen des Ersten Weltkrieges (14).

Die Studien zur Wirtschaftsgeschichte wurden dagegen seriös und auf hohem wissenschaftlichem Niveau erarbeitet. Sie gipfelten in der von der Carnegie-Stiftung geförderten Reihe, in der Wirtschaftswissenschaftler der liberalen Schule vertreten sind wie L. Einaudi (der Koordinator der Reihe), G. Mortara, R. Bachi, G. Prato und namhafte Vertreter des Regimes wie A. De Stefani und A. Serpieri (20, 45, 49, 50, 90, 102, 119).

Zu erinnern ist aber auch an den Bericht der Untersuchungskommission über die Kriegsausgaben (41) und andere Arbeiten von R. Bachi, R. Morandi, C. Rostagno (19, 88, 111). Im ganzen gesehen bieten diese Werke ein umfassendes und verläßliches Bild der italienischen Kriegswirtschaft und der Wirtschaft im Kriege, auch wenn Einzelanalysen der Ausgangssituation fehlen, wie die Geschichte einer Bank, einer großen Fabrik, oder auch eine Untersuchung der unterschiedlichen Lebensbedingungen in den verschiedenen Regionen. Auch sozialgeschichtliche Studien wurden nicht erarbeitet.

Die militärgeschichtliche Literatur

Die Literatur über das Erlebnis des Kampfes ist sehr reichhaltig und von unterschiedlichem Zuschnitt und Niveau. Lassen wir die hagiographische Literatur, die nur noch die Geschichte der Sitten und Gebräuche, der Kultur der breiten Masse, der Propaganda und die amtliche Auswertung des Krieges interessiert, beiseite und beschränken wir uns auf die eigentlichen Memoiren und die noch heute gültigen militärgeschichtlichen Studien.

Im großen und ganzen unterscheiden sich die Tagebücher, Briefe und Memoiren der italienischen Frontkämpfer nicht von denen französischer oder deutscher Frontkämpfer. Fast alle wurden von oft sehr jungen Offizieren geschrieben, zum großen Teil von Studenten oder Dichtern. (Eine Aufzählung würde den Rahmen dieser Übersicht sprengen.) Sie bringen im allgemeinen überzeugte Zustimmung zum Krieg (oder dessen Akzeptanz aus Resignation oder Pflichtgefühl) zum Ausdruck. Oft entwickeln sie auch herbe Kritik an der Kriegführung. Nicht wenige dieser Werke sind von hohem literarischem und moralischem Wert, fast alle sind unmittelbare Zeugnisse des Lebens und der Gefühle der Kämpfer (wenn auch Tagebücher, die am Schreibtisch entstanden und eher rhetorisch geprägt sind, nicht fehlen). In Berichten, die die schlimmsten Erfahrungen im Schützengraben reflektieren, tritt uns oft eine Erschütterung der Werte und ein Bruch mit dem »normalen« Leben in so starkem Maße entgegen, daß sie Menschen, die nicht Ähnliches erlebt haben, nicht mehr zu vermitteln sind. Wie in anderen Ländern fehlt die Stimme der Soldaten, und die Sammlung ihrer Zeugenaussagen findet kein Interesse. Erlebnisberichte wie die berühmte Studie von A. Omodeo (93) beleuchten nur Aspekte wie Treue und Opferbereitschaft und versuchen nie, Passivität oder Ablehnung zu dokumentieren. Darüber hinaus behinderte das faschistische Regime den Umlauf der grausamsten und unbequemsten Zeugnisse wie zum Beispiel die von A. Fescura, C. Malaparte, C. Salsa (55, 77, 116), und verbot die Verbreitung der kritischsten und ernüchterndsten ausländischen Werke wie *A Farewell to Arms* von Hemingway, *Im Westen nichts Neues* von Remarque und dessen Verfilmung, oder den Film *La grande illusion* von Renoir. Nicht zufällig sind die vielleicht schönsten und durch die Verschmelzung von Patriotismus, Kritik und Liebe zu den Soldaten bedeutendsten Erinnerungen das Werk eines Antifaschisten im Exil, E. Lussu (75). Der einseitige Charakter der italienischen Memoirenliteratur mindert jedoch nicht ihre Aussagekraft, Lebendigkeit und ihren Nutzen für den Historiker.

Wenden wir uns nun der militärgeschichtlichen Literatur zu. Das Militärgeschichtliche Institut des Generalstabes des Heeres (USE) in Rom hat sich ernsthaft um die Zusammenstellung einer grundlegenden Dokumentation bemüht, wozu auch offizielle Berichte der ehemaligen Feinde übersetzt wurden. Erinnert sei vor allem an die umfassende Datensammlung über die Ereignisse in der Führung, in großen Einheiten und Korps (127, 128) und den offiziellen Bericht (129), der sehr umfassend und gründlich 1917 begonnen, aber so langsam bearbeitet wurde, daß die 24 vor dem Zweiten Weltkrieg publizierten Bände erst im Sommer 1927 erschienen. Weniger ausführlich war dagegen die Dokumentation über den Umfang der Mobilmachung und der nationalen Ressourcen, trotz der bemerkenswerten statistischen Arbeit von F. Zugaro (136). Marine und Luftwaffe schließlich zeigten nicht viel Interesse an der Geschichte des Ersten Weltkrieges, mit der sich vorwiegend halbamtliche Berichte beschäftigten (24, 25, 78, 101, 126).

Monographien und Studien über einzelne Probleme sind in großer Zahl und an verschiedenen Orten entstanden. Erwähnt seien die über 20 Monographien über große und kleine Schlachten, die vom USE zum Druck gegeben wurden mit Autoren wie G. Carboni, C. Geloso, E. Marras (35, 64, 79); dann die bekannteste und am meisten verbreitete Reihe Studien und Memoiren mit 20 und mehr Bänden, die General A. Gatti, Autor populärer Bände (58, 59), im Auftrag des Herausgebers Mondadori (60) betreut hat, unter anderem Gedenkschriften, Studien und Polemiken der Generale E. Caviglio und G. Giardino (37,

38, 39, 66). Erinnert sei an die kurze und anregende Tätigkeit des antifaschistischen Herausgebers Gobetti, der die Studien N. Papafavas und die Monographien der Generale C. Assum und F. Sardagna (18, 95, 117) in Druck gab, bevor das Regime dessen Einstellung veranlaßte. Die *Storia della GG* (Geschichte des Großen Krieges), bearbeitet von General A. Cabiati, herausgegeben von Corbaccio (27), besteht aus 15 Bänden von hohem Niveau. Viele Monographien wurden herausgegeben, zum Beispiel über die Kämpfe bei Ortigaro (47) von General A. Di Giorgio, oder über jene bei Tofane (97) von P. Pieri, die vielleicht beste von allen, durch die Fülle der italienischen und österreichischen Dokumentation und durch die systematische Heranziehung von Zeugnissen wichtiger Persönlichkeiten beider Seiten. Von geringem Gewicht sind jedoch die Biographien italienischer Kommandeure. — Insgesamt verdiente diese Literatur mehr als diese knappen Hinweise.

Rar sind dagegen gute Studien und Überblicke. Die *Storia della guerra italo-austriaca* (Geschichte des italienisch-österreichischen Krieges) von A. Valori, 1920 (131), beachtenswert durch ihre Frische und Ausgeglichenheit, blieb die beste; die nachfolgenden Arbeiten dienten vor allem der Propaganda und litten unter einer Anhäufung von Daten und Informationen. *Saggio critico sulla nostra guerra* (Kritische Abhandlung über unseren Krieg) von General R. Bencivenga (22) ist die einzige große Synthese, in der persönliche Erfahrung (der Autor war enger Mitarbeiter von Cadorna), Untersuchung der Operationen und politisch-strategische Reflexionen verschmelzen. Bencivengas antifaschistisches Engagement hatte jedoch zur Folge, daß seine 5 Bände in kleinen Verlagen veröffentlicht und von der Presse und der Öffentlichkeit nicht beachtet wurden. Die Artikel, die Piero Pieri, Frontkämpfer und Militärhistoriker für die Zeit der Renaissance und des Risorgimento, in der »Nuova rivista storica« mit Engagement, Kompetenz und einer Menge Anschauungsmaterial veröffentlicht hat, wurden nur in Universitätskreisen bekannt und viel zu spät in einem Band zusammengefaßt (98).

Nicht weitergeführt wurde die Forschung über das Verhalten der Soldaten. Dennoch ist die im Ersten Weltkrieg erschienene Literatur über die konkreten Aspekte der Konfrontation der italienischen Gesellschaft mit dem Krieg keineswegs unbedeutend. Man denke nur an die Artikel in der »Rivista di frenatria«, der »Rivista di psicologia«, den »Quaderni di psichiatria« und die Studien des Paters A. Gemelli (65), des Experten für Massenpsychologie im Stab Cadornas, demzufolge allein die Verrohung durch das Leben im Schützengraben es den Soldaten ermöglichte, das Grauen zu ertragen. Oder man denke an den Versuch, eine auf Überzeugung beruhende, nicht kirchlich orientierte Pädagogik zu entwickeln — vgl. die Schriften von L. Russo und die nachfolgenden Studien von M. Isnenghi (70, 71, 113) — und zu einem modernen realistischen Kampftraining zu kommen (Anregungen bei S. Farina und in den nachfolgenden Studien des Verfassers (52, 110)). Nach Kriegsende schienen diese Studien in Italien wie im Ausland nicht mehr interessant und wurden nicht mehr beachtet, so daß das bedeutendste Werk über das Verhalten der italienischen Soldaten von dem österreichischen Philologen Spitzer stammt (121).

Mit den hier angedeuteten Einschränkungen stellen die militärischen Studien den reichhaltigsten und lebendigsten Teil der italienischen Geschichtsschreibung über den Ersten Weltkrieg aus dieser Zeit dar und liefern heute noch wichtiges Material für die Forschung.

II. Die italienische Historiographie vom Zweiten Weltkrieg bis heute

Die politische und wirtschaftspolitische Literatur

Nach langem Stillstand in den Jahren nach dem Zweiten Weltkrieg nahm die Arbeit über den Ersten Weltkrieg in den 60er Jahren neuen Aufschwung. Das Außenministerium verzögerte weiterhin die Publikation seiner Pläne, aber ein wichtiger Beitrag erschien durch den Druck der Memoiren und der Briefsammlung von L. Albertini (15, 16), der Gespräche von O. Malagodi (76), der Tagebücher F. Martinis (80) und S. Sonninos (121), die eine neue und reichhaltige Dokumentation der Ereignisse in der italienischen Führungsschicht lieferten. Darüber hinaus bekamen die Forscher Zugang zu den Beständen des Zentralen Staatsarchivs, von denen die Unterlagen der Polizei besonders wichtig waren.

Die politische Literatur nahm Aufschwung, indem sie ihr Augenmerk vor allem auf zwei Themen richtete: auf die Periode der italienischen Neutralität und auf die stärksten politischen Kräfte. Zum ersten Thema zeigten die Forschungsarbeiten von V. de Capraris und B. Vigezzi (42, 133), daß die Kräfte, die sich für den Kriegseintritt entscheiden hatten, in der Minderheit waren: die große Mehrheit der Bevölkerung war bei ihrer passiven Haltung geblieben und durch eine Regierung, in der nicht einmal alle liberalen Kräfte vertreten waren, in den Krieg hineingezogen worden (vgl. auch A. Monticone, 87). Diese schwache Ausgangsposition konnte überwunden werden, weil die Kraft der großen liberalen Kultur und die Interessen der führenden Schicht stärker waren als die interne Zersplitterung, wie die Forschungsarbeiten über die Katholiken zeigen, die von ihrer anfänglichen Neutralität zur Unterstützung der Kriegsanstrengungen übergegangen waren. (Hier sei nur kurz die Tagung über Benedikt XV. von 1962 erwähnt, bei der sich die bedeutendsten Forscher auf diesem Gebiet trafen.) Die zahlreichen Forschungsarbeiten über die sozialistische Partei (wir wollen nur L. Ambrosoli (17), L. Valiani (130), P. Spriano (122) und die Rivista storica del socialismo (8) erwähnen) unterstrichen die Widersprüche und Grenzen des Widerstandes führender und militanter Sozialisten, die weit mehr in die patriotische Mobilmachung verstrickt waren, als den offiziellen Erklärungen, den heftigen Polemiken und den nicht häufigen Volksprotesten zu entnehmen war.

Das Werk, das am besten diese Erneuerung der politischen Geschichtsschreibung verdeutlicht, ist *La Storia politica della GG* (Die politische Geschichte des Großen Krieges) von P. Melograni (82), eine allgemeine, klar gegliederte Synthese, die die Grenzen der Zustimmung des Volkes und die repressiven Aspekte der Kriegspolitik in der Bevölkerung und in der Armee aufzeigt, aber auch die Stärke und die Kontinuität der liberalen führenden Schicht, die fähig war, die Schwierigkeiten und Widersprüche zu überwinden und ihre Führung durch eiserne Mobilisierung der verfügbaren Ressourcen zu festigen. Auf der gleichen Linie, aber mit größerer Betonung der militärischen Probleme und einer markanteren Unterstreichung der nationalen Werte, liegt die Synthese von M. Mazzetti (81), während P. Alatri in einer umfassenden bibliographischen Übersicht (13) eine kritischere Haltung einnimmt zu diesen Forschungsergebnissen und zu der Tendenz, Militärs und Politiker als einzige Protagonisten des Krieges zu sehen. Ebenfalls zu erwähnen sind die umfassenden Studien von G. Candeloro und E. Ragionieri (31, 104).

Die neuen Arbeiten über die italienische Industrie und das Finanzwesen haben in der Tat ein neues und sehr viel komplexeres Bild als bisher entworfen. A. Caracciolo (34), E. Galli della Loggia (56) und R. A. Webster (135) haben die Expansionsbestrebungen starker Wirtschaftsgruppen dokumentiert, ihre Bindungen an die rechtsgerichteten politischen und militärischen Kräfte, die skrupellosen Allianzen und Manöver, mit denen die Macht Giolittis untergraben und der Weg zum Kriegseintritt Italiens geebnet wurde, der die Rolle eines neuen Machtblocks hätte stärken sollen. G. Mori (89) und V. Castronovo (36) berichten vom außergewöhnlichen Wachstum der Kriegsindustrie mit den enormen Gewinnen, die Militäraufträge denjenigen verschaffen sollten, die über die entsprechende Unterstützung in der Politik und im Beamtenapparat verfügten; A. Monticone (85) hat die Bildung neuer Bündnisse zwischen den dynamischsten Vertretern der Politik und der Industrie analysiert. Das stürmische Wachstum und die Konzentration der Großindustrie in den Kriegsjahren, ihr neues politisches Gewicht und die persönlichen Verbindungen zu Politik und Staatsapparat, die in diesen Studien (und vielen anderen, wie die Gesamtwerke über die Industrie und die Volkswirtschaft, deren Aufzählung zuviel Platz in Anspruch nehmen würde) dokumentiert wurden, stellen die bisher ausschließliche Berücksichtigung der Politik und des Militärs in Frage. Bei den Tagungen von Vittorio Veneto 1975 (7) und Rimini (10) wurden auch die Mobilmachung und ihre Auswirkung auf die italienische Gesellschaft, insbesondere die Arbeiter in der Kriegsindustrie diskutiert (30). An dieser Stelle ist es nicht möglich, die Forschungen über die verschiedenen Aspekte der Nationalökonomie, die den Ersten Weltkrieg in eine lange Zeitspanne eingliedern, weiterzuverfolgen.

Die Militärgeschichtsschreibung und ihre Entwicklung

Nach dem Zweiten Weltkrieg wurde weniger militärgeschichtliche Forschung betrieben: Erst 1967 hat das USE nach 30jähriger Pause die Publikation offizieller Berichte wieder aufgenommen, die 1988 durch Genal A. Rovighi (129) abgeschlossen wurde. Auch die Edition von Erinnerungen und Dokumenten ging verständlicherweise zurück, so daß nur die beiden Tagebuchbände von A. Gatti zu nennen sind, die einen wertvollen Zeugnisbericht geben über Marschall Graf Luigi Cadorna, Chef des italienischen Generalstabes im Ersten Weltkrieg bis zum November 1917 und das italienische Oberkommando im Jahr 1917 (61, 62).

Zwei Überblicksbände – *L'Italia nella IGM* (Italien im Ersten Weltkrieg) von P. Pieri (99) und *La Storia della GG* (Die Geschichte des Großen Krieges) von E. Faldella (51) – stellen die Fortsetzung der Vorkriegsliteratur dar. Der erste behandelt knapp und klar aus gemäßigt demokratischer Sicht die politisch-militärische Geschichte mit harter Kritik an Cadorna und ist um eine detaillierte Übersicht über die deutsch-österreichische Literatur erweitert, was in der italienischen Literatur selten vorkommt. Der zweite befaßt sich eher leidenschaftlich als wissenschaftlich mit Cadorna. Beachtenswert ist die bibliographische Übersicht von A. Monticone 1969 (86), der auch eine ausgezeichnete Rekonstruktion der Schlacht von Caporetto (84) verfaßt hat, in der er den hauptsächlich militärischen Charakter der Niederlage bestätigt. Zu erwähnen ist auch der Beitrag von P. Pieri über Karriere und Aufstieg von Badoglio (100) in der ersten wissenschaftlichen Biographie einer der großen italienischen Heerführer. (Eine Beschäftigung mit den anderen Biographien italienischer Generale lohnt die Mühe nicht, außer bei der über Cadorna von G. Rocca, die zwar populärwissenschaftlich, aber nicht uninteressant ist (105).)

Der Verfasser hat die Vorbereitung des Heeres 1914 untersucht, wobei er die mangelnde Koordination zwischen Regierung und Führung hervorhob, die Ursache großer Schwierigkeiten und harter Polemik war (106, 110); außerdem die Demobilmachung des Heeres, die umfassende und lebhafte Diskussion der Nachkriegszeit über die Umstrukturierung des Heeres und die Wahl einer eher traditionellen Grundlage, die viele Lehren aus dem Ersten Weltkrieg unberücksichtigt ließ (107). Die Demobilmachung des Heeres wurde auch von V. Gallinari untersucht, und zwar in einer genauen Monographie für das USE auf der Grundlage der offiziellen Dokumentation (57). Unter den neuen und innovativen Forschungsarbeiten über einzelne Korps verdient der hervorragende Band von R. Morozzo della Rocca uber die Militärkaplane, aber auch über die zivilen Geistlichen, die als Soldaten dienten (91), Erwähnung; ferner die Arbeit des Verfassers über die Sturmtruppen, die die militärische und politische Rolle dieser ausgezeichneten Angriffstruppen definiert (109), und die *Storia della brigata Sassari* (Die Geschichte der Brigade Sassari) von G. Fois (53). Schließlich sei erinnert an das klare Zeugnis von F. Parri über die ersten Kriegsjahre, das zu den schönsten Erinnerungsschriften gehört, da es patriotische Treue und tiefes Pflichtgefühl mit fundierter Kritik und tiefem Respekt vor den Soldaten verbindet (90).

Ferner sei hingewiesen auf die kürzlich wieder aufgenommene Forschung über das Heer in den 50 Jahren zwischen nationaler Einheit und dem Ersten Weltkrieg, für den der nötige Hintergrund erarbeitet wird. Erwähnt seien besonders die Arbeiten von P. del Negro über Wehrpflicht und Offiziere (44), die auch durch militär-soziologische Beiträge interessante Tagung in Lucca 1986 über Offiziere (12) und auch die sehr weitgreifende Tagung von Spoleto 1988, die praktisch einen neuen Ausgangspunkt für die militärhistorische Forschung über diese Epoche gesetzt hat (3). Es ist jedoch ein großer zeitlicher Rückstand der Forschung über Marine und Luftwaffe festzustellen. Hierbei wurden die technischen Aspekte (Schiffe, Flugzeuge) mehr berücksichtigt als die Analyse der Operationen.

Seit dem Ende der 60er Jahre erhielt die Forschung über den Ersten Weltkrieg neue Impulse und erfuhr eine radikale Erneuerung (hierzu gehören nur einige der oben genannten Arbeiten) und eine Ausdehnung auf allzu lange vernachlässigte Fragen der historischen Forschung. Ausgangspunkt sind zwei Bände, die ein großes Echo fanden. *Plotone d'esecuzione* (Exekutionskommando) von E. Forcella und A. Monticone (54) veranschaulicht auf der Basis einer genaueren Analyse der Tätigkeit der Militärgerichte im Ersten Weltkrieg und durch eine große Auswahl von Urteilen der Militärgerichte die Dimension (400 000 Prozesse) und Härte des von Cadorna geforderten und ausgeübten Drucks, der wesentlicher Bestandteil des militärischen Gehorsams war, mit Tausenden von Erschießungen und einer nicht genau bekannten Zahl von Massenhinrichtungen. *Il mito della GG* (Der Mythos des Großen Krieges) von M. Isnenghi (70) liefert eine neue und sorgfältige Darstellung des Beitrags der Intellektuellen zur nationalen Mobilmachung. Durch Propaganda und Memoirenliteratur konnten sie sehr wirkungsvoll ein Bild des Krieges verbreiten und festigen, in dem sich Patriotismus mit den Interessen und Hegemonialbestrebungen einer führenden Schicht verband. Diese beiden Bände eröffneten den Reigen einer engagierten und verbreiteten Literatur, die den Klassencharakter des Krieges aufzeigte sowie die brutale Disziplin, die an der Front und in der Heimat erzwungen wurde, und bieten interessante Ausblicke und einige Seitenhiebe und polemische Vereinfachungen. Hier wollen wir nur die Erschließung neuer Quellen für Forschungen über Frontkämpfer sowie ihre Briefe und Lieder (5, 83, 118) erwähnen und die umfassende Übersicht des Verfassers, der die traditionelle Interpretation kritisch durchgesehen hat (108).

Die heute offenen Forschungsperspektiven

Die italienische Literatur der 80er Jahre über den Ersten Weltkrieg ist überaus reich und vielseitig, was wir nur summarisch andeuten können. Grundelement ist das geringe Interesse an der traditionellen Forschung über die politischen Kräfte und die Arbeit der Regierung und des Oberkommandos, dagegen wurden durch Erschließung neuer oder Erhaltung traditioneller Quellen wie Museen und Kampfstätten sehr interessante Studien erarbeitet. Diese Forschungsarbeiten, die bei der Tagung in Rovereto 1985 einer inländischen Überprüfung und einem Vergleich mit ausländischen Arbeiten, zum Beispiel anglo-amerikanischen (P. Fussell, E. Leed) und deutschen (4) unterzogen wurden, kann man schematisch in verschiedene Gruppen einteilen, die wir, ohne Prioritäten zu setzen, aufzählen. Für die systematische Diskussion sei auf die Übersicht von B. Bianchi und A. D'Orsi (23, 48) verwiesen. Wir möchten unterstreichen, daß viele dieser Arbeiten die internationalen Forschungsergebnisse berücksichtigen und die traditionelle Provinzialität der italienischen Literatur über den Ersten Weltkrieg überwunden haben.

1. In den Gegenden, in denen sich die Kämpfe des Ersten Weltkrieges abspielten, von Camonica bis Carso, sind viele lokale Forschergruppen tätig, die sich um die Konservierung und Erhaltung der historischen Stätten des Krieges bemühen (Festungen, Schützengräben, Zufahrtsstraßen, Friedhöfe, Denkmäler, kleine Museen). Sie öffnen sie für den Tourismus und fördern Studien über die Operationen in den einzelnen Gebieten, oft in Zusammenarbeit mit entsprechenden österreichischen, seltener mit slowenischen und kroatischen Gruppen.

2. In diesen Gebieten erfolgt eine Umstrukturierung der Museen des Ersten Weltkrieges nach kulturellen, didaktischen und modernen wissenschaftlichen Erfordernissen. Erwähnt seien als Beispiel die Museen zum Ersten Weltkrieg von Gorizia und Rovereto. Eine umso interessantere Tendenz, wenn man sich den großen Rückstand vergegenwärtigt, den die italienischen Museen für Zeitgeschichte im Vergleich mit dem Ausland aufweisen.

3. Im nationalen Rahmen ist ein neues Interesse an der Sammlung und Analyse der Kriegspresse und -propaganda festzustellen (z.B. 6, 9, 43, 71, 72, 73). Auch die Erforschung der photographischen und filmischen Dokumentation hat neue Impulse erhalten.

4. Die Suche nach Zeugnissen von Soldaten (Briefe, Tagebücher und anderes, bisher eher vernachlässigtes Material) hat starken Aufschwung genommen, in erster Linie durch die Zeitschrift »Materiali di lavoro« aus Rovereto, die eine Reihe exemplarischer Studien über Soldaten aus Südtirol im österreichischen Heer und über das Schicksal der südtiroler Bevölkerung im Krieg veröffentlicht hat (vgl. 74, auch 94). Es gibt

zuviele neue Beiträge auf diesem Gebiet, um sie aufzählen zu können, erwähnt seien nur die Arbeiten der Zeitschrift »Movimento operaio e socialista (heute »Ventesimo secolo«) und das »Archivio della scrittura popolare«, das kürzlich an der Universität Genua gegründet wurde.

5. Die Forschungsarbeiten über Mentalität und Verhalten der Soldaten, insbesondere über die verschiedenen Formen psychischer Verfassung und Neurosen (als äußerste Abwehr der Realität im Schützengraben) sind gut vorangekommen. Hier sei nur der Band von A. Gibelli (67) erwähnt. Ansonsten verweisen wir auf die gute Übersicht von B. Bianchi über die Neuerscheinungen der 80er Jahre (23). Die Studien über psychische Verfassung und Verhalten befassen sich auch mit den Problemen der Zivilbevölkerung, vor allem der Frauen. Zum Sanitätswesen an der Front siehe den Beitrag von T. Detti über das Auftreten der Tuberkulose (46).

6. Der neue Band von G. Procacci führt die Forschungen über Frontkämpfer zwischen Protest und Repression weiter, befaßt sich ausführlich mit der Zensur und behandelt zum erstenmal die dramatischen Ereignisse um die italienischen Kriegsgefangenen, denen die Regierung jede Unterstützung verweigerte (103).

Abschließend seien drei Punkte genannt:

1. Traditionelle Studien und Memoirenliteratur bieten genügend Material für die großen Fragen: politische und strategische Kriegführung, Ablauf der Operationen, politische Kräfte und führende Schicht, Beziehungen zu den Alliierten.

2. Die derzeitige Forschung konzentriert sich auf das Verhalten der Soldaten, Unterdrückung abweichender Meinungen und Herstellung eines Konsenses, das Leben an der Front und in der Heimat, die Mobilisierung der nationalen Ressourcen. Statt allgemeiner Schlußfolgerungen versuchen sie, ein präzises Bild der komplexen Realität des Krieges zu bieten, wobei sie weit über die üblichen Muster hinausgehen.

3. Sehr im Rückstand sind Forschungen über den Aufbau des Heeres (Einberufung, Ausbildung, Struktur der großen Verbände, Funktionen der Befehlskette, Ränge von Offizieren und hohen Befehlshabern) und über die Organisation der Kämpfe (Analyse der operativen Grundlagen, Zusammenwirken der Waffen, Verluste, Zusammensetzung der Abteilungen und ihr innerer Zusammenhalt).

Anmerkung

*Überarbeitete und ergänzte Fassung des unter dem Titel L'historiographie italienne de la première guerre mondiale, in: Neue Forschungen zum Ersten Weltkrieg. Literaturberichte und Bibliographien, hrsg. von Jürgen Rohwer, Koblenz 1985, S. 177—193, erschienenen Beitrages. — Aus dem Italienischen übersetzt von Ingrid Sage.

Abkürzungen

IGM	Prima guerra mondiale 1914—1918
IGG	Grande Guerra 1914—1918
GM	Guerra mondiale 1914—1918
II GM	Seconda guerra mondiale
USE	Ufficio storico della Stato maggiore dell'Esercito, Roma

Literatur

Die genannte Literatur stellt lediglich eine eng begrenzte und rigoros an qualitativen Kriterien orientierte Auswahl dar.

1 Benedetto XV, i cattolici e la IGM. Atti del convegno di Spoleto 1962, a cura di G. Rossini, Roma 1963

2 Bibliografia italiana di storia e studi militari 1961—1984, a cura del Centro interuniversitario di studi e ricerche storico-militari, Milano 1987

3 Esercito e paese dall'Unità agli anni Trenta. Atti del convegno di Spoleto 1988, Perugia 1989

4 La GG: esperienza, memoria, immagini. Atti del convegno di Rovereto 1985, a cura di D. Leoni e C. Zadra, Bologna 1986

5 La GG: Operai e contadini lombardi nella IGM, Milano 1980

6 L'arma della persuasione. Parole e immagini della propaganda della GG, a cura di M. Masau Dan e D. Porcedda, Gorizia 1991

7 Operai e contadini nella GG. Atti del convegno di Vittorio Veneto 1978, a cura di M. Isnenghi, Bologna 1982

8 Il Partito socialista e la GG, in: Rivista storica del socialismo, 1967 [recte 1970], n. 32 (numero monografico)

9 Periodici italiani 1914—1919, Roma 1989 (Biblioteca di storia moderna e contemporanea)

10 Stato e classe operaia in Italia durante la IGM. Atti del convegno di Rimini 1982, a cura di G. Procacci, Milano 1982

11 Il trauma dell'intervento. Atti del convegno di Milano 1966, a cura di B. Vigazzi, Firenze 1968

12 Ufficiali e società. Atti del convegno di Lucca 1986, a cura di G. Caforio e P. Del Negro, Milano 1988

13 Alatri, Paolo, La IGM nella storiografia italiana dell'ultimo venticinquennio, in: Belfagor, 1972, pp. 559—595, e 1973, pp. 53—96
14 Albertini, Luigi, Le origini della guerra del 1914, 3 volumi, Milano 1942—1943
15 Albertini, Luigi, Venti anni di vita politica, 5 volumi, Bologna 1951—1953
16 Albertini, Luigi, Epistolario 1911—1926, a cura di O. Barié, 4 volumi, Milano 1968
17 Ambrosoli, Luigi, Né aderire né sabotare 1915—1918, Milano 1961
18 Assum, Clemente, La prima difesa del Grappa, Torino 1924

19 Bachi, Riccardo, L'Italia economica. Annuario, supplemento annuo de »La riforma sociale«, 1909—1921
20 Bachi, Riccardo, L'alimentazione e la politica annonaria in Italia, Bari 1926
21 Barone, Enrico, La storia militare della nostra guerra fino a Caporetto, Bari 1919
22 Bencivenga, Roberto, Saggio critico sulla nostra guerra, 5 volumi, Roma 1930—1938
23 Bianchi, Bruna, La GG nella storiografia italiana dell'ultimo decennio, in: Ricerche storiche, 1992, n. 10
24 Bompiani, Giorgio, Prepositi, Clemente, Le ali della guerra, Milano 1931
25 Bravetta, Ettore, La GG sul mare, 2 volumi, Milano 1925
26 Bruti Liberati, Luigi, Il clero italiano nella GG, Roma 1982

27 Storia della GG, a cura di A. Cabiati, 15 volumi, Milano 1934—1935
28 Cadorna, Luigi, La guerra alla fronte italiana fino all'arresto sulla linea del Piave e del Grappa, 2 volumi, Milano 1921
29 Cadorna, Luigi, Altre pagine sulla GG, Milano 1925
30 Camarda, Alessandro, Peli, Santo, L'altro esercito. La classe operaia durante la IGM, Milano 1980
31 Candeloro, Giorgio, Storia dell'Italia moderna. Vol. VIII: La prima guerra mondiale, il dopoguerra, l'avvento del fascismo 1914—1922, Milano 1978
32 Capello, Luigi, Note di guerre, Milano 1920
33 Capello, Luigi, Per la verità, Milano 1920
34 Caracciolo, Alberto (a cura di), La formazione dell'Italia industriale, Bari 1969
35 Carboni, Giacomo, La conquista delle Alpi di Fassa, Roma 1935
36 Castronovo, Valerio, Giovanni Agnelli, Torino 1971
37 Caviglia, Enrico, La battaglia della Bainsizza, Milano 1930
38 Caviglia, Enrico, La dodicesima battaglia: Caporetto, Milano 1933
39 Caviglia, Enrico, Le tre battaglie del Piave, Milano 1935
40 Commissione ministeriale d'inchiesta sul ripiegamento dall'Isonzo al Piave, Relazione, 3 volumi, Roma 1919
41 Commissione parlamentare d'inchiesta per le spese di guerra, Relazione, 2 volumi, Roma 1923

42 De Caprariis, Vittorio, Partiti politici e opinione pubblica durante la GG, in: Atti del XLI congresso di storia del risorgimento, Roma 1965

43 Della Volpe, Nicola, Esercito e propaganda nella GG, Roma 1989
44 Del Negro, Piero, Esercito, stato, società. Saggi di storia militare, Bologna 1979
45 De Stefani, Alberto, La legislazione economica della guerra, Bari 1926
46 Detti, Tommaso, Stato, guerra e tubercolosi, in: Storia d'Italia. Annali VII, Torino 1984
47 Di Giorgio, Antonino, La battaglia dell'Ortigara, Roma 1935
48 D'Orsi, Angelo, La GG. Ricerca storica e dibattito negli ultimi vent'anni, in: Giano, 1989, n. 3, e 1990, n. 4

49 Einaudi, Luigi, La guerra e il sistema tributario italiano, Bari 1927
50 Einaudi, Luigi, La condotta economia e gli effetti sociali della guerra, Bari 1933

51 Faldella, Emilio, La GG, Milano 1965
52 Farina, Salvatore, Le truppe d'assalto italiane, Roma 1938
53 Fois, Guiseppina, Storia della brigata Sassari, Sassari 1981
54 Forcella, Enzo, Monticone, Alberto, Plotone d'esecuzione. I processi della IGM, Bari 1968
55 Frescura, Attilio, Diario di un imboscato, Vicenza 1919 (nuova edizione Milano 1981)

56 Galli della Loggia, La fondazione della Banca italiana di sconto, in: Rivista storica italiana, 1970, pp. 824—886
57 Gallinari, Vincenzo, L'esercito italiano nel primo dopoguerra 1918—1922, Roma 1980
58 Gatti, Angelo, Uomini e folle di guerra, Milano 1921
59 Gatti, Angelo, Nel tempo della tempesta, Milano 1923
60 Collezione italiana di diari, memorie, storie e documenti per servire alla storia della guerra nel mondo, a cura di A. Gatti, oltre 20 volumi, Milano 1925 sgg.
61 Gatti, Angelo, La parte dell'Italia. Rivendicazioni, Milano 1926
62 Gatti, Angelo, Un italiano a Versailles, dicembre 1917—febbraio 1918, Milano 1957
63 Gatti, Angelo, Caporetto. Dal diario di guerra inedito, maggio—dicembre 1917, a cura di A. Monticone, Bologna 1964
64 Geloso, Carlo, La 65° divisione, luglio—ottobre 1917, Roma 1934
65 Gemelli, Agostino, Il nostro soldato, Milano 1917
66 Giardino, Gaetano, Rievocazioni e riflessioni di guerra, 3 volumi, Milano 1929—1930
67 Gibelli, Antonio, L'officina della guerra. La GG e le trasformazioni del mondo mentale, Torino 1991
68 Giolitti, Giovanni, Memorie della mia vita, Milano 1922

69 Isnenghi, Mario, I vinti di Caporetto nella letteratura di guerra, Padova 1967
70 Isnenghi, Mario, Il mito della GG, Bari 1970 (nuove edizione Bologna 1989)
71 Isnenghi, Mario, Giornali di trincea, Torino 1976
72 Isnenghi, Mario, Le guerre degli italiani. Parole, immagini, ricordi 1848—1945, Milano 1989

73 Kozlovic, Andrea, Storia fotografica della G, Schio 1986

74 Leoni, Diego e Zadra, Camillo, La città di legno. Profughi trentini in Austria, Trento 1981
75 Lussu, Emilio, Un anno sull'altipiano, Parigi 1938 (poi Torino 1945 sgg.)

76 Malagodi, Olindo, Conversazioni di guerra, a cura di B. Vigezzi, Milano, Napoli 1960
77 Malaparte, Curzio, La rivolta dei santi maledetti, Roma 1921 (nuova edizione: Milano 1981)
78 Manfroni, Camillo, La marina italiana durante la GM, Bologna 1923
79 Marras, Efisio, Sabotino, Roma 1933
80 Martini, Ferdinando, Diario 1914—1918, a cura di G. De Rosa, Milano 1966
81 Mazzetti, Massimo, La IGM, Napoli 1978
82 Melograni, Piero, Storia politica della GG, Bari 1969
83 Monteleone, Renato, Lettere al re 1914—1918, Roma 1973
84 Monticone, Alberto, La battaglia di Caporetto, Roma 1955
85 Monticone, Alberto, Nitti e la GG, Milano 1961
86 Monticone, Alberto, La storiografia militare italiana ed i suoi problemi, in: Atti del primo convegno nazionale di storia militare, Roma 1969
87 Monticone, Alberto, La Germania e la neutralità italiana 1914—1915, Bologna 1971
88 Morandi, Rodolfo, Storia della grande industria in Italia, Bari 1931 (nuova edizione Torino 1960)
89 Mori, Giorgio, Il capitalismo industriale in Italia, Roma 1977
90 Morozzo della Rocca, Roberto, La fede e la guerra. Cappellani militari e preti soldati, Roma 1980
91 Mortara, Giorgio, La salute pubblica in Italia durante e dopo la guerra, Bari 1925
92 Movimento oparaio e socialista, 1980 sgg. (numeri monografici sulla IGM)

93 Omodeo, Adolfo, Momenti della vita di guerra. Dai diari e dalle lettere dei caduti, Bari 1934 (nuova edizione Torino 1968)

94 Palla, Luciana, Fra realtà e mito. La GG nelle valli ladine, Milano 1991
95 Papafava, Novello, Da Caporetto a Vittorio Veneto, Torino 1925
96 Parri, Ferruccio, Quel trincerone del Merzli, »Astrolabio«, 31 dicembre (ora in Parri, Ferruccio, Scritti 1915—1975, Milano 1976)
97 Pieri, Piero, La nostra guerra tra le Tofane, Napoli 1930 (quinta edizione Trieste 1984)
98 Pieri, Piero, La IGM 1914—1918. Problemi di storia militare, Torino 1947 (nuova edizione a cura di G. Rochat, Roma 1985)
99 Pieri, Piero, L'Italia nella IGM, Torino 1965
100 Pieri, Piero, Rochat, Giorgio, Pietro Badoglio, Torino 1974
101 Porro, Felice, La guerra nell'aria 1915—1918, Milano 1935 (nuova edizione Milano 1965)

102 Prato, Giuseppe, Il Piemonte e gli effetti della guerra sulla sua vita economica e sociale, Bari 1925
103 Procacci, Giovanna, Soldati e prigionieri italiani nella GG, Roma 1993

104 Ragionieri, Ernesto, Dall'unità ad oggi. La storia politica e sociale, Torino 1976 (= Storia d'Italia Einaudi, volume IV, tomo III)
105 Rocca, Gianni, Cadorna, Milano 1985
106 Rochat, Giorgio, L'esercito italiano nell'estate 1914, in: Nuova rivista storica, 1961, n. 2
107 Rochat, Giorgio, L'esercito italiano da Vittorio Veneto a Mussolini 1919—1925, Bari 1967
108 Rochat, Giorgio, L'Italia nella IGM, Milano 1976
109 Rochat, Giorgio, Gli arditi della GG, Milano 1981 (nuova edizione Gozizia 1991)
110 Rochat, Giorgio, L'esercito italiano in pace e in guerra, Milano 1991
111 Rostagno, Carlo, Lo sforzo industriale dell'Italia nella recente guerra, in: Rivista d'artiglieria e genio, 1926, n. 3, e 1927, nn. 1, 3, 4.
112 Rusconi, Gian Enrico, Rischio 1914. Come si decide una guerra, Bologna 1987
113 Russo, Luigi, Vita e morale militare, Milano 1917 (edizione ampliata, Vita e disciplina militare, Bari 1946)

114 Salandra, Antonio, La neutralità italiana, Milano 1928
115 Salandra, Antonio, L'intervento, Milano 1930
116 Salsa, Carlo, Trincee, Milano 1924 (nuova edizione Milano 1982)
117 Sardagna, Filippo, Il disegno di guerra italiano nell'ultima guerra contro l'Austria, Torino 1925
118 Savona, Virgilio, Straniero, Michele, Canti della GG, 2 volumi, Milano 1981
119 Serpieri, Arrigo, La guerra e le classi rurali italiane, Bari 1929
120 Silvestri, Mario, Isonzo 1917, Torino 1965
121 Sonnino, Sidney, Diario 1866—1922, a cura di B. F. Brown e P. Pastorelli, Bari 1972
121 Spitzer, Leo, Italienische Kriegsgefangenenbriefe. Materialien zu einer Charakteristik der volkstümlichen italienischen Korrespondenz, Bonn 1921 (traduzione italiana: Lettere di prigionieri di guerra italiani 1915—1918, Torino 1976)
122 Spriano, Paolo, Torino operaia nella GG, Torino 1960

123 Toscano, Mario, Il patto di Londra, Bologna 1934
124 Toscano, Mario, Gli accordi di San Giovanni di Moriana, Milano 1936

125 Ufficio statistico del Ministero guerra, La forza dell'esercito, Roma 1927
126 Ufficio storico della Marina militare, La marina italiana nella GG, 8 volumi, Firenze, 1935 sgg.
127 USE, Le grandi unità nella guerra italo-austriaca 1915—1918, 2 volumi, Roma 1926

128 USE, Riassunti storici dei corpi e comandi nella guerra 1915—1918, 10 volumi, Roma 1926 sgg.
129 USE, L'esercito italiano nella GG 1915—1918, 37 tomi, Roma 1927 sgg.

130 Valiani, Leo, Il Partito socialista italiano nel periodo della neutralità, Milano 1963
131 Valori, Aldo, La guerra italo-austriaca, Bologna 1920
132 Viganò, Ettore, La nostra guerra. Come fu preparata e come è stata condotta sino al novembre 1917, Firenze 1920
133 Vigezzi, Brunello, L'Italia di fronte alla IGM. Volume I: L'Italia neutrale, Milano, Napoli 1966
134 Volpc, Gioacchino, L'Italia in cammino, Milano 1928 (nuova edizione Roma 1973)

135 Webster, Richard A., L'imperialismo industriale italiano 1908—1915, Torino 1975

136 Zugaro, Fulvio, Il costo della guerra italiana, Roma ^{2}1921

Ronald Smelser

Die amerikanische Weltkriegsforschung*

Der Erste Weltkrieg findet in der amerikanischen Öffentlichkeit nicht die gleiche Resonanz wie in Europa. Obwohl es in den Vereinigten Staaten bedeutende Veröffentlichungen zu diesem Thema gibt, ist ihre Zahl nicht so gewaltig wie in Europa, besonders in den ehemaligen kriegführenden Ländern Großbritannien, Frankreich und Deutschland. Dafür gibt es eine Reihe von Gründen. Einmal waren die USA eine weit kürzere Zeitspanne in den Krieg verwickelt als die meisten europäischen Mächte (nur 14, nicht 51 Monate). Zweitens gab es keine Kampfhandlungen auf amerikanischem Boden. Außerdem verursachte der Krieg — wenn man von den vorübergehenden Störungen absieht, welche die rasche Mobilmachung mit sich brachte — in Amerika weit geringere Verluste an Menschen und Material als in Europa. Im Gegenteil, der Krieg gereichte den USA sehr zum Vorteil; sie wurden 1915 zur größten Gläubigernation der Welt — und blieben es bis 1983. In den Nachkriegsjahren mußten die europäischen Mächte, die schon durch die ungeheuren Opfer ein Trauma erlitten hatten, mit den Folgen des Krieges leben: Faschismus, Kommunismus, akuten wirtschaftlichen Störungen und sozialen Unruhen. Amerika dagegen versuchte zu einer kurzlebigen »Normalität« zurückzukehren und war dabei großenteils erfolgreich.

Während die Erinnerungen an den »Großen Krieg« verblaßten, brach ein anderer Konflikt aus, der für Amerika den Ersten Weltkrieg völlig überschatten sollte: der Zweite Weltkrieg, der die USA plötzlich zur führenden Weltmacht erhob. Er war für die Amerikaner — hinsichtlich der Dauer, des Umfangs und der Opfer — ein weit größeres Unternehmen als der Erste Weltkrieg. Offenbar haben viele Amerikaner auch nicht den engen Zusammenhang zwischen den beiden Kriegen erkannt, während die Europäer die beiden Weltkriege schon bald als zwei Episoden des gleichen fundamentalen Konflikts betrachteten — als den Dreißigjährigen Krieg des 20. Jahrhunderts.

Auch die Gedenkfeiern anläßlich der 50. Wiederkehr weckten in den USA kein Interesse am Ersten Weltkrieg. Normalerweise entfachen derartige Jahrestage neues Interesse an der historischen Erforschung der

Ereignisse, derer gedacht wird. Aber während des Zeitabschnitts, in dem normalerweise solche Gedenkfeiern stattgefunden hätten, waren die Amerikaner von einem anderen — sehr unpopulären — Krieg völlig in Anspruch genommen: dem Vietnamkrieg. So blieben die Jahrestage des Ersten Weltkriegs praktisch unbeachtet.

Ein letzter Faktor trägt zu dem relativ geringen Interesse am Ersten Weltkrieg in Amerika bei. Für die meisten Amerikaner war die Beteiligung der USA an diesem Konflikt in der historischen Rückschau relativ unproblematisch. (Die heftigen Debatten über die »merchants of death« um die Mitte der dreißiger Jahre waren eine Ausnahme.) Aus der Beteiligung der USA ergaben sich für die meisten Amerikaner keine großen Probleme, die sich auf die Gegenwart politisch ausgewirkt hätten. Kurz, es gab keine amerikanische Entsprechung zu der Fritz Fischer-Kontroverse, die in den sechziger Jahren die Deutschen erregte.

Alle diese Gründe erklären, warum dem amerikanischen Interesse am Ersten Weltkrieg sowohl die Intensität als auch die Quantität der Publikationen fehlt, die verschiedene europäische Länder aufzuweisen haben. Nach diesen einleitenden Bemerkungen muß man jedoch sofort feststellen: Was während der letzten fünf Jahre (1987—1992) in den USA an wissenschaftlicher Erforschung des »Krieges zur Beendigung aller Kriege« geleistet wurde, ist hochbedeutsam. Auf zahlreichen Gebieten — darunter Sozial- und Kulturgeschichte, Geschichte der Geschlechter sowie Neue Militärgeschichte — haben Historiker neue Sichtweisen und Interpretationsmuster auf diesen großen Konflikt angewandt und damit erneut bewiesen, in welchem Umfang der moderne totale Krieg — und dies war der erste in unserem Jahrhundert — der mächtigste Träger gesellschaftlicher Veränderungen im ganzen Bereich menschlicher Aktivitäten ist.

Ich habe angedeutet, daß die Beteiligung Amerikas am Ersten Weltkrieg mit derjenigen der Europäer manches gemeinsam hat und sich zugleich stark von ihr unterscheidet. Eine neuere Untersuchung von Ronald Schaffer über die Auswirkungen des Krieges auf die amerikanische Gesellschaft[1] arbeitet solche Vergleiche zwar nicht bewußt heraus, lädt jedoch zumindest dazu ein. Schaffer, der schon viel über den Ersten Weltkrieg geschrieben hat, legt hier eine sehr fundierte Untersuchung über Amerika im Krieg vor, in deren Mittelpunkt der sogenannte »war welfare state« Wilsons steht. Er konzentriert sich auf wichtige Themen wie die wirtschaftliche Mobilmachung, die Propaganda, das Verhältnis zwischen den Rassen und den Geschlechtern, die Rolle der Erziehung sowie die Erfahrungen auf den Schlachtfeldern; so liefert er die bislang beste Darstellung Amerikas im Ersten Weltkrieg.

Schaffer weist nach, daß Amerika zwar alle natürlichen, menschlichen und materiellen Ressourcen besaß, die es brauchte, um den Krieg zu führen, daß jedoch die Unerfahrenheit Washingtons in der Mobilisierung der erforderlichen Ressourcen zunächst zu einem Chaos führte. Seit dem Sezessionskrieg (1861—1865) war die Nation vor keiner Aufgabe dieser Größenordnung gestanden. Die Regierung — entscheidend unterstützt durch anfänglich widerwillige Industrielle, die 1917 nach Washington strömten (die sogenannten »dollar a year men«) — bewältigte schließlich die Aufgabe. Das bedeutete ein massives, bisher noch nie dagewesenes Eingreifen des Staates in eine liberale Wirtschaft. Zahllose Verordnungen kündigten Eingriffe der Regierung an, um die Ressourcen der Nation zu mobilisieren. Eine Flut von Gesetzen schuf eine Vielfalt von Behörden, die in Washington — und besonders beim Präsidenten — eine gewaltige Machtfülle konzentrierten. Eines Tages übernahm die Regierung sogar die Leitung der Eisenbahnen, die von Zivilisten zu planlos und zu salopp geführt worden waren, als daß sie die Prüfung der Mobilmachung hätten bestehen können.

Schaffer hebt auch hervor, daß der Patriotismus bei vielen Amerikanern kurzlebig war, besonders unter den Industriellen, die durch eine Kombination von Drohungen, Zwang und Anreizen dazu bewegt werden mußten, ihren Beitrag zu leisten. Die Regierung betätigte sich auch propagandistisch (durch das Committee on Public Information), obgleich sie diese Propaganda bezeichnenderweise als Öffentlichkeitsarbeit und Aufklärung tarnte. Dies war notwendig, denn Amerika war bei seinem Kriegseintritt ein gespaltenes Land. Die Regierung mußte daher an die Bevölkerung — vor allem an die Gruppen der Einwanderer, der Farmer und der Arbeiter — appellieren; dabei verband sie den amerikanischen Idealismus mit einer Verteufelung des Feindes. Der letzte Faktor erwies sich für die ziemlich starke Gruppe der Deutschamerikaner als verhängnisvoll; diese litten nicht nur als Individuen, sondern die blühende deutsche Kultur in Amerika wurde durch den Krieg praktisch ausgelöscht. Hunderte deutschsprachiger Zeitungen machten Bankrott; der Unterricht in der deutschen Sprache — der verbreitetsten Fremdsprache an den öffentlichen Schulen der USA — hörte praktisch auf. »Sauerkraut« wurde jetzt zu »victory cabbage«.

In der hysterischen Atmosphäre des Krieges hatte die Regierung auch keine Bedenken, Grundrechte zu mißachten. Gesetze wie das Spionagegesetz, das Aufruhrgesetz oder das Gesetz über Handelsverkehr mit dem Feind schränkten die Grundrechte — vor allem das Recht, eine abweichende Meinung zu vertreten — rigoros ein; sie wurden zu Waffen, die man nicht nur gegen Pazifisten und vermeintliche Anhänger der Mittelmächte, sondern auch gegen Gewerkschaften (besonders die Industrial Workers of the World), Einwanderer und Radikale aller Schattierungen einsetzte. Die antideutsche Hysterie verschmolz mit der antibolschewistischen Hysterie. In einem zur Staatsaffäre aufgebauschten Prozeß — Die Vereinigten Staaten gegen »The Spirit of '76« — nahm die Unterdrückung der Meinungsfreiheit groteske Formen an. Ein amerikanisches Bundesgericht verurteilte einen Filmregisseur, weil er in seinem Film das Verhalten der Briten während des Amerikanischen Unabhängigkeitskrieges negativ dargestellt hatte! Dazu kam — bezeichnend für eine Demokratie im Kriegszustand — die spontane Tyrannei der öffentlichen Meinung. Bürgerinitiativen wie die Sedition Slammers, die Knights of Liberty und die Terrible Threateners entfesselten einen lokalen Terror gegen verdächtige Individuen. Die Bundesregierung ignorierte solche Verstöße gegen Grundrechte oder förderte gar solche Aktivitäten.

Alles in allem waren die sozialen Auswirkungen des Krieges in mancher Hinsicht positiv: Für viele gab es im Namen der Produktivität bessere Arbeitsbedingungen; die Regierung erkannte konservative Gewerkschaften an; die Reformen der »Fortschrittlichen Ära« (1901—1917) wurden teilweise weitergeführt. Trotzdem war Washington weit davon entfernt, ähnliche Versprechungen zu machen, wie sie europäische Regierungen machten.

Schaffers ausgezeichnete Untersuchung läßt erkennen, wie stark sich Amerika von Europa unterschied, was eine fundamentale und dauerhafte Veränderung — besonders hinsichtlich der überkommenen liberalen Gesellschaftsordnung des 19. Jahrhunderts — anbetraf. Amerika mobilisierte zweifellos seine Kräfte für den Krieg, aber es gab nichts, was man mit der zentralisierten »staatssozialistischen« Zwangswirtschaft vergleichen könnte, die man in Deutschland einführte. Die amerikanische Industrie produzierte weiterhin Friedensgüter; nur zehn Prozent der Kapazität der Automobilfirmen wurden auf Rüstungsproduktion umgestellt. Die amerikanische Regierung kontrollierte die Wirtschaft weit weniger als europäische Regierungen; im Gegenteil: Präsident Wilson befürchtete, die Industriellen, die in Massen nach Washington kamen, um seine Behörden zu leiten, würden schließlich ihrerseits die Regierung kontrollieren. Mit Recht bezeichnet Schaffer die amerikanische Kriegswirtschaft als »einen Wohlfahrtsstaat für die amerikanische Industrie«.

Viele dieser Industriellen waren an dem sogenannten »Neuen Kapitalismus« interessiert: Er würde effizienter, stabiler und produktiver, auch berechenbarer sein; denn heftige Fluktuationen infolge von Hochkonjunktur beziehungsweise Wirtschaftskrise und Arbeitskämpfe würden weitgehend verschwinden. Aber man war noch weit entfernt von den Überlegungen eines Walther Rathenau, die weit drastischere Veränderungen in einer von oben gelenkten Gesellschaft vorsahen. Die amerikanische Regierung förderte zwar bessere Beziehungen zwischen Arbeitgebern und Arbeitnehmern, indem sie konservative Gewerkschaften anerkannte; es gab jedoch kein amerikanisches Gegenstück zu dem Stinnes-Legien-Abkommen vom November 1918 in Deutschland.

Das Werk Schaffers unterstreicht die Tatsache, daß der Krieg zwar viele — teilweise bleibende — Veränderungen in der amerikanischen Gesellschaft hervorrief, daß er aber die wirtschaftlichen und sozialen Strukturen der Vorkriegszeit bei weitem nicht so tief erschütterte, wie es in Europa der Fall war.

Es gibt jedoch *eine* Ähnlichkeit, auf die Schaffer in seiner Schlußbetrachtung hinweist: Die Reaktion Amerikas auf die Wirtschaftskrise der dreißiger Jahre — die Weltwirtschaftskrise — beruhte stark auf den Erfahrungen, die es in der früheren Krise des Ersten Weltkrieges gemacht hatte. In beiden Fällen entstand eine regelrechte »Buchstabensuppe« von Regierungsbehörden, die sich mit den Problemen befassen sollten. In beiden Fällen begegnete man der Krise mit einem Schwall von psychologischer Propaganda, die Ängste beschwichtigen und Begeisterung erzeugen sollte; und in beiden Fällen erging es den bestorganisierten Gruppen am besten: den Großindustriellen und den gewerkschaftlich organisierten Arbeitern. Schaffer deutet an, daß der Wohlfahrtsstaat der Kriegszeit die Grundlagen für den späteren Wohlfahrtsstaat des New Deal legte. In Europa wurde das Modell der totalen Mobilisierung der Gesellschaft, wie wir wissen, ebenfalls zum Modell einer Reaktion auf die Weltwirtschafskrise: zum Modell des Faschismus.

Gibt Schaffers Untersuchung eine Art Gesamtüberblick über die Auswirkungen des Krieges auf eine der kriegführenden Mächte, die USA, so beschäftigen sich einige andere Untersuchungen der letzten Jahre mit speziellen historischen Problemen und wenden dabei neue Sichtweisen und Interpretationsmuster an, die nicht nur das betreffende Problem beleuchten, sondern auch ein Licht auf allgemeinere historische

Probleme werfen. Ein solcher Ansatz, der sich in den letzten Jahren als fruchtbar erwiesen hat, ist die »Geschichte der Geschlechter« (gender studies); und Spezialisten auf diesem Gebiet haben ihre Aufmerksamkeit auch dem Ersten Weltkrieg zugewandt.

Ältere Untersuchungen über die Rolle der Geschlechter, besonders über die Rolle der Frauen, haben betont, wie stark der Krieg Tendenzen, die auf eine Emanzipation der Frauen abzielten, beschleunigte. Schließlich brachte der Arbeitskräftemangel während des Krieges Frauen an viele Arbeitsplätze, die bis dahin ausschließlich Männern vorbehalten gewesen waren. Diese Liberalisierung des Arbeitsmarktes — so wurde behauptet — ging mit einer sozialen und sexuellen Emanzipation einher: Junge Frauen lebten allein oder wohnten mit anderen zusammen, gingen ohne Begleitpersonen aus und ließen sich in einem Maß auf sexuelle Bindungen ein, wie es vor dem Krieg unvorstellbar gewesen war. Das Endergebnis dieser vom Krieg ausgelösten Veränderungen war die politische Emanzipation: 1919/1920 erlangten die Frauen in allen Ländern, die im Ersten Weltkrieg gekämpft hatten, das Wahlrecht (außer in Frankreich, wo das Frauenwahlrecht erst 1944 — nach einem weiteren Krieg — eingeführt wurde). Neuere Untersuchungen stellen diese relativ optimistische und positive Interpretation in Frage.

So haben Margaret Higgonet und andere Mitglieder des Center for European Studies der Harvard University eine sehr gewichtige Sammlung von Beiträgen veröffentlicht[2]. Ihre Sicht dieser Epoche ist weit weniger optimistisch. Der Große Krieg — so meinen sie — veränderte die sozialen Rollen der Vorkriegszeit überhaupt nicht signifikant, sondern ließ sie größtenteils intakt; ja er verschärfte sogar die Spannungen zwischen den beiden Geschlechtern, indem er ältere patriarchalische Haltungen verstärkte. Was positive und befreiende Erfahrungen für die Frauen zu sein schienen, rief bei den Männern häufig Gegenreaktionen hervor, die einen zukünftigen Fortschritt noch schwieriger machten (vgl. das verspätete Frauenwahlrecht in Frankreich). Was oft als beruflicher Fortschritt angesehen wurde, war in Wirklichkeit eine zusätzliche Belastung der Frauen, die eine neue, ungewohnte Arbeit übernahmen und gleichzeitig weiterhin für die traditionelle Hausarbeit verantwortlich blieben — oft in Abwesenheit des Gatten und Vaters und unter den harten Bedingungen und Einschränkungen der Kriegszeit.

Selbst jene verhältnismäßig privilegierten Frauen der Mittel- und Oberschicht, die schon vor dem Krieg relativ mehr Freiheit genossen hatten und die während des Krieges freiwillig alle möglichen Aufgaben übernahmen, litten unter Klischees und Diskriminierung. In ihrer Untersuchung über Amerikanerinnen, die freiwillig bei den Streitkräften in Europa dienten[3], hebt Dorothy Schneider hervor, daß deren Einsatz strengen Beschränkungen unterlag. Die Verfasserin stützt sich auf Briefe, Tagebücher, Zeitungsberichte und Literatur und untersucht auf diese Weise die Erfahrungen von mehr als 25000 weiblichen Freiwilligen, die beispielsweise als Sanitätswagenfahrerinnen, Krankenschwestern, Dolmetscherinnen, Berichterstatterinnen oder Bürokräfte Dienst taten. Obwohl ihre Arbeit von unschätzbarem Wert war, wurde sie nur selten anerkannt und belohnt. Jene Frauen, die bei den Fernmeldetruppen gedient hatten, mußten beispielsweise bis 1977 auf die ihnen zustehende Veteranenrente warten. Viele dieser Frauen waren begeistert gewesen von der Aussicht, traditionellen Frauenrollen zu entfliehen; sie mußten jedoch erkennen, daß ihnen enge Grenzen gezogen waren, wenn es um die Ausübung von »Männertätigkeiten« ging.

Interessanterweise haben einige neuere Untersuchungen zur »Geschichte der Geschlechter« diesen Begriff dahingehend erweitert, daß er auch die Männer einschließt, die bei derartigen Untersuchungen häufig zu kurz kommen. Zwei wichtige neuere Werke versuchen diese Lücke zu schließen.

Michael C. Adams, Professor an der Northern Kentucky University, hat eine Untersuchung über die grundsätzliche Frage vorgelegt, ob die Kriegsbegeisterung der Männer, die während des Ersten Weltkrieges ein ungeheures Blutbad verursachte, auf ihre Natur oder auf ihre Erziehung zurückzuführen ist. In seinem Buch[4] stellt er die Frage: Werden die Männer mit einer Neigung zu Gewalt und Krieg geboren (man könnte vom Testosteronfaktor sprechen) oder wird ihnen diese Neigung durch ihre Sozialisation, das heißt durch die Erziehung, eingepflanzt? Adams untersucht eine Gruppe von Weltkriegsteilnehmern, junge Amerikaner und Engländer aus der Oberschicht (von denen er dann auf alle Männer schließt). Seine eindeutige Schlußfolgerung: Der entscheidende Faktor ist die Erziehung. Und zwar buchstäblich. Er behauptet, im ausgehenden 19. und beginnenden 20. Jahrhundert seien die Geschlechterrollen so scharf voneinander abgegrenzt gewesen, daß die Jungen während des größten Teils ihrer Jugendzeit von den Mädchen getrennt waren. Ihr einziger Kontakt mit einem weiblichen Wesen war der mit ihrer Mutter, die ihnen gewöhnlich am nächsten stand und von der sie emotional abhängig waren. Da sie nur diese Mutterfigur kannten, dehnten sie die Ehrfurcht und Achtung, welche sie ihr entgegenbrachten, auf alle Frauen aus (die sie daher nicht als Sexualobjekte betrachten konnten). Infolge ihrer verlängerten Abhängigkeit von der Mutter blieben sie weit länger in der Phase der Pubertät, als es sonst der Fall gewesen wäre. Deshalb waren sie unfähig, ihren Ödipuskomplex zu überwinden, und flüchteten in eine künstlich übersteigerte Männlichkeit, die sich letzlich in kriegerischen Tugenden äußerte. Um mit Adams zu sprechen:

»Die Trennung der Jungen von den Mädchen konnte zu einer betonten Männlichkeit führen, die sich in Gewalt manifestierte.«

Das kulturelle Milieu lieferte viele Instrumente, die dazu beitrugen, diese Identifizierung der Männlichkeit mit dem Krieg zu fördern: zum Beispiel zahllose Bücher, die den Krieg romantisch verklärten, und Kampfsportarten wie Jagd, Boxen und Rugby beziehungsweise American Football (die sogar ihr Vokabular der Welt des Krieges entnahmen). Adams behauptet, die Kultur hätte die Energie der jungen Männer auf kreativere und gesellschaftlich nützlichere Ziele — etwa politische und soziale Reformen — hinlenken können, habe das aber nicht getan. Das Resultat bei jungen Männnern, die sich beinahe als Ritter fühlten und im Krieg eine Art Sport sahen, sei ein ungeheures Gemetzel im Stellungskrieg gewesen.

In demselben Jahr, in dem Adams' Untersuchung erschien, veröffentlichte Claire Tylee[5] ihr Buch zum Thema. Wie Adams behauptet sie, daß die während des Viktorianischen Zeitalters entstandenen Vorstellungen von Männlichkeit zum Ausbruch des Ersten Weltkrieges beitrugen und daß die radikale Trennung der Jungen von den Mädchen bei den ersteren häufig gewalttätige Reaktionen hervorruft. Die Verfasserin untersucht weiter, und zwar anhand der britischen Frauenliteratur des 20. Jahrhunderts, welches Erbe der Krieg den Frauen hinterließ — besonders, wie die Frauen den Krieg rückblickend für sich selbst interpretierten. Wie die Männer, so schufen sich auch die Frauen eine eigene Kriegsmythologie; unter anderem deshalb, weil sie von der Verklärung dieses Konflikts durch die Männer physisch und psychologisch ausgeschlossen waren. Claire Tylee kehrt jedoch zu der gleichen Geschlechtertrennung zurück, die sie vorher beklagt hat, und versichert, der Krieg habe bei den Frauen ein grundsätzlich anderes Bewußtsein hervorgerufen als bei den Männern — eines, das oft damit zusammenhing, daß sie während des Krieges den Status von Nonkombattanten hatten: Sie hatten Verwundete betreut und andere pflegerische Tätigkeiten ausgeübt, die der Massenvernichtung auf dem Schlachtfeld der Männer völlig entgegengesetzt waren.

Die Verklärung des Krieges — besonders seines Hauptproduktes, des Todes — steht im Mittelpunkt einer bedeutsamen Untersuchung von George L. Mosse[6], Professor emeritus für Geschichte an der University of Wisconsin und an der Hebrew University in Jerusalem. Mosse spannt den Bogen von den Napoleonischen Kriegen am Beginn des 19. Jahrhunderts bis zum Ende des Zweiten Weltkrieges, untersucht also ein Phänomen, das einen Zeitraum von anderthalb Jahrhunderten umfaßt: die unerhörte Zahl von Toten und Verwundeten, besonders unter den Soldaten, die sich vielfach freiwillig gemeldet hatten und edle Gründe für ihr Opfer nennen konnten. Seine Untersuchung konzentriert sich jedoch vor allem auf den Ersten Weltkrieg, der ein Blutbad verursachte, wie man es bis dahin in der Neuzeit — ja in der Kriegsgeschichte überhaupt — noch nicht erlebt hatte. Die Spannung, die zwangsläufig zur Verklärung des Großen Krieges führte, entstand hauptsächlich daraus, daß der ursprüngliche Enthusiasmus, ja Jubel der jungen Freiwilligen bald verdrängt wurde durch Erschütterung und dann Abstumpfung angesichts des riesigen und oft sinnlosen Gemetzels. Wie konnte man diese jungen Männer dazu bringen, den Kampf fortzusetzen? Wie konnten ihre Regierungen — die der Sieger wie die der Besiegten — die ungeheuren Opfer rechtfertigen, nachdem der Konflikt beendet war?

Die Antwort lieferte nach Mosse der »Mythos des Kriegserlebnisses«, besonders in der Form, die sich auf den Kult der gefallenen Soldaten konzentrierte. Die ungeheuren Opfer zwischen 1914 und 1918 machten es — wie Mosse hervorhebt — notwendig, »dem Tod auf dem Schlachtfeld den Stachel zu nehmen«. Die Regierungen, die diesen Prozeß gelegentlich in den Rang einer »Staatsreligion« erhoben, erreichten ihr Ziel auf verschiedene Weise. Sie errichteten zum Beispiel Soldatenfriedhöfe und Kriegerdenkmäler. Dieser Brauch ging bis auf die Zeit der Französischen Revolution zurück. (Mosse verweist auf die Umgestaltung französischer Friedhöfe seit 1792 und auf das sogenannte »Hessendenkmal«, das man 1793 in Frankfurt am Main errichtete, um an die Vertreibung der französischen Besatzung aus der Stadt zu erinnern.) In der Zeit nach dem Ersten Weltkrieg war dieser Prozeß jedoch verändert und verstärkt worden. Einst hatten Soldatenfriedhöfe und Kriegerdenkmäler an den Opfertod aller Gefallenen erinnert; Freund und Feind ruhten oft nebeneinander in Massengräbern; auf deutschen Kriegerdenkmälern wurden Soldaten nur selten namentlich genannt, und wenn dies geschah, wurden zunächst die Namen der Offiziere und dann die der einfachen Soldaten aufgeführt. Am Ende des Ersten Weltkrieges unterschied man bei Gräbern und Denkmälern nicht mehr zwischen Offizieren und einfachen Soldaten; feindliche Gefallene begrub man getrennt von den eigenen; und nach dem Krieg errichtete praktisch jede Nation, die am Krieg teilgenommen hatte, zur Erinnerung an das Phänomen des anonymen Massensterbens ein »Grabmal des Unbekannten Soldaten«.

Außerdem benutzten die Nationen, um ihre Gefallenen zu ehren, das Christentum (weil es Trost verheißt) und die Natur (weil sie Abgeschiedenheit bietet). Eine gefällige, zahme Kirche sprach den gefallenen Soldaten praktisch heilig. Sein Opfertod wurde mit dem Opfertod Christi verglichen. Wie Christus die Welt erlöste, würde er den gefallenen Soldaten erlösen — und das Sterben des Soldaten erlöste gewissermaßen das Vaterland. Wer als Soldat seinem Vaterland diente, diente zugleich Gott. Im Falle Deutschlands würde die besiegte Nation wieder auferstehen, wie Christus aus dem Grab auferstanden war, und dadurch die Opfer rechtfertigen.

Auch die Natur verband man mit dem Kult der Gefallenen. Der Tod verlor gewissermaßen seinen Stachel, wenn der Gefallene, der während seines Fronterlebnisses der Natur so nahe gewesen war, jetzt in einem der »Heldenhaine« (frz. jardins funèbres) in den tröstenden Armen der Natur ruhte; und jeder Baum, der sein Grab umgab, stand für einen gefallenen Helden. Sogar die Bilder einer von Granaten verwüsteten Mondlandschaft in Flandern wurden von dem überall blühenden Klatschmohn gemildert, der durch seine Farbe auf das vergossene Blut hinwies.

Und für die große Masse der Menschen in der Heimat reduzierte die Trivialisierung — besonders während des Krieges — jenes schreckliche Ringen auf ein Normalmaß, auf das Niveau des Gewöhnlichen und Alltäglichen. Man stellte Nippes in Form von Kriegsgegenständen her (Aschenbecher aus Geschoßhülsen; Nadelkissen, die mit Eisernen Kreuzen bestickt waren); man idealisierte und verharmloste den Krieg durch Ansichtskarten, Filme und — nach dem Krieg — sogar durch touristisch organisierte Reisen zu den Schlachtfeldern; oder man schenkte Kindern Zinnsoldaten und Kriegsspielzeug.

Obwohl Mosse sich auf den Ersten Weltkrieg konzentriert, bietet er auch einige wichtige Erkenntnisse für spätere Epochen. Er verweist darauf, daß es in der Zwischenkriegszeit — besonders im besiegten Deutschland — der politischen Rechten gelang, die metaphorische Sprache und die Bildersymbolik des Kriegsmythos auszubeuten, wodurch der Aufstieg des Nationalsozialismus einen starken Impuls erhielt. Die Linke konnte mit dem Kriegsmythos nichts anfangen. Mosse deutet auch an, daß der Zweite Weltkrieg (im Gegensatz zum Ersten) nicht zur erfolgreichen Propagierung entsprechender Mythen führte — unter anderem deshalb, weil in diesem Konflikt der Unterschied zwischen der kämpfenden Truppe und der Zivilbevölkerung stark verwischt wurde, da der totale Krieg schließlich die Heimatfront mit voller Wucht traf.

Mosse schließt seine Untersuchung in einem vorsichtig optimistischen Ton. Er sieht das vielleicht bekannteste Ehrenmal der letzten Jahre, die Vietnam-Gedächtnismauer in Washington — eine nackte Granitmauer, in die ohne jeden martialischen Schnörkel die Namen der Gefallenen eingemeißelt sind — als ein Zeichen dafür, daß die idealisierte öffentliche Verklärung der Gefallenen heute einer schlichten privaten Trauer gewichen ist.

In seinem Buch *Rites of Spring*[7] schildert Modris Eksteins den Ersten Weltkrieg als Vorboten dessen, was wir als Moderne bezeichnen. Den Weg für diese Interpretation wies die bahnbrechende Untersuchung von Paul Fussell[8], die mehrere der hier rezensierten Autoren inspirierte. Im Vorwort schreibt Eksteins, sein Buch sei

»ein Buch über die Entstehung unseres modernen Bewußtseins in der ersten Hälfte dieses Jahrhunderts. Dabei geht es inbesondere um die Entwicklung der für dieses Bewußtsein so charakteristischen Besessenheit vom Emanzipationsgedanken, vor allem aber um die Bedeutung des ›Großen Krieges‹[...] hinsichtlich der Entwicklung dieses Bewußtseins [...] Damit unser Fixiertsein auf Geschwindigkeit, Neuheit, Flüchtigkeit und Innerlichkeit — auf ein ›schnelles Leben‹, wie man heute sagt — überhaupt Fuß fassen konnte, [mußte] ein ganzes System von Wertvorstellungen und Anschauungen seinen [...] Ehrenplatz räumen, und in dieser Entwicklung war der Große Krieg — wie wir sehen werden — ganz entschieden das bedeutendste Ereignis[9].«

Wie diese Worte zeigen, geht Eksteins an seine Untersuchung nicht mit den analytischen Instrumenten des traditionellen Historikers heran, sondern eher wie ein impressionistischer Künstler, der anstelle der Farbe das gedruckte Wort benutzt. Er tut das ganz bewußt, indem er argumentiert, die Geschichtsschreibung als Disziplin gehöre in eine Epoche des Rationalismus [d.h. in das 18. und 19. Jahrhundert], während unser Jahrhundert eine antihistorische Epoche sei. Das liege vor allem daran,

»daß dieses Jahrhundert von Anbeginn an eines der Desintegration und nicht der Integration gewesen ist. Als Folge davon ist der Psychologe weitaus gefragter als der Historiker. Und dem Künstler bringt man mehr Respekt entgegen als jedem von beiden[10].«

Eksteins' Werk ist voll von Metaphern, und er wählt für seine »geschriebene« Leinwand gewisse spektakuläre Ereignisse aus, die er dann nach jedem Goldkorn einer symbolischen Bedeutung absucht, um seine These zu beweisen. Aus seinen Skizzen taucht das Bild eines primitiven Modernismus auf, der schon vor 1914 vorhanden war, durch den Krieg jedoch ungeheuer beschleunigt wurde.

Sein Buch besteht aus drei Teilen oder »Akten«, wie er sie nennt: die Vorkriegszeit, die Kriegsjahre und die Nachkriegszeit. In jedem dieser drei Teile schildert Eksteins mit peinlicher Genauigkeit ein spektakuläres Ereignis, das seine These stützt: die Premiere von Strawinskys »Le sacre du printemps« (dt. Das Frühlingsopfer) im Mai 1913 in Paris; die Waffenruhe am Weihnachtstag 1914, auf die dann schreckliche Szenen des Todes und der Vernichtung folgten; und das strahlende Bild Charles Lindberghs nach seinem Alleinflug über den Atlantik im Mai 1927, der die Menschen mit *einem* Element des Krieges — der Eroberung des Luftraums — versöhnte. Jedes dieser drei Ereignisse steht für eine Seite der Moderne, aber sie entspringen alle einer überwältigenden Kraft des Westens — der technischen Entwicklung. Das Frühlingsopfer, mit der modernen Musik Strawinskys, besaß eine Gewalt und Intensität, die den heraufziehenden Konflikt vorwegzunehmen schien. Lindberghs Popularität bei den Massen war darauf zurückzuführen, daß er ein Element der modernen Technik — das Flugzeug — benutzte, um die Gewalt des Stellungskrieges im Rückblick zu transzendieren und ein wahrer Ritter der Lüfte zu werden.

Eksteins' Buch handelt letzten Endes vom Tod: vom massenhaften Tod, den die moderne Technik ermöglichte; vom massenhaften Tod, der alle moralischen Barrieren der Vergangenheit untergrub. Der Schock des Krieges hatte den Westen aus den Angeln gehoben. Nach dem Großen Krieg schien es, als seien die schweren Opfer alle umsonst gebracht worden. Aber dann kamen diejenigen, deren Ziel es war, Mythen zu fabrizieren, um die Kluft zwischen dem Massensterben und seiner offenkundigen Sinnlosigkeit zu überbrücken: die Nationalsozialisten. Hitler war die reinste Verkörperung des modernen Politikers; er benutzte Mythen wie die »Frontgemeinschaft« und das Gedenken an die Gefallenen, um die schweren Opfer auf den Schlachtfeldern zu rechtfertigen, und stellte dann diese fabrizierten Mythen — oft in Form von *kunstvollen* Massenversammlungen und Aufmärschen — in den Dienst seiner politischen Bewegung. Schließlich war Hitler ein verhinderter *Künstler*, der die politische Arena betreten hatte.

In dieser Hinsicht läßt sich Ekbsteins' Untersuchung mit der von Mosse vergleichen. Beide Autoren schildern, wie die politische Rechte es verstand, die Mythologie des Großen Krieges erfolgreich zu benutzen, und beide sehen diese Epoche im Grunde aus dem deutschen Blickwinkel, obwohl sie auch Beispiele aus anderen Ländern erwähnen.

Die neuen Interpretationsansätze bei der Erforschung des Ersten Weltkrieges — der kulturelle, der geschlechtsspezifische und so weiter — dürfen nicht den Blick dafür verstellen, daß auch der herkömmliche militärgeschichtliche Ansatz bedeutende Werke hervorgebracht hat. Ein Beispiel dafür ist eine Untersuchung, die sich mit einem der dramatischen Zusammenstöße gleich zu Beginn des Krieges beschäftigt — mit der Schlacht bei Tannenberg (27.—30. August 1914). Dieser frühe, entscheidende Sieg der Deutschen wurde von den Militärs und der Presse als einer von weltgeschichtlicher Bedeutung gefeiert und machte das Gespann Hindenburg—Ludendorff zu Nationalhelden. Nach dem Krieg wurde der Sieg von Tannenberg Bestandteil der heroischen Mythologie, die vielen Deutschen nach der katastrophalen Niederlage eine Stütze bot. Professor Dennis Showalter, einer der prominentesten amerikanischen Militärhistoriker und Herausgeber der neuen Zeitschrift »War in History«, hat nach achtjährigem Quellenstudium ein bedeutendes Werk über diese Schlacht veröffentlicht[11]. In einer sehr wirksamen Verbindung von erzählender Darstellung und Analyse liefert er eine erschöpfende Untersuchung der strategischen, operativen und taktischen Elemente dieser Schlacht, von der Ebene des Stabes bis zu derjenigen der Korporalschaft. Dieser Teil des Werkes ist jedoch fest verankert in einer anspruchsvollen Untersuchung der langfristigen Faktoren, die diesen »Zusammenstoß der Kaiserreiche« überhaupt erst hervorriefen. Als Hintergrund zeichnet der Verfasser den alten Antagonismus, der sich seit der Bismarckzeit zwischen Deutschland und Rußland entwickelte, einschließlich der diplomatischen, wirtschaftlichen, technischen und psychologischen Komponenten auf beiden Seiten. Er beschreibt und analysiert auch sehr genau die Struktur der Armeen beider Völker am Vorabend des Krieges; dabei erörtert er wichtige Faktoren wie Ausbildungsmethoden, soziale Zusammensetzung, lang- und kurzfristige Planung, psychologische Bereitschaft, das Niveau der Rüstung und das Potential der Nachrichtendienste.

In seiner Schlußbetrachtung stellt Showalter fest, daß — im Gegensatz zu zeitgenössischen deutschen Zeitungsberichten und späteren Legenden — der deutsche Sieg nicht so spektakulär und die russische

Niederlage nicht so katastrophal war, wie man es in der Folgezeit darstellte. Ein wichtiger Aspekt seines Werkes ist, daß es aufzeigt, wie Tannenberg später verklärt wurde: durch die Deutschen, die sich dadurch über den verlorenen Krieg hinwegzutrösten suchten; durch die Bolschewiken, die damit die Morschheit und Korruption des zaristischen Regimes anprangern wollten; durch die deutsche Rechte, die im Rahmen ihrer allgemeinen Manipulation von Kriegslegenden den großen Sieg für politische Zwecke ausbeuten wollte; durch die Reichswehr und die spätere Wehrmacht, deren Generalstäbe Tannenberg als Beispiel für einen entscheidenden Sieg sahen, der nicht zugleich eine Vernichtungsschlacht war. Der Mythos fand sogar architektonischen Ausdruck in dem an Stonehenge erinnernden Tannenbergdenkmal, das 1934 zur Grabstätte Hindenburgs wurde.

Ein nicht geringes Verdienst von Showalter ist es, daß er zahlreiche Tannenberglegenden entlarvt, darunter die sensationelle, aber apokryphe Geschichte, die General Hoffmann in seinen Memoiren verbreitete: Er habe mit eigenen Augen gesehen, wie die russischen Generale Rennenkampf und Samsonov während des Russisch-Japanischen Krieges auf einem Bahnsteig in der Mandschurei miteinander stritten. Aber die Deutschen gewannen die Schlacht von Tannenberg bestimmt nicht im mandschurischen Mukden.

Eine der kriegstechnischen Innovationen auf deutscher Seite, die dazu beitrug, die gewaltigen Verluste einer Vernichtungsschlacht bis zu einem gewissen Grade zu vermeiden, war der Einsatz von Sturmtruppen. Die Erfindung dieser Taktik wird oft dem deutschen General Oskar v. Hutier zugeschrieben; aber Bruce I. Gudmundson, ein Historiker des US Marine Corps, weist nach[12], daß diese Taktik der Infiltration, die tatsächlich im Burenkrieg zum ersten Mal benutzt worden war, von deutschen Truppenführern schon Ende 1914 ausprobiert und während des Krieges allmählich weiterentwickelt wurde.

Die Arbeit Gudmundsons schließt eine wichtige Lücke in der englischsprachigen Literatur, was die Taktik der Deutschen im Ersten Weltkrieg angeht. Die Tatsache, daß die Führer der Westmächte 1939/40 darüber kaum etwas wußten, trug — so behauptet Gudmundson — unter anderem dazu bei, daß sie von den Siegen der Deutschen in den Blitzkriegen gegen Polen und dann gegen Westeuropa völlig überrascht wurden. (Eine spektakuläre Komponente des deutschen Sieges im Westen war der entscheidende Angriff auf die belgische Festung Eben Emael, der an eine Taktik erinnerte, wie sie zwischen 1914 und 1918 entwickelt worden war.) Die Westmächte hätten nicht überrascht sein sollen: Die Prinzipien, die auf der operativen wie auf der taktischen Ebene angewandt wurden, waren im Denken der deutschen Militärs schon 25 Jahre lang vorhanden. Aber eine Kombination von Unwissenheit und eingefahrenen Vorstellungen versperrte den französischen und britischen Generalen den Blick für das, was auf sie zukam. Sie hatten praktisch keine Ahnung von dem Bewegungskrieg, den die Deutschen während des Ersten Weltkrieges im Osten geführt hatten, zum Beispiel von den Schlachten bei Tannenberg, bei Riga und in Ostgalizien. In ihren Vorstellungen waren die deutschen Soldaten starre Automaten und daher unfähig, auf den unteren Ebenen spontane Entscheidungen zu treffen. Gudmundson will diese Defizite korrigieren. Er meint: »Die Verwandlung der deutschen Infanterie, die während des Ersten Weltkriegs stattfand, läßt sich nicht monokausal erklären.« Es war vielmehr eine schrittweise Entwicklung, an der viele Faktoren beteiligt waren, zum Beispiel bewußtes Experimentieren, zufällige und unerwartete Entdeckungen, der improvisierte Einsatz neuer Waffen wie Handgranaten, geschärfte Spaten und Flammenwerfer sowie allmähliche Veränderungen der Korporalschaft als einer taktischen Einheit. Zu den wichtigen Vorbedingungen gehörten die relativ zwanglosen sozialen Beziehungen zwischen Offizieren und einfachen Soldaten, der relativ dezentralisierte Charakter des deutschen Heeres, das Vorhandensein einer großen Zahl von Offizieren und Unteroffizieren, die in den praktischen Aspekten der Kriegführung gut geschult waren, sowie die Tatsache, daß es schon vor dem Krieg Pioniereinheiten gab, die sich auf das Bauen und Angreifen von Befestigungsanlagen spezialisierten.

Der Einsatz von Sturmtruppen und die Taktik des Sturmangriffs konnten letztlich, obwohl sie in zahllosen Fällen erfolgreich waren, den Krieg für Deutschland nicht gewinnen. Ein solcher Sieg hätte auf der operativen Ebene errungen werden müssen, und da scheiterte das deutsche Heer im Westen, unter anderem weil die Transportkapazitäten der Alliierten — Eisenbahnzüge und Lastwagen — deren Verteidigungspotential entscheidend stärkten.

Während Gudmundson die Veränderungen auf der unteren Ebene des deutschen Heeres untersucht, konzentriert sich Robert B. Asprey[13] auf die Spitze der Kommandostruktur: auf die Oberste Heeresleitung (OHL) und das Gespann Hindenburg—Ludendorff. Asprey, ein ehemaliger Hauptmann der amerikanischen Marineinfanterie, der im Zweiten Weltkrieg und im Koreakrieg kämpfte, ist ein freier Schriftsteller, der hier einer breiten Öffentlichkeit eine populärwissenschaftliche Geschichte des Ersten Weltkrieges vorlegt.

Obwohl er alle wichtigen Kämpfe des Krieges von der Marneschlacht bis zu den letzten Offensiven des Jahres 1918 in farbigen Einzelheiten schildert, steht im Mittelpunkt seiner Darstellung das »Duo« Hindenburg—Ludendorff, das von 1916 bis Kriegsende in einer Art Militärdiktatur die OHL beherrschte. Aspreys Untersuchung, die sich weitgehend auf Sekundärquellen stützt, erschließt zwar kein Neuland, erinnert jedoch den Historiker an diverse Fakten, die bei den Siegen Deutschlands und bei seiner schließlichen Niederlage eine wichtige Rolle spielten. Der deutsche Generalstab war eine vielgerühmte Institution, aber die höchsten deutschen Militärs waren trotz einiger bedeutender operativer Siege im Osten und Süden (Rußland, Serbien, Italien) den strategischen Herausforderungen des Krieges letzten Endes nicht gewachsen. Nach Asprey fehlte an der Spitze jene Innovation, die man in den unteren Rängen der Militärhierarchie beobachten kann. Außerdem ist das »Duo«, wie Asprey es darstellt, ein eindrucksvolles Symbol für die sozialen Veränderungen im deutschen Heer: Es bestand ein beträchtlicher Gegensatz zwischen Hindenburg, dem alten Junker, dem Veteranen von Königgrätz, den man 1914 aus dem Ruhestand geholt und an die Spitze der 8. Armee gestellt hatte, und Ludendorff, dem Sproß einer armen Handwerkerfamilie, ehrgeizig, nervös, unermüdlich und ein Perfektionist mit einem Auge für das Detail. Hindenburg, dem fast ohne Anstrengung der ganze Ruhm zufiel, repräsentierte eine alte, untergehende Elite, die aber immer noch auf ihren Vorrechten beharrte; Ludendorff hingegen stand für eine neue Generation von tüchtigen Aufsteigern, die sich im Dunkeln abmühten, die moderne Technik und den Krieg miteinander zu verschmelzen.

Der eindrucksvollste Kommentar zu Hindenburg stammt von General Hoffmann, der in einem Brief an seine Gattin schrieb, noch nie sei ein Mann mit so geringer geistiger und physischer Anstrengung so berühmt geworden.

Berücksichtigt man, welche Katastrophen (die riskante Offensive von 1918 ist nur die spektakulärste) sich unter der Ägide Hindenburgs und Ludendorffs ereigneten, so ist es nach Asprey bedauerlich, daß der Mythos ihren Erfolg übertrieben hat, gestützt durch die »Dolchstoßlegende«, an deren Erfindung Hindenburg selbst beteiligt war. Das Werk Aspreys trägt sehr dazu bei, den Mythos dieser beiden Nationalhelden zu widerlegen, denen es in Wirklichkeit nicht um ihr Vaterland und ihre Soldaten, sondern um ihre eigene Person und ihren persönlichen Aufstieg ging.

Eine davon abweichende Auffassung vertritt Oberst Rod Paschall, der Leiter des US Army Military Institute in Carlisle Barracks (Pennsylvania), in seiner glänzenden Untersuchung *The Defeat of Imperial Germany, 1917–1918*[14]. Dieser Band behandelt die wichtigsten Kämpfe der beiden letzten Kriegsjahre, darunter die Nivelle-Offensive, die Eroberung des Höhenrückens südlich von Ypern durch Haigs schottische Regimenter, die italienische Front und Caporetto, den britischen Panzervorstoß auf Cambrai, die deutsche Frühjahrsoffensive 1918 und das Eingreifen amerikanischer Truppen im gleichen Jahr.

Im Zentrum steht abermals die Spitze der Kommandostruktur mit kritischen Porträts von Nivelle, Ludendorff, Haig und Pershing. Paschall liefert eine ausgewogene Darstellung dieser oft geschmähten Heerführer, indem er ihre Stärken und Schwächen hervorhebt, besonders aber, indem er sie in den Kontext der damaligen Zeit stellt. Er bezeichnet diese Männer nicht — wie es viele Historiker im Anschluß an Liddell-Hart getan haben — als stupide, geistlose »Esel«, die Tausende von Soldaten unüberlegt in den Tod schickten, weil ihnen nichts Besseres einfiel. Sie versuchten vielmehr innerhalb der politischen, strategischen und technischen Beschränkungen ihrer Zeit Strategien zu entwickeln, um aus der Sackgasse des Stellungskrieges herauszukommen und die Mobilität wiederherzustellen — und dadurch den Sieg zu erringen. Nach Paschall gab es drei Mittel, um den toten Punkt, an dem man zu Beginn des Jahres 1917 angelangt war, zu überwinden: Verhandlungen, Wiederherstellung der Manövrierfähigkeit und Fortsetzung des Zermürbungskrieges. Das erste Mittel — eine politische Option — versagte. So blieben die beiden militärischen Optionen. Die Heerführer bemühten sich nach Kräften, mittels eines entscheidenden Durchbruchs die Manövrierfähigkeit zurückzugewinnen; dabei wandten sie innovative Taktiken und Strategien an, um die verhärteten Fronten aufzuweichen. Es war ihre Tragödie, daß ihnen das nicht gelang: somit blieb nur die Fortsetzung des Zermürbungskrieges.

Alle Versuche scheiterten: die von Nivelle geplante Einschleusung von Infanteristen (ähnlich der deutschen Sturmtruppentaktik) mit kleinen, begrenzten Offensiven; Pétains Strategie des massierten Trommelfeuers und des gezielten Sturmangriffs; Haigs Panzervorstoß bei Cambrai (obwohl Paschall anerkennt, daß Haig diese neue Waffe stark befürwortete); Ludendorffs Strategie der elastischen Verteidigung in Verbindung mit sofortigen Gegenstößen. Letztlich blieben alle diese Ideen erfolglos, und erst der Einsatz von frischen Truppen und Material aus den USA brachte die Wende.

Trotzdem erzeugte der Krieg, so meint Asprey, viele Innovationen, die im nächsten Krieg zur vollen Entfaltung kommen sollten, zum Beispiel das System der Geleitzüge und die Verwendung des Flugzeugs als Abfangjäger, Kampfflugzeug und zur taktischen Unterstützung der Bodentruppen. Vor allem betont er, wie töricht es sei, die Heerführer des Ersten Weltkrieges als tölpelhaft und dumm, die des Zweiten Weltkrieges dagegen als brilliant und innovativ zu bezeichnen; in Wirklichkeit verdankten letztere ersteren sehr viel.

Ein wichtiges Gebiet der Innovation während des Krieges war der Einsatz von Flugzeugen. In einer sehr lesenswerten und umfassenden Untersuchung[15] weicht Lee Kennett von dem traditionellen Schema ab, das sich auf einzelne Asse und ihre Heldentaten konzentrierte; statt dessen stellt er den Aufbau der Luftwaffe in den größeren Zusammenhang der Entwicklung der Luftfahrt und der Entwicklung von Technik und Strategie im Ersten Weltkrieg.

In seinem Anfangskapitel, das einen Überblick über die drei Vorkriegsjahrzehnte gibt, weist Kennett nach, daß die Luftwaffe keineswegs geringgeschätzt wurde, sondern in der militärischen Planung mehrerer Länder eine Aufgabe und eine Priorität zugewiesen bekam und überraschend starke Anerkennung und Unterstützung fand.

Sehr differenziert beurteilt Kennett die sich im Laufe des Krieges verändernde Rolle des Flugzeugs. Dabei betont er Funktionen, die bisher zu wenig beachtet worden sind, zum Beispiel Aufklärung und Beobachtung, denen er höchste Bedeutung beimißt, besonders wenn es darum ging, die Artilleriestellungen des Gegners genau auszumachen. In seinem Überblick über das Geschehen an einer Reihe von Fronten schildert er auch die Entwicklung anderer Aspekte der Luftwaffe, etwa des Marineflugwesens, des Bombers und des Jagdflugzeugs. Und die Piloten selbst, die einst hauptsächlich als »Ritter der Lüfte« angesehen und von einem breiten Publikum vergöttert wurden, stellt er in den komplexen Rahmen der sich ständig verändernden Flugzeugtechnik.

Kennett ist jedoch darauf bedacht, die Bedeutung der Luftwaffe im Ersten Weltkrieg nicht zu überschätzen. Nirgends spielte sie eine entscheidende Rolle; diese lag immer noch bei den Operationen auf dem Land und auf dem Meer. Außerdem waren die damaligen Flugzeuge empfindliche, zerbrechliche, sehr anfällige Objekte, die noch keine

Funkverbindung besaßen und häufig an mechanischen Defekten litten. Aber trotz dieser Unzulänglichkeiten wurde das Potential der Luftwaffe allgemein erkannt; es sollte in späteren Kriegen genutzt werden.

Der Erste Weltkrieg produzierte schließlich nicht nur eine ungeheure Zahl von Gefallenen und Verwundeten, sondern auch eine unerhörte Zahl von Gefangenen. In einer überarbeiteten Fassung seiner Dissertation[16] untersucht Richard Speed die Behandlung von Kriegsgefangenen und internierten Zivilisten durch die wichtigsten kriegführenden Staaten sowie die Diplomatie, die sich mit den Bedingungen ihrer Gefangenschaft und mit ihrer schließlichen Repatriierung befaßte. Speed geht von der Annahme aus, die Behandlung der Kriegsgefangenen habe sich während unseres Jahrhunderts laufend verschlechtert — unter anderem wegen des zunehmend ideologischen und rassistischen Charakters der Kriege. Während des Ersten Weltkrieges behandelten jedoch die meisten kriegführenden Staaten — wenn man die Belastungen und Zwänge des ersten totalen Krieges unseres Jahrhunderts bedenkt — ihre Gefangenen erstaunlich anständig, das heißt »so gut, wie man es vernünftigerweise erwarten konnte«. Dies gilt nach Speeds Auffassung natürlich vor allem für die westlichen Alliierten, von denen die Amerikaner (die am wenigsten unter Versorgungs- und Nachschubschwierigkeiten zu leiden hatten) am besten abschneiden. Überraschenderweise gesteht Speed auch Deutschland zu, daß es seine Gefangenen (sogar die Russen) im allgemeinen anständig behandelte — im Gegensatz zum Verhalten Deutschlands während des Zweiten Weltkrieges. Der einzige kriegführende Staat, der den Ansprüchen nicht genügt, ist Rußland, wo die größte Zahl von Gefangenen erkrankte und starb — nach Speed nicht etwa deshalb, weil die Russen ihre Gefangenen gehaßt oder absichtlich schlecht behandelt hätten, sondern weil sie einfach der Aufgabe, so viele Gefangene einigermaßen effizient abzufertigen, administrativ nicht gewachsen waren. Außerdem untersucht Speed — aufgrund von bisher übersehenen diplomatischen Quellen — die Bemühungen des amerikanischen Außenministeriums während der Jahre der amerikanischen Neutralität, sowohl alliierte als auch deutsche Gefangenenlager zu inspizieren. Obendrein zeichnet er ein Bild von den tatsächlich recht unterschiedlichen Verhältnissen in diversen Lagern, wie es sich aus den Inspektionsberichten ergibt.

Bevor der Krieg große Zahlen von Soldaten verschlingen konnte, mußten zunächst junge Männer — entweder als Freiwilige oder als Wehrpflichtige — eingezogen werden. Die Mächte des europäischen

Kontinents hatten sich seit langem an die allgemeine Wehrpflicht und an stehende Heere gewöhnt; nach dem Ausbruch des Krieges verzeichneten sie zunächst auch einen großen Zustrom von Freiwilligen. Die Erfahrung in den USA war ganz anders, wie John Whiteclay Chambers II nachweist[17].

Amerika war nicht an ein stehendes Heer gewöhnt, und wenn es bei seltenen Anlässen — zum Beispiel während des Sezessionskrieges — zur Wehrpflicht griff, um eines aufzustellen, kam es zu Unruhen. Präsident Wilson hatte daher 1917 ein Problem. Chambers' Buch ist angeblich eine Geschichte der Wehrpflicht in den USA seit 1776. In Wirklichkeit bildet dieses Material nur den Hintergrund für den eigentlichen Kern des Buches, den Ersten Weltkrieg. Das Geschehen wird in drei Abschnitten dargestellt, die den Hauptteil des Buches bilden: die Diskussion in Amerika über die Wehrpflicht vor seinem Kriegseintritt, die Durchführung der Wehrpflicht während Amerikas Beteiligung am Krieg und die Aufhebung der Wehrpflicht nach dem Krieg.

Chambers kommt zu der Schlußfolgerung, daß trotz des Widerstandes vor 1917 (besonders seitens der Progressiven, die dem Militär mißtrauten) einige Kräfte in den Institutionen und in der Gesellschaft den Gedanken der Wehrpflicht unterstützten. Das Militär, dem es immer darum ging, kriegsbereit zu sein und ein permanentes Instrument für den allgemeinen Wehrdienst zu schaffen, versuchte bei den Abgeordneten die Ausdehnung der Streitkräfte durchzusetzen. Vielleicht noch wichtiger war, daß die industriellen und akademischen Eliten der Ostküste ebenfalls auf eine Einführung der allgemeinen Wehrpflicht drängten; sie sahen darin ein Instrument der sozialen Kontrolle, »ein Gegenmittel gegen die Herausforderungen des Anarchismus, des Sozialismus und der Basisdemokratie«[18].

Schließlich brachte der Krieg die allgemeine Wehrpflicht in die USA; aber eine Regierung, die sich wegen der Protestbewegung Sorgen machte, bezeichnete sie euphemistisch als »selektiven Wehrdienst« (selective service). Dieser kam in einem typisch amerikanischen Kompromiß zustande und war ein politischer Ausgleich zwischen zentraler und lokaler Gewalt. Die Bundesregierung behielt sich das Recht vor, die Einberufung von schließlich drei Millionen Mann zu überwachen — ein Ausüben von Macht durch die Zentralregierung; lokale Einberufungskommissionen hatten jedoch das Recht, die Männer aus ihrer Gemeinde auszuwählen, die einberufen werden sollten — ein Ausüben von Macht an der Basis. Nach dem Krieg wurde das System der allgemeinen Wehrpflicht so rasch wie möglich wieder aufgehoben, galt es doch in der amerikanischen Tradition immer als ein ausgesprochen provisorischer Notbehelf.

Chambers weist auch darauf hin, daß die Politik der Regierung, die Werbung von Freiwilligen stark einzuschränken (72 Prozent der amerikanischen Soldaten waren Wehrpflichtige), teils der Behauptung der staatlichen Gewalt diente, teils einer heftigen persönlichen Abneigung entsprang: Wilson suchte zu verhindern, daß sein politischer Erzrivale, Theodore Roosevelt, eine Freiwilligentruppe aufstellte und an ihrer Spitze in Frankreich ähnliche Heldentaten vollbrachte wie einst im Spanisch-Amerikanischen Krieg.

Anmerkungen

* Aus dem Englischen übersetzt von Karl Nicolai.

1 America in the Great War. The Rise of the War Welfare State, New York 1991.

2 Behind the Lines. Gender and the Two World Wars, New Haven 1987.

3 Into the Breach. American Women Overseas in World War One, New York 1991.

4 The Great Adventure. Male Desire and the Coming of World War I, Bloomington, Indiana 1990.

5 The Great War and Women's Consciousness, Iowa City 1990.

6 Fallen Soldiers. Reshaping the Memory of the World Wars, New York 1990 (dt. Ausgabe: Gefallen für das Vaterland. Nationales Heldentum und namenloses Sterben, Stuttgart 1993).

7 Rites of Spring. The Great War and the Birth of the Modern Age, Boston 1989 (dt. Ausgabe: Tanz über Gräbern. Die Geburt der Moderne und der Erste Weltkrieg, Reinbek bei Hamburg 1990).

8 The Great War and Modern Memory, Oxford 1975.

9 Zit. nach der dt. Ausgabe (wie Anm. 7), S. 12.

10 Ebd., S. 431.

11 Tannenberg. Clash of Empires, Hamden, Conn. 1991.

12 Stormtroop Tactics. Innovation in the German Army, 1914–1918, New York 1989.

13 The German High Command at War. Hindenburg and Ludendorff Conduct World War I, New York 1991.

14 Chapel Hill, N.C. 1989 (= Major Battles and Campaigns, ed. by John S.D. Eisenhower, Bd 1).

15 The First Air War, 1914–1918, New York 1991.

16 Prisoners, Diplomats, and the Great War. A Study in the Diplomacy of Captivity, Westport, Conn. 1991.

17 To Raise an Army. The Draft Comes to Modern America, New York 1987.

18 Ebd., S. 89.

Bruno Thoß

Der Erste Weltkrieg als Ereignis und Erlebnis. Paradigmenwechsel in der westdeutschen Weltkriegsforschung seit der Fischer-Kontroverse

Zogen westdeutsche Historiker Ende der fünfziger Jahre Zwischenbilanz zum Stand der Weltkriegsforschung, dann nahmen sich ihre Überlegungen meist wie Abschlußberichte über ein auslaufendes Projekt aus. Die großen Gesamtdarstellungen von Reichsarchiv, Marine-Archiv und Kriegswissenschaftlicher Abteilung der Luftwaffe waren noch während des Zweiten Weltkrieges abgeschlossen und in ihren letzten Bänden nachträglich veröffentlicht worden[1]. Mochten sie auch über Gebühr dem Wunsch des älteren Moltke verhaftet sein, »gewisse Prestigen nicht zu zerstören«, so hielt sie die wissenschaftliche Kritik doch in ihren Details weithin für zuverlässig. Im übrigen schienen die Bestände des Potsdamer Heeresarchivs kurz vor Kriegsende durch einen alliierten Luftangriff so nachhaltig zerstört, daß einer Überprüfung der amtlichen Geschichtsschreibung auch von daher engste Grenzen gezogen waren. Aktenrückgaben aus der Sowjetunion haben inzwischen freilich gerade zur Weltkriegsforschung des Reichsarchivs erhebliches Material zutage gefördert, das dringend einer wissenschaftlichen Überprüfung harrt[2]. Vor allem aber hat die Forschung zur Geschichte des Kaiserreichs seit den Anstößen aus der Fischer-Kontroverse auch den Weltkrieg auf breiter politik-, wirtschafts- und sozialgeschichtlicher Basis neu unter die Lupe genommen und damit die vorher konstatierte Forschungsflaute nachdrücklich überwunden.

Dabei lassen sich inzwischen wesentlich vier Forschungsphasen ausmachen, die in engem Zusammenhang mit den Paradigmenwechseln in der westdeutschen Historiographie insgesamt nach 1945 zu sehen sind. Zunächst setzte die Weltkriegsforschung dort wieder an, wo sie in der Zwischenkriegszeit thematisch stehengeblieben war: bei der kriegsgeschichtlichen Bestandsaufnahme über Gründe, militärische Verlaufsformen und Ergebnisse des verlorenen Krieges. Mit der Kontroverse um die Arbeiten des Hamburger Historikers Fritz Fischer[3] brach indes in den sechziger Jahren der Konsens darüber auf, daß die beteiligten Mächte in der Katastrophe von 1914 generell keine wirksamen Mittel mehr zur Krisensteuerung gefunden hatten. Kriegsschuld- und Kriegszielfragen dominierten den Disput und leiteten über zu der weitreichenderen Kontroverse über Kontinuitäten und/oder Diskontinuitäten in der Geschichte des deutschen Machtstaates zwischen 1871 und 1945. Damit gerieten in einer dritten Phase zunehmend die innen-, wirtschafts- und gesellschaftspolitischen Voraussetzungen und Folgen der deutschen Politik im Kriege unter der Problemstellung einer tiefgreifenden Systemkrise des Wilhelminischen Deutschland in den Blick. Schließlich wandte sich die Alltagsgeschichte der Erlebnisebene des »kleinen Mannes« zu, um die bisherige Dominanz der Elitenforschung aufzubrechen und eine Geschichte der Gesellschaft im Kriege auch von unten zu unterfüttern. Kaum über einzelne Ansätze hinausgelangt ist dagegen nach wie vor die komparatistische Weltkriegsforschung. Das gilt für übernationale Vergleiche kriegsbedingter Phänomene ebensosehr wie für Versuche vergleichender Längsschnitte zur Aufhellung des Zeitalters der Weltkriege von 1914 bis 1945.

Ein bilanzierender Überblick kann die einzelnen Facetten dieser bis in die Gegenwart fortdauernden Standortbestimmungen des Ersten Weltkrieges für die deutsche Geschichte im 20. Jahrhundert naturgemäß nur anreißen. Deshalb soll der Versuch unternommen werden, aufbauend auf einem früheren Forschungsbericht[4] die Hauptstränge der vorgestellten Zugangswege zu skizzieren und ihre Ergebnisse vor allem in den letzten zwei Jahrzehnten näher vorzustellen.

I.

Die Diskussionen in den zunächst noch stark kriegsgeschichtlich orientierten fünfziger Jahren hatten wesentlich auf Themen und Kontroversen zurückgegriffen, die bereits die amtlichen Großprojekte wie die Militärpublizistik der Zwischenkriegszeit maßgeblich bestimmt hatten, wenn sie auch zu wesentlich kritischeren Bewertungen über die Kriegführung des kaiserlichen Deutschland gekommen waren. Gegenüber dieser Sicht der Dinge brachte erst die Fischer-Kontroverse in den sechziger Jahren einen einschneidenden Paradigmenwechsel. Von Einzelgängern abgesehen, die noch völlig in den Klischees der Kriegschuldforschung aus den 30er Jahren verharrten, schien bis dahin mit den deutsch-französischen und deutsch-britischen Historikervereinbarungen Anfang der 50er Jahre ein Konsens über den Kriegsausbruch von 1914 auf der Basis von Lloyd Georges Zauberformel gefunden, daß die Mächte letztlich gleichermaßen in einen unbeabsichtigen Weltkrieg »hineingeschlittert« seien[5]. Lediglich Ludwig Dehio stellte frühzeitig die »singuläre Dynamik Deutschlands« als vorrangige Kriegsursache heraus, da das wilhelminische Drängen in die Weltpolitik nicht mehr auf Bewahrung, sondern auf Veränderung des Status quo ausgerichtet gewesen sei. Eine Politik des ständig überhöhten »Kriegsrisikos« in einem auf den Weltkrieg vorausweisenden »Kalten Krieg« vor 1914 müsse deshalb als genuin deutsche Vorbelastung der Julikrise im Sommer diesen Jahres in Anrechnung gebracht werden[6].

Dehios Ansatz fand zunächst jedoch kaum Anklang in der Historikerzunft. Das änderte sich erst mit Fritz Fischers Untersuchung zur Kriegszielpolitik des kaiserlichen Deutschlands[7]. Die Einzelheiten der sofort anhebenden Debatte in ihrer Substanz, aber auch in ihren Peinlichkeiten, lassen sich gerafft skizzieren, da sie inzwischen selbst Gegenstand wissenschaftlicher Darstellungen geworden sind[8]. Mit der zunächst durchaus nicht provozierend vorgetragenen These, das Deutsche Reich habe im Ersten Weltkrieg von Anfang an quer durch seine wesentlichen politischen Lager überhöhte Kriegsziele verfolgt, ließ sich das bisherige Bild zweier deutlich voneinander geschiedener Lager (Verständigungspolitiker versus Annexionisten) nicht mehr vereinbaren. Fischers politisch-pädagogische Absicht, durch seine rückhaltlose Abkehr vom nationalistischen »Irrweg« der Deutschen in zwei Weltkriegen einen Beitrag zur vollen Integration Deutschlands in die westliche Welt zu leisten, konterten seine Kritiker mit dem Vorwurf, er betreibe damit eine ungerechtfertigte »Verdunklung« der deutschen Geschichte von Bismarck bis Hitler.

Den Höhepunkt erreichten die Auseinandersetzungen auf dem Berliner Historikertag von 1964, ohne daß sich die Standpunkte wesentlich verschoben hätten[9]. An der Spitze einer wissenschaftlich-publizistischen Gegenbewegung suchte Gerhard Ritter in seinem Alterswerk *Staatskunst und Kriegshandwerk* durch einen zusätzlichen Band über die Jahre 1914—1917 vor allem die Politik des ersten Kriegskanzlers Bethmann Hollweg als eher defensiv und von der jeweiligen Kriegslage abhängig abzuheben vom Lager der alldeutschen Annexionisten[10]. Nicht hybride Machtträume, sondern der Wunsch, die von innerer Spaltung bedrohte Nation im Kriege unter allen Umständen zusammenzuhalten, seien seine Leitmotive gewesen. Seine Politik der Diagonale, einer Moderation zwischen den politischen Fronten, sei aber schließlich an der im Kaiserreich angelegten Dominanz des Militärischen gescheitert.

Zwischenzeitlich hatte eine Dokumentation den Gegenstand der Kontroverse um die Verantwortung der deutschen Politik für den Kriegsausbruch erweitert[11]. Die Masse des Materials war zwar bereits anderweitig publiziert und erbrachte von daher wenig inhaltliche Überraschungen; in ihrer Form einer dokumentierten Streitschrift suchte die Edition den Kriegsbeginn indes als vom Reich bewußt ausgelösten Angriffskrieg auszuweisen. Fischer selbst verschärfte seine Ausgangsthesen nunmehr ebenfalls zu der Annahme eines planmäßig vorbereiteten und ausgelösten Krieges durch Deutschland[12].

Im Kern kreiste die Debatte nunmehr um den »Blankoscheck«, den die Reichsleitung ihrem österreichischen Partner bei seinem unmittelbar in den Krieg führenden Ultimatum an Serbien ausgestellt habe. Fischers Kontrahenten sahen dabei Bethmann Hollweg nicht als planmäßigen Machttaktiker, sondern von dem Bewußtsein der ständig labilen Position des deutschen Neulings im Konzert der Mächte umgetrieben, der sich in seiner internationalen Isolierung nun nicht auch noch die Schwächung seines Hauptverbündeten leisten wollte und deshalb das Risiko eines Krieges zu einem Zeitpunkt einging, da wenigstens die Modernisierung der russischen Armee noch nicht abgeschlossen war[13].

Umstritten blieb dagegen auf allen Seiten, wie erheblich der Geheimnisverrat eines russischen Diplomaten gewesen war, durch den die deutsche Führung von den unmittelbar vor ihrem Abschluß stehenden englisch-russischen Marineverhandlungen erfahren hatte und deshalb präventiv auf Kriegskurs gegangen war, selbst wenn diese These erneut mit Vehemenz ins Spiel gebracht wurde[14]. Immerhin wird man aber das zaristische Rußland, das sich in seiner wachsenden inneren Zerrissenheit vor und im Weltkrieg einer offensiven Außenpolitik zur Systemstabilisierung verschrieb, wohl ebenfalls in die Gruppe der »Hauptschuldigen« am Kriegsausbruch 1914 einzureihen haben[15]. Selbst die sowjetische Forschung machte in der Phase ihrer relativen wissenschaftlichen Offenheit in der Zwischenkriegszeit eine Mitschuld Rußlands am Kriegsausbruch aus, orientierte sich freilich generell an Lenins Theorie der Kriegsursachen als eines Wettkampfes aller imperialistischen Mächte um Hegemonie und Märkte. Nach dem deutschen Überfall von 1941 stellten sich indes auch die sowjetischen Historiker voll in den

Dienst einer nationalen Geschichtsauffassung, die später mit Blick auf die Aufrüstung in der Bundesrepublik den deutschen »Revanchismus und Militarismus« als durchgängige Hauptbelastung der europäischen Politik im 20. Jahrhundert herausstrich, ohne allerdings die übrigen bürgerlichen Regierungen aus ihrer Mitverantwortung zu entlassen[16].

In den Tagebüchern des Kanzlervertrauten Kurt v. Riezler hatten die Kontrahenten unterdessen einen ausdeutbaren Kronzeugen für ihre jeweilige Einschätzung der deutschen Politik von 1914 gefunden[17]. Seine Vorkriegsschriften machten bereits deutlich, daß er den Kanzler offenbar auf die Bahn eines überhöhten Kriegsrisikos gestoßen hatte, um die internationalen Blockaden deutscher Weltpolitik aufzubrechen[18]. Deshalb näherte sich jetzt auch Andreas Hillgruber einer stärker die offensiven Elemente in Bethmanns Politik herausstellenden Sicht an, wenn er Riezlers Theorie des kalkulierten Risikos mit dem bewußten Herangehen des amerikanischen Außenministers Dulles bis an die Schwelle eines Krieges in den fünfziger Jahren verglich[19]. Freilich ist inzwischen gerade die allgemein als besonders zuverlässig bewertete Edition der Riezler-Tagbücher unter scharfen Beschuß geraten. Der immer noch nicht endgültig entschiedene Streit hat sich bis zu dem Vorwurf einer bewußten Verfälschung aufgeschaukelt und läßt dabei noch einmal die Verwundungen aufscheinen, die sich die Gegner in der Fischer-Kontroverse gegenseitig zugefügt hatten[20].

Nicht voll überzeugen konnte dagegen der methodisch reizvolle Versuch eines Teams von Sozialwissenschaftlern, die Juli-Krise von 1914 anhand moderner Konfliktmodelle interdisziplinär zu überprüfen. Schon die beigezogenen Historiker warfen nämlich die Frage nach Aufwand und Ertrag eines derartigen Vorhabens auf, das in seinen Aussagen letztlich so allgemein blieb, daß es den historischen Abläufen und Begründungen nicht wirklich gerecht wurde[21]. Weiterführender für die historische Debatte waren da schon Überlegungen, die — ohne Deutschlands besondere Krisenverschärfung extrapolieren zu wollen — die internationalen Konfliktregelungsmechanismen der Zeit insgesamt vergleichend ausleuchteten und damit die allgemeine Krise des europäischen Staatensystems vor 1914 in den Blick nahmen[22].

Frühzeitig hatte sich während der Fischer-Kontroverse auch die Frage nach der Geschichte der Kriegsschuldforschung in Deutschland gestellt, aus der sich wesentliche Rückschlüsse auf die frühere und jetzige Vehemenz der Auseinandersetzungen ziehen ließen. Die Initiative dazu hatte Imanuel Geiss mit seiner Veröffentlichung des vom Auswärtigen Amt unterdrückten Gutachtens aus der Feder des Freiburger Staatsrechtlers Hermann Kantorowicz ergriffen[23]. Eine Begründung für die Einseitigkeiten in der Schulddiskussion nach beiden Weltkriegen lieferte dabei sicherlich das Faktum, daß sie als von außen aufgezwungenes Siegeroktroi empfunden und deshalb mit dem Versuch nach Wiederherstellung des verletzten Nationalstolzes ohne die quälende öffentliche Suche nach den eigenen Verantwortlichkeiten beantwortet wurde[24].

Für die Weimarer Zeit konnte inzwischen ein ganzes Netzwerk staatlich gelenkter und finanzierter Organisationen aufgedeckt werden, die sich in enger Abstimmung mit dem Schuldreferat des Auswärtigen Amtes der planmäßigen Instrumentalisierung der Schulddebatte für die Zwecke deutscher Revisionspolitik widmeten. Damit wurde aber nicht nur eine breite publizistische Ablehnungsfront gegen den Kriegsschuldparagraphen des Versailler Vertrages argumentativ gestärkt; die gezielte Verkürzung der Debatte leistete auch einen erheblichen Beitrag zu einer politischen Kultur, die auf Kosten der Republik den Radikalrevisionisten von rechts zuspielte und damit die Kreise des bürgerlichen Nationalismus für die Argumente des aufsteigenden Nationalsozialismus öffnete[25]. In dieses Bild paßt auch die Haltung der Deutschen Evangelischen Kirchen, die sich jeder internationalen kirchlichen Zusammenarbeit solange verweigerten, wie damit ihre Anerkennung des »Schandfriedens« verbunden war. Mit Trauergottesdiensten und Glockenläuten begingen sie daher nicht selten den 10. Jahrestag von Versailles 1929[26].

Angestoßen durch Fischers Thesen wandte sich die Detailforschung im übrigen der deutschen Besatzungspolitik im Kriege zu, da sich hier die Umsetzung propagierter Kriegsziele in die politische Praxis manifestieren mußte. Exemplarische Bedeutung dafür kam Belgien als dem am frühesten und längsten besetzten Land zu. Obwohl es vor 1914 keine deutschen Gebietsansprüche gab, suchte die deutsche Besatzungsmacht nunmehr — abgestützt auf die von ihr geförderte Flamenbewegung — eine dauerhafte Umorientierung auf das Deutsche Reich einzuleiten. Je nach Kriegslage schwankte man allerdings zwischen langfristiger Annexion und Offenhalten der belgischen Frage als Verhandlungsobjekt für einen möglichen Verständigungsfrieden auf der Basis des Status quo[27]. Die Hoffnungen auf eine Beeinflussung des belgischen durch den deutschen Katholizismus zur Befriedung des Besatzungsgebietes erwiesen sich freilich als Illusion[28]. Die Bevölkerungsmehrheit ließ vielmehr ihre unzweideutige Hinwendung zur Entente erkennen und reagierte in Teilen auch mit aktivem Widerstand. Der in seinen Ausmaßen von der deutschen Publizistik später weit übertriebene »Franktireurkrieg«[29] wurde von den Deutschen schon 1914 mit harten Repressalien beantwortet. So wurden als Vergeltung für mehrere gefallene Deutsche in der Stadt Löwen 200 belgische Zivilisten erschossen und über 1000 Gebäude in der historischen Altstadt niedergebrannt, darunter die berühmte Universitätsbibliothek. Für die Propaganda der Entente lieferte das ein ideales Beispiel für die deutsche Kulturbarbarei; nach dem Weltkrieg wurde Deutschland deshalb zu Ersatzlieferungen verpflichtet, die den Schaden aus deutschen Bibliotheken ersetzen sollten[30]. Mit zunehmendem Arbeitermangel im Reich sah sich das hochentwickelte belgische Facharbeiterpotential außerdem erheblichen Zwangsrekrutierungen für die deutsche Kriegswirtschaft ausgesetzt. Über gemischte deutsch-belgische Gesellschaften aus beschlagnahmten englischen und französischen Unternehmen versuchte sich daneben Hugo Stinnes an einer langfristigen wirtschaftlichen Durchdringung Belgiens[31]. Die Frage müßte freilich über diesen personalistischen Ansatz hinaus noch einmal genereller aufgegriffen werden.

Im Falle Polens suchten die Mittelmächte dagegen mit einer auf das polnische Unabhängigkeitsstreben abgestellten Gewinnungsstrategie zum Ziel zu kommen. Freilich standen sich auch hier Pläne eines halbautonomen »Königreichs« in engster Anlehnung an das Reich und Annexionswünsche in Fortführung der alldeutschen Ostmarkenpolitik aus der Vorkriegszeit sowie militärische Forderungen nach strategischen Positionsverbesserungen über einen breiten polnischen Grenzstreifen in deutscher Hand hemmend gegenüber. Zusätzlich blockierten die deutsch-österreichischen Auseinandersetzungen über eine prodeutsche oder austropolnische Lösung alle Versuche einer facettenreicheren Polenpolitik der Mittelmächte, bei der im übrigen die Nutzung des polnischen Potentials stets im Vordergrund aller Erwägungen stand[32].

Mit ähnlichen Mitteln wie in Polen suchte die deutsche Randstaatenpolitik auch das Baltikum in der Form halbautonomer, dynastisch und wirtschaftlich auf Deutschland ausgerichteter Staaten langfristig zur eigenen Interessensphäre zu schlagen. Die Deutungen in der Literatur gingen allerdings weit auseinander. Während die eine Seite einen dominierenden deutschen Annexionswillen betonte, der nur hinter halbsouveräner Fassade getarnt werden sollte[33], hob die Gegenposition stärker auf die Abschattierungen in den unterschiedlichen Plänen von Auswärtigem Amt und Alldeutschen ab[34]. Sonderbedingungen lagen dabei in Litauen vor, wo der dynastische Zugriff protestantischer Fürstenhäuser auf die Gegenwirkungen der Deutschen Zentrumspartei traf, die den Schutz genuin katholischer Interessen im Auge hatte[35].

Das weiteste Betätigungsfeld tat sich für Deutsche und Österreicher nach dem Frieden von Brest-Litovsk 1918 im besiegten Rußland auf. Nirgends stießen daher auch die unterschiedlichen Besatzungsziele einer direkten Annexion oder einer am britischen Beispiel orientierten indirekten Herrschaft heftiger aufeinander[36]. Eine prodeutsche Nationalitätenpolitik, die insbesondere in der dafür aufgeschlossenen Ukraine[37] antibolschewistische Ängste zu nutzen suchte, scheiterte nicht nur an den vorrangigen kriegswirtschaftlichen Zielen der Besatzungsmacht; sie litt auch an Ludendorffs Schwanken zwischen einem Spiel mit den Bolschewiki und einer Abstützung auf die weißen Gegenrevolutionäre. Seit den Rückschlägen an der Westfront verboten allerdings die Befürchtungen über Rückwirkungen der russischen Revolution auf die deutschen Osttruppen und von hier aus auf die unruhiger werdende eigene Bevölkerung ein Spiel mit mehreren Bällen.

In der deutschen Kriegszielpolitik schnitten sich freilich nicht nur die divergierenden Wünsche nach direkter Annexion oder indirekter Herrschaft, nach territorialer Ausweitung und stärker auf Neuverteilung der Märkte abstellenden Wirtschaftsinteressen, schließlich die auf Dominanz gerichtete deutsche Haltung und die Gegenwirkungen im Lager der Verbündeten. Sie hatte auch eine gewichtige föderale Komponente, drohte bei einem Sieg das an sich schon überwältigende Übergewicht Preußens im Reich weiter zu Lasten der Mittel- und Klein staaten zu wachsen. Als Gegengewicht suchten daher bayerische Kreise um den Kronprinzen Rupprecht an die Triaspolitik vor 1866 anzuknüpfen und über eigene Anteile an den künftigen territorialen Gewinnen eine Neugewichtung zugunsten der Bundesstaaten einzuleiten. Anklang fanden die Bayern damit vor allem in den süddeutschen Nachbarstaaten, allen voran Baden, das bei einer Verteilung der Reichslande seine elsässischen Interessen ins Spiel zu bringen gedachte[38]. Andere Mittelstaaten wie Württemberg, Hessen oder Sachsen meldeten dagegen dynastische Wünsche im Baltikum an. Generell wird man daher bei aller Konzentration auf die Machtziele des Deutschen Reiches konkurrierende Interessen der Verbündeten, der Bundesstaaten und der unterschiedlichen gesellschaftlichen Kräfte nicht außer Acht lassen dürfen.

Frühzeitig war in der Auseinandersetzung mit Fritz Fischer im übrigen auch die Forderung nach angemessener Einbeziehung der alliierten Kriegszielpolitik laut geworden. In den Blick rückten dazu naturgemäß sofort die russischen Ambitionen, die sich im Fortgang des für das Zarenreich ungünstigen Ostkrieges ähnlich ins Uferlose steigerten wie die alldeutschen Machtträume. Von seinen Alliierten zugesagt erhielt Petersburg nicht nur die Kontrolle über die türkischen Meerengen und Konstantinopel; auch weitergehende russische Forderungen aus der osmanischen Konkursmasse am Kaukasus sollten nach dem türkischen Massaker an den Armeniern erfüllt werden. Ein um preußische und österreichische Teile vergrößertes Polen war darüber hinaus als autonomer Staat im russischen Reichsverband vorgesehen[39]. Unter dem Deckmantel der Kriegsallianz suchten England und Frankreich freilich gleichzeitig den deutschen Einfluß vom russischen Markt zu verdrängen und das Riesenreich für die eigene wirtschaftliche Durchdringung zu öffnen[40]. Daneben wollte sich Frankreich nicht nur sicherheitspolitisch-territorial vor Deutschland schützen, sondern durch die Kontrolle des westdeutschen Wirtschaftspotentials auch für den angenommenen wirtschaftlichen Wettlauf mit dem Reich nach dem Kriege wappnen[41].

So weitgehende wirtschaftliche Zielsetzungen stießen jedoch auf die durch das Kriegsbündnis nur überlagerte interalliierte Wirtschaftsrivalität und scheiterten schließlich noch während des Krieges an der amerikanischen Weigerung, sich über das Kriegsende hinaus ökonomisch festlegen zu lassen[42].

Weiterzuführen wäre dazu ein Ansatz, der den Weltkrieg als weltwirtschaftliche Wende zu begreifen versucht. Danach wurde das alte Wirtschaftssystem mit der Zerstörung der deutschen Weltmärkte aus den Angeln gehoben und immer eindeutiger auf die Potenzen und Bedürfnisse der neuen ökonomischen Führungsmacht USA zugeschnitten. Der kriegsbedingte Mangel an Schiffsraum für den Welthandel wie die finanzielle Erschöpfung Europas begünstigten nämlich das bis 1917 von Kriegslasten freie Amerika und tarierten die ökonomischen Gewichte innerhalb der Entente während und nach dem Weltkrieg einseitig zu seinen Gunsten neu aus[43].

Gerade die wachsende wirtschaftliche Potenz der USA mußte es der deutschen Politik angeraten sein lassen, die aufsteigende Macht aus dem Krieg herauszuhalten. Zunächst durchaus nicht ohne Erfolg versuchte dazu die starke Gruppe der Deutschamerikaner ein Gegengewicht in der amerikanischen Öffentlichkeit gegen den dominanten englischen Einfluß zu bilden[44]. Freilich gelang es weder ihnen noch dem deutschen Botschafter Graf Bernstorff, die Reichsleitung für eine realistische Einschätzung des amerikanischen Potentials und der Bedeutung der

Öffentlichkeit in der amerikanischen Politik zu gewinnen. Alle Ausgleichsbemühungen scheiterten schließlich mit dem deutschen Übergang zum uneingeschränkten U-Bootkrieg[45].

Erfolgreicher war die deutsche Politik da schon in ihren Beziehungen zu den kleineren europäischen Neutralen. Trotz alliierter Einsprüche ließen sich nicht nur die traditionellen Wirtschaftsbeziehungen zu Skandinavien und der Schweiz in verdeckter Form weiterführen; Stockholm, Kopenhagen, Den Haag und Bern eigneten sich auch ideal als Horchposten in das feindliche Ausland hinein. Im übrigen bildeten Dänemark und Schweden einen strategischen Sperriegel an den Ostseeausgängen und behinderten dadurch ähnlich wie die verbündete Türkei am Schwarzen Meer eine direkte Waffenversorgung der westlichen Ententemächte für Rußland über See. Vor allem aber liefen alle tastenden Vorstöße amtlicher oder halbamtlicher Art zur Anknüpfung von Friedensgesprächen über diese neutralen Kanäle[46].

In der Debatte um die deutsche Politik im Weltkrieg hat gerade die inzwischen ermittelte Fülle unterschiedlichster Friedensinitiativen frühzeitig eine gewichtige Rolle als mögliches Pendant zur Kriegszielproblematik gebildet. Zum Hauptvertreter dieser Forschungsrichtung wurde Wolfgang Steglich, der nicht nur die wichtigsten deutschen und österreichischen Initiativen untersucht, sondern auch erhebliches Material aus ausländischen Archiven publiziert hat, um seine These von der Ernsthaftigkeit und den Erfolgsaussichten der Bemühungen um einen Verständigungsfrieden zu stützen[47]. Skepsis ist indes angebracht, wenn man die vorsichtigen Friedensfühler mit den auf allen Seiten dominierenden Siegesparolen und den dahintersteckenden ausufernden Kriegszielen konfrontiert. Die Koordination der verschiedenen Initiativen kam häufig schon innerhalb der verfeindeten Allianzen nicht voran; gegenüber den Feindstaaten verbarg sich dahinter auch immer ein gerüttelt Maß an Kriegspropaganda und vor allem der Versuch, die Schwachstellen im jeweils gegnerischen Lager aufzuspüren.

Im übrigen hatte die eigene Kriegspropaganda derart verfestigte Feindbilder erzeugt, daß selbst die angelsächsischen Friedensbewegungen ihre Hoffnungen auf Verständigung auf die Zeit nach einem Niederwerfen des »preußischen Militarismus« vertagen mußten[48]. Typisch dafür war die einseitige Auswertung von Deutschlandinformationen für das britische War Cabinet entsprechend den eigenen verfestigten Vorurteilen vom grundsätzlich expansiven Geist dieser Nation, den es zu brechen gelte. Da man die Gleichschaltung der Öffentlichkeit und die Autoritätshörigkeit der Deutschen überschätzte, wurden deshalb auch die Risse in einer vier Jahre unter Kriegsbedingungen leidenden Bevölkerung nicht wirklich wahrgenommen. Die dauerhafte Schwächung des deutschen Machtpotentials rangierte daher allemal vor den Forderungen nach einer Parlamentarisierung des Reiches, die wesentlich zur Aufweichung der gegnerischen Heimatfront propagiert wurde[49].

Von der russischen Ausnahme abgesehen[50], griff freilich auch die deutsche Gegenwaffe einer versuchten »Revolutionierung« kaum, die den Zusammenhalt des britischen Empire durch Unterstützung der Unabhängigkeitsbewegungen in einzelnen Reichsteilen aufzulösen suchte[51]. Am geeignetsten dafür, weil entfernungsmäßig noch erreichbar, erwies sich die irische Frage, in der sich die deutsche Seite durch Waffenhilfe, Sabotageunternehmungen, Propaganda- und Agententätigkeit engagierte. Mitbedingt durch die britische Seeblockade erreichte die deutsche Unterstützung jedoch nie ein für England wirklich gefährliches Ausmaß. Die Aufdeckung einzelner Aktionen schadete der irischen Sache denn auch mehr, als sie ihr nützte, da sie den Engländern die willkommene Handhabe zu harten Gegenmaßnahmen lieferte[52]. Als gänzlich aussichtslos erwies sich daneben der Versuch, über Persien und Afghanistan das indische Kronjuwel des Empire zu beunruhigen, da die britische Kontrolle der Verbindungswege und die beschränkten deutschen Mittel nur einen abenteuerlichen Vorstoß zuließen[53]. Wesentlich wirkungsvoller war da schon der umgekehrte, britisch inspirierte Schlag des Lawrence of Arabia gegen die Reichsloyalität der arabischen Stämme im Osmanenreich[54].

Bei aller Heftigkeit der Auseinandersetzungen und mancher Überzeichnung im einzelnen wird man die Ergebnisse der Fischer-Kontroverse im Rückblick als unverzichtbar für ein Aufbrechen der Verkrustungen in der Weltkriegsforschung und als weiterführend durch die Fülle neu erschlossener Forschungsfelder ansehen dürfen. Anders als zunächst von den einen erhofft, von anderen befürchtet, haben wichtige Ergebnisse und Fragestellungen aus dem Disput inzwischen — sieht man einmal von einigen bayerischen Verlagen ab — auch Eingang in die Schulbücher gefunden[55], sind also trotz ihrer Widersprüchlichkeit auf dem besten Wege, zum Allgemeingut historisch-politischer Bildung zu werden. Dabei haben sich die Forschungsschwerpunkte allerdings seit den siebziger Jahren zunehmend von den Kriegsschuld- und Kriegszielfragen wegbewegt und der inneren Systemkrise des Wilhelminismus im Weltkrieg zugewandt.

II.

Die Kontroversen um die zum Kriege führende und im Weltkrieg verfolgte deutsche Außenpolitik waren von Anfang an begleitet von parallelen Auseinandersetzungen um ihre innenpolitischen Voraussetzungen und sozialen Kosten. Das begann noch ganz in der Tradition des parlamentarischen Untersuchungsausschusses der frühen Weimarer Republik mit der Suche nach den politisch Verantwortlichen, bezog aber sehr rasch auch Institutionen und Parteien des Kaiserreichs mit ein, um schließlich in der Frage nach einer inneren Systemkrise als Ausgangspunkt einer außenpolitischen Ablenkungsstrategie der Eliten zu gipfeln.

Außer Betracht bleiben muß aus Platzgründen die reichhaltige biographische Literatur über das politische und militärische Führungspersonal des Kaiserreichs im Weltkrieg[56]. Dagegen ist auf eine Reihe von Editionen aus den Nachlässen ehemaliger Mitarbeiter des Kaisers zu verweisen, in denen das intrigenreiche Gegeneinander von Kanzler und OHL, die Dominanz des Militärischen und der eigentümliche Realitätsverlust im Umfeld des Monarchen wie seine Unfähigkeit, seine Rolle als Koordinator von Politik und Kriegführung im konstitutionellen System auch nur annähernd auszufüllen, plastisch hervortreten[57].

Für den alle Lebensbereiche durchdringenden Einfluß der Armeeführung zeichneten freilich nicht nur die militärischen Vorlieben des Kaisers und der wilhelminischen Eliten verantwortlich, sondern vor allem auch die im Belagerungszustand angelegten, breiten Regelungsbefugnisse der Militär- gegenüber den Zivilbehörden im Kriege. So waren die Stellvertretenden Generalkommandos nicht nur für die Ersatzgestellung und wichtige Bereiche der Kriegswirtschaft zuständig; ihnen oblag zur Aufrechterhaltung von Ruhe und Ordnung in der Heimat auch die Beobachtung des gesamten politischen Lebens, die Pressezensur und die restriktive Handhabung des Versammlungsrechts[58]. Daß dabei trotz der noch zu erörternden Burgfriedenspolitik von SPD und Gewerkschaften ihr geballtes Mißtrauen der organisierten Arbeiterschaft entgegenschlug, bekamen selbst bürgerliche Sozialreformer zu spüren, die sich gegen eine den sozialen Frieden störende Praxis der Überwachung und Einschränkung des traditionellen Versammlungswesens der Arbeiter wandten. Mit zunehmender Kriegsdauer schlug die OHL auch deren sozialpolitische Mahnungen und Ratschläge in den Wind und stellte sich stattdessen einseitig auf die Seite der Arbeitgeber mit ihren Forderungen nach Aufrechterhaltung des sozialen Status quo[59]. Die militärischen Heimatbehörden sahen sich andererseits aber auch eingeklemmt zwischen den politisch unruhiger werdenden Kräften im Reich und den häufig problemfernen Anforderungen seitens der III. OHL, die im Konfliktfalle zur Auswechselung von Führungspersonal an der Spitze des preußischen Kriegsministeriums und des zur Koordinierung eigens geschaffenen Kriegsamtes schritt, wenn Ludendorff mangelnde Durchschlagskraft witterte[60].

Die entscheidenden Impulse für eine Neubewertung der deutschen Innenpolitik im Kriege erfuhr die Weltkriegsforschung indes bei den Fragen nach der Reformierbarkeit des wilhelminischen Konstitutionalismus bzw. seinem zwangsläufigen Ende durch die Revolutionierung des Systems. In seiner Neuherausgabe der Papiere des letzten Reichskanzlers Max von Baden hatte Golo Mann dazu den Leitton angeschlagen, wenn er die deutsche Novemberrevolution von 1918 schlicht als »Unglück« deklarierte, da sie den durch die Oktoberreformen eingeschlagenen evolutionären Übergang zur Parlamentarisierung konterkariert habe[61]. Dem folgte eine Sicht, die das Reich unter den Bedingungen von Burgfrieden und nationaler Kriegsanstrengung auf dem Weg zu einer »stillen Parlamentarisierung« sah. Zum Schaden für Weimar sei dieser sanfte Übergang von der Monarchie zur Republik mit der Revolution abgebrochen, das neue System damit aber mit der Hypothek unversöhnlicher innenpolitischer Gegensätze zwischen Monarchisten und Republikanern vorbelastet worden[62]. Dem steht entgegen, daß eine derart harmonisierende Sicht die inneren Widersprüche im Kaiserreich bagatellisieren muß und die politischen Möglichkeiten der Gegenkräfte aus den konservativen Eliten in Staat, Wirtschaft und Militärapparat nicht hinreichend in Rechnung stellt, die erst durch Niederlage und Revolution ihres Handlungsspielraums für eine autoritäre Straffung des Systems auf populistischer Grundlage beraubt wurden[63].

Nun hatte der Reichstag zweifellos mit seinem Hauptausschuß, einer Art »Ersatzplenum« im Kriege, seit der Kriegsmitte über seine ursprüngliche Kompetenz der Etatberatungen hinausgreifen und erste Zeichen für seinen Willen auch nach gesamtpolitischer Mitsprache setzen können. Da ihm aber jede Einflußnahme auf die kaiserliche Kommandogewalt und damit auf die Kriegführung versagt blieb, mußte er sich weiterhin auf die Kontrolle einer schwächer werdenden zivilen Reichsleitung beschränken. Im übrigen konnte er schon wegen seiner inneren Bruchlinien zwischen konservativen, liberalen, katholischen und sozialdemokratischen Mitgliedern nie zu einem in sich geschlossenen Druckinstrument zugunsten einer weiteren Parlamentarisierung werden[64]. Seit der Julikrise von 1917 trat er außerdem zunehmend hinter dem Interfraktionellen Ausschuß, einem Koordinierungsorgan der später in der Weimarer Koalition zusammengeschlossenen Mehrheitsparteien, zurück. Erstmals aus parlamentarischer Eigeninitiative entstanden, griff dieses Gremium nicht nur in der Friedensfrage über die bisherigen konstitutionellen Beschränkungen hinaus; hier kam auch frühzeitig eine intensivere Verfassungsdebatte in Gang. Freilich blieben immer noch Überlegungen über monarchisch-konstitutionelle Systemreparaturen so dominant, daß erst der Systembruch aus Niederlage und Revolution seine inneren Selbstblockaden aufhob[65].

Weitere Nahrung erhielt die Parlamentarismus- schließlich durch die Parteienforschung über die Träger der künftigen Republik im späten Kaiserreich[66]. Im Nationalliberalismus hatte sich schon 1914/15 eine annexionistische Rechte vom maßvolleren Kurs ihrer Reichstagsfraktion abgewandt; nach der Friedensresolution der Reichstagsmehrheit vom Sommer 1917 schieden sich dann endgültig die Geister zwischen Anhängern eines Sieg- oder Verständigungsfriedens[67]. Dem katholischen Zentrum bot der gemeinsame Kriegseinsatz dagegen die Chance zum Nachweis seiner nationalen Zuverlässigkeit und Reichstreue nach den Auseinandersetzungen des Kulturkampfes. Mit dem Klerus an der Spitze suchte die Parteiführung daher — nur zeitweilig vom Erzberger-Flügel überspielt —, nach der Losung »Heraus aus dem Turm« im nationalen Über-Soll die volle Integration des katholischen Bevölkerungsteils in das protestantisch dominierte Reich nachzuholen[68].

Von allen Parteien wurde indes die deutsche Sozialdemokratie durch den Krieg vor die härteste Zerreißprobe gestellt, an der sie nach frühzeitiger Absplitterung einer radikalen Gruppe um Rosa Luxemburg und Karl Liebknecht in der Kriegsmitte schließlich in Mehrheits- und Unabhängige Sozialisten zerbrach. Das Scheitern der Sozialistischen Internationale in allen kriegführenden Staaten bei der Umsetzung ihrer Friedensziele aus der Vorkriegszeit[69] hatte auch die deutschen Sozialdemokraten zur Gewährung der Kriegskredite und zum Einschwenken auf einen Kurs des inneren »Burgfriedens« für die Dauer des Krieges veranlaßt[70]. Die Enttäuschung über die Wirkungslosigkeit aller Verständigungsvorstöße der europäischen Sozialisten, die durch Lenins Rigorismus zusätzlich gespalten waren[71], hielt die Parteiführung trotz wachsender oppositioneller Strömungen an der Basis[72] während des gesamten Krieges auf nationalem Kurs. Unterstützt wurde sie darin trotz ebenfalls anwachsender innergewerkschaftlicher Opposition von den Gewerkschaftsführungen[73]. Nicht zuletzt auch wegen der innerparteilichen Schwierigkeiten mit der eigenen Linksopposition prägte sich dabei seit der russischen Oktoberrevolution jene tiefsitzende »Bolschewismusfurcht« in der SPD aus, die weit über den Krieg hinaus wirksam bleiben und die Gräben zu USPD und KPD vertiefen sollte[74]. Regionalstudien haben diese Befunde inzwischen bestätigt, wobei die Urteile über den Kurs der SPD-Führung allerdings weit auseinanderklaffen: von moderater Kritik am rechten Parteiflügel bis zur Verdammung des Vorstandskurses als Verrat an der Einheit der Arbeiterklasse und Sozialimperialismus[75].

Die SPD sah sich freilich nicht nur als eine eigentlich systemkritische Partei durch den Burgfriedenskurs ihrer Führung vor gravierende Herausforderungen gestellt. Ihre Mitglieder und Anhänger bekamen auch als Hauptleidtragende die Belastungen der Kriegs- als einer Mangelwirtschaft am frühesten und nachhaltigsten zu spüren. Nun war zwar anders als im Zweiten Weltkrieg das Reichsgebiet — sieht man einmal von dem kurzen russischen Einfall in Ostpreußen 1914 ab — nie Kriegsgebiet, so daß die Heimat Kriegswirklichkeit letztlich nur durch die Brille der Fronturlauber und Verwundeten oder eben über die personellen und materiellen Bedürfnisse und Einschränkungen der Kriegswirtschaft erfuhr. Erste Verwerfungen zeigten sich dabei sehr rasch an einer wenig effizienten wirtschaftlichen Vorsorge für den Krieg, die mit den militärischen Erwartungen über einen »kurzen« Feldzug korrespondierte[76].

Durch die Übertragung der Kriegsrohstoffabteilung im preußischen Kriegsministerium an den AEG-Vorsitzenden Walther Rathenau gelang es immerhin, die sofort spürbaren Defizite bei kriegswichtigen Rohstoffen aus mangelnder Bevorratung im Frieden und den Wirkungen der britischen Blockade einzudämmen[77]. Dagegen ging man erst vergleichsweise spät — ab der Kriegsmitte — verstärkt auch an die Ausschöpfung technisch-wissenschaftlicher Forschungskapazitäten, nachdem die Laboratorien in den ersten beiden Kriegsjahren durch den Fronteinsatz ihrer jüngeren Mitarbeiter weitgehend verwaist waren. Staatlich koordiniert und finanziert konnte die dazu geschaffene »Kaiser Wilhelm Stiftung für kriegstechnische Wissenschaft« wohl noch eine Reihe militärisch verwertbarer Erfindungen und Entwicklungen anstoßen; größere Bedeutung erlangte sie allerdings nur mit Fritz Habers Beiträgen zur Gaskampfführung[78].

Generell stießen die wachsenden Eingriffe von Staats- und insbesondere Militärbehörden in die Wirtschaft eine Grundsatzdebatte über das Verhältnis von Staat und Wirtschaft an. Wegen des weitgehenden Wegbrechens ihrer Außenmärkte hatten die Unternehmer staatliche Interventionen im System der Kriegswirtschaft zunächst durchaus begrüßt, waren dann aber — abgeschreckt durch »gemeinwirtschaftliche« Vorstellungen in den Wirtschaftsbehörden — mehrheitlich zu strikten Gegnern staatlicher Eingriffe in die Wirtschaftsprozesse geworden[79]. Das sollte vor allem General Groener zu spüren bekommen, als er zur Durchführung des »Hindenburg-Programms« mit seinem Kriegsamt steuernd intervenieren wollte und dabei auch das leidige Thema der exorbitanten Kriegsgewinne anzupacken versuchte. Die III. OHL ließ lieber ihren Mann fallen, als in einer an sich schon angespannten kriegswirtschaftlichen Lage auch noch den Kampf mit den mächtigen Interessenorganisationen der Wirtschaft aufzunehmen, die sich den zentralen Eingriffen zudem nicht ohne Erfolg durch die Mobilisierung regionaler Gegenwehr zu entziehen suchten[80].

Die geringsten Probleme glaubten die Verantwortlichen demgegenüber bei der Finanzierung des Krieges zu haben. Seine Kreditfinanzierung wurde durch die wiederholte Zustimmung des Reichstags garantiert und zusätzlich durch privat gezeichnete Kriegsanleihen abgesichert. Finanztechnisch vertagte man damit die Schwierigkeiten des Reiches allerdings nur auf die Zeit nach Kriegsende und lastete schließlich der jungen Weimarer Republik die inflationäre Endabwicklung von Kriegsschulden und Reparationen gleichermaßen auf. Mit dem Abbau der Bewirtschaftungsmaßnahmen ließ sich nämlich nach 1918 auch die bisherige Tarnung des Geldwertverfalls nicht mehr durchhalten; das Deutsche Reich triftete vielmehr in eine kaum noch steuerbare Hyperinflation mit allen ihren politischen, wirtschaftlichen und gesellschaftlichen Folgen[81].

Schon im Kriege war schließlich neben der Ressourcenknappheit der Arbeitskräftemangel zur zentralen Belastung der deutschen Kriegswirtschaft geworden. Die Lücke zwischen den personellen Bedürfnissen von Frontarmeen und Heimatbetrieben klaffte wegen der ins Uferlose steigenden Kriegsverluste zur Kriegsmitte hin immer unübersehbarer auseinander. Da über das System der Freistellung von Facharbeitern für die Kriegsindustrie nur begrenzte Entlastung zu schaffen war, die III. OHL andererseits aber ihr ehrgeiziges Programm der vollen personellen und materiellen Ressourcenausschöpfung für Kriegszwecke nicht einschränken wollte, griff Ludendorff gegen die Warnungen des Generalgouverneurs in Belgien unter Mißachtung völkerrechtlicher Grundsätze nunmehr auch auf den Einsatz ausländischer Zwangsarbeiter zurück[82]. Auf der Suche nach Aushilfen hatte die OHL mit ihrem Hilfsdienstgesetz daneben den Altersrahmen für einen Kriegseinsatz an der Front wie in der Heimat nach unten und oben erheblich erweitert, ohne daß damit auch nur annähernd die erhofften Ergebnisse erzielt werden konnten. Schließlich griff man auf der Suche nach Aushilfen auch auf die Einbeziehung von Jugendlichen[83] und Frauen[84] in die Kriegswirtschaft zurück. Körperliche Überforderung am Arbeitsplatz und Mangelerscheinungen durch die unzureichende Lebensmittelversorgung schlugen freilich zusammen mit den immer umfassenderen Rationierungen und der gleichzeitigen Unfähigkeit der Behörden bei der Unterbindung illegaler Selbsthilfepraktiken (Hamstern, Schwarzhandel) voll auf die Stimmung in der Heimat durch und führten zu einem rapiden Autoritätsverfall der Staatsorgane. Im Kampf von Produzenten gegen Konsumenten, von Regionen gegen die Zentrale, von Stadt gegen Land zerbröckelte der Burgfrieden mithin sozial und ökonomisch lange bevor das Kaiserreich auch militärisch und politisch zusammenbrach[85].

III.

Gerade die Untersuchungen zu den sozialen Verwerfungen stießen über die kriegswirtschaftlichen Probleme hinaus aber auch Fragen nach den Kriegserfahrungen der Deutschen und deren Vorprägungen für die Nachkriegszeit an. In seiner bahnbrechenden Studie zum antidemokratischen Denken in der Weimarer Republik hatte Kurt Sontheimer erstmals auf breiter Basis den Erlebnishorizont der Kriegsjahre und seine intellektuelle Verarbeitung als Grundreservoir des deutschen Radikalnationalismus nach 1918 ausgemacht[86]. Für die Weltkriegsforschung korrespondierte damit die Literatur über jene »Mobilmachung des Geistes«, mit der sich eine ganze Phalanx nationalistisch gestimmter Wissenschaftler und Literaten selbst in die »vaterländische Pflicht« nahm. Ihr Grundtenor war aus den sogenannten »Ideen von 1914« ablesbar, in denen der als flach bewerteten »westlichen Zivilisation« die weit tiefgründigere »deutsche Kultur« entgegengehalten wurde. Das Kriegserlebnis erschien in dieser Sicht als ein »Stahlbad«, in dem sich die deutsche Gesellschaft gegen die Verweichlichungstendenzen westlicher Provenienz härten würde. In den Realitäten des kräftezehrenden industrialisierten Krieges flaute die nationale Hochstimmung aus dem Sommer 1914 freilich rasch ab und spaltete auch die intellektuellen Eliten ähnlich wie das gesamte politische System in »Annexionisten« und »Gemäßigte«, wobei die Mehrheit allerdings bis 1918 die extremen Töne bevorzugte[87]. Abgestützt auf die III. OHL und die Deutsche Vaterlandspartei verfügte diese Majorität zudem über das breite publizistische und organisatorische Netzwerk der nationalistischen Agitationsverbände, während sich die gemäßigte Gruppe der großen Namen, aber kleinen Zahl, kaum vergleichbar in der Öffentlichkeit bemerkbar machen konnte. Das spiegelte sich auch in der Kriegsdichtung wider, wo sich das verlorene Häufchen expressionistischer Antikriegsdichter hoffnungslos in der Unterzahl gegenüber den literarischen Vertretern von Heroismus und Opfermut befand[88].

Zusätzliche Unterstützung fanden die Befürworter eines deutschen Sieges aber vor allem in den großen religiösen Gruppen, die sich nahezu unisono analog zu den »Ideen von 1914« auf die Seite »deutschen Glaubens« gegen »westliche Indifferenz« stellten. Der deutsche Protestantismus stand an sich schon mit seiner Nähe von Thron und Altar vorbehaltlos hinter den Maßnahmen der Obrigkeit; jetzt sahen seine Kirchenleitungen im Kriegserlebnis zusätzlich ein förderndes Element, um das Kirchenvolk aus einer latenten religiösen Gleichgültigkeit in der Moderne herauszureißen. Nicht nur Kriegstheologen wie Reinhold Seeberg oder Feldprediger wie Bruno Doehring und Johannes Kessler deuteten den Kriegsdienst daher als Gottesdienst, den Schlachtentod als Opfergang mit märtyrerähnlichen Zügen. Auch nach dem Abbröckeln der inneren Einheitsfront seit der Friedensresolution des Deutschen Reichstags blieb die protestantische Mehrheit — von einer kleinen Gruppe um Adolf v. Harnack abgesehen — unbeirrt im Lager der Siegfriedensanhänger. Bestätigt mochten sie sich in ihrer Haltung durch die nicht minder vehemente Kriegsbefürwortung im Lager der angelsächsischen Protestanten fühlen, die mit ihrer strikten Forderung nach deutscher Schuldanerkennung die Gemäßigten um Harnack weiter isolieren halfen[89].

Ein vergleichbares theologisches Echo fand der Patriotismus der Kriegsjahre auch bei Katholiken und Juden. Für beide Religionsgruppen kam dabei hinzu, daß sie durch ihren Kriegseinsatz den Nachweis für ihre nationale Zuverlässigkeit im protestantischen Reich zu erbringen hofften. Plastisch tritt dieses Moment im inzwischen veröffentlichten Kriegstagebuch des späteren Caritas-Präsidenten Benedict Kreutz hervor, freilich verbunden mit einer anderen Folgewirkung für die Nachkriegszeit: dem starken sozialen Engagement im und nach dem Kriege für Kriegsversehrte, Kriegerwitwen und kinderreiche Familien, die den Vater verloren hatten[90]. Während die Katholiken mit dem Weltkrieg zweifellos einen gewichtigen Schritt in die nationale Integration taten, sahen sich die deutschen Juden schon während des Krieges vor eine herbe Enttäuschung gestellt. Anfängliche Hoffnungen auf eine Unterstützung ostjüdischer Minderheitenrechte oder zionistischer Palästinaträume zerbrachen schnell an den bündnispolitischen Präferenzen des Reiches für Polen und die Türkei. Stattdessen gaben die militärischen Behörden mit den wachsenden Kriegsschwierigkeiten der Versuchung nach, antisemitische Vorurteile wie »Drückebergerei« oder »Wucher« durch eine »Judenzählung« über deren Fronteinsatz noch zu fördern[91].

Hatten die Forschungen zum Kriegseinsatz der intellektuellen Eliten und großen gesellschaftlichen Gruppen wesentlich das Moment ihrer sinnstiftenden Funktionen herausgearbeitet, so suchte die Forschung zum Kriegserlebnis seit den 70er und verstärkt in den 80er Jahren seiner Widerspiegelung im Kriegsalltag nachzugehen. Eine »Innenansicht«[92] blieb zwar noch in ihrer impressionistischen Materialauswahl stecken; sie kollorierte das Kriegserlebnis damit mehr, als sie es zu strukturieren vermochte. Dagegen dokumentierte eine internationale Tagung bereits die ganze Breite der versuchten Sinndeutungen im Kriegsroman, in der Symbolik des Gefallenenkultes wie in gruppenspezifischen Kriegserfahrungen[93]. Besonders mit dem Kriegsroman der 20er und 30er Jahre setzte dabei eine Suche nach dem authentischen Kriegserlebnis ein, der gegen die Generalstabsperspektive von oben der Kriegswirklichkeit des Frontsoldaten von unten gerecht zu werden suchte. Dieses literarische Sujet setzte sich charakteristisch ab von einer Kriegsgeschichtsschreibung, die das Kriegserlebnis des Frontsoldaten lediglich zur Illustrierung und Popularisierung der Führungsentscheidungen in ihre Darstellungen eingebaut hatte[94]. Wesentlich bei all diesen Ansätzen war, daß sie die Weltkriegsforschung aus ihrer rein nationalen Verankerung herauszuführen und auch methodisch den Weg zu einer komparatistischen Sicht von Trennendem und Vergleichbarem im Kriegserlebnis der Völker einzuschlagen begannen.

Schon bei der Kriegsliteratur, die hauptsächlich von ehemaligen Offizieren verfaßt war, tauchte allerdings das Problem auf, wie man die weitgehend »Sprachlosen« von unten zum historischen Sprechen bringen konnte. Die großen Sammlungen von Kriegsbriefen aus der Zwischenkriegszeit litten generell unter der Zweckbestimmung ihrer Auswahl und Präsentation, sei es zur Untermauerung eines heroisierenden Kriegsbildes oder in antimilitaristischer Absicht. Historiker und Archivare traten daher in Erfahrungsaustausch über das Sammeln und Auswerten von privaten Feldpostbriefen und Tagebüchern[95]. Auf diesem Wege gelang es, eine Fülle heterogener Einzelfälle des Kriegserlebnisses von unten zu rekonstruieren: von den Erfahrungsfeldern des Arbeitsalltags über die Lebensmittelbeschaffung bis zu Liebe und Sexualität, aus denen der einzelne von seiner individuellen zur gesellschaftlichen Gesamtsituation vorzustoßen versuchte. Zu den einprägsamsten Veröffentlichungen auf diesem Felde gehören das Tagebuch eines einfachen elsässischen Soldaten und die Kriegsbriefe einer Soldatenfrau, aus denen Angst, Verzweiflung und unerfüllte Hoffnungen über die Wirklichkeit eines Materialkrieges hervorgehen, auf den weder Front noch Heimat vorbereitet waren[96].

Von der Perspektive einer stärker an generalisierenden Erklärungsmodellen als am individuellen Kriegserlebnis interessierten Sozialgeschichte aus hatte eine vorausgehende Forschungsrichtung den Zugang zu einer Geschichte der Gesellschaft im Kriege gesucht. Aufbauend auf einer wegweisenden Studie von Jürgen Kocka[97], der dazu ein modernisiertes Klassenmodell in Verknüpfung Marxscher, Weberscher und Dahrendorfscher Kategorien entwickelt hatte, führten inzwischen Untersuchungen auf regionaler Basis[98] den Nachweis einer wachsenden Radikalisierung von Arbeiterschaft und unterem Mittelstand, deren ökonomische Lage sich mit Ausnahme der Rüstungsarbeiter so rapide verschlechterte, daß sich daraus von ersten Lebensmittelkrawallen über eine wachsende Streikbereitschaft schließlich die Basis für den revolutionären Umschlag im November 1918 entwickelte. Damit konnte ein Klischee widerlegt werden, das die Revolution von 1918 letztlich als Werk einiger Literaten und Berufsrevolutionäre ohne Massenbasis zu erklären versucht hatte.

Zentrale Bedeutung bei dieser Radikalisierung kam den Frauen zu, die durch die Abwesenheit der Männer an der Front einen erheblichen Rollenzuwachs in der Familie wie am Arbeitsplatz erfuhren. Frühere Annahmen über einen damit verbundenen Emanzipationsschub durch den Kriegseinsatz von Frauen[99] wurden inzwischen allerdings deutlich relativiert. Einmal war nämlich der Arbeitseinsatz in der Kriegswirtschaft bei weitem nicht so hoch, wie ursprünglich angenommen, da Frauen für die Schwerarbeit in Rüstungsbetrieben nur bedingt geeignet und im übrigen teurer als ausländische Fremdarbeiter waren. Gewichtiger fiel da schon ihre Ersatzfunktion in Büro- und Verwaltungstätigkeiten wie in der Sozialarbeit aus. Emanzipatorisch wirksam wurde dies gerade auf diesen Feldern freilich nur für die Frauen aus der Mittel- und Oberschicht[100].

Die grundlegenden Erfahrungen der Kriegsfrauen aus der Arbeiterschaft und dem unteren Mittelstand rankten sich dagegen um die einschneidende Verschlechterung der täglichen Lebensbedingungen. Die hohe Frauen- und Kindersterblichkeit durch Hunger und Überanstrengung zeichnete verantwortlich dafür, daß bei ihnen wesentlich früher als an der Front die Kriegsmoral nachhaltig zu sinken begann, da für sie die Sinnlosigkeit des Krieges mit Händen zu greifen war. Als Reflex auf die staatliche Hilflosigkeit gegenüber ihren Hungerdemonstrationen zusammen mit ihren Kindern wie der wachsenden Kriminalität zur Lebensmittelbeschaffung lösten sich die Bande der öffentlichen Ordnung. Die Frauen machten nämlich schnell die Erfahrung, daß die Behörden ein Durchschlagen auf die Front befürchteten und daher vor offener Gewaltanwendung zurückschreckten. Damit konnte eine überzeugende Linie von den Hungerdemonstrationen über Umzüge gegen den Krieg bis in die revolutionären Umstürze bei Kriegsende gezogen werden.

Für den Kriegseinsatz bedeutsam, für die deutsche Gesellschaft in der Nachkriegszeit dagegen verheerend, wirkte sich auch die zunehmende Belastung von Jugendlichen im Rahmen der Kriegswirtschaft bei den zahllosen Geld- und Materialsammlungen, in Ernteeinsätzen und vormilitärischen Übungen aus. Eine geregelte Erziehung in Familie und Schule war damit kaum noch zu leisten, während die staatlichen Versuche zu einer Militarisierung von Bildungsinhalten bei den einen zur Brutalisierung, bei anderen zu immer offenerer Ablehnung führten[101]. Wie bei den Frauen wurde das Kriegserlebnis allerdings schichtenspezifisch ganz unterschiedlich verarbeitet. Anders als die Jugendlichen aus den Unterschichten blieb die bürgerliche Jugendbewegung einem sehr individuellen, religiös und weltanschaulich überhöhten Kriegserlebnis verhaftet, klammerte also die politischen und sozialen Folgewirkungen noch weitgehend aus ihren Überlegungen aus[102].

Von der Skepsis der Sozialhistoriker begleitet, die einer Alltagsgeschichte in erzählendem Gewande ihre ungenügende theoretische Fundierung wie ihr Zerfließen in individualisierenden Details ohne hinreichende Rückbindung an die umfassenderen Strukturen vorhielt, hat sich die Forschung zum Kriegsalltag inzwischen kleinen überschaubaren Einheiten und Räumen zugewandt. Da schlägt gewiß manches antiquarische Interesse durch. Nicht selten wird in der Freude am Sammeln möglichst authentischer Zeugnisse über den regional begrenzten Alltag dem Bildhaft-Musealen größere Bedeutung zugemessen als seiner Interpretation und Einordnung[103]. Gelegentlich fasziniert auch einfach die Story, wie im Falle des Reports über ein Sonderlager für Kriegsgefangene, die bereits mehrere Ausbruchsversuche unternommen hatten[104]. Dennoch wäre es verfehlt, die Möglichkeiten allzu gering zu veranschlagen, die sich aus solcher kleinräumigen Alltagsperspektive für die Weltkriegsforschung gewinnen lassen. So hat etwa gerade ein Projekt zum Kriegsausbruch von 1914 für Berlin[105] ein sehr differenziertes Bild über den allgemeinen Begeisterungstaumel in der Bevölkerung geliefert. Während bürgerliche Frauenbewegung, Intellektuelle und Künstler den Regierungskurs in diesen Sommerwochen nahezu rückhaltlos unterstützten, die Kirchen bei aller Sorge um den Sittenverfall den Krieg doch religiös rechtfertigten und überhöhten, war die Stimmung in der Arbeiterschaft eher gedrückt. Bei den Arbeiterfrauen meldete sich sogar frühzeitige Kritik am Burgfriedenskurs der SPD-Führung zu Wort. Man wird daher guttun, die großen Perspektiven und flächendeckenden Strukturen immer wieder an der Vielzahl der Einzelfälle auszudifferenzieren.

Das Weiterführende eines derartigen Ansatzes ist jetzt an einem Sammelband[106] sichtbar geworden, der sich auf breiter thematischer Front Ansätzen zu einer »Mentalitätsgeschichte« des Ersten Weltkrieges verpflichtet weiß. Neben den unterschiedlichen Verarbeitungsformen des Kriegserlebnisses in einzelnen sozialen Gruppen wie auf musealer und dokumentarischer Ebene wird dazu auch der über den nationalen Rahmen hinausgreifende Vergleich angesteuert. Noch bleibt dieser Vorstoß freilich in nebeneinander gestellten nationalen Analysen stecken, ohne daß der notwendige weitere Schritt zu einer wirklich vergleichenden übernationalen Aufbereitung von Kriegserfahrungen bereits beschritten würde.

Bei allen Fortschritten in der Detailforschung sollte im übrigen für die Zukunft das Desiderat einer neuen Gesamtdarstellung nicht aus den Augen verloren werden, die wenigstens ansatzweise aus den Frontstellungen des Pro und Contra der Fischer-Kontroverse, des Gegeneinanders von Politik- und Sozialgeschichte, neuerdings der Vorbehalte zwischen Sozial- und Alltagsgeschichte herausführt. Der Erste Weltkrieg als Erlebnis wie in seinen Wirkungen war mehr als alle diese Einzelfacetten; er kann daher auch nur über den Versuch ihrer Integration in ein weitgespanntes Gesamtbild wirklich begriffen werden.

Anmerkungen

1 Der Weltkrieg 1914—1918, bearb. im Reichsarchiv bzw. von der Kriegsgeschichtlichen Forschungsanstalt des Heeres, 14 Bde, Berlin, Frankfurt a. M. 1925—1956; Der Krieg zur See. 1914—1918, hrsg. vom Marine-Archiv, 23 Bde, Berlin 1920—1965; Die deutschen Luftstreitkräfte von ihrer Entstehung bis zum Ende des Weltkrieges 1918, 6 Bde, Berlin 1941/1943.

2 Dazu jetzt Helmut Otto, Der Bestand Kriegsgeschichtliche Forschungsanstalt des Heeres im Bundesarchiv, Militärisches Zwischenarchiv Potsdam, in: Militärgeschichtliche Mitteilungen (MGM), 51 (1992), S. 429—441.

3 Vgl. v. a. Fritz Fischer, Griff nach der Weltmacht. Die Kriegszielpolitik des kaiserlichen Deutschland 1914/18, Düsseldorf [3]1964; ders., Krieg der Illusionen. Die deutsche Politik von 1911—1914, Düsseldorf 1969.

4 Vgl. Bruno Thoß, Weltkrieg und Systemkrise. Der Erste Weltkrieg in der westdeutschen Forschung 1945—1984, in: Neue Forschungen zum Ersten Weltkrieg. Literaturberichte und Bibliographien, hrsg. von Jürgen Rohwer, Koblenz 1985, S. 31—80.

5 Die Vereinbarungen sind abgedruckt im Internationalen Jahrbuch für Geschichtsunterricht, 1 (1951), S. 128 ff., bzw. 2 (1952), S. 78—109; vgl. dagegen die klischeehafte Darstellung von Paul Ostwald, So fing es an. Die diplomatische Vorgeschichte des ersten Weltkrieges, Baden-Baden 1957.

6 Ludwig Dehio, Deutschland und die Epoche der Weltkriege, und ders., Gedanken über die deutsche Sendung 1900—1918, in: Historische Zeitschrift (HZ), 1951, Bd 173, S. 77—94, bzw. 1952, Bd 174, S. 479—502.

7 Fischer, Griff nach der Weltmacht (wie Anm. 3).

8 Deutsche Kriegsziele 1914—1918. Eine Diskussion, hrsg. von Ernst Wilhelm Graf Lynar, Berlin, Frankfurt a. M. 1964; Wolfgang J. Mommsen, The Debate on German War Aims, in: Journal of Contemporary History, 1 (1966), No. 3, S. 47—72; Volker R. Berghahn, Die Fischer-Kontroverse — 15 Jahre danach, in: Geschichte und Gesellschaft, 6 (1980), S. 403—419; Fritz Fischer, Twenty-five Years Later: Looking back at the »Fischer Controversy« and its consequences, in: Central European History, 21 (1990), S. 207—223.

9 Dokumentiert im Bericht über die 26. Versammlung deutscher Historiker in Berlin. 7.—10. 10. 1964, Stuttgart 1965, S. 63—72.

10 Staatskunst und Kriegshandwerk, 4 Bde, München 1954—1968. Bd III: Die Tragödie der Staatskunst. Bethmann Hollweg als Kriegskanzler (1914—1917), München 1964.

11 Julikrise und Kriegsausbruch 1914, bearb. und eingeleitet von Imanuel Geiss, 2 Bde, Hannover 1963/1964.

12 So in seinen Büchern Weltmacht oder Niedergang. Deutschland im Ersten Weltkrieg, Frankfurt a.M. 1965, und: Der Erste Weltkrieg und das deutsche Geschichtsbild, Düsseldorf 1977.

13 So Hans Herzfeld, Der Erste Weltkrieg, München 1968; Peter Graf Kielmansegg, Deutschland und der Erste Weltkrieg, Frankfurt a.M. 1968; und Egmont Zechlin, Krieg und Kriegsrisiko, Düsseldorf 1979. Zur historiographischen Bewertung Bethmann Hollwegs jetzt: Jürgen Herbert, Theobald von Bethmann Hollweg in der europäischen Krise im Juli 1914 — im Spiegel der Historiographie, Frankfurt a.M. 1989.

14 Zuerst aufgestellt von Erwin Hölzle, Der Geheimnisverrat und der Kriegsausbruch 1914, Göttingen 1973; aufgegriffen von Manfred Rauh, Die britisch-russische Marinekonvention von 1914 und der Ausbruch des Ersten Weltkrieges, in: MGM, 41 (1987), S. 37—62.

15 So bereits Dietrich Geyer, Der russische Imperialismus. Studien zum Zusammenhang von innerer und auswärtiger Politik 1860—1914, Göttingen 1977, und für die Kriegszeit Margarete Wolters, Außenpolitische Fragen vor der Vierten Duma. Ein Beitrag zur Geschichte des russischen Parteiwesens in der konstitutionellen Monarchie, insbesondere der Stellung der Außenpolitik während des Ersten Weltkrieges, Hamburg 1969, sowie Horst Günther Linke, Rußlands Weg in den Ersten Weltkrieg und seine Kriegsziele 1914—1917, in: MGM, 32 (1982), S. 9—34.

16 Karl-Heinz Schlarp, Ursachen und Entstehung des Ersten Weltkrieges im Lichte der sowjetischen Geschichtsschreibung, Frankfurt a.M. 1971.

17 Kurt v. Riezler, Tagebücher, Aufsätze, Dokumente, hrsg. von Karl Dietrich Erdmann, Göttingen 1972.

18 So Imanuel Geiss, Zur Beurteilung der deutschen Reichspolitik im ersten Weltkrieg, in: Hartmut Pogge-v. Strandmann, Imanuel Geiss, Die Erforderlichkeit des Unmöglichen. Deutschland am Vorabend des ersten Weltkrieges, Frankfurt a.M. 1965, S. 47—82.

19 Andreas Hillgruber, Riezlers Theorie des kalkulierten Risikos und Bethmann Hollwegs politische Konzeption in der Julikrise 1914, in: HZ, 1966, Bd 202, S. 333—351.

20 Der Streit wurde ausgelöst von Bernd Sösemann, Die Tagebücher Kurt Riezlers, in: HZ, 1983, Bd 236, S. 327—369, und zum bewußten Fälschungsverdacht ausgeweitet von Fritz Fischer, Juli 1914. Wir sind nicht hineingeschlittert. Das Staatsgeheimnis um die Riezler-Tagebücher, Reinbek 1983, sowie Bernd F. Schulte, Die Verfälschung der Riezler-Tagebücher, Bern 1985. Die Antwort des Herausgebers Karl Dietrich Erdmann, Zur Echtheit der Tagebücher Kurt Riezlers, in: HZ, 1983, Bd 236, S. 371—402, hat inzwischen Agnes Blänsdorf, Der Weg der Riezler-Tagebücher, in: Geschichte in Wissenschaft und Unterricht (GWU), 35 (1984), S. 651—684, zu untermauern versucht.

21 Klaus Jürgen Gantzel, Gisela Kress, Volker Rittberger, Konflikt — Eskalation — Krise. Sozialwissenschaftliche Studien zum Ausbruch des Ersten Weltkrieges, Düsseldorf 1972.

22 Wolfgang J. Mommsen, Das Zeitalter des Imperialismus, Frankfurt a.M. 1969.

23 Hermann Kantorowicz, Gutachten zur Kriegsschuldfrage 1914, hrsg. von Imanuel Geiss, Frankfurt a.M. 1967.

24 Jörg Richter, Kriegsschuld und Nationalstolz. Politik zwischen Mythos und Realität, Tübingen 1972.

25 Ulrich Heinemann, Die verdrängte Niederlage. Politische Öffentlichkeit und Kriegsschuldfrage in der Weimarer Republik, Göttingen 1983; Imanuel Geiss, Die manipulierte Kriegsschuldfrage. Deutsche Reichspolitik in der Julikrise 1914 und deutsche Kriegsziele im Spiegel des Schuldreferats des Auswärtigen Amtes 1919—1931, in: MGM, 34 (1983), S. 31—60; Wolfgang Jäger, Historische Forschung und politische Kultur in Deutschland. Die Debatte 1914—1980 über den Ausbruch des Ersten Weltkrieges, Göttingen 1984.

26 Gerhard Besier, Krieg — Frieden — Abrüstung. Die Haltung der europäischen und amerikanischen Kirchen zur Frage der deutschen Kriegsschuld 1914—1933, Göttingen 1982.

27 Horst Lademacher, Die belgische Neutralität als Problem der europäischen Politik 1830—1914, Bonn 1971, und Frank Wende, Die belgische Frage in der deutschen Politik des Ersten Weltkrieges, Hamburg 1970.

28 Ilse Meseberg-Haubold, Der Widerstand Kardinal Merciers gegen die deutsche Besetzung Belgiens 1914—1918, Frankfurt a.M. 1982.

29 Lothar Wieland, Belgien 1914. Die Frage des belgischen »Franktireurkrieges« und die deutsche öffentliche Meinung von 1914—1936, Frankfurt a.M. 1984.

30 Peter Schöller, Der Fall Löwen und das Weißbuch. Eine kritische Untersuchung der deutschen Dokumentation über die Vorgänge in Löwen vom 25. bis 28. August 1914, Köln, Graz 1958, und Wolfgang Schievelbusch, Die Bibliothek von Löwen, München, Wien 1988.

31 Friedrich Zunkel, Die ausländischen Arbeiter in der deutschen Kriegswirtschaftspolitik des 1. Weltkrieges, in: Entstehung und Wandel der modernen Gesellschaft. Festschrift für Hans Rosenberg zum 65. Geburtstag, hrsg. von Gerhard A. Ritter, Berlin 1970, S. 280—311, und Brigitte Hatke, Hugo Stinnes und die drei deutsch-belgischen Gesellschaften von 1916. Der Versuch der wirtschaftlichen Durchdringung Belgiens im Ersten Weltkrieg durch die Industrie-, Boden- und Verkehrsgesellschaft 1916 m. b. H., Stuttgart 1990.

32 Gegen Werner Conze, Polnische Nation und deutsche Politik im ersten Weltkrieg, Köln 1958, betonte Imanuel Geiss, Der polnische Grenzstreifen 1914—1918, Lübeck, Hamburg 1960, die Übereinstimmung in den deutschen Polenplänen von Bethmann bis Ludendorff. Zu dem deutsch-österreichischen Tauziehen: Wolfgang Steglich, Wilhelm Ernst Winterhager, Die Polenproklamation vom 5. November 1916, in: MGM, 23 (1978), S. 105—146.

33 Lilli Lewerenz, Die deutsche Politik im Baltikum, Phil. Diss. Hamburg 1958.

34 Bernhard Mann, Die Baltischen Länder in der deutschen Kriegszielpublizistik 1914—1918, Tübingen 1965, und Hans-Erich Volkmann, Die deutsche Baltikumpolitik zwischen Brest-Litowsk und Compiègne, Köln 1970.

35 Gerd Linde, Die deutsche Politik in Litauen im Ersten Weltkrieg, Wiesbaden 1965.

36 Neben einer Fülle von Detailstudien hat dies immer noch am umfassendsten Winfried Baumgart, Deutsche Ostpolitik 1918. Von Brest-Litowsk bis zum Ende des Ersten Weltkrieges, München, Wien 1966, sowie Von Brest-Litowsk zur deutschen Novemberrevolution. Aus den Tagebüchern und Aufzeich-

nungen von Alfons Paquet, Wilhelm Groener und Albert Hopman, hrsg. von Winfried Baumgart, Göttingen 1971, untersucht und dokumentiert.

37 Zur deutschen Ukrainepolitik: Peter Borowsky, Deutsche Ukrainepolitik 1918 unter besonderer Berücksichtigung der Wirtschaftsfragen, Lübeck 1970; zu langfristigen Siedlungszielen in Rußland: Alfred Eisfeld, Deutsche Kolonien an der Wolga 1917—1919 und das Deutsche Reich, Wiesbaden 1985.

38 Karl Heinz Janßen, Macht und Verblendung. Die Kriegsziele der deutschen Bundesstaaten 1914—1918, Göttingen u. a. 1963; Briefwechsel Hertling-Lerchenfeld 1912—1917, hrsg. von Ernst Deuerlein, 2 Bde, Boppard 1973; Hugo Ott, Die elsässisch-lothringische Frage und ihre Erörterung in Baden 1916/17, in: Zeitschrift für die Geschichte des Oberrheins, 118 (1970), S. 353—377.

39 Horst Günther Linke, Das zarische Rußland und der Erste Weltkrieg. Diplomatie und Kriegsziele 1914—1917, München 1982.

40 Bernd Bonwetsch, Kriegsallianz und Wirtschaftsinteressen. Rußland in den Wirtschaftsplänen Englands und Frankreichs 1914—1917, Düsseldorf 1973.

41 Gitta Steinmeyer, Die Grundlagen der französischen Deutschlandpolitik 1917—1919, Stuttgart 1979.

42 Heide-Irene Schmidt, Wirtschaftliche Kriegsziele Englands und interalliierte Kooperation. Die Pariser Wirtschaftskonferenz 1916, in: MGM, 29 (1981), S. 37—54.

43 Zu diesem Ergebnis kommt Band 2 der Geschichte der Weltwirtschaft im 20. Jahrhundert von Gerd Hardach, Der Erste Weltkrieg 1914—1918, München 1973.

44 Jürgen Möckelmann, Deutsch-amerikanische Beziehungen in der Krise. Studien zur amerikanischen Politik im ersten Weltkrieg, Frankfurt a. M. 1967, sowie Horst Christof, Deutsch-amerikanische Entfremdung. Studien zu den deutsch-amerikanischen Beziehungen von 1913 bis zum Mai 1916, Phil. Diss. Würzburg 1975.

45 Reinhard R. Doerries, Washington—Berlin 1908/1917. Die Tätigkeit des Botschafters Johann Heinrich Graf von Bernstorff in Washington vor dem Eintritt der Vereinigten Staaten von Amerika in den Ersten Weltkrieg, Düsseldorf 1975; Friedhelm Koopmann, Diplomatie und Reichsinteresse. Das Geheimdienstkalkül in der deutschen Amerikapolitik 1914—1917, Frankfurt a. M. 1990; Reiner Pommerin, Der Kaiser und Amerika. Die USA in der Politik der Reichsleitung 1890—1917, Köln 1986.

46 Zur Haltung der Neutralen allgemein: Heinz Gollwitzer, Die Sympathisanten der Mittelmächte im Lager der europäischen Neutralen 1914—18, in: Preußen, Deutschland und der Westen. Zum 70. Geburtstag von Prof. Dr. Oswald Hauser, hrsg. von Heinrich Bodensieck, Göttingen, Zürich 1980, S. 133—154; zu den einzelnen Staaten: Ulf Dobers, Die deutsch-dänischen politischen Beziehungen im Spätsommer 1914, Phil. Diss. Hamburg 1972; Hermann von der Dunk, Die Niederlande im Kräftespiel zwischen Kaiserreich und Entente, Wiesbaden 1980; Inger Schuberth, Schweden und das Deutsche Reich im Ersten Weltkrieg. Die Aktivistenbewegung, Bonn 1981; zu den Wirtschaftsbeziehungen: Gerhard Hecker, »Metallum-Aktiengesellschaft«. Industrielle und staatliche Interessenidentität im Rahmen des Hindenburg-Programmes, in: MGM, 35 (1984), S. 113—139, und Wilfried Fel-

denkirchen, Die Handelsbeziehungen zwischen dem Deutschen Reich und der Schweiz 1914—1945, in: Vierteljahresschrift für Sozial- und Wirtschaftsgeschichte (VSWG), 74 (1987), S. 323—350.; zur Vermittlung bei Friedensfühlern: Klaus Schwabe, Deutsch-amerikanische Friedenskontakte im Sommer 1918, in: Vierteljahrshefte für Zeitgeschichte (VfZG), 19 (1971), S. 1—32; Martin Grass, Friedensaktivität und Neutralität. Die skandinavische Sozialdemokratie und die neutrale Zusammenarbeit im Krieg, August 1914 bis Februar 1918, Bonn, Bad Godesberg 1975; Wilhelm Ernst Winterhager, Mission für den Frieden. Europäische Mächtepolitik und dänische Friedensvermittlung im Ersten Weltkrieg, Wiesbaden 1984.

47 Wolfgang Steglich, Bündnissicherung oder Verständigungsfrieden. Untersuchung zu dem Friedensangebot der Mittelmächte vom 12. Dezember 1916, Göttingen u.a. 1958, und ders., Die Friedenspolitik der Mittelmächte 1917/18, Bd 1, Wiesbaden 1964, sowie seine Editionen: Der Friedensappell Papst Benedikts XV. vom 1. August 1917 und die Mittelmächte, Wiesbaden 1970, und: Die Verhandlungen des 2. Untersuchungsausschusses des Parlamentarischen Untersuchungsausschusses über die päpstliche Friedensaktion von 1917, Wiesbaden 1974, sowie: Die Friedensversuche der kriegführenden Mächte im Sommer und Herbst 1917, Wiesbaden 1984.

48 Heinrich Timmermann, Friedenssicherungsbewegungen in den Vereinigten Staaten von Amerika und in Großbritannien während des Ersten Weltkrieges, Frankfurt a.M. u.a. 1978.

49 Joachim Kuropka, Image und Intervention. Innere Lage Deutschlands und britische Beeinflussungsstrategien in der Entscheidungsphase des Ersten Weltkriegs, Berlin 1978.

50 Lenins Rückkehr nach Rußland 1917. Die deutschen Akten, hrsg. von Werner Hahlweg, Leiden 1957.

51 Allgemein dazu Egmont Zechlin, Friedensbestrebungen und Revolutionierungsversuche im Ersten Weltkrieg, in: Aus Politik und Zeitgeschichte. Beilage zur Wochenzeitung Das Parlament, B 20/1961, B 24/1961, B 25/1961, B 20/1963 und B 22/1963.

52 Karin Wolf, Sir Roger Casement und die deutsch-irischen Beziehungen, Berlin 1972; Reinhard R. Doerries, Die Mission Sir Roger Casements im Deutschen Reich 1914—1916, in: HZ, 1976, Bd 222, S. 578—625; Wolfgang Hünseler, Die irische Bürgerkriegsgefahr im Kalkül der deutschen Großbritannienpolitik in der Julikrise 1914, in: MGM, 32 (1982), S. 35—44; Hans-Dieter Kluge, Irland in der deutschen Geschichtswissenschaft, Politik und Propaganda vor 1914 und im Ersten Weltkrieg, Frankfurt a.M. u.a. 1985.

53 Renate Vogel, Die Persien- und Afghanistanexpedition Oskar Ritter von Niedermayers 1915/16, Osnabrück 1976.

54 Konrad Morsey, T.E. Lawrence und der arabische Aufstand 1916/18, Osnabrück 1976.

55 So der Befund von Klaus Bruckmann, Erster Weltkrieg — Ursachen, Kriegsziele, Kriegsschuld. Fritz Fischers Thesen in deutschen Schulgeschichtsbüchern, in: GWU, 32 (1981), S. 600—617, der freilich mit der bedauernden Feststellung schließt, daß man »Fischers Thesen allzu willfährig übernommen« habe.

[56] Sie ist zu wesentlichen Teilen genannt bei Thoß, Weltkrieg und Systemkrise (wie Anm. 4), S. 48f.

[57] Regierte der Kaiser? Kriegstagebücher, Aufzeichnungen und Briefe des Chefs des Marine-Kabinetts Admiral Georg Alexander von Müller 1914—1918, hrsg. von Walter Görlitz, Göttingen 1959; Georg Karl Treutler, Die graue Exzellenz, hrsg. von Karl Heinz Janßen, Frankfurt a.M. 1971; Friedrich v. Berg als Chef des Geheimen Zivilkabinetts 1918, bearb. von Heinrich Potthoff, Düsseldorf 1971.

[58] Am eingehendsten dokumentiert immer noch in: Militär und Innenpolitik im Weltkrieg 1914—1918, bearb. von Wilhelm Deist, 2 Bde, Düsseldorf 1970; vgl. auch ders., Zur Institution des Militärbefehlshabers und Obermilitärbefehlshabers im Ersten Weltkrieg, in: Jahrbuch für die Geschichte Mittel- und Ostdeutschlands, 13/14 (1966), S. 222—240, und Zensur und Propaganda in Deutschland während des Ersten Weltkrieges, in: ders., Militär, Staat und Gesellschaft. Studien zur preußisch-deutschen Militärgeschichte, München 1991, S. 153—163.

[59] Ursula Ratz, Sozialdemokratische Arbeiterbewegung, bürgerliche Sozialreformer und Militärbehörden im Ersten Weltkrieg. Die »Berichte des Bureaus für Sozialpolitik«, in: MGM, 37 (1985), S. 9—34.

[60] Zu seiner Ablösung im Kriegsamt vgl. Wilhelm Groener, Lebenserinnerungen. Jugend — Generalstab — Weltkrieg, hrsg. von Friedrich Frhr. Hiller von Gaertringen, Göttingen 1957; zu den Querelen mit dem Kriegsministerium im letzten Kriegsjahr: Adjutant im preußischen Kriegsministerium Juni 1918—Oktober 1919. Aufzeichnungen des Hauptmanns Gustav Böhm, hrsg. von Heinz Hürten und Georg Meyer, Stuttgart 1977.

[61] Prinz Max von Baden, Erinnerungen und Dokumente, neu hrsg. von Golo Mann und Andreas Burckhardt, Stuttgart 1968.

[62] So insbes. Ernst Rudolf Huber, Deutsche Verfassungsgeschichte seit 1789, 7 Bde, Stuttgart 1960—1984. Bd V: Weltkrieg, Revolution und Reichserneuerung 1914—1918, Stuttgart 1978, und Manfred Rauh, Föderalismus und Parlamentarismus im Wilhelminischen Reich, Düsseldorf 1973, sowie ders., Die Parlamentarisierung des Deutschen Reiches, Düsseldorf 1977.

[63] Am schärfsten thematisiert durch Dirk Stegmann, Die Erben Bismarcks. Parteien und Verbände in der Spätphase des Wilhelminischen Deutschlands. Sammlungspolitik 1897—1918, Düsseldorf 1970, und Hans-Ulrich Wehler, Das deutsche Kaiserreich 1871—1918, Göttingen 1973. Zur Variante einer möglichen Militärdiktatur vgl. auch Gottfried Schramm, Militarisierung und Demokratisierung: Typen der Massenintegration im ersten Weltkrieg, in: Francia, 3 (1976), S. 476—497, und Bruno Thoß, Nationale Rechte, militärische Führung und Diktaturfrage in Deutschland 1913—1923, in: MGM, 42 (1987), S. 27—76.

[64] Reinhard Schiffers, Der Hauptausschuß des Deutschen Reichstags 1915—1918, Düsseldorf 1979, und Der Hauptausschuß des Deutschen Reichstages 1915—1918, 4 Bde, bearb. von Reinhard Schiffers, Düsseldorf 1981—1983.

[65] Udo Bermbach, Vorformen parlamentarischer Kabinettsbildung in Deutschland. Der Interfraktionelle Ausschuß 1917/18 und die Parlamentarisierung der Reichsregierung, Köln 1967, und Der Interfraktionelle Ausschuß 1917—

1918, 2 Bde, hrsg. von Erich Matthias und Rudolf Morsey, Düsseldorf 1959; zur Friedensfrage im Parlament: Wilhelm Ribhegge, Frieden für Europa. Die Politik der deutschen Reichstagsmehrheit 1917/18, Essen 1988.

66 Zusammenfassend erörtert durch Dieter Grosser, Vom monarchischen Konstitutionalismus zur parlamentarischen Demokratie. Die Verfassungspolitik der deutschen Parteien im letzten Jahrzehnt des Kaiserreiches, Den Haag 1970.

67 Hartwig Thieme, Nationaler Liberalismus in der Krise. Die nationalliberale Fraktion des Preußischen Abgeordnetenhauses 1914—1918, Boppard 1963, und: Von Bassermann zu Stresemann. Die Sitzungen des nationalliberalen Zentralvorstandes 1912—1917, hrsg. von Klaus-Peter Reiss, Düsseldorf 1967; zur Zerreißprobe seit 1917: Dirk Stegmann, Hugenberg contra Stresemann. Die Politik der Industrieverbände am Ende des Kaiserreichs, in: VfZG, 24 (1976), S. 329—378.

68 Rudolf Morsey, Die Deutsche Zentrumspartei 1917 bis 1923, Düsseldorf 1966; zu den Bischöfen jetzt: Hermann-Josef Scheidgen, Deutsche Bischöfe im Ersten Weltkrieg. Die Mitglieder der Fuldaer Bischofskonferenz und ihre Ordinariate 1914—1918, Köln u.a. 1991.

69 Agnes Blänsdorf, Die Zweite Internationale und der Krieg. Die Diskussion über die internationale Zusammenarbeit der sozialistischen Parteien 1914—1917, Stuttgart 1979.

70 Susanne Miller, Burgfrieden und Klassenkampf. Die deutsche Sozialdemokratie im Ersten Weltkrieg, Düsseldorf 1974, und: Die Reichstagsfraktion der deutschen Sozialdemokratie 1898 bis 1918, bearb. von Erich Matthias und Eberhard Pikart, Düsseldorf 1966.

71 Dokumentiert in: Die Zimmerwalder Bewegung. Protokolle und Korrespondenz, hrsg. von Horst Lademacher, 2 Bde, Den Haag 1967.

72 Friedhelm Boll, Spontaneität der Basis und politische Funktion der Streiks 1914—1918: Das Beispiel Braunschweig, in: Archiv für Sozialgeschichte (ASG), 17 (1977), S. 337—366, und ders., Massenbewegungen in Niedersachsen 1906—1920, Bonn 1981.

73 Hans-Joachim Bieber, Gewerkschaften in Krieg und Revolution, Hamburg 1981; Die Gewerkschaften in Weltkrieg und Revolution 1914—1919, bearb. von Klaus Schönhoven, Köln 1985; die Forschungsergebnisse zusammenfassend: Michael Ruck, Gewerkschaften — Staat — Unternehmer. Die Gewerkschaften im sozialen und politischen Kräftefeld 1914 bis 1933, Köln 1990.

74 Peter Lösche, Der Bolschewismus im Urteil der deutschen Sozialdemokratie 1903—1920, Berlin 1967.

75 Boll (wie Anm. 72); Erhard Lucas, Die Sozialdemokratie in Bremen während des Ersten Weltkrieges, Bremen 1969; Manfred Scheck, Zwischen Weltkrieg und Revolution. Zur Geschichte der Arbeiterbewegung in Württemberg 1914—1920, Köln, Wien 1981; Klaus-Dieter Schwarz, Weltkrieg und Revolution in Nürnberg. Ein Beitrag zur Geschichte der Arbeiterbewegung, Stuttgart 1971; Volker Ullrich, Die Hamburger Arbeiterbewegung vom Vorabend des Ersten Weltkrieges bis zur Revolution 1918/19, 2 Bde, Hamburg 1976. Am schärfsten ist die Kritik artikuliert bei Robert Siegel, Die Lensch-

Cunow-Haenisch-Gruppe. Eine Studie zum rechten Flügel der SPD im Ersten Weltkrieg, Berlin 1976.

[76] Lothar Burchardt, Friedenswirtschaft und Kriegsvorsorge. Deutschlands wirtschaftliche Rüstungsbestrebungen vor 1914, Boppard 1968.

[77] Gerhard Hecker, Walther Rathenau und sein Verhältnis zu Militär und Krieg, Boppard 1983.

[78] Manfred Rasch, Wissenschaft und Militär: Die Kaiser Wilhelm Stiftung für kriegstechnische Wissenschaft, in: MGM, 49 (1991), S. 73—120.

[79] Friedrich Zunkel, Industrie und Staatssozialismus. Der Kampf um die Wirtschaftsordnung 1914 bis 1918, Düsseldorf 1974, und Hans Gotthard Ehlert, Die wirtschaftliche Zentralbehörde des Deutschen Reiches 1914 bis 1919, Wiesbaden 1982.

[80] Zum Kriegsamt: Groener, Lebenserinnerungen (wie Anm. 60); zur Problematik der Kriegsgewinne: Wolfram Wette, Reichstag und »Kriegsgewinnlerei« (1916—1918), in: MGM, 36 (1984), S. 31—56; zum regionalen Gegensteuern der Wirtschaft: Günther Eckardt, Industrie und Politik in Bayern 1900—1919, Berlin 1976; Gunther Mai, Kriegswirtschaft und Arbeiterbewegung in Württemberg 1914—1918, Stuttgart 1983; Hermann Schäfer, Regionale Wirtschaftspolitik in der Kriegswirtschaft. Staat, Industrie und Verbände während des Ersten Weltkriegs in Baden, Stuttgart 1983.

[81] Konrad Roesler, Die Finanzpolitik des Deutschen Reiches im Ersten Weltkrieg, Berlin 1967, und Carl-Ludwig Holtfrerich, Die deutsche Inflation 1914—1923, Berlin, New York 1980.

[82] Friedrich Zunkel, Die ausländischen Arbeiter in der deutschen Kriegswirtschaftspolitik des 1. Weltkrieges, in: Entstehung und Wandel der modernen Gesellschaft. Festschrift für Hans Rosenberg zum 65. Geburtstag, hrsg. von Gerhard A. Ritter, Berlin 1970, S. 280—311, und Ulrich Herbert, Zwangsarbeit als Lernprozeß, in: ASG, 24 (1984), S. 285—304.

[83] Klaus Saul, Jugend im Schatten des Krieges. Vormilitärische Ausbildung — Kriegswirtschaftlicher Einsatz — Schulalltag in Deutschland 1914—1918, in: MGM, 34 (1983), S. 91—184.

[84] Ursula v. Gersdorff, Frauen im Kriegsdienst 1914—1945, Stuttgart 1969.

[85] Beispielhaft dafür sind die Regionalstudien von Karl-Ludwig Ay, Die Entstehung einer Revolution. Die Volksstimmung in Bayern während des Ersten Weltkrieges, Berlin 1968; vgl. auch Hans-Ulrich Ludewig, Das Herzogtum Braunschweig im Ersten Weltkrieg, Braunschweig 1984, und Klaus-Peter Müller, Politik und Gesellschaft im Krieg. Der Legitimitätsverlust des badischen Staates 1914—1918, Stuttgart 1988.

[86] Kurt Sontheimer, Antidemokratisches Denken in der Weimarer Republik. Die politischen Ideen des deutschen Nationalismus zwischen 1918 und 1933, München 1962.

[87] Klaus Schwabe, Wissenschaft und Kriegsmoral. Die deutschen Hochschullehrer und die politischen Grundfragen des Ersten Weltkrieges, Göttingen u. a. 1969, und: Aufrufe und Reden deutscher Professoren im Ersten Weltkrieg, hrsg. von Klaus Böhme, Stuttgart 1975.

[88] Eckart Koester, Literatur und Weltkriegsideologie. Positionen und Begründungszusammenhänge des publizistischen Engagements deutscher Schrift-

steller im Ersten Weltkrieg, Kronberg 1977; und: Die Dichter und der Krieg. Deutsche Lyrik 1914—1918, hrsg. von Thomas Antz und Joseph Vogl, München 1982.

89 Karl Hammer, Der deutsche Protestantismus und der Erste Weltkrieg, in: Francia, 2 (1974), S. 398—414; Günter Brakelmann, Protestantische Kriegstheologie im Ersten Weltkrieg. Reinhold Seeberg als Theologe des deutschen Imperialismus, Bielefeld 1974; ders., Der deutsche Protestantismus im Epochenjahr 1917, Witten 1974. Zur Haltung des angelsächsischen Protestantismus: Gerhard Besier, Krieg — Frieden — Abrüstung (wie Anm. 26); ders., Die protestantischen Kirchen Europas im Ersten Weltkrieg, Göttingen 1984.

90 Militärseelsorge im Ersten Weltkrieg. Das Kriegstagebuch des katholischen Feldgeistlichen Benedict Kreutz, bearb. von Hans-Josef Wollasch, Mainz 1987; zur Haltung des Katholizismus insgesamt: Heinrich Missalla, Gott mit uns. Die deutsche katholische Kriegspredigt 1914—1918, München 1968; Richard van Dülmen, Der deutsche Katholizismus und der Erste Weltkrieg, in: Francia, 2 (1974), S. 347—376.

91 Egmont Zechlin, Die deutsche Politik und die Juden im Ersten Weltkrieg, Göttingen 1969; und: Deutsche jüdische Soldaten 1914—1945. Im Auftrage des Bundesministeriums der Verteidigung hrsg. vom Militärgeschichtlichen Forschungsamt, Herford, Bonn ^{3}1987.

92 Innenansicht eines Krieges, hrsg. von Ernst Johann, Frankfurt a.M. 1968.

93 Kriegserlebnis. Der Erste Weltkrieg in der literarischen Gestaltung und symbolischen Deutung der Nationen, hrsg. von Klaus Vondung, Göttingen 1980; ähnlich: Ansichten vom Krieg. Vergleichende Studien zum Ersten Weltkrieg in Literatur und Gesellschaft, hrsg. von Bernd Hüppauf, Königstein/Ts. 1984.

94 Kurt Möser, Kriegsgeschichte und Kriegsliteratur. Formen der Verarbeitung des Ersten Weltkrieges, in: MGM, 40 (1986), S. 39—52.

95 Kriegsalltag. Die Rekonstruktion des Kriegsalltags als Aufgabe der historischen Forschung und der Friedenserziehung, hrsg. von Peter Knoch, Stuttgart 1989.

96 Dominik Richert, Beste Gelegenheit zum Sterben. Meine Erlebnisse im Kriege 1914—1918, hrsg. von Angelika Tramitz und Bernd Ulrich, München 1989; Edith Hagener, Es lief sich so sicher an Deinem Arm. Briefe einer Soldatenfrau 1914, Weinheim 1986.

97 Jürgen Kocka, Klassengesellschaft im Krieg. Deutsche Sozialgeschichte 1914—1918, 2., durchges. und erg. Auflage, Göttingen 1978.

98 Neben anderen vor allem Karl Ludwig Ay (wie Anm. 85) und Friedhelm Boll (wie Anm. 72).

99 Ursula v. Gersdorff, Frauenarbeit und Frauenemanzipation im Ersten Weltkrieg, in: Francia, 2 (1974), S. 502—523.

100 Wegweisend dazu Ute Daniel, Arbeiterfrauen in der Kriegsgesellschaft. Beruf, Familie und Politik im Ersten Weltkrieg, Göttingen 1989; vgl. auch Sabine Hering, Die Kriegsgewinnlerinnen. Praxis und Ideologie der deutschen Frauenbewegung im Ersten Weltkrieg, Pfaffenweiler 1990.

101 Die staatliche Jugendpolitik im Kriege ist breit dokumentiert bei Klaus Saul (wie Anm. 83).

102 Gudrun Fiedler, Jugend im Krieg. Bürgerliche Jugendbewegung, Erster Weltkrieg und sozialer Wandel 1914–1923, Köln 1989.

103 Beispielhaft etwa: Solingen im 1. Weltkrieg, zusamengestellt von Johannes Motz, Solingen 1984, oder »Mobilmachung und Brotration«. Der Erste Weltkrieg im Kreis Altenkirchen in Foto- und Textdokumenten, bearb. von Thomas A. Bartolosch und Eckard Hanke, Altenkirchen 1987.

104 Gerd Treffer, Die ehrenwerten Ausbrecher. Das Kriegsgefangenenlager Ingolstadt im Ersten Weltkrieg, Regensburg 1990.

105 August 1914: Ein Volk zieht in den Krieg, hrsg. von der Berliner Geschichtswerkstatt, Berlin 1989.

106 Keiner fühlt sich hier mehr als Mensch ... Erlebnis und Wirkung des Ersten Weltkriegs, hrsg. von Gerhard Hirschfeld und Gerd Krumeich in Verbindung mit Irina Renz, Essen 1993.

Zeittafel

1879	Zweibund zwischen dem Deutschen Reich und Österreich-Ungarn; wird 1881/82 durch den Beitritt von Rußland zum Dreibund erweitert.
1887	Mittelmeerabkommen zwischen Österreich-Ungarn, Italien und Großbritannien.
1890	Nichtverlängerung des »Rückversicherungsvertrags« zwischen dem Deutschen Reich und Rußland.
1894	Französisch-russischer Zweibund.
1904—05	Russisch-japanischer Krieg.
	Entente Cordiale zwischen Großbritannien und Frankreich.
1905	Erste Marokkokrise.
1911	Zweite Marokkokrise.
1912	Erster Balkankrieg.
	Deutsch-britische Abrüstungsgespräche in der Flottenfrage (Haldane-Mission).
1913	Zweiter Balkankrieg.

1914

28.6.	Ermordung des österreichisch-ungarischen Thronfolgers Franz-Ferdinand und seiner Gattin in Sarajewo.
5./6.7.	Deutsche Versicherung der uneingeschränkten Bündnistreue gegenüber Österreich-Ungarn (»Blankoscheck«).
20.—23.7.	Rußlandvisite des französischen Ministerpräsidenten Raymond Poincaré.
23.7.	Ultimatum Österreich-Ungarns an Serbien.
24.7.—30.7.	Britische Vermittlungsversuche.
25.7.	Abbruch der diplomatischen Beziehungen zu Serbien durch Österreich-Ungarn: Mobilmachung in Serbien, Teilmobilmachung in Österreich-Ungarn.
28.7.	Kriegserklärung Österreich-Ungarns an Serbien.
29.7.	Beschießung Belgrads.
	Teilmobilmachung in Rußland.
30.7.	Russische Generalmobilmachung.

31.7. Erklärung des Zustandes der »Drohenden Kriegsgefahr« in Deutschland.

1.8. Deutsche Generalmobilmachung und Kriegserklärung an Rußland.

1.8. Generalmobilmachung in Österreich-Ungarn und Frankreich.

2.8. Mobilmachung der britischen Flotte.

2.8. Deutsch-türkischer Bündnisvertrag.

3.8. Deutsche Kriegserklärung an Frankreich und Einmarsch deutscher Truppen in Belgien.

3.8. Deutsche Truppen besetzen und zerstören Kalisch.

4.8. Bewilligung der Kriegskredite durch den deutschen Reichstag.

4.8. Großbritannien erklärt Deutschland den Krieg, Beginn der Blockademaßnahmen gegen Deutschland (Fernblokkade, Schottland-Norwegen, Ärmelkanal).

7.8. Deutsche Truppen unter Generalmajor Erich Ludendorff besetzen geräumte Stadt Lüttich.

7.8. Kriegserklärung Montenegros an Österreich-Ungarn (und das Deutsche Reich am 11.8.).

10.8. Schlachtkreuzer »Goeben« und kl. Kreuzer »Breslau« laufen in die Dardanellen ein und werden formal an die Türkei übergeben.

11.8. Französische Kriegserklärung an Österreich-Ungarn.

12.8. 1. österreichische Offensive gegen Serbien.

12.8. Britische Kriegserklärung an Österreich-Ungarn.

17.8. Letzte Forts von Lüttich nach Einsatz schwerer Artillerie (42 cm-Mörser = »Dicke Berta«) gefallen.

Beginn der russischen Offensive gegen Ostpreußen mit Njemen-Armee von Osten und Narew-Armee von Süden: Gefecht bei Stallupönen.

20.8. Schlacht bei Gumbinnen: deutsche 8. Armee (General Maximilian v. Prittwitz, Generalmajor Georg Graf v. Waldersee) gegen russische Njemen-Armee (unter General Paul v. Rennenkampff): unentschieden.

21.8. 1. österreichische Offensive in Serbien gescheitert.

22.8. Generaloberst (später Generalfeldmarschall) Paul v. Hindenburg und Ludendorff als Nachfolger von Prittwitz und Waldersee an die Spitze der 8. Armee berufen: Aufmarsch

	zur Schlacht von Tannenberg gegen Narew-Armee (unter General A. W. Samsonow).
23.8.	Grenzschlachten im Westen und in Galizien zwischen russischen und österreichisch-ungarischen Armeen.
26.—30.8.	Schlacht bei Tannenberg. Russische Narew-Armee vernichtet.
30.8.	Deutsche Truppen dringen über die Marne vor und bedrohen Paris.
	Japan erklärt Deutschland den Krieg.
31.8.	Niederlage der Österreicher in Galizien bei Lemberg: Beginn der inneren Krise Österreich-Ungarns.
3.9.	Französische Regierung siedelt nach Bordeaux um.
5.9.	Londoner Vertrag: Triple Entente formales Kriegsbündnis, u.a. mit Verbot des Separatfriedens.
5.—12.9.	Marne-Schlacht. Scheitern des Schlieffen-Planes.
6.—15.9.	Schlacht an den Masurischen Seen: Russische Njemen-Armee (Rennenkampff) geschlagen, räumt östliches Ostpreußen.
9.9.	Erster Friedensvermittlungsvorschlag des US-Präsidenten Woodrow Wilson.
9.9.	»Septemberprogramm« von Reichskanzler Theobald v. Bethmann Hollweg.
14.9.	Generaloberst Helmuth v. Moltke als Generalstabschef abgelöst: Erich v. Falkenhayn neuer Chef der 2. OHL (bis 29.8.1916).
22.9.	U-9 versenkt drei ältere britische Panzerkreuzer.
9.10.	Antwerpen von deutschen Truppen erobert.
13.10.	Rebellion von Buren gegen England und Kriegseintritt Südafrikas.
20.10.	Beginn der Ypernschlacht; Gefecht bei Langemarck (10.11.).
1.11.	Das deutsche Ostasiengeschwader vernichtet ein englisches Geschwader bei Coronel.
1.11.	2. österreichische Offensive gegen Serbien.
2.11.	Nach Beschießung russischer Schwarzmeerhäfen durch »Goeben« und »Breslau« (28.10.) erklärt Rußland der Türkei den Krieg.
2.—5.11.	Kriegserklärung der Entente-Mächte an die Türkei.
7.11.	Kapitulation von Tsingtau.

2.12.	Erneute Sitzung des Reichstags zur Neubewilligung der Kriegskredite: Karl Liebknecht lehnt erstmals Kriegskredite ab: beginnende Spaltung der SPD.
6.12.	Besprechung Bethmann Hollwegs in Posen mit Ludendorff und Hindenburg über Kriegsziele gegenüber Polen im Fall eines Separatfriedens mit Rußland. 2. Offensive der Österreicher in Serbien gescheitert.
8.12.	Seeschlacht bei den Falklandinseln: Deutsches Ostasiengeschwader unter Admiral Graf Maximilian v. Spee vernichtet.

1915

19.1.	Erster deutscher Zeppelinangriff auf London.
24.1.	Seegefecht an der Doggerbank zwischen deutschen und britischen Schlachtkreuzern.
4.2.	Deutschland erklärt Seegebiet um Britische Inseln zum Sperrgebiet: 1. Periode des U-Bootkrieges (ab 22.2.). Beginn der Winterschlacht in Masuren (bis 24.2.).
18.2.	Britische Blockade gegen neutrale Schiffahrt nach Deutschland verschärft.
19.2.	Britisch-französische Flotte beschießt Dardanellen.
4.3.	Sog. Konstantinopel-Vertrag zwischen Rußland, Großbritannien und Frankreich.
10.3.	Erste Petition der fünf Wirtschaftsverbände an Reichskanzler mit Forderungen nach weitreichenden deutschen Kriegszielen.
18.3.	Durchbruchsversuch britisch-französischer Seestreitkräfte durch Dardanellen scheitert unter erheblichen Verlusten nach Minentreffern.
20.3.	Karl Liebknecht und Otto Rühle (SPD) stimmen im Reichstag gegen Kriegskredite.
22.4.	2. Ypernschlacht: Deutsche verwenden erstmals Giftgas.
25.4.	Britische Truppen landen auf der Halbinsel Gallipoli, um der alliierten Flotte den Weg nach Konstantinopel zu öffnen.
26.4.	Geheimvertrag der Entente mit Italien: Italien sagt Kriegseintritt auf seiten der Alliierten gegen Aussicht auf Territorialgewinne zu. Deutsche Offensive in Kurland und Litauen (27.4.).

1.—3.5.	Durchbruchsschlacht deutscher und österreichisch-ungarischer Truppen bei Gorlice-Tarnow.
7.5.	Das britische Passagierschiff »Lusitania« durch deutsches U-Boot versenkt: Proteste der USA gegen deutschen U-Booteinsatz gegen Handelsschiffe.
9.5.	Französisch-britische Offensive in Flandern und im Artois.
13.5.	U-Bootkrieg in britischen Gewässern wird eingeschränkt, im Mittelmeer jedoch fortgesetzt.
23.5.	Italien erklärt Österreich-Ungarn den Krieg.
25.5.	China unterwirft sich japanischem Ultimatum (»21 Forderungen«).
26.5.	Nationale Koalitionsregierung in Großbritannien mit Labour-Beteiligung.
1.6.	Deutsche Zeppelinangriffe auf London verschärft.
22.6.	Österreicher erobern Lemberg zurück.
23.6.	Eingabe von 18 Denkschriften führender Industrieller und Wissenschaftler an den Reichskanzler, unter Führung von Alfred Hugenberg (Krupp), über deutsche Kriegsziele.
1.7.	Beginn der großen Ostoffensive der Mittelmächte in Polen.
8.7.	»Intellektuelleneingabe« an Reichskanzlei mit weitreichenden Kriegszielforderungen.
13.7.	Konferenz in der Reichskanzlei über Polen.
5.8.	Warschau von Truppen der Mittelmächte besetzt.
19.8.	Große Kriegszielrede Bethmann Hollwegs im Reichstag: »Sicherungen und Garantien« für Deutschland.
25.8.	Generalgouvernement Warschau unter Generalgouverneur General Hans Hartwig v. Beseler. Militärverwaltung Oberost unter Hindenburg–Ludendorff.
5./8.9.	Zimmerwald-Konferenz der linken Opposition unter Führung Lenins.
6.9.	Bündnis Deutschland—Bulgarien.
18.9.	Einschränkung des U-Bootkrieges nach amerikanischen Protesten. Neutrale Schiffe und feindliche Passagierdampfer sollen geschont werden.
22.9.—11.11.	Französische Offensive in der Champagne.
2.10.	Ende des russischen Rückzugs an der Ostfront.
5.10.	Alliierte Armee landet in Saloniki zur Unterstützung Serbiens gegen drohende Offensive der Mittelmächte.

6.10. Offensive deutscher und österreichisch-ungarischer Truppen gegen Serbien.

9.10. Belgrad erobert.

14.10. Kriegseintritt Bulgariens auf seiten der Mittelmächte.

15.10. Bulgarien erklärt Serbien den Krieg und beteiligt sich an Offensive gegen Serbien, vor allem in Mazedonien.

24.11. Eroberung Serbiens abgeschlossen: Rückzug der serbischen Armee nach Albanien, von dort über Korfu nach Saloniki.

9.12. Sitzung des Reichstags zur erneuten Bewilligung von Kriegskrediten. Erklärung bürgerlicher Parteien zu deutschen Kriegszielen.

21.12. 20 von 44 oppositionellen Abgeordneten der SPD stimmen im Reichstag gegen die Kriegskredite: Spaltung der SPD-Fraktion weiter vertieft.

1916

1.1. Illegale Gründungskonferenz der »Gruppe Internationale« in Berlin unter Karl Liebknecht: Anfänge des Spartakusbundes.

6.1. Wehrpflicht für ledige Männer in England.

9.1. Letzte britische Truppen räumen Gallipoli-Halbinsel.

27.1. Spartakusgruppe in Berlin gegründet.

21.2.–21.7. und 24.10.–16.12. Schlacht bei Verdun.

29.2. Beginn des »verschärften U-Bootkrieges« gegen bewaffnete Handelsschiffe (bis 4.5.) (2. Periode des U-Boot-Krieges).

9.3. Deutsche Kriegserklärung an Portugal.

15.3. Großadmiral Alfred v. Tirpitz, ein Befürworter des uneingeschränkten U-Bootkrieges, als Staatssekretär des Reichsmarineamts abgelöst, Nachfolger: Admiral Eduard v. Capelle.

24.3. Hugo Haase (SPD, seit 1917 USPD) spricht im Reichstag gegen Not-Etat: 18 oppositionelle Abgeordnete stimmen im Reichstag gegen Etat; sie werden aus SPD-Fraktion ausgeschlossen.

26.3. Haase legt Vorsitz der SPD-Reichstagsfraktion nieder: SPD-Fraktion endgültig gespalten: Sozialdemokratischer Kern der künftigen USPD.

20.4.	USA drohen in ultimativer Form mit Abbruch der diplomatischen Beziehungen, falls Deutschland U-Boot-Einsatz mit warnungsloser Versenkung von Handelsschiffen fortsetzt.
24.—30.4.	Kienthaler Konferenz der sozialistischen Linken als Fortsetzung der Zimmerwald-Konferenz (1915).
29.4.	Britische Kapitulation bei Kut-el-Amara.
4.5.	Reichsregierung gibt USA Zusicherung, Handelsschiffe nicht ohne Warnung und Rettung der Besatzungen zu versenken. Daraufhin Einsatz der U-Boote vorrangig gegen militärische Ziele.
16.5.	Sykes-Picot-Abkommen über Aufteilung des Vorderen Orients in Interessenzonen.
31.5.—1.6.	Schlacht vor dem Skagerrak, ohne Veränderung der strategischen Lage.
1.6.	1. Brussilow-Offensive in Galizien gegen Österreicher.
6.6.	Beginn des Arabischen Aufstands gegen die Türkische Herrschaft.
24.6.—26.11.	Somme-Schlacht.
27.8.	Rumänien erklärt Mittelmächten den Krieg.
28.8.	Italien erklärt Deutschland den Krieg.
29.8.	Falkenhayn als Generalstabschef abgelöst: Hindenburg und Ludendorff bilden 3. OHL (bis 26.10.1918).
2.9.	Deutsche Angriffe bei Verdun eingestellt.
15.9.	Erster Einsatz von Tanks an der Westfront.
21.9.	Reichskonferenz der SPD: Letzter Versuch zur Verhinderung der Parteispaltung scheitert.
6.10.	Beginn des U-Boot-Krieges nach Prisenordnung, keine Proteste der USA (3. Periode des U-Boot-Krieges bis 31.1.1917).
21.10.	Österreichischer Ministerpräsident Graf Karl v. Stürgkh von Friedrich Adler ermordet.
5.11.	Proklamation des Königreichs Polen durch die Mittelmächte.
7.11.	Wiederwahl Wilsons zum US-Präsidenten.
11.11.	Beginn der deutsch-österreichisch-ungarisch-bulgarisch-türkischen Offensive unter Falkenhayn gegen Rumänien.
15.11.	Freigabe der öffentlichen Kriegszieldiskussion in Deutschland.

21.11. Kaiser (seit 1848) Franz Joseph gestorben; Thronbesteigung des österreichischen Kaisers (bis 1918) Karl I.

5.12. Vaterländisches Hilfsdienstgesetz in Deutschland: Totale Erfassung der Arbeitskräfte für Rüstungsindustrie; erste staatliche Anerkennung der Gewerkschaften in Deutschland.

Regierungskrise in England: Asquith (Premierminister seit 1908) gestürzt.

6.12. Truppen der Mittelmächte erobern Bukarest.

10.12. Regierung David Lloyd George in Großbritannien (bis 10.1.1919).

12.12. Friedensangebot der Mittelmächte.

21.12. Friedensnote von US-Präsident Wilson.

22.12. Gottlieb v. Jagow von Arthur Zimmermann als Staatssekretär des Auswärtigen Amts abgelöst.

23.12. Kriegszielprogramm der OHL.

26.12. Deutsche Antwort an Wilson verweigert Auskunft über deutsche Kriegsziele.

30.12. Alliierte lehnen Friedensangebot der Mittelmächte ab.

1917

7.1. Reichskonferenz der linken Opposition im Berliner Reichstagsgebäude: letzte Etappe vor Gründung der USPD.

9.1. Entscheidung für uneingeschränkten U-Boot-Krieg (zum 1.2.).

16.1. Deutsches Bündnisangebot an Mexiko gegen USA (Zimmermann-Telegramm, vom britischen Marinenachrichtendienst entziffert).

31.1. Erklärung des uneingeschränkten U-Boot-Krieges durch das Deutsche Reich (ab 1.2.).

Februar/März: Französisch-russischer Notenaustausch über die Kriegsziele.

3.2. USA brechen diplomatische Beziehungen zu Deutschland ab.

1.3. Veröffentlichung des sog. Zimmermann-Telegramms durch US-Regierung.

12.3. Beginn der russischen Februarrevolution in Petrograd.

14.3.	Deutscher Rückzug an der Westfront auf vorbereitete Siegfriedlinie.
15.3.	Abdankung von Zar Nikolaus II. (seit 1894) im Zuge der revolutionären Bewegung (Russische »Februarrevolution«).
16.3.	Deutsch-österreichische Kriegszielkonferenz in Wien.
21.3.	Administrative Trennung von Flandern und Wallonien zur Sicherung des deutschen Einflusses nach dem Kriege.
27.3.	Petersburger Sowjet proklamiert »Frieden ohne Annexionen und Kontributionen«.
April/Mai	Britisch-französische Offensive im Westen.
6.4.	Gründungsparteitag der USPD in Gotha.
6.4.	Kriegserklärung der USA an das Deutsche Reich.
7.4.	Kaiserliche Osterbotschaft verspricht Aufhebung des preußischen Dreiklassenwahlrechts nach dem Krieg.
12.4.	Czernin-Memorandum an Kaiser Karl über Notwendigkeit eines baldigen Friedensschlusses für Österreich-Ungarn.
16.4.	Scheitern einer französischen Offensive am Chemin des Dames.
	Lenin und russische Sozialisten beider Richtungen kommen aus Schweizer Exil über Deutschland, Schweden und Finnland in Petrograd an: neue Phase der russischen Revolution. Streiks in Berlin, Leipzig und anderen deutschen Großstädten gegen Kürzung der Brotrationen.
19.4.	MSPD übernimmt russische Formel vom »Frieden ohne Annexionen und Kontributionen«: Scheidemannfrieden gegen Hindenburgfrieden.
23.4.	Kreuznacher Kriegszielkonferenz: OHL legt Reichskanzler auf ihre Kriegsziele fest.
2.–11.5.	Verfassungsausschuß des deutschen Reichstages.
15.5.	Philippe Pétain Oberbefehlshaber der französischen Armeen.
20.5.	Meutereien in der französischen Armee.
2.6.	Sozialistenkongreß in Stockholm (bis 19.6.) sucht Friedensmöglichkeit.
26.6.	Erste US-Division trifft in Frankreich ein.
27.6.	Kriegseintritt Griechenlands auf seiten der Alliierten.
30.6.–11.7.	2. Brussilow-Offensive
6.7.	Beginn der Sitzungen des Interfraktionellen Ausschusses, zunächst zur Erarbeitung der von Erzberger vorgeschla-

	genen Friedensresolution, später zur Diskussion über die Parlamentarisierung des Reiches.
11.7.	Preußisches Staatsministerium beschließt Einführung des gleichen Wahlrechts in Preußen: Rücktrittsdrohungen Hindenburgs und Ludendorffs.
13.7.	Sturz Bethmann Hollwegs.
14.7.	Georg Michaelis neuer Reichskanzler.
19.7.	Friedensresolution des Reichstags.
21.7.–7.11.	Provisorische Koalitionsregierung in Rußland unter Ministerpräsident Kerenski.
1.–2.8.	Unruhen in der deutschen Hochseeflotte.
1.8.	Friedensnote Papst Benedikts XV. (am 15.8. den Regierungen überreicht).
7.8.	Rücktritt Zimmermanns: Richard v. Kühlmann Staatsekretär des Auswärtigen Amts (bis 9.7.1918).
14.8.	Kriegserklärung Chinas an das Deutsche Reich.
16.8.	Erster Aufstand der Bolschewiki scheitert in Petrograd.
2.9.	Gründung der Deutschen Vaterlandspartei unter Tirpitz und Kapp.
3.9.	Einnahme von Riga durch deutsche Truppen.
11.9.	Kronrat von Bellevue: Michaelis für Mäßigung der deutschen Kriegsziele, vor allem im Westen, u.a. als Reaktion auf päpstliche Friedensvermittlung; OHL verstimmt.
9.10.	Konflikt zwischen Reichskanzler und USPD im Reichstag über Marineunruhen vom August 1917.
12.–20.10.	Eroberung von Ösel, Dagö und Moon durch deutsche Truppen.
22.10.	Mehrheitsparteien entziehen Reichskanzler Michaelis das Vertrauen.
24.–27.10.	Durchbruch der Mittelmächte an der italienischen Front, die erst an der Piave stabilisiert werden kann (300000 Gefangene, Massendesertionen).
27.10.	Polnischer Regentschaftsrat von Mittelmächten eingesetzt.
30.10.	Regierung Vittorio Emanuele Orlando in Italien (bis 19.1.1919).
1.11.	Michaelis entlassen: Georg Graf Hertling Reichskanzler (bis 30.9.1918).
2.11.	Balfour-Declaration: »National home« für Juden in Palästina.

5.11.	Deutsch-österreichische Kriegszielkonferenz in Berlin.
6.–7.11.	Sturz der provisorischen Regierung in Rußland durch die Bolschewiki (russische »Oktoberrevolution«).
17.11.	Regierung Georges Clemenceau in Frankreich (bis 18.1. 1920)
20.11.	Erster erfolgreicher Masseneinsatz von Tanks durch Briten bei Cambrai.
	Ukrainische Republik ausgerufen.
26.11.	Russische Räteregierung schlägt Deutschland und Österreich-Ungarn Waffenstillstand vor.
6.12.	Unabhängigkeit Finnlands ausgerufen.
7.12.	USA erklären Österreich-Ungarn den Krieg.
9.12.	Deutsch-rumänischer Waffenstillstandsvertrag.
	Britische Truppen besetzen von Türken geräumtes Jerusalem.
15.12.	Waffenstillstand zwischen der bolschewistischen Regierung Rußlands und dem Deutschen Reich.
22.12.	Beginn der Friedensverhandlungen zwischen Rußland und den Mittelmächten in Brest-Litowsk.
	Rat von Flandern proklamiert Autonomie Flanderns.

1918

2.1.	Kronrat in Bellevue, u. a. über Festlegung der polnischen Grenze.
8.1.	Wilsons 14 Punkte als Grundlage eines künftigen Friedens.
16.1.	Januarstreik in Österreich-Ungarn, vor allem in Wien.
19.1.	Sprengung der neugewählten russischen Nationalversammlung durch die Bolschewiki.
Januar	Munitionsarbeiterstreik in Österreich.
24.1.	Deutschland und Österreich-Ungarn lehnen Wilsons 14 Punkte ab.
28.1.	Januarstreik in Deutschland, mit Schwerpunkt Berlin, u.a. gegen deutsche Verhandlungsführung in Brest-Litowsk.
9.2.	Separatfriede Mittelmächte-Ukraine von Brest-Litowsk.
10.2.	Leo Trotzki bricht Verhandlungen in Brest-Litowsk mit Erklärung ab: »Kein Krieg, kein Friede.«
13.2.	Kronrat von Bad Homburg: »Hilferuf« aus baltischen Pro-

	vinzen bestellen, um militärisches Vorgehen gegen Russen zu rechtfertigen.
18.2.	Deutscher »Eisenbahnvormarsch« im Osten.
26.2.	Russische Friedensunterhändler kehren nach Brest-Litowsk zurück.
1.3.	Deutsche Truppen besetzen Kiew.
3.3.	Friede von Brest-Litowsk zwischen Sowjetrußland und dem Deutschen Reich sowie dessen Verbündeten.
7.3.	Friede von Berlin zwischen Deutschland und Finnland.
21.3.–7.7.	Deutsche Offensiven im Westen.
23.3.	Unabhängigkeitserklärung Litauens.
	Friedensvertrag von Brest-Litowsk im Reichstag gegen Stimmen der USPD ratifiziert; Stimmenthaltung der MSPD.
26.3.	Marschall Ferdinand Foch Generalissimus der Alliierten Truppen an der Westfront.
14.4.	Deutsche Truppen besetzen Helsinki und greifen in finnischen Bürgerkrieg ein.
7.5.	Friede von Bukarest zwischen Mittelmächten und Rumänien.
23.5.	Unabhängigkeitserklärung Georgiens.
27.5.	Erneute deutsche Westoffensive.
9.6.	Deutsche Offensive bei Compiègne.
2./3.7.	Kriegszielkonferenz im deutschen Hauptquartier in Spa.
9.7.	Sturz Kühlmanns: Paul v. Hintze Staatssekretär des Auswärtigen Amts.
15.7.	Letzte deutsche Offensive im Westen.
18.7.	Beginn der alliierten Gegenoffensive im Westen.
2.8.	Japanische Truppen landen in Sibirien: Beginn der Interventionskriege in russischen Bürgerkrieg.
3.8.	Britische Truppen landen in Wladiwostok.
8.8.	Schlacht bei Amiens: Tiefe Einbrüche der Engländer in deutsche Front: »Schwarzer Tag« der deutschen Armee, seitdem in ständigem Rückzug.
14.8.	Staatskonferenz in Spa über Kriegsziele.
4.9.	Rückzug der Deutschen im Westen auf Siegfriedlinie.
12.9.	US-Offensive im St. Mihiel-Bogen.
15.9.	Durchbruch der alliierten Saloniki-Armee in Makedonien gegen Bulgarien.

22.9.	Zusammenbruch der türkisch-deutschen Front im nördlichen Palästina bei Meggido.
29.9.	Ludendorff fordert sofortigen Waffenstillstand und Parlamentarisierung des Reichs angesichts des bevorstehenden Zusammenbruchs Bulgariens.
30.9.	Waffenstillstand Bulgarien—Aliierte:
30.9.	Rücktritt des Reichskanzlers Graf Hertling.
1.10.	Britische und arabische Truppen erobern Damaskus.
3.10.	Prinz Max von Baden letzter kaiserlicher Reichskanzler, mit Kabinett auf parlamentarischer Grundlage. Waffenstillstandsersuchen der deutschen Regierung an US-Präsident Wilson.
12.10.	Deutschland und Österreich-Ungarn stimmen Rückzug ihrer Truppen auf eigenes Territorium zu.
16.10.	Kaiserliches Manifest in Österreich-Ungarn verspricht Förderalisierung und Gleichberechtigung der Nationalitäten.
20.10.	Deutschland stellt U-Bootkrieg als eine Voraussetzung für Waffenstillstandsverhandlungen ein.
23.10.	3. Wilson-Note: Wilson bereit zu Waffenstillstandsverhandlungen, fordert Änderung des Regierungssystems in Deutschland.
24.10.	Ludendorff proklamiert Widerstand bis zum letzten; wird entlassen und flieht nach Schweden. Nachfolger in der OHL Wilhelm Groener.
27.10.	Kaiser Karl bietet Waffenstillstand an.
28.10.	Verfassungsänderungen in Deutschland: Das Deutsche Reich wird parlamentarische Monarchie.
28.10.	Beginn der Gehorsamsverweigerungen auf der deutschen Hochseeflotte vor Wilhelmshaven gegen Auslaufen zur letzten Seeschlacht.
30.10.	Waffenstillstand zwischen Alliierten und der Türkei.
1.11.	Britisch-französische Streitkräfte besetzen Konstantinopel.
1.11.	Bildung einer selbständigen ungarischen Regierung.
3.11.	Waffenstillstand zwischen Alliierten und Österreich-Ungarn: Weg frei für alliierte Armeen durch Tirol und Böhmen.
3.11.	Revolte der Matrosen in Kiel: Beginn der revolutionären Unruhen im Deutschen Reich.

6.11.	Polnische Republik in Krakau ausgerufen.
	MSPD fordert Abdankung Wilhelms II. bis 9.11.
7.11.	Revolution in München unter Kurt Eisner.
8.–11.11.	Waffenstillstandsverhandlungen zwischen dem Deutschen Reich und den Alliierten.
9.11.	Revolution in Berlin, Wilhelm II. dankt ab, Friedrich Ebert (SPD) wird Reichskanzler, Ausrufung der Republik, Bündnis Ebert–Groener.
11.11.	Waffenstillstand von Compiègne zwischen Deutschland und den Alliierten: Ende des Ersten Weltkrieges, durch ihn ausgelöste regionale Konflikte gehen weiter (Irland, Griechenland/Türkei, Polen/Sowjetrußland, russischer Bürgerkrieg, u.a.).
11.11.	Verzichtserklärung Karls I.
14.11.	Kapitulation von Deutsch-Ostafrika.

Autorenverzeichnis

Dr. Holger *Afflerbach*
Wissenschaftlicher Mitarbeiter an der Heinrich-Heine-Universität Düsseldorf

Dr. Ute *Daniel*
Hochschulassistentin am Fachbereich Geschichte der Universität – GH Siegen

Dr. Jost *Dülffer*
Professor für Neuere Geschichte und Friedensforschung an der Universität zu Köln

Dr. Michael *Epkenhans*
Wissenschaftlicher Mitarbeiter an der Stiftung Reichspräsident-Friedrich-Ebert-Gedenkstätte, Heidelberg

Dr. Gerald *D. Feldman*
Professor für Geschichte an der University of California, Berkeley

Dr. Ragnhild *Fiebig-von Hase*
Wissenschaftliche Mitarbeiterin im Institut für Politikwissenschaft, Eberhard Karls-Universität Tübingen; Lehrauftrag: Anglo-Amerikanische Abteilung, Historisches Seminar, Universität Köln

Dr. Ewald *Frie*
Wissenschaftlicher Mitarbeiter im Wissenschaftszentrum Nordrhein-Westfalen, Düsseldorf

Dr. Helmut *Fries*
derzeit in der Erwachsenenbildung tätig

Dr. Peter *Grupp*
Mitglied der Editorengruppe »Akten zur deutschen auswärtigen Politik 1918–1945«, Bonn

Dr. Bernd *Hüppauf*
Professor für deutsche Literatur an der New York University, New York

Dr. Heinz *Hürten*
em. Professor für Neuere und Neueste Geschichte an der Katholischen Universität Eichstätt

Dr. Johannes *Hürter*
derzeit DFG-Stipendiat

Dr. Rudolf *Jeřábek*
Archivrat im Österreichischen Staatsarchiv, Abteilung Archiv der Republik, Wien

Dr. Martin *Kröger*
Mitglied der Editorengruppe »Akten zur deutschen auswärtigen Politik 1918–1945«, Bonn

Dr. Dieter *Krüger*
Oberarchivrat, Leiter des Document Center, Berlin

Dr. Gerd *Krumeich*
Professor für Neuere Geschichte an der Albert-Ludwig-Universität Freiburg

Dr. Horst Günther *Linke*
Professor für Osteuropäische Geschichte an der Rheinischen Friedrich Wilhelms-Universität Bonn

Dr. Gunther *Mai*
Professor für Neuere Geschichte an der Gesamtuniversität Jena

Dr. Kurt *Meier*
em. Professor für Kirchengeschichte und kirchliche Zeitgeschichte an der Universität Leipzig

Dr. Wolfgang *Michalka*
Schriftleiter, Militärgeschichtliches Forschungsamt, Freiburg i. Br.

Dr. Walter *Mühlhausen*
Wissenschaftlicher Mitarbeiter an der Stiftung Reichspräsident-Friedrich-Ebert-Gedenkstätte, Heidelberg

Dr. Gottfried *Niedhart*
Professor für Neuere Geschichte an der Universität Mannheim

Dr. Matthias *Peter*
Mitglied der Editorengruppe »Akten zur Auswärtigen Politik der Bundesrepublik Deutschland«, Institut für Zeitgeschichte, Bonn

Dr. Wolfgang *Petter*
Wissenschaftlicher Oberrat, Militärgeschichtliches Forschungsamt, Freiburg i. Br.

Dr. Clemens *Picht*
Wissenschaftlicher Assistent am Seminar für neuere Geschichte der Universität Freiburg/Schweiz und Mitherausgeber der Walther Rathenau-Gesamtausgabe

Dr. Hartmut *Pogge von Strandmann*
Professor für Moderne Europäische Geschichte am University College, Oxford

Dr. Werner *Rahn*
Kapitän zur See, Militärgeschichtliches Forschungsamt, Freiburg i. Br.

Dr. Giorgio *Rochat*
Professor für Zeitgeschichte, Universität Turin

Dr. John C. G. *Röhl*
Professor für Europäische Geschichte, University of Sussex, Brighton

Dr. Thomas *Rohkrämer*
Lecturer for Modern European History, University of Auckland, NZ, z. Zt. Walther Rathenau-Stipendiat, Berlin

Dr. Klaus *Schönhoven*
Professor für Zeitgeschichte an der Universität Mannheim

Dr. Hans-Jürgen *Schröder*
Professor für Zeitgeschichte an der Justus-Liebig-Universität Gießen

Dr. Ernst *Schulin*
Professor für Neuere Geschichte der Albert-Ludwig-Universität, Freiburg i. Br.

Dr. Ronald *Smelser*
Professor für Neuere Europäische Geschichte an der University of Utah, Salt Lake City

Dr. Georges-Henri *Soutou*
Professor für Geschichte, Université de Paris-IV

Dr. Dieter *Storz*
Wissenschaftlicher Mitarbeiter am Bayerischen Armeemuseum Ingolstadt

Dr. Bruno *Thoß*
Wissenschaftlicher Oberrat, Militärgeschichtliches Forschungsamt, Freiburg i. Br.

Dr. Volker *Ullrich*
Leiter des Ressorts »Politisches Buch« der Wochenzeitung »Die Zeit«

Dr. Martin *Vogt*
Leiter der Bibliothek des Instituts für Europäische Geschichte, Mainz; apl. Professor für Neuere Geschichte, TH Darmstadt

Dr. Manfred *Zeidler*
Projektmitarbeiter am Hanna-Arendt-Institut für Totalitarismusforschung an der TU Dresden und Mitarbeiter des Hauses der Geschichte der Bundesrepublik Deutschland, Bonn

Dr. Reinhold *Zilch*
Priv. Doz., Wissenschaftlicher Mitarbeiter am Friedrich-Meinecke-Institut der Freien Universität Berlin

Politik und Zeitgeschichte

Imanuel Geiss
Der lange Weg in die Katastrophe
Die Vorgeschichte des Ersten Weltkriegs
1815–1914
368 Seiten. Serie Piper 943

Die Erste Republik
Dokumente zur Geschichte des Weimarer Staates
Herausgegeben von Peter Longerich. 512 Seiten.
Serie Piper 1429

Der Weg ins Dritte Reich
1918–1933
221 Seiten. Serie Piper 261

Das Dritte Reich im Überblick
Chronik · Ereignisse · Zusammenhänge
Herausgegeben von Martin Broszat und Norbert Frei
in Verbindung mit Wolfgang Benz, Manfred Funke,
Hermann Graml, Lothar Gruchmann, Ludolf Herbst,
Hartmut Mehringer, Günter Plum, Werner Röder,
Albrecht Tyrell. 335 Seiten. Serie Piper 1091